법관양성소와 근대 한국

| 지은이 |

김효전(金孝全, Hyo-Jeon Kim)은 성균관대학교 법학과를 졸업한 후 서울대학교 대학원에서 법학박사학위를 받았다. 1977년부터 2010년까지 동아대학교 교수로 재직하였으며 법대학장, 법학전문대학원 원장을 역임하였다. 그동안 독일 프라이부르크대학 초청교수, 미국 버클리대학 방문학자, 한국공법학회 회장 등을 지냈으며, 현재는 대한민국학술원 회원이며 동아대학교 명예교수이다. 저자는 근대 한국헌법의 발전을 수용사와 개념사라는 시각에서 천착하여 한국법학의 연속성과 정체성의 확립에 주력하였다. 또한 독일 공법이론의 주요 문헌들을 한국어로 번역하여 한국헌법의 이론적 토대를 공고히 하는 데 커다란 기여를 하였다.

저서로는 『서양헌법이론의 초기 수용』, 『근대 한국의 국가사상』, 『헌법논집』 Ⅲ, 『근대 한국의 법제와 법학』, 『헌법』 등이 있고, 역서로는 『정치신학』, 『인권선언논쟁』, 『법치국가의 원리』, 『독재론』, 『헌법의 수호자』, 『입장과 개념들』, 『헌법과 민주주의』, 『독일 기본권이론의 이해』, 『주권론』, 『일반 국가학』, 『현대 의회주의의 정신사적 지위』, 『국민표결과 국민발안』, 『반대물의 복합체』 등 다수가 있다.

법관양성소와 근대 한국

초판발행 2014년 5월 20일 **초판2쇄발행** 2015년 8월 30일
지은이 김효전 **펴낸이** 박성모 **펴낸곳** 소명출판 **출판등록** 제13-522호
주소 서울시 서초구 서초동 1621-18 란빌딩 1층
전화 02-585-7840 **팩스** 02-585-7848 **전자우편** somyong@korea.com **홈페이지** www.somyong.co.kr

값 61,000원
ISBN 978-89-5626-755-5 93360
ⓒ 김효전, 2014

경성전수학교(『朝鮮彙報』, 1916.5)

한성재판소 앞의 모습. 멀리 북악산과 광화문이 보인다.
(『法律新聞』 제586호, 1909.8.10)

1908. 3. 15 양정의숙에서 개최된 법학협회창립기념.(『법학협회잡지』 제1호, 1908.11)

왼쪽 끝 중죄수 복장 이승만. 앞줄 왼쪽부터 강원달, 홍재기, 유성준, 이상재, 김정식.
뒷줄 왼쪽부터 안국선, 김린, 류동근, 이승인(이상재의 아들), 신원 미상의 소년.

법전조사국 위원과 직원들(1908년).
앞줄 왼쪽부터 安住, 김낙헌, 이시영, 渡邊, 倉富, 梅, 國分, 城, 中村, 膳, 松寺.

루터가 번역한 성서의 표지 목판화.
Lucas Cranach der Ältere 작(1534)

노자와가 재학한 제네바대학.

解兼任卆安北道裁判所判事　平安北道前觀察使　朴勝鳳
命兼任平安北道裁判所判事　平安北道觀察使　柳赫魯
命兼任咸鏡北道裁判所判事　咸鏡北道前觀察使　尹性普
解兼任咸鏡北道裁判所判事　咸鏡北道觀察使　尹甲炳
命兼任咸鏡北道觀察使

以上隆熙元年十二月二十五日

帝室財産整理局事務囑托을解홈
軍部軍務局人事恩賞課員　從一品　崔璟亭
　　　　　　　　　　　　六品　尹承秀
　　　　　　　　　　　　正三品　秦襄煥
軍部附陸軍步兵正尉　　　六品　魏一鏞

免本職
補侍從武官府領官侍從武官補
補軍部軍務局人事恩賞課員　陸軍步兵正尉　李秉規
　　　　　　　　　　　　　陸軍步兵正尉　趙重完
內部書記官　柳成烈　　　　陸軍步兵正尉　趙蓋完
內部書記官　羅壽淵　　　　陸軍步兵正尉　李秉規

陸敍奏任官三等
陸敍奏任官三等　　度支部書記官　金命圭
命法部法律起草委員　韓用環
解法部法律起草委員　李常郁
　　　　　　　　　　韓相羲
李基燦　　　　　　　李根國
　　　　　　　　　　李敬儀
金應燮　安肯洙　　　金基賢
南廷圭　李敬儀　　　閔衡基
鄭奭朝　金元培　　　趙良元
安柱學　林正奎　　　鄭奭朝
　　　　柳海昌　　　南春熙
李弼殷　南春熙　　　柳海昌
李鍾淵　洪鍾國　　　金鍾協
　　　　趙台煥
　　　　權泰亨
　　　　金鍾協

任法官養成所博士敍任任官八級
右는法官養成所卒業人이기本官制第二條에依す야敍任홈

任法官養成所技手叙判任官四等　九品　金正澤

依願免本職
帝室財産整理局技手叙判任官四等

智陵叅奉　楊學烈
厚陵叅奉　申冑均

淑陵令　張瀅根

以上隆熙元年十二月二十六日

彙報

○學事
法官養成所第五回卒業試驗榜
李基燦
李弼殷　　金基賢
　以上優等五人
安肯洙　　韓相羲
李敬儀　　金應燮
李根國　　韓廷圭
南廷圭　　金元培
鄭奭朝　　南廷圭
南春熙　　林正奎
宋柱學　　柳海昌
趙台煥　　南春熙
權泰亨　　趙良元
洪鍾國　　鄭奭朝
李鍾淵　　趙台煥
　　　　　權泰亨
以上及第十七人　金鍾協

（法部）

○正誤
隆熙元年十二月二日官報附錄敍任及辭令欄內侍從院典醫李海昌의正三品은從二品으로掌禮院典祀李秉洪의正三品은六品으로同朴泳好의六品은九品으로官報第三千九百四十三號
敍任及辭令欄內昭慶園奉事鄭義好의九品은六品으로同第三千九百四十九號敍任及辭令欄內典膳司掌膳朴弘錫의二等은三等으로幷改付票홈이라

官報第三千八百八十四號第三面上段第一行（文伯仲）의名字는以（孟坤）으로同第二行申弘均의（弘字）는以（来）字로正誤喜

官報第三千九百四十二號敍任及辭令欄內掌禮院典祀補高淳祐의高字는洪字로帝室財産整理局主事康永祐의九品은六品으로正誤홈

宮内府
度支部

任智陵叅奉敍判任官五等
任淑陵令敍判任官五等
任和陵叅奉敍判任官五等
任厚陵叅奉敍判任官五等
給七級俸　　帝室財産整理局技手　金正澤
以上隆熙元年十二月二十七日

和陵叅奉　李輪善
　　　　　李敎英
　　　　　李德基
智陵叅奉　朴鼎甲

법관양성소 제5회 졸업생 명단과 박사 서임.
(『관보』제3962호, 1908.1.4)

時로至十一時가지演習射擊ㅎ양다홈

○學事

本月十日法部養成所候補生卒業試驗榜

優等四人

咸台永　李麟相　李容成

徐寅淡

及第四十三人

李容遇　尹性普　李豊儀

具健曙　洪鍾翰　李容䨓

鄭䕺敎　柳志淵　金翼熙

李璿在　尹熙衡　柳學根

崔永鶴　鄭永澤

尹相直　李道相

李兢洙

李徹承　李種雨　李完榮

高殷相　洪龍杓　徐相喜

鄭樂憲　朴斌乘　林炳應

金內濟　尹衡重　金勉弼

趙漢緯　元容尚　吳世俊

金鶴柱　韓緖敎　韓成潤

曹世煥　鄭雲哲

權興洙　延淡

朴廷煥

李行善　鄭燮朝

檀在政

○雜事

晉州府觀察使報告를接准호則管下咸安草溪昌原泗川固城熊

川咸陽鎮海陜寧山淸三嘉晉州十三郡水災報告內開에溢

死人이二十一이오漂頹戶가一千三百六十七이오坊築潰缺이

윗줄의 李璿在(이선재)는 李儁(이준)의 옛 이름이다.
(『관보』제212호, 1895.11.13(음력))

조선의 과거시험 : 중국인들은 무질서하다고 보았으나 서구인들은 매우 엄격하고 민주적이라고 평가했다. (Fritz van Briessen, *Shanghai-Bildzeitung 1884~1898*, Zürich und Freiburg i. Br. Atlantis, 1977, S. 39.)

신구재판의 비교.
(일본이 조선 통치의 시책을 선전하기 위해서 만든 책자 *The Second Annual*, 1909, p.58에서 발췌)

법관양성소와
근대 한국

Law School and Modern Korea

김효전

 소명출판

    서울대학교 관악 캠퍼스에는 '근대법학백주년기념관(1895~1995)이 있다. 혹자는 아마도 서울대가 무슨 100년이 넘은 대학이냐고 의아해할지도 모른다. 그동안 서울대는 해방 후인 1946년을 개교 원년으로 삼아오다가 서울대 총동창회를 비롯하여 관계자들 사이에 근대 한국에서의 국립 고등교육의 시작을 기점으로 삼아야 한다는 주장이 제기되었다. 그리하여 가장 이른 시기에 문을 연 법관양성소의 개교년인 1895년을 서울대학교 개학 원년으로 삼고, 1946년은 서울대학교 개교 원년으로 합의하기에 이르렀다(임광수 편, 『정통과 정체성─서울대학교 개교 원년, 왜 바로 세워야 하는가』, 삶과꿈, 2009).

    법관양성소는 그동안 세간의 주목을 별로 받지 못하였는데 도대체 그곳은 어떤 곳이었던가? 서울대의 기념관과 법대의 '귀중문헌실'에는 법관양성소에 관하여 약간의 책자와 노트 정도가 진열되어 있을 뿐이며 학문적으로 연구한 문헌도 많은 편이 아니다.

    여기 제1부에 수록한 것은 저자가 법관양성소에 관하여 이미 여러 학술지에 발표했던 논문들을 수정·보완한 것으로, 그곳의 기구나 제도보다는 인물을 중심으로 운영의 실제 모습을 복원하고 묘사하려고 애썼다. 이 학교는 설립 당초부터 정치적·사회적인 혼란의 소용돌이 속에서 수많은 시행착오와 실패를 거듭하면서 '법학교', '경성전수학교', '경성법학전문학교' 등으로 불리며 존속되어 오다가 해방을 맞게 된다.

    제2부는 법학교육에 관하여 다룬다. 근대 한국의 법학교육 기관으로는 법관양성소 외에, 보성전문학교와 양정의숙이 대표적인 학교로서 이른바 트로이카를 이루고 있다. 앞의 두 학교는 오늘날에도 서울대학교와 고려대학교가 그 후신으로서 존재하지만 양정의숙만은 1913년 '양정고등보통학교'로 격하되고, 또 오랜 세

월과 전란을 겪은 탓에 별다른 기록은 고사하고 법학교육기관으로 기억하는 사람도 드문 형편이다. 당시의 신문과 잡지 등에서 불타다 남은 조각들을 주워 모아 퍼즐 맞추기 식으로 재구성을 시도한 것이다.

다음에 일본인 노자와 다케시노스케(野澤武之助)를 특별히 불러낸 것은 그가 법관양성소에서 법학교로 교명을 바꾸고 한일합병이 이루어지는 과도기에 각각 소장과 교장을 지낸 사람으로 당시의 학교 모습을 정확하게 이해하는 데 열쇠를 쥔 인물이 아닐까하고 생각했기 때문이다. 여기서 우리는 법학교육이란 창틈으로 일본의 조선통치를 들여다 볼 때 일본에 의한 '조선의 독립과 보호'가 얼마나 허구에 찬 것이며 엉터리였는가를 실증적으로 알 수 있게 된다. 뿐만 아니라 문명국가인 한국을 지배하기에 일본이 얼마나 힘들었는지 식민지 통치의 비밀이 적나라하게 벗겨지는 장면이다.

또한 법학교육 기관 외에도 서양 문물을 받아들이는 도구로서 어학은 매우 중요하며 그곳의 교육도 기록할 만한 것이 많이 있다고 생각된다. 그리하여 관립외국어학교는 일찍부터 설립되었지만 이것도 역시 기대한 것처럼 기능을 제대로 발휘한 것 같지는 않다. 저자는 이 중 '덕어학교'에 초점을 맞추어 당시의 모습의 편린을 전달하려고 노력하였다.

신소설의 작가이고 최대의 저술가이며 번역가인 안국선에 관한 연구문헌은 많이 있으나 그의 일본에서의 유학시절이나 일본과 관련하여 다룬 문헌은 별로 없는 것 같다. 안국선을 비롯하여 근대 한국의 연구에서는 일본이나 중국과의 관계를 무시하거나 경시하고는 자신의 모습을 제대로 보기 어렵다고 생각하여 비교연구라는 하나의 방법론과 문제의 제기를 시도하는 것이다.

'번역과 근대 한국'은 비록 법학과 국가학에 한정했으나 근대 한국을 이해하는 키워드가 된다. 이웃 국가인 중국이나 일본에 비하면 적은 숫자이지만 서양 문물을 받아들인 창구로서의 역할이나 영향, 그리고 근대 학문의 뿌리 찾기란 면에서는 오늘날에도 연구하고 생각할 점이 많은 분야이다.

제3부는 문헌해제를 다룬다. 저자는 지금까지 수집한 자료들을 모아서 영인본을 출판하고 거기에 약간의 해설을 붙이고 동학들의 동참을 권유하기도 하였다. 또한 한림대학교 한림과학원에서는 '개념사 기초문헌 해제'라는 사업을 진행하면서 저자에게 법학과 국가학에 관한 한국과 일본 문헌의 소개와 해설을 의뢰하기도 하여 여기에 기꺼이 응하여 집필한 것을 한데 모은 것이다.

다음에, 한국인으로서 안중근 의사에게 피살된 이토 히로부미(伊藤博文)를 모르는 사람은 아무도 없다. 그러나 이토가 비록 법학을 체계적으로 배운 사람은 아니지만 법과 법학의 중요성을 일찍부터 알고 있었고, 또 『헌법의해(憲法義解)』라는 저서까지 가지고 있다는 사실을 아는 사람은 많지 않다. 더구나 이토 밑에서 한국 식민지화의 중추적인 역할을 담당하면서 그 법적 기초를 놓은 두 사람, 즉 구라토미 유자부로(倉富勇三郞)와 우메 겐지로(梅謙次郞)의 이름은 법학도들 중에도 아는이가 많은 편이 아니라고 본다. 구라토미는 형법으로, 우메는 민법으로 우리를 옥죄인 사람들이기 때문에 이들을 기억해 둘 필요가 있다고 생각하여 여기에 문헌이나마 소개한 것이다.

근대 한국에 관한 연구는 근래에 양적으로나 질적으로 괄목할 만한 업적이 쌓여 있다. 그러나 법학과 국가학에 관한 한 아직도 제대로 된 도서목록이나 문헌해제 책자 하나 없는 것이 현실이다. 일본제국주의는 집집마다 어학을 공부하는 사람마저 조사할 정도로 개인생활에 깊숙이 간섭하였으며, 또 참빗으로 머리를 빗듯이 한국의 책자와 문헌을 샅샅이 뒤지고 불살라 버리기도 하였다. 여기에 더하여 계속된 전란은 자신의 목숨 하나 부지하기 어려웠던 험악한 시대를 살아왔기 때문에 기록과 자료를 보관해둘 엄두조차 내지 못한 고난의 세월이었다. 이처럼 흩어지고 불살라버린 폐허 위에서도 굳건하게 살아남은 민족정신의 발자취는 도처에서 발견하게 된다. 이 작은 책자는 근대라는 질풍노도의 시대를 살아온 우리 삶의 증거이며 미래로의 방향을 제시하는 하나의 이정표가 되기를 희망하는 것이다.

끝으로 출판을 쾌히 맡아주신 박성모 사장님과 공홍 편집부장에게 감사를 드리며 아울러 편집과 교정에 애써주신 편집부의 노고를 치하하는 바이다.

2013년 8월
용인에서 김효전

제2부/ 법학교육관계

제3부/ 문헌해제

:: **도표 목록**

제1부

제2부

제 1 부

법관양성소

————

I. 서설

    법관양성소는 1894년 12월 법부대신 서광범의 상주에 의해서 근대적인 사법제도를 마련하고 여기에 충당할 사법관을 양성하기 위해서 1895년 3월 서울에 설치되었다.[1] 그 목적은 형사소송과 민사소송을 강의하여 속성 실무훈련을 부여하는 데에 있었다. 수업 연한은 6개월이며 1회 졸업생 47인, 다음 해에 제2회 졸업생 38인을 배출하고 1896년의 쿠데타로 폐쇄되었다가 7년 만인 1903년 3월에 다시 개교하였다. 당시 조선 정부는 국정 전반을 쇄신해야 할 안팎으로부터의 압력에 직면

---

1 지금까지의 법관양성소에 관한 연구를 발표순으로 정리하면 다음과 같다.
  ① 양승두, 「법관양성소 소고」, 『세림 한국학논총』 제1집, 1977, 485~506면.
  ② 양승두, 「구한말 법관양성소에 관한 소고(1)·(2)」, 『법률신문』, 1981.10.5, 12면.
  ③ 최종고, 「개화기의 법학교육과 한국법률가의 형성 ─ 법관양성소와 보전의 교과와 교수진을 중심으로」, 서울대 『법학』 제22권 1호, 1981, 63~191면.
  ④ 김효전, 「한국 개화기의 법학교육」, 『화갑기념논총』(한림 정수봉박사), 1988, 456~468면.
  ⑤ 박병호, 「한국 법학교육의 기원 ─ 법관양성소제도와 경성제대」, 『근세의 법과 법사상』, 진원, 1996, 172~187면에 수록.
  ⑥ 김효전, 「법관양성소의 실제운영」, 『대학원논문집』 제24집, 동아대, 1999, 63~100면.
  ⑦ 김효전, 「법관양성소의 재정과 졸업생」, 동아대 『동아논총』 제36집, 1999, 107~127면.
  ⑧ 최기영, 「한말 법관양성소의 운영과 교육」, 『한국 근현대사연구』 제16집, 2001, 39~75면.
  ⑨ 김효전, 「법관양성소의 실제운용(1)」, 『인권과 정의』, 2002.5, 171~189면.
  ⑩ 김효전, 「법관양성소의 실제운용(2)」, 『인권과 정의』, 2002.6, 104~117면.
  ⑪ 김효전, 「법관양성소의 실제운용(3)」, 『인권과 정의』, 2002.7, 115~131면.
  ⑫ 김효전, 「법관양성소의 교수진(1)」, 『인권과 정의』, 2003.6, 148~171면.
  ⑬ 김효전, 「법관양성소의 교수진(2)」, 『인권과 정의』, 2003.7, 156~178면.
  ⑭ 김효전, 「법관양성소의 교수진(3)」, 『인권과 정의』, 2003.8, 127~144면.
  위의 ⑨~⑭의 논문은 김효전, 『근대 한국의 법제와 법학』(세종출판사, 2006)에 재수록하였다.

서광범

하고 있었기 때문에 서둘러 개교하지 않을 수 없었다.[2]

지금까지 법관양성소에 관한 연구는 주로 당시의 관보를 비롯한 정부의 문서에 따라서 제도나 기구의 소개와 분석에 중점을 두어왔기 때문에 그 실제 운용에 관하여는 궁금한 것이 많이 남아 있었다. 따라서 여기서는 당시의 신문보도를 중심으로 법관양성소의 교과목, 교수진의 구체적인 내용 등 실제 운용의 상황을 추적해보기로 한다. 먼저 법관양성소의 연혁을 간단히 살펴본다.

---

2 이에 대해서는 조선 정부의 우편 고문인 끌레망세(吉盟世, E. Clémencet)가 고종 황제에게 프랑스 법률책을 헌정하는 것을 계기로 다시 개교하였다는 견해(*The Second Annual Report on Reforms and Progress in Korea*(1908~9), Compiled by H.I.J.M's Residency General, Seoul, December, 1909, p.65)가 있으나, 정확하지 않다. 이하 '연보(*Annual Report*)'.
끌레망세는 대한제국의 농상공부 우체사무 주임(우체국장) 겸 우체 교사, 번역사로 고빙되었다. 상세한 것은 홍순호, 「한불인사교류와 프랑스 고문관의 내한」, 한국사연구협의회, 『한불수교 100년사』, 1986, 120면 참조.

II. 법관양성소의 연혁

1. 새 출발

법관양성소(Legal Training School)[1]는 갑오개혁 이후 1894년 12월 16일 법무대신 위산 서광범(緯山 徐光範)[2]이 새로운 사법제도의 운영을 위하여 법률학교를 설치하는 건에 관하여 상주한 데에서 비롯한다.

> 法務大臣臣 徐光範謹奏 設置法律學校 以爲培養人才 明習法律 庸備他日選補地方裁
> 判官 且及時裁判官 並須就學 以行法律 而其經費 量宜打算 令度支衙門辦劃之意 謹奏
> 開國五百三年十二月十六日 奉旨依允

법무대신신 서광범 삼가 아룀. 법률학교를 설치하는 까닭은 인재를 배양하고 법률

---

1 법관양성소의 정식 영문 명칭은 없다. 이것은 통감부에서 자신의 시정상황을 외국에 선전하기 위해서 영어로 번역하여 배포한 위의 연보(*Annual Report*) p.65의 표현을 그대로 옮긴 것이다. 한편 통감부의 기관지인 *The Seoul Press*에서는 "Judicial Official's Training School"(Jan. 30. 1909)이라고 번역하는 등 통일된 것이 없다.

2 서광범(1859~1897)에 관하여는 이광린, 『개화기의 인물』, 연세대 출판부, 1993, 203~242면; 김원모, 『한미수교사―조선보빙사의 미국사행편(1883)』, 철학과현실사, 1999, 202~269면; 방선주, 「서광범과 이범진」, 『한국사논총』(최영희교수 화갑기념), 탐구당, 1987 참조.

을 익혀 타일에 지방재판관으로 선보(選補)하는 데 용비(庸備)하기 위함이며, 또한 때에 맞추어 재판관을 아울러 취학(就學)케 하여 써 법률을 행하게 하기 위한 것으로서 그 경비를 양의타산(量宜打算)하여 탁지아문으로 하여금 변획(辦劃)케 할 뜻으로 삼가 아룀. 개국 503년 12월 16일에 봉지 의윤(奉旨依允).[3]

이에 따라 1895년 3월 25일 법률 제1호로 재판소구성법(裁判所構成法)[4]이 공포되고, 그와 동시에 제49호로 법관양성소규정(法官養成所規程)[5]이 공포됨으로써 우리나라 최초로 근대적인 법학교육 기관으로서 출발하였다. 그리하여 법관양성소는 1895년 5월 6일(음력 4월 12일) 서울에 설치되고, 처음으로 학생을 모집하였다.[6]

여기서 보듯이 '법관양성소는 속성함을 기하고 생도를 범모(汎募)하야 규정하는 학과를 교수하고 졸후에 사법관으로 채용함이 가한 자격을 양성하는 처(處)라고 규정 제1조에 명시한 바와 같이 '속성'을 강조하고 있다. 그리하여 일반의 경우 6개월, 우등의 경우는 3개월이다. 이러한 속성의 문제는 사법관을 화급히 양성하려는 시대적인 요구에는 부응하는 것이겠지만 그 질적 저하와 정규 교육과의 마찰을 피할 수는 없는 일이다.

그 결과 다시 문을 연 1903년에는 1년 6개월, 1904년 12월에는 2년으로 되었다가, 1907년에는 1년 예과 본과 3년으로 수업연한은 연장되는 우여곡절을 겪게 된다.

한편 1906년의 법관양성소규칙에서는 속성의 사법관양성 외에 '본소는 (…중략…) 내외국 법률을 교수함이라'라는 목적도 천명하여 외국법에 관한 교육도 실시함을 명시하고 있다.

3　국회도서관, 『한말 근대 법령 자료집 』 I, 대한민국국회도서관, 1971, 154면.

4　재판소구성법은 위의 책, 190~198면 참조. 영문은 *English Translation of the Korean Law of the Constitution of the Courts of Justice, The Rules for the Operation of the Law of the Constitution of the Justice, and The Korean Law of Civil and Criminal Procedure, with Supplementary Rules and Orders*, 1909, 79p. 김효전, 재판소구성법외 영역(자료), 『법사학연구』 제22호 · 제23호, 2000; 관악사의 영인본 (2004) 참조.
　　재판소구성법은 1909년 사법권을 일본 정부에 위탁하는 각서에 따라서 1909.10.31자로 폐지되었다(국회도서관, 『한말 근대 법령 자료집』 VIII, 대한민국국회도서관, 1971, 545~546면).

5　위의 책, 215~218면. 그 밖에 『日省錄』 高宗 32년 3월 25일조; 『高宗實錄』 32년 3월 25일조; 『관보』 개국 504년 3월 25일조 참조.
　　법관양성소관제(1907)는 '법학교관제'의 시행일(1909.11.1)부터 폐지되었다.

6　서광범은 법부대신으로 재직하면서 이후 검사직제의 공포로부터 각종 법률의 제정과 폐지 등 수많은 일을 하였다. 이광린, 앞의 책(주2), 228면 이하.

2. 법관양성소에 대한 기대

법관양성소에 대한 일반의 기대와 관심은 매우 컸기 때문에 이에 관한 당시 언론의 보도 가운데 가장 상세하게 언급한 『뎨국신문』의 사설을 인용하기로 한다.

　　법관양성소를 셜시ㅎ야 외국 교ᄉ를 고빙ㅎ야 학도를 가라친 거시 빅여 명인디 속성과로 가라치노라고 졍통홀 슈는 업셔 그러ㅎ되 졸업훈 사름이 엇지ㅎ여 ᄉᄉ로이 혹 쥬ᄉ씨나 엇어 ᄒ게 드면 법뉼 상관되는 일에는 그 사름만 차즈면셔도 참셔관이나 판검ᄉ 승ᄎ홀 슈 업스니 법뉼이란 거슨 어즈런 거슬 다스리는 약셕이라 어느 벼슬에 상관없는 디가 업것만은 쓰기는 고ᄉᄒ고 법뉼 학도라면 질지여슈ㅎ고 쏘 년젼에 무관 학도를 가라칠 쩌도 일본 교ᄉ에 말이 니가 팔년만에 졸업을 ᄒ엿는디 비록 미슉ㅎ나 나와 갓치만 비화도 셰상에 겁닐 거시 업다 ᄒ엿거늘 불과 슈삭에 폐지ᄒ엿다가 지금 다시 셜시ᄒ엿으나 그 학도들의 일가 친척 즁에 대신 협판 업고는 장관 맛볼슈 업슬 줄을 분명이 아는 비니 교ᄉ들을 남으릴 슈 업는 일이오 일본으로 보냇던 학도들노 말ᄒ더리도 불과 이년에 도로 도라오라고 경비를 보니지 아니ᄒ여셔 그 학도들이 걸식ᄒ다 십히 ᄒ여 가며 여간 졸업훈 거슬 가지고 돌아온 사름이 만어 그러ᄒ되 슈용ᄒ엿단 말을 듯지 못ᄒ엿스니 지금 경비를 더 만이 들여 구미 각국으로 보니면 그러치 안을넌지 모로거니와 쏘 말ᄒ기를 셔양으로 보니쟈는 학도를 명 민삭에 오십 권식을 주어 한 십년 작뎡ᄒ고 유학ᄒ게 ᄒ쟈 ᄒ니 빅명의 십년 비용이 륙십만원이니 그럿케 만은 돈을 탁지에셔 능히 외국에셔 버러 먹는 폐단이나 업게 홀넌지 모로겟고 쏘 말ᄒ기를 셔양사름들도 일본의 부강훈 거슬 싀긔ᄒ고 혐의ᄒ여 현묘훈 학문을 가라쳐 쥬지 인ᄂᆞᆫ디 함을머 측량키 어려온 일본에셔 우리 나라를 ᄉᆞ라쳐 쥬시 아니 ᄒ기가 분명ᄒ다 ᄒ엿스니 더욱 탁지대신에 도량이 너그럽지 못훈 거슬 ᄯᆞ닷지 못ᄒ겟도다. 대개 나라을 ᄉᆞ귀는 도가 신의가 쥬쟝이라 니가 신의로 남을 더졉ᄒ면 남도 나를 신의로 더졉ᄒ고 니가 간ᄉᄒ으로 남을 더졉ᄒ면 남도 간ᄉᄒ으로 나를 더졉ᄒᄂᆞ니 우리 나라에셔 졍셩과 신의로써 각국 졍부에 밋부게 ᄒ면 엇지 각국 교ᄉ들이 신긔고 비밀훈 지조를 가라치지 안을 리가 업슨즉 경비도 젹고 길도 갓가온 디도 못ᄒᄂᆞᆫ디 하필 경비만코 리슈먼디 가셔 구ᄒ쟈는 거시 올흐리요. 변변치 못훈 졸업이라도 훈 사름이 만흐니 일일이 슈용ㅎ고 익외지인을 쓰지 아니ㅎ면 죽은 물 수는 것 보다는 미우 나흘거시 죽은 물 수는 거슨 쳔리마 오기 젼에는 효험이 업거니와 이거 슨 당장 효험 잇고도 젼국 춍쥰즈데가 각국으로 가 지조 비화올 쟈가 만흘 터이니 나라 돈 만히 허비ㅎ지 안코도 영지를 만히 교육홀 거슬 민대신이 엇지 이런 졍묘치 못 흔 말을 너엿ㄴ지 알 슈 업도다 ㅎㄴ지라. 너가 디답ㅎ여 왈 그러치 아니ㅎ다 각국 교 스들이 말홀 리도 만무ㅎ고 일본셔 엇더케 싱각홀 거슨 논란ㅎ여 말홀 겨를도 업거 와 학도를 쓰지 안는 일은 호ᄉ하는 사름이 불가불 갈길을 츠라리 아니갈 지언뎡 죠 흔 물이 아니면 타지 안는 모양으로 변변치 못흔 공부는 쓰지 안는 거시 올흔지라. 민 대신이 여러번 ᄉ신으로 나가셔 각국을 유람ㅎ여 본즉 나라마다 문명부강흔 거시 모 다 인민 교육홈으로 되는 거슬 확실히 보앗는 고로 이 의견을 졍부에 들인 거시라. 만 일 십년 젼에 민대신 갓흔 너가 잇셔셔 이런 게교를 너엿던딜 그 ᄉ이에 영지를 만히 교육ㅎ여 나라이 부강ㅎ엿슬 거슬 지금 넘우 지완흔 거시 한탄이로디 그도 아니ㅎ고 잇다가 십년 후면 ᄯ 후회홀 터이니 아모됴록 졍부에셔 이 게교를 실시ㅎ게 드면 나 라에 다힝홀 줄노 아노라.[7]

계속하여 『뎨국신문』은 다음 해 연초부터 법관양성소와 법학교육 그리고 법률 고문관의 문제에 대해서 다음과 같이 상세하게 의견을 개진하고 있다.

슯흐다. 우리 나라에 션왕죠게셔 졔지ㅎ신 법률과 졔도가 구비홀 쑨더러 갑오 이후 에 법이 오리되여 폐단싱기는 일을 곳치고 법률 쟝뎡을 칙령으로 지가ㅎ샤 긴요ㅎ고 졍긴ㅎ기가 젼 셰샹에 비홀디 업슬쑨더러 법관양싱소를 셜시ㅎ야 법률학도를 교육 ㅎ매 ᄯ 유지흔 사름들이 ᄉ립 법률학교를 셜시ㅎ야 법률학을 공부ㅎ엿슨즉 비록 외 국과 갓치 법률학ᄉ라 법률박ᄉ라 ㅎ는 칭호와 학문에 졍통치는 못홀지언뎡 다 릉히 법률에 지남은 알엇고 ᄯ 니외국 졍요흔 법률 셔칰이 잇셔셔 가히 연구ㅎ야 희셕홀만 은 흔즉 쟝뎡에 잇는디로 시힝만 ㅎ게 드면 나라에셔는 일푼젼을 허비ㅎ지 안터리도 유지흔 사름들이 ᄉ립 법률학교를 날노 셜시ㅎ야 법률에 힘을 쓸 터이니 그런즉 사름 마다 법률을 알어셔 법에 범ㅎ지 안을 줄을 알터이오 법관 마다 법률을 시힝치 아니

7 『뎨국신문』, 1899.1.23.

ᄒ면 반좌률 당ᄒ 쥴을 알아셔 치외권 회복ᄒ기를 날을 긔약ᄒ고 뎡ᄒᆯ 터이어ᄂᆞᆯ 지금 법부에셔 법률학ᄉ를 ᄆᆞᆨ 오빅원식을 쥬게 ᄒ고 외국인을 쳥ᄒ여 온다 ᄒ니 쳥촉이 긴ᄒ 썬둙인지 일에 긴ᄒ 썬둙인지 몰으겟고 그 사름이 오게 드면 학도를 교육ᄒᆯᄂᆞᆫ지 법률긔초 고문관이 될ᄂᆞᆫ지 몰으거니와 학도를 교육ᄒᆫ다 ᄒ여도 견감이 소연ᄒ즉 쓰지 안ᄂᆞᆫ 학도를 가라쳐 무엇ᄒᆞ며 법률긔초 고문관으로 쓴다 ᄒ여도 이왕 긔초ᄒ 법률도 쓰지 안엇슬 ᄲᆞᆫ더러 여젼히 긔초위원을 월급쥬어 두엇스니 응당 법률 통달ᄒ 사름이 잇슬지라. 엇지 외국인을 고빙ᄒ기 ᄭᅡ지 닐으럿ᄂᆞᆫ지 이혹이 불무ᄒᆞ거니와 아모커니 이번에나 실효잇기를 바라노라.[8]

이처럼 종래의 여러 가지 문제점을 지적하고 새로운 제도의 새 출발에 대한 기대와 희망을 피력하고 있다.

3. 법관양성소의 위치와 규모

법관양성소는 처음에는 서대문 밖 유동(鍮洞)에서 개학하였다.[9] 이곳은 우리말로 '놋전거리'라고 불리며,[10] 오늘날의 서대문 우체국 뒤편에 자리 잡고 있었다. 갑오개혁 당시 한성부 47방(坊)의 행정구역에 의하면, 서서(西署) 반송방(盤松坊) 중 조판부사계(曺判府事契)에 유동과 팔각정이 속해 있었다.[11] 서울을 왕궁이 있는 종로 쪽이 중심이라고 볼 때 유동은 서대문 성벽 가까이 있었던 것으로 미루어 중심지에서 벗어닌 좀 외딴 곳에서 출발하였다고 생각된다. 지금은 거의 사라진 말 가운데 '문안'이란 말이 있다. 즉 서울 4대문 안쪽이란 말로 성 안에 사는 사람은 프

---

8 『뎨국신문』, 1899. 12. 13.
9 정구영(鄭求瑛, 1896~1978)은 '지금의 광화문 국제전신전화국 자리'에 세워졌다고 하는데(「조선변호사회」(남기고 싶은 이야기들), 『중앙일보』, 1973. 12. 20), 이곳은 법관양성소가 폐쇄되었다가 1903년 다시 문을 열 때의 위치라고 생각된다.
10 임종국·박노준, 「변영만」, 『흘러간 성좌―오늘을 살고 간 한국의 기인들』(2), 국제문화사, 1966, 294면.
11 박경룡, 『개화기 한성부 연구』, 일지사, 1995, 29면.

랑스어로 부르주아(bourgeois)이며 관리나 소상공인 계층이 사는 곳을 가리킨다. 반대로 성 밖에 사는 사람은 농민이나 가난한 계층의 사람으로 프랑스어로 프롤레타리아(proletariat)가 사는 곳을 일컫는다. 1895년 처음 개교하는 법관양성소가 이처럼 거의 서울 변두리에 그것도 관청들이 모여 있는 왕궁이나 광화문으로부터 비교적 떨어진 곳에 세운 이유는 무엇일까? 정확한 자료가 없어서 단정할 수는 없지만, 추측건대 우선 당시의 재정 상태로 볼 때 빈약한 예산과 법률가 양성에 대한 정부 당국자의 무관심에 기인하는 것이 아닐까 한다. 전통적으로 율사는 중인계층으로 보던 때이기 때문에 그들에 대한 대우 역시 문안과 문밖 사이 정도로 인식한 것으로 경계인이라고 보겠다.

그나마도 1895년과 1896년 두 번의 졸업생을 내고 법관양성소는 한동안 문을 닫았다가 1903년 다시 개소할 때에도 유동에서 개학하였고 그 후 광화문으로 이전하였다.[12] 그 후에는 다음과 같은 신문의 보도에서 당시의 모습을 대략 짐작할 수 있다.

● 法律開學　法部에셔 法律學校를 新門外 鑰洞 前 申判書家로 擇定하고 昨日붓터 開學하얏더라.[13]

● 養成移接　法官養成所는 廳舍狹窄ᄒ고 又 爲參漏하나 猝難修葺ᄒ야 該房를 法部내 空間 堂舍로 移接혼다더라.[14]

● 移接農部　法官養成所를 再昨日에 前 農商工部로 移接ᄒ얏더라.[15]

● 改稱法科　法官養成所를 社稷洞 於義宮으로 更爲移轉혼다는 說은 己爲報道ᄒᆡᆺ거니와 該宮이 年來 頹圮가 已甚ᄒ 고로 附近 民家를 買入修理혼 後에 移接ᄒ고 法科大學이라 改稱혼다더라.[16]

● 法官養成所擴張　法官養成所를 擴張ᄒ기 爲ᄒ야 該部 參與官 野澤武之助氏와 事務官 鷲田與吉氏가 日本 東京 司法省을 視察홀 次로 出張혼다ᄂᆞ디 該 兩氏의 旅費

12　서울법대동창회, 『서울법대백년사 자료집－광복전 50년』, 1987, 699면.
13　『황성신문』, 1903. 3. 10.
14　『대한매일신보』, 1907. 4. 25.
15　『대한매일신보』, 1908. 2. 8.
16　『대한매일신보』, 1908. 2. 15.

는 七百九十四圜이라더라.[17]

　●法所移接農部　法官養成所를 前 農商工部로 移轉홀 터인데 修理費 三百八十七圜 四十八錢을 從速 支撥ᄒ라고 法部에셔 度支部로 照會ᄒ얏더라.[18]

　●法官養成　法官을 擴張ᄒ기 爲ᄒ야 法官養成所 學徒를 七百名 爲限ᄒ고 募集ᄒ다더라.[19]

이 기사는 7백 명 운운하는 것으로 보아 부정확하다고 생각된다.

　●法所移接　法官養成所를 前 農商工部로 移接ᄒ다더니 有何曆節인지 社稷洞에 在ᄒ 於義宮으로 移接홀 터인디 該宮은 宮內府 所管이니 該府에 移照ᄒ야 承認 移接케 ᄒ라고 該所에셔 法部로 報告ᄒ얏더라.[20]

　●法所移接　法官養成所를 社稷洞 於義宮으로 移接ᄒ다 홈은 前報에 揭載ᄒ얏거니와 該宮을 將次 修理ᄒ고 移接ᄒ기로 決定ᄒ얏ᄂᆞᆫ디 修理 前에 權接ᄒ기 爲ᄒ야 昨 日 農商工部로 移接ᄒ얏더라.[21]

　●法訓平漢　法部에셔 平漢兩裁와 法官養成所에 訓令ᄒ되 廳舍 官舍 建築上에 必要ᄒ 事가 有ᄒ니 建築基址 坪數와 位實와 間數를 詳査報來ᄒ라 ᄒ얏더라.[22]

　●法所擴張　法官養成所에셔 將次 生徒 二百五十名을 擇選ᄒ야 敎授홀 터이나 校 舍가 狹窄ᄒ야 敎授키 難홈으로 校舍를 修理 擴張ᄒ기로 決定ᄒ얏ᄂᆞᆫ디 該費額은 四百圜으로 立算ᄒ얏더라.[23]

　●建築前借得　新門外 普成小學校가 日前에 被燒홈은 前報에 揭載ᄒ엿거니와 該 校 建築ᄒ기 前에ᄂᆞᆫ 前法官養成所를 法部에 交涉 借得ᄒ야 來 月曜日 붓터 上學케 ᄒ 고 明日에ᄂᆞᆫ 該 校長이 一班 學徒를 領率ᄒ고 旅行運動을 擧行ᄒ다더라.[24]

17　『황성신문』, 1907.9.13.
18　『황성신문』, 1908.1.12.
19　『황성신문』, 1908.1.29.
20　『황성신문』, 1908.1.29.
21　『황성신문』, 1908.2.8.
22　『황성신문』, 1908.2.11.
23　『황성신문』, 1908.4.1.
24　『황성신문』, 1908.6.6.

그러나 이 기사에서 보듯이 명칭이 바뀌지는 아니하였으며, 또 다른 기사 하나 가 보인다.

● 武校請移　法官養成所를 夜珠峴 武官學校로 移接ᄒ게 ᄒ라고 該所에서 法部로 報告ᄒ얏더라.[25]

1909년(융희 3) 6월 27일에는 재판소번역관보 채용시험이 법관양성소에서 실시되었는데, 광고에서는 '광화문전 법관양성소(光化門前 法官養成所)'라고 기재하였다.[26]

4. 기구와 조직

법관양성소는 규정 제1조에서 명시하고 있듯이, 속성으로 교수하여 사법관으로 채용할 수 있는 자격을 양성하는 곳이다. 조직은 소장 1인과 교수 약간인이며, 교수는 수시로 임용한다고 규정하고 있다.

1) 소장과 교관의 지위

그러나 법관양성소가 다시 개소함에 따라 1903년에는 소장은 법부 칙임관 또는 주임관이나 각 부(府), 부(部), 원(院)의 칙·주임관 중에서 법률에 통효(通曉)한 자가 겸임토록 하였으며,[27] 다시 같은 해 9월 4일에는 주임 3인, 판임 9인의 교관 12인과 판임인 박사 4인을 두게 하여 교관은 법률통효인으로 서임하고 박사는 법관

25　『대한매일신보』, 1908.4.1.
26　『관보』 제4403호, 1909.6.15; 『황성신문』, 1909.6.8 참조.
27　『관보』, 1903.1.22.

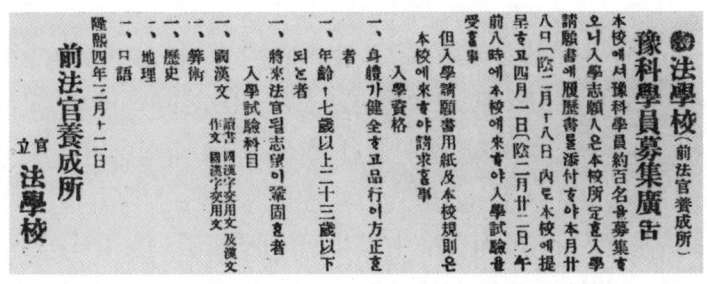

법학교 광고

양성소 졸업생으로 순서(循序) 서임하다가 사법관으로 채용하게 하였다.[28]

그 후 다음 해인 1904년(광무 8)에는 다시 또 개정하여 칙임 1등 혹은 2등 시대(時帶) 혹 증경(曾經) 법관인 중에서 서임하는 소장 1인과 새로이 부장(副長, 칙임 3등 이상 시대 혹 증경 법관인 중에서 서임)을 두었으며, 교관은 주임 5인, 판임 12인(법관양성소 졸업인 또는 법학 통효인으로 수시 증감)으로 하였고, 박사는 8인으로 판임하여 양성소 졸업자나 또는 법학 통효인에서 서임토록 하되 수시 증감케 하였다. 그 후 또다시 3개월 후에 양성소의 조직을 개정하여 법부협판이 소장을 예겸(例兼)케 하는 동시에 부장제는 이를 폐지하고 박사 8인은 양성소 졸업생으로 순서 서임하였다가 사법관으로 채용토록 하였다.[29]

그러나 조직개편은 여기서 끝나지 않고 다시 1905년에 공포된 칙령 제21호에서는 법부 참서관 중에서 겸임하는 소장 1인과 주임 1인과 판임 5인으로 서임하는 교관 6인을 두되 교관은 법률학 졸업인으로 선임토록 하였다.[30] 다음 해인 1906년 (광무 10) 칙령 제10호로 박사판임을 명예로 임시 서임하되 본소 졸업인에 한하도록 개정하였다.[31] 그 후 불과 2개월여에 칙령 제26호로 법관양성소 관제는 다시 개편되어 법부협판이나 국장 중에서 겸임하는 소장 1인과 이미 폐지되었던 부장 세와 비슷하게 선임교관 중 수반(首班)이 예겸하는 학감 1인을 두고, 교관은 종래와 같았으나 필요한 경우에만 두는 겸임교관 약간 명에 관한 규정을 정하였다.[32]

---

28 『관보』, 1903.9.4.
29 『관보』, 1904.10.10.
30 『관보』, 1905.3.1.
31 『관보』, 1905.3.22.
32 『관보』, 1905.6.9.

그리고 마지막으로 이 칙령 제26호를 폐지하고 1908년 1월 1일부터 시행하는 법관양성소관제를 제정하여 칙임 혹 주임의 소장 1인, 주임인 전임 3인의 교수, 주임인 전임 1인의 간사, 주임 혹 판임인 전임 3인의 조교수, 주임인 전임 2인의 번역관, 판임인 전임 2인의 주사와 판임인 2인의 번역관보를 두게 하였다.[33] 그리고 소장이 사고가 유할 시에는 상석 교수가 그 직무를 대변케 했으며, 간사와 주사는 서무를 담당하고 번역관과 번역관보는 번역에 종사토록 하였고 조교수는 교수를 도와 수업에 종사토록 하였다.

이처럼 법관양성소의 조직과 기구는 1895년 칙령 제49호 '법관양성소규정'에 의해서 설치·운영되었으며, 이 규정은 1903년에 2회, 1904년에 2회 각각 개정되었으며, 또한 1904년 7월에는 시행세칙이라고 할 수 있는 법관양성소규칙이 법부령 제2호로 제정되었다. 그러다가 1905년 2월 칙령 제21호로 '법관양성소관제'가 공포·시행되어 종전의 법관양성소규정은 폐지되고, 다시 같은 해 3월에 법부령 제1호로 '법관양성소규칙'을 제정함으로써 종전의 규칙을 폐지하였다.

이와 같이 법관양성소에 관한 법령은 짧은 기간 동안에 여러 차례 개정 개편되어 실효 있는 운영을 해볼 여유도 없었다. 이것은 법관양성소 하나뿐이 아니라 당시의 행정 전 분야에서의 혼란한 난맥상을 드러낸 것이며 이는 뒤에서 보듯이 교관의 인사행정에서도 마찬가지였다. 여하튼 체제는 시행착오 속에서 암중모색하고 있었다.[34]

2) 입학자격과 입학시험

1895년 최초의 법관양성소규정에는 '연치(年齒) 20세 이상으로 입학시험에 급제하는 자 혹 현재 관서에 봉직하는 자를 한함'(제4조)이라고 입학자격을 규정하고, 소정의 품청장(稟請狀)과 보증서[35]를 구정(具呈)토록 요구하고 있다. 그러나 연

---

33 1907년 12월 13일 공포, 『관보』, 1908.12.18.

34 양승두, 「법관양성소에 관한 소고」, 『세림 한국학논총』 제1집, 세림장학회, 1977, 490면.

35 보증인에 관하여 처음에는 아무런 제한이 없었으나 1905년에는 "보증인은 경성내 주거하는 현재

령제한은 곧 20세 이상 35세 이하로 개정된다.[36]

그러다가 1905년에는 새로이 '신체건강자'라는 자격요건이 첨가되며, 다음 해에는 '품행방정자'가 신체건강자 대신 첨가된다. 당시에는 정규의 교육기관이 거의 존재하지 않았기 때문에 특별한 교육경력은 요구할 수 없었을 것이다.[37]

입학시험과목은 한문작문, 국문작문, 조선역사 및 지지(地誌) 대요였다(제4조). 그러나 1905년에는 입시과목이 변경되어 한문독서 작문, 국문독서 작문, 산술 문대(問對), 역사 문대, 지지 문대가 되었으며 사범학교 및 외국어학교의 졸업생과 현재 관서에 봉직하고 있는 자에게는 시험을 면제하고 입학이 허가되었다.[38]

한편 1906년의 규칙에서는 국한문독서, 산술(4則 이하), 내외국역사(보통) 및 외국지지(보통)로 변경하는 동시에 입학시험의 점수를 각과에 100점 만점으로 하고 평균 60점 이상인 경우에만 급제로 정하였다. 1908년에는 다시 이 규정을 개정하여 입학자격 기타 필요한 학칙은 법부대신의 인가를 얻어 법관양성소장이 정하도록 위임하였다.[39]

1895년 6월의 『관보』를 보면 '금반(今般) 법관후보생(法官候補生) 50명(名)을 모집(募集)할 터이니 입학지망자(入學志望者)는 좌기지사항(左記之事項)을 보고 본월(本月) 십일한(十日限) 본소사무실(本所事務室)로 내(來)하야 품청서(稟請書)를 정(呈)함이 가(可)함[40]이라는 광고문이 게재되어 있는 것으로 볼 때 광고는 『관보』를 이용한 것 같다.

입학자격은 '연치(年齒) 20세 이상'으로 되어 있으며 남녀의 구별에 관한 언급은 없으나 당시로서는 여성은 제외한 것으로 생각된다. 예컨대 의학교의 경우, 어떤 여성이 의학교 교장 지석영(池錫永)을 찾아와서 의학을 공부하고 싶다니 그 뜻은

관인으로 할 사, 학원과 보증인이 전거(轉居)할 시는 사속(斯速)히 본 소장에게 고명(告明) 개정할 사"라고 바뀌었다. 『관보』, 1905.4.12.
36 1896년 1월 11일 공포 칙령 제3호. 『관보』, 1896.1.15.
37 양승두, 앞의 글, 1977, 490면.
38 『관보』, 1905.4.12. 규칙 제15조. 산술 과목은 이상구, 『한국 근대 수학의 개척자들』, 사람의무늬, 2013; 지리학의 수용에 관하여는 鄒振環, 『晩淸西方地理學在中國—以1815至1911年西方地理學譯著的傳播與影響爲中心』, 2000(한시은 옮김, 『지리학의 창으로 보는 중국의 근대—1815~1911년 중국으로 전파된 서양지리번역서』, 푸른역사, 2013) 참조.
39 『관보』, 1908.1.25.
40 『관보』, 1895.6.10. 법관양성소 명의의 광고문 일자는 개국 504년(1895) 6월 2일 자로 되어 있다.

갸륵하나 남녀가 같이 배우라는 장정이 없어서 곤란하다는 『뎨국신문』의 기사[41]
가 이를 뒷받침한다고 보겠다. 1909년 10월 '법학교'로 개칭될 때에도 입학자격에
서 성별에 관한 명문의 규정은 두지 않았다.

또 제1회와 제2회 졸업생의 출신이나 배경을 살펴볼 때 이들은 거의 30세 전후
라는 늦은 나이에 입학하였고, 유력한 가문 출신들은 없었던 것으로 보이는데 그
까닭은 갑오경장으로 이미 신분철폐가 이루어져 법관양성소를 통하여 관직에 나
아가는 기회로 삼았을 것이기 때문이다. 즉 이들은 대체로 문벌이 없던 중인·무
관·향리들이 상당수였을 것이며 아마도 변방 출신이나 서출들도 적지 않았을까
하고 생각된다.[42] 그것은 위정자나 지배계층은 물론이며 일반인들도 당시 법학이
라고 하면 전통적인 율학과 같은 것으로 이해하여 신분상승 내지는 관직 진출의
한 방편으로 여겼을 것이다.

한편 입학시험장에는 소장이 직접 참석하기도 하였다.

○ 양성소 시취 일전에 법률학도 양성소에셔 학도롤 한국문으로 시취ᄒᆞᄂᆞᆫᄃᆡ 히소
부쟝 심상익씨가 히소에 친왕ᄒᆞ야 학원 ᄉᆞ십 오인을 시취ᄒᆞ엿더라.[43]

졸업기한은 6개월이며, 우등생에게는 3개월에 졸업하는 제도가 마련되어 있다.
이 제도에 따라서 제1회 졸업생이 1895년 11월 19일에, 제2회 졸업생이 1896년 5
월 2일에 각각 배출되었으나, 갑신정변으로 곧 중단되고 말았다. 1903년 2월에 재
개소하여 입학한 제3회는 1904년 7월에 졸업하고, 1904년 9월에 입학한 제4회는
1906년 1월에 졸업하였다.[44] 그 후 1905년의 법관양성소 관제에 의해서 졸업연한
은 3년으로 연장되었다. 1908년 12월 제6회 졸업생을 배출하고 다음 해 10월 법학
교로 개편되면서 수업연한은 3년이 된다.

시험과 관련된 이야기 하나.

---

41 「녀인성심」, 『뎨국신문』, 1899. 5. 19.
42 최기영, 앞의 글, 49면에서는 "법관양성소에 입학한 인물들은 조선왕조의 전통적인 지배계층이
　아니라 '주변인(marginal man)'으로 이해해도 좋을 것 같다"고 한다.
43 『대한매일신보』, 1904. 9. 19.
44 최기영, 『한국 근대 계몽사상연구』, 일조각, 2003, 59면.

그(변영만)가 법관양성소에 들어가기 위해서 시험을 쳤을 때, 일어난 짤막한 에피소드를 소개할 것 같으면 평생 시험이라고는 처음 경험해 보는 그였는지라, 생래의 총명도 그날만은 깜박 실수를 저질러서 답안지에 이름을 적는 일을 잊어버리고 나왔던바, 시험관이 답안지를 받아본즉 엄청나게 뛰어난지라 일부러 조사하여 가지고 입학의 영광을 안겨주었다는 것이다.[45]

입학정원은 1895년 6월의 『관보』에 의하면 50명이었으며, 다시 문을 연 1903년 2월에는 90명을 선발하였다.

> ● 法學未定　法部에셔 法律學徒 百餘名을 募集하는딕 法律 副教師는 己往 養成所卒業生을 需用하기로 議定하얏다더니 更聞혼則 該 議定이 實施가 되지 못홀 境에 至혼 故로 舊卒業生等이 請願呼訴하더라.[46]
> ● 養成所定俸　法部에셔 法官養成所 學徒九十名을 日昨에 試取하얏난딕 教授는 舊卒業生으로 四人 法語卒業生으로 四人을 議定하는딕 月俸은 每朔十五元式이라더라.[47]

그러나 1909년 4월 법학교 예과에서는 정원이 100명이었는데 700여 명이 응시하였다는 보도가 있었으나 그 후 사법권이 일본에 위임되면서 법학의 인기는 크게 떨어지게 된다.

이와 관련하여 개명기의 일본에서는 1875년 사법성(司法省) 안에 법학교(法學校)를 두어 정칙과(正則科)는 프랑스어에 의한 8년 교육, 속성과는 일본어에 의한 2년 교육의 제도가 마련되었다.[48] 또한 도쿄대학 법학부에서 근대법 교육을 실시하였으나 이 두 기관만으로는 도저히 대량의 사법관에 대한 수요를 충당할 수 없었다.

그리하여 이른바 자유임용에 의한 사법관 등용방법을 재택하여 그 질적 저하

---

45 임종국·박노준, 『흘러간 성좌—오늘을 살고 간 한국의 기인들』(2), 국제문화사, 1966, 95면.
46 『황성신문』, 1903.2.24.
47 『황성신문』, 1903.3.4.
48 사법성 법학교는 설립된 지 10년 만인 1885년 도쿄대학 법학부로 편입되고, 같은 해 문학부에서는 정치학과와 이재학과(경제학과)가 분리하게 된다. 1886년에는 제국대학령에 의해서 제국대학 법과대학이 되었다. 상세한 것은 手塚豊, 「司法省法學校小史」, 『明治法學敎育史の硏究』, 慶應通信, 1988, 3~154면 참조.

는 두말할 필요가 없었다. 더구나 근대적인 법체제가 정비되지 않아서 법학교육뿐만 아니라 사법관의 충원제도 자체가 혼란하였다.[49] 그러나 일본의 근대화는 사법제도를 포함하여 당시의 조선에는 과대평가 내지는 선전되고 있었다.[50]

이렇게 볼 때 근대적인 법학교육에 대한 조선 정부의 개혁의지나 당시의 정치상황도 문제려니와 일본 자체도 아직 서구의 근대법을 제대로 수용하여 자신의 것으로 소화하지 못한 상태였기 때문에 일본인에 의한 법학교육은 당초부터 한계가 있을 수밖에 없는 실정이었다.

그 후 1903년 폐교된 지 7년 만에 법관양성소는 다시 문을 열게 되었다. 여기에는 국정의 모든 분야에서의 쇄신과 경장이라는 시대적 분위기와 함께 국민의 국가사상이나 권리관념의 증대로 인한 새로운 사법제도의 요구가 자연스럽게 분출되고 있었다. 그러나 이와는 달리 조선 정부의 우편 고문 끌레망세(吉盟世, E. Clémencet)가 고종 황제에게 법률책을 헌정하는 것을 계기로 다시 개교하였다는 일본 측 기록도 있으나 정확하지 않다.[51]

법관양성소와 법어학교의 관계를 간단히 살펴보면 법어졸업생을 교수로 채용하는가 하면,[52] 당시 법어학교는 매우 흥왕하였다는 기사[53]도 보이며, 광산학교 출신의 에밀 마르텔(馬太乙, Emile Martel, 1874~1949)이 1895년 설립 당초부터 1911년 11월 폐교될 때까지 교장으로 근무하였다.[54] 법어학교에서는 1900년 크레마지(金雅始, Laurent Crémazy, 1837~1910)[55]가 고빙되어온 후에는 법률도 가르친 모양이다.

---

49 예컨대 형법과 치죄법은 1882년에 제정되고, 1884년에 판사등용규칙이, 1888년에 문관시험시보급 견습규칙이, 1891년에는 판사검사등용시험규칙이, 그 밖에 제국대학 출신의 무시험을 비롯하여 1918년 고등시험령에 의해서 사법과 변호사 시험이 통합되기까지 매우 복잡하였다.

50 이 문제도 깊이 연구할 테마의 하나이다. 예컨대 『황성신문』, 1906.4.30~1906.12.31까지 연재된 메이지유신에 관한 기사, 특히 사법제도에 관하여는 1906.11.7~19 참조.

51 *The Second Annual Report on Reforms and Progress in Korea(1908~1909)*, Compiled by H.I.J.M.'s Residency General, Seoul, December, 1909, p.65.
끌레망세는 대한제국의 농상공부 우체사무 주임(우체국장) 겸 우체교사로서 고빙되어 법관양성소에서는 프랑스어와 프랑스법도 강의하였다고 한다. 상세한 것은 홍순호, 앞의 글, 120면 참조.

52 『황성신문』, 1903.3.4.

53 『뎨국신문』, 1901.4.22.

54 홍순호, 앞의 글, 106~107면.

55 크레마지에 관하여는 후술 「교수진」; 김효전, 『근대 한국의 국가사상』, 철학과현실사, 2000, 762~765면 참조.

◉ 選徒教律　法律敎師 金雅始氏와 法務 司理 兩局長이 法語學校에 會同ᄒ야 該校 學徒를 試取ᄒ야 趙容九氏等 十人을 優等으로 選ᄒ얏는디 昨日붓터 法部에서 法國 法律을 敎授ᄒ더라.[56]

◉ 法徒敎育　法部 法律敎師 法人 金雅始氏가 學員을 熱心 敎育ᄒ더니 近日 該部 에셔 繙譯一員을 增設ᄒ고 敎課를 贊助ᄒ기로 確定ᄒ고 更히 俊秀ᄒ 子弟 二十四人 을 選取ᄒ야 法律을 敎育ᄒ다더라.[57]

위의 기사 중 법어(法語) 졸업생이란 아마 김우식(金迂植), 정기학(鄭基學), 이신우 (李信宇),[58] 그리고 최병옥(崔炳玉)[59]으로서 크레마지의 추천으로 법관양성소의 교 관이 되었다.

1903년에 개정된 법관양성소규정에 의하면 수업 연한은 3개월에서 3년으로 연 장되고,[60] 우등생은 1년 만에 졸업할 수 있었다.[61]

1904년의 경우에, 소장은 법부대신 이지용(李址鎔)이, 부소장은 법부협판 심상 익(沈相翊)이 각각 담당할 만큼 법관양성소는 중요한 교육기관이었다. 그러나 그 운용에 대해서 전술한 통감부의 연보는 "법관양성소의 당연직 소장인 법부대신 이나 협판, 공소원 판사는 법학의 착실한 연구를 증진시키기 보다는 빈번히 정치 적 동요를 야기하는 도구가 되었다"[62]라고 비판하고, 나아가 "사법개혁과 동시에 특히 1907년 7월의 협정 체결 이후에 수행된 법부고문 노자와(野澤武之助, Nozawa)[63] 는 법관양성소 소장에 임명되고 그는 개선에 착수하였다"[64]라고 하여 법관양성 소 운영의 문제점을 조선인의 잘못으로 돌리고 일본인에 의한 개선을 당연한 것 처럼 기술하고 있다.

---

56 『황성신문』, 1901.3.13.
57 『황성신문』, 1903.1.13.
58 『관보』 제2778호, 1904(광무 8).3.19.
59 『황성신문』, 1904.3.19.
60 The Second Annual Report, p.66에서는 수업 연한이 2년으로 연장되었다고 하나, 이는 잘못 서술한 것이다.
61 『관보』, 1903.1.22.
62 The Second Annual Report, p.66.
63 상세한 것은 김효전, 「野澤武之助와 근대 한국의 법학교육」, 『법사학연구』 제41호, 한국법사학 회, 2010, 65~105면 및 본서 참조.
64 The Second Annual Report, p.66.

특히 일본인을 한국 관리로 임명하는 것에 대해서 의병들은 전적으로 반대하였다.

● 義徒決議　京城新報를 據호즉 義徒 巨魁 權, 許, 柳 等이 江原道 某處에 集會호야 議決호얏다 홈이 如左호니
　一 太皇帝께셔 攝政홀 事
　一 國賊 現內閣을 更迭케 홀 事
　一 眞實愛國의 士로 호야곰 新內閣을 組織홀 事
　一 第二韓日協約中에셔 日本人을 韓國官吏로 採用호는 一條를 刪去홀 事
　一 右記 目的을 達호기 爲호야 伊藤 統監의 渡韓홈을 待호야 長書홀 事
　一 伊藤 統監이 萬若 吾人의 意見을 不聽호면 一擧호야 京城을 襲擊홀 事라 호얏더라.[65]

일본인의 직접적인 간섭 없이 법관양성소는 1904년 7월 21일에는 제3회 졸업생을,[66] 1905년에는 제4회 졸업생을 배출하였다.

1905년 11월에는 일본의 무력 위협 속에 이른바 을사늑약이 체결되어 외교권을 상실하고 일본의 보호국이 되었다.[67] 지배기구로서 통감부가 설치되었다.[68]

이에 대해서 법관양성소의 학생들은 이 조약에 조인한 대신들을 평리원에 고발하기도 하였다.

---

65 『황성신문』, 1908.3.22.
66 제3회 졸업생 권태정(權泰珽)은 자신의 이력서에서 1904년 7월 15일로 기재하고 있다. 『대한제국 관원 이력서』, 탐구당, 1972, 902면.
67 상세한 것은 박배근, 「일본 국제법학회지에 나타난 한국침탈 관련 연구의 내용과 동향─보호국논쟁을 중심으로」, 김부자 외, 『한일간 역사현안의 국제법적 재조명』, 동북아역사재단, 2009, 217~254면; 히라이시 나오아키, 「한국 보호국론의 제양상(諸樣相)에 대하여─독립과 병합 사이 주요 학자의 논거를 중심으로」, 김용덕·미야지마 히로시 편, 『근대교류사와 상호인식』, 아연출판부, 2007, 313~348면; 이태진 편, 『일본의 대한제국 강점─"보호조약"에서 "병합조약"까지』, 까치, 1995; 백충현, 「국제법으로 본 1900년대 한일조약들의 문제점」, 『한국사 시민강좌』 제19집, 일조각, 1996, 72~85면.
　일본 문헌으로는 柳原正治, 「主權平等と保護國─'有賀·立保護國論爭'を中心として」; 柳原正治, 「開港期韓國における不平等條約の實態と朝鮮·大韓帝國の對應」, 『2001年度共同研究プロジェクト研究成果報告書』, 106~119면; 田中愼一, 「保護國問題─有賀長雄·立作太郎の保護國論爭」, 東京大學, 『社會科學研究』 제28권 2호, 1976; 坂元茂樹, 「日韓保護條約の效力─强制による條約の觀點から」, 關西大學, 『法學論集』 제44권 4·5호, 1995 참조.
68 통감부에 관하여는 강창석, 『조선통감부연구』 I·II, 국학자료원, 1994·2004; 松岡修太郎, 「統監府の統治法制」, 京城帝大, 『法學會論集』 제12권 3·5호, 1941 참조.

● 法官失刑 法官養成所 學員 七十餘人이 今番 新條約事件에 對ᄒ야 調印혼 諸賊
롤 一幷照律正刑홀 意로 平理院에 告發ᄒ얏다ᄂᆫ디 該院 檢事가 一昧推逃ᄒ야 不思
審 蔽正刑ᄒ니 近日 法官은 可謂 無法이라고 興論이 沸鬱ᄒ더라.[69]

그러나 평리원의 검사는 이를 기소하지 아니하여 여론이 비등하였다.

1905년 12월 11일에는 해외유학파인 이면우(李冕宇)가 법관양성소 소장으로 임
명되고 그는 자신처럼 일본에서 유학한 홍재기, 류동작, 유문환, 윤헌구, 석진형,
나진을 교관으로 임명하였다.[70] 바로 한 달 전 조선 정부는 일본의 무력적인 위협
속에 이른바 을사늑약을 체결하여 외교권을 상실하고 일본의 보호국으로 전락하
였기 때문에 일본의 영향이 크게 작용하였을 것임은 쉽게 상상할 수 있다. 그리하
여 종래에 구학문을 중심으로 강의해온 정명섭, 윤태영, 김종훈, 고익상, 조세환은
해임되었다. 그런데 법관양성소 소장 노자와(野澤武之助)는 2년도 훨씬 지난 후인
1908년 2월 윤태영의 퇴관은사금(退官恩謝金)만을 청구한 보도[71]가 있어서 이해할
수가 없다. 당시의 보도는 아래와 같다.

● 以忠被免　法官養成所 教官 丁明燮, 尹台榮, 金鍾灌, 高翊相, 曹世煥氏等 六人
은 專廢教課가 幾近一朔홈으로 倂爲免本官ᄒ고 其代에 洪在祺, 柳東作, 劉文煥, 尹憲
求, 石鎭衡, 羅瑨 氏等이 被任ᄒ얏더라.[72]

이리하여 법관양성소에는 신학문을 공부한 젊은 세대로 대체되고 이들은 하루
에 5시간씩 열심히 교수하였다.[73]

이러한 현상은 개명기의 일본도 마찬가지였다. 근대법에 대한 학식의 중요성은
1882년의 형법과 치죄법(治罪法)의 시행을 계기로 증대되고,[74] 이에 대한 소양이 부
족한 사법관은 점차 구시대의 유물로서 노후 사법관도태처분의 대상이 되었다.[75]

---

69 『대한매일신보』, 1905.12.2.
70 『관보』 제3324호, 1905.12.15.
71 『대한매일신보』, 1908.2.20.
72 『대한매일신보』, 1905.12.15.
73 『대한매일신보』, 1906.3.11.
74 村上一博, 「明治法律學校出身の司法官群像」, 明治大, 『法律論叢』 제69권 1호, 1996, 136면.

한편 학제가 변경되어 3학년 학생들은 신학문이 부족하여도 졸업을 하게 되자 문제가 발생하기도 하였다.

● 卒業還呈 法官養成所 教官 丁明燮 氏等 六人이 免官혼 代에 外國에 遊學혼 法律卒業生 洪在祺 氏等 六人이 被任ᄒ야 學員을 教授홀 터인디 其中 三年生이 今爲 來業期限故로 所長 李冕宇氏 曰 三年生은 新學問이 不足ᄒ나 旣得權을 難侵이니 不得己 來業을 許ᄒ노니 應試ᄒ라 혼디 三年生 李啓玉氏가 曰 當此時代ᄒ야 革舊從新ᄒ는 主義는 國家進步를 爲홈이어날 一張休紙와 盧名宕巾으로 爲主ᄒ야 來業을 許ᄒ니 此는 國家가 學徒를 養成ᄒ는 本意가 아닐쑌더러 每事를 如此히 ᄒ면 엇지 進步를 可望ᄒ리오. 決斷코 吾는 此에 反對라 ᄒ고 三年生 李鎬梴氏가 又 曰 今番 卒業生이 日後 法官이 되면 法律에 昧ᄒ야 人民을 網ᄒ리니 此는 卒業證이 아니라 곳 病國害民狀이라 혼디 所長 李冕宇氏가 辭曰 諸學徒가 二人과 皆如ᄒ면 엇지 此言을 敢出ᄒ며 我國進步가 不出幾年에 歐美諸國과 立立ᄒ깃다 ᄒ얏다니 如此學徒는 大志를 抱혼 者라 謂ᄒ깃다 ᄒ더라.[76]

● 兩氏勤務 法官養成所 課規를 詳聞혼즉 該所長 李冕宇와 教官 洪在祺氏가 勤於教務하야 大有前進之望이라는디 每日 五時間式을 教授혼다더라.[77]

● 三氏請願 法官養成所 教官 羅진 劉文煥, 尹泰榮, 三氏가 法部에 請願허되 他 學校에 教授홈이 少無相碍허니 官員服務 第十條에 依허여 許施허라 허엿다더라.[78]

빈번한 학제의 개정과 교수진의 대폭적인 교체로 안정된 상황하에서 제대로 교육을 받지 못한 당시의 상황을 짐작할 수 있다. 혼란한 시대상황은 법관양성소의 교육에도 그대로 반영되었다.

1906년부터는 졸업생에게 성법학사(成法學士)라는 칭호를 수여함으로써 일종의 학위와 같은 성격을 부여하였다. 그러나 이전부터 공부하던 이른바 구학원(舊學員)의 대우문제가 제기되어 신문에 보도되기도 하였다.

---

75 楠精一郎, 『明治立憲制と司法官』, 慶應通信, 1989 참조.
76 『대한매일신보』, 1905.12.12.
77 『대한매일신보』, 1906.3.11.
78 『대한매일신보』, 1907.1.13.

● 舊學呼冤　法官養成所 舊學員의 情景을 聞ㅎ온 즉 該所가 自昨年 春으로 章程을 定ㅎ야 每年 冬夏 兩期로 陞降法을 用ㅎ고 年限은 三年이오 卒業參試는 一班으로만 改正이더니 其後에 該 所長 金洛憲氏가 遞任되고 李冕宇氏가 代任 後에 該 敎官 六人을 一切 免官ㅎ고 新敎官은 普成專門學校講師로 任ㅎ얏는디 新學員을 募集ㅎ고 舊學員을 對ㅎ야 公佈ㅎ기를 汝等의 從前 學問은 腐敗한 法律이니 一切 廢止ㅎ고 新學問에 入學ㅎ되 年限은 二年으로 班次는 等級 업시 合班ㅎ고 新舊學員이 同히 上學ㅎ되 不願者는 退去ㅎ라 ㅎ니 舊學員의 從前 學問도 皆 現行法律이라. 新學이 不無ㅎ거날 歸之腐敗ㅎ고 俾與新學員으로 同班受業케 ㅎ니 豈不冤抑가 所以로 舊學員이 屢次 呼訴子法部大臣한즉 但云善爲措處라 ㅎ고 終無區別之擧라. 盖 其 理由는 新所長과 敎官이 普成專門學校에도 視務ㅎ고 又 他學校에도 視務ㅎ는 故로 法官養成所에는 不過 一週日間 一人 一次式 遞番視務ㅎ고 時間은 合 二時爲一時ㅎ니 所以로 新舊學員의 區別이 無케 홈이니 一身兩祿이 雖無害於自家之告斷이나 至於敎育 章程ㅎ야는 實背公理라 ㅎ더라.[79]

● 呼冤無指　法官養成所 舊學員 抑免情景은 前報에 已揭어니와 更聞한즉 該員等 三十餘人이 歲前에 法大에게 請願書를 呈홀 次로 法部에 送한즉 該 所長 李冕宇氏가 阻當ㅎ야 不得呈質이라 不得已 退在路上이라가 法大 仕退時에 路呈ㅎ얏다는디 該書 主旨는 卒業參試케 ㅎ든지 不然즉 新舊學員을 區分敎授ㅎ야 章程디로 今年에 卒業케 홈을 請홈인바 該 大臣이 面對學員ㅎ야 善爲措處ㅎ마 ㅎ얏다는디 于今꼬지 指令이라고 一字가 無ㅎ다니 抑或指令이 雖有나 該氏等이 留中ㅎ는지 不知ㅎ깃다더라.[80]

● 非敎伊謔　法官養成所 敎官 洪氏가 日昨 上學時 呼名하다가 李基燦 學員을 對하야 何不早入고 ㅎ더 同氏 曰 其間 山訟事로 今始入矣라 ㅎ온즉 該 敎官이 訟의 得落을 問ㅎ는지라. 同氏 曰 落하얏다 하니 該 敎官 曰 民事訴訟을 早學하얏스면 落訟치 아니하얏스 訟之得落이 不在理勢ㅎ고 專在리라 하니 乎民事訴訟之學不學인지 民事訴訟學한 人은 雖何許境過던지 擧皆 得訟하는 洪氏는지 可謂病於新學問이라 豈可對老宿學員하야 出比戲謔的 說話오 數몸敎官만도 不如하다고 嘲笑頗多하더라.[81]

● 前聞非眞　日前 本報所記 法官養成所 敎官 洪氏가 學員 李氏를 對ㅎ야 謔浪ㅎ

79 『대한매일신보』, 1906.2.23.
80 『대한매일신보』, 1906.3.7.
81 『대한매일신보』, 1906.3.7.

얏다홈은 更聞호즉 其 語意가 非出於嘲戲라. 法律學勸勉에 不過이고 …….[82]

여기의 이기찬은 법관양성소를 최우등으로 졸업하고 판사를 역임한 후 유명한 변호사가 되지만 일제시대에는 중추원 참의가 되어 친일로 일관한다.[83]

●待請公開 法官養成所 舊學員의 冤抑情景은 前報에 已揭어니와 今聞호 則 待其 區分호고 一不出席호얏더니 日前에 稱以一쥬 日無故欠帝호고 黜學揭載라 호니 待區 分을 搆以無故호니 向所謂將施區分之說이 今果安在오 含冤見壓으로는 行將公開裁 判호야 執曲執直을 分析結處홀터이ㄴ 但 該員等은 曾皆忠義腔子라. 條約時에 法大 에게 長書호야 五賊을 正法호즈호던 人이니 見今形便호면 皆忤世離羣之輩라. 今日 國事가 蒼黃호야 彼輩가 尚保其位호얏스니 今此見黜이 不足爲怪로라. 暗黑中에 裁 判호면 反愧干心이라호야 他日에 他法官의 明決홀 時에 公開裁判을 期爲請開호깃다 호다더라.[84]

특히 1906년에는 법관양성소의 관제도 개정되고 교수진으로부터 운영의 쇄신 에 이르기까지 여러 가지의 개혁을 도모하였다. 그러나 해결해야 할 문제점들이 산적해 있었다.

●法所官制改正 法部에서 度支部에 照會호되 弊部 所管 法官養成所는 專門 敎授 호야 司法官資格을 養成호옵는바 設置多年에 敎科가 未備호고 受業이 不完호야 有 名無實의 嘆이 不無호옵기 本年春夏期 以後로 敎科를 變更호야 內外國法律을 敎授 호고 通鍊學理호 敎官을 擇任코자 호오나 該所官制에 敎官이 奏任 一人 判任 五人이 온 則 職卑俸簿호야 善良호 敎官을 擇任키 不能호와 非從敎授之不便이라. 人材養成 을 何可望也리오. 然則 將來 司法의 機關을 擴張호고 人員을 排置홀 時에 需用이 無

82 『대한매일신보』, 1906. 3. 11.
83 이기찬에 관하여는 민족문제연구소 편, 『친일인명사전』, 민족문제연구소, 2009, 795~796면; 김효 전, 『헌법』, 소화, 2009, 130~131면 참조.
84 『대한매일신보』, 1906. 3. 24.

路矣리니 國家缺點이 孰其於是리오. 該所屋舍之最隘과 經費之窘繩은 不可枚陳이오
나 猶獨歇后之語이옵고 至於官制不備ᄒᆞ야 任官之不得其人은 時日爲急ᄒᆞ와 敎師 一
人을 外國人으로 雇聘ᄒᆞ고 敎官 五人을 奏任敎授로 改正ᄒᆞ고 副敎授 一人 書記 二人
을 判任으로 增眞ᄒᆞ야 通譯 及 敎課書校准과 諸般庶務에 從事케 ᄒᆞ又습기 本年度 三
個朔經費豫算書 及 增減額造製書를 繕交ᄒᆞ오니 照亮後 該 豫算不足額을 計上承認ᄒᆞ
시고 遂朔支撥ᄒᆞ심을 爲要라 ᄒᆞ얏더라.[85]

당시의 상황은 법관양성소뿐만 아니라 모든 법률전문학교가 의욕과 열의는 넘
쳐있으나 학생이나 시설의 면에서는 매우 미비하였음을 알 수가 있다.

▲官立 法官養成所와 私立 普成學校와 養正義塾 等 法律專門學校에 養成法學士와
法學卒業生이 不恨不足흔 則 法律을 不知홈이 不是라 法律을 不用홈이 現今 缺點되
는 事이라.[86]

이상은『만세보』의 「난로다화(暖爐茶話)」라는 칼럼의 한 부분이다. 개화기에는
수많은 학교가 전국에서 동시다발적으로 설립되었으나 빈약한 재정과 시설미비,
교사의 부족 등으로 정상적인 교육을 실시한 곳은 많지 않은 편이다. 신소설의 작가
이해조(李海朝, 1869~1927)는『자유종』(1910)에서 이렇게 말한다. 즉 '관공립은 화욕(華
褥) 학교라 실상은 없고 문구뿐이오, 각처 사립은 단명(短命) 학교라 기본이 없어 번차
례로 폐지할 뿐 아니라'고 하여 당시의 상황을 적절하게 묘사하고 있다.[87]
그 밖에 법부대신 이하영이 법과대학을 설치한다는 계획도 보도되고 있었으나
실현되지 못하였다.

◉ 法科大學校設置說 法部大臣 李夏榮氏가 法律大學 課程의 學校를 新設ᄒᆞ고 二
三年間 法學을 專業ᄒᆞ야 法官을 輩出케 홀 目的으로 各 大臣의게 承諾ᄒᆞ얏ᄂᆞ디 但 該

---

85 『황성신문』, 1906. 9. 25.
86 『만세보』, 1906. 11. 10.
87 최찬식 외,『추월색・자유종・설중매』, 범우사, 1984, 98면. 또한 이해조,『소설선』; 최원식,『자
유종』, 창작과비평사, 1996, 26면 등 참조.

校는 法部所屬이 될지 學部所屬이 될지 未定이라더라.[88]

학칙을 개정한 후 법관양성소는 다음과 같은 학생 모집 광고를 내고 있다.

○ 學員募集廣告

本所에셔 學徒를 加選홀 터이오니 入學ㅎ기 願ㅎ는 者는 光武 十一年 一月 四日 陰
十一月 二十一日內로 稟請狀을 本所에 具呈ㅎ고 同月 五日 陰 十一月 二十一日 上午
十時에 本所에 來ㅎ야 入學試驗을 應홀 事.

入學試驗課目

一 國漢文讀書 國漢文作文 算術分數以下 內國歷史 內國地誌

一 年齡은 二十歲 以上 三十五歲 以下

但 師範學校 中學校 外國語學校 及 其他 以上 同等되는 學校에 卒業證이 有혼 者는
免試許入홈이라.

法官養成所[89]

한편 1906년 미국 샌프란시스코에서 지진이 일어나서 그곳에 사는 동포들도
많은 조난을 당했다. 그리하여 본국에서 이들을 지원하는 운동을 벌이자 여기에
법관양성소 교관 유문환, 석진형, 윤헌구, 나진, 유진명은 학원들과 함께 재상항(在
桑港) 조난동포구조금을 내기도 하였는데 법관양성소에서 『매일신보』에 보낸 편
지는 다음과 같다.

● 法官養成所 寄函

敬啓者哀我同胞遠在天涯北米不幸當曾前罕有之地變栖屑道路互相轉展其爲一國
同胞孰不聞警악悶然哉然而 貴社特念此情率先義擧廣集捐金救之計之實是國民底禍
亂相濟之卓行也故本所僅收諸員捐金若干玆以仰付幸須査랍爲荷仍頌大安.[90]

---

88 『만세보』, 1906.12.30.
89 『황성신문』, 1906.12.12.
90 『대한매일신보』, 1906.6.14.

한편 1907년 법부에서는 형법개정안에 대해서 법관양성소의 의견을 구하기도
하였다.

● 意見備述　法部에셔 刑法改正案을 ᄀ 府部와 平漢裁 及 法官養成所와 각 道府와 補
佐官의게 頒送ᄒ고 本年 四月末內 ᄀ 其 意見書를 備述ᄒ야 本部에 提出ᄒ라 ᄒ얏더라.[91]

● 未來學則　法官養成所의 學科目과 入學資格 及 其他 必要ᄒ 學則을 法部에셔 將次
改定ᄒ다ᄂ디 現在 學徒ᄂ 舊規를 依ᄒ야 施行케 ᄒ다더라.[92]

● 通奇保證　法官養成所에셔 學生을 再昨日 붓터 昨日ᄭ지 兩日을 試取ᄒᄂ디 應試人
員은 一百五十餘名에 達ᄒ지라. 試取를 終了ᄒ고 揭示ᄒ기를 入格ᄒ 人은 本月 十日內
로 保證人에게 通知ᄒ 터이니 退待ᄒ라 ᄒ얏다더라.[93]

1908년(융희 2) 1월 17일에는 법관양성소 규정이 개정되어 교과과정이 분화되
고, 직제도 다소 세분화되어 소장 1인, 교수와 조교수 각 3인, 간사 1인, 그리고 번
역관과 번역관보 및 주사 각 2인을 두고 있다. 동시에 예과를 설치하였다. 예과는
입학시험을 거쳐 들어갈 수 있으며, 1908년에 실시된 시험에서는 응시자 132명 중
52명이 본과에 입학하였고, 254명의 지원자 중 90명이 예과에 합격하였다.

1908년 가을의 개학에 관하여는 다음과 같은 광고가 나가고 있다.

◎ 特別廣告

敬啓者 本所規則上 秋期 開學日字ᄂ 九月 拾壹日이나 臨時必要롤 因ᄒ야 來 秋期
에 限ᄒ야 九月 壹日에 開學ᄒ기로 定ᄒ얏기 玆에 廣告ᄒ오니 僉學員은 照亮後 届期
登校ᄒ심을 爲要.

隆熙 二年 八月
法官養成所[94]

---

91 『대한매일신보』, 1907. 3. 24.
92 『황성신문』, 1908. 1. 14.
93 『황성신문』, 1908. 4. 1.
94 『대한매일신보』, 1908. 8. 22.

개학문제에 관하여는 광고 외에 기사로서도 보도되고 있다.

● 養成所開學協議　法官養成所에셔 昨日 下午 二時에 講師會議를 開ᄒ고 開學準
備를 協議ᄒ얏다더라.[95]

1909년 4월에 들어와서는 예과에 응시한 사람이 무려 7백여 명이 되어 설립 이
래 최고의 기록을 세우기도 하였다.[96]

● 應試者七百餘　法官養成所에셔 昨日에 預科 學生을 試取ᄒᄂᆫ디 應試者가 七百
餘名에 達ᄒ야 該所 設立以後에 最多數를 占ᄒ얏다더라.[97]

그러나 법관양성소의 폐지나 개편은 시간문제여서 당시의 보도는 아래와 같다.

● 養成亦廢　法部가 廢止된 結果로 法官養成所가 隨而廢止된다더라.[98]
● 日人鼻笑　法官養成所 學員들은 帽子를 雕付(조부)ᄒ얏난디 日人들이 히 法字
帽子를 逢著ᄒ면 互相 鼻笑 曰 此等 學徒ᄂᆫ 所用無處라 ᄒ다더라.[99]
● 法官養成所仍眞　新協約 第二條에 依ᄒ야 各 裁判所의 我國人 判檢事로 現在의
狀態를 維持ᄒ기로 定ᄒ고 法官養成所와 如ᄒ 者ᄂᆫ 學部의 管轄下에 立ᄒ야 法律家
를 養成ᄒ 方針이라더라.[100]
● 法學生議決　今明間 官報로 頒佈되ᄂᆫ 軍部廢止事에 對ᄒ야 法官養成所ᄭᅵ지 廢
止된다고 一般興論이 浪藉홈으로 法官養成所 學員 三十餘名이 日昨 東小門外 城北
洞 某處에 會同ᄒ되 卒業後 處置方法에 對ᄒ야 內閣 及 法部에 請願書를 提呈ᄒ기로
決議ᄒ얏다더라.[101]
● 移屬學部　日本에 委任ᄒ 司法權은 實施가 來 十一月브터 決行ᄒ기로 豫定인데

95　『대한매일신보』, 1908.8.30.
96　『황성신문』, 1909.4.13.
97　『황성신문』, 1909.4.13.
98　『대한매일신보』, 1909.7.25.
99　『대한매일신보』, 1909.7.25.
100　『황성신문』, 1909.7.28.
101　『황성신문』, 1909.7.31.

法官養成所는 將來 法官養成키 爲ᄒ야 依然 存置ᄒ되 法部廢止 後에 該所 句管은 學部로 移屬ᄒ다더라.[102]

● 法學校官制　法部 廢止ᄒ 後 法官養成所는 法學校로 改稱ᄒ고 依然히 存置홀 터인데 此에 關ᄒ 官制는 來月 一日에 發布ᄒ다더라.[103]

이러한 기사에서 보듯이 법부와 군부가 폐지되기 때문에 인심이 흉흉해지고 이에 따라 통감부에서는 치안유지라는 명목으로 더욱 무력으로 조선 인민을 탄압하였다. 이러한 분위기 속에서 사법관을 양성하는 교육기관의 운명도 풍전등화와 같은 것일 수밖에 없는 일이다.

3) 번역관 문제

1895년의 재판소구성법에서는 통변(通辯)을 규정하고 있었다. 즉 조선어가 원칙이지만 예외적으로 '소송관계인 중 조선어에 통치 못ᄒ는 자가 유(有)ᄒ는 시(時)는 통변(通辯)을 용(用)ᄒ믈 득(得)홈'(제51조), 또한 외국인이 소송관계인이 될 때 판사가 그 국어에 통하는 경우 외국어로써 구술 심신(審訊)을 할 수 있지만 소송기록은 조선어로 작성하도록 되어 있다(제52조).

그러나 1905년 제2차 한일협약을 체결하고 일본인 사법관을 다수 채용하게 되면서 통역과 번역이 절실하게 요구되었다. 그리하여 새로이 번역관을 선발하게 된다.

이러한 현상은 내부와 탁지부에서도 마찬가지여서 다음의 기사가 잘 나타내고 있다.

● 繙譯增置　內部 及 度支部에 外國人의 交涉事項이 日益 浩繁홈으로 繙譯官 繙譯官補 各 一人을 增寘(증치)ᄒ야 繙譯 及 一切 交涉事務를 使之掌理케 홈이 安當ᄒ

---

102 『대한민보』, 1909. 9. 21.
103 『대한민보』, 1909. 10. 20.

다 ᄒᆞ야 政府로 請議ᄒᆞ다는 說이 有ᄒᆞ더라.[104]

1909년 법부에서는 재판소번역관보 채용시험을 법관양성소에서 실시하였다. 이에 관한『황성신문』의 광고는 다음과 같다.

● 裁判所繙譯官補 採用試驗廣告
六月 二十七日 本國人 裁判所 繙譯官補 採用試驗을 擧行할 터이니 志願者는 全月 二十五日內로 應試請願書에 履歷書와 最近ᄒᆞᆫ 自己 寫眞을 添附ᄒᆞ야 本部 職員課에 提呈ᄒᆞᆯ 事.
但 應試者는 筆墨硯을 携帶ᄒᆞ고 試驗當日 午前 九時에 光化門前 法官養成所로 出頭ᄒᆞ야 名啣을 出呈흠이 可ᄒᆞ되 同時刻에 晩到ᄒᆞ는 者는 應試를 得치 못흠.
法 部[105]

관보의 내용도 위와 동일하다.

六月 二十七日에 本國人 裁判所繙譯官補 採用試驗을 擧行ᄒᆞᆯ 터이니 志願者는 全月 二十五日內로 應試請願書에 履歷書와 最近ᄒᆞᆫ 自己 寫眞을 添附ᄒᆞ야 本部 職員課에 提呈ᄒᆞᆯ 事.
但 應試者는 筆墨硯을 携帶ᄒᆞ고 試驗當日 午前 九時에 光化門前 法官養成所로 出頭ᄒᆞ야 名啣을 出呈흠이 可ᄒᆞ되 同時刻에 晩到ᄒᆞ는 者는 應試를 得치 못흠.
隆熙 三年 六月 三日 法部[106]

● 學員更試 法官養成所에셔 日昨에 學期試驗을 擧行하다가 日人 大廳直이가 該學員 一人이 出去ᄒᆞ는거늘 挾雜이 有ᄒᆞ다고 捉囚코ᄌᆞ ᄒᆞ는 事에 對ᄒᆞ야 該學員이 壹齊退出ᄒᆞ야 應試치 아니ᄒᆞᆺ더니 其間에 有何措處인지 昨日에 該 學員이 應試ᄒᆞᆺ다더라.[107]

---

104 『황성신문』, 1908.6.6.
105 『황성신문』, 1909.6.8.
106 『관보』제4403호, 1909.6.15.
107 『대한민보』, 1909.6.29. 그러나『황성신문』, 1909.6.29는 4백 명이 응시하였다고 서로 달리 보도하고 있다.

이 시험에서 번역관보 40인을 선발하는데 180명이 응시하였다.[108] 당시 재판소의 번역관보뿐만 아니라 국정의 모든 분야가 일본인의 수중에 놓인 관계로 통역의 역할은 매우 중차대하였다. 그리하여 언어불통으로 인한 폐해는 이루 말할 수 없었으며, 특히 사법 분야에서의 언어문제로 야기된 여러 가지 문제점들은 일본인 스스로도 증언하고 있다.[109]

그 밖에 조선인 통역의 비리와 일본어 교육의 강제 내지는 일반의 보급과정은 별도의 연구를 필요로 하는 크고 중요한 테마의 하나이다. 몇 가지의 예를 통하여 당시의 답답했던 상황의 일단을 미루어 추측해 보기로 한다.

먼저 통변과 관련하여 당해 국가의 외교관이 직접 간접으로 압력을 넣거나 영향력을 행사하기도 하였다.

● (權附參領) 美館 通辯 權柔燮氏가 該館 近地 把守兵丁과 詰難ᄒᆞᆫ 事로 軍部에서 裁判까지 ᄒᆞᆼ엿더니 昨日에 美使가 外部에 來ᄒᆞᆼ야 權氏를 參領에 權附ᄒᆞᆷ을 請ᄒᆞᆼ엿다더라.[110]

법부 고문 크레마지는 법어학교 출신학생들을 취직시키려고 애썼으며, 법관양성소에서도 '법국율례'를 강조하였다. 각국의 외교사절들은 경쟁적으로 이권획득에 혈안이 되었으며 나중에는 인사문제에서 바터를 하기에 이른 것은 다 잘 아는 사실이다.

또 다른 예로서 1908년 청년회 개관식에서의 명사들과 통역의 모습을 본다.

● 開館式盛況　靑年會 開館式을 十二月 一日과 二日에 連 六次을 行ᄒᆞᆼᄂᆞᆫᄃᆡ 臨時會長 崔炳憲, 李源兢, 奇一, 李汝漢, 呂炳鉉, 兪星濬 諸氏가 次第로 開會大旨을 說明ᄒᆞ고 李明燫, 玄楯, 李源兢, 金禹權, 金鍾商, 金一善 諸氏가 開會 祈禱ᄒᆞ고 本 學館 學生들이 唱歌ᄒᆞ고 丹羽淸次郎, 李商在, 曹雲廎(갱), 尹致昊, 井深梶之助, 李提馬太, 崔炳憲, 피쉬, 兪星濬, 渡邊暢 諸氏가 次第 演說ᄒᆞ고 安國善, 奇一, 尹致昊, 安泳中, 白象

---

108 『대한매일신보』, 1908.4.7.
109 예컨대 「朝鮮司法界の往事を語る座談會」(1940.8.15 開催), 『司法協會雜誌』 第19卷 10 · 11號 別冊(남기정 옮김, 『일제의 한국사법부 침략실화』, 육법사, 1978, 24면 이하) 참조.
110 『황성신문』, 1899.3.29.

圭, 金奎植, 宋彦用 諸氏가 通譯ㅎ고 全德基, 金一善 兩氏가 答辭ㅎ고 崔彼得, 曾田嘉伊智, 金弼淳, 木原外七, 石原保太郎, 池在崙 諸氏가 次第로 閉會 祈禱ㅎ고 具禮九氏가 幻燈으로 來賓을 供覽ㅎ고 音樂隊가 隨回奏樂ㅎ얏다더라.[111]

여기서 보듯이 통역자들도 안국선, 윤치호 등 당대의 명사들이며, 특히 기일(奇一)은 미국인 선교사 Gale[112]이다. 윤치호는 연설과 통역 두 가지를 함께 하였는데 "박사 오도만(吳道萬) 씨가 연설하고 윤치호 씨가 번역(飜譯)하엿는디"[113]라는 보도에서 보듯이 통역과 번역을 동의어로 사용하고 있다. 그러나 오늘날 대체로 통역은 구두로 의사를 전달하는 것이며, 번역은 문서로 또는 구두와 문서를 겸하는 것으로 이해되고 있다.

다시 사법 분야에서의 번역관보에 한정하여 당시의 신문에 보도된 몇 가지의 기사를 예로 들어 통역의 문제점과 아울러 일본어의 강제적인 보급 등을 간단히 지적해 두기로 한다.

● 繙譯官抄選 法官養成所에셔 再昨日에 裁判所 繙譯官補 四十名을 抄選ㅎ는대 應試者가 一百二十名에 達ㅎ얏고 入格人의게난 追後 通知ㅎ다더라.[114]

● 但試日語 法部에셔 再昨日 法官養成所에셔 繙譯官補를 試取ㅎ얏는디 應試者가 四百餘名이라. 但 日語 一科程만 試驗ㅎ야 四十名을 選拔ㅎ얏다더라.[115]

● 通譯兼任 慶興裁判所 判事 장淵起氏가 法部에 報告허되 現에 各道與 各港市場 裁判所에 檢事를 派送허시되 至於 本所허여는 尙無設寘허시와 本判事가 法務를 專任 판리허온바 今에 法務補佐官이 赴任視務허온즉 亦無 日語通辯허와 每於 裁判之事에 問答이 多礙허니 通辯을 不可不設이옵고 檢事는 旣無設置이오나 其在權宜지道에 本府 總巡으로 檢事職務를 代판케 허여 本所 法務에 協幇從事허오미 恐未知何如허올지 玆에 報告허오니 査照허시와 檢事代판과 通辯使用如何를 指令허라 허엿더라.[116]

---

111 『황성신문』, 1908.12.4.
112 게일(James Scarth Gale, 奇一, 1863~1937)에 관하여는 민경배, 「게일 — 한국을 사랑하고 한국문화를 아낀 선교사」, 『한국사 시민강좌』 제34집, 일조각, 2004, 69~80면 참조.
113 「청년회관대연설」, 『황성신문』, 1909.10.12.
114 『대한민보』, 1909.6.29.
115 『황성신문』, 1909.6.29.
116 『대한매일신보』, 1907.3.14.

● 請議政府　各地方 及 各港市裁判所에 法務補佐官을 派遣ᄒ고 外國人의 關ᄒ 訴訟이 漸次 浩繁ᄒ오니 通譯官을 不容不設置ᄒ야 民刑事上에 一應 通譯事務를 掌케 ᄒ깃ᄂᆞᆫ디 經用이 不敷ᄒ야 新設키 難ᄒ온즉 現今間은 各道府에 在ᄒ 通譯官補로 兼任ᄒ고 裁判上 通譯事務를 從事ᄒ오미 事宜妥合ᄒ기로 此段勅令案을 別紙 繕附ᄒ와 會議에 提呈ᄒ기로 法部에서 請議ᄒ다더라.[117]

● 通譯催任　三和港裁判所 判事 변鼎相씨가 法部에 報告ᄒ되 本所에 法務補佐官補가 到任視務지 後로 諸般 法律上에 言語를 不通ᄒ야 每多장碍이옵기 報告ᄒ오니 查照ᄒ신 後 通譯官을 迅速 敍任 下送ᄒ라 ᄒ얏더라.[118]

△ 法大 趙重應씨ᄂᆞᆫ 平漢 兩裁 事務가 浩煩ᄒ야 法務補佐員 四人을 增置ᄒ기로 統監府로 照請ᄒ얏다니 平漢 兩裁 官人 所爲事가 何事요 日人ᄆᆞᆫ 雇聘ᄒ면 兩院 事務가 就緒될ᄂᆞᆫ지.[119]

● 題辨掩滯　平漢兩裁에셔ᄂᆞᆫ 補佐員 緣於自己事ᄒ야 多日 視務치 아니홈으로 民刑事間에 訴狀을 一不題辨ᄒ야 訟民의 寃聲이 載路ᄒ디 尙今 四五日 後야 視務ᄒ니 補佐員 업시ᄂᆞᆫ 題辭못ᄒᄂᆞᆫ 法律이 何國에 잇ᄂᆞᆫ지 모르깃다고 寃聲이 藉々ᄒ다더라.[120]

여기의 '법무보좌관'이란 통감부가 설치된 이후 한국의 사법권을 장악하기 위한 전단계로서 1907년 1월 평리원과 한성재판소 그리고 도재판소에 법무보좌관 각 1인씩 계 15인과 개항시재판소 법무보좌관보 12인을 임명한 것을 말한다.[121] 이들

117 『대한매일신보』, 1907.3.16.
118 『대한매일신보』, 1907.3.19.
119 『대한매일신보』, 1907.6.5.
120 『대한매일신보』, 1907.6.14.
121 법무보좌관 15인 명단

中村竹藏 (평리원 연봉　4,800圓)	安住時太郎 (한성재판소 연봉 3,600圓)
松下直美 (대구재판소　2,200원)	靑木幹造 (전주재판소　2,200원)
中村敬直 (평양재판소　2,200원)	樋山廣業 (광주재판소　2,200원)
志水高次郎 (진주재판소 2,000원)	大友歌次 (춘천재판소　2,000원)
竹村昌計 (공주재판소　1,900원)	島村忠次郎 (수원재판소　1,900원)
栗原藤太郎 (해주재판소 1,900원)	大谷信夫 (충주재판소　1,900원)
管友次郎 (함흥재판소　1,900원)	小田幹治郎 (영변재판소　1,800원)
祐乘坊釚郎 (금성재판소 1,800원)	

법무보좌관보 12인 명단

伊藤孫太郎 (진남포재판소 연봉 1,100원)	石井瀨太郎 (부산재판소 연봉 1,100원)
伊藤正秋 (마산재판소　1,100원)	木村競次郎 (인천재판소　1,100원)
鈴木林次 (군산재판소　1,000원)	高田慶次郎 (원산재판소　1,000원)

보좌관과 보좌관보는 판사의 판결서, 검사의 기소장에 동의를 뜻하는 날인을 했기 때문에 '보좌'가 아니라 일본인 자신이 말하듯이 '실제로는 사법사무를 처치하는 고문이 되어'[122] 감독하는 역할을 한 것은 물론이며 한국인 판검사와 언어의 불통에서부터 사사건건 대립하였다. 이 보좌관제도는 신 재판소구성법이 제정될 때까지 존속했다가 신 재판소 개청과 동시에 대부분 그곳의 판사로 등용되었다.[123]

● 平漢兩裁에서 民刑事訴訟法에 對하야 日本訴訟法을 模範홀 터인디 現今 兩司官吏中에는 該 訴訟을 解得ᄒᆞᄂᆞᆫ 者가 全無ᄒᆞᆫ 故로 現在官吏는 盡數히 도汰ᄒᆞ고 日本留學中 法律卒業生과 外國法律卒業生을 需用ᄒᆞᆫ다니 法律까지 日本法律을 模範ᄒᆞ니 이거시 刷新政治인지 刷新政治라 謂치 말고 效日政治라 謂ᄒᆞ지.[124]

● 能語者可堪 再昨日 內部次官 木內氏가 初次 仕進ᄒᆞ얏ᄂᆞᆫ대 地方局長 廉중모씨가 木內 씨를 帶同ᄒᆞ고 각 局課에 循察ᄒᆞ면셔 日語를 粗解ᄒᆞᄂᆞᆫ 官吏를 ——히 贊頌ᄒᆞ야 曰 此人이 外國語도 能通홀 쑨덜어 學問에 發達ᄒᆞ야 擧皆可堪之人이라고 納媚獻諂ᄒᆞᄂᆞᆫ지라. 在傍觀者가 無不目笑하얏다더라.[125]

● 日語酬勞 警視廳에서 一般權任 巡檢 中에 日語를 能解ᄒᆞᄂᆞᆫ 者를 乙丙丁 三等으로 試取ᄒᆞ야 每朔 俸給 外에 二圜 以上 四圜 以下로 酬勞金을 今朔爲始ᄒᆞ야 支給ᄒᆞᆫ다더라.[126]

● 通譯生陞任 各警察署에셔 通譯生으로 服務하던 人을 飜譯官補로 敍任하야 各 警察署에 勤務코져 하야 內部에셔 銓衡을 經하얏다더라.[127]

湊 信三 (성진재판소	1,000원)	福田武一郎 (제주도재판소	1,000원)
石橋義夫 (경흥재판소	900원)	梅原正記 (의주재판소	900원)
松野孫太郎 (용천재판소	900원)	長濱三郎 (목포재판소	900원)

출처: 『朝鮮における司法制度近代化の足跡』, 友邦協會, 1966, 37면.

[122] 「韓國新司法制度の結果は如何」, 『法律新聞』, 明治 41년(1908). 8. 10.

[123] 상세한 것은 李英美, 『韓國司法制度と梅謙次郎』, 法政大學出版局, 2005, 1~34면; 김혜정 옮김, 『한국사법제도와 우메 겐지로』, 일조각, 2011, 24~60면; 남기정 옮김, 『일제의 한국사법부침략실화』, 육법사, 1978, 30면 이하; 법원행정처 편, 『한국법관사』, 육법사, 1976, 33면; 문준영, 「한말 법무보좌관제도하의 재판사무의 변화」, 『법학연구』 제39호, 경북대, 2012 참조.
개인별 연구는 李英美, 「朝鮮統監府における法務補佐官制度と慣習調査事業―梅謙次郎と小田幹治郎を中心に (1~5)」, 『法學志林』 第98卷 1號~第99卷 4號, 2000~2002 참조.

[124] 「流水碁聲」, 『대한매일신보』, 1907. 7. 6.

[125] 『대한매일신보』, 1907. 8. 16.

[126] 『대한매일신보』, 1907. 12. 12.

[127] 『황성신문』, 1909. 4. 29.

● 果其然乎 今番에 觀察使가 多數 遞任事는 己報호얏거니와 京畿 觀察使 金思默氏
는 治績은 稍著호나 日語를 未解호는 故로 交涉上에 不便호야 爲先 遞任혼다더라.[128]

이 법부 번역관과 재판소 번역관은 판사로 임명되기도 하고 재판소 서기장으
로 임명되기도 하였는데,[129] 재판소 번역관과 번역관보 제도는 1909년 10월 31일
자로 폐지되었다.[130]

이와 같이 사법행정의 영역에서는 물론 교육에서도 일어를 강요하게 된다. 그
리하여 내부 위생국에서는 대한의원 부속 의학교의 강의도 일어로 교수하라는 통
지를 내보내고, 이에 대해서 교장 지석영(池錫永)은 한문에 능통한 사람을 선발하
여 통역을 두는 편이 낫다고 이의를 제기하기도 하였다.[131]

마침내 각 경찰서에서는 집집마다 어학 공부하는 사람을 조사할 정도로 조선
인의 일상생활은 통감부의 철저한 제약을 받게 되고 암담한 가운데 명실상부한
식민지로 전락하고 있었다.

● 語學調査 近日에 各 警察署에셔 家家戶戶히 語학호는 人을 調査혼다더라.[132]

이상은 몇 가지의 예시에 불과한 것이며, 일본제국주의는 더욱 노골적으로 일
본어의 사용을 강요하게 된다.[133]

---

[128] 『대한민보』, 1909.7.24.
[129] 『관보』 제4506호, 1909.10.16.
[130] 칙령 제88호 재판소 번역관·번역관보관제 폐지는 위의 『법령자료집』 VIII, 552면.
[131] 「池氏等意見」, 『황성신문』, 1909.4.29.
[132] 『대한매일신보』, 1908.7.18.
[133] 이용덕, 「조선총독부의 일본어 교육에 관한 일고─조선교육령을 중심으로」, 『일본학지』 제16호,
계명대, 1996, 165~187면 참조.

4) 법학교로 개칭

이렇게 15년 동안 존속해온 법관양성소는 1909년 10월 28일 자 칙령 제84호에 의해서 같은 해 11월 1일부터는 '법학교'[134]로 명칭이 바뀌고, 소관도 법부에서 학부로 이관되었다.[135] 수업 연한은 본과 3년, 예과 1년으로 본과에서는 법률과 경제를 주로 가르치고, 예과에서는 보통학을 교수하도록 하였다. 입학 연령은 18세 이상으로서 관립고등학교 또는 관립외국어학교 졸업자 및 이와 동등 이상의 학력을 가진 자를 본과에, 보통학의 시험에 합격한 자를 예과에 입학시키도록 되어 있었다.[136]

> ● 法官養成所移屬 委任한 司法權은 來 十一月 붓터 施行ᄒᆞ기로 豫定ᄒᆞ얏다ᄂᆞᆫᄃᆡ 法官養成所ᄂᆞᆫ 依然 存置ᄒᆞ야 韓人 法官을 養成ᄒᆞᆯ 方針으로 法部가 廢止되ᄂᆞᆫ 同時에 其 所管을 學部로 移屬케 ᄒᆞᆫ다더라.[137]
> ● 法學生渡日說 司法權委任 後로 法官養成所ᄅᆞᆯ 學部로 移屬케 ᄒᆞᆫ다 홈은 己報어니와 更聞ᄒᆞᆫ즉 同所ᄂᆞᆫ 永廢ᄒᆞ고 該 學生 百餘名中에 資格이 適合 及 身體의 健强者 三十餘名을 選擇ᄒᆞ야 日本에 遊學케 ᄒᆞᆯ 次로 遊學生 監督 申海永氏가 周旋ᄒᆞ얏다ᄂᆞᆫᄃᆡ 同 學生의 渡日期ᄂᆞᆫ 來 十月內로 二回에 分渡ᄒᆞᆫ다더라.[138]

그러나 신해영은 도쿄로 귀임하러가던 도중 콜레라에 감염되어 9월 22일에 사망하였다.[139]

---

134 '법학교'란 명칭은 일본에서 먼저 사용하였다. 예컨대 사법성의 직제에 처음 나타난 것은 1877년 1월 12일 법학교의 교과에 관한 것이다. 그때까지 明法寮學校, 明法寮法學校(또는 法律學校), 司法省法學校(또는 法律學校)처럼 일정한 정식 명칭 없이 다만 학생이 明法寮生徒, 司法省生徒, 司法省 員外出仕(속성과) 등으로 불렸을 뿐이므로 인명사전에서도 제각기 표기하고 있다. 手塚豊, 『明治法學教育史の研究』, 慶應通信, 1988, 6면의 주 1 참조.
135 문헌은 박병호, 『근세의 법과 법사상』, 진원, 1996, 172면 이하 참조.
136 『관보』 제4517호, 1909.10.29.
137 『황성신문』, 1909.9.21.
138 『황성신문』, 1909.9.22.
139 「申監督返柩說」, 『황성신문』, 1909.9.24 및 부고 참조.

●法校設立豫算 學部에셔 法學校를 設立흔다 홈은 別項과 如ㅎ거니와 豫算追加額을 度支部로 照請 ㅎ얏다더라.[140]

●學引法所 法官養成所를 廢止ㅎ고 學部 所屬으로 施行흔다 홈은 己報흔 바어니와 該部에셔 官立法學校를 設立次로 官制를 定ㅎ얏다는디 校長 一人으로 敎授 六人으로 副敎授 三人으로 學員監으로 二人으로 磨練ㅎ얏스나 內閣會議에 決定됨을 隨ㅎ야 實施흔다더라.[141]

칙령 제84호 법학교관제[142] 제2조에 의하면, 직원은 교장 1인, 교수 전임 3인, 조교수 전임 8인, 학원감 1인, 서기 전임 2인으로 전체 15인이다. 그리하여 교장은 전 법관양성소 소장 노자와(野澤武之助)가 계속하여 맡고, 교수에 조 츠라츠네(長連恒), 동 석진형(石鎭衡), 조교수 이와마(巖間亮), 김교명(金敎明), 양대경(梁大卿)을 임명하였다.[143] 이어서 아키야마(秋山幸衛),[144] 가코(加古貞太郎)[145] 등이 임명되었다.

처음으로 학생모집 광고를 다음과 같이 내었다.[146]

     廣 告
●法學校 豫科學員募集廣告
本校에셔 豫科學員 約百名을 募集ㅎ오니 入學志願人은 本校 所定흔 入學請願書에 履歷書를 添附ㅎ야 三月 廿八日(陰 二月 十八日)內로 本校에 提呈ㅎ고 四月(陰 二月 廿二日) 午前 八時에 本校에 來ㅎ야 入學試驗을 受홀 事.

但 入學請願書用紙 及 本校 規則은 本校에 來ㅎ야 請求홀 事

     入 學 資 格
一. 身體 健全ㅎ고 品行이 方正흔 者
一. 年齡 十七歲 以上 三十三歲 以下되는 者

---

140 『황성신문』, 1908.10.9.
141 『황성신문』, 1908.10.9.
142 전문은 국회도서관, 『한말 근대 법령 자료집』 VIII, 549~550면 및 본서 부록 참조.
143 『관보』, 1909.11.1.
144 아키야마는 1907년 12월 27일 자로 법관양성소 조교수가 되었다(『관보』 제3968호, 1908.1.11). 아키야마는 후일 경성전수학교의 교수도 역임하였다(『관보』 제4560호, 1910.1.7).
145 『관보』 제4593호, 1910.2.3.
146 『황성신문』, 1910.2.13; 『대한민보』, 1910.2.13.

一. 將來 法官될 志望이 鞏固ᄒ 者

    入學試驗科目

一. 國漢文(讀書 國漢字交用文 及 漢文 作文 國漢字交用文)

一. 算 術

一. 歷 史

一. 地 理

一. 日 語

隆熙 四年 二月 十日 官立 法學校

이에 관한 『대한민보』의 기사는 아래와 같다.

  ● 法學員募集　官立 法學校에셔 年齡 十七歲 以上 廿三歲 以下 者로 豫備學員 百名을 募集ᄒᄂ데 願學書ᄂ 三月 廿八日까지 試驗은 四月 一日에 施行ᄒ다더라.[147]

그러나 당시 사법권이 일본에게 강제적으로 위임[148] 당한 상태여서 조선인으로서는 판사나 검사가 될 수 있는 희망도 좌절되어 법학이나 법학교는 일반의 관심을 끌지 못하였다. 이것은 법학교뿐만 아니라 양정의숙이나 보성전문의 경우도 마찬가지로 지원자가 거의 없었다.

  ● 入學稀少　養正義塾에셔 曩日 生徒를 募集ᄒ얏ᄂ데 法律科에 五人 經濟科에 二人이 被選된 故로 一年班을 設立지 못ᄒ고 再明日에 又爲增모ᄒ 터인데 入學請願者가 稀少ᄒ다더라.[149]

그리하여 마침내 1910년 3월 12일의 광고에서는 '법학교'(전 법관양성소)라고 시

---

147 『대한민보』, 1910.2.13.

148 1909년(융희 3) 7월 12일 조인된 「한국의 사법 급 감옥사무를 일본 정부에 위탁하는 각서」의 원문은 국회도서관 입법조사국, 『구한말조약휘찬』(상), 1964, 93~95면 참조.
　　이에 관한 일본 문헌은 小川原宏幸, 「日本の韓國司法權侵奪過程—「韓國の司法及監獄事務を日本政府に委託の件に關する覺書」をめぐって」, 『文學硏究論集』(明治大學大學院) 제11호, 1999.9 참조.

149 『대한민보』, 1909.9.19.

작하고, 나중에는 '전 법관양성소 관립 법학교'라고 표시하여 위의 2월 13일 자 광고와는 대조를 이룬다.

그 후 『황성신문』 '잡보'란에는 「예비생 정학」이라는 제목의 기사가 실렸다.

● 「官立 法學校」에서 學員과 講師間에 何等層節이 有혼지 豫備科 學員이 一同히 再昨日 붓터 上學을 停止ㅎ얏다더라.[150]

● 法校來函 法學校에서 本社에 致函하기를 本月 三日 貴紙 第三, 三八五號 第三面에 豫備生停學이라 題하고 本校 學員 及 講師間何等層節이 有하야 豫科學生 一同이 停止上學 云云이라 홈은 事實上 無根의 浪說이옵기 玆에 仰佈하오니 照亮하신 後此 全文을 揭載하시와 繳消하심을 爲要라 하얏더라.[151]

법학교로 교명을 바꾸었으나 일반의 관심을 끌지 못하고 폐교하기에 이른다. 다음에 법학교의 교원, 생도, 졸업생수 및 경비예산액을 표로 정리하면 아래와 같다.

〈표 1〉 법학교 교원, 생도, 졸업생   各年 12월 말일

年次	校數	教員數			生徒數	年次內卒業生	經費豫算額
		日人	韓人	計			
1909年	1	5 ×5	5 ×4	10 ×9	138	—	25,000円
1908年	1	6	4 ×1	10 ×1	135	54	22,000円

출처 : 조선총독부, 『제3차시정연보』, 1909, 238면

법학교는 1909년 11월 학부 소관으로 이관되고 그 경비는 각년 모두 법관양성소의 경비예산액을 계상한 것이다. ×표는 촉탁 교원이다.

이 표에서 말하는 1908년은 법관양성소의 마지막 졸업생인 제6회(1908.12.27) 54인이며, 법학교 졸업생은 1회(1911.3.20) 29인을 배출한다.

그러나 사법권이 일본에 위임되고 이 학교를 졸업해도 취업이 불확실한 것을

---

150 『황성신문』, 1910.6.2.
151 『황성신문』, 1910.6.4.

알게 되자 입학지원자는 다음 〈표 2〉에서 보는 바와 같이 급격하게 줄어든다.

〈표 2〉 고등정도 관공립학교 입학지원자 입학자 수 조사　　　　　　　　　1910년 4월 말 조사

구별 교명	입학지원자 수		비교 증감	동 수험자 수		비교 증감	입학자 수		비교 증감
	전년도	본년도		전년도	본년도		전년도	본년도	
관립한성사법학교	본1,912	본1,744	본◁168	본1,476	본1,358	본◁28	본98	본104	본6
	속345	속545	속200	속260	속424	속164	속96	속90	속◁6
동고등학교	194	1,019	825	155	751	596	50	102	52
동 평양고등학교	209	166	◁43	136	108	◁28	72	78	6
동 한성외국어학교	1,238	1,608	740	683	990	307	307	316	9
동 법학교	913	118	◁795	590	70	◁520	108	50	◁58
동 인천실업학교	67	74	27	57	61	4	52	70	18
공립부산실업학교	41	72	31	41	54	13	41	54	13
계	4,918	5,521	603	3,487	3,943	456	903	951	48

※ 비고　　　1. 표 중 '본'은 본과, '속'은 속성과를 가리킨다.
　　　　　　2. ◁ 표는 감소를 나타낸다.
출처 : 學部, 『韓國敎育 ノ 現狀』, 1910. 7.

　　마침내 한일합병 이후인 1911년 10월 10일 칙령 제257호에 의해서 명칭을 바꾼
지 2년 만에 법학교는 폐지하고 같은 해 11월 1일부터 '경성전수학교(京城專修學校)'
로 조직을 변경한다.[152]

5. 한국 법학의 몰락

　　일본에게 사법권과 외교권이 박탈되자 국민의 여론이 격앙됨은 물론 인심이
흉흉하고 조선인들은 도처에서 조직적으로 저항하였다. 그러나 이미 통치능력을
상실한 위정자들과 부패한 사법계의 모습을 『대한매일신보』는 「일어판사」라는

---

152 『관보』 제342호, 1911. 10. 16.

논설 속에서 다음과 같이 생생하게 묘사하고 있다.

　▲ 대한뎨국 강산에 닐으바 구지판소─라 ᄒᆞ는 일홈이 새로난 구지판소 판ᄉᆞ를 셔임ᄒᆞ는 ᄉᆞ건에 디하여 대신은 이러케 ᄒᆞ쟈 ᄒᆞ고 ᄎᆞ관은 뎌러케 ᄒᆞ쟈 ᄒᆞ여 법부 훈판국에셔 은근히 셔로 싸흔다는 말이 랑쟈ᄒᆞ던 구지판소 판ᄉᆞ 셔임 ᄉᆞ건이여.

　긔쟈는 눈을 씻고 ᄇᆞ라보며 싱각ᄒᆞ기를 과연 엇던 외국에셔 법률을 졸업ᄒᆞᆫ 사름이 구지판소에 놉히 안쟈 잇슬가. 니디에셔 법률을 졸업ᄒᆞᆫ 사름이 판ᄉᆞ의 자리에 안즐가 혹 엇던 법학ᄉᆞ가 ᄉᆞ법권을 잡을가 ᄒᆞ엿더니.

　필경에 셔임된 쟈는 이에 공법이 무엇인지 ᄉᆞ법이 무엇인지 분별도 못ᄒᆞ는 사름이나 쥬법이 무엇인지 조법이 무엇인지 듯지도 못ᄒᆞᆫ 사름이나 법학통론 ᄒᆞᆫ 글ᄌᆞ이든지 민법총론 ᄒᆞᆫ 구절도 비호지 못ᄒᆞ고 다만 일어졍측이나 일어독학이라는 ᄎᆡᆨ 두어 권을 셥렵ᄒᆞ여 일어를 약간 아는 쟈를 셔임ᄒᆞ엿다 ᄒᆞ니 슯흐다 과연 그러ᄒᆞᆫ가.

　대뎌 ᄉᆞ법관이라 ᄒᆞ는 거슨 특별히 셔셔 의지홈이 업고 법률도 알고 법률을 잡고 즁대ᄒᆞᆫ 칙임을 담임ᄒᆞ여 국가의 권력을 힝ᄒᆞ며 분잡ᄒᆞᆫ ᄉᆞ건을 판결ᄒᆞ아 인민의 싱명 지산을 주고 ᄲᅦ앗는 즁ᄒᆞ고 요긴ᄒᆞᆫ 관원이라. 몃 ᄒᆞ동안을 법률학교에 졸업ᄒᆞ여 무한ᄒᆞᆫ 씩고를 ᄒᆞ며 연구ᄒᆞ쟈─라도 이 자리에 림ᄒᆞ면 별안간에 눈이 희미ᄒᆞ며 몃 ᄒᆞ동안을 지판소에셔 실디견습을 ᄒᆞ여 도뎌히 경험을 지닌쟈─라도 이 자리에 오면 오히려 졍신이 답답ᄒᆞ기가 쉽거놀 ᄒᆞᄆᆞᆯ며 법률학교에는 그 발이 드러가 보도 못ᄒᆞ고 지판소에는 그 눈에 보지도 못ᄒᆞᆫ 사람이야 엇지 ᄒᆞ리오.

　오호─라 지판소가 아니오 외교관청인가 ᄉᆞ법관이 아니오 통역관인가. 민형ᄉᆞ를 지판ᄒᆞ기 위홈이 아니오 외국사름과 교셥ᄒᆞ기를 위홈인가. 엇지ᄒᆞ여 일어ᄒᆞ는 사름만 구지판소에 텰좌케 되는가.

　오호─라 삼빅여군 구지판소에 와다구시 아나다를 말ᄒᆞ는 ᄉᆞ법관이 란만ᄒᆞ면 지판졔도가 족히 발달홀가. 하이 계이 소토나리를 닑을줄 아는 판검ᄉᆞ가 잇스면 법률을 뎍용ᄒᆞᆫ디 족히 완전홀가.

　오호─라 외국사름과 셔로 맛나셔 슈쟉이 여류ᄒᆞ는 입직 됴로 능히 숑리를 판결ᄒᆞ는디도 여류ᄒᆞ게 ᄒᆞ겟는가.

　니외국 사름의 즁간에 셔셔 통변이나 간신히 ᄒᆞ는 슈단으로 능히 지판ᄒᆞ고 심리ᄒᆞ기를 잘 ᄒᆞ겟는가. 외국 글ᄌᆞ이나 약간 통ᄒᆞ여 번역이나 간신히 ᄒᆞ는 눈으로 능히 지판션고를 틀림업시 잘ㅎ겟는가.

  혹은 굴ㅇ디 이 일이 필연 한국의 법률졸업싱으로 ㅎ여곰 원통홈을 픔고 썩어져서 죽게ㅎ며 법률학교로 ㅎ여금 ㅈ연 락심케 ㅎ며 법학계로 ㅎ여곰 ㅈ연 쇠퇴케 ㅎ는 ㅎ 가지 원인이라 ㅎ니 이는 결단코 그럿치 아니혼 거시 한국 법률계가 비록 어리다 ㅎ나 엇지 이런 일을 인ㅎ여 그 광치롤 슈령홀가.[153]

이와 같이 구재판소는 친일세력으로 가득차고, 한국의 법률 졸업생은 배제되어 각종 법학교의 학생들은 자퇴하는 등 분위기는 어수선하였다. 특히 관립학교와 사립학교의 불화까지 나타났다.

  ●신규측데명   근리에 관립학교와 스립학교에셔 강ㅅ와 학도 ㅅ이에 화합지 못혼 일이 잇스며 학도들이 일졔히 련명ㅎ여 퇴학ㅎ는 폐도 잇스며 혹 강ㅅ도 뎍당치 못혼 학도의게 ㅎ여 ㅈ연히 감졍을 니ㄹ키는 일이 잇셔 교육에 방해가 적지 아니홈으로 일젼에 학부에셔 그 일에 디ㅎ여 주의홀 규측을 계명ㅎ엿는디 불원간에 관공립학교와 스립학교에 반급ㅎ여 강ㅅ와 학도 사이에 화합케 혼다더라.[154]

당시의 심각한 상황에 대해서『황성신문』과『대한매일신보』는 논설 속에서 법학교육의 목적을 아래와 같이 설명하면서 학생들의 분발을 촉구하였다.

또한『대한민보』1909년 8월 25일 자 사설(言壇)은「경고법학계(警告法學界)」라는 제목 아래 다음과 같이 당부한다.

  ●古人이 有言 曰 人이 斯世에 在ㅎ야 法律에 生ㅎ며 法律에 長ㅎ며 法律에 死혼다 ㅎ니 法律은 則人의 人되난 價値를 解釋ㅎ는 原理라. 我國人은 專制下에 服役ㅎ야 法律思想이 掃滅ㅎ고 官吏의 意見을 金言으로 信ㅎ다가 此 變局을 馴致혼지라.

  嗚呼라. 二十世紀 我韓人된 者一法律의 識見이 他人보다 倍明ㅎ여야 我가 犯혼 罪가 何罪인지 我가 當홀 律이 何律인지 可知어늘 今에 司法權을 委人혼 後로 法律을 講

---

153 『대한매일신보』, 1908. 12. 4.
154 『대한매일신보』, 1910.

習ᄒ던 靑年이 一時喪魄ᄒ야 抛卷投篋 悲悒長歎홈을 誰가 不憫ᄒ리오. 然ᄒ나 諸君의 悲悒홈이 公憤에 出홈인가 私憤에 出홈인가. 若 公憤에 出홈인 則 我韓이 法律을 不知홈으로 法權을 失ᄒ얏스니 精神을 倍勵ᄒ야 自己의 知識 뿐 안이라 一般 同胞의 法律思想을 鼓吹홀 거이오 若 私憤에 出홈인 則 諸君의 憤ᄒ 바는 火롤 觀홈과 如ᄒ 도다. 我가 此롤 學成ᄒ야 一判事와 一辯護를 圖得ᄒ야 一生의 蟬利를 是望ᄒ다가 可 必치 못홈을 見ᄒ고 悲悒의 態롤 모홈이라. 諸君의 志가 果然 此에 止ᄒ면 往日에 諸 君을 贊成홈이 後悔가 不無ᄒ도다. 法律을 不知홈으로 失혼 法權을 法律을 不習ᄒ면 何日에 可復홀가. 記者ᅳ此言을 聞ᄒ고 涕롤 流ᄒ며 血을 嘔ᄒ야 痛鬱홈이 司法權을 失홈보다 尤甚호라. 諸君의 欲望이 此에 不過ᄒ니 記者가 諸君을 對ᄒ야 勞辨홀 必要 가 無ᄒ나 記者도 亦是 國을 爲함이오 諸君을 爲홈이오. 更히 記者 將來의 私分을 爲 ᄒ야 淚血을 拭ᄒ고 二十世紀 我韓의 靑年 諸君의게 更告ᄒ니 嗚呼라 諸君은 思ᄒ라. 司法權의 旣失혼 罪는 老輩가 敢辭치 못ᄒ거니와 司法權의 永失홀 罪는 諸君이 勿負 홀지어다. 諸君이어.[155]

같은 『대한민보』는 계속하여 「대호고법학계(大呼告法學界)」라는 사론(社論) 속에 서 더욱 강력하게 호소한다.

囊者에 本紙 言壇欄을 利用ᄒ야 法學界에 向ᄒ야 一警言을 敢告혼 事가 有ᄒ거니 와 玆에 再次로 數言을 警告ᄒ노라.

流言에 曰 "司法權을 日本에 委任ᄒ얏다지 法律은 學ᄒ야 何處에 是用홀가" ᄒ는 流言이 盛行ᄒ야 人人相傳ᄒ야 鄕谷에 至ᄒ기 까지 此言이 播及ᄒ야 法學界의 學校 는 秋期의 上學을 躊躇ᄒ고 敎師는 就校롤 顧盧ᄒ고 生徒는 目的을 變혼 者도 有ᄒ고 又或 變코셔 ᄒ는 者가 多有ᄒ다 ᄒ니 噫라. 斯學界의 甚홈이여 諸君의 誤解로다.

法學界에 從事ᄒ는 敎師 生徒 及 將來에 從事코져 ᄒ는 全國 同胞여 熟思深裁ᄒ라. 今日의 司法權 委任이 何로 因ᄒ야 生홈인가. 昨月 昨年의 非로 因ᄒ야 生홈인가. 曰 不然ᄒ다. 少ᄒ야도 數百年來의 弊瘼이 積滯 又 積滯ᄒ얏다가 今日의 狀態롤 做出혼 바이라. 回思ᄒ건디 自昔으로 法律이 正行ᄒ고 法學이 發達ᄒ야 全國民이 法治國의

───────────
155 『대한민보』, 1909.8.25.

國民을 能成ᄒ얏스면 今日의 司法權을 委任ᄒᄂᆞᆫ 事가 豈有ᄒ리오. 有코져 ᄒ야도 能
有치 못ᄒ리로다. 四處에 法學機關이 勃興ᄒ던 初日에 吾人이 歡忭相賀ᄒ야 曰 吾國
의 法學이 從此로 庶幾有望홈을 誓ᄒ얏더니 今日에 艱局을 當ᄒ야 見ᄒ니 歡忭이 遺
憾됨을 免치 못ᄒᆞᆯ가 恨ᄒ노라. 試思ᄒ라. 裁判所 新開廳 以來에 韓人으로 判檢事職
에 居ᄒᆞᆫ 者一幾人이뇨. 法學의 敎育은 判檢事의 職을 得케 홈으로 目的ᄒᄂᆞᆫ 바ᅳ아
니라. 法學의 効用은 他에 尤著ᄒ니 卽 營世에 此學이 可無乎아. 營商에 此學이 可無
乎아. 保家에 此學이 可無乎아. 保財에 此學이 可無乎아. 與人契約에 此學이 可無乎
아. 保人格에 此學이 可無乎아. 致富에 此學이 可無乎아. 抑 此學이 無ᄒ고 國家를 再
建홈을 可得홀가.

不然ᄒ다. 決코 此學이 無ᄒ고 此等事를 完全히 營得키 難ᄒ리로다. 今日에 在ᄒ야
法學을 普及ᄒ고 獎勵ᄒ고 發達ᄒ고 勸喩ᄒ야 國民의 大多數로 ᄒ야곰 斯學의 素養
을 注入홈은 二十世紀 今時代의 完全호 法治國의 國民되ᄂᆞᆫ 資格을 得케 홈이니 是 今
日 法學의 第一 目的이오 今日에 斯學을 準備ᄒ고 斯學界의 人物을 養成ᄒ야 預實홈
은 他日 境遇를 預備홈이니 凡事의 完全홈을 得홈은 必要가 有홀 時에 硏究ᄒ야 得ᄒ
ᄂᆞᆫ 바이 아니오 預히 硏究ᄒ고 준비ᄒ얏다가 必要호 時에 應用홈이 完全ᄒᄂᆞ니 今에
此를 準備ᄒ고 硏究ᄒ야 豫實치 아니ᄒ면 後日에 天與ᄒᄂᆞᆫ 好時機가 有홀지라도 此
를 受ᄒ기 難홀지며 難홀 쑨 아니라 其殃을 反受ᄒ리니 此를 豫備홈이 是 今日 法學
의 第二 目的이라. 然則 法學이 國家의 關係됨이 如此히 重大ᄒ도다. 記憶ᄒ라. 因의
如何로 果의 如何를 結ᄒᄂᆞ니 因이 無ᄒ면 果의 生홈이 無ᄒ고 果가 有ᄒ면 因이 必伴
ᄒᄂᆞ니라. 今日 國家의 現像은 果ᅳ니 此果를 釀成호 因이 無치 못ᄒ리로다. 前日에
行事ᄂᆞᆫ 今日의 果를 成ᄒ고 今日의 行事ᄂᆞᆫ 將來의 果를 成ᄒᄂᆞ니 今日에 斯學을 盛히
硏究ᄒ고 發達ᄒ고 準備ᄒ면 他日에 此를 回復ᄒᄂᆞᆫ 果를 生ᄒ고 今日에 此를 準備치
아니ᄒ고 此를 抛棄ᄒ면 將來에 今日 以上의 果를 生ᄒ리라. 嗚呼라 因果의 報復이여
天地의 大則이로다.

法學界에 從事ᄒᄂᆞᆫ 敎師, 生徒 及 將來에 從事코져 ᄒᄂᆞᆫ 全國同胞여 猛省홀지어다.
今日의 果를 釀成호 因으로 認홀만호 事實을 發覺ᄒ거든 奮然히 猛棄홀지어다. 他日
에 好果를 生홀만호 事實로 認ᄒ거든 決然히 實行홀지어다. 明日이 有홈을 勿思ᄒ라.
人生의 責任은 今日의 事를 道理디로 今日에 行홈에 在ᄒᄂᆞ니 明日을 勿思ᄒ라. 痴詩
에 “明日來無盡”이라 홈은 陳腐호 詩句니 此를 腦頭에 豈留ᄒ리오. 若 以上의 誤解를

持續ᄒ야 猛省치 아니ᄒ면 法學界를 墮落케 ᄒ는 者도 君等이오 法學을 減如ᄒ는 者
도 君等이오 又 法學과 密接ᄒ 關係가 有ᄒ 國家를 墮落케 홈도 君等이오 減如케 홈
도 君等이니 猛省홀 지어다.[156]

『황성신문』 1909년 9월 5일 자 논설은 「간고법학생제군(懇告法學生諸君)」이라는
제목 아래 유독 법학교만 영성(零星)하다고 지적하면서

　　試問ᄒ노니 諸君이 當初에 法學校에 入學ᄒ는 것은 무삼 目的으로 以ᄒ엿던가. 將
來 高等의 法學士가 되야 國家의 文明을 法律로 制定ᄒ고 人民의 生活을 法律로 組織
ᄒ야 我 大韓帝國의 前塗로 ᄒ야곰 世界各國과 同等의 地位를 應得ᄒ기로 目的ᄒ엿
던가. 萬一 此等 目的이 有ᄒ얏슬진딘 國家의 法權이 墮失홀사록 愈益히 奮發ᄒ며 激
勵ᄒ야 孜孜修業을 前日보다 百倍增加ᄒ야 個個히 法學의 成績을 奏ᄒ고 個個히 法
學의 精神을 發表ᄒ면 旣失ᄒ 法權이 將次 去珠 復還의 機會로 國家의 光榮도 回復ᄒ
고 諸君의 學問도 需用홀 大幸福이 有홀지어늘 今乃 法權讓渡의 境遇로 因ᄒ야 遽然
히 落心되고 絶望되야 法學의 種이 乏絶ᄒ면 國家의 權利도 永永히 回復홀 日이 無홀
지니 是는 法學諸君이 國家의 法權을 永永히 讓渡홈이 아닌가. 諸君은 深思ᄒ라. 胡
乃如此히 自抛自棄ᄒ는 行爲를 作ᄒ는고. 或者 曰 近日 法學生의 思想이 不過 一判
事 一檢事로 目的ᄒ얏다가 司法權이 移他된 故로 擧皆 落心絶望홈이라 ᄒ니 嗟乎悲
夫라. 果然 學生諸君의 思想이 此에 不過ᄒ얏던가……[157]

또한 같은 『황성신문』 1910년 3월 17일 자 논설은 「인무원식(人無遠識)이면 불
가이치원(不可以致遠)」이라는 제목 아래 당시의 사정을 이렇게 전하고 있다.

　　◎莊周一有言曰 莽蒼에 適ᄒ는 者는 三飡而返ᄒ야도 腹猶果然ᄒ고 千里에 適ᄒ는
者는 三月의 粮을 聚혼다 ᄒ얏스니 盖 人이 遠大혼 事業에 目的혼 者는 遠大혼 知識을
具홀 것이오 若其 知識이 淺近혼 者는 其 成就ᄒ는 바一쏘혼 淺近에 止홈을 謂홈이

156 『대한민보』, 1909.9.2.
157 『황성신문』, 1909.9.5.

라. 是以로 從古偉人의 知識과 事業은 目前의 速效를 不要ᄒ고 前程의 遠圖를 經營ᄒ
며 衆人의 所響을 不取ᄒ고 自己의 特見을 必逐ᄒ니라. 嗚呼라 今日 我韓에 青年諸君
은 何等事業에 目的ᄒᄂᆫ가. 若其 遠大한 事業에 目的ᄒᆯ진ᄃᆡ 決코 淺近호 知識으로 到
達치 못ᄒᆯ바인ᄃᆡ 近日 學生界의 思想程度를 觀察홈이 殊히 遠大호 知識이 欠了호ᄃᆺ
ᄒ니 何者오. 漢城內에 在호 各 法律學校에 學員應試ᄒᄂᆫ 狀況이 是라.

라고 하며 탄식하고 있다. 계속하여 같은 『황성신문』은 이렇게 말한다.

　　各 法律學校에서 學員을 募集ᄒᄂᆫᄃᆡ 入學請願者의 數가 甚히 零星ᄒ다 ᄒ니 此ᄂᆫ
何故인고. 司法權이 委任되얏다고 法學을 不願홈이 아닌가. 噫라. 內部에서 警部 及
飜譯官補의 試驗을 舉行ᄒ다 ᄒ면 紛紛 爭頭ᄒ야 七八名을 採用ᄒᄂᆫ 境遇에 數百名
式 遝至ᄒ다가 法律學校의 入學은 若是 零星ᄒ니 學生界의 思想이 如此히 淺近호가.
諸君이 法學에 對ᄒ야 何等需用으로 認ᄒᄂᆫ가. 法學은 但히 裁判官이나 應得ᄒᄂᆫ 材
料로 認ᄒᄂᆫ가. 此世界에 生存호 人類가 一切 國家와 社會를 成立홈이 皆 法律로 組
織호 바라. 法學이 無ᄒ고 能히 人類의 相當호 行動이 有ᄒ며 應得ᄒᆯ 權利를 不失ᄒ
깃ᄂᆫ가. 一般官吏가 되고져 ᄒᆯ지라도 法學을 研究ᄒᆯ지며 行政官이 되고져 ᄒᆯ지라도
法學을 研究ᄒᆯ지며 事務家, 實業家가 되고져 ᄒᆯ지라도 法學을 研究ᄒᆯ지며 經世家가
되고져 ᄒᆯ지라도 法學의 通曉가 無ᄒ면 墻面의 嘆을 不免ᄒᆯ지어ᄂᆞᆯ 諸君이 何故로 法
學을 不願ᄒᄂᆫ가. 一時 司法權이 委任되얏다고 法學을 不願ᄒᆯ진ᄃᆡ 是ᄂᆫ 國家的 思想
이 無ᄒ다 謂ᄒ야도 可ᄒ도다. 且 司法權의 委任됨은 何를 因홈인가. 其 原因을 想起
ᄒ면 法學研究를 더욱 必要로 認ᄒᆯ바 아닌가. 嗚呼라 青年諸君이여. 遠大호 知識이
無ᄒ고셔 能히 遠大호 事業이 有ᄒ깃ᄂᆫ가. 目下에 裁判官이나 應得ᄒᆯ 希望이 無ᄒ다
고 法學을 必要치 아닌줄노 認ᄒ면 決코 遠大호 知識이 有호 者라 謂치 못ᄒ지니 엇
지 可嘆홀바 아니리오. 嗚呼라 人類社會에 何等 事業을 目的ᄒ던지 法學이 無ᄒ면 冥
冥夜行에 目無所覩ᄒ고 手無所執호 者와 無異ᄒᆯ지니 幸 其 淺近호 思想을 斷除ᄒ고
法學을 研究ᄒ라 青年諸君이여.[158]

---

[158] 『황성신문』, 1910.3.17.

라고 하여 한국 법학의 장래를 걱정하고 있다.

또한 『대한매일신보』도 「법학싱에게 고홈」이라는 논설 속에서 『황성신문』과 같은 취지로 계속 학업에 열중하도록 격려한다.

스법권을 위임하는 됴약이 톄결된 이후로 각 법학교 학싱들이 대단 격앙ᄒ여 퇴학ᄒ고져 ᄒᄂ 쟈―만타고 어느 신보에 게지하엿더라.

오호―라 이 약됴이 톄결된 거시 곳 법학싱 일단ᄲᆫ 아니라 무릇 한국 하늘 밋헤셔 한국싸을 드듸고 한국 사름의 심쟝을 가진 쟈―야 누가 분개치 아니ᄒ며 누가 비통치 아니리오마는

그러나 이 분개홈과 이 비통홈을 인ᄒ여 농ᄉᄒᄂ 쟈ᄂ 호믜를 던지고 풀 ᄉ이에서 익곡ᄒ며 쟝ᄉᄒᄂ 사름은 져ᄌ를 파ᄒ고 집 속에서 익곡ᄒ야 오늘에 ᄒ 번 익곡ᄒ고 명일에 ᄯᅩ ᄒ번 익곡ᄒ면 이믜 ᄲᅢᆺ앗긴 스법권이 곡셩 중에 다시 도라올가. ᄀᆯ우디 그러치 아니라. 이ᄂ 어린 ᄋ희라도 그 능히 홀 수 업슬 줄을 알지라. ᄯᅩ 이것만 능히 홀 수 업슬 ᄲᅮᆫ아니라 두어 니랑되ᄂ 산뎐만 황폐되며 천금의 ᄌ본만 탕패되어 크면 국민이 빈곤ᄒ 원업을 일우고 젹으면 집안ᄉ사름이 주랴ᄂ 지앙을 부를 ᄲᅮᆫ이라. 무슴 유익홈이 잇스리오. 그런고로 비록 이런 비분ᄒ고 익곡ᄒᄂ 중에도 억지로 눈물을 씻고 일변으로 이 날을 긔념ᄒ며 일변으로 ᄌ긔 직칙을 힘써 홈만 ᄀᆽ지 못ᄒ리니 그런즉 오늘날 법학싱의 퇴학코져홈이 과연 무슴 잘못ᄒ 싱각이뇨.

오호―라 긔쟈도 ᄯᅩᄒ 알건디 법부를 폐지ᄒ니라. 안ᄌ셔 법학싱의 퇴학ᄒᄂ 거슬 칙망ᄒᄂ 거시 뎌 이믜 샹ᄒ 녀인을 디ᄒ여 혼인례질을 강론홈과 ᄀᆽᄒ며 ᄌ식 업ᄂ 사름을 디ᄒ여 교도ᄒᄂ 방법을 말홈과 갓ᄒ니 이거시 학싱의 귀에 드러가지 아니홀줄노 아나 그러나 말ᄒᄂ 쟈도 ᄯᅩᄒ ᄆᆞ음에 토량ᄒᄂ바―잇노니 학싱들은 정신을 가다듬어 이 말을 ᄒ번 드을지어다.

졔군의 당초 목덕이 판ᄉ―니 검ᄉ―나 ᄒ 자리 엇어ᄒᄂ디 잇스며 주임이나 판임이나 몃환 월급을 위홀 ᄲᅮᆫ이라ᄒ면 나ᄂ 닙을 닷고 말을 가ᄒ거니와 혹 그러치 아니ᄒ고 법리를 궁구ᄒ며 학술을 강습ᄒ여 민권ᄉ상을 고동ᄒ며 국가영광을 차ᄌ 오고져 홀진디 법부를 폐지ᄒ 이후에 법학을 연구ᄒᄂ 거시 법부를 폐지ᄒ기 전보다 더욱 깁히 홀지어늘 도로혀 퇴거코져 홈이 과연 무슴 잘못ᄒ 싱각인가.

녯글에 말ᄒ기를 셔리를 보면 얼음이 멀지 아니ᄒ다 ᄒ엿스니 스법권의 영ᄌᄂ 오

눌날에 갓스나 스법권의 골즈는 이믜 간지가 오랜지라. 을스년 오됴약을 톄결ᄒ던 날에 그 정신이 이믜 부셔지고 뎡미년 칠됴약을 톄결ᄒ던 날에 그 신톄가 이믜 셔늘ᄒ엿고 다만 쓸디업는 영즌만 머믈너 잇다가 오늘날에 셔리 압헤 마른 엽스귀ᄀᆞ치 마즈 눌어 갓스니 졔군이 만일 이거슬 슯히 녁여 물너가고져 홀진딘 수년젼에 일죽 결단ᄒ여 당초브터 법학싱이 되지 아니ᄒ는 거시 가ᄒ고 혹 분발홀 ᄆᆞ옴으로 젼진코져 홀진대 법부를 폐지혼 오늘이 더욱 졔군의 분격홀 날이어ᄂᆞᆯ 그째에는 입학ᄒ엿다가 이째에 퇴학ᄒ려ᄒ니 오호—라 졔군이여 국가가 망ᄒ든지 민족이 멸ᄒ든지 다만 벼슬 ᄒ자리 월급 멋환에만 욕심이 잇던 쟈인가.

ᄯᅩ 쳥년 쟝부는 시셰의 노례될 쟈—아니오 시셰를 조셩홀쟈—니 군부가 폐지되거든 병학을 더욱 더욱 연구ᄒ며 법부가 폐지가 되거든 법학을 더욱 더욱 연구ᄒ여 써러지는 힘를 붓더러 도라오게 홀지어ᄂᆞᆯ 이것을 아니ᄒ고 이 마을이 폐지되면 이에서 퇴학ᄒ고 뎌 마을이 폐지되면 거긔셔 퇴학ᄒ다가 쟝ᄅᆡ에 산도 물도 다 지내고 다 진두가 되면 어ᄂᆞ 곳으로 도라가고져 ᄒᆞᄂᆞ뇨.

법부를 폐지홈은 일시 스법권을 잠시 업시홈이나 졔군의 퇴학홈은 쟝ᄅᆡ 스법권을 영영 멸쳘코져 홈이라. 오호—라 다른 사롭이 졔군을 억지로 퇴학케 홀지라도 졔군이 아니홀거시어ᄂᆞᆯ 도로혀 ᄌᆞ퇴ᄒ기를 챵론ᄒ니 이거시 무슴 뜻이뇨.

분개홈은 가ᄒ거니와 퇴학홈은 불가ᄒ며 비통홈은 가ᄒ거니와 퇴학홈은 불가ᄒ니라.[159]

계속하여 『대한매일신보』는 법학도에게 권면하는 논설을 게재하고 있다.

▲ 법률학생 제군에게 주노라

향자에 본 긔쟈—스법권을 내여준 비참혼 경황을 됴샹ᄒ고 겸ᄒ여 학싱 제군들의 분발ᄒ기를 권면ᄒ여 법률학싱에게 고혼다는 글 혼 편을 지음이 잇셧거니와 즉금에 더위와 쟝마가 이믜 긔이고 가을 긔운이 셔늘ᄒ민 각학교 학싱들이 긔학홀 째를 당ᄒ여 분분히 신발을 ᄒ며 제제히 칙들을 지고 모혀드ᄂᆞ디 오즉 멋개 법률학교에는 상학하는쟈—젹료료료ᄒ여 멋사롭이 업고 쳐량혼 경식을 참어 볼수업다ᄒ니 첫재는 졔군을 위ᄒ여 원통ᄒ고 익셕ᄒ며 둘재는 한국을 위ᄒ여 한심ᄒ여ᄒ노라. 그런고로 번

159 『대한매일신보』, 1909.7.27.

거홈을 불고호고 이에 혼말을 쏘 발호노니 오호ㅡ라 졔군이여.

만일 그디네의 복즁에 잇는 싱각이 멋픔 벼슬이나 멋푼ㅅ자리 월급에만 잇슬진디 법부룰 폐지혼 오늘날에 법률학교에셔 퇴학흐는거시 당연혼 일이라 우리가 무숨 말을 흐리오마는 그러나 졔군은 이십셰긔 새한국의 쳥년이라. 삼쳔리의 부패혼 공긔를 쾌히 쓰러ㅂ리며 이쳔만 우미혼 뇌슈룰 시원흐게 벽파흐도 이 시디의 문명을 부어주고져 흐여 법률학계에 나션 사룸인쥴 아는 고로 일시의 슯혼 경우룰 인흐여 퇴학흐면 학업을 연구흐여 동포를 열어주는 일을 홀 쟈ㅡ누구이며 법률을 강습흐여 후인의 슈용을 응홀쟈ㅡ누구이며 권리ㅅ샹을 고동흐여 넷 샤회룰 긔혁홀 쟈ㅡ누구이며 문명제도를 리용흐여 새 국가룰 건셜할쟈ㅡ누구뇨 흐야 최망흐는 바ㅡ로다.

졔군은 듯지 못흐엿는가 파란과 안남 등 나라에는 졍치사샹을 발젼홀만혼 학과를 일쳬 금지흐여 넷날 진시황의 칙가진 쟈룰 금흐던 법률보다도 더 엄흐다흐니 졔군은 혼번 싱각흐여보라. 목하에 한국형셰가 뎌희와 무엇이 다르리오마는 다만 교육계에셔는 졍치학을 금지 아니흐며 법률학을 금지 아니홈이 오히려 다힝흐니 졔군이 분발흐며 힘쓰고 쏘 힘셔 이런 학문을 급히 익홀 이쌔가 아닌가.

쏘 혹 이런 학문들을 금지흐는쟈 잇슬지라도 졔군이 슙풀 속에셔 비호며 굴ㅅ속에셔 비화셔 국가룰 위흐여 예비흐는 거시 가흐거늘 금흐지 아니흐여도 스스로 금흐니 이 엇지흔 좁은 소견인가. 흐물며 ㅅ법권을 일허ㅂ리게혼 쟈는 하놀도 아니오 귀신도 아니라. 다만 이왕에 괴인혼 마귀비들이 ㅅㅅ 리익에만 눈이 붉으며 노례의 습관에 셩픔이 져져셔 국가를 것구러지게 흐미 그 여얼이 이에 밋츤 거시라. 고려쌔에 유명혼 지샹 최형씨의 말슴에 흐엿스디 인력으로 파혼 쟈는 인력으로 가히 보츙을 혼다 흐엿스니 졔군의 뜻과 학문이 홈끠 진취흐며 쓸만혼 인지만 될 것 ᄀᆞ흐면 오늘날 일허ㅂ린 ㅅ법권을 다른날 졔군의 손으로 ᄎᆞᄌᆞ올 거시어늘 이졔 말흐기룰 아셔라 그만 두어라 흐고 모다 신을 들메흐고 물너가니 우리는 일시에 ㅅ법권 일허ㅂ린 기슨 원통치 아니흐여도 영셰에 ㅅ법권이 아조 업셔질가 두려워흐노라.

쏘다시 츅원흐노니 졔군이 오늘날에는 험혼 거슬 무릅쓰고 분연히 나아가는 쳥년이 되며 부ᄌᆞ런흐고 힘쓰며 쎠에 삭이고 몸을 괴로이흐여 공부흐는 문명의 발달을 인도흐는 스승이 되며 권리룰 고동흐는 련ᄉᆞ가 되고 쏘 다른날에는 독립을 회복홀 째에 국제 교셥흐는 젼권대신이 되고 국가를 건셜흐는 날에 헌법을 긔초흐는 위원이 되며 님금을 돕는 어진 지샹이 되며 만ᄉᆞ와 형ᄉᆞ지판에 됴흔 관리가 될거시오 ㅅ법권을 폐지ᄒᆞ는 날에 법률학교에서 퇴학ᄒᆞᆫ 학ᄉᆡᆼ으로 세상을 맛치지 말지어다. 이 말은 붓ᄭᅳᆺ 으로만 축원ᄒᆞ며 먹으로만 축원홈이 아니라 ᄆᆞ음으로 축원ᄒᆞ며 피로 축원ᄒᆞ노라.[160]

이상과 같은 당시 지식인들의 우려와 격려에도 불구하고 실천과학으로서의 법학은 이제 국가와 함께 사라질 운명이었기에 아무도 더 이상 법학을 공부하려고 하지 않았다.

더구나 1909년 7월 한국 정부는 사법권을 일본 정부에게 위임하게 되자 민심은 흉흉해지고,[161] 사법관을 양성하는 법학교에 대한 일반의 관심도 급속히 저하되어 지원자도 거의 없는 실정이었다.

6. 경성전수학교의 출현

1) 설립목적과 교과목

법관양성소는 한일합병을 전후한 혼란한 시기에 '법학교'란 이름으로 2년간 존속하다가 1911년 3월 20일 처음이자 마지막인 졸업생 29명을 배출한 후 1911년 11월 1일부터 '경성전수학교(京城專修學校)'로 명칭을 변경한다.[162] 조선총독부령

---

160 『대한매일신보』, 1909.9.4.

161 「指揮警戒」, 『대한민보』, 1909.7.27.

162 문준영에 의하면 '경성전수학교는 조선총독이 지정한 사립법률학교 중 조선에 있던 유일한 법률학교였다'고 하면서 그 근거로서 1911년 1월의 총독부 고시 제7호 '메이지 43년(1910) 制令 제7호 제1조에 의한 사립법률학교 지정의 건'을 들고 있다. 문준영, 「헌정 초기의 정치와 사법─제2대 검찰총장 김익진의 삶과 "검찰독립" 문제」, 『한국 근현대의 법사와 법사상』(靑里 최종고 교수 환갑기념), 2007, 278면의 주 12.
그러나 법관양성소를 승계한 학교이기 때문에 관립학교의 성격을 지닌 것으로 보아야 할 것이다. 이것은 『매일신보』, 1912.3.23의 경성전수학교 졸업식 광고에서도 '전 법관양성소 급 법학교 졸업생 제군에게 고함'이라고 한 점, 또한 『경성법학전문학교일람』(1931년판)의 연혁란에서도 법관양성소, 법학교, 경성전수학교를 계승한 것임을 분명히 밝히고 있는 점, 그리고 서울대학교 법과대학 동창회편, 『회원명부 2009』에서도 이 세 학교의 졸업생 명단을 그대로 수록한 점 등에서 관립학교로서의 동일성을 인정한 증거라고 하겠다.

제115호 '경성전수학교규정(規程)'[163] 제1조에 의하면, 경성전수학교는 "조선인의 남자에게 법률 급 경제에 관한 지식을 수(授) ᄒ야 공사의 업무에 종사코자 ᄒ는 자를 양성홈을 목적으로 홈"으로 규정하고 있다. 수업 연한은 3년이며 입학할 수 있는 자는 연령 16년 이상이며 고등보통학교를 졸업한자 또는 이와 동등 이상의 학력을 가진 자이다(규정 제2조, 3조).

교과목은 수신, 국어, 법학통론, 헌법 및 행정법, 민법, 상법, 형법, 민사소송법, 형사소송법, 국제공법, 국제사법, 경제, 실무연습, 체조로 되어 있다(제4조). 여기에 나열한 교과목의 명칭만 보더라도 이 학교의 성격과 교육목표를 금방 알 수 있다. 교과목의 첫머리에 수신(修身)을 강조한 것이라든가 국어(일본어)를 강조한 것부터 조선총독부의 통치방침을 노골적으로 드러낸 것이며, "법률 급 경제에 관한 지식을 수ᄒ야 공사의 업무에 종사ᄒ는 자를 양성"한다는 곳에 경제는 한 과목뿐이다. 총독부의 본래의 의도는 법률을 가르치는 학교는 폐지하고 싶었지만 조선인의 반발이 두려워 명맥만 유지시키고 교명에서는 아예 '법' 자를 지워버리고 무엇을 가르치는 곳인지조차 모르게 '전수'학교라고 모호한 작명을 한 것이다.

2) 역대 교장

초대 교장은 세키야 데이자부로(關屋貞三郎)로 조선총독부 학무국장으로서 1911년 11월 1일 자로 임명되었으며,[164] 법학교 교장이던 노자와(野澤)는 10월까지 근무하였다. 1913년 6월 10일 제2대 교장에는 오다 쇼고(小田省吾) 조선총독부 사무관이 임명되었으며 그는 후일 경성제대의 교수가 되는 인물이다.[165]

---

163 조선총독부, 『관보』 호외, 1911. 10. 20.
164 세키야(關屋, 1875~1950)는 식민지 관료로서 도치키(栃木)현 출신이며 1899년 도쿄대학 법과를 졸업한 후 내무성에 들어간다. 이후 대만총독부 사무관, 사가(佐賀)현 등의 내무부장을 거쳐 1910년 조선총독부 내무부 학무국장, 중추원 서기관장이 되고 1919년 8월까지 근무한 후 시즈오카(靜岡)현 지사가 된다. 1921년부터 1933년까지 궁내 차관을 끝으로 관계를 떠나고 1933년부터 1946년까지 귀족원의원이 되어 1946년 마지막 추밀고문관이 되었다가 75세로 작고하였다. 『日本近現代人名辭典』, 574면 참조.
165 오다 쇼고(1871~1953)는 미에(三重)현 출생. 호는 否軒. 도쿄대 사학과를 졸업하고 조선총독부 편

1916년 4월 1일 전문학교관제의 발포로 같은 경성전수학교라는 이름으로 전문학교로서 새 출발하게 된다. 초대 교장은 아비코 마사루(吾孫子勝) 조선총독부판사가 임명된다. 이 학교는 1917년부터 1922년까지 6회에 걸쳐 217인의 졸업생을 배출하고 1922년 3월 31일 칙령 제151호 조선총독부전문학교관제, 1922년 4월 1일 조선총독부령 제49호로 '경성법학전문학교규정(京城專門學校規程)'이 제정되어 교명을 바꾼다.

〈표 3〉 구 경성전수학교 역대 교장 (1911~1916)

대수	이름	재임기간	전직	이후 관직	생몰 기타
1	세키야 데이자부로(關屋貞三郞)	1911.11.1~1913.6.9	조선총독부 학무국장	중추원 서기관장	1875~1950
2	오다 쇼고(小田省吾)	1913.6.10~1915.3.31	조선총독부 사무관	경성제대 교수	1871~1953

〈표 4〉 신 경성전수학교 교장 (1916~1922)

대수	이름	재임기간	전직	이후 관직	생몰 기타
1	吾孫子勝	1916.4.1~1922.3.31	총독부판사		

3) 교수진

구 경성전수학교의 교수진을 보면, 교수로서 가코(加古貞太郞), 일본문학 전공자인 조 츠라츠네(長連恒), 석진형, 조교수로서 아키야마(秋山幸衛), 오카다(岡田勝利), 아오키(靑木好祐) 그리고 양대경, 김교명 등이었다.

이 가운데 오카다는 1911년 4월 22일에 의원면직하였고, 아키야마는 1912년 12월에 경성전수학교 교유(敎諭)를 그만두었고, 석진형은 1913년 3월 호서은행[166]의

___

집과장으로 『朝鮮人名辭書』 편찬에 종사. 조선사편수회 회원. 경성제대 교수 역임. 그의 교과서 편찬과 조선사 연구에 관하여는 최혜주, 『근대 재조선 일본인의 한국사 왜곡과 식민통치론』, 경인문화사, 2010, 155~188면 참조. 저서로 『辛未洪景來亂の硏究』(1934)가 있다. 기타 논설 번역은 윤수희 옮김, 「단군전설에 대하여」, 신종원 엮음, 『일본인들의 단군연구』, 민속원, 2009, 33~48면.
166 「湖西銀行의 創立」, 『매일신보』, 1913.3.25. 문헌은 허수열, 「호서은행과 일제하 조선인 금융업」,

지배인으로 간다. 그의 송별회에 관한 기사가 다음과 같이 전한다.

●石教授의 送別會 京城專修學校 敎授 石鎭衡氏는 多年 敎育界에 從事ᄒ야 功績이 多大ᄒ 法學篤志家인ᄃᆡ 今回에 靈山 湖西銀行 支配人으로 招聘되야 日間 赴任홀 터인 故로 關屋 學務局長과 張辯護士의 發起와 朝鮮敎育會 及 同窓會의 主催로 二十日 午後 八時에 京城 호테루에서 送別會를 開催ᄒ얏ᄂᆞᆫᄃᆡ 出席者의 重要人事ᄂᆞᆫ 趙重應子, 關屋 學務局長, 藤原 財務課長, 李謙濟, 尹致旿, 崔辯護士 等 諸氏오 其 會合은 頗히 盛況을 呈ᄒ얏더라.[167]

이 기사에서의 학무국장은 '關屋'(貞三郎)이며, 그는 1910년 10월부터 1919년 8월까지 한국에 근무하였다. 장변호사는 장도, 최변호사는 최진이라고 생각된다.

그 밖에 이와마(巖間)는 1911년 3월 말 퇴직한 듯하며 그 후임으로 가코가 온다. 가코는 1915년 서울에서 변호사 개업을 하였고, 김교명은 1911년 10월에 이미 전출이 내정되었으며, 양대경도 경성전수학교 교유를 지내다가 1914년 10월에는 광주지법의 판사가 되면서 학교를 그만둔다. 불명확한 것은 조 츠라츠네와 아오키 뿐인데 이들도 오래 근무한 것으로 생각되지는 않는다. 이런 상황이고 보니 법학 교육이 제대로 이루질 수 없었던 것은 당연한 결과라고 하겠다.

그 밖에 조선인으로는 구 경성전수학교 시절인 1915년 8월부터 1919년 4월까지 훗날 대한민국 초대 대법원장이 되는 김병로(金炳魯)가 조교수로서 재직하였다.[168]

충남대학교 내포지역연구단, 『근대 이행기 지역 엘리트 연구 I－충남 내포지역 사례』, 경인문화사, 2006, 341~389면 참조.

167 『매일신보』, 1913.3.23.

168 김병로(1887~1964)에 관하여는 한인섭, 『식민지 법정에서 독립을 변론하다－허헌·김병로·이인과 항일투쟁』, 경인문화사, 2012; 김학준, 『가인 김병로평전』, 민음사, 1988; 김진배, 『가인 김병로』, 가인기념회, 1983; 최종고, 『한국의 법률가』, 서울대 출판부, 2007, 156~203면; 東虛子, 「변호사평판기」, 『동광』 제31호, 1932.3, 66면 참조.

4) 실제 운영

경성전수학교에 관한 신문기사는 별로 없으며 각 학교의 입학안내 속에 간단히 소개하였을 뿐이다.

▲京城專修學校　同校에셔는 法學專門敎授ᄒ는 處인디 三月 二十日까지 入學志願者의 請願을 接受혼다 ᄒ며 試驗期日은 仝月 二十五, 六, 七, 三日間 每日 午前 九時브터 開始云.[169]

종래의 법관양성소나 법학교의 경우에는 신문지상에 자주 학생모집 광고를 내었는 데 반하여, 한일합병 이후에는 보성전문, 양정의숙, 대동전문 등 다른 사립학교에서는 학생모집 광고를 내었지만 유독 경성전수학교의 광고만은 찾아보기가 어려웠다.[170] 광고를 내지 않더라도 누구나 알아서 찾아오고 선호하는 곳이었다는 말인가!?

또 1913년의 『매일신보』를 보면 '각 학교의 졸업식'에 관하여 간단히 보도하는 가운데 유독 경성전수학교만은 누락되어 있는가 하면 총독부 하급 관리의 출장 등 사소한 것은 알리고 있어서 고의적으로 경성전수학교 소식을 뺀 것이 아닌가 하는 생각이 든다. 대한제국시대에는 신문이나 잡지에 졸업식 소식을 상세하게 전하면서 졸업생 명단을 전부 싣기도 하고 또 관보에 게재하였으나 한일합병 이후에는 되도록 정보를 차단하여 조선인을 우민화하는 방향 일변도로 향한 것이 특징이다.

그리하여 원로 법조인 정구영(鄭求瑛)은 "나는 곧(1914년 — 인용자) 경성(법률)전수학교에 입학했으나 도무지 공부할 마음이 내키지 않았다"[171]고 술회하면서 괄호 속에 법률을 넣어 표기하였다.[172]

---

169 『매일신보』, 1913.3.5.
170 생도모집 광고가 나간 예는 『매일신보』, 1913.3.4이며 같은 날짜의 보성전문 학생모집 광고와는 크기에서 커다란 차이가 난다.
171 정구영, 「조선변호사회」, 『중앙일보』, 1973.12.18.
172 이영석 편, 『정구영 회고록—실패한 도전』, 중앙일보사, 1987, 8면에서는 '경성법전' 출신이라고 적고 있으나 엄격히 말하면 '경성전수학교'이다. 정구영은 1914년 입학하여 자퇴하였다가 1916년에 재입학하여 1919년에 졸업하였다(정구영, 「조선변호사회」, 『중앙일보』, 1973.12.19). 한편 예

5) 졸업생

경성전수학교는 1912년 3월 25일 제1회 졸업생 24명을 배출하였다. 이어서 1913년(제2회)에 17명, 1914년(제3회)에 14명, 1915년(제4회)에 32명, 1916년(제5회)에 56명, 전체 합계 143명을 배출하였다.

1913년도 졸업식에 관하여 경성전수학교는『매일신보』에「卒業生諸君ニ告ク 本月二十三日午后○時半卒業式ヲ擧行致候間御來臨被下度御案內申上候 京城專修學校」라는 조그마한 광고를 일본어로 내었다.[173] 이틀 후에는 다시「卒業生諸君ニ告ク 本校卒業式廣告中本月二十三日トアルハ二十二日ノ誤リニ訂正ス 京城專修學校」[174]라고 정정 광고를 내고 있다. 그 밖에 1914년에도 졸업식 광고[175]에 의해서 3월 22일에 졸업한 것을 확인할 수 있었을 정도이다.

하긴『매일신보』자체가 권리는 의무에서 나온다든가, 국어(일본어) 보급의 중요성을 강조한다든가, 일본의 '선정(善政)' 운운하는 총독부의 기관지이고 보면 일본인의 조선 통치는 얼마나 힘들고 어려웠으며 허구에 찬 것인지를 분명히 알 수가 있다.

이 경성전수학교는 1915년 3월에 제정·공포된 '전문학교규칙'(총독부령 제26호)에 의해서 1916년 4월부터 새로이 관립 전문학교로서 경성의학전문학교, 경성공업전문학교와 함께 승격되었다. 따라서 명칭은 동일하지만 새로이 제1회부터 기산하는 새로운 학교로서 새 출발하였다.

그리하여 1917년 3월에 제1회 졸업생 41명을, 1918년(제2회) 34명, 1919년(제3회) 41명, 1920년(제4회) 34명, 1921년(제5회) 28명, 1922년(제6회) 39명, 합계 217명의 졸업생을 내고 다시 1922년 4월 조선총독부 관제 발표에 의하여 경성전수학교를 계승한 '경성법학전문학교(京城法學專門學校)'를 설치하였다. 교명에서 '법' 자가 빠진 지 11년 만에 다시 원상복구 된 셈이다. 국가 없는 법학교육이란 얼마나 허망한 것인가! 이것은 한일합병 이후 국내외에서 전개된 치열한 독립운동의 결과이며

춘호,『시대의 양심―정구영 평전』(서울문화사, 2012)에서는 구별하지 않고 '경성법률전수학교'라고 표현하지만, 정확하게 말하면 1914년에 입학한 것은 (구) '경성전수학교'이며, 재입학한 것은 (신) 경성전수학교이다.

173 『매일신보』, 1913.3.18.
174 『매일신보』, 1913.3.20.
175 『매일신보』, 1914.3.20.

직접적으로는 3·1운동의 영향으로 명령복종의 관계밖에 모르던 군부 출신의 조선총독들[176]과 식민지 관료들의 실정과 조선인에 대한 두려움에서 비롯한 것이다. 퇴각하면서도 일본인들은 소위 '문화정치'라고 하여 변명의 화살을 쏘아 대었다.

한일합병을 전후로 한 시기에 조선인들은 일본인의 지배에 대해서 국내외에서 강력하게 저항하였다. 일본인이 공식적으로 인정하는 의병의 사상자만도 2만 명을 넘는다. 이른바 조선주차군 사령부가 발표한 『조선폭도토벌지』에 의하면, 1907년부터 1910년까지의 3년간에 "살해 1만 7,776명, 부상 3,706명, 포로 2,139명"이었다.[177] 서울의 치안도 간신히 4대문 안에 그치는 것이었으며 의병은 동대문 밖까지 출몰하는 형편이었다. 이후의 일본인 통치의 잔혹상은 별개의 커다란 연구 테마이고 이 책의 주제가 아니므로 『조선일보』 기사[178] 하나만을 예시하고 독자들의 상상에 맡긴다.

이러한 상황에 대해서 일본의 『법률신문』은 '평온한 가운데' 한일합병이 이루어졌다고 하면서 합병에 관한 공문이라고 하여 조서(詔書), 조약, 선언, 조선귀족령, 칙령 따위를 게재하고 있다.[179] 일본인이 남긴 자료와 기술은 이처럼 대부분 감정을 넣어서 가능한 한 조선의 현상을 폄하하려는 저의에서 작성한 것이므로 그대로 신뢰하기 어려운 것이 사실이지만 그나마도 기록할 수 없었던 우리의 처지에서는 이런 문서들을 통해서 당시의 상황을 추측해보는 수밖에는 별다른 도리가 없다.

---

[176] 역대 한국 통감과 조선총독의 명단은 다음과 같으며 대부분 군 출신이었다.
법학교와 전수학교 시절의 총독은 데라우치(1852~1919)였다. 문헌은 정연태, 「조선총독 데라우치(寺內正毅)의 한국관과 식민통치─점진적 민족동화론과 민족차별 폭압정책의 이중성」, 권태억 외, 『한국 근대 사회와 분화』 II, 서울대 출판부, 2005, 63~94면 참조.

〈표 5〉 역대 한국 통감 및 조선총독

이름	취임연월일	직명	전력	이름	취임연월일	직명	전력
伊藤博文	1905.12.21	한국 통감	추밀원의장	山梨半造	1927.12.10	조선총독	육군대신
曾禰荒助	1909.6.14	동	한국 부통감	齋藤 實	1929.8.17	동	해군 대신
寺內正毅	1910.5.30	조선총독	육군대신	宇垣一成	1931.6.17	동	육군대신
同	1910.10.1	동	동	南 次郎	1936.8.5	동	관동군 사령관
長谷川好道	1916.10.16	동	참모총장	小磯國昭	1942.5.29	동	拓務 대신
齋藤 實	1919.8.12	동	해군대신	阿部信行	1944.7.24	동	翼贊政治會 총재·군인
宇垣一成	1927.4.15	임시대리	육군대신		(~45.8.15)		

[177] 片野次雄, 『李朝滅亡』, 新潮文庫, 1994, 385면에서 재인용.
[178] 「교수대에 죽은 사람 17년간에 7백 명. 합병하든 그 이듬해부터 통계. 기 중에 시국범도 다수」, 『조선일보』, 1929.10.8. 이것은 1911년부터 1927년까지의 통계이다.
[179] 『法律新聞』 제663호, 1910.9.5.

<표 6> 재판소 직원 및 변호사 (각년 12월 말일 현재)

구분/연도	청수	종족	판사			검사			사법관시보	서기장	통역관	서기	통역생	판임관견습	촉탁	고원	용인	합계	변호사
			칙임	주임	계	칙임	주임	계											
1910	80	일본인	8	175	183	6	48	54	—	4	4	208	46	—	—	78	143	720	30
		조선인	—	71	71	—	6	6		—	—	76	99		—	1	111	346	51
		계	8	246	254	6	54	60		4	4	284	145		—	79	254	1084	81
1911	80	일본인	9	178	187	7	49	56		4	4	201	45		3	83	199	782	37
		조선인	—	62	62	—	4	4		—	—	74	93		—	1	169	403	59
		계	9	240	249	7	53	60		4	4	275	138		3	84	368	1185	96
1912	72	일본인	7	154	161	6	48	54		3	4	179	38		5	80	196	738	50
		조선인	—	38	38	—	3	3		—	—	60	89		—	1	165	356	73
		계	7	192	199	6	51	57		3	4	257	127		5	81	361	1094	123
1913	72	일본인	8	157	165	5	48	53	10	4	4	199	38		5	103	194	775	60
		조선인	—	25	25	—	5	5	—	—	—	57	94		—	1	166	348	91
		계	8	182	190	5	53	58	10	4	4	256	132		5	104	360	1123	151
1914	70	일본인	6	153	159	5	48	53	10	4	4	207	38	3	4	115	213	810	71
		조선인	—	32	32	—	5	5	—	—	—	76	79	4	—	2	146	344	97
		계	6	185	191	5	53	58	10	4	4	283	117	7	4	117	359	1154	168

출처 : 『朝鮮彙報』, 1915년(大正 4) 4월 9일, 「始政五年共進會記念號」 부록 중 '최근 5년 司法 성적'. 청수(廳數), 고원(雇員), 용인(傭人).

위의 <표 6>은 합병 이후 5년 동안의 재판소 직원과 변호사 수에 관한 통계자료이다. 이 통계만으로도 엄청난 수의 일본인들이 대거 조선으로 밀려온 것을 알 수 있으며 특히 검사의 숫자는 일본인과는 비교가 안 될 정도로 조선인의 수는 적은 것을 알 수가 있다.

이상에서 보듯이 당시에는 서기나 통역생으로 일정한 기간 근무하면 판검사로 승진하는 시험을 치를 자격을 부여하였는데 그 숫자도 조선인은 일본인에 비하여 훨씬 적은 수임을 알 수가 있다. 변호사의 경우, 숫자상으로는 조선인이 일본인보다 많은 것 같으나 실제 수임건수나 영향력 면에서 일본인 변호사들이 압도적인 것이었음은 두말할 필요가 없을 것이다. 따라서 이 표는 기회균등은 고사하고 민족적인 차별을 공공연하게 기록한 문서임을 스스로 인정하는 것이다.

다시 우리들의 관심사인 법학교육으로 눈을 돌리기로 한다.

7. 경성법학전문학교

이와 같이 한일합병 이후의 법학교육은 1년간의 법학교, 5년간의 구 경성전수학교, 이어서 6년간의 전문학교 급의 신 경성전수학교를 거쳐 1922년에는 '경성법학전문학교'로 변경한다.[180] 이처럼 복잡하고 혼란한 시기의 고등교육기관으로서의 법학교육에 관한 연구는 별로 없는 편이기 때문에 간단히 정리하여 후일의 연구자에게 참고자료를 제공하려고 한다.

1) 교과목

경성법학전문학교는 3년제로서 교과목은 다음과 같다.[181] 즉 수신, 국어(일본어), 영어, 법학통론, 헌법, 행정법(제1부 총론), 행정법 제2부(조선행정법규), 민법 제1부(총칙), 제2부(물권), 제3부(채권총론), 제4부(채권각론), 제5부(친족상속), 상법 제1부(총칙), 상법 제2부(상행위, 手形, 해상), 파산법, 형법 제1부(총론), 형법 제2부(각론), 민사소송법 제1부(제1편), 민사소송법 제2부(제2편 이하), 형사소송법, 국제공법, 국제사법, 경제원론, 경제정책, 재정학, 상업(상업학 부기), 체조.

여기서 보듯이 선택과목은 몇 가지 되지 않으며 기술적인 법률학 일변도로 구성되어 있다. 행정법 제2부(조선행정법규)가 특색이며 구루마다 아쓰시(車田篤)가 담당했을 것이다.

---

180 김호연, 「일제하 경성법학전문학교의 교육과 학생」, 한양대 석사논문, 2011; 서울법대동창회, 『회원명부』, 2009, 48~54면.
181 『경성법학전문학교일람』(1931년판), 12~13면.

2) 경성법학전문학교 역대 교장

경성법학전문학교의 교장을 역임한 사람은 모두 6명이다. 여기에는 1928년 2월 교장으로 임명되었으나 곧바로 사임하고 일본으로 돌아간 히라이(平井)도 포함하였다.

초대 교장은 역시 아비코(吾孫子勝)가 그대로 맡는다.[182] 1924년 4월 1일 아비코(吾孫子勝)는 대심원검사로 발령을 받아 다카마쓰(鷹松龍種) 교수가 학교장을 겸임한다.[183] 1926년 1월 13일 자로 사토(佐藤七太郞)가 교장에 임명되며, 이후의 역대 교장은 다음 표와 같다.

〈표 7〉 경성법학전문학교 역대 교장(1922~1946)

대수	이름	재임기간	전직	이후 관직	생몰 기타
1	吾孫子勝	1922.3.31~1924.3.31	경성전수학교 교장	대심원검사	
2	鷹松龍種	1924.4.1~1926.1.12	경성법전 교수		
3	佐藤七太郞	1926.1.13~1928.3.29	총독부 전매국 사무관		
4	平井三男	1928.2.28~1928.3.	철도국 이사		곧 사직
5	重田勘次郞	1928.3.30~1931.4.29	경성제1고등보통학교장		
6	鷹松龍種	1931.4.30~1940.3.30	경성법전 교수	인천소화고등여학교장	
7	車田篤	1940.3.~1940.4.	경성법전 교수		1889년생
8	增田道義	1940.4~1944.7	경남 내무부 사무관		
9	木村常信	1944.7.~1945.8	경성법전 교수		

이들을 출신대학별로 분석하면 도쿄대학이 3인, 교토대학이 2인으로 모두 법학 전공자였으며 나머지 1인은 도쿄사범학교 출신이다. 학교장은 교수를 겸임하여 실제로 학생들의 교육에 참여하였다.

---

182 아비코의 저서로는 『委任契約論』(1917); 『寄託契約論』(1919); 『債權法要論』(1928), 번역으로 프란츠 폰 리스트의 『獨逸刑法論』(乾政彦과 공역, 1903) 외에 『商法通義』(矢部克己와 공저, 1911) 등이 있다.

183 다카마쓰(鷹松龍種)는 1882년생으로 1907년 교토(京都)대학 법과를 졸업하고 1909년 조선에 와서 내무부 주사, 1915년 경성전수학교 교유로 전직, 1923년 경성법전 교장대리 역임. 인천소화고등여학교는 1945년 인천박문여자중고등학교로 개명했다. 『朝鮮紳士錄』(1931年版), 252면 참조.

3) 교수진

경성법학전문학교의 교수진은 다음과 같다. 먼저 교수로 재직한 사람은 모두 25인이며, 출신학교는 도쿄대학 9인, 교토대학 7인, 경성제대 2인, 규슈대학 1인, 도쿄상과대학 1인이며 5인은 미상이다. 전공별로는 법학 전공이 12인, 문학 전공 5인, 경제학 또는 상업학 전공이 3인, 법학과 경제학 두 전공자가 1인이며 4인은 알 수가 없다. 대부분은 법학 전공자이며 그다음으로 문학 전공자가 많은 것은 이들이 국어(일본어)와 영어를 담당하여 경제학 관련 과목보다 시수가 많았기 때문이다.[184]

이들의 명단은 다음과 같다. 김명수(金命洙), 도미에(富永四方司), 마루야마(丸山敬次郎), 이소베(五十部章助), 마쓰오카(松岡修太郎),[185] 사카(坂義彦), 하야미(速水滉), 사카미치(坂路英知), 다카하시(高橋亨), 나고시(名越那珂次郎), 하나무라(花村美樹), 소노베(園部敏), 테라카와(寺川末治郎), 기무라(木村常信), 구루마다(車田篤), 나카무라(中村義明), 에구치(江口己與吉), 마쓰나미(松波港三郎), 오타니(大谷英一), 시노다(篠田隆治), 마쓰자와(松澤壽一), 오카모토(岡本好次), 스기모토(杉本長夫), 이케가키(池垣定次郎), 다카무라(高村晉) 25인이다.[186]

이 중 하야미(速水滉)[187]는 경성제대 총장, 마쓰오카(松岡修太郎), 다카하시(高橋亨), 하나무라(花村美樹), 나고시(名越那珂次郎)는 경성제대 교수가 된다. 또 구루마다 아쓰시(車田篤)는 『조선행정법론』(1935)의 저서가 있으며,[188] 소노베(園部)도 『행정법원론』(1933)이란 저서가 있고,[189] 다카하시는 조선 속담을 연구한 사람이다.[190]

---

184 김호연, 앞의 글, 20면.
185 조교수 임명. 『조선총독부관보』 제4160호, 1926.7.2.
186 이들의 상세한 주요 경력은 김호연, 앞의 글, 부록 표1 참조.
187 하야미 히로시(1876~1943), 논리학·심리학자. 오카야마(岡山)현 출생, 도쿄대학 졸업, 一高 교수, 경성제대 교수를 거쳐 1922·1925년에 총장 역임.
188 기타 『조선경찰법론』(1920); 『조선지방자치제요의』(1931); 『조선호적령의해』(1937) 등이 있다. 『朝鮮人名資料辭典』 第5卷, 827면에 의하면, 1889년생으로 1914년 도쿄대학 정치학과를 졸업하고 1916년 조선에 건너와서 경북 재정부장이 되었다가 경성법전 교수가 되어 '반도(半島)통치에 공헌한 바가 많다고 하며, 이 인물사전에 수록된 다른 모든 인물과 마찬가지로 찬사로만 가득 차 있다.
189 소노베 사토시(園部敏, 1899~1972)는 1924년 도쿄대학 법학부를 졸업하고 같은 해 경성법학전문학교 헌법·행정법교수가 된다. 1936년 타이페이(臺北)제국대학 문정학부 행정법교수로 임명되어 1945년 패전 후 귀국하여 메이지대학, 아이치(愛知)대학, 리쓰메이칸(立命館)대학 교수와 법학부장을 지냈다. 저서 『行政法原論: 朝鮮行政法規を基準とせる』(帝國지방행정학회 조선본부, 1933); 『행정법개론』(1940) 등. 그의 아들 소노베 이쓰오(園部逸夫, 1929~)도 행정법교수이다. 문헌 御廚貴 編,

조교수로 재직한 사람은 9인이다. 이들은 출신학교나 전공을 확인하기 어려우며 대체로 국어(일본어), 영어, 조선어, 체조 등 교양과목을 담당하였고 법률과목을 가르친 사람은 없었다.

교수와 조교수의 경우, 대체로 '관제'의 규정보다 인원이 적었고 재직기간도 짧았다. 예컨대 교수와 조교수로 재직한 전체 34인 가운데 재임기간이 2년 이하인 사람은 전체의 3분의 1 가량인 11인이었다. 특히 1926년에는 교수 4인과 조교수 1인이 경성제국대학 법문학부 교수로 전임하였으며, 1925년에는 교수 절반이 재외 연구를 나가기도 하였다. 이와 같은 교원의 잦은 부재와 교육의 불안정으로 내실 있는 교육을 하기가 어려웠다.[191]

그 밖에 촉탁교원 8인, 시간강사 약 50인이 있었다. 전체 교원 48인 중 조선인은 교수 김명수(金命洙), 조교수는 정욱(鄭煜), 이주연(李周淵), 촉탁교원은 이긍종(李肯鍾), 이윤희(李允熙), 연전윤(延田允) 6인뿐이었다.[192] 이 중 정욱은 양정고등보통학교 교유를 지낸 사람이다.

4) 졸업생

경성법학전문학교는 1923년 3월에 제1회 졸업생 34명을 내고 일본이 패망한 1945년 9월에 40명, 이듬해인 1946년에 9월에 제25회 졸업생 46명, 전체 합계 1044명을 내고 폐교한다.[193] 물론 여기에는 일본인 졸업생도 포함된다. 졸업생 중에는 법조계에서 활약한 사람들이 많이 있다.[194]

『園部逸夫 オラール・ヒストリー』, 法律文化社, 2013 참조.

190 다카하시 도오루(1877~1967), 도쿄대 졸. 조선총독부 직원으로 구관제도(舊慣制度)조사와 문화재 수집. 경성제대 교수, 혜화전문(동국대 전신) 교장 역임. 패전 후 텐리(天理)대학 교수. 저서 『朝鮮人』, 1921(구인모 옮김, 『식민지 조선인을 논하다』, 동국대 출판부, 2010). 문헌 윤사순, 「高橋亨의 한국 유학관 검토」, 『한국학』 제12집, 1976, 17~24면.

191 김호연, 앞의 글, 21면.

192 위의 글, 같은 곳.

193 서울법대동창회, 『회원명부』, 2009, 48~54면; 기타 『경성법학전문학교일람』 1931년판과 1936년판의 졸업생 명단 참조.

8. 경성제국대학 법문학부

경성제국대학은 한반도에서 최초의 '대학' 명칭을 가진 고등교육기관으로서 1924년 서울에 설립되었다.[195] 이 대학에는 법문학부, 의학부 그리고 나중에 이공학부가 설치되었으며 관립 법학교육기관은 경성법학전문학교와 경성제대 법문학부 법학과의 이원적인 체제로 운영하게 된다.

1) 교과목

법문학부에는 법학과, 철학과, 사학과, 문학과의 네 학과가 있으며 법학과의 과목은 다음과 같다. 즉 헌법, 행정법, 민법, 민사소송법, 형법, 형사소송법, 상법, 사회법, 국제공법, 국제사법, 그 밖에 정치학, 정치학사, 정치사, 외교사, 재정학, 경제학, 경제학사, 경제사, 경제정책, 사회정책, 금융론, 로마법, 법리학, 법제사, 통계학, 법의학 강좌가 개설되고 있다.[196]

이러한 학과목들은 그 이후의 커리큘럼에서도 별다른 변동은 없다.[197]

---

194 경성법전 출신의 주요 인물에 관하여는 김호연, 앞의 글, 부록 표2 참조.

195 경성제대에 관하여는 정근식 외, 『식민권력과 근대 지식─경성제국대학 연구』, 서울대 출판문화원, 2011; 정선이, 『경성제국대학연구』, 문음사, 2002; 이충우, 『경성제국대학』, 다락원, 1980; 김효전, 「경성제대 공법학자들의 빛과 그림자」, 『공법연구』 제41권 4호, 2013, 267~318면(경성제대에 관한 상세한 문헌 목록 있음); 김효전, 「淸宮四郎의 경성제대 시절」, 『헌법학연구』 제19권 2호, 2013, 507~556면; 鵜飼信成, 이병규 옮김, 「경성의 8월 15일」, 『헌법학연구』 제19권 2호, 557~564면; 박병호, 「한국 법학교육의 기원─법관양성소와 경성제대」, 『근세의 법과 법사상』, 진원, 1996, 172~187면.

일본 문헌은 石川健治, 「コスモス─京城學派公法學の光芒」, 岩波講座, 『「帝國」日本の學知』, 第1卷; 酒井哲哉 編, 『「帝國」編成の系譜』, 岩波書店, 2006, 171~230면; 通堂あゆみ, 「京城帝國大學法文學部の再檢討」, 『史雜』 제117편 제2호, 2008; 淸宮四郎, 「憲法學周邊 50年」, 『法學セミナー』, 1979. 8(京城大學時代), 122~126면; 京城帝大50周年『紺碧遙かに』, 同窓會, 1974 참조.

196 『경성제국대학일람』(1933년판), 58~59면.

197 『경성제국대학일람』(1941년판)에서는 제1류(類), 제2류, 제3류로 세분화하여 이 중 하나를 선택하도록 규정하고 있다.

2) 법학과의 교수진

경성제대 법학과의 교수진은 대체로 다음과 같은 사람들로 구성되어 있었다.

먼저 하나무라(花村美樹)[198] 형법과 형사소송법, 이즈미(泉哲)[199] 국제공법, 다케이(竹井 廉) 상법, 야스다(安田幹太) 민법과 민사소송법 담당으로 1939년 퇴직, 후나다(船田享二)[200] 로마법, 나이토(內藤吉之助) 법제사, 하세가와(長谷川理衛) 국제사법, 후지타(藤田東三)[201] 민법과 민사소송법, 후와(不破武夫)[202] 형법과 형사소송법, 기요미야(清宮四郎)[203] 헌법과 행정법, 마쓰자카(松坂佐一)[204] 민법과 민사소송법, 오다카(尾高朝雄)[205] 법철학, 마쓰오카(松岡修太郎)[206] 행정법, 쓰마가리(津曲藏之丞) 사회법, 니시하라(西原寬一)[207] 상법, 우카이(鵜飼信成)[208] 행정법, 소가와(祖川武夫)[209]

---

[198] 하나무라 미키. 교수 임명 일자는『조선총독부관보』제4160호, 1926.7.2. 유진오는 하나무라 연구실에서 조수생활을 시작하고 임기가 끝나자 다시 오다카의 법철학 연구실로 자리를 옮기는 동시에 하나무라의 대학 예과 강사자리를 넘겨받았다. 유진오, 『양호기-보전·고대 35년의 회고』, 고려대 출판부, 1977, 7면.

[199] 이즈미(1877년생). 학교요람에는 Lake Forest College 학사, Wisconsin대학 석사로 나와 있다. 후일 Columbia대학에서 수학했으며 1935년 퇴직하였다. 주저로『국제법문제연구』,『식민지통치론』등.

[200] 후나다(1898~1970) 도치기(栃木)현 출생. 도쿄대 졸. 주저로『羅馬法』,『法思想史』등. 戶倉廣, 「船田享二先生を偲ぶ」, 法制史學會年報『法制史研究』20, 1970, 255~257면; 町田實秀, 「船田享二博士の想出」, 同書, 258~250면 참조.

[201] 후지다 조조는 유진오에게 민사소송법 교수직을 제의했다. 유진오, 앞의 책, 7면.

[202] 후와 다케오(1899~1947) 도쿄 출생. 도쿄대 졸. 경성대 교수를 거쳐 규슈(九州)대학 법학부장 역임. 주저로『형사책임론』,『마녀재판』,『刑の量定に關する實證的研究』등.

[203] 키요미야 시로(1898~1989). 저서로『헌법』I(1957),『外地法序說』(1944), 번역으로 켈젠『일반국가학』(1936) 등. 문헌은 芦部信喜・高見勝利・樋口陽一, 清宮憲法學の足跡, 『ジュリスト』第964號, 1990.10.1, 80~93면; 清宮四郎博士退職記念『憲法の諸問題』, 1963; 清宮四郎先生退職記念『獨協法學』第18號, 1982, 305~312면 참조.

[204] 마쓰자카 사이이치(1898년생) 오카야마(岡山)현 출생. 경성대, 아이치(愛知)대 교수, 나고야(名古屋)대학 총장 역임. 저서로『民法提要』(1954),『債權者代位權の研究』(1950) 등. 저작과 경력은『契約法大系』第1卷, 有斐閣, 1962, 356~360면.

[205] 오다카 도모오(1899~1956) 서울 출생. 도쿄대 법학부, 교토대 철학과 졸. 저서로『國際正義の建設』(1938),『國體の本義と內鮮一體』(1941) 등. 문헌은『近代日本哲學思想家辭典』, 東京書籍, 1982, 136~137면;『自由の法理』追悼論文集, 有斐閣, 1963;『法哲學年譜』; 松尾敬一, 「戰中の尾高法哲學」,『神戶法學雜誌』제14권 4호, 1965; 김창록, 「오다카 토모오(尾高朝雄)의 법사상-오다카 토모오와 식민지 조선」,『법사학연구』제46호, 한국법사학회, 2012, 433~458면 참조.

[206] 마쓰오카 슈타로(1896~1985) 홋카이도 출생. 도쿄대 졸. 경성대학, 가네자와(金澤)대학, 홋카이도(北海道)대학 교수를 거쳐 홋카이가쿠엔(北海學園)대학 교수 역임. 저서로『外地法』(1936),『조선행정법제요』(총론, 1943). 문헌은 松岡教授年譜及び著作目錄,『北大法學會論集』제10권, 北海道大學, 1960, 243~244면;『法學研究』제9권 2호, 北海學園大, 1974.

[207] 니시하라 간이치(1899~1976) 가가와(香川)현 출생. 도쿄대 졸. 경성대, 오사카(大阪)시립대, 고베

국제공법, 야마나카(山中康雄)[210] 민법과 민사소송법, 구리하라(栗原一男)[211] 민법과 민사소송법, 아리이즈미(有泉亨)[212] 민법과 민사소송법 등이다.[213]

그 밖에 법조계의 현직 일본인 판사들이 강사로 나왔으며, 법문학부의 조선인 강사로는 어윤적(魚允迪), 정만조(鄭萬朝)가 조선문학을, 최재희(崔載喜)가 철학을 담당하였다.

3) 졸업생

경성제대의 한국인 졸업생 명단은 이충우의 『경성제국대학』(다락원, 1980)에 잘 정리되어 있으며, 해방 후 이들의 활약은 괄목할 만한 것이다. 그러나 초대 대통령

(神戶)학원대 교수 역임. 저서로『近代的商法の成立と發展』,『회사법』,『상행위법』등.

208 우카이 노부시게(1906~1987) 도쿄 출생. 도쿄대 졸. 경성대 조교수를 거쳐 전후 신설된 도쿄대 사회과학연구소 교수, 국제기독교대학장, 세이겐(成蹊)대, 센슈(專修)대 교수 역임. 저서로『行政法の歷史的展開』,『憲法における象徵と代表』등. 그의 약력과 저작목록은『成蹊法學』제8호, 1975;『朝日人物事典』, 1990, 253면(奧平康弘 집필); Lawrence W. Beer(ed.), *Constitutionalism in Asia-Asian View of the American Influence,* Berkeley and Los Angeles : University of California Press, 1979, p.195.

209 소가와 다케오(1911~1996) 도쿄대 졸. 다치 사쿠타로(立作太郎, 1874~1943)와 요코다 키사부로(橫田喜三郎, 1896~1993)의 문하생. 경성제대 교수로 재직 중 경제연구회에 참가하여 마르크스의『자본론』을 읽다가 결국 마르크스주의자가 된다. 패전 후 규슈대, 도쿄대 교양부, 도호쿠(東北)대 교수 역임. 그는 한일기본조약과 관련하여 이렇게 말한다. "식민지 지배체제의 토대인 '동양척식주식회사'의 경영은 지주·소작관계의 거대한 집적일 뿐이었다. 식민지 주민의 정치적 무권리상태를 매개로 자본의 식민지적 收取가 생각대로 이루어졌다. 이것은 또한 중국 '侵出'에의 발판이 고정된다는 것이었다."(小田滋·石本泰雄 編,『國際法と戰爭違法化─その論理構造と歷史性 祖川武夫論文集』, 信山社, 2004, 253면) 또 해방 직후 상당수의 서울대 출신들이 월북한 것은 소가와나 야마나가를 비롯한 경성제대 교수들의 영향으로 보인다.

210 야마나가 야쓰오(1908~1998) 히로시마현 출생. 도쿄대 졸. 교토지방재판소 판사, 경성제대 교수를 거쳐 패전 후 규슈대, 나고야대, 아이치대 교수 역임. 마르크스주의 관점에서 민법체계를 분석. 저서로『市民社會と民法』등.

211 구리하라 이치오(1903~1981). 인명사전이나 위키피디아 인물검색에는 나오지 않으며 학문적 업적도 발견하지 못했다. 패전 후 아오모리(靑森)의 구제(舊制) 히로마에(弘前)고등학교 교장 역임. 1949년 히로마에 대학으로 개편한다.

212 아리이즈미 도오루(1906~1999) 야마나시(山梨)현 출생. 도쿄대 졸. 경성제대, 호세이(法政)대 교수 역임. 패전 후 1947~1966년 도쿄대 사회과학연구소 교수로 정년퇴직. 1967~1977년 소피아(上智)대 교수. 저서로 와가쓰마 사카에(我妻榮, 1897~1973)와의 공저『民法』이 있다.

213 상세한 것은 김효전,「경성제대 공법학자들의 빛과 그림자」,『공법연구』제41권 4호, 2013, 267~318면 참조.

이승만은 이들을 친일파 내지 친일파에 가까운 사람으로 인식하여 그다지 중용하지 않은 반면에 학계에서의 경성제대 출신의 역할은 거의 압도적이라고 할 수 있다.

법학계와 법조계에서의 이들의 업적이나 공과에 관한 연구는 또 다른 커다란 연구 테마이며 또 이 책의 주제를 넘는 문제이기 때문에 여기서는 생략할 수밖에 없다.[214]

1945년 일제로부터 해방되자 관립학교로서 경성제국대학과 경성법학전문학교의 양자를 합병하여 '국립서울대학교 법과대학'이 되어 오늘에 이르고 있다

이상 간단히 보았듯이 한일합병을 전후한 시기부터 1945년 8월 광복에 이르기까지 법학교육에 한정해서 보더라도 법관양성소에서 법학교, (구)전수학교, (신)전수학교, 경성법학전문학교에 이르기까지 우선 명칭을 자주 바꾼 것을 알 수 있다. "이름을 바꿈으로써 사물을 바꾸려는 것은, 전통의 틀 안에서 전통을 타파하기 위한 출구를 찾으려는 것으로 인간의 타고난 속임수(Kasuisterei)다!"라는 마르크스의 말[215]이 생각난다.

이처럼 조선에 있어서의 일본제국주의의 교육정책은 아무런 원칙도 체계도 없이 그때그때 임시방편으로 진행되어 왔으며 조선총독부 행정의 난맥상과 무능력을 적나라하게 보여주는 적절한 예가 되고 있다. 이것은 비단 교육행정에만 한정되는 것이 아님은 두말할 필요도 없을 것이다

요컨대 법관양성소는 정치적 격변기에 더구나 일본의 절대적인 간섭과 영향력 아래 운영되었기 때문에 처음부터 순탄하게 운영될 수는 없는 일이었다. 이처럼 어려운 여건 속에서도 유능한 졸업생들이 배출되었으나 이들을 바로 사법관으로 임명하지는 않았다. 법관양성소 운영의 내부적인 자체의 문제점과 아울러 기득권층의 냉대와 부패 등 외부적인 요인이 뒤얽혀 법관양성소는 당초의 기대에 부응하는 역할을 제대로 감당하기가 어려웠다.

---

214 상세한 것은 김용덕, 「경성제국대학출신 엘리트의 행로-고등문관시험 합격자의 친일 및 독재체제 옹호와 관련하여」, 김용덕·미야지마 히로시 편, 『근대교류사와 상호인식』 III, 아연출판부, 2008, 119~130면; 김용덕, 「경성제국대학의 교육과 조선인 학생」, 김용덕·미야지마 히로시 편, 『근대교류사와 상호인식 II-일제강점기』, 아연출판부, 2007; 이항녕, 「학창 30년」, 『법정』, 1967년 1월~10월 및 소고 이항녕 선생 유고집 『작은 언덕 큰 바람』, 나남, 2011, 39~84면에 재수록.

215 F. Engels, *Der Ursprung der Familie, des Privateigentums und des Staats*, 4. Aufl., 1891, Berlin : Dietz, 1974, S.66(김대웅 옮김, 『가족, 사유재산, 국가의 기원』, 두레, 2012, 94면). 번역서는 'Kasuisterei'를 '도학자적 근성'이라고 옮긴다.

III. 교과목

1895년 창설 당시의 법관양성소규정 제7조에 의하면, 교과목은 법학통론, 민법, 형법, 민사소송법, 형사소송법, 기타 현행 법률, 연습의 7과목이었다. 당시에는 헌법은 물론 민법이나 형법과 같은 서구식의 근대적인 법전은 아직 제정되지 않았지만 우선 명칭부터 일본과 같이 서구식을 지향하고 있었음을 말해주고 있다.

법관양성소의 창립년인 1895년 3월 25일 학과시간표는 다음과 같이 구성되어 있었다.[1]

〈표 8〉 학과 시간표

	9시~11시	11시~12시	1시~2시
월	민법 (高田)	민사소송법(高田)	법학통론(日下部)
화	형법 (堀口)	형법 (堀口)	민사소송법(高田)
수	형법 (堀口)	형법 (堀口)	법학통론 (日下部)
목	민법 (高田)	민사소송법 (高田)	형사소송법 (高田)
금	형사소송법 (高田)	형사소송법 (高田)	법학통론 (日下部)
토	현행법률 (皮相範)	소송연습 (高田, 堀口, 日下部)	

여기서 보듯이 강의는 주로 일본인 다카다(高田), 호리구치(堀口), 구사가베 산쿠로(日下部三九郞)[2]가 담당하였고, 미국인 그레이트하우스(具禮, Greathouse) 외에 한국

---

[1] 서울법대동창회, 『서울법대백년사 자료집 – 광복전 50년』, 1987, 33면.
[2] 국회도서관, 『한말 근대 법령 자료집』 I, 1971, 279면; 전봉덕, 「근대 사법제도사(2)」, 『대한변호

인은 피상범(皮相範)뿐이었다.

수업은 각 1시간 30분으로 법학통론이 주당 3시간, 민법 및 민사소송법이 4시간 30분, 형법 및 형사소송법이 3시간, 현행 법률과 소송연습이 각각 주당 1시간 30분이 되는 셈이다.

여기에 대해서는 일본의 영향과 이처럼 단기간의 법률교육으로 정상적인 사법요원을 양성할 수 있을 것인지, 그리고 또 당시에는 이질적이었을 서구의 법률개념들을 실생활에 구체적으로 적용할 수 있었는지 여러 가지 문제와 의문을 제기할 수 있을 것이다.[3]

법관양성소는 이처럼 출발 당시부터 일본의 영향을 많이 받았기 때문에 모델이 된 일본 사법제도의 실제 모습을 아는 것은 우리 것을 연구하는 데에 큰 도움과 자료가 된다.

법관양성소는 1895년과 1896년 각각 1회씩 졸업생을 배출하고 한동안 폐지되었다가 1903년에 2년 내지 3년의 수업 연한으로 개편하여 수업을 재개하였다.

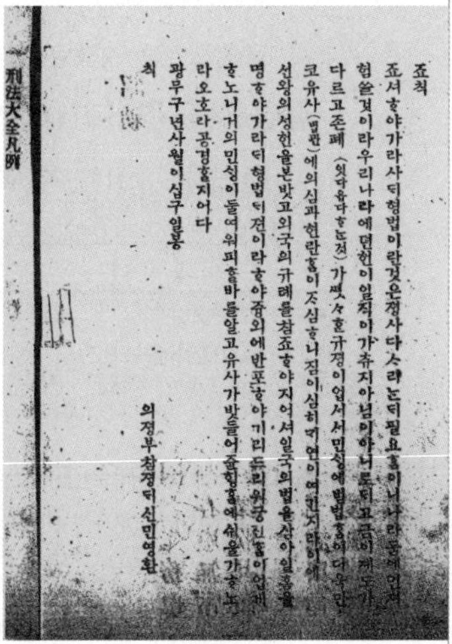
刑法大全凡例

죠칙
죠셔ᄒᆞ야 가라사ᄃᆡ 형법이란것은 졍사다ᄉᆞ리ᄂᆞᆫᄃᆡ 필요ᄒᆞᆫ이니
험쓸것이라 우리나라에 면헌이 일직이 가츄지 아니ᄒᆞ야 너로ᄃᆡ 고금이
다르고 존폐 (잇다 업다 ᄒᆞᄂᆞᆫ것) 가 ᄯᅢᄯᅢ 로 규정이 업서서 민심에 법법홈이
코유사(법관)에 의심과 현란홈이 ᄌᆞ심ᄒᆞ니 짐이 심히 ᄭᅧ연이 여기ᄂᆞ니라 이에
선왕의 성헌을 본밧고 외국의 규례를 참죠ᄒᆞ야 지어서 일국의 법을 삼아 일홈을
명ᄒᆞ야 가라ᄃᆡ 형법대전이라 ᄒᆞ야 즁외에 반포ᄒᆞ야 ᄀᆡ리 듯리워 궁진홈이 업게
ᄒᆞ노니 거의 민심이 둘여워 피홀바를 알고 유사가 밧들어 쥰힝홈에 쉬울가ᄒᆞ노
라 오호라 공경홀지어다
광무구년사월이십구일봉
칙
의정부참정대신민영환

『형법대전』

한편 1904년의 교과목에서는 법학통론, 민형법, 민형사소송법, 헌법, 행정법, 국제법, 상법, 현행법률, 산술, 작문 및 외국율례로 증가되며, 또 시의에 따라서 학과과목을 증감할 수 있도록 융통성을 허용하고 있다.[4] 1904년의 경제학은 신우선(申佑善)이 강의하였다고 한다.[5]

또한 1906년 3월 30일 자 개정 규칙에 의하면, 새로 제정된 『형법대전』[6]과 종래부터 의용해 오던 『대명률(大明律)』,[7] 그리고 동양의 법의학책인 『무원록(無冤

사협회지』 제4호, 1973.4 참조.

3 양승두, 앞의 글, 1977, 492면.

4 『관보』, 1904.8.5.

5 이기준, 『한국경제학교육사연구』, 한국연구원, 1982, 93면.

6 이병수, 「우리나라의 근대화와 형법대전의 반시－가족법을 중심으로 하여」, 『법사학연구』 제2호, 1975 참조.

7 번역은 법제처, 『대명률직해』, 1964. 대명률의 수용과 적용에 관하여는 조지만, 『조선시대의 형사법－대명률과 국전』, 경인문화사, 2007; 심재우, 「조선 말기 형사법 체계와 『대명률』의 위상」, 『역사와

錄)』[8] 등 전통적인 법과목을 추가하였고, 새로운 사회변화에 맞추어 법학통론, 헌법, 형법, 민법, 상법, 형사소송법, 행정법, 국제법, 경제학, 재정학, 그리고 외국어로 프랑스어가 부과되었다.[9]

이 교과목의 개정에 대해서는 수업 연한에 비하여 교과목 수가 너무 많아서 졸업하기가 어렵다는 소리까지 나오게 되었다.

○ 卒業極難　法部 所管 法官養成所 設置ᄒ지 四五年 以前에ᄂ 大明律을 敎授ᄒ더니 自今年 爲始ᄒ야ᄂ 新法律을 敎授ᄒᄂ디 學期ᄂ 二箇年으로 定ᄒ고 敎科書ᄂ 三十餘 科目인디 二箇年內로 卒業하기가 極難하다고 該 學徒들이 大段 憂慮ᄒ다더라.[10]

● 卒業延期　法官養成所 학徒 卒業이 元來 二個年이더니 今番에 現在ᄒ 학員은 仍舊ᄒ고 新募홀 行員부터 三個年으로 施行ᄒ다더라.[11]

한편 1907년의 「진급증(進給證)」에 의하면 교과목과 담당 교관명은 다음과 같다.[12]

〈표 9〉 교과목과 담당 교관

교 과 과 목	담 당 교 관	교 과 과 목	담 당 교 관
법학통론 형법(총론) 민법(총론·물권·채권·상속) 상법(총론·회사·상행위)	석진형 윤태영 이한길 이항종	형사소송법 민사소송법 경제학 국제공법(평시) 일본어	장 도 류동작 박만서 나 진 유문환

경계』제65호, 2007; 최건식, 「『대명률』의 의용과 행형」, 『矯正』제15권 2·3호, 1968.4·5 참조.

8　『증수 무원록』은 중국 元나라 王與(1261~1346)의 저작으로 1308년(혹은 1335년)에 저술된 것으로 보인다. 그 후 중국을 비롯하여 조선과 일본 등지에 전파되고 법의학지침서로서 널리 활용되었다. 1907년 광학서포에서 국한문으로 발간하여 널리 보급되었으며 여러 차례 광고가 나갔다. 예컨대『황성신문』, 1907.4.19 및 『대한매일신보』, 1907.4.20 등. 한글 번역은 송철의·이현희·장윤희·황문환 역주,『증수 무원록 언해』, 서울대 출판부, 2004; 김호 옮김,『신주무원록(新註無寃錄)』, 사계절, 2003; 법제처, 「추관지 제4권 부·증수무원록」,『법제자료』제78집, 1975, 1~189면에 수록되어 있다. 모리스 쿠랑(M. Courant)은 조선에서 중요한 법학 책은『대명률』과『무원록언해』두 권뿐이며 법의학적인 사후 검시에 관한 책이라고 소개한다. M. Courant, *Bibliographie Coréenne*, Tome I, Introduction, 1894(박상규 옮김,『한국의 서지와 문화』, 신구문고, 1974, 119면). 문헌은 이영택, 「근세 조선의 법의학적 재판과 무원록에 관한 연구」,『서울대학교 논문집(자연과학)』제4집, 1956, 177~279면 참조.

9　전문은『황성신문』, 1906.4.5; 1906.4.6.

10　『대한매일신보』, 1906.10.21.

11　『대한매일신보』, 1908.1.16.

12　서울법대동창회,『서울법대백년사 자료집 - 광복전 50년』, 1987, 142면 참조.

여기서 보듯이 1906년까지 개설되었던 종래의 '대명률'이나 '무원록' 같은 과목은 삭제되고 전부 현대적인 법률학 과목과 경제학, 그리고 일본어로 구성되어 있다. 한편 일본 통감부에서 펴낸 한 연보는 다음과 같이 기록하고 있다.

Elementary law, civil and criminal laws and their respective procedures, political science, administrative law, international law, the Chinese Code of the Ming Dynasty, practical training in court proceedings and economics are the principal items of the curriculum. Koreans in general lack elementary education, so the Chinese or other foreign languages, mathematics, book-keeping and gymnastics also constitute regular compulsory courses.[13]

여기서 보듯이, 조선인들은 일반적으로 기본 교육이 결여되어 있기 때문에 한문이나 기타 외국어, 수학, 부기, 그리고 체조가 정규 교과목의 내용을 이룬다고 악의적으로 서술하고 있다. 이 『시정년보』는 책 제목 자체가 말해주고 있듯이, 통감부의 치적을 선전하기 위한 것이며, 따라서 조선인에 대한 서술은 도처에서 격하 내지는 왜곡하는 것으로 일관하고 있다.

그러나 1908년 3월에 다시 학칙이 개정되어 다음과 같은 과목으로 바뀌었다.

● 養成所學則　法部에서 法官養成所學則을 發佈ㅎ얏는디, 敎授科目은 法學通論, 民法, 民事訴訟法, 刑法, 刑事訴訟法, 商法, 國法學, 行政法, 國際公法, 國際私法, 明律, 理財學, 實務演習, 日本語, 漢文, 數學, 簿記, 體操인디 時宜를 從ㅎ야 科目을 增減ㅎ고 敎授方法은 所定호 科目에 就ㅎ야 本 所長이 適宜케 此을 定호다더라.[14]

그러나 『황성신문』 1908년 2월 6일 자의 보도는 다음과 같다.

● 學無必要　法官養成所 學科를 改正ㅎ얏다는디 國際公法과 憲法은 本國人이 學習홀 必要가 無ㅎ다 ㅎ야 除去ㅎ얏다더라.[15]

---

13 *The Second Annual Report*, 1909, p.66.
14 『황성신문』, 1908.3.6.
15 『황성신문』, 1908.2.8.

여기서 보듯이 국법학과 부기, 체조 등의 과목도 추가되었다.

1908년도의 교과 내용은 다음과 같다.

〈표 10〉 교과목과 담당 교관(1908년)

교 과 과 목	담 당 교 관	교 과 과 목	담 당 교 관
법학통론	장 도	평시국제공법	석진형
민법총론	신우선	상속법	박만서
민사소송법	홍재기	경제학	박만서
형법총론	장 도	회사법	미 상
형사소송법	유문환	형법각론	미 상
상행위법	나 진	상법총칙	미 상
채권법 제1부	석진형	어험법	미 상
채권법 제2부	신우선	수학	미 상
물권법 제1부	류동작	일어실무연습	미 상
물권법 제2부	양대경		

이상과 같이 교과목은 이전보다 더욱 세분화되었으며, 담당 교관을 정확하게 알 수 없는 과목도 있다. 공법의 경우 평시국제공법은 가르쳤으나 헌법, 행정법이 누락되어 있으며, 또 법철학과 같은 이론적이고 학문적인 과목이 보이지 아니하는 점 등으로 미루어 볼 때 법관양성소에서의 교과목은 오로지 재판을 위한 소송기술적인 과목에만 한정하였고, 이념적인 요소가 내포된 과목은 의도적으로 배제한 것을 알 수 있다. 이처럼 외세에 의한 형식적인 사법의 근대화는 그 한계가 있음을 여실히 보여주는 하나의 증좌라고 하겠다.

그 가장 대표적인 예가 바로 만국공법(국제법) 과목을 법관양성소 설립 당초부터 정책적으로 배제한 점이다. 국제법은 자주 독립국가로서 대외 접촉에서 필수불가결한 과목임에도 불구하고 국내의 현실적인 형사상 또는 민사상의 분쟁 해결만을 법학교육의 기본으로 삼은 것이다.

국제법의 경우 이미 1883년의 원산학사(元山學舍)에서,[16] 1886년에는 육영공원(育英公院)에서도 가르치기 시작하였다. 육영공원은 지금의 중구 정동에 있는 구 대법원 자리(현 서울시립미술관 자리)에 있었다. 그러나 1895년 설립 당시의 법관양성소의 교과목에는 국제법이 없었으나, 1904년의 교과목 개정에서 처음으로 국제

---

16 신용하, 「우리나라 최초의 근대 학교」, 『한국 근대사와 사회변동』, 1980, 43면.

법, 헌법, 행정법의 과목이 추가되었다.[17] 1899년의 한성의숙(낙영학교)의 교과목에는 법학과 별도로 국제법이 들어 있고, 같은 해에 설립된 시무학교에서는 각부 현행 장정, 각국 통상조약, 그리고 공법과 법률과 산술이 교과목이었다.[18] 또한 1900년의 사립 광성상업학교와 광흥학교에서도 국제법이 들어 있었고, 1905년에 설립된 한성법학교와 양정의숙에서는 국제공법과 국제사법으로 나뉘었다. 같은 1905년의 보성전문학교에서는 평시국제공법과 국제사법으로 구별하였다. 더구나 1907년에는 경감학교의 교과목에도 국제법이 포함되고 있었으며, 1908년의 대동전문학교와 융희법률학교에서도 각각 국제법을 교수하였다.[19]

이처럼 불과 반년 만에 폐교하는 사립학교에서도 국제법을 가르쳤는데 국가의 사법관을 양성하는 법관양성소에서 이 과목을 소홀히 한 점은 일본의 음모가 아니면 조선 정부 당국자의 무지의 소산이라고 볼 수밖에는 없을 것이다.

그러나 국제법은 법관전고에서도 시험과목이 되었고,[20] 그 후 변호사시험과 검사채용시험 등에서 국제공법으로서 당당히 포함되었다.

또한 법관양성소의 교과목은 직접 간접으로 사립학교의 그것에 영향을 미쳤다고 보겠다. 그리하여 『황성신문』은 잡보에서 이렇게 기록하고 있다.

●法律學의 標準　各 私立法律學校는 官立 法官養成所의 程度를 標準ᄒ야 敎授科程을 改正케 ᄒ다는 說이 有ᄒ다더라.[21]

법관양성소의 영향 때문인지 당시 보성전문학교를 비롯하여 대동전문학교 등의 교과목은 오늘날보다도 더욱 상세한 내용을 규정하고 있다. 그러나 대동전문학교 3학년 교과목에는 '명률'이 근대적인 법학 과목과 나란히 들어 있으며, 한일합병 이후인 1911년의 양정의숙 법률과 학생모집 광고 속에 들어 있는 교과목에도 '명률'과 함께 '로마법(羅馬法)'이 열거되어 있는 것을 볼 수 있는데 로마법은 실

---

17 『황성신문』, 1906.11.27; 1906.12.10 참조.
18 『황성신문』, 1899.1.20.
19 상세한 것은 김효전, 『서양 헌법이론의 초기수용』, 철학과현실사, 1996, 90~107면 참조.
20 『황성신문』, 1906.11.19의 법관전고세칙 제3조.
21 『황성신문』, 1909.4.17.

제로 교수하였는지 궁금하다.

다른 한편 산강(山康) 변영만을 소개하는 글에 다음과 같은 구절이 있다.

관립 법관양성소는 그때만하더라도 단순한 구법(舊法), 예컨대 대전회통(大典會
通)에 관한 교육만 시켰을 뿐이고, 교육 기간은 단지 6개월로서 졸업이 허용되는 형
편이었다. 그러던 것이 산강이 졸업한 바로 한 해 뒤부터서는 (산강은 4회 졸업생이
었다) 교육 기간도 6개월에서 2년으로 늘어났고, 뿐더러 교재도 신법으로 바꾸어서
강의하는 이른바 명실공히 신식 교육기관으로 발전하기에 이르렀던 것이다. (…중
략…) 구법만 가르치는 법관양성소 교육에 만족을 느끼지 못한 산강은 새로 신법률
학을 배우기 위해서 보성전문학교 2년제 법과(야간)에 입학하였다. 그때가 1906년
똑같은 나이 18세 때의 일이었다.[22]

여기서 구법만 가르쳤다는 것은 이미 보았듯이 잘못된 서술이다.[23] 또 "이 시기
의 법관양성소 교육에서는 대명률 같은 구법이 중심이 되었다"[24]는 기술도 잘 연
구하지 않고 성급하게 결론을 내린 결과라고 하겠다.

또 정구영은 법관양성소의 교과목에 관하여 다음과 같이 증언하고 있다.

그곳에서는 이른바 신식 법률이라고 하여 일본의 민·형법요지, 민·형사소송법 요
지를 가르쳤는데 말이 법률이지 온갖 잡동사니를 체계도 없이 뒤죽박죽 해놓은 것이
었다. 더욱 가관인 것이 어느 누가 법률을 공부한 사람이 있어야지, 어쩌다 일본어를
아는 사람이 있으면 선생으로 데려다놓고 일본어로 된 문장 중 한문 외의 일본어 토
를 조선어로 바꾸기만 하면 그 문장의 대의는 알 수 있어서 그것을 기계적으로 읽어
주는 정도였다. 가르치는 사람도 무슨 뜻인지, 배우는 학생도 그 내용을 잘 모르기는
마찬가지였다.[25]

---

22 임종국·박노준, 『흘러간 성좌―오늘을 살고 간 한국의 기인들』(2), 국제문화사, 1966, 294~295면.
23 이 점에 대해서 구법만 교육하였다는 것은 사실이 아니며, "다만 구법을 중시하여 새로운 법학교
    육이 제대로 이루어지지는 않았을 것이다"라고 보는 견해(최기영, 『한국 근대 계몽사상 연구』,
    일조각, 2003, 60면의 주 20) 역시 사실이 아니다.
24 문준영, 『법원과 검찰의 탄생―사법의 역사로 읽는 대한민국』, 역사비평사, 2010, 276면.
25 정구영, 「조선변호사회」(남기고 싶은 이야기들), 『중앙일보』, 1973.12.20.

그런가 하면 일본인들은 "본소는 광무 9년(1905) 개정 전은 명률, 대전회통과 같은 것을 교수하던 것을 개정 후 현금의 신법률학을 교수하게 되어"[26]라고 하여 고의적으로 폄하하고 새로운 법률학이 마치 일본의 고유한 것인 양 또는 일본의 덕분으로 새로운 커리큘럼으로 바뀐 것처럼 서술한 기사를 확인도 하지 않고 그대로 신뢰하여 마치 법관양성소의 교과목 전체가 엉망이었던 같은 느낌을 주는 글들을 여러 곳에서 자주 발견하게 된다. 이러한 기술들은 모두 우리 안에 뼛속 깊이 스며든 일본인들의 교묘한 선전과 식민주의 찌꺼기가 여전히 남아 있는 증좌라고 하겠다. 이처럼 부정확한 기술은 자칫 잘못하면 법관양성소 전체에 대한 오해를 불러일으킬 소지마저 있으며 더구나 개화기에 관한 서술의 상당수가 흥미 위주로 되었다는 점을 잊어서는 안 된다.

1. 실무 교육

법관양성소 교과목 중에는 일찍부터 소송연습이 들어 있었다. 이에 따라 실제 연습하는 모습이 보성전문학교와 양정의숙 등이 함께 보도되어 장안의 화제가 되기도 하였다. 관련 기사를 몇 가지 소개하기로 한다.

　△ 法徒傍聽　辯護士 李冕宇 洪在祺 兩氏가 慶尙南道 晋州郡 廣理社에 關호 事로 該道 裁判所에서 審判호ᄂᆞᆫ되 洪氏가 未及호 故로 決席判決호지라 去 土曜 下午 二時 平理院에서 李洪兩氏가 請願開庭호얏ᄂᆞᆫ되 法官養成所 普成 養正 法律專門學徒 百餘名을 該 校長이 帶同호고 實地見習으로 公開傍聽호ᄂᆞᆫ되 日勢薄暮호야 兩供을 未了호고 今日로 退期호얏더라.[27]

　●法庭紊亂　去 土曜日에 辯護士 李冕宇 洪在祺 兩氏가 晋州訴訟事件으로 平理院에

26　『朝鮮』 제1권 제1호, 1908, 89면. 이 일본어 잡지의 총목차는 임성모 편, 『조선과 만주―총목차·인명색인』, 어문학사, 2007 참조.
27　『황성신문』, 1906. 11. 27.

出頭ᄒᆞ야 裁判ᄒᆞᄂᆞᄃᆡ 各 法律學徒에 實地見習ᄒᆞ기 爲ᄒᆞ야 法官養成所 普成專門學校와 養正義塾에 請牒ᄒᆞ얏더니 及其 裁判之時ᄒᆞ야ᄂᆞᆫ 一般人民을 公開ᄒᆞ야 甚至 兵丁ᄭᅡ지 多數 入來ᄒᆞ야 秩序를 紊亂히 ᄒᆞ되 該院 裁判長은 秩序維持權을 不知ᄒᆞᄂᆞᆫ 故로 傍人이 見其昌皮之樣ᄒᆞ고 秩序維持ᄒᆞ기를 勸ᄒᆞᆫ즉 該氏가 答ᄒᆞ되 民事에 巡檢을 使用ᄒᆞᄂᆞᆫ거시 不當ᄒᆞ다 하야 尋常置之ᄒᆞᄂᆞᆫ 故로 觀光者가 裁判長 背後에 衛擁하야 外人의 受侮를 見하되 終乃 自己에 所有ᄒᆞᆫ 權利를 抛棄하고 秩序를 紊亂히 하얏시니 此ᄂᆞᆫ 姑捨하고 民事에 革鞭를 使用하기ᄂᆞᆫ 往旣에 善爲하고 其日에 獨히 民事라 하야 巡檢을 使用치 못ᄒᆞ다 하얏스니 辯護士를 畏하야 然ᄒᆞᆷ인지 不知하겟다고 嘲笑가 大端하더라.[28]

● 法所設會 法官養成所에셔 數月前붓터 法學討論會를 組織ᄒᆞ야 規則과 細則이 具備ᄒᆞ고 秩序가 鱗順ᄒᆞ야 傍聽者가 莫不贊道ᄒᆞᄂᆞᄃᆡ 通常會ᄂᆞᆫ 每 土曜日 特別會ᄂᆞᆫ 臨時總會員 同意로 ᄒᆞ더니 日昨에 法部로셔 公函이 來到인 바 卽 我韓 改正刑法草案을 行將裁可後 頒布인ᄃᆡ 不備不明ᄒᆞᆫ 點을 摘示ᄒᆞ야 意見을 陳述ᄒᆞ라 ᄒᆞᆫ 故로 討論會ᄂᆞᆫ 中止되고 前月終 優等生 李基燦으로 委員長이며 其次 優等 李弼殷 李敬儀 韓相義 安宅洙 李根國 金應爕 六人과 其外 及第生으로 委員을 定ᄒᆞ야 每日 下午 三時로 五時ᄭᅡ지 批評會를 組織ᄒᆞ야 各其 意見을 陳述ᄒᆞᄂᆞᄃᆡ 本 草案에 笞刑廢止問題로 批評이 紛紜ᄒᆞ야 我國 程度가 아즉 笞刑廢止 時期가 未達ᄒᆞ얏다 하야 多數ᄂᆞᆫ 此를 主張ᄒᆞ고 其後 逐條ᄒᆞ야 缺點을 摘發ᄒᆞ기로 連日 開會ᄒᆞ야 五時頃에 開會ᄒᆞᄂᆞᄃᆡ 客地로 在學ᄒᆞᄂᆞᆫ 人員은 多少 因難이 有ᄒᆞ리라더라.[29]

● 學徒實地見習 法官養成所에셔 去 日曜에 永道寺에셔 運動ᄒᆞᆫ다ᄂᆞᆫ 說은 己揭ᄒᆞ얏거니와 該 學生等이 法學을 學理上으로ᄂᆞᆫ 多年 硏究ᄒᆞ얏스나 實地上 見習은 尙無ᄒᆞᆷ이 訴訟節次를 實地上으로 觀習ᄒᆞ기 爲ᄒᆞ야 文明國의 模範을 依ᄒᆞ야 裁判所를 假設ᄒᆞ고 司法官吏와 辯護士 及 原被告를 推定ᄒᆞ야 各其 相當ᄒᆞᆫ 禮服과 相當ᄒᆞᆫ 權限으로 債權法上 有名ᄒᆞᆫ 選擇權의 訴訟事實를 開庭 審判ᄒᆞ얏ᄂᆞᄃᆡ 實노 我國의 初有한 盛況이며 來賓은 平理院과 漢城裁判所의 一般官吏와 普成專門學校生과 講師諸氏라더라.[30]

● 養所鍊習 再昨日 法官養成所에셔 永道寺에 出往ᄒᆞ야 訴訟鍊習을 設行ᄒᆞᄂᆞᄃᆡ 該 學員中에셔 裁判長과 判事와 辯護士와 至於 廷吏ᄭᅡ지 位次를 設置ᄒᆞ고 原被告의

---

28 『대한매일신보』, 1906. 11. 27.
28 『대한매일신보』, 1906. 11. 27.
29 『황성신문』, 1906. 12. 10.
30 『만세보』, 1907. 5. 14.

86 제1부_법관양성소

訴訟件을 裁判ᄒᄂᆫ 法部와 平漢兩裁 一般官吏가 會同參觀ᄒ얏다더라.[31]

●法官鍊習　法部大臣 李夏榮氏가 近日 各 法律學徒덜이 訴訟鍊習場을 開ᄒ고 裁判處決을 依法公決ᄒᄂᆫ 說을 喜聞ᄒ고 將次 該部 官吏와 平漢兩裁 一般官人을 領率ᄒ고 訴訟鍊習을 設行ᄒ되 各 法律學徒中으로 原被告와 辯護士을 選定ᄒᆯ 터인듸 當日 經費ᄂᆫ 自己가 全擔ᄒ기로 決定ᄒ얏다더라.[32]

●法徒實地見習　法官養成所에셔ᄂᆫ 夏期放學時를 乘ᄒ야 二年級 學徒를 領率ᄒ고 地方에 下去ᄒ야 裁判의 事務를 實地 見習ᄒ기로 定ᄒ얏더니 酷炎에 行動키 難ᄒᆷ으로 中止ᄒ얏다가 秋凉을 乘ᄒ야 近近히 仁川 大邱 兩處中으로 出發ᄒ다더라.[33]

●訴訟鍊習의 來賓　再昨日 普成專門學校에셔 永道寺에 出往ᄒ야 訴訟鍊習을 設行ᄒᄂᆫ듸 諸般節次가 一大法庭과 如ᄒ고 來賓은 內部 協辨 兪星濬 學部 協辨 니圭桓 法部 刑事局長 金洛憲 民事局長 리鍾協 平理院 首班檢事 리健鎬 首班判事 金正穆 漢城裁判所 리容相 判事 尹邦鉉 內部 參書官 羅壽淵 遞軍協 嚴柱益 辯護士 洪在祺 리면宇 丁明燮 等 諸씨가 出席하얏다더라.[34]

또한 법관양성소를 비롯하여 양정의숙과 보성전문학교는 법률토론회를 갖기도 하였다. 이에 관한 『대한매일신보』의 보도는 아래와 같다.

●三處生徒聯合討論　養正義塾에서 法官養成所와 普成專門學校 兩處 生徒를 請邀ᄒ야 國民演說臺에서 聯合大討論을 開ᄒ다ᄂᆫ 說은 已揭ᄒ얏거니와 去 日曜日에ᄂᆫ 未備ᄒ 事情이 有ᄒ야 來 日曜日[二十二日]로 退定ᄒ야 刑法問題와 經濟問題로 討論ᄒ다ᄂᆫ듸 其 問題가 如左ᄒ더라.
刑法問題ᄂᆫ 正條에 有期의 自由刑과 金刑은 各其 高低度에 範圍를 設定ᄒ야 斟酌適用케 ᄒᆷ이 可ᄒᆯ가 其 限度를 預先 確定ᄒᆷ이 可ᄒᆯ가
經濟問題　私益의 集合으로 公益이라 稱함을 得乎아 否乎아.[35]

31　『대한매일신보』, 1907.5.14.
32　『대한매일신보』, 1907.5.22.
33　『황성신문』, 1908.9.6.
34　『대한매일신보』, 1907.6.4.
35　『만세보』, 1907.6.20.

● 法律討論의 狀況　再昨日 國民演說臺에셔 養正義塾 法官養成所 普成專門學校 學員들이 法律討論會를 開設ᄒ고 刑法에ᄂ 尹宇稙 김基賢 南亨祐 李基燦 정泰桓 諸 氏오 經濟에ᄂ 徐鳳勳 韓상義 徐상輯 具滋郁 南廷奎 崔영澤氏오 來賓演說은 李漢吉 죠聲九 羅壽淵 李면宇 諸氏오 答辭ᄂ 養正義塾 塾監 安죵元씨인디 進茶果後 萬歲를 唱ᄒ얏다더라.[36]

　　양정의숙에서의 소송연습에 관해서는 『황성신문』에 연재되기도 하였다.[37] 이와 같이 각급 학교가 연합하여 토론회를 개최하는 일은 일본에서도 유행하였다. 예컨대 『오대법률학교 연합토론필기(五大法律學校 聯合討論筆記)』(1888) 같은 것이 바로 이를 말해주고 있다.[38] 여기의 5대 법률학교란 1880년의 도쿄(東京)법학사(다음 해 도쿄(東京) 법학교로 개칭. 현재의 호세이(法政)대학의 전신), 메이지(明治)법률학교(현 메이지(明治)대학의 전신),[39] 1880년에 센슈(專修)학교(현재의 센슈(專修)대학의 전신), 1882년에 도쿄(東京)전문 학교(현 와세다(早稻田)대학의 전신),[40] 그리고 1885년에 영길리(英吉利)법률학교(현 주오 (中央)대학의 전신)[41]의 다섯 학교를 말한다.[42] 따라서 일본에 유학했던 사람들이 주축이 되어 이를 모범으로 하여 개최한 것이 아닌가 하는 생각이 든다.

　　그러나 1908년에 들어와서는 소송행정법이 제정되고 또 경비문제 등으로 연습은 실시하지 않게 된다.

● 法學研成　法官養成所 학員 諸氏가 法학研成회를 組織ᄒ고 一月에 一次式 긔회

---

36 『대한매일신보』, 1907.6.25.

37 『황성신문』, 1907.7.12; 1907.7.16; 1907.7.17; 1907.7.18.

38 이 책자는 제1회와 제2회의 토론회를 필기한 것이다. 長尾景弼, 『帖佐顯等』, 博聞社, 1888.8, 195면.

39 別部昭郎, 『明治大學の誕生ー創設の志と岸本辰雄』, 學文社, 1999 참조.

40 『早稻田大學百年史』 참조.

41 상세한 것은 菅原彬州監 森光 編著, 『超然トシテ獨步セント欲スー英吉利法律學校の挑戰』, 中央大 學出版部, 2013; 山崎利男, 『英吉利法律學校覺書ー明治前期のイギリス法敎育』, 中央大學出版部, 2010 참조.

42 山崎利男, 위의 책, 8면; 西村捨也 編著, 『明治時代法律書解題』, 酒井書店, 1968, 28면. 이 학교들은 창립 100년을 맞이하여 그 후신 각 대학에서 백년사가 편찬되었다. 예컨대 『早稻田大學百年史』 第 1卷, 1978; 『法政大學百年史』, 1980; 『專修大學百年史』 上卷, 1981; 『明治大學百年史』 第3卷, 通史 編 I, 1992 참조. 그리고 天野郁夫, 『大學の誕生 帝國大學の時代』 上·下, 2009는 1918년의 대학령 의 성립까지의 대학과 고등교육기관의 역사에 대해서 종합적으로 서술한 것으로 거기에서 법률 학교의 역할과 당면문제 등을 다루고 있다.

호야 法律上 問題로 討論호야 知識를 交換하는디 再昨에는 該所니에 긔회호고 治國之
方은 法律이 勝於道德이라는 問題로 討論호얏다더라.[43]

　●演習停止　養正義塾에셔는 去 日曜日에 永導寺에서 訴訟演習을 設行훌 次로 學
員덜이 會費를 每人에게 五十錢式 收合호얏더니 講師 石鎭衡氏가 說明호기를 目下
法典調査局에셔 起草호는 訴訟行政法이 本年 內에 頒佈될 터인즉 外國訴訟行政를
演習훌 必要도 無호고 金融沽渴훈 時에 不生産消費를 設홈이 不可호다 호는 故로 其
收合호얏던 金錢을 還收分給호고 此 演習을 停止호얏다더라.[44]

그러나 법전조사국에서 기초한다는 소송행정법은 반포되지 아니하였고, 이렇
게 본다면 일본의 영향력이 좌지우지하는 현실에서 소송연습은 공연히 학생들의
비용만 허비할 것이라는 생각에서 석진형은 연습을 정지한 것으로 보인다. 아마
석진형은 법관양성소의 폐지를 감지한 것이 아닐까 하는 느낌이 든다.

또한 법관양성소에서는 실제 수업의 일환으로 감옥서를 견학하기도 하였다.

　●監獄觀覽　再昨日 法官養成所에서 講師諸氏가 三年級 學生 三十人을 領率호고
新門外 監獄署에 專往호야 實地로 觀覽호얏다더라.[45]

당시의 감옥 상황에 대해서는 『독립신문』과 『뎨국신문』의 사설이 잘 묘사하고
있어서 이를 인용하기로 한다.

　① 죠션 사롬 성각에는 사롬이 죄가 잇서 법사에 잡혀 옥에 갓치면 고성을 만히 홀
쇼록 죠훈 줄노 성각호되 기화훈 사롬의 성각은 사롬이 죄가 잇어 법률노 지판훈 후
에 죄가 잇시면 형벌을 그 죄에 맛당호게 마련호고 훈번 형벌을 경훈 후에는 그 디로
만 형벌을 주는 거시 올코 그 외에 형벌을 더 훈다든지 고성을 더 식힌다든지 쏘 덜훈
다든지 호는 거는 법률을 어긔는 거시니 이 죄는 법률 맛훈 관원이 닙어야 올흔지라.
죠션 법률에 교호는 것과 죵신 증역호는 것과 몃히 증역호는 것과 경비 보내는 것과

---

43 『대한매일신보』, 1908.2.4.
44 『황성신문』, 1908.10.9.
45 『대한민보』, 1909.9.19.

태치는 법은 잇거니와 그 외에 죄인이 병이 들게 혼다든지 굼게 혼다든지 얼게 혼다든지 ᄒᄂᆞᆫ 형벌은 업스니 감옥셔에 갓친 죄인들이 만일 음식이 젹어 주린다든지 거쳐와 공긔와 부졍ᄒᆞ야 병이 난다든지 치워셔 어ᄂᆞᆫ 쟈가 잇시면 이거슨 옥 맛흔 관원의 죄가 되던지 뎡부에셔 그 죄를 닙어야 올흔지라.[46]

②죠션셔ᄂᆞᆫ 무론 누구던지 법사에 잡히거드면 지판도 되기 젼에 발셔 죄인으로 다스려 형벌을 유무죄를 ᄌᆞ판ᄒᆞ기 젼에 미리 주어 칼을 쓰인다 착고를 치인다 못된 음식을 준다. 쳐쇼가 겨울에는 칩고 여름에는 더움게 ᄒᆞ야 주니 이거슨 빅셩을 ᄉᆞ랑ᄒᆞᄂᆞᆫ 거시 아니요 지판이 무어신줄을 모로ᄂᆞᆫ 거시라. 셜령 사름이 죄가 잇ᄂᆞᆫ 줄을 ᄌᆞ판ᄒᆞ기 젼에 알드리도 지판관이 사실ᄒᆞ야 죄가 잇다고 션고ᄒᆞ기 젼에ᄂᆞᆫ 그 사름을 죄인으로 다스리ᄂᆞᆫ 거슨 맛당치 안흔지라. ᄌᆞ판ᄒᆞ기 젼에 칼을 쓰인다 착고를 치인다 거쳐 음식을 발셔 ᄌᆞ판흔 죄인과 ᄀᆞ치 ᄒᆞᄂᆞᆫ 거슨 법률샹에 무리흔 일이요 만일 형벌을 미리 줄것 ᄀᆞᆺᄒᆞ면 ᄌᆞ판ᄒᆞ야 쓸디 업ᄂᆞᆫ지라. ᄌᆞ판ᄒᆞᄂᆞᆫ 쥬의ᄂᆞᆫ 지판관이 그 사름의 죄가 잇고 업ᄂᆞᆫ 거슬 명빅히 사실ᄒᆞ야 확실흔 증거가 잇스면 그 죄에 맛당흔 형벌을 법률 칙에 잇ᄂᆞᆫ디로 마련ᄒᆞ쟈고 지판이란 거시 싱긴 거시라.[47]

다음에 『뎨국신문』의 사설이 당시의 사정을 잘 전하고 있어서 전문을 인용한다.

엇던 친구의 편지를 긔지ᄒᆞ노라.

아모 나라이던지 옥졍을 보게 드면 그 나라 졍치와 법률이 엇더혼지 짐작ᄒᆞ야 문명국이니 반기화국이니 야만국이니 칭ᄒᆞᄂᆞᆫ 법이라. 대져 우리나라 갑오년 젼에 치옥ᄒᆞᄂᆞᆫ 졍형을 보게드면 젼국 싱명이 그 엇더흔 위험홈을 당ᄒᆞ엿ᄂᆞ뇨. 내가 오날늘 붓슬 들고 이젼 옷ᄉᆞ 졍형을 젼국 동포들의게 보이ᄂᆞᆫ 뜻슨 지나간 일과 현져히 당흔 일을 비교ᄒᆞ야 아모됴록 장리에 일을 잘 되도록 쥬의 ᄒᆞ쟈는 본의로다. 경장ᄒᆞ기 젼에 형됴와 좌우 포쳥이 잇셔 인민을 잡아 가두는 함졍을 만들어 노하 셰력 업고 만만흔 빅셩과 돈잇고 샹면 업ᄂᆞᆫ 인민을 유무죄간 잡아다가 몃둘 몃히식 죄명도 뭇지 안코 가두엇다가 길을 엇어 쳥쵹을 ᄒᆞ던지 돈을 밧친 후에야 엇어 노하고 그럿치 안으면 죄

46 『독립신문』, 1896.8.25.
47 『독립신문』, 1896.9.29.

명을 얼거 죄인은 조복ᄒᆞ던지 아니ᄒᆞ던지 북간 구석에셔 성명을 업시 ᄒᆞ며 무슴 죄명 이던지 만들어 각 도 각 읍에 구양을 보니ᄂᆞᆫ디 죄슈 가두는 곳슬 보면 이삼 간되ᄂᆞᆫ 곡 간에 팔구십명식 빅여 명식 모라 너셔 착고 치고 칼씨어 대소변도 임의로 못보게 ᄒᆞ 고 몃둘 몃ᄒᆡ던지 죽거나 뎡비를 가거나 방송을 ᄒᆞᄂᆞᆫ 날이야 비로소 착고를 벗는 규 례로 뎡ᄒᆞ엿스니 그 ᄯᆡ를 당ᄒᆞ야 젼국 인민의 목숨과 진산을 그 엇지 부지ᄒᆞᆯ슈 잇셧 스리오. 셜혹 죽을 죄를 범ᄒᆞ엿드리도 유셰력ᄒᆞ거나 쵸부ᄒᆞᆫ 사롬은 슈호ᄒᆞᄂᆞᆫ 관리들 을 돈만 쥬게드면 관리 직소에도 내어다 두고 일을 쥬션ᄒᆞ야 살아 나가도록 도촉ᄒᆞ여 쥬고 돈업고 무셰력ᄒᆞᆫ 사롬은 빅빅 이미ᄒᆞᆫ 일노 잡혀 왓드리도 그 날이 죽는 날인 것 시 오릭 가두니 쥬려도 죽고 직히ᄂᆞᆫ 놈을 슐잔 사쥬지 못ᄒᆞ니 미마자도 죽고 ᄒᆞᆫ간 속 에 여러 십명식 가두어 쥬야로 복그미 하졀을 당ᄒᆞ면 숨을 통치 못ᄒᆞ여도 죽으니 그 인민의 목숨이 금슈만도 못ᄒᆞ엿고 젹졍으로 말ᄒᆞ면 더욱이 참혹ᄒᆞᆫ 것시 그 놈이 도젹 질을 ᄒᆞ엿던지 아니ᄒᆞ엿던지 포교에게 잡혀오ᄂᆞᆫ 날은 젹명을 쓰고 죽는 것시 그 놈을 달고 치며 쥬리를 틀며 온갓 형벌을 다ᄒᆞ야 압흔 것슬 못견디여 난쵸라도 ᄒᆞ게 되면 도젹을 만드러 죽이고 아무리 악형을 ᄒᆞ드리도 도젹ᄒᆞᆫ 증거를 잡지 못ᄒᆞ면 헛문셔를 ᄭᅮ미고 암살ᄒᆞ고 도젹을 가도고 관식이라고 ᄒᆞ로 두ᄭᅵ식 쥬ᄂᆞᆫ 것을 보면 시승ᄒᆞ되 쌀 을 가지고 오십분지 일을 분비ᄒᆞ야 먹이미 ᄒᆞᆫ ᄭᅥ 쥬ᄂᆞᆫ 밥이 지금 시샹에셔 파ᄂᆞᆫ 풀 ᄒᆞᆫ 덩이만 ᄒᆞᆨ즉 그 악형을 당ᄒᆞ고 그 밥 두 ᄭᅢ를 엇어 먹고 엇지 살니오. (미완)**48**

가령 빅명되ᄂᆞᆫ 도젹을 잡아오게 드면 어진 포쟝이나 맛나야 두셰 명쯤 살거나 ᄒᆞ여 미둘 금음놀이면 죽인 신톄를 즁부슈령으로 ᄒᆞ여곰 셤에 네다섯식 너어 동성 밧게 너 여다 버리미 인명을 살익홈이 이ᄀᆞᆺ치 심ᄒᆞ고 참혹ᄒᆞ더니 국운이 회티ᄒᆞ야 갑오 경쟝 ᄒᆞᆫ 후로 각 지판소를 셜시ᄒᆞ야 인민의 범죄 쳐단ᄒᆞᄂᆞᆫ 규례를 두 가지로 마련ᄒᆞ야 형 스와 민스를 짜로 뎡ᄒᆞ야 무슴 죄인이던지 증거가 분명ᄒᆞ고 조복을 밧은 후에야 죽이 던지 구양이나 증역을 쳐ᄒᆞ던지 무죄ᄒᆞᆫ 쟈ᄂᆞᆫ 방송ᄒᆞ게 ᄒᆞᆫ즉 글노만 보아도 갑오젼에 흠부로 포뢰ᄒᆞ던 풍습과 엇더ᄒᆞ며 죄인을 가두ᄂᆞᆫ 감옥셔를 보건디 여러 빅간되ᄂᆞᆫ 디 동고를 변작ᄒᆞ야 이삼간식 되ᄂᆞᆫ디 열명 이하를 가두고 각히 거쳐를 편케 ᄒᆞ며 졔집에 셔 갓다 먹을슈 업ᄂᆞᆫ 죄슈와 미결된 증역인의 밥먹이ᄂᆞᆫ 것슬 보면 시승 ᄒᆞᆫ 되를 여덜 그릇에 분비ᄒᆞ고 치소로 국을 ᄭᅳ려 ᄒᆞᆫ 그릇식 ᄒᆞ루 두 ᄭᅢ를 쥬미 이젼 구습에 ᄒᆞᆫ 되 쌀

<hr>

48 『뎨국신문』, 1898.9.4.

을 오십분에 난와 먹여 눌마다 기사ᄒ는 송장을 치울 겨룰이 업게 되엿던 것을 비교
ᄒ면 그 엇더ᄒ며 감옥셔에 목욕간을 졍결이 짓고 우물을 파며 감아를 길어 각 죄슈
의 목욕을 임의롭게 식여 위싱을 도으며 믹일 두 번식 문을 열고 각 죄슈를 ᄰᆯ에 너여
운동을 식히며 거쳐ᄒᄂᆫ디 약물을 ᄲᅱ려 악ᄒ 닌옴시를 졔여ᄒ며 각 죄슈의 질병 유무
를 날노 검사ᄒᆞ야 병잇ᄂᆫ 자는 온돌에 거쳐케 ᄒ고 약을 맛츄아 쓰믹 질병에도 죽는
일ᄭᅵ지ᄂᆫ 예방ᄒ며 슈호ᄒᄂᆫ 관리와 슌검들은 각 죄슈를 디ᄒᆞ야 됴흔 낫스로 디졉ᄒᆞ
며 웅용흔 말과 어진 도량을 베풀어 여러 죄슈들을 아모됴록 회기ᄒᆞ야 어진 빅셩이
되도록 권면ᄒᆞ야 모진 포교와 슈령과 유직등의게 학디밧든 것과 그 엇디ᄒᆞ며 도적으
로 말홀지라도 빅에 두세 명즘 사라 나가더니 경장 후로는 슈형을 호싱의 법률을 뎡
흔 후에는 지금 다셧히 동안에 쳐교흔 젹환이 오륙십명에 지나지 못ᄒᆞ엿스니 진습을
비교ᄒ면 호싱지덕이 하히 ꭴᄒᆞ지라. 그러ᄒᆞ나 우리 나라 옥졍이 젼습에 비교ᄒ면
션악이 헌슈ᄒᆞ니 말홀 것 업거니와 외국 옥졍을 비교ᄒ면 아직도 멀엇스니 무슴 일이
던지 일죠 일셕에 진션진미 ᄒ게 홀 슈는 업슬 터인즉 정치상에 유지흔 쳠군즈들은
무슴 일이던지 지닌 일과 당흔 일을 비교ᄒᆞ야 아모됴록 민국간에 리로울 일들만 힘뻐
스면 민부 국강은 져졀노 될 줄노 아노라.[49]

◎ 冷獄泣恨 漢城裁判所에 民事로 積月滯囚흔 者 六七十名인디 霜風冷獄에 蓬頭
鬼面으로 偶語呼怨ᄒ기를 裁判官들이 請囑으로만 訟決ᄒ니 無錢無權흔 好 吾輩는
難免獄鬼라 하는 哭聲이 令人竦然이라 하더라.[50]

당시의 문란한 형정에 대해서는 한국을 잠시라도 다녀간 외국인의 기행문이나
보고에는 빠짐없이 기록되어 있다.[51] 이것은 죄형법정주의도 알지 못하고 범죄자
에 대한 인권의식이 빈약하였던 조선을 비롯한 개명기 이전의 중국이나 일본과

49 『뎨국신문』, 1898.9.6.
50 『대한매일신보』, 1906.11.21.
51 예컨대 Ernst Oppert, *Ein verschlossenes Land-Reisen nach Corea*, Leipzig 1880, S.131ff.(한우근 옮
김, 『조선기행』, 한국번역도서, 1959; 일조각, 1974); W. A : son Grepst, *I Korea*, 1912(스웨덴 기자
아손, 김상열 옮김, 『100년 전 한국을 걷다』, 책과함께, 2005, 280~287면); 카르네프 외 4인, A. 이르
게바예브 · 김정화 옮김, 『러시아 장교 조선 여행기—내가 본 조선, 조선인』, 가야넷, 2003, 268~269
면; Claire Vautier & Hippolyte Frandin, *En Corée*(김상희 · 김성언 졔음, 『프랑스 외교관이 본 개화기
조선』, 태학사, 2002, 45~47면) 등.

같은 전통적인 동양사회의 공통된 형벌관을 보여주는 것이다. 여기에 더하여 여행기의 저자들과 출판사들은 서구의 독자들에게 호기심을 자극하고 자신이 모험가였다는 것을 보여주기 위해서 과장되게 묘사한 것도 많으며, 또 타인의 저작을 읽고 자신의 연구나 경험인 것처럼 기술한 책자도 적지 않기 때문에 오늘날의 우리들 한국인의 입장에서는 이런 문헌들을 가감해서 읽어야 할 것이다. 특히 일본인이 한국과 한국인에 대해서 서술한 저술들은 대부분 부정적인 시각에서 자신은 문명인이며 조선인은 야만인으로 묘사한 것이 압도적으로 많은 반면에, 서구인들의 시각은 인종 면에서도 일본인이나 중국인보다 우월하며 조선인들의 내면성과 지적인 능력에서도 장래에는 이들을 압도할 것이라고 호의적이고 희망적인 관점에서 기술한 것이 많은 점에서 커다란 차이를 보여주고 있다.[52]

여하튼 당시의 옥정은 문명국가의 형사정책과는 거리가 먼 것이 사실이었다.

이상의 보도는 법관양성소에서 단지 이론적인 것만 교수한 것이 아니라 실무에 필요한 연습까지 아울러 가르친 것임을 알 수 있다. 오늘날의 모의재판과 유사하며 당시 일반의 관심을 상당히 모은 것 같다. 그 밖에 법관양성소는 운동회를 개최하기도 하였는데, 다음과 같은 기사가 하나 보인다.

● 養所運動　來 日曜日에 法官養成所에서 所長 以下 敎官 及 學徒 等이 東小門外 新興寺에 出往 運動홀 터인디 運動費額은 敎官諸씨가 幾元式 擔出ᄒ고 各 學員은 新貨 五十錢式 辨出ᄒ야 互相 討論혼다더라.[53]

● 不參但觀　大東專門學校 學員과 法官養成所 學員은 今日 各 學校聯合運動會에 參加치 못ᄒ고 但 觀光만 ᄒ기로 決定ᄒ얏다더라.[54]

---

52 예컨대 Ernst von Hesse-Wartegg, *Korea-Eine Sommerreise nach dem Lande der Morgenruhe 1894*, Dresden & Leipzig : Verlag von Carl Reissner, 1895(정현규 옮김, 『조선, 1894년 여름』, 책과함께, 2012), 316~317면; Charles Varat & Chaillé-Long, *Deux voyages en Corée*, 2001 / 1994(성귀수 옮김, 『조선기행 − 백여 년 전에 조선을 둘러본 두 외국인의 여행기』, 눈빛, 2001).
　　또한 비숍도 조선 본국인보다 러시아에 이주한 조선인은 전혀 다르다고 기술하였다. 그리하여 『독립신문』(1898.5.28)은 논설에서 비숍의 책 『한국과 그 이웃 나라들』을 인용하면서 인민의 성쇠는 정부에게 달렸다고 하면서 올바른 정치를 강조하고 있다. Isabella Bird Bishop, *Korea and Her Neighbours*, London : slusserpress, 1897(이인화 옮김, 『한국과 그 이웃 나라들』, 살림, 1994); 이블린 케이, 류제선 옮김, 『이사벨라 버드』, 바움, 2008 참조.
53 『대한매일신보』, 1907.5.11.
54 『황성신문』, 1909.4.30.

당시 운동회는 각종 학교에서 경쟁적으로 실시되고 있었다.[55]

2. 일본인과의 마찰

조선에 대한 일본의 세력이 강화되면서 외국어 중에서도 일본어가 중요한 비중을 차지하게 되었다. 앞에서 번역관에 관한 서술에서도 간단히 문제점을 지적하였으나 한일 간의 뿌리 깊은 반목은 법관양성소에서도 그대로 드러났다. 통감부의 검열 속에서도 다음과 같은 기사가 자주 게재된 것은 문제의 심각성을 극명하게 나타내는 증좌이다.

　●學員更試　法官養成所에셔 日昨에 學期試驗을 擧行하다가 日人 大廳直이가 該 학員 一人이 出去ᄒᄂᆫ 거슬 挾雜이 有ᄒ다고 捉囚코ᄌ ᄒᄂᆫ 事에 對ᄒ야 該 학員이 壹齊退出ᄒ야 應試치 아니힛더니 其 向에 有何措處인지 昨日에 該 學員이 應試ᄒ얏더라.[56]
　● 日師請退　再昨日에 法官養成所에셔 成均館 丕闡堂에 前往ᄒ야 運動會를 開ᄒ얏ᄂᆫ대 障碍物 運動時 日本敎授 長連恒이가 其時에 運動審判官으로 運動하던 學徒 權輝淵을 無端히 拳毆足텩하야 至於重傷ᄒ 故로 運動은 姑舍ᄒ고 壹般學徒 等이 壹齊 激動ᄒ야 當場 炎像이 大端 危險ᄒ얏다ᄂᆫ디 昨日 上午 九時에 該 學徒 等이 壹體會同ᄒ야 所쟝의게 請願ᄒ되 長連 敎授를 解任ᄒ 然後에야 上學ᄒ고 若 不解任이면 貳百餘名 學員이 壹齊 退學하깃다 하며 何時던지 此 事가 解決되기 前에 上學ᄒᄂᆫ 者가 有ᄒ면 不可以 人類로 待之라고 方在분鬱이라더라.[57]
　●所長報部　法官養成所 學徒가 日本人 敎授 長連恒氏를 解任ᄒ던지 本 學生等을 退學ᄒ던지 兩端間에 歸正ᄒ라고 該所에 請願ᄒ얏더니 該所長이 其 事實을 擧ᄒ야 再昨日 法部에 報告ᄒ얏더라.[58]

55　정진석 외,『제국의 황혼─대한제국 최후의 1년』, 21세기북스, 2011.
56　『대한매일신보』, 1908.4.7.
57　『대한매일신보』, 1908.5.31.

● 相當處判前不入　法官養成所 學徒가 一齊 上學치 아니ㅎ기로 法部에 請願ㅎ얏더니 指令ㅎ기를 此 事件과 上學은 問題가 相殊ㅎ니 爲先 上學ㅎ라 ㅎ얏는더 該 學徒等이 再次 請願ㅎ기를 本人 等의 上學은 此 事件 決定與否에 在ㅎ니 相當處辦ㅎ라 ㅎ얏는더 一百六十餘 學徒中 惟獨 朴容九 一人이 該 同意退進에 對ㅎ야 捺印치 아니ㅎ는 故로 諸學徒에게 唾罵를 當ㅎ얏다더라.[59]

● 法大論難　法官養成所 學徒가 尙今 上學지 아니ㅎ는 事件에 對하야 度支大臣 趙重應氏가 論難ㅎ되 學徒가 敎師의게 매맛기도 例事오 敺迫을 受홈도 例事인대 如是相持홈은 大端不可ㅎ다 하얏다더라.[60]

● 退學決議　法官養成所 學徒 等이 敎師 長連恒 事件으로 幾日間 上學치 못홈은 累々 報道흔 바어니와 詳聞흔즉 該 學徒 等은 法部에셔 退學하기로 決定이 되얏다더라.[61]

● 法徒上學　法部에셔 法官養成所 學徒를 退學하라 홈은 別項과 如ㅎ거니와 該 學生等은 協議하기를 或徒 中에 程度가 優勝흔 人으로 敎師롤 推選ㅎ고 壹般 任員을 組織ㅎ야 本日부터 普成專門學校 壹隅를 借得ㅎ야 上学ㅎ기로 ㅎ얏다는대 敎授時間은 上午 五時半으로 同 八時半 ᄭ지로 定ㅎ얏다더라.[62]

● 乃復稍稍來　法部에셔 法律卒業生을 沒數히 書記로 敍任ㅎ기로 決定ㅎ얏다는 說이 藉藉홈애 各 卒業生과 現在흔 法律學生덜이 滿足지 못흔 歎이 有ㅎ야 自然 感情이 顯露ㅎ더니 今番에 養成所 卒業生으로 判事 三巢○를 敍任홈으로 其 感情이 自然 解結되고 法官養成所 學生덜도 敎授 長連恒氏가 無理흔 事에 對ㅎ야 百餘名이 退學ㅎ얏다가 近日에 稍稍 上學ㅎ고 退學生은 十餘人에 不過ㅎ다더라.[63]

여기서 문제가 된 조 츠라츠네(長連恒)란 일본인 교관은 법관양성소가 법학교로 개칭되면서 일본인 교장 노자와(野澤武之助)에 의해서 교관으로 임명된 사람이다.[64] 일본인 교관에 의한 한국 학생 구타사건은 결국 학생들의 퇴학으로 끝나고 말았다.

58 『황성신문』, 1908.6.5.
59 『황성신문』, 1908.6.6.
60 『대한매일신보』, 1908.6.7.
61 『대한매일신보』, 1908.6.13.
62 『대한매일신보』, 1908.6.13.
63 『황성신문』, 1908.6.28.
64 『관보』, 1909.11.1. 본서 제1부 「법관양성소」 중 9장 「법관양송소의 교수진」, '외국인 교관'의 '長連恒' 항목 참조.

IV. 교과서

교과서는 교육의 기본 요소의 하나이다. 이는 무릇 법관양성소뿐만 아니라 모든 교육에 타당한 말이다. 그러나 한국 개화기에 식자들은 누구나 서구의 신식 학문의 수용을 주장하면서도 구체적으로 어떤 과목을 어떻게 흡수하고 섭취하는가, 즉 방법론적으로 방황하고 있었다.

법관양성소의 경우 초창기에는 6개월의 속성 과정이었고, 또 수강한 인원수도 많지 않아서 붓으로 필기한 교과서를 사용하였으며, 현재에도 당시의 필사본 교과서가 약간 남아 있다.[1]

1. 교과서의 편찬

그러나 법관양성소는 교과서의 체계를 갖추고 정리하기 위해서 상당히 고심한 것을 알 수 있다. 예컨대 1903년 7월 의정부에 청구한 법관양성소의 예산에는『대전회통』, 『대명률』, 『각국약장(各國約章)』등 서적 150질의 인쇄비와『법국율례』 초사

---

1 『서울법대백년사』(자료집) 참조.

비(抄寫費)로 2,400원이 책정되어 있어서 신설경비 7,800원의 거의 3분의 1에 해당되는 비용이다.[2] 또 법부대신 이재극(李載克)은 『대명률』의 간행을 상주하여 윤허를 받기도 하였다.[3]

법관양성소 학도들의 교과인 율서(律書)를 인원 수를 계산하여 나누어주려고 합니다. 각도 재판소와 각 군에서 쓰고 있는 것들도 햇수가 오래되어 없어진 것이 많아 실지 법조문을 의조(擬照)함이 있으면 매번 궁색한 걱정이 있습니다. 그런데 신의 부(部)는 평소 저축이 부족하므로 비용을 댈 길이 없습니다. 현행 『대명률』을 우선 적당히 배질(排帙)하여 개판(開板)하여 간출(刊出)해 내는 것이 어떻겠습니까? 하니 윤허하였다.[4]

1904년 6월에는 법관양성소에서 『무원록』 160질을 인출(印出)하였다.[5] 계속하여 1905년에도 법부에 다음과 같은 요청을 하였다.

●法書請刊 法官養成所에서 敎科書冊을 刊行케 하여 달라고 法部에 報告하얏는디 該刊行所入비는 假量 一萬圓인디 爲先 五千圓을 請求하얏다더라.[6]

또 법관양성소에서는 인쇄비로 학도 매명당 신화(新貨) 50전씩 수렴(收斂)하기도 하였다.[7]

당시 법관양성소뿐만 아니라 각급 학교에서는 교과서의 빈곤으로 수업에 많은 지장을 초래하였으며 또 체계화되어 있지 않아서 여러 가지 문제점을 안고 있었다.

---

2 「法部所管法官養成所新設經費與廳舍建築費를 豫算外支出請議書」, 『各部請議書存案』, 1903.7.20.
3 『관보』, 1903.8.7.
4 『고종실록』 43권, 40년(1903) 8월 3일조.
5 「報告書 第五號」, 『公文接受』, 1904.6.
6 『대한매일신보』, 1905.12.23.
7 「刷費收斂」, 『황성신문』, 1906.12.24.

2. 의학교재의 경우

전문교육기관으로서는 법관양성소뿐만 아니라 의학교육의 경우도 사정은 비슷하였다. 예컨대 정부는 1899년 5월 의학교를 설립하고,[8] 서양 의학을 교수하기 위해 일본인 의사 후루시로 바이케이(古城梅溪)[9]를 초빙하고, 또 같은 해 10월에는 의학 교과서를 번역하기 위해 일본인 아사카와 마쓰지로(麻川松次郎)를 초빙했다. 후루시로는 1년 만에 사직하고 고다케 다케지로(小竹武次郎)가 부임했다. 이에 관한 기사를 몇 가지만 열거하기로 한다.

○ 감샤홀 일) 종두의 양셩 쇼쟝 일인 고셩매계씨가 종두 신셔 흔 권을 본샤에 보냇는디 학부 편집국에서 간판흔 책이라. 어린 ㅇ해들 종두 흐는디 매우 유죠흐야 만무 일싱 홀 터이니 스해 쳠군쟈는 이 책을 다 사다가 보시오. 고셩매계씨는 외국 사롬으로 우리 나라 어린 ㅇ해들을 위흐야 렬심으로 이런 셔책을 긔슐흐여 냇스니 그 뜻이 대단 감샤 흔 줄노 우리는 아노라.[10]

○ 젼 관찰소 지셕영씨가 우리나라에 의슐흐는 학문이 업슴을 긔탄히 녁여셔 의학교를 셜시흐쟈고 학부대신 리도지씨의게 쳥원흐엿더니 리 대신이 지령흐기를 금년에는 예산이 업셔셔 홀 수 업스니 명년도에 경비를 마련흐여 가지고 의학교를 셜시흐겟노라 흐엿다 흐니 우리는 그 학교가 쇽히 셜시되기를 바라고 지셕영씨가 위싱에 대단이 유지흠을 치하흐노라.[11]

○ 젼 관찰소 지셕영씨가 의학교를 셜시흐쟈고 학부에 쳥원흐엿다는 말은 젼일에 긔지흐엿거니와 우리는 미양 우리나라 일이 시작흐는 것만 잇고 나죵 실시되는 거시 업스믈 렴녀흐엿더니 지금 들으니 학무국쟝 김각현씨가 의학교 셜시흐는디 열심히

---

8 의학교에 관하여는 배규숙, 「대한제국기 관립의학교에 관한 연구」, 이화여대 석사논문, 1991; 古川昭, 李成鈺 譯, 『구한말 근대 학교의 형성』, 경인문화사, 2006, 335~349면 참조.

9 후루시로 바이케이(古城梅溪, 1860~1931) 오이타(大分)현 출생. 1883년 오이타(大分)甲種醫學校 졸업. 1886년 경성공사관 의원(醫員)으로서 내한. 1891년 사임하고 사립 찬화(贊化)병원 설립, 1897년 중국 直隸省 총독부 의관(醫官)으로 초빙, 1908년 사임하고 조선에 와서 1922년 현재 다시 찬화병원 경영. 문헌은 황상익, 『근대 의료의 풍경』, 푸른역사, 2013, 81~87면 참조.

10 『독립신문』, 1898.10.3.

11 『뎨국신문』, 1898.11.17.

쥬션ᄒ야 명년도 탁지부 예산에 너어 명년 일월 일일로붓허 의학교를 기학ᄒ다 ᄒ니 치하ᄒ기를 마지 아니ᄒ겟더라.[12]

○ 일신 삼역) 의학교에서 도라간 월요일브터 비로쇼 기학하엿ᄂᆞᄃᆡ 교관은 남슌희 씨1인ᄲᅮᆫ이라. 늣에ᄂᆞᆫ 학도들을 ᄀᆞ르라치랴 통변을 ᄒ랴 번력을 ᄒ랴 셰 가지 ᄉᆞ무가 극 히 호번ᄒ지라. 히 교ᄉ 일인 고셩미계씨가 학부에 가셔 말ᄒ기를 남 교관 ᄒᆞ나이 여 러 가지 ᄉᆞ무를 홀노 못ᄒᆞ ᄒ지 못ᄒᆞ겟ᄉᆞ니 통변홀이나 번력 홀이나 一人을 더 붓쳐 셔 군식ᄒᆞᆫ 폐가 업게 ᄒᆞ여 둘라고 ᄒᆞᆫ즉 학부에서 대답ᄒ기를 아즉 경비 예산이 업ᄉᆞ 니 그ᄃᆡ로 남 교관 혼쟈 시무ᄒ면 인원 ᄒᆞ나를 차차 붓쳐 줌아고 ᄒᆞ엿다더라.[13]

○ 의학교에셔 아직 셔ᄎᆡᆨ을 쥰비치 못ᄒᆞᆫ 고로 일본 의ᄉᆞ ᄒᆞᆫ 명을 고용ᄒᆞ야 의셔를 번역 ᄒᆞ게 ᄒᆞ되 미삭 월급은 우리나라 돈 칠십 원식 주게 ᄒᆞ고 고빙긔한은 금년 십이월노 작뎡 ᄒᆞ되 명년 일월에 다시 뎡약ᄒᆞ야 고용ᄒᆞ다가 나죵에 교ᄉᆞᄭᅥ지 되게 ᄒᆞ기로 ᄒᆞᆫ다더라.[14]

○ 일본 정부에셔 대한 ᄇᆡᆨ셩과 한국에 잇ᄂᆞᆫ 각 외국 ᄉᆞ롬을 금역ᄒᆞᄂᆞᆫ ᄎᆡᆨ을 우리나 라 병원으로 보ᄂᆡ엿다더라.[15]

○ 관립 의학교에셔ᄂᆞᆫ 물리학 공과와 종두학 공과를 겸ᄒᆞ여 공부ᄒᆞ더니 종두학 공 과ᄂᆞᆫ 다 ᄆᆞᆺ치고 물리학 공과ᄂᆞᆫ 절반쯤 되엿ᄂᆞᆫᄃᆡ 화학 공과를 일간 시쟉홀 터이오 ᄯᅩ 양력 ᄅᆡ년 일월부터ᄂᆞᆫ 히부학 공과를 시작ᄒᆞᆫ다더라.[16]

◉ 훈동 관립 의학교에서 학원을 갈ᄋᆞ칠 ᄲᅮᆫ 아니라 그 학교 안에 병원을 셜시ᄒᆞ야 인민의 질병도 구죠ᄒᆞ고 학원들을 견습식히기로 ᄒᆞᆫ다더라.[17]

◉ 의학 교관을 피명ᄒᆞᆫ 김익남씨ᄂᆞᆫ 유학ᄉᆡᆼ으로 일본에 들어가 잇ᄂᆞᆫ 고로 학부에서 쥬일 한공관으로 뎐보ᄒᆞ야 김씨를 즉시 보ᄂᆡ라고 ᄒᆞ엿다더라.[18]

◉ 의학교 학도들이 교ᄉᆞ와 샹지ᄒᆞ야 근 일삭이나 폐학ᄒᆞ엿더니 그 교ᄉᆞᄂᆞᆫ 히고ᄒᆞ 고 일본 일등 군의 소죽무ᄎᆞ랑(小竹武次郞) 씨를 고빙ᄒᆞᄂᆞᆫ지라. 학도들이 작일붓터 샹 학ᄒᆞ야 교ᄉᆞ 고빙ᄒ기 전에 산슐을 공부ᄒᆞᆫ다더라.[19]

12 『뎨국신문』, 1898.12.16.
13 『독립신문』, 1899.9.12.
14 『뎨국신문』, 1899.10.16; 『황성신문』, 1899.10.16.
15 『뎨국신문』, 1899.11.16.
16 『뎨국신문』, 1899.12.12.
17 『뎨국신문』, 1900.3.16.
18 『뎨국신문』, 1900.4.5.

일본에서 법률학을 공부하고 귀국한 장도(張燾)는 1901년 12월 4일 의학교 교관이 되어 교재를 번역하는 일을 맡았다.[20] 그는『정선수학(精選數學)』의 저자인 남순희(南舜熙)[21] 교관이 1901년 8월 3일 병으로 사망하자 그의 후임으로 온 것이다. 의학교는 수업 연한이 3년인 속성과였으나 여러 과목을 가르쳤고, 교관 3명 중 1명은 법률을 전공한 사람, 또 1명은 약학, 나머지 1명은 의학 전공자로 충당하고 있었다.[22]

또 같은 법학을 전공한 유창희(劉昌熙＝劉文煥)는 자신의 이름으로 『병리통론』(학부편집국, 1902)[23]을 번역해 내기도 했다.

의학교의 교관은 1899년 3월부터 1907년 3월까지 8년 동안 17명이 근무하였으며, 이들 중에서도 "경태협, 홍종덕, 윤태응, 김하영, 이승현, 이주환 등 6명은 재임 기간이 3일～17일에 불과해서 교관으로 실제 활동한 사람은 11명으로 간주할 수 있다.

의학교 교관 가운데 남순희(南舜熙), 김익남(金益南), 장도(張燾), 유세환(劉世煥), 최규익(崔奎翼) 5명은 일본유학생 출신이며, 김교준(金敎準)과 유병필(劉秉珌)은 의학교 제1회 졸업생으로, 이들의 근무 기간은 모두 1년 이상이었다. 그리고 심영섭(沈瑛燮), 이병선(李炳善), 전용규(田龍圭)는 일반 관료 출신이며, 박승원(朴承源)은 중학교 교관을 지낸 사람으로, 4년 동안 재임한 전용규를 제외하고는 근무기간이 3～4개월에 불과했다. 따라서 일본유학생 출신과 의학교 졸업생, 그리고 전용규가 실질적으로 교장 지석영의 지휘를 받아서 의학교를 운영하고 학생들을 교육한 것으로 요약할 수 있다.

재임 기간이 매우 짧았던 사람들을 보면 의학교 운영과 학생 교육이 대단히 불안정했던 것으로 여겨지지만, 꼼꼼히 살펴보면 그렇지만은 않았다는 사실을 알 수 있다. 그리고 의학교 교관들은 대부분 당시 대한제국으로서는 최고의 신지식

---

19 『뎨국신문』, 1900. 5. 29.
20 『관보』, 1901. 12. 6.
21 남순희는 1898년 도쿄 공수(工手) 학교를 졸업한 후 귀국하여 의학교 교관이 된다. 흥화학교에서도 가르치다가 1901년 과로사로 사망한 것으로 보기도 한다. 논설「立志勸學論」,『친목회회보』제1호, 1895;「외교상 여하」, 동 제4호, 1896. 12, 13~14면;「牖民說」, 동 제5호, 1897. 6, 23~26면;「심리학과 물리학의 現效」, 동 제5호, 42면 등이 있다. 상세한 것은『대한제국관원이력서』, 탐구당, 1972, 660면.
22 「敎官非醫」,『황성신문』, 1903. 10. 13; 이광린,『개화기의 인물』, 연세대 출판부, 1993, 184~185면 참조.
23 동은 의학박물관 소장. 여인석,「한말 의학교과서 출판과 그 의미」,『한국 근현대 과학기술사의 전개』(한국사론 42), 국사편찬위원회, 2005, 61~76면; 박형우,『한국 근대 서양의학 교육사』, 청년의사, 2008, 284면 참조.

인 엘리트들이었다."[24]

　이상은 황상익의 연구이다. 교관들의 재임기간이 매우 짧았던 것과 교육여건이 불안정했던 점, 당시로서는 최고의 엘리트였다는 점 등등은 모두 법관양성소의 운영실제와 매우 흡사하였던 것을 알 수 있다.

　한편 대한의원 교육부 제1회 졸업생은 1907년에 배출되었으며 이에 관한 보도는 아래와 같다.

> ● 大韓醫院卒業生　去九日에 大韓醫院 教育部에서 第一回 卒業生 氏名이 如左ᄒ니 優等은 金泰權 鄭潤海 洪大喆 李明欽, 及第ᄂᆞᆫ 權泰東 李圭瓚 申泰永 李錫駿 朴啓陽 李敬埴 尹秉學 李承鼎 朴鳳泰 諸氏더라.[25]

　최근 현 연세의료원의 전신인 세브란스병원(世富蘭偲病院) 의학교(醫學校) 제1회(1908년) 졸업생의 사진이 발견되었으며, 이 중 김필순이 수업의 통역과 교재의 번역을 맡았다고 전한다. 7명의 졸업생 중 "대표적인 인물이 중국에서 병원을 운영하며 수입금 전부를 독립군 자금으로 내놓은 김필순 씨. 김씨는 외국인 교수가 진행하는 수업 통역을 도맡았고, 외과총론, 내과학 등 영어 교재를 번역할 만큼 실력이 탁월했다"[26]고 한다.[27]

　한편 제중원(濟衆院) 졸업생들은 종로에 공동의원을 설립하고 의학에 관한 서적을 판매하기도 하였다.[28]

　의학교와 법관양성소의 경우를 비교해볼 때 우리는 여러 가지 공통점을 발견할 수 있는데 특히 일본의 조직적인 간섭과 압력 아래 당초부터 교육의 불균형과 기형적인 발전은 피할 수 없었다는 역사적 사실을 다시 확인하게 된다.

24　황상익, 『근대 의료의 풍경』, 561면 참조.
25　『황성신문』, 1907.7.18.
26　『조선일보』, 2008.6.7.
27　김필순의 동생 김필례(1891~1983)는 일본 에이와(英和)음악전문학교를 졸업하였으며 YWCA 창설자이자 정신여자중고등학교 교장과 정신학원 이사장을 역임한 교육행정가이다. 이기서, 『교육의 길 신앙의 길―김필례 그 사랑과 실천』, 북산책, 2012 참조.
28　잡보 「共同醫院의 書籍」, 『황성신문』, 1908.6.13.

3. 일본인의 간섭

한편 교과서를 주관하는 학부에도 일본인들이 관여하여 소위 참여관을 두고 있었다. 시데하라 타이라[29]가 대표적인 인물이다. 이들 일본인 관리들은 학부 행정 전체에 영향을 미쳤을 뿐만 아니라 교과서마저 일본어로 사용하도록 압력을 가하고 있었다.[30]

이와 관련하여 학부 편집국에서 교과서를 순전히 일본 문자를 사용하여 편찬하려는 움직임이 있자 『황성신문』은 「학부 교과서 문제」라는 논설에서 다음과 같이 비판하고 있다.

夫敎育者ᄂᆫ 不特專主於術業이니 如政治, 經濟, 法律, 技藝, 農工商, 實業이나 及物理, 化學이나 不問何種學問이던지 必培養其自國之精神으로 爲第一主義ᄒᆞ야 國家精神이 貫徹於人人腦髓ᄒᆞ며 活發於人人性情ᄒᆞ야 養成國家的人民이라야 方爲開明之進步오 免致元氣之萎敗也리니 雖有 政治 法律 經濟 理化 等 高明國學問이라도 若黯昧於自國之事蹟ᄒᆞ며 迷失其祖國之精神이면 是ᄂᆫ 卽一個 雇傭之人而己라. 惡能發國民之思想이며 擔國民之義務哉아.[31]

또한 『만세보』는 「자국정신(自國精神)」이란 논설에서 다음과 같이 주체성을 강조한다.

---

29 시데하라(幣原坦, 1870~1953)는 오사카(大阪) 출생으로 도쿄대학을 졸업한 후 구 한국 정부 학부 참여관을 지냈다. 문헌은 최혜주, 「시데하라 타이라(1870~1953)의 고문활동과 조선사연구」, 『근대 재조선 일본인의 한국사 왜곡과 식민통치론』, 경인출판사, 2010, 69~108면. 저서 『朝鮮敎育論』(1919; 복각판 龍溪書舍, 2005)이 있다. 기타 稻葉繼雄, 『舊韓國の敎育と日本人』, 九州大學 出版會, 1999, 제6장(151~176면) 참조.
그의 동생 시데하라 기주로(幣原 喜重郎, 1872~1951)도 구한말에 외교관으로 근무하였다. 저서로 『日露間の韓國』(1905)과 『韓國政爭誌』(1907)가 있다.
30 『황성신문』, 1906.4.5. 상세한 것은 稻葉繼雄, 「舊韓國雇聘 日本人 「學部職員」のその後－1907年7月～1916年10月の動向」, 『紀要(九州大) 比較敎育文化硏究施設』第45號, 1994; 稻葉繼雄, 『舊韓國の敎育と日本人』, 九州大學出版會, 1999, 221~248면에 재수록 참조.
31 『황성신문』, 1906.4.5.

近日 我韓風氣ᄂᆞᆫ 自國精神이 何件物인지 不知ᄒᆞ고 世界各國의 遊學이나 遊覽이나 公使 及 書記生 等의 關係가 有ᄒᆞᆫ 者ᄂᆞᆫ 各其 外國의 知識과 事爲를 服從ᄒᆞ고 欽迎ᄒᆞ야 濶大ᄒᆞᆫ 眼目과 馳騖ᄒᆞᆫ 心情이 自國은 夢想外로 哂笑하ᄂᆞᆫ 弊害가 有ᄒᆞ고 且 一種 毛病이 另有ᄒᆞ니 各其 服從하ᄂᆞᆫ 外國을 影從ᄒᆞ야 現今 英國運動이니 美國運動이니 法國 俄國運動 等 各種 運動ᄒᆞᄂᆞᆫ 腕力이 有ᄒᆞ다 稱ᄒᆞ야 至尊을 欺惑도 하며 團體를 損傷도 ᄒᆞ야 畢意 前途 影響이 何涯에 至ᄒᆞᆯᄂᆞᆫ지 不知ᄒᆞ니 果然 此 運動의 效力이 有ᄒᆞ야 國威國光을 恢復할지면 大慶幸이라 稱ᄒᆞᆯ거이로되 運動의 效力은 一毫도 無ᄒᆞ고 及히 隣邦에 惡感情을 惹起ᄒᆞ며 自國의 妨害點을 增加ᄒᆞᄂᆞᆫ 一流人士의 精神은 誤國精神이라 謂할지언정 愛國精神이라고ᄂᆞᆫ 稱키 難ᄒᆞᆯ ᄲᅮᆫ 不是라. 何由로 政治를 革新ᄒᆞ고 文化를 漸進하야 實力을 涵養ᄒᆞ고 國權을 光復할 自國精神을 團結ᄒᆞᆷ이오. 時局에 運動力이 有ᄒᆞ다 自稱ᄒᆞᄂᆞᆫ 者ᄂᆞᆫ 警省ᄒᆞ고 回悟ᄒᆞ야 大韓帝國人民으로 大韓帝國을 愛ᄒᆞᄂᆞᆫ 精神을 團結ᄒᆞᆯ지어다.[32]

이와 같이 볼 때 교과서를 일본어로 가르치려는 계획은 물론 조선 정부의 계획은 아니며 일본 통감부의 식민지 전초작업의 일환임을 알 수 있다. 법학교육뿐만 아니라 교육 일반이 풍전등화와 같은 상태에 있었다.

이에 대해서는 황성신문의 논설 「각종 교과서지정신(各種 教科書之精神)」이 당시의 사정을 자세히 전해주고 있다. 전문을 그대로 옮긴다.

◎ 近日 我韓은 勿論 何等 學校ᄒᆞ고 各種 教科書類가 總皆 不備ᄒᆞ거니와 頃聞有志教育之家―往往購入外國書籍ᄒᆞ며 措辦鉅額資本ᄒᆞ야 從事於教科書飜譯編纂之役이라 ᄒᆞ니 吾輩ᄂᆞᆫ 對此等事業家ᄒᆞ야 不勝同情之感而攢賀之切ᄒᆞ노니 教科書者ᄂᆞᆫ 卽教育之元素也라. 雖三百四十一郡에 家家設塾ᄒᆞ며 村村設校라도 苟其教科書類가 不純完備ᄒᆞ면 是ᄂᆞᆫ 教育之設備가 皆無補也니 焉用乎學校爲哉아.

然則 今此 教科書之編纂이 卽教育發達之第一機關也니 爲國民而拱祝者―豈比尋常哉아. 我大韓帝國이 從此로 其庶幾乎教育之擴張而開明之進步矣리니 此實現今之一等事業也로다. 雖然이나 吾輩ᄂᆞᆫ 窃有所一言仰佈於編纂諸君子之案頭ᄒᆞ노니 盖勿論何種教

---

32 『만세보』, 1906. 12. 9.

科書ᄒ고 意以敎育國民으로 爲主義ᆫ된 不容不將此韓國之精神ᄒ야 **貫注於人人之腦髓**
然後에야 方可爲韓國 國民之敎育이리니 日本所謂 日本人은 有**日本魂**者ᅳ 卽此也라.

今也에 編纂敎科書籍ᄒ되 不能自辦力量ᄒ며 不能自出機杼ᄒ야 以自述自國之魂
膽ᄒ고 購入外國人之書籍ᄒ야 飜譯而纂輯之ᄒ면 是其文法也ᅳ外國人之文法也오
其模範也ᅳ外國之模範也오 凡其言語句讀과 風謠俗尙이 無一而非外國之節骨氣膝也
리라. 然則 是ᄂ 直不過一飜譯家之纂述而己오 只是外國之魂膽而己리니 彼靑年子弟
之受學者를 **固當以祖國之精神**으로 **灌漑栽培**ᄒ야 使其心性骨髓와 視聽言動으로 薰陶
沐浴ᄒ며 煦濡涵蓄ᄒ야 以養成了十分完全之大韓國民이라야 可以挑撥其愛國之精神
ᄒ야 可以期望於他日獨立之基礎矣어ᄂᆞᆯ 今也에 純全以外國人之魂膽으로 認爲敎育
之方針ᄒ면 非但迷失其本然性格而己라 亦豈無久而化臭之憂歟아.

試擧一事而証之ᄒ리니 我國之人이 從前敎育之書를 一切用支那文字ᄒ야 自少至
長으로 所讀習講究者가 皆支那之書籍而己라. 因此로 人人이 皆欽誦支那ᄒ며 服從支
那ᄒ야 於是乎 其事大主義가 錮着腦根에 牢可破ᄒ니 所以萠依賴之思想而忘獨立之
精神者 ─ 此也오.

又不特我國而己라. 如日本維新之初에도 遊學泰西者 ─ 多ᄒ야 輸入歐洲之文明故
로 全國人民이 太半을 皆風靡於歐洲之化ᄒ야 歐化主義의一派가 動盪輿論ᄒ며 靡定
國是ᄒ다가 歷十數年至于今日에 始得底定은 抑諸君子之所習知者也라.

且以近來에 各外國語學者로 言之라도 學英語者ᄂ 主英國ᄒ고 學法語者ᄂ 主法國
ᄒ고 學日語者ᄂ 主日本ᄒ고 學俄語者ᄂ 主俄國ᄒ야 各自以其所學者로 爲主者ᄂ 無
以라. 卽其習熟見聞之培養精神이 偏倚於此故他니 以此觀之ᄒ면 敎科書之關重於子
弟가 顧何如哉아. 此豈可但以外國飜譯之書로 爲敎育之元素가 可乎며 亦豈可以草草
鹵莽而爲者哉아.

當此敎科書絶無之日ᄒ야 雖尋常小學之一個讀本이라도 若有編纂云者면 誠爲敎育
萬幸이로되 只以他人之糟粕으로 塗抹粧撰ᄒ야 依樣畵葫ᄒ고 無一片韓國精神之貫
澈感發者ᄒ면 是ᄂ 則使者之라도 恐不若無之爲愈일가 ᄒ노니 諸君子ᄂ 其到底注力
於此를 十分盼望也ᄒ노라.[33] (강조한 부분은 원문에서는 큰 글자임 ─ 인용자)

---

[33] 『황성신문』, 1906. 5. 30.

이처럼 교과서는 거기에 담긴 내용이 중요한 것은 두말할 필요가 없으나 각 분야에서 이를 집필할 전문 인력은 턱없이 부족한 상태였다. 앞서 보았듯이, 일본에서 법률학을 공부한 장도(張燾)는 의학교 교관이 되어 교재를 번역하는 일을 맡았으며, 또 같은 법학을 전공한 유창희(유문환)도 자신의 이름으로『병리통론』을 번역해 내기도 했다.

여기에 더하여 학부에서는 교과서만이 자신의 소관사항이 아니라 각종 서류도 학부에서 조사·검토한 연후에야 편찬할 수 있다고 훈령을 내리기도 하였다.

● 學訓十三道 學部에셔 漢城府 及 十三道에 訓令ᄒ되 凡係敎科用 圖書ᄂ 例屬本部 句管이어니와 其他 各種 書類도 必由本部 照檢 然後에야 乃爲編纂上 攷據이기 發訓ᄒ니 到卽翻飭管下 各府郡ᄒ야 該 官廳 及 寺刹 私家 等處에 所藏 官有 私有 各種 書籍 鋟板을 一一調查이되 經史子傳 及 先輩 文集 及 稗史小說 等板을 一不遺漏ᄒ고 依別紙式樣ᄒ야 從實繕報ᄒ야 以便照檢ᄒ며 如有活版印刷所어든 亦一切 查報ᄒ되 若過來九月不報면 難免 漫漶之責ᄒ리니 懷遵施行ᄒ라 ᄒ얏더라.[34]

이 기사는 통감부의 압력으로 학부가 한국에서 발간된 모든 교과서와 도서에 대해서 조사하고 검토하려는 자료조사의 일환으로 실시된 것임을 쉽게 알 수 있다.

그리하여 법관양성소 교관은 자신이 교재를 직접 만들어 사용하였으며, 그중 김상연은『정선만국사』[35]와 같은 일반 교재를 편찬하기도 하였다. 이에 대한 신문의 보도는 아래와 같다.

● 萬國史新撰 年前에 日本에 遊學ᄒ야 政治學을 卒業歸國ᄒ 金祥演氏가 現今 各官公私立學校의 敎科書가 完全치 못홈을 慨歎ᄒ야 多年 硏究의 結果로 精選萬國史 冊子를 撰述ᄒ얏ᄂᄃ 第一 各學校 敎科書에 適合홀 쑨 아니라 海內 有志 新學者의 參考閱讀ᄒ기에 極히 緊要ᄒ니 是ᄂ 但 金氏의 多年 硏究의 勞若를 慰賀홀 쑨 不止라. 此 冊을 因ᄒ야 一般學校에 新鮮完備ᄒ 萬國歷史 敎科書를 得홈은 今日 敎育界를 爲

---

34 『황성신문』, 1907.9.2.
35 김상연, 임이랑 옮김, 『정선만국사』(근대 역사 교과서 6), 소명출판, 2011 참조.

ᄒ야 十分 攢祝홀 事라 ᄒ노라.[36]

이 책은 당시 일본과 중국에서 널리 읽히던 역사 교과서로서 그 영향력이 대단했던 것으로 보이며 이승만도 옥중에서 읽은 책 중의 하나라고 한다.[37]

여하튼 당시에는 교과서를 저술하거나 번역할 인재가 그다지 많지 않았기 때문에 안국선이나 김상연처럼 정치학을 공부한 사람이 역사학, 교육학, 경제학 등의 저서를 번역하는 것이 하등 이상하지 않았다. 또한 국가적인 사업으로서 재정적인 지원을 받을 처지에 있지도 않을 만큼 상황이 궁핍했던 모양이다. 그러나 절박한 현실적 필요에 의해서 시작된 교재의 편찬은 주로 중국이나 일본 서적의 번역 내지는 번안에 의존하는 실정이었다.[38] 그 가운데에는 민족의 주체성을 망각한 채 무분별하게 책자를 펴내어서 뜻 있는 인사들로부터 지탄을 받는 사례도 있었다.

예컨대 『대한매일신보』는 '글을 번역ᄒ는 사ᄅᆷ들에게 ᄒ번 경고홈'이라는 논설 속에서 번역은 '문명의 수입', '학문의 근본', '부강하는 재료'라고 하나 이것은 좋고 아름다운 글의 번역을 말하는 것이라고 한 후 다음과 같은 문제를 제기하고 있다.

글을 번역ᄒ는 사ᄅᆷ들이 그 길을 알지 못ᄒ여 그 나라 ㅅ정신을 해롭게 ᄒ며 영광을 타락케 ᄒ면 쏘ᄒᆫ 국가에 큰 죄인이로다.

근일 한국에 글을 번역ᄒ는 거시 점점 성ᄒ미 글을 번역ᄒ는 쟈들이 혹 외국을 존숭ᄒᆫᄃᆡ 정신이 취ᄒ며 혹 됴리가 붉지 못ᄒ여 다만 외국 셔적이라 ᄒ면 모다 문명 셔적으로 밋으며 다만 외국인의 말ᄒᆫ 바 — 라 ᄒ면 모다 문명의 말인 줄노 알어서 ᄌᆡ긔 나라는 이덕이 되든지 동족은 우마가 되든지 외국인만 존숭ᄒ고 외국인만 신종ᄒ니 이도 쏘ᄒᆫ 국가의 ᄒᆫ 가지 크게 불힝ᄒᆫ 일이로다.

엇던 셔관에셔 번역ᄒᆫ 대한디지를 보와도 닐ᄋ기를 한국에 뎨일 넷적 인민은 예믹

---

36 『대한매일신보』, 1906.9.15.
37 이승만은 옥중에서 이 스윈튼(William Swinton)의 『만국사략』 발췌 한역본을 비롯하여 『공법회통』과 『약장합편(約章合編)』 등 국제법 관련 서적을 탐독했다고 한다. 유영익, 『젊은 날의 이승만』, 연세대 출판부, 2002, 71~74면; 홍영백, 「한말 세계사 관계 사서의 내용과 그 한계」, 『소헌 남도영 박사화갑기념논총』, 1984 참조.
38 예컨대 평양 일신(日新)학교 안에 야학과로 법학강습소를 설립하고 "서적은 본국 교과서 외에 日本 및 淸國에서 다수 購來ᄒ야 方在 繙譯中이오며"라고 보도한다. 「勸學請褒」, 『황성신문』, 1906.8.22.

종ᄌᆞᄲᅵ라 ᄒᆞ며 ᄯᅩ ᄀᆞᆯᄋᆞ디 가락국은 일본 츌운족의 식민국이라 ᄒᆞ고 ᄯᅩ ᄀᆞᆯᄋᆞ디 한국은 일본 민족과 부여 민족이 일본 산음도에셔 방츅된 쟈가 이쥬ᄒᆞ 거시라 ᄒᆞ엿스니 오호라 ─ 이거시 엇진 황셜인가.

(…중략…) 이런 정신 업는 자는 고샤ᄒᆞ고 이런 셔적을 교과서로 쓰는 쟈는 ᄯᅩᄒᆞ 엇던 학교인가. (…중략…) 원컨디 글을 번역ᄒᆞ는 졔공들은 ᄒᆞᆼ샹 쥬의ᄒᆞ여 외국인의 됴흔 것은 본밧고 그른 것은 본밧지 말며 나의게 리로온 것은 취ᄒᆞ고 리롭지 못ᄒᆞ 거슨 ᄇᆞ려서 됴코 아롬다온 번역이 만히 나기를 ᄇᆞ라노라.[39]

이 논설은 단순히 번역문제만을 다룬 것이 아니라 외국 학문을 연구하고 수용하는 자세와 태도 나아가 문명비판에까지 언급한 것으로 오늘날의 우리들에게도 그대로 타당한 말이라고 생각한다.

4. 한글 책자의 발간

외국 서적의 번역과 함께 종래의 순한문식의 교재에서 탈피하여 국한문 내지는 순한글로 된 책자가 발간되기 시작했으며, 민족의식의 각성과 함께 국문연구회가 조직되는 등 국어의 중요성이 강조되었다.[40] 국어의 정리와 체계화는 근대 국민국가의 건설에 있어서 G. 옐리네크가 말하는 영토, 국민 그리고 국가권력과 함께 필수불가결한 것이다.[41] 국어는 국기, 국가(國歌), 문장과 같은 정치적 상징을 나타낼 뿐만 아니라 국민을 통합하는 하나의 요소이기도 한다.[42] 방언을 포함하

---

39 예컨대 『대한매일신보』, 1909.1.9. 논설은 가락국을 일본의 식민지라고 주장한 일본인의 저서를 그대로 비판 없이 번역한 경우를 통탄하고 있다.

40 김효전, 「한국어와 헌법」, 『대한민국학술원통신』 제224호, 2012.3.1; 고영진 · 김병문 · 조태진 편, 『식민지 시기 전후의 언어문제』, 소명출판, 2012; 이기문, 『개화기의 국문연구』, 일조각, 1970 참조.

41 G. Jellinek, *Allgemeine Staatslehre*, 1900, S.394 ff.(김효전 옮김, 『일반 국가학』, 법문사, 2005, 323면 이하).

42 R. Smend, *Verfassung und Verfassungsrecht*, 1928, S.48(김승조 옮김, 『국가와 헌법』, 교육과학사, 1994, 50 · 78 · 89면 주155); P. Kirchhof, Deutsche Sprache, in Isensee / Kirchhof (Hrsg.), *Handbuch*

여 한국어를 사용하는 사람이 한국인이며 한국어가 통용되는 지역이 한국의 영토
라고 하여도 지나친 말이 아닐 것이다.

그리하여 정부는 국문연구회를 구성하고 위원장에 윤치오(尹致昨) 등 6인을 임
명하였다.[43] 또한 여러 가지 사적인 조직과 단체가 결성되고 우리의 말과 글을 체
계적으로 연구하기 시작한다.[44]

> ●國文硏究會組織　國文硏究會를 去 金曜日 下午 七点에 勳洞 醫學校內로 臨時開
> 會ᄒ고 規則과 任員을 薦定ᄒ얏ᄂ디 會長은 尹孝定氏요 總務ᄂ 池錫永氏요 硏究員
> 은 周時經 朴殷植 李能和 柳一宣 李鍾一 田龍圭 鄭雲復 沈宜性 梁起鐸 劉秉珌氏等 十
> 人이 爲先 被薦되고 編纂員은 池錫永 劉秉珌 周時經 三氏요 書記 二人에 田龍圭氏 一
> 人만 爲先 選定ᄒ얏ᄂ디 硏究員會ᄂ 每 金曜日 下午 七点이요 通常會ᄂ 每月 第四 日
> 曜日 下午 四時에 開會ᄒ기로 定ᄒ얏더라.[45]

특히 지석영은 청년회관에서 국문의 취지에 대해서 연설하기도 하고,[46] 정부
가 발간한『국어독본』에 대해서 학부대신에게 의견서를 제출하기도 하였다.[47] 국
어학자 주시경(周時經, 1876~1914)[48]은「필상자국문언(必尙自國文言)」이라는 기서(寄
書=기고문)[49]에서 다음과 같이 우리 글로 저술할 것을 강조하고 있다.

> 今日을 當ᄒ여 有志ᄒ신 이들이 敎育 敎育ᄒ니 旣往 漢文을 學習ᄒ 者에게만 敎育코
> 자 ᄒ심이 안이겟고 漢文을 不解ᄒᄂ 者ᄂ 幾十年이던지 不計ᄒ고 漢文을 敎授훈 後
> 成業됨을 待ᄒ여 諸他學術을 乃敎코자 ᄒ심도 안일지라. 然則 英文이나 日語로 敎育

---

　　　　des Staatsrechts, Bd. 1. Heidelberg, C. F. Müller 1987, S.745~771; P. Häberle, Nationalflaggen, 2008;
　　　　ders., Nationalhymnen als kulturelle Identitätselemente des Verfassungsstaates, 2007. 상세한 것은 김
　　　　효전,『헌법』, 소화, 2009, 66~70면 참조.
43　『관보』제3820호, 1907.7.18.
44　국문연구회의 취지서는『황성신문』, 1907.1.12 참조.
45　『황성신문』, 1907.2.6.
46　『황성신문』, 1906.12.13.
47　『황성신문』, 1906.12.21.
48　송철의,『주시경의 언어이론과 표기법』, 서울대 출판문화원, 2010; 신용하,「주시경의 애국계몽사
　　　　상」,『한국사회학연구』제1집, 1977; 한국정신문화연구원,『한국인물대사전』, 2176~2177면 참조.
49　『황성신문』, 1907.4.1~4.6.

코자 ᄒᆞ시ᄂᆞ뇨. 英文이나 日語를 我民이 何以知之리오 漢文보다도 倍難ᄒᆞᆯ지라. 如今
之世를 當ᄒᆞ여 特別이 英德法日淸俄 等國의 文言을 學習ᄒᆞᄂᆞᆫ 者도 必有ᄒᆞ여야 겟으나
全國人民의 思想을 變化ᄒᆞ며 智識을 發興케 ᄒᆞ랴면 不可不 國文으로 各種 學文을 著述
ᄒᆞ며 繙譯ᄒᆞ여 주어야 될지라. 英法德 等國은 漢文의 形狀도 不知ᄒᆞ되 如彼히 富强興
進ᄒᆞᄂᆞᆫ 지라. 我半島가 四千餘年前부터 開基ᄒᆞᆫ 二千萬 衆社會에 時時로 通用ᄒᆞᄂᆞᆫ 言
語를 以口報傳ᄒᆞ던 것도 莫大欠事어날 國文頒布된지 四百六十餘年에 語典一券도 不
製ᄒᆞ고 漢文만 猶事ᄒᆞᄂᆞᆫ 것이 엇지 羞愧치 안니ᄒᆞ요. 自今以後로ᄂᆞᆫ 國文을 賤視ᄒᆞᄂᆞᆫ
陋習을 變ᄒᆞ여 我國文言의 法兵義를 極力講求ᄒᆞ고 字典 文典 讀本을 著成ᄒᆞ여 더욱 精
利ᄒᆞᆫ 文言이 되게 ᄒᆞᆯ 쑨더러 我全國 上下가 國文을 我國의 本體로 崇用ᄒᆞ여 我國이 世
界에 特立되ᄂᆞᆫ 特性의 表柄을 堅持ᄒᆞ고 自由萬萬歲를 永享ᄒᆞ기 伏乞ᄒᆞᄂᆞ이다.[50]

이와 같이 국어의 정리와 전용, 체계화를 강조하고 있다. 또한 이능화(李能和, 1869~1943)도 국문법의 통일과 한자 옆에 한글의 병용을 주장하고 있다.[51]

5. 법학서적 광고

여하튼 법학 서적은 일찍부터 판매되었으며, 『독립신문』에 실린 대동서시(大東書市)의 광고는 다음과 같다.

〈광고 1〉 『독립신문』, 1896.7.28.

대동 셔시

종로 대동셔시란 칙스는 예수교 성경과 공법 화학 텬문 디리 산학 의학 등셔와 학
부 칙과 팔월 ᄉᆞ변보고셔를 파오니 쳠군즈는 사 보쇼셔.

---

50 『황성신문』, 1907.4.6.
51 『황성신문』, 1906.6.2; 이능화, 『역주 조선불교통사』 1~8, 동국대 출판부, 2010; 이재곤 옮김, 『조선
신사지(朝鮮神事誌)』, 동문선, 2007; 이재곤 옮김, 『조선 무속고(朝鮮巫俗考)』, 동문선, 1991 참조.

한편 1905년을 전후로 하여 새로운 저술들이 다수 발간되었으며, 또 중국이나 일본으로부터 다량의 서적들이 수입되어 조선의 지식계층에 보급되고 있었다. 예컨대 고유상서포(高裕相書鋪)의 광고는 이렇다.

> 新學問 各種 書籍을 自上海等地로 多數 輸入發售故로 開錄于左ᄒ오니 有志僉君子는 光臨購覽ᄒ심을 至盼[52]

그리고는 도서 목록을 열거하고 있다. 여기서 보듯이 중국 상하이[53] 등지로부터 많은 서적이 수입되었음을 알 수 있다. 『황성신문』에 실린 정치학과 법학관계 서적 광고를 예로 들어본다.[54]

〈광고 2〉『皇城新聞』, 1906.6.8

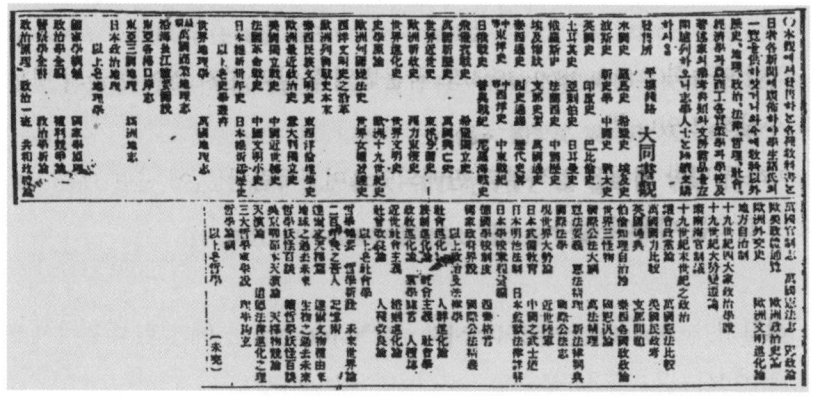

법학의 경우에는 다음의 수문서관의 전문적인 서적 광고에서 보듯이, 1910년에는 이미 교과서류는 완전히 정비된 상태였다.[55]

한편 양정의숙에서는 법률강의록을 만들어 판매하기도 하였다.

---

52 『황성신문』, 1906.11.2.
53 당시 '上海는 東亞의 文明自由之地'라고 소개되고 있다(「上海學況」, 『황성신문』, 1908.6.23).
54 『황성신문』, 1906.6.8.
55 『황성신문』, 1910.3.16.

〈광고 3〉『皇城新聞』, 1906.6.16

〈광고 4〉『皇城新聞』, 1910.3.16

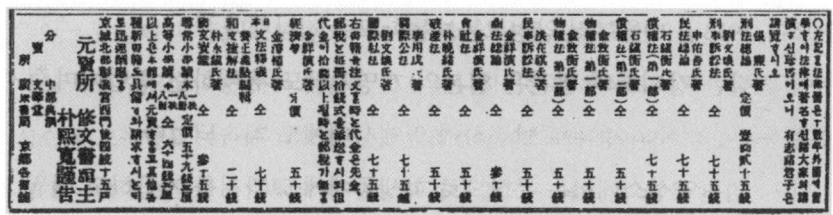

●法律講義錄　北部 北壯洞 修文書館에셔 一般同胞의 法律上 知識을 啓發ᄒ기 爲
ᄒ야 私立專門 養正義塾의 編裁ᄒᆫ 法律講義錄을 發賣ᄒᆫ다더라.[56]

양정의숙은 1905년의 설립부터 1913년 보성전문학교와 합병하기까지, 『법학
통론』과 『국가학』을 비롯하여 김계근(金癸根)의 『형법통론』 등 상당수의 법학 관
련 교과서를 발간했다.[57]

●普專學生의 激增　私立 養正義塾은 今回에 組織을 變更ᄒ야 財團法人 私立養正
高等普通學校로 改稱認可ᄒᆷ은 旣報ᄒ얏거니와 元來 同 義塾은 法律을 專門으로 教
授ᄒ던 바 今回 組織을 變更ᄒᆷ과 同時에 一二年에셔 修業ᄒ던 學生 多數ᄂᆫ 私立 普成
專門學校 法律科 各 年級으로 轉學하얏슴으로 普成 學生數ᄂᆫ 非常히 增加되야 每日
出席生이 各 年級을 通ᄒ야 三百餘名에 達ᄒ얏다더라.[58]

56　『대한민보』, 1910.3.13.
57　이영석, 「양정의숙의 혼을 찾아서」, 양정의숙연구회, 2007.5.15(양정고등학교 대강당).
　　양정중고등학교와 양정의숙연구회에서는 지난 2008년 5월 6일부터 20일까지 국립중앙도서관 1
　　층 전시실에서 '大韓帝國 법학전문학교 교과서 특별전'을 개최하기도 했다. 본서 제2부 「법학교
　　육관계」의 1장 「양정의숙의 법학교육」 참조.

당시 양정의숙은 법관양성소와 보성전문학교와 함께 3대 법학교의 하나였으며, 1913년 10월부터 양정고등보통학교로 격하했다.[59]

위와 같은 강의록의 발간은 일본의 개명기에도 유행하던 방법이며,[60] 이것은 통신강의록의 형태로 발전하여 일제 시대에도 계속되었다.

한편, 법관양성소에서는 무상으로 학생들에게 교과서를 지급하고 매월 교과서 대금을 징수했다. 이에 관한 기사가 보인다.

> ● 養成所의 敎科　法官養成所에셔 往者에ᄂ 敎科書를 學徒에게 分給ᄒ고 敎科書 價로 每月 學生에게 一團式 收捧ᄒ더니 從今爲始ᄒ야ᄂ 該 敎科書를 無代金으로 頒給ᄒᄂ디 或 學生덜이 時間을 欠闕ᄒ면 該時에 講習ᄒᄂ 敎科書ᄂ 分給치 아니홈으로 學生덜이 敎科書에 對ᄒ야 困難ᄒ다고 巷說이 有ᄒ더라.[61]

특히 보성전문학교에서는 보성사라는 인쇄소까지 두고 체계적으로 교과서를 발간하였으며, 휘문의숙에서도 교과용 도서를 발간하기 위해서 인쇄부를 설치하고 주자(鑄字) 및 기구와 기계류를 일본으로부터 구입하였다.[62]

예컨대 많은 교재를 편찬한 안국선(安國善)[63]은 '번역원'이라는 직함도 가지고 있었7다. 그러나 다음에 소개하는 구연학(具然學)의 단편 「설중매」(1908)의 한 구절을 보면 당시의 번역가의 정경을 미루어 짐작할 수 있을 것이다.

태순이 추연히 말하되 "나도 사방에 표박(漂泊)하여 아무 일도 이룬 바이 없고 세월만 헛되이 보내며 경성에 온 후로부터 서책을 번역하여 생계를 하더니, 거월(去月)에 근대사(近代史) 초권을 어느 서관에서 출판할 차로 가져가더니, 아무리 재촉하여도 번역비를 보내지 아니하여 거월부터 식가를 갚지 못하였기로 아까도 주인에게 불쾌

---

58 『매일신문』, 1913.10.4.
59 본서 제2부 참조.『대한민보』, 1913.10.5에서는 사립 양정고등보통학교의 개교식을 보도하고 있다.
60 일본의 사정은 마루야마 마사오·가토 슈이치, 임성모 옮김, 『번역과 일본의 근대』, 이산, 2000 참조.
61 『황성신문』, 1908.3.24.
62 「免稅請願」, 『황성신문』, 1906.8.22.
63 상세한 것은 김효전, 「안국선의 와세다(早稻田) 시대」, 『동아법학』 제47호, 2010, 403~452면 및 본서 제2부 참조.

한 말을 듣고 심화가 나는 중에 마침 시골집 편지를 보니, 양친이 나의 직업 없음을 걱정하여 벼슬이 되지 아니하거든 하루라도 바삐 내려오라 하셨으니, 오늘날을 당하여 대답할 말씀이 없으며 번역하여 책권이나 만들면 혼자 생계는 되나, 연로하신 양친의 봉양할 도리가 없으니 이로 걱정이로다."[64]

이처럼 번역하는 사람의 형편을 잘 묘사하고 있다.

그러나 당시 번역이란 주로 일본 문헌을 우리말로 옮기는 것이 대부분이었으며, 서구의 원전에 입각한 번역은 많지 않았다. 그 까닭은 제대로 된 사전이 거의 없었기 때문이며,[65] 또 외국어를 수학하는 사람들이 사명감을 가지고 열심히 공부하지 않은 데에 있다고 할 것이다.[66]

외국어 교육을 위해서 조선 정부는 1891년에 일어학교,[67] 1894년에 영어학교,[68] 1895년에 법어(法語)학교, 1896년에 아어(俄語)학교, 1897년에 한어(漢語)학교 그리고 1898년에 덕어(德語)학교[69]를 설립하여 각종 관립외국어학교(Royal Foreign Language School)를 두어 외국어 교육의 중요성을 강조했으나, 커다란 성과를 보지 못한 것으로 보인다. 더구나 한일합병 이후에는 외국어학교와 법학교 등이 폐지되었다.[70]

한마디로 근대의 중국이나 일본처럼 서구 문명의 섭취를 위하여 국가적 사업으로 번역을 권장하지도 않았고, 이에 따라 어학의 수준도 뒤떨어졌기 때문이다.

---

64 최찬식 외,『추월색 · 자유종 · 설중매』, 범우사, 1984, 130면.
65 이광린,「구한말의 관립 외국어학교」,『한국개화사연구』, 일조각, 1985, 148면.
66 위의 글, 148면.
67 문헌은 稲葉繼雄,『舊韓末'日語學校'の研究』, 九州大學出版會, 1997; 이용덕,「조선총독부의 일본어교육에 관한 일고―조선교육령을 중심으로」,『일본학지』제16호, 명지대, 1996, 165~187면.
68 문헌은 김명배,『개화기의 영어 이야기』, 국제영어대학원대 출판부, 2007; 김윤희,「구한말의 영어교육」, 한국외국어대 석사논문, 1986; 김영우,「구한말 외국어교육에 관한 연구(I)」,『공주사범대학논문집』제16집, 1978. 일제시대의 영어교육은 김영철,『영어, 조선을 깨우다』전2권, 일리, 2011 참조.
69 문헌은 김효전,「구한말의 관립 덕어학교」,『독일학연구』, 동아대 독일학연구소, 제16집, 2000, 103~130면; 김정진,「한국 독일어교육의 비평사적 고찰」, 한국독어독문학회,『독일문학』제11집, 1971, 3~55면 및 본서 제2부 참조.
70 1911년 10월 10일 칙령 제257호에 의해서 외국어학교는 폐지되고, 1911년(메이지 44) 11월 1일부터 시행한다. 조선총독부『관보』제342호, 1911.10.16.

6. 신식법과 구식법

한편 법률이 정비되지 않았기 때문에 법률책도 예전의 중국식 법률책과 신식 법률책을 아울러 공부하지 않을 수 없었다. 이것은 법관양성소의 교육에만 한정된 문제가 아니라 일반 행정과 사법, 그리고 국민의 법률생활 전반에 막대한 지장을 주었다. 몇 가지의 실례를 신문보도에서 찾아보기로 한다.

> ◉ (三合爲一)   我國 法律이 大明律과 大典會通과 新頒律이 是라. 編帙이 浩繁ᄒ고 存廢가 混雜ᄒ야 法官이 按律홀 時에 參考키 每眩홀뿐더러 外他 官吏와 人民이 비록 法律에 有意ᄒ나 其 浩繁홈을 因ᄒ야 性質의 異同과 刑名의 輕重을 詳辨키 難ᄒ 中에 且 此書가 國內에 所存이 無幾ᄒ니 誠有志혼 者의 慷歎홀비라. 申載永 慶勳 兩氏가 積年을 費勞ᄒ야 大明律의 附例와 講解를 大典會通에 參互ᄒ야 新頒律에 合編ᄒ야 三冊을 成ᄒ얏ᄂᆫ디 其 種類의 分合과 集註의 消詳홈과 規模의 精要홈이 使人便覽ᄒ지라. 刊行 頒布ᄒ야 人民으로 ᄒ야곰 觸罪홈을 免케홀 事로 法部에 請願ᄒ얏다니 우리ᄂᆫ 人民의 開導홈을 爲ᄒ야 此書의 速刊홈을 望ᄒ노라.[71]

또한 각급 학교에서는 물론 심지어 지방에서 유지가 법률을 연구하고 강습하는 경우에도 신구법을 함께 공부지 않을 수 없었던 실정을 『황성신문』은 다음과 같이 전한다.

> ● 法律研究會   慶南 晋州郡에 有志諸氏가 時局의 變遷과 人民의 朦昧홈을 慨歎ᄒ야 法律研究會를 組織ᄒ고 會長 李喆宇氏 等 數拾餘人이 新舊法律書籍을 廣求貿得ᄒ야 每朔 二次式 例會를 公開ᄒ고 法律의 原理와 訴訟의 第次를 專力 演述ᄒᄂᆫ 故로 遐鄕에 法律發達이 亦一盛擧라고 南來人의 稱頌이 有ᄒ더라.[72]

---

71 『황성신문』, 1899.4.11.
72 『황성신문』, 1908.11.12.

관공서에서도 신구 법령 두 가지를 모두 비치하고 있었으며, 형법대전 등 새로운 법령의 보급을 위해서 힘쓰기도 하였다.

●坡倅勸諭 坡州郡守 金奎昌氏가 赴任之初에 吏屬를 招集官庭 호고 舊習의 成痼혼 弊와 新式의 改良홀 事由를 說明 호얏더니 各班吏屬이 皆曰可라 호고 一齊薙髮 호얏다 호고 刑法大典 十餘帙을 各面에 一帙式 出給 호고 面長에게 曉諭曰 人民이 法律을 習知혼 後에야 官長에게 橫暴壓制를 不受홀 터이니 人人習讀케 호라 호얏다더라.[73]

●法規編纂通牒 政府에서 各府部에 通牒 호되 現行法規를 方自本府로 編纂인바 地方制度 及 職制에 不無抵觸 호와 新舊存拔을 碍難辨別이기 通牒 호노니 現行 호 一應規程을 速辦謄交 호야 以便纂輯케 호라 호얏더라.[74]

●公物被燒 順興郡守 金昌洙氏가 法部에 報告 호되 去月 拾一日에 義徒 五百餘名 이 本部에 闖入 호야 衙舍 及 公廨와 民家 一百餘戶를 衝火燒진이온더 事務廳 及 書記 廳에 儲存 호얏든 刑法大全 法規摘要와 土地家屋證明簿와 手數料規則과 大典會通과 續大典과 大明律과 無冤錄 其他 裁判에 關혼 諸般公簿와 山地尺 檢屍尺 銀針 等 許多 公物이 沒數 被燒 호얏다더라.[75]

●書類請給 利川郡守 李喆榮시가 法部에 報告 호되 本郡守가 拾月 三拾一日에 赴 任視務이온바 本年 八月 拾四日 義擾時에 適値空官 호와 書記 等이 爲慮衝火하야 本 郡流來 一應文簿와 其他 裁判에 關한 諸般 書類를 一一收聚 호야 藏置東軒이옵더니 守備隊가 入接東軒 호고 該 文簿을 兵士 等이 각 自分持 호야 或塗비於處所 호고 或消 融裂用 호야 一無餘存 호와 凡於公文이 無憑可考에 言念邑事면 極爲悶然 호온바 最 所聚要件 刑法大典 大明律 大典會通 續大典 法規摘要 土地家屋證明簿手數料規 無冤 錄 諸件를 不日 下送 호시와 使之無碍擧行케 호라 호얏다더라.[76]

법령체계의 혼란으로 일반 국민들의 법생활의 혼란은 말할 것도 없고, 법령의 집행뿐만 아니라 법학교육 등 모든 분야의 혼란을 면할 수 없었다.

---

73 『황성신문』, 1906.3.8.
74 『황성신문』, 1907.6.1.
75 『대한매일신보』, 1907.12.4.
76 『대한매일신보』, 1907.12.22.

7. 교과서의 무상지급

법관양성소에서는 무상으로 학생들에게 교과서를 지급하고 매월 교과서 대금을 징수하였다. 이에 관한 기사가 보인다.

> ●養成所의 教科 法官養成所에셔 往者에는 教科書를 學徒에게 分給ᄒ고 教科書價로 每月 學生에게 一圜式 收捧ᄒ더니 從今爲始ᄒ야는 該 教科書를 無代金으로 頒給ᄒ는디 或 學生덜이 時間을 欠闕ᄒ면 該時에 講習ᄒ는 教科書는 分給치 아니홈으로 學生덜이 教科書에 對ᄒ야 困難ᄒ다고 巷說이 有ᄒ더라.[77]

이처럼 법관양성소는 처음부터 "그 경비를(…중략…) 양의(量宜) 타산하여 탁지아문으로 하여금 변획(辨劃)케 할 뜻"[78]이 있었기 때문에 법관양성소 입소생들에게는 재학 중 교과서를 차급(借給)하고 필요한 지필묵을 지급[79]하거나 또는 무대가로 학원에게 반급(頒給)[80]하였고 학비금을 지급하며, 또 "우등생에게는 관비로 외국에 유학을 명함도 유함이라"[81]고 하여 학자금 보조에 노력한 것으로 보인다.

그러나 퇴학을 하는 경우 교과서를 반환하도록 하였으며, 성적불량 등으로 양성소에서 출학(黜學)되는 자는 학자금을 매삭 1환(圜) 또는 2환씩 계산하여 징수케 하였다.[82]

한편 대동전문학교에서는 학생들에게 강의록 비용으로 매삭(每朔)에 50전씩 징수하였다.[83]

---

77 『황성신문』, 1908.3.24.
78 개국 503년(1894) 12월 16일의 奏本 「법률학교를 설치하는 건」.
79 법관양성소규칙 제5조, 『관보』, 1905.4.12.
80 규칙 제3조, 『관보』, 1906.4.4.
81 위 규칙 제12조.
82 위 규칙 제24조·제26조; 규칙 제21조, 『관보』, 1905.4.12.
83 잡보 「講義錄費徵收」, 『황성신문』, 1908.3.27.

8. 도서관의 설치

법관양성소에는 근대적 의미의 도서관이 설치되고 있었다는 사실은, 국립중앙
도서관에 소장되어 있는 김상연의 『정선 만국사』(1906) 표지에 「법관양성소장서
지인(法官養成所藏書之印)」이라는 인기(印記)로부터 뚜렷하게 알 수 있다. 그러나 장
서 수라든가 운영의 실제에 관하여 기록으로 남아있는 것은 별로 발견되지 않아
서 자세한 내용은 알 수가 없다.

근대적 의미의 도서관의 중요성에 관하여는 『독립신문』[84]을 비롯하여 『황성
신문』,[85] 『대한매일신보』[86] 등에서 논설을 비롯하여 도처에서 교육과 문명개화
를 강조하는 곳에서 자주 강조하였다.[87] 그러나 그 명칭은 도서관 외에 서원(書院),
서적고(書籍庫), 종람소(縱覽所), 구람회사(購覽會社) 등이 사용되면서 각급 학교에 보
급되기 시작하였으며, 심지어 한성감옥서에도 설치되어 이승만 등이 수감 중에
많은 서적을 탐독한 것은 널리 알려진 일화이다.[88] 그리하여 파주군수 심의성(沈宜
性)은 일찍부터 신문종람소를 설치하였으며,[89] 김광제(金光濟)는 서적 구람회사를
설치하려고 고본(股本)을 모집하는가 하면,[90] 법학자인 장도(張燾)는 자기의 개인
집에 신문잡지 종람소를 설치하고 무료로 열람케 하였다.[91]

---

84 논설『독립신문』, 1899.10.6.
85 논설 「賀大同書觀之設立」,『황성신문』, 1906.3.28; 별보, 1907.7.8.
86 잡보『대한매일신보』, 1906.2.10; 잡보『대한매일신보』, 1906.8.21.
87 상세한 것은 김봉희, 「근대적 도서관의 설립」,『한국 개화기 서적 문화 연구』, 이화여대 출판부,
     1999 참조.
88 유영익,『젊은 날의 이승만－한성감옥생활(1899~1904)과 옥중잡기 연구』, 연세대 출판부, 2002; 이
     광린, 「구한말 옥중에서의 기독교 신앙」,『한국개화사의 제문제』, 일조각, 1986, 217~238면 참조.
89 잡보『황성신문』, 1907.9.2.
90 잡보 「書籍購覽會社設置」,『황성신문』, 1909.7.27.
91 잡보 「新聞雜誌縱覽所」,『대한매일신보』, 1910.7.17.

V. 시험과 졸업, 벌칙 등

　최초의 법관양성소 규정(1895)에는 시험이나 성적에 관하여 상세한 규정을 두지 않고 우등생을 일반 졸업생보다 일찍 졸업시키는 규정만이 있었다.

1. 시험과 졸업

　그러나 양성소를 다시 개소하는 1904년부터는 시험과 졸업에 관하여 엄격한 규정을 두게 되었다. 즉 매 월종에는 학력을 검정하는 시험을 보며, 졸업시험은 소수전과(所授全科)를 통하여 실시하고, 월종시험에서 우등하는 자는 그 급(給) 내에서 승좌(陞座)하고 계속 3차 우등한 학생에게는 진급장을 부여하며, 시험에 진급지 못한 자나 졸업시험에서 학력이 부족한 자는 원급(原級)에 잉유(仍留)케 하였다. 이때 학과시험의 채점은 매과(每課)를 100점으로 정하고, 만점을 받은 학생은 특진 2급하고 평균 80점 이상은 우등에 부하고 60점 이상은 급제에 부하고 평균 30점 이하자는 낙급(落級)하며, 계속 3차 낙급하는 자는 출학하고 일과전부(一課全不)한 자는 낙방케 하였다.[1]

　1905년에는 이 규정을 개정하여 보다 엄격하게 시험을 실시하였다. 즉 시험의

종류를 월종시험, 학기시험, 학년시험으로 하고 졸업시험은 학기와 학년에 행하
며 소수전과의 학력을 통검(通檢)케 하였다. 뿐만 아니라 이러한 학기시험과 학년
시험의 기록은 법부에 선보(繕報)하도록 규정하였으며, 월종시험이나 학기시험에
1차 불참하는 자는 원반(原班)에 잉치(仍置)하며, 월종시험에 3차 불참하는 자, 학기
시험에 2차 불참하는 자는 강반(降班)하도록 정하고 있다. 이때 채점은 100점 만점
으로 90점 이상은 우등이고 50점 이상은 급제(及第)에 부하였으며 50점 미만(학기·
학년시험)자는 강반케 하였다. 우등생에게는 포증(襃證)을 주고 승반(陞班)케 하며,
또 특별한 상품도 주도록 하였다.[2]

1906년의 규칙에서는 보다 합리적인 성적평가 기준을 정하고 있다. 즉 100점을
만점으로 하고 평균 85점 이상은 우등으로 하며 60점 이상이 급제인 반면에 3과목
이 40점 미만일 때에는 낙제로 정하였다. 그러나 다음 기사에서 보듯이 1점이 모
자라도 낙제를 시켰다.

● 學紕何冤   法官養成所에셔 今年 學期試驗時에 八人이 落第가 되얏눈디 八人中
高榮錫 尹熙榮 兩氏눈 一占이 不足ᄒ야 落第가 된 故로 一般學員이 言ᄒ되 兩氏의 落
第눈 抑鬱홀듯ᄒ다더라.[3]

뿐만 아니라 이때부터 졸업생에게 법부대신이 성법학사(成法學士)의 칭호를 수
여하여 이른바 학위가 수여되기 시작되었으며 우등 졸업생은 관비로 외국에 유학
(遊學)하는 특전을 주는 길도 터놓았다.[4]

---

1 『관보』, 1904.8.5.
2 『관보』, 1905.4.12.
3 『황성신문』, 1907.1.7.
4 『관보』, 1904.8.5.

2. 학생에 대한 벌칙

학생에 대한 제재 역시 초창기에는 법관양성소규정이나 규칙에는 보이지 않으며 1903년 다시 개소하면서 명백하게 규정되기 시작하였다. 즉 1904년의 규칙을 보면 ① 졸업 전에 타 학교로 전학하는 자, ② 조행(操行)을 불수(不修)하여 누도(屢度) 계식(戒飭)하되 회오(悔悟)치 아니하는 자, ③ 규칙을 위반하는 자, ④ 학업에 성심이 무하고 부당한 사항에 참의(參議) 망론(妄論)하는 자, ⑤ 불고 결석이 1주일 이상에 급한 자는 감독이 양성소 소장, 부장에게 보고하여 출학을 명하며, 이와 아울러 이 사실을 관보에 광고하며, 부득이 출학하는 경우에는 재학시의 학자금을 안월(按月) 5원식(元式) 추납(推納)게 하는 규정을 두고 있다.[5]

학업에 성심(誠心)이 없다고 하는 경우는 동 규칙 벌칙 제4조에 계속 3차 낙급하면 출학한다는 규정이 별도로 있는 것을 보면 상당히 엄격하게 다루려는 의도에서 나온 것 같다. 같은 이유에서 무단결석 1주일 이상도 엄격한 제재인 출학으로 다스린 것 같다.

1905년의 규칙에서는 '학업이 부진하여 연속하여 3학년에 강반하는 자'를 또한 출학하도록 정하고 있는 동시에 제재의 효과를 높이기 위해서 법관양성소에서 출학된 자는 다른 관공립학교는 물론 사립학교에도 부학(赴學)함을 허용하지 않으며 각 부부원청(府部院廳)에 수용될 수 없도록 규정하고 있다. 그러나 학자금 반환은 매삭(每朔) 2원(元)으로 감액하고 있다.

그러나 이러한 벌칙이 너무나 가혹하였던지 1906년의 규칙에서는 벌칙을 완화하여 불고(不告) 결석이 1개월 이상에 급한 자, 1년 내 불고 결석이 10일식 3차에 급한 자를 출학하도록 개정하고 있으며, 새로이 '조행을 불수하야 본소에 체면을 훼손한 자'를 출학토록 하였다. 출학된 자는 종전과 같이 관보에 광고하고 교과서는 반환케 하는 동시에 학자금 반환은 매삭 1환(圜)으로 계산토록 하였다.[6]

한편 양성소규칙과는 별도로 1905년 '법관양성소 동독(董督) 규칙'[7]에서는 ① 소

---

5 『관보』, 1904.8.5.
6 『관보』, 1906.4.4.
7 1905년 12월 4일 자 법부령 제5호. 전문은 『한말 근대 법령 자료집』 IV, 1971, 425~426면 및 본서

장, 교관 및 학도는 정사(政事)상에 간예치 못할 사, ② 소장, 교관 및 학도는 호결(互結)하여 천자(擅自) 휴학하지 못할 사, ③ 학도는 양성소장을 경유하지 않코 법부대신에게 청원서를 직정(直呈)치 못하도록 금지하고 있다. 이 규정은 법관양성소의 교원 및 학생의 정치활동, 단체행동 등을 금지한 최초의 것이며, 이 규정을 위월(違越)하거나 또는 이를 선동하는 행위는 상당한 징벌에 처하도록 규정하고 있다.[8]

실제로 법관양성소 졸업시험에서는 낙제를 시키기도 하였으며, 학칙에 위반되는 학생에게는 출학조치를 취하기도 하였다.

● 法徒出學　法官養成所 學徒中에 二年生 高仁銛 一年生 李榮勳氏等 九人은 學則에 違背된 事가 有ᄒ다 ᄒ야 一齊 出學ᄒ얏다더라.[9]

부록 참조.
8　『관보』, 1905.12.6.
9　『황성신문』, 1908.7.12.

VI. 법학협회의 활동

1. 창립 보도

당시의 법학교육과 관련하여 한국 최초의 근대적인 사회과학 분야의 학회인 법학협회의 창립과 활동을 살펴보기로 한다. 이 법학협회는 1908년 1월 외국에서 법률, 정치, 경제를 공부한 사람과 국내에서 이를 전공한 사람들이 모여서 만든 것이다.

1. 창립 보도

이에 관한 신문의 보도는 다음과 같다.[1]

●法律成會　外國法律卒業生 張憲植, 李冕宇, 張燾 三씨 等 十五人과 內國 法律卒業生 朱定均, 卞榮晚, 李基燦 씨 等이 再昨日에 法学協會를 발起ᄒ얏다더라.[2]

●法會選員　漢城府尹 張憲植氏等 諸氏가 法学協會를 設立ᄒ기로 發起하얏다는 說은 各報에 揭載하얏거니와 該 會員은 內外國에서 韓國獨立男子로 政治 法律 經濟

---

1 법학협회에 관하여는 최종고, 『한국법학사』, 박영사, 1992, 391면 이하 참조.
2 『대한매일신보』, 1908. 3. 3.

專門科 卒業훈 證書가 有훈 人의게 限호다더라.[3]

●法学摠會　法学摠會에셔 本月 十五日에 養正義塾너에 摠會를 開催호고 一般規則을 硏究호다더라.[4]

1908년 3월에는 법학협회의 발기인으로서 당대의 법률가들이 함께 활약하였다. 참고로 『황성신문』 3월 8일 자의 광고를 그대로 인용하기로 한다.

◎ 광 고

玆에 法學協會를 組織호야 政治 法律 經濟에 關호 學理를 討究發揮코져 호는 바 創立總會를 本月 十五日(日曜) 下午 一時에 西署 工曹后洞 養正義塾 內에 開호오니 帝國 男子로 內外國 學校에서 右 各課의 全科를 卒業호신 僉君子는 屆期來會호심을 爲要.

隆熙 二年 三月　日

發起人(가나다)

金基賢 金鉉台 南亨佑 羅　瑨 柳東作 劉文煥 李基燦 李冕宇 李敏泓 李聖默 李用戊 李恒鍾 朴晩緒 朴勝彬 卞悳淵 卞榮晩 石鎭衡 申佑善 安國善 尹成熙 張　燾 張憲植 鄭寅韶 朱定均 崔　鎭 黃軏秀

이 법학협회는 우리나라 최초의 법학에 관한 학회일 뿐만 아니라 사회과학 분야의 학술단체로서 당시 신식 학문으로서 법률학을 공부한 인사들의 면모를 보여주는 귀중한 기록이다.

3　『대한매일신보』, 1908.3.6.
4　『대한매일신보』, 1908.3.7.

2. 창립취지

1908년 3월 15일에는 법학협회의 창립총회가 양정의숙에서 개최되었다. 그러나 위의 광고에서 보듯이 이미 1월 21일에 토론회를 개최한 것으로 보아 일찍부터 활동을 개시한 모양이다. 이 협회는 법학과 정치학, 경제학 등을 수학한 사람들의 모임으로서 『법학협회잡지』라는 학술지도 발간하였으며,[5] 이 잡지의 창간호에 실린 학회의 창립취지는 다음과 같다.

二十世紀의 世界는 智力競爭의 一大劇場이라 東西가 大通에 黃白이 相混ᄒ고 轟樂이 造作에 萬舞가 方張ᄒ야 風雲이 日로 變幻ᄒ고 文運이 日로 發展ᄒᄂ니 此時를 當ᄒ야 吾人의 義務가 엇지 重大치 아니ᄒ리오. 舊日의 劣態를 一齊割斷ᄒ고 新世의 文明을 踏舞歡迎ᄒ야 自由康樂의 大道에 蕩浴홈은 吾輩 今日의 盼望不己ᄒᄂ는 唯一 大目的이 될지로다.

然이나 吾輩가 如彼혼 大目的을 得達코져 홈에 當ᄒ야 엇지 漠然혼 空想만 抱持홈이 可ᄒ리오. 不得已 進取的 方針을 應用홀지니 此 進取的 方針의 不二法明은 一言으로 道破홀진대 學問의 風潮를 振揚ᄒ야 社會의 精神을 鼓發홈에 在ᄒ다 할진져. 如此히 大目的에 隨伴ᄒ야 大振作이 有홈을 必要ᄒᄂ니 此에 對혼 吾輩의 行動이 萬若 踯躅의 範圍를 不脫홀진대 我國社會의 前途는 決코 光明繁昌의 希望이 無ᄒ고 暗黑衰敗의 惡果가 有홀 뿐이라. 此에 想到ᄒ면 戰慄홈을 不堪ᄒᄂ는 同時에 吾輩의 責任이 重大홈을 益覺홀지로다.

然이나 學問의 範圍는 決코 狹小혼 者—아니오 甚히 廣博혼 者—라. 其種이 一二에 不止ᄒ고 其說이 六合에 彌滿ᄒᄂ니 一切의 學問을 網羅無遺ᄒ야 是를 講論ᄒ며 是를 硏鑽홈은 到底히 不能에 屬혼 事인바 玆에 至ᄒ야 學問分科의 原則이 遂生홈이라. 然而 此 分科된 學問을 專門的으로 硏究홈에 當ᄒ야 彼 個人의 獨力으로도 無論 碍碍가 別無홀지나 同志를 糾合ᄒ야 團体를 組織ᄒ고 互相間 其 知識을 增長ᄒ며 更

---

5 『법학협회잡지』는 전체 19호 가운데 창간호와 제2호만이 서울대, 연세대, 고려대에 소장되어 있으며, 『법정학계』는 고려대에 소장되어 있다.

進ᄒ야 其 所得ᄒ 結果ᄅᆯ 團体로 由ᄒ야 廣汎히 社會에 紹介ᄒᆷ이 一層 必要ᄒᄂ니 卽 學問의 風潮ᄅᆯ 振揚ᄒ고 社會의 精神을 鼓發ᄒᆷ에 團体的 行動이 個人的 經營에 比ᄒ 야 十分 優勝ᄒ 所以라. 彼 文明列邦에 在ᄒ야 每一科學에 每一團体ᄅᆯ 有ᄒᆷ이 通例ᄅᆯ 幾成ᄒᆷ은 엇지 其 原因이 無ᄒ리오.

新科學이 我國에 輸入된지 其日이 尙淺ᄒ야 아즉 幼稚ᄒ 狀態ᄅᆯ 未免이나 前途의 有望ᄒᆷ이 ᄯᅩ흔 此에 正在ᄒᄂ니 此時ᄅᆯ 及ᄒ야 是ᄅᆯ 振興ᄒᄂ 方策을 不講ᄒ면 其 結 果의 不幸ᄒᆷ이 莫甚ᄒᆯ지라. 吾等이 是ᄅᆯ 慮ᄒ며 是ᄅᆯ 懼ᄒ야 玆에 一會ᄅᆯ 發起 組織 ᄒ고 法學協會라 命名ᄒ야 政治, 經濟, 法律에 關ᄒ 學理ᄅᆯ 討究發揮ᄒᆷ으로 目的ᄒ노 니 此 三者가 并히 本會의 目的됨은 元來 其 關係가 密着ᄒ 所以며 本會의 精神所在 ᄂ 以上 略陳ᄒ 바ᄅᆯ 依ᄒ야 可히 推知ᄒᆯ지로다.

政治, 經濟, 法律은 新學이오 實學이오 二十世紀에 適應ᄒ 學이라. 政治ᄅᆯ 討究ᄒ 야 政治的 思想이 發揮되고, 經濟를 討究ᄒ야 經濟的 思想이 發揮되고, 法律을 討究 ᄒ야 法律的 思想이 發揮되면 治國의 策術과 生活의 法則과 權義의 界限이 自然 其中 에 存在ᄒᆯ지니 國家에 富强과 社會의 繁榮과 個人에 康樂이 모다 此에 基礎ᄒᆫ다 斷言 ᄒᆯ지라. 本會가 先驅되야 學風이 日로 發展ᄒ고 社會가 日로 牖明ᄒ면 其 結果의 善 美ᄒᆷ은 吾輩가 可히 豫先 感想ᄒ야 欣喜踊躍ᄒᆯ지로다.

여기서는 법학을 신과학으로 부르고 법학의 발달이 국가의 부강과 사회의 번 영과 개인의 강락의 기초임을 강조하고 있다.

3. 총회와 회원명단

다음에 이 잡지 창간호에 게재된 총회의 진행상황과 회원명단을 그대로 전재 하여 실제 모습의 일단을 보기로 한다.

隆熙 二年 三月 十五日 下午 一時에 創立總會ᄅᆯ 養正義塾內에 開ᄒ다.

發起人 張燾氏가 設立趣旨를 說明호 後 臨時會長은 張憲植氏로 薦定호고, 臨時書記는 會長이 李漢吉氏로 自辟호다.

李基燦氏가 本會 趣旨書를 朗讀호니 張燾氏가 趣旨書中 但 法學協會란 名稱下에 云云호 言辭는 刪去호기로 提議호고 張憲植氏가 政治의 學理 云云等辭의 意義를 改正호기로 提議호고 朴晩緒氏는 政治的, 經濟的 等 列擧文字를 改定호기로 提議호 後 趣旨書를 起草員 卞榮晩氏의게 還付호야 訂正케 호다.

發起人이 起草호 規則을 朱定均氏가 朗讀호니 李冕宇氏가 第三條中 爲호야 下에 文字를 '必要호 雜誌를 發刊호고 其他 書籍도 發刊홈을 得홈'이라 改定호기로 動議호니 安國善氏 再請으로 會長이 會中에 意見을 問호니 張氏가 原案中 雜誌下에 나字 '와'字로 改定호기로 改議호고 許憲氏가 再請홈애 會長이 會中에 意見을 問호니 趙聲九氏가 原案 發刊홈 下에 '을 得홈'三字를 添入호기로 再改議호니 柳東作氏 再請으로 會長이 會中에 可否를 問호야 否決되고 張燾氏 改議에 可否를 問호야 可決호다.

郭漢英氏가 第三條 改正 文字中 雜誌와 下에 「其他」二字를 添入호기로 動議호니 李冕宇氏 再請으로 會長이 會中에 意見을 問호 後 可否를 問호야 可決호다.

李範星氏가 司察 二人을 會長이 自辟호야 會中秩序를 維持호기로 特請호니 會長이 會中에 異議 有無를 問호야 異議가 無홈으로 會長이 申圭善, 尹桂炳 兩氏 自辟호다.

安國善氏가 第四條中 帝國下에 男子를 '同胞'라 改正호기로 動議호니 郭漢英氏 再請으로 會長이 會中에 意見을 問호 後 可否를 問호야 否決되다.

郭漢英氏가 第四條中 政治, 法律, 經濟를 法律, 政治, 經濟라 改正호기로 動議호니 李冕宇氏 再請으로 會長이 會中에 意見을 問호야 否決되다.

金祥演氏 第十五條中 寄附金 三字를 刪去호기로 動議호니 李恒鍾氏 再請으로 會長이 會中에 意見을 問호니 張燾氏가 維持費用 以下를 '은 別로 定홈'이라 改定호기로 改議호니 趙聲九氏 再請으로 會長이 會中에 意見을 問호 後 可否를 問호야 可決호다.

兪承兼氏가 第十五條 改定호 事件을 繳消호기로 動議호니 劉文煥氏 再請으로 會長이 會中에 意見을 問호 後 可否를 問호야 否決되다.

張燾氏가 第十七條 細則 以下를 '及評議員會 決議에 의홈'이라고 改定호고 規則改正方法을 別案에 增設호기로 動議호니 申佑善氏 再請으로 會長이 會中에 意見을 問호니, 李基燦氏가 第十七條 仍存호고, 規則改正方法만 別條에 增設호기로 改議호니 安國善氏 再請으로 會長이 會中에 意見을 問호 後 可否를 問호야 可決호다.

金祥演氏가 規則改定時 出席會員 制限ᄒᄂ 規定을 別設ᄒ기로 動議ᄒ니 安國善氏
再請으로 會長이 會中에 意見을 問ᄒᆫ 後 可否룰 問ᄒ야 否決되다.

規則을 依ᄒ야 會長 及 評議員을 投票選舉ᄒ니 會長은 張憲植氏가 被選되고, 評議
員은 張燾, 石鎭衡, 李冕宇, 劉文煥, 金祥演, 兪承兼, 朴晩緒, 趙聲九, 柳東作, 申佑善
十氏가 被選되다.

張燾氏가 細則制定委員 三人을 會長이 自辟ᄒ기로 特請ᄒ니 會長이 會中에 異議
有無룰 問ᄒ야 異議가 無홈으로 會長이 朱定均, 李漢吉, 李基燦 三氏룰 自辟ᄒ다.

安國善氏 特請으로 下午 五時에 閉會ᄒ고 紀念寫眞을 撮ᄒ다(臨時書記 李漢吉). [6]

이상이 양정의숙에서 개최된 창립총회의 모습으로 함께 보는 듯이 세세하게
기록하고 있다. 『법학협회잡지』 창간호에는 이 기사에서 보듯이 기념 촬영한 69
인의 사진이 게재되어 있는데 누가 누구인지 알 수가 없는 것이 흠이다. 이 사진을
다시 복사한 것이 『시민과 변호사』 2000년 7월호에 실려 있다.

4. 최초의 토론회

법학협회는 같은 해 6월 21일 토론회를 개최하였는데 그 내용은 다음과 같다.

◎ 廣 告
○本會에서 今月 二十一日(日曜) 下午 一時에 夜珠峴 官人俱樂部內로 開ᄒ오니 僉
會員은 來臨ᄒ시압
問題와 討論員은 如左홈. 許傍聽

政治　國家의 政治ᄂ 專制政體가 可乎아 立憲政體가 可乎아

6　『법학협회잡지』 제1호, 77~79면.

専制主義 李冕宇 李基燦

立憲主義 金祥演 趙聲九

經濟 租稅賦果에 屢進稅主義를 用ㅎ는 可否 如何

積極主義 兪承兼 南亨祐

消極主義 崔秉瓚 尹成熙

法律 債權讓與와 當事者交替에 基因ㅎ 更改 중 特히 債權者交替에 基因ㅎ 更改를
區別ㅎ이 可乎아 否乎아

積極主義 石鎭衡 金癸根

消極主義 金基賢 尹宇植

法學協會[7]

이날의 모습을 법학협회의 기관지인 『법학협회잡지』는 다음과 같이 기록하고
있다. 즉 "이상 토론원 제씨가 차제(次第)로 단(壇)에 등(登)ㅎ야 미오(微奧)ㅎ 사지(辭
旨)와 유쾌ㅎ 언론으로 학리와 실질을 참호토구(參互討究)ㅎ시 어시(於是)에 팔백유
여(八百有餘)되는 방청인사가 증염(蒸炎)을 불고(不苦)ㅎ고 종용 경청ㅎ야 극히 성황
을 정(呈)ㅎ얏는디 일기가 혹서(酷暑)홈으로 위생상에 방해가 유(有)ㅎ가 공(恐)ㅎ야
법률문제는 후일로 양(讓)ㅎ고 하오 4시에 폐회ㅎ다"라고.[8]

여기서 보듯이, 토론의 내용은 정치, 경제, 법률의 세 분야로 나누어 실시한 것을
알 수가 있다. 정치 분야의 경우, 전제주의를 지지한 이면우(李冕宇)는 일본에 유학하
여 도쿄법학원(현재의 주오(中央)대학 전신)에서 공부하고 귀국하여 법관양성소 교관과
소장을 지낸 사람이며, 이기찬(李基燦, 1886~1945)은 1907년 법관양성소를 최우등의
성적으로 졸업하고 함흥지방재판소 판사, 평양지방재판소 판사, 1912년 경성복심
법원 판사 등을 역임하다가 1913년 변호사 개업을 하였으며, 일찍이 『매일신보』는
"신(身)을 한미(寒微)에 기(起)ㅎ야 조야명망(朝野名望)을 박득(博得)ㅎ는 청년변호사
이기찬"[9]이라고 소개하기도 하였다. 일제 강점기에는 "주호(酒豪)로 경향에 그 성명
(盛名)이 자못 높던"[10] 변호사로 1936~1939년에는 중추원 참의를 지낸 사람이다.[11]

---

7 『황성신문』, 1908.6.18 및 『법학협회잡지』 제1호, 1908, 82~83면 기사 참조.

8 『법학협회잡지』 제1호, 1908, 83면.

9 『매일신보』, 1913.7.3.

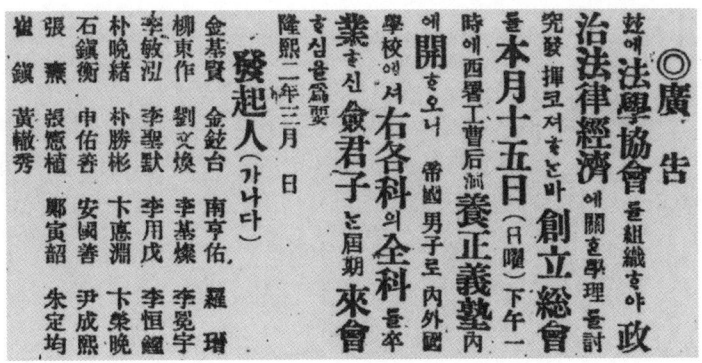

법학협회 광고

한편 입헌주의를 지지한 김상연(金祥演)은 도쿄전문학교 방어정치과를 졸업하고 귀국하여 법관양성소 교관을 지내다가 홍주 군수, 용천 군수 등을 역임한 사람이며, 조성구(趙聲九)는 보성전문학교 법과 1회 졸업생으로 발표 당시에는 내부 민적과장의 직에 있던 사람이다. 조성구의 주장은 1908년 11월에 제1호를 발간한 『법학협회잡지』에 게재되었다.[12]

경제 분야의 경우 유승겸은 관비유학생으로 센슈(專修)학교(현재의 專修大學 전신)에서 공부한 사람이며,[13] 남형우는 보성전문 출신이며, 최병찬과 윤성희 역시 보성전문 경제과 1회 졸업생이다.

법률 분야의 석진형 역시 법관양성소를 비롯하여 양정의숙과 보성전문에 출강하던 당대의 법률가이며, 김계근은 양정의숙 1회 졸업생이며, 윤우식 역시 양정의숙 출신이다.

---

10 변영로, 『명정 40년』, 서울신문사, 1953; 변영로, 『명정 40년』, 범우문고, 2004, 49~50면.

11 이기찬은 1940년 安城 基로 創氏改名 하였다. 『昭和人名辭典』 第4卷(外地·滿支·海外篇), 日本圖書センター, 1987. 이 책은 谷サカヨ 編·發行, 『大衆人事錄』 第14版, 1943을 底本으로 한 것이다. 헌법재판소는 일제강점하 조선총독부 중추원 참의로 활동한 행위를 친일반민족행위로 규정한 것은 합헌이라고 결정하였다(헌재 2010.10.28. 2007 헌가 23).

12 趙聲九, 「國家의 政體는 立憲政軆가 可乎아 專制政軆가 可乎아」, 45~47면.

13 이기준, 『한말 서구경제학 도입사 연구』, 일조각, 1985, 229~247면 참조.

5. 회원 명부

다음에는 법학협회 창립 시의 임원과 회원명부를 수록하여 당시 법률, 정치, 경제를 공부한 인사들의 현황을 살펴보기로 한다.

법학협회의 초대 임원 및 회원은 다음과 같다.

회　장 : 洪在祺

평의원 : 張　燾 石鎭衡 李冕宇 劉文煥 兪承兼 朴晩緖 趙聲九 柳東作 申佑善 張憲植

간　사 : 李元植

서　기 : 李漢吉

회　계 : 卞悳淵

편술원 : 張燾 石鎭衡 朱定均 趙聲九 卞榮晩

회　원 : 洪在祺 張　燾 石鎭衡 李冕宇 張憲植 李元植 李漢吉 卞悳淵 李敏泓 南亨祐 金鉉台 尹成熙 劉文煥 兪承兼 朴晩緖 趙聲九 柳東作 申佑善 金奎炳 崔建植 崔秉瓚 張宅煥 南春熙 李根國 鄭義好 呂昌奎 卞榮晩 李基燦 朱定均 李恒鍾 李聖默 黃轍秀 申圭善 金弘秀 韓景烈 李觀儀 韓光鎬 李範星 兪鈺兼 金元培 鄭寅韶 安國善 李用戊 羅　瑨 朴勝彬 崔　鎭 趙鏡夏 李弼殷 玉東奎 金文燁 鄭源錫 柳完永 安鍾五 李鍾淵 許　憲 郭漢英 李　炡 李漢龍 金應燮 李源濟 徐相楫 高正暉 趙天植 鄭俊謨 李鍾聲 兪致衡 沈寅愚 李源生 金祥演 金基柱 嚴　定 嚴　寔 朴承鑲 安鍾泰 尹杓榮 高孝源 金潤錫 金浩秉 劉秉泌 尹益善 姜達駿 姜雲燮 白象圭 李錫璡 朴凞寬 金景濟 柳海昌 朴泰薰 尹宇植 金成集 鄭凞宣 徐廷佑 鄭求昌 尹世榮 柳學秀 洪達厚 邊弘秀 金觀植 金卿錫 權泰亨 崔寧軾 金癸根 李潤永 白亨基 尹炳哲 朴星煥 金鎭模 白寅基 金昶植 韓圭復 鄭達永[14]

14 『법학협회잡지』 제1호, 98~102면.

여기서 보듯이 회장은 홍재기(1870~1950)였으며,[15] 학회의 주요 간부는 조성구를 제외하고는 모두 대부분 일본에서 공부한 사람들이다.

법학협회에서는 작고한 류동작(柳東作) 판사의 추도회를 열기도 하고 새로이 법학교를 졸업한 학도들의 환영회도 개최하였다.[16]

● 法會紀念式退定　法學協會에셔 來 十五日에 第二回 叛立記念式을 設行ᄒ랴다가 更히 來 二日로 退定ᄒ고 法律卒業生 諸氏의 歡迎會를 兼設ᄒ다더라.[17]

그 후 회원의 숫자도 증가되고 협회의 활동도 활발하게 전개되어 일제시대에도 존속하였다.[18] 법학협회에 관한 당시의 기사 몇 가지를 소개하기로 한다.

○ 法學協會定期總會　法學協會에셔는 今 二十日 下午一時에 京城府 壽松洞 普成學校內에 定期總會를 開ᄒ다는디 議案은 會長辭任에 關ᄒ 件이오 辯護士 安住時太郎氏의 歐米司法視察談과 辯護士 朴勝彬氏의 朝鮮의 相續觀念, 警視 趙聲九氏의 民籍法의 講話라는 講演이 有ᄒ 터이라더라.[19]

○ 法學協會定期總會　法學協會에셔는 去 二十日 日曜 下午 一時에 壽松洞 私立 普成學校內에 定期總會를 開ᄒ고 會長 張燾氏 辭任ᄒ 代에 評議員 崔鎭氏가 被選되고 仍히 評議員 補缺選擧를 行ᄒ야 尹益善氏가 被選되얏고 幹事는 姜重遠 金鑽永 兩氏가 被選되얏스며 安住時太郎氏의 歐米司法視察談이라는 問題로 講演이 有ᄒ고 午後 五時에 閉會힛는디 多數ᄒ 會員이 出席ᄒ야 曠前의 盛況을 呈ᄒ얏는디 事務所는 會長 崔鎭氏 自宅으로 移轉ᄒ얏다더라.[20]

15 상세한 것은 김효전, 「두 사람의 홍재기(I)」, 『시민과 변호사』, 2000.9, 81~87면 및 「홍재기의 변호활동」, 『시민과 변호사』, 2000.11, 103~110면 참조.

16 『황성신문』, 1910.3.11.

17 『황성신문』, 1910.3.11.

18 법학협회에 관하여는 최종고, 「한말과 일제하 법학협회의 활동」, 『애산학보』 제2집, 1982; 최종고, 『한국법학사』, 박영사, 1990, 391면 이하 참조. 이 책에 대한 서평은 김효전 평, 「한국법학사의 발자취·방향제시」, 『조선일보』, 1990.11.30 참조.

19 『매일신보』, 1915.6.20.

20 『매일신보』, 1915.6.23.

여기서 보듯이 회장 장도가 사임한 뒤에 최진(崔鎭, 1876~1950?)[21]이 후임으로 회장이 되었다. 평의원은 보전 교장이 되는 윤익선(尹益善, 1871~1946)이 되었다. 일본인 변호사 아즈미 도키타로(安住時太郞)의 유럽 사법 시찰은 『조선공론(朝鮮公論)』에 게재되기도 하였다.[22]

법학협회의 사무소는 남부 다동 장도의 집으로 이전한다는 기사가 보이며,[23] 그 밖에 구취한 자본금이 천여 환으로 이 자본으로 월보를 간행한다는 보도[24]도 보이며, 『법학협회잡지』 제1호 300부를 대동전문학교에 기부하였다는 기사[25] 등을 볼 때 상당히 많은 양의 회보를 발간한 것 같다.

6. 보성전문 졸업생 명단

법학협회의 회원 중 국내에서 법학을 공부한 사람들은 모두 법관양성소, 양정의숙 그리고 보성전문학교의 졸업생들이 중심을 이룬다. 이 중 여기서 별도로 다루지 아니한 보성전문학교에 관하여는 교우회가 편집하고 보성전문학교에서 발행한 『법정학계』 제1호에서의 '본교연혁'은 다음과 같다.

◎光武 九年(1905年) 一月에 故 軍部大臣 李容翊氏가 申海永氏를 請邀ᄒ야 學校를 設立ᄒ야 人才를 培養ᄒ야 國家의 基礎를 完成ᄒ고 國民의 智識을 發達케 ᄒᆯ 次로 專託ᄒ고 維持方法은 永遠히 本人이 擔當ᄒᆯ 意를 陳述ᄒᄂ지라. 申海永氏가 此義를 感

---

21 최진에 관하여는 최종고, 『한국의 법률가』, 서울대 출판부, 2007, 71~84면; 안명기, 「소파 최진 변호사」, 『대한변호사협회보』 제11호, 1975.5, 43~45면 참조.

22 「歐洲巡遊餘錄」 제1권 8호, 1913.11, 41~46면; 제2권 1호, 1914.1, 47~50면. 변호사 아즈미(安住)는 "조선과 같이 사회교육의 힘이 없는 곳에서는 감옥은 흡호(恰好)의 사회교육소이며 (…중략…) 태형폐지로써 재감인(在監人)이 많게 되는 것은 어떤 의미에서 좋을는지 모른다"고까지 말했다. 『朝鮮及滿洲』 15호, 20~21면. 아즈미의 한국에 관한 논설은 「朝鮮統治に關する感想」, 『朝鮮及滿洲』 제99호, 1915가 있다. 이 잡지에 관하여는 임성모 편, 『조선과 만주 총목차·인명색인』, 어문학사, 2007 참조.

23 『황성신문』, 1908.9.19.

24 잡보 「法學月報」, 『황성신문』, 1908.4.29.

25 『황성신문』, 1908.12.23.

激ᄒᆞ야 二三 同志로 더브러 學校의 設立方法을 硏究ᄒᆞᆯ 새 現今 國內에 專門學校가 無

홈으로 法律, 經濟, 農業, 商業, 工業 五個 專門科롤 倂設ᄒᆞ기로 定ᄒᆞ얏시나 其實際方

法을 因ᄒᆞ야 爲先 法律學 及 經濟學 兩專門科롤 設立ᄒᆞ고 學員을 募集ᄒᆞ니 國民의 智

識이 蒙昧ᄒᆞ야 法律 及 經濟가 如何ᄒᆞᆫ 者一됨을 不知ᄒᆞᄂᆞᆫ 所以로 應募ᄒᆞᆫ 人員이 約一

百人에 不過에 ᄒᆞ얏더라. 同年 四月 三日에 學校롤 普成專門學校라 命名ᄒᆞ고 處所ᄂᆞᆫ

磚洞 前 俄語學校롤 借居ᄒᆞ다.

校長은 申海永氏 校監은 趙齊桓氏 學監은 鄭永澤氏가 被任ᄒᆞ다.

講師ᄂᆞᆫ 申佑善, 兪承兼, 兪致衡, 張燾, 張憲植, 洪在祺, 劉文煥, 石鎭衡 諸氏롤 延聘

ᄒᆞ야 該科에 關ᄒᆞᆫ 講義錄을 新刊ᄒᆞ야 敎授ᄒᆞ다.

同年 七月에 學監 鄭永澤氏 遞任ᄒᆞᆫ 代에 朴承鎌氏로 薦定ᄒᆞ다.

同年 九月에 前 漢城法學校 學員 二十二人이 本校에 來學ᄒᆞ기롤 志願ᄒᆞᄂᆞᆫ 故로 夜

學科롤 特設ᄒᆞ고 前 漢城法學校에서 二月 至七月 一學期 修業ᄒᆞᆫ 者롤 引繼 敎授ᄒᆞ다.

同 十年(1906年) 二月에 第二回 法律科 晝夜 學員을 募集ᄒᆞ니 總數가 一百四十餘人

이러라.

同年 七月에 本學校에서 漢城 中署 磚洞 第十二統 一戶 金敎獻家 二百餘間을 新買

移接ᄒᆞ고 一新修理ᄒᆞ다.

同 十一年(1907年) 二月에 第三回 法律科 晝夜 學員과 經濟科 夜學員을 募集ᄒᆞ니

法律科 晝學員이 九十一人이오 同 夜學員이 八十二人이오 經濟科 夜學員이 六十四

人이러라.

同年 二月 及 四月 第一回 卒業試驗에 完全히 修業ᄒᆞᆫ 學員이 法律科 夜學에ᄂᆞᆫ 十八

人이오 法律科 晝學에ᄂᆞᆫ 十五人이오 經濟科에ᄂᆞᆫ 十八人이러라.[26]

여기서 보듯이, 보성전문학교 제1회 졸업생은 1907년 2월에 법률학 진문 야학

과 18인, 4월에 졸업한 법률학 전문과 15인 그리고 경제학 전문과 18인으로서 이

들에 대해서는 교장 신해영(申海永, 1870~1909)이 졸업증서를 분급(分給)하였지만

여러 가지 학교사정으로 '정격한 예식'은 그해 여름방학 때에야 하게 된다. 이들

의 명단은 다음과 같다.[27]

---

26 『법정학계』 제1호, 53~54면.

(1) 법률학 전문 야학과(1회, 18인)

卞悳淵 趙聲九 朱定均 李漢吉 韓光鎬 兪鈺兼 朴承鑛 鄭源錫 姜達駿
嚴　定 全在億 金箕壽 玉東奎 李章均 嚴　寔 朴斗和 韓景烈 兪鎭郁

(2) 법률학 전문과(주학 1회, 16인)

李恒鍾 李聖默 尹益善 許　憲 李源生 洪龍裕 兪致永 張宅煥 李顯文
姜錫遠 李鍾聲 柳完永 元　洽 李駿泳 桂命夑 李　炡[28]

경제과 학생모집과 관련하여 재미있는 기사가 하나 발견된다.

> ● 學法志願 礴洞 普成專門學校에서 日前에 學徒 二百餘名을 選擇ᄒ얏ᄂᆞ디 該 學
> 徒들이 一齊히 法律科에 願入ᄒᆞᄂᆞᆫ 故로 再昨日에 該 校長 申海永氏가 討論會를 開設
> ᄒᆞ고 演說ᄒᆞ되 經濟나 法律이나 一班이니 經濟에도 入學ᄒᆞ라 ᄒᆞᆫ즉 該 學生들이 經濟
> 에도 入學ᄒᆞᄂᆞᆫ 者 多ᄒᆞ다더라.[29]

(3) 경제학 전문과(1회, 18인)

金鉉台 崔秉瓚 尹炳哲 尹成熙 沈相哲 申圭善 金昶植 朴善哲 趙兢顯
玄斗瑛 李潤永 金卿錫 兪鎭國 趙載煥 申　林 成樂新 鄭琦源 權政植

그러나 『고대교우록(高大校友錄)』(1995), 51면에서는 수록한 순서도 가나다로 통

27　제1회 졸업생 명단은 교우회 편집, 『法政學界』(보성전문학교, 광무 11년(1907) 5월 5일 발행), 제1
　　호, 63~64면에서 전재.
28　『법정학계』 제1호에는 원래 '李炡'이 없으나 『高大交友錄』, 1995, 51면에는 이름이 있다.
29　『황성신문』, 1907.3.9.

일하였으며, 법과 주간·야간, 경제과 모두 졸업날짜를 1907년 4월 15일로 적고 있어서 위에서 본 『법정학계(法政學界)』와는 달리 기록하고 있다. 수록한 순서는 성적순이 아닌가 생각되며 『법정학계』의 기록이 정확하다고 보아야 할 것이다.

(4) 법률학 전문 주학(제2회, 1908년 1월 29일, 28인)

姜湧大 高正暉 金觀植 金益聲 南亨祐 閔重植 邊弘秀 徐相楫 徐廷佑
沈榮澤 沈寅愚 呂昌奎 吳炳善 尹桂炳 尹世榮 李觀儀 李大鍾 李敏泓
李範星 李應漢 李重植 鄭寅英 鄭浚謨 趙鏡夏 趙晚埴 趙漢稷 崔建植
洪鍾元

(5) 법률학 전문 야학과(2회, 20인)

郭漢英 金奎炳 金基柱 金文燁 金洪秀 卞榮晩 安鍾五 柳學秀 尹杓榮
李覺鍾 李錫璉 李元濟 李元稙 李種百 李漢龍 鄭求昌 鄭達永 鄭義好
趙天植 黃轍秀

이상 제2회 졸업생 명단은 앞의 『고대교우록』, 51~52면을 전재한 것이다. 1909년에는 졸업생을 배출하지 않았으며, 법과 제3회는 1910년 2월 15일에 15인을 졸업시켰다.

여하튼 이들은 한일합병을 전후한 시기에 법학계와 법조 실무계에서 활약한 인사들의 일면을 보여준다. 그 밖에 대동전문학교 졸업생도 포함시켜야 할 것이나 자료를 입수하지 못하여 생략하지 않을 수 없다.[30]

---

[30] 대동전문학교에 관하여는 김효전, 『근대 한국의 법제와 법학』, 세종출판사, 2006, 190~193면 참조.

VII. 법관양성소의 재정

　근대적인 사법제도는 조선 민중의 아래로부터의 개혁요구와 외부세력의 압력과 영향 등이 뒤얽혀 전개되었듯이, 근대적인 재정제도 역시 안팎으로부터의 도전과 응전에 직면하여 수립된 것이다. 1894년의 갑오경장으로 이듬해 홍범 14조가 선포되고,[1] 여기의 제6조, 7조, 9조는 재정에 관한 조항을 두고 있다. 1895년 3월 한국 최초로 예산에 관한 '회계법'[2]이 제정되면서부터 자주적인 재정제도의 기틀이 마련되기 시작하였다. 그러나 조선을 침략하려는 열강들은 내정개혁이란 명목으로 혹은 주권보호, 고문정치 등의 구실을 붙여 직접·간접으로 압력을 가해왔다. 특히 1904년 일본의 세력이 강화되면서 재정고문이란 이름으로 메가타(目賀田種太郎)가 적극적으로 한국의 재정에 대하여 내정간섭을 시작하면서 재정제도와 관련 법령은 크게 변모하게 된다.[3]

　원래 서구 사회에서 예산이나 재정은 영국의 마그나 카르타에서 보듯이 왕권의 제한에서 출발하여 '대표 없이 과세 없다(no taxation without representative)'로 발전된 민권운동의 소산물인 데 반하여, 한국의 재정제도는 열강의 영향과 전제 군주체

1　상세한 것은 김효전, 『헌법』, 소화, 2009, 204~209면 이하.
2　법률 제2호 회계법의 전문은 국회도서관, 『한말 근대 법령 자료집』 I, 1970, 291~296면 참조.
3　메가타 다네타로(目賀田種太郎, 1853~1926)에 관하여는 황하현, 「目賀田種太郎의 대한경제공세
　―대한식민지적 재정지배구조의 형성을 중심으로」, 조항래 편, 『일제의 대한침략정책사 연구』,
　현음사, 1996, 194~243면 참조.

제를 유지하면서 근대화하려는 과정에서 제정된 것이므로 미비하고 부족한 점들이 발견되는 것은 당연한 이치다.[4]

1896년도의 예산안은 당시 관보에는 발표되었지만 1897년도부터 1905년도까지의 예산안에 대한 공식발표는 없었으며, 다만 당시의 신문에 단편적으로 보도되었을 뿐이다.[5] 여기서는 조선 정부의 총예산 중 법부나 법관양성소가 차지하는 비중이나 예산 내역, 교관의 처우 등에 관하여 간단하게 개괄적인 모습을 묘사해 보기로 한다.

1. 법관양성소의 예산

법관양성소를 설치한 1896년도(개국 504)의 정부 총예산 중 법관양성소의 세출 경상예산에 관한 상주(上奏)는 다음과 같다.[6]

內閣總理大臣臣 金弘集 外部大臣臣 金允植 內部大臣臣 兪吉濬 度支部大臣臣 魚允中 軍部大臣 臨時署理 度支部大臣臣 魚允中 法部大臣臣 張博 學部大臣臣 李道宰 農商工部大臣臣 鄭秉夏 謹

奏豫算의 計畫은 施政ᄒᆞᄂᆞᆫ 方針에 基치 아니치 못ᄒᆞᆯ 者오니 方今에 百度更張ᄒᆞᄂᆞᆫ 運을 際ᄒᆞ와 大政의 施設이 過急ᄒᆞᆫ데 涉ᄒᆞ오미 可치 아니ᄒᆞᆸ고 오직 漸次로 進步ᄒᆞᄂᆞᆫ 主旨를 採ᄒᆞ와 秕政을 矯ᄒᆞ고 獘事를 除ᄒᆞᄂᆞᆫ 外에는 得已치 못ᄒᆞᄂᆞᆫ 急務아니면 아직 施設치 아니미 可ᄒᆞ며 各般 改善ᄒᆞᄂᆞᆫ 事業은 須先 根本을 培養ᄒᆞ올지오 其 培養ᄒᆞᄂᆞᆫ 바가 成就ᄒᆞ기에 稍至ᄒᆞ거든 國家財力의 程度를 應ᄒᆞ와 諸般規則을 行ᄒᆞ올지라. 開國 五百五年度 歲入歲出 總豫算은 此에 基ᄒᆞ와 議定ᄒᆞᆫ 者오니 行政上 急務로 論ᄒᆞ오면 軍制를 釐革ᄒᆞ와써 要地의 守備를 嚴히 ᄒᆞ오며 警務를 擴張ᄒᆞ와써 衆庶의

---

4 김대준, 『고종시대의 국가재정 연구─근대적 예산제도 수립과 변천』, 태학사, 2004, 46면.
5 위의 책, 100면.
6 『관보』 제226호, 1896. 1. 20.

安寧을 保ᄒ오며 郵政을 振興ᄒ와셔 交通의 利便을 圖ᄒ오며 貨幣ᄅᆞᆯ 籌造ᄒ와써 貨制의 基礎ᄅᆞᆯ 立ᄒ고 倂其融置ᄒᆞ믈 廣케ᄒ으미오 國本을 培養ᄒᆞᄂᆞᆫ 方策으로 論ᄒ오면 士官養成所ᄅᆞᆯ 增設ᄒ와써 軍人을 育成ᄒ오며 師範學校ᄅᆞᆯ 擴張ᄒ와써 普通教育ᄒᆞᄂᆞᆫ 端緒ᄅᆞᆯ 開코져하오면 故로 文武官俸給은 前年度의 例ᄅᆞᆯ 從ᄒ와 減額支給ᄒᆞᄂᆞᆫ 方法을 施코져ᄒ와 別로 成案을 具ᄒ와 上裁ᄒᆞ시믈 伏作ᄒ오며 地方制度의 釐革ᄒᆞᄆᆞᆯ 亟行ᄒᆞ야 經用節減ᄒᆞ믈 圖ᄒᆞ미 可ᄒ오나 民志와 時機로 考ᄒᆞ온즉 田制改正과 稅法一新이 返行ᄒᆞ옵기 難ᄒᆞ옵고 前年度 剩餘金 百萬元이 有ᄒ오나 歲入歲出을 兩相對照ᄒᆞ오면 歲入不足이 大約遠百五十萬元에 至ᄒ오니 此不足額을 補充코져홀진ᄃᆡ 國債募入홀 方法을 議치 아니치 못ᄒᆞ올지라 臣等이 追後安商ᄒᆞ온 後에 上裁ᄒᆞ시믈 恭請ᄒᆞ기ᅀᅳᆸ기로 開國 五百五年度 歲入歲出 總豫算案에 其梗槩ᄅᆞᆯ 謹陳ᄒᆞ와 ᅀᅳᆸᄂᆞ이다 謹上奏ᄒᆞ옵ᄂᆞ이다.

開國 504年 11月 15日

建陽元年度 歲入歲出總豫算說明

本年度 歲入歲出 總豫算은 歲入總額이 4,809,410元이요 歲出總額이 6,316,831元이니 差額 1,507,421元이 歲入에 不足ᄒ 故로 此不足額을 對ᄒᆞ야ᄂᆞᆫ 日後 歲入追加홀 豫算을 定ᄒᆞ야 補充涉홈

前年度에 地方徵稅 事務ᄅᆞᆯ 釐革ᄒᆞ고 監督케ᄒᆞ야 視察方法을 設行ᄒᆞ얏스나 久來積弊에 因襲됨으로 遠效ᄅᆞᆯ 奏ᄒᆞ더 未易ᄒᆞᆫ지라. 是以로 本年度 租稅歲入은 2,428,000餘元으로 豫定ᄒᆞ니 平年年額에 不及ᄒᆞ미 甚遠함

前年度 歲計剩餘金은 本年度 歲入中에 國庫財本이라. 抑 前年度에ᄂᆞᆫ 歲入이 豫算額에 不達ᄒᆞ고 歲出이 豫算外에 多ᄒᆞ니 一時 國庫ᄂᆞᆫ 甚히 窘迫ᄒᆞᆫ 狀況을 브와스나 然이나 爾來 國庫ᄂᆞᆫ 法令의 規定을 恪遵ᄒᆞ고 嚴正히 濫費ᄅᆞᆯ 戒ᄒᆞ니 各部도 亦是 經費節減을 勉할ᄲᅮᆫ더러 政府ᄂᆞᆫ 又 豫算에 定ᄒ 事業을 減却ᄒᆞ며 或 停止도 ᄒ 故로 歲出上에 著大ᄒ 餘地ᄅᆞᆯ 生ᄒᆞ고 其他 前年度ᄂᆞᆫ 陽曆施行으로 假令 一朔半費額을 生ᄒᆞ니 都合 一百餘萬元 歲計剩餘ᄅᆞᆯ 得ᄒᆞ고 本年度 財政窘絀을 救濟ᄒᆞᄂᆞᆫ 一助로홈

本年度 歲出를 綯査ᄒᆞᆫ즉 各部ᄂᆞᆫ 前年度에 實驗을 經ᄒᆞ야 精實히 磨鍊ᄒᆞ얏스나 度支部大臣은 國庫狀況을 照ᄒᆞ야 查櫛鰐減ᄒᆞ야 歲出豫算案을 編製ᄒᆞ얏스나 其 歲出總額으로써 歲入總額에 對比ᄒᆞ면 前項과 ᄀᆞᆺ치 一百五十万餘元이 歲入缺乏을 免치 못

홈. 右 稅入缺乏에 對ᄒ야 政府ᄂ 國債 其他 方法을 依ᄒ야 速키 補充홈을 行홀지니 國庫ᄂ 此 新財源을 得ᄒ고 確實 其 缺乏을 補充홀 동안은 本年度 豫算中 擴張 及 新營事業을 對ᄒ야 其 費用에 供給을 停止홈. 然이나 實際 不得已ᄒ 事由가 有ᄒ 境遇에ᄂ 月別豫算書를 依ᄒ야 度支部 大臣의 承認을 經ᄒ미 可홈.

以上 外에 歲入歲出 各 疑項에 增減은 別冊 歲入豫算 說明書 及 歲出豫算說明書에 昭詳具載홈.[7]

歲入歲出對照

歲入總額 4,809,410元

歲出總額 4,316,831元

歲入不足

1,507,421元 國債 其他 方法으로써 補充ᄒᄂ 者一라.

建陽元年度 歲入歲出 總豫算

豫算

第一條 建陽元年度 歲入總額은 4,809,410元이요 歲出總額은 4,316,831元이니 其 疑項 金額은 別冊 歲入歲出 豫算을 依ᄒ미 可홈.

第二條 前條 歲入歲出額 參差홈에 對ᄒ야ᄂ 日後 歲入追加豫算으로써 補充ᄒ미 可홈

歲入

第一款 租稅	2,428,033元
第一項 地 稅	1,477,681元
第二項 戶布稅	221,338元
第三項 雜 稅	9,132元
第四項 人蔘稅	150,000元
第五項 砂金稅	10,000元
第六項 港 稅	429,882元
第七項 旣往年度所屬收入	130,000元
第二款 雜收入	5,000元

---

7   서울법대동창회, 『서울법대 백년사 자료집─광복전 50년』, 1987, 77~78면.

第一項 雜收入		5,000元
第三款 鑄造貨		1,282,450元
第一項 鑄造貨		1,282,450元
第四款 前年度歲計剩餘		1,093,127元
第一項 前年度歲計剩餘		1,093,927元
歲入總計		4,809,410元
歲出經常部		
法部所管		
第一款 法部本廳		39,674元
第一項	俸　給	25,411元
第二項	雜　給	1,984元
第三項	廳　費	1,920元
第四項	廳舍修理費	700元
第五項	旅　費	1,259元
第六項	顧問官以下俸給	7,000元
第七項	漢城裁判所廳費	400元
第八項	高等裁判所廳費	400元
第九項	法官養成所廳費	600元
第二款 地方各府檢事試補俸給		6,300元
第一項	地方各府檢事試報俸給	6,300元
第三款 日本遊學生費		1,320元
第一項	日本遊學生	1,320元
法部所管 合計		47,294元
歲出經常部 合計		5,144,531元
歲出臨時部 合計		372,300元
豫備金		800,000元
歲出總計		6,316,831元

법부 본청의 예산은 39,674원인데, 고문관의 봉급은 7,000원, 한성재판소 청비(廳費) 400원, 고등재판소 청비 400원, 법관양성소는 600원이며, 법부 소관 합계는 47,294원이다.[8]

당시에도 이 예산안에 대해서는 특히 군부에 비하여 법부의 예산이 너무 미약하다는 지적이 있었다.[9]

여기의 '고문관 봉급'이란 이노우에 가오루(井上馨)[10] 주한공사에 의해서 법부 아문 고문관으로 임명된 호시 도오루(星亨)의 연봉을 말한다.[11] 호시는 일본 국내에서 실각한 정치인으로서 '핍색(逼塞)한 상태'[12]를 피하려고 조선에 건너온 사람으로 더구나 민비시해를 뒤에서 책동한 인물인데, 법부 본청 예산의 5분의 1이 넘는 과다한 봉급을 지급한 것은 일본 정부가 고문정치라는 명목 아래 조선 정부의 예산을 낭비한 적절한 예가 된다. 외국인 고문관에 대한 봉급액은 전체 예산액의 1.1%에 해당하는 69,180원으로 높은 비중을 차지하였다.[13]

또 재정고문 메가타의 경우에도 사정은 마찬가지였다. 칙령 제23호(1905년 6월 23일)로 된 '관등 봉급령'에 나타난 봉급은 신임 의정(議政)대신 봉급(연액) 4,000원, 신임 참정대신과 각부대신 3,000원 및 신임의 중추원 의장은 2,000원인데 재정고문은 월봉(月俸) 800원(금화)이므로 이를 연액으로 환산하면 9,600원이 되며 의정대신의 2배가 훨씬 넘었다.[14] 메가타는 "손탁 호텔에 기거하면서 귀족처럼 행세하고 실컷 먹고 마시며 계산서를 달라고 한다"[15]라고 고종의 시의 분쉬는 일기에 적었다.

다음에 일본의 간섭과 개입이 더욱 강화된 1904년도(광무 8)의 예산표는 다음과 같다.

---

8 『관보』, 1896. 1. 20.
9 *The Korean Repository*, Vol. III, Jan. 1896, p.32.
10 이노우에 가오루(1835~1915)에 관하여는 정재정, 「井上馨의 조선침략 실천」, 조항래 편, 『일제의 대한침략정책사 연구』, 현음사, 1996, 152~193면 참조.
11 호시에 관하여는 윤소영, 「갑오개혁기 일본인 고문관의 활동─星亨을 중심으로」, 한국민족운동 사학회 편, 『안중근과 한인민족운동』, 국학자료원, 2002, 121~161면; 김효전, 「대한제국시대의 일본인 법률가들」, 『학술원논문집』(인문·사회과학 편) 제50집 1호, 2011, 190~192면 참조.
12 鈴木武史, 『星亨─藩閥政治を搖がした男』, 中公新書, 1988, 125면.
13 김대준, 앞의 책(주 4), 111면.
14 『대한법규유찬』, 1907, 199~200면; 김대준, 앞의 책, 58면 주 65 참조.
15 Gertrud Claussen-Wunsch, *Arzt in Ostasien*, 1976(김종대 옮김, 『고종의 독일인 의사 분쉬』, 학고재, 1999, 224면).

<표 11> 광무 8년도(1904) 예산표

과목			금액	비(比)
세출경상부	법부 소관	제1관 법부 본청	34,095원	
		제2관 평리원	13,111원	
		제3관 한성재판소	10,298원	
		제4관 법관양성소	5,212원	
		제1항 봉급	1,120원	
		제2항 잡급	192원	
		제3항 청비	1,800원	
		제4항 청사수리비	100원	
		제5관 지방재판소	1,251원	
		법부 소관 합계	63,967원	0.4

이 1904년도의 예산에서는 법부 소관에서 7천여 원이 증가되었는데 본청과 법관양성소의 신설 등으로 증가되었다. 1904년도 예산은 자주적으로 주권을 행사하면서 예산을 편성한 마지막 예산이었다고 평가된다.[16]

다음에 1905년도부터 1910년도까지의 예산표를 보기로 한다.

<표 12> 광무 9년도(1905) 예산표

과목			금액	비
세출경상부	법부 소관	제1관 법부 본청	35,785원	
		제2관 평리원	13,006원	
		제3관 한성재판소	7,728원	
		제4관 법관양성소	5,236원	
		제5관 지방재판소	916원	
		지화지출차증(紙貨支出差增)	6,000원	
		법부 소관 합계	68,671원	0.3

---

16 김대준, 앞의 책, 158면.

<표 13> 광무 10년도(1906) 예산표

과목			금액	비
세출경상부	법부 소관	제1관 법부 본청	19,523원	
		제2관 평리원	13,919원	
		제3관 한성재판소	8,479원	
		제4관 법관양성소	3,522원	
		제5관 지방재판소	816원	
		법부 소관 합계	46,259원	0.6

<표 14> 광무 11년도(1907) 예산표

과목			예산		결산	
			금액	비	금액	비
세출경상부	법부 소관	제1관 법부 본청	26,168원		32,260원	
		제2관 평리원	14,619원		14,362원	
		제3관 한성재판소	9,979원		10,546원	
		제4관 법관양성소	3,522원		5,795원	
		제5관 지방재판소	816원		816원	
		제6관 재판소확장비	91,232원		103,894원	
		법부 소관 합계	146,336원	1.0	167,674원	1.0

<표 15> 융희 2년도(1908) 예산표

과목			예산		결산	
			금액	비	금액	비
세출경상부	법부 소관	법부 본청	118,178원		105,366원	
		재판소	814,839원		571,256원	
		감옥서	213,235원		168,907원	
		법관양성소	22,000원		21,984원	
		법부 소관 합계	1,168,252원	5.7	867,514원	4.5

<표 16> 융희 3년도(1909) 예산표(『관보』1908.12.28 호외)

과목			예산		결산	
			금액	비	금액	비
세출경상부	법부 소관	법부 본청	120,118원		104,890원	
		재판소	1,357,016원		932,629원	
		감옥서	398,628원		328,441원	
		법관양성소	25,000원		24,860원	
		법부 소관 합계	1,900,762원	?	1,390,820원	4.9

<표 17> 융희 4년도(1910) 예산표

과목			예산		결산	
			금액	비	금액	비
세출경상부	학부 소관	학부 본청	204,902원		204,902원	
		관립제학교	224,296원		228,738원	
		학부 소관 합계	429,198원	2.0	433,640원	1.6

법관양성소가 1909년 11월부터 학부 소관으로 되어 학부의 '관립제학교' 속에 편입되었다. 당초 예산은 『관보』(1909.12.27)에 수록된 것이며, 최종 예산(1909년 8월 29일까지의 예산임)은 『제4차 조선총독부 통계 연보』(조선총독부, 1911)에 따른 것이다.

한편, 1905년 6월에는 관리 봉급령이 개정되었다.

당시의 재정을 담당한 탁지부를 비롯하여 정부 당국자들의 문제점을 『만세보』는 다음과 같이 보도하고 있다.

◉ 政府日記　御前會議를 每週日內에 二次式 開設ᄒ야 昨年 以來로 政府行政에 關ᄒ 御覽日記中 各 事項을 槪開則 議政府에서는 政治를 刷新ᄒ다 하나 顯著ᄒ 實蹟은 업고 內部에셔는 守令擇差와 地方刷新이라 하나 褒貶殿最와 人民呼訴로 郡守免官이 一政이오 警察擴張이 二政이오 度支部에서는 財政整頓이라 하나 借款巨額은 費用에 消耗하고 巨款支出을 大臣은 ᄋ지 못하며 軍部에서는 軍政을 改良ᄒ다 ᄒ야 兵額을 減省ᄒ고 尉官을 換隊ᄒ 것이 大政이오 法部에서는 刑法大典을 准行ᄒ다 하나 用法홈이 박지 못ᄒ야 各 裁判所에 枉法出入이 浩繁ᄒ야 判事를 拘拿ᄒ 事까지 잇고 學部에서는 學務를 擴張 이라 하야 經費巨額을 支出하되 官公立學校가 有志ᄒ 人의 私立學校문도 못하고 農商工部에서는 農商工業을 實施ᄒ다 하나 五局을 設施ᄒ 外에 外人을 雇聘하야 官制改正ᄒ 것이 大政이라. 久任 責成하야 施政改善ᄒ 案件은 一事도 可히 上奏홀 者가 업다더라.[17]

여기서 보듯이, 탁지부는 차관(借款) 때문에 제대로 일을 할 수 없는 형편이었다. 국가의 재정이 튼튼하지 못하고서 자주 독립이니 국권회복이니 민권수호니 하는 것은 예나 지금이나 모두 공허한 말이다. 더구나 남의 돈을 빌려서 조국을 지키고 근대화

---

17 『만세보』, 1906.8.9.

하겠다는 발상 자체가 잘못된 것임은 두말할 필요도 없다. 일찍이 루소는 말했다. "돈을 주어라. 그러면 당신은 곧 노예가 될 것이다. 금전이라는 말은 노예의 단어다."[18]

대한제국의 예산을 1896년부터 1910년까지 분석한 김대준은 법부 예산에 대해서 다음과 같이 결론을 내린다.[19]

> 법부 소관의 예산은 1896년부터 1906년까지는 금액에 있어서나 구성비에 있어 1% 미만으로 운영되었다. 그러다가 1907년부터 점차 증가하기 시작하여 1909년에는 경상부에서만도 9.4%를 점유하는 구성비로 증대되었다. 법부 소관 예산이 1907년 이후 크게 증가된 요인은 법부행정의 근대화라는 명목에 따른 일본의 차관에 기인되고 있다. 이러한 차관은 상환기간이 도래하여도 상환되지 못할 뿐만 아니라 또한 그러한 차관이 계속되지 않으면 법무행정이 유지될 수 없을 것이라는 것을 전제하여 일본 스스로가 직접 법무행정을 장악하겠다는 저의에서 차관이 공여된 것이다.[20] 차관을 전제한 침략의 수법은 법부 예산에서도 찾아볼 수 있다. 다액의 차관과 이의 상환불능이란 이유 때문에 마침내 법부가 1909년 7월 12일 폐지당하고 말았다.[21]

이와 같이 그는 차관의 제공에 의한 경제적 침략을 지적하고 있다. 이런 와중에서의 법관양성소의 위치는 형식적으로만 존재할 뿐이며 궁핍한 재정 상태는 다음과 같은 기사가 전해주는 그대로이다.

법관양성소의 재정 형편은 넉넉하지 못하였는지 다음과 같은 기사가 이를 말해주고 있다.

● 養成移接　法官養成所는 廳舍狹窄ᄒ고 又 爲慘漏ᄒ나 猝難修葺ᄒ야 該房를 法部 內 空間 堂舍로 移接ᄒᆫ다더라.[22]

● 移接農部　法官養成所를 再昨日에 前 農商工部로 移接ᄒ얏더라.[23]

---

18 원문은 이렇다. "Donnez de l'argent, et bientôt vous aurez des fers. Ce mot de *finance* est un mot d'esclave." J.-J. Rousseau, *Du Contrat social*, liv. III, ch.15.
19 김대준, 앞의 책, 257면.
20 「韓國司法及監獄事務委託に關する件」, 『日本外交文書』 제42권 1책, 1909.7.6, 178면.
21 「韓國司法及監獄事務委託に關する覺書」, 『日本外交文書』 제42권 1책, 1909.7.12, 182면.
22 『대한매일신보』, 1907.4.25.

또한 법부에서 소요되는 비용은 조선 정부가 담당하였다.

●法官聘用　統監部의셔 法部에 勸告ᄒ되 各道에 派在ᄒᆫ 日本 警視로 裁判官을 例兼케 ᄒ즈 허ᄂᆫ지라. 法部大臣이 更爲交涉ᄒ야 十三道 觀察府와 各 港口에 檢事 一人式 或 主事 一人 統監部 法務院 補佐官 一人 通譯官 一人式 設實허기로 官制를 編成ᄒ얏ᄂᆫᄃᆡ 一年 預算이 七萬餘圜이라 허며 平理院의도 判事 三人 漢城裁判所에 檢事 一人을 加設 허기로 磨鍊허되 法務院官人으로 補佐官 一人式 聘用허기로 作定허엿다더라.[24]

그 밖에도 당시 수많은 관공사립의 학교가 설립되었으나 대부분 재정의 궁핍을 면치 못하였다. 이 점은 법관양성소의 경우도 마찬가지였을 것이다.

2. 교관의 처우

법관양성소 교관은 "양성소에 만 1개년 반 이상을 계속하야 (…중략…) 교관의 직무를 행한 자"는 법부대신의 허가를 얻어 변호사가 될 수 있었다.[25]
또한 교관의 봉급이나 처우에 관해서도 아직 자세한 것은 밝혀지지 않고 있으나 몇 가지의 신문기사나 자료를 통하여 추측해보기로 한다.

● 養成所定俸　法部에셔 法官養成所 學徒 九十名을 日昨에 試取ᄒ엿ᄂᆫᄃᆡ 敎授ᄂᆫ 舊卒業生으로 四人 法語卒業生으로 四人을 議定ᄒᆫᄃᆡ 月俸은 每朔 十五元式이라더라.[26]

여기서 보듯이 월봉은 매삭 15원씩이었다. 이것은 우편국에 고용된 일본유학

23　『대한매일신보』, 1908.2.8.
24　『대한매일신보』, 1906.10.16.
25　『관보』, 1905.11.11; 1906.11.23; 1907.6.25.
26　『황성신문』, 1903.3.4.

생 유문상의 20원보다도 적은 액수이다.

　　◎(使學而棄) 劉文相氏가 年前 日本에 往ᄒ야 電郵學을 卒業ᄒ고 歸國ᄒ 後 學部에
셔 農部에 照會ᄒ고 需用ᄒ라 ᄒ얏더니 尙今 任職치 아니ᄒᄂ지라. 近日 日本 郵便局에
셔 劉氏를 雇用ᄒᄂᄃ 月俸은 二十元이더라.[27]

이에 반하여 무관학교에서 어학을 가르치는 외국인의 경우에는 매월 80원을
지급하여 현저하게 차이가 나고 있다.

　　● 武官語學　武官學校에셔 學徒中 最優等 四十名을 試取ᄒ야 外國語를 每日 原學
科 外에 一時間式 添入敎授ᄒᄂᄃ 法語敎師 馬太乙 德語敎師 甫乙支安 兩氏를 延聘
ᄒ야 每朔 月俸 八十元式 給ᄒ터이더라.[28]
　　● 囑托敎授　法部 所管 法官養成所 官制를 向己變更하야 兼任敎官을 增置한 後 法
部 參書官 李冕宇氏로 兼任케 하얏더니 李氏가 參書官을 辭任하고 辯護士로 退去한
즉 其 兼任敎官의 名稱을 變하야 囑托敎授라 稱하고 奶以 李冕宇氏로 敎슈케 하니 官
立學校의 經費가 窘絀함인지 하더라.[29]

다음에 1907년 김상연[30]이 법관양성소 교관을 지내다가 홍주 군수로 부임할
때의 기사는 다음과 같다.

　　● 洪슈圖治　洪州 郡守 金祥演氏가 一百二十餘圜의 月俸을 受ᄒ고 京城 各 學校에 從事
ᄒ다가 四十一圜薄祿에 不過ᄒᄂ 洪州 郡守를 被任ᄒ야 到任ᄒ은 其 所학ᄒ 政治學을 實地
에 應用ᄒ야 地方政治를 刷新코ᄌ 함이어늘 人民이 其 本意를 不知ᄒᄂ 故로 各地 揭示ᄒ
고 有知鑑ᄒ 父老를 會集ᄒ야 地方自治行政의 方針을 說明ᄒ고 舊式의 訴訟節次를 改良ᄒ

27 『황성신문』, 1900.7.28.
28 『황성신문』, 1901.4.23.
29 『대한매일신보』, 1906.9.7.
30 상세한 것은 김효전, 「나진・김상연 역술, 『국가학』 연구」, 『성균관법학』 제10호, 1999, 227~267면;
　　김효전, 『근대 한국의 국가사상』, 철학과현실사, 2000, 494~549면 참조.

야 自治制度의 基本을 立홀 터인디 如此호다가 其 意見대로 成치 못호고 一向前習을 未改
호야 開明호 政治롤 行키 不能호면 辭職上京홀 깃다고 其 親友에게 書簡호앗더라.[31]

김상연의 경우 각 학교에 종사한 월급이 120여 환이며 홍주 군수는 41환의 박
록이라고 적고 있다.

최진 교관은(연도를 밝히지 않고) 7원 50전이라고 적고 있다.[32]

한편 칙령 제27호(1899.5.30)에 의한 '평리원 및 기타 각 재판소 직원 관등 봉급
령'[33]에 따른 봉급표는 다음과 같다.

〈표 18〉 재판소 직원 봉급표

	관등	직위	1급봉	2급봉
칙임	1等	裁判長	3,500元	–
	2等	裁判長	3,000元	–
	3等	判檢事	2,400元	2,200元
	4等	判檢事	2,000元	1,800元
	관등	직위	1급봉	2급봉
주임	1等	判檢事	1,500元	1,400元
	2等	判檢事	1,300元	1,200元
	3等	判檢事	1,100元	1,000元
	4等	判檢事	900元	800元
	5等	判檢事試補	700元	650元
	6等	判檢事試補	600元	550元

출처 : 칙령 제27호 제1조; 법원행정처, 『한국법관사』, 1976, 42~43면.

그러나 다른 기록에 의하면, 관찰사가 월 70원, 군수가 월 29원, 이 중 4등 군수
의 월 실수령액은 300~400원이며, 1등 군수는 1,000원 이상이라고 한다.[34]

또한 1908년에는 1905년에 퇴관한 윤태영(尹泰榮), 이한길(李漢吉), 이항종(李恒鍾)
의 퇴관은사금(退官恩謝金) 청구에 관한 기사가 보인다.

31 『대한매일신보』, 1907.4.16.
32 안명기, 「소파 최진변호사」, 『대한변호사협회지』 제11호, 1975.5, 44면; 김효전, 『개화기의 변호
   사 이야기』, 동아대 법과대학, 2007에 재수록.
33 서울대 도서관, 『의안·칙령』(상), 1991, 467면.
34 황하현, 「目賀田種太郎의 대한경제공세」, 조항래 편, 『일제의 대한침략정책사 연구―일제침략
   要人을 중심으로』, 현음사, 1996, 203면 주 31 참조.

●恩金請撥 法部에셔 度支部로 照會ᄒᆞ되 樊該所管 法官養成所長 野澤武之助의 報告를 接准ᄒᆞ즉 該所 前敎官 尹泰榮 李漢吉 리恒종의 退官恩賜金을 貴部에 請求ᄒᆞ기 爲ᄒᆞ야 該員 等에 履歷書와 該所 證明書를 提呈ᄒᆞ얏기 右 書類를 幷添付ᄒᆞ오니 照亮後 該員 等에 恩賜金을 卽爲支撥ᄒᆞ라 ᄒᆞ얏더라.[35]

이 기사는 1905년에 퇴직한 사람의 은사금을 1908년에야 청구한 것도 의문이려니와 퇴직한 교관 중 몇몇 사람의 은사금만을 청구한 것 등 이해할 수 없는 면이 몇 가지 있다.

●養正塾任員俸給 皇貴妃殿下께압셔 年前에 設立ᄒᆞᆫ 養正義塾에 對ᄒᆞ야 經費에 補用ᄒᆞ라ᄒᆞ시고 慶善宮 所管 壓土 數千石 田畓을 下賜ᄒᆞ심은 共知ᄒᆞᄂᆞᆫ 바어니와 度支部 土地調査整理局에셔 該 土地를 押收ᄒᆞ야 該校 經費ᄂᆞᆫ 該 土地所出金額으로 支給ᄒᆞ마고 互相契約ᄒᆞᆫ 結果로 日昨에 該校에셔 塾長 以下 一般講師에게 月俸을 磨練ᄒᆞ얏ᄂᆞᆫ데 塾長 塾監 學監에게ᄂᆞᆫ 各 八十圜式 專任講師에게ᄂᆞᆫ 各 四十圜式 其外 講師에게ᄂᆞᆫ 每 時間에 一圜式 支給ᄒᆞ기로 協定ᄒᆞ얏다더라.[36]

한편 1908년 3월 현재 대동전문학교의 강사는 합위 19명인데 1년 연봉이 6,000환으로 정산(定算)하였다는 보도[37]를 보면 1인당 연봉 315환으로 월 26환 정도인데 위의 양정의숙의 월봉 40환은 적지 않은 액수라고 하겠다.

법관양성소 교관의 경우 빈번한 교체와 단기간의 근무, 기타 상당수의 교관이 검사나 판사, 기타 행정 관료로 나간 점 등을 고려해 볼 때 전체적으로 교관직은 그다지 좋은 대우를 받지 못한 것 같다.

법부가 폐지되고 법관양성소가 법학교로 개칭되고 학부 소관으로 옮긴 후 법학교에 한정된 통계는 발견되지 않지만 관립학교 직원의 숫자와 봉급액수는 다음 표와 같다. 이 표 외에 일정한 보수를 받는 법학교 촉탁원에 한국인 1인이 포함되어 있다.

---

35 『대한매일신보』, 1908.2.20.
36 『대한민보』, 1910.3.18.
37 『황성신문』, 1908.3.27.

〈표 19〉 舊韓國 學部 官吏 雇人員 竝 所屬學校 職員 俸給(圓) 1910년 6월 말일

官署		勅任	奏任		判任		囑託		雇員		合計	
官立諸學校	內地人	—	17	29,650	26	24,660	7	2,340	4	1,560	54	58,210
	朝鮮人	—	13	8,900	43	14,088	19	3,708	1	180	76	26,876
	外國人	—					4	13,600			4	13,600

출처 : 제4차 조선총독부 『통계년보』, 1911년 3월, 1024~1025면.

이 표에 의해서 단순 비교를 하더라도 일본인은 54인이 58,210엔을 받으며 조선인 76인은 그 절반에도 못 미치는 26,876엔을 받고 있다.

VIII. 법관양성소의 졸업생

법관양성소는 처음에는 6개월간의 속성 수업을 하여 졸업자에게는 성법학사(成法學士)를 주고, 계속 법관양성소에서 공부한 자에게는 '법관양성소 박사'를 주었으며, 사법관을 비롯하여 법관양성소 교관이 되기도 하였다.[1] 또한 '법관양성소에서 만 2개년 이상의 과정을 졸업한 자'는 법관전고위원의 전고(銓考)를 거쳐 각 재판소의 전임 판사와 검사로 서임될 수 있었으며,[2] 기타 관직에 수용하였다. 법관양성소 졸업생의 대우와 그들의 진로에 관하여 자세하게 살펴보기로 한다.

1. 졸업생의 대우

창설 당시의 법관양성소 규칙에 의하면 사법관으로 수용한다고 규정하고 있었다. 그러나 모두 채용하는 것은 아니고 시험에 의해서 선발한 것은 물론이다. 이에

---

[1] 1903년 9월 4일 칙령 제4호의 법관양성소규정에는 양성소 졸업생을 박사로 하여 교관으로 순서(循序) 서임하다가 사법관으로 채용되게 하였다(『관보』, 1903.9.4). 이런 규정은 이후에도 여러 곳에서 발견된다.

[2] 1906년 칙령 제63호, 법관전고규정 제1조 1호.

대해서 "졸업생들은 공평한 대신(大臣)의 공평히 취재(取才)하심을 예선(預先) 감하 (感賀)한다더라"[3]고 보도하고 있다.

1) 성법학사

국내외의 혼란한 정정으로 한동안 폐쇄되었던 법관양성소가 1903년 다시 개소 하면서 1906년부터는 졸업생에게 성법학사라는 칭호를 수여함으로써 일종의 학 위와 같은 성격을 부여하였다. 그리하여 종래의 율사와는 구별되는 법조인의 자 격을 인정하고 있다.

> ● 法學改規　法部에셔 法官養成所 規則을 改正ᄒᆞ야 官報에 揭載次로 該 規則을 政府로 送交ᄒᆞ얏ᄂᆞᆫᄃᆡ 該 學生의 卒業年限은 三年을 二年으로 減定ᄒᆞ고 卒業生의게 ᄂᆞᆫ 成法學生의 稱號를 法部大臣이 據與ᄒᆞ되 卒業優等生의게ᄂᆞᆫ 官費로 外國遊學을 시키기로 하얏다더라.[4]

기사 속의 "成法學生"은 '成法學士'의 오식이다.

그러나 졸업과 동시에 성법학사의 칭호를 받은 것은 아닌 모양이다. 예컨대 1905년(광무9) 12월에 법관양성소에 입학하여 1907년(융희 원년) 3월 25일에 졸업한 권태형(權泰亨)의 이력서에 의하면, 다음 날인 3월 26일에 법관양성소 박사 서판임 관 8급에 임명되고, 1908년 3월 10일에 성법학사 칭호를 받았다. 또한 같은 3월 18 일부터 변호사 법률사무소 시무(視務)에 들어갔다고 적고 있다.[5] 그러나 누구의 어 떤 법률사무소에서 근무하였는지는 본인이 밝히지 않고 있다.

최초의 성법학사에 관한 신문보도와 법관양성소 제5회 졸업생 명단은 다음과 같다.[6]

---

3 『황성신문』, 1899.1.25(법부 고시).
4 『대한매일신보』, 1906.3.28.
5 『대한제국관원 이력서』, 탐구당, 1972, 902면.
6 『관보』, 1908.3.17.

● 成法學士　法官養成所 第五回 卒業生 李基燦 李弼殷氏 等 二十二人의 名稱을 成法學士로 授與흔다더라.[7]

李基燦 李弼殷 金基賢 韓相羲 金應燮 安肯洙 李敬儀 李根國 南廷圭 金元培 閔衡基 趙良元 鄭奭朝 林正奎 柳海昌 南春熙 宋柱學 趙台煥 權泰亨 金鍾協 李鍾淵 洪鍾國을 光武 10년 법부령 제1호 법관양성소 규칙 제13조에 의하여 本年 3월 6일에 성법학사의 칭호를 수여홈(법부)

이후 법관양성소는 1908년(융희 2) 12월 27일 자로 제6회 졸업생 54인을 배출하고,[8] 1909년 11월에는 법학교로 개칭하였으므로 성법학사의 칭호는 두 번 수여하였을 뿐이다.

2) 법관양성소 박사

졸업을 한 후 계속 법관양성소에서 공부하려는 자에게는 '법관양성소 박사'로 임명되었다. 이 박사의 호칭은 오늘날과 같은 의미의 학위명을 의미하는 것이 아니라 관직명이라고 보겠다. 다음의 1903년의 관보 기사가 이를 말해 준다.[9]

法官養成所博士 尹相直, 仝 李完榮, 仝 元容萬, 仝 鄭燮朝　依願免本官

또한 1904년 7월 3회 졸업생 중 우등 5인 윤태영, 임면순, 김종호, 안정기, 윤광보와 급제 3인 윤헌구, 홍면희, 홍우기도 박사에 임명되었는데 이는 성적순에 따른 것 같다.[10] 그러나 이들은 2일 만인 7월 28일 자로 의원면 본관하고,[11] 같은 날

7　『황성신문』, 1908.3.13.
8　『관보』제4297호, 1909.2.10.
9　『황성신문』, 1903.10.3.
10　『관보』제2890호, 1904.7.28.
11　『관보』제2892호, 1904.7.30.

짜로 같은 3회 졸업생 중 누락되었던 심종대, 노종빈, 구승회, 성기영, 박준성, 류용균, 윤달영, 배영균 8인을 박사로 임명하였다.[12] 그러나 이들도 4일 만인 8월 1일 자로 의원면 본관하게 된다.[13] 이들 후임에는 같은 날짜로 권태정, 신정식, 정홍우, 남보원, 조동숙, 권중근, 이한구 7인이 임명된다.[14] 그러니까 3회 졸업생은 모두 한 번씩 박사로 임명된 셈이다.

또 다음과 같은 관보[15]의 기사 중 「셔임 급 스령」를 통하여 당시의 상황을 알 수가 있다.

○ 의원면 본관 법관양성소 박스 박명환 법관양성소 박스 권중선 법관양성소 박스 연쥰 법관양성소 박스 권홍슈 법관양성소 박스 리연홍 법관양성소 박스 김영믁 법관양성소 박스 리명용 법관양성소 박스 유뮨규 법관양성소 박스 권중한

○ 임법관양성소 박스 셔판임관 륙등 윤일영 공면쥬 최창래 허식 리종우 리용셜 리한길

○ 임법관양성소 교관 셔판임관 륙등 김병션

또한 관보 제3053호(1905(광무 9년).2.3)의 내용도 다음과 같다.

○ 의원면 본관 비셔원승 김요협 통신사 뎐화관 쥬사 백익대 지릉 참봉 리인환 법관양성소 박스 윤일영 법관양성소 박스 공면쥬 법관양성소 박스 윤병슌 법관양성소 박스 최창래 법관양성소 박스 허식 법관양성소 박스 리종우 법관양성소 박스 리용셜 법관양성소 박스 리한길 법관양성소 교관 홍태형 법관양성소 교관 김병션

○ 임법관양성소 박스 셔판임관 륙등 윤형중 리행션 리종악 김문영 리명셰

○ 임법관양성소 교관 셔판임관 륙등 배동렴 박규슌

---

12 『관보』제2892호, 1904.7.30.
13 『관보』제2895호, 1904.8.3.
14 『관보』제2895호, 1904.8.3.
15 『관보』제3051호, 1905.2.2.

이상은『대한매일신보』에 게재된 관보를 다시 수록한 것이다.[16]

칙령 제10호 법관양성소 관제 중 개정건에 의하면 1905년(광무 9) 칙령 제21호 관제 중 교관 다음에 "博士判任 名譽로 臨時敍任호디 本所 卒業人에 限홈이라 23字를 添入함이라"[17]고 한 것으로 보아 명예로 한 임시관직이었음을 알 수 있다. 이 칙령에 따라서 새로 박사 21인을 서임한다.

　　●博士敍任　法部에서 法官養成所 卒業生 柳台永 金哲鉉 氏等 二十一人을 博士로 敍任ᄒ얏더라.[18]

또한 1904년(광무 8) 7월 15일 법관양성소 제3회 졸업생인 권태정(權泰珽)의 경우, 같은 해 8월 1일 자로 법관양성소 박사로 임명되었다가 다음 해인 1905년 1월 13일 자로 의원면 본관되었다.[19] 이와 같이 볼 때 법관양성소의 박사는 졸업 후 별도로 남아서 더욱 공부한 것 같지는 않다.

여기서 보듯이 다수의 졸업생들이 법관양성소의 박사로 임명되었다가 의원면 본관된 것을 알 수 있기 때문에 학위명이라기보다는 관직명으로서 보는 것이 옳을 것이다. 더구나 어떤 변호사 광고에서는 사무원으로서 '전박사'라고 기재한 것을 볼 때 이를 뒷받침해주는 근거라고 하겠다.[20]

그리하여 법관양성소에서는 학원을 박사로 서임하기 위해서 정부에 청의하기도 하였다.

---

16 『대한매일신보』, 1905.2.2.
17 칙령 제10호(1906.3.19) 및 칙령 제26호(1906.6.6) 제2조에서는 소장 1인(법부협판 혹 국장 중 겸), 학감 1인(전임교관중 수반이 예겸), 교관 6인(주임 1인 판임 5인), 겸임 교관 약간인(필요로 인홀 시에만 寘홈이라), 박사 판임(명예로 임시 서임호디 본소 졸업인에 함홈이라)고 규정하고 있다. 서울대 도서관, 『勅令下』, 106 · 133면.
18 『대한매일신보』, 1906.3.25;『관보』 제3410호, 1906(광무 10).3.26.
19 『대한제국관원 이력서』, 탐구당, 1972, 902면.
20 예컨대 이면우의 변호사 광고에서는 「사무원 박사 이긍수, 박사 조동숙」(『대한매일신보』, 1906.8.9;『만세보』, 1906.8.26) 또는 「사무원 전박사 옥동규, 박사 조동숙, 전 의관 김익제」(『대한매일신보』, 1907.1.28)와 같이 박사의 칭호를 나타내고 있다. 상세한 것은 김효전,『근대 한국의 법제와 법학』, 세종출판사, 2006, 109면 이하 참조.

●法部請議　法部에셔 法官養成所 學員을 急於敍任ᄒ야 博士 八人을 增設ᄒᆯ 事와 裁判所 判檢事와 廷吏의 服裝式樣을 磨鍊ᄒ야 一體 政府에 請議ᄒ얏다더라.[21]

한편 박사의 칭호는 성균관에서도 부여하였다. 법관양성소의 박사와 구별하기 위해서『만세보』1906년 10월 30일 자의 논설「박사」를 전부 인용하기로 한다.

成均館에셔 所謂 博士를 試取ᄒᄂᆫ 經義問題로 各 地方人 初試入格者 四百十人을 學部로 報ᄒ얏다 ᄒ니 學部에서 此 初試한 人을 會集ᄒ야 博士를 選取ᄒᄂᆫ 日字도 不知ᄒ깃고 幾員을 選取ᄒᄂᆫ지도 不知ᄒ깃스되

我國의 文治漸弱ᄒᆯ 根因은 科擧試取ᄒᄂᆫ 大病源에 流出ᄒ야 尋章摘句로 工令의 學을 主腦로 作ᄒ야 短簡 殘篇으로 人材를 試取ᄒ야 國家를 誤ᄒ며 人民을 誤ᄒᄂᆫ 一大公案을 成ᄒ지 五百餘年이라. 何幸 科擧를 廢止ᄒᆫ 以來로 但히 敎育上으로 人材를 取用홈이 堯舜三代의 己行ᄒᆫ 事實이오 世界萬邦에 通行ᄒᄂᆫ 規範이어늘 成均館에 所謂 博士라 ᄒᄂᆫ 名目을 設ᄒ야 經義로 試取ᄒᆫ다 稱ᄒ고 賄賂로 選取도 ᄒ얏고 囑托으로 試取ᄒ야 博士에 選擧ᄒᆫ 人員이 目不識丁ᄒᄂᆫ 者 一居半이오 又 或 經義를 稍解ᄒᆫ다 ᄒᆯ지라도 國家의 需用될 人材가 有ᄒᆯᄂᆫ지 質言키 難ᄒ도다. 大抵 世界에 博士라 稱ᄒᄂᆫ 人氏ᄂᆫ 文學, 醫學, 理學, 法學, 工學, 農學 等 六科 大學校에 優等 卒業生으로 選取ᄒ야 博士의 嘉號을 錫ᄒᆫ 者이라. 此等 博士이라야 世界에 學問과 名譽가 一等 紳士로 待遇ᄒ야 政治와 各般事業에 淵蓄ᄒᆫ 抱負로 着手應用ᄒ야 需時匡世ᄒᄂᆫ 好材料를 成ᄒ이어날

我國에 博士라 稱ᄒᄂᆫ 名目이 世界에 博士를 模範ᄒ야 博士를 成取홈인지 不知ᄒ되 所謂 博士로 選取ᄒᆫ 者이 師範學校 副敎官의 資格을 未成ᄒᆫ 人士인 則 博士名稱이 有ᄒ이 但히 世界에 一笑柄를 取홈이라. 此로 虛名을 充ᄒ기 爲ᄒ야 國家를 誤ᄒ며 人民을 誤ᄒ든 科擧의 惡習慣을 未革ᄒ고 成均館에서 初試를 學部에 報ᄒ고 學部에서ᄂᆫ 此 初試에서 博士를 行將試取ᄒᆯ 거이니 此ᄂᆫ 學部의 敎育行政과 作成規範에 一大 病源과 一大 惡風을 遵守不失홈이니 當局者ᄂᆫ 此 博士의 選擧ᄒᄂᆫ 名義를 汲汲 改革ᄒ고 六科 大學校의 成立되ᄂᆫ 程度를 待候ᄒ야 博士를 選取ᄒᄂᆫ 것이 國家의 大幸福이라 謂ᄒᆯ 것이오 世界의 大羞恥를 免ᄒᆯ이니 學部諸公은 警省ᄒᆯ지어다 警省ᄒᆯ지어다.[22]

---

21 『대한매일신보』, 1906.3.11.

이와 같이 박사를 선출하는 과정에서 공정하지 못함과 세계에서 사용하는 박사의 용어법에 합당하지 못한 점을 지적하고 그 개선을 촉구하고 있다.

이 점은 황현(黃玹)의『매천야록(梅泉野錄)』에도 다음과 같이 기록되어 있다.

> (1907년) 10월, 박사를 사업(司業)으로 개칭하여 이들에게 경의(經義)를 시험한 후 사업(司業) 10명을 선발하였다. 박사는 일본 학교에서 극히 지식이 우수한 사람을 선발하는 관칭(官稱)이었다. 그러므로 일본 사람들은 우리나라에서 겨우 급제한 사람에게 박사로 칭하는 것을 비웃기 때문에 이렇게 개칭한 것이지만, 사업(司業)도 과거의 명칭은 아니었다.[23]

또『대한매일신보』의 칼럼「시스평론」은 당시의 상황을 이렇게 전한다.

> ▲ 학부에셔 박스 시취ᄒ기를 매년에 삼십명식이더니 금년에는 오십명으로 덩수ᄒ엿ᄂ딕 초시는 디방관이 시험ᄒ고 재시는 학부에셔 시행을 혼다 ᄒ니 과거가 폐지된 후로 경향간에 시왈 부활 ᄒ던 완고들이 크게 훈탄ᄒ다가 이번 박스 회시에 수효가 늘엇슨즉 과거가 복구례 ᄒ엿다고 매우 깃버ᄒ겟스나 학부대신의 스업은 과거를 느리는 일뿐인지.[24]

그리하여 1907년(융희 원년) 10월 30일 자 학부령 제3호로 성균관사업시선규정(成均館司業試選規程)[25]이 개정되었다. 여기의 사업(司業)이란 종래의 박사(博士)를 개칭한 것이다. 이에 따라 경외유생(京外儒生)을 시선하는 방법은 규정 제4조에 의하면 초고시험(初考試驗) 과목은 경의학(經義學)과 시무책(時務策)으로 나누인다. 시무책에는 내외 역사, 내외 지지(地誌), 법률학, 정치학 중 일제(一題)이다. 회고(會考) 시험과목 역시 경의학과 시무책으로 나뉘며 시무책에는 역사 지지 중 일제, 정치 법률 중 일제로 규정하고 있다. 이에 따라 사업을 시취하였으나 부정행위자가 있어

---

22 『만세보』, 1906. 10. 30.
23 김준 옮김,『완역 매천야록』, 교문사, 1994, 766면.
24 『대한매일신보』, 1907. 9. 7.
25 규정 전문은『한말 근대 법령자료집』VI, 1971, 64~65면.

재시험을 보기도 하였다.[26]

한편 대한의원 교육부에서는 졸업생의 학위를 진사, 사업, 학사 중의 하나를 택하는 문제가 제기되기도 하였다.

> ●韓醫進士　大韓醫院 敎育部에셔 生徒 卒業人의 學位를 進士, 司業, 學士 三件中으로 擇敍호다 홈은 前報에 揭載호엿거니와 再昨日에 大韓醫院長 佐藤進氏와 敎師 劉秉珌氏가 內部大臣 任善準氏를 往見호고 學位를 三件中으로 擇敍홀 件을 質稟호즉 該 大臣이 答호되 其中에 進士가 良好홀듯 호다 홈으로 該 學位를 進士로 決定되리라더라.[27]

여기서 보듯이 대한의원의 졸업생은 종래의 중인 신분 정도로 이해하고 '진사'로 정한 것 같다.[28]

또 법관양성소 제5회 졸업시험에 합격한 이기찬(李基燦)을 비롯하여 22인은 졸업과 동시에 '法官養成所博士敍判任官八給'에 임명되었다.[29]

당시 일본의 경우는 1888년(메이지 21) 현재 법학박사의 수는 총 74인이라고 보도되었다.[30] 한편 1906년에는 대학 출신자와 대학출신 아닌 자의 박사가 문제로 되기도 하였다.[31]

---

26 『대한매일신보』, 1908.7.14.
27 『황성신문』, 1908.4.15.
28 문헌은 박형우, 『한국 근대 서양의학 교육사』, 청년의사, 2008 참조.
29 『관보』 제3962호, 1908.1.4.
30 『황성신문』, 1905.5.29. ● 博士推薦과 大學校　日本에셔 近來 博士의 推薦에 不少호 弊端이 生하야 大學校出身者가 아니면 被選者될 資格이 無호 貌樣이니 卽 碩學의 士를 推薦하더라도 外國에 留學호 者는 諸般口實노뻐 排斥하야 無常 大學校 出身者가 被選하는 傾向이 有홈으로 大學校 出身者 以外의 博士中에 憤慨하는 者가 不少호지라. 今에 現在 博士中 大學派와 非大學派를 區別홈이 如左하니
法學博士 62名(其中 非大學派 25名), 醫學博士 125名(其中 非大學派 22名), 藥學博士 8名(其中 非大學派 3名), 工學博士 714名(其中 非大學派 54名), 文學博士 73名(其中 非大學派 27名), 理學博士 63名(其中 非大學派 17名), 農學博士 17名(其中 非大學派 10名), 林學博士 7名(其中 非大學派 2名), 獸醫學博士 11名(其中 非大學派 7名)
農學博士 及 獸醫學博士 以外에는 大學派가 多數를 占호 쑨 아니라 非大學派라 稱하는 中에도 現今 大學校 敎授된 者도 有하고 又 舊司法省法學校 出身者도 亦是 大學派에 屬호 者라 稱홀 者인 則 大學派의 實際勢力이 右에 記호바 勢力의 以上에 達호다더라.
31 『황성신문』, 1906.6.20.

2. 졸업생 명단과 진로

법관양성소의 졸업생 수는 1895년 창설 이후 1909년 법학교로 개칭될 때까지 전부 210인이었다. 이들을 도표로 만들면 다음과 같다.

〈표 20〉 졸업생 수

회수	연도	인원
1	1895.11.19	47
2	1896.5.2	39
3	1904.7.15	28
4	1905	20
5	1907	22
6	1908.12.27	54
		합계 210

여기의 졸업 날짜에 관하여는 1회와 2회를 제외하고는 약간의 차이가 있다. 즉 제3회의 경우 실제 졸업 일자는 7월 15일이며 관보의 날짜에 따라 7월 21일이라는 견해도 있다. 또 6회의 경우는 1908년 12월 27일이 정확하다.[32]

이 중 1908년까지의 졸업생 전체 210인에 대해서 『대한민보』는 다음과 같이 분석하여 현황을 보도하고 있다.

> ● 法官養所狀況　法官養成所는 創立 以來로 卒業生이 合 二百十名 內에 十名은 死亡ᄒ고 其餘 二百名은 大率 在職中이니 東宮武官 一, 判事 二十一, 檢事 三, 辯護士 十二, 主事 九, 裁判所 書記 七十五, 日本留學生 三, 其餘는 未詳이며 現今 生徒數는 豫備科 本科 一二年生 合 一百四十二名인데 今回 法部 廢止 後면 該所는 學部 所管으로 移屬된다더라.[33]

반면에 일본 통감부에서 영문으로 만들어 외국에 홍보한 책자에 의하면, 전체 졸

---

32 『관보』 제4297호, 1909.2.10.
33 『대한민보』, 1909.10.2. 여기의 '동궁무관'이란 대한제국 시기에 황태자를 보좌·호종하던 무관을 말한다. 법관양성소 제2회 졸업생 장연창이 이 직책을 맡았었다.

업생 210인 가운데 101인만이 사법 서비스나 법률실무에 종사하고, 11인은 관리, 3인은 일본 유학, 10인은 사망, 85인은 불명이라고 기록하고 있어 약간의 차이가 있다.[34]

이와는 달리 1909년까지 6회에 걸쳐 205인이라고 소개한 문헌도 있으나,[35] 출처가 불명확하여 신빙성이 없다.

한편, 당시의 보성전문학교 법과 1회 졸업생(1907.4.15)은 주간 16인, 야간 18인이며, 제2회(1908.1.29)가 주간 28인, 야간 20인이며, 제3회(1910.2.15)가 15인이었다.[36] 동격의 양정의숙은 1908년 제1회 졸업생 26인을 배출하였다.[37] 이렇게 볼 때 법관양성소는 상당히 많은 졸업생을 배출한 셈이다. 물론 당시 일본의 경우와는 비교가 되지 않는 적은 수의 인원이다.[38]

법관양성소 졸업생의 명단은 다음과 같다.

(1) 제1회 졸업생(관보 제212호, (음력)1895.11.13[(양력)12.28]) 47인

優等 4人 咸台永 李麟相 李容成 徐寅洙
及第 43人
李容高 尹性普 李豊儀 具健書 洪鍾翰 李容福 鄭藎敎 柳志淵 金翼熙 李璿在 尹熙衡 柳學根 李兢洙 崔來鶴 鄭永澤 尹相直 李道相 李完榮 李徹承 李種雨 徐相喜 高毆相 洪龍杓 林炳應 鄭樂憲 朴斌秉 金勉弼 金丙濟 尹衡重 元容高 趙漢緯 韓鏞敎 吳世俊 兪鶴柱 鄭雲哲 韓成潤 曹世煥 權興洙 延 浚 朴廷煥 李行善 鄭燮朝 權在政

---

34 Compiled by H.I.J.M.'s Residency General, *The Second Annual Report on Reform and Progress in Korea(1908~1909)*, Seoul, December.1909, p.65.

35 가재환, 「21세기를 향한 법조양성과 법학교육」, 『한국법학원보』 제79호, 1998, 5면 주1에서는 1895년 11월 19일(46인), 1896년 5월 2일(38인), 1904년 7월 21일(25인), 1906년 1월 6일(20인), 1908년 1월 1일(22인), 1909년 1월 25일(54인) 합계 205인이라고 근거 없는 수치를 제시하고 있다.

36 『고대교우록』, 1995, 51~54면.

37 『황성신문』, 1908.4.21.

38 『황성신문』, 1909.7.15의 일본 도쿄대학 졸업생에 관한 보도는 아래와 같다.
● 東京大學卒業生　日本 東京帝國大學의 今年度 卒業生은 法科 367名, 醫科 114名, 文科 106名, 工科 204名, 理科 38名, 農科 89名 總數가 918名인디 去 十日에 全校內에셔 卒業式을 擧行ᄒᆞ고 日皇이 親臨ᄒᆞ야 優等生에게 銀時計를 下賜ᄒᆞ얏다더라.

(2) 제2회 졸업생(관보 제315호, 1896.5.2) 38인

優等 5人　金敦熙 金顯翼 高翊相 李源國 黃鎭菊

及第 33人

吳致吉 李東鎭 張然昌 張潤圭 孔冕周 金鍾應 李康浩 尹馹榮 李冕容 權鳳洙 金相參 金永默 洪鍾駿 李 俸 李用冕 韓曍 洪肯燮 任胤宰 徐廷佐 柳文珪 金永洙 林炳璿 尹秉純 鄭雲倬 金世鶴 鄭濟賢 徐丙星 李憲儀 許 植 韓止淵 柳台永 尹榮馹 崔昌來

(3) 제3회 졸업생(관보 제2884호, 1904.7.21) 25인

優等 5人　尹泰榮 任冕淳 金鍾濩 安廷夔 尹光普

及第 20人

尹憲求 洪冕憙 洪祐夔 沈鍾大 盧鍾彬 具升會 成夔永 朴準性 柳龍均 尹達永 裴瑛均 李漢吉 權泰斑 申正植 鄭雨興 南輔元 金正學 趙東肅 權重瑾 李漢求

제3회 졸업생은 이처럼 모두 25인이다. 그런데『법학전문학교일람』(1931년판), 62면의 졸업생 명단에는 이명세(李鳴世), 이종악(李鍾岳), 안병찬(安秉瓚) 세 사람의 이름이 추가되어 전체 28인으로 되어 있다. 또 배영균(裴瑛均)은 배영균(裵瑛均)으로, 정우흥(鄭雨興)은 정운흥(鄭雲興)으로 잘못 기재되어 있는 것으로 볼 때『관보』에 기재된 것이 올바르다고 보아야 할 것이다. 또 이『일람』에 수록된 순서는 일본식 가나(いろは순) 순서이기 때문에 석차와도 관계가 없다.

(4) 제4회 졸업생(관보 제3343호, 1906.1.6) 20인

及第 20人

金哲鉉 金洛純 尹忠秀 權赫采 沈學根 沈在根 丁奎昇 卞榮晩 具滋景 宋泰顯 趙箕衍 洪淳瑢 睦源容 宋錫會 金奭鎬 南晟祐 李文世 李源禧 徐丙高 李載榮

(5) 제5회 졸업생(관보 제3962호, 1908.1.4) 22인

優等 5人 李基燦 李弼殷 金基賢 韓相義 金應燮

及第 17人

安肯洙 李敬儀 李根國 南廷圭 金元培 閔衡基 趙良元 鄭奭朝 林正奎 柳海昌 南春熙 宋柱學 趙台煥 權泰亨 金鍾協 李鍾淵 洪鍾國(이상 22인 任法官養成所博士敍判任官八級)

(6) 제6회 졸업생(관보 제4297호, 1909.2.10) 54인

李豊求 金淇正 盧興鉉 李煥奎 金思溎 金大經 李愚正 李祖遠 李敦性 沈相直 盧載昇 李漢麟 申錫定 金亨淑 金瓚泳 文澤圭 李奭鎬 張錫驥 姜世馨 柳定烈 李春燮 安承馥 洪淳哲 金炳稙 李中璜 柳國鉉 曹德承 洪明厚 洪淳項 吳熙鏞 李圭南 宋泰用 鄭志衍 權寧普 黃芯周 金鍾悳 朴容九 趙建鎬 金珏善 蘇東植 吉昇淵 安鍾洵 金鳳欽 卞榮鎬 柳根穆 趙載璿 兪爰濬 金永旭 朴容瑾 趙鍾哲 柳志衡 權轍相 安晩洙 趙世熙

제6회 졸업생의 경우, 우등 1번은 이풍구, 우등 2번은 김기정이라고 한 것[39]으로 미루어 볼 때 여기에 열거한 순서는 석차순인 것으로 보인다.[40]

법관양성소는 1908년 12월 27일 자로 제6회 졸업생을 배출하고,[41] 같은 1909년부터는 '법학교'로 명칭을 바꾼다. 이 법학교는 1911년 3월 20일 29명의 졸업생을 내고 다시 교명을 바꾸었다. 한 번으로 끝난 졸업생의 명단은 아래와 같다.

---

39 『법정학계』 제20호, 1909, 31~33면 및 본서 169~170면에 인용한 '졸업식 광경' 참조.
40 일본의 경우, 사법성 법학교 속성과 1기생의 명단의 순서도 졸업성적의 석차로 본다. 手塚豊, 『明治法學敎育史の硏究』, 1988, 113면의 주 (b) 참조.
41 『서북학회월보』 제1권 9호, 1909.2, 54~55면의 '학원 소식'에서는 서북 학생으로 법관양성소를 졸업한 여섯 사람의 명단(안승복, 송태용, 김종덕, 길승연, 조재선, 조종철)을 게재하고 있다.

(7) 법학교 제1회 졸업생(1911.3.20) 29인

郭炳弼 金基俊 金德濬 金鳳欽 金振玟 金鎭台 金浩煉 柳定烈 朴東勳 朴榮根 朴榮來 朴容九 朴容瑾 朴容夏 朴雲龜 徐廷翊 薛基夏 吳德三 吳熙鏞 兪爰濬 尹希誠 李鍾洛 鄭彦謨 鄭雲洛 趙建鎬 曺德承 崔奉柱 洪明厚 洪淳項

『매일신보』의 기사에 의하면, 법학교의 졸업날짜는 1911년 3월 20일이며 졸업생은 32명이다.

이 법학교는 다시 '경성전수학교(京城專修學校)'로 명칭을 변경하고 1912년 3월 24명의 졸업생을 내었다. 이후 1916년 3월까지 제5회 졸업생을 배출하였으며, 1917년부터 새로이 전문학교로서 경성전수학교가 출발하였다.[42]

> ● 法學校 卒業式 旣報와 如히 總督府 法學校 第七回의 卒業式은 昨日 午後 一時브터 同校 樓上에서 擧行호지라. 校長 以下 各職員 及 卒業生이 就席호얏느디 野澤 校長의 式辭가 有훈 後 卒業生 三十二名에게 對호야 各其 卒業證書와 優等生 二名에게 賞品을 授與호고 內務部 長官의 訓示, 來賓의 祝辭, 卒業生總代의 答辭 等이 有호야 式을 畢호고 午後 四時에 散會호얏느디 卒業生中에는 法官을 希望호는 者ー多호다더라.[43]

그러나 서울대학교 법과대학 동창회 편, 『회원명부 2009』, 92~93면에서는 '법학교 제1회 1911년 3월 졸업 29명'이라고 기재한 후 명단을 열거하고 있다. 이 중박용구, 박용근, 류정렬, 조덕승, 오희섭, 홍명후, 홍순욱, 김봉흠, 유원준, 조건호이상 10인은 법관양성소 제6회 졸업생 명단에도 들어 있어서 중복된다. 이들이 두군데에 이름이 올라 있는 것은 아직 구체적인 자료가 없어서 단정할 수는 없지만몇 가지 추측을 가능하게 한다. 하나는 법관양성소를 졸업한 후 '법관양성소'라는이름보다는 '법학교'라는 명칭이 보다 더 정식 학교로서 가치가 있고, 또 일본인이 지배하는 세상으로 바뀌어서 그들에 의한 졸업장이 필요하여 재입학 내지 편

---

42 서울법대동창회, 『회원명부』, 1985, 48~54면 참조.
43 『매일신보』, 1911.3.21.

입학하여 제1회 졸업생 명단에 오른 것이 아닌가 하는 것이며, 다른 하나는 한일합병이라는 혼란기에 기록도 사라지고 자료가 부정확하여 훗날의 사람들이 기억이나 구전에 의존하여 재작성하는 과정에서 착오가 발생하여 중복하게 된 것이 아닌가 하는 정도로 추측할 뿐이다. 앞으로 좀 더 연구하여 구명해야 할 과제이다.

『법학전문학교일람』(1931년판), 65면의 김덕선(金德璿)은 김덕준(金德濬)의 오기이다.

이상의 10인 가운데 관직에서 이름이 발견되는 사람은 조덕승이 경성복심법원 통역생이며 서기, 오희섭이 광주지법 서기, 홍명후가 해주지법 서기 겸 통역생, 홍순욱이 재판소 서기와 포천군수, 김봉흠이 광주지방재판소 서기를 지낸 후 인천부 속(屬), 유원준이 공주지방재판소 서기를 거쳐 함흥지법 강릉지청 서기, 조건호가 춘천지방재판소 서기와 경성지법 인청지청 서기와 통역생을 지냈으며, 박용구가 구한말 양지아문 기수보에서 출발하여 일제시대에도 중추원 참의까지 승승장구 출세가도를 달린 사람 등등이 있다.

(8) 구 경성전수학교 1회 졸업생(1912.3.25)[44] 24인

姜憲周 吉昇漸 金敎鳳 金九永 金均祚 金永烈 南廷圭 柳福永 柳重鶴 文錫圭 朴勝默 白徹洙 宋元鎬 尹善浩 李明燮 李愚益 李璋漢 李弘鍾 李禧春 張基相 朱正煥 韓基璜 許煥 黃命錫

이 중에서 류복영(柳福永)은 일제치하의 조선인 판사로서 고뇌하고 일본인과 자주 충돌한 사건을 정구영은 '오래 기억되는 사람'으로서 아래와 같이 자세하게 기록하고 있다.[45]

본시 류복영은 나보다 7~8년 연장이며 구 전수학교 1회 졸업생(1912년 졸업)으로

---

44 졸업식에 관한 보도는 없으며 조그마한 졸업식 안내 광고 '전 법관양성소 급 법학교 졸업생 제군에게 고흄. 3월 25일 오전 10시 졸업식 거행흐니 御臨席 흐심 望흠 경성전수학교', 『매일신보』, 1912.3.23 참조.
45 정구영, 「조선변호사회」(「남기고 싶은 이야기들(15) 류복영 판사」), 『중앙일보』, 1974.1.6~8.

이우익(李愚益), 이홍종(李弘鍾), 장기상(張基相), 이명섭(李明燮), 문석규(文錫圭) 등과 동기이나 그의 꼿꼿한 성격 때문에 일본인들과 자주 충돌, 시험합격이 늦어지는 바람에 나와 같이 시험을 보게 된 것이다.

그는 전수학교를 졸업한 1912년 9월 충남 공주지법대전지청 서기로 근무했었다.

당시 법원서기면 판임관(判任官)으로 정모(正帽)와 양 소매에 '의동다리'라 하여 금줄 1개를 둘렀고 긴 칼을 찼었다. 관리들에게 이 같은 위풍 있는 복장을 준 것은 식민지 통치의 위엄을 보이려는 일본 당국의 고등정책으로 당시는 초등학교 훈도(訓導)까지 그 같은 복장을 했었다. (…중략…)

3·1운동은 그 발생 후 점차로 폭동화 하여 급박한 사건이 각처에서 층생첩출(層生疊出)하여 그것을 저지하고 단속하는 헌병 및 경찰은 물론 검찰의 손도 모자라져서 사건 발생지에로의 검찰 응원 출장이 빈번히 이뤄지던 때의 일이다.

류복영 서기는 상관인 시부야(澁谷) 검사를 수행하여 평양(平壤) 지법 검사국으로 출장 명령을 받았다.

3·1운동이 전국으로 번져 평남 순천읍에서는 시위 대중이 헌병분견소를 습격. 소장 이하 34명의 헌병을 살해하고 방화를 했는데 워낙 손이 모자라 지방검찰의 지원을 받도록 한 것이었다. 지원(地院) 검찰의 지원을 받도록 한 것이었다. 시부야는 고등관 3등 4급의 상급에 속하는 검사로 당시 평검사였으나 그의 급수는 웬만한 지방법원 검사장과 맞먹는 고참이었다.

시부야 검사를 수행해서 순천에 도착하니 대거 투입된 일본 헌병들이 시위군중 가운데 주모자급 10여 명을 검거해 놓았었는데 어찌나 그들에게 잔혹행위를 하였던지 상당수가 중상을 입어 명재경각(命在頃刻)이었다.

그러나 취조 관원은 직책상 그 중상자들이 사망하기 전에 증거를 수집해놓을 필요성이 있었기 때문에 취조를 서둘렀다. 차마 눈뜨고 볼 수 없는 광경이 벌어지고 있었다.

시부야가 주동자의 한사람을 조사하게 되었는데 그는 금방이라도 숨이 끊어질 듯한 상태로 의식을 잃은 채 "나는 모른다"고만 연발했다. 한동안 조사를 했으나 계속 같은 대답만을 하자 시부야 ― 그는 평소 온후한 검사로 이름이 났었다 ― 는 부지불식간에 민족감정이 치솟았던지 "빠가야로!(고얀놈)"하며 청년에게 구둣발 길 질을 했다.

그때 옆 자리에서 묵묵히 모필(毛筆)을 들고 조서를 받아쓰던 류 서기가 벌떡 일어나 붓을 던지고는 바로 그 손으로 시부야의 오른 뺨을 세차게 후려 갈겼다. 정통으로 맞았던지 시부야의 코가 터지며 피가 흘러 쏟아져 옷 저고리에 얼룩졌다.

류복영은 이를 보며 "피고는 살인죄로, '기사마(네놈)'는 독직(瀆職)으로, 나는 상해 죄로 우리 셋이 모두 감옥으로 가자"고 소리쳤다고 한다. 이때 류 씨의 서슬이 어찌나 퍼렜던지 옆에 서있던 2, 3명의 일본인 헌병들도 감히 어찌할 바를 모르고 그냥 서서 보고만 있었다한다.

류복영은 그길로 여관에 돌아가 보따리를 꾸려 평양으로 돌아갔다. 이를 보고받은 일본 법무당국은 일본 검사의 창피라 하여 극비에 붙였고, 류 서기도 불문에 붙였으나 법원에 근무하는 조선인들 사이에서는 한동안 화제가 됐었다.

류복영은 이처럼 1912년 3월 구 경성전수학교를 제1회로 졸업하고 같은 해 9월부터 공주지법 대전지청에 서기로 근무하였다. 그 후 1920년 6월 광주지방법원 판사로 발령을 받아 근무하다가 1922년 9월부터 1923년 3월까지 경성지법 춘천지청 판사를 지내고 1923년 8월 광주지법에 변호사 등록. 그러나 1938년 7월 사망으로 광주지법 변호사 등록을 취소한다.[46]

법원행정처 편, 『한국법관사』(육법사, 1976, 183면)에서는 최종보직을 '함흥지방법원'으로 기록하고 있으나 『관보』에 의하면 '경성지방법원 춘천지청 판사'이다.[47]

3. 졸업식 광경

졸업식에 관한 신문의 보도는 다음 몇 가지가 전하고 있다.

  ● 법도졸업식   명일에 법관양성소에서 학도 졸업장 슈여식을 설행홀 터인디 소쟝 김규회씨가 각부 부디관을 청요ᄒ엿더라.[48]

---

46 전병무, 『조선총독부 조선인 사법관』, 역사공간, 2012, 325면.
47 『관보』 제3174호, 1923.3.13.

● 養成卒業　法官養成所에셔 數三日前붓터 卒業試驗을 經ᄒ얏ᄂᆞᆫ디 卒業生徒ᄂᆞᆫ 二十二人이라더라.[49]

● 卒業式期　法官養成所에셔 卒業式을 日間 擧行ᄒᆞᆫ다더라.[50]

● 法官齊叅　法官養成所에셔 昨日 下午 一時에 卒業式을 擧行ᄒ얏ᄂᆞᆫ디 法部大臣 趙重應氏와 該部 高等官들이 一齊 往叅ᄒ얏다더라.[51]

● 卒業生會宴　再昨夜에 法官養成所 卒業生 二十一人이 宴會를 惠泉湯에 設ᄒ고 該所 敎師諸氏를 請邀ᄒᆞ야 秩宕이 盛遊ᄒ얏다더라.[52]

특히 1908년 12월 27일에 거행된 제6회 졸업식에 관한 보도가 상세한 편이다.

● 法官卒業　再昨日 法官養成所에셔 卒業禮式을 擧行ᄒᆞᆫ디 法部大臣 高永喜氏 와 其他 法官이 出席ᄒ얏다더라.[53]

● 法官卒業生五十三人　法官養成所에셔 去 日曜日에 卒業式을 設行ᄒ얏ᄂᆞᆫ대 卒業生이 五十三人이라더라.[54]

또한 『법정학계(法政學界)』는 「법관양성소 졸업식」 기사에서 다음과 같이 가장 자세하게 보도하고 있다.

◎ 官立法官養成所ᄂᆞᆫ 客年 十二月 二十七日 下午 一時에 第六回 卒業式을 該所 豫 備科 講堂에셔 設行ᄒ얏ᄂᆞᆫ디 其 儀式과 節次가 整制ᄒ고 卒業諸氏의 齊齊ᄒᆞᆫ 容貌가 頗히 人으로 ᄒᆞ야곰 感이 有케 ᄒ더라. 그 槪況을 定刻에 法部大臣 高永喜氏, 檢事總 長 國分三亥氏, 法部次官 倉富勇三郞氏, 刑事局長 金洛憲氏, 民事局長 李始榮氏 其他 法部 裁判所 官吏 多數가 式場 左右에 羅立ᄒ고 又 卒業生 五十三人은 式場正面에 整

48 『대한매일신보』, 1904.10.29.
49 『황성신문』, 1907.12.18.
50 『황성신문』, 1907.12.28.
51 『황성신문』, 1907.12.29.
52 『황성신문』, 1908.1.7.
53 『대한매일신보』, 1908.12.26.
54 『황성신문』, 1909.1.1.

列호 후에 該所長 野澤武之助氏가 登壇호야 簡單호 式辭를 述호 後에, 大皇帝 陛下의 御眞影을 奉開호고 來賓 及 學員이 最敬禮를 行호 後에 教授 石鎭衡氏 勅語를 奉讀호고 又 最敬禮를 行호 後에 御眞影을 奉閉호고 卒業證書 及 賞品을 授與호 後에 該所長이 卒業生의게 對호야 簡單호 訓示演說을 試호고 法部大臣이 祝辭를 述호고 法部次官과 檢事總長이 勸勉的 演說을 試호얏더라. 然호더 優等이 八人이요, 及第가 四十五人이요, 優等 第一番은 李豊求氏요, 第二番은 金淇正氏러라. 本 記者는 該 五十三人 즉 光榮이 有호 卒業證書를 受호 諸氏의게 對호야 一言을 寄호노니 諸君은 今日로브터는 學校에 在學호 學員이 아니오 社會上에 完全호 一分子이라. 換言호면 諸君은 學校에 在훌 時는 學校의 學則이나 守호고 勉强호면 玆에 責任이 極호거니와 一次 學校의 業을 卒호고 社會에 一出호면 卒然히 天地가 廣濶호야 其捕着훌 바를 不知홀지로다. 是以로 一個標準을 心裏的으로 定홈을 要훌지니 此는 無他라. 其 學得호 智識으로 社會를 如何히 호면 利케 훌가 호는 決心이 是라. 願컨대 諸君은 此를 不忘홀지어다. [55]

이 기사에서 보듯이, 법부대신 고영희,[56] 검사총장 고쿠부 산카이,[57] 법부차관

---

55 『法政學界』제20호, 1909, 31~33면.

56 고영희(高永喜, 1849~1916)는 1881년 신사유람단의 수행원으로 일본에 다녀왔고 이듬해 일본 공사 하나부사(花房義質)가 올 때 차비역관이 되었다. 참의교섭통상사무, 농상공부협판, 주일 특명전권 공사 등을 거쳐 1896년(건양 1) 농상공부 대신 서리가 되고, 독립협회가 조직될 때 발기인으로 참여, 1898년 탁지대신이 되었다. 1907년 이토 히로부미가 헤이그 밀사사건을 구실로 고종의 양위를 강요할 때 이에 반대한 일도 있으나 한일합병에 찬성한 친일파로서 합병 후 일본의 자작이 되었다. 민족문제연구소 편, 『친일인명사전』, 민족문제연구소, 2009, 151~153면; 한국정신문화연구원 편, 『한국인물대사전』, 중앙M&B, 1999, 91~92면; 『한국인명대사전』, 신구문화사, 1995, 29면 등 참조.

57 고쿠부 산카이(國分三亥, 1863~1962)는 일본의 사법관료이며 호는 漸庵. 1863년 12월 오카야마현(岡山縣) 高梁市에서 출생하였으며, 1885년 사법성 법학교를 졸업한 후 1887년 검사로 임명되고 이후 요코하마(橫浜), 오카야마(岡山) 등지의 검사와 검사정을 거쳐 오사카 공소원 검사, 오사카 지방재판소 검사정 등을 역임하였다. 1908년 한국에 건너와서 통감부 검사총장이 되었다. 한일합병 후인 1910년에는 조선총독부 고등법원 검사장과 총독부 사법부 장관을 겸임하였다. 1920년 퇴관 후에는 은행 두취, 궁중 고문관 등을 역임하고 1927년에는 二松學舍 이사장과 명예교수가 되었다. 1962년 5월 1일 사망하였다. 이상 平凡社, 『日本人名大事典』(現代), 1979, 308면 참조. 여기서는 '한국 정부의 초빙에 의해서 한국 정부 검사총장이 되다'라고 적고 있다. 당시 통감부에서 근무한 일본인들은 대부분은 자칭 '한국 정부의 초빙에 의해서'라고 기록하고 있다. 일본의 인명사전에서는 '한국 정부의 초빙에 의해서 한국 정부 검사총장이 되고'라고 적고 있다(『日本人名大事典』(現代), 平凡社, 308면). 그의 논설로는 「司法權委任に就て」, 『朝鮮』 제41호, 1909; 「倂合と司法制度との關係」, 『朝鮮』 제31호, 1910; 「司法事務と同化」, 『朝鮮』 제45호, 1911; 「母國と朝鮮との共通法規の必要を論ず」, 『朝鮮及滿洲』 제78호, 1914; 「共通法に就て」, 『朝鮮彙報』, 1918; 「朝鮮の司法制度改革と將來の希望」, 『朝鮮公論』 제6권 6호, 1918 등이 있다. 문헌은 野村正男, 『法窓風雲錄』(上卷), 朝日新聞社, 1966, 18~30면; 「朝鮮司法界の往事を語る座談會」(1940.8.15 開催), 『司法協會雜誌』 第19卷 10,11號 別冊. 이 책의 한국어 번역 남기정 옮김, 『일제의 한국사법

구라토미 유자부로,[58] 형사국장 김낙헌,[59] 민사국장 이시영,[60] 법관양성소장 노자 와 다케시노스케(野澤武之助),[61] 교수 석진형[62] 등이 참석하고 있다. 여기에 참석한 인물들은 당시의 한국 법제와 법학을 연구하는 데에도 필수불가결한 존재들이어 서 이들에 대한 개별적인 연구도 필요하다고 생각한다. 간단한 이력이나 저술목 록을 적어 후일 기초자료로 활용되기를 바란다.

4. 졸업생 수용 문제

법관양성소 졸업생의 수용문제는 창설 당시부터 논란이 있어서 일찍부터 이에 관한 보도가 아래와 같이 전하고 있다. 연도별로 정리하기로 한다.

○ 인천 리경익의 편지에 말ᄒᆞ기를 법부 법관양셩쇼 일이 급 법률 학원 팔십여 명 이 이왕 법률을 힘써 빈화 졸업ᄭᆞ지 ᄒᆞᄂᆞ 듯은 문명 진보ᄒᆞᄂᆞ 째를 당ᄒᆞ야셔 졸업ᄒᆞᆫ 후에 법관으로 쓰겟다고 ᄂᆞ리신 칙영을 의지ᄒᆞ야 법관이 되야셔 민ᄉᆞ와 형ᄉᆞ에 지판 을 명빅히 ᄒᆞ랴고 ᄒᆞ엿거놀 지금 보니ᄭᆞ 법관들을 내되 법률 아지도 못ᄒᆞᄂᆞ 다른 사

부 침략실화」, 육법사, 1977, 24면 이하 참조.

58 구라토미 유자부로(倉富勇三郎, 1853~1948)는 후쿠오카현 출신으로 사법성 법학교를 졸업하고 사법성 민형국장, 대심원 검사, 오사카와 도쿄의 각 공소원 검사장을 거쳐 1907년 조선에 와서 법 부 차관, 법률기초위원회 위원장, 조선총독부 사법부 장관 등을 지냈다. 1913년 귀국하여 법제국 장관, 추밀원 고문관, 추밀원 의장 등을 역임하였다. 상세한 것은 본서 3부 「문헌해제」 중 5장 「구 라토미 유자부로(倉富勇三郎) 문서」 참조.

59 본서 「법관양성소 소장」 참조. 김낙헌(金洛憲, 1874~1919)의 호는 硏農. 법부 주사로 관계에 입문, 평 리원 검사, 법부 참서관, 법관양성소 소장, 법부 형사국장 역임. 저서 『종환록』이 있음. 김효전, 『근대 한국의 법제와 법학』, 세종출판사, 2006, 515~518면; 최종고, 「김낙헌의 「종환록」」, 『법사학연구』 제11호, 1990, 246~243면; 원문은 240~205면 참조.

60 이시영(李始榮, 1869~1953)에 관하여는 한국정신문화연구원 편, 『한국인물대사전』, 중앙M&B, 1999 참조.

61 본서 2부 「법학교육관계」 중 2장 「노자와 다케시노스케(野澤武之助)와 근대 한국의 법학교육」 참조.

62 석진형(石鎭衡, 1877~1946)은 1902년 지금의 호세이(法政)대학의 전신인 와부츠(和佛)법률학교를 졸업한 후 1904년 군부 군법과 주사로 취직. 1905년 우메의 통역이 되고 같은 해 법관양성소 교관. 1906년 6월 내부 참서관. 1909년 법학교 조교수. 1913년 경성전수학교 사임(『매일신보』, 1913.3.23). 1921년 전남도청의 참여관, 1926년 전남도지사 등을 역임한 사람이다. 본서 제1부 「법관양성소」 중 9장 「법관양성소의 교수진」 참조.

룸들로만 낸즉 경향 간에 불복된 숑스가 만타 ᄒ엿스니 우리 싱각에ᄂ 법률 졸업ᄒᆫ 사롬들이 외국 법률 학ᄉ와 ᄭᅩᆨ ᄀᆺ다고 말홀 슈ᄂ 업스되 아조 법률 모로ᄂ 사롬보다ᄂ 얼만큼 나흘 터이니 경향간 법관들 궐 나ᄂ 대로 법률 졸업생들노 법관을 식히기를 ᄇ라노라고 하엿더라.[63]

○ 법관양셩소를 셜시ᄒ야 외국 교ᄉ를 고빙ᄒ야 학도를 가라친거시 빅여 명인디 속셩과로 가라치노라고 졍통홀 슈ᄂ 업셔 그러ᄒ되 졸업ᄒᆫ 사롬이 엇지ᄒ여 ᄉᆞᄉᆞ로 이 혹 쥬ᄉᆞ씨나 엇어ᄒ게 드면 법뉼 상관되ᄂ 일에ᄂ 그 사롬만 차즈면셔도 참셔관이나 판검ᄉ 승추홀 슈 업스니 법뉼이란 거슨 어즈런거슬 다스리ᄂ 약셕이라. 어ᄂ 벼슬에 상관 업ᄂ 디가 업건만은 쓰기ᄂ 고ᄉᆞ하고 법뉼학도라면 질지여슈ᄒ고 …….[64]

○ 검ᄉ 랑픽   법부에셔 각도 각항에 검ᄉ 二十一인을 법률학도로 ᄲᅡ아 보ᄂᆞᄅᆞ고 광무 三년도 경비를 예산ᄒ야 탁지부에 쳥구ᄒ엿더니 탁지부에셔 그 예산 쳥구ᄒᆫ 것을 쳥시 안코 도로 퇴ᄒᆫ 고로 각도 각항에 검ᄉ 보ᄂᆞᄅᆞ던 일이 랑픽되얏다더라.[65]

○ 졸업싱 취직   법부 법관양셩쇼에 졸업싱들을 음력 이 둘 十六일 오젼 十시에 법부로 모하 취지ᄒ야 벼슬을 식히려 ᄒᆫ다더라.[66]

○ 검ᄉ 쇼문) 법률 졸업싱으로 시취ᄒ야 十三도 관찰부와 九항과 제쥬목에 검ᄉ로 파송ᄒ야 ᄌᆡ판 직무를 구관케 ᄒᆫ다ᄂ 말이 잇다 ᄒᆞ니 만일 그럴진디 법부에셔 죠흔 ᄉᆞ업을 ᄒᆞᄂ 모양이라더라.[67]

◎ (額外檢事) 再昨日에 法大署理 閔種默氏가 十三府 九港 一牧 裁判所에 檢事試補 一員式 敍任ᄒᆞᄂ 奏本을 上ᄒ얏ᄂ디 其 敍任의 實況이 如何ᄒ던지 法務局長 徐相龍氏가 抗議ᄒ여 曰法官養成所 卒業生을 試才ᄒ야ᄊ 優等을 選用홈이 可ᄒ거ᄂ 大臣의 所親만 敍任홈이 用人公平ᄒᆞᄂ 體面上에 代違홈이라 ᄒ고 辭職疏를 上ᄒ얏고 法官養成所 卒業에 具健書 等 十六人이 法部에 請願ᄒ 槪意에 當初 章程은 本所 學徒를 依判任官例ᄒ야 京外 判檢事 試補로 敍任ᄒᆞ다 ᄒᆞ기로 于今 五六年을 敢望ᄒᆞ더니 近

63 『독립신문』, 1896.6.20.
64 『뎨국신문』, 1899.1.23.
65 『독립신문』, 1899.1.7.
66 『독립신문』, 1899.1.25.
67 『독립신문』, 1899.5.18.

日 外道檢事試補 奏本中 所謂 卒業生은 不過 幾人이오 專以額外人으로 敍任ᄒ오니 使此牛百學徒로 旣無餘望ᄒ니 豈抑冤乎잇가 ᄒ얏더라.[68]

그리하여 법관양성소 2회 졸업생을 1896년 5월에 배출하고 난 뒤 4년이 지나서 법부에서는 제1회와 2회 졸업생에게 훈련원에 모이라는 다음과 같은 광고를 내었다.

● 法官養成所 卒業生 等이 有本部鳴冤事ᄒ니 左記 諸員은 明日 上午 十二時에 齊會于訓練院ᄒᆯ 事

具健書 金丙濟 李行善 任允宰 洪鍾翰 尹衡重 金敦熙 金永洙 李容福 元容高 李東鎭 林炳璿 金翼熙 趙漢緯 孔冕周 尹秉純 李兢洙 吳世俊 李康浩 鄭雲倬 鄭永澤 韓成潤 尹駬榮 李憲儀 尹相直 鄭雲哲 李冕容 許 植 李徹承 權興洙 權鳳洙 柳台永 徐相喜 延 浚 金永默 尹榮駬 高殷相 朴廷煥 洪鍾駿 崔昌來 鄭樂憲 權在政 李 俸 朴斌秉 李用冕 鄭爕朝 韓曥[69]

여기서 보듯이 제1회 졸업생 47인, 제2회 38인 합계 85인 중 47인만이 명단에 올라있고 38인은 제외되어 있다. 이들 38인은 이미 취직이 되어 근무 중이거나 사망 또는 행방불명된 사람들일 것이다. 여하튼 졸업 후 4~5년이 지나도 절반 이상이 변변한 자리를 얻지 못하고 있었다는 증좌이다. 이처럼 현실적으로는 문제가 많이 발생하였다.

1903년 법관양성소가 다시 개교하자 역시 졸업생의 대우 문제가 대두되었다. 이에 관한 신문의 보도는 다음과 같이 여러 차례 자주 게재되었다.

◎ 試驗結果 再昨日 法部에셔 法律卒業生試取홈은 昨報에 記ᄒ얏거니와 試才에 七点 以上 五人이 被選ᄒ얏ᄂᆫ디 洪鍾翰氏ᄂᆫ 優等으로 濟州牧檢事試補롤 叙任ᄒ얏고 及第에 林炳應 李容福 韓憲 李徹承 四氏ᄂᆫ 隨闕 需用ᄒ기로 歸決ᄒ얏고 今番 試取에

68 『황성신문』, 1900.7.28.
69 『황성신문』, 1900.8.14.

六点 以下에 居호 者는 卒業生案에 永順호기로 法部大臣이 聲言호얏더라.[70]

◎ 法部見習　本年 七月 法部에셔 法律卒業生을 試驗호야 優等 一人은 濟州牧檢事 試補를 叙任호고 其餘 及 第호 者 林炳○ 李容福 韓憲 李徹承 四氏는 法部 見習生으로 아즉 需用호다가 隨闕 叙任호다는디 該氏等을 法部로 招集호다더라.[71]

● 本部에셔 主事見闕에 取才叙任호깃스니 法官養成所 開國 五百四年 第一回 卒業生은 來月 四日에 齊會 應試홀 事 法部[72]

● 卒業需用　法部大臣 李址鎔氏가 十三道 及 各港市裁判所에 法官을 加設호기 爲호야 主事 二十三人을 法官養成所 卒業生으로 叙任호기로 政府에 請議호얏더라.[73]

그리하여 법부대신과 협판 이하 각 국장들이 직접 법관양성소에 가서 7월 13일에 치러진 졸업시험에서 우등생을 선발하여 각도각항 재판소에 파견하여 시무케 한다는 보도가 나갔으며,[74] 부장(副長) 심상익(沈相翊)은 공정하게 선발하였다고 칭송이 자자하였다.[75]

이와는 반대로 인척이나 뇌물로 매관매작 하는 사례가 빈번하여 『황성신문』은 논설에서조차 법부대신의 직책은 법률졸업생을 공정하게 수용하는 것이라고 강조할 정도가 되는 형편이었다.

且 素昧法律之爲何等物事者를 任之以司法之官호면 何以能不失其職哉아. 所以有法官養成所之所나 然이나 及其養成而卒業之後에는 便同筌蹄之忘置호야 每當官吏選擇之際호면 輒以何處落來之昧法昧律者로 多充其任호고 前者卒業之生徒는 棄不需用호니 奚爲設養成之校哉아. 從今以後는 凡有闕窠어던 必以卒業生選充호야 以奬勵法律之學生이 亦當今之要務也니 已上法律之改訂制定과 法律之實施實行과 與法律卒業生之需用이 卽在法部大臣之職權호니 行之在我者라. 毋棄蒭言而採納焉則豈非公之福而民國之慶幸也哉아.[76]

70　『황성신문』, 1901.7.23.
71　『황성신문』, 1901.9.5.
72　『황성신문』, 1904.3.29 광고.
73　『황성신문』, 1904.7.11.
74　『황성신문』, 1908.6.14.
75　『황성신문』, 1904.7.18.

법부대신은 법률을 공부한 사람을 수용하는 것이 당연한 일임에도 불구하고
이 논설에서는 법부대신의 직책임을 강조하고 있다. 졸업생 수용에 관한 기사는
그 후에도 끊임없이 계속된다.

● 졸업싱슈용　명년브터 법관양셩소 학도와 보셩젼문학교 학도의 졸업ᄒᆫ 사람은
ᄉ법관으로 일졔히 슈용ᄒᆫ다더라.[77]

● 졸업싱치용　법관양셩소 교관 류문환 리셩믁 량씨가 톄임ᄒᆫ 디에 보셩젼문학
교 졸업싱으로 틱임ᄒᆫ다더라.[78]

● 法官任用令　法部에셔 法官任用令을 日間 頒布ᄒᆯ 터인디 從玆以往으로는 法官
은 法律卒業生 外에는 不得任用ᄒ기로 磨鍊ᄒ얏다더라.[79]

● 法官銓所　法部에셔 法官銓考所를 設ᄒ고 陰 本月 二十五日內로 法官履歷書를
繕送ᄒ라고 通知ᄒ얏다더라.[80]

● 老成宜用　元來 法官의 年齡을 二十五歲 以上人으로 敍任ᄒᆷ은 各國通行之例인
디 日昨 法部에셔 法官을 銓考ᄒᄂ디 應試者의 年齡이 十七八歲 假量人이 多數ᄒ다
니 此等 年少人을 取用ᄒᆯᄂ지 未知커니와 年紀가 老成ᄒ 然後에야 本國 習慣을 熟知
ᄒ야 法律과 參互用刑ᄒᆯ지라. 만일 習慣을 不知ᄒ면 法律을 全用ᄒ야 人命을 誤害ᄒ
ᄂ 弊가 不無ᄒᆯ지니 試取ᄒᄂ 法官은 此에 對ᄒ야 十分注意ᄒᆷ이 可ᄒ다고 一般 輿論
이 紛紛ᄒ더라.[81]

● 法官令改頒　法部에셔는 自來 施行ᄒ든 法官任用令은 不完全ᄒ 故로 此를 廢止
ᄒᆯ 次로 法官任用令을 更히 起草ᄒᆷ은 己揭ᄒ얏거니와 該 案件은 近日에 畢稿된 故로
閣議를 經ᄒ야 不遠間 頒佈施行ᄒᆫ다더라.[82]

● 法官試驗規則　法部에셔 司法官試驗ᄒᄂ 規則을 現今 制定中이라ᄂ디 不遠間
에 發布ᄒᆫ다더라.[83]

76　『황성신문』, 1906.6.12.
77　『대한매일신보』, 1907.11.8.
78　『대한매일신보』, 1907.12.3.
79　『대한매일신보』, 1906.10.16.
80　『대한매일신보』, 1906.11.6.
81　『대한매일신보』, 1906.12.1.
82　『황성신문』, 1909.3.18.

●法生落望 司法試驗에 應試ㅎ기 爲ㅎ야 法律學生諸氏가 熱心으로 做工ㅎ더니 近日 司法權委任問題가 發生ㅎ 後로 擧皆 落望ㅎ야 工課를 廢止ㅎ 者가 多數ㅎ다더라.[84]

●七人入格 曩日 司法官試驗의 規에 依ㅎ야 施行ㅎ 試驗 合格ㅎ 者는 金基賢, 鄭浚謨, 李宗夏, 柳完永, 嚴寁, 李圭南, 尹世榮 諸氏라더라.[85] (* 李琮夏의 오기)

●韓日法官 新設裁判所職員 中 임의 任命된 日人이 大審院法官 二名 控訴院 六名 地方裁判所 十六名 部長 五名 書記 二十名이오 尙且 本年度에 任名될 者가 韓人은 法官 六十名 書記 百名 通譯 五十名이오 日人은 法官 八十名 書記 八十五 通譯 十七名이라더라.[86]

이보다 1년 뒤의 통계를 보면 상당히 많은 일본 거류민이 조선에 체류하고 있었다.

●居留日人總數 八月 末에 京城에 居留ㅎ는 日本人의 戶口調査ㅎ 바룰 據ㅎ 則 戶數는 七千四百六十 人口는 二萬六千七百四十三이니 七月末에 比ㅎ면 戶數는 百三, 人口는 六百六十四가 增加ㅎ얏다더라.[87]

일본인 다카사키 소지(高崎宗司)의 연구에 의하면 1905년 말 4만 2,460명이었던 재한 일본인은 이듬해인 1906년에 8만 3,315명, 1910년 말에는 17만 1,543명으로 증가했다고 한다.[88] 이처럼 일본인이 급증하면서 일본인 사법관료 역시 대거 한국에 몰려오면서 명목상은 한국의 사법부였으나 사실상은 일본인의 사법부가 된 것이다. 이런 와중에서 법관양성소를 비롯한 조선인 법학도의 취직이나 수용 등 그들이 설 자리는 더욱 좁아지게 마련이다. 몇 명 되지도 않는 졸업생의 수용문제에 관한 보도는 아래와 같다.

●宜先需用 明年度 爲始ㅎ야는 法官養成所와 普成專門學校 學員의 卒業生을 司

---

83 『황성신문』, 1909.4.22.
84 『대한민보』, 1909.7.24.
85 『대한민보』, 1909.10.26.
86 『황성신문』, 1908.5.23.
87 『대한민보』, 1909.9.11.
88 高崎宗司, 『植民地朝鮮の日本人』(岩波新書 2002), 97면; 吉川絢子, 「일제시기 이혼소송과 일본인 판사—1910년대를 중심으로」, 『법사학연구』 제44호, 2011, 172면에서 인용.

法官으로 一齊 需用흔다더라.[89]

● 學士將敍　法官養成所 卒業生 二十二人中에 優等生 四人을 爲先 法學士 敍任件을 內閣으로 送交ᄒ얏ᄂᆞᆫ대 其 餘ᄂᆞᆫ 次第로 敍任흔다더라.[90]

● 法大往參　法官養成所 卒業式을 本日 上午 十二時에 擧行ᄒᆞᄂᆞᆫ대 法部大臣과 奏任官이 往參흔다더라.[91]

● 卒業需用　大審院 及 區裁判所를 設始ᄒᆞᄂᆞᆫ 事에 對ᄒᆞ야 判檢事와 其他 書記官을 沒數히 法律卒業生으로 需用흔다더라.[92]

● 卒業延期　法官養成所 學徒 卒業이 元來 二個年이더니 今番에 現在ᄒᆞᆫ 學員은 仍舊ᄒᆞ고 新募ᄒᆞᆯ 學員부터 三個年으로 施行흔다더라.[93]

1908년에 들어와서도 법관양성소 졸업생의 수용문제가 다음과 같이 자주 거론되었다.

● 法官任用　法官養成所 生徒가 五十人인ᄃᆡ 法律과 日語 數學 等을 敎授ᄒᆞ야 裁判官의 適當ᄒᆞᆫ 人物을 養成ᄒᆞᄂᆞᆫᄃᆡ 昨年末 卒業生은 爲先 新設 裁判所 書記로 任ᄒᆞ얏다가 漸次 法官으로 任用흔다더라.[94]

● 法官需用　學部 學務局에셔 日本留學生監督局에 通牒ᄒᆞ되 留學生 玄奭健 等 十三名을 法官으로 需用ᄒᆞ기로 司法官廳에 交涉ᄒᆞ얏스니 該 學生의 履歷書를 送交ᄒᆞ라 ᄒᆞ얏더라.[95]

● 虛卒其業　今番에 各 地方裁判所를 擴張흠에 對ᄒᆞ야 官私立間에 法律卒業ᄒᆞᆫ 優等生을 判檢事로 需用ᄒᆞ기로 法部次官 及 一般 官吏가 協議ᄒᆞᄂᆞᆫᄃᆡ 該部大臣 趙重應氏가 發論ᄒᆞ되 三年科 學生은 學力이 不足ᄒᆞ다 ᄒᆞ고 反對ᄒᆞ얏다더라.[96]

---

89 『대한매일신보』, 1907.11.8.
90 『대한매일신보』, 1907.12.28.
91 『대한매일신보』, 1907.12.28.
92 『대한매일신보』, 1908.1.8.
93 『대한매일신보』, 1908.1.16.
94 『황성신문』, 1908.2.15.
95 『황성신문』, 1908.4.3.
96 『황성신문』, 1908.4.14.

● 區裁判所實施期 各 區裁判所를 本月 一日브터 實施가 된다더니 其 設置事務에 對ᄒ야 就緒되지 못홈으로 來 六月頃에나 施行이 되리라는디 判檢事는 法律卒業生으로 多數 需用ᄒ 預定이라더라.[97]

● 法學卒業需用 日昨에 法官養成所에셔 該所 卒業生과 他校 法律卒業生을 招集ᄒ야 今番에 書記로 需用ᄒ 터이니 遠地라도 下去홈을 問ᄒ얏다더라.[98]

특히 1908년 6월에 들어와서는 다음과 같은 광고가 자주 보인다.

任官上 推薦의 必要로 相議事가 有ᄒ기 玆에 廣佈ᄒ오니 照亮後 自筆ᄒ 履歷書 二度를 携帶ᄒ시고 至急光臨ᄒ심을 爲要
隆熙 二年 六月 二拾七日
    法 官 養 成 所
自一回 至四回 卒業生 貴中[99]

이 광고에서 보듯이, 법관양성소 제1회부터 제4회 졸업생까지라면 제1회와 2회는 1895년과 1896년, 그리고 3회는 1904년, 4회는 1906년에 졸업한 사람들이다. 이렇게 볼 때 제1회와 2회가 졸업한 지 10년이 지나도록 사법관은 고사하고 아무런 관직에도 취임하지 못한 졸업생도 적지 않았던 모양이다.

● 하후하박 법관양성소 졸업싱 모모씨는 이번에 판검소를 셔임ᄒ엿는디 양졍의숙과 보셩학교 졸업싱들도 법률과 ᄌ격은 일반이어늘 법관양성소 학도만 셔임ᄒ는 거시 공평치 아니ᄒ다ᄒ고 다른 사름의 물론도 쟈쟈하다더라.[100]

● 졸업싱퇴용 법률졸업싱과 보셩학교 졸업싱과 양졍의숙 졸업싱 중에 공부가 뎨일 나흔 쟈로 퇵하야 디방에 궐는 경시와 경부를 셔임혼다는 말이 잇더라.[101]

---

97 『황성신문』, 1908.4.15.
98 『황성신문』, 1908.6.14.
99 『대한매일신보』, 1908.6.28.
100 『대한매일신보』, 1908.6.26.
101 『대한매일신보』, 1908.8.8.

당시의 신문보도에 의하면 외국에서 공부하고 귀국한 이른바 해외유학생에 대해서는 "상당한 관직을 수용(需用)"한다는 기사가 자주 보이나,[102] 그것은 거의 모두 일본을 가리키며 실제로 통감부는 친일세력의 부식에 힘썼다. 그리하여 법관양성소에 대한 일반의 관심도 점차 저하되어 갔다.

　　● 졸업생셔임　일본에 류학ᄒ던 박용태씨가 명치대학교에서 법률과를 졸업ᄒ고 귀국ᄒ엿스니 샹당ᄒᆫ 벼슬을 셔임ᄒ라고 학부에서 법부에 죠회ᄒ엿다더라.[103]
　　● ᄌ원입학　법관양성소 쟝모씨가 일본교쟝에게 통텹ᄒ고 일어졸업싱을 본소로 보내여 법률을 공부케ᄒ라ᄒ엿스나 그 졸업싱들이 원치 아니ᄒ고 일졔히 대동전문학교로 입학ᄒ기를 쳥원ᄒᆫ다 ᄒ엿다더라.[104]

　　여기의 '대동전문학교'란 1908년 3월 법부대신을 역임한 조중응[105]이 조선의 귀족 자제를 교육하기 위하여 설립한 법률전문학교를 말한다. 친일파에 의해서 설립된 관계로 처음부터 논란이 많았다. 수업 연한은 전문과 3년, 속성과 1년이었으며, 한일합병 이후에도 잠시 존속했으며 1916년 폐교된 것으로 보인다.[106] 이 기사가 사실이라면 법관양성소는 1908년 초에 이미 신설된 대동전문학교보다도 인기가 없었던 것이 아닌가 하는 느낌이 든다.

　　● 勿退愈進　法部大臣 高永喜氏가 發論ᄒ되 內外國間에 法律卒業ᄒᆫ 人은 壹無可用이라ᄒᆫ 故로 ᄌ 法律學校 學員들이 此 言을 聞ᄒ고 法律卒業에 退步홀 思想이 或 有ᄒ야 其他 師範學校나 測量課에 受業ᄒ기를 改圖ᄒᆫ다는 說이 有ᄒ더라.[107]

102　예컨대 『황성신문』, 1910.3.20.
103　『대한매일신보』, 1907.8.21.
104　『대한매일신보』, 1908.3.24.
105　조중응(趙重應, 1860~1919)에 관하여는 민족문제연구소 편, 『친일인명사전』, 민족문제연구소, 2009, 595~600면; 북악사학회 편, 『역사에 비춘 한국 근현대 인물』, 백산출판사, 1994, 73~80면; 단국대 동양학연구소 편, 『개화기 한국과 세계의 상호교류』, 국학자료원, 2004, 143면; 小松綠, 『明治外交秘話』, 千倉書房, 1936, 441면 참조.
106　상세한 것은 『황성신문』, 1908.2.25; 1908.3.5; 1908.3.12; 1908.5.28; 1908.8.22 및 김효전, 『근대 한국의 국가사상』, 철학과현실사, 2000, 284~286면 참조.
107　『대한매일신보』, 1908.12.6.

● 卒業何用　各 地方區裁判所와 地方裁判所 支部에 任用홀 法官을 日語暑解春로만
敍任ᄒᆞ고 法律卒業生은 不爲任用ᄒᆞ다더라.(*春은 者의 오자)[108]

● 法官卒業生需用　法官養成所 卒業生 五十三人 中에 優等 三十餘名은 裁判所 書
記로 敍任ᄒᆞ야 日間 頒布ᄒᆞ다더라.[109]

● 判檢事敍任件　法部에서 昨冬에 法官養成所 卒業優等生을 各 裁判所 書記로 敍
任ᄒᆞᆫ 諸氏를 去 六月頃에 判檢事銓考를 己經ᄒᆞ얏ᄂᆞᆫ대 日昨에 入格ᄒᆞᆫ 張錫驥氏 以下
十三人을 法部에셔 內閣에 經議ᄒᆞ야 統監府에 送交ᄒᆞ얏다더라.[110]

● 十三人入格　頃者 法官養成所 內에셔 法律學生等으로 司法試取를 經ᄒᆞ엿ᄂᆞᆫ데
初試에 金基鉉氏 以下 十三人이 入格ᄒᆞ얏더니 再試에도 落第ᄒᆞᆫ 人이 無ᄒᆞ야 沒數 入
格되얏다더라.[111]

● 應試準備　法官養成所에셔 昨冬에 優等卒業生으로 各 裁判所 書記로 在任ᄒᆞᆫ
諸氏 十餘名은 頃者 法官銓考에 入格陞任ᄒᆞ얏거니와 現任 書記의 在職ᄒᆞᆫ 伊時 及第
卒業生 中 爲先 三十人을 銓考陞任ᄒᆞ기 爲ᄒᆞ야 法部 指揮를 承ᄒᆞ야 日昨에 該 養成所
所長이 各 裁判所에 在職ᄒᆞᆫ 書記 中 應試홀 諸氏에게 通知書를 送ᄒᆞ고 試取의 關ᄒᆞᆫ 課
工을 預爲準備ᄒᆞ라 ᄒᆞ얏다더라.[112]

여기서 알 수 있듯이, 을사늑약으로 사법권과 외교권이 박탈된 이후부터 법관양
성소를 비롯하여 법학은 점차 인기가 하락한다.

한일합병 이후에도 졸업생의 수용문제는 적체되어 갔다.

● 法科卒業生收用　各 官私立專門學校 法科卒業生이 多數에 至ᄒᆞ얏다ᄂᆞᆫ더 或 郡
書記나 或 裁判所書記로 收用ᄒᆞ기로 當局에셔는 現今 擬議ᄒᆞᆫ 中이라더라.[113]

더구나 한인 변호사들의 활동은 위축되고 일본인들이 좌지우지하게 되고, 그

108 『대한매일신보』, 1908.12.11.
109 『황성신문』, 1909.1.6.
110 『대한민보』, 1909.10.5.
111 『대한민보』, 1909.10.22.
112 『대한민보』, 1909.10.26.
113 『매일신보』, 1911.3.22.

위에 착수금이나 취하고 불성실하게 업무를 처리하여 변호사의 신뢰는 더욱 떨어지게 되어 「변호사계(辯護士界)에 경고(警告)」라는 사설이 나올 정도가 되었다.

嗚呼—라. 諸君이 他人의 財産得失과 生命利害를 擔任ᄒ얏스면 卽 諸君 自己의 事로 知ᄒ야 或 其 情形도 考察ᄒ며 或 其 書類도 搜究ᄒ야 斯須도 敢히 放心치 못홀지어날 就中 一二個人은 或 辯護性質의 如何關係ᄂ 不思ᄒ고 徒히 人의 着手費만 討取훈 後 凡他 訟帖은 事務員에게 任置ᄒ엿다가 開庭 當日에 倉卒論辨ᄒ야 負훈 則 我가 負홈이 안이오 勝훈 則 我 勝홈이 안이라 ᄒ야 巨大의 酬勞金을 坐受ᄒ니 엇지 人의 無恥홈이 此에 止하뇨. 此로 因ᄒ야 辯護界 全體에 不親切不名譽의 影響이 波及ᄒ야 委托人의 信用을 失ᄒ며 辯護界의 名譽를 墮落ᄒ면 엇지 可惜치 안이 ᄒ리오. 思홀지어다 辯護士 諸君이여.[114]

이와 같이 볼 때 법학계의 쇠락뿐만 아니라 법조 실무계에 대한 실망과 좌절이 동시에 나타나고 있음을 알 수 있다.

5. 법조인 선발시험

사법제도의 개혁은 1895년에 반포된 재판소구성법에서 비롯한다. 이에 따라 전국의 재판소는 지방재판소, 한성 및 인천과 기타 개항장재판소, 순회재판소, 고등재판소, 특별법원의 5종을 설치하도록 규정하고 있다. 각 재판소에는 판사·검사·서기 그리고 정리를 두도록 하였으며 판사와 검사는 별도로 정한 사법관시험규칙에 따라 사법관시험에 급제한 자들을 법부대신이 국왕에게 주천(奏薦)하여 임명토록 하였다.[115]

---

114 『매일신보』, 1911.8.6.
115 『고종실록』 권 33, 1932년 3월 25일.

1) 법관임용규정

법관임용규정은 1900년 4월 반포된 무관급사법관임명규칙(武官及司法官任命規則)에 의해서 개정되었다.[116] 즉 사법관은 법률학 졸업인 중에서 법부시험을 거친 후 임명토록 하고, 사법사무에 한숙(嫻熟)한 자는 법률학 졸업증서가 없더라도 바로 임명할 수 있었다.[117] 그러나 이에 따른 사법시험은 한 번도 시행하지 못했다.[118]

실제로 1894년의 시험을 끝으로 과거제도가 폐지된 이후부터 근대적인 학교제도가 확립되기까지 사법관에 대한 인력수급은 대체로 천거에 의해서 충원되었기 때문에 당시의 각종 신문은 논설에서 예외 없이 공정한 법률의 집행과 인사행정을 거듭 강조하고 있었다. 특히 외국(일본)에서 유학하고 귀국한 사람도 한동안 자리를 잡지 못하고 자신의 전공과는 거리가 먼 직책에서 근무하는 실정은 사법 분야도 예외는 아니었다.

사법관을 시험을 거쳐 선발하기 위한 제도는 통감부가 설치된 후인 1906년 10월 26일에는 칙령 제63호로 법관전고규정(法官銓考規程)이 공포되어 각 재판소의 판사와 검사는 전고시험을 거쳐 임용하도록 개정하였다.[119] 또한 법부령 제5호 법관전고세칙[120]에 의하면, 다음 중 하나의 자격이 있는 자는 법관전고위원의 시험을 거쳐 판사와 검사로 임용한다.

① 법관양성소에서 2개년 미만의 과정(科程)을 졸업한 자와 내외국 법률학교에서 2개년 이상의 과정을 졸업한 자
② 각 재판소 전임판사나 검사로 1개년 이상 계속 근무한 자
③ 법부 민사국 형사국의 국장 과장으로 만 1개년 반 이상 계속 근무자와 법관양성소의 교관으로 만 1개년 이상 계속 교수한 자
④ 법부 민사국 형사국의 주사나 평리원 한성재판소의 주사로 만 3개년 계속 근무한 자

---

116 국회도서관, 『한말 근대 법령 자료집』 III, 1971, 57면.
117 『관보』 제1538호, 1900.4.3.
118 최종고, 「한국 법률가像의 변천 — 법문화 100년 — 시련과 공백의 윤리」, 『월간 조선』, 1981.3, 125면.
119 『관보』 제3598호, 1906.10.31.
120 『관보』 제3610호, 1906.11.14.

⑤ 변호사로 만 1개년 이상의 계속한 자

법관의 시험과목으로는 행정법의 대의(大意), 민법, 민사소송법, 형법, 형사소송법, 상법의 대의, 국제법의 대의, 경제학의 대의 8과목이다(동 제3조).

이에 따라 한국 최초로 사법관을 공개시험으로 선발한 것은 1906년 12월 5일 발표한 법관전고소 시험이다. 이 시험에 합격한 사람은 김종호(金鍾濩), 윤헌구(尹憲求), 김돈희(金敦熙), 이한길(李漢吉), 박준성(朴準性), 안병찬(安秉瓚), 홍우기(洪祐夔), 홍면희(洪冕憙), 홍순용(洪淳瑢), 심종대(沈鍾大), 권혁채(權赫采), 변영만(卞榮晩)의 12인이다.[121]

합격 당시의 평균 연령은 30세이며, 거주지는 서울이 절반 이상을 차지했으며, 모두 법관양성소 출신이다.[122]

1909년(융희 3) 4월에는 기존의 법관전고규정이 폐지되고 새로이 법관임용령(法官任用令)이 제정되어 처음으로 사법시험제도가 도입되었다. 이에 따라 판사·검사 등의 법관은 원칙적으로 사법시험에 합격한 자, 법관양성소 졸업자, 외국대학의 법률학과 졸업자 등을 법관전형위원의 전형을 거쳐 임용토록 규정하였다.[123] 법관임용령이 제정된 직후 법관전형규칙과 사법시험규칙이 잇따라 제정·공포되었다.

이 사법시험규칙에 의해서 1909년 10월 13일 제1회 사법시험이 200여 명이 응시한 가운데,[124] 광화문의 법관양성소에서 치러지고 그 결과 김기현(金基賢), 정준모(鄭浚謨), 류완영(柳完永), 엄식(嚴寔), 이규남(李圭南), 윤세영(尹世榮), 이종하(李琮夏) 7인이 합격하였다.[125] 이들은 대부분 구재판소 판사로 임용되고,[126] 임용되지 아

---

121 『관보』 제3634호, 1906.12.12.

122 정구선, 『한국 관리등용제도사연구―중세 천거제를 중심으로』, 초록배매직스, 1999, 163~164면에서는 아무런 이유도 없이 합격자 변영만의 이름을 제외하고 11인만을 분석의 대상으로 삼고 있다.

123 『관보』 제4347호, 1909.4.10.

124 「司法試驗」, 『황성신문』, 1909.10.2.

125 『관보』 제4513호, 1909.10.25.
이들의 경력을 간단히 정리한다. 김기현(1883~1934)은 가정에서 수학했으며 1909년 10월 장예원 주사, 같은 달 양계(楊係)구재판소 판사, 1910년 10월 경성지방재판소 철원구재판소 판사, 1912년 3월 의주구재판소 검사, 1913년 1월 면관, 1913년 11월 대구지법 변호사 등록, 1920년 3월 경성지법 변호사 등환, 1934년 4월 사망으로 경성지법 변호사 등록 취소.
정준모(1887~1940) 서울 출생. 1908년 보성전문 졸업. 1909년 10월 평양지방재판소 재령구재판소 판사, 1911년 7월 공주지방재판소 청주구재판소 판사, 1913년 6월~11월 부산지법 밀양지청 판사, 동년 11월 공주지법 변호사 등록, 1920년 8월 경성지법 변호사 등환, 1940년 10월 사망으로

니한 이종하는 변호사로 등록하였다.[127]

한편 사법시험의 위원장은 일본인 나카야마 가쓰노스케(中山勝之助)이고,[128] 위원은 법부 서기관 아사다 겐스케(淺田賢介), 동 오카모토 시도쿠(岡本至德), 판사 야마구치 사타마사(山口貞昌), 판사 사카이 조자부로(境 長三郎), 검사 히시타니 세이고(菱谷精吾), 판사 나가노 마사노스케(永野正之函), 판사 류동작(柳東作), 법부 번역관 이선종(李善鍾)[129]이 임명되었으며, 법부 주사 이마이 산시로(今井三四郎)는 제1회 사법시험 부속 서기로 임명되었다.[130] 사법시험은 10월 23일에 실시되었는데 시험위원은 이미 6월에 관보에 발표한 것이 이상하다. 여하튼 위원장부터 다수의 일본인이 임명된 것으로 보아 한국인은 형식적으로만 관여한 것으로 보인다.

그 후 1909년 법관임용령도 개정되고 법관전형위원회가 구성되었다. 위원장은

경성지법 변호사 등록 취소.
류완영(1888~?) 서울 출생. 1908년 보성전문 졸업. 1908년 6월 경성구재판소 서기, 1909년 10월 광주지방재판소 장흥구재판소 판사, 1910년 10월 평양지방재판소 강계구재판소 판사, 1912년 7월~11월 평양지법 정주지청 판사, 1913년 1월 경성지법 변호사 등록, 1920년 7월 평양지법 정주지청 판사 퇴임, 1936년 8월 해주지법 변호사 등환, 1940년 5월 해주지법 변호사 등록 취소.
엄식(1884~1924) 서울 출생. 1907년 보성전문 졸업. 1909년 10월 대구지방재판소 의성구재판소 판사, 1910년 10월 대구지방재판소 의성구재판소 판사, 1912년 4월~10월 평양지법 영변지청 판사, 1922년 8월 신의주지법 변호사 등환, 1924년 5월 사망으로 신의주지법 변호사 등록 취소.
이규남(1884~1939) 충남 출신. 1908년 법관양성소 졸업. 1909년 2월 거창구재판소 서기, 1909년 10월 고부구재판소 판사, 1912년 3월 광주지법 고부지청 판사, 1912년 12월~1913년 3월 광주지법 순천지청 판사, 1913년 4월 광주지법 변호사 등록, 1922년 7월 전주지법 변호사 등환.
윤세영은 1909년 10월 영덕구재판소 판사, 1910년 10월 10일 자로 총독부 직원을 면관.
이종하(1883~?) 대동법전 졸업. 시험합격 후 바로 변호사 개업. 합격자에 대한 통감부의 신원조회 결과 관직임명이 거부된 듯 하다. 이상은 전병무, 「부록」, 『조선총독부 조선인 사법관』, 역사공간, 2012; 법원행정처 편, 『한국법관사』, 육법사, 1976 등을 중심으로 약간 수정·증보한 것이다.
126 『관보』 제4519호, 1909.11.1.
127 『관보』 제4523호, 1909.11.6. 이종하는 1883년생으로 대동전문학교를 나와서 친목회 회장을 지냈으며(『황성신문』, 1909.10.2), 1922년 10월 8일 독립운동 군자금을 모금하다가 일본 경찰에 붙잡힌 나상필·윤교병·박기서의 공판에서 변호를 맡았다. 『한국독립운동사자료 제36집 — 독립군자금 모집』 V(국사편찬위원회)의 '공판시말' 참조.
128 나카야마는 1908년 5월 13일 자로 통감부 대심원 부장판사가 되었다. 논설로 「京城地方法院の沿革及事件の狀況」, 『朝鮮公論』 제1권 5호(1913)가 있다.
129 이선종(1886~1926)에 관하여 "1908년 11월 26일 법관양성소 출신, 1909년 11월 24일 판사임명"이란 기록(『조선인명자료사전』 제1권, 120면)이 있으나, 졸업생 명단에는 이름이 없다. 1909년 10월 경성구재판소 판사가 된다(『관보』 제4512호, 1909.10.23). 이어서 1912년 3월 경성지법 판사, 1919년 3월~1921년 4월 경성복심 판사, 1920년 10월 훈6등서보장, 1921년 5월 경성지법에 변호사 등록, 1926년 3월 사망으로 경성지법 소속 변호사 등록 취소. 전병무, 앞의 책, 331면.
130 『관보』 제4405호, 1909.6.17.

법부 차관 구라도미 유자부로(倉富勇三郎), 위원으로는 법부 형사국장 김낙헌, 법부 민사국장 이시영(李始榮), 검사 젠 세이지로(膳 鉦次郎),[131] 판사 히라야마 센타로(平山銓太郎), 법부 서기관 마쓰데라 타케오(松寺竹雄),[132] 법부 서기관 아즈미 도키타로(安住時太郎)[133] 등이었다.[134]

한편 법관양성소 졸업생으로서 각 재판소에 서기로 근무하던 사람 가운데 우수한 사람들은 법관전고에 포함시키기도 하였으며,[135] 그 밖에 법부에서는 일본인 법관을 시험 보아 선발하기도 하였다.

이 사법시험규칙은 1909년 10월 28일 법부의 폐지와 함께 법관임용령이 폐지되어,[136] 단 한 차례 시행으로 끝났다.

2) 변호사시험

다음에 변호사법은 을사늑약으로 조선이 일본의 보호국으로 그 지위가 전락한 1905년 11월 법률 제8호로 제정·공포되었다.[137] 이 변호사법이 제정된 뒤에도 통감부는 이사관에 의해서 법률학을 전공한 자에게 소송대리인의 자격을 부여하여 법정에서 대언 또는 변호를 허용하기도 하였다.[138]

---

131 젠(膳)은 1916년 총독부 검사로 발령을 받았으며, 다음 해 대구 복심법원 검사장을 거쳐 1920년 9월 평양 복심법원장이 되었다가 1924년 12월 10일 자로 경성 복심법원장을 퇴직하였다.

132 마쓰데라는 법부 서기관으로 근무하다가 1910년 10월 15일 경성지방재판소 검사로 임명되었으며 1929년 12월 30일 자로 고등법원 검사장이 되었다.
논설로는 「新刑事訴訟法の實施」, 『朝鮮地方行政』 제3권 2호(1924); 「朝鮮刑事裁判漫言」, 『東洋』 제27권 8호(1924); 「朝鮮に於ける司法及刑務」, 『朝鮮』 제125호(1925); 「朝鮮民事令の改正に就て」, 『朝鮮』 제169호(1929); 「朝鮮に於ける司法及刑務の槪要」, 『朝鮮』 제173호(1929) 등이 있다. 상세한 것은 남기정 옮김, 『일제의 한국사법부 침략실화』, 육법사, 1977, 46면 이하 참조.

133 아즈미의 논설로는 「朝鮮統治に關する感想」, 『朝鮮及滿洲』 제99호(1915)가 있다. 기타 『朝鮮及滿洲』 제152호, 1920, 20~21면의 담화 참조.

134 『관보』 제4381호, 1909.5.20.

135 「대한민보」, 1909.10.26.

136 『관보』 제4517호, 1909.10.29.

137 상세한 것은 국회도서관, 『한말 근대 법령 자료집』 IV, 1971, 413~416면; 김효전, 「근대적 변호사 제도의 도입」, 『서울지방변호사회 100년사』, 서울지방변호사회, 2009 참조.

138 통감부 보안규칙(부령 제10호, 1906.4.24) 제2조는 '변호사 우(又)는 이사관의 허가를 수(受)한 자

이 변호사법과 함께 변호사시험을 위한 변호사시험규칙(법부령 제3호)과 변호사의 등록을 위한 변호사명부기록규칙(동 제4호)도 공포되었다. 변호사법은 전문 35조로 구성되어 있으며 그 내용은 변호사의 자격이 있는 자, 변호사가 될 수 없는 자, 변호사의 직권, 변호사회 등이다. 이 법은 1883년 일본에서 제정된 변호사법을 모델로 만들어진 것이며, 일본의 변호사법은 원래 프랑스법을 모방한 것이지만 그 구상이나 조문의 배열 등에서 보면 1878년 7월 1일의 독일제국 변호사법에 가깝다고 한다.[139]

이처럼 변호사는 당초부터 판사와 검사를 충원하는 방식과는 달리 변호사시험을 별도로 치루고 선발하였음을 알 수 있다. 그러나 이 변호사법은 바로 실시되지 못하고 최초의 변호사시험은 1907년 6월 24일 법부에서 실시되었다. 여기에는 20인이 응시하였으며 이 중 이항종(李恒鍾), 장택환(張宅煥), 허헌(許憲), 옥동규(玉東奎), 계명기(桂命夔), 이종성(李鍾聲) 6인이 합격하였다.[140] 합격자는 모두 보성전문학교 졸업생이다.

당시의 상황을『대한매일신보』는 다음과 같이 전한다.

● 辯護取才 昨日 法部 參與官室에서 辯護士를 取才하는대 應試者 貳十餘人이라. 參試지人은 普成專門學校 卒業生이 多數ᄒ고 考試지人은 該部 刑事局長 김洛憲 會計課쟝 張熹 兩氏와 辯護士 諸氏 及 法律卒業한 諸氏이라.[141]

계속하여 다음 날에도 시험과목 등을 보도하고 있다.

가 아니면 타인의 소송사항의 위탁을 수하며 우는 차(此)에 간여(干與)홈을 불득(不得)함. 변호사 又는 이사관의 허가를 수혼 자라도 망(妄)히 소송쟁의를 권유 교사홈을 불득함'이라고 규정하고 있다. 대한민국 국회도서관,『통감부법령자료집』(상), 1972, 53면.
그러나 신문의 보도와는 표현상 약간의 차이가 있다. 즉 '변호사 혹 이사관의 허가를 수혼 자가 아니면 타인의 소송사항의 위탁을 수ᄒ든지 혹 차에 간여홈을 불득홀 사. 변호사 혹 이사관의 허가를 수혼 자는 외만(猥慢)히 소송쟁의를 권유 교사홈을 불득홀 사'라고 규정한다(『황성신문』, 1906.4.21). 법령표현의 차이를 보여주는 예이다.
139 福原忠男,『辯護士法』, 1976, 13면.
140 『관보』제3809호, 1907.7.4. 이들 6인에 관하여는 김효전,『근대 한국의 법제와 법학』, 세종출판사, 2006 참조.
141 『대한매일신보』, 1907.6.25・26.

● 試取科目　再昨日 法部에셔 辯護士 試取ᄒ다ᄂᆞᆫ 事ᄂᆞᆫ 昨報에 己揭어니와 昨日도 繼續 試驗ᄒᄂᆞᆫ대 連 四日 試才ᄒᆞᆯ 터이오 科程은 民訟과 民事訴訟과 刑法과 刑事訴訟과 商訟과 行政訟과 國際公法을 排日 試才ᄒᆞ고 出榜은 七月 一日이오 及第證書ᄂᆞᆫ 七月 八日로 出給이라더라.[142]

한편 같은 날 검사 채용을 위한 시험도 실시되었다.

● 檢事試取　昨日 上午 十一時에 法部에셔 檢事資格에 安合한 人을 試取하ᄂᆞᆫ대 應試者 十人에 達하얏고 試驗科程은 民法, 民事訴訟法, 刑法, 刑事訴訟法, 商法, 行政法, 國際公法이라더라.[143]

계속하여 다음 날에도 시험과목을 비롯하여 소상하게 보도하고 있다. 합격자 발표에 관한 기사는 보이지 않으며 관보에서도 찾을 수 없었다. 여하튼 이들은 대한제국시대의 검찰업무를 담당한 초창기의 인물들이다. 당시에는 판사와 검사가 서로 번갈아 가며 직책을 바꾸기도 하여 동일 인물이 중복되기도 하지만 대체로 100명 정도의 검사가 활동하였다. 참고로 이들의 명단을 수록하면 다음과 같다.

고익상(高翊相), 구완희(具完喜), 권병훈(權丙勳)[必壽], 권용규(權用奎)[重煥], 권혁채(權赫采), 기동연(奇東衍), 김기룡(金基龍), 김기조(金基肇), 김낙헌(金洛憲), 김사묵(金思默), 김상섭(金商燮), 김상직(金商直), 김서규(金瑞圭), 김연하(金演夏), 김영시(金永詩), 김의제(金義濟),[144] 김정목(金正穆), 김종응(金鍾應), 김종호(金鍾濩), 김창형(金昌炯), 김효익(金孝益), 나진(羅瑨), 류갑수(柳甲秀), 류동작(柳東作),[145] 류득무(柳得茂), 류학근(柳學根), 민재규(閔載珪), 박경양(朴慶陽), 박성환(朴星煥), 박승빈(朴勝彬), 박유관(朴有觀), 박준성(朴準性), 서구순(徐九淳), 서옥순(徐玉淳), 송인회(宋寅會), 송진옥(宋振玉), 신좌희(申佐熙), 심재승(沈在昇), 심종대(沈鍾大),

---

142 『대한매일신보』, 1907.6.26.
143 『황성신문』, 1907.6.25.
144 김의제, 1908.2.17 작고(『대한매일신보』, 1908.3.22).
145 류동작, 1910.1.31 작고(『황성신문』, 1910.2.1).

안병찬(安秉瓚), 안식(安植), 안종수(安宗洙), 안치윤(安致潤), 양효건(楊孝健), 염규환(廉圭桓), 유긍환(兪兢煥), 유진찬(兪鎭贊), 육종면(陸鍾冕), 윤갑병(尹甲炳), 윤방현(尹邦鉉), 윤헌구(尹憲求), 이건호(李建鎬), 이광하(李匡夏), 이인상(李麟相), 이범덕(李範德), 이병휘(李秉輝), 이석령(李石齡), 이선재(李璿在)[李傗], 이수경(李秀京), 이원국(李源國), 이윤종(李胤鍾), 이장혁(李章爀), 이종우(李種雨), 이종직(李宗稙), 이중혁(李重赫), 이회구(李會九), 이학규(李鶴圭), 이휘선(李徽善), 이희목(李熙穆), 이풍의(李豊儀), 이희정(李喜楨), 임오준(任午準), 장도(張燾), 장봉환(張鳳煥), 정명섭(丁明燮), 정석규(鄭錫圭), 정필원(鄭弼源), 조경구(趙經九), 조종찬(趙鍾贊), 조희봉(趙義鳳), 조희영(曹喜永), 최문현(崔文鉉), 최원순(崔元淳), 태명식(太明軾), 피상범(皮相範), 한동리(韓東履), 한용교(韓鏞敎), 한린호(韓麟鎬), 함인학(咸仁鶴), 현동건(玄東健), 함태영(咸台永), 홍용표(洪龍杓), 홍면희(洪冕憙), 홍성연(洪聖淵), 홍순용(洪淳瑢), 홍우기(洪祐夔), 홍재기(洪在祺), 홍종억(洪鍾檍), 홍종한(洪鍾瀚)[鍾翰], 황진국(黃鎭菊).

이들의 재임기간, 보임, 경력, 기타 식민지시대의 활동 등에 관하여 상세한 것은 정긍식 교수의 연구가 있기 때문에 여기서는 생략한다.[146]

제2회 변호사시험은 1908년 11월 16일에 실시되었으며, 이에 관하여는 일찍부터 각종 신문에 보도되었다. 『황성신문』은 신 재판소가 개청한 결과 지방에도 변호사가 필요한데 현재 우리나라에는 변호사가 20명에 불과하여 많이 선발하리라고 예측하였다. 지원자는 총 12명이며 법관양성소 내에서 시험이 실시되었다. 이어서 필기시험에 합격한 사람은 통지서를 받은 후 다시 구술시험을 치르게 되었다. 필기시험과 구술시험에 모두 합격해야 완전한 합격이 된다. 필기시험과목은 민법, 민사소송법, 형법, 형사소송법, 상법, 행정법, 국제공법, 국제사법이며, 구술시험과목은 민법, 민사소송법, 형법, 형사소송법이었다.

전체 응시자 13인 중 황철수(黃轍秀), 윤세영(尹世榮), 정구창(鄭求昌), 이정(李炡) 4인이 합격하였다.[147] 이 중 황철수(1870~?)가 장원급제하였으며 그는 1909년 3월

---

146 정긍식, 「대한제국 검찰제도 연구를 통한 검찰의 역할 제고방안 수립」, 대한제국 검사 이준열사 학술 심포지움, 2011년 4월 18일 대검찰청 별관 대강당에서 발표한 논문 참조.
147 『관보』 제4243호, 1908.12.3.

판사로 임명되었다가 같은 해 10월 퇴직하였다.[148] 1901년 중추원 의관을 역임하기도 하였다.[149] 윤세영은 후술하는 1909년 10월에 실시한 제1회 사법시험에도 합격한 사람이다. 정구창은 서울 출신으로 1908년 12월 판사로 임명되었다가 경성지방재판소 판사를 역임하고 명변호사로서 서울 장안의 화제가 되기도 하였으나 아깝게도 30세를 일기로 요절하였다.[150] 이정은 1886년 서울에서 출생하였으며 1907년 보성전문 법과를 졸업하고 1908년 제2회 변호사시험에 합격하여 1909년 변호사 등록을 하였다.[151]

제1회 변호사시험의 위원장은 법부 전 차관 김각현(金珏鉉)이며,[152] 위원은 법부 형사국장 김낙헌(金洛憲), 법부 서기관 장도(張燾), 한성재판소 검사 류동작(柳東作), 법관양성소 교관 유문환(劉文煥), 무안 부윤 홍재기(洪在祺), 정 3品 이면우(李冕宇), 6品 석진형(石鎭衡)의 7인이었다.[153] 이들 중 위원장인 김각현과 위원 김낙헌을 제외하고는 모두 일본과 미국에서 수학한 경력을 가진 사람들로서 당시로서는 상당한 엘리트들이었다.

제2회 변호사시험 때의 위원장은 법부 형사국장 김낙헌이며, 시험위원은 법부 서기관 아사다(淺田賢介),[154] 동 오카모토(岡本至德),[155] 동 최진(崔鎭)이었다. 변호사 시험위원 부속서기는 법부 주사 고쿠분(國分友太郎)이었다.[156] 여기서 보듯이, 제1회 때와는 달리 일본인이 절반을 차지하고 있다.

당시의 변호사시험규칙 제10조에 의하면 시험과목은 필기와 구술 두 종류이며,

---

148 『관보』 제4518호, 1909.10.30; 『朝鮮人名資料事典』 第1卷, 180면.
149 일진회원의 명단에도 그의 이름이 발견된다.
150 정구창(鄭求昌, 1891~1921)은 성균관대학교의 상법교수로서 법정대학장을 역임한 정근영(鄭近永, 1911~1990) 변호사의 부친으로서, 논설로 「국가원론」(『법정학계』 제18호, 1908, 26~27면)이 있으며, 지상 변호가 『매일신문』에 연재되기도 하였다. 상세한 것은 김동환, 「岐堂 정구창 변호사」, 『대한변호사협회보』 제12호, 1975, 67~70면; 「조선인물관─경성 제1류의 청년변호사 징구창씨」, 『매일신보』, 1913.2.26 참조.
151 논설로는 「공공단체에 就ㅎ야」(『법정학계』 제16, 17, 18, 21호)가 있다.
152 대한변협의 『한국변호사사』, 33면과 『서울지방변호사회 80년사』, 23면에서는 모두 '閔衡植'이라고 기록하고 있는데 이는 잘못된 것이다.
153 『관보』 제3871호, 1907(융희 원년).7.14.
154 아사다는 1910년 10월 15일 자로 경성지방법원 부장판사가 되었으며, 1924년 12월 11일 자로 대구 복심법원장에서 퇴직하였다.
155 오카모토는 1910년 10월 대구공소원 판사를 거쳐 1924년 12월 대구복심법원장, 1932년 1월 경성복심법원 판사를 지내다가 1939년 8월 의원면직하였다.
156 『관보』 제4155호, 1908.8.19.

필기시험과목은 민법, 민사소송법, 형법, 형사소송법, 상법, 행정법, 국제공법, 국제사법이며, 구술시험과목은 민법, 민사소송법, 형법, 형사소송법이었다. 제2회 변호사시험의 문제는 『법학협회잡지』 제2호(1908)에 다음과 같이 공개하였다.[157]

[민 법]
一. 私權의 意義를 說明홀 事.
二. 特定物의 賣買契約 締結 後에 賣主가 目的物의 引渡를 아니혼 以前에 目的物이 天災에 罹ᄒ야 生혼 損害는 何人이 負擔홀가.

[민사소송법]
一. 上訴와 再審의 差異 如何.
二. 動産에 對혼 强制執行의 方法을 說明홀 事.

[형 법]
一. 犯罪라 홈은 何뇨.
二. 年齡은 犯罪에 如何혼 關係가 有홈이냐.

[형사소송법]
一. 犯罪의 搜査를 論홀 事
二. 公訴權의 發生原因 及 公訴提起의 效力如何

[상 법]
一. 商法은 何를 云홈이냐.
二. 手形條例 施行後 發行혼 於音所持人은 如何혼 權利를 有ᄒ얏나냐.

[행정법]
一. 警察의 意義를 說明홀 事.
二. 租稅와 戶數料의 異同을 論홀 事.

[국제법]
一. 條約과 契約의 異同을 論홀 事.
二. 外國人의 權利能力은 何國法律에 依ᄒ야 定ᄒ나뇨.

---

157 법학협회에 관하여는 최종고, 「한말과 일제하 법학협회의 활동」, 『애산학보』 제2집, 1982; 최종고, 『한국법학사』, 박영사, 1990, 391면 이하 참조.

변호사시험은 변호사시험규칙의 폐지로 1907년과 1908년 두 번으로 끝났다. 법관임용시험이나 변호사시험보다 더 중요한 것은 사법권 자체를 일본에게 위탁하여 조선은 이미 반신불수 상태가 되었다는 사실이다.[158]

6. 졸업생의 활동상황

그러면 법관양성소를 졸업한 이들은 어떠한 분야에서 어떻게 활약하였는가? 인생행로의 문제를 제1회부터 제6회까지 입수 가능한 자료를 총동원하여 재생해 보기로 한다.

1) 제1회 (1895.11.10)

고은상(高殷相) 관 개성. 1862년(壬戌年) 8월 8일생. 1895년 법관양성소 속성과 졸업. 1903년 4월 외부 사무 견습, 1903년 9월 14일 법관양성소 박사 동년 9월 18일 의원 면 본관. 1904년 용천감리서 주사, 1906년 10월 각 개항시장 감리서 폐지로 작산(作散). 동년 12월 법부사무 견습, 1907년 9월 평리원주사.[159]

구건서(具健書) 관 능성. 1863년(癸亥年) 4월 25일생. 1895년 법관양성소 졸업. 1903년 9월 14일 법관양성소 박사에 임명되지만 4일 만인 18일 의원 면 본관. 1904년 한성재판소 주사, 1905년 5월 16일 법관양성소 교관으로 임명되지만 11일 만인 5월 27일 의원 면 본관하고 한성재판소 주사가 된다. 같은 해 12월 의원 면 본관. 1906년 12월 다시 법부주사가 되고 1907년 4월 평리원주사로 자리를 옮긴다.[160]

---

158 변호사법(법률 제18호, 1909)은 1909.10.31 자로 폐지되었다. 『한말 근대 법령 자료집』 VIII, 548면.
159 『대한제국관원이력서』, 410~411면.

김익희(金翼熙) 관 경주. 1855년(개국 464년, 乙卯年) 10월 21일생. 1895년 법관양성소 졸업. 1903년 9월 법관양성소 박사에 임명되지만 4일 만인 18일 의원 면 본관. 1906년 12월 법부주사, 1907년 6월 법부 서기랑(書記郎).[161]

서상희(徐相熙) 1873년(개국 482년) 4월 13일생. 1895년 법관양성소 졸업. 1901년 5월 능참봉, 1904년 2월 인릉 참봉. 4월 조고의면(遭故依免). 1907년 1월 법부 견습, 1909년 법부 대신관궁 주사. 1910~1911년 경성지방재판소 서기.[162]

오세준(吳世俊) 1858년생. 1895년 법관양성소 졸업. 1901년 2월 중추원 의관에 임명되다. 1906년 5월 만세보사 사원. 1909년 대구지방재판소 서기, 1910~1911년 금산구재판소 서기.[163]

원용설(元容卨) 관 원주. 1876년생. 1895년 법관양성소 졸업. 1903년 동 박사. 1907년 법부 견습사무. 1909~1910년 법부 해주지방재판소 서기. 1924년 경성지법 수원지청 통역생 / 서기.[164]

윤성보(尹性普) 관 파평. 1861년 12월 29일생. 정 6위. 1895년 법관양성소 졸업. 1898년 7월 11일 검사 임명, 1898년 12월 평안남도 강서 군수, 1901년 5월 20일~31일 덕천 군수, 법부 참서관, 1906년 11월 "직무상 소홀함이 있어 견책",[165] 1907년 4월부터 12월 함경북도 관찰사, 1909년 법부 평양검사국 검사, 1910~1911년 평양공소원 검사국 검사, 1912년 평양복심법원 판사로 재직 중이던 1917년 3월 12일 사망.[166]

윤형중(尹衡重) 관 파평. 1877년생. 부친 충주관찰사 길병(吉炳). 1896년 4월 법관

160 『대한제국관원이력서』, 407 · 644면.
161 『대한제국관원이력서』, 116면.
162 『대한제국관원이력서』, 907면; 박은경, 『일제하 조선인 관료연구』, 학민사, 1999, 214면.
163 『대한제국관원이력서』, 912면; 박은경, 위의 책, 231면.
164 박은경, 위의 책, 234면.
165 『관보』 제3625호, 1906.12.1.
166 안용식 편, 『한말지방관록』, 연세대 지역사회개발연구소, 1992, 15 · 164 · 167면; 박은경, 앞의 책, 242면; 『조선인명자료사전』, 81면.

양성소 속성과 입학, 1897년 3월 졸업. 1898년 3월 사립광성학교에 입학하여 1900년 5월 졸업. 같은 해 8월 일본 이와구라(巖倉)철도학교에 입학하여 1903년 4월 건설과 졸업. 졸업과 동시에 귀국하여 경부철도회사 영등포건축사무소에 근무하게 되었으나 8개월 만에 그만두었다. 1904년 2월 법관양성소 박사 판임 6등에 서임되다. 같은 해 3월 한국주차군 사령부 통역에 채용되어 함흥병참부에 근무. 같은 해 11월 개선(凱旋)시 의원면직. 1906년 7월 내부 치도국 기수.[167]

이긍수(李兢洙) 관 전주. 1868년(개국 477년, 戊辰年) 3월 4일생. 1895년 법관양성소 졸업. 1902년 9월 21일 혜민원(惠民院) 주사에 임명되지만 같은 달 의원 면 본관. 1905년 3월 한성재판소 사무 견습, 1906년 9월 한성재판소 주사, 1907년 2월 조고(遭故), 4월 기복행공피명(起復行公被命).[168]

이도상(李道相) 관 초산(楚山). 1870년(개국 479년) 5월 9일생. 1895년 법관양성소 졸업. 1896년 4월 내각주사, 10월 의정부주사, 1897년 12월 승 6품 승훈랑(承訓郞). 1900년 4월 직무상 불심신(不審愼)으로 견책. 1901년 1월 견책, 11월 혜민원 참서관 겸임. 1902년 10월 혜민원 폐지로 겸임 해임. 1903년 부친상으로 의원 면 본관. 1906년 사립 법학강습소 입학, 1907년 5월 법학강습소 수업증서를 받다.[169]

이선재(李璿在) 이준(李儁)의 초명. 1859년 음력 12월 18일 함남 북청군 출생. 1895년 법관양성소 졸업, 1896년 2월 한성재판소 검사시보로 임명되나 3월 면 본관, 같은 해 일본으로 망명. 1905년 5월 헌정연구회 조직, 1906년 국민교육회 조직, 1906년 6월 17일 면 징계, 준(儁)으로 개명, 6월 18일 평리원검사, 7월 31일 겸임 특별법원 검사. 1907년 제2차 만국평화회의에 참석하려했으나 뜻을 이루지 못하고 순국.[170]

이용복(李容福) 1895년 법관양성소 졸업, 1901년 법부 시취 합격.[171]

---

167 『대한제국관원이력서』, 632면.
168 『대한제국관원이력서』, 37・692면.
169 『대한제국관원이력서』, 90~91면.
170 『대한제국관원이력서』, 481면; 정문연, 『한국인물대사전』, 1772면.

이용상(李容相) 1877년생. 부 성균 생원 이석래(李奭來). 1895년 4월 16일 법관양성소 입학, 11월 속성과 졸업, 1901년 7월 제주목 검사시보 시취 시 피선, 동 10월 법부 견습, 동 11월 23일 한성재판소주사, 동 11월 24일 의원 면 본관, 1902년 9월 법부 법률기초위원, 1903년 9월 법률기초위원 해임, 1904년 1월 법부 법률기초위원, 동 3월 법부 주사, 1905년 3월 관제개정 시 작산, 동 12월 한성재판소 판사, 1906년 7월 특별법원 판사 겸임, 동 10월 겸임 해임. 1912년 변호사 개업.[172]

이용설(李容卨) 본 절의 제2회, '공면주' 항목 참조.

이용성(李容成) 1861년(개국 470년, 辛酉年) 11월 7일 서울 출생. 관 안산. 부 통정대부 전 돈녕부(敦寧府) 도정(都正)[173] 이경지(李敬智). 1895년 4월 법관양성소 입학, 11월 1일 졸업. 1896년 3월 법부주사, 1906년 12월 10일 평리원 판사 임명,[174] 1907년 8월 퇴직, 1911년 변호사 개업.[175]

이종우(李種雨) 1858년(개국 467년) 5월 27일생. 종 7위. 1895년 11월 10일 법관양성소 졸업, 1905년 1월 28일 법관양성소 교관으로 임명되나 4일 만에 의원면직. 1907년 검사 임명, 1908년 6월 해주지방재판소 판사, 1910년 11월 5일 퇴직, 1911년 변호사 개업.[176]

이철승(李徹承) 1895년 법관양성소 졸업, 1901년 법부 시취 합격.[177]

임병응(林炳應) 1895년 법관양성소 졸업, 1901년 법부 시취 합격.[178]

---

171 『황성신문』, 1901.7.23.
172 『대한제국관원이력서』, 482면. 그러나 『관보』에는 이용상의 이름이 없다.
173 도정(都正) : 조선시대 종친부·돈녕부·훈련원의 정3품 당상관 관직.
174 『관보』 제3635호, 1906.12.13.
175 『대한제국관원이력서』, 89·481·699면; 『조선인명자료사전』, 123면; 본서 교관 항목 참조.
176 『관보』, 1905.2.13; 『조선인명자료사전』, 123면.
177 『황성신문』, 1901.7.23.
178 『황성신문』, 1901.7.23.

정낙헌(鄭樂憲) 1873년생. 1895년 법관양성소 졸업. 1907년 12월 평리원 주사.[179] 1908년 12월 진남포구재판소 판사. 1911년 9월 용남구재판소 판사.[180] 1913년 5월 1일 대구지법 김천지청 판사. 1921년 4월~1924년 12월 대구지법 판사.[181] 1925년 1월 대구지법에 변호사 등록.[182] 1926년 9월 공주지법 변호사 등환.[183]

정섭조(鄭燮朝) 1862년 1월 27일생. 1895년 법관양성소 졸업, 1908년 6월 한성재판소 주사에서 1909년 10월 전주구재판소 판사,[184] 1914년 4월~1915년 3월 공주지법 강경지청 판사.[185]

정영택(鄭永澤) 1876년생. 본 영일(迎日). 부 한성사범학교 교관으로 정운경(鄭雲檠). 1888년(개국 497년) 중식년(中式年) 생원시(生員試) 입격. 1895년 법관양성소 졸업. 1897년 한어(漢語)학교 수업. 1902년 6월 혜민원 주사에 임명되나 7월 의원 면 본관. 1904년 7월 법관양성소 교관, 같은 해 9월 법관양성소 감독 사무 겸장.[186] 1910년 8월 경기도 양성군수. 1911년 3월 2일 면직. 1947년 사망.

조세환(曹世煥) 1852년생. 본 창녕. 자 국견(國見). 1891년(辛卯) 증광시(增廣試) 입격. 증광 진사. 1895년 법관양성소 졸업. 1905년 12월 법관양성소 교관 정명섭과 을사늑약에 반대하는 상소문을 올린 후 교관직에서 면직.

함태영(咸台永) 관 강릉, 호 송암(松岩). 1873년 10월 22일 함북 무산 출생. 종 6위. 1895년 11월 10일 법관양성소 속성과 졸업. 1896년 3월 한성재판소 검사시보. 1897년 11월 1일 판사임명, 1904년 6월 철도원 주사. 1905년 3월 평리원 검사, 동 7

179 『대한제국관원 이력서』, 253 · 552면.
180 『조선총독부관보』 제327호, 1911.9.26; 『조선인명자료사전』, 182면.
181 『조선총독부관보』 제2611호, 1921.4.27; 제3709호, 1924.12.23.
182 『조선총독부관보』 제3730호, 1925.1.23.
183 전병무, 『조선총독부 조선인 사법관』, 역사공간, 2012, 339면.
184 『조선인명자료사전』, 182면; 『한국법관사』, 167면.
185 전병무, 앞의 책, 339면.
186 『대한제국관원이력서』, 550면. 정영택 본인은 1904년 7월에 교관에 임명되었다고 하나, 관보에서는 1905년 3월 10일 자로 확인된다. 『관보』 제3085호, 1905.3.13. 교관 중 '정영택' 참조.

월 법부 법률기초위원, 1907년 6월 법부 서기관, 1908년 10월 대심원판사, 1911년 경성공소원 판사. 1912년 3월~7월 경성복심 판사.[187] 광복 후 1949년 심계원장, 1952년 대통령 이승만과 함께 제3대 부통령 당선.[188] 1964년 작고.

홍용표(洪龍杓) 1859년(己未年) 10월 14일생. 1895년 법관양성소 졸업. 1898년 5월 법부 주사. 1902년 7월 평리원 검사로 임명되어 2개월 근무하고 9월에 의원면관. 다시 법부 주사가 되었다가 1903년 7월 한성부재판소 검사가 되고 1904년 2월 면관, 1906년 12월 11일 법부 주사,[189] 1907년 8월 평리원 검사가 된다. 1909년 작고.[190]

홍종한(洪鍾瀚) 관 남양. 1874년(甲戌年) 5월 1일생. 1895년 법관양성소 졸업. 1901년 7월 23일 제주목재판소 검사시보. 동 8월 20일 의원면 본관하고 한성재판소 주사가 된다. 1902년 4월 법부 주사, 시강원(侍講院) 주사. 1904년 3월 한성재판소 검사시보가 되지만 4월 4일 관제개정으로 작산하고 한성재판소 판사가 되었다가 6월에는 한성재판소 검사가 된다. 1906년 2월 의원면직하고 11월 덕원부(德源府) 참서관이 되고,[191] 12월에는 원산항재판소 검사를 겸임한다.[192] 검사로 재직 중의 기사가 하나 발견된다.

● 訓飭後謬 元山港裁判所 檢事 洪鍾瀚氏가 昔禹昌 及 高乘濟 等의 贖錢 二百圜을 但以公函으로 法部에 上送ᄒᆞ얏는디 訓令ᄒᆞ기를 所謂 贖錢은 乃免刑의 贖錢 뿐더러 亦爲 國庫收入中에 一課程인즉 自有所重이거날 貴檢事는 認之以私貨ᄒᆞ고 修報收上ᄒᆞᆯ 錢額을 以函送致가 已是昧例오 亦涉失當이라. 從後는 更勿襲謬ᄒᆞ라 ᄒᆞ얏더라.[193]

1907년 12월 신관제로 작산(作散), 1908년 3월부터 1909년 강원도 흡곡(翕谷)군

---

187 전병무, 앞의 책, 347면.
188 『대한제국관원이력서』, 431 · 661면; 『조선인명자료사전』, 242면; 정문연, 『한국인물대사전』, 2401~2402면
189 『관보』 제3635호, 1906.12.13.
190 『대한제국관원이력서』, 270 · 544면.
191 『관보』 제3611호, 1906.11.14.
192 『관보』 제3633호, 1906.12.11.
193 『황성신문』, 1907.5.1.

수, 1910~1912년 강원도 안협(安峽)군수.[194]

2) 제2회 (1896.5.2)

고익상(高翊相) 1896년 법관양성소 졸업. 1905년 12월 법관양성소 교관 정명섭과 을사늑약에 반대하는 상소문을 올린 후 교관직에서 면직. 1906년 10월 변호사 이면우의 출장원 및 박사. 1908년 4월 15일 양정의숙 제1회 졸업.[195]

공면주(孔冕周) 1896년 법관양성소 졸업. 1905년 1월 28일 자로 법관양성소 박사로 서임되고 교관이 된다. 같은 날짜로 윤일영(尹馹榮), 윤병순(尹秉純), 최창래(崔昌來), 허식(許植), 이종우(李種雨), 이용설(李容卨), 이한길(李漢吉)도 교관이 된다. 그러나 2월 1일 자로 위의 7인 외에 홍태형(洪泰衡), 김병선(金秉璇)도 의원면직한다.[196]

권봉수(權鳳洙) 1870년 6월 25일생. 권종은(權鍾殷)의 장남. 1896년 법관양성소 졸업, 1902년 궁내부 주사, 내부 서기관, 주일공사관 참서관, 경무국장, 1906년 11월 7일 부동산법조사위원,[197] 1907년 8월 용천군수 및 용천항재판소 판사, 1907년 11월 내장원 부경(副卿), 1908년 6월 충청북도 관찰사 및 충청북도재판소 판사, 1911년 중추원 찬의(贊議).[198] 1912년 9월 공문서위조와 사기취재사건으로 공주지방법원에서 징역 2년을 선고 받다. 1930년 2월 1일 사망.

김돈희(金敦熙) 자 공서(公敍), 호 성당(惺堂), 관 경주. 1870년(개국 479년) 7월 15일생. 정 3품. 1890년 전의감(典醫監) 의과(醫科) 초시(初試) 입격. 1891년 동 회시(會試)

---

194 『대한제국관원이력서』, 267~268 · 540~541 · 909면; 박은경, 앞의 책, 317면.
195 『황성신문』, 1906.10.15; 1908.4.14;『만세보』, 1906.11.27; 본서 '고익상' 교관 항목 참조.
196 『관보』 1905.2.1; 1905.2.3.
197 『관보』 제3608호, 1906.11.12.
198 『대한제국관원이력서』, 601 · 828 · 902면;『조선인명자료사전』, 171면; 민족문제연구소 편,『친일인명사전』, 민족문제연구소, 2009, 197~198면.

급제, 1893년 전의감 주부출육(主簿出六). 1896년 법관양성소 졸업. 1897년 8월 궁내부 주사. 1906년 8월 시종원, 주전원, 표훈원 주사, 1906년 12월 5일 법관전고서시험에 급제.[199] 바로 전라남도재판소 검사가 되지만,[200] 같은 달 의정부주사가 된다. 1907년 6월 내각 서기랑, 1908년 1월 내각주사. 1909년 대신 관방 문서과 주사(문관보통전형위원회 서기). 1910~1911년 조선총독부 취조국 위원.[201] 1936년 사망.

서병문(徐丙聞) 관 대구. 1867년(개국 476년) 1월 18일생. 부 농상공부 주사 서상철(徐相喆). 1895년 6월 법관양성소 입학, 1896년 4월 졸업. 1897년 2월 전보(電報)학교 수학, 1899년 10월 전보학교 졸업. 동 10월 13일 자로 한성전보사(司) 주사.[202]

서정좌(徐廷佐) 관 대구. 1873년(개국 482년) 8월 27일 충남 공주 출생. 1894년 2월 진사 회시(會試). 1895년 6월 법관양성소 입학, 1896년 4월 졸업. 1898년 9월 법부주사, 1899년 6월 평리원 주사.[203]

윤병순(尹秉純) 본 항의 '공면주' 항목 참조.

윤일영(尹馹榮) 관 해평(海平). 1867년(丁卯年) 3월 7일생. 1895년 6월 법관양성소 입학, 1896년 4월 졸업. 1905년 1월 법관양성소 박사. 1907년 1월 법부사무 견습. 1909년 법부 경성지방재판소 수원구재판소 서기. 1910년 수원구재판소 서기. 1912년 경성지법 여주지청 서기.[204]

이원국(李源國) 1861년(개국 470년, 辛酉年) 1월 13일 서울 출생. 정 7위, 1882년(壬午) 4월 증광 감시 초시, 1891년(辛卯) 5월 응제 무과(應製武科). 1895년 6월 법관양성소

---

199 『관보』 제3634호, 1906.12.12.
200 『관보』 제3635호, 1906.12.13.
201 『대한제국관원이력서』, 117・726・785면.
202 『대한제국관원이력서』, 327・666면. 그러나 『관보』에는 '徐丙星'이란 이름이 있다. 오기로 생각된다.
203 『대한제국관원이력서』, 666면.
204 『대한제국관원이력서』, 898면; 박은경, 앞의 책, 243면; 본서 제1부 「법관양성소」 중 8장 「법관양성소의 졸업생」, '졸업생의 활동상황'의 '공면주' 참조.

입학, 1896년 3월 법관양성소 졸업. 1898년 8월 한성부재판소 주사, 1899년 9월 법부주사, 1905년 12월 한성재판소 검사시보, 1906년 8월 6일 판사 임명, 1909년 11월 통감부 공주지방재판소 판사, 1910년 10월 공주지방재판소 판사.[205] 1912년 4월~5월 공주지법 판사, 1912년 5월~1914년 2월 충남 비인(庇仁)군수 역임.[206] 1914년 5월 공주지법 변호사 등록. 1932년 11월 공주지법 변호사 등록 취소.[207]

장연창(張然昌) 1876년(丙子年) 1월 26일생. 1896년 4월 법관양성소 졸업. 1898년 7월 무관학도 피선. 1900년 1월 무관학교 졸업, 참위. 6월 북청(北靑)지방대 부(附). 동 7월 북청 진위대대 부, 동 9월 육군무관학교 교관. 1903년 6월 육군포병 참위, 시위 포병대대 부. 1904년 8월 군제의정소(軍制議定所) 위원. 동 12월 군법회의 판사(判士). 1905년 3월 육군무관학교 교관, 1906년 6월 육군 연성(研成)학교 교성대(敎成隊) 중대장.[208] 1908년 10월 동궁무관(東宮武官)으로서 팔괘장(八卦章)을 하사받다.

장윤규(張潤圭) 1874년(개국 483년, 甲戌年) 12월 14일생. 1896년 4월 27일 법관양성소 졸업(본인은 개국 503년(1894) 7월 16일로 적고 있다). 1898년 7월 육군 무관학도 피선, 1900년 1월 졸업하여 육군 참위. 동 3월 시위 제2대대 견습. 동 9월 평양 진위대. 1902년 9월 임시혼성여단 제2연대 제1대대 부. 1905년 4월 육군 연성학교 교관. 동 6월 군법회의 판사. 1906년 6월 육군보병 정위, 보 육군 연성학교 교관, 1911년 경북 진보(眞寶)군수, 1924년 의성군수.[209]

최창래(崔昌來) 본 항의 '공면주' 항목 참조.

허식(許植) 본 항의 '공면주' 항목 참조.

---

205 『대한제국관원이력서』, 692 · 698면; 『조선인명자료사전』, 119면.
206 안용식 편, 『일제지방관록』, 연세대 사회과학연구소, 2001, 105면.
207 전병무, 앞의 책, 332면.
208 『대한제국관원이력서』, 263 · 561면.
209 『대한제국관원이력서』, 561면; 박은경, 앞의 책, 279~280면.

황진국(黃鎭菊) 1857년(개국 466년) 12월 11일생. 1896년 4월 27일 법관양성소 우등 졸업. 1898년 11월 법부 주사, 1901년 8월 제주목(濟州牧) 재판소 검사시보. 1907년 9월 이용성(李容成), 안치윤(安致潤)과 함께 변호사 개업.[210]

3) 제3회 (1904.7.21)

구승회(具升會) 관 능성. 1874년 8월 9일생. 1893년 진사 입격. 1904년 7월 15일 법관양성소 졸업, 8월 28일 법관양성소 박사, 8월 30일 의원 면 본관. 1905년 1월 법부사무 견습, 1906년 12월 충청남도재판소 주사, 1909년 법부 공주지방재판소 서기. 1910~1911년 강경구재판소 서기.[211]

권순구(權純九) 관 안동. 1866년 1월 19일생. 본명 순익(純翊). 부 학생 권양겸(權養謙). 1903년 4월 법관양성소 입학, 동년 8월 퇴학. 1905년 문관전고소 회고(會考) 급제. 1906년 내부주사, 1909년 내부 대신공방 문서과 주사, 1909년 11월~1912년 강원도 울진 군수.[212] 법관양성소 퇴학자이지만 추가함.

권중근(權重瑾) 관 안동. 1881년(辛巳年) 7월 23일생. 1903년 3월 법관양성소 입학, 1904년 7월 졸업, 법관양성소 박사. 1905년 1월 의원 면 본관. 1905년 6월 법부사무 견습, 동 12월 주사. 1907년 11월 법부 서기랑. 1909년 법부 공주지방재판소 대전구재판소 판사. 1910~1912년 대전구재판소 판사, 1912년 변호사.[213] 1914년 12월 사망.

권태정(權泰珽) 법관양성소 1904년 7월 21일 졸업. 1908년 7월 함흥구재판소 서기로 임명되었으나,[214] 1909년 3월 26일 재판소서기 의원면 본관.[215]

---

210 『대한제국관원이력서』, 377면.
211 『대한제국관원이력서』, 406면; 박은경, 앞의 책, 156면.
212 『대한제국관원이력서』, 335 · 605 · 835면; 박은경, 위의 책, 158면; 『조선인명자료사전』, 172면.
213 『대한제국관원이력서』, 334~335 · 605면.

김정학(金正學) 관 경주. 1887년(丁亥年) 2월 25일생. 1899년 8월 관립보통소학교 입학, 1900년 7월 졸업. 1900년 7월 관립고등소학교 입학, 1902년 7월 졸업. 1903년 4월 법관양성소 입학, 1904년 7월 졸업. 동 12월 12일 법관양성소 박사, 동 12월 26일 해임. 1906년 10월 관립농림학교 임학 속성과 입학, 1907년 4월 졸업. 1907년 4월 농상공부 임업과 임업수(手) 촉탁. 1907년 농상공부 기수(技手). 1910년 전남 정의군 서기, 1924년 제주도 속(屬).[216]

김종호(金鍾濩) 관 김해. 1875년(개국 484년, 乙亥年) 8월 25일생. 가숙에서 한학 수학. 1903년 2월 법관양성소 입학, 1904년 7월 졸업, 동 7월 26일 법관양성소 박사, 7월 28일 의원 면 본관. 1905년 1월 법부사무 견습, 동 3월 법관양성소 교관, 동 12월 교과 폐지로 면 본관. 1906년 2월 사립보성학교 교사, 1906년 12월 5일 법관전고서 시험 합격,[217] 평안남도재판소 검사.[218] 1908년 6월 20일 판사 임명, 1909년 11월 퇴직, 1911년 해주에서 변호사.[219] 교수진 '김종호' 항목 참조.

남보원(南輔元) 관 의령. 1879년(己卯年) 3월 10일생. 1903년 2월 법관양성소 입학, 1904년 7월 졸업, 8월 동 박사. 1905년 1월 법부 견습. 1906년 12월 법관전고 입격. 1907년 11월 승 6품, 황태자 가례 시 지수(祇受) 기념장.[220] 1909년 9월 청주군재판소 서기로서 법률강습소에서 법학 강의.

● 法官教育　淸州郡 普成學校長 閔泳殷氏가 同校內에 法律講習所를 設立ᄒ얏는데 該郡 裁判所 判事 洪祐기 書記 南輔元 李祖遠 三氏는 法學을 敎授ᄒ고 繙譯官 朴潤陽 郡主事 高羲升 兩氏는 語學을 敎授ᄒ되 該郡守 元大圭氏와 協力ᄒ야 舊日讀書士로 法律思想을 興起 發展케 ᄒ다고 無不 稱頌ᄒ다더라.[221]

---

214 『관보』, 1908.7.4.
215 『관보』제4336호, 1909.3.29.
216 『대한제국관원이력서』, 120·749·859면; 박은경, 앞의 책, 182면.
217 『관보』제3634호, 1906.12.12. 이 시험에 합격한 사람은 김종호 외 12인이다.
218 『관보』제3635호, 1906.12.13.
219 『대한제국관원이력서』, 131면; 『조선인명자료사전』, 208면.
220 『대한제국관원이력서』, 355·865면.

박준성(朴準性) 관 밀양. 1874년(甲戌) 8월 22일생. 1903년 2월 법관양성소 입학, 1904년 7월 졸업. 동 7월 26일 박사, 7월 28일 의원 면 본관. 1906년 7월 법부 법률기초위원, 8월 법부주사, 1904년 7월 6일 법관양성소 졸업, 법관양성소 교관, 1906년 12월 5일 법관전고서시험 합격.[222] 동 12월 경상남도재판소 검사,[223] 동 법률기초위원 해임. 1909년 법부 평양재판소 평양구재판소 판사, 1910년 10월~1912년 3월 대구부재판소 판사, 1912년 경남 기장군수.[224] 1913년 1월 대구지법 변호사 등록. 1925년 9월 공주지법 변호사 등환.[225]

성기영(成夔永) 관 창녕. 1869년(개국 478년) 3월 23일 자. 부 진사 성준호(成浚鎬). 1899년 3월 외부사무 견습, 1900년 9월 옥구감리서 주사, 1901년 7월 의원 면 본관. 1903년 2월 법관양성소 입학, 1904년 7월 졸업, 동 7월 26일 박사, 동 7월 30일 의원 면 본관. 1905년 1월 한성재판소 견습, 동 12월 한성재판소 주사. 1907년 2월 사립보성법률학교 야학과 입학, 1908년 6월 공주지방재판소 판사, 1910년 정주구재판소 판사, 1911년 3월 8일 면관, 동년 4월 평양지방재판소 변호사 등록. 1912년 평양에서 변호사.[226] 1922년 8월 신의주지법 변호사 등환. 1935년 5월 사망.

신정식(申正植) 관 고령. 1876년(개국 484년, 丙子年) 10월 1일생. 1903년 2월 법관양성소 입학, 1904년 7월 졸업, 동 8월 박사, 1905년 1월 의원 면 본관. 1905년 3월 법부사무 견습, 1906년 11월 법부주사, 동 12월 한성재판소 주사로 전임.[227]

심종대(沈鍾大) 1876년 12월 8일생. 1904년 법관양성소 졸업, 평리원 주사, 1906년 12월 5일 법관전고서시험 합격.[228] 동년 12월 27일 경기재판소 검사로 임명되

---

221 『대한민보』, 1909.9.22.
222 『관보』 제3634호, 1906.12.12.
223 『관보』 제3635호, 1906.12.13.
224 『대한제국관원이력서』, 204면; 박은경, 앞의 책, 205면.
225 전병무, 앞의 책, 315면.
226 『대한제국관원이력서』, 376·556·927면; 전병무, 앞의 책, 319면; 박은경, 앞의 책, 215면.
227 『대한제국관원이력서』, 365·612면.
228 『관보』 제3634호, 1906.12.12.

었으나 일본인 법무보좌관과의 마찰로 1907년 7월 사임하고, 변호사 개업. 1909년 변호사 재등록.[229]

안병찬(安秉瓚) 관 순흥. 1881년(개국 488년, 辛巳年) 7월 6일 평북 의주 출생. 호 성암(誠庵). 원 이름은 안정기(安廷夔)였으나 안병찬으로 개명하였다고 한다.[230] 1904년 법관양성소 제3회 졸업생 명단 중 우등 5인 중의 한 사람.[231] 1905년 법부주사로 관계에 입문. 같은 해 11월 면관을 청원하고 을사늑약에 반대하는 상소문을 고종에게 올린다.[232] 또 평양 일신학교(日新學校) 안에 야학과로 법학강습소를 설립하고 강사 "安秉瓚이 旣已 法學을 卒業ᄒ 故로 自擔敎授ᄒ야…"[233] 1906년 12월 법관전고서시험 합격.[234] 일시 일본 도쿄의 메이지(明治)대학에 학적을 두었다가 귀국하여 검사가 되었다는 문헌[235]도 있으나 부정확하다. 1907년 9월 평북 검사를 사임하고 이건호(李建鎬)와 함께 서울에서 연합법률사무소를 내었다. 1910년 안중근 의사를 변호하러 뤼순까지 갔으나 조선인 변호사라는 이유로 거부. 1911년 이재명(李在明) 의사 변호. 1919년 대한독립청년단 총재. 1920년 상해 임시 정부 법무차장, 임시헌법기초위원장. 1921년 모스크바에서 레닌을 만나 독립자금을 얻고 귀국 도중 만주에서 마적에게 피살된다. 향년 40세. 1963년 대한민국 건국공로훈장 추서.[236]

윤광보(尹光普) 관 파평. 1860년(개국 469년) 5월 4일생. 1881년 감시(監試) 입격. 1897년 본군도약정(本郡都約定). 1898년 황성(皇城)으로 이사. 1900년 서서(西署) 냉동(冷洞)

---

229 『조선인명자료사전』, 98면; 『관보』 제4416호, 1909.6.30.

230 정태욱, 「변영만의 삶과 뜻」, 『법철학연구』 제15권 3호, 2012, 92면. 『대한제국관원 이력서』에는 '안병찬'이나 '안정기'에 관한 기록은 없으며 그와 동기생인 홍면희나 시험 동기인 변영만의 이력서도 수록되어 있지 않다.

231 『관보』 제2884호, 1904.7.21.

232 김효전, 「안병찬의 상소문과 안중근 변호」, 『시민과 변호사』, 2000년 4월호 참조.

233 「勸學請褒」, 『황성신문』, 1906.8.22. 일신학교를 1898년에 졸업한 문봉의(文鳳儀)는 1876년생으로 1908년 6월 평남도재판소주사에서 평양구재판소 판사가 되고, 의주구재판소 판사를 거쳐 1911년 9월 의원면직한다. 같은 해 10월 평양지방재판소에 변호사 등록을 한다. 전병무, 앞의 책, 312면; 『조선인명자료사전』 제1권, 165면.

234 『관보』 제3634호, 1906.12.12.

235 홍성우, 「안병찬 변호사」, 『협회보』 제8호, 대한변호사협회, 1974년 5월, 36면.

236 관련 문헌 김이조, 『법조100년 이야기』, 한일합동법률사무소, 2011, 31~32면; 황호택, 「안병찬」, 이영근 · 김충식 · 황호택, 『법에 사는 사람들』, 삼민사, 1984, 73~83면.

사립소학교 교사. 1903년 2월 법관양성소 입학, 1904년 7월 졸업, 동 7월 28일 박사, 동 7월 30일 의원 면 본관, 동 11월 법부사무 견습. 1904년 1월 평리원 견습, 동 4월 법관양성소 교관, 동 12월 면 본관.[237]

윤태영(尹泰榮) 관 파평. 1883년(개국 492년, 癸未) 3월 9일생. 1898년 7월 관립 일어학교 입학, 1900년 9월 퇴학. 1903년 2월 법관양성소 입학, 1904년 7월 15일 졸업, 동 7월 26일 박사, 동 7월 28일 의원 면 본관. 1905년 2월 법부사무 견습, 1905년 3월 법관양성소 교관, 동 12월 교관 의원 면 본관. 1906년 7월 법부 법률기초위원, 동 12월 법관양성소 교관. 동 12월 법률기초위원 해임. 1907년 6월 20일 판사 임명, 1909년 12월 10일 퇴직, 1911년 변호사.[238] 윤태림(尹泰林) 박사의 백씨.

윤헌구(尹憲求) 1871년 9월 24일 경기 연천 출생. 종 7위. 1904년 7월 6일 법관양성소 졸업, 1905년 12월 13일 법관양성소 교관,[239] 1906년 12월 5일 법관전고서시험 합격,[240] 1906년 12월 10일 전라북도재판소 검사,[241] 1907년 8월 2일 전라북도재판소 검사 임명, 1910년 10월 해주지방재판소 판사, 1913년 2월 평양지방법원 판사, 1913년 7월~1914년 4월 해주지법 검사로 전직.[242] 1931년 1월 경성지법 변호사 등환, 1931년 9월 변호사 등록 취소.

이한구(李漢求) 관 한산. 1885년(개국 494년) 2월 5일생 1903년 4월 법관양성소 입학, 1904년 7월 졸업, 동 8월 1일 박사. 1906년 7월 법부사무 견습, 한성재판소 분장(分掌). 동 12월 전라남도재판소 주사. 1909년 법부 공주재판소 서기, 1910년 천안구재판소 서기, 1916년 경남 고성군 서기, 1920년 울산군 서기.[243]

---

237 『대한제국관원이력서』, 897면.
238 『대한제국관원이력서』, 229·238·629·631·854·899면; 『조선인명자료사전』, 80면.
239 『관보』 제3324호, 1905. 12. 15. '교관' 참조.
240 『관보』 제3634호, 1906. 12. 12.
241 『관보』 제3635호, 1906. 12. 13.
242 『조선인명자료사전』, 81면.
243 『대한제국관원이력서』, 69면; 박은경, 앞의 책, 272면.

이한길(李漢吉) 본 전의(全義). 1885년(乙酉) 1월 23일생. 1903년 9월 법관양성소 입학, 1904년 7월 22일 법관양성소 졸업. 1905년 1월 15일 한성법학교 입학.[244] 1905년 1월 28일 법관양성소 박사, 동 1월 30일 의원면직. 1905년 9월 보성전문학교 법률과로 전학. 1906년 10월 12일 법관양성소 교관, 동 10월 24일 의원면직. 1906년 12월 5일 법관전고서시험 등제.[245] 동 12월 13일 법관양성소 교관.[246] 1907년 2월 보성전문학교 법률과 졸업. 1908년 12월 17일 판사 임명, 1910년 서흥구재판소 판사, 1911년 영변구재판소 판사, 1912년 3월 대구지법 김천지청 판사, 1913년 3월 3일 면관.[247] 1913년 4월 경성지법에 변호사 등록. 1941년 9월 사망으로 등록 취소.

정우흥(鄭雨興) 관 동래. 1878년(戊寅年) 11월 30일생. 1897년 4월 관립 한어(漢語)학교 입학, 1900년 7월 졸업. 1900년 9월 육군무관학교 입학, 1901년 1월 외국어학교 부교관, 1902년 1월 무관학교 자퇴. 1903년 3월 법관양성소 입학, 1904년 6월 육군보병 참위. 동 7월 10일 무관학교 졸업, 7월 14일 헌병대 견습 부(附). 동 7월 15일 법관양성소 졸업, 동 8월 1일 박사. 1904년 12월 군법회의 판사, 1905년 4월 판사 해임. 1907년 8월 헌병대 편제 폐지로 은사금 3백 환 지수(祗受), 참위 해면.[248]

조동숙(趙東肅) 1881년생. 1902년 경기도 양지(量地)사무 견습. 1903년 2월 법관양성소 입학, 1904년 7월 법관양성소 졸업. 동 8월 박사, 1905년 1월 의원 면 본관. 1905년 1월 한성법학교 입학, 동 2월 법부 사무 견습. 1906년 8월 변호사 이면우의 사무원.[249] 1908년 7월 공주지방재판소 서기.[250]

---

244 한성법학교는 1905년 1월 이용복(李容復)과 윤덕영(尹德榮, 1873~1940)에 의해서 법학전문의 야학으로 출발하였으며 3월에 개학하였다. 교장에 현채, 교감은 나수연, 강사는 태명식・장도・신해영・유치형・유문환・이면우・권봉수・신우선・홍인표・홍재기・석진형・최항석 등 당대의 법률가들이다. 교과목은 법학통론・明律・민법・상법・형법・재판소구성법・형사소송법・민사소송법・행정법・국제공법・국제사법・증거법・파산법・국가학・경제학・재정학・의률의제(擬律擬制)・소송연습이다. 이 학교는 설립자 간의 불화로 반년 만에 문을 닫고 학생 22인은 보성전문 야간 특설로 옮겼다. 『황성신문』, 1905.1.17; 1905.9.20;『법정학계』 제1호, 1907, 54면;『고려대학교100년사 자료집』, 107~108면 참조.
245 『관보』 제3634호, 1906.12.12.
246 『관보』 제3635호, 1906.12.13.
247 『대한제국관원이력서』, 79・705면;『조선인명자료사전』, 120면; 박은경, 앞의 책, 272면.
248 『대한제국관원이력서』, 241・547면.
249 『대한제국관원이력서』, 895면;『대한매일신보』, 1906.8.9;『만세보』, 1906.8.26.

홍면희(洪冕憙) 1877년 8월 27일생. 1904년 7월 15일 법관양성소 졸업, 평리원 주사, 1906년 12월 5일 법관전고서시험 합격.[251] 동년 12월 충청북도재판소 검사,[252] 1908년 7월 14일 변호사 개업.[253] 1918년 대한청년단연합회를 조직한 안병찬 변호사를 변호. 1919년 3월 기미독립운동에 가담하고 한성 정부를 조직하다가 중국 상해로 망명. 임시 정부의 법무총장, 내무총장 등 요직을 맡았으며 1926년에는 국무령에 피선되어 독립운동을 활발하게 전개하였다. 환국 후 1946년 4월 서울에서 별세.[254]

홍우기(洪祐夔) 관 풍산. 1879년(己卯年) 11월 7일생. 1903년 2월 법관양성소 입학, 1904년 7월 졸업, 동 7월 26일 박사, 동 7월 29일 의원 면 본관. 1905년 1월 법부사무 견습, 평리원 견습. 1906년 9월 한성재판소 주사, 1906년 12월 5일 법관전고서시험 급제.[255] 동 12월 황해도재판소 검사,[256] 1907년 충청남도재판소 검사.[257]

4) 제4회 (1906.1.6)

권혁채(權赫采) 관 안동. 1879년(개국 488년) 6월 6일생. 1902년 9월 법어(法語)학교 수학. 1903년 2월 법관양성소 입학, 1906년 1월 14일 졸업. 동 3월 법관양성소 박사, 4월 한성재판소 견습, 동년 10월 변호사 이면우의 출장원, 1906년 12월 5일 법관전고서시험 합격.[258] 동 12월 함경북도재판소 검사. 1908년 6월 경성구(鏡城區)재판소 판사, 1910년 3월 3일 퇴직, 1911년 광주에서 변호사.[259]

---

250 『관보』, 1908.7.4.
251 『관보』 제3634호, 1906.12.12.
252 『관보』 제3635호, 1906.12.13.
253 『조선인명자료사전』, 175면.
254 문헌은 김교창, 「만오(晩悟) 홍면희 변호사」, 『대한변호사협회보』 제9호, 1974.9 참조.
255 『관보』 제3634호, 1906.12.12.
256 『관보』 제3635호, 1906.12.13.
257 『대한제국관원이력서』, 278면.
258 『관보』 제3634호, 1906.12.12.
259 『대한제국관원이력서』, 331면; 『황성신문』, 1906.10.15; 『조선인명자료사전』, 172면.

김낙순(金洛純) 관 풍산. 1883년(癸未年) 10월 24일생. 1904년 9월 법관양성소 입학, 1906년 1월 졸, 동 3월 법관양성소 박사. 8월 궁내부시험 합격, 궁내부 주사. 1907년 2월 궁내부 시종원(侍從院) 주사. 동 8월 서기랑. 1916~1920년 경북 영주군 서기.[260]

남성우(南晟祐) 관 의령. 1886년(개국 494년, 丙戌年) 1월 11일생. 1903년 2월 법관양성소 입학, 1905년 12월 졸업, 1906년 3월 법관양성소 박사, 동년 10월 변호사 이면우의 출장원. 동년 12월 농상공부 기수, 1907년 한성재판소 견습.[261]

목원용(睦源容) 관 사천. 1886년(개국 494년) 1월 6일생. 1903년 2월 법관양성소 입학, 1905년 12월 29일 졸업. 1906년 3월 법관양성소 박사, 동 4월 법부 견습, 1907년 4월 법부주사, 동 6월 법부 서기랑.[262]

변영만(卞榮晚) 호 산강(山康). 1885년 6월 23일생. 1905년 12월 29일 법관양성소 졸업, 1906년 12월 법관전고서시험 합격,[263] 1908년 1월 보성전문 법률학 야학과 졸업, 같은 해 12월 17일 판사 임명, 1909년 12월 퇴직, 1911년 변호사.[264]

송석회(宋錫會) 1884년 4월 29일생. 1905년 12월 법관양성소 졸업. 1908년 7월 해주지방 재판소 서기,[265] 1911년 총독부 재판소 관리.[266]

이문세(李文世) 관 전의. 1882년(壬午年) 7월 25일생. 1903년 2월 법관양성소 입학, 1905년 12월 29일 졸업, 1906년 2월 법부 견습, 동 3월 법관양성소 박사, 동 12월 평

---

260 『대한제국관원이력서』, 145면; 박은경, 앞의 책, 165면.
261 『대한제국관원이력서』, 920면.
262 『대한제국관원이력서』, 444면.
263 『관보』 제3635호, 1906.12.13.
264 『변영만전집』 상·중·하, 성균관대 출판부, 2006; 최기영, 「1910년대 변영만의 해외행적」, 『대동문화연구』 제7집, 성균관대 대동문화연구원, 2006, 191~225면; 최기영, 『한국 근대 계몽사상 연구』, 일조각, 2003, 56~91면; 최종고, 『한국의 법률가』, 서울대 출판부, 2007, 249~260면; 『조선인명자료사전』, 96면.
265 『관보』, 1908.7.4.
266 『조선인명자료사전』, 155면.

리원 주사, 1907년 4월 법부 주사, 동 7월 법부 서기랑.[267]

이재영(李載榮) 관 완산. 1874년(甲戌年) 12월 17일생. 1889년(개국 498년) 2월 생원시(生員試) 입격. 1903년 1월 법관양성소 입학, 1905년 12월 졸업. 1906년 3월 법부 견습, 동 3월 법관양성소 박사, 1906년 12월 19일 충청북도재판소 주사, 동 12월 29일 의원 면 본관. 1907년 7월 봉상사(奉常司)[268] 주사, 동 9월 서기랑.[269]

정규승(丁奎昇) 1873년(개국 482년) 4월 2일 충청남도 목천군 북면 출생. 구명 규창(奎昌). 가숙에서 사서오경 외에 가서(家書) 읽기를 마침. 1899년 양지학원(量地學員) 피선. 1903년 2월 법관양성소 입학, 1906년 1월 제4회로 졸업. 동 2월 법관양성소 박사, 1907년 3월 법부 사무 견습.[270]

홍순용(洪淳瑢) 1876년 5월 10일 황해도 안악 출생. 종 7위. 1905년 12월 29일 법관양성소 졸업, 한성재판소주사, 1906년 12월 5일 법관전고서시험 합격.[271] 1906년 12월 27일 전라남도재판소 검사 임명, 1909년 11월~1912년 3월 대구지방재판소 판사.[272] 1912년 3월 황해도 배천군수. 1913년 5월 해주지법에 변호사 등록. 1932년 7월 사망으로 변호사 등록 취소.[273]

5) 제5회 (1908.12.25)

권태형(權泰亨) 1882년(개국 491년) 10월 15일생. 1903년 1월 혜민원 주사. 1905년

---

267 『대한제국관원이력서』, 80・691면.
268 봉상사(奉常司) : 1895년(고종 32) 제례관리(祭禮管理)・악공(樂工)・제사(祭祀)・시의(諡議)를 관장하기 위하여 설치되었던 관서. 봉상시(奉常寺)를 고친 이름.
269 『대한제국관원이력서』, 51・65・491면.
270 『대한제국관원이력서』, 905면.
271 『관보』제3634호, 1906.12.12.
272 『조선인명자료사전』, 174면.
273 전병무, 앞의 책, 348면.

12월 법관양성소 입학, 1907년 12월 25일 졸업, 동 28일 법관양성소 박사. 1908년 3월 성법학사 칭호를 받다. 동 3월 변호사법률사무소 시무.[274] 1909년 8월 진주지방재판소 서기와 하동구(河東區)재판소 서기를 겸하다.[275]

김기현(金基賢) 1883년 8월 22일생. 1907년 12월 25일 법관양성소 졸업, 1909년 10월 사법관시험 합격. 1909년 10월 양주구(楊州區)재판소 판사,[276] 1910년 10월 철원구재판소 판사, 1911년 6월부터 1913년 1월까지 근무. 1912년 3월부터는 검사.[277] 1914년 11월 대구지방법원 검사국에서 변호사명부에 등록함.[278]

김응섭(金應燮) 관 풍산. 1878년(개국 487년) 11월 15일 경북 안동 출생. 1903년 1월 평안남도 지계(地契) 위원, 1905년 12월 25일 법관양성소 입학, 1907년 12월 25일 졸업, 12월 26일 법관양성소 박사, 1908년 1월 법관양성소 관제 개정 시 작산(作散). 함흥지방재판소 검사에서 1909년 3월 법부 평양지방재판소 검사국 검사,[279] 1910년 영변구재판소 판사, 1911년 평양지방재판소 검사, 1912년 7월 평양에서 변호사.[280] 1915년 3월 대구지법 변호사 등환. 만주에 망명하여 독립운동. 1931년 8월 대구지법에서 변호사 등록 취소.[281] 1957년 별세.

남춘희(南春熙) 1884년(甲申年) 9월 20일생. 1902년 7월 우체학교 입학. 1903년 12월 통신원 견습, 1904년 5월 신병으로 자퇴. 1905년 12월 25일 법관양성소 입학, 1907년 12월 졸업, 동 법관양성소 박사, 1908년 3월 성법학사 칭호를 받다.[282]

류해창(柳海昌) 1884년(개국 493년) 1월 14일생. 1899년 사립 광흥학교 입학, 1900

---

274 『대한제국관원이력서』, 902면.
275 『관보』제4467호, 1909.8.31.
276 『관보』제4519호, 1909.11.1.
277 『대한민보』, 1909.10.26;『한국법관사』, 171면.
278 조선총독부『관보』제382호, 1914.11.7.
279 『관보』제4333호, 1909.3.24.
280 『대한제국관원이력서』, 145면; 박은경, 앞의 책, 180면.
281 전병무, 앞의 책, 306면.
282 『대한제국관원이력서』, 920면.

년 11월 흥화학교 특별 양무과 졸업. 1902년 12월 충청남도 지계 위원 역임. 1906년 1월 법관양성소 입학, 1907년 12월 졸업, 동 12월 법관양성소 박사. 1908년 1월부터 5월까지 사립 상동(尙洞) 실업학교 교사, 1908년 3월 성법학사 칭호를 받다. 1908년 6월부터 1909년 3월까지 사립 개성상업야학교, 개성 배양학교, 맹동(孟東) 의숙, 서울 사립 화동(華東)학교 교사 역임.[283]

송주학(宋柱學) 1883년(개국 492년) 12월 24일생. 1904년 9월 법관양성소 입학, 1907년 12월 25일 졸업, 동 12월 26일 법관양성소 박사, 1908년 3월 성법학사 칭호를 받다.[284]

안긍수(安肯洙) 1885년생. 원적 충남 면천(沔川). 1908년 법관양성소 졸업, 1909년 1월 거창구재판소 판사, 군산구재판소 판사, 1910년 변호사 개업. 그에 관한 다음과 같은 기사가 있다.

> ● 辭官辯護 南來人의 傳說을 據호즉 今番 辯護士名簿의 登錄된 成法學士 安肯洙씨는 新舊法律을 卒業홀 뿐 아니라 羣山區裁判所 判事로 在任時에 頗有名譽ᄒ던 人인디 近來 同胞中에 抱冤無伸ᄒᄂ 事가 間々有之홈을 慨歎ᄒ야 判事의 職을 辭免ᄒ고 一般 同胞의 民刑訴訟委任에 應ᄒ야 迅速處理혼다더라.[285]

그러나 안긍수는 1911년 소송사건에 불만을 품은 사람에 의해서 피살되었다.[286]

이근국(李根國) 1888년 1월 28일생. 1911년 사망. 정 8위, 1908년 7월 함흥지방재판소 서기, 1908년 12월 25일 법관양성소 졸업, 1908년 12월 28일 성진구재판소 판사 임명, 1910년 12월~1911년 7월 영흥구재판소 판사 재직 중 사망.[287]

---

283 『대한제국관원이력서』, 742면.
284 『대한제국관원이력서』, 911면.
285 『매일신보』, 1910.9.14.
286 『매일신보』, 1911.3.4; 1911.4.12.
287 전병무, 앞의 책, 329면; 『조선인명자료사전』, 119면.

이기찬(李基燦) 1886년 7월 18일 경기도 진위(振威) 출생. 1907년 12월 25일 법관 양성소 최우등 졸업, 1908년 6월 함흥지방재판소 판사 임명, 1909년 3월 평양지방 재판소 판사로 전보,[288] 1911년 평양지방재판소 판사, 1912년 7월~1913년 2월 경 성복심법원 판사를 지냈다. 1913년 3월 평양에서 변호사 개업하고 윤치호(尹致昊) 사건에서 일본인 변호사 오쿠보(大久保雅彦), 오카다(岡田榮)와 함께 변호하였다.[289] 1937년 4월 평양보호관찰심사회 위원, 1938년 8월 조선총독부 시국대책조사회 위 원부, 그 후 1939년 6월~1945년 6월 중추원 참의, 부회(府會) 의원, 숭인상업고등 학교장 등 역임. 1940년 '安城 基'로 창씨개명.

일찍이 『매일신보』는 "몸을 한미(寒微)에 일으켜 조야의 명망을 박득(博得)하는 청년변호사 이기찬"[290]이라고 소개하였고, 일제시대에는 "주호(酒豪)로 경향에 그 성명(盛名)이 자못 높던"[291] 사람으로 알려지고 있었다.[292] 1945년 작고.

이경의(李敬儀) 1887년(개국 496년) 5월 20일생. 정 8위. 1907년 12월 25일 법관양성 소 졸업, 1908년 12월 17일 판사 임명, 1910년 4월 15일 퇴직, 1911년 현재 변호사.[293]

이종연(李鍾淵) 관 화산(花山). 1874년(개국 483년) 10월 2일생. 1902년 4월 24일 충 청북도 관찰부 주사, 동 4월 26일 의원 면 본관, 동 12월 초명 학연(學淵)을 종연으 로 개명. 1905년 8월 3일 법관양성소 입학, 이력서에 배운 교과목을 적어 넣고 있 다. 1907년 12월 26일 졸업, 동 일자로 법관양성소 박사, 1908년 3월 성법학사 칭호 를 받다.[294]

이필은(李弼殷) 1880년 1월 24일생. 1931년 사망. 정 8위, 1907년 12월 26일 법관

---

288 『관보』 제4333호, 1909.3.24.
289 『매일신보』, 1913.7.3. 일본인 변호사에 관하여는 김효전, 『근대 한국의 법제와 법학』, 세종출판 사, 2006, 144~164면 참조.
290 『매일신보』, 1913.7.3.
291 변영로, 『명정 40년』, 서울신문사, 1953; 범우문고, 2004, 49~50면.
292 민족문제연구소 편, 『친일인명사전』, 민족문제연구소, 2009, 795~796면;『조선인명자료사전』, 120면;『昭和人名辭典』第4卷(外地·滿支·海外篇), 1987 참조.
293 『조선인명자료사전』, 123면.
294 『대한제국관원이력서』, 102면.

양성소 졸업, 1908년 7월 재판소 서기, 1908년 12월 17일 공주구재판소 판사 임명, 1910년 8월~1912년 3월 공주지방재판소 서산구재판소 판사.[295] 1912년 3월~1914년 2월 공주지법 서산지청 판사, 1914년 6월 공주지법 변호사 등록. 1931년 11월 사망으로 공주지법 변호사 등록 취소.[296]

임정규(林正奎) 1883년(개국 492년) 12월 21일생. 1905년 9월 법관양성소 입학, 1907년 12월 26일 졸업, 동 일자로 법관양성소 박사, 1908년 3월 성법학사 칭호를 받다.[297]

조태환(趙台煥) 1885년생. 1905년 가정에서 한문 교육을 받다. 1906년 1월 법관양성소 입학, 1907년 12월 졸업. 1907년 12월 법관양성소 박사 서 판임관 8급. 1908년 3월 10일 성법학사 칭호를 받다.[298]

홍종국(洪鍾國) 1883년생. 가숙에서 수업(受業). 1905년 12월 법관양성소 입학, 1907년 12월 졸업, 동월 법관양성소 박사, 1908년 3월 성법학사 칭호를 받다. 1909년 법부 광주지방재판소 서기, 1910년 북청구재판소 서기, 1912년 함흥지법 북청지청 서기.[299]

6) 제6회 (1908. 12. 27)

강세형(姜世馨) 1881년 11월 30일 충남 논산 출생. 1908년 12월 27일 법관양성소 졸업, 재판소서기로 근무하다가 1909년 10월 초산(楚山)구재판소 판사로 발령이 난다.[300] 1911년 3월 완주구재판소 판사, 동 정주구재판소 판사, 1912년 7월 평양지법

---

295 『조선인명자료사전』, 120면.
296 전병무, 앞의 책, 334면.
297 『대한제국관원이력서』, 921면.
298 『대한제국관원이력서』, 895면.
299 『대한제국관원이력서』, 910면; 박은경, 앞의 책, 317면.
300 『관보』 제4501호, 1909. 10. 9; 제4506호, 1909. 10. 16.

판사가 되었다가 다음 해인 1913년 2월 17일 면관.[301] 1913년 3월 평양지법 변호사 등록. 1927년 1월 경성지법 변호사 등환.[302] 서울변호사회 회장 역임. 후술하는 노홍현의 『신정문집』 도처에서 그의 이름이 발견된다.

권철상(權轍相) 법관양성소 1908년 12월 27일 졸업. 1909년 2월 9일 공주지방재판소 서기.[303]

김기정(金淇正) 1884년 9월 7일생. 1908년 12월 27일 법관양성소를 우등 2번으로 졸업,[304] 1909년 2월 18일 대심원서기,[305] 같은 해 10월 6일 자로 판사가 되어[306] 밀양구재판소 판사에 임명.[307] 1910년 5월부터 1912년 2월까지 부산지방재판소 부산구재판소 판사. 같은 해 부산에서 변호사 개업.[308] 1919년 6월 부산지법 변호사 등록 취소. 1923년 6월 부산지법 변호사 등록. 1933년 9월 부산지법 변호사 등록 취소. 1939년 9월 부산지법 변호사 등록. 金岡秀憲으로 창씨개명.

김대경(金大經) 1887년 4월 30일생. 1908년 12월 27일 법관양성소 졸업, 1909년 대구지방재판소 경주구재판소 서기로 근무하다가 판사로 임명되어,[309] 같은 해 10월 6일 자로 영천구재판소 판사.[310] 1910년 경주구재판소 판사, 1913년 5월 부산지법 용남지청 판사, 1915년 12월~1916년 2월까지 해주지법 검사국 검사.[311]

김사집(金思潗) 1886년 6월 13일생. 1908년 12월 27일 법관양성소 졸업, 1909년 2월 18일 대심원서기,[312] 같은 해 10월 6일 자로 금산구재판소 판사,[313] 1911년 9월

---

301 『朝鮮人名資料事典』, 225면; 『한국법관사』, 170면.
302 전병무, 앞의 책, 298면.
303 『관보』 제4298호, 1909.2.11.
304 『법정학계』 제20호, 1909, 31면.
305 『관보』 제4306호, 1909.2.20.
306 『관보』 제4501호, 1909.10.9.
307 『관보』 제4506호, 1909.10.16.
308 법원행정처 편, 『한국법관사』, 170면.
309 『관보』 제4501호, 1909.10.9.
310 『관보』 제4506호, 1909.10.16.
311 박은경, 앞의 책, 166면.

22일 면관, 1912년 변호사.[314] 1936년 8월 경성지법 소속 변호사 인가 효력 상실.[315]

김찬영(金瓚泳) 1889년 6월 26일 충남 당진 출생. 1908년 12월 27일 법관양성소 졸업, 1909년 법부 경성재판소 인천구재판소 서기과 서기로 근무하다가 판사가 된다.[316] 1909년 10월 6일 자로 영동구재판소 판사,[317] 1911년 9월 22일 면관, 1912년 2월 경성지방재판소 변호사 등록. 1920년 경성조선인변호사회 상임위원. 광복 후인 1945년 10월 대법원 검사장, 1946년 1월 대법관. 1954년 대법관 정년퇴직. 1973년 9월 2일 작고.[318]

에피소드 하나. "이(기찬) 변호사한테 기별하여 옷을 빌어 입자해도 그는 원체 거구의 주인공으로 빌어 왔자 소용이 없었다. 천사만려(千思萬慮)한 끝에 이번엔 김찬영 군의 생각이 불쑥 났다. 김군은 당시 평양서 상당한 부명(富名)을 듣던 처지로 누구 하면 뜰뜰하던 판이었다."[319]

김형숙(金亨淑) 1886년 11월 29일 황해도 봉산 출생. 1908년 12월 27일 법관양성소 졸업, 1909년 10월 광주지방재판소서기로 근무하던 중 판사가 되어[320] 같은 해 10월 6일 자로 덕천구재판소 판사가 된다.[321] 1912년 4월 해주지법 재령지청 판사, 동년 12월 의원면관.[322] 1913년 2월 평양지법 변호사 등록. 1940년 9월 평양지법 변호사 등록 취소. 한국전쟁 때 납북.

노재승(盧載昇) 1882년 1월 9일 충남 서천 출생. 1908년 12월 27일 법관양성소 졸업, 1909년 10월 재판소서기로 근무하다가 판사가 되어,[323] 광주지방재판소 순천

---

312 『관보』 제4501호, 1909.10.9.
313 『관보』 제4506호, 1909.10.16.
314 『한국법관사』, 170면.
315 전병무, 앞의 책, 304면.
316 『관보』 제4501호, 1909.10.9.
317 『관보』 제4506호, 1909.10.16.
318 『조선인명자료사전』, 201면; 박은경, 앞의 책, 185면.
319 변영로, 『명정 40년』, 50~51면.
320 『관보』 제4501호, 1909.10.9.
321 『관보』 제4506호, 1909.10.16.
322 『조선인명자료사전』, 201면; 『한국법관사』, 170면.

구재판소 판사로 발령을 받는다.[324] 1912년 10월 16일 면관.[325] 1913년 1월 광주지법 변호사 등록.

노흥현(盧興鉉) 1874년 3월 23일 경남 함양 출생. 호 신정(愼庭). 1908년 12월 27일 법관양성소 졸업, 1909년 법부 경성공소원 검사국 서기, 1909년 10월 재판소서기로 근무하다가 판사가 되어,[326] 홍산(鴻山)구재판소 판사, 1910년 전주구재판소 판사, 1921년 3월~1924년 12월 부산지법 판사.[327] 1925년 1월 부산지법 변호사 등록. 부산에서 변호사 개업. 부산변호사회 회장 역임. 1932년 전국변호사회 주최로 당시 부산변호사회 회장이던 노흥현은 서울회원들과 금강산 탐방을 떠났으며 그의 기행문은 『신정문집(愼庭文集)』 제3권에 수록되어 있다. 1943년 7월 타계.[328]

문택규(文澤圭) 1885년 11월 7일 서울 출생. 1908년 12월 27일 법관양성소 졸업, 1909년 10월 춘천구재판소서기로 근무하다가 판사가 되어,[329] 하동구재판소 판사로 발령.[330] 1910년 10월 원산구재판소 판사, 1912년 3월 신의주구재판소 판사, 1913년 8월 평양지법 판사, 1918년 3월~1920년 11월 경성복심 판사, 의원면관.[331] 1921년 4월 경성지법에 변호사 등록.[332] 한국전쟁 중 납북. 노흥현의 『신정문집』 도처에서 그의 이름이 발견된다.

---

323 『관보』 제4501호, 1909.10.9.
324 『관보』 제4506호, 1909.10.16.
325 『朝鮮人名資料事典』, 83면; 『한국법관사』, 170면.
326 『관보』 제4501호, 1909.10.9.
327 『朝鮮人名資料事典』, 83면; 박은경, 앞의 책, 193면; 김이조, 『잊을 수 없는 법조인』, 33~36면.
    김용달, 「신정(愼庭) 노흥현 변호사」, 『대한변호사협회보』 제17호(1976)에서는 수석졸업이라고
    하나 사실은 우등 3번이다. 우등 1번은 이풍구, 2번은 김기정이다. 『법정학계』 제20호, 1909, 31
    면 참조. 『법학전문학교일람』(1931년판), 63면의 졸업생 명단에서는 노흥현이 첫 번째로 나오는
    데 이는 일본식 가나(いろは順) 순서에 따른 것이다.
328 노흥현의 차남 노영빈(盧永斌, 1907~1999)은 도쿄대학 법학부를 졸업하고 일본 고등문관시험 행
    정과에 합격하여 의령, 사천 등지의 군수를 지내다가 해방이 되어 성균관대학 교수로서 민법을
    강의했으며, 아들 노종상(盧宗相, 1935년생)은 서울고등법원 부장판사를 거쳐 변호사로 개업 중
    인 법조가족이다. 『사법행정』, 1989.12, 70~73면 참조. 위키백과의 노흥현(1874~1933) 항목과 생
    몰년대의 차이가 있다.
329 『관보』 제4501호, 1909.10.9.
330 『관보』 제4506호, 1909.10.16.
331 법원행정처 편, 『한국법관사』, 170면.
332 전병무, 앞의 책, 312면.

박용구(朴容九) 1879년 7월 12일생. 관 밀양. 1898년 관립일어학교 졸업, 1899년 양지아문 기수보. 1906년 탁지부 번역관. 1908년 12월 27일 법관양성소 졸업. 재학 중 일본인 교관 조 츠라츠네(長連恒)의 학생 구타사건에서 모두 동맹퇴학을 결의할 때 유독 날인하지 않은 사람이다. 1909년 탁지부 비서관 겸 토지조사국 서기관, 1910년 탁지부 사무관, 1911년 조선총독부 사무관, 1920~1924년 총독부 재무국 세무과장, 1925~1927년 경기도 참여관, 1928~1930년 전남 참여관, 1930~1932년 전북 참여관, 1933~1939년 중추원 참의 역임. 조선총독부가 편찬한『조선공로자명감』(1935)에 조선인 공로자 353명 중 한 명으로 수록되어 있으며, 1912년 한국병합기념장 등 여러 훈장을 받았다. 1943년 4월 4일 사망하였다.[333]

신석정(申錫定) 1883년 9월 21일 함남 신흥 출생. 1908년 12월 27일 법관양성소 졸업, 1909년 10월 함흥지방재판소서기로 근무하다가 판사가 되어,[334] 강릉구재판소 판사가 된다.[335] 1910년 9월 북청구재판소 판사,[336] 1912년 4월~1913년 3월 함흥지법 북청지청 판사,[337] 1913년 5월 함흥지법에 변호사 등록. 1935년 5월 변호사 등록 취소.

심상직(沈相直) 1887년(丁亥年) 9월 29일생. 1908년 12월 27일 법관양성소 졸업, 1909년 10월 평양지방재판소 서기로 근무 중 판사가 되어,[338] 10월 6일 성천(成川)구재판소 판사가 된다.[339] 1910년 10월 울진구재판소 판사, 1912년 4월 함흥지법 영흥지청 판사, 1920년 11월~1924년 12월 경성복심법원 판사.[340] 그는 1925년 1월 경성지법에 변호사 등록을 하였는데 그에 대한『동광』지의 평가는 이렇다.

---

333 박은경, 앞의 책, 201면;『朝鮮人名資料事典』, 86면.
334 『관보』 제4501호, 1909.10.9.
335 『관보』 제4506호, 1909.10.16.
336 『조선인명자료사전』, 231면.
337 법원행정처 편,『한국법관사』, 육법사, 1976, 178면에서는 1913.3.3 면관으로 적혀 있다.
338 『관보』 제4501호, 1909.10.9.
339 『관보』 제4506호, 1909.10.16.
340 『조선인명자료사전』, 98면; 박은경, 앞의 책, 224면.

그는 협잡할 유혹이 많은 변호사업에 정직을 잃어버리면 개성의 파멸을 의미하는 것이라는 주장을 가졌다. 그리하야 심군은 사건 하나 맡는 것을 살얼음 위를 걸어가 듯 삼가 조심하고 있다. 심군은 1925년에 경성 복심법원판사로 있다가 변호사가 된 사람이다. 키는 적고 몸은 뚱뚱하다. 그리고 언제나 말이 적다. 심군의 법정 전책(戰策)은 언제나 말로 이기려고 하지 않고 증거물로써 무기를 삼는 것이 특징이다. 재판소측에서 제일 신용 있는 변호사 — 그는 심군일 것이다.[341]

광복 후 미군정 치하인 1945년 10월 대법관, 1946년 4월 5일 김용무(金用茂) 대법원장 후임으로 선출된다.

안승복(安承馥) 1886년생. 1908년 법관양성소 졸업. 1909년부터 1910년 대구공소원 서기. 1912년 황해도 봉산군 서기, 1920년 겸이포경찰서 경부, 1924년 12월부터 1926년 8월 송화군수, 1926년 8월부터 1929년 10월 안악군수, 1929년 10월부터 1931년 12월 장연군수.[342]

오희섭(吳熙鏴) 1909년 법부 공주재판소 서기과 서기. 1912년 6월 7일 광주지법 순천지청 서기. 1923년 광주지법 통역생 / 서기.[343]

유원준(兪爰濬) 법관양성소 1908년 12월 27일 졸업. 1909년 2월 9일 공주지방재판소 서기.[344] 1912년 5월 24일 경성지방법원 춘천지청 서기. 1921년 함흥지법 강릉지청 서기.[345]

이규남(李圭南) 1884년 12월 11일 충남 출생. 1939년 사망. 1908년 12월 27일 법관양성소 졸업, 1909년 10월 제1회 사법시험 합격, 10월 23일 고부(古阜)구재판소 판

---

341 東許子, 변호사평판기,『동광』제31호, 1932.3, 66면.
342 안용식 편,『일제지방관록』, 연세대 사회과학연구소, 2001, 212 · 213 · 219면; 박은경, 앞의 책, 226면.
343 박은경, 위의 책, 233면.
344 『관보』제4298호, 1909.2.11.
345 박은경, 앞의 책, 238면.

사에 임명된다.[346] 1912년 3월 광주지법 고부지청 판사, 1912년 10월 광주지법 순천지청 판사, 1913년 3월 3일 면관.[347] 1913년 4월 광주지법 변호사 등록. 1922년 7월 전주지법 변호사 등환.[348]

이돈성(李敦性) 1908년 12월 27일 법관양성소 졸업, 1909년 법부 광주지방재판소 서기, 1910년 장흥구재판소 서기, 1912년 광주지법 장흥지청.[349]

이우정(李愚正) 1880년 8월 28일 경북 성주 출생. 정 8위, 1908년 11월 27일 법관양성소 졸업, 1909년 10월 대구공소원서기로 근무 중 판사로 임명되어,[350] 10월 6일 자로 안동구재판소 판사가 된다.[351] 1911년 현재 안동구재판소 판사.[352] 1919년 7월~1923년 1월 공주지법 충주지청 판사, 1922년 7월 훈6등서보장. 1923년 4월 대구지법 변호사 등록.[353]

이조원(李祖遠) 1884년(개국 493년) 11월 24일생, 정 8위, 1908년 12월 27일 법관양성소 졸업. 1909년 9월 청주군재판소 서기로 근무하면서 남보원과 함께 법률강습소에서 법학을 강의하기도 하였다.[354] 같은 해 판사로 임명되어,[355] 10월 6일 자로 김해구재판소 판사로 발령을 받는다.[356] 1910년 9월 5일 퇴직, 1911년 부산에서 변호사.[357] 1947년 2월 24일 타계.

346 『관보』 제4519호, 1909.11.1.
347 『조선인명자료사전』, 119면; 『한국법관사』, 171면.
348 전병무, 앞의 책, 328면.
349 박은경, 앞의 책, 250~251면.
350 『관보』 제4501호, 1909.10.9.
351 『관보』 제4506호, 1909.10.16.
352 『조선인명자료사전』, 120면.
353 전병무, 앞의 책, 332면.
354 『대한민보』, 1909.9.22. 본서 제1부 「법관양성소」 중 8장 「법관양성소의 졸업생」, '졸업생의 활동 상황'의 '남보원' 참조.
355 『관보』 제4501호, 1909.10.9.
356 『관보』 제4506호, 1909.10.16.
357 『조선인명자료사전』, 123면.

이중황(李中璜) 1908년 12월 27일 법관양성소 졸업, 1909년 법부 진주지방재판소 마산구재판소 서기, 1910년 영덕구재판소 서기, 1912~1916년 경북 안동군 서기.[358]

이풍구(李豊求) 1887년(개국 496년) 2월 25일생. 정 8위, 1908년 12월 27일 법관양성소 1등으로 졸업,[359] 1909년 2월 18일 대심원서기,[360] 같은 해 10월 판사가 되고,[361] 10월 6일 자로 대구구재판소 판사로 발령을 받는다.[362] 1910년 5월 4일 퇴직, 1911년 변호사.[363]

이풍구에 관하여 『동아일보』는 「지방여론에 소(訴)함」 시리즈 기사 중 '진주편' 좌담회에 나온 사진이 있으며,[364] 또 '법조계의 권위자'란 제하에 다음과 같이 기록하고 있다.

> 씨는 조선 법조계에 있어서 당당한 거성적(巨星的) 존재일 뿐 아니라 일즉 신간지회 (新幹支會) 회장으로 사회사업에 노력하였고 문학에도 수양이 있는 신사다. 씨는 정의심이 강하야 불의를 보고는 도저히 참지 못하는 의분의 소유자다. 그리고 관후장자의 풍과 인자한 덕성으로 불행한 인간에 대한 동정심이 강하고 근검절약 등 모든 미덕을 구유하야 순박(醇薄)한 이 사회에 있어서는 확실히 동량적 존재이고 현대 청년의 항해의 지표다. 이러한 인격자를 가진 진주의 장래는 행복이라고 아니할 수 없다.[365]

이한린(李漢麟) 1889년 7월 1일 경기 시흥 출생. 1928년 사망. 정 8위, 1908년 12월 27일 법관양성소 졸업. 1909년 1월 공소원 서기. 1909년 10월 판사가 되고,[366] 10월 6일 자로 안주(安州)구재판소 판사가 된다.[367] 1911년 현재 안주구재판소 판사.[368] 1918년

---

358 박은경, 앞의 책, 269면.
359 『법정학계』 제20호, 1909, 31면.
360 『관보』 제4306호, 1909.2.20.
361 『관보』 제4501호, 1909.10.9.
362 『관보』 제4506호, 1909.10.16.
363 『조선인명자료사전』, 123면.
364 『동아일보』, 1930.11.13.
365 『동아일보』, 1937.8.17.
366 『관보』 제4501호, 1909.10.9.
367 『관보』 제4506호, 1909.10.16.
368 『조선인명자료사전』, 120면.

10월~1921년 4월 공주지법 대전지청 판사, 1922년 8월 전주지법 변호사 등록.[369]

이환규(李煥奎) 1877년 10월 26일 경기 여주 출생. 1941년 사망. 정 8위, 1909년 1월 14일 법관양성소 졸업, 1909년 2월 경성지방재판소 서기. 1909년 10월 여주구재판소 판사가 되며,[370] 10월 6일 자로 여주구재판소 판사가 된다.[371] 1911년 현재 재직 중.[372] 1920년 3월~11월 경성지법 판사, 1922년 8월 부산지법에 변호사 등록.

장석기(張錫驥) 1908년 12월 27일 법관양성소 졸업, 1909년 6월 실시한 판검사전고에 입격. 1909년 10월 재판소서기로 재직 중 판사가 되며,[373] 1909년 10월 6일 자로 영흥구재판소 판사로 발령을 받는다.[374] 1910년 12월 사임, 1912년 함흥에서 변호사 개업.[375] 1921년 11월 사망으로 함흥지법 변호사 등록 취소.[376]

홍명후(洪明厚) 1908년 12월 27일 법관양성소 졸업, 1909년 법부 함흥지방재판소 경성(鏡城)구재판소 서기, 1911년 해주지방재판소 서기 / 통역생, 1921년 해주지법 서기 / 통역생.[377]

홍순욱(洪淳頊) 1886년생. 1908년 12월 27일 법관양성소 졸업, 1909년 법부 함흥지방재판소 경성구재판소 서기, 1911년 충남 내무부 서기, 1923년 3월부터 1924년 6월 경기도 파주군수, 1924년 6월부터 1931년 10월 포천군수.[378]

홍순철(洪淳哲) 1908년 12월 27일 법관양성소 졸업, 1909년 광주지방재판소 나주

369 전병무, 앞의 책, 335면.
370 『관보』제4501호, 1909.10.9.
371 『관보』제4506호, 1909.10.16.
372 『조선인명자료사전』, 120면.
373 『관보』제4501호, 1909.10.9.
374 『관보』제4506호, 1909.10.16.
375 『한국법관사』, 170면; 『대한민보』, 1909.10.5.
376 전병무, 앞의 책, 338면.
377 박은경, 앞의 책, 314면.
378 안용식, 『일제지방관록』, 연세대 사회과학연구소, 2001, 65면; 박은경, 위의 책, 314면.

구재판소 서기, 1916~1918년 경기도 광주군 서기.[379]

7) 법학교 제1회 (1911.3.20)

법학교 제1회이자 마지막 졸업식은 1911년 3월 20일에 거행하였으며 졸업생 29인을 배출하였다.[380] 서울대학교 법과대학 동창회편, 『회원명부 2009』에 기록된 대로 옮겨본다.

> 윤희성, 박동훈(평남), 박용하(충남), **박용구, 박용근**, 박운구(함남), 박영래, 박영근, 이종락(경북), **류정렬**, 곽병필(황해), **조덕승**, 오덕삼(평남) 전 평양상공회의소 부회장, **오희섭(충북), 홍명후(경기)**, 홍순욱, 정운락(충북), 정언모(충남), 최봉주(경기), **김봉흠(경기)**, 김덕준(경기), 김진태(경북), 김호련(함남), 김기준(평북), 김진민(서울), 유원준(충남), 서정익(경기), 설기하, **조건호(경기)** 전 사법서사.

이상은 『경성법학전문학교일람』에 수록된 명단을 그대로 옮긴 것이며, 순서는 일본어 가나순(いろは순서)이다. 이 중 진하게 표시한 10인은 법관양성소 제6회 졸업생 명단에도 들어있으며 졸업식 광경은 전술하였다. 관직에서 이름이 발견되는 사람은 다음과 같다.

김기준(金基俊) 1888년생. 1911년 법학교 졸업, 1912년 함경북도 명천군 서기, 1918년 평양지법 강계지청 통역생 / 서기, 1924년 경남 내무부 권업과 속(屬), 1928년 12월부터 1931년 12월 산청군수, 1931년 12월부터 1934년 5월 사천군수, 1934년 5월부터 1936년 6월 황주군수, 1936년 6월부터 1940년 11월 황해도 연백군수,

---

379 박은경, 위의 책, 315면.
380 「법학교 졸업식」, 『매일신보』, 1911.3.21에서는 졸업생수를 32명이라고 보도하나, 서울대학교 법과대학 동창회 편, 『회원명부 2009』, 92~93면에 수록된 법학교 제1회 졸업생은 '1911년 3월 졸업 29명'으로 되어있는데 이것이 맞는 것 같다. 이 회원명부에는 정확한 졸업 날짜도 없고 본적도 누락된 사람이 더러 있으며 소속은 두 사람만이 적혀 있을 뿐이다.

1940년 11월부터 1943년 3월 재령군수.[381]

김진민(金振玟) 1888년생. 1911년 법학교 졸업. 1911년 4월 20일 조선총독부 탁지부 서무과 속(屬)에서 출발하여 1912년 12월 함경북도 길주군 속, 서기를 거쳐 1921년 9월부터 1939년 1월까지 함북 종성(鍾城), 경원(慶源) 군수, 경기도 파주, 진위(振威), 연천군수를 무려 20년 가까이 지냈다.[382]

박영근(朴榮根) 1911년 경무총감부 회계계 경부(警部). 1920년 조선총독부 서무부 회계과 속(屬), 1921년~1923년 평북 용천군수 역임.

박용구(朴容九) 1911년 법학교 제1회 졸업. 한말 탁지부 비서관 겸 토지조사국 서기관을 지냈으며, 한일합병 이후에는 조선총독부 황해도 사무관으로 있다가 1925년 3월~1927년 6월 경기도 참여관, 1928년 3월~1930년 4월 전남 참여관, 1930년 4월~1932년 2월 전북 참여관을 역임하고 이후 중추원 참의(칙임)가 되었다.[383]

박운구(朴雲龜) 1911년 도·군의 서기, 1914년 함경남도 홍원경찰서 경부, 1918년 강원도 금화군 서기 역임.[384]

오덕삼(吳德三) 기수(技手), 1911년 5월~1913년 6월 황해도 서기.

정운락(鄭雲洛) 1912년 평양지법 서기, 1916년 부산지법 마산지청 서기과.[385]

정언모(鄭彥謨) 1911년 5월 경상북도 부(府)서기, 1913년 2월 군서기, 1920년 충남

---

381 안용식 편, 『일제지방관록』, 연세대 사회과학연구소, 2001, 186·195·205·214·220면; 박은경, 앞의 책, 324면.
382 안용식 편, 위의 책, 57·63·66·302·306면; 박은경, 위의 책, 330면.
383 안용식 편, 위의 책, 19면, 22~23면.
384 『조선총독부 및 소속관서 직원록』, 1911년도~1918년도 참조. 문헌 「學生追悼」, 『황성신문』, 1908.11.4; 「委員派送」, 『황성신문』, 1909.7.16; 「咸會改選」, 『황성신문』, 1910.6.17.
385 문헌 「普光卒業式」, 『황성신문』, 1908.4.7; 「借校講習」, 『황성신문』, 1908.6.13; 「鄭家盜警」, 『황성신문』, 1910.1.30.

홍성군 서기.

이상은 본인이 직접 작성한『대한제국관원이력서』를 토대로 하여 당시의 관보와 신문 그리고 몇 가지의 인명사전 등을 추가하여 재구성한 것이다. 그러므로 법조계를 비롯하여 관직에 진출한 사람이 중심이 되며 다른 분야로 진출한 사람은 기록할 근거와 자료가 없어서 부득이 생략하지 않을 수 없었다.

특히 자료 중 일본인이 만든『조선인명자료사전』(저본은 牧山耕藏 編, 『朝鮮紳士名鑑』, 1911년)에서는 '이선종'을 법관양성소 출신이라고 하였는데 관보에 기록된 것과는 다르다.[386] 또 본인이 적은 것 중에도 연월일이 틀린 것은 바로 잡았다.

법관양성소의 1908년까지의 졸업생 전체 210인에 대해서『대한민보』는 다음과 같이 분석하여 현황을 보도한 바 있다. 즉 사망자 10인을 제외한 200인 중 판사 21인, 검사 3인, 변호사 12인, 주사 9인, 재판소서기 75인, 동궁무관(東宮武官) 1인, 일본유학생 3인, 나머지 76인은 미상이며, 1909년 10월 현재 학생 수는 예비과 본과 합하여 142명이라고 한다.[387]

반면에 일본 통감부에서 영문으로 만들어 외국에 홍보한 책자에 의하면, 전체 졸업생 210인 가운데 101인만이 사법 서비스나 법률실무에 종사하고, 11인은 관리, 3인은 일본 유학, 10인은 사망, 85인은 불명이라고 기록하고 있어 약간의 차이가 있다.[388]

전체적으로 볼 때 법조직역에서 활동하는 졸업생은 과반수 이상으로 대체로 자신의 전공을 살려 전문직으로 나아갔다고 보겠다.

구체적으로 가장 성적이 좋은 제3회 졸업생의 경우 25인의 졸업생 가운데 대부분이 법조계로 나아갔으며 7인만이 확실하지 않다. 제4회 출신도 20인 중 10인이 법관이 되었다. 반면에 졸업생의 수용이라는 면에서 가장 저조한 제1회의 경우 47인 중 18인만이 관계로 나갔으며, 제6회 경우 54인 중 17인이 판사로 발령을 받았

---

386 예컨대 이선종(李善鍾)을 '1908년 11월 26일 법관양성소 졸업'(120면)이라고 하나 졸업생명단에는 이름이 없다. 또 최항석(崔恒錫)을 '법관양성소 졸'(박은경, 위의 책, 307면)이라고 하나 오기로 생각된다.

387 『대한민보』, 1909.10.2.

388 Compiled by H.I.J.M.'s Residency General, *The Second Annual Report on Reform and Progress in Korea(1908~9)*, Seoul, December. 1909, p.65.

으며, 나머지 8인은 서기 등 합계 25인만이 법조인이 되었는데 중간 이하로 졸업한 사람들은 관직으로 나가지 못한 것으로 보인다. 특히 법관양성소 출신으로 마지막이며 법학교 제1회가 되는 1911년 3월의 졸업생은 27인 중 확인된 사람은 김기준 한 사람뿐이었다. 한일합병을 전후한 시기의 문란한 정치질서와 또 혼란의 극치를 보인 교육제도는 당연히 졸업생의 진로와 취업에서도 그대로 나타나고 있음을 알 수 있다.

더구나 1907년의 조약으로 일본인을 한국의 관리로 임명할 수 있게 되면서 일본인 법무보좌관으로부터 판검사에 이르기까지 법조계는 거의 일본인 차지가 되고 법관양성소 출신의 한국인은 고작해야 주사나 서기직 하나도 얻기 어려운 형편이었다. 그 위에 조선 왕조의 기득세력은 새로이 신식 법률을 공부한 사람들을 적재적소에 배치하기는커녕 오히려 배척하는 실정이었기 때문에 졸업생들은 이중삼중의 어려움을 겪게 된 것이다. 이러한 안팎으로부터의 도전과 시련 가운데에서도 한국의 사법은 몇 사람에 의하여 간신히 명맥을 유지하는 수밖에는 달리 도리가 없었던 것이다.

7. 결론

이상으로 법관양성소의 운영 실제를 연혁, 교과목, 교과서, 재정상황과 졸업생 등에 한정하여 살펴보았다. 여기서 다음과 같은 몇 가지의 특성을 제시하고 이 글을 끝맺기로 한다.

첫째, 연혁적인 면에서 볼 때, 법관양성소는 구한말이라는 국내외의 격동기 속에서 서구 문물의 독자적인 수용을 위해서 노력하였으나 이를 뒷받침하는 제반 여건의 미비와 일본의 방해로 인하여 소기의 성과를 거두지 못하고 명맥만을 유지하게 되었다. 그러나 근대적인 한국 법학의 효시로서 새로운 법조계급의 탄생을 알리는 계기를 마련한 점에서 그 역사적 의의는 크다고 하겠다.

둘째, 법관양성소의 교과목은 신구법의 혼성과 지나치게 실무 위주의 교육이었음을 지적하지 않을 수 없다. 국제법을 비롯한 공법과목의 부재, 교과서의 빈곤, 시설의 미비 등을 문제점으로 지적할 수 있다. 그러나 어려운 여건하에서 근대적 학문으로서 법학을 체계화하고 근대 법학의 토대를 마련한 점에서 커다란 공적이 인정된다.

셋째, 법관양성소의 재정은 매우 빈약하였음을 알 수 있다. 더구나 일본 통감부에 의한 착취와 고의적인 방해는 인적인 면과 물질적인 면에서의 한국 사법과 법학교육의 황폐화를 초래하였다.

넷째, 법관양성소의 졸업생은 당초의 설립목적과는 달리 사법관으로서 수용된 사람은 극소수에 불과하고 나머지는 법조와 관련 없는 직종으로 나아간 사람이 더 많다. 이렇게 된 원인은 당시의 기득권 세력인 집권층의 방해와 이를 이용한 통감부 세력이 결탁한 결과라고 보겠다.

다섯째, 법조관료로 진출한 소수의 인사들도 대부분 한일합병 이후 5년 이내에 '의원면 본관'하고 변호사로 변신하였다.[389]

끝으로 법관양성소의 실제 모습을 더 정확하게 파악하고 자료를 발굴하기 위해서는 법관양성소라는 제도를 움직이는 주체, 즉 교수진과 당시의 영향력 있던 관료들, 나아가서는 졸업생 개개인의 구체적인 인적 사항과 그들의 후손에 관한 연구를 통하여 더욱 자세한 것이 알려질 것이다.

---

[389] 법원행정처 편, 『한국법관사』, 163~171면; 박은경, 앞의 책, 127면. 전병무에 의하면, "1909-1910년 사이에 사망하거나 전관(轉官)한 자를 제외한 퇴직자는 28명이나 된다"고 보고하고 있다(전병무, 앞의 책, 40면).

IX. 법관양성소의 교수진

법관양성소의 교수진에 관하여 체계적으로 연구한 문헌은 아직 발견되지 않는다.[1] 여기서는 『대한제국 관원이력서』,[2] 관보, 당시의 신문보도 등을 중심으로 정리해 보기로 한다.

1. 소장

법관양성소 규칙에 따르면 한 명의 소장을 두도록 되어 있었다.

소장직도 당시의 국내외 정치의 변동에 따라서 크게 변하였고 또 자주 사람이 바뀌었다. 한반도에 대한 일본의 세력이 강화될수록 자연히 법관양성소도 영향을 받게 되고 마침내 일본인의 수중으로 들어간다.

---

1 간단한 것은 최종고, 『한국 법학사』, 박영사, 1990, 87~102면 참조. 그러나 이 서술은 『대한제국 관원 이력서』 하나의 자료에만 의존한 관계로 누락된 인사가 많고, 또 본관을 출생지로 기록하는 등 약간의 오류와 부정확한 서술이 발견된다.
2 탐구당, 1972년. 대한제국 내각 법제국 기록과는 모든 관원에게 1907.10.15까지 이력서를 제출하라고 하였으나 12월 말까지 연기하였다. 『관보』 제3925호, 1907.11.16.

● 所長日人　法官養成所 所長은 本年度 爲始하야 奏任文官 等 俸級 及 手當金을 支出흐기로 內閣會議에 提出흐얏다는딕 該 所長은 將次 日本人으로 敍任홀 所致라더라.[3]

● 公園盛遊　再昨日 下午 三時에 法部大臣 高永喜氏가 中部 寺洞 公園內에 園遊會를 設行흐고 該部 判任官 以上과 大審院 判檢事와 法官養成所長 以下 約 六十餘名을 請邀 宴待흐고 餘興으로 音樂과 妓舞로 迭宕 盛遊하얏다더라.[4]

같은 날 학부대신은 법학자에게 어학을 배우라고 권고하는 기사도 보인다.

● 學大와 靑年　學部大臣 李載崑氏ᄂ 靑年 諸君을 對흐야 極力 勸告하되 我韓 法律 學者ᄂ 啞者와 同一흔즉 外國語學校에 時急 入학흐야 語학을 專力做工흐라 흔다더라.[5]

그리하여 일본인 소장이 임명되고, 마침내 1909년 10월에는 법학교로 명칭마저 바꾸고 기구를 개편하여 법관양성소는 사라지게 된다.

〈표 21〉 역대 소장 명단

대수	이름	재임기간	기타
초대	皮相範	1895.5.19 ~ 1896	법부대신 서광범 提呈
2	李寅榮	1903.1.21 ~ 1904.6.4	
3	沈相翊	1904.6.4 ~ 1904.7.5	1904. 7. 5 부소장
4	李址鎔	1904.7.5 ~ 1904.10.11	소장 법부대신, 副長 법부 협판
5	金奎熙	1904.10.13 ~ 1905.2.21	심상익(1904.7.5)
6	李根湘	1905.2.21 ~ 1905.3	
7	金洛憲	1905.3 ~ 1905.12.11	
8	李冕宇	1905.12.11 ~ 1906.6.13	
9	閔衡植	1906.6.13 ~ 6.30	
10	金洛憲	1906.6.30 ~ 1907.7	
11	野澤武之助	1907.7 ~ 1909.10.31	법학교로 개칭(1909.10.28)
		1909.11.1 ~ 1911.10.31	경성전수학교로 개칭(1911.11.1)

먼저 역대 소장의 명단을 일별한 후 이들의 인적 사항과 활동 모습을 살펴보기로 한다.

---

3 『황성신문』, 1908.1.9.
4 『대한매일신보』, 1908.9.22.
5 『대한매일신보』, 1908.9.22.

(1) 피상범(皮相範)

초대 소장을 지낸 피상범은 1856년(개국 465) 7월 16일 피종윤의 아들로 출생하였다.[6] 본관은 홍천(洪川)이다.[7] 1882년 증광시 율과(增廣試 律科)에서 장원을 하였다. 1886년 8월 율학 등제(律學 等弟). 1889년 율학 훈도(律學 訓導). 1890년 도정율학교수(都政律學敎授). 1894년 법부아문 주사. 1895년 4월 법부 참서관으로 임명되고 5월에는 법관양성소 초대 소장을 겸임하였다. 법관양성소에서는 창립된 1895년부터 「현행 법률」을 강의하였다고 보도되고 있는데 그 구체적인 내용은 알 수가 없다.

1895년 6월부터 1897년 2월까지 법부 법률기초위원을 역임하였다. 1898년 3월 법부 검사국장(檢事局長)이 되고 5월에는 법률기초위원을 겸임한다. 검사국장 시절의 기사가 보인다.

> ○ 지나간 월요일에 법부대신이 검ㅅ국쟝 피상범씨를 감옥셔에 보니여 지슈훈 죄인들을 낫낫치 ᄉ실 ᄒ엿ᄂᆞᆫᄃᆡ 그중에 혹 죄명도 모르고 증거도 업고 혹 지판도 아니 ᄒ고 갓친지 경년 열셰훈 죄인이 십여 명이라. 져져히 록명 ᄒᆞ야 대신이 쟝ᄎᆞᆺ 상쥬ᄒ고 방송홀 터이오 그 중에 죽일 죄인을 선고는 ᄒᆞ여 노코 몃둘 동안에 죵시 쳐결이 못 된 죄인도 여러인ᄃᆡ ᄯᅩᄒᆞᆫ 다 일간 결쳐홀 터이라더라.[8]

1900년 9월에는 중추원 의관, 12월에는 형법교정관이 되었다. 이 법률교정소는 예산이 없었던지 개인집에서 사무를 보기도 하였다.

> ● 移所校律 法部에셔 法律校正所를 新門外 新寺로 擬定ᄒᆞ얏더니 更히 該所를 齋洞 昌原監理 韓昌洙氏家로 移定ᄒ고 摠裁 以下 諸校正官이 明日붓터 會同 校正홀 터이더라.[9]

> ● 課進校正 法部의 刑法校正件을 該部 大臣이 閱覽ᄒ고 某所 未安處를 付票ᄒ얏

---

6 상세한 것은 김효전, 「피상범의 생애와 업적」, 『시민과 변호사』, 2001. 2, 88~95면; 『朝鮮人名資料事典』第1卷, 236면 참조.
7 『대한제국관원이력서』, 447면; 『조선인명자료사전』, 236면에는 주소지로 강원도 홍천군이 적혀 있다.
8 『뎨국신문』, 1898. 8. 11.
9 『황성신문』, 1901. 3. 13.

기로 校正委員 金應駿 皮相範 太明軾 三氏가 協商改正次로 本月 三日 下午 二時붓터 本部에 課進校正ᄒ다더라.[10]

1901년 5월에는 평리원 검사가 되고, 1902년 3월에는 평리원 판사로 임명되었다. 계속 판사로 활동하다가 1906년 12월 함경남도 재판소 검사가 되었다. 당시의 사정을 『만세보』는 다음과 같이 기록하고 있다.

●皮李不參 各 道裁判所 檢事를 法部에셔 奏本ᄒ얏다는 說은 已揭ᄒ얏거니와 江原道 檢事 李重赫氏와 咸鏡南道 檢事 皮相範氏는 資格이 不合하다고 政府에셔 奏本 치 아니ᄒ얏는디 장츠 法官銓考所 規則을 改定ᄒ야 敍任한다더라.[11]

●檢事新任 法官銓考所에셔 試取ᄒᆫ 各 裁判所 檢事를 再昨日 法部에셔 敍任ᄒ얏 는디 其 氏名이 左와 如ᄒ더라.

平理院 韓東履 漢裁 李容成 京畿 金澤 忠南 權丙勳 忠北 洪冕熹 全北 尹憲求 全南 金敦熙 慶北 陸鍾冕 慶南 朴準性 江原道 李重赫 平南 金鍾漢 平北 安秉瓚 咸南 皮相範 咸北 太明軾 黃海道 金鍾濩[12]

그 후 1907년 4월에는 경상북도 재판소 검사로 근무하다가 6월에 의원면 본관하였다.[13] 8월에는 정 3품에서 한성재판소 판사가 되었다.[14] 1909년 6월 대구공소원 검사를 지내다가,[15] 1909년 10월에 변호사 등록을 하였다.

○辯護士名簿登錄 辯護士 皮相範은 隆熙 三年 十月 十六日 京城地方裁判所 檢事局에셔 請求를 因ᄒ야 辯護士名簿에 登錄홈(法部)[16]

피상범의 활동에 관한 기사는 별로 보이지 않는다. 전통적인 율학에서 시작하

---

10 『황성신문』, 1901.10.2.
11 『만세보』, 1906.11.13.
12 『만세보』, 1906.12.8.
13 『관보』 제3798호, 1907.6.21.
14 『관보』 제3740호, 1907.8.9;『대한제국관원 이력서』, 탐구당, 1972, 447~448면.
15 『관보』 제4400호, 1909.6.11.
16 『관보』 제4513호, 1909.10.25 휘보(사법).

여 근대 법학으로 연결된 대표적인 법률가로서 앞으로도 계속 연구할 분야가 많은 대상 중의 한 사람이다.

(2) 이인영(李寅榮)

법관양성소는 1896년 4월에 폐지되었다가 6년 만인 1903년 1월에 다시 문을 열었다.

이인영은 1903년 1월 21일 자로 겸임 법관양성소 소장에 임명되었으며,[17] 1904년 6월 4일 자로 겸임 법관양성소 소장직을 의원면직하였다.[18] 그는 육군 부령(副領)이었다.

이인영은 1903년 1월 21일 자로 서북철도국 감독으로 재직 중 겸임으로 법관양성소장에 임명되었으며, 이속(吏屬) 출신으로 프랑스어에 능통하고 이용익의 막료였다고 한다.[19]

(3) 심상익(沈相翊)

심상익은 1904년 6월에 겸임 법관양성소 소장에 임명되었다.[20] 그러나 법부협판으로 재직 중 겸임 법관양성소 부장으로 임명되었다.[21] 법부대신 이지용이 겸임 법관양성소 소장에 임명되었다. 소장을 역임한 사람을 다시 부장에 임명한 케이스이다.

그의 활동에 관한 약간의 기사가 발견된다.

---

17 『관보』 제2418호, 1903.1.24.
18 『관보』 제2848호, 1904.6.9.
19 서울대학교 총동창회 편, 『정통과 정체성 – 서울대학교 개교 원년, 왜 바로 세워야 하는가』, 삶과 꿈, 2009, 131면.
20 『관보』 제2848호, 1904.6.9.
21 『관보』 제2874호, 1904.7.9.

● 稱頌公選 法官養成所에서 來言하기를 今番에 各道各港 裁判所 法官 新設次로 該所에서 本月 十三日에 卒業試取를 開試하엿난디 該所 副長 沈相翊氏가 四晝夜을 受燭考試하되 頓忘困惱하고 ○○公選ㅎ야 學員 一百名內에 二十三人을 選取ㅎ얏는디 落榜한 學員까지 沈副長의 熱心을 感動하야 一毫憾○가 無하며 且 該校를 大擴張次로 法律卒業한 鄭永澤氏로 敎官을 新任하야 委任 辨理한다더라.[22](○표는 불명)

○ 양성소시취 일전에 법률학도 양성소에셔 학도를 한국문으로 시취ㅎ는디 희소 부쟝 심상익 씨가 희소에 친왕ㅎ야 학원 스십 오인을 시취ㅎ엿더라.[23]

● 養成法徒 法律養成所長과 副長 沈相翊氏가 該所 學徒를 國漢文 讀書 作文으로 試取하얏더라.[24]

심상익은 법부협판으로서 법부 법률기초위원장을 잠시 맡았다가 해임되고,[25] 그의 활동에 관한 기사는 별로 보이지 않지만 『대한매일신보』의 「정계월조(政界月朝)」라는 칼럼 하나가 있다.

△ 辯護士 리冕宇氏에 伯氏 리喆宇氏가 向日에 리容相氏를 爲ㅎ야 本社에 代辦質問ㅎ더니 또 沈相翊氏을 爲ㅎ야 代辦質問하니 質問 辯護士가 또 싱겻고.[26]

이와 같이 심상익에 관한 기사는 적은 편이어서 그의 구체적인 활동이나 운영모습은 자세히 알 수가 없다.

(4) 이지용(李址鎔)

이지용의 본관은 전주이며 1870년 전북 완산에서 태어났다. 초명은 은용(垠鎔)이며 1887년 정시(庭試) 문과에 병과로 급제한 뒤 여러 관직을 거쳤다. 1895년에는

---

22 『황성신문』, 1904.7.18.
23 『대한매일신보』, 1904.9.19.
24 『황성신문』, 1904.9.16.
25 『관보』 제2952호, 1904.10.8.
26 『대한매일신보』, 1907.2.23.

신사유람단의 일원으로 일본을 시찰하고 돌아왔으며, 1898년 황해도 관찰사가 되고 이듬해 경상도 관찰사를 역임하였다. 이어서 1900년 궁내부 협판이 되고 다시 이듬해 주일 전권공사를 거쳐 의정부 찬정에 올랐으며, 1903년 다시 주일 전권공사로 부임하였다. 1904년 2월 23일 외부대신 서리로 주한 일본공사 하야시 곤스케(林權助)와 한일의정서를 협정·조인하였다. 정부는 그를 일본국 보빙대사(報聘大使)로 특파하니 일본국 정부는 그에게 훈일등욱일대수장이란 훈장을 수여하였다. 이는 그가 한일의정서를 체결한 공로 때문이다.

이지용은 법부대신으로 재직 중이던 1904년 7월 5일 자로 겸임 법관양성소 소장으로, 법부협판 심상익은 부장(副長)으로 임명되었다.[27] 그러나 불과 11일 만인 7월 16일 자로 육군 헌병사령관에 임명되기 때문에,[28] 그가 재직 중 법관양성소에서 한 일은 거의 없다.

그 후에도 그는 규장각 학사, 판돈녕 부사, 교육부 총감 등을 거쳐 1905년 농상공부대신, 1907년 1월 5일 내부대신 등 요직을 역임하고 특명대사로 다시 일본에 가서 욱일동화대수장(旭日桐花大綬章)을 받기도 하였다. 1907년부터 1910년 한일합병 때까지 중추원고문을 지냈으며,[29] 합병 이후 일본 정부로부터 백작의 작위를 받고 연 수당 300원을 받아 도박에 탕진하다가 1928년 사망했다.[30]

(5) 김규희(金奎熙)

본관은 경주이며 1857년 출생이다. 그는 제중원주사에서 출발하여 1895년 내부 참서관, 중추원의관, 궁내부 철도국장 등을 거쳐 1904년 2월 15일부터 4월 20일까지, 같은 해 5월 26일부터 8월 1일까지, 이틀 쉬었다가 다시 8월 4일부터 9월 23일까지 한성 판윤을 역임하였다.[31] 역시 같은 해 1904년 10월 11일 자로 법부협판

---

27 『관보』 제2874호, 1904. 7. 9.
28 『관보』 제2883호, 1904. 7. 20.
29 이방원, 『한말 정치변동과 중추원』, 혜안, 2010, 280면.
30 상세한 것은 민족문제연구소 편, 『친일인명사전』, 민족문제연구소, 2009, 158~161면; 서영희, 「이지용―나라를 판 돈으로 도박에 미친 백작」, 반민족문제연구소 편, 『친일파 99인』 1, 돌베개, 1993, 69~76면; 『조선인명자료사전』 제1권, 20~21면.

으로 재직 중 겸임 법관양성소 소장으로 임명되었다.[32] 1905년 2월 21일 자로 해임되었다.[33] 1906년 4월 10일 자로 법부협판이 되고, 6월 다시 법부협판이 되었으며, 3개월 만인 9월 20일 자로 전라북도 관찰사가 된다. 그러나 1개월 만인 10월 법부 법률기초위원장이 되었으며,[34] 1907년 9월 중추원 찬의가 된다.[35]

여기서 보듯이 같은 1904년에 같은 한성 판윤의 직을 세 번씩이나 재임하였다. 이렇게 되기까지의 자세한 내막은 알 수 없으나 여기에 열거한 법관양성소의 교관뿐만 아니라 당시의 상당수 관직에 있던 사람들 가운데 발령을 받아 며칠 근무하지 못하고 의원면관되거나 퇴직하게 된 인사들이 많이 발견된다. 심지어 발령 당일자로 발령이 취소되거나 다른 부서로 임명된 경우도 있다. 전체적으로 볼 때 관직의 신분이 보장되지 않은 것은 물론이지만 문란한 인사행정의 한 단면을 보여주는 좋은 예라고 하겠다.

법관양성소장으로 재직한 기간은 불과 4개월로 짧은 탓인지 그의 활동에 관한 신문보도는 거의 보이지 않으며 졸업식에 관한 다음과 같은 기사가 하나 발견된다.

● 법도졸업식 명일에 법관양성소에서 학도 졸업쟝 슈여식을 셜힝홀 터인디 소쟝 김규회씨가 각부 부디관을 쳥요ᄒᆞ엿더라.[36]

● 學協新任 學部 協辦 李準榮氏ᄂᆞᆫ 江原觀察使로 轉任ᄒᆞ고 代에 金珏鉉 李達鎔 兩氏 중에 被任ᄒᆞ리라더니 從二品 金奎熙氏가 被任ᄒᆞ얏다더라.[37]

● 兩協遞任 法部 協辦 閔衡植氏ᄂᆞᆫ 疎遞ᄒᆞ고 其代ᄂᆞᆫ 學部 協辦 金奎熙氏가 轉任ᄒᆞ고 學部 協辦은 從二品 金珏鉉氏가 被任ᄒᆞ다더라.[38]

● 夜校進明 昨年 八月에 全北 觀察使 金奎熙氏와 檢事 尹憲求氏와 通譯官 金鳳鎭氏가 發起ᄒᆞ야 公立 普通學校內에 夜學會를 設立ᄒᆞ고 靑年子弟을 勸勉ᄒᆞ야 法律 算術 日語 修身을 敎授ᄒᆞᄂᆞᆫ디 本郡 有志紳士 諸氏가 出義捐金ᄒᆞ고 熱心贊成ᄒᆞ야 維

---

31 상세한 것은 류시원, 『조선시대 서울시장은 어떤 일을 하였을까』, 한국문원, 1997, 부록 참조.
32 『관보』 제2956호, 1904.10.13.
33 『관보』 제3071호, 1905.2.24.
34 『관보』 제2952호, 1904.10.8.
35 『朝鮮人名資料事典』 第1卷, 200면; 이방원, 『한말 정치변동과 중추원』, 혜안, 2010, 289면 참조.
36 『대한매일신보』, 1904.10.29.
37 『대한매일신보』, 1906.4.6.
38 『대한매일신보』, 1906.6.29.

持校況에 命名曰 進明夜學校라 ᄒ고 校長代辦 副校長 文昌錫 贊成長 朴來榮 諸氏와 法律敎師 檢事 尹憲求 裁判所 主事 柳寅義氏 算術敎師 柳春희시 等이 名譽로 盡心敎授故로 學員이 日日增加ᄒ야 現在 學員이 百餘人이라. 進就之望이 大有ᄒ라더라.[39]

1907년 11월 30일 김규희는 장례원 장전관(掌禮院 掌典官) 겸임 장례원 이사가 되었다.[40]

(6) 이근상(李根湘)

호는 송오(松悟)며 1874년 서울에서 출생하였다. 관은 전주. 성균관 진사를 역임하고 일어학교 속성과를 졸업하였다. 1895년 군부 주사에서 시작하여 포천·옥과·임실군수, 궁내부 비서관 문서과장, 중추원의관, 외부 교섭국장, 법부 법무국장, 궁내부협판 등을 차례로 역임하고, 1904년 1월 특명전권공사로서 이탈리아 주차의 명을 받으며 그로부터 내장원 감독, 예식원 부장(副長), 농상공부협판, 동 서리대신, 제실제도정리국 평정관 등을 거쳐, 1905년 2월 법부협판으로서 법관양성소 소장에 임명되었다.[41]

그러나 한 달 만인 3월 2일에 가의(嘉義)로 승(陞)하고 19일 특파 일본대사의 수행원으로 일본에 가서 여러 가지 훈장을 받고 귀국한 후 중추원 찬의에, 이어서 1906년에는 경북 관찰사, 궁내부 대신 등 요직을 거쳐 1909년에는 중추원 부의장이 되었으며 한일합병이 되자 남작의 작위가 수여되고,[42] 계속하여 1910년부터 1920년까지 중추원 고문을 역임하였다.

이처럼 한 달 동안 법관양성소 소장으로 근무하였기 때문에 기록할 만한 것이 없다.

---

39 『대한매일신보』, 1908. 2. 26.
40 『관보』, 1907. 11. 30.
41 『관보』 제3071호, 1905. 2. 21.
42 이상 『朝鮮人名資料事典』 第1卷, 45~46면 참조. 기타 민족문제연구소 편, 『친일인명사전』, 민족문제연구소, 2009, 772~773면 참조.

(7) 김낙헌(金洛憲)

김낙헌은 1874년(개국 483) 6월 15일 경북 안동에서 출생하였으며 호는 연농(研農)이다.[43] 1895년 4월 법부 주사로 관계에 입문하여 1897년 7월에는 고등재판소 검사시보를 거쳐 11월에는 법부 검사가 되었다. 1898년 12월에는 형법교정관(刑法校正官)으로 임명되어 형법대전의 편찬사업에 관여하여 1905년 5월까지 활동하였다.[44] 그동안 1901년 3월에는 평리원 검사로 임명되었고, 1902년 7월에는 평리원 판사가 되었다. 1904년 3월에는 법부 참서관으로 임명되고 4월에는 법부의 법률기초위원이되어 12월까지 활동하였다.[45] 당시의 법률기초위원장은 법부협판 이준영(李準榮), 법부 참서관 조경구(趙經九), 동 김낙헌(金洛憲), 동 함태영(咸台永), 법관양성소 교관 겸법률기초위원 정명섭(丁明燮), 6품 정영택(鄭永澤), 동 김철구(金澈龜), 9품 석진형(石鎭衡), 동 엄주일(嚴柱日)이었다.[46]

1905년 3월에는 겸임 법관양성소 소장으로 임명되고 같은 해 12월 9일에는 법부 형사국장에 임명되고 11일에는 겸임 소장직을 해임하였다.[47] 다음 해 1906년 6월 30일 법부 형사국장으로 재임 중 법관양성소 소장직을 맡게 된다.[48] 그러나 법관양성소의 학생들은 중도에 학업을 포기하거나 다른 학교로 전학 가거나 각 아문에 응시하여 인재확보가 어려운 상황에 있었다.

> ● 法材難養 法官養成所長 金洛憲氏가 法部에 報告ᄒ되 本所ᄂᆞᆫ 將來의 司法官材材를 養成ᄒ야 國家에 需用을 裕足케 ᄒ고 民志를 開發홈이 唯一目的인 故로 費用을 不惜ᄒ고 聰俊子子를 廣募ᄒ야 敎育의 實效를 期睹코져 홈이온더 挽近以來로 學徒가 半途而廢ᄒ야 或 轉學他校ᄒ며 或 各衙門에 試選ᄒ야 作成人材之目的을 得達키 難ᄒ니 査照 後에 各府部에 預先聲明ᄒ라 ᄒ얏더라.[49]

---

43 민족문제연구소 편, 위의 책, 287~288면; 최종고, 「김낙헌 '법사여적 11'」, 『법률신문』, 1987.2.23; 『朝鮮人名資料 事典』第1卷, 200면. 『친일인명사전』에서는 호를 긍운(肯雲)이라고 한다.

44 『만세보』, 1906.12.19.

45 상세한 것은 정긍식, 「한말 법률기초기관에 관한 소고」, 『한국법사학논총』(박병호 교수 환갑기념), 1991, 263~263면; 정긍식, 『한국 근대법사고』, 박영사, 2002, 82면 이하 참조.

46 『황성신문』, 1905.7.28.

47 『관보』 제3324호, 1905.12.15.

48 『관보』 제3493호, 1906.6.30.

이어서 의정부의 토지소관기초위원, 부동산법조사위원, 법관전고위원, 형법교정관 등을 역임하였다. 이에 관한 신문의 보도는 다음과 같다.

　◉ 政府會議案　再昨日 政府에셔 臨時會議를 開ᄒ얏ᄂ디 該 決議ᄒᆫ 案件을 들은則 法學博士 梅謙次郎氏를 顧聘ᄒ기로 可決ᄒ 後에 議政府에셔 主務가 되야 全國 土地制度에 關ᄒ 事項을 一二款으로 區別ᄒ야 調査委員을 公薦으로 選定ᄒᆫ디 土地事項은 內部 所管으로 李源兢 鄭寅興 兩氏로 差定ᄒ고 租稅事項은 度支 所管으로 李健榮 金澤 兩氏로 差定ᄒ고 法律事項은 法部 所管으로 金洛憲 洪在긔 兩氏로 差定ᄒ야 法學博士 梅謙次郎氏와 갓치 調査ᄒ고 超草ᄒ 터인디 臨時會議所ᄂ 英語學校로定ᄒ고 來 月曜日부터 第一回 會同ᄒ다더라.[50]

　● 制度委員會　政府에셔 土地制度와 法律制度와 租稅法制度를 改正 實施ᄒ 次로 法學博士 梅謙次郎氏를 延聘ᄒ얏ᄂ디 本月 十三日 政府會議에 該 三件을 調査ᄒ기爲ᄒ야 政府土地所關法 起草委員을 敍任ᄒ얏ᄂ디 土地制度에ᄂ 正三品 李源兢 前參書 金澤 兩氏오 法律制度에ᄂ 法部 法務局長 金洛憲 正三品 洪在祺 兩氏오 租稅法制度에ᄂ 度支 司稅局長 李健榮 正三品 鄭寅興 兩氏라. 起草委員會 處所ᄂ 英語學校內로定ᄒ고 梅博士와 各 委員이 第一次 會同ᄒ야 三件法의 制度를 實施ᄒ 意見을 爛商ᄒ 터인디 內法 兩部에셔 雇員 使令 各 一人式 派送ᄒ야 該所 事務에 竣工ᄒ기 ᄭᆞ지幇助擧行케 ᄒ다더라.[51]

　◉ 전고委員被命　政府에셔 文官任用令을 實施ᄒ기 爲ᄒ야 參政大臣이 該 전고委員을 奏薦ᄒ야 被命ᄒ얏ᄂ디 전고委員長은 議政府 參書官 朴慶陽氏오 전고委員은 內部 參書官 宋之憲 學部 參書官 鄭喬 度支部 技師 具義書 法部 刑事局長 金洛憲 軍部大臣 官房長 申載永 諸氏라더라.[52]

　● 刑法校正　法部大臣 李夏榮氏ᄂ 刑法校正摠裁오 法部 協辦 李源兢 法部 刑事局長 金洛憲 法部 參書官 張도 尹性普 平理院 判事 朴晩緖 議政府 參贊 韓昌洙 議政府 參書官 洪運杓 諸氏ᄂ 刑法校正官을 被命ᄒ얏더라.[53]

---

49 『황성신문』, 1906.11.2.
50 『만세보』, 1906.7.15.
51 『황성신문』, 1906.7.16.
52 『만세보』, 1906.10.20.
53 『만세보』, 1906.12.19.

● 刑法校正會議　政府에서 現行刑法를 改正홀 目的으로 委員會를 組織ᄒ얏ᄂᆞᆫ디 總裁 以下가 左와 如히 任命ᄒ얏ᄂᆞᆫ디 刑法校正總裁 法部大臣 리夏榮 刑法校正官 法部協判 리源兢 刑事局長 金洛憲 參書官 張燾 尹性普 平理院判事 朴晩緒 議政府 叅贊 韓昌洙 參書官 洪運杓[54]

이상과 같은 공로로 연말에는 부동산법조사위원으로 근무한 위로금 3백 환과 형사국장으로서 1년 이상 재직한 상여금 50환을 받기도 하였다.

1907년 2월 법부 형사국장으로 재직 시에는 곡산 민요사건의 주범 등을 독단으로 석방하여 평리원 검사 이준(李儁)이 기소하기도 하였다. 그러나 당시의 법부대신 이하영(李夏榮)은 오히려 이준을 구속하여 크게 사회문제가 제기되기도 하였다.[55]

1907년 6월 24일에는 제1회 변호사시험이 실시되었다. 이 시험의 위원장은 전 법부차관 김각현(金珏鉉)이며, 위원으로는 법부 형사국장 김낙헌, 법부 서기관 장도(張燾), 한성재판소검사 류동작(柳東作), 법관양성소 교관 유문환(劉文煥), 무안부윤 홍재기(洪在祺), 정 3품 이면우(李冕宇), 정 6품 석진형(石鎭衡)이었다.[56]

1907년 10월에는 재판소구성법 및 부속법령심사위원에 임명되었고, 1908년 8월에는 제2회 변호사시험위원장에 피선되었다.[57] 그해 9월에는 민사국장 이시영(李始榮)과 함께 일본에 건너가 도쿄, 나고야, 교토, 오사카 등지의 재판소를 15일 동안 시찰하고 귀국하였다.[58] 1907년 연말에도 직무에 노고가 많다고 하여 훈장을 받았다. 이에 관한 기사는 다음과 같다.

● 效多請勳　平理院 裁判長 洪鍾檍, 法部 刑事局長 金洛憲, 書記官 金基肇, 參與官 野澤武之助 四氏는 職務上에 效勞가 頗多ᄒ니 敍勳ᄒ라고 法部에셔 內閣에 請議ᄒ얏더라.[59]

---

54 『대한매일신보』, 1906.12.21.
55 상세한 것은 김효전, 「이준의 생애와 검찰정신」, 『검찰동우』 통권 31호, 2011.1, 160~166면; 문준영, 「한말의 1세대 법률가 이준－지사적 삶과 검사로서의 활동」, 『검찰』 통권117호, 2006; 김효전, 「이준과 헌정연구회－당시의 신문보도를 중심으로」, 『동아법학』 제5호, 1987 및 제6호, 1988 참조.
56 『관보』 제3871호, 1907(융희 원년).7.14.
57 시험위원은 법부 서기관 아사다(淺田賢介), 동 오카모토(岡本至德), 동 최진(崔鎭)이었다. 변호사 시험위원 부속 서기는 법부 주사 고쿠분(國分友太郎)이었다. 『관보』 제4155호, 1908.8.19.
58 『관보』 제4182호, 1908.9.21.

● 叙勳賜章　平理院 裁判長 洪鍾檍氏는 特敍勳三等賜八掛章, 法部 刑事局長 金洛
憲氏는 特敍勳 五等賜太極章, 法部 書記官 金基肇 農部 書記官 李範益 兩氏는 特敍勳
五等各賜八掛章ᄒ셧더라.[60]

1907년에는 대한협회의 발기인으로 사회활동에 참여하기도 하였는데, 그 구성
원은 다음과 같다.

김광제 김낙헌 김상연 권동진 남궁억 장　도 장헌식 정운복 노백린 류동작 유문환
이면우 박만서 박정동 석진형 신우선 심의성 안국선 안창호 엄주익 유성준 유승겸
유치형 윤익선 윤효정 태명식

여기서 보듯이 상당수의 법학자 내지 법률 관계 인사가 포함되어 있다.[61]
다음 해 1908년 5월에는 일본 도쿄에 있는 한국유학생들이 대한학회(大韓學會)를
결성하였는데 김낙헌도 그 발기인 중의 한 사람이다. 『황성신문』에 게재된 특별광
고에는 발기인 99인의 명단이 수록되어 있는데 이들은 당시의 엘리트로서 우리나
라 각 분야에서 활약하던 중요한 인물들이므로 광고 전문을 그대로 게재한다.

● 特別廣告
日本國 東京에 在ᄒ 本國 留學生이 一體 團合ᄒ야 大韓學會를 組成ᄒ얏기 其 團合
을 贊成ᄒ기 爲ᄒ야 演說會를 開ᄒ오니 同志人士는　多數 來臨ᄒ시옵
　　　大韓學會 贊成會 發起人 一同
一 日時 來十七日(日曜日) 下午 一時
一 處所 西門 外 國民演說臺
一 辯士 鄭雲復 尹孝定 俞星濬 張燾 尙灝 朴勝彬 李珍雨
　　　大韓學會贊成趣旨書
國家의 前途는 學生靑年의 責任에 專在ᄒ이오 學生靑年中에는 海外 遊學生으로뻐

59　『황성신문』, 1907.12.4.
60　『황성신문』, 1907.12.28.
61　상세한 것은 이현종, 「대한협회에 대하여」, 『아세아연구』 제8권 3호, 1970; 조항래 편, 『1900년대
　　의 애국계몽운동연구』, 아세아문화사, 1993, 145~199면 참조.

其 前驅를 作ᄒ리로다. 故로 在外 學生界에 美事가 發ᄒ면 全國이 喜而贊之ᄒ고 或
不備가 有ᄒ면 憂而救之ᄒ야 一動一靜에 無不注目ᄒ야 全然히 在外 學生界의 成績
을 國家盛衰의 龜鑑으로 視ᄒᄂ도다. 近年에 日本 東京에 留學ᄒᄂ 我國 靑年이 其
數 近千人인ᄃ 科學을 勤修ᄒ야 成績이 優越ᄒ며 衆力을 結合ᄒ야 會體를 組成ᄒ며
月報를 刊行ᄒ야 同胞를 勸勵ᄒ며 其他 種種 美事가 我一般 同胞의 慰悅을 致ᄒ얏도
다. 然이나 社交의 能力이 多數人의 團合을 成홈에 未及ᄒ야 南北道가 相別ᄒ고 官私
費가 相分ᄒ야 多數 會名이 各起 紛紛ᄒ야 完合ᄒ 國民的 團合을 未成ᄒ지라. 此를
觀ᄒ고 或 黨派之獘가 生홀가 或 猜疑之端이 起홀가 在內人士의 疑懼와 憂慮가 頗深
ᄒ더니 近日에 一片 喜音信이 春風에 伴渡ᄒ야 耳膜에 播動ᄒ니 卽 日本國 東京에 在
ᄒ 大韓 留學生이 大團合의 必要를 自覺ᄒ야 總團體를 組織ᄒ고 大韓學會라 命名ᄒ
事를 報홈이라. 宜哉宜哉로다. 同一ᄒ 國籍을 有ᄒ 者―異邦에 留在ᄒ야 會集을 各
別히 홀 必要가 寧有ᄒ리오. 國民的 精神으로 團合ᄒ야 一體를 作홈이 得其宜哉로다.
此를 聞홈에 凡大韓國의 幸福을 希望ᄒᄂ 人이 誰가 讚賀之聲을 不發ᄒ리오. 於是에
皇太子 殿下ᄭ셔 睿眞을 下賜ᄒ샤 褒賞을 示ᄒ시고 政府大臣이 金額을 收合寄附ᄒ
야 勸勉을 加ᄒ고 各處報筆이 趣旨書를 揭載ᄒ야 讚揚을 佈ᄒ얏고 今에 一般社會의
同情을 表ᄒ기 爲ᄒ야 大韓學會 贊成會를 發起ᄒ오니 勉哉어다. 有志同胞여 棟樑之
材가 生長홈을 見ᄒ고 其 培養의 勞를 豈惜ᄒ리오. 在外學生이 精神的 團合의 必要를
自覺홈에 際ᄒ야 在內人士ᄂ 其 團合을 永久히 鞏固케 ᄒ기를 自任홀지로다. 奮發哉
어다 愛國同胞여.

發起人	姜允熙	姜華錫	金奎植	金光濟	金達河	金東完	金洛憲	金明濟	金祥演
權東鎭	權鳳洙	南宮檍	張吉相	張 壽	張憲植	全永憲	鄭永澤	鄭雲復	鄭鎭弘
趙秉澤	趙濟桓	趙昌漢	羅壽淵	呂圭亨	呂炳鉉	廉仲模	盧伯麟	柳 瑾	柳東悅
柳東作	劉文煥	劉秉泌	柳一宣	李 甲	李東暉	李冕宇	李敏卿	李範來	李商在
李相弼	李時榮	李容九	李容漢	李人植	李鍾一	李鍾浩	李珍宇	李軫鎬	閔衡植
朴斗榮	朴晚緖	朴星煥	朴勝彬	朴承章	朴承爀	朴容台	朴殷植	朴晶東	朴重華
朴熙陽	白寅基	白完赫	邊永鎭	尙 灝	徐丙珪	石鎭衡	孫之鉉	宋之憲	申光熙
申佑善	申應熙	沈宜性	安國善	安昌浩	魚瑢善	嚴柱益	吳世昌	兪星濬	兪承兼
兪致衡	尹益善	尹晶錫	尹致晟	尹致昕	尹致昊	尹孝定	元應常	崔敬淳	崔廷德
崔相敦	崔錫敏	崔 鎭	太明軾	韓相龍	韓錫振	韓致愈	玄暎運	洪肯燮	洪忠鉉[62]

여기에도 상당수의 법률가들이 참여하고 있다.

1909년 7월에는 공소원 검사로 임명되었고 동시에 법전조사국 위원이 되었다. 사법권이 일본에 위임되자 한국인 법관은 위계를 정하여 서위하였는데 김낙헌은 종5위의 높은 지위를 차지하였다.

● 韓人法官敍位 日本 政府는 統監府 裁判所 判事 韓人判事는 司法權이 委任된 結果로 純然 日本 官吏로 認定하고 官等을 應호야 位階를 賜호다는더 金洛憲氏에게는 從五位로 호고 其他 八十九名에게도 各其 敍位호다더라.[63]

그 후 1910년 4월부터는 법관양성소를 개칭한 관립법학교에서 강의를 하였다. 한일합병이 된 1910년 10월에는 경성 공소원 검사로 재임명되었고,[64] 1911년 8월에는 식민지 조선의 최고재판소였던 고등법원 판사로 임명되었다. 그는 고등법원판사를 약 8년간 재직하고 1918년 6월에 판사직을 사임하고,[65] 조선총독부 중추원의 부찬의(副贊議)에 피선되었다. 1919년 6월 15일 신병으로 작고하였다.[66] 45세였다.

그가 남긴 글은 문집으로 되어 있으며, 그중 『종환록(從宦錄)』[67]이 대표적이다. 기타 김낙헌의 강연, 「구락(俱樂)의 취의(趣意)」(『대한구락』 제1권1호, 1907), 「교육지방의선호한문(教育之方宜先乎漢文)」(『대한구락』 제2호, 1907) 등 몇 가지의 글이 발견된다.

(8) 이면우(李冕宇)

그는 1879년 서울에서 진사 이회래(李會來)의 차남으로서 출생하였으며, 호는 추강(秋岡)이며, 자(字)는 경무(景武)이다.[68] 1894년(개국 503년) 교동에 있는 관립일어

---

62 『황성신문』, 1908.5.14.
63 『황성신문』, 1910.2.25.
64 『朝鮮人名資料事典』第1卷, 200면.
65 법원행정처, 『한국법관사』, 175면.
66 『친일인명사전』에서는 1919년 7월 2일 사망이라고 한다.
67 최종고, 「김낙헌의 「종환록」」, 『법사학연구』 제11호, 1990, 246~243면. 원문은 240~205면 참조.
68 상세한 것은 김효전, 「이면우 변호사」, 『시민과 변호사』, 2000.8, 85~92면; 김효전, 『근대 한국의 법제와 법학』, 세종출판사, 2006, 109~115면 참조.

학교에 입학하였고, 다음 해 1895년에는 관비유
학생으로 선발되어 일본에 유학하여 1896년 7월
게이오의숙 보통과를 졸업하였다.[69]

이어서 도쿄(東京)법학원에 입학하여 1899년 7
월 12일에 졸업하였다. 도쿄법학원은 원래 1885
년 英吉利法律學校[70]로 출발하였는데 그 후
1889년에 도쿄법학원, 1903년에 도쿄법학원대
학, 1905년에 주오(中央)대학으로 교명을 변경하
고 1920년 대학령에 의해서 비로소 오늘날과 같
은 주오대학으로 발전하였다.[71] 도쿄법학원 학
칙에 의하면 방어(邦語)법학과와 영어(英語)법학
과의 두 과가 있었으며 수업 연한은 모두 3년으   이면우

로 이면우를 비롯하여 한국인들은 방어 법학과를 졸업하였다. 특히 이면우는 일
본 유학시절부터 수재로 이름을 날려서 일본『법률신문』에 사진과 함께 소개되기
도 하였다.[72] 재학 중 헌법은 호즈미(穗積八束), 행정법은 이치기(一木喜德郎)와 미노
베(美濃部達吉), 국제법은 다치(立作太郎)와 미자키(三崎龜之助) 등이 담당하였다.[73]
이들은 대부분 도쿄대학의 교수들로서 도쿄법학원 학칙에서는 '촉탁교수'라고
표기하고 있는데 요즘의 시간강사나 겸임교수에 해당한다고 보겠다. 이들 관비유
학생에 대해서는 일본 측에서도 많은 기대와 관심을 가지고 있었다.

이면우 등이 졸업하는 식장에는 한국의 대리공사 박수화(朴鏽和)를 비롯하여 내

---

69 1895년과 1896년에 조선 정부에서 게이오의숙에 파견한 195인의 유학생 명단은 福澤研究セン
    ター 編,『慶應義塾入社帳』(全5卷), 慶應義塾大學出版部, 1985; 김상기,「경웅의숙 입사장」,『쟁
    점 한국 근현대사』제4호, 1994, 221~248면; 阿部洋,「韓國政府委託 慶應義塾留學生に關する契約
    書」,『韓』제103호, 1986, 202~208면; 竹腰禮子,「韓末の渡日留學生について」,『在日朝鮮人研究』
    제6호, 1980; 阿部洋,「舊韓末の日本留學(I)」,『韓』제29호, 1960; 연구대표 馬淵貞利,『近代日本に
    おける朝鮮人留學生に關する調査研究(資料集)』, 東京學藝大學, 2004; 武井 一,『皇室特派留學生
    ―大韓帝國からの50人』, 白帝社, 2005; 宮嶋博史・金容德 編,『近代交流史と相互認識』III, 慶應
    義塾大學出版會, 2006 참조.
70 山崎利男,『英吉利法律學校覺書―明治前期のイギリス法教育』, 中央大學出版部, 2010 참조.
71 『中央大學百年史 通史編』, 1985;『中央大學史資料集』第1集, 1984;『圖說 中央大學 1885~1985』,
    1985 등 참조.
72 전봉덕 박사 해설,「사진으로 보는 법제사료」,『대한변호사협회지』제31호, 1977.10 참조.
73 담당 강사의 구체적인 명단은『法學新報』제89호(1898.8.20), 학칙과 교과과정은『中央大學史資
    料集』第1集, 1984 참조.

외인사가 참석하였으며 졸업생은 전체 184인으로 이 중 한국인이 4인이었다. 이 학교의 기관지 『법학신보』 제100호(1899.7.20)에는 「한국인의 졸업」이란 제목 아래 다음과 같이 전하고 있다.

> 도쿄법학원에 수 명의 조선인이 재학하는 것은 이미 본지에 기재하였는데 그 유학생 중 장도(張燾), 유창희(劉昌熙), 유치학(兪致學), 이면우(李冕宇)의 4씨는 법학원에서 3개년의 과정을 수료하고 금회의 졸업시험에 성적 양호하게 급제하고 선일(先日)의 졸업식에서 각 졸업증서가 수여되었다.[74]

이면우와 같은 을미년의 관비유학생 제도는 일본인의 민비시해와 같은 만행으로 일본유학생 소환과 유학생에 대한 증오의 시대가 계속되어 오랫동안 중단되었다가 1904년 10월 당시의 학부대신 이재극(李載克)과 수원(隨員) 박영철(朴榮喆)의 인솔 아래 최린(崔麟), 류승흠(柳承欽), 이창환(李昌煥) 등 50명의 제2회 정부유학생이 도일하였다고 한다.[75] 이와는 대조적으로 1900년을 전후해서는 사비유학생으로서 도일하는 사람의 수도 점차 증가하기 시작하여 이른바 '일본유학생'의 시대를 열기 시작하는 것이다.

귀국하여 이면우는 1902년 농상공부 임시박람회 사무소 주사로 임명되었다가 1904년 한성재판소 검사시보로 발령을 받았다. 그 후 한성재판소 검사, 평리원 판사 등을 역임하였다.[76] 1905년 1월에는 사립 한성법학교의 강사가 되어 육영사업에 힘쓰기도 하였다. 그러나 이 학교는 곧 폐교되었다.[77]

법부 참서관으로 근무하다가 1905년 12월 11일 자로 약관 26세에 겸임 법관양성소 소장으로 임명된다.[78] 그리하여 그는 법관양성소의 교과가 폐지된 지 근 한 달이라고 법부에 보고한다.

---

74 『中央大學史 資料集』 第17集, 1999, 97면에서 재인용.
75 黃錫禹, 「동경 유학생과 그 활약」(특집 半島에 幾多人才를 내인 영・미・로・일유학사), 『三千里』, 1933.2, 23면.
76 『대한제국관원 이력서』, 탐구당, 1972, 481면.
77 『황성신문』, 1905.9.19.
78 『관보』 제3324호, 1905.12.15.

卽進本所호와 槪聞情形호온즉 自新條約成立以後로 學員은 長書於本部호고 敎官
은 聯名陳疏호고 專廢敎科가 幾近一朔이라가 昨終開學호얏스나 四班七十餘名 學員
이 擧皆渙散호고 上學之人이 不過數十人이오니 設有可執之義라도 廢其敎務가 實非
事體쓴더러 學員之紛議를 苟能曉飭彈壓호고 塑時招集호야 開學勸業이면 豈有渙散
之理乎잇가. 目下情形이 有養成之名而無養成之實호야 將至不廢而自廢之境이온즉
以敎官論之라도 不可無責이오며 渙散諸學員은 一幷招集호야 俾卽上學이오되 如有
不從令不現身者면 依章程黜學호야 懲前杜後호엿짓습기 玆에 報告호오니 査照裁處
호심을 爲望[79]

이처럼 대부분의 학생들이 을사늑약에 반대하는 질품서를 법부대신에게 올렸
으며 수업도 제대로 되지 아니하였다. 70여 명 가운데 불과 25인만이 졸업시험에
응시하고 그 가운데 5인은 평균 50점을 얻지 못하여 졸업하지도 못하여 타교로 전
학가거나 각 아문에 응시하여 학과가 전폐할 지경에 처하였다.[80]

그리하여 교관 조세환, 고익상, 윤태영, 김종호, 윤광보 5인을 면관하고, 유문환,
석진형, 류동작, 윤헌구, 나진 5인을 새로이 법관양성소 교관으로 임명하였다.[81]
당시 3학년 학생들은 학제가 바뀌어 신학문이 부족하지만 졸업하게 되자 학생들
자신이 졸업을 반대하기도 하였다. 그러나 이면우 소장은 "여러 학도가 이 두 사
람과 같다면 어찌 이런 말을 감히 내며 우리나라의 진보가 몇 년 안 되어 구미 제
국과 병립하겠다'고 보도되기도 하였다.[82] 그리하여 그는 홍재기 등과 하루에 다
섯 시간씩 열심히 교수하였다.[83]

그러나 소장으로 임명된 지 6개월 만인 1906년 6월 13일 자로 해임되고,[84] 다시
6월 19일 자로 겸임 법관양성소 교관으로 임명되었으나,[85] 법부 참서관직도 사임
하였다. 겸임교관과 관련하여 교관의 대우가 좋지 않았던 모양이다.

---

79 「公文接受」, 『報告書』 第9號, 1905.12.13.
80 최기영, 「한말 법관양성소의 운영과 교육」, 『한국 근현대사연구』 제16집, 2001, 65면; 『서울법대
   백년사자료집』, 135면.
81 『관보』 제3324호, 1905.12.15.
82 『대한매일신보』, 1905.12.12.
83 『대한매일신보』, 1906.3.11.
84 『관보』 제3485호, 1906.6.21.
85 『관보』 제3486호, 1906.6.25.

●囑托敎授   法部 所管 法官養成所 官制를 向己變更하야 兼任敎官을 增置호 後 法部 參書官 李冕宇氏로 兼任케 하얏더니 李氏가 參書官을 辭任하고 辯護士로 退去호즉 其 兼任敎官의 名稱을 變하야 囑托 敎授라 稱하고 仍以 李冕宇氏로 敎슈케 하니 官立學校의 經費가 窘絀홈인지 하더라.[86]

같은 해 8월 그는 법부 참서관직을 사임하고 변호사 개업을 하였다. 촉탁교수의 직도 같은 해 10월 4일 자로 해임되었다.[87]

1907년에는 이준 사건에서 정명섭 변호사와 함께 변호하여 장안의 화제가 되기도 하였다.[88]

1908년 6월에는 법학협회에서 주최한 토론회에서 국가의 정치는 전제정치가 바람직하다고 주장하고 입헌주의를 배척하였다.[89] 그 밖에도 여러 강연회에서 연설을 하기도 하였다.[90]

1909년 6월에는 융희 변호사법에 의해서 다시 변호사로 등록하고,[91] 이종하와 연합법률사무소를 내었다. 1910년에는 이완용을 살해하려다가 미수에 그친 이재명(李在明)을 한국인 변호사로서 안병찬(安秉瓚), 일본인 변호사로서 오자키(大崎熊之丞), 이와타(岩田仙宗), 기오(木尾虎之助)와 함께 입회하였다.

한일합병 이후에는 사기취재범으로 몰려 잠시 복역하기도 하였으며,[92] 1916년에는 대동법률학교의 교감으로서 일본인 변호사 다카하시(高橋章之助)[93]와 함께

---

86 『대한매일신보』, 1906.9.7.
87 『관보』 제3575호, 1906.10.4.
88 상세한 것은 『만세보』, 1907.2.28.
89 『황성신문』, 1908.6.18; 제1부 「법관양성소」 중 9장 「법관양성소의 교수진」, '김상연' 참조.
90 예컨대 국민교육회에서 '法庭狀態'라는 문제로 연설하였다. 『황성신문』, 1906.9.8.
91 『관보』 제4409호, 1909.6.22.
92 『매일신보』, 1911.4.13. 제1변호사회에서는 다카하시(高橋章之助)가, 제2변호사회에서는 박승빈이 의무로 변호하였으며(『매일신보』, 1911.2.11), 경성지방재판소 검사장 나카무라(中村竹藏)는 이면우를 비밀리에 조사한 순사에게 상여금을 주기도 하였다(『매일신보』, 1911.2.15).
93 다카하시 쇼노스케는 메이지대학의 전신인 메이지법률학교를 졸업하고 대의사를 지낸 후 1905년에 한국에 와서 변호사개업을 하였다. 1912년의 이른바 데라우치 총독 모살미수사건에서 변론하였다(Japan Chronicle 특파원, 윤경로 옮김, 『105인사건 공판 참관기』, 한국기독교역사연구소, 2001, 281~286면). 그는 약 20년 정도 체류하다가 1925년 6월 48세로 사망했다. 한일합병은 양국의 주권자의 임의의 행동이며 세계평화를 위해 필요하다는 궤변(「日韓倂合の由來に鑑みて」, 『朝鮮統治問題論文集』 第1集, 1929, 129~250면)을 전개한 사람이다. 논설 「司法權の委任と韓人法官の採用に就て」, 『朝鮮』 第4卷 1號, 1909, 12~13면 등. 상세한 것은 김효전, 『근대 한국의 법제와

법학을 가르치기도 하였는데 이 학교는 곧 폐교된 것으로 보인다.[94] 일제시대에는 아무런 관직에도 관여하지 않고 오로지 재야 변호사로서 한성변호사회 초대회장을 지냈다. 이면우의 손자인 이순성 씨가 부친으로부터 들은 바에 의하면, 통영의 일본인 경찰서장은 매일 문안드린다는 명목으로 이면우 변호사의 동정을 살폈으며 자녀가 서울로 유학하는 것도 방해하였다고 한다. 이면우는 1925년 6월 27일(음) 통영에서 48세로 작고하였다.[95]

저서로는 『상법총론』(1907, 115면)과 『회사법』(1907, 261면)이 있으며, 몇 가지의 논설이 있다.[96] 기타 이교승(李敎承)[97]이 저술한 산술 교과서를 교열하고 '이면우 법률사무소'에서 발행하기도 하였다.[98]

(9) 민형식(閔衡植)

1875년 1월 6일에 출생하여 1947년에 사망. 자는 공윤(公允), 호는 우하(又荷)이며, 관은 여흥. 부친은 민영준(閔泳駿)이다.[99] 그는 1899년 학부 편집국장을 거쳐,[100] 1905년 1월 시강원 첨사에서 의정부 참찬(參贊)으로 임명되고, 이어 법부협판으로

법학』, 세종출판사, 2006, 148~149면 참조.

94　『매일신보』, 1916.4.21.

95　이면우는 외아들 천석(天錫, 1913~1984)을 두었으며 천석 씨는 세 아들 순성(淳成), 순종(淳鍾), 순용(淳鏞)을 낳았다. 『全州李氏誠寧大君派譜』 卷之四, 599면. 이순성 씨는 2007년 6월 25일 서울 변호사회관에서 만나 족보와 사진을 보여주며 부친으로부터 들은 바를 저자에게 전해주었다. 족보에는 화장으로 적혀 있으며 보관하고 있던 이면우 관련 자료는 부산 피난 중 화재로 모두 소실되었다고 한다. 이순성 씨에게 감사를 드린다.

96　예컨대 「학문의 실행과 허식(虛飾)의 이해(利害)」, 『친목회회보』 제4호, 1897.3; 「형법의의(刑法意義)의 약론(略論)」, 동 제5호, 1897. 9; 「구여독(俱與獨)이 성여패(成與敗)에 근기(根基)」, 『대한구락』 제2호, 1907; 「법률은 보국(保國)의 필요」, 『법정학계』 제1호, 1907.5; 「송리관(訟理觀)」, 『법학협회잡지』 제1호, 1908.11 등. 『친목회회보』는 차배근, 『개화기 일본유학생들의 언론출판활동연구 (I)－1884~1898』, 서울대 출판부, 2000에 영인되어 있다.

97　이교승은 관립소학교 교원을 지내다가 1908년 11월 성균관 교수로 임명되었다. 양재건과의 저작권 다툼에 관하여는 『황성신문』, 1910.4.9 참조.

98　『황성신문』, 1908.3.27 및 9.19 광고; 상세한 것은 이기준, 『한말 서구경제학 도입사 연구』, 일조각, 1985, 292면; 박은경, 『일제하 조선인관료 연구』, 학민사, 1999, 247면 참조.

99　민족문제연구소 편, 『친일인명사전』, 민족문제연구소, 2009, 843~845면.

100　『황성신문』, 1899.4.27.

서 1906년 6월 13일 자로 겸임 법관양성소 소장으로 임명되었다.[101] 그는 이면우의 후임이었다. 그러나 불과 보름 정도 근무하고 6월 30일 자로 해임되었다.[102]

1907년 2월에는 학부협판이 되었으며, 4월에는 재직 중 일본 순사에게 체포되기도 하였다.

● 민氏被押　學部 협판 閔衡植氏가 開城郡 公私立 各 學校 디 運動會를 參往ᄒᆞ얏다가 再昨日 下午 九時에 南大門 외 停車場에 到着ᄒᆞ야 上車ᄒᆞᄂᆞᆫ디 일 巡査와 巡檢이 該氏를 捉執ᄒᆞ야 人力車를 乘ᄒᆞ고 警務廳으로 押去ᄒᆞ얏다ᄂᆞᆫ디 事由인즉 有刑事上 審査홀 事라더라.[103]

● 閔氏卽放　前 學部協辦 閔衡植氏가 日本憲兵司令部에 被捉홈은 ○報에 已記ᄒᆞ얏거니와 該 司令部에서 閔氏의 私債 八百圜에 關ᄒᆞᆫ 事로 質問ᄒᆞᆫ 故로 閔氏가 答ᄒᆞ기를 此ᄂᆞᆫ 我人의 所關이오 我法의 當辨이라ᄒᆞᆫ즉 卽時 放送ᄒᆞ얏다더라.[104]

이처럼 현직 법부협판이 일본 순사에게 체포되는 실정이었기 때문에 일반 국민의 기본권은 논의할 여지가 없는 형편이었다.

그는 같은 해 6월에 법부협판과 변호사시험위원장직에서 해임되고,[105] 김각현이 후임으로 임명되었다. 다음 해인 1908년에는 민형식의 소송에 관한 기사가 보인다.

● 兩隻辯護　前協判 閔衡植氏와 前承旨 徐相薰씨가 裁判ᄒᆞᆫ다는 說은 已爲 報道ᄒᆞ얏거니와 閔衡植氏ᄂᆞᆫ 辯護士 李冕宇氏에게 委托ᄒᆞ고 徐相薰씨ᄂᆞᆫ 玉東奎氏에게 委托ᄒᆞ야 昨日 平理院에 裁判을 開ᄒᆞ얏다더라.[106]

여기의 이면우는 법관양성소 소장을 지낸 사람이며, 옥동규는 보성전문학교 출신으로 이면우 법률사무소 사무원을 지내다가 변호사시험에 합격한 사람이다.

---

101 『관보』제3485호, 1906.6.21.
102 『관보』제3493호, 1906.6.30.
103 『대한매일신보』, 1907.4.27.
104 『황성신문』, 1908.1.21.
105 『관보』제3798호, 1907.6.21.
106 『황성신문』, 1908.2.15.

(10) 노자와 다케시노스케(野澤武之助)

　노자와는 1866년 일본 도츠키(栃木)현 모오카(眞岡) 태생으로 어릴 때의 이름은 다케마쓰(竹松). 1886년 시나가와 야지로(品川彌二郎, 1843~1900) 독일 공사 수행원의 한 사람으로 독일로 간다. 1888년 독일 노르트라인 베스트팔렌주 밀하임시 공업학교를 졸업하고 다음 해 스위스 제네바로 입국한다. 1892년 7월 제네바대학 법학부를 졸업하고 1895년에는『대일본제국헌법론』이란 제목으로 법학박사(Docteur en Droit) 학위를 취득한다. 1897년 메이지법률학교 강사로서 국제사법 강의, 1897년 9월부터 1902년까지 도쿄전문학교에서 국제사법을 강의하였다.[107] 1898년 3월 중의원총선거에 출마하여 당선되지만 곧 해산되어 8월에 다시 출마하여 호시 도오루(星亨)에게 패하여 낙선한다. 1904년 러일전쟁에 종군, 1905년 한국 통감부 법무참여관, 1908년 법관양성소 소장, 1909년 교명 변경으로 법학교 교장이 되지만 1911년 11월 폐관되어 귀국한다. 1940년 8월 1일 고향에서 작고. 저서로 야마구치(山口弘一)와 공저한『국제사법』(1900) 등이 있다.[108]

　그는 1906년 2월 법부 법률보좌관으로 임명되었다. 이 법률보좌관이란 제도는 통감부가 한국 재판소의 존폐여부를 결정하기 위해서 그 실태를 파악하기 위한 하나의 수단이며, '법무보좌회의'란 것도 장래 한국의 사법권을 탈취하기 위한 이유와 자료를 얻기 위한 방법의 하나로서 만든 것이다.[109]

　물론 외관상으로는 관찰사나 부윤 등 법률지식이 없는 행정관료에 의한 한국 재판의 낙후성과 결함을 개선 내지 보충하고 나아가 그들을 조력하기 위한 것이라고 선전하였다. 통감부는 이 법무보좌관과 보좌관보의 임용에 앞서 법부 참여관 노자와(野澤武之助)와 참여관 촉탁 마쓰데라(松寺竹雄)를 1906년 12월에 임명하고,[110] 사법행정에 관한 사무와 법령개정의 사무에 참여시키고, 기타 법부를 비롯

---

107 『早稻田大學百年史』第2卷, 1981, 52・1199면.
108 상세한 것은 김효전,「野澤武之助와 근대 한국의 법학교육」,『법사학연구』제41호, 2010, 65~105면 및 본서 참조.
109 상세한 것은 李英美,「朝鮮統監府における法務補佐官制度と慣習調査事業─梅謙次郎と小田幹治郎を中心に(1)(2)」,『法學志林』제98권 1호 및 2호, 2000, 127~190・193~249면 참조. 인용은 199면.
110 마쓰데라는 1912년의 이른바 데라우치 총독 모살미수사건에서 사카이(境 長三郎)와 함께 검사로서 간여하였다.

하여 평리원 이하의 각 재판소에 검사나 주사, 서기 등을 증원하거나 그 밖에 새로운 자리를 신설하였다.[111]

그리하여 통감 이토 히로부미(伊藤博文)의 지시로 우메 겐지로(梅謙次郎)의 자문을 거쳐 1907년 1월 법무보좌관 15명과 보좌관보 12명이 임명되었다. 당시의 법부대신 이하영(李夏榮)[112]은 이들에게 임명장을 주고 훈시를 하였다.

이들에 대해서는 당시의 신문에서 자주 보도한 편이며 다음과 같은 기사도 발견된다.[113]

● 辭疏停止　리儁씨 事件에 對ᄒ야 笞 一百으로 法部에서 奏本ᄒ얏더니 事狀을 參政大臣이 上奏ᄒ야 笞 七十에 減等이 되미 法大 리夏榮氏가 因以含憾ᄒ야 辭職疏를 奉呈ᄒ랴 ᄒ야 疏本을 修繕ᄒᆯ 際에 學相 리完用씨가 訪到ᄒ야 辭職疏本을 閱覽ᄒ고 握手挽止허여 曰 非但 大監이랴 吾亦 未久에 見逐ᄒᆯ 터이니 與吾로 同退허ᄌ혼더 法大가 疏本을 斂却허고 法部 顧問官 野澤씨를 請邀帶同허고 長谷川 大將을 訪見허고 리쥰氏 事件을 移時說話ᄒ얏다더라.[114]

● 佛口蛇心　法部大臣 리夏榮氏가 리儁씨 事件을 統監府에 前往ᄒ야 說明ᄒᆯ 事에 對ᄒ야 該部 協判 리源兢씨가 法相의 不公홈을 何樣論難ᄒ얏던지 리法相이 大端憎惡ᄒ야 該部 參與官 野澤武之助씨를 挾囑ᄒ야 리源兢씨의 辭退退去ᄒ기를 勸告ᄒ고 또 리法相이 리源兢씨를 對ᄒ야 好面勸勉 曰 日人이 如是勸告ᄒ니 不如早退라 ᄒ얏다더라.[115]

노자와는 1908년 1월 1일 자로 법관양성소 소장에 임명되었다.[116]

이에 앞서 그는 1907년 12월 27일에 거행한 법관양성소 제6회 졸업식에 참석하였는데, 그 모습을 보성전문학교 교우회에서 편집한 『법정학계』에서 자세하게 전하였다. 이 기사는 전술한 법관양성소의 졸업에서 전문을 인용하였으므로 여기서는 생략한다.

111　李英美, 앞의 글, 2000, 207면.
112　이하영에 관하여는 한철호, 『한국 근대 주일 한국공사의 파견과 활동』, 푸른역사, 2009, 78~104면 참조.
113　본서 제2부 「법학교육관계」 참조.
114　『대한매일신보』, 1907.3.12.
115　『대한매일신보』, 1907.3.17.
116　『관보』 제3970호, 1908.1.14.

이 기사에서 보듯이, 법부대신 고영희(高永喜), 검사총장 고쿠부 산카이(國分三亥),[117] 법부차관 구라토미 유자부로(倉富勇三郞),[118] 형사국장 김낙헌, 민사국장 이시영 등이 참석하고 있다.

1908년(융희 2)부터 시행한 칙령(勅令) 제53호의 법관양성소 관제에 의하면, 소장 1인, 교수와 조교수 각 3인, 간사 1인, 그리고 번역관과 번역관보 및 주사 각 2인을 둔다고 규정하고 있다. 이에 따라 소장에 노자와가 임명되고, 조교수에 석진형, 번역관 김교명, 간사에 이와마(岩間亮), 교수에 유문환이 임명되었다.[119]

1909년 11월 법관양성소가 '법학교'로 바뀌자 법학교장에는 전 법관양성소 소장 노자와, 교수에는 조 츠라츠네(長連恒) 외에 석진형, 조교수 겸 법학교 학원감에는 전 법관양성소 간사 겸 법관양성소 조교수였던 이와마, 조교수에는 전 법관양성소 번역관 겸 법관양성소 조교수였던 김교명과 전 법관양성소 조교수였던 양대경이 임명되었다.[120] 관보에 적힌 「서임 및 사령」은 다음과 같다.

▲任法學校長 敍奏任官 一等 前法官養成所長 野澤武之助 ▲任法學校 教授 敍奏任官三等 前法官養成所 教授 長連恒 仝 石鎭衡 ▲任法學校 助教授 兼 法學校 學員監 敍奏任官四等 前法官養成所 幹事 兼 法官養成所 助教授 巖間亮 ▲任法學校 助教授 敍奏任官四等 前法官養成所 飜譯官 兼 法官養成所 助教授 金教明 法官養成所 助教授 梁大卿(十一月 一日)[121]

우리나라 개화기의 신소설 작가이며 저술가, 번역가인 안국선(안명선)은 귀국해

---

117 고쿠부(1863~1962)에 관하여는 본서 제1부 「법관양성소」 중 8장 「법관양성소의 졸업생」, '졸업식 광경' 참조.
118 구라토미(1853~1948)는 일본의 사법관이며 정치인으로 1879년 사법성 법학교를 졸업하고 사법성 민형부장, 참여관, 대심원 검사, 오사카, 도쿄의 공소원 검사장 등을 역임하였다. 그는 이토 히로부미의 초청으로 1907년에 한국으로 건너와 같은 해 9월 19일 자로 법부 차관으로 임명된다. 1907년 10월 법부 차관의 자격으로 법률기초위원회의 위원장이 된다. 1909년 12월 법전조사국의 위원장이 되고 그 후 통감부 참여관과 사법청 장관을 역임하였다. 한일합병 이후에는 조선총독부 사법부 장관과 법제국장을 역임하고 1913년 귀국하여 법제국 장관, 추밀원의장을 역임하였다. 본서 제3부 「倉富勇三郞 文書」 참조.
119 『관보』 제3983호, 1908.1.29.
120 『관보』, 1909.11.1; 『대한민보』, 1909.11.12.
121 『대한민보』, 1909.11.12.

서 정치활동을 하다가 1903년 이승만과 함께 종로감옥서에 투옥되었는데, 노자와의 알선으로 특사를 받게 되었다고 한다.[122]

노자와가 언제 법학교 교장을 그만두었는지는 확실하지 않으나 1911년 11월 법학교가 폐지되고 '경성전수학교'로 조직 개편하면서 귀국한 것으로 보인다.[123]

2. 교수진(가나다 순)

먼저 법관양성소 교관의 대우와 그들에 대한 제재를 간단히 살펴 본 후에 개별 교관들의 인적 사항을 알아보기로 한다.

1) 교관의 대우

1904년(광무 8) 3월 12일 공포된 칙령 제7호 '법관양성소 관등 봉급령'[124]에 의하면 다음과 같은 연봉급을 받은 것으로 보인다.

〈표 22〉 법관양성소 관등 봉급

官等	級俸	月俸	年俸
奏任 教官	1급봉	89元	960元
	2급봉	70元	840元
	3급봉	60元	720元
判任 敎官	1급봉	30元	360元
	2급봉	25元	300元
	3급봉	20元	240元

---

122 『早稻田學報』 제149~151호, 1907, 55면.
123 일본 외무성 인사과 편, 『외무성연감(外務省年鑑)』(1931.6), 97면에서는 "1911년 9월 법학교 폐지에 따라 폐관"이라고 적혀 있다.
124 국회도서관, 『한말 근대 법령 자료집』 III, 1971, 583~584면; 『議案 · 勅令』, 서울대 도서관, 1991, 659면.

다음에 교관의 교육이 불성실한 경우에는 이에 대한 제재를 규정하고 있다.[125]

교관에 대한 제재는 1개월 내에 3개일 이상 부진(不進=결근)인 경우에는 견책하고, 7개일 이상이면 1개월 감봉에 처하고, 1개월 내에 10일 만진(慢進=지각)이면 견책을 하고 그럼에도 불구하고 다시 5회 이상 지각하는 경우에는 반 개월분 감봉케 하였다.

뿐만 아니라 학생의 시험성적이 취열(寂劣)한 경우에는 그 반에서 교수한 교관에 대해서는 상당한 논경(論警=경고)을 하도록 규정하기도 하였다.[126] 이러한 조치는 1905년(광무 9)의 법관양성소규칙에 보다 구체적으로 규정되어 학생이 학기시험과 학년시험을 본 결과 우등이나 급제한 학생이 3분의 1 이상인 경우에는 그 학생반을 교수한 교관에 대해서는 양성소장이 법부대신에게 구보(具報)하여 포증(褒證)을 부여하고, 또 이를 관보에 게재하도록 하였으며 이 포증을 2차에 걸쳐서 받은 경우에는 승급(陞給)할 수 있도록 규정하고 있다.

반면에 학기, 학년시험에서 학원 3분의 1 이상이 강반(降班)한 경우에는 그 반의 교관에 대해서는 법부대신에게 구보하여 견책이나 감봉에 처하도록 하였다.[127]

2) 개별 교관의 인적 사항

(1) 고익상(高翊相)

고익상의 자세한 이력은 알 수 없으나, 1905년 3월 10일 자로 법관양성소 교관에 임명되었다가, 두 달 만인 5월 16일 자로[128] 의원면직하고, 같은 날짜로 한성재판소 주사로 임명되었다.[129] 그러나 불과 열흘 만인 5월 27일 자로 다시 법관양성

125　법부령 제2호 법관양성소규칙 벌칙 제2조,『관보』제2897호, 1904.8.5.
126　『관보』제2897호, 1904.8.5.
127　『관보』, 1905.4.12.
128　『관보』제3085호, 1905.3.13.
129　『관보』제3142호, 1905.5.18;『황성신문』, 1905.8.19.

소 교관으로 임명된다.[130]

같은 해 11월에는 을사늑약이 체결되어 온 나라가 비통에 잠기고 정국은 파국으로 치닫는다.[131] 법관양성소 교관 중 정명섭은 제일 먼저 이 조약에 반대하는 상소문을 올렸다. 고종 황제로부터 아무런 답신이 없자 그는 또 다시 동료 교관들과 함께 연명으로 상소한다. 여기에는 고익상을 비롯하여 다섯 사람의 교관이 참여하여 다음과 같은 상소문을 올린다.

> 法官養成所教官 丁明燮, 曹世煥, 高翊相, 金鍾灌, 尹泰榮, 尹光普 等 再疏홈이 如左ᄒ니
> 伏以誅斬賊臣率普同願繳消僞約碁刻難緩臣等曾以此事伏達夫陛之日竊以爲必有.
> 雷霆之威霜雪之嚴渙發中外戮賊于社繳約以消矣臣等之上言者已經三日尙未蒙思批
> 伏不知聖意有何斟量而事機切迫卽在呼吸伏願. 陛下勿以包荒爲仁宜勇斷爲德亟斬諸
> 賊之頭以謝天下其所謂條約卽日繳消彼或以野心斬繳擧其違規無效之理由嚴辭斥之
> 慮將此由宣布于各國公使館以爲證明焉鳴呼天下未有不亡之國亦未有不死之人但亡
> 以其道死得其所則雖亡而不亡雖死而不世伏乞. 聖明特軫殉死之義不負我 祖宗付界之
> 重焉臣等無任激切祈懇之至.[132]

이것을 우리말로 번역하면 다음과 같다.

법관양성소의 교관인 정명섭, 조세환, 고익상, 김종관, 윤태영, 윤광보 등은 다음과 같이 다시 상소를 올립니다.

삼가 생각건대 불충한 신하를 베는 것은 천하가 함께 바라는 것이요, 거짓된 조약을 돌이켜 없앴던 것으로 하는 것은 시각을 늦출 수 없는 일입니다. 저희들이 일찍이 이 일을 폐하께 엎드려 올렸던 날, 저희들은 마음속으로 반드시 천둥과 번개와 같은 위엄과 서리와 눈과 같은 엄함이 있어 조야에 말씀을 내리시어 조정에서 불충한 신하를 죽이시고 거짓된 조약을 돌이켜 없애실 것이라고 생각하였습니다. 그런데 저희들

---

130 『관보』 제3152호, 1905.5.30.
131 백충현·이태진, (자료)「일본 국제법학회지『국제법잡지』에 수록된 한국 국권침탈 관계 논문」,
    『서울국제법연구』 제7권 1호, 2000, 51~133면, 보호국관계는 70~88면 참조.
132 『대한매일신보』, 1905.11.26.

이 말씀을 올린 것이 이미 사흘이 지났는데도 아직도 비답을 받지 못하였습니다. 그러니 삼가 임금님의 뜻은 어떤 것을 헤아리고 있는지 모르겠습니다. 그런데 일의 상황은 절박하여 바로 호흡지간에 있습니다.

삼가 바라옵건대 폐하께서는 어지러운 것을 감싸주는 것을 어짊으로 여기지 마시고 마땅히 용단을 내리는 것을 덕으로 하시어 빨리 여러 도적들의 머리를 베어 천하에 사죄하여야 합니다. 그러면 그들이 말하는 조약은 그날로 사라져 효력이 없어질 것입니다. 그리고 저들이 만약 분수에 넘치는 욕심으로 이익에 어그러지는 것을 아까워하여 그 어긋난 규약, 효험이 없는 이치를 든다면, 엄격한 말로써 그것을 물리치시고 그것이 진실이 아님을 장차 각국의 공사관에 선포하여 그것을 증명하십시오. 아, 천하에는 아직까지 망하지 않은 나라가 없었고, 또한 아직까지 죽지 않은 사람이 없었습니다. 그러나 바른 도로써 멸망했고, 바른 죽음을 얻었다면 비록 망했다고 하더라도 망하지 않은 것이며, 비록 죽는다고 하더라도 이 세상에서 죽은 것이 아닐 것입니다. 엎드려 바라건대 밝으신 임금님께서는 다만 임금님을 따라 죽으려는 마음을 아파해 주시고 저희의 선대 임금님께서 맡기신 중요한 것을 저버리지 마십시오. 저희들은 절실하고도 간곡히 바라는 지극한 마음을 견디지 못하겠습니다.

이 상소문을 올린 직후인 12월에 이들은 모두 법관양성소를 그만두게 된다. 형식상으로는 법관양성소의 교과개정으로 신식 학문으로서의 법학을 가르칠 필요성 때문에 한학을 공부한 인사들은 어쩔 수 없이 충성심으로 법관양성소를 그만둔다고 보도하였다. 그러나 그 이면에는 통감부의 압력이 크게 작용하였던 것이다. 이에 관한 신문보도는 다음과 같다.

● 以忠被免 法官養成所 教官 丁明燮, 尹台榮, 金鍾准, 高翊相, 曹世煥氏等 六人은 專廢敎課가 幾近一朔흠으로 幷爲免本官ᄒ고 其 代에 洪在祺, 柳東作, 劉文煥, 尹憲求, 石鎭衡, 羅瑨 氏等이 被任ᄒ얏더라.[133]

고익상의 이름은 1906년 10월 이면우가 법률사무소를 내면서 광고한 문안 중

---

133 『대한매일신보』, 1905. 12. 15.

권혁채와 함께 '출장원 박사'라고 적혀있는 것을 볼 때 그는 변호사자격이 없었던 모양이다. 1908년 4월 양정의숙 제1회 졸업생 명단에 고익상의 이름이 있는데 동명이인인지 확인할 길이 없다. 그 후의 활동에 관하여는 알려진 것이 별로 없다.

(2) 공면주(孔晃周)

그는 1905년(광무 9) 1월 28일 자로 법관양성소 박사 판임관 6등에 서임되고, 동시에 법관양성소 교관 판임관 6등에 임명되었다. 같은 날짜로 윤일영(尹馹榮), 윤병순(尹秉純), 최창래(崔昌來), 허식(許植), 이종우(李種雨), 이용설(李容卨), 이한길(李漢吉)도 교관으로 임명되었다.[134] 그러나 2월 1일 자로 의원면직하였다. 같은 날짜로 의원면직한 사람은 공면주 외에 윤병순, 최창래, 허식, 이종우, 이용설, 이한길, 홍태형(洪泰衡), 김병선(金秉璇) 8인이다.[135]

(3) 구건서(具健書)

구건서는 1863년(癸亥年) 4월 25일에 유학(幼學)[136] 구연태(具然泰, 1844~1907)의 아들로 출생하였으며 본관은 능성이다.[137] 1895년 4월 16일 법관양성소가 개교하자 입학하여 같은 해 11월 10일 제1회로 졸업하였다. 1903년 9월 14일 법관양성소 박사(판임 6등)로 서임되었다. 그러나 같은 달 18일 의원면 본관하고 1904년 4월 6일에는 한성재판소 주사로 임명된다. 1905년 5월 16일에는 법관양성소 교관으로 임명되었으나,[138] 열하룻날 만인 5월 27일 자로 의원면 본관하고,[139] 다시 한성재판소 주사가 된다.[140] 이것도 같은 해 12월 11일 자로 그만 둔다.[141] 그러니까 법관

---

134 『관보』제3051호, 1905.2.1.
135 『관보』제3053호, 1905.2.3.
136 유학이란 유생(儒生)으로서 벼슬하지 아니한 사람을 말한다.
137 『綾城具氏世譜 卷之三』, 1986, 700면.
138 『관보』제3142호, 1905.5.18 및 『황성신문』, 1905.5.19.
139 『관보』제3152호, 1905.5.30.

양성소 교관으로서는 거의 아무 일도 하지 않았을 것이다. 1906년 12월에는 법부 주사가 되어 다음 해 4월까지 근무하다가 평리원의 주사가 된다.[142]

　그 후의 구건서의 활동은 알 수 없으나 법관양성소의 교관으로서의 역할은 거의 없는 것이나 마찬가지라고 보겠다.

(4) 권병훈(權丙勳)

　권병훈의 호는 성대(惺臺)이며 1864년 8월 28일 경기도 김포에서 능참봉 권방헌 (權邦憲)의 아들로 태어났다.[143] 어려서는 권필수(權必壽)라고 하였으며 가정에서 한학을 공부한 후 1896년 2월 29일 양천군(陽川郡) 세무주사로서 관리 생활을 시작 하였다.

　1903년 6월 24일 법관양성소 교수로 임명되고 같은 해 9월 3일 자로 법관양성 소 교관(판임관 6등)이 되었다.[144] 같은 날짜로 교관에 임명된 사람은 권필수 외에, 조세환, 안택중, 송태환, 이신우, 김정식, 정기학, 김계형, 허정 9인이었다. 당시의 관제에 의하면 교수와 교관을 구별하고 있었다. 관보에 의하면 1904년 3월 12일 자로 권필수는 안택중(安宅重), 김정식(金廷植), 정기학(鄭基學), 허정(許定), 정명섭(丁 明燮), 조세환(曹世煥), 송태환(宋台煥), 김계형(金桂瀅), 이신우(李信宇)와 함께 같은 날 짜로 1급봉(級俸)으로 승급 되었다.[145] 권필수는 1904년 4월에는 권병훈으로 개명 하였다. 1905년 3월 10일에는 관제개정으로 법관양성소 교관직을 그만두고 육군 유년학교의 교관이 되었다. 이곳에서 그는 활동을 잘하여 고종으로부터 말 한 필 을 하사받고 봉급을 7급으로 인상하기도 하였다. 1906년 12월 10일에는 충청남도 재판소 검사로 임명되었다.[146]

140　『관보』 제3152호, 1905.5.30.

141　『관보』 제3323호, 1905.12.11.

142　이상은 그가 쓴 이력서에 의한 서술이다.『대한제국관원이력서』, 407·644면 참조.

143　상세한 것은 최종고,『한국의 법학자』, 서울대 출판부, 2007, 33~44면 참조.

144　『관보』 제2611호, 1903.9.7.

145　『관보』 제2778호, 1904.3.19; 서울법대동창회,『서울법대백년사 자료집 - 광복전 50년』, 1987, 101 면 참조.

146　그가 쓴 이력서에는 1906년 12월 10일 자로 충청남도 검사가 되었다고 적고 있으나(『대한제국관원

● 檢事新任　法官銓考所에셔 試取혼 各 裁判所 檢事를 再昨日 法部에셔 敍任하얏 는디 其 氏名이 左와 如하더라.

平理院 韓東履 漢裁 李容成 京畿 金澤 忠南 權丙勳 忠北 洪冕熹 全北 尹憲求 全南 金敦熙 慶北 陸鍾冕 慶南 朴準性 江原道 李重赫 平南 金鍾漢 平北 安秉瓚 咸南 皮相範 咸北 太明軾 黃海道 金鍾潗[147]

이때의 활동에 관하여 『대한매일신보』는 다음과 같이 보도하고 있다.

● 法訓忠裁　法部에셔 忠南 檢事에게 指令호되 報辭는 閱悉이견과 重犯疑案之掩 延旬時호야 以究비폐之意는 貴檢事所論이 不無所見이되 窄圍充滿에 以生珍氣호야 易致受病이니 盖念恤囚지義오 凡於輕囚는 同夜審查疏決호고 重犯疑案도 불日審覈 호야 俾盡蹉鬱지方호라 호얏더라.[148]

● 忠檢報告　忠南 檢事 權丙勳氏가 司法上 視察次로 全義郡에 到着호則 人民 等 이 呼訴호기를 所謂 鑛業權者가 人民의 田畓을 無難 犯採에 民失其土호야 安堵無策 이라 호거날 檢事가 沿軍輩를 一並 捉囚혼 事로 法部에셔 農商工部 照會를 因호야 該 檢事에게 發訓호고 捉囚혼 沿軍輩를 一切 放釋호라 호얏더니 報告호기를 鑛業權자 가 不遵礦規호고 民有田土를 無難開採호야 一般人民이 嗷嗷호니 此等 犯科者는 不 可尋常放送이라 호얏더라.[149]

● 全昧體例　忠南 檢事 權丙勳氏가 該道 總巡 崔建鎬氏로 互相詰亂호야 權檢事가 崔總巡을 搆誣報部혼 事는 前報에 已爲揭載호얏거니와 該 事件에 對호야 權檢事가 內部大臣의게 卽接으로 該 事實을 照會호얏는지라. 以若檢事로 大臣에게 直接照會 홈이 官人의 資格을 損傷호얏다고 該郡 警務局長의 名下로 回答호얏더니 該 檢事가 內部에 再次 照會혼 故로 警務局長이 回答하기를 檢事與總巡間에 有何事端이던지 於本部에 都無相關이기 該 書類與照會를 激還이라 호얏더니 日昨에 更히 警務局長

<hr>

이력서』, 탐구당, 1972, 331면), 『관보』에는 1907년 1월 31일 자로 되어 있다. 『관보』 제3677호, 1907.1.31.

147 『만세보』, 1906.12.8.

148 『대한매일신보』, 1907.5.3.

149 『황성신문』, 1907.5.13.

에게 照會ᄒ되 檢事가 大臣에게 有何拘이 ᄒ야 直接 照會가 不可ᄒ다 ᄒ며 崔健鎬一人을 爲ᄒ야 數千生靈의 도炭을 不顧ᄒ니 貴大臣之所事를 於此可知라 ᄒ얏더라.[150]

●李氏處役 忠南 礦業者 李基淳이가 該道 各郡에 民有田沓價文도 出給지 아니ᄒ고 自意로 開礦採金ᄒ고 行悖가 比々有之ᄒ야 民怨이 浪藉ᄒᄆᆡ 該道 裁判所 檢事 權丙勳씨가 探問捉囚矣러니 外國人도 李基淳을 顧護之人이 多ᄒ고 農商工部에셔 放送訓令ᄒ라고 法部에 照會도 有ᄒ얏는ᄃᆡ 리基淳이 藉其勢力ᄒ고 眼下에 無人ᄒ야 捉치裁庭에 該 檢事를 對ᄒ야 言ᄒ기를 余는 奉勅ᄒ고 단이거니와 令監은 무슨 名色으로 坐ᄒᆞᄂᆞ야 ᄒᆞᄃᆡ 該 檢事 權丙勳씨가 리基淳을 依律ᄒ면 絞에 處홀ᄆᆞᆫ ᄒ되 特減一等ᄒ야 役終身에 處ᄒ얏다고 法部에 報告ᄒ얏다더라.[151]

충남 검사로 근무하던 중 문제가 생겨 1907년 6월 22일에 2주일 감봉처분을 받았고, 8월 7일 의원면직하였다.[152] 이에 관한 신문의 보도는 아래와 같다.

●檢事減奉 法部에서 忠淸南道 裁判所 檢事 權丙勳씨가 內部 大臣에게 照會ᄒ辭意가 頗涉乖當ᄒ니 不可無懲戒라 ᄒ야 二週日 減俸에 處ᄒ얏다더라.[153]

그러나 같은 1907년 8월 다시 황해도재판소 검사가 되었다.[154]

그 후에도 1908년 5월 27일 원산구재판소 판사와 1909년 6월 함흥지방재판소 판사,[155] 그 후 해주지방재판소 판사를 지내다가 한일합병 후에는 관직에서 물러났다. 만년에는 공주에서 변호사개업을 하면서 거의 한문학 연구에만 심혈을 기울였다. 그리하여 1934년『육서심원(六書尋源)』을 탈고하고 출판되지 못하고 있다가 1940년 중동학교 교장 백농 최규동(白濃 崔奎東)의 도움으로 발간되었다.[156]

법학에 관한 그의 저술은 발견되지 않으며 그는 신학문으로서의 법학보다는

---

150 『대한매일신보』, 1907.5.21.
151 『대한매일신보』, 1907.6.5.
152 『관보』제3840호, 1907.8.9.
153 『대한매일신보』, 1907.6.25.
154 『관보』제3840호, 1907.8.9.
155 『관보』제4406호, 1909.6.18.
156 상세한 것은 이가원,「육서심원의 연구」,『창립10년 기념논문집』, 아세아문화사, 1984;『변영만전집』상, 345~347면 참조.

법관양성소에서 한문이나 중국법인 대명률(大明律) 등을 강의하였을 것으로 추측된다.[157] 그는 1941년 6월 2일에 작고하였으며, 아들 중악(重嶽) 등이 있으며, 그의 묘는 김포군 계양면 임학리에 있다.[158]

(5) 권중한(權重漢)

그는 1905년 1월 23일 자로 법관양성소 교관에 임명되었다.[159] 그러나 일주일 만에 의원면직하였다.[160]

(6) 김계형(金桂瀅)

김계형은 1903년 9월 3일 자로 권필수 등과 함께 법관양성소 교관에 임명되었으며,[161] 1904년 3월에 1급봉으로 승급하였다.[162]

(7) 김교명(金教明)

김교명은 1886년(개국 495) 7월 21일생이며 관은 경주. 1899년 2월 경성학당에 입학하여 1902년 4월 보통 전과를 졸업한다. 1903년 6월 평식원(平式院) 견습을 마치고 이듬 해 9월 임시군용철도감부(監部)의 통역이 되어 1905년 10월까지 근무한다.[163] 1906년 2월 법부 주사가 되어 1907년 법부 서기랑(書記郎)[164]을 거쳐 법관양

---

157 최종고, 앞의 책, 2007, 62면.
158 『安東權氏花山府院君派世譜 下卷』, 461면.
159 『관보』 제3037호, 1905.1.16.
160 『관보』 제3051호, 1905.2.1.
161 『관보』 제2611호, 1903.9.7.
162 『관보』 제2778호, 1904.3.19.
163 『대한제국관원이력서』, 116면; 박은경, 『일제하 조선인 관료연구』, 학민사, 1999, 163면.
164 『관보』 제3801호, 1907.6.25.

성소 번역관 겸 법관양성소 조교수를 지냈다. 법관양성소가 법학교로 개칭하게 된 이후인 1909년 11월 1일 자로 조교수에 임명되고, 한일합병 이후에는 아래 기사에서 보듯이 다른 직으로 전임하기로 내정되었다는 기사가 있다.

● 兩氏의 轉任 法學校를 京城專修學校라 ᄒ고 奏任 敎授를 敎諭라 改稱 頒佈홈은 一般 知了ᄒᄂ 바어니와 敎諭中 梁大卿 金敎明 兩氏ᄂ 他職으로 轉任ᄒ기를 內定ᄒ 얏다더라.[165]

관보의 기록에 따르면 1911년 12월부터 1914년 2월까지 조선총독부 전북 진산 (珍山)군수를 역임하였다.[166]

(8) 김돈명(金敎明)

김돈명은 법관양성소 번역관 겸 조교수를 지내다가 1909년 11월 법관양성소가 법학교로 개편되면서 법학교 조교수로 임명되었다.[167] 그의 활동에 관한 기사는 발견되지 않는다.

(9) 김병선(金秉璇)

김병선은 1905년 2월 1일 자로 법관양성소의 교관이 되었다.[168] 그러나 같은 날 짜로 의원면직하였다.[169]

---

165 『매일신보』, 1911.10.24.
166 조선총독부 『관보』 제477호, 1914.3.5. 문헌은 안용식 편, 『일제지방관록』, 연세대 사회과학연구소, 2001, 128면 참조.
167 『관보』 제4013호, 1908.3.4; 『대한매일신보』, 1908.3.5.
168 『관보』 제3051호, 1905.2.1.
169 『관보』 제3053호, 1905.2.3.

(10) 김상연(金祥演)

　김상연은 1874년 6월 26일 서울에서 학생[170] 김종건(金鍾建)의 아들로 출생하였다.[171] 호는 수송(壽松)이며, 본관은 영천(永川)이다.[172] 그는 1895년 4월 처음에는 일본 서경(西京), 즉 오늘날의 교토(京都)에서 4개월간 개최된 제4회 내국권업박람회(內國勸業博覽會)를 시찰하였다. 이 박람회는 메이지 정부가 국력을 신장하기 위해서 1877년 이래 여러 차례 개최해 온 것이다.[173] 이 박람회를 보고 커다란 충격을 받은 김상연은 이듬해인 1896년 6월에는 유학하기 위해서 재차 일본으로 건너갔다.[174] 그동안 무엇을 하였는지는 알 수 없지만 김상연은 1899년 관비유학생이 되어 도쿄전문학교 방어(邦語)정치과[175]에 입학하였는데, 그의 학적부에는 입학 보증인으로서 당시 와세다대학의 강사였다가 후에 교수가 되는 소에지마 기이치(副島義一, 1866~1947)의 이름이 적혀 있다. 이것으로 미루어 볼 때 그는 상당한 정치적 수완을 가졌거나 일본인의 인정을 받으려고 노력한 것 같다.

　1899년부터 1903년에 걸쳐 와세다대학을 졸업한 조선인 유학생은 안명선(安明善, 뒤에 안국선으로 개명)을 비롯하여 8명이었으며 이들은 모두 방어정치과를 졸업하였다.[176] 여기에는 물론 김상연과 최영식 등도 포함되어 있다. 도쿄전문학교 방어정치과에는 홍석현(洪奭鉉)이 1893년에 입학하여 김상연이 입학하기 2년 전인 1897년

170　학생(學生)은 생전에 벼슬하지 못하고 죽은 사람의 명정(銘旌) 등에 쓰는 존칭. 유학(幼學)은 벼슬하지 아니한 선비를 가리킨다. 문헌 최승희, 「조선 후기 「幼學」・「學生」의 신분사적 의미」, 『국사관논총』(상) 제1집, 1989, 85~118면; 최영호, 「유학・학생・교생고―17세기 신분구조의 변화에 대하여」, 『역사학보』 제10호, 1984 참조.

171　상세한 것은 김효전, 「나진・김상연 역술, 『국가학』 연구」, 『성균관법학』 제7집, 1999; 김효전, 『근대 한국의 국가사상』, 철학과현실사, 2000, 494~547면; 민족문제연구소 편, 『친일인명사전』, 민족문제연구소, 2009, 397면 참조. 김종건은 1838.3.10생이며 자(字)는 이극(而極). 아들 중연(重演)・명연(明演)・상연(祥演)을 두었다. 『永川金氏世譜』, 1996, 48면.

172　『永川金氏世譜』, 76면에는 '밀양군수'로 적혀있으나 이것도 정확한 것이 아니다.

173　상세한 것은 國雄行, 『博覽會の時代』, 岩田書院, 2005; 吉見俊哉, 『博覽會の政治學』, 中公新書, 1992(이태문 옮김, 『박람회―근대의 시선』, 2004) 참조.

174　『대한제국관원이력서』, 537면.

175　당시의 도쿄전문학교에는 영어정치과와 邦語정치과, 즉 일본어로 강의하는 정치과의 두 학과가 있었다. 김상연은 농상공학교 교관 시절에 제출한 자필 이력서에서 「早稻田大學 經濟政治科卒業」이라고 적고 있으나 대학명이나 학과명 모두 정확한 것이 아니다. 『대한제국관원이력서』, 516면 참조. 본서 제2부 「법학교육관계」 중 4장 「안국선의 와세다(早稻田)시대」 참조.

176　早稻田大學 韓國留學生會, 『와세다의 한국인―와세다대학 한국유학생 90년사』, 1983, 44면.

에 이 학교를 졸업하여 조선인 유학생 1호가 되었다. 홍석현을 비롯한 일본유학생들의 귀국에 관하여 『뎨국신문』은 "학부에셔 그 소용을 따라 각부에 죠회ᄒ고 각각 나라 ᄉ무를 맛겨 쓰게 ᄒ라고 ᄒ엿다니 국가에셔 싱도를 외국에 보니여 불소ᄒᆫ 국지를 허비ᄒᆞ며 교휵식인 효험을 지금이야 특별히 볼지라"[177]고 보도하고 있다.

이 기사에서는 유학생감독 신해영(申海永)뿐만 아니라 어용선, 권봉수, 김용제, 이규승, 윤세용, 홍석현 등의 이름을 열거하고 있다.

홍석현과 관련하여 와세다대학 한국유학생회에서 펴낸 『와세다의 한국인 - 와세다대학 한국유학생 90년사』(1983)에는 1898년에는 "제2호 조선인 유학생으로 이준(李儁) 열사가 무大(소다이)를 졸업하였다"(43면)라고 잘못 적혀 있다.[178]

한편 김상연은 재학 중 안국선(安國善), 정인소(鄭寅昭), 이인식(李寅植), 김영진(金英鎭), 박태서(朴太緖), 최영식(崔寧植) 등과 같은 조선인 유학생과 함께 어울렸으며 여러 가지 한일학생들의 모임에도 열심히 참석하였다. 그는 1902년 7월 15일 방어정치과 66명 중의 한 사람으로 졸업한다.[179] 전체 졸업생 수는 193명이며, 교장 하토야마(鳩山和夫)는 "Yale대학 명예 대박사의 정장을 하고"[180] 졸업증서 수여식을 거행하였다. 이 학교는 9월부터 '와세다(早稻田)대학'으로 명칭이 바뀐다. 이것은 전문학교령(1903년)하의 명칭만의 대학이며 제국대학과 동격의 대학이 아님을 주

---

177 『뎨국신문』, 1898.11.4.

178 이에 대해서 저자는 와세다대학에 이준의 학적 조회를 한 결과 "재적의 기록이 없습니다"라는 통지를 받았다(1998.4.15 교무 제A 3003호). 그리하여 이준의 학력을 확인도 하지 않고 무조건 '와세다대학 입학, 졸업' 운운하는 우리 학계의 풍토를 개탄하고 한 편의 글을 발표하기도 하였다(「이준의 학력과 재판」, 『시민과 변호사』, 2000.3, 58~63면).
그 후 필자는 와세다대학에서 연구할 기회를 가지게 되어 다시 한 번 이준과의 관계를 샅샅이 살펴본 결과 지난 2006년 5월 8일 동 대학 중앙도서관 잡지실에서 교우회지인 『早稻田學報』 제5호(1897.7.31, 125면)에서 제8회 日韓倶樂部 개최의 기사 중 「韓人 李瑢在의 ᄤ吟詩가 있고 운운」의 기사를 발견하였다. 여기의 이선재는 이준의 舊名이다. 또 이선재의 이름으로 이토 히로부미에게 보낸 편지도 있었다(『伊藤博文關係文書』 8, 1980, 408면. 메이지 29년(1896) 10월 8일 자). 이렇게 볼 때 이준이 와세다대학을 정식으로 졸업하지는 않았을지라도 청강생 정도로 또는 조선인 유학생들과 함께 어울린 것은 틀림없는 사실로 보인다.

179 도쿄전문학교 제19회 得業證書 授與式의 모습과 졸업생 명단은 『早稻田學報』 제71호, 1902, 435~437면 참조.
조기준, 「한국 경제학의 기원에 관한 연구」(『근대 서구학문의 수용과 보전』, 고려대, 331면)에서는 김상연을 보성전문 이재학과 출신으로 소개하며, 최종고의 『한국 법학사』(박영사, 1990, 328·478면)도 보전 출신으로 기술하는데 이는 잘못된 것이다. 한편 『친일인명사전』(민족문제연구소 편, 민족문제연구소, 2009, 397면)에서의 '와세다대학 일본정치과'는 '방어정치과'가 정확한 표현이다.

180 졸업생은 영어정치과 55명, 방어정치과 66명이다. 『早稻田學報』 제71호, 1902.7, 435면.

의해야 한다. 와세다대학이 정규의 대학이 된 것은 대학령(1918년)이 공포된 1920년부터이다.[181] 그는 졸업하는 해 8월부터 12월까지 일본국 동북군현에서 행정견습을 마치고 1903년 2월에 귀국하였다.

김상연은 귀국하자마자 일본에서 같이 유학한 도쿄법학원 출신의 장도(張燾)[182]와 국내 인사인 장지연(張志淵, 1864~1921)[183]과 함께 중추원에 헌의하기도 하는데 그 내용은 일본을 모델로 하여 그 힘을 빌리자는 것이다.[184] 그 후 『제국신문』과 『황성신문』의 기자로 언론계에 관여하기도 한다. 그러나 필화사건으로 곧 제국신문사를 그만두고 황성신문사에 관여하여 주주가 되었다가 1905년 4월에는 부사장으로 선출되었고,[185] 일본의 학회에도 참석하였다.[186]

1904년 7월부터 1906년 5월까지 근무한 농상공학교[187] 교관을 그만두고, 1906년 6월 11일 자에는 법관양성소 교관으로서 임명된다.[188] 여기서 그는 국가학과 회사법을 가르치는 한편 각종 토론회에도 참여하고, 나진과 함께 『국가학』 책을 번역 출판하여,[189] 법관양성소의 교재로 사용하는 한편 일반 국민들의 국가의식을 함양하기 위해서 노력하는 등 매우 정력적으로 활동하였다. 그 밖에도 같이 일본에서 유학한 장도, 유승겸, 석진형 등과 함께 양정의숙의 교사로 출강하기도 하였는데 여기서는 아마 국가학을 담당하였을 것이다.[190] 그들은 열심히 교육하는 결과 학생들의 학업이 실제로 크게 진보한다고 『만세보』 등에서 보도하였다.[191] 당시의 양정의숙

---

181 朴己煥, 「舊韓末と併合初期における韓國人の日本留學」, 『近代日本研究』(慶應義塾 福澤硏究センター) 第14卷, 1997, 236면.
182 본서 제1부 「법관양성소」 중 9장 「법관양성소의 교수진」, '교수진'의 '장도' 참조.
183 『장지연전서』(전10권), 단국대 출판부, 1979~1983 참조.
184 최기영, 「러일전쟁 발발 직후 지식인의 정치개혁론─1904년의 '정치경장에 관한 주요 사항'을 중심으로」, 『한국 근대 계몽사상 연구』, 일조각, 2003, 36~55면 참조.
185 간단한 것은 『한국언론인물사전 1883~2009』, 한국언론재단, 2009; 이광린, 「『황성신문』 연구」, 『개화파와 개화사상 연구』, 일조각, 1989, 180면; 최경숙, 『황성신문연구』, 부산외대 출판부, 2010 참조.
186 일본의 기록을 보면 1904년 5월 와세다대학에서 열린 「淸韓協會」의 발회식에도 참가하고, 같은 해 10월의 예회(例會)에는 한규복, 김영진, 홍석현과 함께 김상연도 참가한다. 같은 10월 23일에는 강화회(講話會)도 개최한다. 『早稻田學報』 참조.
187 농상공학교에 관하여는 古川昭, 이성옥 옮김, 『구한말 근대 학교의 형성』, 경인문화사, 2006, 277~317면; 『관보』 제2873호, 1904.7.8 참조.
188 『관보』 제3478호, 1906.6.13.
189 본서 제3부 「문헌해제」 참조.
190 본서 제2부 「법학교육관계」 참조.
191 『만세보』, 1906.11.27.

은 보성전문과 동격의 전문학교였으며 숙장은 엄주익(嚴柱益, 1872~1931)이었다. 그러나 한일합병 이후인 1913년 스스로 전문학교에서 고등보통학교로 격하하였다.

그러다가 1906년 5월에는 교관직을 그만두고 신문사에 관여하다가 1907년 4월 김상연은 홍주(오늘날의 충남 홍성) 군수로 부임하여 약 반년 정도 근무하였다.[192] 여기서는 지방제도의 개혁과 교육의 보급 등에 힘썼다.[193] 그는 군수로 재직하는 동안 홍주군의 사립 홍명(洪明) 보통학교의 발기인의 한 사람으로 찬성장(후원회장)이었으며, 교육을 비롯하여 지방자치의 쇄신에 힘쓰다가 사임하고 다시 서울로 돌아온다.[194]

1908년 3월부터 9월까지는 보성전문학교의 강사로서 정치학을 가르쳤다.[195] 같은 1908년 3월에는 법학협회의 창립회원이었으며, 이 학회가 주최한 강연회에서 조성구(趙聲九)[196]와 함께 입헌주의를 주장하기도 하였다.[197] 또한 대한협회의 발기인으로서 활약하기도 했으며,[198] 홍사단의 총무를 지내기도 했다.[199] 같은 1908년 9월에는 평안북도 용천군 부윤으로 발령을 받고 다시 실무에 종사하게 된다.[200] 군수로서의 김상연의 활동에 관하여는 『황성신문』에서 자주 보도하였고 그가 용천부윤으로 부임하러 갈 때에는 사설까지 쓴 정도였다.[201] 부윤으로 재임시에는 이른바 시장세 사건이 일어나 법정에 증인으로 서기도 하였다. 1910년 8월에는 정삼품.

한일합병이 된 이후인 1910년 10월 1일 자로 다시 용천 군수에 임명되어 1914년 3월까지 근무하며, 1914년 3월부터는 의주(義州) 군수가 되어 1921년 2월까지 재직한다.[202] 의주는 대륙의 관문으로 일찍이 선조가 임진왜란 때에 피란을 간 곳이며 읍성

---

192 『만세보』, 1907.3.1; 1907.3.15. 「교우동정」, 『早稻田學報』 제148호, 1907에는 그가 군수가 된 사실이 적혀 있다.
193 『관보』 제3714호, 1907.3.15; 『대한매일신보』, 1907.4.16.
194 『대한매일신보』, 1907.9.22. 1907년 6월에는 의병과 관군의 접전으로 피해를 입기도 하였다. 『대한매일신보』, 1907.6.30.
195 고려대학교, 『근대 서구학문의 수용과 보전』, 1986, 267면.
196 조성구에 관하여는 김효전, 『근대 한국의 국가사상』, 철학과현실사, 2000, 625~650면; 민족문제연구소 편, 『친일인명사전』, 민족문제연구소, 2009, 569면.
197 상세한 내용은 『법학협회잡지』 제1호, 1908 참조.
198 대한협회에는 상당수의 법학자 내지는 법률 관계 인사들이 참가하였다. 상세한 것은 이현종, 「대한협회에 대하여」, 『아세아연구』 제8권 3호, 1970 참조.
199 「兪氏談話」, 『황성신문』, 1908.6.18.
200 『황성신문』, 1908.9.12.
201 『황성신문』, 1908.9.26; 『관보』 제4169호, 1908.9.5 참조.
202 안용식 편, 『일제 지방관록』, 연세대 사회과학연구소, 2001 참조.

이 있는 중요한 국경의 요새로서 성 안팎에 가옥들이 즐비하여 한양의 종로보다 못하지 않다고 기록되어 있다.[203] 그리하여 평양감사가 의주부윤만 못하다는 말이 있을 정도로 그 중요성이 강조되던 곳에 김상연은 무려 7년간이나 군수로서 근무하였다.

김상연이 의주군수로 갈 때 『매일신보』는 한 지방 칼럼에서 "용천군수 김상연 씨는 신설하는 의주군수로 영전이 되었는데 해씨(該氏)의 명정(明政)을 흠앙(欽仰)하던 의주인민은 희열불기(喜悅不己)한다더라"[204]라고 선정적인 보도를 하고 있다. 그는 요즘말로 언론플레이도 잘한 모양이다.

1921년부터 24년까지는 강원도 참여관을 지냈다. 그동안 평북 지방 토지조사위원회 임시위원을 지낸 기록이 있다. 한일합병 이후 대한제국시대의 관료들은 대부분 탈락되었음에도 불구하고,[205] 김상연만이 이처럼 오랫동안 관직에 머무를 수 있었던 것은 그의 능력이 탁월했다기보다는 앞에서 본 소에지마란 일본인이 후견인 역할을 한 것으로 추측이 간다.[206] 그 후의 자세한 행적은 알 수가 없다.[207]

김상연의 저작으로는 『商法要義』(1906)와 『회사법』(1907), 『국법학』(1907), 『精選萬國史』(1906),[208] 『헌법』(1908?), 『보통교육학』(1909), 『경제학』(1910), 『은행론』(1910) 등이 있으며, 역서로 나진(羅瑨)과 함께 『국가학』(1906)을 펴내기도 하였다.[209]

(11) 김영구(金永九)

그는 1905년 2월 7일 자로 법관양성소 교관에 임명되었다.[210] 퇴직 일자는 알 수가 없다.

---

203 옛 의주에 관하여는 『金岡日記 附西遊錄』(조용호 옮김, 『19세기 선비의 의주·금강산 기행』, 삼우반, 2005), 55면 참조.
204 『매일신보』, 1914.3.3.
205 박은경, 『일제하 조선인 관료 연구』, 학민사, 1999, 172면.
206 『1920년도 조선총독부 직원록』, 317면; 안용식 편, 『한국행정사연구 (I) ─ 일제 무단통치기하 한인관료의 임면상황』, 대영문화사, 1993, 84면; 반민족문제연구소 편, 『친일파 99인』 1, 1993, 249면 참조.
207 『1940年度 早稻田大學朝鮮同窓會名簿』, 1940 참조.
208 『대한매일신보』, 1906.9.15. 현대어 번역은 임이랑 옮김, 『정선만국사』(근대 역사교과서 6), 소명출판, 2011 참조.
209 상세한 것은 김효전, 『근대 한국의 국가사상』, 철학과현실사, 2000, 494~547면 참조.
210 『관보』 제3058호, 1905.2.9.

(12) 김영숙(金榮淑)

김영숙은 김해 김씨의 가계로 1878년에 출생하였다. 이전의 이름은 영세(榮世)이고 아버지는 학생 상호(相湖)이고 생부(生父)는 상린(相麟)이라고 한 것으로 보아 양자로 입적한 것 같다.[211]

1902년(광무 6) 2월 충청남도 관찰부 주사로 임명되었다가 조경묘(肇慶廟)를 수개(修改)할 때 별군(別軍)으로 되었다. 1904년 6월 29일 자로 법관양성소 교관으로 임명되었다(진임관 6등).[212]

(13) 김우식(金迂植)

김우식은 1903년 6월 24일 자로 교관에 임명되었다.

(14) 김정식(金廷植)

김정식은 1882년에 출생하였으며 본관은 청풍(淸風)이다.[213] 부친은 전 사과(司果)[214]인 김익하(金益河)이며, 생부는 학생 김익홍(金益洪)인 것으로 미루어 양자로 입양한 것 같다.

1897년(광무 원년) 3월 법어학교에서 프랑스어를 배웠다. 이 법어학교는 1895년 10월에 설립되어 에밀 마르텔(馬太乙, Emile Martel, 1874~1949)이 가르쳤다.[215] 그는 영어와 독어에도 능통하였으며 계속 고빙되어 외교 사질과 함께 일본과 중국에 사주

---

211 『대한제국관원이력서』, 520면.
212 『관보』 제2868호, 1904.7.2.
213 『대한제국관원이력서』, 520면.
214 사과(司果) : 조선시대 오위(五衛)에 두었던 정6품의 군직(軍職), 부사과(副司果)의 위, 부사직(副司直)의 다음. 현직(現職)에 있지 아니한 문관과 무관 및 음관(蔭官)으로 시켰다. 음관은 과거에 의하지 않고 부조(父祖)의 공덕으로 관직에 진출하는 것이다.
215 상세는 홍순호, 「Emile Martel의 생애와 활동」, 『교회와 역사』 제93호, 1983; 홍순호, 「한불인사교류와 프랑스 고문관의 내한」, 『한불수교 100년사』, 1986, 105~107면 참조.

파견되었다.[216] 또한 법어학교는 인기가 많아 흥왕하였으며,[217] 제자 중 우수한 이능화(李能和, 1869~1943),[218] 안우상(安于商, 1879~?),[219] 김한기(金漢箕) 등을 선발하여 강의를 맡기기도 하였다. 이 법어학교는 1906년 1월에 제1회 졸업식을 거행하였으며,[220] 1910년까지 6회에 걸쳐 26명의 졸업생을 배출하였다.[221]

김정식은 1901년 3월 법부 고문관 크레마지(金雅始, Laurent Crémazy, 1837~1910)[222]로부터 프랑스 법률을 배웠다. 1903년 6월 24일에는 법부대신에 의해서 법관양성소 교수로 임명되었다. 같은 해 9월 4일 법관양성소 교관으로 임명되었다. 판임관 6등에 서임되었다.[223]

관보에 의하면 1904년(광무 8) 3월에 1급봉으로 승급하였다.[224]

그가 크레마지로부터 어떻게 어느 정도로 프랑스 법학을 배웠는지 자세한 것은 알 수 없으나 국내에서 어려운 사정 속에서 외국인으로부터 직접 외국법을 수학하였다는 점에서 의미 있는 일이다. 일본이나 중국과 같이 국가적인 사업으로서 지원을 받지 못한 점이 아쉽다.

(15) 김종관(金鍾灌)

김종관의 이름은 정명섭과 함께 상소한 글 속에서 발견된다.[225]

또한 초창기 한학을 공부한 교관들이 법관양성소를 그만두고 새로 신식 법학을 공부한 사람들로 충원될 때의 기사는 다음과 같다.

---

216 『황성신문』, 1900.10.3;『뎨국신문』, 1900.10.3.
217 『뎨국신문』, 1901.4.22.
218 그는 법어학교 교장이 되기도 하였다. 『황성신문』, 1907.3.13. 상세한 것은 안계현, 「이능화(1869~1943)」, 『신동아』(부록 『한국 근대 인물 백인선』), 1970.1, 141~143면 참조.
219 『대한제국관원이력서』, 625면.
220 『대한매일신보』, 1907.3.24; 1908.5.29 등 참조.
221 이광린, 「구한말의 관립 외국어학교」, 『개정판 한국개화사연구』, 일조각, 1985, 137면.
222 상세한 것은 본서 제1부 「법관양성소」 중 9장 「법관양성소의 교수진」, '외국인 교관의 '크레마지' 참조.
223 『관보』 제2611호, 1903.9.7.
224 『관보』 제2778호, 1904.3.19.
225 『대한매일신보』, 1905.11.26.

● 以忠被免　法官養成所 敎官 丁明燮, 尹台榮, 金鍾淮, 高翊相, 曹世煥氏等 六人은 專廢敎課가 幾近一朔홈으로 幷爲 免本官ᄒ고 其 代에 洪在祺, 柳東作, 劉文煥, 尹憲求, 石鎭衡, 羅瑨 氏等이 被任ᄒ얏더라.[226]

그 밖에 김종관에 관한 기사나 자료는 발견되지 아니한다.

(16) 김종호(金鍾濩)

그는 1904년 7월 법관양성소를 우등으로 졸업하고 1905년 3월 10일 자로 법관양성소 교관에 임명되었다.[227] 1906년 12월 5일 자로 법관전고시험에 입격하였다.[228] 입격한 12인의 명단은 김종호, 윤헌구, 김돈희, 이한길, 박준성, 안병찬, 홍우기, 홍면희, 홍순용, 심종대, 권혁채, 변영만이다.
이에 관한 『만세보』의 기사는 다음과 같다.

● 檢事被選　法部에셔 地方裁判所 檢事를 試取ᄒ얏다는 說은 己揭ᄒ얏거니와 被選혼 人員은 金鍾호 尹憲求 金敦熙 李漢吉 朴準性 安秉瓚 沈鍾大 洪祐夔 洪冕熙 洪淳用 權赫采 卞榮晩 諸氏라더라.[229]

● 檢事新任　法官銓考所에셔 試取혼 各 裁判所 檢事를 再昨日 法部에셔 敍任하얏눈디 其 氏名이 左와 如하더라.

平理院 韓東履 漢裁 李容成 京畿 金澤 忠南 權丙勳 忠北 洪冕熹 全北 尹憲求 全南 金敦熙 慶北 陸鍾冕 慶南 朴準性 江原道 李重爀 平南 金鍾漢 平北 安秉瓚 咸南 皮相範 咸北 太明軾 黃海道 金鍾濩[230]

226 『대한매일신보』, 1905.12.15.
227 『관보』 제3085호, 1905.3.13.
228 『관보』 제3635호, 1906.12.13.
229 『만세보』, 1906.12.4.
230 『만세보』, 1906.12.8.

검사로 재직 중의 기사가 하나 발견된다.

● 失權濫權 平南 裁判所 檢事 金鍾漢氏가 法部에 報告ᄒ되 寧遠郡守 鄭熙悅은 笞
刑에 適當ᄒ 罪犯을 總巡에게 移調請勘ᄒ고 該郡 分署 總巡 裴璜均은 妄行照辦이 亦
是 濫權이니 并爲示警ᄒ라 ᄒ얏더라.[231]

여기의 영원군수 정희열은 1907년 6월 27일에 발령을 받아 이듬해 6월 10일까
지 재직한 사람이다.

(17) 나진(羅瑨)

나진은 1881년 10월 17일 서울에서 출생하였다.[232] 1897년 9월 관립일어학교를
졸업하고 일본으로 건너가 1898년 4월 도쿄 다이메이(大鳴)학원에서 보통과를 마
친 후 다시 메이지대학에서 법률학을 공부하였다. 그는 처음에는 사비로 유학하
였다가 한상기, 한명순 등과 함께 관비유학생이 되었다.[233]

1903년 7월 메이지대학을 졸업하고 즉시 귀국하였다. 1904년 사립 흥화학교의
교사를 잠시 지내다가 1905년 12월 11일 해외유학파인 이면우가 법관양성소 소장
으로 임명되자 12월 13일 자로 법관양성소의 교관으로 임명되었다.[234]

● 以忠被免 法官養成所 教官 丁明燮, 尹台榮, 金鍾淮, 高翊相, 曹世煥氏等 六人
은 專廢教課가 幾近一朔홈으로 并爲免本官ᄒ고 其 代에 洪在祺, 柳東作, 劉文煥, 尹
憲求, 石鎭衡, 羅瑨 氏等이 被任ᄒ얏더라.[235]

---

231 『황성신문』, 1907.8.29.
232 상세한 것은 민족문제연구소 편, 『친일인명사전』, 민족문제연구소, 2009, 727면; 김효전, 「나진 · 김
상연 역술, 『국가학』 연구」, 『성균관법학』 제10집, 1999, 227~267면; 김효전, 『근대 한국의 국가사상』,
철학과현실사, 2000, 494~547면 참조.
233 『황성신문』, 1899.8.23.
234 『관보』 제3324호, 1905.12.15.
235 『대한매일신보』, 1905.12.15.

●瘋呎教官　法官養成所 教官 羅瑨氏는 傳說을 聞호즉 外國卒業生이라난디 課程 說明時에 異常的으로 호야 聽曉키 難호다는디 瘋癲之癲字는 呎字로 讀호고 投釣之 釣字는 劍字로 독호고 設網之網字는 綱字로 독호고도 僉學員을 對호야 而從我호라 호다 호니 外國卒業生의 高明은 此氏에 可見이여니와 千字에 顚沛匪虧룰 學而誤독 은 推此明白이고 猶月祿을 貪喫호니 同氏의 無恥는 一口難責이오 該 所長도 忘公循 私호야 此輩로 在任케 호야 自己룰 自欺호고 大臣을 欺蔽호엿스니 此輩의 手段으로 進步上에 障碍가 莫大호다더라.[236]

●旨云無失　前報에 己揭호 法官養成所 教官의 事實은 該 學員 等이 說明호되 羅 瑨氏는 元來 年少 卒業人으로 教授에 勤勉從事홀쑨더러 講釋의 論旨가 實無所失이 라 호기로 隨聞更錄호노라.[237]

1907년 1월에는 외부에 출강하기 위하여 유문환, 윤태영과 함께 법부에 청원을 하였는데 아마 찬문학교로 추측된다.[238]

같은 해 8월 한성재판소 검사로 임명된다는 보도가 있었으나,[239] 9월에는 평리 원 검사로 임명되는 한편, 9월 28일 자로 겸임 법관양성소 교관으로 계속 강의를 맡았다.[240] 1907년 12월의 진급장에 의하면 그는 국제공법(평시)을 담당하였다.[241] 이에 관한 신문의 보도는 다음과 같다.

●法官被任　법관양성소 교관 나진 씨는 평리원 검사로 해소 법관 陸鍾冕씨는 한 성재판소 주사로 전 내부 참서관 石鎭衡씨는 법관양성소 교관으로 보성전문학교 졸 업생 李恒鍾씨는 법관양성소 교관을 피임하얏다더라.[242]

---

236 『대한매일신보』, 1906.4.6.
237 『대한매일신보』, 1906.4.17.
238 『대한매일신보』, 1907.1.13.
239 『대한매일신보』, 1907.8.16.
240 1907년(융희 원년) 9월 21일 자로 법부대신 조중응(趙重應)은 내각총리대신 이완용에게 교관임명 을 요구하는 청의서(請議書)를 제출하였다. 『관보』 제3891호, 1907.10.8; 규장각 소장, 규 24563;『서 울법대백년사』, 119면 참조.
241 『서울법대백년사』, 142면.
242 『대한매일신보』, 1907.9.17.

1908년 12월의 진급장에 의하면 그는 상행위법을 담당하였다.[243]

한편 1908년 1월 기호흥학회가 설립되자 회원이 되었으며, 1908년 3월에는 법학협회의 발기인으로 활약하였고,[244] 6월에는 대구지방재판소 판사로 전근되었다. 이어서 1909년 6월에는 경성지방재판소 검사국 검사로 발령을 받았다.

한일합병 이후인 1911년 경성지방재판소 검사를 거쳐 1913년 4월까지 공주지방법원 판사로 재직하였으며, 1915년 12월 경성지방법원 검사국 검사로 부임하였다. 1915년 11월 다이쇼(大正) 국왕 즉위기념 대례기념장을 받았다. 1918년 10월 29일에 사망하였다.[245]

나진의 저작으로는 김상연과 함께 번역한 『국가학』(1906)이 있으며 그 밖의 논설은 발견되지 않는다.

(18) 류동작(柳東作)

1877년(개국 486) 7월 6일에 출생하였으며, 호는 청존자(靑尊子). 본관은 문화(文化)이며 부친은 참봉으로 류종주(柳淙柱)이다. 1897년 3월 숭영전(崇靈殿) 참봉에 임명되었다. 1898년 3월 미국에 갔다가 같은 해 11월 일본으로 갔다. 1899년 메이지학원 보통과에서 수학한 후 1900년 메이지대학 법률과에 정식으로 입학하였다. 이듬해인 1901년 관비유학생으로 선발되어 1904년 7월 15일 동 대학을 졸업하였다.

귀국하여 1905년 8월 법부 법률기초위원에 임명되고, 12월 11일 자로 이면우가 법관양성소 소장으로 임명되자 이틀 후인 13일에는 법관양성소 교관에 임명되었다.[246] 당시 그는 9품이었다. 같은 12월 24일에는 변호사시험위원에 임명되었다. 1906년 4월 18일 자로 법관양성소 교수직을 사임하고,[247] 5월 11일 자로 육군법원

---

243 서울법대동창회, 『서울법대백년사 자료집—광복전 50년』, 1987, 142면 참조.

244 『황성신문』, 1908.3.8.

245 법원행정처 편, 『한국법관사』, 육법사, 1976, 212면.
나주나씨(羅州羅氏) 족보에 의하면 나진은 직장공파 24세로서 무오년(戊午年, 1918) 9월 23일에 사망한 것으로 기록되어 있다. 그의 아들 인균(仁均)이 1927년생인 것으로 보아 사후에 입양한 것으로 보인다. 손자 종문(鍾文)은 1957년생이다. 족보를 확인해 주신 전 원광대학교 법과대학 나용식 교수께 감사를 드린다.

246 『관보』 제3324호, 1905.12.15.

의 이사가 되었다.

같은 해인 1906년 8월에는 한성재판소 검사로 임명되었다. 검사로 근무하면서 법률야학교의 강습사를 겸행하기도 하였다.[248] 12월 21일에는 겸임 법관양성소 교관이 되어 다시 교단에 서게 되었다. 1907년의 진급장에 의하면 민사소송법을 담당하였으며[249] 외부에 출강도 한 모양이다.

> ● 교수겸임   한성재판소 검스 류동작 씨가 양성쇼 교관을 겸임ᄒᆞᆫ엿더니 휘문의 숙에셔 강스로 쳥ᄒᆞ엿거늘 일쥬일간에 ᄒᆞᆫ시쯤 강론ᄒᆞ려면 츌셕ᄒᆞ겟다고 법부에 청원ᄒᆞ엿더라.[250]

한편 1908년에 들어와서는 3월에 창립된 법학협회의 평의원으로 활약하기도 하였으며,[251] 가을에는 국채보상의연금에 관한 양기탁(梁起鐸)의 재판에서 주심판사 요코다(橫田定雄), 판사 후카사와(深澤新一郎)와 함께 한국인 판사였다.[252] 그는 기독교 교인으로서 종교활동에도 참여하였으며, 서우학회의 회원이기도 하였다. 그러나 1910년 1월 31일 32세의 젊은 나이로 서울에서 사망하였다.[253]

저서로『물권법』(1908)이 있으며, 기타 논설로는「여자교육」(『西友』제2호, 1907.1)과 번역으로「자녀교양(子女敎養)에 취(就)ᄒᆞ야」[254] 등이 있다.

(19) 박규순(朴圭淳)

박규순은 1905년 2월 1일 자로 법관양성소 교관에 임명되었다가,[255] 2월 7일 자

---

247 『관보』제3433호, 1906.4.21.
248 『대한매일신보』, 1907.1.12.
249 『서울법대백년사』, 142면.
250 『대한매일신보』, 1907.8.21.
251 법학협회에 관하여는 최종고, 『한국법학사』, 박영사, 1990, 391면 이하 참조.
252 *The Seoul Press*, 1908.9.30.
253 『대한제국관원 이력서』, 탐구당, 1972, 299 · 648면.
254 「子女敎養에 就ᄒᆞ야」, 岡田朝太郎氏談話 柳東作 譯述, 『西友』제4호, 1907, 203면. 일본인 오카다 아사타로(岡田朝太郎)는 형법학자로서 장도는 그의 책을 토대로 형법총론 교과서를 집필하였다.

로 의원면직하였다.[256] 그 후의 관보에 의하면, 1905년 2월 9일 자로 법관양성소 교관에 임명되었다.[257]

(20) 박만서(朴晚緒)

1879년 6월 1일 충청도 공주군에서 태어났으며 게이오의숙 입사장에는 박원서 (朴遠緒)의 장제(長弟)로 적고 있다.[258] 1895년 관비유학생으로 선발되어 일본에 건너가 게이오의숙 보통과를 거쳐, 1897년 도쿄법학원(현재의 주오(中央)대학의 전신)에 입학하여 1900년 7월 12일에 졸업하였다. 각 재판소의 견습을 마친 후 1901년에 귀국하여 1906년 3월 17일 자로 법부 법률기초위원에 임명되고,[259] 이어서 9월 24일에는 평리원 판사로서 다시 겸임 법부 법률기초위원으로 임명되었다.[260] 12월 17일에는 형법교정관, 같은 달 21일에는 법관양성소 교관이 되었다. 1907년 2월에는 평리원 판사로서 법부의 지령을 기다려 처리할 안건을 직접 판결한 탓으로 관련 판사들과 함께 공직에서 해임되었다가 곧 복직되었다.[261]

이준 사건 때는 평리원의 판사가 되어 재판장 이윤용(李允用)과 함께 이준을 심문하기도 하였다.[262] 변호사는 이면우였으며, 이 재판으로 박만서는 여론의 비난을 받기도 하였다. 그리하여 『대한매일신보』는 「지상운연(紙上雲烟)」이란 칼럼에서 다음과 같이 논평하고 있다.

▲ 平理院 判事 朴晚緒氏는 日本셔 法律을 卒業ᄒ얏다 ᄒ야 普成專門學校에셔 敎師을 擇任하얏ᄂᆞᆫᄃᆡ 日昨 리儁氏 裁判에 循私不公ᄒ얏스니 此時 敎師ᄂᆞᆫ 反히 學徒에

255 『관보』 제3053호, 1905.2.3.
256 『관보』 제3058호, 1905.2.9.
257 『관보』 제3058호, 1905.2.9.
258 민족문제연구소 편, 『친일인명사전』, 민족문제연구소, 2009, 882~883면 참조.
259 『대한매일신보』, 1906.3.21.
260 『황성신문』, 1906.9.27.
261 『관보』 제3722호, 1907.3.25. 조경구와 함께 의원면 본관하였다. 관련 보도는 『대한매일신보』, 1907.2.19 참조.
262 상세는 김효전, 「이준과 헌정연구회」, 『동아법학』 제5호, 1987 참조.

게 受業하야 法律을 稍解ᄒ얏스면 죳컷고.[263]

한편 1907년 8월에는 법관양성소 교관으로 재직 중 평리원 판사에 임명되어 겸직하게 된다.[264] 같은 해 12월의 법관양성소 진급장에 의하면 그는 경제학을 담당하였다.[265] 1908년 3월 29일 자로 전 판사 박만서는 법관양성소 교관 판임관 3급에 임명되었으나, 같은 날짜로 겸임 법관양성소 교관직에서 해임되었다.

그는 1909년 6월 22일 자로 변호사 등록을 하며,[266] 사건에 관련된 기사가 하나 발견된다.

● 債及泉壤   故判書 李道宰氏가 七年前에 趙鼎允氏에게 對ᄒ야 金貨 二千五百圓을 貸用ᄒ고 尙今까지 還償치 안이 ᄒ얏다 ᄒ야 趙氏가 李道宰氏의 令男 李贊承氏를 被告로 ᄒ야 地方裁判所에 起訴裁判ᄒ혼 結果로 李贊承氏가 落科되얏슴으로 該氏는 此를 不服ᄒ고 控訴院에 申訴ᄒ기로 定ᄒ고 該 事件을 辯護士 朴晩緖氏에게 委任ᄒ얏더라.[267]

1911년 현재 전남 나주에 거주하는 것으로 되어 있으며,[268] 1924년에 사망하였다. 저서로 1908년(?)에 출간된『물권법 제2부』와『파산법』이 있다. 논설로는「성세지법이도덕행악세지법이기계행(聖世之法以道德行惡世之法以機械行)」(『법정학계』제1호, 1907, 20~21면)과「소송자(訴訟者)의 주의(注意)」(『법정학계』제6호, 30~34면)가 있다.

(21) 박희용(朴羲用)

그는 1905년 1월 20일 자로 법관양성소 교관에 임명되었다.[269]

---

263 『대한매일신보』, 1907.3.7.
264 『관보』제3840호, 1907.8.9;『관보』제3855호, 1907.8.27.
265 『서울법대백년사』, 142면.
266 『관보』제4416호, 1909.6.30.
267 『매일신보』, 1911.4.20.
268 『朝鮮人名資料事典』第1卷, 88면.
269 『관보』제3044호, 1905.1.24.

(22) 방승헌(方承憲)

그는 1875년에 출생하였으며 본관은 온양이다.[270] 부친은 방효린(方孝隣)으로 통정대부(通政大夫) 절충장군행(折衝將軍行) 용양위(龍驤衛) 부호군(副護軍)이었다.[271] 1895년 12월 법어학교에 1기생으로 입학하여 프랑스어를 배웠다. 1898년 6월 19일에 주차 영덕의공사관 서기생(駐箚 英德義公使館 書記生)으로 임명되어 해외생활을 하였다. 1900년 4월 12일에는 서기생에서 해직되어 통신원(通信院) 번역관으로 임명되었다. 주임관 6등. 1903년 5월 28일에는 주임관 5등으로 서임되었다.

법관양성소 교관으로 임명된 것은 1903년 7월 11일 법부대신의 사령을 받은 이후의 일이다. 같은 해 9월 7일에는 조경구, 정명섭과 함께 겸임 법관양성소 교관으로 임명되었다.[272] 같은 해 10월 22일에는 6품 승훈랑(承訓郎)으로 승(陞)하였다.[273] 그러나 1905년 1월 20일 자로 겸임 법관양성소 교관직을 의원면직하였다.[274]

방승헌은 프랑스어와 외국사정을 잘 알았기 때문에 법관양성소에서는 '외국율례(外國律例)'라는 과목을 담당하지 않았을까 하는 추측을 해본다. 또한 그는 크레마지가 대한형법을 프랑스어로 번역하는 과정에서 그를 도와주어서 서문에 다음과 같이 기록되어 있다.[275]

Encore un mot. C'est pour adresser nos plus sincères remercîments : d'une part, à S. G. Mgr. Mutel, Vicaire Apostolique de Corée, qui a bien voulu nous donner l'orthographe du plus grand nombre des termes coréens employés dans cet ouvrage ; d'autre part, à M. M. Pang-Sung-Heun et Tjyo-Tchang-Ho, fonctionnaires du Ministère de la justice, qui nous ont servi d'interprètes pour l'intelligence du texte manuscrit, dont nous avons contrôlé le sens, vérifié l'exactitude, déterminé la portée et précisé la signification

---

270 최종고, 『한국법학사』, 박영사, 1990, 101면에서는 온양을 출생지로 적고 있으나 이것은 본관이다.
271 절충장군은 정3품직. 용양위는 조선 전기 중앙군사조직의 근간인 오위(五衛)의 하나. 부호군은 종4품 무관직으로 현재 중령급 대대장 정도. 여기의 행(行)이란 조선 관직 체계 중 행수법이라 하여 자신의 품계보다 실제 관직이 낮은 경우를 말한다.
272 『관보』 제2614호, 1903.9.10.
273 이상은 『대한제국관원이력서』, 탐구당, 1972, 65~566면에 실린 그의 자필 이력서에 따른 서술이다.
274 『관보』 제3044호, 1905.1.24.
275 Laurent Crémazy, "Preface", *Le Code Penal de la Corée*, Séoul, 1904.

juridique à l'aide des trois traductions comparées de nos devanciers.

Séoul, 15 juillet 1904.   LAURENT CRÉMAZY

이것을 우리말로 옮기면 다음과 같다.

또 한마디 첨가해야 하겠는데 그것은 우리가 또 감사하기 위해서이다. 즉 한편으로는 조선교구장 뮈텔 주교님인데, 그는 이 책에 사용된 아주 많은 한글의 철자법을 지시해 주었다. 또 한편으로는 법부의 관리인 방승헌 씨와 조창호 씨인데, 이분들은 우리가 우리 선배들의 세 가지 번역을 대조하여 그 뜻을 검토하고, 정확하고, 가치를 결정하고, 법률상의 의의를 명확히 함으로써 원고를 완성시키는 데 통역을 해주었다.

1904년 7월 15일 서울에서   로랭 크레마지[276]

그 후의 그의 활동은 자세한 것이 전해지지 않고 있다.

(23) 배동렴(裵東濂)

그는 1905년 2월 1일 자로 법관양성소 교관에 임명되었다가,[277] 2월 7일 자로 의원면직하였다.[278] 그 후의 관보에 의하면, 1905년 2월 9일 자로 법관양성소 교관에 임명되었다.[279]

(24) 서상영(徐相永)

그는 1905년 2월 7일 자로 법관양성소 교관에 임명되었다.[280]

---

276 최종고, 『한국의 서양법수용사』, 박영사, 1982, 186면.
277 『관보』 제3053호, 1905.2.3.
278 『관보』 제3058호, 1905.2.9.
279 『관보』 제3058호, 1905.2.9.

(25) 석진형(石鎭衡)

석진형

그는 1877년 9월 29일(음력) 서울 근교인 경기도 광주에서 태어났으며, 호는 반아(槃阿), 본관은 충주(忠州)이다.[281] 1899년 일본으로 건너가 간다(神田)중학교를 마치고 1899년 현재의 호세이(法政)대학의 전신인 와부츠(和佛)법률학교에 입학하여 법률학을 공부하고 1902년 7월에 졸업하였다.[282] 그의 자필이력서에는 '동경법정대학교'라고 적고 있다.[283] 재학 중 헌법은 소에지마(副島義一), 채권법은 쓰카다(塚田), 이누이(乾) 그리고 니이타(仁井田), 국제법은 야마구치(山口)와 아키야마(秋山雅之介)에게 배웠다.[284]

석진형은 을미년의 관비유학생과는 달리 사비유학생으로서 도일한 것이다. 일제시대를 풍미한 일본유학생의 역사를 "피 흘리는 죽음, 곧 정치운동의 십자가 위에 붉은 피 이슬 덮는 죽음으로써 시작되었다"[285]고 표현한 황석우는 동학 동시대인으로 이갑(李甲),

---

280 『관보』 제3058호, 1905. 2. 9.

281 문헌은 민족문제연구소 편, 『친일인명사전』, 민족문제연구소, 2009, 281~284면; 최종고, 『한국의 법률가』, 서울대 출판부, 2007, 85~100면; 이명화, 「석진형―총독부의 신임 두터웠던 절대맹종파」, 반민족문제연구소 편, 『친일파 99인』 1, 돌베개, 1993, 275~278면; 이기동, 「일제하의 한국인 관리들」, 『신동아』, 1985. 3, 467면 등 참조.

282 호세이대학에 관하여는 法政大學大學史資料委員會 編, 『法律學の夜明けと法政大學』, 1992 참조.

283 『대한제국관원이력서』, 537면.

284 와부츠법률학교의 기관지인 『法學志林』 第10號, 1900, 99면에는 「졸업시험 및 학년시험문제」가 실려 있는데, 1학년 국제공법(山口 담당)의 문제는 ① 아국(我國)은 국제법단체를 탈퇴할 수 있는가, ② 병합국은 여하한 조약을 상속하는가이며, 국제공법 전시(秋山 담당)는 ① 약탈을 금지하고 징발과금(徵發課金)을 시인하는 이유를 설명할 것, ② 알라바마 사건의 개요를 적을 것이다. 헌법은 副島義一, 채권법은 兩角과 棟居가 담당하였다. 또한 제21호(1901), 166면에는 학년시험 합격자 명단에 '大韓國 석진형'의 이름이 있다. 2학년 채권법은 塚田, 乾 그리고 仁井田가 출제하고, 민사소송법 제1편은 후일 경성법학전문학교의 교장이 되는 吾孫子가 출제하였다. 또 『法學志林』 第34號, 1902, 99면의 졸업생명단에는 석진형의 이름과 함께 제18회 87인의 명단과 2학년과 1학년 재학생의 명단이 실려 있다. 호세이대학에 유학중이던 1988년 관련 자료를 복사해서 보내준 동아대 한웅길 교수께 감사를 드린다.

285 黃錫禹, 「동경 유학생과 그 활약」(특집 반도에 幾多人才를 내인 영·미·로·일유학사), 『三千里』, 1933. 2, 23면.

류동열(柳東說), 박두영(朴斗榮), 남기창(南基昌), 장헌식(張憲植), 한규복(韓圭復), 상호(尙灝), 김영진(金英鎭), 석진형(石鎭衡), 장응진(張膺震) 등을 열거하고 있다.

석진형은 귀국하여 1904년 12월 군부 주사로서 관계에 입문하였으나 다음 해 1월 곧 의원면직하였다. 1905년 7월 25일 자로 법부 법률기초위원에 임명되었다.[286] 이것은 부동산조사의 작업을 계획하고 이를 실제로 수행하려고 조선에 온 도쿄대학 민법 교수 우메 겐지로(梅謙次郎)[287]의 통역을 겸한 것이었다.

같은 1905년 12월 11일 이면우가 법관양성소 소장으로 임명되자 이틀 후인 13일 자로 석진형은 법관양성소 교관에 임명되었다.[288] 같은 해 12월 14일 자로 변호사시험위원에 위촉되었다. 1906년 6월 29일 자로 내부 참서관에 임명되면서 법부 법률기초위원과 법관양성소 교관직도 해임되었다.

● 參書新任　內部 參書官을 主事 宋之憲氏가 被任ᄒ기로 大臣이 宣言ᄒ더니 宋氏ᄂ 事務에 全昧ᄒ지라. 某 顧問 勸告로 日本에 留學 卒業生으로 法官養成所 敎官 石鎭衡氏가 被任ᄒ얏다더라.[289]

같은 해 7월 24일에는 부동산법조사위원에 임명되었다.[290] 그러나 10월에는 내부 참서관도 의원면직하고 부동산법조사위원도 해임되었다.[291] 다시 1906년 10월 24일 자로 법관양성소 교관에 임명되었다.[292]

1906년에는 장도, 김상연, 유승겸과 함께 양정의숙에서 교사로서 가르쳤다. 이들에 대해서 『만세보』는 칭찬하는 기사를 실었다.[293] 같은 해 10월에는 법관양성소 교관이 되고,[294] 또한 보성전문학교에서 강연을 하기도 하였다.

---

286 『황성신문』, 1905.7.28.
287 본서 제3부 「문헌해제」 중 6장 「한국에 온 우메 겐지로(梅謙次郎)」 참조.
288 『관보』 제3324호, 1905.12.15.
289 『대한매일신보』, 1906.6.29.
290 남기정 옮김, 『일제의 한국사법부 침략실화』, 육법사, 1978, 131면.
291 『관보』 제3608호, 1906.11.12.
292 『관보』 제3594호, 1906.10.26.
293 『만세보』, 1906.11.27.
294 『관보』 제3594호, 1906.10.26.

● 普校演說　再昨日 普成專門學校 學員들이 該校內에서 親睦會 創立總會를 開き
고 任員을 選定き 後에 來賓 學務局長 兪星濬氏가 該會 趣旨를 說明き고 講師 法官養
成所 教官 石鎭衡氏가 勸勉演說き고 進茶果後 閉會き얏다더라.[295]

그는 1907년 1월에는 일본유학생들에게 의연금을 보내기도 하였으며,[296] 4월
에는 청년회관에서 유지신사들과 연설하기도 하였다.[297]

같은 해 석진형은 9월 12일 자로 법관양성소 교관으로 임명되었으며,[298] 그에
관한 기사는 다음과 같다.

● 法官被任　법관양성소 교관 나진 씨는 평리원 검사로 히소 교관 육종면 씨는 한성
재판소 주사로 전 내부 참서관 석진형 씨는 법관양성소 교관으로 보성전문학교 졸업생
이항종씨는 법관양성소 교관을 피임 ᄒ얏다더라.[299]

법관양성소 1907년 12월의 진급장에 의하면 그는 법학통론을 담당하였다.[300]

1908년 1월 14일 자로 다시 법관양성소 조교수에 임명되었다.[301] 이 날짜로 소
장에 노자와(野澤武之助), 간사에 이와마(巖間亮), 번역관에 김교명, 교수에 유문환
도 함께 사령을 받았다. 이때 법관양성소의 교관으로 근무하면서 양정의숙 등에
서 실제연습에도 힘을 기울였으며,[302] 한성공소원 검사로 이임한다는 보도도 있
었으나 계속 교수직에 머무른 것으로 보인다.

---

295 『대한매일신보』, 1906.12.18.
296 『만세보』, 1907.1.17. ● 志士同情　日本留學生 二十一人이 斷指 血盟き 事에 對ᄒ야 有志 紳士
尹致昨 李甲 盧伯麟 柳東說 金祥演 金基元 石鎭衡 等 諸氏가 發起ᄒ야 義捐金을 募集ᄒ야 送交ᄒ
次로 趣旨書를 一般 同胞에게 佈告ᄒ 事눈 昨報에 揭載ᄒ얏거니와 同 發起 諸氏 等이 鱗次 繼續
ᄒ야 中央大路上에셔 該 學生 等의 熱血 猛進ᄒ눈 景狀으로 大演說를 陳述ᄒ야 二千萬 同胞의 同
聲相應ᄒ눈 義務心을 感發케 ᄒ다더라.
297 『황성신문』, 1907.4.6.
298 『관보』 제3874호, 1907.9.18.
299 『대한매일신보』, 1907.9.17.
300 『서울법대백년사』, 142면.
301 『관보』 제3970호, 1908.1.14.
302 『황성신문』, 1908.10.9.

●次第陞任　法官養成所 教授 劉文煥씨가 漢城控訴院 檢事로 移任호다는 事는 昨
報와 如호거니와 該氏 轉任호 代에 助教授 石鎭衡氏가 陞任되고 石鎭衡氏 陞任호 代
에는 朴勝彬氏가 敍任된다더라.[303]

한편 대한협회의 발기인으로서 당시의 인사들과 함께 참여하였는데,[304] 여기
에는 법학과 관련된 인사들이 많이 있다.

1909년 11월에는 법학교 교수 주임관 3등에 임명되었다.[305] 법학교의 교수로서
종로 청년회관에서 '인류와 법학'이라는 연제로 강연을 하기도 하였다.[306]

1910년 한일합병 당시 그는 경성전수학교의 강사였다. 1911년 4월에는 사립 대
동전문학교에 유옥겸(俞鈺兼)과 함께 사면 청원서를 내었으며,[307] 같은 1911년 11
월부터 1913년 2월까지 경성전수학교 교유(敎諭)를 지냈다. 그의 송별회에 관한 기
사가 보인다.[308]

그는 또 보성전문학교의 졸업식에 내빈으로도 참석한 기사가 보인다.[309]

여하튼 그는 이처럼 충청도 예산에 호서은행(湖西銀行)을 세우는데 관여하여 자신
이 이사(취체역)와 지배인이 되었다. 그 후 조선직조회사, 조선제지회사 등의 지배인,
감사역 등을 맡기도 했다. 3·1운동으로 무단정치가 좌절되자 일본제국주의는 이른
바 '문화정치'를 표방하게 되고 우선 교육 분야부터 유화정책을 지향하게 되었다.
1920년에는 정무총감 미즈노(水野錬太郎)를 위원장으로 하는 '임시교육조사위원회'
가 조직되었는데, 위원 28인 중 조선인은 후작 이완용(李完用), '실업가 석진형 단 두
사람이었던 것으로 미루어 볼 때 조선총독부가 얼마나 석진형을 신뢰하고 중용하
였는지 알 수 있다.[310] 그러다가 1921년 봄 전남도청의 참여관으로 임명되었다. 그
후 1924년 충남도지사,[311] 1926년 전남도지사 등을 역임하기도 하였다.[312]

---

303 『대한매일신보』, 1908.5.15.
304 발기인 명단은 본서 제1부 「법관양성소」 중 9장 「법관양성소의 교수진」, '소장'의 '김낙헌' 참조.
305 『대한민보』, 1909.11.12.
306 『황성신문』, 1910.3.17.
307 『매일신보』, 1911.4.12.
308 「石教授의 送別會」, 『매일신보』, 1913.3.23.
309 『매일신보』, 1915.3.28.
310 佐野通夫, 『日本植民地教育の展開と朝鮮民衆の對應』, 社會評論社, 2006, 57~59면.
311 조선총독부, 『관보』 제4171호, 1926.7.15.

석진형 회혼

그는 강원도 가곡(佳谷)에 농장을
마련하여 살다가 해방을 맞이하였
다. 그는 가족들이 서울로 올라가자
고 권하였으나 친일한 몸이라고 하
여 그대로 눌러 살다가 1946년 2월
24일에 작고하였다. 향년 69세였다.
석진형의 저작으로는『채권법』
(1907)과『평시국제공법론』(1907)이
있으며, 한시집(漢詩集)『부여고금시
가집(扶餘古今詩歌集)』(1926)을 출판하
기도 하였다. 석진형은 자신의『채권법강의안(債權法講義案)』제1부(第一部)(1907?)에
서 다음과 같이 서술하고 있다.

> 我大韓이 아직 法律의 制度가 具備치 못ㅎ야 明律 或 大典會通을 適用ㅎ다가 近年
> 에 至ㅎ야는 刑法大典을 適用호대 其 內部를 解釋ㅎ면 今日 新進훈 二十世紀 社會에
> 矛盾이 不無홀 뿐 아니라 所謂 民商事에 關훈 規定은 殆無ㅎ야 如何히 重大훈 財産上
> 關係라도 法官의 思量ㅎ는 바이 卽 法典이오 勢力이 優有훈 者의 思量ㅎ는 바이 卽 法
> 律을 成ㅎ야 財産與奪을 左右ㅎ는 確定判決로 社會上에 發表ㅎ니 噫라. 然則 人民의
> 生命을 保全ㅎ는 財産은 擔保홀 標準이 無훈 同時에 人民은 法官을 疑心ㅎ고 法官은
> 人民을 疑心ㅎ야 上下가 相疑ㅎ면 結局은 國家와 人民間에 間隔을 成ㅎ야 國家存立
> 上에 一大不好 影響을 及홀지니 웃지 愼懼홀 者 아니리오. 今此 世界는 海陸에 交通
> 이 便利ㅎ야 國家와 國家間 及 人民과 人民間에 交涉과 關係가 日增月加ㅎ야 到底히
> 一便的 不完全한 法理로는 國家事를 完全히 行得치 못홀지로다.[313]

이와 같이 민법전 제정의 필요성을 강조하고 있다.
또한『평시국제공법론』(1907)을 저술한 동기를 다음과 같이 적고 있다.

---

312 이기동,「일제하의 한국인 관리들」,『신동아』, 1985.3.
313 석진형,『채권법강의안』, 1면.

淺學을 不顧ᄒ고 玆에 斯法을 五編에 分ᄒ야 其 大綱領을 講述ᄒ야써 剞劂(기궐)에 付홈은 不得已 斯學校에 敎授코져 홈이오 公衆社會에 發表홈은 아니라. 他日 學窓의 餘日이 有ᄒ거든 此에 修正을 更加ᄒ야 社會에 公佈홈을 自期하노라.[314]

이와 같이 서문에서 밝히고 있다. 또한 그는 국제법의 본질에 관한 참고문헌으로서 다카하시(高橋作衛)의 『평시국제법론(平時國際法論)』, 데라오(寺尾亨)의 『일본제국대학 필기 국제공법 평시부(日本帝國大學筆記 國際公法 平時部)』, 나카무라(中村進午)의 『국제공법(國際公法)』, 그리고 아키야마(秋山雅之介)의 『평시국제공법(平時國際公法)』 등을 소개하고 있다. 석진형은 아키야마로부터 국제법을 배웠다.[315]

그 밖에 논설로 「법학」(『소년한반도』 제3호, 1907), 「애급국(埃及國)의 혼합재판제도(混合裁判制度)」(『소년한반도』 제5호, 1907), 「국제공법(國際公法)에 대한 세인(世人)의 오해(誤解) 급(及) 연구(研究)의 필요」(『소년한반도』 제6호, 1907), 「평시국제공법론」(『대한자강회월보』 제12호 및 제13호), 「법률의 필요」(『대한협회월보』 제2호, 1908) 등이 있으며, 합병 이후에도 「강화후(講和後)의 조선경제문제(朝鮮經濟問題)」(『반도시론(半島時論)』 제22호, 1919), 일본어로 쓴 「合邦二十五年を顧みて」(1935)가 있다. 그 밖에 '반아(槃阿)'라는 호를 사용하여 한글로 쓴 『몽조(夢潮)』라는 소설[316]도 남겼으며, 시가집으로 석진형 찬(石鎭衡 撰), 『부여고금시가집(扶餘古今詩歌集)』(1926)[317] 등이 있다. 이렇게 볼 때 그는 매우 다재다능한 사람이었던 것으로 보인다.

해방 직후 석진형은 누구의 요구로 썼는지 알 수 없는 「석진형의 사상 급 현재, 과거 조사」라는 자필로 쓴 글을 남겼다. 석진형 개인의 연구에 귀중한 자료일 뿐만 아니라 광복 직후의 한 농촌에서의 사상적 분위기의 일단을 알려주는 기록인 동시에, 친일파로서 지내온 자신을 직접 변명하는 글로서 사료로서의 가치도 있다고 생각되어 원문 그대로 전재한다. 또한 이 글은 제2차 세계대전이 끝난 식후에 점령

---

314 석진형, 『평시국제공법론』, 3면.
315 아키야마 마사노스케(秋山雅之介, 1866~1937)는 히로시마(廣島) 사람으로 1890년 도쿄대학을 졸업하였다. 『평시국제공법』(1902)이란 저서가 있으며, 1914년 조선총독부 고등토지조사위원회 위원이었다.
316 「황성신문」, 1907.8.12~9.17까지 연재. 소재영·김경완 편, 『개화기소설』(숭실대 출판부, 1999), 13~48면에 수록. 최원식, 『한국계몽주의문학사론』, 소명출판, 2002, 286~309면; 부록으로 『매일신보』, 1919.7.19의 인물월단(人物月旦) 칼럼의 木春生, 「석진형론」, 최원식, 앞의 책, 310~311면 참조.
317 국립중앙도서관 소장.

자로서의 미군이 나치스 관련자의 경력을 조사한 설문지를 연상케 한다.[318]

석진형의 사상 및 현재, 과거 조사

① 사상

우인(右人)은 관언적(寬言的) 인물인디 혹 들리는 바에 의하면 자기는 조선인 비양반(非兩班) 무전자(無錢者) 자각재(自覺齋)라 하는 말이 있음, 조선인 된 자기는 세계적 상(常)놈이요 조선 내에서는 양반이 아니요 쏘 돈이 없다는 뜻, 세계 양반들이 잘 먹고 잘 입고 잠 잘 자고 호화롭게 노는 때에는 자기는 부지런히 일하고 애써도 병립(並立)하기 어려울 것이요, 조선 내에서는 양반이 아닌 만큼 마찬가지요 돈이 없으니까 쏘 한 가지라고 하는 말,

자기가 게으르고 잠을 많이 자는 때는 그 현판(懸板)이 호령(號令)한다 하는 말, 자기는 자기 힘으로 자립하고, 또 죽어도 동포 5천인을 자기의 손으로 살려야 하겠다는 말을 소시(少時) 적부터 하여 왔다는 말을 들음. 현금 농장에서는 몇 사람과 같이 있음에 불과하지만 과거의 노력에 의하여 이 목적을 이상 달하였다고 하는 말을 들음.

② 현재

우인은 연령 70인디 십 여 년 전에 동양척식회사로부터 약간의 토지를 년부(年賦)로 구입하여 가지고 가곡(佳谷) 지방에 와서 자기의 체력이 허하는 범위 하에서 담부지역(擔負之役)을 사양치 아니하고 근로하야 농업을 경영하며 가축을 사양(飼養)하고 있는디 금차(今次) 건국시를 당(當)하야 많지 아니하나 자기의 소유 부동산 전부를 본 지회(支會)를 경유하야 건국위원회에 흔납(欣納)하고 있는 현상(現狀), 조선신탁회사에 대하야 다소의 채장(債帳)이 있는 모양.

③ 과거

학력, 거금 45년 전에 일본 동경 간다(神田) 중학교와 와부츠(和佛)법률학교(현 법정대학) 졸업,

열력(閱歷), 거금 45년 전 귀국, 당시의 일본 유학생 증오 시대를 당(當)하야 일시 광주(廣州) 고향에 귀농.

---

[318] C. Schmitt, *Ex Captivitate Salus*, 1950, S.9(김효전 옮김, 『구원은 옥중에서』, 교육과학사, 1990, 91면).

一期

그 후 상경(上京), 국민신문 계획 불성(不成),

구한국 법관양성소 교관 취임,

보성법률전문학교 건설, 여(與) 이용익(李容翊), 신해영(申海永) 등,

양정의숙 건설, 여 엄주익(嚴柱益) 등,

대동법률전문학교 건설,

법학강습소 건설, 여 민병석(閔丙奭) 등,

왕십리 소학 건설, 여 홍태윤(洪泰潤) 등,

　위 제교(諸校)에 직접 종사 계속 십 여 년 간,

　위 제교의 졸업생이 5천 여 명에 달함,

二期

유감(有感) 이상 제교 사퇴, 실업계 투신,

충남 예산 호서은행(湖西銀行) 건설, 여 지방유지

　당시 지방 소(小)은행이 고리대금업자의 전주(錢主)됨을 불쾌히 여겨 사임 상경,

한성은행에 일시 취직,

　이 은행에 취직함을 경륜이 유하였든 일, 이하의 사업이 성취함을 따라 사임,

방적회사 설계 불허가 실패,

유리회사 설계 불허가 실패,

　생사(生絲)회사 설계, 이 회사를 설립하기 위하여 일본 京都府下 綾部郡 足製絲會社에 반 년간 직공 근무, 결국 성립, 경성 동대문 외 조선지회사(朝鮮紙會社) 건설, 동진창고회사(東鎭倉庫會社) 건설, 만주실업회사, 현존(現存) 제주물산회사, 天香閣 호텔 건설, 조선 상사(商事) 회사 설립,

　이상 제 회사의 직공, 직원으로만도 수 천 명에 초과함,

　차등(此等) 회사에는 일본인을 1인도 채용치 아니함으로 일본인 측에서는 열배일자(頁排日者)로 주목,

　위 사업 종사 계속 십 년 간.

三期

　거금 이십여 년 전 일본 연호로 大正 8년(1919)에 압력(壓力)있는 권고에 의하야 관계(官界)에 나아감,

참여관, 전남 3년 간,

지사 충남, 전남 3년 반,

관계(官界)의 일은 그러그러 하고 그 간(其 間)에 약간의 노력을 들인 것은 연고
권양여(緣故權讓與) 제도의 확립,

『호남일보』창간(刱刊),

충남장학회(기본금 십만원) 창설, 현금 존속,

전남에서 상수(桑樹) 일천오백만주 완식(完植)한 일,

동척영자(東拓影子) 감사로 연(年) 이천원의 보수 받은 일,

중추원에는 관계가 없음,

四期

차(此) 4기는 이상에 기재한 현재인더 가곡에 이주한 십 년 간 인듯, 거번(去番)에
자기의 부동산 전부를 흔납(欣納) 할 때의 말이 인생 칠십이 고래로 드믈다고 하는더
자기는 즉금(卽今) 죽어도 좃코, 원래 인생은 공수래 공수거하는 것이니까 공수거하
리라 하더라.

이상의 내용에서 알 수 있듯이, 해방 후 석진형은 강원도 가곡에서도 친일파로
서 사상과 경력의 조사를 요구받고 또 건국준비위원회에 재산을 헌납하기도 하였
다. 자신을 '非양반, 무전자, 세계적 상놈, 직공' 등으로 표현한 것으로 보아 좌익
계의 요구에 의한 것으로 생각된다. 또 연령이 70이라고 하였는데 이 글을 작성한
해에 세상을 떠난듯하다.

그 밖에도 「이조오백계간사골육사화여당쟁(李朝五百季間事骨肉士禍與黨爭)」이란
자필로 적은 짧은 글도 있는데 일본인의 식민사관을 그대로 믿고 기술한 것으로
참고할 만한 내용은 없다.

(26) 송태환(宋台煥)

송태환은 1868년 3월 5일에 출생하였다. 1902년 12월 법관양성소에서 수학하였
다. 다음 해인 1903년 6월에는 법관양성소 교수로 임명되었다. 같은 해 9월 법관양성

소 교관으로 임명되고 판임관 6등이 되었다.[319]

관보에 의하면 그는 1904년 3월에 1급봉으로 승급되었다.[320] 법관양성소의 교관으로서의 그의 활동에 관한 기록은 별로 없는 것 같다. 1909년 7월에 변호사 등록을 하였다.[321]

(27) 신우선(申佑善)

신우선은 1870년 10월 24일 경기도 고양현에서 신석조(申錫朝)의 장남으로 태어나 1895년 3월 관비유학생으로 선발되어 일본에 건너가 게이오(慶應)의숙에서 보통과와 고등과를 졸업하였다. 계속하여 경제학을 공부하고 1900년 7월에 졸업하였다고 하는데, 그가 작성한 이력서에서는 대학 이름을 밝히지 않고 있다. 1901년 일본 대장성에서 견습을 마치고 귀국하였다. 그러나 귀국 후에도 즉시 자리를 잡지 못하고 있다가 1904년 7월 16일 자로 법관양성소 교관으로 임명된다.[322]

관보의 「휘보(彙報)」 관청사항 중 「수칙 급 수첩(受勅 及 受牒)」[323]에서 이름이 발견된다. 그는 다음 해 1월 13일까지 불과 6개월 동안 봉직하였다.[324] 이것으로 미루어 볼 때 신우선은 법관양성소에서 크게 활동할 시간적 여유가 없었음을 알 수 있다.

1905년 5월 육군무관학교 교관으로 임명되고, 1906년 1월에는 육군 유년학교 교관으로 옮겼다가 5월에는 탁지부 수도국 사무관, 참사관을 거쳐 1907년 6월에는 서기관으로 승진하였다.[325] 그러나 다음과 같은 기사가 보인다.

● 申氏高見　度支部 水道局 事務官 申佑善氏는 磚洞 普成專門學校 教師로 青年教育에 晝夜熱心ㅎ더니 現今 本職을 被任ㅎ미 校中事務를 委任홀 人이 업는지라. 申

---

319 『관보』 제2611호, 1903.9.7.
320 『관보』 제2778호, 1904.3.19.
321 『대한제국관원이력서』, 283 · 559면.
322 『관보』 제2884호, 1904.7.16.
323 『관보』 제2895호, 1904.8.3.
324 『관보』 제3037호, 1905.1.16.
325 『관보』 제3810호, 1907.7.5.

氏가 慨然히 言ᄒ되 予가 當今 水道敷設에 役事홈이 敎育擴張ᄒᄂ 것만 갓지 못ᄒ다
ᄒ고 事務官을 固辭請願ᄒ얏다더라.[326]

● 講師推定 度支部 稅務講習所 講師를 組織ᄒ되 會計法規講師ᄂ 平野與次郎으
로 日語會話講師ᄂ 陶山武二郎으로 簿記講師ᄂ 中上辨太郎으로 漢文講師ᄂ 成夏國
으로 日語譯文講師ᄂ 朴容九로 日語作文講師ᄂ 韓圭復으로 經濟大意講師ᄂ 申佑善
으로 法律大意講師ᄂ 金瓊植으로 稅務大意講師ᄂ 小林重으로 數學講師ᄂ 宮庄三郎
諸氏로 薦定ᄒ얏다더라.[327]

신우선은 1905년 4월부터 1908년 2월까지 보성전문학교의 강사를 역임하였다.[328]
그의 저작으로는 1907년에 발간된 것으로 추측되는『민법총론』(269면)과『어험법론
(魚驗法論)』(246면)이 있으며,[329] 1908년도의 법관양성소 진급장에 의하면 물권법 제2
부를 담당하였다.[330]

한일합병 이후인 1911년 3월~1914년 3월 충남 연산(連山)군수, 1914년 3월~
1917년 3월 당진(唐津)군수, 1917년 3월~1918년 7월 공주군수, 그리고 1918년 7
월~1923년 2월까지 아산(牙山)군수를 지냈다.[331][332]

(28) 안치윤(安致潤)

안치윤은 1869년(개국 478) 7월 7일에 출생하였다. 1902년 법부 주사로 관계에

---

326 『만세보』, 1906.6.17.

327 『황성신문』, 1907.3.5.

328 보성전문학교 교우회에서 편집한『法政學界』제1호, 1907, 54면에 의하면, "강사는 신우선, 유승
겸, 유치형, 장도, 장헌식, 홍재기, 유문환, 석진형 제씨롤 연빙ᄒ야 該科에 관ᄒ 강의록을 신간ᄒ
야 교수ᄒ다"고 기록하고 있다. 고려대,『근대 서구학문의 수용과 보전』, 365면.

329 최종고, 「개화기의 한국 민법학」,『이재철박사화갑기념 현대민상법의 연구』, 법문사, 1984; 최종
고,『한국법학사』, 박영사, 1990, 299~343면 참조.

330 서울법대동창회,『서울법대백년사 자료집 - 광복전 50년』, 1987.

331 안용식편,『일제지방관록』(2001), 91면, 101면, 103면, 107면; 민족문제연구소편, 『친일인명사
전』(2009), 386면.

332 「陸叙 高等官四等」,『관보』, 1921.12.27; 민족문제연구소 편, 『친일인명사전』, 민족문제연구소,
2009, 386면; 박은경, 『일제하 조선인 관료 연구』, 학민사, 1999, 221면.

들어갔으며, 다음 해 8월에는 직무 소홀로 견책을 받았다. 그 후 1903년 12월 13일 법관양성소 교관에 임명되었으나,[333] 하루 만인 14일 의원면직하고 다시 법부 주사가 되었다. 여기서 보듯이 당시의 인사행정은 일관성이 없거나 난맥상을 드러내고 있었으며, 또한 법관양성소 교관직은 법부 주사만도 못하고 별로 인기가 없었던 모양이다.

1906년 2월 한성재판소 검사가 되어 술취한 순검을 감금한 것이 문제가 되기도 하였다.

● 法訓視務　日昨에 漢城裁判所에셔 醉酒 巡檢 崔錫榮 崔斗鉉 兩人을 禁獄 一個月에 監禁호 事로 因ᄒᆞ야 首班判事 李秉輝 檢事 安致潤 檢事試補 李源國 判事 李容相 洪在祺 等 五氏가 法部에 請願自退ᄒᆞ얏더니 法部大臣이 該 請願書는 ──封還ᄒᆞ고 訓令ᄒᆞ되 巡檢之照律은 法固當然이거늘 崔悳與 補佐官補 土方源之助의 專來 駁詰은 寔出權外忘想이라. 第當隨直措處ᄒᆞ려니와 當此事務之殷繁ᄒᆞ야 一日 滯案이 極涉悶隘이니 到卽如例規視務ᄒᆞ야 倍加惕念ᄒᆞ라 ᄒᆞ얏기로 昨日 붓터 首班 以下 諸官人이 仕進視務ᄒᆞ다더라.[334]

그리고 같은 1906년 5월에는 평리원 판사가 되었다.[335] 평리원 판사 재직 중에는 사건을 잘못 결정하였다고 보도되기도 하였다.[336] 또 1907년 2월에는 이원긍, 박만서 등과 함께 재판상의 절차위반으로 문제가 발생하여 3월 '직무상 불능 심진(審眞)'으로 다시 견책을 받기도 하였다.[337] 같은 해 8월 강원도 재판소 검사를 역임하였다.[338] 그러나 곧 그만두고 9월에는 이용성과 연합하여 변호사 개업을 하였다.[339]

333 『관보』 제2694호, 1903.12.12.
334 『황성신문』, 1906.4.24.
335 『대한제국관원이력서』, 392·622면.
336 『만세보』, 1906.11.15
337 『대한매일신보』, 1907.2.19. 기사 내용은 본서 제1부 「법관양성소」 중 9장 「법관양성소의 교수진」, '교수진'의 '박만서'에 인용되어 있다.
338 『관보』 제3836호, 1907(융희 원년).8.5;『대한제국관원이력서』, 392·622면 참조.
339 『대한매일신보』, 1907.9.29.

(29) 안택중(安宅重)

안택중은 1860년(戊午年) 9월 29일에 출생하였으며 본관은 광주(廣州)이다.[340] 부친은 학생 안규홍(安奎洪)으로 가정에서 사서삼경을 공부하였다. 1903년 6월 24일 법부대신으로부터 법관양성소 교수로 임명되었다. 그가 적은 이력서에 의하면 별다른 학력이나 관직의 경력도 없는데 어떻게 바로 법관양성소의 교수로 임명되었는지 궁금하다. 그는 같은 해인 1903년 9월 4일에 법관양성소의 교관으로 임명되었다고 기술하고 있다.[341] 그러나 그 후의 관보에 의하면 안택중은 1904년 3월에 1급봉으로 승급하였다.[342]

1904년 4월 25일에는 경릉(景陵) 인산시(因山時)에 별단(別單)으로 장례(掌禮)를 맡아 말 한 필을 하사(下賜)받기도 하였다. 또한 5월 11일에는 영릉 주룡 이하 태락한 곳을 보축할 때(英陵主龍以下汰落處補築時) 별단승육품 승훈랑(別單陞六品承訓郎).

1905년 3월 법관양성소 교관을 그만두고, 6월 1일 자로 한성사범학교 부교관이 되었다. 다음 해인 1906년 5월 8일에는 외국어학교의 교관으로 임명되었으나, 6월 20일 의원면직하였다. 1907년 3월 6일에는 정 3품 통정대부(通政大夫)로 승임하였고 6월 11일에는 수학원(修學院)의 교관으로 임명되었다.

안택중은 1907년 당시 47세로서 그때의 상황으로 볼 때 새로운 학문으로서의 법학을 가르치기에는 나이가 많은 편이었다.

(30) 양대경(梁大卿)

양대경은 1885년 평안남도 순천군에서 태어나 1963년 서울에서 작고하였다.[343]

---

340 최종고는 『한국법학사』, 박영사, 1990, 98면에서 경주(慶州) 출생이라고 하나 광주(廣州)이며 안택중이 이력서에 적은 관(貫)은 본관을 말한다.

341 『대한제국관원이력서』, 397 · 625면; 『관보』 제2611호, 1903.9.7 참조.

342 『관보』 제2778호, 1904.3.19.

343 양대경의 생몰년대와 졸업년도 등이 부정확한 서술이 있다. 예컨대 박우동, 「양대경」, 한국정신문화연구원, 『한국민족문화대백과사전』 (14), 1991, 707면에서는 "1884~1964, 서울출신, 1900년 일본 메이지(明治)대학 법과 졸업"이라고 생몰년도와 졸업년도를 틀리게 적고 있으며, 같은 정문연에서 펴낸 『한국인물대사전』, 1999, 1159면에서는 집필자 명만 삭제하고 이를 그대로 답습하고 있다.

호는 소당(笑堂)이며 관(貫)은 남원(南原)이다. 1903년 2월 일본으로 건너가서 교토(京都) 부립(府立) 중학을 거쳐 1905년 9월 메이지대학 법과에 입학한다. 이 대학에서 3년간 공부한 후 1908년 7월에 졸업하고 귀국한다. 『대한학회월보』 제6호(1908)에는 그의 약력과 사진이 소개되어 있다.

그가 졸업하는 해에는 전영작(全永爵),[344] 최석하(崔錫夏),[345] 이동초(李東初),[346] 홍성연(洪聖淵),[347] 이희철(李熙澈),[348] 이선경(李善暻),[349] 이종대(李鍾大) 등도 함께 졸업한다. 이들의 졸업에 관하여 『대한매일신보』는 다음과 같이 상세하게 보도하였다.

● 留學生卒業 日本에 留學ᄒᆞᄂᆞᆫ 各科 學生中 拾人이 今 七月 學期에 優等의 成績으로 卒業ᄒᆞ얏ᄂᆞᆫ대 法律에 七人이오 政治에 壹人이오 農業에 二人이라. 皆 海外 十餘 年 風霜에 無數ᄒᆞᆫ 辛酸을 嘗하고 勇往直前ᄒᆞᄂᆞᆫ 心力이 不屈於困難ᄒᆞ야 始有今日而壹般留學生之模範이오 大韓前途之光線이 될지라. 大韓學會에셔 祝賀會를 開ᄒᆞ고 數百 名 留學生이 會於監督部內ᄒᆞ야 祝賀ᄒᆞ고 祝賀를 畢ᄒᆞᆫ 後 壹同이 撮影ᄒᆞ고 餘興으로

또한 문준영은 법관양성소 출신이라고 하는데 졸업생 명단에는 그의 이름이 없다. 문준영, 「헌정 초기의 정치와 사법」, 『한국 근현대의 법사와 법사상』(靑里 최종고 교수 환갑기념), 2007, 281면의 주 30. 최종고는 『한국의 법률가』, 서울대 출판부, 2007, 116면 주 8에서 양대경의 아들(양영일)로부터 호적등본, 자필이력서 등에 의한 서술임을 강조하고 있어 이에 따른다. 기타 이병린, 「애도 양대경 선생」, 『법 속에서 인간 속에서』, 문장각, 1967, 127~130면; 김이조, 『잊을 수 없는 법조인』, 서초법률, 1998, 37~39면 등 참조.

344 전영작은 1902년 일본으로 건너가 세이소쿠(正則)예비교에서 수학한 후 1903년 9월부터 1905년 도쿄 상공학교 실과를 거쳐 메이지대학 법과를 졸업한다. 논설 「立法 司法 及 行政의 區別과 其 意義」, 『太極學報』 제10호, 1907이 있다.

345 최석하는 1864년생, 일본군 통역, 의주관찰부 주사, 평안북도 도평의원, 1916~1918년 평북 지방 토지 조사위원회 위원, 1929년 중추원 참의 역임. 「국가론」, 『태극학보』 제1호, 1906 등 몇 가지의 논설이 있다. 細井肇의 『現代漢城の風雲と名士』, 日韓書房, 1910, 227~231면에서는 "세 번 사지(死地)에 들어간 최석하"라고 표현한다. 민족문제연구소 편, 『친일인명사전』, 민족문제연구소, 2009, 726~727면.

346 이동초(1882년생)는 1909년 3월 함흥지방재판소 판사(『관보』 제4339호, 1909.4.1), 1910년 10월~1911년 3월 평양구재판소 판사, 동년 4월 평양지방재판소 변호사 등록(『관보』 제189호, 1911.4.20). 1926년 12월 해주지법 변호사 등환, 1930년 5월 평양지법 변호사 등환.

347 홍성연은 1909년 2월 대심원서기(『관보』 제4306호, 1909.2.20), 1909년 3월 함흥지방재판소 검사 (『관보』 제4339호, 1909.4.1), 1928~1929년 중추원 참의 역임.

348 이희철(1882년생)은 1909년 경성지방재판소 서기, 1910년 10월~1911년 3월 평양지방재판소 신의주구재판소 판사, 동년 4월 평양지방재판소 변호사 등록. 1936년 5월 신의주지법 변호사 등환.

349 이선경(1886~1915)은 1904년 일본 교토 부립(府立) 제일중학을 거쳐 1909년 메이지대학을 졸업하고 다음 해에 충남 공주재판소 판사가 되었으며 1912년 10월 경성재판소에서 변호사명부에 올랐다. 그에 대해서 『滿韓之實業』 제97호(1914)는 「京城辯護士界の新人物(4)」란 칼럼에서 청년변호사로서 중진이며 '군이나 조선변호사계의 혁명아로서 끊임없이 건소(健訴)의 폐해를 통탄하고 이러한 폐풍을 일소하려고 이제 연구에 여념이 없다'고 소개하고 있다(74면).

神田 料理店에셔 夜會를 設ᄒ고 各各 十分의 興을 盡호 後 閉會ᄒ얏ᄂᆞᆫ대 政治學 崔寧軾 法律 최셕夏 全永爵 李東初 梁大卿 洪聖淵 李喜徹 李善경 農學 金鎭初 沈相駿 諸氏요 就中에 法科 卒業生 全永爵氏ᄂᆞᆫ 商業學을 兼ᄒ야 卒業ᄒ얏다더라.[350]

바로 귀국한 해 9월 1일부터 법관양성소 강사로 촉탁받았으며, 1908년 10월 5일 자로 법관양성소 교수가 되었다.[351] 법관양성소는 1909년 11월 관제가 바뀌어 법학교로 되었으며, 양대경은 김교명과 함께 11월 1일 자로 법학교 조교수로 임명되었다.[352] 이 법학교는 다시 경성전수학교(京城專修學校)로 바뀌었으며, 그는 여기서 1912년 12월부터 1914년 10월까지 교유(教諭)를 지냈다. 그러다가 실무계로 나아가 1914년 10월 22일 자로 광주지방법원 판사로 임명되고, 이어서 대구 복심법원(覆審法院)의 판사가 되었다가 1919년 1월 28일 자로 면직되었다.[353] 1919년 9월 대구지법 변호사 등록, 1933년 7월 청진지법 변호사 등환, 1937년 4월 청진보호관찰심사회 위원. 梁原大卿으로 창씨개명.

여기서 보듯이 한일합병을 전후로 한 격동의 시기에 법학교육을 담당하였는데 무슨 과목을 어떻게 가르쳤는지 기록을 찾아보기 어렵다. 당시의 신문에 보도된 기사가 하나 전한다.

● 兩氏의 轉任 法學校룰 京城專修學校라 ᄒ고 奏任 敎授룰 敎諭라 改稱 頒佈흠은 一般 知了ᄒᄂᆞᆫ 바어니와 敎諭中 梁大卿 金敎明 兩氏ᄂᆞᆫ 他職으로 轉任ᄒ기룰 內定ᄒ얏다더라.[354]

법관양성소나 법학교는 물론이며 일제시대의 양대경에 관한 기록은 별로 발견되지 아니한다. 그와 친하게 지내던 변영로는 양대경을 '당시 변호사로 음주의 지성(至聖) 소리를 듣던'[355]이라고 표현한 것으로 볼 때 술을 좋아한 모양이다.

---

350 『대한매일신보』, 1908.7.19.
351 『관보』제4197호, 1908.10.8.
352 『대한민보』, 1909.11.12.
353 법원행정처 편, 『한국법관사』, 1976, 180면.
354 『매일신보』, 1911.10.24.
355 변영로, 『명정 40년』, 범우사, 2004, 82면.

저술은 보이지 않으며 한일합병 전에 쓴 몇 가지의 논설들이 있다.[356] 광복 후인 1946년에는 사법부의 대법관으로 임명되어 1950년까지 재직하였다.

(31) 원직상(元稷常)

그는 1905년 1월 20일 자로 법관양성소 교관에 임명되었다.[357]

(32) 유문환(劉文煥)

서울에서 1874년(甲戌年) 8월 24일 유돈상(劉敦相)의 차남으로서 태어났으며, 본관은 강릉이다.[358] 1892년(개국 501) 2월 9품 사용(司勇), 다음 해에는 승육 사과(陞六司果)가 되었다.[359] 1895년 3월 관비유학생으로 선발되어 5월에 게이오의숙 보통과에 입사하여 1896년 7월 25일에 졸업하였다. 이어서 9월에는 도쿄법학원(현재의주오(中央)대학)에 들어가서 1899년 7월 12일에 졸업하였다.[360] 졸업 당시의 이름은 유창회(劉昌熙)이며 유치형, 장도, 이면우와 동기동창이다.[361] 그 후 일본의 사법성과 각 재판소를 실지 견습하고 귀국하였다.

1902년에는 유창회란 이름으로『병리통론(病理通論)』(학부 편집국)을 번역하여 발간하기도 하였다.[362]

---

356 양대경,「觀國家之現象 호고 余의 所感」,『태극학보』제4호, 1906, 15~17면;「발흥시대에 적극적」제9호, 1907;「한국장래에 대호야. 정치적 교육(Political Education)」,『대한학회월보』제3호, 1908;「司法의 위신」,『법정』, 1956.4 등.

357 『관보』제3044호, 1905.1.24.

358 상세한 것은 김이조,「3대 서울변호사회장 유문환 변호사(법조인열전 9)」,『대한변협신문』, 2010.5.10;김이조,『법조 100년 이야기』, 2011, 59면에 재수록; 김효전,『근대 한국의 법제와 법학』, 세종출판사,2006, 103~105면;『서울신문100년사』참조.

359 『대한제국관원이력서』, 642면.

360 유문환은 자필이력서(『대한제국관원 이력서』, 307면)에서 '中央大學' 입학・졸업이라고 기재하지만 정식명칭은 '東京法學院'이며 이 학교는 1903년 東京法學院大學으로, 1905년에는 中央大學으로 교명을 바꾼다.

361 졸업 당시의 모습은 이 학교의『법학신보』(제100호, 1899)에 게재되었다. 본서 제1부「법관양성소」중 제9장「법관양성소의 교수진」, '소장'의 '이면우' 참조.

1905년 1월 태명식, 장도, 신해영 등과 사립 한성법학교의 강사가 되었으나 이학교가 곧 폐교되어 그만두게 된다.[363] 같은 해인 1905년 12월 11일 자로 이면우가 법관양성소 소장이 되자 곧 이틀 후인 13일에 교관으로 임명되었다.[364] 동시에 변호사 시험위원으로 위촉되었다.[365] 그 후 1906년 3월 30일에는 법관양성소 교관직을 의원면직하였다가 2주일 후인 4월 14일에 다시 법관양성소 교관으로 복직한다. 그해 5월 준원전(濬源殿) 수개정시(修改正時) 감독별단중(監督別單中) 승정삼품(陞正三品). 이력서 작성 당시인 1907년 9월 법관양성소 교관 겸 학감을 맡고 있었다. 또한 1907년에는 외부의 출강허가를 법부에 청원하였는데, 아마 찬문학교로 추측된다.[366] 그 밖에도 보성전문, 양정의숙, 대동전문 등에 출강하였다.

관보에 의하면, 1908년 1월 1일 자로 제실(帝室) 회계감사원 감사관으로 재직 중 법관양성소 교수 진임관 3등으로 임명되었다.[367] 법관양성소 1907년 12월의 진급장에 의하면 일본어를 가르쳤다.[368] 같은 달 유문환은 이성묵과 함께 교관직을 그만둔다.[369] 이와 관련하여 『대한매일신보』에서는 검사로 이임한다고 보도하고 있다.

● 卒業塡任   法官養成所 敎官 劉文煥 李聖默 兩氏 遞任호 代에 普成專門學校 卒業中 人으로 塡任호다더라.[370]
● 次第陞任   法官養成所 敎授 劉文煥씨가 漢城控訴院 檢事로 移任호다는 事는 昨報와 如호거니와 該氏 轉任호 代에 助敎授 石鎭衡氏가 陞任호고 石鎭衡氏 陞任호 代

---

362 이 책은 동은의학박물관 소장. 기타 박형우, 『한국 근대 서양의학 교육사』, 청년의사, 2008, 284면; 여인석, 「한말 의학교과서 출판과 그 의미」, 『한국 근현대 과학기술사의 전개』(한국사론 42), 국사편찬위원회, 2005, 61~74면 참조.
363 한성법학교의 교장은 白堂 玄采(1856~1925), 교감은 내부 서기관을 지낸 나수연(羅壽淵, 1861~1926)이었으며, 강사진은 太明軾 등 당대의 쟁쟁한 인사들이 담당하였다. 상세한 것은 『私立漢城法學校創設關係記錄』(1905); 김효전, 「신식 법학교육의 태동(1)」, 『인권과 정의』, 2002.3, 130~132면; 김효전, 『근대 한국의 법제와 법학』, 세종출판사, 2006, 172~174면 참조.
364 『관보』 제3324호, 1905.12.15.
365 『대한제국관원 이력서』, 탐구당, 1972, 307 · 642면.
366 『대한매일신보』, 1907.1.13.
367 『관보』 제3970호, 1908.1.14.
368 『서울법대백년사』, 142면 참조.
369 『대한매일신보』, 1907.12.3은 유문환과 이성묵이 체임(遞任)한 대신으로 보성전문학교 졸업생이 전임(塡任)한다더라고 보도하고 있다.
370 『대한매일신보』, 1907.12.3.

에는 朴勝彬氏가 敍任된다더라.[371]

　그러나 보도와는 달리 석진형은 이미 교관의 직에 있었으며, 박승빈[372]은 법관
양성소 교관으로 서임되지 않았기 때문에 추측보도로 생각된다.

　1908년 11월 유문환은 장도와 함께 변호사로 등록하였으며,[373] 한일합병 이후
에는 물론 일제시대에도 변호사로서 활약하였다. 기록에는 1916년에 부인 남양
홍 씨가 숙환으로 별세했으며,[374] 1920년 8월에는 조선일보사 제2대 사장에 취임
하여 1921년 4월 8일까지 재직하였다.[375] 1921년 4월에는 경성조선인변호사회 회
장으로 선출되었고 1931년 4월에는 다시 회장에 유문환, 부회장에 정구영(鄭求瑛)
이 선출되었다.[376] 일제시대의 잡지『동광(東光)』(1932)에 실린 '변호사 평판기'에는
'유군은 조선변호사계의 입지급(立志級)의 인물이다. 늙은 변호사들이 때 없이 법
정에서 망령을 부리는 일이 지금도 비일비재한데 유군만은 조리 있고 사물의 성
찰이 분명한 변론을 하여 갱소년(更少年)하는 감을 주는 때가 적지 아니하다'[377]고
평하고 있다. 광복 후에도 생존하였다고 하는데 확인할 길이 없다.

　저술로는『국제사법』(1908),『경찰학』(1909),『형사소송법』(1910), 장도(張燾)와 공동
으로 교열한 일선문(日鮮文)『최신서식대전(最新書式大全)』(永昌書館, 1931) 등이 있다.

　그는 논설「국민의 의무」에서는 "민권을 확장ᄒᆞ야 자주독립을 확건(確建)홈이
국민의 공정ᄒᆞᆫ 의무로다"[378]라고 하였으며,「정치가의 직책론」에서는 광대한 충
의, 정직한 언행, 총명한 혜안, 과감한 용기, 발군의 위신을 정치가로서의 덕목으
로 제시하고 있다.[379] 이는 막스 베버가『직업으로서의 정치(Politik als Beruf)』(1919)에

371　『대한매일신보』, 1908.5.15.
372　상세한 것은 김효전,「변호사 박승빈」,『시민과 변호사』, 2000.6, 79~85면 참조.
373　『관보』 제4228호, 1908.11.14.
374　『매일신문』, 1916.10.31.
375　조선일보사 사료연구실,『조선일보사람들 — 일제시대편』, 랜덤하우스중앙, 2004, 41면에 의하
　　　면 유문환은 조선일보사 사장 재직기간은 6개월에 불과했다고 한다. 이 책에서는 "1898년 일본
　　　중앙대학교 법과를 졸업"(38 · 56면)했다고 하나, 정확하게는 1899년이며 주오(中央)대학의 전신
　　　인 東京法學院이다. 기타『조선일보 90년사(상) 1920~1964』, 63면의 유문환 사진 참조.
376　정구영,「조선변호사회」,『중앙일보』, 1973.12.16~1974.2.23; 이영석 편,『정구영 회고록—실패
　　　한 도전』, 중앙일보사, 1987 참조.
377　『東光』 제4권 3 · 4호, 1932;『法曹元老』 창간호, 2008, 154면에서 재인용.
378　『친목회회보』 제3호, 1896.6, 27면.
379　『친목회회보』 제4호, 1896.12, 11~13면.

서 제시한 것보다도 더욱 체계적이라고 하겠다. 기타 「형사소송법의 연혁」,[380] 「소송목적의 가액(價額)을 산정하는 방법」[381] 등이 있다. 이처럼 일본 유학시절에는 민권의 확장이나 정치의 개혁 등 커다란 포부를 가지고 있던 유문환도 일제시대에는 꿈을 접고 서식집이나 만들어 파는 하나의 소시민으로 전락한 식민지 인텔리의 고뇌를 눈에 보는 듯하다.

(33) 유진명(兪鎭明)

1880년(庚辰年) 음력 2월 15일에 출생하였으며 본관은 기계(杞溪)이다.[382] 관비유학생으로 선발되어 일본으로 건너가 1895년 4월 도쿄의 게이오의숙 보통과에 들어가 배운 후 1897년 5월 17일 도쿄 법학원(현재의 주오(中央)대학의 전신)에 들어가 법률학을 3년간 공부한 후 1900년(광무 4) 7월 12일에 졸업하였다.[383]

귀국하여 1903년 5월 20일 전화과 주사로 임명되었으나 이틀 후 의원면직하였다. 1905년 11월 10일 경무청 총순(摠巡)으로 임명되어 근무하다가 다음 해 4월 9일에 역시 의원면직하였다. 1906년 4월 10일 법관양성소 교관으로 임명되었다.[384] 그러나 5개월간 교관으로 근무하다가 그만두고 9월 29일 자로 경무청 경무관으로 전임하였다.[385]

한일합병 이후에는 1910년 10월부터 1914년 3월까지 황해도 황주군수, 1914년 3월부터 1918년 7월까지 연백군수, 1918년 7월부터 1921년 2월까지 황주군수, 1921년 2월부터 1924년 12월까지 황해도 참여관으로 근무하였다.[386]

이상과 같은 그의 이력에서 보듯이 법관양성소의 교관으로서는 별다른 활동을 한 것같이 생각되지는 않는다. 그 이후의 그의 행적은 알 수가 없다.

---

380 『친목회회보』 제5호, 1897.6, 52~55면.
381 『법학협회잡지』 제1호, 1908.11, 36~38면.
382 『기계유씨세보』.
383 『대한제국관원 이력서』, 탐구당, 1972, 296면.
384 『관보』 제3425호, 1906.4.12.
385 『관보』 제3575호, 1906.10.4; 『대한제국관원이력서』, 823면 참조.
386 안용식 편, 『일제지방관록』, 연세대 사회과학연구소, 2001, 26면, 205면, 220면.

(34) 육종면(陸鍾冕)

육종면은 1897년 9월 도쿄 해군예비학교에 들어가서 해군 군무를 배운다.[387] 그 후의 약력에 대해서는 흔히 일본 도쿄 상선학교를 졸업한 후 선장이 되기도 하였으며, 후일 판사, 검사, 변호사를 지냈다고 기록하고 있다.[388]

관보에 의하면, 그는 1906년 12월 10일 자로 법부 법률기초위원에서 경북재판소 검사로 임명된다.[389] 또 다른 문헌에 의하면, 그는 1907년 1월 경상북도재판소 검사로 임명되었다.[390] 그러나 신문보도는 이보다 훨씬 일찍 나갔다.

● 檢事新任　法官銓考所에서 試取흔 各 裁判所 檢事를 再昨日 法部에서 敍任하얏 눈딘 其 氏名이 左와 如흐더라.

平理院 韓東履 漢裁 李容成 京畿 金澤 忠南 權丙勳 忠北 洪冕熹 全北 尹憲求 全南 金敦熙 慶北 陸鍾冕 慶南 朴準性 江原道 李重혁 平南 金鍾漢 平北 安秉瓚 咸南 皮相範 咸北 太明軾 黃海道 金鍾濩[391]

● 道難擅裁　慶北裁判所 判事 署理 檢事 陸鐘冕氏가 法部에 報告흐되 管下 英陽郡 押來 匪徒 리昌英 죠俊容을 自本所 嚴訊取供이온즉 稱托義兵흐고 聚黨百餘名흐야 劫掠村閭에 奪取財産흔 狼藉情節이 犯係强盜이옵기 刑法大전에 財産을 겁取흘 計로 徒黨을 嘯聚흐야 兵仗을 持흐고 閭巷 或 市場에 欄入흔 者눈 首從를 不分흐고 絞에 處흠이란 律에 照흐야 該 리昌英 죠俊容을 幷絞에 處판흘만 흐오나 律係命案에 道難擅裁흐와 희犯等 供案與宣告書를 帖付質稟이라 흐얏더라.[392]

● 報牒錯誤　法部에서 慶北裁判所 檢事 陸鐘면씨에게 指令흐되 貴報告눈 閱悉이견과 頃接흐온즉 强盜罪人 權永守을 另加牢囚흐야 待經奏發訓後 執刑之意로 己爲發訓인바 今此貴報에 强盜處絞罪人 權用守가 病死흐얏스니 貴所 牢囚罪人 權用守外에 又有權用守인지 永守之永字를 以用字誤書인지 報部文字가 何等審愼而如是錯誤歟

---

387 『친목회회보』 제6호, 1897, 174면. 육종면의 논설「海軍唱起辭」가 같은 호, 62~63면에 게재되어 있다.
388 조갑제, 『내 무덤에 침을 뱉어라』 2, 조선일보사, 1998.
389 『관보』 제3635호, 1906.12.13.
390 『관보』 제3677호, 1907.1.31.
391 『만세보』, 1906.12.8.
392 『대한매일신보』, 1907.2.21.

아 到卽힉犯之名者相左理由를 昭詳馳報라 ᄒᆞ얏더라.[393]

1907년 3월 29일 자로 경상북도재판소 검사에서 평리원판사 주임관 4등으로 임명되었으며,[394] 8월에는 평리원 판사를 그만둔다.[395] 그러나 곧 이어서 같은 해 1907년 8월 8일 자로 법관양성소 교관에 임명되었다.[396] 이에 관한 신문보도는 다음과 같다.

● 判事轉任敎官說 平理院 判事 陸鍾冕 李聖默 兩氏ᄂᆞᆫ 法官養成所 敎官으로 轉任이 되리라더라.[397]

● 法官被任 법관양성소 교관 나진 씨ᄂᆞᆫ 평리원 검사로 힉소 교관 육종면 씨ᄂᆞᆫ 한성재판소 주사로 전 내부 참서관 석진형 씨ᄂᆞᆫ 법관양성소 교관으로 보성전문학교 졸업생 이항종 씨ᄂᆞᆫ 법관양성소 교관을 피임 ᄒᆞ얏다더라.[398]

그러나 그는 한 달 반 정도 근무하고 한성재판소 주사로 임명되었다.[399] 그러나 이것도 같은 해 10월에 곧 그만두었다.[400]

1908년 7월에는 이토 히로부미에게 다음과 같은 편지를 보내기도 하였다.

前略 陳は今朝の御書面は多分御入着の事と推察仕候. 只今確實なる處より承る所に依れば, 平理院長李允用氏は昨夜旣に解任せらるべき聖旨下り居候間, 事非常に急を要す可きに付き自身參堂の上御願申可御順序に御座候へども, 御多忙の御中却へて御迷惑と存じ,   甚だ乍恐縮書面を以て奉願上候間何卒惡からず御思召被下度, 尙ほ且つ御周旋相願候はゞ大慶之不過候. 葱々不一

明治 四十一年 七月 一日

393 『대한매일신보』, 1907.4.6.
394 『관보』 제3730호, 1907.4.3.
395 『관보』 제3840호, 1907.8.9.
396 『관보』 제3841호, 1907.8.10.
397 『황성신문』, 1907.8.5.
398 『대한매일신보』, 1907.9.17.
399 『관보』 제3874호, 1907.9.18.
400 『관보』 제3893호, 1907.10.10.

陸鍾冕 頓首再拜

伊藤統監閣下

[編者 註] 封筒表, 南署 泥峴, 伊藤統監閣下. 封筒裏, 城內 西署 仁達坊 宗橋 百二統 一戶, よ
り), 陸鍾冕. 「東京大學敎養學部圖書館 狩野文書」.[401]

　육종면은 한일합병 후 평리원판사를 사면하고 황토현 근처에서 변호사 개업을
하였다.[402] 일제시대의 활동에 관하여 자세한 것은 알 수가 없다.

　육종면은 박정희 대통령의 부인 육영수(陸英修)의 아버지인 육종관(陸鍾寬, 1893~
1965)의 둘째 형이다. 육종관의 큰 형인 육종윤(陸鍾允)은 승정원의 부승지를 지냈으
며, 셋째 형 육종욱은 조사하였다.[403]

(35) 윤광보(尹光普)

　그는 1860년 5월 4일에 출생하였으며, 본관은 파평(坡平)이다. 일찍이 가정에서
사서와 시서(詩書)를 마쳤다. 1881년(개국 490) 감시(監試)에 입격하여 지방 관리 생
활을 하다가 1898년 상경하여 1900년 사립소학교 교사를 지냈다. 1903년 2월 법관
양성소에 입학하여 다음 해 7월 15일 우등으로 졸업하였다. 7월 28일에는 법관양
성소 박사 판임관 6등에 서임되었다. 그 후 1904년 11월부터 1905년 1월까지 법부
사무와 평리원 사무를 견습하고 1905년 4월 25일에는 전박사(前博士)로서 법관양
성소 교관으로 임명되었다.[404] 그러나 같은 해 12월 무고휴학(無故休學)으로 교관
직을 면직하였다. 1906년 1월에는 징계를 면하였다. 같은 해 7월에는 사립 화동(華
東)학교의 교사와 일어 야학과의 감독이 되기도 하였다.[405] 이와 같은 그의 이력에
서 볼 때 법관양성소의 교관으로서의 활동이나 업적은 별로 발견되지 않는다.

401　伊藤博文關係文書硏究會 編, 『伊藤博文關係文書』 9, 塙書房, 1981, 184~185면.
402　『매일신보』, 1911.6.1.
403　조갑제, 「내 무덤에 침을 뱉어라」, 『조선일보』, 1998.4.16; 조갑제, 앞의 책, 318면.
404　『관보』 제3126호, 1905.4.29.
405　『대한제국관원이력서』, 897~898면 참조.

(36) 윤방현(尹邦鉉)

그는 1875년(戊寅年) 정월 30일 서울 계동에서 윤철규(尹喆圭)의 장남으로서 출생했으며 본관은 파평이다. 1895년 관비유학생으로 선발되어 일본으로 건너가 5월에 게이오의숙 보통과에 입사하고 이듬해 4월 졸업하였다.[406] 이어서 일본 사법성과 농상무성에서 견습하고 1896년 7월에 귀국하였다. 1896년 8월 농상공부 기사로 서용(敍用)되었다가 1899년 중추원 의관에 임명되었다. 이해에 그는 배영(培英)의숙의 교사로서 법률학을 강의하였다. 『독립신문』의 광고는 다음과 같다.

廣 告

○ 本塾을 北松峴 金益昇氏家에 設立ㅎ고 授業은 夜學으로 定ㅎ며 試驗日字ᄂᆫ 本月 二十日이오니 願學 僉員은 伊日 下午 七点에 來臨ㅎ시읍

但 年齡은 十五歲 以上

科 目

經學 日語 算術 物理學 化學 政治學 法律學 地誌(本國) (萬國) 歷史 (本國) (萬國)

試 驗

作文 國漢文交 讀書 漢文

培英義塾 敎 師 尹 邦 鉉

日 士 坂 本 長 隆

總務員 金 聲 鎭[407]

또 윤방현은 1899년 시무학교의 교사로서도 활약하였다.

● 再昨日 下午 五時에 時務學校에서 開學禮式을 行하ᄂᆫ디 該 校長 閔泳綺氏와 敎師 魚允迪 尹邦鉉 諸氏들이 諸 學員을 對하야 時務에 切當호 演說하엿더라.[408]

---

406 『慶應義塾入社帳』第IV卷, 410면; 김상기, 『쟁점 한국 근현대사』 제4호.
407 『독립신문』, 1899.5.4. 이 광고는 『뎨국신문』, 1899.5.9와 동일하다.
408 「잡보(開學禮式)」, 『황성신문』, 1899.2.4.

그러나 윤방현은 곧 관리가 되어서 1901년 10월 내부 회계국장, 12월 법부 참서
관, 한성재판소 판사가 되었다. 한성재판소 판사로 재직 중 한성부 소윤 하규일(河
圭一)에게 조회하는 글을 보내기도 하였다.[409] 1903년 7월에는 법부 법률기초위원
및 겸임 법관양성소의 교관이 되었다.

● 法官轉任　漢城 少尹 河圭一氏가 該府 裁判所 判事로 轉任ᄒ 代에 平理院判事
朴承祖氏가 移任되고 平理院判事난 法律起草委員 尹邦鉉氏가 被任하얏다더라.[410]

같은 해 10월 13일 평리원 판사가 되었다가 1904년 2월 한성재판소 판사로 이
임하였다. 그러나 3월 20일 죄수반옥사(罪囚反獄事)로 판사직이 면직되었다가 한
달 후에 징계를 면한다. 1905년 1월 법률기초위원에 임명되고, 1906년 12월에는
법관 전고(銓考)에 피선. 1906년 12월 19일 자로 한성재판소 판사가 되지만 다음 해
8월 이를 사임한다.[411] 1907년 8월 6일 자로 변호사 등록을 한다.[412] 그러나 융희
변호사법에 따라서 1909년 6월 30일 자로 다시 변호사 등록을 한다.[413]

한일합병 이후의 행적은 알 수가 없다.

(37) 윤병순(尹秉純)

그는 1905년 1월 28일 자로 법관양성소 박사 및 교관으로 판임관 6등에 임명되
었다.[414] 같은 날짜로 윤일영, 공면주, 최창래, 허식, 이종우, 이용설, 이한길도 교
관으로 임명되었다. 그러나 1905년 2월 1일 자로 의원면직하였다.[415]

409　전문은『황성신문』, 1903. 2. 17.
410　『황성신문』, 1903. 10. 14.
411　『관보』제3840호, 1907. 8. 9.
412　윤방현은 태명식(太明軾)과 같은 날 변호사 인가를 받는다.『관보』제3840호, 1907. 8. 9;『대한제
　　　국관원이력서』, 226·632면 참조.
413　본서 제1부「법관양성소」중 9장「법관양성소의 교수진」, '박만서' 참조.
414　『관보』제3051호, 1905. 2. 1.
415　『관보』제3053호, 1905. 2. 3.

(38) 윤성보(尹性普)

  윤성보는 1861년(개국 470) 12월 29일 서울에서 태어나 감시(監試) 초시(初試)에 입격하여 진사가 되었다. 1895년 법관양성소 제1기생으로 입학하여 그해 11월 10일에 졸업하였다. 1896년 2월 10일 법부 주사로 임명되고 11월에는 고등재판소 검사가 되었다. 1898년 2월 군법기초위원에 임명되었다가 같은 해 7월 11일 해촉되고 같은 날짜로 법부 검사로 임명되고 다음 날 고등재판소 검사로 임명되었다. 그러나 같은 해인 1898년 12월 의원면 본관하고 한성재판소 판사가 되었다. 그러나 일주일만에 강서(江西) 군수로 전임되었다. 1901년 5월 20일 덕천(德川) 군수로 전임되자 곧 의원면 본관하고 다시 법부 참서관이 된다. 같은 1901년 11월 23일 자로 겸임 법부 법률기초위원이 되고, 12월 6일에는 평리원 판사가 된다. 그는 법부 참서관으로 근무 중 안치윤의 후임으로 1903년 12월 14일 자로 겸임 법관양성소 교관으로 임명된다.[416] 그러나 불과 6개월 정도 근무하고 다음 해인 1904년 6월 29일 자로 겸임 법관양성소 교관직을 의원면직하였다.[417]

  1904년 10월 14일 자로 형법교정관이 되고 황해도 순회재판소 판사가 되었다가 1905년 3월 7일 자로 법부 형사국장이 된다. 1906년 12월에는 형법교정관으로 임명된다.[418] 1907년 4월에는 함경북도 관찰사가 되고, 이어서 겸임 함경북도 세무감과 함경북도 재판소 판사를 지낸다. 그에 관한 신문의 보도는 다음과 같다.

  ● 尹氏處笞 法部 刑事局長 尹性普 平니院 檢事 李秉和 兩氏가 被拿됨은 本報에 己揭어니와 尹性普氏는 笞 五十에 宣告하얏는디 受贖放送이라더라.[419]
  ● 局課相換 法部 刑事局長 尹性普氏는 辭職 請願하얏더니 司理課長으로 轉任하고 司理課長 金洛憲氏는 刑事局長으로 上奏敍任하얏더라.[420]
  ● 刑法校正會議 政府에셔 現行刑法를 改正홀 目的으로 委員會를 組織하얏는디

416 『관보』제2699호, 1903.12.18; 『대한제국관원이력서』, 224면.
417 『관보』제2868호, 1904.7.2.
418 『대한매일신보』, 1906.12.21; 본서 제1부 「법관양성소」 중 9장 「법관양성소의 교수진」, '소장'의 '김낙헌' 참조.
419 『대한매일신보』, 1905.11.17.
420 『대한매일신보』, 1905.12.13; 『관보』제3323호, 1905.12.9.

總裁 以下가 左와 如히 任命ᄒᆞ얏ᄂᆞ딕 刑法校總裁 法部大臣 리夏榮 刑法校正官 法部 協판 리源兢 刑事局長 金洛憲 參書官 張燾 尹性普 平理院 判事 朴晩緖 議政府 參贊 韓 昌洙 參書官 洪運杓[421]

● 五씨新任 朴勝봉氏ᄂᆞᆫ 寧邊觀察使를 被임ᄒᆞ고 尹性普氏ᄂᆞᆫ 鏡城觀察使를 被임 ᄒᆞ고 金在豊氏ᄂᆞᆫ 春川觀察使를 被임ᄒᆞ고 박慶陽氏ᄂᆞᆫ 法制局長으로 轉任ᄒᆞ고 公州觀 察使 金嘉鎭시ᄂᆞᆫ 中樞院 贊議로 內移ᄒᆞ얏다더라.[422]

● 別宴歌舞 日前 法部 一般官吏가 咸北 觀察使 尹性普氏 送別宴을 設ᄒᆞ얏다ᄂᆞᆫ 說은 前報와 如ᄒᆞ거니와 當日 先景을 詳聞ᄒᆞᆫ則 妓樂이 迭탕ᄒᆞ야 醉興이 도々ᄒᆞ딕 刑事局長 金洛憲氏가 起舞하고 該部 雇聘ᄒᆞᆫ 日人들도 爭起相舞ᄒᆞ야 竟日忘返ᄒᆞ얏다더라.[423]

그는 구한말의 무질서한 입법의 정비작업에도 관여하고, 재판관으로서, 지방행 정관으로서 많은 경륜을 쌓았지만 불안한 정국으로 수차례 견책도 받고 자주 전임 되었다. 윤성보의 복잡한 관직 편력은 당시의 무질서한 인사행정과 빈곤한 인재의 등용을 바로 보게 하는 대표적인 케이스라고 하겠다. 1911년 평양공소원 검사.[424]

(39) 윤일영(尹馹永)

그는 1905년 1월 28일 자로 법관양성소 박사 겸 교관으로 판임관 6등에 임명되 었다.[425] 같은 날짜로 공면주, 윤병순, 최창래, 허식, 이종우, 이용설, 이한길도 교 관으로 임명되었다.

421 『대한매일신보』, 1906.12.21.
422 『대한매일신보』, 1907.4.30.
423 『대한매일신보』, 1907.5.21.
424 『朝鮮人名資料事典』第1卷, 81면.
425 『관보』제3051호, 1905.2.1.

(40) 윤태영(尹泰榮)

1883년, 즉 계미년(癸未年) 3월 9일에 출생하였다.[426] 1898년 9월 9일 관립일어학교에 입학하였다가 신병으로 퇴학하고 1903년 2월 25일 법관양성소에 입학하여 다음 해 7월 15일 졸업하였다. 같은 달 26일 법관양성소 박사로 임명되었으나 이틀 후 의원면직. 법부의 사무를 견습하다가 1905년 3월 10일 자로 법관양성소 교관으로 임명되어 형법총론을 강의하였다.[427] 그러나 1905년 12월 13일 교과과정 개편으로 면직된다. 이에 관한 보도는 아래와 같다.

● 以忠被免   法官養成所 敎官 丁明燮, 尹台榮, 金鍾淮, 高翊相, 曹世煥氏等 六人은 專廢敎課가 幾近一朔홈으로 幷爲 免本官ᄒ고 其 代에 洪在祺, 柳東作, 劉文煥, 尹憲求, 石鎭衡, 羅瑨 氏等이 被任ᄒ얏더라.[428]

1906년 7월부터 12월까지 법부 법률기초위원을 겸임하였다.[429] 같은 해 12월 7일 자로 다시 법관양성소 교관이 된다.[430] 또한 그는 다음의 기사에서 보듯이, 외부에 출강하기 위해서 법부에 청원하기도 하였다.[431] 이 청원이 수리되어 그는 일찍부터 찬문학교의 강사로서 교육에 힘썼다. 아마 법학통론을 강의하였을 것으로 추측된다.[432]

1908년 5월에는 법관양성소 소장 노자와 다케시노스케에 의해서 법관에 임명되었다.

● 日請必施   法官養成所 敎官 尹퇴榮氏는 該所 々쟝 野澤武之助의 特請으로 法官을 被任ᄒ얏다더라.[433]

---

[426] 『朝鮮人名資料事典』 第1卷, 80면.
[427] 『관보』 제3085호, 1905.3.13; 『서울법대백년사』, 142면.
[428] 『대한매일신보』, 1905.12.15.
[429] 『대한제국관원 이력서』, 탐구당, 1972, 229 · 238 · 629 · 631 · 854 · 899면 참조.
[430] 『관보』 제3634호, 1906.12.12.
[431] 『대한매일신보』, 1907.1.13.
[432] 『대한매일신보』, 1907.9.14.

또한 노자와에 의해서 법관양성소 퇴관은사금을 청구하기도 하였다.

● 恩金請撥　法部에셔 度支部로 照會ᄒ되 弊該所管 法官養成所長 野澤武之助의 報告를 接准ᄒ즉 該所 前敎官 尹泰榮 李漢吉 리恒종의 退官恩賜金을 貴部에 請求ᄒ기 爲ᄒ야 該員 等에 履歷書와 該所 證明書를 提呈ᄒ얏기 右 書類를 幷添付ᄒ오니 照亮後 該員 等에 恩賜金을 卽爲支撥ᄒ라 ᄒ얏더라.[434]

1909년 10월 진주 구재판소 판사로 재직 중 사임하고 변호사 등록을 하였다.[435]

● 辯護士名簿登錄　辯護士 尹泰榮은 隆熙 三年 十月 五日에 晋州地方裁判所 檢事局에셔 請求를 因ᄒ야 辯護士名簿에 登錄홈(法部).

윤태영의 논설로는 「진화론대의」가 있다.[436]

(41) 윤헌구(尹憲求)

1871년 9월 24일에 출생하였다.[437] 1904년 7월 6일 법관양성소 졸업. 그는 전박사(前博士)로서 1905년 12월 13일 자로 이면우에 의해서 법관양성소 교관으로 임명되었다.[438] 1906년 12월에는 전북재판소 검사로 임명된다고 보도되었다.

● 檢事新任　法官銓考所에셔 試取ᄒ 各 裁判所 檢事를 再昨日 法部에셔 敍任하얏논디 其 氏名이 左와 如ᄒ더라.

　　平理院 韓東履 漢裁 李容成 京畿 金澤 忠南 權丙勳 忠北 洪冕熹 全北 尹憲求 全南

---

433 『대한매일신보』, 1908.5.27.
434 『대한매일신보』, 1908.2.20.
435 『관보』제4509호, 1909.10.20 휘보(사법).
436 『夜雷』제5호, 1907, 11면; 제6호, 19~21면.
437 『朝鮮人名資料事典』第1卷, 81면.
438 『관보』제3324호, 1905.12.15.

金敦熙 慶北 陸鍾冕 慶南 朴準性 江原道 李重赫 平南 金鍾漢 平北 安秉瓚 咸南 皮相範 咸北 太明軾 黃海道 金鍾濩[439]

1907년 1월 전라북도 재판소 검사가 되었다.[440] 1910년 10월 해주지방재판소 판사, 1913년 7월~1914년 4월 해주지법 검사, 1931년 1월 경성지법 변호사 등환, 동년 9월 변호사 등록 취소.

(42) 윤호영(尹昊榮)

그는 1905년 2월 7일 자로 법관양성소 교관에 임명되었다.[441]

(43) 이강연(李康演)

그는 1905년 1월 19일 자로 법관양성소 교관에 임명되었다가,[442] 2월 7일 자로 의원면직하였다.[443]

(44) 이강헌(李康憲)

그는 1905년 2월 9일 자로 법관양성소 교관으로 임명되었다.[444]

439 『만세보』, 1906.12.8.
440 『관보』 제3677호, 1907.1.31.
441 『관보』 제3058호, 1905.2.9.
442 『관보』 제3042호, 1905.1.21.
443 『관보』 제3058호, 1905.2.9.
444 『관보』 제3058호, 1905.2.9.

(45) 이보연(李輔淵)

그는 1903년 11월 24일 자로 법관양성소 교관에 임명되었으나,[445] 일주일 만에 의원면직하고 법부 주사가 되었다.[446]

(46) 이성묵(李聖默)

그는 1885년(乙酉年)생이며 1904년 3월 중교(中橋)의숙에 입학하였다가 자퇴하고 1905년 4월 4일 보성전문학교 법률과에 입학하여 1907년 4월 17일에 졸업한다.[447] 1907년 8월 3일 자로 법관양성소 교관에 임명되었다.[448]

● 卒業墳任   法官養成所 教官 劉文煥 李成默 兩氏 遞任호 代에 普成專門學校 卒業中 人으로 墳任호다더라.[449]

그 후 시종원(侍從院) 시종 등을 역임하고 한일합병 이후인 1911년 현재 이왕직 찬시(贊侍)로 되어 있다.[450]

(47) 이신우(李信宇)

이신우는 유학(幼學) 이회식(李會植)의 아들로 1883년, 신사년(辛巳年) 정월 6일에 태어났으며, 본관은 전주이다. 1901년 2월 법어학교를 졸업하고 1902년 12월 법관양성소에서 수학하였다. 다음 해 1903년 6월 24일 법부대신에 의해서 법관양성소

---

445 『관보』 제2678호, 1903.11.24.
446 『관보』 제2684호, 1903.12.1.
447 『대한제국관원이력서』, 37면.
448 『관보』 제3841호, 1907.8.10; 제3842호, 1907.8.12.
449 『대한매일신보』,1907.12.3.
450 『朝鮮人名資料事典』第1卷, 112면.

교수로 임명되었다가 같은 해 9월 4일에는 법관양성소 교관으로 임명되었다.[451] 그러나 관보에 의하면 1904년 3월 19일 자로 1급봉으로 승급하였다.[452]

그 자신의 이력서에 의하면, 약 1년 9개월 정도 법관양성소에서 교수와 교관으로 근무하다가 관제 개정으로 1905년 3월 10일 자로 작산(作散)하였다. 이 이력서 작성 당시 그는 24세였다.[453]

이신우는 법부 고문 크레마지가 추천하여 법관양성소의 교관으로 임명된 사람이기 때문에 프랑스법이나 프랑스어를 가르쳤을 것으로 생각된다.[454] 그러나 그가 1905년에 법관양성소의 교관직을 사임한 것은 '관제개정'을 그 이유로 들고 있으나, 그보다는 크레마지 자신이 1905년 고빙 기간의 연장을 받지 못하고 귀국하지 않을 수 없었기 때문에 자연히 이신우도 법관양성소의 교관직을 그만두지 않을 수 없었던 것으로 생각된다. 더구나 24세의 젊은 나이지만 다른 관직으로 전임된 것으로 보이지도 않는다.

(48) 이용설(李容卨)

그는 1905년 1월 28일 자로 법관양성소 박사 및 교관으로 판임관 6등에 임명되었다.[455] 같은 날짜로 윤일영, 공면주, 윤병순, 최창래, 허식, 이종우, 이한길도 교관으로 임명되었다. 그러나 1905년 2월 1일 자로 의원면직하였다.[456]

(49) 이용재(李龍在)

그는 한성부재판소 주사로 근무하다가 1903년 11월 17일 자로 법관양성소 교관 주

---

451 『관보』 제2611호, 1903.9.7.
452 『관보』 제2778호, 1904.3.19.
453 『대한제국관원이력서』, 39 · 689면 참조.
454 최종고, 『한국법학사』, 박영사, 1992, 101면.
455 『관보』 제3051호, 1905.2.1.
456 『관보』 제3053호, 1905.2.3.

임관 6등에 임명되었으나,[457] 나흘 만에 의원면직하였다.[458]

(50) 이원국(李源國)

1861년, 즉 신유년(辛酉年) 1월 13일에 출생하였다.[459] 본관은 용인(龍仁). 가정에서 한학을 수학하다가 1882년 증광감시(增廣監試) 초시(初試)에 합격하였다. 1891년 5월에는 응제(應製) 무과(武科). 1892년 2월에는 총어영초관입사(摠禦營哨官入仕). 1895년 6월에 법관양성소에 입학하여 다음 해 3월에 졸업하였다. 1898년 8월에는 한성재판소 주사로 임명되고 이어서 법부 주사, 평리원 주사로 옮겨 근무하였다.

1903년 11월 18일 법부 주사로 근무하다가 법관양성소 교관으로 전임되었으나,[460] 불과 3일 만에 의원면직하고 다시 법부 주사가 되었다. 같은 해 10월에는 관제교정소 위원이 되었으나 폐소와 함께 해임되고, 다시 법부 주사, 한성재판소 검사시보를 거쳐,[461] 1906년 8월 한성재판소 판사가 되었다. 1909년 11월 통감부 공주지방재판소 판사, 1910년 10월 공주지방재판소 판사, 1912년 4월~5월 공주지법 판사, 1912년 5월~1914년 2월 충남 비인군수, 동년 5월 공주지법 변호사 등록, 1932년 12월 공주지법 변호사 등록 취소.[462] 이원국의 활동에 관한 신문의 보도는 찾아보기 어렵다.

(51) 이종우(李種雨)

그는 1905년 1월 28일 자로 법관양성소 박사 및 교관 판임관 6등에 임명되었다.[463] 같은 날짜로 윤일영, 공면주, 윤병순, 최창래, 허식, 이종우, 이용설, 이한길

---

457 『관보』제2675호, 1903.11.20.
458 『관보』제2676호, 1903.11.21.
459 『대한제국관원이력서』, 96 · 692 · 698면.
460 『관보』제2676호, 1903.11.21.
461 『황성신문』, 1906.4.24.
462 전병무, 앞의 책, 332면.

도 교관으로 임명되었다. 그러나 1905년 2월 1일 자로 의원면직하였다.[464]

(52) 이한길(李漢吉)

그는 1885년, 을유년(乙酉年) 1월 23일에 출생, 1941년 사망. 본관은 전의(全義). 1903년 9월 법관양성소에 입학하여 다음 해 7월 22일에 졸업하였다. 1905년 1월 한성법학교에 입학하는 한편 같은 달 28일에 법관양성소의 박사와 교관 판임관 6등으로 임명되었다.[465] 같은 날짜로 윤일영, 공면주, 윤병순, 최창래, 허식, 이종우, 이용설, 이한길도 교관으로 임명되었다. 그러나 1905년 2월 1일 자로 의원면직하였다.[466]

1905년 9월 25일에는 보성전문학교 법률과로 전학하였다.

자신이 쓴 이력서에 의하면, 전박사(前博士)로서 1906년 10월 12일 자로 법관양성소 교관으로 임명되었으나,[467] 12일 만인 24일 자로 의원면직하였다.[468] 같은 해 12월 5일 자로 법관전고시험에 입격하였다.[469] 열흘 후인 15일에 다시 법관양성소 교관으로 임명되었다.[470] 그러나 『황성신문』은 다음과 같이 보도하고 있다.

●李氏做實 前教官 李漢吉氏가 今回 地方 檢事를 被選ㅎ얏논디 該氏가 年齡不及이라 ㅎ야 自退ㅎ고 實地 見習ㅎ기 爲ㅎ야 漢城裁判所 主事를 被任ㅎ얏다더라.[471]

1907년 2월 7일에는 보성전문학교 법률과를 1회로 졸업하였다.[472] 1907년 12월 법관양성소 교관. 1907년 12월의 법관양성소 진급장에 의하면 그는 민법(총론,

---

463 『관보』 제3051호, 1905. 2. 1.
464 『관보』 제3053호, 1905. 2. 3.
465 『관보』 제3051호, 1905. 2. 1.
466 『관보』 제3053호, 1905. 2. 3.
467 『관보』 제3584호, 1906. 10. 15.
468 『관보』 제3594호, 1906. 10. 26.
469 『관보』 제3635호, 1906. 12. 13.
470 『관보』 제3638호, 1906. 12. 17.
471 『황성신문』, 1906. 12. 10.
472 『대한제국관원이력서』, 79면. 보성전문학교 법률학 전문과 졸업생의 명단은 『法政學界』 창간호, 1907. 5. 5, 64~65면 및 고려대, 『근대 서구학문의 수용과 보전』, 1986, 23면 및 본서 참조.

물권, 채권, 상속)을 담당하였다.[473]

이한길은 22세 때에 법관양성소 교관으로서 이력서를 작성하였다.[474]
한편 찬문회에서 신우선과 함께 법학 강습에 종사하기도 하였다.

● 贊育開會   日昨 法律贊育會에셔 通常會를 開ᄒ고 法官養成所 教官 리漢吉씨와 普成專門學校 講師 申佑善시를 請요ᄒ야 稅務規칙과 民刑事訴訟의 區別을 講述ᄒ얏다더라.[475]

이어서 1908년 12월 재판소 서기, 1909년 11월 해주지방재판소 서흥구재판소 판사, 1911년 1월 평양지방재판소 영변구(區)재판소 판사의 직에 있으며,[476] 1912년 3월~1913년 3월 대구지법 김천지청 판사, 1913년 4월 경성지법에 변호사 등록. 1941년 9월 사망으로 등록 취소.

(53) 이항종(李恒鍾)

이항종은 1880년(개국 489) 12월 14일에 출생하였다. 본관은 전주. 개국 500년(1891) 가숙(家塾)에서 공부하였고, 1904년 9월 보광(普光)학교에 입학하였다. 1905년 4월 보성전문학교에 입학하여 1907년 4월 22일에 졸업하였다.[477] 그러나 고려대학교의 『고대교우록』(1995)에 의하면 제1회 졸업은 1907년 4월 15일로 기록되어 있다. 여하튼 그는 보성전문학교 법과 주간을 제1회로 졸업하고 그해 6월 24일에 실시한 우리나라 최초의 변호사시험에 합격하였다.[478] 이 시험에는 20여 인이 응시하였으나 이항종(李恒鍾), 장택환(張宅煥), 허헌(許憲), 옥동규(玉東奎), 계명기(桂命夔), 이종성(李鍾聲) 6인이 합격하였다. 이들은 모두 보성전문학교 졸업생이다.

---

473 『서울법대백년사』, 142면.
474 『대한제국관원이력서』, 79·705면.
475 『대한매일신보』, 1907.6.18.
476 『朝鮮人名資料事典』第1卷, 120면.
477 『대한제국관원이력서』, 37면.
478 『관보』제3809호, 1907.7.4.

같은 해인 1907년 9월 12일 자로 이항종은 법관양성소 교관으로 임명되었다.[479] 이에 관한 기사는 다음과 같다.

●法官被任 법관양성소 교관 나진 씨는 평리원 검사로 흿소 교관 육종면 씨는 한성재판소 주사로 전 내부 참서관 석진형 씨는 법관양성소 교관으로 보성전문학교 졸업생 이항종씨는 법관양성소 교관을 피임ᄒ얏다더라.[480]

1907년 12월의 법관양성소 진급장에 의하면 그는 상법(총론, 회사, 상행위)을 담당하였다.[481]

그 후의 그의 이력에 관하여 자세한 것은 알 수 없으나 동일은행 홍성지점장을 역임하였다.[482]

(54) 장도(張燾)

그는 1876년 5월 7일에 출생하였으며, 본관은 덕수(德水)이며 이를 호로도 사용한다.[483] 1895년 관비유학생으로 일본에 건너가 게이오의숙 보통과를 거쳐 1899년 7월 도쿄법학원(현재의 주오(中央)대학 전신)을 이면우, 유치형, 유창희(유문환)와 함께 졸업하였다.[484] 그 후 일본 대심원 등 실무 견습을 끝내고 1899년 11월에 귀국하였다.

1900년 2월 사립 광흥학교 교사가 되어 법학통론, 형법, 재판소구성법, 일본어

---

479 『관보』 제3874호, 1907.9.18.
480 『대한매일신보』, 1907.9.17.
481 『서울법대백년사』, 142면.
482 『고대교우록』, 1995, 51면.
483 문헌은 김효전, 「장도의 생애와 저작」, 『시민과 변호사』, 2000.7, 108~116면; 허일태, 「장도의 형법이론과 형법사상」, 『인권과 정의』, 2008.4, 127~143면; 『대한제국관원 이력서』, 탐구당, 1972, 262·563면; 한국정신문화연구원, 『한국인물대사전』, 중앙M&B, 1999, 1914~1915면; 『德水張氏族譜』 전5권, 1998 참조.
484 제1부 「법관양성소」 중 9장 「법관양성소의 교수진」, '소장'의 '이면우' 참조; 김상기, 「경응의숙입사장」, 『쟁점 한국 근현대사』 제4호 참조.

를 가르쳤다. 이 학교는 1900년 법부대신을 역임한 권재형(權在衡, 1854~1934)이 설립한 학교로 법률전문과(주학)와 보통과(야학)로 나뉘어 있었다. 여기서 1년 9개월 동안 교사 생활을 하다가 이 학교가 폐교되는 바람에 사임하지 않을 수 없었다. 1901년 11월 30일 의학교 교관으로 임명되었다. 의학교는 1899년에 설립되었으며,[485] 지석영(池錫永, 1855~1935)[486]이 학교장이었으며, 교관 3명 중 1명은 법률을 전공한 사람, 1명은 약학, 나머지 1명은 의학전공자로 충당토록 되어 있었다.[487] 장도는 수학자 남순희(南舜熙)의 후임으로 1901년 12월 의학교 교관으로서 의학 교재를 번역하거나 일본인 강의를 통역한 것으로 생각되며 2년간 근무한 후 사직하고, 1904년 3월에는 장지연, 김상연과 함께 시정개선에 대한 55조를 열거하여 중추원에 헌의하기도 하였다.[488] 같은 1904년 10월에는 의학교 교관으로 근무 중 외부의 번역관으로 임명되었다.[489] 이어서 1905년 1월에는 사립 한성법학교 강사로서 출강하였으나 이 학교 역시 곧 폐교되었다.

● 法校開學詳報　日昨 漢城法學校에서 學員을 試取함은 己記ᄒ얏거니와 更히 其詳을 得聞ᄒ즉 卒月 卄四日에 學員을 試取하야 一百十一人을 精選하고 翌日 下午 一時 水下洞 臨時講堂에셔 開學式을 行하난디 校長 玄采氏가 勅語를 奉讀하고 校監 羅壽淵氏난 學校設立趣旨를 說明ᄒ 後 講師中 張燾 洪在祺 兩氏난 法學의 大旨와 學問의 効用을 演說하고 來賓中 尹致昊 朴勝鳳 兩氏난 學員의 信實修學함을 勸勉함애 學員中 尹泰懋 郭漢英 兩員은 右 勸勉함을 答辨ᄒ 後 仍히 茶菓를 進하다. 四時에 閉式하고 五時에 法學專門科를 開學하고 豫備普通科난 翌 卄六日에 開學하얏난디 諸講師의 次第로 敎授 講演함과 諸學員의 實心向學함이 今日에 初有ᄒ 學校러라.[490]

485　의학교에 관하여는 배규숙, 「대한제국기 관립의학교에 관한 연구」, 이화여대 석사논문, 1991; 이꽃메, 『한국 근대간호사』, 한울아카데미, 2002; 황상익, 『근대 의료의 풍경』, 푸른역사, 2013; 古川昭, 이성옥 옮김, 『구한말 근대 학교의 형성』, 335~360면; 『독립신문』, 1898.7.25; 1899.3.29 참조.
486　상세한 것은 이광린, 『개화기의 인물』, 연세대 출판부, 1993, 165~201면 참조.
487　『황성신문』, 1903.10.13 잡보; 위의 책, 185면 참조.
488　상세한 것은 김효전, 『근대 한국의 국가사상』, 철학과현실사, 2000, 513~518면; 이훈옥, 「장지연의 국가관과 정치개혁안연구」, 『인하사학』 제1집, 1993, 135~185면 참조.
489　『관보』 제2960호, 1904.10.18.
490　『황성신문』, 1905.1.27.

그리하여 1905년 3월에는 사립 보성전문학교 강사로서, 4월부터는 사립 양정
의숙의 강사로서 법학통론과 형법을 가르쳤다. 그러다가 같은 해 7월 평리원 검사
로 임명되고, 11월에는 법부의 법률기초위원을 겸임하게 되었다. 또 12월 14일 자
로 변호사시험위원에 임명되기도 하였으며, 1906년 5월 한성재판소 판사에 임명
되었다가 8월에는 법부 참서관으로 이임되었다. 이해 9월에는 연설[491]도 하고 10
월에는 기독교청년회에서 토론을 하기도 하면서 바쁘게 지냈다.[492]

1906년 10월 14일 자로 겸임 법관양성소 교관으로 임명되어 형법을 강의하였
다.[493] 또한 양정의숙의 교사로서 강의를 맡기도 하였다.[494] 같은 해 12월에는 형
법교정관에 임명되었다.

●刑法校正會議　政府에셔 現行刑法를 改正홀 目的으로 委員會를 組織ᄒ얏는디
總裁 以下가 左와 如히 任命ᄒ얏는디 刑法校總裁 法部大臣 리夏榮 刑法校正官 法部
協판 리源兢 刑事局長 金洛憲 參書官 張燾 尹性普 平理院判事 朴晩緖 議政府 叅贊 韓
昌洙 參書官 洪運杓[495]

1907년 12월의 법관양성소 진급장에 의하면 그는 겸임교관으로서 형사소송법
을 담당하였다.[496] 1907년 법부 회계과장을 사직하였으며,[497] 12월에는 다른 동료
들과 함께 보성전문학교 강사를 사퇴하였다.[498] 1908년 1월 다시 평리원 검사가
되었다가,[499] 사임하고 같은 해 변호사로 등록하였다.[500]

그 밖에 사회활동으로는 기호흥학회의 평의원[501]이었으나, 그 기관지인 『기호

---

491 강연 「법규의 실천균행(均行)이 교폐중(矯弊中)의 급무(急務)」, 『황성신문』, 1906.9.15.
492 『황성신문』, 1906.10.6.
493 『관보』 제3575호, 1906.10.4.
494 『만세보』, 1906.11.27.
495 『대한매일신보』, 1906.12.21.
496 『서울법대백년사』, 142면.
497 『대한매일신보』, 1907.7.5.
498 『황성신문』, 1907.12.25.
499 『관보』 제3970호, 1908.1.14.
500 실질적으로 장도를 한국 최초의 변호사로 보아도 무방하다는 견해(전봉덕, 『한국변호사사』, 대
　　한변호사협회, 1979, 46면)도 있다.
501 기호흥학회의 창립 당시의 인적 구성은 다음과 같다.

홍학회월보』에 기고한 흔적은 찾아보기 어렵다. 이 학회가 설립한 기호학교에서도 법학은 유옥겸(兪鈺兼)이 담당하였다.[502]

한일합병 후에는 부친 장복근(張伏根)의 부고[503]가 보이며, 1917년 경성의 일본인 제1변호사회와 조선인 제2변호사회가 합병하여 경성변호사회가 되자 상의원(常議員)이 되고,[504] 1919년 조선변호사회의 회장을 역임하였고 중추원 참의를 지냈다. 일제시대 때 중추원 부의장이었던 이완용이 친대(親待) 3,500원을 받을 때 장도는 참의 주대(奏待)로서 600원을 받았다.[505] 중추원 참의는 '반민족행위자처벌법'(1948) 제4조 2항의 '중추원 부의장, 고문 또는 참의되었던 자' 속에 포함되며, '일제강점하반민족행위진상규명에관한특별법'(2004) 제2조 9항에도 열거되어 있다.[506] 헌법재판소는 일제강점하 조선총독부 중추원 참의로 활동한 행위를 친일반민족행위로 규정한 것은 합헌이라고 판시하였다.[507]

변영로는 상경하여 정구창(鄭求昌)[508] 변호사를 찾아간 이야기를 하는 가운데 장도에 관하여 다음과 같이 전한다.

> "여보게 변군(그때는 수주(樹州)라는 호가 없었다)! 자네도 아다시피 나는 술을 먹지 못하고 자네더러만 먹으라기 무엇하니 대작할 사람을 하나 청해 올 텐데 장도 씨가 어떤가?"
>
> 하기에 나는 서슴지 않고 낙(諾)타한바, 고 장도 씨로 말하면 역시 변호사로 나에게는 거의 부집(父執)이나 되는 분으로 호음가(豪飮家)였다. 이에 일언 부언할 것은 장 선생은 토월회(土月會)를 경영하던 박승희(朴勝喜) 군의 빙부(聘父)이시란 것이다.[509]

회장 李容稙, 부회장 池錫永, 총무 鄭永擇, 평의원 兪星濬, 石鎭衡, 李商在, 尹孝定, 張憲植, 鄭喬, 張熹, 柳瑾, 柳一宣, 安鍾和, 규칙검정위원 李種一, 柳瑾, 李星燦. 문헌은 이현종, 「기호흥학회의 조직과 활동」, 조항래 편, 『1900년대의 애국계몽운동연구』, 아세아문화사, 1993, 397~421면 참조.

502 위의 글, 414면.
503 『매일신보』, 1913.9.3.
504 『매일신보』, 1917.7.5.
505 『齋藤實文書』2, 1990, 242~243면.
506 『동아일보』, 1920.4.1 축사; 임종국, 「중추원 참의」, 『월간 중앙』, 1973.5.
507 헌재 2010.10.28. 2007 헌가 23 결정.
508 정구창(1891~1921) 변호사는 정구영(鄭求瑛, 1896~1978) 변호사의 종형이며 성균관대학교 교수를 지낸 정근영(鄭近永, 1911~1990) 변호사의 부친으로 관립영어학교와 보성전문을 나와 1907년 제2회 변호사시험에 합격하여 경성지방재판소의 판사를 지내고 변호사로서 당시 경성에서 이름을 날리던 재사의 한 사람이다. 상세한 것은 김동환, 「기당(岐堂) 정구창 변호사」, 『대한변호사협회보』 제12호(1975) 참조.

또 1920년 5월 일본 도쿄에서 '제1회 범태평양지역 국제변호사대회'가 열렸는데 경성조선인변호사회에서는 장도, 박승빈(朴勝彬), 이종하(李琮夏), 정구창, 이기찬(李基燦) 등 5명을 도쿄로 파견하고 장도가 단장이 되었다. 여기에 대해서 변영로는 다시 기록한다.

조선 변호사 대표로 온 분들이 7, 8인 되었는데 단장은 역여시(亦如是) 앞에 말한 고 장도씨였다. 나는 그에게 특청을 하였다.

"여보시오 영감, 내 영어 실력이 시원치 못하니 제발 식사는 장황히 하지 마시오."

"알았네, 알았네. 염려 말어"하며 우리 일행은 삼록정으로 제진(齊進)하였다. 그 연회식장 이야기야 이곳에서 상술할 하등 흥미가 없는 것이다. 하여간 대대원만리(大大圓滿裏)에 끝을 마친 줄만 알면 그만이다.[510]

우리들이 흥미를 가진 대목에서 안타깝게도 변영로는 마치고 다시 술 마시는 이야기로 화제를 돌린다.[511]

장도의 사망 시기는 아직 불명확하다. 동시대의 변영만은 '변광호'란 이름으로 『동광』지에 소개하기를 '장씨는 조선 변호사계의 원로, 인격자로 단연 추수(追隨)를 불허하는 유덕(有德) 신사인바 지금 불행히 병칩(病蟄) 중'이라고 기록한 것을 볼 때 1932년 9월 현재 생존한 것은 틀림없다.[512] 그러나 1925년 이른바 을축 홍수 때에 강릉에서 변호사를 개업하던 중 사망하였다는 견해(김이조)도 있고, 한국전쟁 때 행방불명되었다는 견해(최종고)도 있어서 정확한 사망 시기를 규명할 필요가 있다.[513] 저서로 『신구형사법규대전』(상하, 1907)과 『형법총론』(1907)이 있고, 논설로

---

509 변영로, 『명정 40년』, 범우사, 2004, 31면.
510 위의 책, 34~35면. 임종국 · 박노준, 『흘러간 星座 — 오늘을 살고 간 한국의 기인들』, 국제문화사, 1966, 168~169면에도 같은 내용이 수록되어 있다. 전자에서는 '삼록정', 후자에서는 '삼연정(三緣亭)'으로 적혀있는데 후자가 맞는 것 같다.
511 국제변호사대회에 관하여는 정구영, 「조선변호사회」(남기고 싶은 이야기들), 『중앙일보』, 1973.12.25.
512 변광호(卞光昊), 「京城의 수昔 독갑이 타령」, 『동광』 제37호, 1932.9, 66면; 실시학사 고전문학연구회 편, 『변영만전집』 하, 성균관대 출판부, 2006, 251면에도 수록.
513 김이조, 『법조 100년 이야기』, 2011, 17면. 그러나 한국정신문화연구원에서 펴낸 『한국인명대사전』(최종고 집필, 1914면)에서는 한국전쟁 중 행방불명되었다고 한다. 또 Wikipedia의 '장도' 항목에서는 "광복 후에는 광산업에 뛰어들었으나 한국전쟁 중 실종되었다"고 하는데 이것은 집필자 명도 밝히지 않았을 뿐만 아니라 사실여부도 의심스럽다. 양자 모두 불확실하며 좀 더 연구할 과제이다.

는「법률상(法律上)의 인격론(人格論)」(『법정학계』 제6호, 13~27면)이 있다.

(55) 정구섭(丁九燮)

그는 1860년에 출생하였으며 본관은 나주(羅州)이다.[514] 부친은 통정대부행(通政大夫行) 종묘서령(宗廟署令) 정대식(丁大栻)이다. 가정에서 수학한 후 1900년 1월 경기관찰부 주사로 관계에 입문하였으나 같은 해 7월 곧 의원면직하였다. 그 후 약 4년 동안의 공백이 있은 후 1904년 5월 10일 승(陞) 6품 승훈랑(承訓郎).

이어서 1904년 7월 8일 자로 법관양성소 교관에 임명되었다. 1905년 3월 13일에는 감면되었다. 여기서 볼 때 그는 교관직을 불과 8개월 동안 근무하였음을 알 수 있다. 같은 해 6월 27일에는 해주(海州) 주필당수개시(駐蹕堂修改時) 별단(別單) 승정삼품(陞正三品)이 되었으며, 1905년 2월 9일 자로 내부 참서관으로 임명되었다.

1907년 3월 보성군수로 임명되었다가 다음 해인 1908년 11월 19일자로 면관되었다.[515] 군수로 임명될 당시의 기사는 다음과 같다.

◎ 郡守及參書奏敍　地方官銓考所에셔 各 郡守를 銓考敍任ᄒ 氏名이 如左ᄒ니 寶城郡守 丁九燮 義州 劉猛 洪州 金祥演 懷仁 金永德 中和 金然尙 鎭安 李文用 新溪 李址善 延日 安基宅 靑陽 黃祐璨 牙山 鄭翰相 延安 呂圭亨 楚山 李章遠 善山 鄭懿燮 咸安 金秉吉 綾州 權重冕 珍島 李秉化 橫城 沈興宅 諸氏오 江原觀察 道參書官 鄭海運氏 依免代에 鄭元燮氏로 內部參書官 丁九燮氏가 郡守로 轉任ᄒ 代에 洪鎭裕氏가 被任ᄒ얏더라.[516]

이 기사 이외에 정구섭의 활동에 관한 보도는 별로 없는 편이다.

---

[514] 『대한제국관원이력서』, 538면.
[515] 안용식 편, 『한말지방관록』, 93면.
[516] 『황성신문』, 1907.3.1.

(56) 정기학(鄭基學)

그는 1885년 사용(司勇)[517] 정용혁(鄭龍爀)의 아들로 태어났다.[518] 1898년(광무 2) 3월 법어학교에서 프랑스어를 배우고, 1901년 3월 법부 고문관 크레마지에게 프랑스법을 배웠다. 1903년 6월 24일 자로 크레마지의 추천으로 법부대신에 의해서 법관양성소 교수로 임명되었다.[519] 같은 해 9월 4일에는 1급봉으로 승급하였다.[520]

법관양성소 교관으로서의 정기학의 활동에 관한 신문보도는 거의 발견할 수가 없다. 1907년 당시 22세의 젊은 나이였기 때문에 영향력을 행사하기 어려웠거나 아니면 조용한 성품으로 충실히 강의에만 몰두하였던 것 같다.

(57) 정명섭(丁明燮)

정명섭

그는 1866년 3월 13일에 출생하였으며, 본관은 나주이다.[521] 부친은 학생의 신분으로 이름은 정대영(丁大榮)이며, 생부(生父) 역시 학생으로 이름은 대은(大隱)이다. 1895년 2월 사립법률학교에서 수학한 후 같은 해 9월 법부 주사로 공직생활을 시작하였다. 1900년 한성재판소 검사로 임명되고 형법교정관이 되었다. 이어서 1902년 7월 5일 자로 평리원 검사로 임명되고 같은 달 중추원 의관이 되었다. 같은 해 8월에는 법부 법률기초위원에 피선되었다.[522]

정명섭은 검사로 재직 중 증인으로 나온 안중근(安重根)

---

517 사용(司勇) : 조선 때 오위(五衛)의 정9품 군직(軍職)의 하나. 현직(現職)이 아닌 24명의 문관·무관·음관(蔭官)으로 채웠다.
518 최종고, 『한국법학사』, 박영사, 1990, 101면에서는 경주(慶州)에서 태어났다고 적고 있으나 경주는 출생지가 아니라 본관이다.
519 『관보』 제2778호, 1904.3.19.
520 『대한제국관원이력서』, 554면; 또한 『관보』 제2611호, 1903.9.7 참조.
521 문헌은 김효전, 「정명섭의 상소문과 변호활동」, 『시민과 변호사』, 2000.12, 83~91면; 『朝鮮人名資料事典』 제1卷, 189면 참조.
522 법률기초위원회에 관하여는 정긍식, 『한국 근대법사고』, 박영사, 2002, 83면 이하·100면 참조.

으로부터 힐난을 받기도 하였다.[523]

그의 자필 이력서에 의하면, 1902년 12월부터 법관양성소 교수가 되었다고 한다.[524] 그러나 관보에 의하면 1903년 9월 10일 자로 조경구, 방승헌과 함께 겸임 법관양성소 교관에 임명되었다.[525] 그러나 1903년 10월 16일 자로 한성부재판소 판사 겸임 법관양성소 교관을 의원면직하고 법관양성소 교관에 임명되었다.[526] 그러니까 한성재판소 판사직만을 의원면직한 모양이다.

그 후의 관보에 의하면, 1904년 3월에 1급봉(給俸)으로 승급되었다.[527] 1905년 3월 8일 자로 법관양성소 교관(주임관 4등)에 임명되었다.[528] 같은 해 7월에는 교관으로서 법부 법률기초위원을 겸임하였다.[529] 1903년 7월부터 한성재판소 판사직을 겸임하였다. 교관으로 재직 중이던 1905년 11월 을사늑약이 체결되자 그는 이를 반대하는 상소문을 고종 황제에게 올린다. 그의 상소문은 『대한매일신보』에 게재되어 있으므로 전문을 인용한다.

● 法官養成所 教官 臣 丁明燮 等 疏本

伏以臣等卽一긔風之賤流猥蒙洪恩濫列於簪纓末班惟日所思者只在乎各盡其職圖報涓埃何敢與論於 朝廷大事乎然尙以我. 聖天子敎化中生成之物稍具彝性粗解義理之爲何等事也故每於史冊中或有奸凶之徒誤其國事處未嘗不掩卷廢讀詬罵其人之不忠矣. 豈意誤國之徒出於今日乎興言及此不覺痛哭而繼之以髮竪膽도不能自已也愚○所激弗揆僭越敢此瀝血披肝呼籲於. 天陛之下伏願○聖明勿以人賤而葉言俯賜察邇焉今所謂政府더臣者亦是 陛下之臣子也乃祖乃父罔非. 祖宗朝生成之物也居則曰以忠於君於國弗啻爲傳家之常談而豈忍以堂堂我帝國之威權輕輕然擅許於他人哉夫國之所○爲國者名義而已矣名義一夫則. 陛下事去矣卽伏聞本月十七日夜所謂政府諸臣者藉稱外人之威脅擁蔽. 聖聰至有條約之成立云所謂條約者果爲尊○皇權振國威而成耶少有

523 신용하 편, 『안중근 유고집』, 역민사, 1995, 46면; 『안중근의사 자서전』, 범우사, 2000, 40면 등 참조.
524 『대한제국관원이력서』, 539면.
525 『관보』 제2614호, 1903.9.10.
526 『관보』 제2645호, 1903.10.16.
527 『관보』 제2778호, 1904.3.19.
528 『관보』 제3085호, 1905.3.13.
529 『황성신문』, 1905.7.28. 구성원에 대해서는 본서 제1부 「법관양성소」 중 9장 「법관양성소의 교수진」, '소장'의 '김낙헌' 참조.

損於威權猶弗免誤國之誅. 況以威權全讓者哉天下焉有以外交權讓移於타인而能獨立
之國乎外交之權一移而獨立之名亦隨而去矣. 陛下將何以與列强幷立乎且基業者. 祖
宗之基業也威權者.陛下之威權也幺麼二三亂〇之徒焉敢議可於該條約擅許外人哉今
此條約議可之臣非徒. 陛下之賊臣也乃. 祖宗之賊臣也二千萬人民之仇讎也伏乞. 天地
父母廓揮乾斷以此條約議可之諸臣下付司敗以正邦憲其所謂條約繳而消之而宣布於
中外以示條約之無效焉.宗社幸甚人民幸甚. **530**

이것을 우리말로 옮기면 다음과 같다.

　　법관양성소 교관 신 정명섭 등의 상소문
　　저희들은 한낱 천한 무리들인데도, 외람되게 큰 은혜를 입어 고관의 말석을 차지하게 되
었습니다. 그래서 날마다 생각하는 것은 다만 각자 그 직분을 다하여 조금이나마 보답하려
고 함에 있을 뿐입니다. 그러니 어찌 감히 조정의 대사에 참여하여 논의를 하겠습니까?
　　저희는 우리 성스러운 천자의 교화 속에서 만들어진 것들을 받들어서 점차 떳떳한 본
성을 감추게 되었고 거칠게나마 의리가 어떤 일인가를 깨닫게 되었습니다. 그래서 언제
나 역사책 속에서 간사하고 흉악한 인간들이 그 나라 일을 그르치는 곳에 이르게 되면
아직 일찍이 책을 덮고 읽기를 그만두고서 그 사람의 불충함을 욕하지 않은 적이 없었
습니다. 그런데 어찌 오늘날에 나라를 그르치는 무리가 나올 것을 생각했겠습니까?
　　말을 일으킴이 여기에 이르자 깨닫지 못할 사이에 통곡을 하였고, 이어서 머리카락
이 곤두서고 간담이 떨어지는 것을 스스로 막을 수가 없었습니다. 저희들은 격분하
여 분수에 넘친다는 것도 헤아리지 않고서 감히 피를 뿌리고 마음을 열어 젖혀, 폐하
아래에 호소하오니 엎드려 바라건대 폐하께서는 사람이 천하다고 하여 말을 버리지
마시고서 이 하찮은 말을 살펴 주십시오. 지금 정부의 대신이라고 하는 이들 또한 폐
하의 신하이며, 그들의 할아버지 아버지도 역대의 임금님께서 이루어낸 것이 아닌 사
람이 없습니다. 그들은 자리에 앉으면 임금께 충성하고 나라를 위하여 죽겠다고 하
며, 이를 집안에 전하는 일상의 이야기로 삼을 뿐만이 아니었습니다. 그런데 어찌 참
아 당당한 우리 제국의 권위를 가볍게 다른 사람에게 마음대로 줄 수 있겠습니까?

---

530 『대한매일신보』, 1905.11.24.

나라가 나라가 되는 까닭은 명의(名義)뿐입니다. 따라서 명의를 한번 잃으면, 폐하의 일은 사라져 버릴 것입니다. 삼가 들으니 이달 십칠 일 밤에 정부의 여러 신하라고 하는 이들이 바깥사람들의 위협을 핑계로 임금님의 귀를 막아 가려 마침내 조약의 성립에까지 이르렀다고 하였습니다. 조약이란 황제의 권위를 높이고 나라의 위세를 떨쳐서 세워지는 것입니다. 따라서 조금이라도 권위가 손상되는 일이 있더라도 나라를 그르친 죄를 벗어날 수 없을 것인데, 하물며 권위를 완전히 넘겨준다면 어찌 그 죄에서 벗어날 수 있겠습니까? 천하에 외교권을 다른 사람에게 넘겨주고서도 능히 독립할 수 있는 나라가 있겠습니까? 외교권이 한번 옮겨지게 되면 독립이라는 이름 또한 따라서 떠나가게 됩니다. 그러면 폐하께서는 장차 어떻게 열강들과 나란히 서겠습니까? 더욱이 왕조의 기업은 조종들의 기업이며 권위는 폐하의 권위입니다. 그런데 어찌 두 셋의 어지러운 무리들이 그 조약에 대하여 '可'하다고 논의하여 마음대로 타인에게 줄 수 있겠습니까? 이 조약을 '可'하다고 논의하는 신하는 다만 폐하의 적신일 뿐만이 아니라 조종의 적신인 것입니다. 그리고 이천만 백성의 원수인 것입니다.

엎드려 바라건대 천지의 부모가 되시는 임금께서는 과단성 있는 정치를 행하시어 이들 조약을 '可'하다고 한 여러 신하들을 담당 관리에 맡겨 나라의 법을 바로 잡고 그 조약은 돌이켜 없었던 것으로 하시고 나라 안 밖에 선포하여 조약이 무효임을 보이십시오. 그러면 사직이 매우 다행스러울 것이며, 백성들 또한 매우 다행스러울 것입니다.

정명섭은 다시 법관양성소 교관 조세환, 고익상, 김종관, 윤태영, 윤광보 등과 함께 재소를 올렸다.

法官養成所敎官 丁明燮、曹世煥、高翊相、金鍾灌、尹泰榮、尹光普 等 再疏 홈이 如左 호니 伏以誅斬賊臣率普同願繳消僞約暑刻難緩臣等曾以此事伏達夫陛之日절以爲必有. 雷霆之威霜雪之嚴渙發中外戮賊于社繳約以消矣臣等之上言者已經三日尙未蒙思批伏不知聖意有何斟量而事機切迫卽在呼吸伏願. 陛下勿以包荒爲仁宜勇斷爲德亟斬諸賊之頭以謝天下其所謂條約卽日繳消彼或以野心斬繳擧其違規無効之理由嚴辭斥之虛將此由宣布于各國公使館以爲證明焉嗚呼天下未有不亡之國亦未有不死之人但亡以其道死得其所則雖亡而不亡雖死而不 世伏乞. 聖明特軫殉死之義不負我 祖宗付畀之重焉臣等無任激切祈懇之至.[531]

이것을 우리말로 번역하면 다음과 같다.

　법관양성소의 교관인 정명섭, 조세환, 고익상, 김종관, 윤태영, 윤광보 등은 다음과 같이 다시 상소를 올립니다.

　삼가 생각건대 불충한 신하를 베는 것은 천하가 함께 바라는 것이요, 거짓된 조약을 돌이켜 없었던 것으로 하는 것은 시각을 늦출 수 없는 일입니다. 저희들이 일찍이 이 일을 폐하게 엎드려 올렸던 날, 저희들은 마음속으로 반드시 천둥과 번개와 같은 위엄과 서리와 눈과 같은 엄함이 있어 조야에 말씀을 내리시어 조정에서 불충한 신하를 죽이시고 거짓된 조약을 돌이켜 없애실 것이라고 생각하였습니다. 그런데 저희들이 말씀을 올린 것이 이미 사흘이 지났는데도 아직도 비답을 받지 못하였습니다. 그러니 삼가 임금님의 뜻은 어떤 것을 헤아리고 있는지 모르겠습니다. 그런데 일의 상황은 절박하여 바로 호흡지간에 있습니다.

　삼가 바라옵건대 폐하께서는 어지러운 것을 감싸주는 것을 어짊으로 여기지 마시고, 마땅히 용단을 내리는 것을 덕으로 하시어 빨리 여러 도적들의 머리를 베어 천하에 사죄하여야 합니다. 그러면 그들이 말하는 조약은 그날로 사라져 효력이 없어질 것입니다. 그리고 저들이 만약 분수에 넘치는 욕심으로 이익에 어그러지는 것을 아까워하여 그 어긋난 규약, 효험이 없는 이치를 든다면, 엄격한 말로써 그것을 물리치시고 그것이 진실이 아님은 장차 각국의 공사관에 선포하여 그것을 증명하십시오.

　아, 천하에는 아직까지 망하지 않은 나라가 없었고, 또한 아직까지 죽지 않은 사람이 없었습니다. 그러나 바른 도로써 멸망했고, 바른 죽음을 얻었다면 비록 망했다고 하더라도 망하지 않은 것이며, 비록 죽는다고 하더라도 이 세상에서 죽은 것이 아닐 것입니다. 엎드려 바라건대 밝으신 임금님께서는 다만 임금님을 따라 죽으려는 마음을 아파해 주시고 저희의 선대 임금님께서 맡기신 중요한 것을 저버리지 마십시오. 저희들은 절실하고도 간곡히 바라는 지극한 마음을 견디지 못하겠습니다.

이와 같이 두 번에 걸쳐 상소문을 올렸으며, 다시 11월 26일에는 궁내부 특진관 조병세(趙秉世), 이근명(李根命), 민영휘(閔泳徽), 민영환(閔泳煥) 등 70여 명과 함께 을사늑

---

531 『대한매일신보』, 1905.11.26.

약에 반대하는 소를 올렸다.[532] 그러나 아무런 대답을 받기는커녕 오히려 1905년 12월 13일 자로 정명섭은 물론 그와 함께 상소한 사람들 모두가 교수직을 면직하였다.[533] 이에 관한 신문보도는 다음과 같다.

● 卒業還呈   法官養成所 教官 丁明燮 氏等 六人이 免官호 代에 外國에 遊學호 法律卒業生 洪在祺 氏等 六人이 被任호야 學員을 教授홀 터인터 其中 三年生이 今爲卒業期限故로 所長 李冕宇氏 曰 三年生은 新學問이 不足호나 旣得權을 難侵이니 不得已 卒業을 許호노니 應試호라 혼터 三年生 李啓玉氏가 曰 當此時代호야 革舊從新호는 主義는 國家進步를 爲홈이어날 一張休紙와 虛名宕巾으로 爲主호야 卒業을 許호니 此는 國家가 學徒를 養成호는 本意가 아닐뿐더러 每事를 如此히 호면 엇지 進步를 可望호리오. 決斷코 吾는 此에 反對라 호고 三年生 李鎬梃氏가 又 曰 今番卒業生이 日後 法官이 되면 法律에 昧호야 人民을 網호리니 此는 卒業證이 아니라 곳 病國害民狀이라 혼터 所長 李冕宇氏가 辭 曰 諸學徒가 二人과 皆如호면 엇지 此言을 敢出호며 我國進步가 不出幾年에 歐美諸國과 幷立호깃다 호얏다니 如此學徒는 大志를 抱호者라 謂호깃다 호더라.[534]

● 以忠被免   法官養成所 教官 丁明燮, 尹台榮, 金鍾淮, 高翊相, 曹世煥氏等 六人은 專廢教課가 幾近一朔홈으로 幷爲免本官호고 其 代에 洪在祺, 柳東作, 劉文煥, 尹憲求, 石鎭衡, 羅瑨 氏等이 被任호얏더라.[535]

정명섭의 후임으로는 해외에서 공부한 홍재기가 임명되었다.[536]
그리하여 정명섭은 이면우의 변호사 사무원과 보성학교의 교감[537] 등을 지내다가 법부에 청원하여 변호사자격을 취득하게 되었다.[538]

---

532 잡보「百官再疏」,『대한매일신보』, 1905.11.28. 정명섭을 비롯한 여러 사람들의 상소문은『日省錄』,
     『承政院日記』, 光武 9년 10월 30일;『高宗實錄』, 光武 9년 10월 30일조 참조.
533 『관보』제3325호, 1905.12.16;『대한제국관원 이력서』, 탐구당, 1972, 538~539면.
534 『대한매일신보』, 1905.12.12.
535 『대한매일신보』, 1905.12.15.
536 『관보』제3325호, 1905.12.16.
537 「學校廣設」,『황성신문』, 1905.1.23.
538 『황성신문』, 1906.11.28;『만세보』, 1906.11.28 참조.

○本 辯護士가 地方에 出張所를 設置ㅎ야도 出張事務員의 行爲는 負擔치 아니ㅎ
오니 名譽나 財産上에 致人損害라도 本 辯護士는 關係가 無홈
辯護士 丁明燮 告白[539]

한일합병 이후의 정명섭에 관하여는 알려진 것이 거의 없다. 그러나 족보에 의하면
1952년 5월 26일 서울에서 88세로 작고하였으며, 그의 묘는 고양시 벽제군 서천리 선
산에 있다.[540] 그의 후손으로 경희대 공대 교수를 역임한 정석진(丁碩鎭) 씨가 있다.[541]

(58) 정언조(鄭彦朝)

그는 1861년에 출생하였으며, 본관은 동래(東萊)이다.[542] 부친은 통훈대부(通訓大
夫)로 개령(開寧) 현감(縣監)을 지낸 정기흥(鄭基興)이다. 1887년 3월 생원(生員) 시험에
합격하여 홍릉(弘陵) 참봉(參奉)으로 있다가 1897년 11월에 법부 주사로 임명되었다.
1897년(광무 원년) 11월 19일 명성황후 인산시(因山時) 활동이 커서 상을 하사(下賜)받
았고, 12월 10일에는 부향(祔享) 친제시(親祭時) 말 한 필을 하사받기도 하였다. 그러
나 다음 해인 1898년 7월에는 공문서를 잘못 써서 견책을 받기도 하였다. 1899년 6
월 5일 자로 한성부재판소 주사로 임명되었다. 같은 해 7월 4일 자로 평리원 주사
가 되었다. 이어서 1900년에는 중추원 의관(議官)으로 임명되었으나 곧 의원면직하
고 그냥 지내다가 1904년 7월 16일 자로 법관양성소 교관으로 임명되었다.[543] 관보
의 「휘보(彙報)」 관청사항 중 「수칙 급 수첩(受勅 及 受牒)」[544]에서 이름이 발견된다.
법관양성소 교관으로서의 정언조의 활동에 관한 기록은 찾아보기 어렵다.

---

539 『황성신문』, 1908.4.18.
540 『羅州丁氏族譜 大司憲公派』, 717~718면.
541 그는 『서울법대백년사』에 자료를 제공한 바 있다.
542 『대한제국관원이력서』, 552면.
543 『관보』 제2884호, 1904.7.21.
544 『관보』 제2895호, 1904.8.3.

(59) 정영택(鄭永澤)

그는 1876년생으로 본관은 영일(迎日). 1888년 중식년(中式年) 생원시(生員試) 입격. 1895년 법관양성소 졸업. 1897년 한어(漢語)학교 수업. 1902년 6월 혜민원(惠民院) 주사에 임명되나 7월 의원 면 본관. 1904년 7월 법관양성소 부장(副長) 심상익에 의해서 교관으로 임명된다는 신문보도[545]가 있었으며, 같은 해 9월 법관양성소 감독 사무를 겸장한다.[546] 그러나 관보에 의하면 1905년 3월 10일 자로 법관양성소 교관에 임명되었으며, 곧 4월 25일 자로 의원면직하였다.[547] 한일합병하는 해인 1910년 8월과 10월 두 차례에 걸쳐 경기도 양성(陽城) 군수로 발령을 받지만,[548] 1911년 3월 2일 자로 면직된다. 한일합병 이후 중국으로 망명하지만 이후의 행적은 확실하지 않다. 1947년 사망. 역서로『천문학』(1908)이 있다.[549]

(60) 정학수(丁學秀)

그는 1903년(광무 7) 12월 8일 자로 법관양성소 교관에 임명되었으나,[550] 닷새만인 12월 13일 자로 의원면직하였다.

(61) 조경구(趙經九)

그는 1875년 7월 16일에 출생하였으며, 본관은 풍양(豊壤)이다. 부친 조동석(趙東奭)은 숭정대부(崇政大夫) 의정부(議政府) 참정대신(參政大臣) 통훈대부(通訓大夫) 공조

---

545 『황성신문』, 1904.7.18.
546 『대한제국관원이력서』, 550면.
547 『관보』제3126호, 1905.4.29.
548 안용식 편,『한말지방관록』, 연세대 지역사회개발연구소, 1992, 44면.
549 박은미,「개화기 천문학 서적 연구―정영택의『천문학』과 W. M. Baird의『텬문략해』」, 충북대 석사논문, 2010 참조.
550 『관보』제2694호, 1903.12.12.

정랑(工曹正郎) 등을 지냈다. 가정에서 수학한 후 1897년(건양 2) 3월 4일 목릉(穆陵) 참봉(參奉)에 임명되고, 같은 달 27일에는 영희전(永禧殿) 참봉으로 임지를 옮겼다가 1899년 11월 1일 자로 의원면직하였다. 같은 날 다시 목릉령(穆陵令)으로 임명되고 다시 종묘서령(宗廟署令)으로 이임되었으나 1900년 3월 9일 자로 의원면직하였다.

이어서 1900년 3월 10일 중추원 의관에 임명되었으나 3일 만에 의원면직, 다음 날로 법부 주사가 되었다. 1900년 9월에는 법부 참서관, 10월에는 법부 법률기초위에, 12월에는 한성재판소 검사시보에 각각 임명되고, 12월 10일 자로 법률기초위원은 해촉되었다.

1901년 3월 17일 자로 평리원 판사로 이임하였으나, 곧 4월 4일 자로 의원면직하였다. 다시 20일 만에 한성재판소 판사로 임명되고, 12월 22일 법부 참서관이 되었다. 1902년 7월 비서원승주임사등(秘書院承奏任四等)으로 이임하였으나 이틀 만에 의원면직하였다.

1903년 2월 9일 중추원 의관에 임명되었으나 4일 만에 바뀌었다.

1903년 9월 7일 자로 법부 참서관과 겸임 법관양성소 교관으로 임명되었다.[551] 같은 날짜로 한성재판소 판사 정명섭(丁明燮), 통신원 번역관 방승헌(方承憲)도 겸임 교관으로 임명되었다. 그러나 두 달 만인 11월 17일 자로 겸임을 의원면직하였다.[552] 그러다가 같은 11월 27일 겸임 법관양성소 교관이 되었고,[553] 다시 일주일 후인 12월 8일 자로 겸임교관을 의원면직하였다.[554]

1904년 4월 법률기초위원은 해촉되고 형법교정관이 되었다. 같은 해 12월에는 공문을 지체한 일로 중견책을 받기도 하였다. 1904년 10월에는 한성재판소 수반 판사로 이임하였다.[555]

이상은 조경구의 이력서에 의한 서술인데, 법관양성소 교관으로서는 불과 두 달 일주일 정도 근무하였을 뿐이다. 따라서 교관으로서의 어떤 업적이나 영향은 찾아보기 어렵다. 다만, 당시의 일관되지 못하고 며칠 만에 번복되는 인사행정의

---

551 『관보』 제2614호, 1903.9.10.
552 『관보』 제2675호, 1903.11.20.
553 『관보』 제2684호, 1903.12.1.
554 『관보』 제2694호, 1903.12.12.
555 『대한제국관원이력서』, 576면.

난맥상을 확인할 수 있을 뿐이다. 1911년 변호사로 기록되고 있으며,[556] 그 이후의 행적은 알 수가 없다.

(62) 조세환(曹世煥)

조세환은 1866년에 출생하였으며, 본관은 창녕(昌寧)이다. 부친은 학생 조병원(趙秉元)이다. 1895년 법관양성소에서 수학하였으며, 같은 해 11월 10일에 졸업하였다. 1897년 한성재판소 주사로 관계에 진출하였으며, 1898년 2월 9일 한성재판소가 폐지되어 그만두었다.

약 5년 가까이 별다른 이력은 없이 지내다가 1903년 6월 24일 자로 법관양성소 교수가 되었으며, 9월 4일 자로 법관양성소 교관이 되었다.[557] 그러나 관보에 의하면, 1904년 3월 12일 자로 1급봉에 임명되었으며,[558] 1904년 경릉 인산시(景陵因山時)[559]에는 말 한 필을 하사받기도 하였다.

1905년 3월에는 판임관 1등에 임명되었으나,[560] 11월 정명섭 등과 함께 을사늑약을 반대하는 상소문을 올린 후 곧 법관양성소 교관직에서 해임되었다. 그 이후의 조세환의 행적은 알 수가 없다. 상세한 것은 전술한 정명섭 항목 참조.

(63) 최병옥(崔炳玉)

최병옥은 최건식(崔健植)의 아들로 태어났다. 본관은 수원(水原)이다.[561] 그는 1897년 법어학교에서 프랑스어를 배웠다.[562] 1901년 3월 법어학교를 우등으로 졸업하

---

556 『朝鮮人名資料事典』第1卷, 103면.
557 『대한제국관원이력서』, 594면; 관보 제2611호, 1903.9.7.
558 『관보』 제2778호, 1904.3.19.
559 인산(因山)이란 국장(國葬)을 의미한다.
560 『관보』 제3085호, 1905.3.13.
561 최종고, 『한국법학사』, 박영사, 1990, 101면에서는 수원을 출생지로 표기하고 있으나 잘못된 것이다.
562 『대한제국관원이력서』, 탐구당, 1972 참조.

고 법부에서 법부 고문 크레마지에게 프랑스법을 공부하였다. 크레마지가 법부대신에게 추천하여 1904년 3월 19일 자로 법관양성소 교관에 임명되었다.[563]

그의 활동에 관한 보도는 별로 발견되지 않는다.

(64) 최진(崔鎭)

1875년 12월 18일에 출생하였다.[564] 가정에서 한문을 공부한 후 1886년에 이미 일본의 세이코쿠학교(正鵠學校)에서 일본어와 신학문을 수학하였다. 귀국하여 1898년 한양학교를 세워 교장이 되었다. 1900년 1월 다시 도일하여 오사카(大阪)의 다이세이학관(泰西學館)에서 일본어와 보통학과를 배운 후 1902년 6월 오사카시 사립 간자이(關西)대학 법률학과에 입학하여 1905년 7월 10에 졸업하였다.[565] 1906년 7월 28일 탁지부 주사로 임명되었으나, 2주일 만인 8월 13일에 의원면직하였다.

1906년 8월 28일 자로 법관양성소 교관에 임명되었다.[566] 당시 9품이었다. 그러나 그는 3개월도 못하고 11월 13일 자로 의원면직하였다.[567] 그동안 그는 학교를 설립하고 개인적으로도 육영사업에 힘쓴다.

◉ 崔氏設校　現任 法官養成所 教官 崔鎭氏는 元來 日本 關西大學校에셔 卒業ᄒᆞ고 還國ᄒᆞᆫ 人인디 通津 島山峴 本第에 光進學校를 設立ᄒᆞ고 日人 佐藤浩氏를 雇聘ᄒᆞ야 隣近 青年을 教育ᄒᆞᆫ다더라.[568]

그러나 같은 해 11월 의원면직하고 12월 1일 자로 창원부 참서관에 임명되고,[569]

---

563 『관보』 제2781호, 1904.3.23.
564 상세한 것은 최종고, 『한국의 법률가』, 서울대 출판부, 2007, 72~83면; 안명기, 「소파 최진변호사」, 『대한변호사협회지』, 1975.5, 43~45면; 『朝鮮人名資料事典』 第1卷, 198면 참조.
565 青風生, 「京城辯護士界의 新人物」 (1), 『滿韓之實業』 第95號, 1914.1.1, 38면에서는 "주오(中央)대학에 1903년 입학, 1906년 졸업"이라고 되어 있는데, "후에 野崎博士가 所長인 법관양성소의 교관을 拜命받아" 운운 계속 잘못된 서술을 하는 점에서 이 기사는 신뢰하기 어렵다.
566 『관보』 제3543호, 1906.8.28.
567 『관보』 제3610호, 1906.11.14.
568 『황성신문』, 1906.9.10; 『만세보』, 1906.9.18.

이어서 겸임 창원항재판소 검사가 된다.[570] 1907년 3월에는 중추원 부찬의에 임명되고, 8월에는 한성재판소 판사가 되었다.[571] 1908년 법부 서기관으로 전임되었다가,[572] 1908년 3월에는 법학협회에 가입하고, 9월에는 변호사 등록을 하였다.[573] 그는 대구에 법률사무출장소를 두기도 하였으며,[574] 당시의 명사들과 마찬가지로 종로 청년회관에서 「생활상 법학의 필요」라는 제목으로 연설을 하기도 하였다.[575] 『매일신보』에서는 「조선인물관」이란 칼럼에서 "공정 특립(特立)하고 뇌락불군(磊落不群)한 법학가의 제1류로 칭예(稱譽)가 자자한 변호사 최진 씨"[576]라고 소개하기도 하였다. 1915년 법학협회가 재결성되었을 때 회장에 피선되었다.[577] 일제시대인 1931년에는 경성 제2변호사회의 회장을 역임하였으며 식민지 치하의 조선인의 권리 신장을 위해서 많은 활약을 하였다.[578] 해방 후에도 변호사로 활동하였으나 한국전쟁 때 납북되어 생사를 알 수가 없다.

(65) 최창래(崔昌來)

그는 1905년 1월 28일 자로 법관양성소 박사 및 교관 판임관 6등으로 임명되었다.[579] 같은 날짜로 윤일영, 공면주, 윤병순, 허식, 이종우, 이용설, 이한길도 교관으로 임명되었다.

569 『관보』 제3625호, 1906.12.1.
570 『관보』 제3633호, 1906.12.7.
571 『관보』 제3740호, 1907.8.9.
572 『대한매일신보』, 1908.1.5.
573 『관보』 제4182호, 1908.9.21.
574 『황성신문』, 1908.11.17.
575 『대한매일신보』, 1909.3.11.
576 『매일신보』, 1913.1.29.
577 『법학계』 제1호, 1915, 41~42면.
578 정광현, 『판례로 본 3·1 독립운동사』, 법문사, 1978 참조.
579 『관보』 제3051호, 1905.2.1.

(66) 허식(許植)

　그는 1905년 1월 28일 자로 법관양성소 박사 및 교관에 임명되었다.[580] 같은 날짜로 윤일영, 공면주, 윤병순, 최창래, 허식, 이종우, 이용설, 이한길도 교관으로 임명되었다. 그러나 2월 3일 자로 의원면직하였다.[581]

(67) 허정(許定)

　허정은 1903년 9월 3일 자로 법관양성소 교관에 임명되었다.[582] 그 후의 관보에 의하면, 1904년 3월 12일 자로 1급봉으로 승급하였으나,[583] 일주일 만인 19일 자로 의원면직하였다.[584]

(68) 홍재기(洪在祺)

홍재기(1913)

　한국 최초의 변호사로 불린다. 1873년 10월 26일 서울에서 홍정섭(洪正燮)의 아들로 출생하였다.[585] 1896년 관비유학생으로 도일하여,[586] 도쿄의 햐카학교(百科學校)에서 3년간 수학한 후 1899년 9월 11일에 졸업하였다. 이어서 현재의 주오(中央)대학의 전신인 도쿄법학원(東京法學院)에서 다시 3년간 공부한 후 1902년 7월 11일에 졸업하였다. 그 후 요코하마 지방재판소에서 수습을

---

580 『관보』 제3051호, 1905. 2. 1.
581 『관보』 제3053호, 1905. 2. 3.
582 『관보』 제2611호, 1903. 9. 7.
583 『관보』 제2778호, 1904. 3. 19.
584 『관보』 제2781호, 1904. 3. 23.
585 상세한 것은 김효전, 「두 사람의 홍재기 ─ 洪在祺와 洪在箕(I)」, 『시민과 변호사』, 2000. 9, 81~87면 및 「홍재기의 변호활동」, 『시민과 변호사』, 2000. 11, 103~110면; 홍종민, 『역사의 수레바퀴 속에서』, 1993; 최종고, 『한국의 법률가』, 서울대 출판부, 2007, 40~51면 참조.
586 최근 문헌은 유동훈, 「한말 도일유학생의 문명개화론과 법사상 연구」, 연세대 석사논문, 2001 참조.

마친 후 귀국하지 않고 곧바로 1902년 미국 Los Angeles에 유
학하였다. 여기서는 旨利중학교에 입학하였으며 정식으로
법학을 배운 것이 아니라 영어와 일반 과목을 배운 것 같다.

홍재기

1905년 1월에는 귀국하여 태명식, 장도, 신해영 등과 사
립 한성법학교의 강사가 되었으며,[587] 같은 해 5월 이준과
헌정연구회를 조직하였다.[588] 같은 해 8월 법부 법률기초
위원으로 임명되고, 12월 11일 자로 이면우가 법관양성소
의 소장으로 임명되자 13일에는 정명섭의 후임으로 법관양
성소 교관이 되었다.[589] 그리하여 이면우와 함께 하루 5시간
씩 열심히 강의하였으며,[590] 1908년에는 민사소송법을 담당하였다고 한다.

무안 부윤으로 재직 중이던 1907년 제1회 변호사시험 위원에 임명되었다.[591]
1907년 3월에는 한성재판소 판사로 임명되고, 1906년 3월 '제1호 변호사 인가'를 받
았으며,[592] 그의 변호활동에 관하여는 수많은 신문기사가 있다. 1907년 무안 부윤
및 무안항재판소 판사로 임명되었다.

1908년 11월 23일 무안 부윤을 역임하였다.[593] 11월 23일 자 보 대심원판사에
임명되었다.[594] 1909년 7월 판사직을 사임하였다.[595] 한일합병 이후에는 평양에
서 변호사로서 개업하였으며 당시의 『매일신보』에서는 "평양 변호사계의 태
두"[596]라고 소개하고 있다.

이처럼 일제시대에도 유명한 변호사였으며 광복 이후에도 활약하였으나 1950
년 인민군에 의해서 피살되었다고 전한다.

587 『황성신문』, 1905.1.27.
588 『황성신문』, 1905.5.25. 헌정연구회에 관하여는 최기영, 「헌정연구회에 관한 일 고찰」, 조항래 편, 『1900년대
   의 애국계몽운동연구』, 아세아문화사, 1993, 1~37면; 김효전, 「이준과 헌정연구회―당시의 신문보도를
   중심으로(1)(2)(3)」, 『인권과 정의』, 2003.1, 164~187면·2003.2, 174~201면·2003.3, 123~150면 참조.
589 『관보』 제3325호, 1905.12.16.
590 『대한매일신보』, 1903.3.11.
591 『관보』 제3871호, 1907.7.14.
592 『대한제국관원 이력서』, 908면.
593 『관보』 제4238호, 1908.11.27.
594 『관보』 제4240호, 1908.11.30.
595 『관보』 제4441호, 1909.7.29.
596 「조선인물관」, 『매일신보』, 1913.2.18.

저서로는 1908년에 펴낸 『민사소송법』이 있다.

    (69) 홍태형(洪泰衡)

    관보의 「휘보(彙報)」 관청사항 중 「수칙 급 수첩(受勅 及 受牒)」[597]에서 이름이 한 번 발견될 뿐 더 이상 보이지 않는다. 그는 1905년 2월 1일 자로 법관양성소 교관 직을 의원면직하였다.[598]

3. 외국인 교관

    구한말 정부에서 고빙한 외국인을 개인별로 연구한 문헌은 많이 있으나 전체 에 대해서 체계적으로 다룬 연구 성과는 별로 없는 것 같다.[599] 1906년 당시 탁지 부에서 고빙한 외국인의 수와 법부에서 고빙한 일본인에 관한 다음과 같은 기사 가 있다.

    ● 傭聘何多　度支部 所管으로 雇傭ᄒ 外國人數가 合 七十五人인ᄃᆡ 每朔 月額 支 撥이 九千餘圜이오 日級으로 雇傭ᄒᄂᆞᆫ 人이 又 二名이라더라.[600]
    ● 法聘日士　法部에셔 日本 法律學士 五人을 延聘하야 一人은 本部 參與官으로 其餘 四人은 法律補佐官으로 議決ᄒ고 政府에 請議書를 提呈ᄒ얏더라.[601]

---

597 『관보』제2895호, 1904.8.3.
598 『관보』제3053호, 1905.2.3.
599 최근의 문헌으로 김현숙,『근대 한국의 서양인 고문관들』, 한국연구원, 2008, 155~196면 참조.
600 『황성신문』, 1906.7.25.
601 『황성신문』, 1906.10.4.

한편 법관양성소에서 교관으로서 근무한 외국인은 초창기에는 미국인 그레이트하우스, 프랑스인 크레마지가 있으며, 나중에는 일본인들이 대거 관여하였다. 이들을 한 사람씩 분석하면 다음과 같다.

(1) 그레이트하우스

미국인 고문관 그레이트하우스(具禮, Clarence R. Greathouse, 1846~1899)의 이름은 구한말의 외교 문서를 비롯하여 각종 문서에서 자주 언급되고 있으나 그에 관한 체계적인 연구문헌은 많지 않은 편이다.[602]

그레이트하우스는 미국 켄터키주 우드다드 시에서 태어나 샌프란시스코에서 법학을 공부하고 하긴(Louis Haggin)과 함께 변호사활동을 하였다. 1886년부터 일본 요코하마(橫浜) 주재 총영사로 있다가 알렌(M. Allen)에게 접근하여 1890년 9월 12일 조선 정부의 외교 및 법률고문이 되었다. 르젠드르는 궁내부 고문으로 일했으나 그는 시종 외교와 법률사무에 종사하였다.

1892년 도쿄에서 조선과 오스트리아 · 헝가리와의 수호통상조약을 체결할 때 그 조약문을 기초하였다. 또한 1893년 근대식 우편제도가 도입되면서 우편총국장에 임명되기도 하였다. 그가 법규교정소의 위원으로 임명된 것은 고종이 아관파천에서 돌아온 이후이다. 고종은 자주적인 입법과 법령을 정비하기 위하여 조서를 내렸다.[603] 이 조칙에 따라서 중추원에 교정소를 신설하고 의정(議政) 김병시(金炳始), 궁내부 특진관 조병세(趙秉世), 동 정범조(鄭範朝)를 총재대원에, 찬정 김영수(金永壽), 동 박정양(朴定陽), 동 윤용선(尹容善), 동 외부대신 이완용(李完用)을 부총재대원에, 미국인 고문관 르젠드르(李善得, C. W. LeGendre, 1830~1899),[604] 동 그레이트하우스(具禮), 동 브라운(栢卓安, McLeavy Brown),[605] 동 서재필(徐載弼)을 위원에 임명하였다.

---

602 상세한 것은 최종고, 『한국의 서양법수용사』, 박영사, 1982, 187~202면 참조.
603 『고종실록』 건양 2년 3월 16일조.
604 상세한 것은 김현숙, 앞의 책, 199면 이하 및 「한말 고문관 러젠드르(李善得)에 대한 연구」, 『한국근현대사연구』 제8집, 1998, 37~68면; 권석봉, 「李善得의 派日과 淸國介入」, 『白山學報』 제8집, 1970; 최종고, 『한국의 서양법수용사』, 박영사, 1982, 149~160면 등 참조.
605 상세한 것은 우철구, 「한말 재정고문의 역할 (I) ─ McLeavy Brown의 역할과 업적」, 영남대 사회

그러나 서재필과 같은 기대되는 신진 세력과 수구 세력의 대립과 불출석으로 교전소는 유명무실하게 되었다.[606]

1895년에는 법관양성소가 설립되어 여기서 강의를 맡기도 하였다. 이에 관한 개국 504년 3월 29일 자의 주본(奏本)은 다음과 같다.

○ 奏本 (各大臣間規約條件 21) 法官養成所를 設置하는 件

法部內에 法官養成所를 置ᄒ야 米人 具禮 及 日人 下部三九郞 等에게 法律學 講義를 囑托ᄒ며 又 法官의 養成은 公平無私 淸廉潔白의 德義를 發揚케 ᄒ믈 務ᄒ미 可ᄒᆯ 事[607]

또한 그레이트하우스는 같은 1895년 8월에 발생한 민비시해(閔妃弑害) 사건의 재판에도 관여하였다. 일본이 법무보좌관들을 대거 파견하자 그들과 토론하면서 법률과 사법제도의 개선에 힘썼다. 그러나 그가 반일, 친러정책을 지지하였기 때문에 독립협회의 강력한 반대에 부딪혀 크게 좌절하게 되었다.

◉ (顧問疑帆) 法部 顧問官 具禮氏가 向日에 仁港으로 出去ᄒ엿다더니 今에 聞ᄒᆫ즉 該氏가 上海에 逗留ᄒᆫ다니 무슴 緊要ᄒᆫ 事件이 有ᄒᆫ지.[608]

◉ (法部顧問官 具禮의 魂膽) 東京 每日新聞 第八千三百十五號 明治 三十一年 八月 十八日 朝鮮時報欄內 法部 顧問 米人 구렛트 하오스가 몬져 獨立協會에 赴ᄒ야 會員를 獎勵ᄒᄂᆫ 演說를 헌거슨 如何ᄒ 魂膽으로 그리ᄒ얏ᄂᆫ지 怪異ᄒ더니 近頃에 至ᄒ야 漸漸 그 眞意ᄂᆫ 營利의 目的이 잇셔 그리ᄒᆫ쥬를 알것도다. 初에 具禮ᄂᆫ 錢一百萬兩을 參政監理 李㝡榮에게 給ᄒ고 其 利를 分ᄒᄌ ᄒ얏더니 協會에셔 李容翊을 攻擊ᄒ애 李容翊에 黨 李㝡榮에게도 大害가 及ᄒ고 我金儲에도 大害가 至ᄒᆯ지라. 乃殷勤이 協會에 至ᄒ야 演說를 ᄒ야 暗地에 李容翊 李㝡榮을 保護ᄒᄌᄂᆫ 魂膽인대 事가 如意치 못ᄒ야 李容翊이가 免官에 至ᄒ애 具禮가 此에 生死間 一大事가 되야 곳 帝를 勸ᄒ야 獨立協會를 抑壓ᄒ랴고 兵丁과 巡檢을 派送ᄒ야 大打擊을 加ᄒᆯ 意를 示ᄒ얏다고 云ᄒ얏더라.[609]

과학연구소, 『사회과학연구』 제11권 1호, 1991, 91~107면 참조.
606 전봉덕, 『한국 근대법사상사』, 박영사, 1981, 102면.
607 국회도서관, 『한말 근대 법령 자료집』 I, 1971, 279~280면.
608 『황성신문』, 1898.9.5.

○ 법부 고문관 구례 씨가 상히로 갓다가 수히 도라 온다는 말은 젼에 좀 말ᄒ엿거니와 그동안 젼ᄒ는 풍셜을 드르미 구례씨가 졍부 명령을 드듸여 삼빅만원 빗슬 엇으러 갓다 ᄒ되 젹부ᄒ 소문은 업기로 등지치 아니ᄒ엿더니 지금 드르니 구례 고문관이 궁ᄂ부 시죵 장봉환씨로 홈ᄭ 갓ᄂ디 그 쥬의인즉 셔양 사룸 삼십여 명을 고빙ᄒ여다가 대궐을 보호ᄒ게 ᄒ련다는 소문이 잇스니 이도 ᄯᅩᄒ 밋을 수는 업스나 크게 놀나운 말이기로 듯는 디로만 긔지ᄒ노라.[610]

○ 외부 고문관 구례 씨가 불러왓든 외국 사룸 몇몇 히고비 이만 오쳔 여원을 임의 츌급ᄒ 고로 즁츄원에셔 허락ᄒ엿다더라.[611]

○ 외부 고문관 구례 씨가 일젼에 쟉고ᄒ얏ᄂ디 죠칙이 나리시기를 히원이 이젼 ᄉ변 지시에 공로도 잇슬 ᄲᆫ더러 교셥ᄒᄂ디 ᄉ무와 법률과 ᄯᅩ 교졍소 의뎡관 직임에 찬죠가 젹지 아니ᄒ엿슨즉 궁ᄂ부로 은화 삼쳔원을 보ᄂ여 샹장에 슈용케 ᄒ라 ᄒ옵셧ᄂ디 쟉일 하오 이시량에 쟝례를 ᄀᆺ초아 양화도로 나갈 ᄯᅢ에 젼후로 우리나라 쟝관과 병뎡이 옹위 결진ᄒ고 각부 관인과 외국 사룸들이 일제이 회쟝ᄒ고 샹예 우희는 각식 ᄭᅩᆺ츠로 방석을 트러언져셔 보기에 찬란할 ᄲᆫ외라 춤 텬당으로 가는듯 ᄒ다고들 ᄒ더라더라.[612]

○ 외부 고문관 미국 사룸 구례 씨가 셰샹을 바리고 미국 공관에셔 다시 미국 사룸으로 구례씨 디임을 뎐차ᄒ여 달나 ᄒ엿스나 외부에셔 다시 외부 고문관을 두지 안켓다고 답쟝ᄒ엿다더라.[613]

결혼도 하지 않고 독신으로 술로 달래며 지내다가 1899년 10월 21일 서울에서 53세로 사망하였다. 르젠드르와 함께 양화진의 외국인 묘지에 묻혀 있다.

그레이트하우스에 관하여 헐버트(H. Hulbert, 1863~1949)[614]는 다음과 같이 평가하고 있다.

---

609 『황성신문』, 1898.9.6.

610 『뎨국신문』, 1898.9.6.

611 『뎨국신문』, 1899.3.14.

612 『뎨국신문』, 1899.10.24.

613 『뎨국신문』, 1899.10.28.

614 최근 호머 헐버트, 이현표 옮김, 『안개 속의 얼굴』, 코러스, 2011이 출간되었다. 미국 청소년을 대상으로 한국을 알리기 위해 쓴 책으로 제주도에 숨겨진 몽골제국의 보물을 찾는다는 내용의 모험소설이다.

그레이트하우스 씨는 정부의 법률고문으로서 매우 훌륭한 업적을 남겼으며, 그를 고용한 사람들로부터 공적 사무를 처리함에 있어서 유능하고도 수완 있는 사람이라는 인정을 받았다. (…중략…) 그가 일본에서의 브와소나드(G. E. Boissonade)에 필적할 만한 인물이 될 수 없었던 것은 어쩌면 그의 개인적 야심의 결여 때문이었는지도 모른다.[615]

법관양성소의 교관으로서 그가 여기서 무엇을 어떻게 가르쳤는지 자세한 기록이 발견되지 않아서 구체적인 것은 알 수가 없다. 아마도 국제법이나 미국법을 가르쳤을 것으로 추측할 뿐이다.[616]

(2) 크레마지

구한국 정부의 법부 고문 로랑 크레마지(金雅始, Laurent Crémazy, 1837~1910)는 한국 법학의 근대화를 위해서 이론과 실천 양면에서 힘쓴 인물이다.[617] 그는 1900년 5월 28일 한국 법부 고문관으로 부임하여 1905년 6월 27일 귀국하기까지 활동하였다. 먼저 그의 생애를 간단히 살펴본다.

크레마지는 1837년 8월 11일 아프리카 동부 인도양상의 프랑스령 레위니옹(Réunion) 섬에서 그 지방 관리의 아들로 태어나 파리대학에서 법학을 공부한 후 판사가 되었다. 1868년경에 지금의 베트남인 코친차이나(Cochinchine)에 도착, 사이공에서 변호사로서 활약하다가 사법부 임시 비서국장을 지냈다. 1869년 본직으로 복귀하였고, 1871년 처음으로 식민지를 떠났다. 그가 체류하는 동안 코친차이나의 농업과 산업위원회의 행정관으로 임명되었다. 그리고 1884년에 레위니옹 섬의

---

615 H. Hulbert, *The Passing of Korea*, New York : Doubleday, 1906, p. 110.

616 최종고, 『한국의 서양법수용사』, 박영사, 1982, 194면.

617 크레마지에 관하여는 전봉덕, 「Laurent Crémazy와 대한형법」, 『법사학연구』 제5집, 1979; 홍순호, 「대한제국 법부고문 L. Crémazy의 임명과정분석」, 이화여대, 『한국문화연구논총』 제36집, 1980, 333~371면; 홍순호, 「구한말 외국인 법률·외교고문의 외교사적 연구」, 『월간 조선』, 1980.7, 228~279면; 홍순호, 「한불 인사교류와 프랑스 고문관의 내한」, 한국사연구협의회, 『한불수교 100년사』, 1986, 95~131면·특히 122면 이하; 최종고, 「한국 근대법의 형성과정」, 서울대 규장각한국학연구원, 『한국문화』 15, 1994 등 참조.
    홍순호의 논문의 일본어 번역은 鄕田正萬·吉井蒼生夫 共譯, 「大韓帝國法律顧問 L. Crémazyの任命過程分析―フランス外務省未刊外交文書によって」, 『神奈川法學』 41~1(神奈川大學, 2008), 149~188면 참조.

생데니스(Saint-Denis) 고등법원의 판사로 있다가, 1887년 마르티니끄(Martinique) 소재 포르 드 프랑스(Fort-de-France) 고등법원장을 역임한 후 판사의 자격으로 코친차이나의 사이공 고등법원으로 되돌아 왔다. 그 후 이 법원의 변호사로서 활약하다가 변호사협회의 회장이 되었고, 1898년 퇴직하면서 명예 고등법원장(Premier Président de Cour honoraire)으로 임명되었다. 같은 1898년 12월 1일 공증인의 자격을 얻고 사이공에 정착하였다.

1900년에는 파리대학의 스승인 브아소나드(Gustave Emile Boissonade de Fontarabie, 1825~1910)[618]의 추천으로 정년퇴임 후 마르세유에서 변호사를 개업하던 중 63세에 내한하여 한국 법부의 법률고문이 된다. 그에 관해서는 당시에도 기대 반 우려 반의 보도가 전한다.

○ 법부에서 법국 공스와 의론ᄒ고 법국 사ᄅᆞᆷ 크레마스씨롤 고빙ᄒ야 법률 교스로 쓰려 ᄒᄂᆞᆫ디 월급은 미월 오빅원으로 뎡ᄒ엿다 ᄒᄂᆞᆫ디 크레마스씨는 본더 법률학스로 이왕 셔공에셔 고등지판장을 지니고 쳥국 교지 등디에 잇셔셔 동양 각국에 잇는 법국 사ᄅᆞᆷ의 숑스를 결쳐ᄒ던 사ᄅᆞᆷ인디 지금 법국 셔울에 잇는 고로 불너 오란다더라.[619]

○ 지금 법부에서 법률학스를 미삭 오빅원식을 쥬게 ᄒ고 외국인을 쳥ᄒ야 온다 ᄒ니 쳥촉이 긴ᄒᆞᆫ 까닭인지 일에 긴ᄒᆞᆫ 까닭인지 몰으겟고 그 사ᄅᆞᆷ이 오게 드면 학도를 교육ᄒᆯᄂᆞᆫ지 법률 긔초 고문관이 될ᄂᆞᆫ지 몰으거니와 학도를 교육ᄒᆫ다 ᄒ여도 젼감이 소연ᄒᆫ즉 쓰지 안ᄂᆞᆫ 학도를 가리쳐 무엇ᄒ며 법률 긔초 고문관으로 쓴다 ᄒ여도 이왕 긔초ᄒᆫ 법률도 쓰지 안엇슬 ᄲᅮᆫ더러 여젼히 긔초위원을 월급 쥬어 두엇스니 응당 법률 통달ᄒᆫ 사ᄅᆞᆷ이 잇슬지라 엇지 외국인을 고빙ᄒ기 ᄭᅡ지 닐으럿ᄂᆞᆫ지 아혹이 불무ᄒ거니와 아모커니 이번에나 실효 잇기를 바라노라.[620]

그의 고빙에 관한 공식적인 기록은 다음과 같다.

618 상세한 것은 法政大學大學史資料委員會 編, 『法律學の夜明けと法政大學』, 1992, 218~233면; 『日本の法學者』, 1975, 27~54면; Nadar Hakim, "Boissonade de Fontarabie Gustave", in: P. Arabeyre, J.-L. Halpérin, J. Krynen (dir.), *Dictionnaire historique des juristes français* (XIIe-XXe siècle), Paris, PUF, 2007 참조.
619 『뎨국신문』, 1899.12.12.
620 『뎨국신문』, 1899.12.13 논설.

法律師 크레마시와의 約定書送交件　　　光武 4년(1900) 5월 31일

[發] 法部大臣　朴齊純

[受] 法國署理公使 盧飛鳧

照會 第十五號

　大韓外部大臣朴齊純, 爲照會事, 照得, 接到我法部大臣來文內開, 由敝部延聘法律師法國人크레마시, 業經訂定約書, 該約定書四本繕交, 請轉送法國公使, 傳知該師署押, 分別備案等因, 准此, 將該約定書四件照例署押, 備文送交, 請煩貴公使查閱, 幷經該師畵押, 一件貴館備案, 一件敎師作憑, 二件還擲爲是, 須至照會者,

　右照會.

大法署理辦事公使 盧飛鳧 閣下

　光武 四年 五月 三十一日[621]

　크레마지의 개인적인 사항에 관해서는 알려진 것이 많지 않으나 같은 시기에 한국에 와있던 뮈텔(Mutel)[622] 주교의 일기에는 다음과 같은 재미있는 기록이 있으므로 그대로 옮긴다.

　[1900년 5월 8일] 르페브르씨를 방문했더니, 내일 제물포에서 크레마지(Crémazy, 金雅始) 씨를 마중하게 될 것이라 한다. 크레마지는 히고(Higo) 호 편으로 일본에서 오는데, 그는 홀아비인 것 같고 18세와 20세 된 두 딸이 있는데, 몇 달 후 조선으로 데려 올 생각이라고 한다. 그에게 전에 그레이트하우스 씨가 살던 집을 줄 것이라고 한다.

　[5월 10일] 저녁 6시쯤 르페브르 씨의 안내로 크레마지 씨가 찾아왔다. 그는 정부(政府)의 법률 고문직을 맡기 위해 막 조선에 도착한 길이다. 그는 그에게 지정된 집이 신속히 수리가 끝나는 대로 그곳에 거처하게 될 것이다. 그는 과연 독실한 가톨릭 신자로 자처하고 있다. 작년에 아내를 잃었고, 현재 세 딸이 있는데, 24세의 장녀는 툴

---

621 『구한국외교문서』 제20권, 28면.

622 뮈텔(Gustav Charles Marie Mutel, 閔德孝, 1854~1933)에 관하여는 김정환, 「뮈텔 주교의 한국천주교회사 자료 발굴과 이해」, 『한국사학사학보』 제23집, 2011.6, 145~178면; 김정환, 「한말・일제강점기 뮈텔 주교의 교육활동」, 『한국 근현대사연구』 제56집, 2011, 7~41면; 김정환, 「뮈텔 주교의 사목 활동」, 『한국교회사연구』 제35집, 2010.12, 193~218면; 최석우, 「순교자의 꽃을—뮈텔」, 『한국의 인간상』, 신구문화사, 1972 참조.

루즈(Toulouse)의 구속 마리아 수녀원의 하원 수녀이고, 20세와 18세의 두 딸은 현재 같은 수녀원에 있지만 부인들을 위한 피정 집에 있다. 그녀들은 오는 가을에 조선에 오게 될 것이다.[623]

[6월 14일] 오후에 크레마지 씨가, 내일 3시에 그의 부대신(法部協辦) 이근호(李根澔)가 나를 만나러 올 것임을 알리기 위해 나를 찾아왔다.

[6월 15일] 크레마지 씨가 그의 부대신이 이곳에 오려고 했을 때 갑자기 입궐하게 되었음을 알리려고 나를 찾아왔다.

[6월 16일] 크레마지 씨는 내게 법부가 온통 동요되고 있다는 말을 했다. 왜냐하면 법부대신과 그 부의 모든 고위 관리들은 그들 권한의 대부분이 최근에 구성된 경부(警部)[624]로 넘어갔다고 생각하기 때문이라고 한다. 경부 설립에 관한 법령을 확인해 본 결과 그럴 리가 전혀 없다는 것이다.

[6월 18일] 계약의 초안과 프랑스 외무성의 문서에서 보장했던 것처럼, 법률 고문관의 자격으로 고용된 것으로 믿었던 크레마지 씨는 자신이 서명한 계약서에 법률사(法律師)란 칭호도 고문관이란 칭호도 없음을 알았다. 이것은 1898년에 러시아 고문관들이 철수했을 때, 조선 정부에서는 더 이상 외국인 고문관들을 필요로 하지 않으며 그래서 더 이상 고용하지 않겠다고 선언한 것을 구실로 파블로프 씨가 르페브르 씨에게 시정을 요청한 때문이다. 그렇지만 샌즈 씨는 궁내부 고문관이란 칭호를 유지하고 있다. 크레마지 씨는 그의 계약서를 갖고 와서 내게 번역을 부탁했다.[625]

이로 미루어 볼 때 크레마지는 한국에 오기 전 해에 상처를 했고 딸 셋을 두고 있다. 한편 크레마지는 1900년 9월 15일 법부 법률사로서 먼저 법규교정소의 의정관으로 입법작업에 참여한다.[626]

또한 법관양성소의 교수로서 학생들을 가르치며, 제주도에서 일어난 천주교도의 민란[627]에 대해서 홍종한(洪鍾漢), 샌즈(山島, William Franklin Sands, 1874~1946)[628]와

---

623 천주교 명동교회 편, 한국교회사연구소 역주, 『뮈텔 주교 일기 II—1896~1900』, 한국교회사연구소, 1993, 465~467면.

624 한국의 근대 경찰제도의 시행이라 할 수 있는 경무청 설립은 이미 1894년 7월 14일에 이루어졌으며, 1900년 6월 12일 자로 이것이 경부로 개편되었다. [역주]

625 천주교 명동교회 편, 한국교회사연구소 역주, 앞의 책, 474~475면.

626 『관보』 제1682호, 1900.9.15.

함께 재판을 처리하는 한편, 사법부의 정비책임을 맡고 상법, 민법, 형사법의 편찬에 힘을 기울였다. 1904년 고용기간이 만료되어 프랑스 공사 플랭시(葛林德, Collin de Plancy, 1853~1922)[629]는 고빙의 연장을 시도하였다.

한국 정부는 1894년 12월 20일 러시아 백작 케서링(Henry Kaiserling)에게 한국 연안에서의 포경을 허가해 주었는데 이를 위반하자 크레마지는 그에게 벌금을 부과하기도 하였다. 이에 관한 기사가 몇 가지 전한다.

◉ (罰金調査) 俄人 케셜능氏 罰金 四千元의 案件을 法律敎師 크레마스氏로 ᄒᆞ야곰 調査ᄒᆞ라고 外部에셔 法部에 照請홈은 向報에 記ᄒᆞ얏거니와 昨日 該 敎師가 同案件 調査次로 外部에 進往ᄒᆞ얏더라.[630]

◉ (法語委員) 法部에셔 起草委員을 一齊 解任ᄒᆞ고 法語曉解者로 敍任혼다더라.[631]

◉ (法律獻議) 本月 十四日 法律敎師 金雅始氏가 法部大臣에게 獻議ᄒᆞ얏스니 一은 皇室犯 國事犯에 至有危迫 宗社有明證者ᄂᆞᆫ 斬其身而籍其産ᄒᆞ야 付之百姓ᄒᆞ야 以助産業事, 一은 殺人强盜有明證者ᄂᆞᆫ 處絞ᄒᆞ되 上自大官下至民商ᄒᆞ야 無分差施行事, 一은 凡 人民이 未經政府特准이면 外國에 不得入籍事인ᄃᆡ 右 獻議案을 政府에 提出ᄒᆞ얏더라.[632]

---

627 이에 관하여는 류홍렬, 『고종 치하 서학수난의 연구』, 을유문화사, 1962, 357면 이하; 김옥희, 『제주도 신축년 교난사』, 천주교 제주교구, 1980; 강창일, 「1901년의 제주도 민란에 대해서 – 한말 천주교의 성격과 관련하여」, 1984, 미간행; 조성윤, 「1898년 제주도 민란의 구조와 성격 – 남학당의 활동과 관련하여」, 한국사회사연구회, 『한국 전통사회의 구조와 변동』, 문학과지성사, 1986, 209~236면 참조.

628 William F. Sands, *Undiplomatic Memoirs. The Far East 1896~1904*, London : John Hamilton, 1935; 김훈 옮김, 『조선의 마지막 날』, 미완, 1986; 신복룡 옮김, 『조선비망록』, 집문당, 1999; 신복룡, 『이방인이 본 조선 다시 읽기』, 풀빛, 2002, 212~223면 참조.

629 콜랭 드 플랑시는 빅토르 플랑시라고도 하며 서울에 주재한 최초의 프랑스 외교관으로 기록되고 있다. 그에 관해서 샤를 바라는 다음과 같이 적고 있다. "애당초 그는 1886년의 조약에 관한 상호 인증절차를 밟기 위해 그곳에 간 것이었다. (1887.5) 그 이후 1888년에서 1891년까지 정부 의원과 영사의 자격으로 계속 그곳에 머물다가, 1895년에서 1901년까지는 총영사 겸 대리공사로서, 1906년까지는 아예 전권공사로서 눌러 앉는다. 아시아에서만 다양한 직책을 두루 역임한 그는 온갖 수집품들과 특히 조선의 고문서들을 프랑스 국내로 들여와 1911년 파리의 드루오 경매에 내놓기도 한다." Charles Varat & Chaillé-Long, *Deux voyages en Corée*, Kailash Éditions Librairie Oriens, 1994 (성귀수 옮김, 『조선기행 – 백여 년 전에 조선을 둘러 본 두 외국인의 여행기』, 눈빛, 2001, 218면 주 33) 참조.

630 『황성신문』, 1900.7.3

631 『황성신문』, 1900.7.3.

632 『황성신문』, 1900.9.17.

◉ (校正所會議) 法規校正所에서 今日 下午 二時에 內外國人의 各 校正官들이 合議
홀 터인디 其 案件은 法律教師 金雅始氏의 法律獻議書라더라.[633]

◉ (律師判決과 俄使) 法部 法律教師 金雅始氏가 俄國 伯爵 케셜능氏의 捕鯨裁割에
罰金事로 調查判決홈은 前報에 記호얏거니와 氏가 該 判決書를 俄公使에게 付送호
야曰 不通商口岸에 擅入裁割홈은 罰欸이 明白호즉 貳意가 無혼 지라 此 事件을 貴政
府에 傳達호라 호얏더라.[634]

◉ 選徒教律 法律教師 金雅始氏와 法務 司理 兩局長이 法語學校에 會同호야 該校
學徒를 試取호야 趙容九氏等 十人을 優等으로 選호얏는디 昨日 붓터 法部에서 法國
法律을 教授호더라.[635]

◉ 법부에 법률교ㅅ 김아시 씨에 고빙혼 년한이 본년 오월인고로 법부와 외부에셔
다시 합동ㅎ야 삼년을 더 속빙혼다더라.[636]

◉ 武官語學 武官學校에서 學徒中 最優等 四十名을 試取호야 外國語를 每日 原學
科 外에 一時間式 添入教授호는디 法語教師 馬太乙 德語教師 甫乙支安 兩氏를 延聘
호야 每朔 月俸 八十元式 給홀 터이더라.[637]

◉ 鬧案講師 平理院에셔 濟州民鬧 事件으로 押上혼 諸罪人을 審查홀 次로 方今
開廷호얏스나 不便혼 事案이 多호니 本部 法律教師 金雅始을 另派會審케 호라고 該
院長이 法部에 報請호얏더라.[638]

● 法使相持 작년에 제쥬 텬쥬교인과 빅셩이 샹힐혼 ㅅ건으로 면관ㅎ고 평리원
에 피슈ㅎ엿든 태졍군슈 치귀셕씨가 일젼에 몽방ㅎ엿더니 법국 공ㅅ 갈림덕씨가 2등
ㅅ건으로 외부와 샹지ㅎ는 즁이라더라.[639]

◉ 法徒教育 法部 法律教師 法人 金雅始氏가 學員을 熱心 教育ㅎ더니 近日 該部
에셔 繙譯一員을 增設ㅎ고 教課를 贊助ㅎ기로 確定ㅎ고 更히 俊秀혼 子弟 二十四人
을 選取ㅎ야 法律을 教育혼다더라.[640]

---

633 『황성신문』, 1900.9.18.
634 『황성신문』, 1900.9.20.
635 『황성신문』, 1901.3.13.
636 『뎨국신문』, 1901.4.20.
637 『황성신문』, 1901.4.23.
638 『황성신문』, 1901.8.1.
639 『뎨국신문』, 1902.9.6.

● 法師請續　法律教師 法人 金雅始氏의 雇聘期限이 在本年 五月인 故로 法公使 葛林德氏가 我廷으로 照復ᄒ고 同氏의 續聘홈을 請ᄒ얏더라.[641]

● 外照法部　法公使 馮道來氏가 法律教師 金雅始氏의 續聘事로 外部에 照請홈은 已記ᄒ얏거니와 昨日 外部에서 法部에 照會ᄒ 全文이 如左ᄒ니 駐京法公使 馮道來의 照會를 接ᄒ온 則 案査法部法律師金雅始合同第七條內載明雇限一朔前法部大臣知照外部大臣更定續聘期限等語來五月二十九日卽該合同期滿之日也貴大臣請煩査照據此條誼行文法部大臣詢商幷希貴政府擬將該合同更續期限示悉是荷遡査金雅始諸般事務著有效蹟諒邀政府淵覽屢由法部派遣平理院參席審裁且新章大韓刑法繙譯事務緊要且雜格勤從役現已告竣二個年間以法國法律教授於另選學員自去年歲首教以刑律又教以法語於法官養成所教官五人總之該員專心盡職以若志操亞東有名法國法學士 뫼쇼나드之繼蹟昭然可懲也云云等國玆以照會照亮하오셔 是否續聘을 迅卽 示復하라 하얏더라.[642]

● 外交滯案　近日 外部에서 各 公使와 交涉하ᄂᆞᆫ 案件을 調査홈이 如左하니 英義 兩使의 食礦請求事와 法使 照請한 內議院 所管 織組 瑠璃製造技師 俄人의 月俸支撥 事와 平壤 炭礦技師 法人 貴賓禮 等 解雇事와 法國 雇問 金雅始氏와 郵遞教師 吉孟世氏 等 解雇事와 宮內府 女醫 高橋裕子 延聘事 諸件이더라.[643]

여기의 끌레망세(吉孟世)는 1903년 프랑스어와 프랑스법을 강의하였다고 전한 다. 그러나 일본의 세력이 한반도에서 강화될수록 프랑스의 영향력도 약화되고 크레마지의 계속 고빙은 어렵게 되었다.

● 法師解聘　法部 法律教師 金雅始氏의 雇聘年限이 本年 五月 二十九日에 洽滿ᄒ지라 再昨日 法部에서 外部에 照會ᄒ고 該 教師의 解雇홈을 法舘에 聲明ᄒ라 ᄒ얏더라.[644]

● 法雇更聘　朝鮮 日日新聞을 據한 則 我廷에서 法律雇問 金雅始를 解雇ᄒ고 日

---

640 『황성신문』, 1903. 1. 13.
641 『황성신문』, 1904. 4. 19.
642 『황성신문』, 1904. 4. 20.
643 『황성신문』, 1905. 3. 8.
644 『황성신문』, 1905. 4. 28.

本에서 衆議院 書記官 委員課長 三島太氏를 顧聘ᄒ기로 決定ᄒ얏다더라.[645]

그러나 일본의 방해로 크레마지는 귀국하지 않을 수 없었다. 그의 나이 68세였다. 그는 아주 정중한 신사이며 동시에 깊은 학식을 갖춘 사람으로 인정을 받았다. 뿐만 아니라 '재한 프랑스인들 중 가장 높은 서열의 관직에 있고, 학식(법학박사)과 덕망, 찬란한 경력, 청렴결백한 성격과 품위 등으로 존경을 받았다.[646]

또한 그는 많은 저서를 레위니옹과 마다가스카르에서 출판하였다.

그밖에 코친차이나에서는 프랑스의 물고기 구라미(Gourami)를 풍토에 적응시키려고 노력하기도 하였으며, 파리 지리학회의 회원이기도 하였다.[647]

크레마지의 저작과 문헌은 다음과 같다. 먼저 저서로서는

① *L' Ile de la Réunion et Madagascar*, 1861.

② *La Question de Madagascar*, 1863.

③ *Notes sur Madagascar.* 5 ptie. Paris : Berger-Levrault, 1888.

Vol. 5 published by L. Baudoin. "Extrait de la Revue maritime et coloniale."

주제 : 마다가스칼−Description & Trips

④ *Rituel funéraire des Annamites.* Hanoï, Schneider, 1902.

⑤ *Le Code Pénal de la Corée*(Tai-Han Hyeng Pep), Seoul : The Seoul Press, 1904. X X, p.182.(대한형법의 불역판)

⑥ *Texte Compleméntaire du Code Pénal de la Corée*, Paris : Imprierie et Libraire Générale de Jurisprudence Marchal et Billard, 1906, p.28.

⑦ *Coutumes, Croyances, moeurs et usage en Chine, dans l'Annam et en Corée*, 1908, 28p.

---

645 『황성신문』, 1905.7.10.

646 홍순호, 앞의 글, 1986, 125면; 경기도박물관, 『먼 나라 꼬레(*Corée*) −이폴리트 프랑뎅(Hippolyte Frandin)의 기억 속으로』, 경인문화사, 2003, 108면.

647 이상은 A. BRÉBION(Académie des Sciences Coloniales, Annales Tome VIII), *Dictionnaire de bio-bibliographie générale, ancienne et moderne de l'Indochine française* publié après la mort de l'auteur par Antoine CABATON, Paris, Société d'éditions (Géographiques, Maritimes et Coloniales), 1935, p.102에 의거하여 한국 측 자료를 첨가한 것이다.

한국과 관련된 저술로는 『대한형법』 불역본과 이 책의 보충판이 있다. 크레마지는 한국을 떠난 뒤에도 대한형법에 계속 관심을 가지고 파리에서 그 보충편을 만들어 책자로서 발간하였다.[648]

그밖에 『중국, 안남 및 조선에 있어서 관습, 신앙, 풍속과 관례』가 있다. 이 책 8장에서는 조선의 관습과 신앙을 다루며, 구체적으로는 가족제단에 세우는 조상의 위패, 황실의 장례식, 조선인의 이름, 옥새, 노예제, 대한제국의 선포, 대한형법의 공포, 신문고, 국기, 훈장 기타 아랍인의 조선 정착 등을 간략하게 서술하고 있다.[649]

이 논문 "Coutumes"은 저자(김효전)에 의해서 크레마지의 몇 가지 논설, 대한형법에 대한 프랑스인의 서평과 번역문 그리고 브아소나드에 관한 원문 등 자료를 편집하여 2004년 역시 관악사에서 영인본이 출간되었다. 이로써 크레마지의 기본저작은 원문과 일부 번역의 형태로 국내에도 알려지게 되었다. 논문은 다음과 같다.

① Farnes, vermicelles, sagou, in : *Bull. Comité agr. et indust. de la Cochinchine*, T. III, n° 9, 1870.

② Le commerce de la France dans l'Extrême-Orient, in : *Rev. marit. et colon.*, mai 1872.

③ Le droit hindou et le droit français comparés, in : *Revue de législation Ancienne et Moderne Français et Étrangère*, 1876, pp. 36~81 · 312~338.

④ Le droit musulman dans l'Inde française, in : *Nouvelle Revue Historique de Droit Français et Étrangère*, 1878, pp. 491~506.

⑤ La loi des successions dans le droit hindou moderne, in : *Nouvelle Revue Historique de Droit Français et Étrangère*, 1879, pp. 351~369.

⑥ Sur l'exercise de la contrainte par corps dans les établissements français de l'Inde, in : *Bulletin de la Société de Législation Comparée*, Tome 9(1879~1880), Paris : 1880, pp. 330~337.

⑦ La législation et l'organisation de l'Ile Maurice, in : *Bulletin de la Société de Législation*

---

[648] 대한형법 불역판에 대한 프랑스에서의 반향은 르포르(J. Lefort)와 다구앵(Fernand Daguin)의 서평 전문이 김효전, 「사법권의 개혁과 붕괴과정(하)」, 『인권과 정의』, 2002.12, 155~159면; 김효전, 『근대 한국의 법제와 법학』, 세종출판사, 2006, 390~393면에 수록되어 있다. 불역판과 보충판을 합본한 영인본이 2004년 관악사에서 발간되었다.

[649] *Coutumes, Croyances, moeurs et usage en Chine, dans l'Annam et en Corée*, 1908, p. 28. 상세한 것은 권한용 옮김, 「조선에 있어서의 관습, 신앙, 풍속과 관례」, 『동아법학』 제24호, 1998, 533~547면 및 김효전, 『근대 한국의 법제와 법학』, 세종출판사, 2006, 960~965면에 재수록.

Comparée, Tome 10(1881), pp.344~355.

⑧ Sur l'organisation administrative, judiciaire et coutumiere de Madagascar, in : *Bulletin* Tome 12(1882~1883), pp.123~136.

⑨ Droit chinois, annamite, in : *Rev. indoch.*, n° 105, 106, 1900.

⑩ Le culte des ancêtres en Chine et dans l'Annam, in : *Rev. indoch.*, n° 107 et 113, 1900.

⑪ Le droit coutumier de l'Extrême-Orient à travers les âges, in : *Rev. indoch.*, 1ᵉʳ sem. 1910.

그 밖에도 다른 저작이 있을 것으로 생각된다.[650]

(3) 끌레망세

끌레망세(吉盟世, E. Clémencet)는 1898년 12월 7일 대한제국의 농상공부 우체사무 주임(우체국장) 겸 우체 교사, 번역사로 고빙된 프랑스 사람이다.[651] 그러나 통감부의 연보에 의하면, 1903년 법관양성소에서 프랑스어와 프랑스법도 가르쳤다고 한다. 그에 관한 부분을 그대로 옮긴다.

Several years later, the School was reopened on the occasion of a French law book being presented, in March 1903, to the Korean Emperor by M. Clémenceau, Postal Adviser to the Korean Government. This French gentleman was invited to the school to give lectures on the French language and French law.[652]

---

650 참고문헌은 다음과 같다.
    1. *Dictionnaire de Biographie Française*, Tome 9, Paris : 1961, p.1185.
    2. (서평) Le Code Penal de la Corée, *Bulletin* T. 34(1904~1905), pp.111~112.
    3. Édouard Clunet(1845~1922), *La guerre allemande par la combustion, l'asphyxie et l'empoisonnement de l'adversaire*, Paris : 1915.
651 상세한 것은 홍순호, 「한불인사교류와 프랑스 고문관의 내한」, 한국사연구협의회, 『한불수교 100년사』, 1986, 120면; 전정해, 「광무년간의 산업화 정책과 프랑스 자본 · 인력의 활용」, 『한국사 연구』 제84집, 1999, 1~28면 참조.
652 *The Annual Report*, pp.65~66.

여기서 보듯이, 끌레망세의 철자법은 잘못 기재되어 있다. 우편 고문으로 내한한 이 프랑스 신사가 프랑스어를 가르쳤다는 사실은 인정할 수 있지만 프랑스법을 강의하였다는 부분은 쉽게 납득이 가지 않으며, 또 위의 서술을 그대로 신뢰하기도 어렵다. 긍정적으로 평가한다고 하더라도 외국율례, 즉 프랑스 민법을 강의하였으리라고 추측이 가지만 무엇을 교재로 어떠한 수준의 강의였는지는 전혀 알 수가 없다.

4. 일본인 교관

(1) 日下部三九郞

구사가베 산쿠로(日下部三九郞)는 법관양성소 초창기에 미국인 그레이트하우스와 함께 법률학을 강의한 촉탁(囑托)이다. 그는 일본 도쿄대학 법과를 졸업한 사람으로 주한 공사관의 서기관을 지냈다. 그에 관한 1895년(개국 504) 3월 29일 자의 주본(奏本)은 다음과 같다.

> ○ 奏本 (各大臣間規約條件 21) 法官養成所를 設置하는 件
> 法部內에 法官養成所를 置ᄒ야 米人 具禮 及 日人 下部三九郞 等에게 法律學 講義를 囑托ᄒ며 又 法官의 養成은 公平無私 淸廉潔白의 德義를 發揚케 ᄒ믈 務ᄒ미 可홀 事.[653]

그에 관한 기사는 별로 발견되지 않는다.

최종고 교수는 법학통론에 관한 논문[654] 속에서 '日下部'라고만 표기하는데 구사가베 산쿠로(日下部三九郞)가 풀네임이다.[655] 여하튼 구사가베의 강의 내용은 법

---

653 국회도서관, 『한말 근대 법령 자료집』 I, 1971, 279~280면.
654 최종고, 「한국에 있어서 『법학통론』의 형성과 과제」, 『현대법의 이론과 실제』(금랑 김철수교수 화갑기념), 1993, 1051~1052면.
655 '시모베 산쿠로(下部三九郞)'로 읽는 견해(안기성, 『한국 근대 교육법제연구』, 고려대 민족문화연구소, 1984, 315면; 한용진, 『근대 한국 고등교육연구』, 고려대 민족문화연구소, 2012)가 있으나

관양성소 1회 졸업생인 연준(延浚)의 노트에 의해서 전해지고 있다.[656]

(2) 高田

법관양성소가 개교하는 1895년 당시의 교관명에는 구사가베(下部)와 다카다(高田)라는 이름만이 있으며 완전한 이름은 전해지지 않고 있다. 다카다에 관하여 자세한 것은 아직까지 알려진 것이 거의 없으며 『법학통론』 제2부를 담당하였다.

『친목회회보』 창간호(1896)는 「정부 고용 외국인(政府雇用外國人)」이란 칼럼 속에서 '高田富藏'이란 이름을 열거하는데 같은 일본인 구사가베 산쿠로(日下部三九郎)는 누락되어 있다.[657]

(3) 長連恒

일본인 교관은 1896년 법관양성소가 문을 닫는 바람에 모두 귀국하였다가 1907년의 조약 이후에 다시 나타나게 된다.

조 츠라츠네(長連恒)는 이시가와(石川) 출신으로 문학사로서 1904년 9월부터 와세다대학의 강사로서 국문학을 담당하기도 하였으며 강사 초대회 같은 모임에 참석했다는 기사가 보인다.[658] 이 기사로 미루어 볼 때 조 츠라츠네는 노자와(野澤武之助)와 같은 와세다대학에 근무한 인연으로 그의 추천으로 한국에 온 모양이다. 더구나 법관양성소든 법학교든 모두 법학을 전공한 사람이 우선적으로 필요한 데에도 문학사인 그를 교수로 채용한 것은 아마 일본어를 가르치기 위해서인 것 같다.

'구사가베(日下部)'가 타당하다고 생각한다.
656 서울대학교 법과대학 귀중문서실 소장.
657 이 자료에 따르면 법부 소속의 외국인과 이들의 연봉은 星亨 3,600元, 高田富藏 법학사 800원, 佐藤森 800원, 吉松豊作 600원이라고 적혀 있다. 『친목회회보』 창간호, 1896, 44~45면; 차배근, 『개화기 일본유학생들의 언론출판활동연구 (I) 1884~1898』의 영인본, 456면 참조. 이 자료는 일본 『東京日日新聞』을 전재한 것이다.
658 『早稻田學報』 제107호, 1904.10.1, 38면.

그는 1908년 4월 6일 자로 법관양성소 교수 주임관 3등에 임명되었다.[659] 관보에 나타난 서임 및 사령을 그대로 옮겨 혼란했던 당시 모습의 일단을 그대로 전하기로 한다.[660]

任法學校長 敍奏任官 一等 前法官養成所長 野澤武之助 ▲ 任法學校 教授 敍奏任官 三等 前法官養成所 教授 長連恒 全 石鎭衡 ▲ ▲ 任法學校 助教授 兼 法學校 學員監 敍奏任官四等 前法官養成所 幹事 兼 法官養成所 助教授 嚴間亮 ▲ 任法學校 助教授 敍奏任官四等 前法官養成所 飜譯官 兼 法官養成所 助教授 金教明 法官養成所 助教授 梁大卿(十一月 一日)[661]

● 連恒旅費　法官養成所 教官 日本人 長連恒氏의 召喚 旅費 二百圜을 法部에서 度支部에 請撥호얏더라.[662]

법관양성소 교관으로 근무하면서 그는 운동회에서 학생을 구타하는 등 민족적 차별을 하여 학생들의 반발을 사는 등 물의를 일으키기도 하였다. 이에 관한 신문의 보도는 아래와 같다.

● 日師請退　再昨日에 法官養成所에셔 成均館 丕闡堂에 前往호야 運動會를 開호얏는대 障碍物 運動時에 該所 日本教授 長連恒이가 其時에 運動審判官으로 運動하던 學徒 權輝淵을 無端히 拳毆足력하야 至於重傷혼 故로 運動은 姑舍호고 壹般學徒等이 壹齊 激動호야 當場 爻像이 大端 危險호얏다는디 昨日 上午 九時에 該 學徒 等이 壹體 會同호야 所장의게 請願호되 長連教授를 解任혼 然後에야 上學호고 若 不解任이면 貳百餘名 學員이 壹齊 退學하깃다 호며 何時던지 此 事가 解決되기 前에 上學호는 者가 有호면 不可以 人類로 待之라고 方士분鬱이라더라.[663]

● 所長報部　法官養成所 學徒가 日本人 教授 長連恒氏를 解任호던지 本 學生等을 退學호던지 兩端間에 歸正호라고 該所에 請願호얏더니 該 所長이 其 事實을 擧호야

659 『관보』 제4040호, 1908.4.6.
660 『관보』, 1909.11.1. 인용은 『대한민보』, 1909.11.12.
661 『대한매일신보』, 1909.11.12.
662 『황성신문』, 1908.4.17.
663 『대한매일신보』, 1908.5.31.

再昨日 法部에 報告ᄒ얏다더라.[664]

●法大論難 法官養成所 學徒가 尙今 上학지 아니ᄒᄂᆞᆫ 事件에 對ᄒ야 度支大臣 趙重應氏가 論難ᄒ되 學徒가 敎師의게 매맛기도 例事오 殿迫을 受흠도 例事인대 如是 相持흠은 大端不可ᄒ다 ᄒ얏다더라.[665]

●法徒決議 法官養成所 學徒가 向日 運動時에 日人敎授 長連恒氏의 失手ᄒᆞᆫ 事로 該生徒가 幾日間 上學치 아니흠은 各報에 己爲 揭佈ᄒᆞᆫ 바어니와 該學員들이 昨日 大東寄宿舘에 會同協議ᄒ기를 善 結果 前에ᄂᆞᆫ 他學校를 借得ᄒ야 修業ᄒ기로 決定ᄒ얏다더라.[666]

●議借普校 法官養成所 學徒들이 再昨日 大東寄宿舘에 會同ᄒ야 敎師 長連恒氏의 事件이 處辨 前에ᄂᆞᆫ 普成專門學校를 借得ᄒ야 上學ᄒ기로 協議ᄒ얏다더라.[667]

●保證聯請 法官養成所 學徒가 日人敎授 長連恒氏事에 對ᄒ야 退學請願흠은 前報에 累揭ᄒ얏거니와 該所에셔 保證人을 帖聯ᄒ야 請願ᄒ라고 該 請願書를 繳還흠으로 該 學生덜이 昨日에 保證書을 帖聯請願ᄒ얏다더라.[668]

●借校講習 法官養成所 學徒덜이 再昨日에 大東寄宿舘에 會同ᄒ야 講習ᄒᆞᆯ 方針을 協議ᄒᆞᆫ 後에 處所와 任員을 選定ᄒ얏ᄂᆞᆫ디 處所ᄂᆞᆫ 普成專門學校를 借得ᄒ야 上午 五時 三十分붓터 同 八時 三十分까지 講習ᄒ기로 決定ᄒ고 總務ᄂᆞᆫ 安挽洙氏로 監督은 高仁錫氏로 書記ᄂᆞᆫ 金德俊 李祖遠氏로 幹事員은 鄭雲洛氏 等 三人으로 財務員은 柳正烈氏 等 十五人으로 講師ᄂᆞᆫ 李豊求氏 等 二十人으로 選定ᄒ고 今日붓터 講習을 開ᄒᆞᆫ다더라.[669]

●退學決議 法官養成所 學徒 等이 敎師 長連恒 事件으로 幾日間 上學치 못흠은 累々 報道ᄒᆞᆫ 바어니와 詳問ᄒᆞᆫ즉 該 學徒 等은 法部에셔 退學하기로 決定이 되앗다더라.[670]

●法徒上學 法部에셔 法官養成所 學徒를 退學ᄒ라 흠은 別項과 如ᄒ거니와 該 學生 等은 協議ᄒ기를 흑徒 中에 程度가 優勝ᄒᆞᆫ 人으로 敎師를 推選ᄒ고 壹般 任員을

---

664 『황성신문』, 1908.6.5.
665 『대한매일신보』, 1908.6.7.
666 『황성신문』, 1908.6.9.
667 『황성신문』, 1908.6.12.
668 『황성신문』, 1908.6.13.
669 『황성신문』, 1908.6.13.
670 『대한매일신보』, 1908.6.13.

組織ᄒ야 本日부터 普成專門學校 壹隅를 借得ᄒ야 上學ᄒ기로 ᄒ얏다ᄂᆫ대 敎授時間은 上午 五時半으로 同 八時半 ᄭᅡ지로 定ᄒ얏다더라.[671]

　●請學被駁　法官養成所 學徒 朴容九 等 十一名이 再昨日에 該所에 往ᄒ야 上學ᄒ기를 請ᄒ얏ᄂᆫᄃᆡ 一般 退學ᄒᆫ 學生덜이 聞知ᄒ고 一齊 激起ᄒ야 該 學生 十一人을 無數히 論駁ᄒ고 上學홈을 不得케 ᄒ얏다더라.[672]

이와 관련하여 다음의 기사에서 보듯이 조선인과 일본인 간의 불화는 계속된 것 같다.

　●學員更試　法官養成所에셔 日昨에 學期試驗을 擧行ᄒ다가 日人 大廳直[673]이가 該 學員 一人이 出去ᄒᄂᆫ 거슬 挾雜이 有ᄒ다고 捉囚코ᄌ ᄒᄂᆫ 事에 對ᄒ야 該 學員이 壹齊退出ᄒ야 應試치 아니ᄒ엿더니 其 向에 有何措處인지 昨日에 該 學員이 應試ᄒ얏다더라.[674]

　●八人陋想　法官養成所 退學生 中에 某某 八名이 三昨夜에 該所 繙譯官을 訪問ᄒ고 上學ᄒ기를 懇請혼다고 一般學生덜이 八人의 鄙陋(비루)혼 思想을 唾罵(타매)혼다더라.[675]

조 츠라츠네는 법관양성소가 법학교로 명칭을 변경한 후인 1909년 11월에도 계속하여 법학교 교수 주임관 3등에 임명되었다. 법학교장에는 전 법관양성소 소장 노자와, 교수에는 조 츠라츠네 외에 석진형, 조교수 겸 법학교 학원감에는 전 법관양성소 간사 겸 법관양성소 조교수였던 이와마(嚴間亮), 조교수에는 전 법관양성소 번역관 겸 법관양성소 조교수였던 김교명과 전 법관양성소 조교수였던 양대경이 임명되었다.[676]

---

671 『대한매일신보』, 1908.6.13.
672 『황성신문』, 1908.6.19.
673 여기의 大廳直은 고관의 집사, 즉 하인을 말한다.
674 『대한매일신보』, 1908.4.7.
675 『황성신문』, 1908.6.14.
676 『관보』 제4519호, 1909.11.1; 『대한민보』, 1909.11.12.

(4) 岩間亮

이와마(岩間亮)는 야마나시(山梨)현 출신으로 1908년 10월 1일 자로 법관양성소 간사 겸 조교수를 역임하고,[677] 1909년 11월 1일 자로 '법학교'로 명칭이 변경되면서 법학교 조교수 겸 법학교 학원감(學員監) 주임관 4등에 임명되었다.[678]

(5) 秋山幸衛

아키야마(秋山幸衛)는 1908년 1월 11일 자로 법관양성소 조교수 판임관 4등에 임명되었다.[679] 1908년 2월 19일 자로 법관양성소 조교수 겸임 법관양성소 주사가 된다. 1909년 11월 1일 자로 법관양성소가 법학교로 명칭을 변경함에 따라서 법학교 조교수 겸 서기로 발령을 받는다.[680]

아키야마의 교수로서의 활동에 관한 기사는 찾아보기 어려우며 부인이 이질에 걸린 기사가 하나 발견된다.

　　●法學校의 赤痢病　法學校의 秋山 助教授는 該 校內 公廨에 居接ᄒ는디 同 夫人이 日前 赤痢病에 罹ᄒ얏슴으로 卽時 朝鮮總督府 病院에 入院治療케 ᄒ고 該校 生徒는 一週日 休業을 命ᄒ얏다더라.[681]

아키야마는 1911년 11월부터 1912년 12월까지 경성전수학교의 교유(教諭)를 지냈다.

677 『관보』 제3970호, 1908.1.14.
678 『대한민보』, 1909.1.12.
679 『관보』 제3968호, 1908.1.11.
680 『관보』 제4526호, 1909.11.10.
681 『매일신보』, 1911.9.8.

(6) 加古貞太郎

가코(加古)는 1910년 2월 3일 자로 법학교 교수에 임명되었다.[682]

그는 42세 때에 『朝鮮及滿洲』 제89호(1914)의 '경성변호사계(京城辯護士界)'의 인물(人物)[683]이란 글에서 다음과 같이 소개되었다. 1872년 도쿄에서 출생하였으며, 1898년 (도쿄) 제대(帝大) 법과를 졸업한 후 변호사를 개업하였으나 곧 육군성에 들어가 법률교관이 되고, 1905년의 러일전쟁 시에는 군정(軍政) 사무관 겸 군사법정 판사로서 종군하고 뤼순(旅順) 요새를 정리하기도 하였으며,[684] 러일전쟁이 끝난 후 육군을 사임하고 청국 정부의 초빙에 따라 운남성(雲南省) 법제학당(法制學堂)의 강사로서 부임하여 청국의 '법률서생(法律書生)'의 양성에 힘썼다고 한다. 그리고 "1909년 구한국 정부의 초빙에 응하여 법관양성소의 법률교수로서 조선의 법률서생의 양성이란 임무를 맡았다"고 부정확하게 기록하고 있다. 또 '언젠가 '요보'(조선인)를 상대로 권리의무의 강의를 반복해도 재미없다고 하여 변호사 간판을 내걸었다고 한다. 그는 1915년 서울에서 개업하였다. 언제까지 한국에 체류하였는지는 알 수가 없다.

가코는 변호사로서 『朝鮮及滿洲』에 몇 가지의 글을 발표하였으나 법률에 관한 것은 한 편이 있을 뿐이다.[685]

---

682 『관보』 제4593호, 1910.2.3.

683 필자는 'ヒマラヤ山人'이란 가명.

684 1905년에는 다롄(大連) 요동(遼東) 수비군(守備軍) 사령부 군정(軍政) 사무관을 지냈다는 기사도 있다. 『朝鮮及滿洲』 第91號, 1915, 81면.

685 예컨대 「支那の國民性と將來の發展」(76호, 1913.11); 「民團撤廢に對して現はれたる新制度を如何に見るか―協議會に外國人を容るゝの雅量ありや」(77호, 1913.12); 「天興の產業地たる佛領印度支那」(78호, 1914.1); 「東亞細亞に於ける英佛二國が必爭地たる雲南」(80호, 1914.3); 「支那貨幣制度と我日本の位置」(81호, 1914.4); 「我國文官任用令と支那科擧制度」(83호, 1914.6); 「夏の思ひ出―暑さを知らぬ雲南の夏」(85호, 1914.8); 「人生を如何に觀ろか―人生と植物の改善」(97호, 1915.8); 「大正五年の年頭に臨み寺內伯に注文す―總督には忠告しても駄目」(102호, 1916.1); 「廣東及び廣東人」(106호, 1916.5); 「制令の委任に就きて」(119호, 1917.5).

(7) 岡田勝利

오카다(岡田勝利)는 1909년 11월 법학교의 조교수로 신임 발령을 받았다.[686] 1911
년 4월 23일 자로 의원면직하였다.[687]

(8) 靑木好祐

아오키(靑木)는 법관양성소의 주사로 근무하던 사람으로 1910년 11월 3일 자 관
보에 교수로 임명되었다.

5. 결론

이상으로 법관양성소의 조직과 운영실태 그리고 소장을 비롯한 교수진 전체에
관하여 구체적으로 살펴보았다. 여기서 다음과 같은 몇 가지의 특성을 제시하고
정리하여 이 연구를 끝맺기로 한다.

첫째, 연혁적인 면에서 볼 때, 법관양성소는 구한말이라는 국내외의 격동기 속
에서 서구 문물의 독자적인 수용을 위해서 노력하였으나 이를 뒷받침하는 제반
여건의 미비와 일본의 방해로 인하여 소기의 성과를 거두지 못하고 명맥만을 유
지하게 되었다. 그러나 근대적인 한국 법학의 효시로서 새로운 법조계급의 탄생
을 알리는 계기를 마련한 점에서 그 역사적 의의는 크다고 하겠다.

둘째, 법관양성소의 교육기간은 제1회와 제2회(1895~1896)에는 6개월의 속성이
었으며, 제3회와 제4회 입학생은 1년 6개월을 교육받았고, 1906년 이후의 제5회와

---

[686] 『관보』 제4526호, 1909.11.10.
[687] 조선총독부 『관보』 제193호, 1911.4.25.

제6회는 2년을 교육받았다. 또 교과목은 신구법의 혼성과 지나치게 실무 위주의 교육이었음을 지적하지 않을 수 없다. 국제법을 비롯한 공법과목의 부재, 교과서의 빈곤, 시설의 미비 등을 문제점으로 지적할 수 있다. 1905년 12월 일본유학생들이 대거 교관으로 임명되면서 전통적인 법률과목은 축소되고 자신들이 배운 일본식 서양법의 아류가 한국법의 토대가 되기 시작한다. 그러나 어려운 여건하에서 근대적 학문으로서 법학을 체계화하고 근대 법학의 기초를 마련한 점에서 커다란 공적이 인정된다.

셋째, 법관양성소의 재정은 매우 빈약하였음을 알 수 있다. 더구나 사법의 근대화, 법학교육의 혁명과 새 출발이란 시대적 소명의식을 가지지 못한 지배계층의 무지와 비협조가 이에 가세하였다. 또한 일본 통감부에 의한 착취와 고의적인 방해는 인적인 면과 물질적인 면에서의 한국 사법과 법학교육의 황폐화를 초래하였다.

넷째, 법관양성소의 학생들과 교관들은 대체로 중인계급 출신이었으며 이들은 신학문을 이수하여 관직에 진출하려는 성향을 지니고 있었다. 졸업생은 당초의 설립목적과는 달리 사법관으로서 수용된 사람은 극소수에 불과하고 나머지는 법조와 관련 없는 직종으로 나아간 사람이 더 많다. 이렇게 된 원인은 당시의 기득권 세력인 집권층의 방해와 이를 이용한 통감부 세력이 결탁한 결과라고 보겠다.

학생들은 을사늑약에 저항하고 사법권이 일제에 의해서 침탈당하자 자퇴를 하기도 하였으나 이준(이선재), 함태영, 홍면희, 변영만 같은 민족운동가를 배출하기도 하였다. 반면에 졸업생의 상당수는 일제의 사법기관 등의 중하급관리로서 식민지 지배에 직접 관여하였다. 그리하여 최기영 교수는 "대다수는 일제의 국권침탈에 저항을 하기보다, 현실에 적응하면서 관직에 나아가는 데 급급하지 않았나 짐작된다"[688]고 결론을 내린다. 광복 직후에도 법조인들이 친일파의 핵심인물로서 지탄을 받은 사실이나 유신시대의 사법관들이 빈민주적인 행태를 보인 점 등 법조인들의 체제안주 내지 무사안일 하는 태도는 바로 역사의식의 빈곤이 아닌가 생각된다.

다섯째, 법관양성소의 소장을 비롯하여 교수진을 구체적으로 살펴보면, 내국

---

[688] 최기영 교수는 安龍植, 『한국행정사연구』 1·2 등을 인용하면서 법관양성소 전체 졸업생 206명의 3분의 1 이상이 1920년대까지 일제의 중하급관리직을 유지하였다고 한다. 최기영, 앞의 글, 1993, 75면 참조.

인 교관의 수는 약 70인이며, 외국인 교관은 10인 정도가 된다. 특히 내국인 교관의 경우는 실제로 법관양성소를 운영한 약 10년 동안에 70인이란 것은 많은 인원이며 더구나 임명한 지 하루 만에 면관하는 등 인사행정은 난맥의 극치를 이루었다. 법학교육 기관으로서의 법관양성소는 국내외 정세의 혼란과 불안 속에서 정착되기도 전에 좌초하였다고 보겠다.

여섯째, 교관의 충원은 1895~1896년에는 피상범과 같은 전통 율학을 공부한 사람과 일본인, 미국인 등으로 시작하여 1904~1905년경에는 법관양성소 졸업생을 배치하다가 을사늑약을 체결한 이후인 1905년 12월부터 이면우 등 일본에서 유학한 사람들을 임용하였다. 1908년 이후에는 일본인이 다수를 차지하게 된다.

내국인 교관의 경우 빈번한 인사와 교관의 교체로 내실 있는 교육을 제대로 할 수 있었겠는지 의심이 간다. 당시의 인사행정의 난맥상은 물론이며 법관양성소의 교육 자체도 부실하였음을 알 수 있다. 또 우리의 옛 법을 배우고 한학에 소양이 깊었던 인사들이 물러나고 새로운 학문으로서 서양식 법학을 배운 인사들이 대거 들어옴으로서 신진대사가 이루어지는 반면 법체제의 혼란과 과다한 교과목으로 수업에 막대한 차질을 초래한 점도 나타난다.

외국인의 경우 크레마지와 같이 법이론과 실제 양 측면에서 헌신적으로 업무를 수행한 사람이 있는가 하면 일본인의 경우는 그 임무의 막중함이나 숫자적으로도 많은 인원에도 불구하고 별로 업적을 내지 못한 형편이다. 오히려 혼란을 가중시키는 역할을 수행하였을 뿐이다. 그리고 이들 교수진의 출신, 배경, 학력 그리고 한일합병을 전후한 활동 등에 관하여 보다 상세하게 연구할 과제는 많이 있지만 대체로 이들은 신분적으로 높은 가계의 출신은 아니라고 보는 견해가 있다.[689]

일곱째, 이러한 결과는 크게 본다면 서양문물의 적극적인 수용을 거부한 우리들 한국인 지도자들의 열의와 사명감, 책임의식의 부족을 들 수 있으며, 또 새로운 교육을 실시하기 위한 재정적·물질적 뒷받침이 부족하였던 점 등 여러 가지 복합적인 요인이 함께 작용하였기 때문일 것이다.

전체적으로 볼 때 법관양성소에 관한 법령의 빈번한 개폐로 인하여 실효성 있는 운영을 해 볼 여유가 없었으며 시행착오의 연속이었다고 보겠다.

---

[689] 최종고, 『한국법학사』, 박영사, 1990, 386면.

끝으로 법관양성소의 실제 모습을 더 정확하게 파악하고 자료를 발굴하기 위해서는 법관양성소라는 제도를 움직이는 주체, 즉 당시의 영향력 있던 지배계층이나 관료들, 그리고 졸업생 개개인의 구체적인 인적 사항과 그들의 후손에 관한 연구를 통하여 더욱 자세한 것이 알려질 것이다. 이처럼 방대하고 어려운 연구는 개인 혼자의 능력을 벗어나는 것으로 다른 연구자의 출현과 후일을 기약하는 수밖에는 없을 것이다.

제
2
부

법학교육관계

———

I. 양정의숙의 법학교육[*]

1. 서설

양정의숙(養正義塾)은 1905년 2월에 설립된 법률학과와 경제학과를 가진 일종의 전문학교이다.[1] 위치는 서서(西署) 의영고동(義盈庫洞)[2]으로 현재의 세종문화회관 서쪽 도렴동이다.

1895년 4월에 설립된 관립 법관양성소, 1905년 1월의 사립 한성법학교, 같은 해 4월의 사립 보성전문학교와 동격의 학교로서 출발하였다. 이 중 보성전문학교는 오늘날의 고려대학교의 전신이며, 법관양성소는 법학교와 경성전수학교, 경성법학전문학교 등으로 계속되다가 광복 후 국립 서울대학교에 흡수되었으며, 한성법학교는 경영난으로 그해에 폐교되었고, 양정의숙은 1913년 조선교육령에 의해서 폐지되고 교명을 양정고등보통학교라고 하였으며, 오늘날 '양정고등학교'로서 그 이름만이 남

---

* 저자는 이 글을 위하여 귀중한 자료를 제공해 주신 양정의숙연구회 회장 이영석 교수님과 양정고등학교 김창동 교장님께 깊은 감사를 드린다.

1 양정의 역사에 관하여는 『양정백년사 1905~2005』, 2006; 『양정의 얼굴―개교60주년기념』, 1965 참조. 보성전문에 관하여는 『서구 근대 학문의 수용과 보전』, 고려대 출판부, 1986 참조.

2 의영고(義盈庫)는 조선시대에 기름·꿀·황납(黃蠟)·소물(素物)·호초(胡椒) 등을 관장하던 곳이다. 황납이란 봉밀의 부산물로서 촛불의 원료로 사용하는 것이며, 소물은 어류 또는 육류를 사용하지 아니한 소찬(素饌)용의 각종 물품을 말하며, 호초는 일명 후추라고 하는 것이다. 의영고는 태조 원년에 설치되어 1885년(고종 19)에 폐지되었다. 『전률통보』(상권), 법제처, 1971, 51면 참조.

아있을 뿐이며 법학전문의 고등교육기관으로서 기억하는 사람은 거의 없다.[3]

양정의숙은 비록 8년간 존속했지만 이곳 출신의 영향력은 법관양성소나 보성전문학교에 못지않게 각 방면에서 두각을 나타낸 인재들이 많이 있었다. 여기서는 한국 법학교육의 원조로서의 면모를 당시의 각종 자료를 통하여 개괄적으로 서술해 보기로 한다.

2. 설립자와 건학이념

1) 설립자 엄주익

양정의숙의 설립자는 춘정(春庭) 엄주익(嚴柱益, 1872~1931)이다. 字는 순조(舜朝). 그는 29세인 1900년 통신원 전화과 주사로 관계에 투신하여 1901년에 내장원 종목과장(種牧課長), 1902년에 군부 포공국장(砲工局長), 한성부 판윤, 1903년에 군부 협판, 1904년에 법부협판, 육군참장, 군부협판, 군부대신서리, 1906년 2월 육군법원장[4] 등을 지냈으며 엄비 전하의 동생이다.[5] 1904년 군부협판[6]으로 있을 때 근대적인 군사제도를 시찰하기 위해서 일본으로 건너가 서양의 새로운 사조에 접한 일본

---

3   이영석, 「양정의숙의 혼을 찾아서」. 양정의숙 연구발표회가 2007년 5월 15일 양정고등학교 대강당에서 개최되었으며, 2008년 5월 6일부터 20일까지 양정중고등학교와 양정총동창회 주최로 '대한제국 법학전문학교 교과서 특별전'이 국립중앙도서관에서 열렸다. 「양정중·고교, 국내 첫 사립 법학전문학교였다」, 『조선일보』, 2008.4.25.
4   육군법원은 1900년 9월 14일 조칙 '육군법원을 설치하는 건'에 의해서 원수부 외에 별도 설치하여 군인을 심판(審辦)하는 등의 일을 전담한 기관이다. 원수부 검사국 총장의 관할에 속하며 원장 1인, 이사 3인, 주사 5인으로 구성된다. 초대 법원장은 백성기(白性基)였으며 이어서 권중현(權重顯), 조동윤(趙東潤), 민상호(閔商鎬, 1904.3.19), 장화식(張華植, 1904.7.19), 신태휴(申泰休, 1904.10.24), 김정근(金禎根), 신재영(申載永, 1905), 엄주익(嚴柱益, 1906.2.7) 등이 맡았다. 원장 김정근은 재직 중 폭사하였으며(『황성신문』, 1905.1.13) 신재영은 법원장서리를 거쳐 원장이 되고 판사를 거쳐 일제시대에는 군수를 지냈다. 육군법원은 1907년 8월 26일 자로 폐지되었다.
5   『朝鮮人名資料事典』第1卷, 日本圖書センター, 2002, 164면.
6   『관보』제2883호, 1904.7.20.

의 신문물에 깊은 감명을 받고, 사회의 급선무는 교육
의 보급이라고 생각하여 양정의숙을 창립하게 되었다.[7]

귀국하여 안종원(安鍾元), 이철우(李哲宇), 윤정석(尹晶
錫), 박용숙(朴容淑), 장현주(張炫周), 김진현(金鎭賢), 한만
용(韓晩容) 등과 뜻을 같이 하여 근대적 교육의 보급을
목적으로 학교설립을 추진하였고, 유지방침은 출연(出
捐)에 의함으로써 학교의 형태를 의숙(義塾)으로 결의하
였다. 발기인회에서 숙장에 엄주익, 숙감에 김효익, 찬
무원에 안종원으로 정하고, 강사로는 김상연, 장도, 신
우선, 석진형, 유문환을 연빙하고, 사무원으로는 송희
정(宋熙鼎)을 결정하였다. 1905년 2월에는 양정의숙의

엄주익

설립청원서를 대한제국 학부에 제청하여 같은 해 4월 10일 인가를 받았다. 또한
엄주익은 육군법원장 재직 시 황귀비 전하와 함께 귀족 여학교를 설립하기 위해
서 자신의 집을 내놓기도 하였다.[8]

그는 황태자 전하의 유학 근황을 시찰하기 위해서 규장각(奎章閣) 지후관(祗侯官)
으로서 일본에 건너가기도 하였으며,[9] 한일합병 당시에도 지후관의 직에 있었
다.[10] 1910년 국권상실 이후 세상을 떠날 때까지 일체 관계를 떠나 교육사업에만
심혈을 기울였다. 묘는 경기도 광주 구천면 암사리에 있다.[11]

2) 건학이념

양정의숙의 창학이념은 '몽이양정(蒙以養正), 양심정기(養心正己)'로 신학문을 배

---

7 『대한제국관원 이력서』, 탐구당, 1972, 370면;『양정의 얼굴—개교60주년기념』, 1965, 91~100면;『양정백
　　년사 1905~2005』, 47~49면;『황성신문』, 1906. 4. 24; 교육서관, 『교육학대사전』, 1989, 650~651면.
8 「女校設立」,『황성신문』, 1906. 4. 24.
9 잡보「嚴氏渡日」,『황성신문』, 1908. 5. 20.
10 「祗侯官渡日」,『대한매일신보』, 1910. 8. 28.
11 『寧越嚴氏大同譜』卷之七, 318면.

우고자 하는 국민들에게 교육의 지도이념을 제시하였다. 몽이양정은 원래 주역(周易)에 나오는 문장으로 '순수한 상태의 인간에게 바른 것을 키워준다'는 의미를 지니고 있어 가르치는 이의 마음가짐을 나타내고 있다. 양심정기는 '착한 본성을 갈고 닦아 올곧은 인간이 될 수 있도록 힘써 배운다'는 의미로 배우는 이의 자세를 나타내고 있다. 또 '바른 것을 길러 세상에 은공을 입히고 몸과 마음을 바르게 기른다'는 내용으로도 알려 있다. 주역의 「몽이양정」편에 있는 이 내용은 '몸과 마음을 바르게 일러야 한다'는 뜻을 강조하고 있다. 그러나 주역에 있는 수많은 내용 중 '몽이양정, 양심정기'를 건학이념으로 내세운 이유는 무엇이며 또 누가 어떤 과정을 거쳐 '양정'으로 채택되었는지 확실히 밝혀진 것은 아직 없는 것 같다. 이에 대해서 조선 말기의 학자 윤경규(尹庚圭)가 왕세자 교육에 관련된 내용을 모은 『양정록(養正錄)』에서 그 해법을 찾는 견해도 있다.[12] 생각건대 이것은 오늘날의 용어로는 지도자를 양성한다는 의미로 풀이하더라도 크게 어긋남이 없을 것이다.

또한 을사늑약을 전후로 하여, 멀리는 강화도조약으로부터 시작되는 개항 이래의 조선왕조의 쇠퇴는 모두 만국공법과 조약의 이름으로 자행된 것이며, 국내 정치의 문란은 바로 당시의 용어로 법률과 장정이 올바로 서지 못한 탓이라는 것이 지배적이었다. 따라서 법률을 가르치는 법학전문의 학교를 설립하고 법률을 공부하는 것이 화급한 당면과제였다.

▲官立 法官養成所와 私立 普成學校와 養正義塾 等 法律專門學校에 養成法學士와 法學卒業生이 不恨不足호 則 法律을 不知홈이 不是라 法律을 不用홈이 現今 缺點되 는 事이라.[13]

그러나 이 기사에서 보듯이 교수와 학생 모두 인적으로 빈곤하고 시설마저 열악한 상태에서 출발하지 않을 수 없었던 것이다.

---

12 「양정의숙의 혼을 찾아서」, 12면.
13 『만세보』, 1906. 11. 10.

3. 교과목과 실제 운영

1) 교과목

『황성신문』에 실린 학원모집 광고를 보면 다음과 같이 상세한 법학 관계 교과목으로 구성되어 있다.[14]

    ◉ 今에 政治 法律 經濟 等 高等學問으로 一般國民을 教育ᄒ기 爲ᄒ야 教師 金祥演 張熹
申佑善 石鎭衡 四氏를 延聘 教授홀 터이오니 願學 僉君子ᄂ 本 義塾으로 來臨 問議ᄒ시요.

  本 義塾 處所ᄂ 西署 英語學校 後谷 第十八統 一戶

  教課 及 年級

    第一年級

  國家學 法學通論 經濟原論 民法總論 刑法總論 萬國歷史 算術 日語

    第二年級

  刑法各論 民法[物權 債權] 行政法[總論 各論] 商法[總論 各論] 財政學 日語

    第三年級

  國際公法 國際私法 貨幣論 銀行論 近時外交史 日語

    試驗科目

  國漢文으로 讀書 作文

  但 官公私立學校에 普通科 卒業證이 有ᄒ 人은 試驗을 不要홈.

   入學人의 年齡은 十七歲 以上으로 定홈.

   試驗日字ᄂ 四月 十九日[陰 三月 十五日] 上午 十二点으로 定홈.

   開學日字ᄂ 追後 廣告홈.

        私立養正義塾長 嚴柱益

        塾監 金孝益

---

14 『황성신문』, 1905.4.1.

양정의숙은 5월 12일로 개학 일자를 정하고 다시 제2회 학원모집 광고를 내고 있다.[15] 『황성신문』은 「양정개학」이라는 제목 아래 다음과 같이 보도하고 있다.

> 去十二日 上午 十二時에 私立 養正義塾을 開學ᄒ얏ᄂᆞ디 學徒 七十餘名과 校長 敎師與來賓이 一齊會同ᄒ야 鄭重혼 開學式을 擧行ᄒ얏다더라.[16]

양정의숙의 교사와 시험결과에 대한 보도는 아래와 같다.

> ◉ 養塾學期試驗   私立 養正義塾은 法律專門인디 塾長 嚴柱益 敎師 張도 金祥演 石鎭衡 兪承謙 諸氏가 熱心敎育ᄒᄂᆞ 效果로 學生 諸氏의 學業이 大進ᄒᄂᆞ 實地가 有혼디 學期試驗의 成績이 如左ᄒ니 第二年級에 尹宇植 金癸根 洪達厚 三人은 優等이오 白亨基 金浩乘 白寅基 朴昌根 崔瑗植 朴興寬 朴益相 金鎭模 高翊相 金成集 金潤錫 高錫柱 金景濟 金鎭禹 崔在澤 洪在鵬 高孝源 劉秉珌 鄭熙宣 以上 二十二人은 及第오 第一年級에 徐鳳勳 一人은 優等이오 李鍾運 趙萬熙 崔炳翰 韓룡元 尹圻 金應說 金丙濟 金演默 崔炳翰 九人은 及第이라 ᄒ니 諸氏ᄂᆞ 益益勉勵ᄒ얏 匡世良材을 作成하기로 熱望하노라.[17]

또한 앞서 보았듯이 법관양성소나 보성전문학교와 마찬가지로 토론회를 개최하기도 하였다.

2) 교과서

교과서는 종류가 많지 않았기 때문에 세 개의 법률전문학교가 거의 동일한 교재와 동일한 강사에 의해서 교육을 받았다. 현재 남아 있는 교과서 표지에 '양정

---

15 『황성신문』, 1905. 4. 26.
16 『황성신문』, 1905. 5. 15.
17 『만세보』, 1906. 11. 27.

의숙'이라고 붓글씨로 책의 소유자가 자신의 학교 이름을 적은 책도 있다.

한편 양정의숙에서는 다음과 같이 법률강의록을 만들어 판매하기도 하였다.

● 法律講義錄 北部 北壯洞 修文書館에셔 一般同胞의 法律上 知識을 啓發ᄒ기 爲ᄒ
야 私立專門 養正義塾의 編裁ᄒ 法律講義錄을 發賣ᄒ다더라.[18]

이와 같은 강의록의 발간은 일본의 개명기에도 유행하던 방법이며,[19] 이것은
통신강의록의 형태로 발전하여 일제시대에도 계속되었다. 법관양성소에서는 무
상으로 학생들에게 교과서를 지급하고 매월 교과서 대금을 징수하였다.

여기의 수문서관에서는 여러 가지의 법률책을 만들어 판매하고 있었다.[20]

3) 토론회

토론회는 비단 양정의숙만의 독특한 것은 아니지만 토론의 문제와 상황 등을
간단히 보면 다음과 같다.

● 養正討論 來 土曜 九日 下午 四時 養正義塾에셔 經濟에 關ᄒ 硏究討論會를 開
ᄒ다는더 其 問題는 如左ᄒ니 裏者 日本政府로셔 一千萬圜의 借款을 得來ᄒ얏슨則
該 金額의 入來을 從ᄒ야 我國 資本에 如何ᄒ 影響이 及ᄒ나뇨 ᄒ는 問題라더라.[21]

토론은 학내외에서 일반적인 문제로부터 법률이나 경제와 같이 전문적이고 시
사적인 테마를 다루었다.

---

18 『대한민보』, 1910.3.13.
19 일본의 사정은 마루야마 마사오 · 가토 슈이치, 임성모 옮김, 『번역과 일본의 근대』, 이산, 2000 참조.
20 상세한 것은 본서 제1부 「법관양성소」의 4장 「교과서」 참조.
21 『황성신문』, 1906.6.8.

◉ 兩校生徒討論　昨日 下午 七時半에 養正義塾과 普成專門學校 學員 等이 基督靑年會에 會集ᄒ야 人才ᄂᆞᆫ 今勝於古라ᄂᆞᆫ 問題를 討論ᄒ얏다더라.[22]

◉ 養正討論會　私立養正義塾 第二年級 學徒中 諸氏가 發起ᄒ고 智識發達目的으로 一討論會를 設立ᄒ고그 每 日曜日 下午 七時에 開會ᄒᄂᆞᆫ디 去 三十日(卽 日曜) 下午 七時에 第二回 通常會를 開ᄒ고 '民法을 制定홈이 可乎아 否乎아'ᄒᄂᆞᆫ 問題로 討論ᄒ얏ᄂᆞᆫ디 名譽紳士 韓錫振氏가 臨時批評長으로 批評ᄒ얏고 一般 來賓 及 傍聽이 喝采不已ᄒ야 漸漸 前進之道가 有ᄒ다 ᄒ니 吾儕ᄂᆞᆫ 養正義塾 一般學徒의 日進又進홈을 贊揚不已ᄒ노라.[23]

민법제정의 필요성에 대해서는 당시의 주요 관심사의 하나였던 것으로 또 일찍이 『독립신문』은 논설 「민법론」에서 독일 민법의 중요성을 이렇게 설명하였다.

독일국의 보통 민법이란 것은 통일ᄒ기를 위ᄒ야 제명혼 법률이라. 근리에 구라파 제국에서 여러 가지 민법 법전을 편집ᄒ야 뎨일 죠흔 법으로 쓰나니 (…중략…) 민법의 편제를 일졔히 변경홈이 모든 나라들이 독일국 법식을 취용ᄒ기에 이르럿더라.[24]

또한 『황성신문』은 논설에서 이렇게 강조한다.

大抵 法部之第一機關은 卽法律之完整也니 現今刑法大全이 雖已頒行이나 頗多矛盾而昧陋ᄒ니 亟宜改訂而完全之ᄒ며 如民法商法도 不得不制定而頒布ᄒ야 使民人으로 俱知法律之一定然後에 犯者一鮮而法乃行홀지니 右陳兩件이 實當今之急務也오.[25]

또한 유옥겸도 민법전편찬의 필요성을 주장하였다.[26]
이러한 토론회는 장안의 인기를 모은 사건의 하나였기 때문에 『만세보』에서는

---

22 『만세보』, 1906.12.2.
23 『만세보』, 1907.1.6.
24 『독립신문』, 1899.8.12.
25 『황성신문』, 1906.6.12.
26 兪鈺兼, 「私法典編纂의 必要」, 『法政學界』 제1권 1호, 1907 참조.

양정의숙에 대해서 다음과 같은 장문의 기사를 게재하고 있다.

　●養正義塾　養正義塾에셔 每日曜日에 學生諸君이 討論會를 設ㅎ야 再昨日 討論會를 開ㅎ고 聽賓을 延請ㅎ야 多數 名士가 會集ㅎ얏는디 本記者도 末席에 參列ㅎ야 光榮을 不勝ㅎ는 바라.

　當日 問題는 富國之策이 工勝於農이라. 可便正演議는 高翊相 金景濟 兩氏오 否便正演議는 金炯均 金應說 兩氏오 續論은 文基鼎 洪達厚 金癸根 尹宇根 崔원植 金浩秉 六員인디 辨論이 明快ㅎ고 氣運이 活潑ㅎ야 其學問 程度를 揣料하깃고 其他 學員 諸氏가 拍手 喝采ㅎ는디 擧皆 容貌端正ㅎ고 氣質聰俊ㅎ야 可히 前途大進의 步驟를 期望홀 勃勃한 英氣를 見홀지라.

　于是에 傍聽ㅎ는 名士 諸氏도 其 造詣를 贊成하기 爲ㅎ야 劉元杓 金祥演 洪肯燮 三氏가 次第 演說ㅎ야 討論를 批評도 ㅎ고 學問을 勸勉도 ㅎ야 愉快ㅎ 盛況을 呈ㅎ는지라. 本記者가 各般 學校를 多數 觀光하얏스되 同塾의 實況을 果然 創睹한 비라. 欽服ㅎ고 歡喜ㅎ야 其 由來를 略說하야 十分 贊成ㅎ는 同情을 表ㅎ노니

　是塾은 光武九年 三月에 私立ㅎ얏는디 位置는 西署 義盈庫洞이오 出席學員은 三年級이 四十餘名이오 學科는 法律이오 資格은 專門大學校이라.

　塾長 嚴桂益 塾監 安鍾元 贊務 韓晩容 金孝益 韓錫振 劉在호 諸氏ㄱ 盡心盡力ㅎ야 每月 三百餘元 經費를 塾長이 擔負홈과 如하야 非常ㅎ 困難을 經ㅎ야 辛勤維持ㅎ는디, 日本에 留學ㅎ야 政治 法律 經濟 各科의 卒業ㅎ고 歸國ㅎ 金祥演 石鎭衡 張도 劉文煥 兪承兼 五氏를 延聘ㅎ야 熱心 敎授홈으로 敎育成績이 此에 達한지라.

　本記者는 養正義塾 靑年學生 諸君의게 一言을 擧似하노니 敎育을 受ㅎ는 性質이 一顆璞玉을 治홈과 同一ㅎ니 店主의 貲力과 玉王의 手術이 多大한 功力을 費盡ㅎ야 良好ㅎ 結果를 期待ㅎ는 者라.

　然이나 璞玉의 體質이 椎鑿으로 琢홈과 沙石으로 磨ㅎ는 諸般辛苦를 堪耐ㅎ여야 畢竟 溫潤ㅎ 性을 保存ㅎ며 璀璨ㅎ 光을 發揚ㅎ야 一種 珍寶物를 成ㅎ나니 及其功用 處는 黍稷粢盛의 瑚璉도 作홀 거이오 大放厥聲ㅎ는 王珮도 作홀 것이오 天地禮幣로 用홀 珪璋도 作할거이니 此 皆 諸君의 成就홀 前途이라. 此로 諸君을 祝賀ㅎ거니와 一刻이라도 放心ㅎ야 琢之磨之ㅎ는 辛苦를 堪耐키 不能ㅎ면 非石非王의 一塊璞에 不過홀지니 此로 諸君을 警省하노니

此 一言이 養正義塾 學生 諸君의게 擧似홈을 推ᄒ야 全國 靑年 諸君의게 普及을 希
望ᄒ노라.[27]

● 養塾討論　來 日曜日에 養正義塾에셔 法官養成所 學員과 普成專門學校 學員을
請邀(청요)ᄒ야 刑法問題로 聯合討論會를 開ᄒᆫ다더라.[28]

◉ 三處生徒聯合討論　養正義塾에셔 法官養成所와 普成專門學校 兩處 生徒를 請
邀ᄒ야 國民演說臺에셔 聯合大討論을 開ᄒᆫ다는 說은 已揭ᄒ얏거니와 去 日曜日에는
未備ᄒᆫ 事情이 有ᄒ야 來 日曜日[二十二日]로 退定ᄒ야 刑法問題와 經濟問題로 討論
ᄒᆫ다는디 其 問題가 如左ᄒ더라.

刑法問題는 正條에 有期의 自由刑과 金刑은 各其 高低度에 範圍를 設定ᄒ야 斟酌
適用케 홈이 可홀가 其 限度를 預先 確定홈이 可홀가

經濟問題 私益의 集合으로 公益이라 稱함을 得乎아 否乎아.[29]

● 演說臺不許　養正義塾에셔 來 日曜日에 普成專門學校와 法官養成所와 聯合討
論會를 國民演說臺에 開會홀 次로 一進會에 交涉承諾하야 各 社會에 通牒하얏더니
該 會中에셔 有何層節討인지 更論不許借홈으로 事係難處라 하더라.[30]

● 法學討論會　養正義塾에셔 普成專門學校와 法官養成所 兩處 生徒를 請邀ᄒ야
國民演說臺에셔 討論ᄒᆫ다는 說은 已報ᄒ얏거니와 再昨日 正午에 同 三處 生徒가 一
齊히 國民臺에 會同ᄒ야 前記의 問題를 依ᄒ야 各 三人式 討論ᄒᆫ 後에 講師 張燾, 兪
承謙 兩氏가 批評ᄒ얏고 來賓中에 李冕宇, 羅壽淵 兩氏가 勸勉ᄒ얏다더라.[31]

● 三校討論會盛況　再昨日에 養正義塾에셔 法官養成所와 普成學校을 請ᄒ야 聯
合討論會를 新門外 國民演說臺에 開ᄒ얏난디 開會順序는 如左ᄒ더라 上午 十一時
集會 至 十二時 開會 聯合討論 趣旨說明은 養正義塾長 嚴柱益 刑法問題 說明은 講師
張燾 討論 學員은 養正義塾 學員에 尹宇植 鄭煕宣 法官養成所 學員에 金基賢 李基燦
普成專門學校 學員에 南亨祐 鄭泰煥 經濟問題 講師 兪承兼氏 說明 討論 學員 養正義
塾員 徐鳳勳 具滋用 法官養成所 學員 韓相羲 南廷圭 普成專門學校 徐相輯 崔永澤 來

27　『만세보』, 1907.2.5.
28　『황성신문』, 1907.4.3.
29　『만세보』, 1907.6.20.
30　『황성신문』, 1907.6.22.
31　『만세보』, 1907.6.25.

賓 演說 法官養成所 講師 李漢吉 普成專門學校 講師 趙聲九 內部 參書官 羅壽淵 辯護士 李冕宇 答辭 養正義塾 塾監 安鍾元 三呼 萬歲後 下午 六時 閉會ᄒ얏더라.[32]

또한 1908년 12월 청년회관 개관식에서는 오전에 예수교인을 초청하고 오후에는 양정의숙을 비롯하여 홍화학교, 광성실업학교, 보성중학교, 보성전문학교, 중동학교, 청년학원, 광무학교, 대동신숙을 청요(請邀)하였다.[33] 청년회관에서는 토론회가 자주 개최되기도 하였다.

● 法律討論　普成專門學校와 養正義塾의 職員 及 學徒 諸氏가 昨日 下午 七時에 青年會館에 會同ᄒ야 法律上 問題로 討論ᄒ얏다더라.[34]

● 言非其席　青年會館 開館式 時에 煖爐의 使用ᄒᄂ 物品 一介를 見失혼 事가 有ᄒ디 再昨夜에 普成專門學校와 養正義塾의 職員과 學生을 請邀ᄒ야 法律上 問題로 討論홀 際에 該會 事務員 某氏가 不知不覺에 言ᄒ기를 本館의 物品 見失혼 事가 有ᄒ다고 公佈홈으로 法律討論ᄒ던 諸氏가 發論ᄒ기를 此無禮無信혼 言을 聽ᄒ고야 此 會館에 暫時라도 留홀 것이 無ᄒ다고 一場 紛拏ᄒ얏다더라.[35]

이와 같이 법학전문학교를 중심으로 이미 토론문화가 성숙하고 있었다.

또한 동문 밖 영도사(永道寺)에 나가서 소송연습회를 가지기도 하였는데,[36] 이것은 오늘날의 모의재판(Moot Court)과 같은 것이며 이론적인 수업 외에 실무교육도 중요시하였다. 영도사는 오늘날 고려대학교 앞에 있는 개운사(開運寺)를 말한다. 이 소송실습 절차에서 행한 고소장, 예심결정서 그리고 판결서는『황성신문』에 전문이 연재되기도 하였다.[37]

이 소송연습회는 법관양성소에서도 같은 영도사에 나가서 실시하였으며 이 자리에는 법부와 평리원, 한성재판소의 일반 관리도 합동하여 참관하였다.[38] 또 보성

---

32 『황성신문』, 1907.6.25.
33 『황성신문』, 1908.12.2.
34 『황성신문』, 1908.12.6.
35 『황성신문』, 1908.12.8.
36 「訴訟研習會」, 『황성신문』, 1907.7.12; 「演習停止」, 1908.10.9.
37 『황성신문』, 1907.7.16; 1907.7.17; 1907.7.18 참조.

전문학교에서도 같은 영도사에서 실시하였는데『황성신문』은 '특히 그 연습실황을 무루(無漏) 게재하야 소송에 관계한 일반 동포의 일람을 공(供)코져 하노라'고 하면서 전문을 싣고 있다.[39]

학생들의 이러한 움직임에 대해서 법부대신은 그 경비를 전담하겠다고 나서기도 하였다.

> ●法官鍊習 法部大臣 李夏榮氏가 近日 各 法律學徒덜이 訴訟鍊習場을 開ᄒ고 裁判處決을 依法公決ᄒ다ᄂ 說을 歆聞ᄒ고 將次 該部 官吏와 平漢兩裁 一般官人을 領率ᄒ고 訴訟鍊習을 設行ᄒ되 各 法律學徒中으로 原被告와 辯護士을 選定ᄒᆯ 터인디 當日 經費ᄂ 自己가 全擔ᄒ기로 決定ᄒ얏다더라.[40]

양정의숙, 법관양성소 그리고 보성전문학교는 서로 경쟁적으로 실무교육에 주력한 것으로 보인다.

4) 경제과 등 신설

또한 양정의숙은 법관양성소나 보성전문학교와 동격의 법률전문학교로서 학생의 집단 전출입이 있었고, 1907년 9월에는 일어야학과를,[41] 1908년 4월에는 경제과를, 그리고 1910년에는 영어야학과를 설치한다.[42] 특히 1908년 4월 제1회 졸업식을 가진 양정의숙은 "뜻하지 않게 타의에 의한 경제과 특설"[43]을 하게 되었다.

> ●教授經濟 普成專門學校에 經濟科 退學生 三十四人이 養正義塾에 連名請願하

---

38 「養所練習」,『대한매일신보』, 1907.5.14.
39 『황성신문』, 1907.6.5, 6.
40 『대한매일신보』, 1907.5.22.
41 「塾長夜學」,『황성신문』, 1907.9.27;『황성신문』, 1908.2.9.
42 『황성신문』, 1910.4.19 광고.
43 이기준,『한국경제학교육사연구』, 한국연구원, 1982, 133면.

고 此科를 敎授하라 함으로 此 經濟科를 特設ᄒᆞ고 敎授ᄒᆞ기로 決定ᄒᆞ얏다더라.[44]

● 請入養正　普成專門學校 二年級 退학ᄒᆞᆫ 經濟科 生徒 二十四人이 養正義塾에 入學하기로 聯名 請願ᄒᆞ얏다더라.[45]

● 經濟設課　普成專門學校 二年級 經濟科生으로 退학ᄒᆞᆫ 諸學徒가 養正義塾에 ᄒᆞᆨᄒᆞ기를 請願ᄒᆞᆫ 事ᄂᆞᆫ 前報에 已揭어니와 該塾에셔 經濟科를 特設ᄒᆞ고 來 十六日붓터 開學ᄒᆞᆫ다더라.[46]

● 三氏留學　普成專門學校 經濟科 學生덜이 一齊히 養正義塾으로 退去ᄒᆞ얏ᄂᆞᆫᄃᆡ 該 學生中 金河琰 吉昇翼 徐承孝 三氏ᄂᆞᆫ 如前히 普成學校에셔 上學ᄒᆞ겠다 ᄒᆞ니 該校 主가 其 趣旨를 嘉尙히 녁여 來月 五日에 日本으로 派送ᄒᆞ야 留學케 ᄒᆞᆫ다더라.[47]

● 正塾卒業式　養正義塾에셔 第一回 卒業生이 二十二人인ᄃᆡ 十九日에 禮式을 開ᄒᆞ고 證書授與式을 擧行ᄒᆞᆯ 時에 塾長 嚴柱益氏가 式辭 及 勸勉을 陳述ᄒᆞ고 塾監 安鍾元氏ᄂᆞᆫ 學事를 報告ᄒᆞ고 講師 石鎭衡 張燾 兩氏와 來賓 兪吉濬 洪肯燮 兩氏가 次第로 勸勉祝辭ᄒᆞᆫ 後에 卒業生 金癸根氏가 答辭ᄒᆞ고 軍樂隊ᄂᆞᆫ 音樂을 奏ᄒᆞ며 式場을 撮影ᄒᆞ고 茶果을 進ᄒᆞᆫ 後에 閉式ᄒᆞ얏ᄂᆞᆫᄃᆡ 賞品은 本塾에셔 冊子를 頒給 後 塾長 嚴柱益氏ᄂᆞᆫ 字典 二十二峽을 寄付ᄒᆞ고 紳士 崔永年氏ᄂᆞᆫ 鉛筆 二十二打로 高龍鎭氏ᄂᆞᆫ 空冊 二十二券과 鉛筆 二十二打로 洪肯燮氏ᄂᆞᆫ 牧丹花 二十六朶로 寄付ᄒᆞᆫ 故로 一一頒給ᄒᆞ얏다더라.[48]

경제학 과목은 경제원론, 재정학, 화폐론, 은행론이며 '경제원론'이란 명칭이 처음으로 사용되었다고 한다.[49] 경제학계 교수로서는 김상연, 신우선, 유승겸을 열거하는 견해[50]도 있으나, 유치형이 담당하였을 것으로 생각되며 유치형이 아니라면 적어도 교과서는 유치형 강술 · 신해영 교열, 『경제학』을 사용한 것이 분명하다.[51]

44 『황성신문』, 1908.3.7.
45 『대한매일신보』, 1908.3.5.
46 『대한매일신보』, 1908.3.8.
47 『황성신문』, 1908.3.25.
48 『황성신문』, 1908.4.21.
49 이기준, 앞의 책, 136면.
50 위의 책, 136면.
51 이화여대 도서관 '개화기교과서' 코너에는 유치형의 『경제학』이 소장되어 있으며 그 표지에 ᄂᆞᆫ 붓글씨로 '양정의숙'이라고 쓰여 있다. 이 책은 전체 199면이며 서문이나 판권은 붙어 있지 않다.

이처럼 법률과는 1908년 4월에 제1회 졸업식을 거행했으며 경제과는 보성전문에서 전학 온 34명이 야학으로 출발하여 1910년 4월 2일 제1회 졸업식을 갖게 된다.

학문으로서의 경제학은 일본의 경우 일찍이 『영화대역수진사서(英和對譯袖珍辭書)』(1862)에서 'Political economy'를 '경제학', 'Economy'를 '家事スルフ, 倹約スルフ'로 소개하였고,[52] 중국에서는 '이재(理財)'로 알려지고 있었다. 한국에서는 경제학과 이재학이 동시에 수용되고, 1898년의 한성의숙(樂英義塾)의 경제론, 1898년 흥화학교의 경제학, 1899년 광성학교에서의 '장사하는 학문',[53] 1904년 법관양성소의 경제학, 1905년 한성법학교에서의 경제학과 재정학, 1905년 보성전문의 이재학(理財學), 같은 1905년 양정의숙의 경제원론 과목, 그리고 1906년 돈명의숙의 경제원론 등 과목이 잇달아 개설되었다. 그러다가 1908년 양정의숙에서 경제과가 신설됨으로써 점차 보급되기 시작하였다.[54]

한편 1906년의 법관양성소규칙에서는 교과목으로서 '경제학과 재정학을 열거하고 있으며, 1908년 3월의 법관양성소학칙에서는 '이재학'으로 표기하더니 13일 만의 학칙개정에서는 다시 '경제학'으로 바뀌었다.[55] 이렇게 볼 때 이재학과 경제학이란 명칭이 공존하다가 1908년을 기점으로 경제학이 공식적인 지위를 차지하게 된 것으로 생각된다.

---

52 堀辰之助 編, 『英和對譯袖珍辭書』, 1862, 245면; 杉本つとむ 編, 『江戸時代飜譯日本語辭典』, 早稻田大學出版部, 1981, 1010면에 영인. 기타 杉原四郎, 『西歐經濟學と近代日本』, 未來社, 1972 참조.

53 『뎨국신문』, 1900.2.7.

54 근대 한국에서의 경제학발달사에 관한 문헌은 이기준, 『한말 서구경제학 도입사 연구』, 일조각, 1985; 이기준, 『한국경제학교육사연구』, 한국연구원, 1982; 안병직, 「구한말 경제학교육과 경제학 교과서에 관한 연구」, 한국교육사연구회 편, 『한국교육사연구의 새 방향』, 집문당, 1982, 400~439면; 조기준, 「한국경제학의 시원에 관한 연구―보전 이재학과와 관련해서」, 『근대 서구학문의 수용과 보전』, 고려대학교, 1986, 287~339면 참조.
근대경제학의 발달과 관련하여 보성전문이 '중심적인 역할'을 하였다는 견해(예컨대 김균·이헌창 편, 『한국 경제학의 발달과 고려대학교』, 고려대 출판부, 2005, 64면)가 있으나, 당시에는 동일한 사람이 법관양성소, 보성전문, 양정의숙 등에 동시에 출강하였고, 또 법관양성소 외에는 모두 전임교원이 없었으며, 경제학에 대한 일반의 인식이 법학에 비하여 훨씬 낮았기 때문에 어떤 특정한 학교가 중심적인 역할을 담당하였다는 것은 과장된 표현이다. 이 책의 편자들은 보전의 교수와 강사진의 주요 경력과 논저(93~95면)의 작성에서 이기준 교수의 『한말 서구경제학 도입사 연구』 부록의 부정확함과 오자를 그대로 답습하고 있다. 활자화된 것을 일단 의심하고 확인하는 데에서 학문은 새로운 창조를 시작하는 것이다.

55 법부 고시 제2호 법관양성소학칙 개정(『관보』, 1908(융희 2년).4.11). 국회도서관, 『한말 근대 법령 자료집』 VI, 1971, 312~313면.

5) 법률전문학교의 의견서

우선 당시의 법제도와 사법 운영의 실제 모습을 간단히 살펴본다. 아직 근대적인 법체제가 완비되지 못하였기 때문에 중국의 법제를 모델로 한 전통적인 법제와 서구식의 근대적인 법제가 혼재하고 있었다. 예컨대 1905년에 제정된 형법대전의 실시에도 여러 가지 문제들이 나타났으며,[56] 또한 재판의 불공정 내지는 전근대적인 형사 사법을 운영하는 모습 등이 부정적으로 보도되고 있다. 이러한 문제들은 『독립신문』을 비롯하여 『뎨국신문』, 『대한매일신보』 등에 자주 심각하게 보도되었다.

한편 새로운 법제정과 관련하여 정부에서는 각 법률전문학교의 의견을 구하기도 하였는데 이에는 물론 양정의숙도 참가하였으며 그 보도는 다음과 같다.

> ◉法律批評　法部에서 新起草한 法律案件을 各部에 分送하얏다는 說은 昨報에 已揭하얏거니와 各 社會團體에도 幾件을 送交하야 各其 條文下에 批評意見書를 陳述하야 還付하라 하얏는 故로 磚洞 普成專門學校에셔는 刑法討論會를 組織하야 義務的으로 各其 意見을 陳述하야 互相 批評하기로 作定하얏다더라.[57]

이에 대해서 『만세보』는 논설 「신제법률안의견진술(新制法律案意見陳述)」에서 다음과 같이 주장하였다.

> 法部에셔 法律案件을 新起草하야 各部와 各 社會團體와 各 法律專門學校에 一件式 送交하야 批評意見書를 陳述還付하라 홈은 本紙에 揭佈하얏거니와 普成專門學校에셔 刑法討論會를 組織하야 義務的으로 各其 意見을 陳述하야 互相 批評한다 하고 養正義塾에셔도 各其 意見書를 陳述혼다는 報道가 有하니 我韓 天地에 法律案의 各 意見을 能히 請求함도 一大奇事이오 學校生徒의 法律을 能히 討論혼다함도 亦是 一大奇事이로다.
> 試思하라. 我韓 五百年에 通用하든 法律이 果然 何如하뇨. 所謂 大明律은 苛細繁劇

56　『만세보』는 '法部에셔는 刑法大典을 准行혼다 하나 用法홈이 박지 못하야 各 裁判所에 枉法出入이 浩繁하야 判事를 拘拿한 事까지 잇고'(1906.8.9), 또한 『대한매일신보』는 형법대전을 개인이 편찬하여 인민에게 강매하는 사례까지 보도하고 있다(1909.9.15).

57　『만세보』, 1906.11.29.

한 一法門이오 所謂 大典通編은 壓制酷烈호 一法門이라 호되 勒制政治下에 人民을 誑惑케 호야 法律書를 一套秘諱참書와 如히 深藏하고 誅戮杖流의 刑法을 各其 時色 當局者의 意見으로 臨時制定호야 一定호 律文이 無홈으로 外樣으로는 舊日刑曹에 一個律官이라는 各色을 置호고 及 其 律文을 照할 때에 刑曹判書도 勢道家의 分付를 奉承호야 猶恐不及 호거든 何況 一律官이 敢히 一寸律文을 照決홀 手段이 有홀이오.

然則 大明律이나 大典通編은 一套文具에 不過하며 所謂 法官과 律官은 一套人具에 不過호고 但히 勢道家 口舌上에 現行律이 懸한지라. 所謂 更張 以來 十餘年에 腐敗호 舊習을 仍用호야 不應爲而爲之律과 如한 條이나 預用하고 森嚴호 三尺은 正確히 照用혼다고 謂키 難하니 假令 新起草한 法律을 專門家 各 意見을 交換호야 厘正頒佈한다 호야도 司法官의 枉法은 自在호고 公信이 昭著키 不能할 境遇에는 萬券의 法律案이 焉用이리오. 此法律은 法部이나 裁判所에만 存在홀 文房物品이 不是라. 多數 刊行호야 全國人民으로 自國法律을 人人習熟케 한 然後에 警省心도 發호야 罪過에 犯치 ᄋ니 하짓고 司法官의 枉決홈도 甘受치 아니홀 거이라고 斷言호노라.[58]

이상은 당시의 실정법인 대명률과 대전통편이 법으로서의 효력을 상실한 것을 비판하면서 혼란한 법체제와 전근대적인 형사 사법 운영의 일단을 묘사한 것에 불과하다.[59] 새로운 법률을 제정함에 있어서 법률전문학교의 의견서를 구하는 것이 하나의 일대 쾌거로서 보도할 정도로 법과 일반 인민의 생활은 동떨어져 있었다.

4. 양정의숙과 법학협회

법학협회는 외국에서 법률, 정치, 경제를 공부한 사람과 국내에서 이를 전공한 사람들이 모여서 만든 한국 최초의 사회과학 분야의 학회이다.[60] 법학협회의 창

---

58 『만세보』, 1906.11.30.
59 상세한 것은 조지만, 「조선시대 형사법으로서의 『대명률』과 國典」, 서울대 박사논문, 2006 참조.
60 본서 「법관양성소」; 최종고, 『한국법학사』, 박영사, 1990, 391면 이하 참조.

립총회는 1908년 3월 15일 양정의숙에서 개최되었으며 각 신문에서 대대적으로 광고를 내었다.

양정의숙에서 개최된 창립총회의 모습은 이 학회의 기관지인 『법학협회잡지』 창간호에서 함께 보는 듯이 세세하게 기록하고 있으며, 여기에는 기념 촬영한 69 인의 사진이 게재되어 있다.[61] 이 법학협회는 같은 해 6월 21일 토론회를 개최하였는데 정치, 법률, 경제의 세 분과로 나누었으며 논제는 정치 분야에서 '국가의 정치는 전제정체가 가호(可乎)아 입헌정체가 가호아'이며, 경제 분야에서는 '조세부과에 누진세주의를 용(用)흐는 가부 여하', 그리고 법률 분야에서는 '채권양여와 당사자교체에 기인흔 경개(更改) 중 특히 채권자교체에 기인흔 경개를 구별홈이 가호(可乎)아 부호(否乎)아'였다.

법률 분야에서는 석진형이 법관양성소를 비롯하여 양정의숙과 보성전문에 출강하던 당대의 법률가이며, 김계근(金癸根)은 양정의숙 1회 졸업생이며, 윤우식(尹宇植) 역시 양정의숙 출신으로 양정의숙 출신이 다수 참석하고 있다.

법학협회에 관하여는 본서 제1부에서 상세히 검토하였으므로 여기서는 더 이상의 중복 설명을 피하기로 한다.[62]

기타 양정의숙 내에서 자선회를 발기하기도 하였다.

● 慈善會發起　婦人 各 社會에서 慈善義務를 發達흐기 爲흐야 再昨日 下午 四時에 養正義塾內에서 婦人聯合慈善發起會를 開흐엿다더라.[63]

또 다른 사립학교와 마찬가지로 훈련원(전 동대문운동장)에서 개최된 '관사립학교 추계연합운동회'에 참가하려고 하였으나 중등정도 학교만 참여하기로 하여,[64] 양정의숙에서는 참관만 하였다.[65]

그 밖에 『대한신문』의 보도에 대해서 항의하고 재판하려 한다는 기사도 발견된다.

---

61 『법학협회잡지』 창간호는 고려대학교 도서관에 소장하고 있으며 이 사진은 『시민과 변호사』, 2000.7에도 수록되어 있다.
62 『황성신문』, 1909.9.4.
63 『황성신문』, 1907.9.2.
64 「養正觀參」, 『황성신문』, 1907.10.26.
65 「官私立學校秋季聯合運動會景況」, 『황성신문』, 1907.10.27.

● 養正質問 大韓新聞社에셔 向日에 養正義塾 敎師에 對ᄒ야 論說을 陳述홈으로 義塾에셔 任員會를 累次 開設ᄒ고 總代 二人을 派送ᄒ야 質問ᄒ고 將次 裁判을 開ᄒ다더라.[66]

5. 양정의숙의 쇠퇴

1905년 11월 을사늑약으로 조선은 일본의 보호국으로 전락하고 1907년 7월 24일의 정미7조약(한일협약)으로 일본은 한국에 대한 지배를 더욱 강화하였다. 더구나 1909년 7월 12일에는 총리대신 이완용과 통감 소네 아라스케[67] 사이에 조인된 「한국의 사법 급 감옥사무를 일본 정부에 위탁하는 각서」,[68] 이른바 기유각서(己酉覺書)를 통해서 조선은 사법권과 감옥사무권도 일본에게 빼앗기고 말았다. 이 각서에 의해서 조선의 법부와 재판소는 폐지되고 그 사무는 통감부의 사법청으로 이관되어 일본이 조선의 사법권을 장악하게 되었다.

재판소구성법[69]이 개정되고 일본인을 조선의 관리로 직접 임명할 수 있게 됨에 따라 각급 재판소의 판검사와 서기도 대부분 일본인으로 채워졌다. 재판소 용어도 일본어가 공식용어로 사용되어 우리나라 사람들이 우리의 영토 안에서 통역관을 통해서 재판을 받게 되었다. 이에 따라 조선인으로서는 판검사나 변호사는 물론 재판소 서기마저 될 수 있는 희망이 좌절되었으며 법률전문학교에 대한 일반인들의 관심은 급격하게 떨어지게 된다.

그리하여 양정의숙의 강사 석진형은 외국법이 제정되기 때문에 소송연습도 필요 없다고 하기 이른다.

---

66 『황성신문』, 1908.6.14.
67 소네(曾禰荒助, 1849~1910)에 관하여는 정일성, 『인물로 본 일제 조선지배 40년―1906~1945』, 지식산업사, 2010; 친일문제연구회 편, 『조선총독 10인』, 가람기획, 1996, 223~224면 참조.
68 이 각서의 원문은 국회도서관 입법조사국, 『구한말조약휘찬』 상권, 1964, 93~95면 참조.
69 재판소구성법의 영역은 김효전, 「English Translation of The Korean Law of the Constitution of the Courts of Justice etc.(1)(2)」, 『법사학연구』 제22호 · 제23호, 2000 및 영인본 관악사, 2004 참조.

●演習停止　養正義塾에서는 去 日曜日에 永導寺에서 訴訟演習을 設行홀 次로 學員덜이 會費를 每人에게 五十錢式 收合호얏더니 講師 石鎭衡氏가 說明호기를 目下 法典調査局에서 起草호는 訴訟行政法이 本年 內에 頒佈될 터인즉 外國訴訟行政를 演習홀 必要도 無호고 金融沽渴호 時에 不生産消費를 設홈이 不可호다 호는 故로 其 收合호얏던 金錢을 還收分給호고 此 演習을 停止호얏다더라.[70]

이처럼 당시 사법권이 일본에게 강제적으로 위임 당한 상태여서 조선인으로서는 판사나 검사가 될 수 있는 희망도 좌절되어 법학이나 법학교는 일반의 관심을 끌지 못하였다. 이것은 법학교뿐만 아니라 양정의숙의 경우도 마찬가지로 지원자가 거의 없게 되고, 각 신문의 사설을 비롯하여 뜻 있는 인사들이 개탄하게 된다.

●入學稀少　養正義塾에서 曩日 生徒를 募集호얏는데 法律科에 五人 經濟科에 二人이 被選된 故로 一年班을 設立지 못호고 再明日에 又爲增모홀 터인데 入學請願者가 稀少호다더라.[71]

그러나 점차 학생 수가 줄어들어 한일합병 직전에는 야학으로 바뀌었다.

●司法委任의 結果　養正義塾의 法律晝學生이 零星홈을 因호야 來秋期에 募集호는 學生은 夜學으로 敎授호랴 協議호다더라.[72]

한편 법관양성소가 법학교로 명칭을 바꾼 경우에도 사정은 마찬가지이며 마침내 1910년 3월 12일의 광고에서는 '법학교'(전 법관양성소)라고 시작하고, 나중에는 '전 법관양성소 관립 법학교'라고 표시하여 위의 2월 13일 자 광고와는 대조를 이루고 있다.

한일합병 직후인 1910년 10월의 「경성부내 사립학교 현상일반(京城府內 私立學校 現狀一斑)」이란 문건[73]에는 그 처음에 양정의숙을 다음 표와 같이 기재하고 있다.

---

70 『황성신문』, 1908.10.9.
71 『대한민보』, 1909.9.19.
72 『황성신문』, 1910.7.27.

<표 1> 『경성부내 사립학교 현상 일반』 조사 내역 　　　　　　　　　　　(1910년 10월 말일 현재)

學校名 位置	程度	設立 年月日 認可 年月日	教員數 生徒數	修學年限	維持方法及經費年額	校地坪數 校舍坪數	成績ノ一斑	設立者姓名 校長姓名
養正義塾 西部 都染洞	專門(法律)	1905年 4月 10日 1909年 3月 29日	14 63	三ケ年	內賜田畓及洑ノ收入, 授業料 8,352,070	67 56	設備相當成績 可	嚴桂益 代學監 石鎭衡
普成專門學校 中部 磚洞	仝上 (法學夜學)	1905年 4月 日 1909年 5月 19日	21 472	仝上	設立者出資, 授業料, 雜收入 7,500,000	3,087 364	私立普成中學校共通設備成績 良好	李鍾浩 代校監 尹益善
大東法律專門學校 西部 西學峴	仝上(夜學)	1908年 3月 日 1909年 5月 4日	13 109	仝上	基本金, 設立者出資, 授業料 3,852,000	872 233	設備相當成績 不明	趙重應 李重夏

여기서 보듯이 양정의숙의 위치는 서부 도렴동이며, 그 교육 정도는 전문학교급이며, 법률과가 있다는 것이다. 설립은 1905년 4월 10일에, 사립학교령에 따라서 1909년 3월 29일 자로 인가를 받았으며, 교원은 14명, 생도는 63명이다. 교육기간은 3년이며, 그 경비는 황실에서 하사한 전답과 보(洑)의 수입과 수업료로 충당하였는데, 1년 경비는 8,352원이다. 이 경비는 1913년에는 11,835원이 된다.[74] 교지는 67평, 교사는 56평이며, 설비와 성적은 모두 총독부 학무국에서도 인정할 만하였다. 설립자는 엄주익, 교장은 학감인 석진형이 대신하고 있었다.[75]

이 자료에는 두 번째로 보성전문학교(설립자 李鍾浩, 교장 尹益善), 세 번째로 대동법률전문학교(설립자 趙重應, 교장 李重夏)[76]가 법학 전문으로서 기재되어 있고, 교육정도가 초등인 62개의 학교가 열거되어 있다. 전문과정으로 분류된 6개교는 이들 3개교 외에 해동신숙(海東新塾)과 중동야학교(中東夜學校)가 외국어 교수학교로, 정리사(精理舍)는 수리를 가르치는 학교로 기재되어 있다. 이것으로 미루어 볼 때 양정의숙은 한일합병 당시에도 사립학교로서는 상당한 지위와 대우를 받고 있었음을 다음 기사를 통하여 알 수 있다.

73　이 자료는 한국 학부의 서기관으로 와서 한성외국어학교장을 겸임하고 합병 이후에는 조선총독부 내무부 학무국 학무과장으로 재임한 구마모토(隈本繁吉, 1873~1953)가 소장하던 것으로 渡部學·阿部洋 編, 『日本植民地敎育政策史料集成 朝鮮篇』第67卷, 龍溪書舍, 1991에 수록되어 있다. 상세한 것은 阿部洋, 『「舊韓末敎育史資料—幣原坦·隈本繁吉關係文書」について』(別集) 資料集 제63권 참조.

74　『朝鮮人敎育私立學校統計要覽』, 明治 45, 9면.

75　최기영, 「한말 서울 소재 사립학교의 교육규모」, 『한국 근대 계몽운동 연구』, 일조각, 1997, 272면.

76　이중하에 관하여는 실시학사 고전문학연구회 편, 『변영만전집』하, 성균관대 출판부, 2006, 270면 참조.

● 兩校의 好成績 京城府에셔 漢城內의 各 官公私立學校를 視察ᄒ다 홈은 別項에 揭載ᄒ얏거니와 普成專門學校와 私立養正義塾의 成績이 良好홈과 前進의 望이 有홈을 贊道ᄒ얏다더라.[77]

그리하여 한일합병 이후에도 양정의숙은 신년회[78]와 직원회 개최[79] 등을 비롯하여 언론의 관심의 대상이 되어 몇 번 보도가 되기도 하였으나, 학교 경비가 어려운 실정이었다.

● 養正義塾의 經費 私立 養正義塾에셔는 經費의 困難홈을 因ᄒ야 內務部 學務局에 請願ᄒ되 本義塾에셔 管理ᄒ던 各處 田畓 小作料中으로 金貨 千圓만 爲先 支撥ᄒ라 ᄒ얏다는 說은 旣爲 報道어니와 學務局에셔 豊德郡守 兪斌兼氏에게 通牒ᄒ고 該 郡 所在 田畓中 小作料를 推捧送致ᄒ야 該 義塾의 經費를 補用케 ᄒ라 ᄒ얏다더라.[80]

반면에 부근 민가를 매입하여 숙사를 확장하여 건축한다는 기사도 보인다.[81]

1913년 양정의숙은 스스로 전문학교에서 고등보통학교로 격하시키고 재학생들은 보성전문학교로 전학시켰다.[82]

● 普專學生의 激增 私立 養正義塾은 今回에 組織을 變更ᄒ야 財團法人 私立養正高等普通學校로 改稱認可홈은 旣報ᄒ얏거니와 元來 同 義塾은 法律을 專門으로 敎授ᄒ던 바 今回 組織을 變更홈과 同時에 一二年에셔 修業ᄒ던 學生 多數는 私立 普成專門學校 法律科 各 年級으로 轉學하엿슴으로 普成 學生數는 非常히 增加되야 每日 出席生이 各 年級을 通ᄒ야 三百餘名에 達ᄒ얏다더라.[83]

---

77 『매일신보』, 1910.11.29.
78 『매일신보』, 1911.1.5.
79 『매일신보』, 1911.6.1.
80 『매일신보』, 1911.3.4.
81 『매일신보』, 1911.3.26.
82 양정동창회, 『양정의 얼굴』, 34면; 『六十年誌』, 고려대 출판부, 65면 등 참조.
83 『매일신문』, 1913.10.4.

한일합병 이후에도 당시의『매일신보』는 양정의숙이 폐교된 것을 안타까워하는 나머지「양정의숙」이라는 논설 속에서 설립자인 엄주익의 교육정신에 관하여 다음과 같이 기록하고 있다.

距今 十年前 私立教育機關이 零星할 時에 現 塾主 兼 校長 嚴柱益氏는 社會徒弟의 教育이란 者는 誰何를 不問하고 先進된 者의 天職이라는 金言으로 同志를 鼓動하여 氏의 直接 及 間接의 盡力으로 今日 模範的 私立學校가 된 同 養正義塾은 特히 氏의 滿腔한 熱心으로 全經費를 獨擔하여 去 光武 九年頃에는 焦眉의 急務된 法律專門學校로 至公至正한 法官을 養成케 爲하여 李王世子 殿下의 親筆賜額으로 命名을 養正義塾이라 하여 昨年까지 過去 略十個年에 百數十名의 卒業生을 出하니 教育界는 勿論 法曹界에 多大한 美果와 功績을 奏하여 現在 同塾을 出身한 者로 今日 遊手徒食하는 者 無히 辨護士 及 郡守의 地位를 占하는 者 多하다 하니 同塾에 對한 一般의 信望과 名譽가 隆隆하는 當然한 結果라 하겠으나 凡 敎育의 方針은 決코 一定一變한 者가 않이라 時勢의 變遷을 隨伴하여 時代의 要求된 敎旨로 實益活用될 敎科를 要함을 現 校長의 先見之明으로 昨年 九月에 敎制를 變更하여 法科는 學期를 畢치 못하였음으로 夜學으로만 置하고 高等普通學校로 趣旨와 目的을 改하여 (…중략…) 尤히 實利實益이 有한 實業專門科를 設置코져 한다더라.[84]

그 후 양정고등보통학교는 법률·경제의 전문과 특설을 계획하였으나 실현되지 못한 채 해방을 맞이하게 되었다.[85]

이와 같이 볼 때 양정의숙은 원래 정치, 법률, 경제 등 고등학문을 교수할 목적으로 출발하였으나 법률학 교과목이 태반을 차지하고 있어서 법률학과의 성격을 띤 전문학교라고 할 수 있다.[86] 여하튼 양정의숙은 1905년에 설립된 이래 8년 동안 백여 명의 졸업생을 배출하고 교육계와 법조계에 다대한 공헌을 하였음에도 불구하고 '시세의 변천에 따라 1913년 마침내 문을 닫기에 이른다. 나라가 일본에 흡수 합병되어 비통한 가운데 민족정신의 최후 보루이며 조선 왕조의 얼이 깃

---

84 『매일신보』, 1914.2.26.
85 『매일신보』, 1921.3.14.
86 이기준, 『한국경제학교육사연구』, 한국연구원, 1982, 135면 참조.

든 양정의숙의 폐교는 뜻있는 인사들의 실의와 좌절은 물론 한국인 일반의 고통스럽고 더욱 암담한 피지배자로서의 식민지생활의 전주곡이 시작된 것이다.

다음에는 양정의숙의 교수진에 관하여 간단히 인적 사항을 정리하기로 한다.

6. 양정의숙의 교수진

양정의숙은 설립 당시부터 많은 인사들의 찬성금으로 세워졌으며,[87] 특히 순헌 황귀비(純獻皇貴妃, 1854~1911)의 지원을 많이 받았다.[88] 엄귀비 전하는 친히 일본의 문물을 시찰하고 귀국하여 교육의 중요성을 깨닫고 양정의숙과 여학교의 설립에 직접 관여하기도 하였으며,[89] 자신도 직접 '명문(明文)여학교'의 여교사를 고빙하여 한문을 수학하기도 한 사람이다.[90]

한편 양정과 같은 이름의 사립 '양정여학교'가 1914년에 설립되었다는 기사가 『매일신보』의 「학교 역방(歷訪)」이란 칼럼에서 발견되어 참고로 옮겨본다.

순헌 황귀비

● 私立養正女學校(笠洞) 同情不禁홀 書堂的 學校가 二夫人의 經營으로 維持홈

今에야 女子敎育의 急務됨을 識者間에 一層 唱導호야 近者에 新設홀 私立女子學校

---

87 기증자 명단과 액수는 이영석, 「양정의숙의 혼을 찾아서」, 11면 참조.
88 황귀비는 황태자(영친왕, 李垠)를 낳은 고종의 계비(繼妃)로서 순헌은 시호(諡號)이다. 황궁 여인들은 황후(皇后 1명), 황귀비(1명), 귀비(貴妃 2명), 비(妃, 4명), 빈(嬪, 6명), 귀인(貴人), 상재(常在), 답응(答應)의 순서로 엄격하게 지위가 구별되었다고 한다. 생전의 공식 명칭은 엄(嚴) 황귀비 또는 황귀비 엄씨였으나, 엄귀비 또는 귀비 엄씨로 낮게 불렸으며, 일제는 엄비 또는 엄상궁이라고 격하하여 불렀다. 상세한 것은 이영석, 앞의 글, 13면 참조. 그러나 송우혜의 역사소설『못생긴 엄상궁의 천하』(푸른역사, 2010)에는 여학교의 설립은 나오지만 양정의숙을 지원한 이야기는 찾기 어렵다.
89 「女校設立」, 『황성신문』, 1906.4.24.
90 「貴妃殿下漢文學」, 『황성신문』, 1909.4.15.

가 各處에 散在호야 其數가 不少호다 호나 아즉도 京城人戶와 面積에 比호야는 尤히
女子學校로 各洞에셔 通學케 호기 滿足훈 數에 達치 못홈으로 其規模의 大小는 決코
介意홀 바이 안이느 其數의 多少를 從호야 女子敎育 普及上 搔痒之感이 不無호다 호
야 敎育에 熱心훈 夫人 鄭洛亨氏가 別노히 依他의 力이 無히 私費를 投호야 去 明治
四十三年 四月 十八日을 卜호고 諸般施設上 若干의 準備로 命名을 養正女學校라호
야 設立호고 知己와 其他 附近의 女兒로 호야곰 朝鮮 在來의 中等 以上 家庭에셔 出嫁
以前에 母姉가 敎養호던바에 多少 加味훈 新敎育를 敎授호다가 其 翌年 明治 四十四
年 八月 十六日에 正式으로 當局에 設立認可를 承훈 後 昌德宮 女官 千一淸氏가 李秉
武子의 副室 崔誠卿氏와 同校 維持上에 兩氏가 犧牲이 될지라도 期於히 初志를 不變
호야 理想의 目的을 達코져 호야 若干의 蓄財를 不惜호고 北部 笠洞 洞口에 校舍를 新
築호고 每月 經費 四拾餘圓을 千尙宮은 俸給中으로 三十圓과 崔氏는 家庭의 生活費
를 節約호야 支出호는 五圓 其他는 生徒의 月謝金으로 收支를 相償홈애 敎員 等도 可
謂 名譽로 常務호는 鮮人男子 敎員 一人 內地人 女子 敎員 一人 合 二人이오 其他는
他校로브터 每週에 二次式 來校호야 敎鞭의 幇助를 得호고 諸般對外의 事故느 京城
女子公立普通學校長에게 後援을 托호야 現時 四十二名의 生徒로 每日 蚶晤의 聲을
敎호야 規律이 整然훈 學科를 敎授케 호니 前記 二夫人의 高尙훈 立志에 엇지 世人으
로 호야곰 同情 贊助의 威를 起치 안이호리오.[91]

양정의숙과 직접적인 관련은 없지만 이 '사립양정여학교'도 『주역(周易)』에서
의 '몽이양정(蒙以養正)'의 정신을 살리려는 의도에서 출발했음을 알 수가 있다. 당
시 요원의 불길처럼 번져가고 있던 조선에서의 교육열의 한 단면을 보여주는 신
문기사라고 하겠다.

양정의숙의 재정이나 운영 상태에 관하여 자세한 것은 알 수 없지만 전술한
「사립학교 현황 일반」에 의하면, 전문과정의 6개교의 운영 실태에서 그 차이가 매
우 심하다. 양정의숙과 보성전문학교는 8,352원과 7,500원을, 대동법률전문학교
는 3,852원을 1년 경비로 사용하였다. 이에 반하여 중동야학교는 110원, 정리사(精
理舍)는 600원, 해동신숙은 659원에 불과하였다. 이처럼 양정의숙의 재정상황이

---

91 『매일신보』, 1914. 3. 19.

가장 양호하였음을 알 수 있으며, 그 밖의 전문과정의 학교는 명목상 전문과목을 교수한다고 하지만 실제로는 매우 영성한 운영이 불가피하였다고 보겠다.[92]

교강사들의 대우와 관련하여 다음과 같은 기사가 발견된다.

● 養正塾任員俸給　皇貴妃殿下께압셔 年前에 設立훈 養正義塾에 對호야 經費에 補用호라호시고 慶善宮 所管 壓土 數千石 田畓을 下賜호심은 共知호는 바어니와 度支部 土地調査整理局에서 該 土地를 押收호야 該校 經費는 該 土地所出金額으로 支給호마고 互相契約훈 結果로 日昨에 該校에서 塾長 以下 一般講師에게 月俸을 磨練 호얏는데 塾長 塾監 學監에게는 各 八十圓式 專任講師에게는 各 四十圓式 其外 講師에게는 每 時間에 一圓式 支給호기로 協定호얏다더라.[93]

이로 미루어 볼 때 전임강사와 일반강사가 구별되고 있었으며 한 시간에 1원을 받았음을 알 수 있다.

양정에서 초창기에 가르친 교수진은 대부분 일본에서 유학하고 귀국한 사람들로 신식 교육을 받은 고명한 인사들이었다. 이른바 해외파가 다수를 차지하였으며 국내에서 공부한 국내파도 몇 사람이 교사로서 활동하고 있었다. 더구나 몇 안되는 교사 자리를 둘러싸고 벌써부터 본교 출신과 타교 출신과의 갈등도 나타나고 있었다.

● 養徒質問　養正義塾에서 教師 李珍雨氏를 解雇호고 朱定均氏로 招聘호기로 決定호얏더니 該塾卒業生덜이 一齊 邀起호야 發論호기를 本塾 卒業生은 需用치 아니호고 他校 卒業生을 需用훈다 호고 質問이 頻數훈 故로 該塾에서 決定키 難훔으로 姑爲停止호얏다더라.[94]

여기의 '주정균'은 보성전문 출신으로 당시 베스트셀러의 하나였던 『법학통론』의 저자이기도 한다.

---

92 최기영, 앞의 책, 1997, 291면.
93 『대한민보』, 1910.3.18.
94 『황성신문』, 1908.6.6.

여하튼 세 법학전문학교의 교수들에 관한 개별적인 연구는 어느 정도 축적되어 있기 때문에,[95] 여기서는 간단히 적어서 문헌 소개로 대체하기로 하고 비교적 덜 알려진 사람들 위주로 서술하여 자료의 발굴에 힘쓰기로 한다. 당시에는 법관양성소를 제외하고 양정의숙과 보성전문에는 전임교수가 없었으며 대체로 공직에 있거나 다른 학교에 적을 둔 이들이 강사로 출강하였으며, 교수가 없고 모두 강사라는 명칭을 사용하였다고 한다.[96]

양정의숙의 교수진을 가나다순으로 정리해 보기로 한다.

(1) 김계근(金癸根)

양정의숙 1회 졸업생으로 1908년 8월 30일부터 1910년 2월 23일까지 근무하였다. 저서로 『형법통론』(修文書舘)[97]이 있다. 이 책의 광고의 일부를 보면 다음과 같다.

> 형법의 성질은 至强至嚴ᄒ야 가히 犯觸치 못할지며 기 理趣는 至深至密ᄒ야 능히 測識치 못홀지라. 今是書는 卽 형법의 원리를 講解호 者인뒤 以若 저자의 명철호 腦識과 웅대한 필력으로 撰述호 고로 기 법리의 정확홈과 학설의 新奇홈과 註脚의 상세홈과 조문의 彰明홈은 無論ᄒ고 기 문장의 結構布置는 가히 문장가의 수법이라 謂홀지오. 且 是書는 部類를 整正ᄒ며 질서를 보전호 고로 독자의 攻究에 有補홈이 不少ᄒ야 尋常 註釋書의 可比홀 바 아니오 兼且 是書는 諸種 特別法上의 罪犯을 博引호 고로 기 罪犯의 情態가 가히 천여종에 달ᄒ야 正히 千峰競秀 万壑爭流의 觀이 有혼지라.[98]

한일합병 이후에는 조선형사령과 일본의 형법이 그대로 조선에도 적용되어 이

---

95 상세한 것은 김효전, 「법관양성소의 교수진(1)(2)(3)」, 『인권과 정의』, 2003.6·7·8; 김효전, 『근대 한국의 법제와 법학』, 세종출판사, 2006, 510~574면 및 본서 「법관양성소」 참조.

96 유진오, 『養虎記』, 고려대 출판부, 1977, 38·345면; 이기준, 『한국경제학교육사연구』, 한국연구원, 1982. 교수 대신에 강사라는 명칭을 사용한 것은 일본의 경우에도 동일하다.

97 이 책은 1913년에 발간된 것으로 보이며(『매일신문』, 1913.5.22 광고), 국립중앙도서관에서 소장하고 있다.

98 『매일신보』, 1913.5.22.

에 관한 몇 가지의 해설서가 출판되었으며,[99] 김계근의 저서는 이를 체계적으로 서술한 최초의 저작이라고 하겠다.

(2) 김달집(金達集)

양정의숙 1회 졸업생이며, 1911년 4월 1일부터 출강.

(3) 김상연(金祥演)

김상연의 호는 수송(壽松)이며 1874년 서울에서 태어났다. 1899년 도쿄전문학교 방어(邦語)정치과에 입학하여 1902년 7월에 졸업하였다. 이 학교는 그가 졸업하는 해 9월부터 와세다(早稻田)대학으로 교명을 바꾸었다. 1903년 귀국하여 7월에는 농상공학교 교관, 1905년 4월부터 1906년 2월까지 황성신문사 부사장, 1906년에는 법관양성소 교관으로 임명되었고 양정의숙에도 출강하였다.[100] 1907년 홍주 군수, 1908년 9월에는 평안북도 용천 부윤,[101] 이후 1920년까지 용천과 의주 군수 역임. 1924년까지 강원도 참여관을 지냈다. 그 후의 행적은 알 수가 없다.[102] 저서와 역서로 『국가학』(1906), 『정선만국사』(1906), 『국법학』(1907), 『상법요의』(1907), 『회사법』(1907), 『헌법』(1908?), 『보통교육학』(1908), 『경제학』(1910) 등이 있다.

---

99 예컨대 조성구, 유옥겸 교, 『형사령 형법 석의』, 보문관, 1913(영인본 관악사, 2004); 보문관 편집부 편, 『조선현행 형사법규』, 1913 등. 기타 도면회, 「1910년대 식민지 조선의 형사법과 조선인의 법적 지위」, 권태억 외, 『한국 근대 사회와 문화』, 서울대 출판부, 2005, 163~202면 참조.

100 『만세보』, 1906.11.27.

101 「送龍川府尹 金君祥演」, 『황성신문』, 1908.9.26.

102 민족문제연구소 편, 『친일인명사전』, 민족문제연구소, 2009, 397면. 상세한 것은 김효전, 『근대 한국의 국가사상』, 철학과현실사, 2000, 494~547면 참조.

(4) 김진용(金晋庸)

양정의숙 1회 졸업생이며, 1911년 4월 1일부터 출강.

(5) 남정규(南廷圭)

1910년 9월 23일부터 재직하였으며 법학 담당.

(6) 박만서(朴晩緒)

박만서는 1879년 전남 나주에서 출생하였으며 1895년 관비유학생으로 일본에 건너가 게이오의숙 보통과를 거쳐 1900년 오늘날 일본 주오(中央)대학의 전신인 도쿄법학원을 졸업하고 귀국하였다. 1906년 3월 법부 법률기초위원에 임명되고 이어서 9월에는 평리원 판사, 12월에는 형법교정관과 법관양성소 교관이 되었다. 이준이 구속된 직후 법부의 명령을 거역하였다는 죄목으로 견책을 받아 공직에서 해임되었다가 곧 복직되었다. 1909년 6월에는 평리원 판사를 사임하고 변호사 개업을 하였다. 한일합병 이후의 행적은 알 수가 없다. 저서로 『물권법 제2부』(1908?)와 『파산법』(1910)이 있다.

(7) 박승빈(朴勝彬)

호는 학범(學凡)이며 1880년 강원도 철원에서 출생. 1907년 일본 주오(中央)대학 법과를 졸업하고 귀국하여 양정의숙에서는 같은 해 9월 12일부터 1908년 7월 11일까지 강의한다. 1908년 법학협회의 발기인. 1908년 관동학회 부회장으로 있다가 평양 검사로 발령을 받는다.

● 義塾送別會　養正義塾에 敎師 朴勝彬 劉文煥氏가 裁判所判事를 被任ᄒ야 日間

發程 赴任호터인뒤 該塾 一般學生들이 同苦ᄒ던 情理에 不可晏然이라 ᄒ야 昨日 該塾內에셔 送別會를 設ᄒ얏다더라.[103]

1909년 변호사 개업. 한일합병 이후인 1913년 경성 제2변호사회의 상의원으로 선임되어 1925년 보성전문학교 교장으로 취임하기까지 변호사로 활약한다. 7년 간 학교운영의 기틀을 마련하고 1931년에는 조선어학연구회를 조직하여 국어 연구에 심혈을 기울인다. 1943년 서울에서 세상을 떠난다. 번역서로 『헌법』(1908), 『언문일치 일본국 육법전서』(1909)가 있다.[104]

(8) 백형기(白亨基)

그는 1908년 8월 30일부터 법학을 담당하였는데 구체적인 내용은 알 수가 없다

(9) 서봉훈(徐鳳勳)

1909년 9월부터 법학을 담당. 퇴직 일자 불명.

(10) 석진형(石鎭衡)

석진형은 1877년 서울 근교의 광주에서 태어나 1899년 일본으로 건너가 와부츠(和佛)법률학교(현재의 호세이(法政)대학)에 입학하여 1902년 7월에 졸업하였다.[105] 귀국해서 1904년 군부 군법국 주사로 관계에 들어가서 1905년에는 법부 법률기초

---

103 『황성신문』, 1908.7.12.
104 문헌은 김효전, 「변호사 박승빈」, 『시민과 변호사』, 2000.6, 79~85면; 황인철, 「학범 박승빈 변호사」, 『대한변호사협회보』 제14호, 1976 참조.
105 문헌은 민족문제연구소 편, 『친일인명사전』, 민족문제연구소, 2009, 281~284면; 최종고, 『한국의 법학자』, 서울대 출판부, 2007, 85~100면 참조.

위원, 12월에는 법관양성소 교관으로 임명되어 채권법과 국제법을 강의하였다. 1906년 부동산법조사위원으로 임명되어 이토 히로부미의 법률고문 겸 입법조사 사업을 직접 지휘하던 도쿄대학 교수 우메 겐지로(梅謙次郎)의 통역을 맡았다.

양정의숙에는 1905년 4월부터 1911년 3월까지 출강하였으며 1910년에는 학감으로서 교장 직무를 대행하기도 하였다. 한일합병 이후인 1911년 4월 법학교 교수, 1913년에는 법학교의 후신인 경성전수학교의 교수를 지내다가 호서은행의 취체역(이사)이 되고,[106] 1921년에는 전라남도청 참여관으로 부임한 뒤 1924년 충남지사가 된다. 1926년 전남지사로 전임되고 그해에 있었던 쇼와(昭和)의 대관식에도 참석하였다. 1929년 관료생활을 청산하고 사표를 내었다.

해방 후 그는 과거에 엄주익과 함께 양정의숙을 설립했으며, 법관양성소 등 여러 학교에서 강의하였으며 5천여 명의 제자가 있다고 술회하였다.[107]

(11) 신우선(申佑善)

신우선은 1872년생이며 1895년 관비유학생으로 일본에 건너가 게이오의숙에서 보통과와 고등과를 졸업하고 1900년 7월에 이름을 밝히지 않은 대학의 경제학과를 졸업하였다.[108] 1901년 일본 대장성에서 견습을 마치고 귀국하였으나 자리를 잡지 못하고 있다가 1904년 법관양성소 교관으로 임명되었다. 그러나 곧 그만두고 1905년 5월 육군무관학교 교관, 1906년 1월 육군 유년학교 교관, 5월 탁지부 수도국 사무관, 참사관을 거쳐 서기관으로 승진하였다. 양정의숙은 1907년 5월 22일부터 출강하였으며, 1905년 4월부터 1908년 2월까지는 보성전문학교 강사를 역임하였다. 1908년에는 법관양성소에서 물권법 제2부를 담당하기도 하였다. 한일합병 이후인 1911년 충남 연산 군수, 1914년부터 1921년까지 조선총독부 아산 군수를 역임하였으며,[109] 그

---

106 「석교수의 송별회」, 『매일신보』, 1913.3.23.
107 「석진형의 사상 및 과거, 현재 조사」, 본서 제1부 「법관양성소」 중 9장 「법관양성소의 교수진」 참조.
108 『대한제국관원이력서』, 탐구당, 1972 참조.
109 『관보』, 1921.12.27; 박은경, 『일제하 조선인 관료 연구』, 학민사, 1999, 221면.

후의 행적은 알 수가 없다.[110] 저서로『민법총론』(1907)과『어험법론』(1907)이 있다.

(12) 안국선(安國善)

근대 한국의 지성사에서 안국선은 정치, 외교, 법률, 문학 등 다방면에 걸친 저술과 많은 번역서를 출판한 사람으로 유명하다.[111] 조선 정부의 관비유학생으로 게이오의숙 보통과에서 수학한 후 1896년 9월 도쿄전문학교 방어정치과에 입학하여 1899년에 졸업. 귀국 후 광신(廣信)상업학교의 교사를 비롯하여 1906년 돈명(敦明)의숙의 교사로서 정치원론을 강의하였으며, 1907년에는 광신상업학교에서 상법과 행정법 등을 강의하였다.[112] 양정의숙은 1907년 3월 19일부터 출강하였다. 1907년 제실(帝室) 재산정리국 사무관, 1909년 이재국 국고과장, 한일합병 이후인 1911년부터 1913년까지 경북 청도 군수 역임. 저술로는 한국 최초의 근대적 정치학 책인『정치원론』(1907),『외교통의』(1907),『행정법』(상하, 1908),『상행위법』(1907경),『상업경영법』(1909) 등이 있고 문학으로는『금수회의록』(1908)과『공진회』(1915) 등이 있다.

(13) 안준호(安駿鎬)

안준호는 1907년 10월 15일부터 양정의숙에서 체조를 담당하였는데 사임 일자는 알 수가 없다.

---

110 민족문제연구소 편,『친일인명사전』, 민족문제연구소, 2009, 386면.
111 가장 상세하고 신뢰할 만한 안국선 연구로는 최기영,「안국선(1879~1926)의 생애와 계몽사상(상・하)」,『한국학보』제63호・제64호, 1991, 125~160・52~74면; 최기영,『한국 근대 계몽사상 연구』, 일조각, 2003, 139~198면에 재수록. 최근 문헌은 김효전,「안국선의 와세다(早稻田) 시대」,『동아법학』제47호, 2010, 403~452면; 민족문제연구소 편,『친일인명사전』, 431~432면 참조.
112 상세한 것은 김효전,「안국선의 생애와『행정법』(상・하)」,『한국공법이론의 새로운 전개』(목촌 김도창박사팔순기념논문집), 삼지원, 2005, 146~173면 참조.

(14) 양대경(梁大卿)

　　호는 소당(笑堂)이며 1885년 평남 순천에서 태어나 1963년 서울에서 작고.[113] 1905년 일본 메이지대학 법과에 입학하여 1908년 7월에 졸업한다. 이해에는 전영작(全永爵), 최석하(崔錫夏), 이동초(李東初), 홍성연(洪聖淵), 이희철(李熙澈), 이선경(李善暻), 이종대(李鍾大) 등도 함께 졸업한다. 이들의 졸업에 관하여 『대한매일신보』는 상세하게 보도하였다.[114]

　　바로 귀국한 해 9월 1일부터 법관양성소 강사로 촉탁받았으며, 양정의숙은 1908년 10월 20일부터 강사로 출강한다. 이어서 그는 법관양성소 조교수로 임명되었고 1909년 법관양성소가 법학교로 명칭이 바뀌자 법학교 조교수로, 1911년 다시 경성전수학교로 교명이 변경되어 이곳의 교유(教諭)가 된다. 1914년 10월 광주지방법원 판사, 1917년 대구복심법원 판사, 1919년 대구에서 변호사 개업, 광복 후인 1946년 5월 대법원 대법관으로 임명되어 근무하다가 1950년 한국전쟁 발발 직전에 대법관을 정년퇴직한다.

(15) 유문환(劉文煥)

　　유문환의 구명(舊名)은 창희(昌熙)이며,[115] 1874년 8월 24일에 태어났다. 1895년 3월 관비유학생으로 선발되어 1897년 7월 게이오의숙 보통과를 졸업하고 계속하여 오늘날의 주오(中央)대학의 전신인 도쿄법학원에 입학하여 1899년 7월 12일, 유치형, 장도, 이면우와 함께 졸업하였다. 일본의 각 재판소를 실지 견습하고 귀국하여 1905년 1월 사립 한성법학교의 강사가 되었는데 이 학교는 설립자 간의 불화로 반년 만에 폐교되었다. 그러나 같은 해 12월 13일 법관양성소의 전면적인 개편으로 새로이 신식

113　문헌은 본서 제1부 「법관양성소」; 한국정신문화연구원, 『한국인물대사전』, 1159면; 최종고, 『한국의 법률가』, 서울대 출판부, 2007, 111~126면; 이병린, 「애도 양대경 선생」, 김이조 편, 『잊을 수 없는 법조인』, 서초법률, 1998, 37~39면 참조.

114　「留學生卒業」, 『대한매일신보』, 1908.7.19.

115　朴己煥, 「舊韓末と併合初期における韓國人の日本留學」, 『近代日本研究』第14卷, 慶應義塾福澤研究センター, 1997, 226면.

교육을 받은 젊은 사람들이 교관으로 임명되어 이면우가 소장에 임명되고 유문환도 교관이 되었다. 그리고 1907년에는 변호사시험 위원으로도 임명되었다.

유문환은 한일합병 이후에도 변호사로서 활동하였으며 1920년 『조선일보』 사장, 1921년 경성조선인변호사회 회장 등을 지냈으며, 광복 후에도 생존해 있었다고 하는데 확인할 길이 없다. 저술로는 『국제사법』(1908), 『경찰학』(1909), 『형사소송법』(1910) 등이 있다.

(16) 유승겸(兪承兼)

호는 동은(東隱)이며 1876년 경기도 광주에서 출생하였으며 1895년 관비유학생으로 일본 게이오의숙 보통과와 고등과를 마치고 1897년 5월부터 1900년 7월까지 센슈(專修)학교 이재과(理財科)를 졸업하였다. 1900년 9월부터 1901년 12월까지 일본 대장성(大藏省)에서 견습하고 1902년에 귀국. 1906년 3월 탁지부 주사, 1907년 3월 탁지부 건축사무소 사무관, 7월 서기관. 1905년 4월부터 1908년 2월까지 보성전문학교 강사, 1906년 6월부터 1907년 3월 농상공학교 교관을 역임하면서, 양정의숙은 1906년 4월 9일부터 출강하였다. 한일합병 후에는 조선총독부 군수, 한성은행 평양지점과 대전지점의 부지배인을 지내다가 1917년에 신병으로 사망하였다.[116] 저서로는 『최신경제교과서』(1910)와 『중등만국사』(1909)가 있으며, 박승희 · 주정균 공저, 『최신 경제학』(1908)을 교열하였다.

(17) 유옥겸(兪鈺兼)

유옥겸은 유길준의 장남으로 1907년 4월 보성전문을 졸업하였으며, 양정의숙에는 1908년 8월 30일부터 1910년 1월 23일까지 출강하였다. 이준, 유성준,[117] 유치형 등이

---

116 상세한 것은 이기준, 『한말 서구경제학 도입사』, 92~105면 참조.
117 최종고, 『한국의 법학자』, 서울대 출판부, 2007, 2~32면 참조.

주도하여 설립한 국민교육회의 법학강습소에서 강의하였다.[118] 저서로 기계(杞溪) 유옥겸 찬술(纂述), 전성(全城) 이풍호(李豊鎬) 교열, 『간명(簡明) 교육학』(1908, 281면)과 주정균과의 공저인 『정선법학통론』(1911)이 있으며, 보성전문의 동기동창인 조성구의 『형사령 · 형법석의』(1913)[119]를 교열하였다. 『법정학계』에 몇 가지 논설을 발표하였다.[120]

(18) 유치형(兪致衡)

유치형의 구명은 치학(致學)이며 호는 지동(芝東). 1877년 서울에서 태어나 1895년 관비유학생으로 일본 게이오의숙 보통과를 졸업한 후 1896년부터 1899년까지 도쿄법학원(현재의 주오(中央)대학)에서 공부하였다.[121] 법부 법률기초위원을 지내고, 1900년 이후 사립 철도학교 교사, 사립 중교(中橋)의숙 교사, 한성법학교 교사 등을 지내다가 1905년부터 1908년까지 보성전문학교 강사, 1908년 감사원 이사를 역임하였다. 1910년 1월 어원(御苑) 사무국 이사를 지내다가 한일합병을 맞게 된다. 일제시대에는 관직에 나가지 않았으며 1913년 한성은행 본점 서무과장을 지내고,[122] 1934년 서울에서 사망하였다.[123] 저술은 『헌법』(1907),[124] 『물권법 제1부』(1907), 『증거법』(1910경) 등이 있으며, 몇 가지의 논설이 있다.[125]

---

118 『황성신문』, 1906.8.15; 1907.6.17.
119 『매일신보』(1913.8.6) 광고에는 "양정의숙강사 · 보성전문학교 강사"라고 소개하며, 조성구는 "경무총감부경시"라고 저자소개를 하고 있다. 이 책은 2003년 관악사에서 영인본이 발간되었다.
120 예컨대 「사법전편찬의 필요」(제1호, 1907); 「자유는 何인가?」(제6호, 1907); 「법률가의 역사적 지식」(제22호, 1909) 등. 기타 유옥겸, 박기수 · 차경애 옮김, 『근대 역사 교과서』 권 5(동양사 교과서), 소명출판, 2011 참조.
121 상세한 것은 한국정신문화연구원, 『한국인물대사전』, 1999, 1364면; 최종고, 『한국의 법학자』, 서울대 출판부, 2007, 65~92면 참조.
122 「兪氏의 漢銀執務」, 『매일신보』, 1913.3.28.
123 최종고는 앞의 책(2007)에서 "1933년 9월 10일 작고"라고 하나, 유진오의 『養虎記』(1977)에 실린 연보(350면)에 따라서 1934년으로 정정한다.
124 2010년 관악사에서 원문 영인과 함께 가로로 새 조판한 책자가 발간되었다. 여기에 첨부한 김효전의 해설 참조.
125 예컨대 「민법의 개론」, 『친목회회보』 제6호(1897.12); 「論土地家屋證明規則의 필요」, 『法政學界』 제1권 1호(1907.5)가 있다.

(19) 이교승(李敎承)

　이교승은 1894~1895년 한성사범학교[126]를 졸업한 후 1896~1897년 일본 도쿄 合濟學會에서 수학하다가 1897년 이 학교를 중퇴하고 1900년에 귀국한다.[127] 1895년 관립소학교 교원, 1896년 5월 한성사범학교 교관, 1907년 2월부터 1908년 2월까지 보성전문학교의 강사를 지내다가 1908년 11월 성균관 교수로 임명된다.[128] 양정의숙에는 1908년 3월 5일부터 1909년 12월 8일까지 출강하였다. 경제과 소속으로 되어 있으나 수학을 담당한 것으로 보인다. 저서로『산술교과서』(상하, 1908),『신찬 대수학 교과서』(1910),[129] 논설「경제학설」(『법정학계』제1호, 1907)이 있다. 수학 책『신정산술』은 이교승의 영향을 받아 남원(南原) 양재건(梁在謇)이 편집한 것으로 본다. 이교승은 저작권과 관련하여 양재건을 고소하게 된다.[130]

(20) 이면우(李冕宇)

　이면우는 1879년생이며 1894년 관립일어학교[131]에서 일본어를 배우고 다음 해인 1895년 3월 관비유학생으로 일본에 건너가 1899년 주오(中央)대학의 전신인 도쿄법학원을 장도, 유창희(유문환), 유치학(유치형)과 함께 졸업하였다.[132] 당시 이 학교는 3년제였다. 1904년 6월 한성재판소 검사 및 판사, 1905년 법관양성소 교관과 소장을 역임하고 같은 해 변호사로 등록하였다. 1907년에는 이준 사건에서 정명섭과 함께 변호인으로 나서서 장안의 화제가 되기도 하였다. 1907년 한성변호사회 초대 회장, 1909년~1910년 경성변호사회 3대, 4대 회장 역임. 일제시대에는 사

126　한성사범학교에 관하여는 후루카와 아키라(古川昭),『舊韓末近代學校の形成』(ふるかわ海事事務所, 2002); 이성옥 옮김,『구한말 근대 학교의 형성』, 경인문화사, 2006, 141~178면 참조.
127　이기준,『한말 서구경제학 도입사 연구』, 일조각, 1985, 292면.
128　민족문화추진회 국역실 '승정원일기'팀,『비서감일기』표준 번역 76.
129　『매일신보』, 1910.9.18. 광고.
130　「저작권의 기소」,『황성신문』, 1910.4.9.
131　일어학교에 관하여는 稻葉繼雄,『舊韓末「日語學校」の研究』, 九州大學出版會, 1997, 특히 第5章 韓國政府立の「日語學校」(387면 이하)와 같은 저자의『舊韓國の教育と日本人』, 九州大學出版會, 1999 참조.
132　『法學新報』第100號, 1899.7.20.

기취재범으로 복역하기도 하였는데,[133] 시종 재야에 머물렀으며, 통영에서 변호사 개업을 하는 동안에는 관할 경찰서장이 문안인사를 드린다는 명목으로 매일 감시하였다고 전한다. 1925년 6월 27일(음력) 48세로 작고하였다. 저서로『회사법』(1908)이 있으며, 몇 가지의 법학 논문을 남겼다.[134]

(21) 이은우(李恩雨)

1909년 9월 4일부터 12월 8일까지 재직. 법학 담당.

(22) 이용무(李用戊)

1888년 출생. 1905년 7월 와세다대학 방어정치과 졸업.[135] 양정의숙과 보성전문의 강사를 지냈다. 양정은 1907년 3월 19일부터 1908년 5월 4일까지 재직. 1909년 아깝게도 22세로 요절하였으며,[136] 보성전문 학생들은 앞을 다투어 부조금을 출연하였다.[137] 저서『평시국제공법』(1908?)이 있다.

이용무의 죽음을『황성신문』은 다음과 같이 전하고 있다.

○噫耶時耶　養正義塾 及 普成專門學校 講師 李用茂氏는 大志를 夙抱(숙포)ᄒ고 多年 海外에 學業을 成就ᄒ고 歸國後에는 敎育界에 獻身ᄒ야 熱心 敎授홈으로 一般社會의 期望이 甚大ᄒ더니 不幸히 沿病를 遭ᄒ야 數日前에 長逝ᄒ니 得年이 纔 二十二라. 其 所祟의 原因을 聞ᄒ즉 氏가 恒常 時局에 對ᄒ야 過度ᄒ 憂憤을 抱ᄒ고 或 登山

---

133 『매일신보』, 1911.4.13.
134 상세한 것은 김효전,「이면우의 생애와 저작」,『시민과 변호사』, 2000.8, 85~92면 참조.
135 『第12回 早稻田大學校友會誌』, 1905, 37면.
136 이용무의 죽음과 추도회 소식 등은『황성신문』, 1909.5.9; 1909.6.8; 1909.6.12 등 참조.
137 「學界美擧」,『대한매일신보』, 1909.6.9. 그리고『법정학계』제23호, 1909.5.5, 41면에도 그의 졸서(卒逝)에 대한 보성전문학교 교직원의 조사(弔辭)와 의연금(義捐金) 수합(收合)의 기사가 실려 있으며, 그의 죽음을 애도한 부고는 「교우동정」,『早稻田學報』제172호, 1909, 4면에도 실려 있다.

痛哭ᄒ는 時도 有ᄒ지라. 所以로 神經이 耗損ᄒ야 漸至危劇ᄒ얏는디 其屬 廣前 數日
은 晝夜 讝語가 皆 痛恨 時事ᄒ는 說話오. 以手拊應ᄒ야 血結色變홈에 至ᄒ야 意至不
起ᄒ얏스니 此 所謂 叢蘭欲茂에 惡豐推之耶아 一般士友가 痛惜不己 ᄒ더라.[138]

특히 그가 20세 전후의 나이에『평시국제공법』이란 대저를 저술하였다는 것은
놀라운 일이며 가히 천재적이라고 하겠다. 이 책은 "국제법이라는 제목으로 한국
에서 발행된 최초의 업적"[139]이란 평가를 받고 있다.

(23) 이진우(李珍雨)

1881년 경남 하동 출생. 1907년 7월 메이지대학[140] 법과를 졸업한 후 1908년 판사
에 임명되었으나 1909년 4월에 퇴직하고 박승빈과 함께 서울 남부 장교동에 변호사
개업.[141] 양정의숙에는 1907년 9월 12일부터 1908년 5월 30일까지 출강하였다.

(24) 이항종(李恒鍾)

그는 1880년 출생이며 1905년 4월 보성전문학교 법과에 입학하여 1907년 4월
제1회로 졸업하고, 이해 6월 24일에 실시한 우리나라 최초의 변호사시험에 합격
하였다. 이 시험에는 20여 명이 응시하였으나 이항종, 장택환, 허헌, 옥동규, 계명
기, 이종성 6인이 합격하였다.[142] 1907년 9월 이항종은 법관양성소 교관으로 임명

---

138 『황성신문』, 1909.5.9. '이용무'의 한자는『사진으로 본 양정백년 1905~2005』, 21면의 졸업증서나
    진급증서에 모두 '李用戊'로 적기 때문에 인용문의 '茂'는 오기다.
139 김용구,『세계관충돌의 국제정치학』, 나남출판, 1997, 280면.
140 메이지대학은 1881년 창립 이후 1919년까지 재적한 한국인 유학생 수는 598명이다. 메이지법률
    학교는 1903년부터 메이지대학으로 개칭하였다. 朴己煥, 앞의 글, 198·248면 참조.
141 『대한매일신보』, 1909.4.21.
142 『관보』 제3809호, 1907.7.4.
    장택환(張宅煥)은 1882년 6월 3일 경북 안동군 출생으로 1909년 12월 판사에 임명되었다가 1910
    년 12월에 퇴직하여 변호사개업을 하였고, 옥동규(玉東奎, 1868~1944)는 평양 출신으로 1907년
    보성전문 법률과를 졸업하고 변호사시험에 합격하여 1908년 국채보상의연금에 관한 양기탁의

되었으며 여기서는 상법을 담당했다. 그 이후의 행적은 알 수가 없으나 동일은행 홍성지점장을 역임하였다.[143] 양정의숙에는 1911년 4월 1일부터 출강하였다.

(25) 임경재(任璟宰)

임경재는 1908년 3월 5일부터 1909년 12월 8일까지 양정에서 교편을 잡았으며 경제를 담당하였다.

(26) 임규(林圭)

임규는 1909년 9월 4일부터 재직. 임규 찬(撰), 『日本語學音‧語篇』(東京 : 以文社, 1909)의 책자가 있는 것을 볼 때 일본어를 가르친 모양이다.

　● 日語硏究會　日語教授에 著名호 林圭氏는 本日붓터 壽洞 興士團內에 日語硏究會를 設立호고 三興學校와 大東專門學校內에셔 修學호든 學員을 繼續 教授호며 新入호 學員도 募集혼다더라.[144]

재판에서 한국인 변호사로서 활약하였다. 계명기(桂命夔)는 1870년 평남 영유군 출생으로 1909년 7월 12일에 변호사 개업을 하였으며, 이종성(李鍾聲)은 1868년 3월 2일 경기도 수원군 출생으로 1909년에 변호사 개업을 하였다. 허헌(許憲, 1885~1951)은 함경북도 명천에서 태어나 1907년 보성전문 법과를 1회로 졸업하고 같은 해 실시된 변호사시험에 합격한다. 1919년 3‧1운동의 33인 대표를 위해서 무료 변호하며, 1923년 보성전문 교장, 1925~1926년 조선변호사협회 회장을 역임. 광복과 함께 건국준비위원회 부위원장, 1948년 최고인민회의 의장 겸 김일성대학 총장을 겸임하다가 1951년 대령강에서 익사하였다. 이들의 이력은 『서울지방변호사회100년사』, 2009, 51면 참조.
143　김효전, 『근대 한국의 법제와 법학』, 세종출판사, 2006, 551면.
144　『황성신문』, 1910.8.23.

(27) 장도(張燾)

　　호는 덕수(德水)이며 1876년 출생하여 1895년 관비유학생으로 선발되어 일본 게이오의숙에서 수학한 후 다시 주오(中央)대학의 전신인 도쿄(東京)법학원에서 법률학을 공부하여 1899년 7월에 유창희(劉昌熙, 후에 유문환(劉文煥)으로 개명), 유치학(兪致學, 후에 유치형(兪致衡)으로 개명), 이면우와 함께 졸업하고 같은 해 11월 하순에 귀국하였다.[145] 1900년 사립 광흥학교 교사, 1904년 외부 번역관, 의학교 교관,[146] 1905년 3월에는 보성전문, 8월에는 양정의숙에서 강의. 같은 해 평리원 검사, 법부 법률기초위원 겸임, 1906년 한성재판소 판사, 법관양성소 교관 겸임. 1908년 변호사 등록. 일제시대에는 조선변호사회 회장을 지내고,[147] 조선총독부 중추원 참의를 지냈다. 저서로『신구형사법규대전』(상하, 1907)이 있다(본서 제1부「법관양성소」중 중 9장「법관양성소의 교수진」, '장도' 참조).

(28) 전영작(全永爵)

　　전영작은 평양 사람으로 1902년 일본으로 건너가서 세이지(正則)예비교(豫備校)에서 수학한 후 1903년 9월부터 1905년 7월까지 도쿄 상공학교 실과를 졸업하였다. 같은 해 9월 메이지대학 법과에 입학하여 1908년 6월 최석하와 함께 졸업하였으며, 태극학회의 평의원이었으며,[148] 양정의숙에는 1908년 10월 20일부터 출강하였다. 그는 권력분립이론을 상세하게 소개한「입법 사법 급 행정의 구별과 기의의」,[149]「경제의 공황상태를 논함」,[150] 그리고「학술상 관찰노 상업경제의 공황상태를 논함」[151] 등 몇 가지의 경제 논문을 썼다.

---

145 도쿄법학원에서 공부한 사람으로는 정재순(鄭在淳), 유진방(兪鎭方), 장규환(張奎煥), 박만서(朴晩緖), 안경선(安慶善), 원응상(元應常) 등이 있다.

146 『황성신문』, 1904.3.19.

147 조선변호사회에 관하여는 정구영, 「조선변호사회」, 『중앙일보』, 1973.12.16~1974.2.24 연재, 중추원에 관하여는 이방원, 『한말 정치변동과 중추원』, 혜안, 2010 참조.

148 『태극학보』 제22호, 1908, 58면; 『留學生卒業』, 『대한매일신보』, 1908.7.19 참조.

149 『태극학보』 제8호, 1907, 13~16면; 제10호, 24~27면; 제12호, 18~22면에 장문의 논설을 싣고 있다.

150 『태극학보』 제3호, 20~26면.

(29) 정경윤(鄭敬潤)

1911년 2월 28일부터 법학 담당.

(30) 정규환(鄭奎煥)

정규환 역시 1907년 1월 15일부터 체조를 담당하였으며 사임 일자는 불명이다.

(31) 정해용(鄭海鎔)

1909년 9월 4일부터 11월 26일까지 재직. 법학 담당.

(32) 정희선(鄭熙宣)

양정의숙 1회 졸업생이며, 소송실습할 때에 검사역을 맡았다.[152] 1908년 8월 30일부터 법학을 담당했으나 과목이나 퇴직 일자 등은 미상이다.

(33) 조성구(趙聲九)

조성구는 1881년 서울에서 태어나 1907년 4월 보성전문학교 법률과를 제1회로 졸업하였다.[153] 내부 주사, 내부 서기관, 경무국 보안과장, 민적과장 등을 거쳐 한일 합병하는 해인 1910년 조선총독부 경시(警視)가 된다. 양정의숙에는 1908년 3월 5일부

---

151 『태극학보』 제4호, 17~21면.
152 「訴訟實習盛況」, 『황성신문』, 1907.7.16.
153 문헌은 김효전, 『근대 한국의 국가사상』, 철학과현실사, 2000, 625~650면 참조.

터 출강한다. 1912년부터 1917년까지 보성전문 강사를 역임했으며, 1923년에는 교장 후보로 올랐다. 1924년부터 1930년까지 천안 군수를 지냈으며,[154] 해방 후인 1945년 8월부터 1948년 9월까지 서울시 영등포구청장을 지냈다.[155] 저서로 『헌법』(1908)이 있으며, 역서로 내부 경무국장 마쓰이 시게루(松井茂)의 『경찰학』(1909)이 있다.

(34) 조소앙(趙素昂)

조소앙은 1887년 경기도 교하군(지금의 파주)에서 태어나 1902년 성균관에 입학하여 신채호 등과 항일성토문을 작성한다. 1904년 7월 황실유학생으로 선발되어 일본의 도쿄 부립(府立) 제일 중학교(현 道立日比谷高等學校)에 입학, 1912년 메이지(明治)대학 법과를 졸업하고 귀국하여 경신학교, 양정의숙, 대동법률전문학교 등에서 교편을 잡았다.[156] 그 후 사회주의운동에 참여하였으며 납북되어 생사여부를 알지 못하다가 1958년 9월 10일에 사망하였다고 전한다.[157]

(35) 주정균(朱定均)

주정균은 인천 출신으로 1897년 한성사범학교를 졸업한 후 1900년부터 1907년까지 과천과 인천 등지에서 소학교 교원을 지내다가 1907년 보성전문학교 법과를 1회로 졸업하였다. 군부 군무과에서 잠시 근무하다가 법학협회의 발기인으로 참여하였다. 양정의숙에는 1908년 8월 30일부터 1910년 1월 23일까지 출강하였다.

---

154 안용식 편, 『일제 지방관록』, 연세대 사회과학연구소, 2001 참조.

155 민족문제연구소 편, 『친일인명사전』, 민족문제연구소, 2009, 569면.

156 홍선희, 『조소앙의 삼균주의 연구』, 한길사, 1982, 23면; 신우철, 「건국강령(1941.11.28) 연구―'조소앙 헌법사상'의 헌법사적 의미를 되새기며」, 『중앙법학』 제10집 1호, 2008, 63~97면; 정태욱, 「조소앙의 「대한독립선언서」의 법사상」, 『법철학연구』 제14권 3호, 2011, 45~80면; 김기승, 「조소앙의 육성교 구상에 나타난 민족주의와 세계주의」, 『한국사연구』 제99집, 2002, 163~187면; 李英美 집필, 趙素昂(趙鏞殷) 1887~1958, 明治大學史資料センター 編, 『明治大學小史 人物編』學文社, 2011, 224~225면; 國分典子, 大韓民國臨時政府の憲法思想, 同人, 『近代東アジア世界と憲法思想』, 慶應義塾大學出版會, 2012, 89~90면 참조.

157 『동아일보』, 1989.1.28.

1908년에는『법학통론』을 저술하였고, 박승희(朴承禧)와 공저로『최신경제학』(1908)을 출간하기도 하였다. 기타『상법총론』(1907),『전시국제공법』(1908)의 저서가 있다.[158] 주정균은 보성전문학교와 대동법률전문학교 등에서 법학을 강의하였으며,[159]『법학통론』과『경제학』은 당시의 베스트셀러로서 각각 4천여 부와 3천여 부가 팔렸다고 한다. 1923년 보성전문학교 교장으로 내정되었으나 교우회들이 반대하여 허헌(許憲)[160]이 임명되었다.

(36) 진경석(陳慶錫)

양정의숙 1회 졸업생이며, 1911년 4월 1일부터 출강.

(37) 최병찬(崔秉瓚)

최병찬은 1907년 4월 보성전문학교 경제전문과를 졸업하고 1907년 7월 탁지부 서기랑(書記郎)이 된다. 양정의숙에서는 역시 경제를 담당하였으며 1908년 3월 5일부터 1909년 12월 8일까지 재직하였다. 1908년 2월부터 1910년 4월까지는 보성전문학교의 강사를 지냈다. 번역 논설로「일본화폐제도」(1908)가 있다.

---

158 논설로는「동양척식회사의 설립이 아국(我國) 경제상황에 급흉는 영향」(『법학협회잡지』제1호, 1908, 42~44면)이 있다.

159 주정균은 대동학교 내 측량과 교사였으며 퇴거하고 대신 이장하(李章夏)가 교사가 되었으며 200여 명의 학도들이 교사 송영회를 동문 밖 청량사에서 가졌다.「敎師送迎會」,『황성신문』, 1908.9.8. 주정균은 박승희와 함께 文華堂이란 서점의 주인이기도 했다.

160 문헌은 허근욱,『민족변호사 허헌』, 지혜네, 2001; 김효전,「허헌과 변호사 징계」,『시민과 변호사』, 2000.5, 93~98면 참조.

(38) 피상범(皮相範)

1856년 서울에서 출생하여,[161] 1882년에 실시된 증광시(增廣試) 율과(律科)에서 장원급제. 1894년 법부아문 주사가 되고, 1895년 4월 법부 참서관으로 임명되고 5월 신설된 법관양성소의 초대 소장을 겸임하였다. 1898년 3월 법부 검사국장이 되고 법률기초위원을 겸임한다. 1899년 겸임하던 고등재판소 예비판사를 의원면직. 1901년 평리원 검사로 발령을 받아 근무 중 평리원 판사로 전보된다. 1906년 12월 함경남도 재판소 검사, 1907년 경상북도 재판소 검사를 역임하고 8월 한성재판소 판사가 된다. 1909년 변호사 등록. 양정의숙에는 1911년 1월 24일부터 3월 7일까지 출강하였으며, 이해에 55세로 작고하였다.[162]

(39) 홍석현(洪奭鉉)

홍석현은 1873년에 출생하여 1891년 6월 일어학교를 졸업하고 일본으로 건너가 1896년 6월 한국인 제1호로 와세다(早稻田)대학의 전신인 도쿄전문학교를 졸업하였다. 그는 1897년부터 1899년까지 일본 제일은행 서기로 근무하다가 귀국하였다. 1900년 10월 관립 중학교 교관이 되었으며, 1906년에는 경무청 경무관으로 자리를 옮기고, 1906년 12월부터 1907년 4월까지 학부 참사관을 역임하였다.[163] 1907년 4월에는 관립한성고등학교 교장에 취임하였다. 양정의숙에는 1908년 3월 5일부터 출강하여 경제를 담당하였다.

한일합병 이후인 1911년 경기도 평택 군수와 강원도 춘천 군수를 지내고 1923년부터 1929년까지 중추원촉탁의 직에 있었다.[164] 저서로『신찬조선회화(新撰朝鮮會話)』(東京, 博文館, 1894)가 있으며,[165] 『친목회회보』에 몇 가지의 논설을 발표하였다.[166] 그는

---

161 『朝鮮人名資料事典 第1卷』, 日本圖書センター, 2002, 236면에서는 현 거주지를 '강원도 홍주군'으로 표기하며 현재 변호사라고 적고 있어서 의문이다. 이 책은『朝鮮紳士名鑑』, 1911을 저본으로 한 것이다. 이 책에 대해서는 정진석, 「일본어 '조선신문'의 기형적 성장」, 『조선일보』, 2010.6.30 참조.

162 문헌은 김효전, 「피상범의 생애와 업적」, 『시민과 변호사』, 2001.2, 88~95면 참조.

163 『황성신문』, 1906.12.26.

164 민족문제연구소 편, 『친일인명사전』, 민족문제연구소, 2009, 947면.

재학 중 학자금이 없어 일본인 은사 이치지마(市島謙吉)와 아마노(天野爲之)의 도움을 받았으며 특히 다카다(高田早苗)의 비호를 몽매에도 잊을 수 없다고 회고한다.[167]

이상 39인의 교사들 외에 더 있는지도 알 수 없으나 추후에 보완하기로 한다.

7. 양정의숙의 졸업생

양정고등학교는 한국전쟁 중에 학교 시설뿐만 아니라 학적부를 비롯하여 각종 기록과 자료들이 모두 소실되어 양정의숙의 졸업생 명부에 관한 정확한 자료는 존재하지 않는다. 여기에 수록한 것은 당시의 신문『황성신문』과『만세보』기타 자료를 통해서 재구성한 것이며 2007년 5월 15일『양정의숙 연구발표회』(양정의 혼을 찾아서)에서 정리한 것이다. 졸업생 명단은 다음과 같다.

1) 졸업생 명단

제1회(1908.4.15)

양정의숙 제1회 졸업시험과 졸업식에 관한『황성신문』의 보도는 다음과 같다.

---

165 이 책에는 도쿠도미(德富猪一郎)의 서문이 붙어 있으며 전체 162면으로 부산시립 시민도서관에 소장되어 있다. 이 도서관은『萬國公法』과 外部編, 『約章合編』(1898) 등 귀중한 고서를 많이 소장하고 있다.

166 예컨대「대조선 군주국 형세 여하」,『친목회회보』창간호, 1895.10, 20~27면;「조선론」,『친목회회보』제2호, 1896.3, 10~12면;「인생행로」,『친목회회보』제4호, 1986.12, 14~15면 등이 있다.

167 「早稲田在學中の感」,『早稲田學報』제399호, 1928.5, 31면. 문헌은 본서 제2부「법학교육관계」중 4장「안국선의 와세다(早稲田)시대」; 早稲田大學 한국유학생회,『와세다의 한국인─와세다대학 한국유학생 90년사』, 1983, 42면에서는 제1호 졸업생으로 홍석현, 제2호 졸업생으로 이준을 적고 있는데, 이준은 와세다 졸업생이 아니다.

● 養正卒業　養正義塾에셔 法律科 卒業試驗을 經ㅎ얏는디 其 卒業人 及 陞級人의 氏名이 如左ㅎ니 卒業 優等에 金癸根 洪達厚 白寅基 金景濟오 卒業 及第에 金浩秉 白亨基 高翊相 朴泰薰 尹宇植 安鍾泰 林益相 朴熙寬 高孝源 鄭熙宣 金成集 金鎭模 崔瑗植 金潤錫 劉秉玭 高碩柱 崔在澤 金鎭禹 諸氏오 二年生으로 三年級 陞等호 優等生에 徐鳳勳 趙萬熙오 及第生에 李鍾運 金泳大 等 十六人이오 一年級으로 二年級 陞等 優等生에 尹敎信 金昞濟오 及第에 鄭淳珏 鄭逹(정규) 等 二十八人인디 今月 十九日에 該 校長 嚴柱益氏가 卒業式을 擧行ㅎ다더라.[168]

또한 1908년에는 학년시험에 관한 것도 보도되었다.

● 養正經試　養正義塾에셔 學年試驗을 經ㅎ얏는디 法律科 三年級 第三學年 優等生 徐鳳勳 趙萬熙 崔炳翰 三人과 及第生 李鍾遠 姜敬欽 安鍾元 等 十五人이오 二年級 第二學年 優等生 具滋庸과 及第生 鄭逹 等 二十六人이오 經濟科 二年級第 學年 優等生 崔承七 洪箕周 兪喆鎭 等 十二人과 及第生 元濟商 等 十三人이라더라.[169]

제2회(1909.4.24)

● 養正卒業　養正義塾에셔는 自來 陰曆 年末에 卒業試驗을 行ㅎ더니 今回 學部令을 依ㅎ야 校規를 變更ㅎ고 去 冬期에 卒業홀 學級을 今年 春期로 延長ㅎ야 日前에 卒業試驗을 行ㅎ야 十九人이 入格ㅎ얏는디 卒業式은 日本에 滯在혼 塾長 嚴柱益氏가 歸國홈을 待ㅎ야 設行혼다더라.[170]

● 法律科卒業生　日昨 養正義塾 法律科에셔 第二回 卒業試驗을 設行ㅎ얏는디 其 卒業生의 氏名이 如左ㅎ더라.

優等生에 徐鳳勳, 趙萬熙, 金演默 等 三人이오 及第生에 崔柄翰, 尹圻(윤기), 李鍾運, 韓鏞元, 文基鼎, 金泳大, 徐基完, 姜景欽, 安鍾元, 嚴基澤, 金應說, 金達演, 尹哲熙, 李

168 『황성신문』, 1908.4.14.
169 『황성신문』, 1908.7.12.
170 『황성신문』, 1909.3.21.

範聲, 崔炳翰 氏 等 十八人이라더라.[171]

원래 19인 중에는 '김병제(金丙濟)'가 포함되었으나 18인만이 졸업하였다.

제3회(1910.3)

● 養正義塾卒業　今番에 私立 養正義塾 法律科에셔 第三回 卒業試驗을 擧行ᄒ얏ᄂ디 成績은 如左ᄒ니

優等生 尹敎信, 鄭逵(정규), 安允濩, 朴泰遠

及第生 吳宅善, 朴勝熺, 金相敦, 安承謙, 權性淵, 具滋鄘(구자용), 金秉珪, 金永喜, 金鏞九, 池基源, 南相哲, 邊始永, 李源喆, 朴性泰, 邊弼永, 安弘默, 鄭淳珏, 尹秉烈, 權晶淵, 尹德炳, 金永覺, 權淵, 尹箕炳, 韓圭禧, 李鍾協 諸氏이라더라.[172]

이와 관련하여 같은 날짜의 다음과 같은 기사가 발견된다.

● 卒業生協議　日昨에 卒業ᄒ 養正義塾 卒業生 一同이 昨日 上午 十時에 該塾內에셔 會同ᄒ야 各其 三圜式 醵集ᄒ야 講師 諸氏를 請邀宴待ᄒ 事와 商業上에 着手進行ᄒ 方針 等을 協議ᄒ얏다더라.[173]

경제과(1910.1)

● 養正卒業　今番 養正義塾에셔 經濟科 卒業試驗을 經ᄒ얏ᄂ디 優等生과 及第生 氏名이 如左ᄒ니

---

171 「法律科卒業生」, 『황성신문』, 1909.4.2. 우등생 최병한(崔炳翰)의 신병으로 인한 안타까운 사망에 대해서 『황성신문』(1909.10.19)의 보도가 있다(「崔朴兩氏長逝」).
172 『황성신문』, 1910.3.24.
173 『황성신문』, 1910.3.24.

俞喆鎭, 洪箕周, 成樂憲, 金秉玉, 安熙濟, 吳建泳, 李命求, 安商哲, 吳命根, 金相集, 崔承七, 俞泰濬, 元濟商, 金奎榮, 李承烈, 鄭永軫 氏等 十六人이오 及第生은 尹原求, 許炳, 金翼濟, 徐庸熙, 崔永澤, 安商說(안상열), 南重燮, 李晶宇, 姜重遠, 吳一纘(오일찬), 金怡鉉(김이현) 氏等 十一人이라더라.[174]

그러나 『양정백년사』에서는 "그들이 졸업했어야할 1910년 봄의 경제학과 졸업생 명부는 오늘날 결여되어 있다"[175]고 적고 있다. 또 『양정동문록』의 학교연혁에서도 "1914년 3월, 6회의 법률학과 졸업생과 1회의 경제학과 졸업생을 배출"이라고 기록하고 양정의숙의 졸업생 명단은 싣지 않고 있다.[176]

제4회(1911년 7월 9일 28명이 졸업하였으나 명단이 확인되지 않음)
康容杓, 한용현(양정고보 30 진술)
제5회 (1912년 7월 6일 졸업했으나 졸업생수와 명단이 확인되지 않음)
具滋爀 (양정의숙 발행 졸업증서)
제6회와 제7회에 해당되는 사람들은 확인되지 않고 있음.
1910년 4월 7일 83명의 응시생 중 31명이 합격함.
1911년 4월 1일 80명의 응시생 중 40명이 합격함.

기타 양정의숙의 졸업 여부나 횟수가 확인되지 않는 사람들로는 박상진(朴尙鎭), 김덕기(金德基), 오혁태(吳赫泰), 김형복(金亨復), 경원식(景元植), 경일영(景一永), 유재호(劉在浩)(『만세보』, 1907.2.5) 등이 있으며, 양정의숙에서 졸업을 하지 못한 사람들로는 오형근(吳炯根), 홍종대(洪鍾大), 안정근(安定根), 이희승(李熙昇), 박준호(朴準鎬) 등이 있다.

졸업생들의 활동 중 가장 뛰어난 것은 제1회이다. 진경석, 김진용, 김달집은 모교에서 강의를 맡았으며, 고익상은 법관양성소 교관을 역임하고 1905년 을사늑약이 체결되자 정명섭 등과 함께 상소문을 올린 사람이다. 상소문을 올린 직후 이들은 모두 교관직에서 물러난다.[177] 김계근과 윤우식은 양정의숙에서 창립된 법학협회가

---

174 『황성신문』, 1910.1.19.
175 『양정백년사』, 65면.
176 양정동창회, 『양정동문록』, 2006, 5면.

1908년 6월 21일 개최한 토론회에서 법률 분야의 토론자로서 참가한 사람이다.[178]

김계근의 저서 『형법통론』은 체계적이며 정교한 대저로서 한일합병 이후에도 계속 판매되었으며, 박희관(朴熙寬)은 법학협회의 회원으로서 『조선현행 법규대전』(수문서관, 1911)[179]을 펴낸 사람이다. 유병필(劉秉泌)도 양정 출신으로 여러 가지 논설을 발표한 사람이다.

이와 같이 볼 때 양정의숙은 1905년 5월 12일 70명의 학생이 입학하여 1908년 4월 13일 22명의 졸업생을 배출하였다. 조선교육령에 의해서 양정고보로 격하될 때까지 법률학과는 6회, 경제학과는 1회의 졸업생을 내어 총 145명이 양정의숙을 졸업하였다. 그러나 현재의 양정총동창회 제1회 졸업생은 1917년 양정고보를 졸업한 22명에서 시작하며, 양정의숙에서 공부한 사람들의 명단은 누락되어 있다. 이것은 한 학교의 문제가 아니라 한국의 근대 법학교육의 한 장을 차지하는 학교에 대한 기록으로는 너무나 허술하고 또 이처럼 방치된 것이 안타깝기도 하다.

2) 졸업생 수용

양정의숙은 법률과와 경제과의 두 과로 구성된 만큼 졸업생들은 당연히 법조 직역으로 진출하는 것이 대세일 것은 누구나 예상하는 것이지만 실제는 이와 거리가 먼 것 같았다. 우선 다음의 신문기사가 이를 뒷받침하고 있다.

● 하후하박   법관양성소 졸업싱 모모씨는 이번에 판검스를 셔임ᄒ엿ᄂ디 양졍의숙과 보성학교 졸업싱들도 법률과 ᄌ격은 일반이어놀 법관양성소 학도만 셔임ᄒᄂ 거시 공평치 아니ᄒ다ᄒ고 다른 사롬의 물론도 쟈쟈하다더라.[180]

● 졸업싱틱용   법률졸업싱과 보성학교 졸업싱과 양졍의숙 졸업싱 중에 공부가

---

177 상세한 것은 김효전, 『근대 한국의 법제와 법학』, 세종출판사, 2006, 524~525면 참조.
178 『황성신문』, 1908. 6. 18.
179 이 책은 1997년 한국법제연구원에서 영인본이 발간되었다.
180 『대한매일신보』, 1908. 6. 26.

데일 나흔 쟈로 퇵하야 디방에 궐는 경시와 경부를 셔임흔다는 말이 잇더라.[181]

● 즈원입학   법관양성소 쟝모씨가 일본교쟝에게 통텹ᄒ고 일어졸업싱을 본소로 보내여 법률을 공부케 ᄒ라 ᄒ엿스나 그 졸업싱들이 원치 아니ᄒ고 일졔히 대동젼문학교로 입학ᄒ기를 쳥원흔다 ᄒ엿다더라.[182]

● 勿退愈進   法部大臣 高永喜氏가 發論ᄒ되 內外國間에 法律卒業흔 人은 壹無可用이라흔 故로 ᄎ 法律學校 學員들이 此言을 聞ᄒ고 法律卒業에 退步홀 思想이 或有ᄒ야 其他 師範學校나 測量課에 受業ᄒ기를 改圖흔다는 說이 有ᄒ더라.[183]

전체적으로 볼 때 법관양성소 출신을 우대하여 각 재판소 서기로 임용하고 양정의숙이나 보성전문의 법률졸업생은 그다음에 궐원이 있는 경우에 한하여 선발한 것으로 보인다.[184] 또 일본의 영향력이 강화될수록 각 지방구재판소와 지방재판소 지부에 전문지식을 가진 사람보다는 일어 해득자만으로 충당하는 사례도 나타나게 되었다.[185]

8. 결론

인재를 양성하는 교육의 중요성은 예나 지금이나 아무리 강조해도 지나침이 없는 만고불역의 진리이다. 더구나 서세동점이니 하여 제국주의가 동아시아를 침략하는 위기의 시대에 있어서 국방과 교육은 그 가장 핵심적인 요소에 해당한다. 이 두 가지를 소홀히 하여 우리는 근대세계사에서 낙오자가 되고 노예로 전락한 것이다. 이렇게 볼 때 법학교육의 중요성을 일찍부터 간파하고 양정의숙을 세운

---

181 『대한매일신보』, 1908.8.8.
182 『대한매일신보』, 1908.3.24.
183 『대한매일신보』, 1908.12.6.
184 「法官卒業生需用」, 『황성신문』, 1909.10.22; 「判檢事敍任件」, 『대한민보』, 1909.10.5; 「十三人入格」, 『대한민보』, 1909.10.22.
185 「卒業何用」, 『대한매일신보』, 1908.12.11.

엄주익의 혜안은 높이 평가해야 할 것이다.

　　그러나 당시의 언론에서도 애석히 여기고 한탄했듯이 군부를 폐지하고 사법권을 강제적으로 일본에 위임하게 되면서 법학에 대한 인기는 급격히 하락하고 마침내 종언을 고하게 된다. 교수진의 빈곤이나 열악한 시설에도 불구하고 당시의 교수들과 학생들은 열의에 차서 법학을 공부하였지만 장래를 기약할 수 없는 형편에다가 일본의 유형무형의 탄압으로 양정의숙은 문을 닫을 수밖에 없는 상황이었다. 보성전문처럼 좀 더 버텨 나아갔더라면 하는 아쉬움은 여전히 남지만 양정의숙의 '몽이양정(蒙以養正), 양심정기(養心正己)'의 정신은 아직도 양정고등학교에서 연면히 계승하고 있는 한 양정의숙의 법학교육은 우리들 뇌리에서 지워지지 않을 것이다.

II. 노자와 다케시노스케(野澤武之助)와 근대 한국의 법학교육

1. 서설

구한말의 신문을 보면 '野澤이가' 또는 '野澤이는' 하는 표현이 가끔씩 발견된다. 이 사람은 누구인가? 그는 1906년 대한제국의 법부 참여관으로 와서 1908년에는 법관양성소 소장을 지내고, 1909년에는 법관양성소가 법학교로 교명을 바꾸자 이곳의 교장이 되고, 다시 한일합병 이후에는 이 학교가 폐교되자 일본으로 귀국한 사람이다.

지금까지 한국에서는 법관양성소나 근대의 법학교육에 관해서는 체계적인 연구가 진척되었지만,[1] '法學校'나 노자와 다케시노스케(野澤武之助)에 관한 연구는 별로 없는 것 같다. 더구나 잘못 알려진 글도 있어서 이를 바로 잡고 그동안 불명확하고 궁금하였던 당시의 모습의 일단을 소개하는 의미에서 여기서는 한일합병을 전후한 시기의 법학교육의 일단과 시대상을 노자와를 중심으로 실증적으로 검

---

[1] 예컨대 김효전, 「신식 법학교육의 태동(1)(2)」, 『인권과 정의』, 2002.3 · 2002.4; 「법관양성소의 실제운용(1)(2)(3)」, 『인권과 정의』, 2002.5 · 2002.6 · 2002.7; 「법관양성소의 교수진 (1)(2)(3)」, 『인권과 정의』, 2003.6 · 2003.7 · 2003.8 참조. 이상의 논문은 김효전, 『근대 한국의 법제와 법학』, 세종출판사, 2006에 재수록.

토해 보기로 한다. 연구의 대상은 물론 근대 한국과 관련된 것에 한정하며 노자와의 생애와 학문적 업적 전부는 아니다.

저자는 지난 2005년 9월부터 2006년 8월까지 와세다대학의 교환연구원으로 체류하면서 그에 관한 자료를 본격적으로 수집할 수 있는 기회를 얻었다. 특히 아이치(愛知)대학의 오가와 시로(大川四郎) 교수의 보고[2]를 비롯하여 여러 가지 귀중한 자료를 제공받게 되어 그에 관한 연구는 더욱 활기를 띠게 되었다. 여기서는 노자와에 관하여 그동안 수집하고 기증받은 자료를 중심으로 서술하기로 한다.

2. 노자와의 생애와 저작

먼저 노자와의 생애부터 간단히 살펴보기로 한다.

1) 생애

노자와 다케시노스케(野澤武之助)는 1866년(慶應 2) 도치기(栃木)현 모오카(眞岡)에서 출생하였으며 초명은 다케마쓰(竹松)이다.[3] 1885년에 미국으로 건너갔다가 다

---

2 大川四郎, 「明治期 一日本人私費留學生がヨーロッパ人に示した大日本帝國憲法論―野澤武之助(1866~1941)がジュネーブ州立大學 法學部に提出した博士號請求論文について」, 法制史學會, 第49回研究大會報告, 2001.10.14. 이 보고는 「明治期 一日本人私費留學生の大日本帝國憲法論」이란 제목으로 『法經論集』第172號, 愛知大學, 2006, 1~52면에 게재되었다. 이 자료를 보내준 오가와 교수께 깊은 감사를 드린다.

3 노자와에 관한 자료는 2005년 12월 필자가 제네바대학에 문의한 것과 2006년 4월과 5월에 걸쳐 오가와 교수가 보내 준 자료에 의거하여 서술한 것이다.
한국 측의 기록은 김효전, 「대한제국시대의 일본인 법률가들」, 『학술원논문집』(인문·사회과학편) 제50집 1호, 2011, 194~198면; 김효전, 「법관양성소의 교수진」, 『대학원 논문집』제27집, 동아대, 2002, 98~101면 참조. 저자가 『인권과 정의』, 2003.6, 159면에 소개한 노자와의 설명 중 "프랑스에 유학하여 Docteur en Droit의 학위를 받고 귀국하였다"는 '스위스 제네바대학'으로 정정한다. 당시 필자가 참고한 『早稻田大學百年史』제2권에는 학교 이름이 없고 단지 'Docteur en Droit'

음 해인 1886년 시나가와 야지로(品川彌二郞, 1843~1900) 독일 공사 수행원의 일원으로서 독일로 간다. 1888년 독일 노르트라인-베스트팔렌주 뮐하임 시립공업학교를 졸업한 후 1889년 7월 스위스의 제네바로 간다. 1889~1890년 겨울 학기부터 1892~1893년 겨울 학기까지 '노자와 다케마쓰(Nosawa Takematsu)'라는 이름으로 제네바대학 법학부에 학생등록을 하고 'rue du Rhône n° 110'와 'rue Saint-Jean n° 7'에 거주하였다.[4] 노자와는 1895년 9월 10일에 같은 대학에서 법학박사(Docteur en droit)의 학위를 받았다.[5] 논문 제목은 「일본의 헌법(La Constitution du Japon)」이며, 같은 해 10월에 귀국하였다. 귀국 후 1896년에는 이름을 '武之助'로 바꾸었다.[6]

1897년 메이지(明治)법률학교의 강사가 되어 국제사법을 담당하였다. 1898년 3월에는 제5회 중의원의원 총선거에 도치기 현 제1구에서 당선되었다. 의회에서는 야마시타(山下)구락부에 소속하였는데 곧 해산되었다. 같은 해 8월에 실시된 제6회 총선거에서 호시 도오루(星亨, 1850~1901)[7]와 대결하였으나 패하여 낙선하였다.

만이 적혀 있으며, 또 상세한 자료를 입수하지 못하여 부정확하게 기술하였다.

4 제네바대학 기록보관소(Archives de l'Université)에서 저자(김효전)에게 보내온 2006년 1월 30일 자 편지.

5 오가와 교수는 "1891년 7월 제네바 대학 법학부에 학생등록을 하고, 다음 해인 1892년 7월 법학사의 학위를 취득하고 계속 공부하여 1895년 7월에 법학박사학위를 취득"하였다고 불확실하게 적고 있다.

6 그런데 김상수 교수는 「조선고등법원과 현대 한국법 - 조선고등법원의 생성을 중심으로」, 법과 사회이론학회 편, 『법과 사회』 23, 2002 하반기, 100면 본문에서 "野澤武之助. 한국에서는 이름이 雞一이라고도 불려진다"라고 하여 마치 동일인인 것처럼 서술하고 있는데, 野澤武之助와 野澤鷄一(노자와 게이이치, 1852~1932)는 전혀 다른 사람이다. 野澤鷄一은 전술한 호시 도오루(星亨)에게 사사(師事)하고 미국 Yale대학에서 법학을 공부하였으며 1896년 주한 일본 변리공사 고무라(小村)의 주선으로 한국 법부의 고문이 되어 잠시 근무하였다. 노자와 게이이치는 호시 부인의 누이동생과 결혼하여 호시의 의제(義弟)가 되어 둘의 관계는 사제지간을 넘어 호시가 수감되었을 때 호시 가정의 뒷바라지를 맡아했다. 호시가 암살되자 그의 전기를 집필하는 데 온 힘을 쏟았다. 野澤鷄一 編著, 川崎勝·廣瀬順晧 校注, 『星亨とその時代』 2, 平凡社, 1984, 388~391면의 해설 및 김효전, 「사법권의 개혁과 붕괴과정(하)」, 『인권과 정의』, 2002. 12, 149~150면 참조.
이 해설에 의하면 野澤鷄一는 수기 「我觀記」와 초고인 「閑居隨筆」을 남겼는데 여기에는 家系와 친족에 관한 서술이 있으며, 또 그의 손자인 野澤安雄(1910년생)은 「祖父鷄一の想ひ出」, 「野澤家代系略記」 등을 기록하였다고 하는데 이것을 참조하면 한국에서의 활동을 정확히 알 수 있을 것이다.

7 문준영은 "호시가 짧은 기간이지만 여러 가지 일을 했음이 확인된다"(『법원과 검찰의 탄생 - 사법의 역사로 읽는 대한민국』, 역사비평사, 2010, 196면)고 하면서 일본 국회도서관의 헌정자료실에 보관된 『星亨傳記稿本 第13回 失意時代』(1924)를 제시하는데, 정치적 야심을 가진 호시가 실각된 상태에서, 더구나 민비가 시해된 1895년 가을이란 극도로 혼란한 상황 속에서 조선의 법제에 몰두해서 많은 일을 할 수 있었을는지 의문이다.
최근의 한국 문헌은 윤소영, 「갑오개혁기 일본인고문관의 활동 - 星亨을 중심으로」, 한국민족운동사학회 편, 『안중근과 한인민족운동』, 국학자료원, 2002, 121~161면; 「1895년 재판소구성법과 호시 도오루」, 한국법사학회 제87회, 2009. 3. 28 발표문 참조.
호시의 한국에서의 생활은 有泉貞夫, 『星亨』, 朝日新聞社, 1983, 200~205면; 中村菊男, 日本歴史學會 編, 『星亨』, 吉川弘文館, 1963, 140~149면. 기타 鈴木武史, 『星亨 - 藩閥政治を搖がした男』,

그리하여 그는 1897년 9월부터 1902년까지 도쿄전문학교(와세다(早稻田)대학의 전신)에 재직하였으며, 1902~1903년도 강사 및 담당과목에 의하면 국제사법을 강의하였다.[8] 그동안 그는 1898년에는 도쿄전문학교의 이사와 추천(推選)교우가 되고,[9] 한국에 부임해서는 서울의 교우회에도 자주 참석한 기록이 보인다.[10]

또한 1901년에는 자신이 재학하던 당시 제네바대학 법학부장이었으며 후일 동 대학 명예교수이며 도쿄제국대학 초빙교수인 루이 브리델(Louis Bridel, 1854~1942)의 법리학(法理學)과 태서비교법제론(泰西比較法制論) 두 강좌의 통역을 맡기도 하였다.[11]

오가와 교수는 1904년 퇴임한 것으로 생각하나, 문부대신 관방비서과(官房秘書課)에서 1905년(메이지 38) 5월 말 현재를 기준으로 작성한 「용외국인표(傭外國人表)」[12]에 의하면, 브리델은 주임관(奏任官) 대우를 받으며 학위는 Licencie en droit(Lausanne Univ.)이며, 담당학과는 불란서법, 월급은 675圓, 귀국 여비는 975圓, 고용기간은 1903년 10월 16일부터 1909년 10월 16일까지 6년간이다. 거소(居所)는 도쿄제국대학 구내 11番館이며, 비고란에 다른 사람들은 '有妻'라고 적혀있으나 그는 공란으로 되어 있는 것을 볼 때 독신으로 와 있었던 것이 아닌가 하는 생각이 든다.

1904년 3월에는 '한국주재군사령부부(韓國駐在軍司令部附)를 명함'이라고 적힌 연감(年鑑)[13]도 있고, 또 『早稻田學報』의 '교우동정'란에서는 '野澤武之助氏(31年推)는 이번에 육군성으로부터 국제법사무를 촉탁받고 3월 28일 정로군(征露軍)과 함께 도한(渡韓)하다'[14]고 하였으며, 단순히 '러일전쟁 종군'[15]이란 표현도 있는데 구체적인 직위는 알 수가 없다.

일본 측 자료에 의하면, 한국의 법부대신 이지용(李址鎔, 1870~1928)이 각 재판소와 감옥의 문란한 상태는 도저히 독력(獨力)으로는 해결할 수 없으니 '일본으로부

　　中公新書, 1988 참조.

8 　『早稻田大學百年史』第2卷, 1981, 1199면.

9 　『早稻田學報』제12호, 1898, 78면.

10 　『早稻田學報』제152호, 1907; 제163호 1908; 제176호, 1909 등 참조.

11 　브리델에 관하여는 小澤奈々, 「東京帝國大學スイス人法學教師ルイ・ブリデルの比較法講義とスイス民法典紹介」, 『法政論究』제77호, 2008 참조.

12 　外交史料館 3-9-3-37 참조.

13 　外務省人事課 編, 『外務省年鑑』, 1931, 97면. "司令部附"란 '사령부 소속'이란 의미이며 구체적인 직명은 밝히지 않고 있다.

14 　『早稻田學報』제100호, 1904, 836면.

15 　大川四郎, 앞의 글.

터 상당한 고문관을 용빙(傭聘)하기를 희망하기 때문에 이에 적임자를 추천해달라고 주한 특명 전권 공사 하야시 곤스케(林權助)가 고무라 주타로(小村壽太郎) 외무대신에게 1905년 4월에 품신(稟申)한다. 그 후 반년이 지나서 하야시는 다시 10월에 가츠라(桂太郎) 임시 겸임 외무대신에게 법부 용빙 후보자로서 노자와를 추천한다. 내용인즉 '작년 이래 국제법사무를 촉탁하고 주차군 사령부 付로서 당지에 재근하고 있으며 학력 인물 공히 적당하다고 인정되어 반드시 다분의 보수를 요할 것도 있으며 타일 법부에 본방인(本邦人)의 고문관을 용입(傭入)하는 경우에는 그 보좌관의 1인에 추가할 예정으로 있다'는 요지의 보고문을 발송한 바 있다.[16]

그러나 법부 고문 한 사람으로서 사법사무 전체가 하루아침에 개선되는 것도 아니며, 또 이지용이 정말 요청했는지도 의문이다. 그보다는 일본의 세력이 강화되자 전임자인 프랑스인 크레마지(L. Crémazy, 1837~1910)[17]의 속빙(續聘)을 허용하지 않은 것이다.

여하튼 노자와는 1906년 12월 한국 정부의 법부 참여관으로 형법교정관에 임명된다.[18] 고쿠부 산카이(國分三亥)[19]의 회고에 의하면, '법무참여관(전임)에는 노자와 다케시노스케군이 임명되고 마쓰데라 타케오(松寺竹雄)[20] 통감부 검찰관이 법무참여관의 촉탁이 되었다. 그리고 법무보좌관에는 나카무라(中村竹藏)를 수석으로 제군(諸君)이 임명되었다고 하면서 나카무라의 '법무보좌관 초빙시대의 재판 상황'이란 서면을 낭독케 하고 있다.[21]

---

16 外務省編纂 外務省藏版, 『日本外交文書』第38卷 第1冊, 日本國際連合協會, 1958, 896·906면 참조.

17 상세한 것은 L. Crémazy, *Coutumes, Croyances, moeurs et usage en Chine, dans l' Annam et en Corée*, 1908 etc.; 홍순호, 「대한제국 법부고문 L. Crémazy의 임명과정 분석」, 『한국문화연구논총』36, 이화여대, 1980, 333~371면; 홍순호, 「구한말 외국인 법률·외교고문의 외교사적 연구」, 『월간 조선』, 1980.7, 228~279면; 김효전, 『근대 한국의 국가사상』, 철학과현실사, 2000, 762~765면 참조. 일본어 번역은 鄕田正萬·吉井蒼生夫, 「大韓帝國法律顧問 L. Crémazyの任命過程分析—フランス外務省未刊外交文書によって」, 『神奈川法學』41-1, 神奈川大學, 2008, 149~188면 참조.

18 『관보』, 1906.12.17.

19 고쿠부 산카이에 관하여는 본서 166면 참조.

20 법부 서기관 마쓰데라 타케오는 일찍부터 조선에 온 사람이다. 1906년 12월 17일 법부참여관 촉탁으로서 형법교정관을 명받았으며, 1908년 1월 1일 자로 법부 서기관으로 승진하면서 법전조사국 위원이 되었다. 같은 해 9월 15일에는 사법경찰관집무수속 조사위원이 되고, 10월 16일에는 문관보통전형위원이 되었다. 1909년 5월 18일 자로 법관전형위원이 되고 같은 해 11월 1일 자로 통감부사법청 서기관으로서 법전조사국위원 주임대우의 촉탁을 받았다. 그의 활동에 관하여는 「경찰집무조사」, 『황성신문』, 1908.9.17) 등 몇 가지의 기사가 전한다. 한일합병 후인 1910년 10월 15일 자로 경성지방재판소 검사가 된다. 1929년 10월 30일 고등법원 검사장이 된다.

노자와는 이어서 1908년 1월에는 법관양성소 소장으로 임명된다.

1908년부터 시행한 칙령(勅令) 제53호의 법관양성소 관제에 의하면, 소장 1인, 교수와 조교수 각 3인, 간사 1인, 그리고 번역관과 번역관보 및 주사 각 2인을 둔다고 규정하고 있다. 이에 따라 소장에 노자와가 임명되고, 조교수에 석진형(石鎭衡), 번역관 김교명(金敎明), 간사에 이와마(岩間亮), 교수에 유문환(劉文煥)이 임명되었다.[22]

소장으로서 재직하는 동안의 특별한 활동을 한 모습은 찾아보기 어려우며, 우리나라 개화기의 신소설 작가이자 저술가이며 번역가인 안국선(安國善 = 安明善, 1878~1926)을 도와준 일화가 와세다대학 동창회보의 교우동정란에 다음과 같이 기록되어 있다.

> ◉ 安明善 씨(32 政)는 일찍이 國事에 奔走하여 죄가 있어서 오랫동안 流配處에서 신음하였는데, 이번에 韓國 政府의 顧問으로 校友인 野澤武之助씨의 斡旋으로 特赦의 恩命을 받게 된 것은 아주 기쁘게 생각해야 될 것임.[23]

이처럼 안국선이 노자와의 알선으로 특사를 받게 되었다는 기사는 노자와가 한국의 법학교육뿐만 아니라 당시의 정계에 직접 간접으로 영향을 미친 것을 암시하는 기록이라고 하겠다.[24] 이 기사로 미루어 볼 때 일본인 법관양성소 소장의 압력으로 한국 정부는 안국선에게 은전을 베푼 것이 된다.

1909년 11월 법관양성소가 법학교(法學校)로 교명을 변경함에 따라서 소장에서 교장으로 발령이 난다.[25]

---

21 남기정 옮김, 『일제의 한국사법부 침략실화』, 육법사, 1976, 31면.
22 『관보』 제3983호, 1908.1.29.
23 「교우 동정」, 『早稻田學報』 第149號, 1907, 55면.
24 일진회의 우치다 료헤이(內田良平, 1874~1937)가 1920년 11월에 작성한 『朝鮮統治問題ニ就テ先輩並知友各位ニ訴フ』(이 책은 전체 151면으로 되어 있다. 星野良吉 編纂, 『日韓紛議政略纂論』, 1882; 大內暢三, 『外交之危機 韓國問題』, 1900. 두 책자와 합본하여 1996년 龍溪書舍에서 복각판이 발간되었다)라는 책자 마지막에는 日鮮關係貢獻人名錄이 있으며 그중 "메이지 27년(갑오) 이후 정변에 연루된 人名"에는 총리대신 金弘集을 비롯하여 여러 사람의 이름이 열거되어 있다. 거기에 安駉壽는 "군부대신 동 30년 亡命日本後還被殺"로 적혀 있고, 權瀅鎭은 "瑩"으로 잘못 기록하여 "경무사 同年亡命日本後還被殺"로 기록하고 여러 사람의 이름을 나열하면서 맨 뒷부분에 "安國善 學生"이라고 적혀 있다.
25 『관보』 제4519호, 1909.11.1; 『대한민보』, 1909.11.12.

노자와는 1911년 3월 20일 처음이자 마지막인 법학교 졸업식[26]에서 식사를 마친 이후부터는 언론의 관심에서 사라지고 조선인과는 관계가 없게 된다. 그가 언제 법학교 교장을 사임하고 일본으로 돌아갔는지 정확한 날짜는 알 수가 없다. 다만 법학교가 한일합병 이후인 1911년 10월 10일 칙령 제257호에 의해서 폐지되고 같은 해 11월 1일부터 '경성전수학교(京城專修學校)'로 조직을 변경하였기 때문에,[27] 그 후에 그만 둔 것은 확실하다. 오가와 교수는 '언제까지 재직했는가는 미확인'이라고 했는데, 일본 외무성 인사과편, 외무성연감(外務省年鑑)에서는 '1911년 9월 법학교 폐지로 폐관'이라고 기록하고 있다.[28] 이어서 이 연감은 '1917

메이지법률학교 강사 시절의 노자와 다케시노스케
(출처: 田能村梅士, 『明治法律學校二十年史』, 1901)

년(大正 6) 9월 외무성 임시조사부 사무를 촉탁함'이라고 적고 있다. 이 연감에는 법학교의 폐지 일자처럼 다소 부정확한 점도 있지만 여하튼 법학교의 폐지와 동시에 그만 둔 것이 확실하다.[29]

이렇게 볼 때 1912년부터 1916년까지의 행적은 불분명하지만 본국으로 귀국한 노자와는 1917년 9월 외무성 임시조사부 사무를 촉탁하고, 1918년에는 浦潮(블라디보스토크) 파견군 사무를 촉탁하다. 1920년 9월에는 대독(對獨) 평화조약 번역의 공로로 훈장을 받는다. 1923년 외무성 번역관이 되었다가 1931년 의원 퇴직한다. 1941년 8월 도치기 현 모오카(眞岡)에서 타계하였다.

---

26 『매일신보』, 1911.3.21.
27 조선총독부 『관보』 제342호, 1911.10.16.
28 日本 外務省 人事課 編, 『外務省年鑑』, 1931.6, 97면.
29 1911년 11월 1일부터 법학교는 규정을 개정하여 '경성전수학교'로 개칭하고 초대 교장에 세키야 데이타로(關屋貞太郎, 1875~1950) 조선총독부 학무국장이 임명되었다.

2) 노자와의 저작

그의 저작으로는 제네바대학에 제출한 박사논문 「일본의 헌법」과 『국제사법』 등 몇 가지가 있으며, 논설은 별로 없는 것 같다.

(1) 「일본헌법론」

노자와의 학위 논문인 「일본헌법론」(La Constitution du Japon, dissertation présentée à la Faculté de droit pour doctorat, par Nosawa Takematsu, Genève, imprimerie Aubert-Schuchardt, Rey et Malvallon, Successeurs, 1895, p.188).

저자는 이 논문을 가지고 있지 않으므로 오가와 시로 교수가 간단히 요약 소개한 부분을 원문과 함께 그대로 옮긴다.[30] 이것은 물론 일본인의 입장에서 메이지 헌법의 당위성과 필연성을 강조하고 정리한 것이다. 이로써 우리는 당시의 일본인이 서구인에게 자신을 알린 모습의 일단을 엿볼 수 있으며 서구와의 차별화와 독자적인 진로의 모색에 고심한 흔적을 찾아볼 수 있다.

우선 서문(Préface)에서는 논문 전체의 구성을 제시하고 있다.
제1부 서론(1ère Partie- Introduction générale)
당시의 일본이 왜 서양의 제도들을 수용했는가를 설명하기 위해서 일본 국민의 기질, 동 국민이 놓여있던 상황을 개설하고 일본에서 수행하고 있는 개혁에 대한 몇 가지의 비판에 대한 반론을 전개한다.

문명의 흐름이란 어떠한 저항도 허용하지 않는다. (…중략…) 일본 국민은 자신들이 무엇을 해야 할 것인가를 알고 있었다. 그들은 꺾이지 않기 위해서 상황에 순응하였던 것이다(Le courant de la civilisation ne tolère aucune résistance. (…중략…) Les

---

30 大川四郎, 앞의 글.

Japonaise ont compris ce qu'ils avaient à faire; ils se sont pliés devant les circonstances pour ne pas rompre. Cf. Nosawa, "La Constitution du Japon", pp. 13~14).

더구나 일본에 있어서의 근대적 제도들의 도입은 여론에 의해 주도되었다(l'introduction des institutions modernes au Japon a été précédée par l'opinion publique. Cf. ibid., p. 14).

일본을 위해서 가장 좋은 것은, 일본에 가장 적합한 모든 요소를 문명국들로부터 차용하여 자기 것으로 만드는 것이다(Le meilleur parti pour le Japon est, …… d'emprunter aux nations civilisées tous les éléments qui lui sont conviennent. Cf. ibid., p. 26).

일본인은 그들의 관습과 도덕이 요구하는 모든 변화를 도입하였다. 그리고 그 제도들을 그들에게 맞도록 만들었다. 이것을 단순한 모방이라고 할 수 있을까? 이에 대한 대답은 쉽지 않지만 중요한 것은 아니다. 핵심적인 것은 결과가 좋다는 바로 그것이다. 그리고 이 점은 우리 스스로 축하할 일이다(Les Japonais ont apporté toutes les modifications que demandaient leurs moeurs et coutumes, et ensuite ils en ont fait des institutions à leur convenance. Est-ce une simple imitation? La réponse n'est pas facile; mais qu' importe. L'essentiel, c'est que le résultat soint bon, et sur ce point nous pouvons nous féliciter. Cf. ibid., p. 30).

독창성이란 새로운 창조보다 오히려 기존의 요소들을 융합하는 것에서 생긴다(l'originalité résultate moins de la création que de la combinaison des éléments existants. Cf. ibid., p. 34).

다른 국가들이 크루프와 암스트롱의 대포를 보유하고 있을 때에 일본인들은 어떻게 감히 창과 화살로 이에 대항할 수 있단 말인가? 단지 그들의 독창성을 유지하기 위하여 신뢰할 수 없는 봉건체제를 더 이상 유지할 수 없었을 것이다(Comment les Japonais pourraient-ils employer les lances et les flèches, quand les autres nations …… possèdent les canons Krupp et Armstrong? Ils n'auraient pas pu non plus conserver le système féodal discrédité, uniquement pou garder leur originalité. Cf. ibid., p. 35).

제2부 「일본정치사」(2ème Partie-Notions d'histoire politique du Japon)
개명기 이래 대일본제국헌법, 즉 메이지 헌법을 공포하기까지의 일본 헌정사를 메이지 국왕의 친정을 긍정하는 입장에서 개관한다.

메이지유신 이후, 국가의 생각은 언제나 자유주의를 지향하고 있었으며, 장래 일본의 독자적인 정부형태는 입헌군주제임을 모두가 확신하고 있었다(Depuis la révolution, l'opinion du pays marche toujours vers le libéralisme et tout le monde a la conviction que la seule forme du gouvernement futur du Japon est la monarchie constitutionnelle. Cf., ibid., p.78).

제3부 「1889년 2월 11일 공포의 대일본제국헌법」(3ème Partie-La Constitution du 11 février 1889) 헌법 전문 텍스트에 대한 노자와 나름의 프랑스어 번역을 게재하고 있다.
제4부 「대일본제국헌법에 대한 검토」(4ème Partie-Etude sur la Constitution) 입헌군주제를 채택하는 유럽 각국의 헌법전과 비교하고 축조마다 원리와 해석을 설명한다.

제4조의 천황의 통치권에 대해서. '중요한 순간에는 집행의 신속함과 의지가 절대적으로 일체되어야 한다. 일순간의 허비가 군대를 잃어버리게 할 수도 있다. 의회를 소집하고 토론이 요구되는 그 순간에 국가의 운명이 위태롭게 될지 모른다(L'unité absolue de la volonté et la rapidité de l'exécution étant nécessaire dans le moment suprême, la perte d'un instant pourrait entraîner la perte d'une armée, et le tempe qu' exige la convocation et la délibération des chambres dans un pareil moment pourrait compromettre le sort de l'Etat. Cf. ibid., p.101).'
'여론이란 분명한 경험을 가진 추밀원의 지지를 받는 천황(souverain) 보다도 감정에 치우치기 쉽다. 여하튼 이러한 상황에서 의회의 양원이 천황보다 더 현명하게 처신할 수 있을 것인지에 대해서는 매우 의심스럽다(L'opinion publique est bien plus susceptible d'être entraînée par la passion que le souverain, qui est ordinairement entouré d'un Counseil ayant une certaine expérience. Dans tous les cas, il est fort douteux que les chambre puissent agir, dans cette circonstance, avec plus de sagesse que le monarque lui-même. Cf. ibid., p.102).' 제8조의 '긴급칙령발포권'에 대해서. '이 것은 예외적 권한이므로 쉽게 행사되어서는 안 된다. 안녕질서를 위한 긴급한 필요가 있는 경우에만 그 행사가 정당화될 수 있다(c'est un droit exceptionnel, don't il ne peut être fait usage facilement. La nécessité urgente pour le bien public peut seule le justifier. Cf. ibid., pp.104~105).'
제55조에 규정한 '국무대신이 천황을 보필할 의무'에 대해서. '유럽에서 일반적으로

생각하는 것과 같은, 엄밀한 의미에서의 의회제도는 일본에서는 존재하지 않는다. (…중략…) 각료들은 의회 양원의 다수파와 합의할 의무는 전혀 없다. 그들의 직무 수행은 토의하는 의회의 신임에 관계없이 천황의 신임에 따를 뿐이다(Le régime parlementaire proprement dit n'existe pas au Japon, contrairement à ce qu'on croit generalement en Europe. (…중략…) les ministres n'ont aucune obligation de se mettre d'accord avec la majorité des Chambres; ils peuvent rester en fonctions tant qu'ils ont la confiance ne de l'empereur, quelle que soit la confiance don't ils jouissent aupres de l'Assemblée délibérante. Cf. ibid., p.156).'

결론(Conclusion) 이상의 고찰에서 헌법전이 일본 국민에게도 필요하다는 결론을 내리면서도 두 가지의 문제점을 지적한다.

첫째로, 의원내각제 도입에 대한 회의. '의회제도는 행정권을 일종의 노예로 만들었고, 그 사이 주권의 힘은 입법부로 넘어가 버렸다(Le régime parlementaire réduit le pouvoir exécutif à une sorte d'esclavage, tandis qu'il accorde au corps législatif la puissance souveraine. Cf. ibid., p.177).' '감정에 치우치기 쉬운 일본인의 기질과 양대 정당제도의 부재는 이 제도가 자리 잡는 데 특히 부정적인 것으로 생각되었다. 따라서 일본의 정치인은 의회제 도입을 저지하기 위해서 가능한 모든 행동을 하였다(le tempérament excitables des Japonais et le manque de deux grands partis politiques sont à considerer comme etant particulièrement défavorables à l'établissement de ce régime. (…중략…) les hommes d'Etat japonais ont à faire tout leur possible pour empêcher l'introduction de ce régime. Cf. ibid.).'

둘째로, 천황의 '만세일계'(제1조)와 '불가침'(제3조)을 어떻게 뒷받침할 것인가? '애국심과 함께 진정한 믿음이 국가의 근본 그 자체를 형성한다. (…중략…) 이러한 믿음의 감소는 필연적으로 국가의 나약함을 가져온다(une véritable croyance qui en confondant avec le patriotisme constitue la base même de l'Etat. (…중략…) le relâchement de cette croyance entraînerait nécessairement l'affiblissement de la nation. Cf. ibid., p.178).'

결론으로 끝맺는다.

(2) 기타 저작

그 밖의 노자와의 저작은 다음과 같은 것들이 있다.

① 野澤武之助 講述, 『國際私法』, 東京專門學校, 발행연도 없음, 216면.

② 『國際私法』, 출판지와 발행연도 불명, 208면.

③ 『國際私法講義』, 明治法律學校, 발행연도 불명, 219면.

④ 野澤武之助·山口弘一, 『國際私法論』, 東京專門學校, 1900, 610면의 대저(2010
년 信山社에서 復刻版 발간).[31]

⑤ 세이뇨보, 野澤武之助 解說, 『文明史』, 東京專門學校 出版部, 발행연도 불명
(Charles Seignobos(1854~1942)의 *Histoire de la civilisation*을 번역한 것).

⑥ 전술한 브리델의 강의는 野澤武之助 通譯, 『法律原論』이란 제목으로 明治大學
出版部 講法會에서 발간하였다. 이 책은 전체 346면으로 165면까지 『法律原論』을 서
술하고, 부록으로 『比較法制學』(167~346면)이 수록되어 있다.[32]

3. 언론에 소개된 노자와

노자와는 주한 특명전권공사 하야시 곤스케(林權助)의 배경으로 한국의 법부에
취직하게 되었는데, 당시의 한국 신문에는 비교적 그에 관한 기사가 자주 보도된
셈이다. 몇 가지만 소개하기로 한다.

---

[31] 「日本立法資料全集」別卷 615, 672면. 山口弘一의 『國際私法提要 完』도 2010년 같은 信山社의 시
리즈 別卷 614로 복간되었다.

[32] 브리델과 일본에서의 스위스 법학에 관하여는 小澤奈々, 『大正期日本法學とスイス法』, 慶應義塾
大學出版會, 2015; 小澤奈々, 「オイゲン·フーバー宛ルイ·ブリデル書簡(1900~1912年): スイス人
法律家の語る日本法學界」, 『法研』제87권 4호, 2014 참조.

1) 일간지

『황성신문』과『대한매일신보』에 몇 가지가 소개되고 있다.

● 法律補官　法部 法律補佐官 野澤武之助氏가 再昨日붓터 法部에 視務ㅎ는디 平漢 兩裁의 民刑事上에도 顧問ㅎ다더라.[33]

● 法部傭員　法部 補佐官 野澤武之助氏를 參與官으로 陞任ㅎ얏더니 該部에서 統監部의 照會를 因ㅎ야 法務院 檢察 松寺竹雄氏로 參與官囑托을 聘用한 後에 政府로 一體 通知케 ㅎ얏더라.[34]

● 參與恤因　法部 參與官 日本人 野澤武之助氏가 平漢 兩裁의 獄情을 視察ㅎ고 言ㅎ되 犯罪人을 科刑홈은 法律에 當然혼 事이오 如此 冷獄에 冒寒被囚케 홈은 使人 慘惻이니 該 房屋을 修理 溫突케 ㅎ라 ㅎ얏다라.[35]

● 參與賞金　法部에셔 度支部에 照會ㅎ되 獎部 參與官 野澤武之助氏의 年終賞與金을 依貴通牒 月俸 二百圜 十分之五 一百圜을 支給홀 터인디 今年度 經費 豫算範圍 內로는 果無餘額이기 玆以仰照ㅎ니 照亮後에 該額을 豫算外 支撥ㅎ라 ㅎ얏더라.[36]

● 大臣接賓　再昨日 上午 十二時에 法部 參與官 野澤武之助氏가 該部 大臣 李夏榮氏 私邸에 訪問ㅎ얏고 仝日 下午 三時에 統監府 通譯官 國分哲氏는 參政大臣 朴齊純氏 私邸로 訪問ㅎ얏다더라.[37]

여기의 통역관 고쿠분(國分哲)은 1908년 1월 1일 자로 내각 서기관에 임명되었으며, 같은 해 10월 21일 자로 문관보통전형위원에 임명되기도 하였다.

● 佛口蛇心　法部大臣 리夏榮氏가 리儁씨 事件을 統監府에 前往ㅎ야 說明혼 事에 對ㅎ야 該部 協판 리源兢씨가 法相의 不公홈을 何樣論難ㅎ얏던지 리法相이 大端憎

---

[33] 『황성신문』, 1906.2.14.
[34] 『황성신문』, 1906.11.21.
[35] 『황성신문』, 1906.12.4.
[36] 『황성신문』, 1907.1.18.
[37] 『대한매일신보』, 1907.3.5.

惡ᄒ야 該部 參與官 野澤武之助씨를 挾囑ᄒ야 리源兢씨의 辭職退去ᄒ기를 勸告ᄒ고 ᄯ 리法相이 리源兢씨를 對ᄒ야 好面勸勉曰 日人이 如是勸告ᄒ니 不如早退라 ᄒ얏다더라.[38]

● 法局通牒 法部 刑事局長 金洛憲氏가 江原道 檢事室에 通牒ᄒ되 統監府 通信管理局長 池田十三郎이 本部 參與官 野澤武之助에게 抵到ᄒ 照會를 轉接ᄒ則 內開에 江原道 淮陽郡 主事 李周煥은 該郡 鄕長 在任時에 不正ᄒ 行爲가 發覺되야 去月 二十日에 金城 警務顧問 支部에 拘引된 緣由를 該郡 取扱所長이 報告ᄒ얏기 照會ᄒ니 犯罪事實 及 處分의 結果 判明되ᄂ디로 通報라ᄒ 故로 隨具越權審査ᄒ야 該案事實과 處辨如何를 昭詳示明ᄒ라 ᄒ야더라.[39]

● 法官養成所擴張 法官養成所를 擴張ᄒ기 爲ᄒ야 該部 參與官 野澤武之助氏와 事務官 鷲田與吉氏가 日本 東京 司法省을 視察홀 次로 出張ᄒ다ᄂ디 該 兩氏의 旅費ᄂ 七百九十四圜이라더라.[40]

이때의 모습을 『早稻田學報』는 "野澤武之助(31哲)는 용무를 띠고 한국에서 出京 當分 滯在하기 위해서"라고만 적고 있다.[41]

● 效多請勳 平理院 裁判長 洪鍾檍, 法部 刑事局長 金洛憲, 書記官 金基肇, 參與官 野澤武之助 四氏ᄂ 職務上에 效勞가 頗多ᄒ니 敍勳ᄒ라고 法部에서 內閣에 請議ᄒ얏더라.[42]

● 日請必施 法官養成所 敎官 尹泰榮氏ᄂ 該所 々장 野澤武之助氏의 特請으로 法官을 被任ᄒ얏다더라.[43]

---

38 『대한매일신보』, 1907.3.17.
39 『황성신문』, 1907.5.13.
40 『황성신문』, 1907.9.13.
41 『早稻田學報』 제152호, 1907, 69면. 여기의 (31哲)은 (31推)의 오기임.
42 『황성신문』, 1907.12.4. 그러나 『대한매일신보』, 1907.12.4는 무슨 훈로로 서훈하는가 하고 비판한다.
43 『대한매일신보』, 1908.5.27.

2) 『법정학계(法政學界)』

노자와는 1908년 1월 1일 자로 법관양성소 소장에 임명되었다.[44] 그는 1907년 12월 27일에 거행된 법관양성소 졸업식에 참석하였는데, 그 모습을 보성전문학교 교우회에서 편집한 『법정학계』 제20호는 자세하게 전하고 있다.[45]

졸업식에는 법부대신 고영희(高永喜), 검사총장 고쿠부(國分三亥), 법부차관 구라토미(倉富勇三郎),[46] 형사국장 김낙헌(金洛憲), 민사국장 이시영(李始榮) 등이 참석하고 있다. 여기에 참석한 인물들은 노자와의 행적을 살펴보는 데에 필요할 뿐만 아니라 크게는 당시의 한국 법제와 법학을 연구하는 데에도 필수불가결한 존재들이어서 이들에 대한 개별적인 연구도 필요하다고 생각한다. 간단한 이력이나 저술목록을 적어 후일 기초자료로 활용되기를 바란다.

3) 『朝鮮』

1908년 2월의 법관양성소의 모습에 관하여 『朝鮮』[47] 제1권 1호의 '중요기사'에 실린 「한국법관양성소(韓國法官養成所)」는 다음과 같이 보도하고 있다.

---

44 『관보』 제3970호, 1908. 1. 14.
45 본서 제1부 「법관양성소」 중 8장 「법관양성소의 졸업생」, '졸업식 광경' 참조.
46 구라토미는 후쿠오카현 출신으로 사법성 법학교를 졸업하고 사법성 민형국장, 대심원 검사, 오사카와 도쿄의 공소원 검사장을 거쳐 1907년 조선에 와서 법부 차관, 법률기초위원회 위원장, 조선총독부 사법부 장관 등을 지냈다. 1913년 귀국하여 법제국 장관, 추밀원 고문관, 추밀원 의장 등을 역임하였다. 상세한 것은 본서 제3부 「문헌해제」 중 5장 「구라토미 유자부로(倉富勇三郎) 문서」 참조.
47 잡지 『朝鮮』은 1908년 3월 창간하였으며 1912년 1월(통권 47호)부터는 『朝鮮及滿洲』로 改題하여 1941년 1월(통권 398호)까지 발간되었다. '일제 강점기 최장수 종합잡지'로 불리며, 이를 전체적으로 파악하기 위해서는 임성모 편, 『조선과 만주 총목차 · 인명색인』, 어문학사, 2007이 이용하기에 편리하다. 편자의 해제 외에 박양신의 해제, 단국대 동양학연구소 편, 『개화기 재한조선인 잡지자료집 – 조선 1』, 단국대 동양학연구소, 2004. 기타 고려대 일본연구센터 식민지 일본어 문학 · 문화 연구회, 『완역 일본어잡지 『朝鮮』 문예란』, 제이앤씨, 2010 참조.

지난 금요일 전 농상공부 자리로 이전한 한국 법관양성소는 소장 野澤[48]씨 이하 幹事 岩間 亮씨 조교수 秋山幸吉 씨 主事 靑木好祐 씨 외에 韓人 전임교수 1인 조교수 2인 囑托 교사 3인의 직원으로 생도 50인이 있으며 법률의 전과목 및 일본어 수학을 교수하고 있으며 본소는 광무 9년 개정 전에는 明律, 大典會通과 같은 것을 교수하던 것을 개정 후 현금의 신법률학을 교수하게 되고 학년은 2년으로 하고 매년 1월에 시작하여 12월에 끝나며, 작년 말 처음으로 개정된 교수를 실시하여 졸업생 23명을 내었는데 이들 졸업생은 우선 금회의 신설 재판소 서기에 채용하고 점차 법관으로 등용하게 되며, 그리하여 목하의 재학생은 2년급으로 하여 본년부터 학기를 개정한 결과 제1년급은 4월에 모집하고 보통학의 지식이 있고 일본어를 해독하는 자는 시험한 후 입학시켜 수업 연한의 2년에 연장하여 완전한 법관을 양성할 방침으로 교수의 방법도 현재에는 생도 중 일본어를 해독하는 자가 적기 때문에 韓語로써 교수하는 것을 점차 일본어에 의거하여 교수하고 일본문의 참고서도 읽을 수 있도록 한다고 한다.[49]

이 기사는 학칙이 개정되어 신법률을 가르치게 된 것 외에도 교수의 명단에서조차 한국인을 제외하고 있으며 앞으로 일본어로 가르치게 될 것에 중점을 두어 보도하고 있다.

1909년 11월에는 법관양성소가 법학교로 명칭을 바꾸어 이곳의 초대 교장이 된다.[50] 한일합병하는 해인 1910년 봄 같은 『朝鮮』에서는 칼럼 「잡찬(雜簒)」 중에서 각 학교를 순례하는 기사(京城の諸學校一瞥)를 싣고 법학교에 관하여는 다음과 같이 적고 있다. 당시의 실상을 리얼하게 전해주고 있으므로 전문을 그대로 옮긴다.

교장인 野澤武之助 군은 와병중이라고 해서 교수 加古貞太郎 군이 우리들의 왕방(往訪)을 접견했는데 동군은 취임이 얼마 안 되어 다시 學員監인 岩間 亮을 소개하였다. 학원감은 오랫동안 재임하여 아주 상세하게 본교의 상황을 설명했는데 이것들은 타일 기회를 보아 적기로 한다.

학교의 연혁이나 기타 것은 생략하고 이 학교는 조선의 여러 학교 중 가장 수준이

---

48 원문에는 所長 '長野澤'으로 오자임.
49 『朝鮮』 第1卷 1號, 1908, 89면.
50 『관보』, 1909. 11. 7.

높은 것인데, 즉 예과 1년, 본과 3년의 제도로서 본과에는 관립고등학교나 외국어학교의 졸업생 혹은 이와 동등 이상의 학력을 가진 자를 입학시키도록 되어 있다. 고로 34, 35세의 생도가 적지 않다.

교양의 목적은 본교의 전신인 법관양성소 시대와 동일하며, 법관의 양성에 있으므로 이것을 이전의 졸업생에 비추어 보면 재판소서기가 58명, 판검사 40명이 최다수를 차지하고 있다.

그러므로 우리들이 좀 진기하게 생각한 것은 이 학교의 생도로 대처(帶妻)하여 살지 않는 자는 전체의 약 1할, 기타는 대체로 유처자(有妻者)로 그 중에는 손자가 있는 생도도 있다는 것으로 모녀가 동시에 입학하는 여학교와 좋은 대조를 이룬다.

유래(由來) 의론을 좋아하는 국민으로서 법률은 그들의 가장 흡적(恰適)한 학문이며 성적도 대체로 양호하며 이제 岩間 군이 우리들에게 보여준 논문을 보면 오히려 멋진 일인데, 이것이 여보(ヨボ) 학생이 쓴 것인지를 의심케 할 정도. 아울러 누군가 무암(無暗)에 권리 의무를 진작하는 경박한 재자(才子)를 내지 않도록 우리들은 특히 당사자에게 희망하여 둔다.[51]

이 짧은 탐방기사는 당시의 법학교의 모습뿐만 아니라 법학은 한국인에게 적합하며 성적도 우수한 점 등 한국인에 대한 일본인의 외경을 숨김없이 나타내고 있으며, 나아가 한국인에게 권리의무의 관념을 진작하지 않도록 주의할 것을 요망하는 것까지 잊지 않고 있다. 여기의 '여보(ヨボ)'란 표현은 한국인을 지칭하는 것이며, 『朝鮮』誌에서는 약간 비하하는 투로 표기하고 있다.[52] 또 '무암(無暗)'이란 당시의 조선을 무지하고 암묵하다고 본 것으로 조선인에게 권리라든가 의무와 같은 관념이 전파되어 일본의 조선지배에 지장을 초래하지 않도록 일본인 독자들에게 경고하고 있다(본서 제1부 「법관양성소」 중 9장 「법관양성소의 교수진」, '외국인 교관의 '加古貞太郎' 참조).

또 법학교의 후신인 '경성전수학교'는 1916년 전문학교관제의 발포로 전문학교가 되었는데, "원래 법률을 배우는 자는 권리를 주장하여 의무를 고려하지 않으므

---

51 『朝鮮』 제29호, 1910.7, 78~79면.
52 이에 대해 변명하는 석진형의 글이 있다. 石鎭衡, 「'ヨボ'と云ふ語に就きて」, 『朝鮮及滿洲』 제63호, 1912.11, 14~16면.

로이 학교에서는 이에 주의하고 특히 국헌을 중시하고 국법에 따르는 취의(趣意)를 철저하게 하고 있다"[53]고 하여 조선인이 법률을 배우는 것을 경계하고 있었다.

여하튼 교장인 노자와가 와병 중이라는 것은 핑계에 불과하고 일본의 중앙정계에 나서고 싶은 그에게 폐교 직전의 법학교는 안중에도 없었던 것은 어쩌면 당연한 일인지도 모른다. 또 "오랫동안 재임하"였다는 학원감 이와마(岩間)도 2년 정도 근무하였을 뿐이다. 이처럼 당시의 법학교는 학교운영에 관심이 없는 교장에서부터 법학 전공이 아닌 법학 교수의 임명을 비롯하여 이질적인 학생들의 구성이나 교재의 준비부족 등이 겹쳐서 온전한 결실을 기대하기는 어려웠던 것으로 보인다.

4)『매일신보』

한일합병 이후에도 이 학교는 존속하다가 1911년 11월 법학교 폐지로 노자와는 폐관된다. 이에 관한『매일신보』의 보도는 많지 않으나 몇 가지만 적어본다.

● 教育令과 特種學校　今回에 發布된 新學制는 十一月 一日브터 實施홀 터인디 該令을 實施ᄒ는 同時에 法學校 及 外國語學校 工業傳習所 農林學校 等의 特種學校 는 如何히 處分홀는지 是는 姑未詳知ᄒ디 旣爲 當局에서는 此等 所屬의 變更 又는 設廢에 關ᄒ야 一切 確定훈 바가 有훈즉 不遠에 發表되리라더라.[54]

● 各學校의 組織變更　教育令에 伴훈 諸般 付則은 勅令으로써 去 十一日 官報로 發表ᄒ야 十一月 一日브터 實施홀 터이라는디 此 結果로 朝鮮由來의 教育機關은 大히 變更된지라. 今에 其 大要를 得聞훈즉 左와 如ᄒ더라.

○ 法學校는 京城專修學校로 校名을 變更ᄒ고 教授科目 等은 前日과 大差가 無ᄒ고, 外國語學校는 此를 廢止ᄒ고 京城高等普通學校에 在來의 生徒를 收容홈 (이하 생략)[55]

● 學校職員任命期　京城專修學校, 高等普通學校 及 其他 各 學校의 校長 及 教職

53　幣原坦,『朝鮮教育論』, 1919, 252~253면.
54　『매일신보』, 1911.9.15.
55　『매일신보』, 1911.10.14.

員의 任命은 該 學校規則이 十一月 一日브터 實施홀 터인즉 同日 官報로 發表ᄒ리라 는디 其 人選은 太半 由來의 人員으로 任用ᄒ다더라.[56]

여기서 보듯이 한일합병 이후 일제는 법학교를 비롯하여 각종 학교의 기구와 명칭을 변경하는데 이러한 행정의 난맥상은 비단 법학교육뿐만 아니라 다른 분야에서도 통치능력의 무능이 나타나기 시작하는 것이다.

또한 이상의 기사들은 노자와가 한국의 법학교육뿐만 아니라 당시의 정계에 직접 간접으로 영향을 미친 것을 암시하는 기록이라고 하겠다.

한일합병 이후, 즉 법학교로 명칭이 바뀐 이후 법학교는 법관양성소시대보다도 조선인의 인기는 떨어지고 곧 이어 명맥마저 유지하기 어렵게 되었다.

그 마지막 모습을 『매일신보』는 다음과 같이 묘사하고 있다.

◎ 總督의 學校巡視 寺內 總督은 二十二日 午前 八時에 中山 大佐 藤田 大尉를 隋ᄒ야 關屋 學務局長의 案內로 校洞 普通學校로 向ᄒ야 全校 門前에서 檜桓 京畿道長官 代理 櫻井 財務部長 及 府尹代理 同校 職員 生徒의 出迎을 受ᄒ고 卽時 各 敎授室을 巡視호 後 學校 職員 及 生徒에게 對ᄒ야 一場 訓示를 與호 後 同校內에서 東西南北 及 中部의 各 部長을 接見하고 또는 訓示를 與ᄒ얏고 總督은 更히 法學校에 前往ᄒ야 野澤校長의 案內로 校內를 一々 巡視ᄒ고 職員 生徒에게 對ᄒ야 由來로 法律은 往々히 議論에 失ᄒ는 傾向이 有ᄒ니 如斯혼 弊에 不陷ᄒ고 實際에 違치 안이 ᄒ도록 盡力ᄒ야 議論과 實際가 相待ᄒ야 講究 硏鑽ᄒ야 充分히 此를 活用홈을 期치 안이치 못홀 者라는 旨로 一場 訓諭를 與ᄒ고 十一時에 歸邸ᄒ얏더라.[57]

이 법학교가 폐교되자 노자와의 이름은 더 이상 언론에 오르지 않게 된다. 법학교는 1909년 11월에 교명을 변경한 이래 불과 2년 동안 존속하였을 뿐이며 '경성전수학교'로 다시 이름을 바꾸기까지의 중요한 시기에 관한 기록은 별로 남아있지 않기 때문에 우선 그 교수진에 관하여 간단히 정리해 보기로 한다.

---

56 『매일신보』, 1911.10.20.
57 『매일신보』, 1911.6.23.

4. 법학교의 교수진

법관양성소는 1908년 12월 제6회 졸업생 54명을 배출하고,[58] 다음 해 11월 1일부터는 '법학교'로 교명을 변경한다.[59] 당시의 관립 전문학교로서는 성균관, 법학교, 사범학교, 외국어학교가 있었으며 이들은 모두 3년제였으나, 법학교만은 예과 1년, 본과 3년이었다.[60]

법학교 관제 제2조에 의하면 학교장 1인, 교수 전임 3인, 조교수 전임 8인, 학원 감(學員監) 1인, 서기 전임 2인을 두며, 수업연한은 본과 3년, 예과 1년으로 하며 본과는 법률, 경제를 주로 하고 이에 보통학을 추가하고, 예과는 단지 보통학을 교수한다. 입학자격은 연령 18세 이상으로 관립 고등학교 또는 관립외국어학교를 졸업한 자 및 이와 동등 이상의 학력을 가진 자를 본과에, 보통학의 시험에 급제한 자를 예과에 입학토록 하여 그 조직은 대체로 법관양성소와 대동소이하다. 1909년 11월 1일부터 수업을 시작하였으며 이 학교의 교원, 생도, 졸업생 수 그리고 경비예산액은 다음 표와 같다.

〈표 2〉 법학교 교원, 생도, 졸업생   各年 12월 말일

年次	校數	教員數			生徒數	年次內卒業生	經費豫算額
		日人	韓人	計			
1909年	1	5 ×5	5 ×4	10 ×9	138	—	25,000円
1908年	1	6	4 ×1	10 ×1	135	54	22,000円

출처 : 조선총독부, 『제3차시정연보』, 1909, 238면

법학교는 1909년 11월 학부 소관으로 이관되고 그 경비는 각 년 모두 법관양성

---

58 명단은 『관보』, 1909. 2. 10. 「學員消息」, 『서북학회월보』 제1권 9호, 1909. 2, 54~55면에서는 서북 학생으로 법관양성소를 졸업한 여섯 사람의 명단(안승복, 송태용, 김종덕, 길승연, 조재준, 조종철)을 게재하고 있다.
59 1911년 10월 10일 칙령 제257호 '법학교를 폐지한다'. 조선총독부 『관보』 제342호, 1911. 10. 16.
60 『學事統計』, 朝鮮總督府, 1911, 69~70면(국립중앙도서관 소장).

소의 경비예산액을 계상한 것이다. ×표는 촉탁 교원이다.

이때의 교수 명단은 소장 노자와 외에 교수에는 조 츠라츠네(長連恒), 석진형(石鎭衡), 조교수 겸 법학교 학원감에는 전 법관양성소 간사 겸 법관양성소 조교수였던 이와마(嚴間亮), 조교수에는 전 법관양성소 번역관 겸 법관양성소 조교수였던 김교명(金教明)과 전 법관양성소 조교수였던 양대경(梁大卿)이 임명되었다.[61]

1911년에 법학교 이름으로 졸업한 첫 번째 졸업생 29명의 명단은 다음과 같다.

尹希誠 朴東勳 朴容夏 朴容九 朴容瑾 朴雲龜 朴榮來 朴榮根 李鍾洛 柳定烈 郭炳弼 曺德承 吳德三 吳熙鏞 洪明厚 洪淳項 鄭雲洛 鄭彦謨 崔奉柱 金鳳欽 金德濬 金鎭台 金浩煉 金基俊 金振玟 兪爰濬 徐廷翊 薛基夏 趙建鎬

한일합병이 이루어진 1910년에 졸업생을 배출하였는지는 불확실하다.

이 법학교는 1911년 3월 마지막인 29명의 졸업생을 내고 같은 해 10월 10일 칙령 제257호에 의해서 11월 1일부터 '경성전수학교(京城專修學校)'로 이름을 바꾼다.[62] 문준영에 의하면 '경성전수학교는 조선총독이 지정한 사립법률학교 중 조선에 있던 유일한 법률학교였다고 하면서 그 근거로서 1911년 1월의 총독부 고시 제7호 '메이지 43년 제령(制令)[63] 제7호 제1조에 의한 사립법률학교 지정의 건'을 들고 있다.[64] 그러나 경성전수학교는 1911년 10월 조선총독부 칙령 제251호의 '경성전수학교관제'라는 명칭에서 보듯이 '관립'학교이며, 또 스스로 관립 법관양성소와 관립 법학교를 승계한 학교임을 강조하고 있다.[65] 따라서 '조선에 있던 유일한 사립법률학교'였다는 문준영의 기술은 잘못된 것이다.

경성전수학교는 1912년 3월 첫 번째 24명의 졸업생을 내었다.[66]

---

61 『관보』 제4519호, 1909. 11. 1; 『대한민보』, 1909. 11. 12.
62 조선총독부 『관보』 제342호, 1911. 10. 16.
63 상세한 것은 김창록, 「제령에 관한 연구」, 『법사학연구』 제26호, 2002, 109~171면; 『한국 근현대의 법사와 법사상』(靑里 최종고 교수 환갑기념), 2007, 133~193면에 재수록 참조.
64 문준영, 「헌정 초기의 정치와 사법―제2대 검찰총장 김익진의 삶과 "검찰독립" 문제」, 『한국 근현대의 법사와 법사상』(靑里 최종고 교수 환갑기념), 2007, 278면의 주 12 참조.
65 김호연, 「일제하 경성법학전문학교의 교육과 학생」, 한양대 석사논문, 2011 참조.
66 문준영은 위의 글에서 김익진이 1917년 경성전수학교를 제1회로 졸업하였다고 적고 있는데, 이것은 1916년에 새 출발한 경성전수학교를 말한다.

먼저 1911년(메이지 44) 4월 말 현재의 관공립학교 교원 명부[67] 중 '법학교'에 관하여는 다음과 같이 기록되어 있다.

校長	1等 2級	勳 6	野澤武之助
敎授	4級 正 6, 勳 4		加古貞太郎
同	5級 正 7		長連恒
同	5級		石鎭衡
助敎授	7級		金敎明
同	7級		梁大卿

여기서 보듯이 교장과 일본문학을 전공한 조 츠라츠네를 제외하면 법학 교수는 4인에 불과하며 이 중 3인이 한국인이다. 이 중 가코는 1910년 1월 30일 자로 법학교 교수가 된 사람이다.

법관양성소와 법학교에 부임한 순서대로 이들의 인적 사항을 간단히 정리하기로 한다.

(1) 조 츠라츠네(長連恒)

조 츠라츠네는 문학사로서 1904년 9월부터 와세다대학의 강사로서 국문학을 담당하기도 하였으며 강사 초대회 같은 모임에 참석했다는 기사가 보인다.[68] 이 기사로 미루어 볼 때 조 츠라츠네는 노자와와 같은 와세다대학에 근무한 인연으로 그의 추천으로 한국에 온 모양이다. 더구나 법관양성소든 법학교든 모두 법학을 전공한 사람이 우선적으로 필요한 데에도 문학사인 그를 교수로 채용한 것은 아마 일본어를 가르치기 위해서인 것 같다.

그는 1908년 4월 6일 자로 법관양성소 교수 주임관 3등에 임명되었으며,[69] '법학

---

67 牧山耕藏 編, 『朝鮮紳士名鑑』, 1911, 291면. 이 책은 『朝鮮人名資料事典』第1卷으로서 日本圖書センター에서 2002년에 복간되었다.
68 『早稻田學報』제107호, 1904. 10. 1, 38면.

교'로 명칭을 변경한 1909년 11월에도 주임관 3등 그대로 교관으로 임명되었다.[70]

그는 법관양성소 교관으로 근무하면서 운동회에서 학생을 구타하는 등 민족적 차별을 하여 학생들의 반발을 사는 등 물의를 일으키기도 하였다. 이 밖에도 조선인과 일본인 간의 크고 작은 불화는 계속된 것 같다. 이에 관하여 상세한 것은 본서 제1부 「법관양성소」에서 다루었기 때문에 여기서는 생략하기로 한다.

(2) 석진형(石鎭衡)

석진형은 1877년 서울 근교인 경기도 광주에서 태어났으며, 22세 때인 1899년 일본으로 건너가 도쿄의 와부츠(和佛)법률학교(현재의 호세이(法政)대학 전신)에 입학하여 1902년 7월에 졸업하였다.[71] 그 뒤 곧 귀국하여 1904년 11월 말경 군부 군법국 주사로 관계에 들어갔으며, 1905년 한일보호조약이 체결되어 일본의 영향력이 강화되면서 그는 법부의 법률기초위원에 임명되었다. 같은 해 12월에는 법관양성소 교관으로 임명되어 채권법과 국제법을 강의하였다. 1906년에는 부동산법조사위원으로 임명되었는데 여기서 그는 당시 통감 이토 히로부미의 법률고문 겸 입법조사사업을 직접 지휘하던 도쿄대학 교수 우메 겐지로(梅謙次郎)[72]의 통역을 맡았다.

양정의숙에는 설립 당초부터 관여하였으며 1907년에는 학감(學監)을 맡았고 소송연습 등 실무교육에도 힘썼다.[73]

석진형은 보성전문에도 강사로 나갔으며, 1909년 11월에는 법관양성소가 법학교로 명칭이 변경되고 이곳의 조교수가 되었다. 1910년 한일합병 이후에도 계속하여 경성전수학교의 강사로서 근무하였다.

한일합병 이후인 1913년 3월 그는 경성전수학교를 사임한다.[74] 그 후 충청남도

---

69 『관보』 제4040호, 1908.4.6.
70 『관보』, 1909.11.1. 인용은 『대한민보』, 1909.11.12.
71 본서 제1부 「법관양성소」 중 9장 「법관양성소의 교수진」, '교수진'의 '석진형'; 본서 제3부 「문헌해제」 중 6장 「한국에 온 우메 겐지로(梅謙次郎)」 참조.
72 상세한 것은 이영미 편역, 「근대 한국법과 梅謙次郎」, 『동아법학』 제39호, 동아대, 2007, 289~380면; 李英美, 『韓國司法制度と梅謙次郎』, 法政大學出版局, 2005(김혜정 옮김, 『한국 사법제도와 우메 겐지로』, 일조각, 2011) 참조.
73 『황성신문』, 1908.10.9.

예산(禮山)에 호서은행(湖西銀行)을 설립하는 일에 관여하여 이사(取締役)가 되었고, 그 뒤 조선직조회사, 조선방직회사, 조선제지회사 등의 전무 또는 지배인을 지냈다. 1921년에는 전라남도청 참여관으로 부임한 뒤 1924년에는 충청남도 지사로 임명된다. 1926년에는 전라남도 지사로 전임되고 그해에 있었던 쇼와(昭和)의 대관식에도 참석하였다.

일본에 유학한 조선인 지식인들은 대체로 5년 이내에 모두 관직에서 도태되었다는 연구 보고[75]도 있지만, 석진형이 오랫동안 조선인으로서는 드물게 도지사까지 승진할 수 있었던 것은 '대일본제국'의 불멸을 철저하게 믿고 진심으로 '대화적(大和的)인 심장(心臟)'을 가진 것 외에도 제2의 우메 겐지로와 같은 또 다른 유력한 일본인의 후원 없이는 도저히 불가능한 일이라고 생각된다.

일본의 패전으로 광복을 맞은 후 그는 스스로 '친일한 더러운 몸'이라고 평가하고 가족도 알지 못하는 강원도 가곡(佳谷)이란 산골짜기에서 1946년 쓸쓸하게 세상을 떠났다.

(3) 이와마(巖間亮)

이와마[76]는 1908년 1월 1일 자로 법관양성소 간사로 임명된 후 같은 해 9월 28일 자로 법관양성소 간사 겸임 법관양성소 조교수가 되고,[77] 1909년 11월 1일 자로 법학교로 명칭이 변경되면서 법학교 조교수 겸 법학교 학원감이 된 사람이다.

그는 1911년 3월 말 퇴직한 듯하며 그의 후임으로 대신에 가코(加古)가 온다.

---

74 『매일신문』, 1913.3.23.
75 박은경, 『일제하 조선인 관료 연구』, 학민사, 1999, 118면 참조.
76 巖間亮과 岩間亮은 동일 인물이다. 당시의 책자에서는 정자로 '巖間亮'이라고 쓰기도 하고 약자로 '岩間亮'이라고 적기도 한다.
77 『관보』 제3970호, 1908.1.14.

(4) 김교명(金教明)

김교명은 1886년생이며 관은 경주. '경성학교졸'이란 기록[78]이 있으나 불명확하다. 1906년 법부 주사가 되었으며, 전 법관양성소 번역관 겸 법관양성소 조교수를 지냈다. 법학교로 개칭하게 된 이후인 1909년 11월 1일 자로 조교수에 임명되고, 한일합병 이후에는 다른 직으로 전임하기로 내정되었다는 기사가 있다.[79]

관보의 기록에 따르면 1914년 조선총독부 군수로 임명되었다.[80]

(5) 양대경(梁大卿)

양대경은 1884년 평안남도 맹산군에서 태어났으며 호는 소당(笑堂)이며 관(貫)은 남원(南原)이다.[81] 1903년 2월 일본으로 건너가서 1905년 9월 메이지(明治)대학 법과에 입학한다. 이 대학에서 3년간 공부한 후 1908년 7월에 졸업하고 귀국한다. 『대한학회월보』 제6호(1908)에는 그의 약력과 사진이 소개되어 있다.

귀국한 후 김교명과 같은 1909년 11월 1일 자로 법학교 조교수에 임명되었으며, 경성전수학교 교유(教諭)를 지내고,[82] 1914년 10월 22일 자로 광주지법 판사로 임명되었다가 1919년 1월 28일 자로 대구복심법원 판사를 면직하였다.[83]

여기서 보듯이 한일합병을 전후로 한 격동의 시기에 법학교육을 담당하였는데 무슨 과목을 어떻게 가르쳤는지 기록을 찾아보기 어렵다.

법관양성소나 법학교는 물론이며 일제시대의 양대경에 관한 기록은 별로 발견되지 아니한다.

---

78 박은경, 『일제하 조선인 관료연구』, 학민사, 1999, 163면.
79 『매일신보』 1911.10.24.
80 조선총독부 『관보』 제477호, 1914.3.5. 문헌은 안용식 편, 『일제지방관록』, 연세대 사회과학연구소, 2001 참조.
81 본서 제1부 「법관양성소」 중 9장 「법관양성소의 교수진」 참조.
82 『매일신보』, 1911.10.24.
83 법원행정처 편, 『한국법관사』, 육법사, 1976, 180면.

(6) 아키야마(秋山幸衛)

아키야마는 1908년 1월 11일 자로 법관양성소 조교수 판임관 4등에 임명되었다.[84] 1908년 2월 19일 자로 법관양성소 조교수 겸임 법관양성소 주사가 된다. 1909년 11월 1일 자로 법관양성소가 법학교로 명칭을 변경함에 따라서 법학교 조교수 겸 서기로 발령을 받는다.

아키야마의 교수로서의 활동에 관한 기사는 찾아보기 어려우며 부인이 이질에 걸린 기사가 하나 발견될 뿐이다.[85]

아키야마는 1911년 11월부터 1912년 12월까지 경성전수학교의 교유를 지냈다.

(7) 가코(加古貞太郎)

가코는 1910년 2월 3일 자로 법학교 교수에 임명되었다.[86]

그에 관한 기록은 별로 없으며 42세 때에 『朝鮮及滿洲』 제89호(1914)에서 '경성변호사계(京城辯護士界)의 인물(人物)'[87]이란 글에서 간단히 소개되었다.[88]

그는 1915년 서울에서 개업하였으며, 한일 변호사회가 합병할 때 상의원이 된다.

◉ 從來 京城의 辯護士會는 內地人 辯護士會는 第一辯護士會라 朝鮮人 辯護士會는 第二 辯護士會라 稱ᄒ야 各々 分立ᄒ얏던바 去 大正 四年(1915) 十二月中에 監督官의 內命으로 時勢의 推移에 伴ᄒ야 兩辯護士會를 合倂ᄒ는 것이 當然ᄒ다는 內命을 受ᄒ야 遂히 合倂키를 決定ᄒ얏스나 其任員의 選擧 其他 具體의 節次는 其間 遷延되얏다가 去 一日 午前 十時브터 朝鮮 호테루에서 京城의 內鮮人 辯護士 一同이 會集ᄒ야 新任員을 選擧ᄒ고 京城辯護士會의 組織을 完了ᄒ얏는디 選擧된 任員은 會長 朴

---

84 『관보』 제3968호, 1908.1.11.
85 『매일신보』, 1911.9.8.
86 『관보』 제4593호, 1910.2.3.
87 필자는 'ヒマラヤ山人'이란 가명.
88 본서 제1부 「법관양성소」 중 9장 「법관양성소의 교수진」 참조.

勝彬, 副會長 赤尾虎吉, 常議員 星田正一郎, 朴晩緒, 張燾, 李琮夏, 劉文煥, 大久保雅彥, 加古貞太郎, 太明軾, 中村時章, 安住時太郎, 崔鎭 諸氏라더라.[89]

그가 언제까지 한국에 체류하였는지는 알 수가 없다.

(8) 아오키(青木好祐)

아오키는 법관양성소의 주사로 근무하던 사람으로 1910년 11월 3일 자 관보에 교수로 임명되었다.

(9) 오카다(岡田勝利)

오카다는 1910년 10월 법학교의 조교수로 신임 발령을 받았다.[90] 1911년 4월 22일 자로 의원면직하였다.[91] 그에 관한 자세한 기록이나 자료를 찾기 어려웠다.

5. 결론

이상으로 노자와의 생애와 저작 그리고 낭시의 한국 언론에 보도된 그의 행적을 추적하여 보았다. 여기서 몇 가지의 특징을 지적하고 이 글을 맺기로 한다.

먼저 노자와라는 인물의 전체적인 평가는 정치인으로서나 학자로서도 그다지 성공한 편은 아니라고 보겠다. 그는 일본의 중앙 무대에서 국회의원이나 외교관

---

89 잡보 「辯護士會合倂」, 『매일신보』, 1917.7.5.
90 『관보』, 1910.11.3.
91 조선총독부 『관보』 제193호, 1911.4.25.

으로서 활동하고 싶었으나 그에게 주어진 현실은 식민지로 몰락해 가는 조선의 작은 학교의 책임자로 임명되었을 뿐이다. 또한 학자로서도 국제사법에 관한 한 권의 저서와 두 권의 번역서를 출판하였고 학술 논문은 거의 찾아보기 어려웠다.

두 번째로 우리들의 관심사인 한국에서의 노자와의 활동 내지 업적은 참여관으로서나 법관양성소의 소장으로서나 기여한 바가 별로 없다는 부정적인 결론을 내릴 수밖에 없다는 사실이다. 일례로서 법관양성소의 교관으로 일본문학 전공자인 조 츠라츠네(長連恒) 같은 불필요한 사람을 임명하여 학생들과 불화와 마찰을 일으키는가 하면, 교과목에도 신구 법률을 함께 가르치며 교과서조차 제대로 갖추지 못한 점 등을 볼 때 한국의 사법제도나 법학교육의 개선은 고사하고 폐교될 때까지 마지못해 자리에 앉아있었다고 보아야할 것이다.

세 번째로 일본의 근대 한국에 대한 고문 내지는 시정개선은 사법제도나 법학교육이란 하나의 면에서 볼 때 대체로 형식적인 것이며 내용이 빈약한 구호에 그친 것을 알 수 있다. 더구나 일본인의 철저한 조선인 우민정책을 실증적으로 확인하였다. 오히려 일본인 스스로가 인정하듯이, '법률은 의론을 좋아하는 조선인에게 가장 흡족한 학문이며 성적도 양호'한 것이다.

요컨대 근대 한국의 법학교육의 일 단면을 고찰한 결과 우선 한일 양국 간의 문헌과 자료를 중심으로 전통적인 법학에서 근대적인 법학으로의 이행과정과 실제 모습을 정확하게 이해함으로써 우리의 현재 법과 법학 그리고 법률생활은 확고한 토대 위에 구축되는 것이다.

III. 구한말의 관립 덕어학교

1. 서설

바벨탑의 붕괴(창 11 : 4) 이래 인간은 서로 다른 외국어를 배우지 않을 수 없게 되었다. 조선시대에도 사역원이라고 하여 역관을 양성하고 통역관을 양성하였다.

그러나 서양의 언어를 배우기 시작한 것은 서구 열강이 한반도를 침략하는 것과 시기적으로 같은 때라고 볼 수 있다. 주로 19세기 말부터 20세기 초에 이르는 시기는 영어와 프랑스어가 주류를 이루고 있었으며 독일어는 보불전쟁에서 독일이 승리한 이후의 일에 속한다.

한국에서는 구한말시대에 서양각국의 문물이 소개되면서 독일의 문물도 함께 소개되고 도입되었다.[1] 그러면 한국에서는 언제부터 독일어 교육이 본격적으로 실시되기 시작하였는지 당시의 덕어학교와 외국어학교를 중심으로 간단히 살펴보기로 한다.[2]

---

1 개괄적인 서술은 이상록 · 이유재 편, 『일상사로 보는 한국 근현대사—한국과 독일 일상사의 새로운 만남』, 책과함께, 2006; 서울대 독일학연구소 편, 『독일 이야기』 (1)(2), 거름, 2000; 최종고, 『한국법과 세계법』, 교육과학사, 1989, 93~198면; 최종고, 『한독교섭사』, 홍성사, 1983; 홍순호, 「대한제국시대의 한독관계」, 이화여대 한국문화연구원 편, 『대한제국사연구』, 백산서원, 1999, 51~86면; 정규화, 「한독문화교류 120년」, 차봉희 편, 『한국의 독일문학수용 100년』, 한신대 출판부, 2001, 3~33면; 이유영 · 김학동 · 이재선, 『한독문학비교연구 I—1920년대까지 독일문학의 영향을 중심으로』, 삼영사, 1976; Hans-Alexander Kneider, *Globetrotter Abenteurer Goldgräber : Auf deutschen Spuren in alten Korea*, 2009(최경인 옮김, 『독일인의 발자취를 따라—한독관계 : 초창기부터 1910년까지』, 일조각, 2013) 등 참조.

2. 관립외국어학교

　서구의 문물을 받아들이기 위해서는 무엇보다도 외국어의 습득이 전제되어야
한다. 그리하여 개화기의 조선은 관립외국어학교(Royal Foreign Language School)를 설
치하였다. 먼저 1891년의 일어(日語)학교,[3] 1894년의 영어(英語)학교,[4] 1895년의 법
어(法語)학교,[5] 1896년의 아어(俄語)학교, 1897년의 한어(漢語)학교 그리고 독일어를
가르치기 위하여 1898년에 덕어(德語)학교를 설립하였다. 덕어학교는 여섯 번째의
외국어 학교가 된다.[6] 이러한 외국어학교는 중국의 동문관(同文館)을 모방한 것이다.[7]

2　이에 관한 문헌은 별로 없다. 예컨대 김정진, 「한국 독일어교육의 비평사적 고찰」, 한국독어독문학회, 『독일
　문학』 제11집, 1971, 3~55면; 김정진, 「한국 독일어 교육의 비평사적 고찰」, 『박인수박사 화갑기념논총』,
　1974, 169~218면; 김정진, 「한국 독일어 교육의 비평사적 고찰Ⅱ」, 『성곡 논총』 제3호, 1972, 199~379면; 김
　정진, 「한국 독일어 교육의 역사—8・15해방 이후를 중심으로」, 『독어교육』 제3호, 1985, 93~100면 참조.

3　상세한 것은 稻葉繼雄, 『舊韓末「日語學校」の研究』, 九州大學出版會, 1997; 稻葉繼雄, 「官立漢城外
　國語學校について—日語學校を中心にて」, 『韓』 通卷 제103호, 1986, 133~182면; 久保田優子, 『植
　民地朝鮮の日本語教育—日本語による「同化」教育の成立過程』, 九州大學出版會, 2005; 吉岡英幸,
　岡倉由三郎と日本語教育, 『講座日本語教育』 第32號(早大), 1997, 98~111면 참조.

4　김명배, 『개화기의 영어 이야기』, 국제영어대학원대 출판부, 2007; 권오량・김정렬, 『한국영어교
　육사』, 한국문화사, 2012; 김윤희, 「구한말의 영어교육」, 한국외국어대 석사논문, 1986; 김영우, 「구
　한말 외국어교육에 관한 연구 (Ⅰ)」, 『공주사범대학 논문집』 제16집, 1978 참조.

5　정기수, 「프랑스어의 보급」, 『한국과 서양—프랑스문학의 수용과 영향』, 을유문화사, 1988, 234~257면;
　이순우, 『정동과 각국공사관』, 하늘재, 2012, 213~220면 참조.

6　외국어학교 일반에 관하여는 이광린, 「구한말의 관립 외국어학교」, 『한국개화사연구』(개정판),
　일조각, 1985, 134면 이하; 古川昭, 이성옥 옮김, 「제4장 외국어학교」, 『구한말 근대 학교의 형성』,
　경인문화사, 2006, 209~275면; 김효전 편, 「근대 한국법제사 자료집」, 『서울지방변호사회 100년
　사』 부록, 서울지방변호사회, 2009, 322~343면; 한용진, 『근대 한국 고등교육 연구』, 고려대 민족
　문화연구원, 2012, 231~263면 참조.

7　경사(京師) 동문관은 중국 청조 말기인 1862년(同治 1) 북경에 설립된 최초의 관립외국어학교이다. 우
　리나라 구한말의 육영공원과 관립외국어학교의 모델이 되었다. 상해와 광동의 분관에 대해서 북경은
　경사 동문관이라고 불렀다. 설립 동기는 청조가 천진조약과 북경조약 이후의 새로운 국제정세에 대
　처하는 한편, 특히 외국어습득자의 필요를 통감하였기 때문이다. 영문관, 법문관, 아문관, 산학관, 덕문
　관, 동문관(일본어) 등이 추가되었다. 동문관에서는 휘튼, 울시, 블룬칠리의 국제법 책 외에, 마르텐스의
　『외교지침』, 나폴레옹 법전, 싱가폴 형법 등을 번역하였으며, 이곳의 교육은 유럽인의 주목을 받기도
　하였다. 예컨대 Rolin(ed.), Le Tungwen-College. Enseignement du Droit International en Chine, dans
　: *Revue de Droit International et de Législation Comparée*, Tome XXI, 1889, pp.108~110 등.
　오랫동안 동문관 총교습을 지낸 마틴의 동문관 회상은 *A Cycle of Cathay or China*, 1896, Chapt. Ⅵ. Ⅶ.
　The Tungwen College, pp.293~327 참조. 상세한 문헌은 孫子和, 『淸代同文館之研究』, 嘉新水泥公司,
　1977; 杜祖胎, 「京師大學堂的成立經過與早期發展」, 『東方雜誌復刊』 第12卷 9號, 1969; 李兆桑, 「北京同
　文館研究」, 香港大學中文系論文, 1966; 吉田寅, 「英華學堂Anglo-Chinese College の一考察—中國新教傳
　道開拓期における學校教育—」, 『しろがね』 第2號, 1962; 胡適, 「京師大學堂開辦的日期」, 『民主潮』 第11
　卷 1號, 1961; 郭吾眞, 「略論北京同文館的設置」, 『山西師範學院學報』, 1957; Knight Biggerstaff, *The*

외국어학교는 본래 주자동(鑄字洞)에 위치하고 있었으나 교동(校洞), 정확히 말하여 운현궁 맞은편으로 옮겼다. 그 뒤 은언궁으로 합설한다고 보도되었다.

○ 덕국말 배오는 학도를 뽑는다는 말은 이왕 관보에도 낫거니와 기간 덕어학교를 안동 민궁동편 모통이 집을 슈리ᄒ더니 근일에 학도를 모집ᄒᄂᆫᄃᆡ 칙임관의 쳔이 잇서야 그 학도의 쳔이 된다 ᄒ더라.[8]

● 外校修理着所　外國語學校를 勳洞 前 恩彦宮으로 合設ᄒ다 홈은 前報에 累揭ᄒ얏거니와 該宮을 方今 修理에 着手ᄒ얏ᄂᆫᄃᆡ 竣工期限은 兩個月間이라더라.[9]

이광린 교수가 작성한 도표를 그대로 인용하여 외국어학교의 전체 모습을 간단히 살펴보기로 한다.

〈표 3〉 구한말의 관립외국어학교(이광린, 『한국개화사연구』, 1924~2006, 137면)

학교명		설치연도	외국인교관명	한국인교관명	제1회 졸업년도	졸업총회수 (1910년까지)	졸업생총수 (1910년까지)
일어 학교	서울	1891.5	岡倉由三郎·長島岩三郎 田中玄黃	玄檍·崔在益 朴永武·柳齊達	1898.1	本科 11회	190명
					1909.5	速成科 2회	71명
	인천	1895.6	岩崎厚太郎	李根浩·崔鼎夏 徐丙協	1901.6	9회	63명
	평양	1907.3	眞藤義雄·太西裕八 樽木末實	趙樂鴻·羅榮坤	1908.5	2회	25명
영어학교		1894.2	T.E. Hallifax(溪來百士) W.du. Hutchison(轄治臣) R.Frampton(夫岩敦)	安嗚護·尹泰憲 金佑行·鄭一範	1903.2	8회	79명
법어학교		1895.10	E. Martel(馬太乙)	李能和·安于商 金漢箕	1906.1	6회	26명
아어학교		1896.5	Birukoff(米柳葡)	韓龜鎬·郭光義	-	-	-
한어학교		1897.5	胡文韋·杜房城	吳圭信·柳光烈 李命七·崔永年	1901.7	9회	59명
덕어학교		1898.9	J. Bolljahn(佛耶安)	秦秀·崔泰卿 柳珙	1908.5	3회	5명

Earliest Modern Government School in China, Ithaca, NY : Cornell Univ. Press, 1961; M. C. Wright, *The Last Stand of Chinese Conservatism*, 1957; 『アジア 歷史事典』, 平凡社, 1961, 84~85면 참조.

8　『뎨국신문』, 1898.9.6.
9　『황성신문』, 1908.3.22.

당시 『독립신문』에서는 다음과 같이 외국어학교의 통합을 주장하고 있다.

　　황성에 외국어학교가 다섯 곳이요 덕어학교가 설시되면 여섯 곳이라. 그 학교들을 한 곳에 모았으면 첫째는 나라 경비도 얼마가 덜 들고 둘째는 각 학교 학도들이 공부를 겸하야 하며, 셋째는 학도들이 많이 교제하여 지식도 더 늘겠고, 넷째는 규율과 의복이 일정하여 착란치 아니할 것이요, 다섯째는 다 동문수학하는 마음으로 형제 같은 정이 나서 서로 붕당이 없을지라. 지금은 그렇지 못하야 혹 학교가 광대한 곳도 있고 협착한 곳도 있으며 규모가 엄한 데도 있고 너그러운 데도 있으며 복식이 학교마다 다르고 각기 당파가 나누어 서로 보기를 타국 사람같이 보니 우리나라에 본래 당파가 분운하고 사혐을 인하여 대의를 잊어버리는 악습이 있어 늘 이런 악습을 파하려면 문명한 각국 학문을 배운 사람들이 선진이 될 것이어늘 그 사람들이 도리어 각국 분당이 되니 이는 국가를 위하여 대단히 애석한 일이라. 그런고로 우리가 바라기는 속히 큰 학교를 설시하야 여러 어학교를 일통하면 여러 가지에 다 유익하고 한 가지도 해는 없을 터이라…….[10]

　　외국어학교의 실제 운영 모습을 보면 일어학교와 영어학교처럼 학생 수도 많고 또 학생들 스스로도 열심히 공부하는가 하면 반대로 한어학교처럼 학생 수도 적고 교사도 열심히 하지 않는 경우도 보도되고 있다.
　　참고로 1898년 10월 현재의 관립학교 학생 수를 보면 다음과 같다.

　　○ 전국 관립학교 수효와 학도 수효
　　(사범학교)에 사범학도 삼십명 영어학도 오십명 소학교 학도 일빅오명 (슈하동) 일빅칠십오명 (공동) 팔십일명 (지동) 칠십구명 (미동) 일빅삼십칠명 (양사골) 일빅오명 (양현동) 오십구명 (안동) 칠십오명 (쥬ᄉ골) 오십팔명 (영어학도) 일빅팔명 (일어학도) 구십ᄉ명 (법어학도) 칠십삼명 (아어학도) 팔십팔명 (한어학도) ᄉ십구명이니 학교논 합이 십ᄉ쳐요 학도 수효논 도합 一千三百六十六人이요 디방 관립학교에논 (인쳔항) 일어학도 ᄉ십ᄉ명 …….[11]

10 『독립신문』, 1898.7.8.
11 『뎨국신문』, 1898.10.15.

● 漢校零星 각 어학교 학도가 다 亽오십명 이상 식이되 한어학교 학도는 불과 칠명
이라. 이갓치 군졸흔 국고금을 무삭에 슈백원식 비용흐야 학교에 쟝취는 전여 긔망이
업시니 탄식홀 일이오 또 교亽 호문위씨가 근간지 못흠으로 학도가 더 영성흐다더라.[12]

● 學員辨明 去 二十四日에 官立 漢語學校 學員 等이 敎官 金元培 氏롤 論駁흔 寄
書가 有흐야 本報에 揭載가 되얏더니 今 又 該校 學員이 辨明흐되 此는 試驗時 落第者
의 私嫌으로 由흠이오 金敎官은 彼書所言과 如흔 事實이 初無흐다더라.[13]

● 金氏免官 漢語學校 敎官 金元培氏는 今番 夏期試驗에 不公흔 事實이 有흐야
將次 免官흐다더라.[14]

● 黜學徵金 漢語學校 敎官 金元培가 以 試取 不公事로 免官흠에 對흐야 該校 學
徒 金泰鎭은 投書報館에 搆捏太甚事로 黜學흐고 罰金을 徵收케 흐라고 該 校長이 學
部에 報告흐얏다더라.[15]

● 漢城日語學校에셔는 日人敎師가 學徒를 亂打흔 패擧가 有흐고 尙州郡 山陽面
某씨家에셔 雇聘흔 日人敎師는 婦女를 劫奸흔 蠻行이 有흐얏스니 韓人 學校에 日人
敎師 흠부로 두지 마오.[16]

각 외국어학교의 교련은 당해 외국어로 가르쳤으며, 별기군(別技軍)(日淸俄) 역시
당해 외국어로 가르쳤다.[17] 또한 무관학교(武官學校)에서는 덕어와 법어를 개설하고
법어 교사는 마태을이 맡고 덕어 교사는 볼지암을 고빙하여 가르치기도 하였다.[18]
그 밖에 외국어학교에 관한 기사는 별로 많지 않은 편이다.
각 외국어 학교의 학생모집 광고는 다음과 같다.[19]

各外國語學校學員募集廣告

---

12 『뎨국신문』, 1902.11.15.
13 『대한매일신보』, 1906.6.29.
14 『대한매일신보』, 1906.7.5.
15 『대한매일신보』, 1906.7.11.
16 「一曲峨峨洋 칼럼」, 『대한매일신보』, 1907.7.4.
17 李圭泰, 「별기군 이야기」, 『조선일보』, 1999.3.26.
18 『뎨국신문』, 1901.4.18.
19 『대한매일신보』, 1906.1.7.

今에 日英法漢德 學校에 學員을 募集홀 터이니 入學ᄒ기 願ᄒᄂ 者ᄂ 來二月 十日 (陰曆 正月 十七日) 內로 禀請証을 各 該校에 具呈ᄒ고 伊日 上午 十時에 該校로 來ᄒ 야 入學試驗에 應홀 事

試驗科目

一 한文 독書 作文

一 國文 독書 作文

一 入學者에 年齡은 十七歲 以上으로 二十五歲ᄭ지

一 各 學校에 入學試驗코ᄌ 하는 者ᄂ 禀請紙를 本部로 來ᄒ야 購用홀 事

學 部

1905년 을사늑약을 체결한 이후부터는 외국어학교 중에서도 일본어를 선호하는 경향이 뚜렷하게 나타난다. 일본어를 배우려는 분위기는 지방 소학교에까지 널리 확산되어 문제가 되기도 하였다. 영어의 중요성을 강조하는 오늘날의 우리 현실에 비추어서도 외국어 교육의 문제점과 심각성을 일깨우는 교훈적인 기사를 소개한다.

●語學太早 各 地方小學校에셔 敎授ᄒᄂ 科程을 得聞ᄒ則 七八歲된 學徒에게 日語科를 添入홈으로 幼稺혼 學徒가 本國 言語도 嫺熟지 못혼 것으로 如此히 敎授ᄒᄂ 것이 頓無進就之望 뿐더러 學部令에도 初無此等科目이오 且 世界列國에도 小學校에셔 語學科設진홈은 頓無혼則 此 事件은 學部에셔 從速 歸正ᄒᄂ 것이 安當이라고 ᄒ더라.[20]

이러한 우려에도 불구하고 일본어는 통감부의 압박과 강요 그리고 현실적인 필요성 등을 내세워 더욱 더 확산되기에 이르렀다.

1906년 칙령 제40호에 따라서 관립 한성일어학교를 비롯하여 한어학교, 영어학교, 덕어학교, 법어학교 그리고 관립 인천일어학교는 학부 직할학교가 된다.[21]

덕어학교와 관련하여 독일 문물의 수용이나 보급 문제 등도 함께 검토하는 것이 바람직하지만,[22] 여기서는 외국어학교의 입학상황과 『대한매일신보』에 소개

---

20 『황성신문』, 1906.10.19.

21 칙령 제40호 제1조;『황성신문』, 1906.9.9.

22 간단한 것은 김효전,『서양 헌법이론의 초기수용』, 철학과현실사, 1996, 240면 이하 참조.

된 독일의 국민가를 원문 그대로 소개하기로 한다.

〈표 4〉 외국어학교 입학상황(1897~1910)

부 \ 년		광무원년 (1897)	광무2년 (1898)	광무3년 (1899)	광무4년 (1900)	광무5년 (1901)	광무6년 (1902)	광무7년 (1903)
일어부	입학지원자	—	—					
	입학자	—	—	10	8	20	16	14
영어부	입학지원자	—	—					
	입학자	50	30	20	47	58	53	62
한어부	입학지원자	—	—				—	
	입학자	120	150	141	82	70	52	34
법어부	입학지원자	—	—	—	—	—	—	—
	입학자	42	62	73	81	98	100	90
덕어부	입학지원자	—		—	—	—	—	—
	입학자		50			40	20	20
계	입학지원자	—	—	—	—	—	—	—
	입학자	212	292	244	218	286	241	220

부 \ 년		광무8년 (1904)	광무9년 (1905)	광무10년 (1906)	광무11년 (1907)	융희2년 (1908)	융희3년 (1909)	융희4년 (1910)
일어부	입학지원자	—	—	—	350	700	950	1290
	입학자	72	49	46	201	250	174	136
영어부	입학지원자	—	—	—	100	100	145	208
	입학자	69	62	67	97	94	96	106
한어부	입학지원자	—	—	—	—	12	17	45
	입학자	56	63	47	27	12	17	36
법어부	입학지원자	—	—	—	25	3	9	38
	입학자	52	45	30	25	3	9	21
덕어부	입학지원자	—	—	—	30	18	16	27
	입학자	20	20	20	30	18	10	17
계	입학지원자	—	—	—	505	833	1137	1608
	입학자	269	239	210	380	377	306	316

德國의 國民歌(別報)

在倫敦 鐵脚生

鐵脚生이 일즉 德國 토른에 라는 地方에 遊ㅎ다가 農夫와 水夫가 歌曲相和ㅎ는 聲을 聞ㅎ고 氣가 自奮ㅎ며 肩이 自聳ㅎ야 耳를 傾ㅎ고 靜聽ㅎ나 言語를 不解ㅎ는 故로 其 歌曲의 意味는 不知ㅎ고 但只 山岳을 動하는 歌曲의 音調만 耳에 入ㅎ는지라. 鐵脚生이 無限ㅎ 遺憾을 拘ㅎ얏다가 後에 伯林에 遊홀식 又 欄街 小兒가 前日과 如ㅎ 歌曲을

唱ㅎ는지라. 鐵脚生이 壹友人을 訪ㅎ야 其 歌曲의 意味를 問ㅎ고 因ㅎ야 記ㅎ얏노라.

大抵 此歌는 德國 國民歌니 德國에는 官民老少男女를 勿論ㅎ고 恒常 唱和ㅎ야 茶飯으로 供ㅎ는 歌曲이니 其 歌曲을 聞ㅎ더라도 德國이 世界强國으로 東西를 虎抛하는 原因이 其 國民에게 在홈을 可知ㅎ깃도다.

今에 其 歌曲을 譯述ㅎ노니 飜譯이 能치 못ㅎ며 曲調가 合ㅎ지 못ㅎ나 다만 其 人民의 勇壯훈 氣力과 活潑훈 精神을 思惟컨디 此 歌曲을 唱ㅎ며 起舞를 不已할지로다.

　　　　德國々民歌

(壹)　　우뢰又훈소리귀에마쳐
　　　　병쟝긔를霹靂又치부드지며
　　　　으라인(國權)으라인德國으라인
　　　　뉘가너를防備홀고으라인아

後斂　　두려말아父母國아
　　　　으라인把守여긔잇스니
　　　　걱정말아사랑ㅎ는祖國아
　　　　으라인把守굿게셧다

(二)　　勇猛잇는 튜톤民族
　　　　여러마음壹體奮發
　　　　冒險ㅎ기鍊習ㅎ야
　　　　祖國疆土직히여라

(三)　　千萬番죽을지라도
　　　　法國百姓을아니될지라
　　　　쓸는피으라인의洪水되야
　　　　英雄의血대德國에가득ㅎ리

(四)　　놉히보라며하늘에
　　　　九쳔英雄너려다본다
　　　　世伝之物일치마셰
　　　　德國가삼으로방패숨아

(五)　　德國피가싁기前에

德國環刀무듸지안코

德國砲手銃을들졔

德國싸에발부칠敵兵업네

(六)　　흘너가는시닉물에

有進無退盟誓ᄒ고

우리國旗놉히들어

나아가셰으라인으로[23]

철각생이란 가명 아래 간접적으로 애국사상을 고취하고 일본인을 배척하여 자주 독립할 것을 촉구하는 글이다.

덕국 국민가와 관련하여 에케르트(Franz Eckert, 1852~1916)의 고빙에 관한 기사도 발견된다.[24]

⦿ 덕국 풍악 교ᄉ 에커스씨를 삼년 작졍ᄒ고 월급은 미월 삼빅 원식을 주고 고빙ᄒ기로 발셔 약됴ᄒ얏스미 동씨가 슈히 악긔를 가지고 나와셔 각 군딕를 교육홀 터이라더라.[25]

○ 직작일에 덕국 군약딕 이십 일명과 ᄉ관 팔명이 입셩ᄒ야 궁닉부 연회에 참여ᄒ고 작일 아ᄎ음에 오국 ᄉ관 팔인과 군악딕 이십 일인이 인쳔으로 나려 갓다더라.[26]

○ 혼례쳥쳡 덕국인 애거덕이가 한졍 각 대관의게 쳥쳡ᄒ기룰 금 이십구일 목료일에 복의 녀식이 내부 고문관 딕일광의게 출가ᄒ는딕 당일 샹오 열졈에 죵현 텬쥬교당에셔 셩례ᄒ고 열ᄒ졈에 졍동 손탁 부인집에셔 잔치를 배셜ᄒ오니 계긔ᄒ야 광림ᄒ심을 바라노라 ᄒ엿더라.[27]

여기의 ‘딕일광'은 벨기에인 들루아그(Deleoigue, 戴日匡)를 말하며,[28] ‘손탁 부인집'

23　『대한매일신보』, 1909.5.20.
24　노동은, 『한국 근대 음악사』 1, 한길사, 1995, 478·484면 참조.
25　『뎨국신문』, 1900.12.19.
26　『뎨국신문』, 1901.5.7.
27　『대한매일신보』, 1904.12.29.
28　김현숙, 『근대 한국의 서양인 고문관들』, 한국연구원, 2008, 280~285면.

이란 정동 구락부의 '손탁 호텔'을 말한다. 손탁(Antoinette Sontag, 1854~1925)은 프랑스 태생의 독일인으로 1885년 러시아 공사로 부임하던 베베르(Waeber)[29]를 따라 한국에 들어왔었다. 베베르의 처제였던 그녀는 고종, 명성황후와도 친분을 가지고 정계의 막후에서 여러 활동을 하다가 1909년 프랑스로 떠났다.[30] 1905년 8월 프랑스의 알 사스로 휴가를 떠난 손탁의 후임자로 엠마 크뢰벨(Emma Kroebel, 1872~1945)이라는 독 일 여성이 서울에 체류하게 되었는데 그녀는『나는 어떻게 한국의 황실에 오게 되 었는가』(Wie ich an den koreanischen Kaiserhof kam?, 1909)라는 책자를 펴내기도 하였다.

이 밖에도 독일 문물을 소개한 기사는 많이 있으나 생략하기로 한다.

〈표 5〉 외국어학교 예산 (1897(건양 2년))[31]

제3관 학교비	49,614원
제1항 한성사범학교 및 부속 소학교	6,000원
제2항 관립소학교비	8,416원
제3항 성균관비	5,500원
제4항 일어학교비	2,196원
제5항 영어학교비	4,230원
제6항 법어학교비	2,026원
제7항 아어학교비	2,026원
제8항 한어학교비	2,000원
제9항 미국학교 보조비	2,940원
제4관 지방학교 보조비	1,800원
제1항 지방학교보조비	600원
제2항 인천항 일어학교 보조비	1,200원
제5관 유학비	4,000원
제1항 의화군 유학비	4,000원
학부 소관 합계	76,778원

이것은 1898년 덕어학교가 설립되기 이전의 예산이므로 덕어학교가 설립되었 다고 하더라도 법어학교나 아어학교와 비슷한 2,026원 정도가 아니었을까 하고 추 측한다. 의화군(義和君) 한 사람의 유학비가 법어학교와 아어학교 예산을 합한 것 과 맞먹는 4,000원의 액수이다. 여기의 의화군이란 고종의 5남인 이강(李堈, 1877~

---

29 베베르(Karl Ivanovich Waeber, 韋貝, 1841~1910)에 관하여는 김종헌, 「러시아 외교관 베베르와 아관파천」,『역사비평』제86집, 2009 참조.

30 잡보 「獨佛旅館贊同」,『황성신문』, 1909.8.3; 「孫嬢錢宴」,『황성신문』, 1909.9.7. 상세한 것은 이 순우,『손탁호텔』, 하늘재, 2012, 143면 이하 참조.

31 『친목회회보』제5호, 1897. 6, 91면.

1955)을 말하며, 미국에서 한 일본인에게 돈을 빌려서 선거비(船車費) 등에 사용하고
이를 갚지 않아서 채송(債訟)을 당하기도 했다.[32]

1907년(융희 2)의 예산은 법부 소관 법관양성소가 22,000환(圜)인데 대하여 학부의
외국어학교는 41,587환, 인천일어학교가 6,344환, 평양일어학교가 5,409환이다.[33]

3. 덕어학교의 약사

덕어학교(Kaiserliche Deutsche Sprachschule, Royal German School)는 1898년 9월 15일에 개
교하였다. 『황성신문』은 당시의 모습을 다음과 같이 비교적 상세히 전하고 있다.
전문을 인용한다.

◉ (學校盛宴) 今 十五日 上午 十一點鍾에 德語學校에서 開學ᄒᆞᄂᆞᆫ 禮式을 行ᄒᆞᆫ 後
에 學部協辨 高永喜氏와 外國語學校長 洪禹觀氏가 學員을 對ᄒᆞ야 設學ᄒᆞᄂᆞᆫ 本意를
演說하엿ᄂᆞᆫ디 其 要旨를 略記ᄒᆞ노라. 高永喜氏曰
大皇帝陛下의 聖意를 밧자와 今日 德語學校를 增設ᄒᆞ야 學徒를 敎育케 ᄒᆞ오니 如
此ᄒᆞᆫ 盛擧가 無ᄒᆞᆯ 뿐 더러 僉學員에게 미우 緊重ᄒᆞ고 審愼ᄒᆞᆯ 것이오 歐洲各國語學으
로 言ᄒᆞ면 英文은 萬國商會上에 通川ᄒᆞᄂᆞᆫ 語이오 法文은 國際上에 盛川이오 至於 德
文ᄒᆞ야는 軍法과 軍制에 미우 緊要하야 世界에 第一이라 ᄒᆞᆯ만하오. 僉學員은 入學ᄒᆞ
ᄂᆞᆫ 日부터 注意들 하고 日就月將하야 速速히 成就하야 我皇上陛下의 聖意와 政府의
深望하는 意와 敎師 뽈쟌氏의 實心敎導하는 本意를 實行하야 他日 國家의 棟梁되기
를 바라오. 洪禹觀氏 曰 사롬이 무슴 工夫를 하던지 始終이 如一ᄒᆞᆫ 거시 貴하거늘 我
國人은 미양 有始無終하야 英語를 學하다가 或 法語도 學하야 一枝도 來業치 못하니
심히 慨歎흔지라. 此ᄂᆞᆫ 無他라 學徒가 學校에 入ᄒᆞᆯ 時에 學問上에는 有意가 少하고
官職에만 意가 有함이니 此ᄂᆞᆫ 敎育上에 目的이 아니라. 人人마다 官職에만 意가 有하

---

32 『황성신문』, 1899.5.16.
33 『관보』 호외, 1907.12.20.

면 그 官制를 엇더케 擴張하여야 하리오. 我國 人民에 至하야는 然하기도 容或無怪호
거시 我國이 五百餘年을 仕宦만 重히 녁인 까닭이나 至今은 不然호 거시 仕宦은 信치
못홀거시오 學問은 終身토록 持하는 거시니 斂學員은 今日에 願學하는 마음을 卒業
홀 쩨까지 가져셔 工夫가 成就되오면 一身만 有益홀 쑨이 아니라 政府에셔 國庫金을
損하야 敎育하는 本意와 敎師의 誠心으로 敎導하는 意를 負치 아니함이오 또 敎師 쓸
쟌氏는 日本高等學校에 九年이나 잇셔고 名譽가 미우 有호더 今番에 我國 敎師로 오
기는 月給을 取호 거시 아니오 大韓에 츠음으로 德語學校를 設始하는 故로 後日 名譽
를 取하여 온 거시니 斂學員은 誠心을 盡하야 語學과 行實을 비우시오 하엿더라.[34]

학부협관 고영희(1849~1916)[35]가 말하고 있듯이, 독일어는 군법과 군제에 매우
긴요한 외국어로 인식하고 있었다.

한편 독일 영사 크리인(Ferdinand Krien, 1850~1924)의 연설은 『매일신문』에 다음과
같이 소개되고 있다. 그 역시 영어는 상업에, 법어는 공문상에, 덕어는 학문에 요
긴한 말이라고 하면서 말만 배우지 말고 덕행도 본받기를 권하고 있다. 자료로서
전문을 인용한다.

○ 본월 십오일에 덕어학교 개학을 ᄒᆞᆫᄃᆡ 덕국 령亽 구린씨가 학교에 와셔 연셜ᄒᆞ
ᄂᆞᆫ 말이 나는 덕국 령亽로 우리 대덕국 졍부 명령을 밧아 대한국 경성에 쥬찰호 교졔
관이오 내가 오날 이 학교에 와셔 이러케 여러 춍쥰호 션비들이 우리 덕국 말을 공부
ᄒᆞ려 오신 거슬 보니 ᄆᆞᄋᆞᆷ에 얼마좀 반갑고 또 깃부오. 나는 여러분이 만일 부즈런이
만 공부들 ᄒᆞ시면 매우 쇽히 배홀 줄을 확실히 밋는 거슨 교亽 볼쟌씨가 ᄀᆞ르치는 일
에 매우 련슉호 션생인 쥴을 밋는 연고 — 오. 이 교亽가 일본셔 거진 아홉 해나 어학
교亽로 잇셔셔 학도의 셩취식인 거시 젹지 안이 ᄒᆞ엿소. 어학으로 말ᄒᆞ면 구라파 삼

---

34 『황성신문』, 1898.9.17.

35 고영희는 본관이 제주이며, 1881년 신사유람단의 수행원으로 일본에 다녀왔고, 이듬해 일본공사
하나부사(花房義質)가 올 때 차비역관(差備譯官)이 되었다. 참의(參義)교섭통상사무, 참의내무부
사, 농상공부협판, 학부협판, 주일 특명전권공사 등을 거쳐 1896년 농상공부대신 서리가 되고, 독
립협회가 조직될 때 발기인으로 참여, 1898년 탁지대신이 되었다. 1907년 이토 히로부미가 헤이그
밀사사건을 구실로 고종의 양위를 강요할 때 이에 반대한 일도 있었으나 한일합병에 찬성한 친일파
로서 합병 후 일본의 자작을 수여받았다. 민족문제연구소 편, 『친일인명사전』, 151~153면; 한국정
신문화연구원, 『한국인물대사전』, 1999, 91~92면; 『한국인명사전』, 신구문화사, 1989, 29면 참조.

국 말에 영어는 샹업샹에 흔히 쓰이는 말이오 법어는 공문샹에 슝샹ᄒᆞᆫ 말이오 덕어
는 학업샹에 요긴ᄒᆞᆫ 말이니 해마다 각국 쇼년들이 여러 천명식 덕국에 와셔 각종 학
문을 졸업ᄒᆞᆨ고 가는 거시 다른 나라 보다 더옥이 만흔ᄃᆡ 그 특별히 ᄒᆞᆫ 공부는 군졔
와 의슐과 관산 모든 학문이오 말노 ᄒᆞ여도 덕국말이 본토화로 ᄒᆞᆫ 사ᄅᆞᆷ이 칠천 오
백만 명이오 기외 각국 사ᄅᆞᆷ들은 얼마인지 이로 말홀 슈 업스나 만일 통 세계샹 십오
억 인구를 가지고 계교ᄒᆞ면 매 이십명에 ᄒᆞ나식 덕국말을 아는 사ᄅᆞᆷ인즉 일노 보건
ᄃᆡ 덕국말은 문명ᄒᆞᆫ 나라에 매오 유력ᄒᆞ고 긴요ᄒᆞᆫ 말인줄을 가히 알거시오 또 덕국이
란 덕ᄌᆞ가 곳 덕행이란 덕ᄌᆞ이라. 그런고로 우리 덕국 사ᄅᆞᆷ들은 매양 츙셩과 의리와
진실홈과 공변된 모든 덕행을 슝샹ᄒᆞᄂᆞ니 오늘날 이 덕어 공부ᄒᆞ시는 여러 학원들도
아모됴록 말만 공부 홀 뿐아니라 홈께 이 덕행도 본밧기를 깁히 바라오. 이 학교는 관
홍 ᄒᆞ읍시고 예셩 ᄒᆞ읍신 대황뎨 폐하께셔 신츙으로 셜립ᄒᆞ셧스니 감샤 무궁 ᄒᆞ읍고
또 대황뎨 폐하께셔 이 학교를 ᄉᆞ랑ᄒᆞ샤 ᄌᆞ미로이 넉이시니 우리는 감ᄉᆞᄒᆞᆫ ᄆᆞ음으로
대황뎨 폐하를 위ᄒᆞ야 만세를 블너 츅슈 ᄒᆞ셰다 ᄒᆞ엿다더라.[36]

외국어학교장 홍우관(洪禹觀)은 동문학교에서 수학한 사람이다.[37]
볼얀(J. Bolljahn)[38]은 당시의 모습을 다음과 같이 기록하고 있다.

영사 크리인 씨는 학교의 설립을 위해서 큰 힘과 인내를 발휘한 사람인데 그는 환영
사에서 수많은 한국의 젊은이들이 독일어 공부에 전념하려고 한다는 것에 대한 그의
기쁨을 말하였다. 그다음 그는 공부를 위한 독일어의 중요성을 강조하고, 매년 수 천
명의 외국인들이 예술과 학문을 공부하기 위해서 독일로 간다는 것과 모든 교양 있는
외국인들은 독일어에 정통하며 지구상의 전체 인구 중에서 열 명 중 한 명은 독일어를
말한다는 것을 언급하고 국가통치자에 대한 축사로 끝을 맺었다. 그와 똑같이 나는

---

36 『매일신문』, 1898.9.20.
37 동문학교는 15세 이상의 총명한 자제를 선발하여 영문과 영어를 가르쳤는데, 이 일은 갑신년『한
성순보』제15호(1886.2.22)에 이미 보도한 바 있다.
　　"해마다 6월과 12월에 藝를 시험보여 뛰어난 사람을 뽑아 정진하기를 권장한다. 그 가운데 우등
인 학도로 南宮檍·申洛均·權鍾麟·洪禹觀·成翊永·金奎熙는 이미 官에 임용되었는데, 商務
의 교제에 있어 많은 유익이 있으리라 한다."
38 볼얀(J. Bolljahn, 1862~1928)에 관하여 상세한 것은 크나이더, 앞의 책(주 1), 155~169면 참조.

적당한 훈계와 조언으로 끝나는 짧은 인사말을 했다. 영어학교를 나온 나의 조교는 ─덧붙여 말하자면 학부대신의 아들인데 ─ 두 가지 연설을 한국어로 번역했다. 왜냐하면 그때까지 도대체 어떤 한국인도 독일어를 몰랐던 것처럼 그가 독일어 단어를 단 한 마디도 이해하지 못해서 내가 그에게 영어 번역문을 미리 주었기 때문이다.[39]

볼얀은 그 밖에도 교육내용과 당시의 불안한 정세에 대해서도 언급하고 있다. 이 점은 지리학자이며 기자로서 조선에 온 겐테(Genthe)의 다음과 같은 증언과도 일치한다. 다소 길지만 그대로 인용하기로 한다.

　　서울과 도쿄 주재 독일 외교관들의 협조로 이 힘든 과업을 맡게 된 사람은 포메른 (Pommern) 출신의 요하네스 볼얀(Johannes Bolljahn)이었다. 그는 10년 전부터 일본 장교 양성소와 사관학교, 도쿄 고등학교에서 수업을 가르쳐 큰 성과를 거두었었다. 그가 조선에서 초기에 겪었던 어려움은 컸다. 열다섯 살에서 서른 살 정도의 학생들은 대부분 집안의 가장이었으며, 한문 아니면 조선어만 알고 있는데다 교육수준도 다양했다. 보조교사나 통역관도 독일어 단어 하나 모르는 상태였다. 정치적으로도 어려운 상황이었다. (…중략…)

　　오늘날 학교의 업적은 끊임없이 노력한 헌신의 대가를 가장 잘 입증해주고 있다. 볼얀씨가 많은 어려움을 견디며 훌륭하게 직무를 수행한 결과이다. 그의 친절한 배려로 여러 번 수업에 참관할 기회가 있었고, 이번 기말시험에도 참관할 수 있었다. 학생들은 모두 착하고 부지런해서 교육을 잘 받았다는 좋은 인상을 풍겼다. 이는 많은 노력의 결과일 뿐만 아니라 엄격한 선발의 결과이기도 하다. 신청을 받아서 재능이 부족하거나 바람직한 조건을 갖추지 못한 사람은 집으로 돌려보냈던 것이다. 또한 다른 외국어학교에서 빠져나온 학생들도 능력은 될지라도 다른 동료들과 교장을 배려해서 돌려보냈다. 외국어학교끼리 서로 시기하거나 나쁜 상황이 발생하지 않도록 미연에 방지한 것이다. 조선인의 선량하고 온화한 특성이 두드러졌지만, 모두들 눈에 생기가 넘치고 영리해 보였다.[40]

---

39 J. Bolljahn, Das koreanische Schulwesen, in : *Deutsche Zeitschrift für ausländisches Unterrichtswesen*, Jg. 5, 1900.3; 홍순호 옮김, 「볼얀이 본 한국의 교육제도」, 이화여대 한국문화연구원 편, 『20세기 전반기 한국사회의 연구』, 백산자료원, 1999, 275~276면 참조.

또『대한매일신보』에 게재된 장우생(長吁生)의「어학(語學)을 논(論)함」이라는 기
서(寄書=투고)에서는 의학을 공부하기 위해서 독일어가 필요하다고 강조한다.[41]
또한『황성신문』에서도「구미어(歐米語)의 수양을 권함」[42]이란 논설에서 외국어
의 중요성을 역설하고 있다.

덕어학교는 처음에는 소안동(현 덕성여중 북쪽 선학원 근처)에 위치하고 있었으며
이에 관한 몇 가지의 신문기사가 보인다.

한편 덕어학교의 위치와 규모에 대해서는 "왕세자가 결혼식을 올린 가례청(현
풍문여고, 덕성여고 자리에 있던 안동별궁) 뒤 언덕 위에 아름답게 위치한 덕어학교는
예전의 궁내 관리들의 관사였던 것으로 보인다"[43]는 기록도 있다.

> ● 德校移接 宮內府에서 嘉禮都監의 照會를 因하야 學部로 照會하되 嘉禮時에 熟
> 設所를 擬定於 德語學校이니 使之不日移去케 하며 三揀擇日字가 在邇하와 各項排設
> 等節이 萬分時急하니 刻卽知委擧行하라 훈바 德語學校를 本府 所管 協律社로 移接
> 후라신 旨意를 奉承仰佈라 하얏더라.[44]

여기서 말하는 황태자 전하의 가례일은 1907년 1월 24일며 '熟設所'란 잔치나
제사 등 큰일 때 음식을 마련하는 곳이다. '熟設廳' '熟設間'이라고도 한다.

> ● 熟所又移 嘉禮時에 德語學校는 熟設所로 指定후고 該校는 協律社로 移接훈다
> 더니 有何層節인지 農商工學校로 權接훈다더라.[45]
> ● 德校移接 安洞 德語學校는 元來 別宮基地라. 東宮 嘉禮時 熟設間處所를 定후
> 고 희校는 移接於地處하라신 處分을 下하신 故로 宮內府에서 勅敎를 奉承하야 學府
> 로 移照훈 事는 前報에 揭載후얏거니와 희校에서 勒持후더니 宮內府에서 學部가 屢

---

40 Siegfried Genthe, *Korea-Reiseschilderungen*, 1905(지그프리트 겐테, 권영경 옮김, 『독일인 겐테가
    본 신선한 나라 조선, 1901』, 책과함께, 2007, 230~232면).
41 『대한매일신보』, 1909.3.2.
42 『황성신문』, 1909.7.31.
43 지그프리트 겐테, 앞의 책, 231면.
44 『황성신문』, 1906.12.24.
45 『황성신문』, 1906.12.28.

度 交涉하야 日昨에 始爲移去ᄒᆞᆞᆞᆞᆞ얏다더라.[46]

● 校舍移接　官立漢城法語學校長 리能和씨가 學部에 報告허되 學務局長 指揮를 承ᄒᆞ와 昨日에 本校舍를 空虛ᄒᆞᆸ고 現今 즉 德語學校 後邊 家屋으로 搬移ᄒᆞᆞ얏습기 玆에 報告라 ᄒᆞ얏더라.[47]

● 移校熱設　學部에셔 宮內府에 公函ᄒᆞ되 官立德語學校을 別宮 熟設所로 借與敎授 ᄒᆞᆯ 事로 奉承 旨意ᄒᆞ얏샤온바 희校 敎育이 壹일 爲悶ᄒᆞ와 郡爲移接케 ᄒᆞ라 ᄒᆞ얏더라.[48]

● 德校移接　德語學校를 改築ᄒᆞᆯ 次로 別宮後 熟設所로 移接ᄒᆞ얏다더라.[49]

● 敦明移接　安洞에 在ᄒᆞᆫ 德語學校를 太皇帝陛下 께ᄋᆸ셔 敦明義塾에 下賜ᄒᆞ심은 前報에 揭載ᄒᆞ얏거니와 該塾에셔 日間에 該校로 移接ᄒᆞᆫ다더라.[50]

● 婦女施痘　昨日 安洞 前 德語學校 內에셔 北部 管內 居 婦女와 女兒를 會同ᄒᆞ야 牛痘를 施術ᄒᆞ얏다더라.[51]

● 安洞 前 德語學校 內에 本塾이 大東寄宿館으로 移去ᄒᆞ고 畫測量 壹個月과 夜測 量을 增募ᄒᆞ야 壹個月 速成 敎授ᄒᆞ오니 願學 僉員은 早速請願을 望홈.　中興義塾[52]

일본 통감부가 자신의 치적을 해외에 선전하기 위해서 만든 시정연보에는 덕어학교 임시종두소 사진이 실려 있다.[53]

그 밖에 덕어학교와 관련된 기사를 추출하여 연대별로 나열하여 독일 문물의 수입과정의 일단을 재현해 보고자 한다.

◉ (遊學徒의 挽還)　日昨에 德語學徒 洪顯植 柳璚 兩氏가 日本에 遊學次로 自京發 程ᄒᆞᆯ 時에 該校中에 具由致書ᄒᆞ얏더니 該校 敎師가 學部에 報告ᄒᆞ고 仁港 監理에게

---

46 『대한매일신보』, 1907.1.5.
47 『대한매일신보』, 1907.3.13.
48 『대한매일신보』, 1907.4.27.
49 『황성신문』, 1907.5.10.
50 『황성신문』, 1908.11.12.
51 『대한매일신보』, 1908.11.18.
52 『대한매일신보』, 1908.12.19.
53 *The Second Annual Report on Reforms and Progress in Korea*, 1909, pp.160~161 참조. 이 책자는 일본어로 된 『조선총독부시정년보』를 영어로 번역한 것으로, 고의로 한국의 실정을 비하하고 일본의 치적을 과장 서술하여 당시 『대한매일신보』로부터도 비난을 받았다.

電話ᄒ야 挽留還京케 ᄒ얏더라.[54]

◉ (德商의 補助와 支行) 仁川 世昌洋行長 華爾德氏가 堂峴 金礦을 視察ᄒ고 日前에 入座ᄒ야 本月 十日 頃에 德國으로 進發홀 터이라ᄂᆞᆫ데 官立德語學校에 一百元을 補助ᄒ야 夏期試驗의 優等生에게 施賞케 ᄒ고 又聞ᄒᆞᆫ즉 同氏가 徒近하 南大門內에 世昌支行을 派設ᄒ기로 準備中이라더라.[55]

◉ (敎師延期) 學部에셔 德語敎師 馬太乙 培材學堂 敎師 亞扁薛羅 仁港 日語敎師 巖崎 氏等의 雇聘年限이 今月 一日에 滿ᄒ얏기로 外部에 照會ᄒ고 加一年 合同을 更定ᄒ얏더라.[56]

여기의 세창양행은 H. C. Eduard Meyer & Co.이며, 화이덕(華爾德)은 볼터(Carl A. Wolter, 1858~1916)[57]를 의미한다. 덕어교사 마태을은 법어교사의 오기이다.

◉ (賞品補助) 仁川 世昌洋行長 魯伊斯氏가 官立德語學校에 夏期試驗에 上等 金時計 一個를 賞品으로 補助ᄒ고 該行中 裴禹萬氏도 好賞品을 補助ᄒ얏더라.[58]

◉ (德校來賓) 昨日 上午 九時에 德語學校에서 夏期試驗을 行ᄒ얏ᄂᆞᆫ데 學部大臣 以下 諸官吏와 宮內府 顧問官 山島氏와 德公吏가 來會ᄒ얏더라.[59]

◉ (德校施賞) 官立德語學校에서 日昨 夏期試驗을 經ᄒ얏ᄂᆞᆫ데 一班 優等 白禹○ 張錫駿 金時計 一個試, 二班 優等 金一濟 銀時計 一個, 三班 優等 洪鍾茂 烟嘴 一個오 其外 八人은 坐鍾 烟嘴 及 洋刀로 分賞ᄒ얏더라.[60]

◉ 起送審査 德語學校에셔 討論會事件으로 該 敎官 及 學徒 申興兩氏等이 平理院에 被囚됨은 本報에 己記ᄒ얏거니와 日昨에ᄂᆞᆫ 日語學徒로 其 討論時에 往參ᄒ얏던 申時鎬氏를 審問次 押囚ᄒ얏더니 平理院에서 學部에 照會ᄒ되 申興兩等의 案件을 方行審査ᄒᆞᆫ데 審問홀 事가 有ᄒ니 該校 學徒 李○善 金容愁 崔東壽 等을 指揮起送

---

54 『황성신문』, 1900.3.16.
55 『황성신문』, 1900.5.3.
56 『황성신문』, 1900.5.3.
57 볼터의 논설로는 Carl Wolter, Korea, einst und jetzt, in : *Mittheilungen der Geographischen Gesellschaft in Hamburg*, Bd. XVII, 1901가 있다.
58 『황성신문』, 1900.6.21.
59 『황성신문』, 1900.6.28.
60 『황성신문』, 1900.7.7.

흐라 흐얏더라.[61]

◉ 兩姓處役　日語學徒에셔 夏期試驗에 申興雨는 役 三年에 處흐얏는디 亂言知而
不告律에 照흐얏더라.[62]

◉ 德校試驗　今日 德語學校에셔 夏期試驗을 設行흐는디 德公使 瓦以壁氏도 該校
에 來參흐다더라.[63]

◉ 德校夏試　昨日 德語學校 夏期試驗에 學部大臣 協辨 學務局長 及 外國語學校長
이 齊會흐얏는디 德公使 瓦以壁氏와 宮內府 醫士 富彦士氏가 來參흐얏더라.[64]

◉ 德醫解雇　宮內府에셔 日本女醫 高橋裕子를 雇聘흔 故로 乙往에 延聘흔 德國 女醫
師 富彦士의 雇聘期限이 洽滿흐야 解雇歸國흐기로 外部에셔 德公舘에 聲明흐얏더라.[65]

다시 겐테의 기록을 보기로 한다.

분쉬

특히 여름 학기말에 치른 시험과 포상은 교육에 효과적이었다.
함부르크 지사 세창양행 사장과 임직원, 독일 영사는 많은 상품을
기증했다. 일등에게는 금시계를, 그 외에 우수한 학생들에게는 은
제 담뱃갑, 시가파이프, 자명종 시계와 각종 생활용품을 상품으로
주었다. 국왕은 학부대신을 보냈으며, 독일 교민들도 전부 참석했
다. 깨끗한 예복을 입고 나타난 학생들만 보아서는 시상식의 비중
이 얼마나 큰지 알 수 있었다. 그들은 비단 옷을 입고 머리와 갓끈에
는 호박단추로 장식을 해서 품위가 있어 보였다.[66]

독일 공사 '瓦以壁'은 Heinrich Weipert(1855~1905)이며, 독일인 의사 분쉬(富彦士,
Richard Wunsch, 1869~1911)[67]는 한국에서 비교적 오랜 기간 근무한 편이지만 그에 관

61　『황성신문』, 1901.12.17.
62　『황성신문』, 1902.2.6.
63　『황성신문』, 1902.6.23.
64　『황성신문』, 1902.6.25.
65　『황성신문』, 1905.4.21.
66　지그프리트 겐테, 앞의 책, 232~233면.
67　R. Wunsch, *Arzt in Ostasien*, Gerturd Claussen-Wunsch(Hrsg.), Krämer 1976; 金玉慶·金鍾大 譯,
　　『高宗의 獨逸侍醫 분쉬博士』, 螢雪出版社, 1982. 이 책은 새 번역이 출간되었다(김종대 옮김, 『고

한 한국 측 기록은 몇 가지 되지 아니한다.

다음에는 졸업식 모습을 보기로 한다.

● 德語學校卒業式 官立 漢城德語學校에셔 再昨日에 第一回 卒業禮式을 設ᄒ고 李仁植氏等 四人의게 卒業狀을 授與ᄒ얏ᄂᆞᆫᄃᆞ 學部 學務課長과 參與官이 來參ᄒ얏더라.[68]

여기서 보듯이 덕어학교는 1898년에 설립되어 1907년에야 제1회 졸업생을 배출하고 있다.[69] 그러나 이미 1902년에 덕어학교의 우등졸업생을 교사로 추천한 독일 측의 문서[70]가 있는 것을 볼 때 그 이전에 졸업생을 배출하였으며, 따라서 이 기사는 잘못 적은 것 같다.

조선에 대한 일본의 세력과 영향이 증대될수록 외국어학교의 학생은 물론 일반 국민들도 일본어를 더 선호하게 된다. 러일전쟁 이후 러시아어도 인기가 떨어지고 상대적으로 독일어교육도 약화된다. 마침내 덕어학교에서 일어를 가르치는 진풍경이 벌어진다.

● 德校日語 德語學校 總教師 佛耶安氏ᄂᆞᆫ 一般學徒가 日語講習홈을 贊成ᄒᄂᆞᆫ 故로 該校內에 日語科를 設實ᄒ고 一週間에 數時間式 教授ᄒ다더라.[71]

한편 다음과 같은 속요도 떠돌아다니고 있었다.

이러(日語)하면 사나? 영악(英學)해야 살지! 영악하면 사나? 노(露)둔해야 살지! 노둔하면 사나? 미(美)욱해야 살지![72]

종의 독일인 의사 분쉬」, 학고재, 1999).
국내에서는 1990년부터 분쉬 의학상이 제정되어 있어 그의 업적을 기리고 있다.

68 『황성신문』, 1907.2.7.
69 李光麟, 『한국개화사연구』, 1985 참조.
70 『구한국외교문서』, 「德原案」 2권, 356면, 제2643호 및 후술 참조.
71 『황성신문』, 1908.4.3.
72 『월탄(月灘) 회고록』. 김명배, 『개화기의 영어 이야기』, 139면에서 재인용.

그러나 『황성신문』은 여전히 구미어의 중요성을 강조한다.

所謂 語學은 日本語에 不過ᄒᆞᄂᆞ데 (…중략…) 今日 日本 文明의 根本은 歐米에셔 模範ᄒᆞᆫ 것이라. 萬一 科學上 智識을 探究코져 ᄒᆞ면 歐米語를 學ᄒᆞ야 歐米文明의 眞相을 觀破치 아니치 못ᄒᆞᆯ 것이어눌 (…중략…) 官立學校는 勿論ᄒᆞ고 各私立學校까지라도 日語로써 外國語의 中心点을 삼고 文明의 鼻祖되ᄂᆞᆫ 歐米各國의 語學을 置之度外ᄒᆞ니 然코 엇지 世界的 智識을 養成ᄒᆞ야 現世紀 活動舞臺에셔 活劇의 演흠을 得ᄒᆞ리오. 世界的 智識의 入道之門은 卽 歐米語니 靑年諸君은 歐米語를 熱心으로 硏究ᄒᆞᄂᆞ 것이 時代要求에 適合ᄒᆞ다 ᄒᆞ노라.[73]

다음의 〈표 6〉에서 보듯이 법어학교와 덕어학교의 입학자 수는 처음부터 많지 않았다. 이것은 독일어의 필요성이 적었다기보다는 한국과 독일의 관계가 밀접하지 않았기 때문이라고 생각된다.

〈표 6〉 한성외국어학교 입학자 수

부 \ 연도		1897	1898	1899	1900	1901	1902	1903	1904	1905	1906	1907	1908	1909	1910
日語部	입학지원자											350	700	950	1,290
	입 학 자			10	8	20	16	14	72	49	46	201	250	174	136
英語部	입학지원자											100	100	145	208
	입 학 자	50	30	20	47	58	53	62	69	62	67	97	94	96	106
漢語部	입학지원자												12	17	45
	입 학 자	120	150	141	82	70	52	34	56	63	47	27	12	17	36
法語部	입학지원자											29	3	9	38
	입 학 자	42	62	73	81	98	100	90	52	45	30	25	3	9	21
德語部	입학지원자											30	18	16	27
	입 학 자		50			40	20	20	20	20	20	30	18	10	17
計	입학지원자											505	833	1,137	1,608
	입 학 자	212	292	244	286	286	241	220	269	239	210	380	377	306	318

출처 : 學部, 『韓國敎育ノ現狀』, 1910.3, 40면.

---

73 『황성신문』, 1909.7.31.

외국어학교령이 공포된 다음 해인 1907년부터 관립한성외국어학교로 명실공히 단독학교로 발족하였다. 종래의 각국어학교는 각각 일어부, 영어부, 한어부, 법어부, 덕어부가 되었다.

1905년에는 장헌식[74]이 관립외국어학교 교장을 역임하였으며, 1906년에는 신해영(申海永, 1870~1909)이 한성일어학교와 법어학교의 교장을 겸임하였다.[75] 1908년에는 일본인 미쓰치 주조(三土忠造)가 3개월 동안 교장직을 맡기도 하였는데 이 시기는 외국어학교에 대해서 '상징적인 시기'였는데 그 까닭은 앞의 〈표 6〉에서 보듯이 일어부의 입학자 수는 피크에 이르고 다른 외국어부의 입학자 수는 급격히 줄어들었다. 그 결과 외국어학교는 일본어학교로서의 색채가 농후해지고 외국어학교는 그 존재의의마저 상실하게 되었다는 평가를 받고 있다.[76]

4. 수업 연한과 교과목

1895년 칙령 제78호로 제정된 외국어학교 관제에 의하면 일본어와 중국어는 3년이며, 영어, 불어, 러시아어, 독일어는 5년이었다.

1909년(융희 3) 관립 한성외국어학교 덕어부의 교과과정과 시수는 〈표 7〉과 같다.[77] 〈표 7〉에서 보듯이, "덕어부는 총 수업시간수 94 중 전문과목에 55(58.5%), 보통과목에 39(41.5%)를 배분하여 전문과목의 비중이 약간 크다. 전문과목에서는 독해의 시간수가 15로 비교적 적으나, 회화에서는 13시간을 배분하여 1·2학년에서 집중적으로 학습하여 말할 수 있는 덕어를 목표로 하고 있다. 그 반대로 문장의 전환은 영

---

74 장헌식(張憲植, 1869~1950)에 관하여는 민족문제연구소 편, 『친일인명사전』, 민족문제연구소, 2009, 373~374면; 최종고, 『한국의 법학자』, 서울대 출판부, 2007, 45~64면; 장세윤, 「장헌식 — 중추원 칙임참의를 20년 간 역임한 일제의 충견」, 『친일파 99인』 1, 돌베개, 1993, 257~260면 참조.

75 겸임 관립 한성일어학교장 법어학교장 사범학교장 학부 편집국장 신해영. 『관보』 제3553호, 1906.9.8; 『황성신문』, 1906.9.9.

76 稻葉繼雄, 『舊韓國の教育と日本人』, 九州大學出版會, 1999, 213면.

77 『관보』 제4512호, 1909.10.23.

學科＼學年		第 1 學年		第 2 學年		第 3 學年	
		時數	程度	時數	程度	時數	程度
修身		1	實踐道德	1	仝左	1	仝左
德語	獨方譯解	6	日常須知의 文字 及 普通文	5	仝左	4	仝左
	會話	6	獨方譯解를 準據홈	5	仝左	2	仝左
	書取	3	獨方譯解를 準據홈	3	仝左	2	仝左
	反譯					3	德文韓譯 韓文德譯
	作文文典			3	品詞篇	4	仝左 及 書翰文
	正字學			3	正字大要	1	仝左
	德詩					2	現時 流行詩
	習字	3	草書				
國語 及 漢文		3	講讀 作文	2	仝左	2	仝左
數學		5	四則	4	仝左 及 小數	3	分數 及 比例
歷史 地理				2	本國歷史 本國地理	4	仝左 仝左 及 外國地理
理科				1	博物 生理	1	物理 化學
體操		3	學校體操	3	仝左	3	仝左
隨意科	日語			(2)	假名 及 簡易口語文	(2)	簡易口語文
計		30		32 (2)		32 (2)	

출처 :『관보』제4512호, 1909.10.23.

어부와 동일하게 경시되었고 최종학년에서는 3시간 학습하는 것뿐이었다."[78]

다시 각 어학부의 교육과정을 비교해 보면, 전문과목의 시간배분은 일어 47, 영어 57, 한어 50, 불어 50, 덕어 55이고, 영어부와 덕어부가 많으며 일어부에서는 비교적 적은 편이다. 일어의 학습시간 수가 다른 과목에 비해 적은 것은 한자를 습득하고 또 한국어와 어순이 같기 때문에 비교적 쉽다는 점이다. 특히 영어와 한어는 독해에 중점을 두고 회화에는 약간의 시간만을 배분하고 있다. 이에 대해서 일어와 덕

---

[78] 古川昭,『舊韓末近代學校の形成』, 202면(이성옥 옮김, 233~234면). 이 책의 원서와 번역서 모두 관보 제4512호를 전재하면서 원문을 그대로 "同上"(원서 202면), "상동"(역서 234면)이라고 하는 데 표를 가로쓰기로 바꾸면 좌가 되기 때문에 주의해야 한다. 역서에는 인명을 한글로만 사용하고 인용한 관보나 자료 등을 원문서와 대조하지 않아서 학술서로서의 정확성에 문제가 있다.

어는 회화에 12~13시간을 배정하여 말할 수 있는 일본어와 덕어를 목표로 하고 있다.

받아쓰기(書取)는 각 어학부가 4~9시간을 할애하나 영어는 받아쓰기를 중시하여 18시간이나 배분한다. 번역은 일어가 좀 더 무게를 두는 것 외에 영어와 덕어에서는 경시되고 있다. 작문은 영어와 불어가 많은 시간을 배분하나 이러는 거의 없고 한어는 제로이다.[79]

직업과 관련된 과목으로 예컨대 법제경제나 부기 같은 과목은 일어부에만 특설되었는데 이는 전문과목의 수업시간 수를 비교적 적게 하였기 때문이다. 이와 관련하여 말만 가르치면 통변만 할뿐이어서 보통학과를 가르쳐야 한다는 주장은 이미 『뎨국신문』에서도 강조하고 있다.[80] 체조는 모두 3시간 동일하며 1907년 군대해산으로 직업을 잃은 전 사관이 병식체조를 지도하였다.

한편 볼얀은 수업내용에 대해서 다음과 같이 말하고 있다.

> 첫째 강의는 말하기, 연습, 쓰기와 읽기, 나중에 받아쓰기 그리고 산수를 포함했다. (…중략…) 나는 내가 강의 방법과 시간에 관한 명료한 계약을 완전히 자유롭게 할 수 있다는 것을 알았다. 매일 4시간 강의가 진행되었다. 한국 학생들은 매우 겸손하고 순종하며 비교적 부지런해서 모든 학생들은 평온한 가운데 똑같이 만족할만한 진보를 하였다.[81]

그러나 한국 정부의 잘못된 인사행정에 대해서 이의를 제기하기도 하였다.

> ● (敎師來函) 日前에 外國語學校 書記官을 趙在榮氏로 敍任ᄒ엿더니 德語敎師 볼之安氏가 學部에 편지ᄒ엿스되 趙氏가 外國言語를 不通ᄒ니 엇지 書記官 職責을 行ᄒ리오 不得遵行이라 ᄒ엿다더라.[82]

이처럼 볼얀은 어려움을 토로하기도 하였다. 다시 앞에서 본 겐테의 수업 참관을 상세히 보기로 한다.

---

79 위의 책, 235면.
80 『뎨국신문』, 1900.4.3.
81 볼얀(J. Bolljahn), 앞의 글, 277면.
82 『황성신문』, 1899.3.21.

덕어학교에서 지리, 수학, 역사 독일 문법과 독일 문학 등 여러 수업에 참관했다. 독일 사람도 습관적으로만 알고 있는 문법 과목을 조선의 젊은이들이 어떻게 이해하는지 정말 신기했다. 시험을 볼 때 교사는 독일어를 사용하고, 어려운 문제를 처음 설명할 때만 조선인 보조교사를 고려해 영어와 조선어로 병행했다.

옆 교실에는 시험 답안지들이 전시되었다. 독어 작문과 받아쓰기, 수학 등 모든 과목이 독일어로 기록되어 있었다. 조선 학생들이 외국인의 도움 없이 잉크로 쓴 고딕체 시험 답안지였다. 나이가 아무리 많은 학생들이라도 이제 겨우 3학년밖에 되지 않았다. 평생 만나본 독일인이라고는 여섯 명도 채 안되는 이 낯선 사람들, 즉 전통 의상을 입은 이들이 주어진 주제에 따라 우리의 언어 우리의 문자로 그들의 생각을 직접 적어 내려갔다니 정말 놀라운 일이다. 받아쓰기 시험 때에는 교사가 임의로 불러주는 선별된 독어 단어들을 우리도 제대로 모르는 정서법에 맞춰 써 내려갔다. 1학년 학생들의 노트를 대충 훑어보니 포가(Lafette), 미학(Ästhetik), 비밀투표하다(ballotieren)같은 아주 까다로운 단어들도 눈에 띄었다. 이런 어려운 단어들을 받아쓸 때면, 아무리 '의연한' 삼류 작가들이라도 정의감에 불타 손에 든 펜이 떨릴 것이다. 아직 해답의 지침이 될 만한 한독사전도 없어 학생들이 직접 표현한 작문의 내용이 단순한 것은 자명한 일이다.[83]

계속하여 겐테는 구두시험을 예로 들면서 당시의 모습을 자세하게 전하고 있다.

교사가 우선 한 학기 동안 배운 시들을 선별하고 그중에서 영사가 임의로 다시 몇 편의 시를 골랐다. 이 시들은 1학년에 다니는 여러 학생들이 암송하는 것이다. 교사가 제목을 말하자 열심히 공부한 것을 보여주기 위해 독일 학생들처럼 자신 있게 손을 높이 번쩍 들었다.

첫 번째 시는 괴테의 '어부'였다. 근사하게 머리를 땋은 미혼의 젊은이가 겸손하게 발표했다. 이제 겨우 일 년 반 배운 학생이지만 발음이 약간 어색한 것 외에는 상당히 잘 외었다.[84]

또 시험과 상품에 관한 기사도 보인다.

---

83 지그프리트 겐테, 앞의 책, 233면.
84 위의 책, 234면.

● 작일에 덕어학교에서 학원에 ᄒᆞ기 시험을 힝ᄒᆞ엿ᄂᆞ디 학부 대신 협판 학무국쟝 덕국 공ᄉᆞ 궁ᄂᆡ부 찬무원 셰챵양힝 샹민들이 회동ᄒᆞ엿다 ᄒᆞ며 금일은 ᄯᅩ 비지 학당에 셔 ᄒᆞ기 시험을 혼다더라.[85]

○ 일 영 덕 아 법 한어학교 학도를 ᄒᆞ기 시험ᄒᆞ야 우등 칠십 여인을 작일 학부에서 일제 회동ᄒᆞ야 대한 디지 만국 디지 ᄌᆞ명죵 우산 연필 류병 큰공칙 각 ᄒᆞᆫ 벌식 샹급흔 후에 학부 협판 리ᄌᆞ곤씨가 학업상 긴요흔 지츄를 연셜ᄒᆞ고 다과를 ᄂᆡ야 교관과 학도 를 디졉ᄒᆞ엿다더라.[86]

● 무관학교에서 덕어와 법어를 ᄀᆞ셜ᄒᆞ기로 마련ᄒᆞ고 법어 교ᄉᆞ는 ᄆᆞ태을씨와 덕 어 교ᄉᆞ는 볼지암씨를 고빙ᄒᆞ야 학도를 ᄀᆞᄅᆞ친다더라.[87]

○ 각 학교 샹급) 각 어학교 학도 중 우등인의 반ᄎᆞ를 명ᄒᆞ엿ᄂᆞ디 ○덕어 학도ᄂᆞᆫ 一 반에 三인 二반에 四인이고 ○일어 학도ᄂᆞᆫ 一二三반에 각 三인식이고 ○한어 학도ᄂᆞᆫ 一二三반에 각 三인식이고 ○아어 학도ᄂᆞᆫ 一二三반에 각 二인식이고 ○영어 학도와 법어 학도ᄂᆞᆫ 一二三반에 각 三인식인디 학부에서 그 학도들의게 셩죵(聲鍾)과 우산과 각식 연필과 태셔신ᄉᆞ 칙과 공법회통 칙과 대쇼 공(空)칙 등물노 샹급ᄒᆞ엿다더라.[88]

시상식에 관하여 겐테는 다음과 같이 기록하고 있다.

시상식을 할 때 학부대신은 학생들 외에는 아무도 이해하지 못하는 유창한 조선어 로 긴 연설을 했다. 독일 영사와 교사가 학생들을 격려하는 찬사로 행사는 마무리되 었다. 시상식은 화기애애한 분위기였다. 상을 받지 못한 학생들도 시샘 없이 순수한 마음으로 친구들을 축하하며 기쁨을 함께 나누었다. 대신이 기증한 샴페인으로 즉석 에서 조촐하나마 즐거운 다과회가 열렸으며, 이곳의 교사와 보조교사들도 함께 참여 했다. 그들은 눈처럼 하얀 아마포와 노란 비단으로 만든 예복을 정성스럽게 차려입 고 사람들을 지혜롭고 점잖은 시선으로 바라보고 있었다.[89]

---

85 『뎨국신문』, 1900.6.28.
86 『뎨국신문』, 1900.7.7.
87 『뎨국신문』, 1901.4.18.
88 『독립신문』, 1899.7.7.
89 지그프리트 겐테, 앞의 책, 235~236면.

그러나 조선이 일본의 보호국으로 전락한 이후에는 외국어학교의 교과목도 크게 바뀐다. 즉 학과목은 수신, 국어 및 한문, 외국어(일중영불독 중 택일), 수학, 지리, 역사, 이과, 법제, 경제, 부기, 체조, 수의(隨意) 과목(日英)으로 되어 있다.[90]

한일합병 이후에도 외국어학교는 존속하다가 1911년 9월의 새로운 학제로 개편함에 따라서 폐지된다. 이에 관한 『매일신보』의 보도 몇 가지만 적어본다.

● 敎育令과 特種學校　今回에 發布된 新學制는 十一月 一日브터 實施홀 터인디 該令을 實施ㅎ는 同時에 法學校 及 外國語學校 工業傳習所 農林學校 等의 特種學校 는 如何히 處分홀는지 是는 姑未詳知ㅎ디 旣爲 當局에서는 此等 所屬의 變更 又는 設 廢에 關ㅎ야 一切 確定훈 바가 有훈즉 不遠에 發表되리라더라.[91]

● 各學校의 組織變更　敎育令에 伴훈 諸般 付則은 勅令으로써 去 十一日 官報로 發表ㅎ야 十一月 一日브터 實施홀 터이라는디 此 結果로 朝鮮由來의 敎育機關은 大 히 變更된지라. 今에 其 大要를 得聞훈즉 左와 如ㅎ더라.

○ 法學校는 京城專修學校로 校名을 變更ㅎ고 敎授科目 等은 前日과 大差가 無 ㅎ고

○ 外國語學校는 此를 廢止ㅎ고 京城高等普通學校에 在來의 生徒를 收容홈[92]

● 學校職員任命期　京城專修學校, 高等普通學校 及 其他 各 學校의 校長 及 敎職員 의 任命은 該 學校規則이 十一月 一日브터 實施홀 터인즉 同日 官報로 發表ㅎ리라는 디 其 人選은 太半 由來의 人員으로 任用ㅎ다더라.[93]

여기서 보듯이 한일합병 이후 일제는 외국어학교를 비롯하여 각종 학교의 기구와 명칭을 변경하고 외국어학교는 경성고등보통학교에 수용된다.[94] 이는 단순히 기구와 명칭의 변경으로 끝나는 것이 아니라 조선총독부의 행정 전반에 걸친 난맥상으로 비단 외국어교육뿐만 아니라 다른 분야에서도 통치능력의 무능이 서

---

90 『대한매일신보』, 1907.4.27.
91 『매일신보』, 1911.9.15.
92 『매일신보』, 1911.10.14.
93 『매일신보』, 1911.10.20.
94 『매일신보』, 1911.10.14.

서히 나타나기 시작하는 것이다.

그 밖에 덕어학교에 관한 기사는 발견되지 않는다.

5. 교수진

관립외국어학교의 교직원 수는 설립 연대와 학생 수 등에 따라 차이가 있으나 1907
년 현재 학부 직할 학교의 교직원 수는 성균관과 보통학교를 제외하고 다음과 같다.[95]

〈표 8〉 학부 직할 학교의 교직원 수

학교명	학교장	학감	교수 및 부교수	학원감	훈도 및 부훈도	서기
관립한성사범학교	1인	1인	9인	2인	6인	2인
관립한성고등학교	1인	1인	10인	1인		1인
관립한성외국어학교	1인	1인	29인	5인 이내		5인 이내
관립인천일어학교	1인	1인	5인	1인		1인
관립평양일어학교	1인	1인	4인	1인		1인

출처 :『관보』호외, 1907.12.18.

여기서 보듯이 관립한성외국어학교의 교수 및 부교수의 수는 전체 29인이며
각 어학부의 규모에 따라서 인원이 배정되었을 것으로 생각된다.

〈표 9〉에서 보듯이, 한성일어학교 298명, 영어학교 158명인 데 반하여 법어학
교 26명, 덕어학교 29명으로 한어학교 72명의 절반에도 못 미치는 적은 숫자이다.
외국인 교원 중 한어, 영어, 법어, 덕어학교의 4교를 제외한 기타 각 학교는 本邦人
(일본인) 교사만이다.

95　칙령 제56호 학부직할학교직원정원령,『관보』호외, 1907.12.18.

<표 9> 외국어학교 직원 및 생도

명칭	소재지	직원(한국인)	교원(외국인)	생도
성균관	경성	4	—	30
한성사범학교	동	5	3	70
한성고등학교	동	8	3	155
한성일어학교	동	8	4	298
인천일어학교	인천	4	2	80
평양일어학교	평양	2	3	126
한성한어학교	경성	4	(청국인) 1	72
한성영어학교	동	6	(영국인) 2	158
한성법어학교	동	4	(불국인) 1	26
한성덕어학교	동	4	(독일인) 1	29

출처:『제1차 통감부 통계연보』, 1907.

<표 10> 외국어학교 교원, 생도, 졸업생　　　　　　　　　　　　　　　　각년 12월 말일

연도	학교 수	교원 수				생도 수	연차내 졸업생	경비 예산액
		일인	한인	외국인	계			
메이지 42년 (1909)	1	6 × 1	24 3	4	34 4	443	106	42,252円
메이지 41년 (1908)	3	10 × 1	29 ×	4	43 × 5	694	96	53,340円

출처 : 조선총독부,『제3차 시정연보』, 1909.

　　여기의 1908년 학교 수는 관립 인천 및 평양일어학교를 포함하며 ×표는 촉탁교원이다.

　　다음에 관보를 비롯하여 당시의 각종 신문이나 잡지에 보도된 자료를 토대로 하여 덕어학교에 관련된 인사를 추려보면 다음과 같다. 먼저 독일인 볼얀에 관한 기사를 정리해 본다.

1) 볼얀

먼저 1897년 9월 24일 외부대신 민종묵(閔種默, 1835~1916)이 덕국 영사 크리인(國麟, Ferdinand Krien)[96]에게 보낸 덕어교사의 초빙에 관한 외교문서는 다음과 같다.

1776. 德語敎師의 招聘事(謄 16冊)
(發) 外部大臣 閔鍾默   光武 元年(1897).9.24
(受) 德國領事 國麟
照會 第14號

大朝鮮外部大臣閔種默, 爲照會事, 照得, 本月二十二日, 接准我學部照會, 內開, 敝部直轄學校中, 英·美·俄·法·日·淸 等語學校, 已經設立, 而唯德語者尙未創設立, 德語學校準于來年一月一日開學, 特是延聘德語敎習, 本地覺無應聘之人, 應請貴部, 照會德國公使,

이 문서의 내용은 어학교사가 다른 외국어학교는 다 있는데 유독 덕어학교만은 없다. 그리하여 1898년 1월 1일을 기해서 개설하려고 하니 그 이전에 교사를 초빙할 수 있게 해 줄 것이며, 가까이 청국, 일본 등지에 있는 사람이면 좋고, 만일 그것마저 여의치 않으면 본국에서라도 초빙케 해 달하는 것이다. 따라서 이를 통해 덕어학교의 개교예정은 1898년 1월 1일이었으나 교사초빙으로 시일이 몇 개월 지연된 것으로 보인다.

이 문서에 대한 크리인의 답장은 다음과 같다.

요하네스 볼얀(Johannes Bolljahn)

---

96 크리인에 관하여는 크나이더, 앞의 책(주1), 277~278면; 최종고, 『한국법과 세계법』, 교육과학사, 1989, 100면.

1780 德語教師의 招聘計劃에 대한 照覆

(發) 德國領事 國麟

(受) 外部大臣 閔種默 　　　　　　　　　　　光武 元年(1897).9.28

Konsulat des Deutschen Reiches für Korea

Söul, den 28. September 1897

Euer Exzellenz beehre ich mich den Empfang des sehr gefälligen Schreibens vom 23ten d. Mts. womit Sie mich zu meiner grossen Befriedigung benachrichtigen, dass das Königlich Koreanische Unterrichtsministerium beschlossen hat, am 1ten Januar 1898 eine Deutsche Schule einzurichten, und mich ersuchen, eine geeignete Persönlichkeit als Lehrer an derselben auszusuchen, mit verbindlichsten Danke ganz ergebenst zu bestätigen.

Euer Exzellenz gestatte ich mir darauf ergebenst zu erwidern, dass ich nicht verfehlen werde, der Kaiserlichen Regierung diese wichtige und erfreuliche Nachricht vorzutragen und zuförderst bei den Deutschen Behörde in Japan und China anzufragen, ob sich in diesen Ländern eine passende Person zu Leitung der Schule, befindet.

Inzwischen darf ich Euer Exzellenz ganz ergebenst bitten, mir die Bedingungen, unter denen Ihre hohe Regierung bereit ist, den Lehrer der Deutschen Sprache anzustellen, sehr gefälligst mittheilen zu wollen.

Ich benutze diese Gelegenheit Euer Exzellenz die Versicherung meiner vorzüglichsten Hochachtung zu erneuern.

F. Krien

An Seine Exzellenz den Königlich Koreanischen Minister der Auswärtigen Angelegenheiten
　　　Herrn Min

J. No. 421 　　　　　　　　　　　　　　　Söul.

이 크리인의 답서 중에는 청국과 일본에 적당한 인물이 있는지 알아보겠는데, 귀국 정부의 조건이 어떤지 알고자 한다고 조회해 왔다. 구체적으로 말하면 어떤 대우인가를 묻고 있다.

1897년 10월 26일 자로 크리인은 덕어교사 볼얀을 추천하고 있다.[97]

1794 덕어교사 뽈지얌이의 추천
    (발) 덕국영사 国麟
    (수) 외부대신 閔鍾默   광무 원년(1897) 10월 26일

Konsulat des Deutschen Reiches für Korea

                        Söul, den 26. Oktober 1897

Euer Exzellenz beehre ich mich im Verfolg meines Schreibens vom 28ten v. Mts. betreffend die Eröffnung einer Deutschen Spachschule in Söul ganz ergebenst zu benachrichtigen, dass ich Ihrem Ersuchen vom 23ten v. Mts. entsprechend in Japan und China Erkundigungen eingezogen und einen durchaus geeigneten Lehrer in Tokio gefunden habe. Es ist dies der Deutsche Reichsangehörige J. Bolljahn, der in Deutschland die Prüfung als Lehrer an Deutschen Mittelschulen bestanden hat und gegenwärtig in der höheren Mittelschule zu Tokio in der Deutschen Sprache und anderen Fächern Unterricht erteilt.

Herr Bolljahn ist bereit, die Stelle als Lehrer an der in Aussicht genommenen Deutschen Schule anzunehmen, wenn die Vertragsbedingungen ihn befriedigen. Auf der Deutschen Gesandtschaft zu Tokio wird ihm ein sehr günstiges Zeugnis ausgestellt. Denn er ist länger als sieben Jahren dort thätig gewesen und hat sich stets als einen tüchtigen Lehrer und ehrenwerthen Mann bewiesen. Er würde sich demnach als Lehrer an der hiesigen Sprachschule meiner Ansicht nach vorzüglich eignen.

Euer Exzellenz darf ich deshalb ganz ergebenst bitten, mir den in Ihrem Schreiben vom 23ten v. Mts. versprochenen Entwurf zu einem Engagements-Vertrage gefälligst bald zusenden zu wollen.

Ich benutze diese Gelegenheit, Euer Exzellenz die Versicherung meiner vorzüglichsten

---

97 「德原案 1」, 『구한국외교문서』 제15권, 문서번호 1794호, 709면.

Hochachtung zu wiederholen.

F. Krien

An den Koreanischen Minister der Auswärtigen Angelegenheiten

Herr Min

J. No. 455   Exzellenz   Söul

이 문서에서 보듯이 J. Bolljahn을 '뽈지얌'이라고 표현하고 있다. 이에 대해서 '볼리얀'이 정확하다는 견해도 있으나,[98] 흔히 사용하는 '볼얀'으로 통일하기로 한다.

이 문서에 의하면, 덕국 영사 크리인이 일본과 청국에 조회한 결과, 도쿄에서 적당한 인물을 찾았다는 것. 그 사람은 독일 국적을 가진 볼얀이며 그는 독일에서 중학교 교사시험에 합격하였고, 현재는 도쿄의 고등학교에서 독일어와 기타 과목을 교수하고 있으며, 또 도쿄에서 7년 이상 근무하였을 뿐만 아니라 유능하고 존경받을 만한 사람이라는 평가받고 있다고 소개하고 있다. 볼얀은 한마디로 독어교사로서 정규 교육을 받은 사람이다.

당시 우리나라의 외국어교사들의 출신을 보면 다양하였다. 예컨대 영어학교의 할리팩스(T. E. Hallifax)가 전신기사였고, 법어학교의 에밀 마르텔(É. Martel)이 묄렌도르프(Paul Georg von Möllendorff)[99] 밑에서 상하이 세관에서 근무하였고, 아어학교의 비루코프(Birukoff)가 예비역 포병대위였던 점을 고려해 볼 때 덕어학교의 교사는 보다 정규 교육을 받은 사람이었다고 생각된다.

덕원안(德原案)[100]에는 그 밖에도 덕어교사와 관련된 문서들이 있으나 그다지 중요하지 않은 것들이다. 그 후 볼얀의 채용결정에 대한 언급은 없지만 덕어학교가 1898년 9월 24일에 개교한 것으로 보아 처리된 것으로 생각된다.

---

98 김정진, 「한국 독일어 교육의 비평사적 고찰」, 『독일문학』 제11집, 1971, 41면.

99 묄렌도르프에 관하여는 김재관 편, 『묄렌도르프』, 현암사, 1984; 이영석, 「Paul Georg von Möllendorff 와 한국」, 『독어교육』 제24집, 2002, 427~452면; 고병익, 『동아시아의 전통과 근대사』, 삼지원, 1984; R. von Moellendorff, *P. G. von Moellendorff-Ein Lebensbild*, Leipzig : Otto Harrassowitz 1930(신복룡·김운경 옮김, 『묄렌도르프 문서』, 평민사, 1987); Yur-Bok Lee, *West goes East-Paul Georg von Möllendorff and Great Power Imperialism in Late Yi Korea*, Honolulu : University of Hawaii Press, 1988 참조.

100 권오현, 『구한말의 한독 외교문서 「德案」 연구』, 서울대 출판부, 2008 참조.

덕원안 제2093호에는 덕어교사의 여행증 신청(1899.7.13), 그리고 제2643호에는 덕어학교 졸업생 가운데 우수자 추천이 그 내용으로 되어 있는데 그 원문은 다음과 같다.

(발) 덕국 영사 瓦以壁
(수) 외부대신 임시서리 兪箕煥　　　　　광무 6년(1902) 4월 8일

敬啓者 玆由德語學校 教師指名之該校卒業生四人, 左開仰佈, 該四員皆堪任貴部飜
譯官之職. 而秦秀爲最優秀云耳, 곤此, 乃頌台安
四月 八日 瓦以壁 左開
秦秀, 柳瑰, 崔東洙, 朴在純

이 문서는 외부에 대해 덕어번역관 임명을 요청한 후에(제2622호) 덕국 영사관에서 일방적으로 취한 조치로서 덕어학교 우등졸업생 4명을 추천하고 있다. 앞서 본 이광린의 외국어학교 일람표에 의하면 이 중 진수와 류문은 우등 졸업생이라고 생각된다.

또 이 문서의 발신일이 1902년 4월 8일이니 개교한 지 5년 만에 4명의 졸업생을 배출한 셈이다. 또 1911년 11월 1일 자로 폐교되기까지 전체 5명의 졸업생을 내었으니 1902년부터 1911년 사이에 졸업한 사람은 1명뿐이다. 이렇게 볼 때 1902년 이전까지는 볼얀 혼자서 교수하였고, 이 문서가 작성된 1902년에 덕어학교 졸업생 운운 한 사실로 보아서 1908년 5월에 덕어학교 1회 졸업생을 내었다는 이광린의 주장은 잘못된 것이라고 생각된다.[101]

이들 우등졸업생들은 칙령으로 우대를 받았으며,[102] 외부의 번역관으로 추천되었으나 진수와 류문은 번역관에 임용되지 않고 모교의 교관이 된 것으로 보인다.

덕원안 제2876호는 변리공사 잘데른(謝爾典, Conrad von Saldern, 1847~1909)이 외부대신 이도재에게 보낸 것으로 덕어교사 볼얀에 대한 봉급인상을 그 내용으로 하며 원문은 다음과 같다.

---

101 김정진, 「한국 독일어 교육의 비평사적 고찰」, 『독일문학』 제11집, 1971, 43면.
102 칙령, 『관보』 제1716호, 1900(광무 4년).10.27 참조.

제2876호 덕어교사 볼리얀에 대한 봉급인상 건

(발) 덕국변리공사 謝爾典

(수) 외부대신　李道宰　　　　　　　　光武 7년(1903) 6월 13일

Söul, den 13. Juni 1903

Kaiserliche Deutsche Legation Soeul

J. No. 488

Herr Minister!

Nachdem der Lehrer an der von der Kaiserlich Koreanischen Regierung hier unterhaltenen Deutschen Sprachschule Herr J. Bolljahn nunmehr der Koreanischen Regierung eine Reihe von Jahren gute Dienste geleistet hat, glaube ich, dass es angezeigt erscheint, ihm eine Gehaltserhöhung zukommen zu lassen.

Ich möchte Eure Excellenz daher bitten, bei dem Herrn Minister des Oeffentlichen Unterrichts vorstellig zu werden, damit Herrn Bolljahn vom 1. Juli d. J. an eine Zulage gewaert werde, und zwar von 25 Yen monatlich im ersten Jahre, welche im 2ten Jahre auf 50 Yen monatlich, im 3ten auf 75 und nachher 4ten auf 100 Yen monatlich erhoeht wuerde, sodaß Herr Bolljahn dann d. h. im 4ten Jahre im Ganzen 400 Yen monatlich zu bekommen, und, sobald dieses Maximum erreicht, eine Erhoehung nicht mehr stattzufinden haette.

Eine solche Regelung erscheint mir gerecht zu sein und ich bitte Sie die Angelegenheit in diesem Sinne dem Herrn Minister des Oeffentlichen Unterrichts zu unterbreiten.

Genehmigen Eure Excellenz die Versicherung meiner ausgezeichnetsten Hochachtung.

von Saldern

Seine Excellenz dem Minister des Aeuszern

Herrn Yi To Chae.

같은 덕원안 제2880호의 내용은 봉급인상을 요구한 사실이 신문에 보도된 데 대한 다음과 같은 항의이다.

제2880호 덕어교사 봉급인상요구사의『황성신문』게재에 대한 항의

(발) 덕국 변리공사 謝以典

(수) 외부대신　　李道宰　　　　　　　　光武 7년(1903) 6월 22일

Soeul, den 22. Juni 1903

Kaiserlich Deutsche Legation, Soeul

J. No. 502.

Eure Excellenz!

Ich habe Ihr Schreiben vom 19. Juni bekommen, in welchem Sie mir mitteilen, dass das Gehalt des Herrn Bolljahn nicht erhoeht werden kann, weil es unmöglich sei das Gehalt eines Lehrers allein zu erhöhen während noch andere Lehrer vorhanden seien. Ich bitte dem Herrn Minister der Oeffentlichen Arbeiten die Sache noch einmal vorzulegen. Ich habe bevor ich Ihnen geschrieben mit meinem Französischen und meinem Britischen Kollegen gesprochen und ich weisz, dass, mein Französischer Kollege auch für Herrn Martel jetzt eine gleiche Gehaltserhöhung beantragt hat und der Groszbritannische Minister hat gesagt, dass er derselben Absicht wie wir sei, dass aber der Englische Lehrer erst zu kurze Zeit in Koreanischen Diensten sei, um schon jetzt eine Gehaltserhöhung für ihn zu beantragen; wenn er länger gedient habe, solle auch für ihn der gleiche Antrag gestellt werde.

Ich ersuche daher die Gehaltserhöhung für Herrn Bolljahn noch einmal mit dem Antrag für Herrn Martel zugleich in Erwägung zu ziehen.

Gleichzeitig muss ich bei Euerer Excellenz schwer beklagen. Das was ich Ihnen wegen Herrn Bolljahn geschrieben habe, hat gleich darauf in der Zeitung gestanden. Ich schicke Ihnen das Zeitungsblatt hiermit ein. Ich schreibe Ihnen nicht, damit die Zeitungen erfahren, dass ich Ihnen schreibe. Wenn Sie Ihre Vertreter in Berlin, London und St. Petersburg fragen werden, werden Sie auch erfahren, dass das was die Fremden Gesandten an die dortigen Auswärtigen Minister schreiben nicht in die Zeitungen kommt. Ich würde mich in Berlin beklagen müssen, wenn in einer mehr wichtigen Sache wie die der Gehaltserhöhung eines Lehrers ebenfalls die Zeitungen von dem Inhalt unseres Schriftwechsels erfahren.

Genehmigen Sie, Herr Minister, die Versicherung meiner vorzüglichsten Hochachtung.

von Saldern

Seiner Excellenz dem Minister des Aeuszern

Herrn Yi To Chae.

또한 제3024호는 덕어교사 사택료의 증액에 관한 것이며,[103] 제3031호는 이를 독촉하는 내용이다.[104] 제3024호의 내용은 다음과 같다.

제3024호 덕어교사 사택료의 증액요구

(발) 덕국 변리공사 謝以典

(수) 외부대신   李夏榮

光武 9년(1905) 6월 14일

Soul, den 14. Juni 1905

Kaiserlich Deutsch Minister-Residentur in Korea.

J. No. 426.

Die Lehrer, welche an den von der Kaiserlich Koreanischen Regierung unterhaltenen Schulen europäischer Sprachen angestellt sind, bezogen bisher sämtlich eine Wohnungsgeld-Entschädigung von monatlich 30 Yen. Seit etwa 6 Monaten ist nun dieser Wohnungsgeldzuschuss für Herrn Frampton, den ersten Lehrer der englischen Schule auf 50 Yen erhöht worden. Herr Frampton ist ungefähr 3 Jahre in Koreanischen Diensten, während Herr Bolljahn der Deutschen Schule schon 7 Jahre hier vorsteht.

Es ist nicht einzusehen, weshalb der eine Lehrer mehr bekommen soll als der andere. Was dem einen recht, ist dem anderen billig. Da die Bemühungen des Herrn Bolljahn beim Minister des öffentlichen Unterrichts, dasselbe Geld wie Herr Frampton zu bekommen, bisher erfolglos geblieben sind, so bitte ich Euer Excellenz das Erforderliche zu veranlassen, damit der Deutsche Lehrer ebenfalls 50 Yen monatliches Wohnungsgeld erhält.

Für eine Antwort würde ich Euere Exzellenz dankbar sein. Genehmigen Euere

---

[103] 『덕원안』 2권(제3024호), 603면.
[104] 『덕원안』 2권(제3031호), 608면.

Exzellenz die Versicherung meiner ausgezeichneten Hochachtung.

von Saldern

Seiner Exzellenz dem Minister der Auswärtigen Angelegenheiten
Herrn Yi Ha Yung.

이러한 문서들은 독일 정부의 입장 내지는 볼얀 개인의 문제에 관한 것이기는
하지만 당시의 정치적·외교적인 상황도 아울러 검토해야 할 것이다.

이처럼 볼얀(J. Bolljahn)의 이름은 한글로는 뿔쟌, 볼지암, 한자로는 佛耶安으로
표기한다. 그는 한국으로 오기 전에 이미 일본의 고등학교에서 9(또는 7)년간 교사
로서 근무한 경력을 가지고 있다.[105] 1898년 7월 23일에 내한한 그는 덕어학교의
설립 당시부터 교사로 참여하였으며 그에 관한 기사는 다음과 같다.

◉ (敎師延期) 學部에서 德語敎師 馬太乙 培材學堂 敎師 亞扁薛羅 仁港 日語敎師
巖崎 氏等의 雇聘年限이 今月 一日에 滿ᄒ얏기로 外部에 照會ᄒ고 加一年 合同을 更
定ᄒ얏더라.[106]

여기의 ‘馬太乙’은 에밀 마르텔(Émile Martel, 1874~1949)[107]로서 법어교사(法語敎

---

105 메이지 초기 일본에 온 고빙외국인에 관하여는 Ardath W. Burks(ed.), *The Modernizers-Overseas
    Students, Foreign Employees, and Meiji Japan,* Boulder, Colo. : Westview Press, 1985; Hazel J. Jones,
    Live Machines-Hired Foreigners and Meiji Japan, Vancouver : University of British Columbia Press,
    1980; Noboru Umetani, *The Role of Foreign Employees in the Meiji Era in Japan,* Tokyo : Institute of
    Developing Economies, 1971; Edward R. Beauchamp, *An American Teacher in Early Meiji Japan,*
    Honolulu : University Press of Hawaii, 1976; Edward R, Beauchamp·Akira Iriye(eds.), *Foreign
    Employees in Nineteenth-century Japan,* Boulder : Westview Press, 1990; Neil Pedlar, *The Imported
    Pioneers-Westerners to helped Build Modern Japan,* New York : St. Matin's Press, 1990; Pat Barr, *The
    Deer Cry Pavilion-A Story of Westerners in Japan 1868~1905,* New York : Harcourt, Brace &
    World, 1969 등 참조.
    일본 문헌은 梅溪昇, 『お雇い外國人－明治日本の脇役たち』, 講談社, 2007; 梅溪昇, 『お雇い外國人
    の政治·法制』, 1974; 今井壓次, 『お雇い外國人』, 麗島出版會, 1975 등 참조. 그러나 위의 책과 武
    內博, 『來日西洋人名事典』, 日外アソシエート, 1995과 ユネスコ東アジア文化硏究センター 編, 『資
    料御雇外國人』, 小學館, 1975 등에서는 볼얀의 이름을 찾을 수가 없었다. 반면에 『明治期外國人敍
    勳史料集成』 제5권, 1991, 420~421면에는 ‘元漢城外國語學校ドイツ語敎師’라고 적혀 있다.
106 『황성신문』, 1900.5.3.
107 상세한 것은 김효전, 『서양 헌법이론의 초기수용』, 철학과현실사, 1996, 325면 이하 참조.

師)였으므로 오자가 틀림없다. 인천의 일어교사로서는 이와자키(岩崎厚太郞)와 오카쿠라(岡倉由三郎) 등이 있다.[108]

또 독일 상인들은 덕어학교에 많은 관심을 보인 것이 나타난다.

◉ (德校教官) 德語學校 教官이 有闕호기로 學部에서 該校 學員中 優等生 四人을 試才 選任호다더라.[109]

○ 덕어학교 교사 볼지암 씨가 동셔양 각국 디지를 가라치는대 일본 디지가 모호하야 분명치 못한 고로 금일 밤에 덕공사와 학부 관인을 학교로 청하고 일본 디지 보는 환등기를 운동호야 그 실디를 보게 혼다더라.[110]

◉ 教官試取 昨日 學部에셔 德語學校 教官을 試取호는디 該校 教師 佛耶安氏와 學部大臣이 會同試才하더라.[111]

● 日函外部 日公使(林權助)가 外部에 公函하얏스되 德語教師 佛耶安氏의 續合同一事을 與英語教師로 同式 續聘하는게 恐合安宜라 하얏더라.[112]

● 各學開學 各 學校에셔 四日前붓터 開學호는디 德語教師 佛耶安氏는 韓德 兩國 交際上에 德語가 無홈으로 尤極發憤호야 學徒에게 書冊 等件을 頒給호고 一場演說호야 受業을 懇切히 勸勉혼다더라.[113]

● 德師續聘 學部에셔 外部에 照會호얏는디 德語學校教師 佛耶安 續聘事로 請議政府호와 奏蒙制可事로 現承政府指令호얏습기 該合同 四件을 伴送호오니 由貴部 捺章後 轉致德公舘호야 幷與該教師로 署押케 호라 호얏더라.[114]

● 佛氏歸國 現○ 駐韓德領事舘 書記生 佛令巨馬與氏의 子(日女所生)는 年 今 十六에 日語 法語 英語는 能解하나 德語는 全然 不解하는 故로 韓國 德語學校 教師 佛耶安氏의게 半年이나 受學호다가 韓美電氣會社의셔 視務호는디 月給이 百餘元이라. 然而 實地 工夫호기 爲호야 請願호고 本國으로 發程호얏다더라[115]

---

108 이들에 관하여는 稻葉繼雄, 앞의 책, 1999, 250~262면 참조.
109 『황성신문』, 1900.5.31.
110 『뎨국신문』, 1900.11.30.
111 『황성신문』, 1904.3.31.
112 『대한매일신보』, 1905.8.19.
113 『대한매일신보』, 1905.9.5.
114 『대한매일신보』, 1905.10.22.

● 德師視察　官立漢城外國語學校 教師 德人 보리안氏가 本月 二拾七日에 京城에셔
發行ᄒ야 平壤에셔 雲山을 經ᄒ야 新義州 地方을 視察ᄒ다더라.[116]

● 孫嬢餞宴　不遠間 歸國ᄒᆯ 佛國人 孫澤嬢氏ᄂ 去 三日 午後 七時에 李允用, 李明
九, 李龍文, 高義誠, 李相弼氏 以下와 宮中에 關係가 有ᄒᆫ 官吏 十餘名과 佛國人 포리
안 等을 自邸에 招待ᄒ야 留別會를 開ᄒ고 一夜를 宴樂ᄒ다가 翌日 午前 一時에 散會
ᄒ얏다더라.[117]

불얀은 아마 1906년 4월에 개통된 경의선 철도를 이용하였을 것이다.[118]

그는 한국의 교육제도에 관한 글을 쓰기도 하였다.[119] 그 밖에도 한국에 관한
몇 편의 글이 있다.[120]

불얀은 1908년 6월 외국어학교 교사 할리팩스(奚來百士, Hallifax), 프램톤(夫岩敦,
Framton), 마르텔(馬太乙, Martel) 그리고 두방역(杜房域)과 함께 팔괘장(八卦章) 훈장을
받기도 하였다.[121] 그는 법어학교 교사인 마르텔 가와 친분이 두터웠으며, 내한
당시 30세가량의 독신으로 재한 외국인들 사이에 원만한 인간관계를 유지하고 있
었으며, 1910년까지 공식적으로 교직에 몸담고 있었다고 한다. 한일합병 이후에
도 계속 한국에 체류하다가 1918년 제1차 세계대전이 강화조약으로 종결되자 귀
국했다고 한다.[122] 그러나 그에 관한 기사나 보도는 발견되지 않는다.

---

115 『대한매일신보』, 1906.9.1. 佛令巨馬輿는 Robert Hans Carl Brinckmeier(1840~1930). Kneider, 앞
　　의 책, 273면.
116 『황성신문』, 1909.3.21.
117 『황성신문』, 1909.9.7.
118 경의선 개통식에 관한 보도는 『대한매일신보』, 1906.4.3 참조.
119 J. Bolljahn, Das koreanische Schulwesen, in : *Deutsche Zeitschrift für ausländisches Unterrichtswesen*, Jg. 5,
　　1900.3, S.193~209. 이 글의 원문과 김성은의 번역은 「한국의 교육제도」, 이화여대 한국문화연구원, 『대
　　한제국연구』 III, 1985, 100~131면 참조. 또한 홍순호 옮김, 「불얀이 본 한국의 교육제도」, 이화여대 한국
　　문화연구원 편, 『20세기 전반기 한국사회의 연구』, 백산자료원, 1999, 267~286면에도 수록되었다.
120 예컨대 Korea, Land und Leute, in : *Zeitschrift für Missionskunde und Religionswissenschaft*, Jg. 14, 1899,
　　S.353~360; Das Schulwesen in Korea, in : *Zeitschrift für Philosophie und Pädagogik*, 1899, S.125~127;
　　Das koreanische Schulwesen, in : *Deutsche Zeitschrift für ausländisches Unterrichtswesen* 5, 1900,
　　S.193~209; Koreanische Sitten und Bräuche, in : *Zeitschrift für Missionskunde und Religionswissenschaft*,
　　Jg. 15, 1900, S.65~77; Anfänge der protestantischen Mission in Korea und ihr gegenwärtiger Stand, in :
　　Zeitschrift für Missionskunde und Religionswissenschaft, Jg. 15, 1900, S.257~264; Korea, in : *Zeitschrift
　　für Missionskunde und Religionswissenschaft*, Jg. 20, 1905, S.205~207 등이 있다.
121 『관보』, 1908.6.16; 『황성신문』, 1908.6.21.
122 홍순호, 「대한제국시대의 한독관계」, 이화여대 한국문화연구원 편, 『대한제국사연구』, 백산자료

최근 볼얀(1862~1928) 탄생 150주년을 기념하여 그의 고향인 발트 해의 섬 우제돔(Usedom)에 위치한 작은 마을 파스케의 우제돔시립학교에서 기념 현판 제막식을 가졌다. 현판에는 '한국에서의 독일어교육의 창시자 요한 볼얀'이라고 적혀 있으며, 이 제막식은 독일 에르푸르트대학교 문화연구원의 질비아 브레젤(Sylvia Bräsel) 박사가 준비한 것으로 그녀는 연세대 강사로 한국과 인연을 맺기도 하였다.[123]

2) 최초의 한국인 교관

홍순호에 의하면, 덕어학교는 '1901년 6월 제1회 졸업생 이근호, 최정우, 서병협(徐丙協)이 졸업하여 모교의 교관으로 임명되었다'[124]고 하는데 그는 아무런 근거자료를 제시하지 않고 있다. 이들은 인천일어학교의 한국인 교관이었으며,[125] 또 관보에 의하면 이 중 서병협은 전 부교관으로서 인천일어학교의 부교관으로 임명되었다.[126] 이렇게 볼 때 홍순호의 서술은 잘못된 것이다.

한편 볼얀 자신은 다음과 같이 기록하고 있다.

> 나는 새해(1899년)가 된 이후에 이런 저런 학생들 17명으로 구성된 둘째 학급을 구성했다. 이들은 나의 둘째 조교가 가르친다. 첫째 조교는 이미 몇 달 전부터 앓아누웠기 때문이다.[127]

그의 보고에서는 조교의 이름을 구체적으로 밝히고 있지는 않다.

덕어학교에서 근무한 한국인 교관의 인적 사항을 발령받은 순서로 열거해 보기로 한다.

원, 1999, 67면.

123 『조선일보』, 2012.8.9.

124 홍순호, 앞의 글, 67면. 이들의 한자명은 李根浩, 崔鼎夏, 徐丙協이며, 최정우가 아니라 최정하이다.

125 이광린, 『구한말의 관립 외국어학교』, 137면 주 3 참조.

126 『황성신문』, 1906.9.6.

127 볼얀(J. Bolljahn), 홍순호 옮김, 「볼얀이 본 한국의 교육제도」, 이화여대 한국문화연구원 편, 『20세기 전반기 한국사회의 연구』, 백산자료원, 1999, 279면.

(1) 윤태길

윤태길에 관한 기사가 하나 발견된다.

> ● 덕어학교 부교관 윤태길씨 갈닌 디를 셔임홀 츠로 작일 학부에셔 해 학도를 시험ᄒᆞ엿다더라.[128]
> ● 외국어학교쟝 죠한벽씨가 학부에 쳥원ᄒᆞ기를 법어 영어 량 학교에 학도가 졈졈 확쟝ᄒᆞ야 일이삼ᄉ 반의 각각 교관이 잇셔 ᄀᆞᄅ치되 지어 오반ᄒᆞ야ᄂᆞᆫ 교관이 업셔 학도즁으로 ᄀᆞᄅ친즉 교육이 확쟝치 못홀지라. 그 두 학교에 교관 일인식 가셜ᄒᆞ여야 교육ᄒᆞ깃다 훈 고로 김한긔씨로 법어학교 교관을 닉고 윤틱길씨ᄂᆞᆫ 영어학교 교관을 셔임ᄒᆞ엿다더라.[129]

윤태길은 덕어학교 교관에서 영어학교 교관으로 옮긴 것이다.

(2) 진수(秦秀)

진수는 독일인 피셔(Adolf Fischer) 교수의 방한 시에 통역을 맡았으며,[130] 1906년 (광무 10) 9월 3일 자로 부교관에서 교관으로 발령을 받았다.[131]

(3) 류문(柳琬)

류문 역시 진수와 마찬가지로 부교관[132]에서 교관으로 승진하였다.[133]

---

128 『뎨국신문』, 1900.5.31.
129 『뎨국신문』, 1900.12.20.
130 「덕원안 2」, 『구한국외교문서』 제16권, 문서번호 3050호, 621면.
131 『관보』 제3549호, 1906.9.3; 『황성신문』, 1906.9.6.
132 『관보』 제2873호, 1904.7.8.
133 『관보』 제3549호, 1906.9.3; 『황성신문』, 1906.9.6.

(4) 최태경(崔泰卿)

최태경도 위의 두 사람과 같은 케이스이다.[134] 최태경은 주일본대사관 독일 무관으로 러일전쟁의 주요 격전지를 조사하기 위해서 1906년 8월부터 11월까지 조선, 만주, 사할린 등지를 여행한 헤르만 잔더(Hermann Gustav Theodor Sander, 1868~1945)를 도와주기도 하였다.[135]

(5) 양재건(梁在謇)

양재건은 1900년 현채와 함께 광문사를 조직하여 정약용(丁若鏞, 1762~1836)의 『목민심서』와 『흠흠신서』 등을 발간하기도 하였으며, 국민교육회의 회원으로 연동교회의 신자였다.[136] 1906년 9월 덕어학교의 교관이 되었다. 그런데 '전 교관'이라고 한 것으로 미루어 다시 임명된 것이다.[137] 1907년 안의 군수로 임명되었다.

● 牛校盛況　昨日에 西江 牛山學校長 梁在謇氏가 該 校舍를 擴張하기 爲하야 校舍를 重修告竣한 故로 敎育에 熱心하는 學部協辦 閔衡植氏와 內部地方局長 兪星濬氏와 紳士 諸氏가 該校에 一切 會同하야 敎育의 關한 演說을 次第 勸勉하얏난대 西江의 文明思想이 從此日新하깃다더라.[138]

◉ 法校敎官　德語學校 敎官 梁在謇氏가 安義郡守로 轉任호 代에 正三品 金成喜氏가 判任 敎官으로 被任하얏더라.[139]

◉ 安倅餞宴　法學講習所 總務 梁在謇氏가 日間 安義郡으로 赴任前往할 터인대 該

---

134 『관보』 제3549호, 1906.9.3; 『황성신문』, 1906.9.6.
135 국립민속박물관은 '독일인 헤르만 산더의 여행 — 1906~1907 한국・만주・사할린' 기증사진전시회를 2006.6.14~8.28 개최하였다. 전시한 것은 잔더의 손자인 슈테판 잔더(Stefan Sander)가 2004년 우리나라에 기증한 자료들로 촬영사진, 엽서, 보고서, 수집유물 등 300여 점이다(http://cafe.naver.com/edutour).
136 국민교육회에 관하여는 최기영, 「국민교육회의 설립과 기독교」, 『한국 근대 계몽운동 연구』, 일조각, 1997, 197~226면 참조.
137 『황성신문』, 1906.9.6.
138 『황성신문』, 1906.11.19.
139 『황성신문』, 1907.1.9.

講習員들이 親睦의 情을 表하기 爲하야 昨日 下午 七時에 餞別宴을 設하얏다더라.[140]

여기의 법학강습소는 1906년 5월 국민교육회 안에 야학으로 설립된 것이다.[141] 또한 양재건은 연동교회에서 지도적 위치에 있었던 사찰위원 31인 중의 한 사람이기도 하였다.[142]

그 밖에 양재건은 이교승과 저작권 문제로 재판을 하기도 하였다.[143]

(6) 김성희(金成喜)

교관 김성희의 호는 송당(松堂)이며, 1895년 9월 홍주부(洪州府) 주사를 지내고 1896년 10월부터 1898년 10월까지 경북 관찰부 주사를 지냈다. 1902년부터 1903년 5월까지 중추원(中樞院) 의관(議官)을 역임하고 1907년 1월 한성덕어학교 부교관으로 임명되었다. 그가 덕어학교에서 독일어를 가르쳤는지 다른 과목을 담당하였는지 확실한 것은 알 수가 없다. 1907년 5월에는 한성사범학교 교관으로 자리를 옮겼다. 대한자강회 및 대한협회 회원으로서 사회활동에도 참여하였다. 저술한 책자는 발견되지 않으며, 여러 편의 논설이 있다.[144] 논설은 대부분 한문으로 작성된 것으로 볼 때 한학을 전문으로 공부한 사람 같다. 그런 때문인지 독일의 문물에 관하여는 직접 언급한 것은 물론 없고 간접적으로 소개한 흔적도 보이지 아니한다.

---

140 『황성신문』, 1907.1.10.
141 김효전, 「한국개화기의 법학교육」, 『화갑기념 논총』(한림 정수봉 박사), 1988, 492면 참조.
142 조창용, 『백농실기』, 독립기념관 한국독립운동사연구소, 1993; 최기영, 앞의 책, 1997, 207면의 주41 참조.
143 『황성신문』, 1910.4.9.
144 예컨대 「殖産部槪說」(1906) · 「獨立說」, 『대한자강회월보』 제7호, 1900, 15~17면; 「敎育의 宗旨와 政治의 關係」, 『대한자강회월보』 제11호, 21~24면; 松堂主人, 「政府의 職分」, 『대한자강회월보』 제11호, 38~41면; 「國家意義」, 『대한자강회월보』 제11호, 41~43면 및 제13호, 8~12면; 「民族國家 說」, 『夜雷』 제2호, 1907; 「地方自治制度槪論」, 『夜雷』 제4호, 1907, 10~13면 및 제5호, 4~6면 및 제6호, 5~6면; 「政黨의 事業은 國民의 責任」, 『대한협회회보』 제1호, 1908, 26~32면 및 제2호, 20~25면; 「政黨의 責任」, 『대한협회회보』 3호, 21~24면; 「國民의 內治 國民의 外交」, 『대한협회회보』 제4호, 24~29면; 「政黨與黨相互監督論」, 『대한협회회보』 제9호, 1~4면; 「敬告國民(政治觀念)」, 『대한협회회보』 제11호, 7~8면; 「眞政黨與非政黨論」, 『대한협회회보』 제12호, 1~3면 등이며, 번역으로는 「監督機關說」, 『대한협회회보』 제4호 · 제6호; 「理財說」, 1907 등이 있다.

(7) 이인식(李仁植)

이인식은 부교관으로 임명되었다.[145] 내부 번역관보를 역임한 사람이 아닌가 생각된다. 이인식은 1907년 9월에 의원면 본관한다.[146]

(8) 한상동(韓相東)

한상동은 이인식 부교관의 후임으로 같은 부교관으로 임명된다.[147] 관보의 휘보(彙報) 중 '관청사항'에는 "관립 한성덕어학교 부교관 한상동이가 방재거우(方在居憂)이기 기복행공(起復行公)을 피명사(被命事)"[148]라고 한 것으로 미루어 볼 때 신병이나 부모의 상 등 우환 가운데 있었던 모양이다.[149]

(9) 심의식(沈宜軾)

심의식은 덕어부 소속으로 한어와 법어부의 부교수를 겸직하였다는 책자[150]가 있는데 확인해볼 사항이다.

(10) 기타

기타 덕어학교와 관련된 몇 가지의 신문기사가 발견된다.

---

145 『관보』 제3700호, 1907.2.27; 『대한매일신보』, 1907.2.28.
146 『관보』 제3879호, 1907.9.24.
147 『관보』 제3879호, 1907.9.24.
148 『관보』 제3879호, 1907.9.24.
149 『관보』 제3906호, 1907.10.25. '受勅 及 受牒.'
150 김명배, 『개화기의 영어 이야기』, 175면.

● 德語教官奔競　學部에서 德語學校 教官一權를 叙任홀터인디 各其 親切의 食口를 口處ᄒ랴 하야 自然 奔競이 大殷한 故로 該校 設施ᄒ지 十餘年來에 實施치 아니ᄒ고 卒業式을 行ᄒ야 一班 優等生에게만 卒業狀을 주엇ᄂᆞᆫ디 已往 卒業狀을 領受치 못ᄒᆞᆫ 人과 四年 卒業期限이 經過ᄒᆞᆫ 學徒가 一體로 卒業狀을 請ᄒ야 議論이 紛紛ᄒᆞᆫ디 該 理由인 則 都是敎官一權叙任홀 事로 奔競ᄒᄂᆞᆫ 中에셔 生ᄒᆞᆫ 事이라 ᄒᆞ니 下回를 姑侯ᄒ야 다시 揭載ᄒᆞᆯ 깃노라.[151]

● 兩氏拘引　年前 學部에셔 俄國에 留學生을 派遣ᄒ얏더니 日俄開仗 以後에 國交가 絶홈이 政府에셔 該 學生을 電飭 召還ᄒ얏스나 道路 阻絶ᄒ야 不能歸國ᄒ고 流離異域ᄒ다가 本年 春에 姜漢澤氏等 七人이 歸國ᄒ야 各其鄕第로 下去ᄒ고 姜氏ᄂᆞᆫ 其妹家 李秉常氏家에 來留ᄒ더니 再昨日에 南署 警務官 金相○氏가 該家에 ᄉᆞ往ᄒ야 姜氏의 前後事實을 詳問以歸ᄒ더니 少頃에 巡檢이 來到ᄒ야 査問事가 有ᄒ다 ᄒ고 姜李兩氏를 警廳으로 拘引ᄒ얏다더라.[152]

한편 관립학교 직원의 사립학교 출강에 대해서는 다음 기사에서 보듯이 제한을 규정하고 있다.

● 學訓各學校　學部에셔 各 官立學校長에게 訓令ᄒ되 各 官立學校 職員이 他 私立學校 敎師나 或은 講師囑托을 欲受ᄒᄂᆞᆫ 者ᄂᆞᆫ 左開 事項을 先具ᄒ야 所屬 學校長의 許可를 受홀 事라 ᄒ얏ᄂᆞᆫ디 一 囑托學校의 名稱과 種類 及 所在地, 一 擔任學科와 一 一週間 敎授日數 及 時間, 一 執務時間 (自何時至何時) 一 一個月 報酬金 或은 手當金 幾何와 從來 他 私立學校 敎師나 或은 講師된 者도 前項 定規를 一体 履行홀 事요 學校長은 其 所屬 職員에게 私立學校 敎師나 或은 講師될 事를 許可홀 時에ᄂᆞᆫ 三日 以內에 學部大臣에게 報告홀 事이라더라.[153]

또한 관리의 겸직을 금지하고 있다.

---

151 『황성신문』, 1907.2.1.
152 『황성신문』, 1906.9.8.
153 『황성신문』, 1906.11.26.

● 公私明分　各 府部院廳 官吏 中에 如有托名會社와 兼行 他 事務者어든 隨卽 本
職을 解任ᄒ야 公私執務에 免致相妨케 ᄒ라는 政府照會에 對ᄒ야 法部에서 平漢 兩
裁와 法官養成所에 訓○ᄒ되 官員服務紀律 第七條 第十條를 不得不 實施乃己인바
貴院所官員 中 會社事務와 他 事務를 兼行ᄒᄂ 者 有ᄒ거던 該員의 本職 姓名을――
○錄馳報ᄒ라 ᄒ얏더라.[154]

　덕어학교 교관의 완전한 명단이나 자세한 인적사항에 관해서는 더 연구할 것
이 많이 있다.

6. 학교운영

　당시의 외국어학교의 실제 모습에 관하여 상세하게 전하는 문헌은 아직 발견
하지 못했으며 학교에서 점심을 제공한다든가 교복이 학교마다 차이가 있었다
는[155] 정도로 단편적인 지식을 접할 뿐이다. 다음에 기록에 나타난 학교운영에 관
한 모습을 간단히 살펴본다.

　　○ 리지순씨가 궁닉부 대신으로 잇슬 쌔에 칙명을 밧드러 법어학교 학원들의 양복
비 ᄉ백원을 줌아 ᄒ고 법어 교ᄉ 무틱을씨더러 위션 양복을 ᄒ여 입히라 ᄒ즉 셜혹 칙
명이 업더리도 궁닉부 대신의 말이 잇슨즉 죠금도 염녀 안코 곳 쳥국 지봉슈를 불너 학
원들의 옷을 뭇쵸엇더니 기후 돈을 훈 쌔에 주지 안코 초일피일 ᄒ야 여러 둘만에 주고
아즉도 ᄉ십여원이 쩌러졋다 ᄒ며 이외에도 …….[156]
　　○ 각쳐에 관립 어학교 학도들에 뎜심차가 민경 민일 빅동젼 훈 푼식을 가지고 식
당딕을 명ᄒ야 멕이더니 아어 학도들이 학부에 등소ᄒ기를 학도들이 빈한ᄒ야 복쟝

154 『황성신문』, 1907.1.10.
155 『독립신문』, 1898.5.28.
156 『독립신문』, 1898.5.28.

을 한갈 갓치 ᄒ지 못ᄒ는 거시 수치되는지라. 뎜심을 그만두고 돈으로 모아주게 드면 그 돈을 모아 복장을 일신케 ᄒ겟다 ᄒ민 학부에서 그디로 허가ᄒ엿다 ᄒ더라. [157]

● 학부에셔 경비를 예산ᄒ야 각 관립 어학교 학도는 점심 한 쎠식 먹이는데 영어 학도들은 학부에 말ᄒ기를 본 학교 학도들에 점심은 디젼으로 달나고 ᄒ다더라. [158]

● 직작일 잡보 중 학도 식비를 디젼으로 쳥구ᄒ던 학도는 영어학도가 아니오 덕어 학도라더라. [159]

이러한 기사로 미루어 볼 때 정부 당국자의 행정도 엉망이었고, 또 학생들이 대체로 가난하여 복장을 통일하는 것도 어려웠고 또한 점심은 정부에서 지급한 것을 알 수가 있다.

다음에는 학교 내부에서의 실제 모습의 일단을 보기고 한다.

1) 토론회

덕어학교에서 토론회를 개최한 보도는 다음과 같다.

● 起送審査 德語學校에셔 討論會 事件으로 該 敎官 及 學徒 申興雨 氏等이 平理院에 被囚됨은 本報에 己記ᄒ얏거니와 日昨에는 日語學徒로 其 討論時에 往參ᄒ얏던 尹時鎬氏를 審査次 押囚ᄒ얏다더니 平理院에셔 學部에 照會ᄒ되 申興雨 等의 案件을 方行審査ᄒ는디 審問ᄒᆯ 事가 有ᄒ니 該校 學徒 李鍾善 金容懋 崔東壽 等을 指揮起送ᄒ라 ᄒ얏더라. [160]

● 德事訪送警顧 德語學校 學徒 金世潤氏가 有何所失인지 警務廳에 被囚ᄒ얏는디 德國 總領事 副領事가 昨日 上午 十一時에 警務顧問 丸山重俊氏를 訪問次로 內部

---

157 『뎨국신문』, 1898.10.13.
158 『뎨국신문』, 1900.9.25.
159 『뎨국신문』, 1900.9.27.
160 『황성신문』, 1901.12.17.

에 前往ᄒ얏다가 卽爲虛還ᄒ얏다더라.[161]

이 기사로 미루어 볼 때 토론회 문제로 평리원에 구속되기도 하고, 또 토론회와의 관계 여부는 알 수 없지만 덕어학교 학생이 구속되면 독일 영사가 나서서 석방을 요구하기도 한 모양이다. 일본인 경무 고문은 1894년 11월에 다케히사(武久克造)가 한국에 온 일이 있으며,[162] 마루야마 시게토시(丸山重俊, 1855~1911)는 1905년에 왔다.[163]

여하튼 토론회는 당시의 조선이나 일본은 물론 계몽시대의 서구에서도 널리 행해지던 의견교환을 하던 공론장이었다.

2) 운동회

한국 최초의 운동회는 1896년 훈련원 연병장(전 동대문운동장)에서 열린 관립 소학교 운동회였으며, 1897년 6월 영어학교가 최초로 운동회를 열고, 이어서 1898년 시내 6개 관립 외국어학교가 연합해서 운동회를 개최한 이후 관립 사립학교 연합 대운동회는 대한제국 정부가 주최하는 공식행사로 연례화되었다.

『독립신문』은 논설에서 "영어학교 학도들은 근일에 발 공차는 법을 배워 오후면 운동장에서 공을 차는데 달음질하는 게며 활발한 거동이 일본 아해들보다는 백배가 낫고 미국 영국 아해들과 비슷한지라. 이런 것을 보면 조선 사람도 인도만 잘하면 세계에 남만 못하지 않을 인종이요 결단코 일본 사람보다는 낫게 될 듯 하더라"[164]고 하였다.

또 『독립신문』은 각 외국어학교의 대운동회를 크게 소개하면서 "일어 학도는 청띠 영어학도는 홍띠 아어학도는 록띠 사범학도는 자지띠 법어학도는 황띠 한어

---

161 『황성신문』, 1906.9.22.
162 『顧問警察小誌』, 1908, 3면.
163 大植四郎 編, 『明治過去帳 ― 物故人名辭典』, 東京美術刊, 1971, 1217면 참조.
164 『독립신문』, 1896.12.3.

학도는 주황띠를 띠엇더라"[165]고 하며 운동회의 결과까지 상세히 보도하였다. 한편 『황성신문』은 "각 학교의 표장(表章)은 일어학교는 靑, 영어학교는 紅, 법어학교는 黃, 아어학교는 綠, 한어학교는 주황, 덕어학교는 黑인데 학도들이 이 표장을 그견배(肩背)에 횡대(橫帶)하야 지별(知別)하기 이(易)하더라"[166]고 보도하고 있다.

또한 외국어학교의 모자표는 1908년 개정하여 각각 그 국가의 국기표(國旗票)로 만들었다.[167]

운동회에 관한 기사 몇 가지만 보기로 한다.

○ (대운동회) 학부에서 각 학도의 대운동 홀 일ㅈ를 이 둘 二十九일노 퇴뎡ㅎ고 쳐쇼는 훈련원으로 뎡ㅎ엿스며 각국 어학교 교샤로 그놀 운동회의 스무쟝을 뎡ㅎ엿는더 덕어학교 교샤는 병이 잇다 ㅎ고 그 스무쟝을 아니ㅎ려 ㅎ다더라.[168]

○ (학도운동) 지뎡일에 각 관립 어학교에서 합ㅎ야 대운동회를 훈련원에서 ㅎ는대 학도들에 긔운을 흥긔케 ㅎ기 위ㅎ야 학부에서 군부로 죠회ㅎ야 군악더를 보내라 ㅎ고 쏘 경무쳥으로 보호 순검 오십명을 보내라고 ㅎ엿는대 그 구경이 춤 흔번 홀 만흔 일일 쑨더러 경비를 봇ㅎ기 위ㅎ야 그 구경터에 드러가는대 문표를 모드러 문표 가진 사롬은 드러가고 표가 업는 이는 드리지 아니ㅎ는대 그 표갑슨 한 쟝에 엽젼 흔 량식이오 그 표 파는 쳐소는 학부 인쇄소인더 그날 훈련원에 가셔도 판다 ㅎ니 쳠군쟈들은 만이 가셔 구경ㅎ시기를 바라오.[169]

○ (대운동속보) 외국어학교 학도 대운동을 리일 훈련원에셔 혼다는 말은 어졔도 말ㅎ엿거니와 외국 공령스들이며 외국 대소 관인들이 만히 가셔 드르만흔 연셜도 만을 거시오 학도들의 운동ㅎ는 기예도 볼만흔 일이 만흘 터이니 만이들 가셔 문표를 사가지고 드러가셔 유익흔 말도 듯고 구경도 들 ㅎ시오.[170]

○ (상급보조) 일젼 훈련원에셔 외국어학교 학도 대운동시에 찬화 의원쟝 고성미 계씨는 위싱실론 오십권을 보죠ㅎ고 거류디 진고기 신샹은 셕판 빅본과 일어쳡경 빅

---

165 『독립신문』, 1898.5.31.
166 『황성신문』, 1899.5.1 別報.
167 「國旗帽標」, 『황성신문』, 1908.4.14.
168 『독립신문』, 1899.4.22.
169 『뎨국신문』, 1899.4.27.
170 『뎨국신문』, 1899.4.28.

권을 보죠ᄒ엿다 ᄒ니 일인들의 권학ᄒᄂ 뜻슨 이갓치 쟝ᄒ더라.[171]

여기의 일본인 후루시로 바이케이(古城梅溪)는 한국 정부가 서양의학을 교수하기 위해서 1899년 5월에 초빙한 의사이며,[172] 또 같은 해 10월에는 의학교과서를 번역하기 위해 일본인 아사카와 마쓰지로(麻川松次郞)도 초빙하였다.[173]

외국어학교 중 영어학교의 운동회는 1897년 6월 16일에 실시되었는데 이에 관하여는 『한국평론』 등에서 보도하고 있다.[174] 또한 관립 각 외국어학교에서의 1898년도 대운동회는 『독립신문』에서 전면에 대대적으로 보도하였을 뿐만 아니라 운동회의 결과까지 상세히 기록하고 있다.[175] 이 운동회는 1899년에도 실시되었고,[176] 그 후에도 계속되었으며,[177] 덕어학교 자체에서도 운동회를 개최하기도 하였다.

● 宮大捐助德校 再昨日에 德語學校에서 東門外 奉國寺에 運動會를 開ᄒ고 各科 運動ᄒᆯ 際에 宮內府 大臣 李載克氏가 適其時過去하다가 學員에게 一場 勸勉하고 金 五圜을 運動費로 捐付하얏다더라.[178]

당시의 운동회는 학도들이 총을 메고 행진하기도 하고 철구(鐵球 : 대포알 던지기) 같은 종목이 포함되는 등 군사훈련의 성격이 짙었다.[179]

---

171 『뎨국신문』, 1899.5.2.
172 『뎨국신문』, 1899.3.9에 의하면 그는 서울에서 찬화병원을 설립하기도 하였다. 『뎨국신문』, 1899.10.16; 1900.4.27. 그러나 후루시로(古城)는 재직 1년 만에 사임하고 후임에 역시 일본인 군의관 고다케 다케지로(小竹武次郞)와 고용계약을 체결한다. 『뎨국신문』, 1900.5.29.
173 『황성신문』, 1899.10.16.
174 *The Korean Repository*, Vol.IV(Jan.~Dec.1897), Seoul : The Trilingual Press, 1897, pp.235~237.
175 『독립신문』, 1898.5.28; 1898.5.31.
176 『황성신문』, 1899.5.1.
177 『황성신문』, 1907.6.5.
178 『황성신문』, 1907.6.5.
179 전봉관, 「군사훈련이 된 운동회」, 『조선일보』, 2009.10.20; 정진석 외, 『제국의 황혼─대한제국 최후의 1년』, 21세기북스, 2011 참조.
또한 야구의 경우, 한국 최초의 야구단은 1905년 미국인 선교사 질레트(Phillip L. Gillett)가 창단한 황성YMCA 야구단이며, 이에 이어서 덕어학교, 영어학교, 관립중학교, 휘문의숙 등에서도 야구단이 창단되었다. 전봉관, 「동경유학생 야구단」, 『조선일보』, 2009.9.30.

● 일반 학도를 좌우로 나눠 포격하기 시작하는데 적십자대는 상한 군사를 낱낱이 병원으로 메어가며 총소리는 연속하여 양진이 서로 진퇴할 즈음에 양편 장관들은 장검을 높이 들고 군병을 지휘하며 망원경을 들어 적진의 형세를 살피더니 (…중략…) 군악소리가 태극기 밑에서 훤자하며 손뼉을 치고 춤을 추어 한번 큰 성황을 보였다더라.[180]

1907년 10월 훈련원(전 동대문운동장)에서 개최된 '관사립학교 추계연합운동회'에서는 운동장의 좌우로 나누어 배립(排立)했는데 그 순서는 관립 수학원(修學院), 사범학교, 영어학교, 일어학교, 고등학교, 대한의원(大韓醫院), 법어학교, 덕어학교, 한어학교, 재동보통학교, 공업전습소, 인현보통학교 등등이었다.[181]

특히 군부가 해산된 후에 직업을 잃은 군인을 위해서 체조교사로 임명하는 조치를 취하기도 하였다.

● 體操士官選擇　學部 學務局에셔 師範學校 及 高等學校와 各 語學校에 輪牒ᄒ되 各 貴校에 體操教師를 囑托으로 任用ᄒ깃스니 前 武官 中에 體操事務 嫺熟ᄒ 人 一員式을 選擧ᄒ되 今日 上午 十二時에 本部로 會同 協議ᄒ라 ᄒ얏더라.[182]

그러나 1908년 9월 반포된 사립학교령은 운동회가 학업에 방해가 된다며 운동회를 축소할 것을 규정하였다. 학업에 방해가 된다는 것은 하나의 구실일 뿐 실제로 일본 통감부는 운동회에 다수 한국인들이 모이는 것을 두려워하였고 더구나 군사훈련의 성격을 은폐하려는 의도가 저의에 있었던 것이다.

이와 관련하여 신체검사를 실시한 기사도 발견된다.

● 身體檢查　昨日 學部에셔 官立 각 학교長을 會集ᄒ야 各 學徒에 身體檢查을 會議ᄒ는디 將次 醫師를 各 학교로 派送ᄒ야 檢查ᄒᄂ다더라.[183]

---

180 『대한매일신보』, 1908.5.17.
181 「官私立學校秋季聯合運動會景況」, 『황성신문』, 1907.10.27.
182 『황성신문』, 1907.9.11.
183 『대한매일신보』, 1907.3.24.

그 밖에 학생들의 출석 상태도 좋지 않았던 모양 같다.

　　●退學宜査　外國語學校長 鄭喬氏가 各 學校로 公送函ᄒ기를 挽近 解馳ᄒ야 學徒
로 出此入彼가 比比有之ᄒ니 ○不慨然이리오. 退學ᄒ 學徒의 居住父名을 조錄函布
ᄒ니 各 學徒試取時에 査得退出ᄒ야 以杜轉學之弊케 ᄒ얏더라.[184]

이와 같이 퇴학한 학생들의 신상까지 파악하여 함부로 전학하지 못하게 하였다.

3) 졸업식

다음 기사에서 보듯이 덕어학교는 1907년에 제1회 졸업식을 거행한다고 보도
하고 있다.

　　● 德語學校卒業式　官立 漢城德語學校에셔 再昨日에 第一回 卒業禮式을 設ᄒ고
李仁植氏等 四人의게 卒業狀을 授與ᄒ얏ᄂᆞᆫ디 學部 學務課長과 參與官이 來參ᄒ얏다
더라.[185]

이와는 달리 홍순호는 1901년 6월에 제1회 졸업생을 내었다고 한다.[186] 그러나
『황성신문』에서는 1908년에 제1회 졸업식을 거행한다고 보도하고 있다.

　　●語校卒業　官立 漢城外國語學校에셔 本月 二十六日 上午 十時에 校洞 日語學校
에셔 第一回 卒業式을 擧行ᄒ다더라.[187]

184　『대한매일신보』, 1906. 7. 13.
185　『황성신문』, 1907. 2. 7.
186　홍순호, 앞의 글, 1999, 67면.
187　『황성신문』, 1908. 3. 25.

같은 『황성신문』에서는 '학원모집광고'를 내면서 원입자(願入者)는 관보 3월 21일 자를 숙람(熟覽)하라고 적혀 있다. 외국어학교 제2회 졸업식 광경이 『황성신문』에 다음과 같이 보도되고 있다.

● 外國語學校卒業生　官立 漢城外國語學校에셔 第二回 卒業禮式을 昨日 擧行하얏는대 卒業生 氏名이 如左하니

(日語部) 金均祚 兪鎭昌 崔在鵁 李泰基 金東衡 朴鳳顯 高台錫 芮永洙 李璋漢 池昌逸 高義彬 高宇相 鄭泰亨 金章煥 李東善 崔鎬三 金教承 高義驪 李東鎭 李魯洙 李大燦 宋甲洙 洪斗杓 鄭學默 崔崙 全泰基 崔鳳基 朴宗星 金左銘 高義鳳 安益善 李鴻鍾 蔡駿錫 金益濟 梁璟煥(이상 35명)

(英語部) 李源赫 李俊鈺 申珽均 李範寧 崔明澈 高永日 崔相浩 朴泰鎭 南相穆 南相協 任弼宰 李起鳳 南宮楗 李元淳 咸秉哲 高炳星 金宜永 金駿善 沈薰澤(이상 19명)

(漢語部) 權泰翊 李起馨 王熙林 安聖護 睦源鳳 鄭求東 趙元成 韓孝錫 李定九(이상 9명)

(法語部) 姜漢中 金英權 李容煥 金錫培(이상 4명)

(德語部) 金成求 李膺在(이상 2명)

(日語部 速成科 第1回 卒業生) 尹弘爕 柳寅皐 李丙熙 吳明煥 李學性 崔敏洙 洪○惠 朴英秀 李鍾復 尹正爕 李采然 柳承熙 尹應求 崔昌煥 徐丙雲 朴景烈 成孝國 羅錫基 申聖雨 陳瓚 李百應 具章會 尹柱伯 尹喆炳 高應漢 鄭泰稷 田慶雲 李海雲 李丙珪 趙義大 李圭寅 鄭仁澤 陸丙宇 金容德 金基永 金熙璨 金完洙(이상 37명) 氏等 一百六人이더라.[188]

이 기사에서 알 수 있듯이, 전체 졸업생 106인 중 덕어부 졸업생은 불과 두 사람뿐이다. 그런데 관보 제4380호에 의하면, 일어부 35명, 영어부 19명, 한어부 9명, 법어부 4명, 덕어부 2명으로 합계 69명으로 위의 기사와는 달리 보도되고 있다. 그 다음 해인 1908년에는 외국어학교 졸업생 전체는 71인이었으며,[189] 그 구체적인

---

188 『관보』 제4380호, 1909. 5. 19; 『대한매일신보』, 1907. 3. 24.
189 『황성신문』, 1908. 3. 28.

내용은 알 수가 없다.

앞에서 본 겐테는 덕어학교의 졸업생에 관한 보고도 잊지 않고 전한다.

그들은 벌써 취업이 되어 사방으로 흩어져 있었다. 그중 한 명은 당고개에 있는 독일 광산에 고용되었고, 다른 한 사람은 궁중에서 통역 보조 업무를 맡고 있었다. 세 번째 사람은 악보라고는 모르는 이 나라에서 음악 강의를 하고 있는 프로이센 출신의 새 지휘자를 돕고 있었다. 그리고 현홍식이라는 사람은 특출한 재능으로 젊은 나이인데도 최근 문을 연 베를린 주재 조선 영사관의 공사 서기관으로 임명되어 갔다.[190]

그 밖에도 덕어학교 졸업생으로 구한말의 법률가이며 사회주의자로서 유명한 허헌(許憲, 1885~1951)이 1903년 덕어학교에서 공부했다는 견해[191]도 있고, 신흥우(申興雨, 1883~1959)가 학생회장을 지냈다는 서술[192] 등도 보인다.

7. 한일합병 이후

외국어학교는 한일합병을 전후하여 서서히 폐지하게 되고 측량학교로 전락하게 된다. 이에 관한 『황성신문』의 보도는 다음과 같다.

● 測量養成의 數 官立外國語學校 及 高等學校에셔 測量者를 養成ᄒᆞᆫ다 ᄒᆞᆷ은 己報

---

190 지그프리트 겐테, 앞의 책, 236면.

191 예컨대 『東光』 제39호(1932.11)의 칼럼 「현대 인명 사전 11」의 허헌 학력란에서는 '德語學校 3年間 在學'이라고 적혀있으며, 그의 딸 허근욱, 『민족변호사 허헌』, 지혜네, 2001, 19·54면도 이 잡지의 景印本 사진과 이를 근거로 설명하는데, 정확한 입학과 졸업년도는 밝히지 않고 있다.
한편, 심지연, 『허헌─하나의 조국 염원한 좌파 민족주의자』, 동아일보사, 1995, 11면에서는 "독일계 학교인 덕어학당" 운운하는 잘못을 범하고 있다.
허헌에 관하여는 김효전, 「허헌과 변호사 징계」, 『시민과 변호사』, 2000.5, 18~23면; 한인섭, 『식민지 법정에서 독립을 변론하다: 허헌·김병로·이인과 항일투쟁』, 경인문화사, 2012 참조.

192 이광린, 『한국 개화사의 제문제』, 220면; 윤성렬, 『도포입고 ABC 갓 쓰고 맨손체조─신문화의 발상지 배재학당 이야기』, 학민사, 2004, 139~141면.

ᄒᆞ얏거니와 更聞ᄒᆞᆫ즉 語學校에셔는 測量技術者를 養成ᄒᆞ고 高等學校에셔는 測量事務員을 養成ᄒᆞᆫ다ᄂᆞᆫ디 各 百二十名式을 募集ᄒᆞᆫ다더라.[193]

한일합병 이후 한국의 교육제도는 이른바 교육령에 따른 칙령(勅令) 제257호로 크게 변경된다. 법학교는 '경성전수학교(京城專修學校)'로 교명을 변경하고 교수과목은 전과 대차가 없으나, 외국어학교는 이를 폐지하고 경성고등보통학교(京城高等普通學校)에 종래의 학생을 수용하게 된다. 이 신학제는 1911년 11월 1일부터 시행하게 되며,[194] 외국어학교의 교사들은 모두 해고하게 되는데 이에 관한 『매일신보』의 기사는 아래와 같다.

    ●語學校教師解雇 外國語學校는 教育令實施의 結果로 不遠에 廢止ᄒᆞ고 別로히 高等學校內에 外國語學科를 新設ᄒᆞᆯ 터인디 由來로 語學校에 聘用ᄒᆞ던 外國人教師는 過日 總督府로브터 一切 解傭ᄒᆞᄂᆞᆫ 通知를 發ᄒᆞᆫ지라. 其中에ᄂᆞᆫ 旣 雇聘期限이 經過ᄒᆞᆫ 者도 有ᄒᆞ나 其他ᄂᆞᆫ 皆解雇를 豫期치 못ᄒᆞ얏슬 ᄲᅮᆫ안이라 退職賜金 及 歸國旅費 等에 對ᄒᆞ야도 總督府와 圓滿치 못ᄒᆞᆫ 某 外國教師 等은 東京大使館을 經ᄒᆞ야 目下 抗議를 提出ᄒᆞᄂᆞᆫ 中이라더라.[195]

이 기사에서 보듯이 총독부의 해고에 대해서 불만인 외국인 교사들이 많이 있었던 모양이다. 이리하여 외국어학교는 1891년 서울에 일어학교가 세워진 이래 20년 만인 1911년 폐교하기에 이른다.

---

193 『황성신문』, 1908.3.24.
194 조선총독부 『관보』 제342호, 1911.10.16.
195 『매일신보』, 1911.9.15.

8. 결론

이상으로 당시의 공식문서와 각종 신문에 보도된 기사를 통하여 덕어학교의 운영실태와 현황 등을 검토하여 보았다. 여기서 다음과 같은 몇 가지 사실을 지적할 수 있을 것이다.

첫째, 덕어학교는 구한말의 관립 외국어학교 중 가장 늦게 설립되었으며 입학지원자의 수도 일어학교나 영어학교에 비해서 훨씬 적고 인기도 별로 없었다.

둘째, 덕어학교의 수업 연한과 교과목에 대해서 검토할 때 일어와 중국어에 비해서 길고, 또한 교과목도 다른 어학교와 마찬가지로 체계화되지 못하였다.

셋째, 교수진은 독일인 볼얀을 중심으로 약간의 한국인이 참여하였다. 볼얀의 노력에도 불구하고 당시의 혼란한 국내외 정치상황으로 내실 있는 수업이 불가능하였다.

넷째, 학생들은 볼얀이나 겐테가 지적하듯이, 우수하였고 열심히 수업에 임하였으나 교재의 빈곤, 사전의 불비 등으로 어려움이 많았고, 곧바로 취직되지 못한 것을 알 수 있다.

다섯째, 볼얀을 비롯하여 당시의 독일 외교관들에 관한 독일측의 문헌을 활용하여 정치사적 · 외교사적인 연구가 진척되어야 할 것이다.[196]

여섯째, 덕어학교뿐만 아니라 개별 외국어학교와 관련하여 비교 연구와 어학 일반에 대한 연구도 요망된다. 이것은 단지 구한말 당시의 문제점을 제시하고 분석하는 것만이 아니라 오늘을 사는 우리들에게도 지혜를 주며 새로운 문제의식을 제공할 것이다.

끝으로 덕어학교를 포함하여 외국어학교는 시대의 소용돌이 속에서 우여곡절과 시행착오를 거듭했지만 그들의 존재와 외국어를 배운다는 그 자체가 바로 '조용

---

[196] 이 책의 교정 단계에서 크나이더의 상세한 연구서인 Hans-Alexander Kneider, *Globetrotter Abenteurer Goldgräber : Auf deutschen Spuren in alten Korea*, 2009(최경인 옮김, 『독일인의 발자취를 따라 — 한독관계 : 초창기 부터 1910년까지』, 일조각, 2013)이 발간되었다. 초기 한독관계사를 망라한 사전적인 저작으로 근래에 보기 드문 역작이라고 하겠다.

학부 참여관을 지낸 시데하라 다이라(幣原坦)는 "외국어학교는 각국 세력의 부식장소로도 보였다"(『朝鮮敎育論』(복각판), 龍溪書舍, 2005(초판 1919), 251면)라고 평가한다.

한 아침의 나라'에서 새로운 시대의 개막을 고하는 역사적인 사건이었다. 그리하여 조선에 잠시 들린 독일인 겐테의 눈에도 이 점은 뚜렷하게 각인되었던 것이다.

서양의 야만인들이 사용하는 언어로 공부하는 젊은 동포들을 직접 보면서 학부대신의 머릿속에는 온갖 상념이 스쳐가지 않았을까. 바로 얼마 전까지만 해도 서양인들의 존재조차 모르지 않았던가! 그는 과연 예상이나 했을까? 지금까지 조선에서 일어났던 그 어떤 역사적인 것보다 더 중요한 무언가가 이곳에서 준비되고 있으며, '신선한 아침'을 독점하고 있다고 믿는 이 나라에 자유롭고 새로운 세계의 입김, 진정 신선한 아침에서 오는 평화로운 새 시대의 길이 바로 이곳에서 조용히 준비되고 있다는 사실을 말이다.[197]

---

[197] 지그프리트 겐테, 앞의 책, 236면.

IV. 안국선의 와세다(早稻田)시대

1. 서설

한국 근대지성사에서 안국선이 차지하는 비중은 매우 큼에도 불구하고 그에 관한 연구문헌은 그리 많은 편은 아니다.[1] 연구 대상으로서의 안국선은 먼저 근대 한국문학에서 비롯하여 역사학, 정치학, 법학 등으로 확대되고 있다. 이것은 안국 선의 관심 분야가 다양하고 업적도 많기 때문일 것이다. 그의 생애에 관하여는 아 직 체계적이며 포괄적인 전기는 나와 있지 않으며 또 어떤 책자에서는 부정확하 게 기술한 것도 발견된다.

여기서는 안국선의 생애와 업적에서 가장 중요하고 그의 사상과 저술의 성립 배경을 살펴보는데 있어서 무엇보다 중요한 일본 유학 시기, 특히 와세다대학 재 학 중과 그의 시대를 소묘하고 재구성을 시도하는 데 있다. 이 시기에 관해서는 아 직까지 간단한 연구 성과도 찾아보기 어렵다. 아마 문헌과 자료의 수집이 어렵기 때문일 것이다.

---

1 연구 문헌은 최기영, 「안국선(1879~1926)의 생애와 계몽사상 (상ㆍ하)」, 『한국학보』 제63ㆍ64호, 1991, 52~74ㆍ125~160면; 최기영, 『한국 근대 계몽사상 연구』, 일조각, 2003, 139~198면에 재수록 한 논문이 가장 상세하고 신뢰할 만하다. 간단한 것은 김영민, 「안국선 1878~1926」, 근대 문학100 년연구총서 편찬위원회, 『약전으로 읽는 문학사 1 – 해방전』, 소명출판, 2008, 19~23면; 민족문제 연구소 편, 『친일인명사전』, 민족문제연구소, 2009, 431~432면 참조.

이러한 자료수집의 어려움을 다소나마 해결하기 위해서 저자는 2005년 9월부터 2006년 8월까지 와세다대학에 교환연구원으로서 체류하면서 수집한 자료들을 정리하여 당시의 시대적 분위기의 일단이나마 전달하고 향후의 안국선 연구의 구체적인 방향과 문제점을 제시하려는 목적에서 이 논문을 집필한 것이다. 시기는 안국선이 일본에 체류한 때로부터 귀국하기까지이며, 그 밖에 와세다대학에서의 법학과 정치학 연구의 상황, 그리고 한국인 유학생들의 활동상황을 살펴보기로 한다. 특히 안국선의 시대적 배경에 관한 이해를 목적으로 한다.

2. 안국선의 생애와 저작

1) 생애

안국선은 1879년 경기도 고삼(古三)에서 태어났다. 호는 천강(天江) 또는 농구실주인(弄球室主人).

그는 1895년(메이지 28) 조선 정부의 관비유학생으로서 일본 게이오의숙 보통과에 파견되었다. 『게이오의숙입사장(慶應義塾入社帳)』의 '성명'란에는 '안명선(安明善)'으로 기록하였고, '本籍身分誰男'과 '弟或戶主'란에는 '朝鮮國京畿道陽智縣鳳村住 稷壽長男士族'이라고 하였고, '生年月及入社年月'란에는 '年17 明治28年8月 入社'라고 적었다.[2] 같은 책 417면에는 안국선의 양부인 안경수의 5촌 조카 안경선(安慶善)도 안국선과 동일한 주소를 적고 '聖善次弟'라고 하였다. 안경선은 22세이고 입사 연월이 1895년 6월로 안국선보다 2개월 먼저 입사한 것이 다르다.

이들 관비유학생은 전부 195인이며 이들에 관하여는 「유치형 일기」에 자세하다.[3]

---

2 福澤研究センター 編, 『慶應義塾入社帳』 IV, 慶應義塾大學出版部, 1985, 419면; 김상기, 「경응의숙 입사장 해제」, 『쟁점 한국 근현대사』 제4호, 1994, 221~248면 참조.

3 「유치형 일기」, 서울대 『법학』 제24권 4호, 1983; 유진오, 「片片夜話 (5), 각계 원로들의 체험을 엮는 장기 시리즈」, 『동아일보』, 1974.3.7; 김효전 편, 『한국의 공법학자들』, 한국공법학회, 2003,

그러면 게이오의숙 보통과(부)란 어떤 곳인가? 먼저 게이오의숙의 역사를 간단히 보기로 한다. 그 기원은 1858년(安政 5) 에도(江戶)의 쓰키지(築地) 뎃포즈(鐵砲洲)[4]에서의 후쿠자와 유키치(福澤諭吉, 1835~1901)[5]의 난학강독(蘭學講讀)에서 시작한다. 그러나 후쿠자와는 그 후 세 차례나 외유를 하여 학습은 단속적이었다. 게이오의숙이 근대 사학으로서 본격적으로 발족하는 것은 1868년(경응 4, 메이지 원년)이다.

게이오의숙에 보통부(普通部)가 설치된 것은 1890년(메이지 23)이다. 이해에 대학부가 발족하였기 때문에 보통부는 전문학인 대학부에 대응하여 생각된 것이다. 그 후 한 때 대학과, 보통학과라고 부른 일이 있지만 1899년 대학부, 보통부로 복귀하였다. 대학부는 1920년(다이쇼 9) 대학령에 의해서 게이오의숙대학이 되었다.[6]

조선 정부의 관비유학생은 1895년 5월부터 1896년 8월까지 약 1년 3개월 정도의 교육을 받은 것이다. 흔히 보통과라고 하지만 게이오의숙의 보통부는 이들 조선인유학생들이 떠난 후인 1896년 9월에 보통부 학과를 개정하여 정과(正科)를 폐지하고 고등과(3년), 보통과(5년)으로 하고 보통과는 중학과정에 해당하게 하였다.

안국선은 1895년 관비유학생으로 선발되어 8월 24일 이 게이오의숙 보통과[7]에 들어갔다. 유치형 등 처음 출발한 관비유학생들이 5월 1일에 게이오의숙에 도착한 데 비하여 안국선은 이들보다 약 4개월 정도 늦게 들어간 것이다.[8]

이곳의 보통과를 1896년 7월 30일에 마친 후, 그는 1896년 9월 다시 도쿄(東京)전

4~6면에 재수록. 이 「일기」는 유치형의 『헌법』(1908)을 영인하고 새로 조판한 관악사판(2010)에도 수록되어 있다.

4 철포공 이노우에(井上)가 대포 연습을 했기에 이렇게 불린다.

5 일본 문헌은 『福澤諭吉著作集』(全12卷), 慶應義塾大學出版會, 2002~2003; 慶應義塾 編纂, 『福澤諭吉全集』, 岩波書店, 1958~1964; 富田正文・土橋俊一郎 編, 『福澤諭吉選集』, 岩波書店, 1980~1981 참조.
한국 문헌은 정일성, 『후쿠자와 유키치 ─ 탈아론(脫亞論)을 어떻게 펼쳤는가』, 지식산업사, 2001; 임종원 옮김, 『후쿠옹자전』, 제이앤씨, 2006; 허호 옮김, 『후쿠자와 유키치 자서전』, 이산, 2006; 임종원, 『후쿠자와 유키치 연구』, 제이앤씨, 2001; 가와무라 신지, 이혁재 옮김, 『후쿠자와 유키치』, 다락원, 2002; 이동주 옮김, 『학문을 권함』, 기파랑, 2011; 양문송 옮김, 『학문의 향기』, 일송미디어, 2000; 엄창준・김경신 옮김, 『학문을 권함』, 지안사, 1993; 정명환 옮김, 『후쿠자와 유키치의 문명론』, 기파랑, 2012; 김석근 옮김, 『문명론의 개략을 정밀하게 읽는다』, 역사비평사, 2007; 구선희, 「福澤諭吉의 對朝鮮文化政策」, 조항래 편, 『일제의 대한침략정책사연구』, 현음사, 1996, 116~151면; 니시자와 나오코(西澤直子), 「福澤諭吉(후쿠자와 유키치)의 근대화구상과 여성론 ─ 「女大學」 비판의 구도를 중심으로」, 『여성과 역사』, 한국여성사학회, 2005, 65~87면 참조.

6 神邊晴光, 「中等教育思想におけるの慶應義塾普通部」, 『慶應義塾百年史』, 1960 참조.

7 『慶應義塾入社帳』Ⅳ, 1985, 419면.

8 「유치형 일기」(1895.8.24), 서울대 『법학』 제24권 4호, 1983, 165면. 유치형, 『헌법』의 영인본(관악사, 2010), 36면 참조.

문학교에 입학하여 기숙사에 유숙하면서 정인소와 함께 정치학을 공부한다.[9] 그가 수강한 과목은 1학년 때 경제학, 국가론, 헌법, 역사, 경제사, 지리 등 6개 과목을 수강했고, 2학년 때에는 재정학, 비교헌법, 국가와 헌법, 민법, 근대사, 헌정사 등 6개 과목을 수강했고, 3학년 때 국가예산, 외교사, 현대사, 공법, 국제통상, 국제사법 등 6개 과목을 수강했다. 3년 평균성적은 B$^+$ 수준이었다.[10] 이처럼 다양한 과목을 폭넓게 공부하였기 때문에 그는 후일 여러 방면의 저작들을 우리말로 번역할 수 있었을 것이다. 또 재학 중에는 각종 학회나 모임에 열심히 참석하였으며, 『太陽』과 같은 교양지에 일어로 논설[11]을 발표하기도 하였다.

재학 중 가장 충격적인 사건은 안국선의 양부인 안경수(安駉壽, 1853~1900)와 권영(형)진(權瀅(灐)鎭, 1858~1900)이 1898년 7월 11일 일본으로 망명한 일이다. 안경수는 군부대신을 지낸 사람으로 1896년 7월에 조직된 독립협회의 회장을 지냈으며, 1898년 6월에 고종황제를 폐위시키고 의화군(義和君) 이강(李堈)을 황제대리로 추대하려는 음모를 박영효와 연계하여 도모하다가 음모 동참자의 밀고로 실패하여 망명한 것이다.[12]

권형진은 박영효, 안경수와 더불어 갑오경장에서 중요한 임무를 담당했던 인물로서 명성황후 시해사건에 연루된 혐의로 망명한 것이다. 이들은 일본에 있을 때에도 일본 정부로부터 일거수일투족 동태를 감시당하였으며 주한 일본 공사 하야시 곤스케(林權助)로부터 일종의 신변안전 보증을 받고 귀국하였으나 안경수의 재기를 두려워한 법부대신 이유인(李裕寅)에 의해서 1900년 5월 28일 곧 처형되었다. 이들의 처형은 전국에 방문을 써 붙였으며 옥중의 이승만(李承晩)은 이를 노트에 베껴놓기도 했다.[13]

안경수의 입국에 대해서 일본의 하야시 전권공사는 조선 정부에 선처를 부탁

9 게이오의숙 보통과 졸업생들의 졸업 후 거취와 교육경력에 관하여 차배근, 『개화기 일본유학생들의 언론출판 활동연구(I) 1884~1898』, 서울대 출판부, 2000, 210~211면의 표 10 참조.
10 김학준, 『구한말의 서양정치학 수용 연구—유길준·안국선·이승만을 중심으로』(개정증보판), 서울대 출판문화원, 2012, 422면.
11 安明善, 「大韓國に對する露國の處置に就て」, 『太陽』 第4卷 11號, 1898, 238~240면 및 본서의 번역 참조.
12 최기영, 『한국 근대 계몽사상 연구』, 일조각, 2003, 144면 참조.
13 유영익, 『젊은 날의 이승만—한성감옥생활(1899~1904)과 옥중잡기 연구』, 연세대 출판부, 2002, 112~113면 참조.

한 바 있고, 안경수는 고문으로 사망하였다는 외무대신 아오키(青木周藏)의 불만에 대해서 대한 특명전권공사 이하영(李夏榮)은 악형이 아니라고 반박하였다.

안경수는 일본어를 잘했다고 하지만 망명생활은 정신적으로나 경제적으로 매우 힘들었을 것으로 생각되며,[14] 그와 함께 있는 안국선 역시 생활이나 학과공부 그리고 그의 사상형성에 많은 영향을 받았을 것임은 두말할 필요가 없을 것이다. 안경수를 죽인 이유인은 안경수의 5촌 조카인 경부(警部) 안경선(安慶善)이 체포하러 왔다는 말에 기절하여 죽는다.[15] 안경선은 안국선과 함께 관비유학생으로 일본에 유학한 사람이다.[16]

안국선은 1899년 7월 15일에 도쿄전문학교 방어정치과를 정인소(鄭寅韶),[17] 이인식(李寅植)과 함께 졸업한다.[18] 이 학교는 개교 20주년을 맞이하는 1902년에 와세다(早稻田)대학으로 교명을 바꾼다.

귀국해서는 이승만과 독립협회에 참여하다가 종로감옥서에 투옥되기도 하고, 정배(定配)를 가기도 하였다. 그러나 법관양성소 소장 노자와 다케시노스케(野澤武之助, 1866~1941)의 도움으로 은사를 받기도 하였다.[19] 와세다대학 동창회보의 교우동정란

---

14 안경수는 일본에 망명 중 밀정 배정자(裵貞子, 1870~1951)를 학교에 보내기도 하였으며, 자신이 주선하여 1887년에는 배정자를 김옥균의 문하에 들어가게 하였고, 이토 히로부미에게 소개하여 양녀가 되게 하고 스파이교육을 받게 한 것으로 전한다. 전봉관, 「9세 연하남과 결혼한 밀정 배정자」, 『조선일보』, 2010.3.2; 정진석 외, 『제국의 황혼—대한제국 최후의 1년』, 21세기북스, 2011 참조. 일본 도쿄에 있는 외무성 외교사료관 한국 관계 문서에는 안경수가 술집에서 대화한 기록을 녹취한 것과 판결문이 게재된 한국의 관보도 보존되어 있다. 안경수 사건의 기사는 김효전 편, 「근대한국법제사 자료집」, 『서울지방변호사회 100년사』 부록, 서울지방변호사회, 399~403면 참조.

15 윤효정, 박광희 편역, 『대한제국아 망해라』, 다산초당, 2010, 373~374면.

16 안경선은 1874년생이며 관은 죽산. 게이오의숙 보통과대학 졸. 경무청 총순(1905), 내부 경시청 총감관궁 남부경찰서 경부(1909), 경기도 수문동 분서 경부(1910), 평북 경무부 경시(1917), 충남 경찰관교습소 소장 / 경시(1923) 등을 지냈다. 박은경, 『일제하 조선인 관료 연구』, 학민사, 1999, 225면 참조.

17 鄭寅韶라고 인쇄된 문헌도 더러 있으나 본인이 직접 썼다고 생각되는 『慶應義塾入社帳』 IV, 413면에는 "昭"로 되어 있다. 따라서 이하 '鄭寅昭'로 통일한다. 정인소는 1874년 경기도 안산군에서 정훈조(鄭薰朝)의 장남으로 태어나 1910년 장단군수, 1919년 부천 군수를 역임하였으며, 1916년부터 18년까지 경기도 지방 토지조사위원회 임시위원 / 군수 등을 지냈다. 논설 「국가의 관념」, 『친목회회보』 제4호, 1896.12, 18~19면이 있으며, 기타 박은경, 『일제하 조선인관료 연구』, 학민사, 1999, 290면 참조.

18 졸업식 모습은 『早稻田學報』 제29호, 1899, 29~30면 및 후술 참조.

19 노자와는 스위스 제네바대학에 유학하여 법학박사의 학위를 받고 귀국하여 도쿄전문학교의 강사가 되었으며 '추천교우'로서 안국선을 도와준 것으로 보인다. 『第18回 早稻田大學 校友會誌』, 1903, 14면에는 (31推)로, 『早稻田學報』 제152호, 1907, 69면의 교우동정에는 (31哲)로 되어 있는데, 전자가 맞는 것이다.

에는 다음과 같은 기사가 있다.

◎ 安明善 氏(32政)는 일찍이 국사에 분주하여 죄가 있어 오랫동안 유배처에서 신음하였는데 이번 한국정부고문이며 교우인 野澤武之助氏의 알선으로 특사의 은명을 받게 된 것은 기쁘게 생각해야 할 것임.[20]

이 기사로 미루어 볼 때 일본인의 영향력은 대단했던 것 같다. 그 밖에도 노자와는 윤방현(尹邦鉉)을 특청으로 법관에 임명하기도 하였다.

안국선은 1906년에는 돈명(敦明)의숙[21]의 교사로서, 광신상업학교의 교사로서, 또는 실업연구회의 간사로서 활동하기도 하였다.

1907년에는 제실 재산정리국 사무관으로 근무하였는데, 이해에 국사범으로 처형된 안국선의 양부인 안경수에 대해서 가족들이 평리원에 호소한 일이 있다.[22] 그 후 기호흥학회의 저술원, 법학협회와 대한협회의 발기인, 합명회사 창신사의 고문으로서 활동하는 한편 1908년 12월에는 청년회관 개관식에서 통역도 하고,[23] 또 여기서 '미신론', '경제의 상태' 등에 관하여 강연하고, 대한중앙학회에서는 '아국 경제의 전도' 기타 여러 곳에서 강연하면서 바쁘게 사회활동을 하였다. 1909년에는 이재국 국고과장이 되었다.

한일합병 이후인 1911년 2월 경북 청도(淸道) 군수가 되어 1913년 6월까지 근무하였다. 여기서 특기할 것은 합병 직후 총독부는 조선 귀족에게 대량으로 수작(授爵)하였을 뿐만 아니라 '친일(親日)의 기치를 높이고 예의 국사에 분주하여 불행하게 흉수(兇手)에 희생된 사람들의 공로'를 기리고 그 사자(嗣子)에게 소위 은상금(恩賞金)을 지급하였는데 여기에는 김옥균을 비롯하여 안경수의 후손에게도 지급되었다.[24] 이에 관하여는 『매일신보』의 기사가 상세하게 전하고 있다.

---

20 『早稻田學報』제149호, 1907.7.1, 55면.
21 돈명의숙에 관하여는 김효전, 『근대 한국의 국가사상』, 철학과현실사, 2000, 282~284면; 『황성신문』, 1908.9.29 및 해산에 관한 『황성신문』, 1908.10.6; 1908.10.9 참조.
22 『황성신문』, 1907.6.18.
23 『황성신문』, 1908.12.4.
24 안경수에게는 후사가 없는데 자칭 아들이라는 사람이 나타났다는 보도(「無子而有子」, 『황성신문』, 1908.5.20)가 있다. 은상금은 아마 안경수의 부인이나 안국선이 받았을 것이다.
金一萬圓을 받은 사람은 호조참판 김옥균, 이조참판 홍영식, 탁지부 대신 어윤중, 내각총리대신 안국선은 관직에서 물러난 후 금광, 개간, 미두, 주권 등에 손을 대었으나 모두 실패하고 일시 낙향하여 생활하다가 다시 상경하였다.[25] 그는 자신을 이렇게 묘사한다.

螢窓半生에 讀破萬卷호 者라도 實地上에서 實業을 行홀 時에 及호야는 往々히 顚敗(전패)홈이 多호니 此所謂筆下에 비록 千言이 有호나 胸中에는 實노 一策이 無호 者로다.[26]

이론과 실제가 다른 것을 실증한 셈이다. 1909년 아들 회남을 낳았는데 월북한 작가였으며 1954년 이후 생사불명이다.[27]

1921년 4월에는 고희준, 김응두 등 친일세력들이 자치운동을 전개할 목적으로 설립한 유민회(維民會)의 평의원에 선출되었고, 여기서 강연도 하였다.[28]

그 후 안국선은 고향에 낙향하여 농사를 지으며 살다가 1926년에 사망하였다.[29]

2) 저작

안국선의 저작은 크게 문학작품과 사회과학 분야의 저작으로 나눌 수 있다.

문학 분야에서는 『연설법방(演說法方)』(1907), 『금수회의록(禽獸會議錄)』(1908),[30] 『공

김홍집, 군부대신 안경수, 다음에 금 오천원 해당자는 提學 정병하, 경무사 권영진, 학부대신 서광범, 육군 정령 우범선, 육군정령 이주회, 도승지 박영교, 남부 都事 조총회, 외부대신 유기환, 외 2명으로 도합 15명의 嗣子에게 은상이 주어지며 이는 현금이 아니고 公債證書로 주어졌다. 『朝鮮』제33호, 1910.11, 86~87면 참조.

25 윤명구, 「안국선」, 『한국민족문화대백과사전』(14), 1991, 410면 참조.

26 대조선유학생친목회, 『친목회회보』 제3호, 1896, 23면.

27 강진호, 「현덕·안회남론—일상을 서사화하는 수필과 동화의 형식」, 최원식·강상희 외, 『전환기, 근대 문학의 모험』, 민음사, 2009, 325~373면. 기타 안회남, 「先考遺事」, 『博文』, 1940.6 참조.

28 민족문제연구소 편, 『친일인명사전』, 민족문제연구소, 2009, 432면.

29 그의 사망 시기에 관해서도 논란이 있다.

30 이 책은 금서목록에 포함되었으며(『관보』 제4370호, 1909.5.7), 영인본은 구인환 평설과 원문 합하여 1997년 두로에서 발간되었으며, 최근 서재길 HK 교수는 『금수회의록』이 1904년 간행된 사토 구라타로(1855~1942)의 『금수회의 인류공격』을 번안했다고 자료 일부를 공개했다. 『경향신문』, 2011.2.24. 기타 문헌은 일본어·중국어판 「금수회의 인류공격」, 『근대서지』 제3호, 2011; 『한국개화기문학총서 신소설, 번안(역) 소설』 2, 아세아문화사, 1978, 445~497면에 영인되어 있다. 일본

진회(共進會)』(1915),[31] 『애국정신외 (愛國精神外)』(을유문
고, 1969) 외에『리봉빈젼』(개화기문학, 신소설전집 15, 계명
문화사, 1987, 영인본) 등이 나와 있다.

政治原論

上編
第一章 政治學汎論

天江 安國善 編述

『정치원론』

　사회과학 분야의 책으로는『정치원론(政治原論)』
(1907)이 유명하다.[32] 이 책에는 안국선 자신의 서문은
없고 석옹 조창한(石翁 趙彰漢)과 적암 이기용(績菴 李埼
鎔)의 서문이 붙어 있다. 여기의 이기용은 1906년 돈
화문 앞에 돈명의숙을 설립한 사람이며, 안국선은 이
곳의 강사로서 정치학을 강의하였다. 이기용은 대원
군의 적손(嫡孫)인 이준용(李埈鎔, 1870~1917)이나 이지
용(李址鎔, 1870~1928)[33]과 같은 인척이며 이렇게 볼 때
안국선은 양부인 안경수(安駉壽)[34]의 정치적인 영향
력으로 자연히 정계의 인사들과 알게 되었을 것이며,[35] 또한 당시의 유력자의 도움
을 받으려고 한 것 같다.

　다음에『외교통의(外交通義)』(1907)는 역시 일본인 나가오카 하루가쓰(長岡春一,
1877~1949)의 동명의 책을 번역한 것이다.[36] 나가오카는 1908년 3월 9일 도쿄대학
에서 법학박사의 학위를 받았는데 논제는 ①「제16세기에 있어서의 구주와 일본

　　어 번역은 金學烈・高演義 編,『朝鮮幻像小說傑作集』, 白水ブックス, 1990, 5~42면 참조.
31 修文書館 발행, 서강대 소장.
32 상세한 것은 김효전,「안국선 편술,『정치원론』의 원류」,『헌법학연구』제6권 1호, 2000, 9~50면; 김효
　　전,『근대 한국의 국가사상』, 철학과현실사, 2000, 548~614면에 수록. 2004년 관악사에서 영인.
　　『朝陽報』제9호(1906.11), 제11호(1906.12), 제12호(1907.1)에도 역자 이름 없이 市島謙吉의『政治原
　　論』이 일부 번역되어 있다. 최기영은 이것도 안국선이 번역했을 것으로 짐작하는데(『한국 근대 계몽
　　사상연구』, 148면의 주 40), 일본어 원서, 번역서,『조양보』의 번역을 모두 대조해 보면 안국선의 번역
　　이 아닌 것으로 생각된다. 번역의 용어와 표현에서 양자는 차이가 나기 때문이다.
33 이지용은 1904년 2월 외부대신서리로서 하야시(林權助) 전권공사와 한일의정서에 조인한 사람
　　이며 같은 해 3월 법부대신으로 있다가 報聘大使로서 일본에 파견되기도 하였다. 1905년에는 내
　　부대신을 역임하고 한일합병 당시 백작의 작위를 받기도 하였다. 전봉관,「나라 판 돈 화투판에
　　서 날린 이지용」,『조선일보』, 2010.3.11; 정진석 외,『제국의 황혼—대한제국 최후의 1년』, 21세
　　기북스, 2011; 中村進午,『朝鮮施政發展史』, 1936, 104~105면 참조.
34 송경원,「한말 안경수의 정치활동과 대외인식」,『한국사상사학』제8호, 1997 참조.
35 原敬은 안경수를 准閔派로 분류하며 "19년 전에는 순수한 준민파였지만 그 후 때때로 변화한다"
　　고 적어 놓고 있다.『原敬關係文書』제6卷, 日本放送出版協會, 1986, 124면 참조.
36 2004년 관악사에서 영인.

의 관계사』(第16世紀ニオケル歐洲ト日本ノ關係史) ② 「넬친스크 및 아이휘 조약의 비교연구」(ネルチンスク 及 愛琿條約ノ比較硏究)이다.[37]

그리고 『비율빈전사(比律賓戰史)』(1907)가 있다. 이 책은 『한국개화기문학총서 II ― 역사, 전기소설 2』(아세아문화사, 1979, 267~402면)에 영인되어 있다.[38]

『행정법』(1907)은 상권 203면, 하권 242면의 방대한 책이다. 그는 이 책의 원서를 밝히지 않고 있으며 역자 서문이나 발문(跋文)도 없어서 정확한 번역 동기나 발간 목적은 알 수 없지만 역시 교과용으로 발간한 것 같다. 제목과 차례를 비교해 볼 때 미국인 Frank J. Goodnow의 *Comparative Administrative Law*(1893)을 일본인 우키타 가즈타미(浮田和民) 譯, 『比較行政法全』[39]을 텍스트로 하여 요약 번역한 것으로 보인다. 역자는 도쿄(東京)정치학교에서 이인직과 조중응에게 국가학과 신문학을 가르쳤으며, 와세다대학의 강사를 지낸 사람이다(후술 참조). 이 행정법 책은 상하권 합본하여 2004년 관악사에서 영인본이 출간되었다.[40]

다음에 『상행위법』(1907년경)도 1987년 민족문화에서 영인본이 나왔다. 방어정치학과의 교과목에 상법요론이 들어있는 것을 볼 때 안국선이 상법 책을 편술한 것은 우연이 아니라고 보겠다. 같은 방어정치과 출신의 김상연도 상법 책을 번역하였다.

『상업경영법』(광학서포, 1909, 190면). 이 책은 국회도서관에 소장되어 있으며, 일본책을 텍스트로 번역한 것 같다.

그 밖에 여러 가지의 논설이 있으며 일본어로 쓴 「大韓國に對する露國の處置に就て」, 『太陽』第4卷 11號(1908)이 있다. 이 논설의 번역은 본서 부록 참조.

---

37 法曹公論社, 『法曹百年史』, 1969, 1398면.
38 상세한 것은 최원식, 「『비율빈전사』에 대하여―아시아의 연대 II」, 『문학과 역사』 제1집, 1987, 244~258면; 최원식, 『한국계몽주의문학사론』, 소명출판, 2002, 286~309면에 수록; 김병철, 『한국근대 번역문학사 연구』, 을유문화사, 1975, 240~242면 참조.
39 이 책은 2006년 信山社에서 復刻版이 발간되었다. 제1권, 392면; 제2권, 352면.
40 상세한 것은 김효전, 「안국선의 생애와 『행정법』(상하)」, 『한국공법이론의 새로운 전개』(牧村 김도창박사 팔순기념 논문집), 삼지원, 2005, 146~173면 참조.

3. 와세다시대

1) 와세다의 건학과 학풍

게이오의숙 보통과를 마친 후 안국선은 1896년 도쿄전문학교 방어정치과에 입학한다.

도쿄전문학교는 교가에도 있듯이, '도읍의 서북 와세다 숲에……' 여기의 와세다는 지명이다. 1882년 일본의 정치인 오쿠마 시게노부(大隈重信, 1838~1922)[41]가 설립한 학교이며 정치과와 법률과의 두 학과로서 출발하였으며 수업연한은 3년이었다. 제1회 졸업식은 1884년 7월이었으며 정치과 4명, 법률과 7명 합계 11명이었다.

원래는 오쿠마의 양자 쓰가루 후사마로(津輕英麿)가 미국에서 천문학을 수학한 관계로 이학 중심의 학교를 구상했으나 오노 아쓰시(小野梓, 1852~1886)[42]의 영향으로 정치경제학, 법률학, 영학(英學) 위주로 바뀌었다고 한다.[43]

당시 일본의 정치학은 아직 초보적인 단계에 있었고, 특히 유일한 대학인 도쿄대학에서는 독일 학문의 절대적인 영향으로 국가학 내지 국법학의 일부 내지는 보조학과의 위치에 있었다. 초창기에는 미국인 어니스트 페놀로사(Ernest Fenollosa, 1853~1908)와 독일인 칼 라트겐(Karl Rathgen, 1856~1921)이 정치학을 강의하였다.[44] 더

---

41 오쿠마의 이름은 일찍부터 한국에 알려졌다. 예컨대 『황성신문』 1899.3.28 별보 「大隈重信氏의 淸國에 대한 策을 略記ㅎ노라」 등. 오쿠마에 관한 문헌으로는 우선 早稻田大學大學史編集所 編, 『大隈重信とその時代』, 早稻田大學出版部, 1989. 현재 大隈重信文書가 2004년부터 みすず書房에서 매년 한 권씩 발간하고 있다.

42 문헌은 早稻田大學大學史編集所 編, 『小野梓全集』全5卷, 早稻田大學出版部, 1978~1982 및 같은 편집소 편, 『小野梓の硏究』, 早大出版部, 1986 참조. 이 책에는 관계 자료와 연구문헌목록이 수록되어 있다.

43 『エピソード早稻田大學』, 13면.

44 상세한 것은 김효전, 『근대 한국의 국가사상』, 철학과현실사, 2000, 592면 이하 참조. 특히 라트겐의 정치학은 유길준 정치학의 원전으로 우리의 주목을 끈다(김용구, 『세계관충돌의 국제정치학』, 나남출판, 1997, 247면; 정용화 『문명의 정치사상-유길준과 근대 한국』, 문학과지성사, 2004, 306면; 김학준, 62~63면). 라트겐에 관한 일본 문헌은 勝田有恒, 「カール・ラトケンの『行政學講義錄』-獨逸型官治主義の導入」, 『明治法制史 政治史の諸問題』(手塚豊教授退職記念論文集), 慶應通信, 1977, 125~163면 참조. 또한 武內博, 『來日西洋人名事典』, 日外アソシエション, 1995, 522면에 문헌소개가 있다.

구나 도쿄대학의 경우 강의는 영어나 독일어로 하였다. 이와는 대조적으로 도쿄전문학교는 정치학을 경제학과 결합하여 정치경제학과라고 이름을 붙이고 정치학의 경우 영어정치과와 방어(邦語)정치과로 구별하였다. 이것은 강의를 외국어로 하느냐 일본어로 하느냐에 따른 구별이다. 더구나 도쿄전문학교는 창립자인 오쿠마자신이 영국적인 입헌정치를 흠모하였으며, 오쿠마의 협력자인 오노 아쓰사는 영국에 유학하여 벤담이나 밀의 공리주의를 배우고 영국 헌법의 실제를 견문한 사람이다. 또 창설 당시부터 정치학이나 관련 과목을 담당한 야마다 이치로(山田一郎), 다카다 사나에(高田早苗) 등은 모두 영국 헌정사와 그 사상을 전공한 사람들이었으며 여기에 상술하려는 이치지마 겐키치(市島謙吉) 역시 영미정치학을 중심으로 공부한 사람이다. 이러한 인적 구성에서 볼 때 와세다의 정치학은 영미풍으로 되고 학과나 학부의 편성도 정치경제학과로 되었다. 도쿄대학이 독일의 국가학이나 국법학의 영향으로 관료주의적인 위로부터의 통치의 학문으로서의 성격을 지녔다면 와세다는 재야적이며 민중과 함께 근대화를 담당하였다고 보는 견해도 있다.[45]

2) 교과목과 교강사

안국선이 재학하던 1897년(메이지 30년 3월) 당시의 학교 규모는 우선 학생 수를 보면 다음과 같다. 영어정치과 1학년 51명, 2학년 15명, 3학년 22명, 합계 88명이며, 방어정치과는 1학년 121명, 2학년 67명, 3학년 78명, 합계 266명이다.[46] (『학보』 제2호, 1897.4, 121면의 통계표 참조)

안국선이 재학한 당시의 교과목은 다음과 같다.

정치경제학과의 정치학 학과편성은 1학년에서는 국가학원리(영원서)[47]와 국법

---

45 『エピソ一ド早稲田』, 51면.

46 『早稲田學報』 제2호, 1897.4, 121면에 통계표가 있다.

47 英原書는 실리(Sir John Robert Seeley, 1834~1895)의 『영국팽창사론』(*Expansion of England*, 1883) 과 스몰(Small)의 『사회학』 등이다. 실리의 『정치학입문』(*Introduction to Political Science*, 1896)은 중국인 옌푸(嚴復, 1854~1921)가 『政治講義』란 제목으로 1906년에 번역 · 편술하여 발간하였다. 옌푸, 양일모 역주, 『정치학이란 무엇인가』, 성균관대 출판부, 2009; 李曉東, 『近代中國の立憲構

학, 2학년에서는 일본 헌법, 비교헌법(영원서), 행정법, 정치학사이며, 3학년에서는 행정법(강의 독불 또는 영원서), 국법학(독불 또는 영원서)으로 구성되어 있었다.[48]

담당 교강사는 국가학과 헌법은 다카다(高田早苗), 행정법은 소에지마(副島謙吉)와 오다(織田一), 국제법은 나카무라(中村進午), 상법은 시다 고타로(志田鉀太郎), 정치학은 이치지마 겐키치(市島謙吉),[49] 경제학은 아마노 다메유키(天野爲之) 등이었다.

다카다는 도쿄대학을 졸업하고 오쿠마를 도와 학교를 일으킨 사람으로 유명하며 학장을 지냈다.[50] 그의 저서 중 『헌법요의』는 정인호(鄭寅琥)의 번역으로 일찍부터 한국에 소개되고,[51] 『국가학』도 김상연과 나진에 의해서 번역되었다.[52] 또한 Woodrow Wilson의 책을 『정치범론 일명 연혁실용정치학(政治汎論 一名沿革實用政治學)』으로 번역하였으며, 기타 『영국국회사(英國國會史)』, 『영국외교정략(英國外交政略)』 등의 역서가 있다.

소에지마 기이치(副島義一, 1866~1947)는 제국대학(도쿄대학의 전신)을 졸업하고 독일 베를린대학에 유학한 후 와세다대학의 교수가 된 사람이다. 소에지마는 김상연의 입학보증인이었으며, 김상연은 그의 『일본제국헌법론』을 토대로 하여 『헌법』을 강술하였다.[53]

또 안국선은 『행정법』(상하)를 번역하여 1907년 보성사에서 출간하였다.[54] 어떤 책을 텍스트로 하였는지 밝히지 않고 있으나 미국인 Goodnow의 영향을 많이 받았을 것으로 보인다.

想ー嚴復・楊度・梁啓超と明治啓蒙思想』, 法政大學出版局, 2005, 44면 이하 참조.

48 『半世紀の早稻田』, 1932, 154~155면의 도표 참조.

49 이치지마에 관해서는 佐藤能丸, 『近代日本と早稻田大學』, 早稻田大學出版部, 1991, 144면 이하 참조.

50 와세다대학 정문에 들어서자마자 오쿠마(大隈)의 동상이 있고 그 옆에 앉아 있는 사람이 다카다(高田)이다. 다카다에 관해서는 早稻田大學大學史資料センター 編, 『高田早苗の總合的研究』, 2002 참조. 서작목록, 연구문헌 그리고 관계 자료목록이 잘 정리되어 있다. 다카다 자신의 회고는 『半峯昔ばなし』, 早稻田大學出版部, 1927, 681면이 있다. 기타 京口元吉, 『高田早苗傳』, 早稻田大學出版部, 1962; 佐藤能丸, 『近代日本と早稻田大學』, 早稻田大學出版部, 1991, 73~102면 참조.

51 정인호 역술, 『헌법요의』, 1908. 이 책은 『國民須知』 등과 함께 2010년 관악사에서 영인본이 발간되었으며, 여기에 붙인 김효전의 해설 참조.

52 나진・김상연 역술, 『국가학』, 1906. 이 책은 1986년 민족문화에서, 그리고 2004년에는 관악사에서 영인 출판되었다. 다카다의 국가학에 관하여 상세한 것은 菰原隆, 『「國家學原理」におけるその國家思想(高田早苗)」, 『近代日本と早稻田の思想群像』 II, 早稻田大學出版部, 1983, 1~33면 참조.

53 이 책도 2004년 관악사에서 영인본으로 나왔다.

54 이 책에 관하여는 김효전, 「안국선의 생애와 『행정법』(상하)」, 『인권과 정의』, 2003. 12, 190~208면 참조. 2004년 관악사에서 영인본이 발간되었다.

한편 나카무라 신고(中村進午, 1870~1939)는 국제법학자로서 일본이 한국을 보호국 아래 두는 취지는 한국의 이익을 증진하기 위함이라는 궤변을 늘어 논 사람이다.[55] 나카무라는 다카네(高根義人)과 소에지마 기이치와 함께 독일의 민법학자인 Dernburg의 책을 『독을민법론(獨乙民法論)』으로 번역하기도 하였다. 그의 와세다대학 법학과의 회고는 『早稻田法學』에 자세하다.[56]

나카무라의 이론은 와세다에서 정치학을 공부하고 요절한 이용무(李用茂, 1888~1909)의 『평시국제공법』에도 영향을 미쳤다.[57] 이용무는 1905년 7월 와세다대학 방어정치과를 졸업하고 귀국하여 양정의숙과 보성전문학교의 강사를 지내다가 작고하였다.[58]

상법은 시다 고타로(志田鉀太郎, 1868~1951),[59] 해상법은 하라(原嘉道)가 담당하였다. 안국선은 1907년경 『상행위법』(161면)을 저술하였는데,[60] 이는 재학 중 상법 과목을 이수하였기 때문에 용이하였을 것이다. 안국선은 역시 텍스트를 밝히지 않고 있는데 당시 유명한 게이오의숙대학 교수 아오키(靑木徹二)의 『상행위론(商行爲論)』(有斐閣)일 것으로 보인다. 아오키의 책은 『早稻田學報』에도 자주 광고가 나갔다.

상법과 관련하여 안국선은 『상업경영법』[61]이란 책도 번역하였는데, 이 책은 와세다(早稻田) 실업학교의 강사인 쓰치야 조키치(土屋長吉)의 강의록 『상업경영법』(1905)을 번역한 것으로 보인다. 『早稻田學報』 제112호(1905)에 광고를 내고 있다.

---

55 『황성신문』, 1904.10.1.
56 와세다대학 법과의 회고는 『早稻田法學』 제13호, 1932 참조.
57 서강대 도서관 소장.
58 『황성신문』, 1909.5.9; 1909.6.8; 1909.6.12 참조. 일본에서는 『第12回 早稻田大學 校友會誌』, 1905, 37면. 訃告는 「교우 동정」, 『早稻田學報』 제172호, 1909, 4면.
59 村上一博 집필, 「志田鉀太郎 1868~1951」, 明治大學史資料センター 編, 『明治大學小史 人物編』, 學文社, 2011, 42~43면. 시다(志田)는 1894년 제국대학을 졸업하고 東京高商(현재의 一橋大學) 교수로서 도쿄전문학교의 강사로 출강하였다. 메이지대학 총장 역임.
60 이 책은 1987년 민족문화에서 영인본이 발간되었다.
61 광학서포, 1909, 190면. 이 책은 국회도서관에 소장되어 있다.

3) 재학 중의 활동

안국선의 재학 중의 활동에 관하여 자세한 것은 알 수 없지만 일본유학생들의 소식은 국내에도 『독립신문』이나 『뎨국신문』 등에 보도되고 있었다. 예컨대 『독립신문』의 영문판인 *The Independence* 1897년 5월 25일 자 「일본의 조선학생들」에서는 유학생들의 재학교와 견습처, 학생 수 등이 나와 있으며,[62] 『뎨국신문』에서도 유학생들의 졸업과 귀국을 상세히 보도하고 있다.

> ○ 일본에 류학ᄒ던 신희영 어용선 량씨가 보통과 졸업쟝과 탁지부 스무 견습 증셔를 맛하 가지고 도라오고 권봉슈 씨는 법부 스무를 졸업ᄒ고 김용졔 리규승 유셰용 삼씨는 닉부 스무를 졸업ᄒ고 홍셕현 씨는 상공업에 문셔 회계ᄒᄂᆫ 법을 졸업ᄒ야 다 증셔를 맛하 가지고 도라온 고로 학부에셔 그 소용을 따라 각부에 죠회ᄒ고 각각 나라 스무를 맛겨 쓰게 ᄒ라고 ᄒ엿다니 국가에셔 싱도를 외국에 보니여 불소ᄒ 국지를 허비ᄒ며 교휵식인 효험을 지금이야 특별히 볼지라. 졔씨가 외국에 가셔 여러 히 풍상을 격고 도라 오미 ᄌ연 고성도 만히 ᄒ엿스려니와 학문이 도져ᄒ 쥴은 여러히 아는 비라. 이쩌 됴흔 계계를 엇어 빅흔 학식을 낫하늬여 국은을 보답ᄒ기를 간절히 ᄇ라노라.[63]

이 기사에서는 신해영뿐만 아니라 어용선(魚瑢善), 권봉수(權鳳洙), 김용제(金鎔濟), 이규승(李珪承), 윤세용(尹世鏞),[64] 홍석현(洪奭鉉) 등의 이름을 열거하고 있다.

안국선 개인의 와세다 시절의 활동은 당시의 유학생들의 기관지격인 『친목회회보』를 비롯하여 와세다대학의 역사적 기록물과 동창회 등의 간행물을 통해서 외면적으로 파악할 수 있는 자료에 의거하여 추적해 보기로 한다.

---

62 차배근, 『개화기 일본유학생들의 언론출판활동연구 (I) 1884~1898』, 서울대 출판부, 2000, 163~164면.
63 『뎨국신문』, 1898.11.4.
64 윤세용은 윤세용의 오자이다. 윤세용은 1895년 5월 게이오의숙에 입학하여 다음 해 7월 30일 보통과를 졸업하고, 시즈오카(靜岡)현청에서 1897년 10월까지 수습하고 다시 내무성에서 사무견습을 하였다. 차배근, 『개화기 일본유학생들의 언론출판활동연구 (I) 1884~1898』, 서울대 출판부, 2000, 211면. 이 책 210~211면에는 게이오의숙 보통과 졸업자들의 졸업 후 거취와 교육경력이 일목요연하게 정리되어 있다.

먼저 안국선(안명선)은 1896년 6월 도쿄전문학교에 입학하기 전에 발간된『친목회회보』제3호에「정치의 득실」을 기고한다. 전문을 인용한다.

政治라 云ᄒᆞᄂᆞᆫ 거슨 舟師가 舟를 運漕ᄒᆞᄂᆞᆫ 것과 如ᄒᆞ니 人民은 水와 如ᄒᆞ고 國家ᄂᆞᆫ 舟와 如ᄒᆞᆫ지라. 水ᄂᆞᆫ 舟를 載ᄒᆞ기도 ᄒᆞ고 舟를 覆ᄒᆞ기도 ᄒᆞ나 舟를 載ᄒᆞ게 ᄒᆞ며 舟를 覆ᄒᆞ게 홈은 舟師의 責이라. 是故로 舟師ᄂᆞᆫ 水性에 慣ᄒᆞ며 水路에 習ᄒᆞᆫ 後에야 可히 舟를 運漕ᄒᆞ야 雖羊腸小路와 風濤撲天之時라도 能히 無事홈을 保ᄒᆞᄂᆞ니 政治家ᄂᆞᆫ 먼저 人情을 慣ᄒᆞᆫ 然後에 可히 行政을 論ᄒᆞ리로다.

政體ᄂᆞᆫ 立憲政體(卽 代議政治)와 專制政體(卽 君主獨裁政治)가 有ᄒᆞ니 何方이 善ᄒᆞ며 何方이 惡ᄒᆞ뇨. 立憲政體ᄂᆞᆫ 衆治政府라. 人民의 自由를 鞏固케 ᄒᆞ야 人民이 各各 自由의 權을 持ᄒᆞᆫ 故로 不平ᄒᆞᆫ듸 唱ᄒᆞᄂᆞᆫ 일이 無케 ᄒᆞ고 專制政體ᄂᆞᆫ 獨斷政府라. 獨斷政府之下에 居ᄒᆞᆫ 民은 自由를 得지못ᄒᆞ고 上에 依賴ᄒᆞ야 其 政治가 萬一 暴虐ᄒᆞ면 不平홈을 唱ᄒᆞᄂᆞ니 由此觀之컨더인 立憲政體와 專制政體의 優劣은 論을 待치 아니ᄒᆞ려니와 獨斷政府라도 其 君主가 英名ᄒᆞ야 善良ᄒᆞᆫ 政治를 施ᄒᆞ면 人民이 鼓腹擊壤의 幸福을 樂ᄒᆞᄂᆞ니 支那 古昔 堯舜又ᄒᆞᆫ 賢明之君은 仁政을 全國에 布ᄒᆞ야 人民이 皆 太平之樂을 賴ᄒᆞ얏고 衆治政府라도 其 國々會議員이 無主義無意見ᄒᆞ야 國會를 有事홈으로 開ᄒᆞ얏드가 不合意홈으로 閉ᄒᆞ며 有事홈으로 開ᄒᆞ얏드가 輕蔑홈으로 閉ᄒᆞ야 政法이 公치 아니ᄒᆞ면 其 國이 畢竟 衰亡ᄒᆞᄂᆞ니 歐羅巴 古昔 羅馬國은 共和政治로더 至今 衰亡ᄒᆞ얏스니 엇지 專制政體ᄂᆞᆫ 皆惡ᄒᆞ며 立憲政體ᄂᆞᆫ 皆善홀뿐이리오. 當局者의 善用ᄒᆞ며 善用치 못홈에 在ᄒᆞ도다. 代議政治가 專制政治에 比ᄒᆞ면 優勝ᄒᆞᆫ듸 ᄒᆞ니 獨斷政府라 ᄒᆞᄂᆞᆫ 거슨 君主一人이 生殺與奪之權을 自任ᄒᆞ야 一國을 專制홈이니 此ᄂᆞᆫ 一人으로 一國을 治홈이오 代議政治라 ᄒᆞᄂᆞᆫ 거슨 一國人民으로 代議士를 選擧ᄒᆞ야 人民의 利害를 權衡ᄒᆞ야 政事를 參議ᄒᆞᄂᆞᆫ 權을 與홈이니 此ᄂᆞᆫ 一國으로 一國을 治홈이라. 然則 獨斷政治ᄂᆞᆫ 一人의 政治오 代議政治ᄂᆞᆫ 衆人의 政治라. 一人의 意見이 雖寬ᄒᆞ나 衆人의 意見을 合ᄒᆞᆫ듸 比ᄒᆞ리오. 古人이 云ᄒᆞ얏스되 泰山은 塵土를 聚ᄒᆞᆫ 거시오 大海ᄂᆞᆫ 滴水를 合ᄒᆞᆫ 거시라 ᄒᆞ니 善ᄒᆞᆫ듸 斯言이여.

東洋中 日本이 먼저 立憲政治를 行ᄒᆞ얏스니 其 法은 盖 西國으로붓터 移來ᄒᆞᆫ 거시나 今日에 當ᄒᆞ야ᄂᆞᆫ 西法과 異ᄒᆞᆫ 處가 多ᄒᆞ니 此ᄂᆞᆫ 無他라. 各々各國과 風土와 氣候와 宗敎의 異ᄒᆞᆫ 故라. 大抵 一國이 亡ᄒᆞ면 一國이 興ᄒᆞᄂᆞ니 엇지 亡ᄒᆞᄂᆞᆫ 國에ᄂᆞᆫ 政治

가 無ㅎ며 興ㅎ는 國에는 政治가 有ㅎ리오만은 政治는 其人을 從ㅎ야 善ㅎ기도 ㅎ며 惡ㅎ기도 ㅎ는 거시라. 其 善ㅎ게 ㅎ며 惡ㅎ게 ㅎ는 거슨 當局者에 在ㅎ니 螢窓半生에 讀破萬卷ㅎ 者라도 實地上에서 實業을 行ㅎ 時에 及ㅎ야는 往々히 顚敗ㅎ이 多ㅎ니 此所謂筆下에 비록 千言이 有ㅎ나 胸中에는 實노 一策이 無ㅎ 者로다.

水가 無ㅎ면 舟룰 運漕ㅎ지 못ㅎ고 民이 無ㅎ면 政을 行치 못ㅎ느니 水者는 舟의 本이오 民者는 國의 本이라. 本을 本치 못ㅎ면 비록 經天緯地之才가 有ㅎ나 엇지 末을 行ㅎ리오. 彼 茫々大海에 覆ㅎ 舟룰 見ㅎ라. 其 覆ㅎ은 何에 由ㅎ얏느뇨. 舟師가 水理에 鬯지 못ㅎ 故一로다.[65]

여기서 그는 입헌정체와 전제정체를 구별하고 뱃사공이 수리에 밝지 못하면 망망대해를 운항할 수 없다고 조선의 정치를 비유적으로 비판하고 있다.

계속하여 1897년 2월 14일 친목회 제21회 통상회에서 안국선(안명선)은 「정도론(政道論)」이란 제목으로 학술 발표를 한다. 그 첫머리는 이렇게 시작한다. 즉

나는 昨年 九月에 專門學校에 入ㅎ야 所謂 政治룰 學ㅎ지 六個月이 되얏스오니 무슨 學問이 有ㅎ릿가. 廉恥룰 不知ㅎ고 演壇에 登ㅎ야 政道룰 論ㅎ니 實노 可笑롭소. 然이나 玆에 無識ㅎ 說노 諸員에게 告ㅎ니 猥濫ㅎ오느 容恕ㅎ심을 望ㅎ옵느이다.[66]

이어서 정도라 하는 것은 정치가가 사(事)에 당하야 정(政)을 치(治)하는 도(道)라 하고, 그 요건으로서 첫째는 중심을 요하며, 둘째는 공성(公誠)을 요한다고 하면서 그 실례를 들고 있다.

다음에는 1897년 10월에 창립된 「일한학생구락부(日韓學生俱樂部)」를 본다. 와세다대학의 동창회보인 『早稻田學報』[67] 제5호(1897(메이지 30))에는 「◎ 제8회 일한구락부」라는 제목 아래 다음과 같이 보도하고 있다.

---

65 大朝鮮留學生親睦會, 『親睦會會報』 第3號, 1896(建陽 2).6, 21~24면; 차배근, 앞의 책, 644~646면에 재수록.
66 안명선, 「정도론」, 『친목회회보』 제5호, 1897, 38~41면. 인용은 38면.
67 早稻田學會는 '도쿄전문학교에 관계있는 제씨와 천하의 동지를 함께 정치 법률 경제 및 문학상의 문제를 학술적으로 강구할 목적'으로 1897년에 설립하고 『早稻田學報』라 칭하고 학술응용의 평론지를 발간한다고 제2호에 광고를 내고 있는데 동창회보라고 하겠다.

지난 5월 16일 오전 8시부터 赤城 淸風亭에서 개회하였으며 來會者는 일한 학생 삼십여 명으로서 간사는 대회의 취지를 설명하고 다음에 大塚氏明 씨의 연설, 韓人 李璿在의 ll吟詩가 있고, 각각 환담을 다하고 오후 4시 散會하였더라.[68]

여기의 이선재(李璿在)는 바로 이준(李儁, 1859~1907)의 구명(舊名)이 아닌가! 이준에 관한 대표적인 전기로 알려진 류자후(柳子厚)의 『이준 선생전』(1947)에는 '1896년 早稻田大學 입학, 1898년 졸업, 즉시 귀국[69]이라고 적혀있으며, 또 와세다대학 한국유학생회가 펴낸 『와세다의 한국인』에는 '1898년에는 제2호 조선인 유학생으로 이준 열사가 早大를 졸업하였다[70]고 기록하고 있다. 또 와세다대학 한국동창회 『회원명부』(1987)에는 '李儁, 1898, 邦政, 순국열사(작고)'라고 적혀 있다.[71] 여기의 '邦政'이란 방어정치과의 약자이며 류자후가 법과를 졸업했다고 기술한 것과도 배치된다. 또 와세다대학 동창회가 펴낸 『早稻田會報』(한국동창회 36년사) '동창회를 빛낸 작고하신 동창 첨위(僉位)의 명복을 빕니다'의 첫 머리에도 '이준(순국열사)'이 나온다.[72]

이러한 것들은 모두 풍문에 의한 것을 확인하지 않고 잘못 서술한 것이어서 정확한 재적사실을 밝혀내기 위해서 저자는 1986년부터 학적부 조회를 시도하였으나 처음에는 개인의 프라이버시라는 이유로 거부되었다. 그 후 재차 시도하여 지난 1998년 4월 15일 자 와세다대학 교무부장 명의로 된 조사결과보고서에서 '재적의 기록이 없습니다'라는 회답을 받고 이준과 와세다대학과는 아무런 관련이 없다고 생각하여 이준의 학력을 분명히 밝혀야 한다는 요지의 글도 발표한 일이 있다.[73] 그러나 이제 그의 이름이 분명히 나타난 이상 좀 더 구체적으로 정확한 사실을 규명해야 할 것이다. 세 번째로 저자는 2006년 5월 와세다대학에 교환연구원으로 체류하면서 다시 동 대학 교무부장 앞으로 李儁(또는 李璿在)의 「在籍與否調査要望」을 관련 자료를 첨부하여 제출하였으나 역시 재적사실이 없다는 회신을 받았다.

도쿄에서의 이준의 활동과 관련하여 그는 이토 히로부미(伊藤博文)에게 도움을

---

68 『早稻田學報』제5호, 1897.7.31, 125면.
69 류자후, 『이준 선생전』, 1947, 416면.
70 早稻田大學 한국유학생회, 『와세다의 한국인 – 와세다대학 한국유학생 90년사』, 1983, 43면.
71 『회원명부』, 1987, 166면.
72 『早稻田會報』(한국동창회 36년사), 1983, 657면.
73 김효전, 「이준의 학력과 재판」, 『시민과 변호사』, 2000.3, 58~63면 참조.

요청하는 편지를 보내기도 하였다.[74]

1897년 12월 조선 정부는 관비유학생들을 소환하는 훈령을 내렸으나 대부분 불응하고 계속 일본에 남아서 공부를 하였다.

계속하여 같은 『早稻田學報』 제15호(1898.5.25)는 지방과 도시의 회원을 합하여 백여 명에 달하며, 5월 1일에는 "20여 명이 다과를 들며 서로 흉금을 털고 무릎을 맞대고 혹은 일한 간의 사정을 변설하고 혹은 동아의 근상(近狀)을 논란하며 또 장래 구락부 확장의 방안을 의론하며 담소 환어리(談笑 歡語裡)에 산회(散會)"하였다고 보도하면서 이날 참석한 사람의 이름을 열거하고 있다. 한국인의 이름을 들어 보면 홍석현(洪奭鉉), 정인소(鄭寅昭), 윤성구(尹星求), 이인식(李寅植), 유문상(劉文相), 안명선(安明善), 박태서(朴太緖), 안경선(安慶善), 김대희(金大熙), 신순성(愼順成), 강용갑(姜龍甲), 우태정(禹泰鼎)의 제씨이다. 이어서 '회원은 누구나 학생으로서 유지(有志)의 자(者)는 물론 하교(何校)의 학생임을 불문 입회할 수 있으며' 간사 4인 중 2인은 한국인으로 정인소와 유문상이다. 여기서는 윤성구, 강용갑, 우태정의 이름이 새로이 보인다.[75]

제16호(1898)에는 「일한 학생구락부 제17회 예회(例會)」에는 홍석현, 안명선, 이인식, 정인소, 유문상, 박태서, 신순성 등외에 일본인 참석자 약 30명 정도의 이름을 나열하고, "강사 마쓰다이라(松平康國) 씨는 지나(支那) 형세의 일반을 논하고 다음에는 무라마쓰(村松忠雄) 씨 조선 사정을 서술하고, 이어서 정인소 씨 일어나 비참한 한인(韓人)의 경우를 호소하여 일좌(一座)를 감동시키고 최후로 강사 우키타 가즈타미(浮田和民)[76] 씨는 아세아의 장래로 유익한 담화"를 하였다는 기사가 실려 있다.[77]

여기의 우키타는 이른바 '윤리적 제국주의' 이론의 주창자이며, 후술하듯이

---

74 『伊藤博文關係文書』 8, 塙書房, 1980, 408면.
75 『早稻田學報』 제15호, 1898.5.25, 89면.
76 우키타(1859~1946) 문헌은 姜克實, 『浮田和民の思想史的研究―倫理的帝國主義の形成』, 不二出版, 2003 참조. 우키타의 연보와 저작목록이 상세하다.
    이인직(李人稙, 1862~1916)과 법부대신을 지낸 조중응(趙重應, 1860~1919)은 도쿄정치학교에 유학했을 때 우키타와 고마쓰(小松綠)로부터 국가학을 배웠다. 민족문제연구소 편, 『친일인명사전』, 민족문제연구소, 2009, 93~94・595~600면; 전광용, 『신소설연구』, 새문사, 1986, 57면; 윤승준, 「국초 이인직의 일본 경험과 신소설」, 단국대학교 동양학연구소 편, 『개화기 한국과 세계의 상호교류』, 국학자료원, 2004, 142면; 田尻浩幸, 『이인직 연구』, 국학자료원, 2006; 小松綠, 『朝鮮倂合之裏面』, 中外新論社, 1920, 1990년 복간, 124~125면 및 小松綠, 『明治外交秘話』, 千倉書房, 1936, 441면 등 참조.
77 『早稻田學報』 제16호, 1898.6.25, 74면.

「일로전쟁의 윤리적 관찰」 등의 논설이 있다.[78]

이것으로 미루어 볼 때 일한학생구락부가 여러 차례 열렸음을 알 수 있으며, 또 참석자와 그 분위기를 짐작게 한다.

다음에는 안국선이 졸업하는 1899년(메이지 32) 7월 15일의 제16회 졸업증서수여식의 모습을 보기로 한다.

> 지난 7월 15일로써 본교 대강당에서 거행되고 동일 오후 4시 낭랑한 주악과 함께 득업생(得業生) 및 내빈 등의 입장을 기다려 교장 하토야마(鳩山和夫) 씨 득업생 146명에게 득업증서를 수여하고, 각 학과의 우등생에게는 상장과 아울러 오쿠마(大隈) 백작 부인이 기증하는 상품을 준 후 득업생 일동에게 고계(告誡)하는 바 있고, 다음에 득업생 총대 츠보우치(坪內禮雄) 씨가 답사를 낭독하고, 그다음 이치지마(市島謙吉) 간사의 보고, 교우 총대 사카모토(坂本三郎) 씨의 축사가 있은 후 강사 우키타(浮田和民) 씨의 연설이 있고 이리하여 주악과 함께 식은 전부 끝나고, 학생에게는 다과를 주고 교우 및 내빈에게는 오쿠마 백작 저택에서 입식(立食)의 향응을 받고 박모(薄暮) 각각 귀산(歸散)하였다.[79]

이 기사와 함께 졸업생 명단을 열거하고 있다. 전체 146인을 구체적으로 보면 영어정치과 25인, 방어정치과 58인, 법률과 27인, 행정과 16인, 문학과 9인, 문학선과(選科) 2인, 영어학부 9인으로 되어 있다. 여기에는 안국선(安國善)이 안명선(安明善)으로, 출신은 '조선국'으로 적혀 있으며, 그와 동기 동창으로 정인소와 이인식의 이름도 있다.

이날의 졸업식에는 안국선의 양부 안경수도 참석하였을 것이며 3일 전 도쿄법학원의 졸업식에 참석했던 한국의 대리공사 박수화(朴鏞和)도 함께 하였을 것으로 생각된다.[80]

---

78 『早稻田學報』제102호, 1904, 46~47면.
79 『早稻田學報』제29호, 1899, 29~30면.
80 1899년 7월 12일의 도쿄법학원 졸업식에 관하여는 『法學新報』제100호, 1899.7.20 및 『中央大學史資料集』第17集, 1999, 97면에 재수록. 박수화에 관하여는 한철호, 『한국 근대 주일한국공사의 파견과 활동』, 푸른역사, 2010 참조. 1887~1905년까지의 18년 4개월 동안 공사 8인의 근무기간은 6년 9개월이다. 또한 본서 제3부 「문헌해제」 중 2장 「유치형의 생애와 『헌법』」, '유치형의 『헌법』' 참조.

4. 와세다의 한국인 졸업생

와세다대학의 전신인 도쿄전문학교에 입학하여 한일합병을 전후로 한 시기에 이 학교를 졸업한 사람은 그리 많은 편은 아니다. 정치과를 중심으로 졸업한 순서대로 살펴본다.

1) 정치학 졸업생

1884년 9월 13일 자의 『유빈호치신문(郵便報知新聞)』에는 "동교에의 조선인 2명 정치과 지원하여 입교시키다 운운"하는 기사가 실려 있다. 이 기사가 사실이라면 도쿄전문학교에 최초의 외국인 유학생일 것이다. 그러나 안타깝게도 이 두 사람의 조선인의 재적을 증명할 만한 자료는 남아 있지 않다.[81]

학적부에 나타난 외국인 유학생 제1호는 1885년 10월 5일 영학과(英學科)에 입학한 조선인 김한기(金漢琦)이다. 이와 관련하여 최초의 중국인 유학생의 입학년도는 1899년이다. 그런데 일본에서 받아들인 최초의 외국인 유학생이며 한국 최초의 유학생은 1881년 게이오의숙에 입학한 유길준, 류정수(柳定秀)이며, 나카무라 마사나오(中村正直)의 同人社에 입학한 윤치호(尹致昊)라고 본다. 이렇게 보면 김한기의 도쿄전문학교 입학은 이들 세 사람보다 4년 뒤떨어지는 것이다. 학적부에 의하면 김한기는 1886년 7월까지는 재적하고 있으며, 그 후는 소식불명이었는데 실은 갑신정변 이후 재일유학생을 불러들인 조선 정부의 소환에 응하여 1886년 5월 귀국과 동시에 처형되었다고 한다.[82]

최초의 도쿄전문학교의 조선인 졸업생은 학적부상 두 번째의 유학생인 홍석현(洪奭鉉)이다. 그는 1873년(메이지 5) 8월 21일 경기도 평택군에서 출생하였으며, 1894년

---

81 朴己煥, 「舊韓末と倂合初期における韓國人の日本留學」, 慶應義塾 福澤研究センター, 『近代日本研究』 제14권, 1997, 234면.
82 이광린, 『한국개화사의 제문제』, 일조각, 1986, 61~62면.

9월 정학부(政學部) 방어정치과(邦語政治科)에 입학하여 1897년 7월에 졸업한다.[83] 청국유학생은 1903년(메이지 36)에 처음으로 두 사람이 졸업하며,[84] 1908년 6월 현재 호세이대학에 천여 명 이상이 있고 와세다대학에는 840명이라고 보도되고 있었다.[85]

홍석현은 졸업하자마자 처음으로 참석하는 7월 21일의 교우대회에서 그는 어떤 내용인지는 알 수 없지만 연설을 하였다는 기사가 발견된다.[86] 홍석현은 졸업하는 해에 고베(神戸) 항에서 외국 무역을 견습하였다. 1898년 7월에는 도쿄 부기(簿記)전문학교를 졸업하고 1898년 10월부터 1900년 9월까지 일본제일은행의 행원을 지내다가 1900년 10월 귀국하여 중학교 교관에 임명되었다.[87] 이어서 중추원의 의관과 궁내부 관리서 위원을 역임한 후 1906년 10월 경무청 경무관이 되고, 12월에는 학부 참사관이 되고, 1907년 4월에는 한성고등학교 교장에 취임하였다.[88] 그러나 이 이력서에는 일본에 유학한 학력은 기재하지 않고 있다.[89]

한일합병 이후인 1911년 2월부터 3월까지 한 달간 보령(保寧)군수를 지내고 같은 해 3월부터 7월까지 평택군수,[90] 7월부터 1912년 6월까지 춘천군수를 지내고 면직되었다.[91] 1923년부터 29년까지 중추원 촉탁을 역임하였다. 홍석현은 1894년 도쿄의 博文館에서 『신찬 조선회화(新撰 朝鮮會話)』[92]라는 책을 출판했는데 여기에는 도쿠토미(德富猪一郎)의 서문이 붙어 있다.

『早稻田學報』의 교우동정란에는 그에 관한 기사와 함께 기고한 글이 발견된다. 먼저 그의 회고를 보기로 한다.

"당시 학원은 협소하고 아주 외진 곳에 있었다. 하숙집은 교문 앞에 한 채밖에 없고 아나하찌망(穴八幡) 부근에는 도깨비불이 나타난다는 말을 들을 정도로 적막한 한촌이었으며, 학자금이 없어서 은사 이치지마(市島[謙吉])와 아마노(天野[爲之])

---

83 홍석현 등의 졸업에 관하여는 『뎨국신문』, 1898.11.4.
84 두 사람의 이름은 金邦平과 唐寶鍔으로 이들의 졸업에 대해서 당시의 학장인 다카다(高田早苗)는 매우 감격어린 회고를 하고 있다. 高田早苗, 『半峯昔ばなし』, 早稻田大學出版部, 1927, 397면.
85 「淸國留學生의 增加」, 『황성신문』, 1908.6.23.
86 『早稻田學報』 제5호, 1897, 124면.
87 홍석현을 비롯한 일본유학생들의 귀국에 관한 『뎨국신문』, 1898.11.4 참조.
88 『대한제국관원이력서』, 539면.
89 이기준, 『교육 한국경제학발달사』, 일조각, 1983, 91면 주 1 참조.
90 『早稻田學報』 제195호, 1911.5.1.
91 안용식 편, 『일제지방관록』, 97면, 107면, 265면.
92 전체 162면. 이 책은 부산 시민도서관에 소장되어 있다.

의 도움을 받았다"고 술회하고 있다.[93]

홍석현이 도쿄전문학교를 졸업하고 다시 부기학교를 다닌 것은 은행에 취직하기 위한 것이 아닌가 생각된다.『早稻田學報』제18호(1898)의 교우동정에서는 "본방 모 은행에 근무하며 본국 조선 경성 중서 관자동 26통 제1호, 홍경무관 쪽으로 옮김"이라고 알리고 있다.[94]

같은 학보 제124호(1905)의 교우동정은, "한국 주둔 일본사령부 통역관의 직에 있어서 제국군대를 위해서 크게 진력한 동씨는 이전에 한국정부의 추밀고문의 직에 취임하여 3품위에 서임되었는데 이번에 중용(重用)의 임무를 띠고 입경(入京)하여 체재(滯在) 수일(數日)에 귀국하였다"[95]고 기록하고 있다.

홍석현의 뒤를 이어 1896년에는 안명선(安明善), 정인소(鄭寅昭) 그리고 이인식(李寅植)의 세 사람이 입학한다. 이 중 이인식을 제외한 두 사람은 1895년 게이오의숙에 파견된 관비유학생 출신이다. 그런데 제1호의 김한기로부터 제2호인 홍석현까지 약 10년의 갭이 있는 것은 주로 정치적인 이유로서 친일개화파의 갑신정변이 실패한 1884년부터 1894년 청일전쟁이 발발하기까지 조선 정부의 실권은 친청(親淸) 보수세력이 장악하고 있어서 일본의 영향력은 매우 약화되고 일본유학은 거의 중단되고 있었기 때문이다.[96]

이와 같이 청국, 일본, 러시아와 같은 주변 열강의 역학관계에 의한 일본유학생 수의 증감은 1903년까지 이어지는데 러일전쟁에서 일본이 승리하면서 유학생 수는 급증하게 된다.

정인소와 이인식은 안국선과 동기동창으로 같은 방어정치과를 1899년에 졸업하였다. 정인소는『대조선인 일본유학생 친목회회보』에「국가의 관념」을 발표하기도 하였다.[97]

이인식은 귀국하여 광신상업학교의 교사를 지냈다. 안국선은 그의 후임자이다.[98]

1901년에는 김영진(金英鎭)과 박태서(朴太緖)가 졸업한다. 김영진은 1876년생이

---

93 『早稻田學報』제399호, 1928.5, 31면.
94 『早稻田學報』제18호, 1898, 79면.
95 『早稻田學報』제124호, 1905, 73면.
96 박기환, 앞의 글, 234면.
97 『親睦會會報』제4호, 1897, 18면.
98 김효전,『근대 한국의 국가사상』, 철학과현실사, 2000, 309면.

며 경기도에서 태어났다. 도쿄와 홋카이도 등지에서 근무하였으며 한일합병 후에 황해도 재령 군수를 비롯하여 충남 아산, 논산, 보령 등지의 군수를 지냈으며, 1929년 중추원 참의(參議) 피양부(被仰付).[99] 박태서는 일어학교 부교관을 지냈다.[100]

1902년에는 김상연(金祥演)이 졸업한다. 김상연은 언론인, 교육자, 행정가 등 다양하게 활동한 인물이다.[101] 그는 제국신문사 기자, 황성신문사 부사장, 법관양성소 교관, 홍주 군수, 평안북도 용천부윤, 강원도 참여관 등 다채로운 경력을 가지고 있다. 그는 1904년 10월 와세다에서 열린 청한협회(淸韓協會)의 예회(例會)에 한규복(韓圭復), 김영진(金英鎭), 홍석현(洪奭鉉)과 함께 참석했는데 이 회는 같은 해 5월에 발회식을 가진 것이다.

1903년에는 한규복이 졸업한다. 그는 조선총독부 임시토지조사국 감사관을 지냈다.[102]

1905년 7월에는 이용무(李用茂)가 졸업한다. 이용무는 1888년생이며 귀국 후 양정의숙과 보성전문의 강사였으며, 『국제공법』을 저술하였다. 그러나 아깝게도 22세를 일기로 1909년 5월에 요절하였다. 그의 죽음과 추도회 소식 등을 『황성신문』은 다음과 같이 전하고 있다.

○ 命耶時耶　養正義塾 及 普成專門學校 講師 李用茂氏는 大志를 병抱ᄒ고 多年 海外에 學業을 成就ᄒ고 歸國後에는 敎育界에 獻身하야 熱心 敎授홈으로 一般社會 의 期望이 甚大ᄒ더니 不幸히 沿痾를 遭ᄒ야 數日前에 長逝ᄒ니 得年이 纔 二十二라. 其 所崇의 原因을 聞한즉 氏가 恒常 時局에 對ᄒ야 過度ᄒ 憂憤을 抱ᄒ고 或 登山 痛 哭ᄒᄂᆫ 時도 有ᄒ지라. 所以로 神經이 耗損ᄒ야 漸至危劇ᄒ얏ᄂᆫ디 其屬 廣前 數日 은 晝夜 讓語가 皆 痛恨 時事ᄒᄂᆫ 說話오. 以手拊應ᄒ야 血結色變홈에 至ᄒ야 意至不起 ᄒ얏스니 此 所謂 叢蘭欲茂에 惡豊推之耶아 一般士友가 痛惜不已ᄒ더라.[103]

그의 죽음을 애도한 부고는 『早稻田學報』 제172호(1909) 「교우동정」, 4면에도

---

99 『昭和人名辭典』第4卷 (外地·滿支·海外篇), 日本圖書センター, 1987 참조. 이 책은 『大衆人事錄』 第14版, 1943을 영인한 것이다.
100 『관보』제3870호, 1907.9.13; 기타 『早稻田學報』제191호, 1911, 13면.
101 상세는 김효전, 『근대 한국의 국가사상』, 철학과현실사, 2000, 505~547면; 민족문제연구소 편, 『친일인명사전』, 민족문제연구소, 2009, 397면 참조.
102 조선총독부 『관보』, 1910.10.1; 『早稻田學報』제163호, 57면.
103 『황성신문』, 1909.5.9; 1909.6.8; 1909.6.12; 『법정학계』제23호, 41면 등.

실려 있다.

이용무는 아마 가쿠슈인(學習院)의 교수로서 와세다대학에 강사로서 나온 나카무라 신고(中村進午, 1870~1939)로부터 국제법을 배웠을 것이다. 나카무라는 1894년 도쿄제국대학 법과대학 독법과를 졸업한 후 도쿄전문학교, 고등상업학교(현 히토쓰바시(一橋)대학의 전신) 등 몇몇 대학에서 겸임교수로서 국제법을 담당하고 있었다. 그러다가 1897년 가쿠슈인의 교수가 되고, 1897~1900년에는 독일과 영국에 유학하였다. 1907년에 와세다대학 교수가 되고 1910~1920년까지 동교 법학과 과장을 역임하였다. 1939년에 70세로 작고하였다.

저술로는『국제공법』외에『신조약론』(도쿄전문학교출판부, 1897)이 있고, 마르텐스의『국제법』(상하)을 같은 출판부에서 1908년에 번역하여 출판하였다. 와세다대학과 38년간 인연을 맺고 교수직을 오랫동안 담당하였다.[104] 당시의 일본 국제법학자들처럼 일본이 한국을 보호국으로 만든 것이 정당하다는 이론을 전개하였다.[105]

1908년에는 최영식(崔寧軾)이 전문부 정치경제과를 졸업하였다. 그는 1901년 6월 일본으로 건너가서 일본어와 보통과를 수료하고 1903년 와세다대학 방어정치과에 입학하여 1학기를 수료한 다음 귀국하였다가 1906년에 다시 도일하여 1908년 7월 5일에 졸업하였다.[106]『대한매일신보』는 정치에 최영식 1인을 비롯하여 법률 7인, 농업 2인의 졸업생을 축하하는 기사를 싣고 있다.[107] 그는 귀국 후 김상연과 함께 황성신문사의 임원으로 재직하였다.[108]

또한 김용제(金鎔濟)의 이름도 보인다. 그는『친목회회보』제5호(1897)에「입헌정체의 개론」[109]을 기고하였는데, 이는 다카다(高田早苗)의 영국 헌법에 관한 강의를 듣고 그의 영향 아래 집필된 것으로 보인다. A. V. 다이시 등의 이론이 등장한다. 다이시의 책은 다카다와 우메와카 세이타로(梅若誠太郞) 공역,『영국헌법론(英國憲法論), 부영국헌법강의(附英國憲法講義)』, 도쿄진문학교 출판부(1899, 506면)의 역

---

104 「법학과회고」,『早稻田法學』제13권, 1932 참조.
105 石鎭衡의『평시국제공법』도 이 책을 참고문헌으로서 열거하고 있다. 이 책은 2004년 관악사에서 영인본이 출간되었다.
106 1908년 7월 5일 제25회 得業證書 수여식은『早稻田學報』제162호, 1908.8.5 참조.
107 「留學生卒業」,『대한매일신보』, 1908.7.19.
108 『대한학회월보』제6호, 1908, 2면;『대한매일신보』, 1908.7.19;『황성신문』, 1909.1.1; 김효전,『근대 한국의 국가사상』, 철학과현실사, 2000, 310·519면 참조.
109 『親睦會會報』제5호, 1897, 58~63면; 차배근, 앞의 책, 793면에도 수록.

서에 다카다 자신이 강술한 『영국헌법』(344면)을 합한 전체 850면의 대저이다. 김용제는 귀국하여 궁내부 제도국 이사를 지내고 한일합병 이후에는 중추원 촉탁 등을 역임하였다.[110]

2) 와세다대학의 교우회

와세다대학의 교우회는 일찍부터 국내외에 널리 조직되어 있다.

조선에는 '경성교우회(京城校友會)'를 비롯하여 원산, 인천, 평양, 부산 등지에 관한 기사와 보도를 볼 수 있는데 『早稻田學報』에 나타난 순서대로 적어 본다.

먼저 1905년 1월에는 인천교우회가 열렸는데 9명이 모였으며 조선인의 이름은 보이지 않는다.

다음에 경성교우회의 보도는 1907년 4월 7일에 열린 것으로 기쿠치 겐조(菊池謙讓, 1870~1953)는 '한국와세다교우회(韓國早稻田校友會)'의 명의로 오쿠마 백작의 총장취임을 감사하는 사사(謝辭)를 발의하고 이를 전보로 보내기도 하였다. 이날 20여 명이 참석하였으나 한국인 교우의 이름은 보이지 않는다.

근대 한국사에서 그 이름을 자주 접하게 되는 기쿠치는 1870년 구마모도(熊本)현 출신으로 호는 '長風'으로 1893년 영어정치과를 졸업하고, 民友社에 들어가, 같은 해 『國民新聞』 특파원으로서 서울에 주재한다. 1895년 민비시해(閔妃弑害) 사건 때에는 대원군 구출의 기병대단(奇兵隊團)에 가담하여 왕비탐색대의 선도자로 나서는데 이로써 히로시마(廣島)의 감옥에 투옥되기도 하였다. 그의 저서 『朝鮮王國』[111]은 옥중에서 기초한 것이다. 석방된 뒤에는 다시 한국으로 가서 『漢城新報』의 주필이 되어 근무하다가 1911년에는 대구의 일본인 민단 단장을 역임하고,[112] 일본이 패전할 때까지 체류하였다. 저서로 『朝鮮帝國記』, 『朝鮮雜記』, 『金剛山記』, 『近代朝鮮史』, 『大院君傳』[113] 등이 있다.[114]

---

110 상세한 것은 김효전, 『헌법』(한국개념사총서 3), 소화, 2009, 125면.
111 民友社, 1896. 동아대 소장.
112 『早稻田學報』 제201호, 1911.11.1.

1908년 8월에는 강사 후지야마(藤山治一)의 내한을 계기로 남산정 일본인구락부에서 개최되었는데 여기에는 와세다대학의 설립자 오쿠마(大隈)의 사위인 쓰가루 후사마로(津輕英麿) 백작(뒤에 오쿠마의 딸과 이혼), 노자와 다케시노스케(野澤武之助)를 비롯하여 30여 명이 모여 모교의 제2기 확장계획을 위한 기금마련 등을 논의하였다. 이 날의 모임에는 한국인 한규복, 김용제, 안국선이 참석하고, 일본인은 노자와, 기쿠치 등이 참석하였다.[115]

노자와는 스위스 제네바대학에서 법학박사의 학위를 받고 귀국하여 1898년 도쿄전문학교 평의원으로 선출되었으며,[116] 같은 해 중의원 의원에 이치지마(市島謙吉)과 함께 당선되기도 하였으나,[117] 곧 의회가 해산되어 의원직을 상실하였다. 그해 실시된 선거에서 도치기(栃木)현에서 호시 도오루(星亨, 1850~1901)[118]와 대결하였으나 패하고 학교로 돌아와서 국제사법을 강의하였으며, 1898년 1월에 열린 교우대회에서 '추선교우(推選校友)'가 되었다.[119] 와세다대학 교우회 회원의 자격은 교직원, 졸업생 그리고 추선교우로 구성되기 때문에 노자와는 바로 추선교우로 선출된 것이다. 그는 일본의 정계에 진출하고 싶었으나 낙선하였고, 또 학교에도 정을 붙이지 못했고, 나아가 한국에 가면 새로운 일자리라도 있을까 하여 실의 가운데 한국으로 간 것이다. 당시 그는 법관양성소 소장직에 있었으며, 이 학교를 법학교로 개칭한 이후에도 교장으로 근무하였다.[120]

---

113 이 책은 통감부의 지원으로 집필된 것이다. 小松綠, 『明治外交秘話』, 原書房, 1966. 고마쓰(小松)는 1906년 5월 한국통감부 서기관으로 임명되어 외사국장을 지낸 사람으로 저술 동기는 고의로 조선을 비하 내지 폄하하고 일본의 조선통치를 정당화하기 위해서 집필된 것으로 내용상의 진위는 고사하고 물론 학술적 가치는 없는 것이다.

114 이상은 櫻井義之, 『朝鮮研究文獻誌』와 『大院君傳』의 영인본인 「大院君, 閔妃 2」, 『明治人에 의한 近代朝鮮論』 제7권, ぺりかん社, 1998, 422면의 원본 저자 소개에 따른 것이다.

115 『早稻田學報』 제163호, 1908.9.5.

116 학보 제18호, 1898, 79면.

117 학보 제13호, 1898.3, 99면에 명단 있음.

118 한국 문헌은 윤소영, 「갑오개혁기 일본인고문관의 활동—星亨을 중심으로」, 한국민족운동사학회 편, 『안중근과 한인민족운동』, 국학자료원, 2002, 121~161면; 문준영, 「1895년 재판소구성법과 호시 도오루」, 한국법사학회 제87회, 2009.3.28 발표문 참조.
호시의 한국에서의 생활은 有泉貞夫, 『星亨』, 朝日新聞社, 1983, 200~205면; 中村菊男, 日本歷史學會 編集, 『星亨』, 吉川弘文館, 1963, 140~149면; 鈴木武史, 『星亨—藩閥政治を搖がした男』, 中公新書, 1988 참조.

119 『早稻田學報』 제12호, 1898, 79면.

120 노자와는 본국에서의 정치에 뜻을 둔 사람이었기 때문에 호시처럼 한국 생활이 만족할 수 없었을 것이다. 그는 법관양성소 소장으로 근무하면서 일본인 조 츠라츠네(長連恒)를 교관으로 채용

이 모임에는 1898년 김용제(金鎔濟)가 처음으로 출석한 것이 이채롭다.

1907년에는 '한국 경성 와세다교우회(韓國京城早稻田校友會)'가 열렸으나 노자와와 한국인은 불참하였다.[121]

1909년에는 경성 남산정 화월루에서 '재경인 교우회(在京仁校友會)'가 열리고 간사 기쿠치(菊池)는 사임하고 노자와 등 일본인들만 참석하였다.

한일합병 이후의 교우회에 관한 기사는 별로 없으며,[122] 1928년 평양교우회의 회칙과 임원명단이 발견된다. 회장에 일본인 이치바시 사이(市橋齊), 한국인 부회장 정규현(鄭奎鉉)의 이름이 보인다.

한일합병 이전에 와세다에서 공부한 주요 조선인으로는 전술한 사람 이외에 윤백남(尹白南 : 1905 입학, 중퇴), 최남선(崔南善 : 1906 입학, 1907 중퇴), 정광조(鄭廣朝 : 1907 입학, 1910 졸업), 김홍량(金鴻亮 : 1909 입학, 1909 중퇴), 김성수(金性洙 : 1910 입학, 1914 졸업) 등이 있다.

합병 이후에는 문일평(文一平 : 1911 입학, 1914 졸업), 안재홍(安在鴻 : 1911 입학, 1914 졸업), 장덕수(張德秀 : 1912 입학, 1916 졸업), 신석우(申錫雨 : 1912 입학, 1915 졸업), 최두선(崔斗善 : 1913 입학, 1917 졸업), 신익희(申翼熙 : 1913 입학, 1917 졸업), 백남훈(白南薰 : 1913 입학, 1917 졸업), 현상윤(玄相允 : 1914 입학, 1918 졸업), 이광수(李光洙 : 1915 입학, 1919 중퇴), 이병도(李丙燾 : 1915 입학, 1919 졸업), 송계백(宋繼白 : 1916 입학, 1921 중퇴), 최팔용(崔八鏞 : 1916 입학, 1919 중퇴), 김우진(金祐鎭 : 1918 입학, 1924 졸업) 등을 열거할 수 있다.

그 이후에는 다시 『早稻田學報』제398호(1928)에서, 정치경제학부 정치학과에 유응하(劉應河), 경제학과에 함상훈(咸尙勳), 김용장(金庸壯) 등 조선인의 이름이 나타난다.[123] 1930년대와 1940년대의 한국인 유학생의 단체나 교우회 관계의 기사는 『早稻田學報』에서는 발견하기 어려웠다. 그 까닭은 전시체제였기 때문이거나, 아니면 아마도 조선인 졸업생은 일본인과 동일하다고 생각하여 별도의 교우회를 조직하지 않았거나 (못하게) 하였는지도 모른다. 그러나 『1940年度 早稻田大學朝

했는데 그는 와세다의 국어 강사였으며(『早稻田學報』제107호, 1904, 38면), 한국에 와서 학생들을 구타하는 등 문제를 많이 야기하였다. 상세한 것은 김효전, 「野澤武之助와 근대 한국의 법학교육」, 『법사학연구』제41호, 2010, 1~14면; 본서 제2부 참조.

121 『早稻田學報』제148호, 1907.6.1.
122 「早稻田校友會」, 『매일신보』, 1911.9.8.
123 『早稻田學報』제398호, 1928.4.10 발행.

鮮同窓會名簿』가 발간된 것이 있다.

　전체적으로 볼 때 와세다의 한국인 유학생들은 여기서 보듯이, 중도에 학업을 포기한 유학생이 많으며, 또한 사비유학생이 주류를 이루고 있었음을 알 수 있다.[124]

3) 학내의 정치활동 연습

　당시의 와세다대학에는 각종 학술단체와 아울러 정치적 성격을 가지는 모임도 상당수 있었다. 한국인과 직접 관련을 가지는 몇 가지의 대표적인 예를 들어보기로 한다.

(1) 일한학생구락부(日韓學生俱樂部)

　일한학생구락부는 1896년 일본인 학생들이 '조선 유학생 제씨와 서로 도모하며 피아(彼我)의 국정(國情)을 조사하고 또 그 교의를 두텁게 하여 타일(他日)의 사용에 제공할 것을 목적으로 조직된 단체이다. 앞서 보았듯이, 1898년 6월에 이미 17회 예회(例會)를 개최하였으나, 그 후의 모임에 관해서는 별로 기록이 없다.

(2) 와세다 청한협회(早稻田淸韓協會)

　청한협회는 1904년 5월에 '청한 양국 사정을 살피고 서로 연락과 정의를 도모하여 동아제국의 이익을 균점'하기 위하여 설립되었다.[125] 오쿠마 백작, 다카다(高田早苗) 학장 등이 참석하고, 회장은 이누카이(大養), 간사장은 아오야나기(靑柳篤恒)

---

124 朴己煥, 앞의 글, 233면.
125 규칙은『早稻田學報』제115호, 1905.3.1, 52면. 그 발회식은 학보 제102호, 1904, 44~48면에 수록.

이며 연설자와 그 제목은 소에다(添田)의 「청한문제에 대해서」, 마에시마(前島男)의 「한국담(韓國談)」, 오쿠마(大隈重信)의 「청한협회의 창립을 찬성함」이다. 소에다는 일본을 비롯한 열국의 경제문제는 청국의 연구에 있다고 하였으며, 마에시마는 한국담에서 "일본이 조선에 신세(世話)를 진다면, 또 오늘이 그 합당한 기회라면 청한협회가 '목하(目下)의 필수(必需)'를 충족하기 위해 창립되었다"고 공공연하게 말하기도 하였다. 끝으로 오쿠마는 이번의 러일전쟁은 일본의 자위를 위한 전쟁이며, 支那(중국)의 약탈된 영토를 회복하여 이를 중국에 돌려주어야 한다……. 일본의 의협심(義俠心)에 지나(支那) 국민도 감심(感心)할 것이며 (…중략…) 일본과 협동하려면 중국어와 조선어도 배워야 한다는 요지의 연설을 하였다.[126]

이 청한협회는 10월에도 열려 예회와 강화회를 가졌는데 특히 청한 관계의 새로운 교우로 조선인 홍석현, 김용진, 김상연이 추천되었으며,[127] 그 후 1905년 1월 '와세다 일청협회(早稻田日淸協會)'로 개칭되었다.

조선 문제와 관련해서는 경성거류민장 나카이(中井喜太郎)의 '한국에 있어서의 취미'와 같이 청한협회의 초청을 받고 사담을 말하는 수준이었다. 또한 청국의 유학생과 관련한 오쿠마의 태도는 '청국유학생의 각오'에 잘 나타나 있다. 요지는 정치문제에 관여하지 말고 공부에만 열심히 주력하라는 것이다.[128]

와세다 정치학회 춘계대회가 1904년 5월에 대강당에서 개최되었다. 이날의 연설은 교우 하마구치(濱口擶)의 '유구잡감(游歐雜感)'과 마쓰다 기이치(增田義一)의 '정신적 수양, 그리고 강사 우키타 가즈타미의 '일로전쟁의 윤리적 관찰이었다.[129] 교우의 연설은 만담이었으며, 강사인 우키타의 연설은 러일전쟁을 가장 냉정하게 과학적으로 연구해야 한다고 하면서 영국의 국제법학자인 존 웨스트레이크(John Westlake, 1828~1913)의 예를 들었다.[130] 그는 청일전쟁 때 高陞號 사건에서

126　오쿠마는 「1700만의 신동포 조선인에게 바란다(千七百萬の新同胞朝鮮人に望む)」는 글을 『朝鮮及滿洲』제151호, 1920.1, 11~13면에 싣기도 하였다.

127　『早稻田學報』제109호, 1904, 43면.

128　『早稻田學報』제133호, 1906, 1~10면.

129　학보 제102호, 1904, 46~47면.

130　웨스트레이크는 국제사법과 국제공법에서 모두 뛰어난 법학자이며 국제공법에서 가장 중요한 그의 저작은 Chapters on the Principles of International Law, 1894(深井英吾 補譯, 『國際法要論』, 民有社, 1901)과 International Law, Part I, Peace(1904), Part II, War(1907)이다. 그는 국제분쟁의 사법적 해결을 강력하게 옹호하였으며 1900~1906년 헤이그 국제중재재판소의 재판관이기도 했다. 특히 여러 나라 법률가들의 다양한 견해와 사상의 교류를 통하여 영국의 전통과 대륙의 전통

가장 공평하게 논단하여 일본에 반하는 영국의 여론을 잠재우고 비밀리에 영일동맹을 구축할 기반을 마련했는 데 반하여, 러시아의 공법학자인 마르텐스(Martens)는 러일전쟁을 곡론(曲論)시킨 것이 애석하며, 그렇지만 그의 제자인 페테스부르크대학의 국제법학자인 피렌코는 공평하게 논하여 러일전쟁은 러시아와 일본 모두 정의로웠다고 말한 것은 감동적이었다는 요지의 연설을 하였다.

영국의 웨스트레이크는 당시 국제법의 권위자로서 국제여론에 몰린 일본의 입장을 옹호해 주어 후일 일본 정부로부터 훈장을 받기도 하였으며, 일본 국제법학의 '은인'으로도 불린다.[131] 러시아의 마르텐스 역시 국제법의 이론과 실제를 겸비한 당대의 대가로서 러일전쟁의 부당성을 강조하고 일본의 조선병합을 국제법 위반이라고 주장한 사람이다.[132]

이처럼 정치학회는 당시의 가장 절박한 문제인 러일전쟁을 테마로 삼은 것이 흥미롭다.

(3) 모의국회

모의국회는 도쿄전문학교 초창기의 다카다(高田早苗)가 1887년경 국회개설을 기다리면서 학생들에게 의회에 대한 지식을 갖게 할 목적으로 시작한 실습에서 발전하였다고 한다. 와세다에서 이것이 시작되자 시내의 다른 법률학교에도 널리 유행되었는데 소화시대에 의회정치의 후퇴와 함께 쇠약하게 되었다.

의제는 그때그때의 정국에 따라서 선택되었는데 1907년 3월의 모의국회에서는 사형제도폐지법률안 등 14개의 안건이 상정되었다.[133] 그중 마지막으로 '식민정책에 관한 건의안이 문제가 되었는데, 그 내용은 '한국 황제를 일본의 화족(華族)의 반열에 두는 가부(可否)'라는 의안이 조선인 유학생들의 반발과 비난을 불러일

을 조화하려고 노력하였다는 평가를 받고 있다. *Dictionary of National Biography 1912~1921*, 1927, p.569.

131 高橋作衛, 「日本の恩人 ウェストレイク」, 『國際法外交雜誌』 제11권 8호, 1912, 649~657면 참조.

132 Friedrich von Martens, *Traité de Droit International*, traduit du russe par Alfred Léo, 3 tome 1883~1887.

133 『早稻田學報』 제147호, 1907, 54~55면.

으켜 재적하고 있던 16명 전원이 일제 퇴학한 사건이 발생하였다. 이때에 최남선(崔南善)과 이형우(李亨雨)가 유학생 대표로서 활약하고 대학당국의 사죄와 제안한 학생의 퇴학처분으로 사건은 해결을 보기도 하였다.[134]

이 모의국회는 정치가를 지망하는 학생들에게 좋은 연습과 체험의 기회가 되었으며, 이 모의국회를 전후로 하여 법률학과 학생에 의한 모의재판도 실시되고 그 전통은 지금도 내려오고 있다.

(4) 정치학회

와세다 정치학회와 별도로 1911년 11월에는 정치학에 관한 연구를 목적으로 정치학과의 오랜 숙원이던 정치학회가 교직원, 교우 그리고 학생들의 발기로 조직을 보게 되었다.[135]

제1회의 연구과제는 알려진 것이 없으며, 제2회의 연구과제는 같은 해 12월 9일에 열렸는데 테마는 '청국에 만약 공화정체가 성립하면 아방(我邦)에 여하한 영향을 미칠 것인가?'이며, 제3회는 1912년 1월에 모였으며 아오야나기(靑柳篤恒) 교수가 '신지나(新支那) 건설에 부(付)할 여하한 정체 조직을 채택하는 것이 가능할까?'라는 연구과제를 출제하였다. 그는 1903년에 「지나제국 입헌정체 득실론(支那帝國 立憲政體 得失論)」을 『早稻田學報』 제92호, 35~48면에 발표한 일이 있다.

---

134 상세한 것은 金淇周, 『韓末 在日韓國留學生의 民族運動』, 느티나무, 1993, 146~152면 참조. 또한 『エピソード 早稻田』, 178~179면도 참조.
   이 사건은 국내의 『황성신문』(1907.4.6)에도 보도되었다. "(留日學生激昂) 日本 早稻田大學校에 我韓 留學生이 近 二十名에 達하얏는디 討論會를 開하고 互相 講論하다가 韓國에 對하야 侮辱하는 語句가 激發하야 學生이 一切 退校하고 官私費 學生 千餘名의 沸鬱호 現狀이 可謂 釜上蒸溜인디 留學生中에 崔寧軾氏는 日前에 歸國하얏다더라."
135 상세한 내용은 학보 제202호, 1911, 15면 참조.

5. 이치지마 겐키치의 생애

안국선의 『정치원론』을 정확하게 이해하려면 먼저 그가 텍스트로 삼은 책의 저자에 관하여 알아보고, 또 도쿄전문학교의 강사였던 이치지마 겐키치(市島謙吉, 1860~1944)와 안국선과의 관계를 살펴보는 것이 순서일 것이다.

1) 이치지마의 생애

이치지마는 자서전『80년 경력의 각서(八十年 經歷の覺書)』를 남겼다. 이것은 1960년 5월 와세다대학 도서관에서 '市島春城先生生誕百周年記念'으로서 『春城八十年の覺書－附 平民論』으로서 출판되었다. 여기서는 이 책자와 같은 기념회의 소책자로서 발간된 『市島春城先生生誕百周年記念 記念祭のしおり』[136]에 기록된 春城略年譜를 중심으로 그의 생애를 간단히 소묘하기로 한다.

이치지마는 1860년 2월 17일 지금의 니가타(新潟)현에서 태어났다. 호는 春城이며 어릴 때는 雄之助라고 불렸다. 9세 때에 보신(戊辰) 전쟁[137]을 피해서 외가 쪽으로 이사를 가지만 수해를 입는다.

13세 때인 1872년에는 니가타(新潟) 영학교(英學校, 후에 新潟學校)에서 英學을 배우고 이해에 단발한다. 1875년 상경하여 도쿄 영어학교에 입학한다. 다음 해 9월에 가이세이(開成)학교에 입학한다. 1877년 다이가쿠 난코(大學南校) 입학 때에는 화학을 공부하려고 하였으나 점차 문과로 기울어 다카다(高田), 아마노(天野), 아리카(有賀), 야마다(山田一郎) 등과 함께 문학과, 즉 정치학 지망을 선택하게 된다.

---

136 早稻田大學圖書館, 1960, 9~25・26~36면 참조.

137 보신(戊辰) 전쟁이란 1866년 유신 정부군과 구 막부 측 간에 16개월에 걸쳐 싸운 내전을 말한다. 정월의 도바(鳥羽)・후시미(伏見) 전투에서 승리한 정부군은 4월 에도(江戶)성을 접수하고 우에노(上野)에 틀어박힌 쇼기타이(彰義隊)를 비롯하여 간토(關東) 각지에서 구 막부 주전파를 토벌하고, 오우우에쓰(奧羽越) 영지동맹을 맺고 대항하는 여러 번(藩)도 아이즈(會津) 전투를 정점으로 10월에는 귀순시켰다. 다음 해 5월 최후의 거점이었던 하코다테(箱館)를 함락시켜 마침내 내전은 끝나고 메이지 절대주의를 확립하는 길이 열렸다.

1877년 4월 가이세이학교는 학제를 개혁하고 도쿄 의학교를 합병하여 法文理醫의 네 학과를 가진 일본 최초의 종합대학으로서 도쿄(東京)대학이 된다. 여기서는 미국인 페놀로사의 강의를 듣고 오노 아쓰사(小野梓)가 주도하는 鷗渡會의 구성원이 된다. 페놀로사의 강의는 나중에 改進黨의 주의강령의 모태가 되며 또한 도쿄전문학교 초창기 교수진의 대다수가 그의 심취자로서 구성되었다.

1881년 국회개설의 대조(大詔)가 내리고 오쿠마(大隈重信) 참의(參議)는 동지 관료와 함께 하야하고 야당을 조직하려고 하였다. 이때에 이치지마는 도쿄대학을 자퇴하고 오쿠마와 오노(小野) 아래 참여한다. 1882년 당시 17세의 유키코(雪子)와 결혼하고 입헌개진당에 입당한다. 같은 해 10월에는 도쿄전문학교가 개교하여 오노의 추천으로 구도회의 다카다, 아마노와 함께 추진세력이 된다.

1883년 니가타에서 『다카다신문(高田新聞)』을 창간하고 사장 겸 주필로서 입헌개진당의 당의를 펼친다. 그러나 필화사건에 연루되어 옥고를 치루고 무죄 석방된다. 약 8개월간의 옥중생활을 한 뒤 바로 상경하여 1884년 도쿄전문학교의 강사가 되어 정치, 경제, 논리학 등을 가르친다. 1886년에는 도쿄전문학교 개선 계획을 교주인 오쿠마에게 제출하여 이를 실행에 옮기도록 하였다. 같은 해 5월에는 『니가타신문(新潟新聞)』의 주필이었던 오자키(尾崎行雄)의 주선으로 도쿄전문학교 강사를 사임하고 귀향하여 동 신문의 주필이 되었다. 이로부터 1890년 4년간 이치지마의 언론전이 계속된다. 1889년 그의 나이 30세가 되었을 때 동지를 규합하여 개진당의 강령을 기조로 한 越佐 議政會를 만든다. 일본에서 처음으로 근대 정당을 만들기 위해서는 먼저 이러한 강연이나 연구를 통한 단계에서 시작할 필요가 있었다고 한다(15면).

이해에는 오쿠마가 저격을 받는가 하면 이치지마는 여기 저기 바쁘게 강연행각을 벌였다. 이러한 와중에서 『정치원론』을 출간하고 후일 이 책은 니가타시대에 출판하였으며, 원고는 도쿄전문학교에서의 강의록 원고를 묶은 것이라고 술회한다(「覺書」, 11면).

1890년 제1회 국회의원선거에 출마하였으나 낙선하고 『니가타신문』 주필을 사임하고 처자와 도쿄로 나온다. 1891년에는 다카다(高田)가 대의사로서 바쁘기 때문에 『요미우리신문(讀賣新聞)』의 주필을 사임하자 그의 후임이 되어 3년간 활약을 한다. 1892년의 제2회 총선거에 출마하나 또 낙선한다. 1894년의 제3회 총선거에서 당선하나 피선거권 자격문제로 실격. 이해 6월 한국에서는 동학혁명이 일어나고 청일전쟁이 발발하며 일본에서는 국회를 해산한다. 같은 해 9월 재선거에 출마하여 최고득점으로 당선된다. 이후 1902년의 제16대 국회에 이르기까지 8년 동안 국회의원 생활을 한다.

1895년 도쿄전문학교에 출강하여 정치학 등을 강의한다. 이후 1897년 동교 체육부장, 1898년 동교 회계감사 등을 하면서 국회에서는 각종의 건의안을 제출한다. 1901년 42세 때에 니가타 객사에서 각혈, 의사가 요양을 권유하여 정치활동으로부터 문화사업에로 전향하는 계기가 된다.

1902년 도쿄전문학교의 확장기금을 모금하는데 앞장서고 이해부터 와세다(早稻田)대학으로 개칭하여 초대 도서관장이 된다.

이처럼 그는 학교의 경영과 행정에 관여하였기 때문에 학교의 강의는 별로 하지 않았다고 한다.[138] 따라서 안국선이 방어정치과에서 공부를 하였지만 이치지마의 강의는 직접 듣지 못했거나 별다른 인연이 없을 것으로 생각된다.[139]

1914년 오쿠마 내각이 성립하며, 이치지마는 유럽 대전에 참가한다. 1917년 도서관장직을 사임. 이후 수필 등으로 소일하다가 1944년 4월 21일 85세를 일기로 세상을 떠난다.

2) 이치지마의 저작

이치지마(市島謙吉)의 단행본 저작으로는 『주권론』(다카다(高田早苗) 등과 공저, 1882), 『정치원리』(도쿄전문학교 정치과 강의, 1886), 『개진론』(1888), 『평민론』(1888), 『비대동단결론』(1889), 『일본개진론』(1889), 『정치원론』(1889), 『옥정론(獄政論)』 등이 있다.

번역서로 미국인 버제스(J. W. Burgess, 1844~1931)의 『정치학 및 비교헌법론』(상편)

---

138 『圖錄 大隈重信』의 사진과 설명 참조.
139 저자는 미국 버클리대학에 유학 중이던 1997년 5월에 와세다대학 도서관에 이치지마와 안국선과의 관계를 확인하기 위해서 우시야마(牛山積) 교수에게 조회하는 편지를 보낸 일이 있다. 동 교수는 이치지마가 거의 강의를 하지 않았기 때문에 사제관계는 아닐 것이라고 회신을 보내왔다. 성심껏 조사해준 동 교수에게 감사를 드린다. 우시야마 교수는 정년퇴직하였다.

다카다와 공역, 도쿄전문학교강의록,『정치학 및 비교헌법론』(정치학지부) 다카다와 공역, 도쿄전문학교 강의록(1902)이 있다.

그는 잡지에 수많은 글을 기고하였으며 이를 수필집으로 엮어 출판하기도 하였다. 저작목록은 와세다대학 도서관 주최(早稻田大學圖書館主催),『市島春城先生生誕百周年 記念祭のしおり』, 1960년 5월 8일~10일, 26~36면에 수록되어 있다.

3)『정치원론』의 원류

이치지마는『정치원론』에서 참고한 서적을 다음과 같이 열거하고 있다.

　　울시의 정치학, 오스틴의 법리학, 밀의 대의정치론, 배젓의 헌법론, 리버의 자치론, 칼훈의 식민론, 에이모스의 헌법론, 에이모스의 정치학, 블룬칠리의 국법론, 토크비유의 자치론, 스펜서의 사회학, 글래드스톤의 헌법론, 메인의 헌법사, 토드의 영국 정치론.

이『정치원론』에서 참고한 문헌과 당시의 일본과 유럽에서의 정치학발달에 관하여는 이미 졸저『근대 한국의 국가사상』에서 상세하게 살펴본 바 있기 때문에, 여기서는 생략하기로 한다.[140]

6. 결론

이상으로 안국선이 게이오의숙을 수료하고 도쿄전문학교에서 정치학을 공부하기 시작한 1896년부터 이 학교를 졸업하는 1899년 7월 전후의 모습과 당시의 학

140　제3장「안국선 편술,『정치원론』의 源流」,『근대 한국의 국가사상』, 548~624면 참조.

문적 분위기 그리고 한국 유학생들의 동정을 『早稲田學報』 등 몇 가지의 문헌을 통하여 개략적으로 살펴보았다. 이상을 요약·정리하고 이 글을 끝맺고자 한다.

첫째, 안국선은 이 시기에 경제학, 국가론, 헌법, 재정학, 민법, 헌정사, 외교사, 현대사, 공법, 국제사법 등 다양한 과목을 수강했으며, 폭넓게 공부하였다. 이러한 토대에 근거하여 그는 후일 『정치원론』, 『외교통의』, 『행정법』, 『상행위법』, 『상업경영법』 등의 역서를 단기간에 출간할 수 있는 힘을 배양하였던 것이다.

둘째, 군부대신을 지낸 양부(養父)인 안경수(安駉壽)가 역모사건으로 일본에 망명하게 됨으로써 안국선의 와세다에서의 생활은 경제적으로뿐만 아니라 정신적으로도 매우 어려운 상태에 놓이게 되었다. 이 시기에 집필한 「정치의 득실」이나 「정도론」은 자신의 조국 정치에 대한 실망과 개혁의 뜻을 조심스럽게 피력하고 있다.

셋째, 귀국해서는 자신이 배운 정치학을 현실에 실천할 여유를 갖지 못한 채 여러 학교의 교사를 지내다가 잠시 청도 군수를 지낸다. 오히려 교사로서 근무하는 동안에 그는 정력적으로 많은 교과서들을 집필하고 번역하여 출판하였다. 아마도 그는 정치로부터의 도피 또는 정치에 대한 울분이나 무관심 내지 소외를 학문으로 승화시킨 것이 아닌가 싶다.

넷째, 한일합병 후에는 일본 정부로부터 '친일' 때문에 안경수가 희생되었다고 하여 은사금까지 받게 된다. 그러나 자신의 조국에 대한 원망과 좌절에 더하여 일본의 세력에 대해서도 쉽게 접근할 수 없었던 고뇌하는 식민지 지식인의 전형적인 모습을 보여주고 있다.

요컨대 안국선의 와세다시대는 근대적인 학문의 창조를 위하여 준비한 선구자로서의 고난의 시대라고 할 것이다. '인내는 연단을, 연단은 소망을 이루게 함이라.'

대한국에 대한 러시아의 처치에 관하여[141]

한인 안명선
이영미(메이지대학 교수) 옮김

　사람들은 말한다. 한국이 얼마 안 되어 멸망하리라고. 그 멸망한다 함은 무엇에 근거를 두고 하는 말들일까? 정치적으로는 러시아의 침입이 있고, 상업적으로는 영국의 잠식이 있음에 국세가 나날이 기울어가고 있음을 두고 하는 말인가. 재정적으로는 재권(財權)의 부독립(不獨立), 병마적(군사적)으로는 병권(兵權)의 부독립에 있음을 두고 하는 말인가? 안으로는 내정 부통일, 밖으로는 외교 부진흥에 있음을 두고 하는 말인가? 초택(草澤)의 영웅, 암혈(巖穴)의 호준책(豪儁策)을 세워 기를 일으키고 제실(帝室)을 유지하려는 자 없으며, 인민은 아직도 도화원리(桃花源裡)의 꿈에서 깨어나지 못하고, 지성한 위국자(爲國者)가 부재함을 두고 하는 말인가. 묻노라. 그 망징(亡徵)이란 과연 어디에 있는 것일까.

　우리 한국은 단군 기성으로부터 오늘날에 이르기까지 이미 삼천여백 재(載)로, 개국 근원은 길고 영구하며, 성자신손(聖子神孫), 계계승승, 예락문물(禮樂文物), 전장법도(典章法度), 이 모두가 자주적이지 아니함이 없다. 다만 과보(果保)한 정(情)과 미약한 세(勢) 등이 응어리져서 아직도 그 독립의 기세를 부릴 능력이 없으며, 따

141　安明善, 「大韓國に對する露國の處置に就て」, 『太陽』第4卷 11號, 1898, 238~240면.

라서 영웅은 한을 품고 지사는 분을 쌓은 지 오래다. 언젠가 크게 변화할 수 있는 행운의 때가 찾아와 마음을 변화시켜 우리 개국 오백사 년 독립의 기초를 확건히 하여 일성(一聲)의 춘뢰(春雷)가 사해를 진동함이 신조(新調)를 열기 위해 금현(琴鉉)을 경장함과 같고, 경세(硬勢)를 얻기 위해 포탄을 투척함과 같다. 그런데 비록 '차가운 북풍은 매화를 탐내는 법'이라고 하여 독립의 기초를 마련하고 유신의 기(機)를 맞이하려는 때에 동침(東侵)의 러시아 세력이 점점 강해져 밀어닥치는 한랭한 북풍이 갓 피어나려는 매화를 해함과 같이 세고, 엄열하며, 독한 서리는 싹 돋으려 하는 밤나무가지를 꺾으려는 것과 같이 우리나라의 독립을 방해하는 경향이 있네. 그러나 우리 한국은 독립국이 아니라 할 수 없을지라도 세계 어느 나라를 막론하고 자주 독립이란 말 그것은 또한 자주 독립이 실보(實寶, 소중)하지 않으면 안 된다는 뜻으로, 그 자주 독립의 실보가 있은 다음에야 비로소 완전한 독립국이라고 할 수 있는 것이다. 그러므로 자주 독립의 기를 세워 그 실을 올리려 하느니, 강박한 러시아의 침략 세력이 과대(夥大)하니 어찌 하리오.

러시아는 아이군(愛琿) 조약에 기초하고 베이징(北京)조약을 기회로 삼아 백주의 강도처럼 광대무변한 흑룡강 일대의 땅을 차지하고 우리나라와 접하게 된 이래로, 때로는 강경한 태도로 때로는 유연한 수단으로 우리나라 이익을 짓밟고 자국의 야심을 품거나 혹은 닥쳐와서 우리의 자주 독립을 구속하고 방해하는 일이 많다. 최근에 와서는 고문이란 명목으로 재권(財權)을 감독하고, 훈련이란 명목으로 병권(兵權)을 장악했는지라. 그 때문일까. 대한국 땅에 태어나 한국의 밤(栗)을 먹고 사는 자, 그 누구도 분격하지 않을 자 없느니라. 그러므로 한성에서 조직한 독립협회에서 인민들에게 의견을 진술하고 황제에게 상소하여 러시아배척운동을 기도하였다. 당시 독립협회 회원 모씨로부터 내게 보내온 글이 있는데 그때의 사세(事勢)를 살핌에 족하다.

"동양의 사세, 드디어 말세에 이름과 같다. 그리고 우리나라의 사세, 하루하루 점점 더 비의(非矣)한 저 러시아는 우리나라에서 음험 사악을 가지고 해서는 안 될 처치를 행한다. 또한 우리나라도 애매한 기간 동안 재권을 잃고 병권을 빼앗겨 정권도 현재 러시아인이 장악한 바 되어 거의 망국의 경지에 달해 있다. 우리나라 인민은 그와 같은 상황에 처해 분격하지 않을 수 있단 말인가? 이에 더하여 조정(朝廷)에 선 자들은 개인(私人)의 권(權)을 다투고, 재야에 있는 자 또한 붕당의 사사로

움을 다투니 퇴락한 국정을 진흥시키려고 도모하는 자는 없으며, 눈뜨고 빼앗긴 재권, 병권의 회복을 기도하려는 자 또한 적다. 이러한 상황이므로 이제 그만 길고 짧은 탄식들을 멈출 때가 아니겠는가?

그런데 지식을 세계에 구하고 일국의 문명을 도모하려 함은 우리들이 평소에 노력하는 바이다. 천하에 계책을 세우고 일국의 독립을 도모함도 또한 우리들이 평생 바라는 바이다. 따라서 독립협회는 연명(聯名)으로 상소하여 곧바로 비답(批答)을 받고, 또 김홍륙(金鴻陸)의 처벌을 결의해서 곧바로 상주하는 바이니, 러시아는 그 황제의 이름으로 공문을 우리 정부에 보내면서 왈 '러시아는 대한국의 이익을 도모하여 훈련사관, 탁지부 고문을 보냈는데 이제 와서 필요하지 않다 함과 같은 경향을 띠는 것은 어찌된 일이란 말인가? 앞으로 대한국은 자주를 지킬 것인가, 아니면 러시아에 의지할 것인가, 또는 그밖에 달리 취할 방법이 있는가에 대해서 24시간 안에 결답하라'고 한다. 그와 같은 무례하기 짝이 없는 공문으로 우리나라를 다그치며 특히 '앞으로 대한국은 자주를 지킬 것인가 아니면 러시아에 의지할 것인가'라는 점에서 그 야심을 알 수 있으며, 그 수단이 어떠한 것인지를 알기에 족하다. 우리 정부는 의정부 회의를 열고 각 원로는 황제 폐하의 하문(下問)을 얻어 3일간의 유예를 러시아 공사에게 구하였다. 덧붙여 이와 관련하여 적어 보자면 김홍륙 외에 김병시(金炳始), 조병호(趙秉鎬) 등 모든 원로들은 사관, 고문 등을 해빙(解聘)하려는 결심이 선 듯하다."

독립협회는 천여 명이 사자(死字) 동맹을 맺어 한편으로는 원로와 유력한 사람들에게 운동하여 사관, 고문의 해빙을 결단케 하고, 또 한편으로는 사민(士民)을 종로 대도에 모아 우리나라에서의 러시아의 흉심과 압력에 대해 연설하여 러시아 배척심을 증대시키고, 나아가서는 정부에 질문하며, 뒤로는 각국 공사에게 간섭을 하여 그 기염이 활활 타오르니 억누를 수 없으며, 독립협회의 천책만계는 과연 그 효험을 나타냄에 따라 몇 번이나 다음과 같은 전보(電報)를 접하게 되었노라.

의정부의 의원 김병시, 조병호 등이 서울에 들어가서 개의(開議)한 결과, 한국조정은 작년이래로 병제, 재무 모두 러시아인의 교시에 따라서 자국인에게 담임시키고, 외국의 사관과 고문은 일체 용빙하지 않고 있다. 이는 원로 각 대신과 전국 신민의 여론이니라. 이번에 이와 같은 기세에 이르게 된 것은 러시아의 권유호의에 의한 것인지라. 따라서 한국 조정은 특히 사은사(謝恩使)를 파견해서 감사해야 할 점이 있다. 러시아 또한 그 사은사를 받아들이는 것을 기뻐하는 확신의 뜻으로써 답변하는 바이다.

대한 정부는 어떻게 해서 단호한 결심과 강경한 수단을 취하며 그에 답해야 하는가. 이에 대해 숙의하지 않으면 안 된다. 또 러시아는 대한 정부의 결답에 대해 어떻게 처치하려 하는가. 병력을 가지고 한국을 정벌하려할 것인가, 지금 러시아는 군함과 대포를 믿고 국제공법을 경시하며, 음험 사악을 중시하여 예의와 도덕을 무시한다 해도, 그것은 너무나도 무도무명(無道無名)한지라. 열국이 용서하지 않을 것이다. 그렇다면 어떻게 처치해야 할 것인가? 대한 정부의 결답에 굴복하여 사관과 고문 등을 해빙하고 이미 귀로에 올라섰다.

러시아는 왜 조선 반도 버리기를 낡은 옷 버리듯 했을까? 그것 또한 우리나라 인민뿐만 아니라 동양인 전체가 염려하지 않을 수 없는 바이다. 한국에 대한 러시아의 처치는 병력이 부족함 때문이 아니며, 또한 외교의 실패에 의함도 아니다. 거기에는 러시아의 특별한 의사가 있기 때문이라고 나는 믿는다. 러시아는 대한 정부에 대해서 협박적인 공문을 보내오는 동시에 청국을 향해서도 대련과 여순 양만(兩灣)의 차입을 요구하였다. 그리고 또 러시아가 한국을 떠나 청의 대충병(大蟲病)이 된 데에는, 거기에 러시아의 장래 목적이 있기 때문에 그렇게 하지 않으면 안 되었던 것이니라.

러시아는 독일과 프랑스와 동맹하여 일본이 점령한 요동 반도를 환부시켰는데, 오늘날에 이르러 청국 정부가 교주만(膠州灣)에 관한 독일의 요구를 처치함에 있어서 러시아는 요동의 최대 군항이라고 수긍되는 여순과 대련을 차입한 것이다. 그것은 조선 반도의 독립과 어떤 관계가 있는 것일까? 러시아가 한국을 버리고 그렇게 했음은 무슨 주의(主義)란 말인가? 우선 지도상에서 살펴보자면 러시아는 그동안 숙원이었던 바다로 나가게 되었으며, 여순과 대련을 차입해서 군함의 근거지로 삼고, 철도를 여순 입구로부터 대련, 봉천을 거쳐 길림에 이르기까지, 그중 한 선은 곳곳마다 합이선(哈爾線)에 접하게 하고, 또 한 선은 휘춘(琿春)을 통과해서 블라디보스토크(浦潮斯德)에 닿게 하였으니, 이는 러시아를 동양의 양대 군항이라고 할 수 있는 곳을 연락케 하려 함이니라. 지도를 펴보면 그것들은 마치 한국을 수중에 넣은 듯한 느낌이다. 블라디보스토크와 여순 입구의 양대 근거지는 대한국 머리 부분의 좌우에 위치하며, 우리나라의 독립은 그 때문에 위태롭고, 철도는 양항(兩港) 사이에 분산되어 있어서 조선 반도의 목을 죄고 있는 듯한 것 같으므로, 따라서 우리나라의 활동은 정지되어버리는 것이다. 또한 러시아가 만약 만주를 점령하여 요동을 병탄한다면, 장래 한국은 흥할 수가 없고 자연히 쇠퇴하고 러시아는 병력을 움직일 필요도 없이 반도 강산을 삼킬 것이다. 그 점이야말로 러시아가 지도상의 관계를 살피고 깨달아서 그와 같은 퇴한(退韓)의 처치를 한 것이 아닐까? 러시아는 이번에 한국의 결답에 굴하여 물러난 것 같지만 결코 그런 것이 아니라 장래에 해야 될 때가 있다고 해서 물러난 것이다. 이렇듯이 한국의 망징(亡徵)은 러시아의 만주 경영에 있다고 말해야 되는 것인가.

V. 번역과 근대 한국
법학과 국가학 문헌을 중심으로

1. 서설

번역의 중요성과 문제점에 관하여 일찍이 『독립신문』은 사설에서 다음과 같이 말한 바 있다.

그런고로 각식 학문 책을 국문으로 번력ᄒ여 ᄀᄅ쳐야 남녀와 빈부가 다 조곰식이라도 학문을 배호지 한문 배화 ᄀ지고 한문으로 다른 학문을 배호려 ᄒ거드면 국중에 이십여년 그 노릇믄 홀 사름이 몃이 못 될지라. 국문으로 책을 번력 ᄒᆮ거드면 두 ᄀ지 일을 뎨일 몬져 ᄒ여야 홀 터이라. 첫재ᄂ 국문으로 옥편을 ᄆᆮ드러 글ᄌ 쓰ᄂ 법을 정해 놋코 (…중략…) 둘재ᄂ 국문을 쓸 때에 『독립신문』 모양으로 말ᄆᆮ다 뗘여 쓰거드면 셕거 보고 닑기에 불평ᄒ 일이 업슬 디이요……. 바라건대 죠선 학부에셔 죠선 국문 옥편을 ᄆᆮ드러 말 쓰ᄂ 규칙과 문법을 경ᄒ야 전국이 그 옥편을 좃ᄎ 말과 글이 ᄀᆺ도록 쓰고 닑게 ᄒ며 각색 학문 책을 번력홀 때에 이 옥편에 잇ᄂ 규칙대로 일졍ᄒ 규모를 ᄀ지고 ᄒ게 ᄆᆮ드ᄂ 것이 죠선 교휵ᄒᄂ 긔초로 우리ᄂ 알고…….[1]

---

1 『독립신문』, 1897.8.5.

이처럼 먼저 사전편찬과 문법의 체계적인 정리와 한글의 띄어쓰기를 강조하고 있다. 그러나 이 문제 이외에도 번역 문화가 성공하고 정착하려면 여러 가지 문제점들이 복합적으로 함께 해결되어야 하는 것이다.

일찍이 『황성신문(皇城新聞)』은 「청국지사(淸國志士)가 일본문을 선학(先學)ᄒᆞᆫ즈ᄂᆞᆫ 논설을 약기(略記)하노라」고 하는 글에서 량치차오(梁啓超)의 『청의보(淸議報)』를 소개하였고,[2] 또 『뎨국신문』은 「일본이 시로 청국을 침범ᄒᆞᆷ」이란 논설 가운데서 근일 청국은 일본을 통한 서구 문물의 번역에 힘쓰고 있음을 다음과 같이 소개하고 있다.

> 각식 시 학문 번역ᄒᆞᄂᆞᆫ 회를 셜시ᄒᆞ야 상히에셔 ᄉᆞ무를 학장ᄒᆞᄂᆞᆫ 중인ᄃᆡ 쥬의인즉 문명에 유조ᄒᆞᆯ 셔ᄎᆡᆨ을 만히 번역ᄒᆞ야 전국에 전파ᄒᆞ야 인민의 식견을 열 터인ᄃᆡ 셔양글로 번역ᄒᆞᄂᆞᆫ 이보다 일어로 ᄒᆞᄂᆞᆫ 거시 더 쳡경이 된다 ᄒᆞ여 왈 일본이 긔왕에 셔양 정치 학슐의 가장 졍긴ᄒᆞᆫ 거슬 ᄲᅩ바다가 만들어 시힝ᄒᆞ야 긔왕 경력을 지낸 거시니 더욱 긴쳡ᄒᆞ다 ᄒᆞᆷ이라. 정치상 경제술과 보통학과와 롱리학과 소학론 ᄒᆞᆫ 독본들이며 만국의 고금ᄉᆞ긔를 번역ᄒᆞ여 니인 ᄎᆡᆨ을 청국 각 ᄎᆡᆨ젼에서 만히 파ᄂᆞᆫᄃᆡ 흔히 광고ᄒᆞ기를 일본셔 만들엇다던지 혹 일본인이 번역ᄒᆞᆫ 거시라 ᄒᆞᄂᆞᆫ지라. 일로 볼진ᄃᆡ 청국에셔 새로히 일보 권리 안에 들어 그 슝상ᄒᆞᆫ 뜻슬 가히 보깃더라.[3]

또한 『황성신문』과 『만세보(萬歲報)』도 일본의 문명 부강은 바로 번역에서 기원하는 것이며, 청나라에서도 정부가 국책사업으로서 번역을 장려한다는 기사를 다음과 같이 자주 보도하고 있었다.

> ○ 淸國의 法制飜譯　淸國의 遣洋大使ᄂᆞᆫ 歐米各國을 巡回ᄒᆞᆯ 時에 隨員이 到處에 法律制度에 關ᄒᆞᆫ 書類를 調査ᄒᆞ야 飜譯ᄒᆞᆯ 터인ᄃᆡ 其 文字가 國情을 隨ᄒᆞ야 根本的이 差異ᄒᆞᆷ으로 譯文의 意義를 分明히 解了ᄒᆞ기 不能ᄒᆞ야 到底히 實行에 適當ᄒᆞᆫ 要領은 專히 日本의 法律制度를 調査ᄒᆞ야 飜譯ᄒᆞ기로 昨今 日本 各省에 交涉ᄒᆞ다더라.[4]

2　「別論」, 『황성신문』, 1899. 4. 29.
3　『뎨국신문』, 1902. 10. 27.
4　『만세보』, 1906. 9. 23.

●憲法新書 天津報를 據호즉 去年 豫備立憲의 輪旨를 屢次 頒발호으로부터 擬由 天津호야 先行시판홀시 現在 天津府에 地方自治局을 設立호고 並히 名儒를 聘호야 憲法新書를 編譯호야 將次 告成홈이 大約今春에 卽可出版이라더라.[5]

●譯書近呈 支那報를 據한즉 兩江總督 端方氏가 曾前出洋하야 德國과 奧國에 在 할時에 其 內政과 軍政과 地方自治制度之書와 數百種 冊子를 大購하야 始에 日本博士 를 請하야 東文으로 譯成하고 再由留東學生하야 漢文으로 轉譯하야 名宿을 另延하야 刪潤十個月間에 成書 六七百萬言이라 仍히 刊布하고 皇帝의 繕錄進呈하얏다더라.[6]

●法部의 視察員派送 淸國 法部 尙書 戴鴻慈氏가 部務 整頓에 餘力을 不遺호고 該部 官人中 東西洋 各國에 擇送호야 法制를 考察케 호랴는 議가 有호다더라.[7]

●政治書籍의 刊布 淸國政府에서 出洋考政大臣의 購來호 各國 政治書籍을 業己 編擇成書하얏슨則 亟宜刊印頒行호야 以開民智홀지라. 考政大臣等을 請호야 從速刊 印호는더 所需經費는 度支部로 由호야 籌給호고 現在에 澤公과 載尙書가 南洋大臣 端方氏를 電致호야 會商호고 不日에 刊印卽行호다더라.[8]

여기서 보듯이 중국은 근대화를 위해서 국가적인 사업으로서 서구의 법제와 정 치에 관한 서적을 체계적으로 수집하고 이를 번역한 것을 알 수가 있다.[9] 또한 일본 인 고문관을 초빙하여 법제개혁을 시도했다.[10]

5　『대한매일신보』, 1907.4.6. 예비입헌에 관하여는 신우철, 『비교헌법사—대한민국 입헌주의의 연원』, 법 문사, 2008, 42면 이하; 大隅逸郎, 「淸朝の「豫備立憲」と「欽定憲法」—辛亥革命前夜における「君 土立憲」と「民主運動」(上)」, 『同志社法學』 제15권 6호 참조.

6　『대한매일신보』, 1907.1.24. 端方의 국회개설준비와 영국으로부터의 철도차관을 얻은 기사가 발 견된다. 『황성신문』, 1908.6.23.

7　『황성신문』, 1907.4.6.

8　「外報」, 『대한매일신보』, 1907.5.16.

9　黃源盛, 「晚淸の法制近代化の原因及びその展開」, 京都大學 日本法史研究會 編, 『法と國制の史的考察 』, 信山社, 1995, 297면 이하. 근대 중국 법령의 영역과 불역은 G. Padoux, *List of English and French Translations of Modern Chinese Laws and Regulations*, 1936 참조.

10　이에 관한 일본 측의 문헌은 매우 많다. 영문으로는 Douglas R. Reynolds, "China 1898~1912", *The Xinzheng Revolution and Japan*, Harvard Univ. Press. Chapter 10. Chinese Legal, Judicial, and Constitutional Reforms : Japanese Blueprints and Advisers, 1993, pp. 179~255 참조.

이와는 반대로 당시의 조선에서는 외국서적에 대한 체계적인 번역 작업은 발견되지 않는다. 그러나 일본의 경우는 국가적 사업으로서 또는 개인적으로도 상당수의 서구 문물을 번역하고 이를 소개한 것은 우리가 잘 아는 사실이다.[11] 또 외국인을 고빙하여 서양 문물을 수용하는 것도 일본이나 중국의 그것과 비교하면 수적으로나 양적으로도 비교할 수 없을 정도로 한국의 경우는 열세에 있음을 고백하지 않을 수 없다. 단순히 국력의 차이라고 결론을 내리기에는 미진한 점들이 한두 가지가 아닐 것이다.[12]

중국어로 번역된 각종 서양의 저작들은 일본책과 함께 수입 소개되어 바로 조선의 식자층에게 전달되었다.[13]

이상과 같은 여러 가지 기본전제에서 볼 때 근대 한국에서 번역 문화는 언제 시작되었으며, 무엇을 번역하고 또 그 영향은 어떤 것이었는가를 살펴보는 작업은 쉬운 일이 아니다.

이러한 문제의식에서 출발하여 학문적으로 체계화하고 정리한 분야로서는 문학에서는 김병철(金秉喆, 1921~2007)의 『한국 근대 번역문학사 연구』(을유문화사, 1975), 『서양문학 번역논저 연표』(을유문화사, 1978, 서양문학이입사연구 제3권)가 독보적이며 타의 추종을 불허하는 필생의 연구업적이다. 그는 근대 한국의 번역문학은 이민족의 지배로 인하여 '영양실조'에 걸리고 '부실상태'가 계속되었으며 그러면서도 10년을 하나의 주기로서 발전해왔다고 평가한다.[14]

다음에 성서번역사에서는 이진호(李鎭昊, 1932~)의 『한국성서백년사』(전2권, 대한기독교서회, 1996)가 대표적인 것이며, 그 이외의 분야에서는 단편적으로 소개되

---

11 상세한 것은 三橋猛雄, 『明治前期思想史文獻』, 明治堂書店, 1966 참조.
12 일본의 경우는 梅溪昇, 『お雇い外國人―明治日本の脇役たち』, 講談社, 2007; 武內博, 『來日西洋人名事典』, 日外アソシエート, 1995; ユネスコ東アジア文化研究センター 編, 『資料御雇外國人』, 小學館, 1975; 梅溪昇, 『お雇い外國人の政治法制』, 1974; 今井壓次, 『お雇い外國人』, 麗島出版會, 1975 참조. 한국의 경우는 김승태·박혜진, 『내한 선교사 총람 1884~1984』, 한국기독교역사연구소, 1994 참조.
13 법률과 정치에 관한 구체적인 서적 목록은 『황성신문』, 1906.6.8; 김효전, 『근대 한국의 국가사상』, 철학과현실사, 2000, 708~709면 참조. 또한 김봉희, 『한국 개화기 서적 문화 연구』, 이화여대 출판부, 1999, 291~299면도 중국 서적의 수입에 대해서 구체적으로 설명하고 있다. 김봉희는 일본에서 수입한 책들은 중국에서 수입한 서적처럼 광고에 나타난 경우가 없다고 하는데(『한국 개화기 서적 문화 연구』, 299면), 이것은 잘못된 서술이다. 『대한매일신보』, 1907.5.4에 실린 전면의 일본책 광고를 보면 일본 同文館 발행의 특약점이 日韓書房이었다.
14 김병철, 「한국 번역문학의 역사적 고찰(1895~1945)」, 『외대』 제11호, 한국외대, 1976, 19~20면.

고 있을 뿐,[15] 연구는 고사하고 아직 근대 한국에서 번역된 문헌의 목록이나 서지적인 작업마저 제대로 이루어지지 않고 있는 실정이다.[16]

그러나 철학의 분야에서는 '철학 개념의 유입[17]이나 번역서의 체계적인 정리가 다른 어떤 분야에서보다도 잘되어 있는 편이다.[18]

근대 한국의 번역사를 연구하려면 어떤 시대에 어떤 책이 번역되었고, 그 영향은 어떠했는가 하는 것만을 검토하는 것으로는 부족하다. 여기에는 정부 당국의 교과서정책으로부터 외국어 교육, 번역자의 양성, 독자층의 분석, 도서관의 확충이나 출판사의 문제, 도서의 거래나 유통 과정 등도 함께 살펴보아야 비로소 번역과 근대 한국의 면모는 올바르게 밝혀지는 것이다.

여기서는 이상의 문제점들을 모두 검토할 능력과 시간이 없기 때문에 저자의 관심사인 법학과 국가학[19]에 국한하여 당시의 문헌과 자료에 입각한 실증적이며 문헌에 의한 고찰 방법으로 문제점을 부각하고 번역과 관련되는 점을 언급하고 나아가 점차 다른 분야로 확대하고 보완해 나가기로 한다.[20]

---

15 예컨대 Theresa Hyun, *Writing Women in Korea : Translation and Feminism in the Colonial Period*, University of Hawaii Press, 2004(테레사 현, 김혜동 옮김, 『번역과 창작—한국 근대 여성 작가를 중심으로』, 이화여대 출판부, 2004) 참조.

16 간단한 것은 김봉희, 『한국 개화기 서적 문화 연구』, 이화여대 출판부, 1999 참조. 이 책 128면의 「번역서의 문제」에서 중국의 활발한 번역은 "일단 일본에서 번역되어 일차적으로 정선된 것을 그 대상으로 삼았다"고 하면서 『황성신문』(1902.2.26)을 근거로 대고 있으나, 중국은 일본에 앞서서 미국 선교사들에 의해서 서양의 서적들이 일찍부터 번역되고 있던 사실을 간과한 기술이다.
    기타 강윤호, 『개화기의 교과용 도서』, 교육출판사, 1973; 손인수, 『한국개화교육사』, 일지사, 1985; 백순재, 「개화기의 한국서지 1884~1918년을 중심으로」, 『동방학지』 제11호, 1970, 179~224면; 이기준, 『한말 서구경제학 도입사』, 일조각, 1985 등 참조.

17 이행훈, 「한국 근대 '철학' 개념의 역사의미론 연구」, 이경구 외, 『개념의 번역과 창조—개념사로 본 동아시아 근대』, 돌베개, 2012, 130~155면.

18 문헌은 김주일, 「개화기부터 1953년 이전까지 한국의 서양 고대 철학에 대한 연구와 번역 현황 연구」, 『시대와 철학』 제14권 2호, 2003; 김재현, 「철학 원전 번역을 통해 본 우리의 근현대」, 『시대와 철학』 제15권 2호, 2004; 간단한 것은 강영안, 『우리에게 철학이란 무엇인가』, 궁리, 2002(日譯 : 鄭址郁 譯, 『韓國近代哲學の成立と展開—近代, 理性, 主體概念を中心に』, 世界書院, 2005)가 있으나 개론적인 서술이다.

19 상세한 것은 김효전, 『근대 한국의 법제와 법학』, 세종출판사, 2006; 김효전, 『근대 한국의 국가사상』, 철학과현실사, 2000의 문헌 해제 참조.

20 이와 관련된 일본 문헌으로는 安字植, 「飜譯から見た朝鮮の近代」, 雑誌『文學』編集部 編, 飜譯, 岩波書店, 1982, 140면 이하; 柳父章, 『飜譯語成立事情』, 岩波新書, 1982(서혜영 옮김, 『번역어 성립 사정』, 일빛, 2003); 石塚正英 · 柴田隆行 監修, 『哲學思想飜譯語事典』, 論創社, 2003; 古田裕清, 『飜譯語としての日本の法律用語』, 中央大學出版部, 2004(한웅길 옮김, 「번역어로서의 일본의 법률용어(법과 권리 / 계약 / 사람)」, 『동아법학』 제48호, 2010, 1001~1036면 참조).

2. 조선시대의 역관

　근대 번역의 역사를 살펴보기 전에 조선시대의 역관과 과거제도를 간단히 검토할 필요가 있다. 과거는 문·무관의 등용자격시험이다. 과거에는 문관 등용자격시험인 문과, 무관 등용자격시험인 무과와 각종 기술관 등용자격시험인 잡과(雜科)가 있다. 문과에는 대과와 소과인 생진과가 있다. 생진과(生進科)에는 초시(初試)와 복시(覆試)[21]가 있고 복시에 합격하면 생원 또는 진사가 되고 대과에 응시할 자격이 부여되며 선비로서 사회적 명성을 얻게 된다. 대과(문과라고 하면 보통 대과를 말한다)에도 초시와 복시가 있고, 다시 최종시험인 전시(殿試)가 있다. 전시에서는 복시에 합격한 자에 대하여 그들의 성적순위를 결정한다. 그 성적은 갑과·을과·병과로 구분한다. 무과에도 초시·복시·전시의 단계가 있다. 잡과에는 역과(譯科)·의과(醫科)·음양과(陰陽科)와 율과(律科)가 있고 각각 초시와 복시제도로 되어 있다.

　식년시(式年試)는 태세에 자·오·묘·유(子午卯酉)가 드는 해를 식년이라고 한다. 이는 3년마다 돌아오는 해이며, 이 식년에 시행하는 정규 시험을 식년시라고 하고, 이를 또 대비(大比)라고도 한다.

　역과는 외국어과로서 한학(漢學)·청학(淸學)·몽학(蒙學)·왜학(倭學) 4개 어학이 이에 속한다. 음양과는 천문·지리·점술학의 3학을 시취하며, 의과는 한방의학과 침술학이며, 율과는 법률학을 말한다. 초시와 복시의 시험과목은 본과 소속의 모든 서책 및 4서를 배강(背講)[22] 혹은 임문강독(臨文講讀)[23] 및 번역문 필기 등으로 한다. 번역문 필기에 주는 점수는 강서에 대한 점수와 같이 한다. 복시에 경서와 사기(史記)의 강독을 원하는 자에게는 임문강독하도록 한다.[24]

　참고로 과거에 따른 절차를 정리하면 다음과 같다. (초시 → 회시) → ① 합격자를 발표하며 이를 출방(出榜)이라 한다. → ② 합격자들을 궁궐 안으로 불러 백패(白牌)나 홍패(紅牌)를 지급하는데 이를 방방(放榜)이라 하며, → ③ 방방이 끝난 후 3일

21　복시(覆試) : 회시(會試)라고도 하며 초시에 합격한 사람에게 다시 보이는 과거.
22　배강(背講) : 시험관 앞에 책을 놓고 응시자는 돌아앉아서 외우는 것.
23　임문강독(臨文講讀) : 시험관 앞에 책을 펴놓고 읽는 것.
24　『전률통보』상, 법제처, 1971, 464~465면.

간 유가(遊街)를 진행하며, → ④ 임금에게 사은(謝恩 : 방방의(放榜儀) 다음 날)한 후 → ⑤ 성균관에 알성(謁聖 : 사은 다음 날)한다.[25]

조선시대의 역관은 단순히 통역으로 그친 것이 아니라 문화의 매개자로서의 역할도 담당하였으나,[26] 중국어를 외국어로 인식하여 한글로 번역하기 시작한 것은 역시 갑오경장 이후의 일이다.

3. 성경에서 나온 법이론

번역의 역사에서 가장 빛나는 것은 기독교 2천 년의 성경 번역의 전통이다. 성경은 그리스·로마의 신화와 함께 서구의 정신세계뿐만 아니라 전 세계를 지배하는 책이다.[27] 이 성경에서 서구의 사상, 철학, 예술이 나오며 학문도 이루어진다.

특히 신약성서를 독일어로 번역한 루터(M. Luther)는, 번역은 '고향의 어머니와 길거리의 아이들과 시장의 평민들'의 언어로 이루어져야 한다고 생각하였다. 그의 번역은 인쇄 독일어를 표준화하고 정규화하는 데 크게 기여했으며 이보다 더욱 중요한 것은 하나님의 말씀을 모든 사람에게 그들이 이해하는 말로 알리는 것이었다.[28]

최초의 한국어성경 『예수성교전서』(1887)

---

25 『국조오례의』(國朝五禮儀) 가례(嘉禮) 「생원진사방방의」(生員進士放榜儀)에 따르면, 진사는 청의(靑衣)를 입고 연두건(軟頭巾)을 썼다. 『신보 수교집록』, 청년사, 2000, 546면.

26 역관(譯官)에 관하여는 이상각, 『조선 역관 열전』, 서해문집, 2011; 백옥경, 「작은 기예를 부리던 자에서 문화 선봉장이 되기까지 — 조선의 역관은 어떻게 탄생했나」, 규장각한국연구원 편, 송지원 책임 기획, 『조선 전문가의 일생』, 글항아리, 2010, 309~337면 참조.

27 세계문학 속의 성경은 Karin Schöpflin, *Die Bibel in der Weltliteratur*, Stuttgart : Mohr Siebeck, 2011, (UTB) 참조.

28 Mary Fulbrook, *A Concise History of Germany*, 1990; 김학이 옮김, 『분열과 통일의 독일사』, 개마고원, 2000, 65면.

이 성경이 한국에 들어온 것은 19세기 후반 중국 선양(瀋陽 — 옛 봉천)에서 활동하던 스코틀랜드 출신 중국 선교사 존 로스(John Ross, 1842~1915)가 한국어를 배우고 이응찬(李應贊), 서상륜(徐相崙, 1849~1925)과 함께 신약을 번역하여 1882년 3월『예수성교 누가복음 젼셔』를 출간한 데에서 비롯한다. 최초의 한글 번역인 이 성경에서 로스는 'God'이라는 단어를 '하나님'이라고 번역했다.[29] 이어서 1885년 2월에는 수신사 박영효의 수행원으로 일본 도쿄에 도착한 이수정(李樹庭, 1842~1886)[30]은 한역(漢譯) 성서를 참고로 하여『신약 마가전복음셔언해』를 출간하였다. 한국 초기의 선교사인 언더우드(Horace G. Underwood, 1859~1916)와 아펜젤러(Henry Gerhard Appenzeller, 1858~1902)[31]는 이수정이 번역한 이 한글성서를 들고 1885년 4월 5일 제물포로 입국하였다. 이후 언더우드와 아펜젤러는 '한글성경번역자회'를 설립하고『신약젼셔』를 출간 · 보급하고 마침내 1911년 3월 6일 미국 선교사 레이놀즈(W. D. Reynolds)와 한국인 이승두(李承斗) · 김정삼(金鼎三) 등이 번역한 완역『셩경젼셔』를 출간하였다. 그 후 1938년, 1952년, 1961년, 1967년, 1998년에 각각 개역판을 내었다.[32]

번역에는 직역과 의역이 있다는 말은 널리 알려져 있다. 전문서적의 경우에는 직

---

29 한국 최초의 한글성서인『예수 셩교 젼셔』(1887)는 나채운(羅采雲)이 해설을 붙여『현대어 예수 셩교 젼셔』(한국장로교출판사, 2002)로 발간되었다.

30 이수정에 관하여는 이광린, 「이수정의 인물과 그 활동」, 『한국개화사연구』(개정판), 일조각, 1985, 234~251면 참조.

31 게하르트 헨리 아펜젤러, 정동제일교회 역사편찬위원회 옮김, 『자유와 빛으로』, 삼문출판사, 1998; 김석영, 『처음 선교사 아펜젤러』, 도서출판 kmc, 2011 참조.

32 성경 번역에 관하여는 오미영, 『한일 초기 번역성서의 어학적 연구』, 제이앤씨, 2011; 오미영, 「초기 한일 성서번역에 나타난 중국 한문성서의 영향」, 『일본연구』 제23호, 한국외대, 2004.12, 547~564면; 오미영, 「성경번역은 우리말에 무엇이었나」, 『대학신문』, 서울대, 2011.9.26; 이광린, 「漢譯 기독교 서적의 한국전래와 그 영향」, 『학술원논문집』 제29집, 1990; 이광린, 『개화기연구』, 일조각, 1994, 1~18면 수록; 이상규, (부록)「성경이 우리 손에 들리기까지−한글 성경 번역의 역사」, 래리 스톤, 홍병룡 옮김, 『성경 번역의 역사』, 포이에마, 2011, 208~247면; 김재현, 「1877~1887 사이의 한글 성경의 번역−Ross 역, 이수정의 마가복음, 언더우드 역을 중심으로」, 장로회 신학대학원, 1999; 김화현, 『우리말 성경 번역사에서 펜윅 역 신약전서의 위치』, 침례신대, 1999; 윤경로, 「Homer B. Hulbert 연구」, 고려대 석사논문, 1997; 손정숙, 「구한말 헐버트(Homer B. Hulbert)의 대한 인식과 그 활동」, 『이화사학연구』 제22호, 1995; 조정경, 「J. S. Gale의 한국 인식과 재한 활동에 관한 연구」, 『한성사학』 제3호, 1985; 주홍근, 「선교사 촘一의 생애와 한국 기독교에 끼친 공헌」, 피어선 신학교 신학연구원, 1995; 한규무, 「게일(James S. Gale)의 한국 인식과 한국 교회에 끼친 영향−1898~1910년을 중심으로」, 『한국기독교와 역사』 제4호; 유영렬 · 윤정란, 『19세기 말 서양 선교사와 한국 사회 −The Korean Repository를 중심으로』, 경인문화사, 2004, 271~281면; 김봉희, 「국역 성서의 서지학적 고찰」, 이화여대 대학원, 1978; 김양선, 「한국의 성서 번역사(6)」, 『성서한국』 제2권 2호, 1956; 김봉희, 「Ross Version과 한국 Protestantism」, 『백산학보』 제3호, 1967; 小倉進平, 「朝鮮の聖書飜譯」, 『文藝春秋』 第19卷 2號; 海老澤有道, 『日本の聖書−聖書和譯の歷史』, 講談社 學術文庫, 1989 등 참조.

역이 좋고 문학서적의 경우에는 의역이 바람직하다고 말한다. 그러나 이것은 말은 쉬우나 실제로는 매우 어려운 문제이다. 대한성서공회가 1967년에 발행한 『신약전서 새 번역』에는 역자들의 아무런 말도 없으나 같은 대한성서공회가 1993년에 새로 번역한 『성경전서 표준 새번역』의 번역자들도 그 고충을 머리말에서 이렇게 말한다.

> 성경을 번역하는 원칙에는, 원문의 문법 형식을 번역문에서도 그대로 반영시키는 형식일치 번역과, 원문이 지닌 문법형식보다는 원문의 뜻을 옮기는 내용일치 번역이 있다. 두 가지 번역 방법의 장점을 취하고 단점을 버리는 것이 『표준 새번역』 번역자들의 바람이었지만, 실제 번역 과정에서 부딪치는 문제들은 해결하기가 쉽지 않았다.

성경은 이후 기독교의 전파는 물론 한국의 여러 분야에 지대한 영향을 미친 책이지만 여기서는 우리들의 관심사인 근대 사회과학, 특히 법학과 정치이론의 분야에 한정하여 몇 가지만 예시하기로 한다. 그런 의미에서 일찍이 칼 슈미트(Carl Schmitt, 1888~1985)도 "근대 국가학의 중요한 개념들은 모두 세속화된 신학개념"[33] 이라고 하였으며, 존 로크의 『시민정부론』, 홉스의 『리바이어던』, 토머스 페인의 『상식』 등 모두 성경을 빼놓고서는 이해할 수 없는 근대의 정치이론서들이다.

1) 구약전서

(1) 인간의 존엄과 권리

우리 헌법 제10조를 비롯하여 독일, 이탈리아, 일본 등의 헌법에서는 인간으로서의 존엄과 가치를 규정하고 있다. 이러한 규정들은 모든 개개 인간의 존엄과 권리의 기초는 하나님이 자신의 형상에 따라서 인간을 창조하였다는 성경의 기독교적인 견해에 근거한 것이다.

---

[33] C. Schmitt, *Politische Theologie*, 2. Ausgabe 1934, S.43(김효전 옮김, 『정치신학』, 법문사, 1988, 42면).

○ 하나님이 당신의 형상대로 사람을 창조하셨으니, 곧 하나님의 형상대로 사람을 창조하셨다(창 1 : 27).

○ 하나님의 형상을 따라 참 의로움과 참 거룩함으로 지으심을 받은 새 사람을 입으십시오(엡 4 : 24).

여기에서는 또한 인간의 평등이라는 사상의 뿌리도 보아야할 것이며, 자유사상의 근저에 놓여있는 것은 기독교적 개인주의라는 것도 강조되어야 할 것이다. 이처럼 기독교와 인권의 사상은 바로 성서에서 기원하는 것이다.[34]

(2) 언약과 사회계약론

여호와 하나님과 그 백성과의 최초의 언약(言約)은 창세기에서 비롯된다.

○ 그러나 너와는 내가 내 언약을 세우리니 너는 네 아들들과 네 아내와 네 자부들과 함께 그 방주로 들어가고(창 6 : 18)

○ 내가 내 무지개를 구름 속에 두었나니 이것이 나의 세상과의 언약의 증거니라. (창 9 : 13)

여기의 언약은 영어로는 Covenant이며, 독어로는 Bund이다. 이 언약은 새로운 인종의 시조인 의로운 노아에 대한 선물로서 나타났다. 또 하나님께서는 다시는 "모든 생물을 홍수로 멸하지 아니할 것이다"(창 9 : 11)라고 약속하였다.

이러한 언약이나 약속은 법적 표현으로서는 계약(契約)이 된다. 통치자와 피치자와의 약속은 일찍이 영국의 마그나 카르타(Magna Carta, 1215)에서 나타나며, 더 중요한 것은 루소(J. J. Rousseau)의 『사회계약론』을 비롯하여 로크, 칸트의 계약사상은 바로 성경에서의 언약을 재구성한 것이다. '계약'이라는 관념은 유럽 사상의 가장 본질적인 특징을 나타내는 것이다.

---

34 C. Starck, *Errungenschaft-Menschenrechte und Gewaltenteilung*, Göttingen : Wallstein, 2011, S.20~21.

(3) 법도와 율례

다음에 여호와의 백성에 대한 법도(法度)와 율례(律例)는 출애굽기에서 처음 나온다.

○ 모세가 여호와께 부르짖었더니 여호와께서 그에게 한 나무를 지시하시니 그가 물에 던지매 물이 달아졌더라. 거기서 여호와께서 그들을 위하여 법도와 율례를 정하시고 그들을 시험하실새(출 15 : 25)

○ 가라사대 너희가 너희 하나님 나 여호와의 말을 청종하고 나의 보기에 의를 행하며 내 계명에 귀를 기울이며 내 모든 규례(規例)를 지키면 내가 애굽 사람에게 내린 모든 질병의 하나도 너희에게 내리지 아니 하리니 나는 너희를 치료하는 여호와임이니라.(출 15 : 26)

이 한 구절만이 아니라 성경은 도처에서 여호와의 법도와 율례를 강조하며 나아가서는 성경 전체가 하나님의 법을 설명하는 규범의 책이라고 할 수 있다.[35]
구약성경의 용어 중 명확한 구분 없이 혼용되는 용어들로서 계명, 법도, 장정, 율례, 규례, 훈령, 명령 등이 있다. 이것을 명확하게 이해하려면 먼저 법규범에는 사다리처럼 단계구조가 있다는 것과 법에는 자연법과 실정법이 구별된다는 데에서 출발해야 할 것이다. 법의 단계구조란 헌법 ← 법률 ← 명령 ← 규칙 ← 처분 등과 같이 법 중에서 헌법이 가장 높고 그 아래에 자신보다 하위법이 존재한다는 것이다. 다음에 자연법이란 인간의 이성에 의해서 만들어진 것으로 시대와 공간을 뛰어 넘어 보편타당한 법을 말하며, 실정법이란 인간이 국회에서 만든 법률을 가리킨다.
구약성경의 계명(誡命, Commandment)은 법의 단계구조에서 가장 높고 권위 있는 하나님의 명령으로 헌법에 해당되는 것이다. 이것은 하나님에 대한 것과 사람에 대한 것으로 나뉜다. 다음에 법도(法度, statute)와 율례(律例, ordinance)는 헌법 하위에 있는 '법률'에 해당되는 것으로 예컨대 출애굽기 15 : 25 참조. 규례(規例, instruction)

---

35 성경에서의 규범성을 둘러싸고 역사학자, 법학자, 신학자 그리고 철학자들 간의 학제적인 연구는 Nils Jansen und Peter Oestmann(Hrsg.), *Gewohnheit Gebot Gesetz. Normativität in Geschichte und Gegenwart-Eine Einführung*, Tübingen : Mohr, 2011이 역사와 현재 속에서의 규범성을 관습(Custom), 계명(Command), 계율(Code)의 규범성을 다루고 있다.

와 장정(章程)은 법률사항을 구체적·세부적으로 규정한 것으로 이를 법규명령이라고 한다. 예컨대 빚의 면제(신 15 : 1)나 먹을 것과 먹지 말 것(레 11 : 47)을 명한 것이다. 또 그 아래에는 훈령(訓令)이나 칙령(decree), 포고(edict) 등도 있다. 오늘날의 용어나 사용법으로는 대통령령이나 지방자치단체가 제정하는 명령이나 규칙이 여기에 해당된다.

이처럼 여러 가지 용어로 혼용되는 까닭은 이스라엘의 법체계가 도덕법과 종교법 그리고 일반 사회의 법규범의 세 가지로 구성되어 있기 때문이다. 실정법의 입장에서 볼 때 하나님에 대한 것은 규율대상이 아니지만 사람에 대한 것(예컨대 살인죄와 절도죄)은 종교와 도덕 그리고 실정법에도 모두 저촉되는 것이다.

또 최고법으로서의 '헌법'이란 관념은 서양에서도 근대에 와서 확립된 것이며, 더구나 한국에서 성경을 번역할 당시에는 헌법이라는 고차적인 법도 없었으며 또 그러한 관념을 알지도 못했기에 모든 법규범은 '법률과 장정'이란 표현 하나로 거의 통일되어 있었다. 요즘말로는 '법령'으로 간단히 표현된다. 그 밖에도 성문법과 불문법(또는 관습법)의 차이를 그다지 중요시하지 않은 탓도 있다.

특히 과거에는 종교상의 규율과 실제 사회생활상의 법규범이 중첩되거나 공통되었으나 현대 사회에서는 법과 종교와 도덕은 명확히 구별되고 있기 때문에 법규범의 내용도 당연히 구별되어야 하는 것이다.

(4) 모세의 재판과 3심제

성경에서 재판하는 장면은 출애굽기(18 : 13~27)에 처음으로 나온다. 모세가 하루 종일 재판하는 모습을 보고 그의 장인은 천부장, 백부장, 오십부장, 십부장이 각각 나누어 재판할 것을 권유한다.

○ 그들이 때를 따라 백성을 재판하되 어려운 일은 모세에게 베풀고 쉬운 일은 자단(自斷)하더라. (출 18 : 26)

여기에서 오늘날과 같은 지방법원, 고등법원, 대법원과 같은 3심제가 유래된

것이다. 사법(司法)과 관련해서는 몽테스키외(C. Montesquieu)의 "법을 말하는 입"이
란 표현이 유명하다.[36] 또 해밀턴(A. Hamilton)도 "사법부는 칼도 돈도 갖고 있지 않
으며, 사회의 힘이나 부에도 영향을 미치지 못하고, 어떤 것도 실질적으로 결정하
지 못한다. 사법부는 힘도 의지도 없으며, 단지 판단만을 내린다고 하는 것이 사실
일 것이다"[37]라고 하여 입만을 가지고 있음을 강조한다. 그 밖에도 "법관은 판결
로 말한다"라든가, 독일어의 사법이 Rechtsprechung, 즉 법을 말하는 것이라든가,
미국 헌법의 경우, "헌법이란 법관이 헌법이라고 말하는 바로 그것"이라고 한 휴
즈(Hughes)의 말이 널리 인용되고 있다.

그러나 이상과 같은 미사여구도 실은 모두 성경에서 유래된 것이다. 즉 '주의
입의 법이 내게는 천천 금은보다 좋으니이다.(시편 119 : 72)

(5) 주권자

성경에서는 이스라엘의 '주권자인 여호와'라는 말이 도처에서 나온다. 즉 「주
여호와여 무엇을 내게 주시려나이까?」(창 15 : 2)는 영어표현으로는 "O Sovereign
Lord, what good are all your blessings when I don't even have a son?"이다. 또한 오늘날
우리가 주권자 또는 국민주권을 이야기하는 것은 민수기에서 비롯된다.

○ 주권자가 야곱에게서 나서 남은 자들을 그 성읍에서 멸절하리로다 하고(민 24 : 19)

그 밖에 주권자라는 말이 자주 나온다.

○ 연(連)하여 내 종 다윗에게 이처럼 말하라. 만군의 여호와께서 이처럼 말씀하
시기를 내가 너를 목장 곧 양을 따르는 데서 취하여 내 백성 이스라엘의 주권자로 삼
고(역대상 17 : 7)
○ 여호와여 광대하심과 권능과 영광과 이김과 위엄이 다 주께 속하였사오니 천

---

36 C. Montesquieu, *De l'Esprit des Lois*, 1748(신상초 옮김, 『법의 정신』, 을유문화사, 1963, 167면).
37 A. Hamilton, J. Madison · J. Jay, *The Federalist Papers*, 1788(김동영 옮김, 『페더랄리스트 페이퍼』,
   한울아카데미, 1995, 459면).

지에 있는 것이 다 주의 것이로소이다. 여호와여 주권도 주께 속하였사오니 주는 높으사 만유의 머리심이니이다. (역대상 29 : 11)

○ 개미는 두령(頭領)도 없고 간역자(看役者)도 없고 주권자(主權者)도 없으되 (잠언 6 : 6)

○ 이는 헤스본의 밭과 십마의 포도나무가 말랐음이라. 전에는 그 가지가 야셀에 미쳐 광야에 이르고 이제 열국 주권자들이 그 좋은 가지를 꺾었도다. (이사야 16 : 8)

바로 인용한 이사야 16장 8절의 '열국 주권자'는 영어 번역에서는 'rulers of the nations'라고 표현하고 있다. 또 왕권과 주권, 권력과 권세(골로새서 1 : 16) 등 이 주권이란 말은 군주주권, 국가주권 그리고 국민주권에 이르기까지 다양하게 사용되고 있다. 이처럼 신학개념에서 출발한 '주권'을 법학적 내지는 정치철학적으로 재구성한 사람은 바로 보댕(Jean Bodin)이며, 그는 주권을 "국가의 절대적이며 영원한 권력"[38]으로 정의한 이래 널리 인구에 회자하게 되었다.

(6) 리바이어던과 비히모스

홉스는 자신의 국가론에 욥기에 나오는 괴물 리바이어던을 그 제목으로 사용한 사람으로 유명하다.[39] 그에 의하면 근대 국가는 죽어가는 신, 거대한 파충류, 거인 그리고 인간이라는 네 가지의 결합물이라고 한다. 그런데 성경의 출처는 다음과 같다.

○ 네가 능히 낚시로 악어를 낚을 수 있겠느냐 노끈으로 그 혀를 맬 수 있겠느냐?(욥 41 : 15)

○ 이제 소같이 풀을 먹는 하마를 볼지어다. 내가 너를 지은 것같이 그것도 지었느니라. (욥 40 : 15)

『비히모스』

---

38 Bodin, *On Sovereignty*, Cambridge : Cambridge University Press, 1992, p.1(나정원 옮김, 『국가에 관한 6권의 책』, 아카넷, 2013).

39 새 번역은 진석용 옮김, 『리바이어던』 1~2, 나남, 2008.

여기서 보듯이, 악어는 리바이어던(Leviathan)이며, 하마는 비히모스(Behemoth)를 번역한 것이다.

비히모스는 유태교의 종말론에 리바이어던과 함께 나오는 거수(巨獸)의 이름으로 비히모스는 땅을 지배하는 남성이며,[40] 리바이어던은 바다를 지배하는 여성을 상징한다. 모두 혼돈을 상징한다.

『리바이어던』

(7) 국민과 민족

국민은 영토, 주권과 함께 국가의 3대 요소를 이루는 법적 개념이다. 그런데 성경에서 민족이란 말은 자주 나오지만 '국민'이란 표현은 드물다. 예컨대 신명기에서는

　　○ 어떤 국민이 불 가운데서 말씀하시는 하나님의 음성을 너처럼 듣고 생존하였었느냐?(신 4 : 33)
　　○ 어떤 신이 와서 시험과 이적(異蹟)과 기사(奇事)와 전쟁과 강한 손과 편 팔과 크게 두려운 일로 한 민족을 다른 민족에게서 인도하여 낸 일이 있느냐?(신 4 : 34)

영역판에 의하면 여기의 국민은 people이며, 민족은 nation이며, 독일어 판에 의하면 모두 같은 Volk로서 구별하지 않고 있다. 오늘날의 용어법으로는 인민(people)의 개념이 국민(nation)의 개념보다 광범위하다.

(8) 연좌제 금지

우리 헌법 제13조 3항은 '모든 국민은 자기의 행위가 아닌 친족의 행위로 인하

---

40 Th. Hobbes, Ferdinand Tönnies(ed.), *Behemoth or The Long Parliament*(1889), University of Chicago, 1990.

여 불이익한 처우를 받지 아니한다고 하여 이른바 연좌제(連坐制)를 금지하고 있다. 그러나 이 제도는 일찍이 성경에서도 금지한 것이다.

○ 아비는 그 자식들을 인하여 죽임을 당치 않을 것이오 자식들은 그 아비를 인하여 죽임을 당치 않을 것이라. 각 사람은 자기의 죄에 죽임을 당할 것이라.(신 24 : 16)
○ 왕을 죽인 자의 자녀들은 죽이지 아니하였으니 …….(왕하 14 : 6)
○범죄하는 그 영혼은 죽을지라. 아들은 아버지의 죄악을 담당하지 아니할 것이요 아버지는 아들의 죄악을 담당하지 아니하리니 의인의 공의도 자기에게로 돌아가고 악인의 악도 자기에게로 돌아가리라.(겔 18 : 20)

그 밖에 역대하 25 : 4에도 나타나 있다. 모세의 율법에서도 금지된 연좌제가 동양사회에서는 오랫동안 실시되었다.

2) 신약전서

(1) 빌라도와 국민투표

흔히 근대적 의미에서의 국민투표제의 원조는 나폴레옹이라고 한다.[41] 그러나 그 기원은 훨씬 거슬러 올라가서 로마시대에 이른다.

○ 명절을 당하면 총독이 무리의 소원대로 죄수 하나를 놓아주는 전례가 있더니 ……. (마 17:35)

이에 대하여 『NIV 주석 성경』은 "복음서 이외 다른 어떤 곳에서도 이 사실이

---

41 K. Loewenstein, Die Diktatur Napoleons des Ersten, in : *Zeitschrift für öffentliches Rechts*, Bd. XVI (1936), Heft 5, S.619~651. jetzt in : ders., *Beiträge zur Staatssoziologie*, Tübingen : Mohr, 1961, S.172~209, insb. S.193 ff.

알려져 있지 않다"고 한다.

회의주의자인 빌라도는 예수를 놓아주고 싶었으나 민란이 일어날 것을 두려워하여 죄수 바라바를 놓아준다. 이 제도는 국민투표제 내지는 직접 국민의 의사를 묻는 직접민주제의 원천이 되는 것이다.[42]

(2) 헌법제정권력

권력과 정부에 대해서는 로마서에서 자세히 언급하고 있다.

○ 각 사람은 위에 있는 권세들에게 굴복하라. 권세는 하나님께로 나지 않음이 없나니 모든 권세는 다 하나님의 정하신 바라.(롬 13 : 1)

○ 너희는 먼저 그의 나라와 그의 의를 구하라. 그리하면 이 모든 것을 너희에게 더하시리라.(마 6 : 33)

모든 권력은 하나님으로부터 나온다는 표현은 바로 근대 헌법의 기본원리인 국민주권의 모범이 되고 있다. 즉 우리 헌법 제1조 2항의 '모든 권력은 국민으로부터 나온다'는 것이 그것이다. 특히 로마서 13 : 1은 헌법제정권력의 원천은 하나님에게 있다는 것이다. 이 헌법제정권력이라는 개념은 신학자이며 정치가였던 프랑스의 시에예스(Emmanuel Sieyès)가 최초로 창안한 개념이다.[43] 칼 슈미트는 그의 『헌법이론』에서 바로 로마서 13 : 1을 인용하고 중세시대의 헌법제정권력의 주체는 신(하나님)이라고 한다.

Der Satz : "Alle Gewalt (oder Obrigkeit) ist von Gott"(Non est enim potestas nisi a Deo, Röm. 13, 1) bedeutet die konstituierende Gewalt Gottes.[44]

---

[42] 직접민주제에 관하여는 C. Schmitt, *Volksentscheid und Volksbegehren*, 1927(김효전 옮김, 『국민표결과 국민발안』, 관악사, 2008) 참조.

[43] E. J. Sieyès, *Qu'est-ce que le tiers-état?*, 1789(박인수 옮김, 『제3신분이란 무엇인가』, 책세상, 2003).

[44] C. Schmitt, *Verfassungslehre*, 1928. 10. Aufl., 2010, S.77(김효전 옮김, 「헌법의 개념」, 『동아법학』 제49호, 2010, 460면).

(3) 국회

성경에는 오늘날의 국회의 원형인 민회 제도를 서술하고 있다.

○ 만일 그 외에 무엇을 원하거든 정식으로 민회에서 결단할지라.(행 19 : 39)

(4) 변호인

종래의 동양의 법제도에서 대언인, 변호사라는 것은 알지 못하였다. 범죄자는 아무도 그를 옹호하거나 변호할 수가 없었으나 성경의 전파와 더불어 서양에서의 법률가집단이나 변호사라는 존재를 알게 되었다.[45]

○ 너는 벙어리처럼 말 못하는 사람과 더불어 고통 속에 있는 사람들의 송사를 변호하여 입을 열어라.(잠 31 : 8)
○ 대제사장 아나니아가 어떤 장로들과 한 변사 더둘로와 함께 내려와서 총독 앞에서 바울을 고소하니라.(행 24 : 1)
○ 만일 누가 죄를 범하면 아버지 앞에서 우리에게 대언자가 있으니 곧 의로우신 예수 그리스도시라.(요일 2 : 1)

여기의 '대언자'는 요한복음에서는 '보혜사'로 번역되고 있지만, 대변자 또는 변호인의 의미로 쓰인다.

(5) 기타

성경에서 비롯되는 정치신학의 사례는 무수히 많다. 전능한 신 → 만능의 입법

---

45 김효전, 「근대적 변호사제도의 도입」, 『서울지방변호사회100년사』, 2009, 43~101면 참조.

자, 신학상의 기적 → 법학상의 비상사태, 신의 초세계성 → 주권자의 초국가성(동일성의 이론), 성부·성자·성령의 삼위일체론→ 권력분립론, 대표(Representation)의 사상, '유일신=유일 왕'(Monarchy), 그 밖에 사법(私法)의 원리인 일부일처제, '예수 그리스도의 이름으로'(행 4:10) → '국민의 이름으로'에 이르기까지 열거할 수 없을 정도이다.

3) 칼 바르트의 『로마서강해』 번역에 대해서

신약성경의 로마서는 사도 바울이 기독교의 교리를 깎아 맞춘 듯이 정교하게 기술하고 있을 뿐만 아니라 법과 정치철학의 근본문제에 대해서도 명쾌한 대답을 제시하고 있다. 그중에서도 제13장은 영적인 것과 육적인 것 모두를 제공하기 때문에 법학도에게 이 책은 사실상 '빵의 학문'으로서의 연장이기도 하다. 그러나 이 문제에 대해서는 일찍이 일본의 미야타 미쓰오(宮田光雄, 1928~) 교수가 『국가와 종교─유럽정신사에서의 로마서 13장』[46]에서 심도 있게 다루었으며, 또 한국에도 번역·소개되었기 때문에 다시 상세하게 설명할 장소도 아니거니와 또 그럴 필요도 없을 것이다.

번역과 관련하여 이 로마서를 주석한 칼 바르트(Karl Barth, 1886~1968)의 『로마서강해』[47] 한국어판[48]에 대해서 간단히 언급하기로 한다. 이 책에 대해서 신학자는 물론 많은 학자들이 여기 저기 인용하며 20세기 최대의 신학 걸작으로서 손꼽으며 찬사를 아끼지 않지만 일반 독자들이 손쉽게 접하기 어려운 책이었는데 지난 1997년에 비로소 대망의 한국어 번역판이 출간되었다.

그러나 이 번역서는 기대했던 것만큼 독서의 속도를 빠르게 하지는 못했다. 정독을 해도 이해가 잘 되지 않고 나중에는 짜증이 나기도 했다. 그렇게 된 데에는 물

---

46 양현혜 옮김, 삼인, 2004. 미야타 교수의 다른 저작들로서는 김효전 옮김, 『현대일본의 민주주의─제도를 통한 정신』, 교육과학사, 1992; 정구현 옮김, 『그리스도와 웃음』, 가톨릭대 출판부, 2000; 양현혜 편역, 『메르헨, 자아를 찾아가는 빛』, 사계절, 2008 등이 있다.

47 K. Barth, *Der Römerbrief*, 1922(Zürich : Theologischer Verlag, 1989).

48 조남홍 옮김, 『로마서강해』, 한들, 1997.

론 독자로서의 나 자신의 이해 부족이 첫 번째 원인이겠으나 또 다른 몇 가지의 불만이 있었다. 우선 저자인 바르트가 각 장의 첫머리에 게재한 성경 원문을 역자는 임의로 사역(私譯)한 점이다. 어느 나라에서나 성경의 사역은 금지하며 한국의 경우에는 대한성서공회에서 발간한 성경을 허락을 받고 인용하도록 되어 있는데 이것부터 원칙에 어긋난다.

그다음에는 한국어 문장이 읽는 이로 하여금 피로하게 만든다. 독일어 원문에서 직역한 것은 외국어니까 어쩔 수 없이 어느 정도 참는다고 하더라도 요는 정도 문제이다. 독일어 원서와 일본어 번역본을 함께 놓고 한국어 번역본을 대조해 보아야 비로소 의미가 대충 들어온다. 구체적인 예를 들면 제13장의 경우, 독일어의 das Recht를 '정의'로 번역했는데 여기의 Recht는 물론 '법' 또는 '권리'로 새겨야지 '정의'로 번역하면 의역이 아니라 오역이다. '정의'는 'die Gerechtigkeit'란 말 하나밖에 없다. 또 키케로의 "Summum ius, summa iniuria"를 '최대의 정의는 최대의 불공정'이라고 옮겼는데 이 말은 '법의 극치는 불법의 극치'라고 해야 옳다. 그 밖에도 부적절한 역어(譯語)와 생경한 표현은 점점 한국어 번역서에 대한 신뢰에 금이 가게 만들었다. 이번에도 읽다가 그만두고 책을 덮었다.

그러다가 지난 2002년 8월 비오는 어느 날 저녁 부산 광복동 일서점에 우연히 들렀더니 크고 작은 책들 가운데 小川圭治・岩波哲男 譯, 『ローマ書講解』(上・下, 平凡社, 2001)라는 두툼한 두 권의 문고가 눈에 들어온다. 시간을 때우려고 서점에 잠시 구경이나 하려고 들렀다가 뜻밖에도 좋은 책을 발견할 때의 기쁨이란 아무나 누리는 것이 아니다. 이런 술집과 음식점이 즐비한 골목에 칼 바르트의 『로마서 강해』를 누가 사간다고 들여왔는지 궁금하기도 하다. 사실 일본어 번역판 로마서 강해는 이미 오래전에 『칼 바르트 저작집』 전 18권 중 14권째(吉村善夫 譯, 新敎出版社, 1967)로 발간된 것을 알고 있었지만 절판되어 구하지를 못했다. 이번에 구입한 신판의 '역자 후기'를 보니 이미 그 이전에도 여러 가지가 나와 있었다.

여하튼 또 다른 새로운 만남이다. 그동안 잊고 있던 한국어판을 꺼내어 원서와 함께 현대어로 새로이 번역한 일본어판과 대조하면서 또다시 읽기 시작했다. 우리말 번역보다는 일본어 번역이 더 이해하기 쉬웠고 또 표현이라든가 역자의 성실한 주석 등이 마음에 들었다.

주저하다가 한국어판 출판사의 펴낸이에게 전화를 하니 신판을 준비 중이라고 한다. 몇 가지 제안을 하니 교정본 것을 보내달라고 한다.

간단한 편지와 함께 영어판 *The Epistle to the Romans*,[49] 두 가지 일어판 그리고 내가 부적절하다고 생각되는 곳의 교정본 것을 복사하여 보냈다.

한국어판의 역자도 이렇게 말했다. "이 번역은 글자 그대로 하나의 시작(試作)이다. 더 적격의 바르트 전문가에 의해 더 많이, 더 올바르게 우리말로 옮겨져야 함은 당연한 일이다. 그러나 일단은 첫 작업의 결실로서 이 번역을 내놓으니 독자 제현들께서는 과감하고 기탄없는 질정을 해주기 바란다"고 끝맺고 있다.

이 말은 비단 『로마서 강해』뿐만 아니라 모든 번역서에 타당한 말이다. 특히 번역서의 시조이며 첫 열매인 성경은 서구인이나 크리스천에게만이 아니라 세계의 모든 사람이 공유해야 할 인류 공통의 유산이다. 시대에 따라서 새롭게 번역되고 해석되어야 하는 것은 두말할 필요가 없다.

요컨대 번역에서는 선행업적이나 관련 문헌에 대한 존중과 평가 그리고 다른 외국어 번역의 참조 등 성실한 번역자의 자세가 요구됨은 물론이다. 한국의 번역서에서는 이점에 대해서 소홀하게 여기는 경향이 더러 발견된다. 선행 업적에 대해서 무지하다면 번역자로서 불성실한 것이며 알면서도 고의로 누락시켰다면 학문하는 자세로서 올바르다고 할 수 없다. 더구나 일본어 번역판을 참고하는 것을 수치로 생각하는 사람마저 있는데 참조 가능한 문헌은 모두 동원해야만 원저에 가장 가깝게 재생할 수 있을 것이다.

4) 기독교의 전파

다음에는 성경 번역과 관련하여 『대한매일신보』가 전하는 1905년 8월의 상황을 자세히 검토해 보기로 한다.

---

[49] Translated from the Sixth Edition by Edwin C. Hoskyns(Oxford : Oxford University Press, 1972).

●驅民入教　近日 漢城 內外에 人民들이 國事日非와 外侮日甚홈을 目擊ㅎ고 依賴
無處하야 自然 憂懼之心을 難堪키로 耶蘇教에 投入ㅎ는 者 每日 五拾名 以上이라 한
즉 若 此不日하면 不 幾年에 八域 人民이 太半이나 教徒될이라더라.[50]

이를 해석하면 '백성을 몰아 교에 들어가다'는 제목 아래 서울 안팎의 인민들
이 국가의 일이 날로 말이 아니고, 외국의 모욕이 날로 심해 가는 것을 목격하고,
의뢰할 곳이 없어서 자연히 걱정과 두려운 마음을 감당할 수 없어 예수교에 입교
하는 자가 매일 오십 명 이상이라 한즉 만약 오래지 않아 몇 년 안에 전국의 인민
이 태반이나 교도가 되리라 한다는 뜻이다.

이 기사 하나만으로도 알 수 있듯이, 기독교는 이미 널리 전파되고 있었으며 치
안유지도 못하는 무능한 한국 정부가 약화될수록, 또한 일제의 침략이 노골화될
수록 의지할 곳 없는 불쌍한 조선 민중의 피난처가 되고 있었다.

당시 서울 장안의 대표적인 교회는 정동 교회, 상동 교회 그리고 연동 교회가
있었다. 이 중 정동 교회에는 의법회(懿法會)라는 단체가 조직되어 있었으며, 상동
교회에는 상동청년회가, 연동 교회에는 국민교육회가 각각 소속단체로 설치되어
있었다. 정동 교회의 의법회는 황성기독교에 소속하고 있었으며 회장에 최병헌(崔
炳憲, 1859~1927), 교장은 양홍묵이었다. 교과목은 산술, 지지(地誌), 역사, 법률, 영
어, 일어 등 보통학이며 야학으로 가르쳤다. 서양 선교사가 교당 안에 학교를 설립
하는 것은 온당치 않다고 하여 수하동으로 학교를 옮겼다. 회장인 최병헌은 외국
에 나가서 공부한 바는 없고 중국에 들어온 한문 번역본 교리서를 읽고 입교한 사
람이다. 목사안수를 받고 황성기독교청년회(YMCA) 등에서 대중을 계몽하기 위하
여 연설도 많이 하였다.

지금의 회현동에 있던 상동 교회에는 상동청년회가 설치되어 있었으며 전덕기
(全德基, 1875~1914) 목사가 교회 지하실에서 이준 열사와 함께 헤이그 밀사 파견모
의를 한 것으로 유명하다. 1907년 봄 이준이 부패한 상관을 고발하여 법부와 평리
원 간에 문제가 되자 여론은 비등하였다. 이 문제를 둘러싸고 국민연설대에서 연
합연설회가 열리자 전덕기는 「법관은 치안의 기관」이란 제목으로 당시의 명사들

---

50 『대한매일신보』, 1905.8.30.

과 함께 열변을 토하기도 하였다.

현재의 종로 5가에 있는 연동 교회는 선교사 게일(J. S. Gale, 1863~1937)이 시무하였으며, 이준, 김정식, 이원긍, 홍재기 등 이 교회에 입교한 사람들이 중심이 되어 국민교육회를 조직하여 이 단체가 마치 기독교단체라는 인식마저 유포되기도 하였다. 이 단체는 국민을 계몽하기 위한 단체였기 때문에 오늘날에도 종교운동의 차원을 넘어 역사의 한 페이지를 장식하고 있다. 그러한 사업의 일환으로『국민수지』라는 책자를 발간하고 국민의 입헌사상을 계발하고 권리의식을 고취하는 데에 힘썼다. 뿐만 아니라 법학강습소를 두어 국민 일반에게 법학을 강의하기도 하였다. 여기서 사용한『법학통론』의 저자는 유성준이었으며 그는 성경을 우리말로 번역하기도 한 사람이기도 하다.

특히 연동 교회에는 민족의식이 투철한 교인이 많았던 것으로 보인다.『황성신문』의 한 칼럼을 보면, "연동 야소교당 부속 소학교 졸업식에 국기문제로 직원과 학생간에 충돌이 일어났는데 학생 민필호의 모(母) 부인이 훈계 왈 정녕 퇴학할지언정 자국정신은 잃지 말라 하더라지어 가정교육을 금일에야 보겠고." 이 기사는 1910년 7월 7일 자로 한일합병하기 바로 두 달 전의 모습이다.

또 게일 목사는 당시 종로감옥서에 갇혀있던 이승만, 안국선, 신흥우 등 사회저명 인사들을 찾아가 기독교 관계 신간 서적들도 넣어주는 한편 기도하고 위로하여 주기도 하였다. 이승만은 일찍부터 기독교에 귀의하여『독립신문』사설에서는 '그리스도의 교를 착실히 하는 나라들은 지금 세계에 매일 강하고 제일 부요하고 매일 개화가 돼야 하나님의 큰 복음을 입고 살더라'(1897.1.26)고 적극적으로 전도하기도 하였다.

또한 한국 근대문학의 효시라고 불리는 안국선의『금수회의록』은 다음과 같이 결론을 내린다.

예수씨의 말삼을 드르니 하느님이 아직도 사룸을 사랑ᄒ신다 ᄒ니 사룸들이 악ᄒᆫ 일을 만히 하엿을지라도 회개ᄒ면 구완 잇ᄂᆫ 길이 잇다 ᄒ얏스니 이 세상에 잇ᄂᆫ 여러 형제ᄌᆞ미ᄂᆫ 깁히깁히 생각ᄒ시오.[51]

---

51 안국선,『금수회의록』, 1908, 48~49면.

최근 한 연구자는 이 책이 일본인 소설의 번안 작품이라고 새삼스레 문제를 제기하고 있는데,[52] 이 『금수회의록』뿐만 아니라 『성경』으로부터 각종 전문서적에 이르기까지 당시의 많은 서적들이 중국과 일본의 책자로부터 번각·번역·번안·모방·소개 등의 형태로 국내에 유입된 것은 다 아는 사실이다. 더구나 일본 메이지시대의 소설도 상당수가 서구 소설의 번역·번안·요약 등의 형태로 도입된 것을 간과하고 있다. 태양 아래 새로운 것은 없다는 말이 진리일진대 시대와 상황을 고려하지 않고 책 한 권만을 지적하여 번안 운운하는 태도는 삼가야 할 것이다.

한편, 1907년 일본에 의해서 강제로 군대가 해산되자 이들은 의병으로 변신하여 계속적인 투쟁을 전개하기에 이른다. 통감부에 의해서 조종을 받는 한국 정부는 이들을 진압하고 회유하기 위해서 기독교 대표자들을 이른바 선유위원(宣諭委員)이라고 하여 각 지방에 파견하기도 하였다. 최병헌은 충청남도의 선유위원이 되어 정부의 효유문이란 것을 가지고 돌아다녔다. 그러나 강원도 지역의 의병은 매우 치열하여 선유위원은 목숨을 걸고 의병과 접근해야 할 정도이고 황해도 지역의 선유사는 의병장에게 봉변을 당하기도 하였다. 정부가 기독교인을 치안유지에 이용한 것이다. 최근 군사독재 치하와 유신 시절의 개신교가 보여준 모습과 일맥상통하는 데가 있는 것을 볼 때 목회자는 무릇 역사의 교훈을 항상 되새겨야 할 것이다.

이렇게 볼 때 강대국에 의해서 짓밟히고 권력자에 의해서 이용당하고 아무도 도와주는 나라 하나 없는 가련한 조선 사람들은 새로운 메시아에게 한 가닥 희망을 걸 수 있을 뿐이었다. 그리하여 선교사 민로아(F. S. Miller)는 루소의 오페라(1752)에 곡을 붙여 찬송가를 만들었다. 즉 '예수님은 누구신가? 우는 자의 위로와 약한 자의 강함과 죽을 자의 생명이며 만국인의 구주시며 모든 왕의 왕이 되시리라'라고.

---

52 『경향신문』, 2011.2.24는 "서재길 서울대 규장각 한국학연구원 HK교수는 1908년 출간된 『금수회의록』이 1904년 간행된 사토 구라타로(1855~1942)의 『금수회의 인류공격』을 번안했다며 『금수회의 인류공격』 자료 일부를 23일 공개했다. (…중략…) 『금수회의록』은 현재 18종의 고등학교 문학 교과서 중 12종의 교과서에 실려 있어 파장이 예상된다"고 보도했다. 문헌은 서재길, 「『금수회의록』의 원작 『금수회의인류공격』에 대하여」, 『근대서지』 제3호, 2011 참조. 여기에는 「금수회의인류공격」(일본판) 영인과 「금수회의공격인류기」(한문번역판)의 영인도 수록되어 있다.

4. 교과서 정책

교과서는 교육의 기본 요소의 하나이다. 이는 무릇 법학교육에서뿐만 아니라 모든 교육에 타당한 말이다. 그러나 한국 개화기에 식자들은 누구나 서구의 신식 학문의 수용을 주장하면서도 구체적으로 어떤 과목을 어떻게 흡수하고 섭취하는가, 즉 방법론적으로 방황하고 있었다. 이에 관하여 상세한 것은 제1부 「법관양성소」에서 다루었기 때문에 여기서는 중복을 피한다.

5. 『만국공법』의 전래

1) 『만국공법』과 『이언』

Wheaton

서양의 국제법 책은 언제 조선에 전래되었는가 하는 점에 대해서는 아직도 논란이 많이 있다. 주지하듯이 중국에서는 미국인 선교사인 윌리엄 마틴(丁韙良, William A. P. Martin, 1827~1916)이 휘튼(Henry Wheaton, 1785~1848)의 『국제법의 원리』(*Elements of International Law*, 1836)를 『만국공법(萬國公法)』이란 제목으로 1864년(同治 3)에 발간했고,[53] 일본에서는 바로 다음 해에 이 책의 번각본(飜刻本)이 발간되었고, 네덜란드인 피세링(Simon Vissering, 1818~1888)의 강의록을 니시 아마네(西周, 1829~1897)와 쓰다 마미치(津田眞道, 1829~1903)가 1868년에 『畢恤林氏說 萬國公法』[54]이란 이름으로 출판했다.

---

53 번역의 문제는 윤영도, 「중국 근대 초기 西學飜譯 연구―『萬國公法』 번역 사례를 중심으로」, 연세대 박사논문, 2005 참조.

『만국공법』

이에 대해서 마루야마 마사오(丸山眞男)는 "제목도 우연히 같고……어느 쪽이 먼저인지를 가리기가 힘들 정도죠"[55]라고 하는데, 쓰다 마미치 자신이 밝히고 있듯이 마틴의 한역본(漢譯本)을 참고하여 용어를 사용했다는 사실을 모르고 하는 말이거나 이를 은폐하기 위한 저의가 아닌가 생각된다.

한국의 경우에는 이와 비슷한 시기에 마틴의 『만국공법』이 조선의 식자층에도 전래되었을 것이라고 보기도 하며, 공공문서에 나타난 것은 1877년 12월 17일 일본공사 하나부사 요시모토(花房義質)가 예조판서 조영하(趙寧夏)에게 『성초지장(星軺指掌)』과 『만국공법』을 기증했다는 『왜사문답(倭使問答)』과 『왜사일기(倭使日記)』,『선린시말(善隣始末)』 등의 기록이 최초라고 본다.[56]

마틴은 휘튼의 책 외에 울시(Th. D. Woolsey, 1801~1889)의 *Introduction to the Study of International Law*(1860)를 『공법편람(公法便覽)』(1877)으로 번역하였으며, 마르텐스(Baron Charles de Martens, 1790~1863)의 *Le Guide Diplomatique*(1832)를 『성초지장(星軺指掌)』(1877)으로, 블룬칠리의 국제법 책을 『공법회통(公法會通)』(1880)으로 번역하였다. 그는 국제법 책 이외에 기독교 관계, 어학 관계, 과학・철학・교육 등에 관해서도 많은 한역(漢譯) 번역서를 내었다.[57]

번역과 관련해서는 휘튼의 책이 실정법적인 연구인데 마틴은 자연법적인 색채를 가미해서 굴절해서 번역했으며 결과적으로 독립, 균세, 자주와 같이 필요한 개념만을 수용하였다는 비판이 있다. 이처럼 오해, 굴절, 선택을 동반한 번역에서 출발했기 때문에 유럽 국제법의 본질을 파악하기가 어려웠다는 것이다.[58]

---

54 大久保利謙 編,『西周全集』第2卷, 宗高書房, 1961, 3~102면에 수록.

55 丸山眞男・加藤周一,『飜譯と日本の近代』, 岩波新書, 1998, 119~120면(마루야마 마사오・가토 슈이치, 임성모 옮김,『번역과 일본의 근대』, 이산, 2000, 114면).

56 김용구,『세계관 충돌의 국제정치학 — 동양 禮와 서양 공법』, 나남출판, 1997, 178면 참조.

57 상세한 것은 김효전,『근대 한국의 국가사상』, 철학과현실사, 2000, 418~421면 참조.

58 김용구,「번역의 국제정치학 — 마틴과 휘튼」,『개념과 소통』여름 창간호, 2008, 5~20면; 이근관,「동아시아에서의 유럽 국제법의 수용에 관한 고찰 —『만국공법』의 번역을 중심으로」,『서울국제법연구』제19집 2호, 2002 참조.

다음에 한국어로 된 최초의 국제법에 관한 문헌으로『이언(易言)』을 들 수 있을 것이다. 이 책은 중국인 정관잉(鄭觀應, 1841~1923)의 저작으로 1871년에 간행된 것이며,[59] 한국에서는 1883년에 복각본(複刻本)이 발간되고 한글 번역본(4책)도 발간되었는데, 간기(刊記)가 없어서 정확한 연대는 알 수 없으나 복각본이 만들어진 직후라고 생각된다.[60] 이 책이 번역된 것은 정부 관리와 사상가들이『이언』의 가치를 인정했기 때문일 것이며, 또한 국민들에게 널리 읽혀 부국강병 내지 개화를 기도해보려는 의도로 해석할 수 있을 것이다.[61]

국제법과 관련된 항목은「논공법(論公法)」,「논의원(論議院)」,「논세무(論稅務)」,「논상무(論商務)」

『이언』

등이며, 과학기술의 중요성을 비롯하여 국가제도 전반에 걸쳐 있다. 이『이언』에 대해서는『황성신문』논설에서「기우생소전(杞憂生小傳)」이란 제목으로 소개하기도 했다.[62]

영인본은 원문을 함께 수록한『易言·이언·海國圖志(籌海篇)』[63]과 이광린 교수에 의한『이언』이『조선학보(朝鮮學報)』에 게재되었다.[64] 최근 이경구·이행훈·이병기 역주,『易言－19세기 중국, 개혁을 묻다』(푸른역사, 2010)가 원문, 한글 번역 그리고 현대 한글로 번역하여 발간하였으며, 이화승이 새로 번역한『성세위언－난세를 향한 고언』(책세상, 2003)도 발간되었다.

---

59 정관잉의 생애와 저작 선집은 王曉波外,『現代中國思想家』第2輯, 臺北：巨人出版社, 1978, 163~203면 참조.

60 이광린,「'이언'과 한국의 개화사상」,『개정판 한국개화사연구』, 일조각, 1985, 27면.

61 위의 글, 같은 곳.

62 『황성신문』, 1890.9.28. 김효전,『근대 한국의 국가사상』, 721면; 정선태,『개화기 신문 논설의 서사 수용 양상』, 소명출판, 1999, 473면에 재수록.

63 以文社, 1979, 642면.

64 자료 李光麟(平木實譯), 景印『易言』,『朝鮮學報』제117·118집, 1985·1986, 131~316면.

2) 『공법회통』의 발간

公法會通序
昔齊桓公爲五伯之首葵邱之會載書而盟曰
無易樹公無曲防無遏糶絕世存亡國交之以
之以信豈非一代公法乎惜乎但存其大略而無細
節之可考耳今泰西諸國日開文明之化玉帛相交梯
航相通各國大憲審斷公案援例即萬國公法公
法便覽是已曾有惠氏吳氏諸人之證訂主於德國步
倫氏而遂有會通之書持論公正而不偏叙事確而有據
蓋莫非保國善鄰之道也其法初非東西之可限第其
字殊言異不有以譯之不能盡識其要領美國丁冠西

『공법회통』

『만국공법』에 대해서는 이를 시무의 학문이라고 연구해야 한다는 견해와 반대로 이를 사서라고 배척하는 학파 등이 대립했으나, 시대의 흐름은 거스를 수 없는 것으로 마침내 조선 정부도 국제법 지식의 보급을 위해서 1896년 블룬칠리(步倫, Johann Caspar Bluntschli, 1808~1881)의 『공법회통(公法會通)』(丁韙良 譯, 1880)[65]을 학부 편집국장 이경직(李庚稙)의 서문[66]을 붙여 관리들에게 배포했다. 이『공법회통』에 대해서 블룬칠리의『일반 국법』을 번역했다는 서술[67]과 *Geschichte des allgemeinen Staatsrechts und der Politik*를 번역했다는 견해[68]가 있는데, 모두 잘못된 것이다.

이 책은 블룬칠리의 국제법 책인 *Das moderne Völkerrecht* (1868)[69]을 번역한 프랑스어 판을 텍스트로 번역한 후 다시 독어판을 참조하여 번역한 것이다. 이『공법회통』은 블룬칠리의 국제법 책 862장과 부록에 붙인 미합중국의 행군훈계(行軍訓戒) 157장[70]을 합하여 전체 1,019장으로 구성되어 있다.[71] 또 마틴은『회고록』에서 국제법협회의「육전법규편람」을 번역하였다고 술회하고 있다.[72]

---

65 이『공법회통』을 비롯하여『만국공법』,『공법편람』은 1981년 아세아문화사에서 영인본이 발간되었다.

66 후일 이경직은 성균관장으로, 편집국장은 閔衡植이 대임했다고 한다(『황성신문』, 1899. 4. 27). 상세한 것은 김효전,『근대 한국의 국가사상』, 478~481면.

67 전복희,『사회진화론과 국가사상─구한말을 중심으로』, 한울, 1996, 87면은 Adrian Arther Benett, *John Fryer. The Introduction of Western Science and Technology into Nineteenth-Century China*, Cambridge : Harvard Univ. Press, 1967, p. 122를 근거로 인용하는 데 타당하지 않다.

68 Rune Svarnerud, "The Notion of 'Power' and 'Rights' in Chinese Political Discourse", in : M. Lackner, I. Amelung and J. Kurtz(eds.), *New Terms for New Ideas. Western Knowledge and Lexical Change in Late Imperial China*, Leiden, Boston, Köln, Brill, 2001, p. 135.

69 이 책은 1987년 부산의 민족문화에서 영인본이 발간되었다.

70 원제는 *Instructions for the Government of Armies of the United States in the field*, 1863이다.

71 김효전,『근대 한국의 국가사상』, 472면에서 "행군훈계는 모두 1,019장으로 되어 있다"고 서술한 부분은 '공법회통은 862장이며(행군훈계는 157장으로 합하여 모두 1,019장으로 되어 있다)'라고 수정한다.

이 책에 대해서는 일찍부터 『독립신문』의 논설 「광학회 스긔」에서 "미인 정위량(丁韙良)은 공법회통(公法會通) 등 서책을 번역했고"[73]라고 소개하는가 하면, 또한 "시무에 맛당흔 셔책"[74]이라고 하여 외국어학교를 비롯하여 낙영학교에서 학생들에게 시상품으로 수여하기도 했다.[75]

이 책 말미에는 '학부편집국개간서적정가표(學部編輯局開刊書籍定價票)'가 다음과 같이 적혀 있다.

萬國地誌	二十四錢
萬國略史 上下	四十錢
朝鮮歷代史略 漢文三冊	五十錢
朝鮮歷史 三冊	四十錢
國民小學讀本	二十錢
朝鮮略史	八錢
朝鮮地誌	二十錢
小學讀本	十錢
牖蒙彙編	八錢
夙惠記略	十四錢
輿載撮要	四十錢
地璆略論	八錢
東輿地圖	八錢
近易算術 上下	八十錢
簡易四則算術	四十錢
士民必知 漢文	三十二錢
西禮須知	十二錢

---

72 European Institute of International Law(comp.), *A Manual of the Laws of the War*, 『동아법학』 제28호, 2000, 247~267면에 영인.

73 『독립신문』, 1899.2.6.

74 『뎨국신문』, 1898.11.2.

75 『독립신문』, 1899.7.7; 『뎨국신문』, 1900.5.25 참조.

尋常小學 卷一	十四錢
卷二	十六錢
卷三	十六錢

여기서 보듯이 대부분은 일반 국민의 교양을 위한 보통교육 정도의 책자이며,[76] 『공법회통』은 일질(一帙) 삼책(三冊) 일원(壹元)으로 고가에 속하는 책이다.

이 책과 관련하여 학부에서는 평안남도 공립 소학교에 훈령을 내려 보내면서 문제를 제시하고 먼저 『태서신사(泰西新史)』와 『공법회통』을 읽을 것을 요구하고 있다.[77]

그런가 하면 『데국신문』은 비판적으로 논평하고 있다.

연전에 학부에서 편집국을 세워 대한 수긔 디지와 심샹소학 공법 회통 티셔 신수 등 칙권을 청국서 만든더로 번간ㅎ야 도로 한문을 너고 다만 티셔신수를 국문으로 번역ㅎ엿스나 한문 모로는 이는 볼 슈 업시 만들엇고 기왕에 현채씨가 칙질이나 번역훈 것이 또한 국한문으로 셕거 만든 것이오 기외에는 다시 들어보지 못ㅎ엿스며 ……[78]

3) 한국인에 의한 국제법 교과서

중국으로부터 마틴(丁韙良)의 한역(漢譯) 국제법 책인 『만국공법』, 『공법편람(公法便覽)』, 『공법회통』, 『성초지장(星軺指掌)』, 『육지전례신선(陸地戰例新選)』, 『중국고세공법(中國古世公法)』 등이 조선에 직수입되었다. 그 외에도 홀(霍珥, William Edward Hall, 1835~1894)의 *A Treatise on International Law*(1880)을 번역한 『공법신편(公法新編)』(1902)[79]을

---

76 이 중 『숙혜기략(夙惠記略)』과 『소학독본』은 박병기·김민재 옮김, 『근대 수신 교과서』의 시리즈로 2012년 소명출판에서 현대어로 번역하고 원문을 첨부하여 발간하였다.
77 「學部訓令」, 『황성신문』, 1898.11.4·1898.11.5 별보.
78 『데국신문』, 1902.10.29.
79 이 책은 光緖 29(1903)년 2월 商務印書館에서 인쇄한 것이다. 원서 3판(3rd ed. 1890)은 법원도서관에 소장되어 있으며 다운 받을 수 있다. 일본에서는 三宅恒德 譯, 『浩氏 國際法 上卷』(1888)과

비롯하여 로렌스(勞麟賜, Thomas Joseph Lawrence, 1849~1919)의 『만국공법요략(萬國公法要略)』(1903)이 알렌(林樂知, Young J. Allen, 1836~1907)에 의해 번역되었는데, 이 책은 1906년 달성(達成) 광문사(廣文社)에서 상해(上海) 미서관(美書館) 원본(原本)을 중간(重刊)했는데, 여기에는 석람(石藍) 김광제(金光濟)의 추서(追書)가 붙어 있다.[80]

『만국공법요략』(1903)

또한 텍스트를 밝히지 않은 박정동(朴晶東)이 번역한 『국제공법지(國際公法志)』(1907)도 발간되었다. 역자는 1896년 한성사범학교를 졸업하고 모교의 교원이 되었으며 낙연의숙, 학부 위원, 대한협회 회원, 교남학회 회장 등을 역임하고, 『경제원론』(1907), 『신선 가정학』(1907), 『신찬이화학(新撰理化學)』(1908), 『이태리독립사』(1908) 등 여러 책자를 번역했으며, 이 책에서는 '웨스트팔리아'를 '魏史發利亞', '그로티우스'를 '辜樂鳩史' 등으로 표시한 것으로 미루어 볼 때 중국책을 저본으로 삼은 것 같다.

이 책은 한성부재판소주사를 지내다가 1909년 울산구재판소판사를 사임한 김우균(金雨均)이 교열했으며,[81] 일한도서인쇄주식회사(日韓圖書印刷株式會社)에서 펴내었다. 제2권이 없고 전시국제법에 관한 내용이 빠져있다. 이 책은 『경향신문』 1909년 10월호(제155호와 제156호)에 광고를 내기도 했으며, 2004년 관악사에서 『한청의약공독(韓淸議約公牘)』과 『만국공법요략(萬國公法要略)』과 합본하여 영인본을 발간하였다.

그 밖에 『독립신문』에 의하면 「각국과 통상하는 약장(約章) 책 상하 3권 발간」[82] 이란 기사가 보이는데, 정확한 책 이름은 밝히지 않고 있다.

1899년에 나온 『한청의약공독(韓淸議約公牘)』도 『황성신문』에 자주 광고를 내고 있다.[83]

그러나 한국인의 손에 의한 체계적인 국제법 책은 1907년경에 발간된 석진형

立作太郎 譯, 『ホール氏 國際法』(1899)이 발간되었다.
80 상세한 것은 김효전, 『근대 한국의 국가사상』, 734~736면.
81 『관보』 제4506호, 1909. 10. 16. 판사의원면본관 10월 14일 자.
82 『독립신문』, 1899. 1. 14.
83 『황성신문』, 1899. 12. 19.

(石鎭衡, 1877~1946)[84]의 『평시국제공법론(平時國際公法論)』이라고 하겠다. 이 책은 발간연도나 발행처 등 출판 사항은 분명하지 않지만, 자신이 출강하던 보성전문이나 양정의숙 등의 교과서로 사용된 것 같다.[85] 석진형은 일본 와부츠(和佛)법률학교(현재의 호세이(法政)대학) 출신으로 다카하시 사쿠에이(高橋作衛)의 『평시국제법론(平時國際法論)』 등을 참고했다고 적고 있다.

기타 국제법 관련 문헌으로는 巴侖 馬兒顒, 福地源一郎 譯, 『外國交際公法』, リチャルト(獨) 原撰, ホッドソン 英譯, 福地 日譯訂(東京 : 岡田屋嘉七, 1869); エートン, 丁韙良 譯, 『萬國公法鑑管』(高谷龍洲 註解(1876)); 雨森芳洲 編, 浦瀨裕 校正增補, 『交隣須知』, 周防(山口), 寶迫繁勝(1881)가 있다. 이 책은 한글과 일본어를 병기하고 있다.

또한 趙秉式, 『各國約章合編』(外部, 1887); 總稅務司 編, 『朝鮮通商口岸貿易情形論』(1887); 外部 編, 『約章合編』(1898), 『日韓交涉略史』(1894) 등이 있다. 이상의 책들은 부산직할시 시민도서관에 소장하고 있다.[86]

6. 법학 관련 서적의 번역

1) 헌법 관련 저작

헌법과 관련된 외국 문헌의 번역으로는 미국인 로버트(H. M. Robert, 1837~1923)의 『회의진행법』[87]을 윤치호가 번역한 『의회통용규칙』[88]이 가장 이른 시기에 소개

---

84 석진형에 관하여는 민족문제연구소 편, 『친일인명사전』, 민족문제연구소, 2009, 281~284면; 최종고, 『한국의 법률가』, 서울대 출판부, 2007, 86~100면; 이명화, 「석진형 ─ 총독부의 신임 두터웠던 절대 맹종파」, 반민족문제연구소 편, 『친일파 99인』 1, 돌베개, 1993, 275~278면 및 본서 제1부 「법관양성소」 중 9장 「법관양성소의 교수진」, '석진형' 참조.

85 상세한 것은 김효전, 『근대 한국의 국가사상』, 737~739면.

86 부산광역시립 시민도서관, 『고서목록』, 1995. 그 밖에 劉性謙 等 奉勅編, 『大明律講解』(1903); 『萬國公法』(京都 : 萬屋兵四郎, 1871); 加藤弘之 譯, 『國法汎論』(1872); ベンザム 『民法論綱』(1876); 『泰西國法論』, 『天道溯原』, 井上角五郎, 玄映運 編, 『日本內閣列傳』(京城 : 博文局, 1880) 등 귀중한 고서를 많이 소장하고 있다.

된 것으로 생각된다.

헌법 교과서로는 유치형(兪致衡, 1877~1934)이 강술한 『헌법』(1908)은 서문에서 일본의 헌법학자인 호즈미 야쓰카(穗積八束, 1860~1912)의 강의를 준거채용(準據採用)했음을 밝히고 있다.[89]

그러나 김상연(金祥演, 1874~?)의 『헌법』(1908?)에서는 자신의 서문도 없고, 어떠한 책을 텍스트로 하여 강술한 것인지도 밝히지 않고 있다. 저자가 조사한 바로는 일본 도쿄전문학교의 강사였던 소에지마 기이치(副島義一, 1866~1947)의 『일본제국헌법론(日本帝國憲法論)』(1905, 3판 1909)을 요약하여 번역한 것이다.

조성구(趙聲九, 1881~1958)의 『헌법』(1907) 역시 강술한 책의 텍스트를 적지 않고 있는데, 일본인의 책을 모델로 했을 것으로 생각된다.[90] 조성구는 내부 민적과장과 경시를 역임했고, 후술하는 내부 경무국장이었던 마쓰이 시게루(松井茂)의 『경찰학(警察學)』(1909)을 국한문으로 번역하는 한편 여러 가지의 법률책을 편찬하기도 했다.

이상의 책자들은 법관양성소나 보성전문 또는 양정의숙의 교재로 사용하기 위해서 만든 것이며, 일반 국민의 헌법사상과 국가사상을 고취하기 위해서 번역한 것도 있다.

또한 정인호(鄭寅琥, 1869~1945)가 역술한 『헌법요의(憲法要義)』(1908)[91]는 일본 와세다대학의 전신인 도쿄전문학교 교수였던 다카다 사나에(高田早苗, 1860~1938)[92]의 동명의 저서를 우리말로 옮긴 것이다. 역자의 자서(自序)는 다음과 같다.

詩云他人有心을 予忖度之라 ᄒ니 予가 日本 法學博士 高田早苗의 所著ᄒ 憲法要義

---

87 *Robert's Rule of Order*, 1876. 최근의 한국어 번역은 한국회의법학회, 『로버트 회의진행법』, 2001, 635면이 있으며, 일본어 역은 安藤仁介 譯 監修, 『ロバート議事規則』, ロバート議事規則研究所, 1986가 있다. 이 책은 The Scott, Foresman, *Robert's Rules of Order*, Newly Revised, 1981의 번역이다.

88 『독립신문』, 1898.5.2 광고 등.

89 상세한 것은 國分典子, 「兪致衡と穗積八束—朝鮮開化期における憲法教科書」, 『法學研究』(慶應 大) 제72권 7호, 1999, 23~55면; 이창휘, 「유치형과 穗積八束의 헌법이론」, 동아대 석사논문, 2001 참조.

90 상세한 것은 김효전, 『근대 한국의 국가사상』, 625~650면 참조.

91 영인본(관악사, 2010)에 붙인 김효전의 해설 참조.

92 문헌은 早稻田大學大學史資料センター 編, 『高田早苗의 總合的 研究』, 2002; 佐藤能丸, 「近代日本と早稻田大學」, 早大出版部, 1991, 73~102면; 金孝全 講演, 「近代韓國憲法學의 潮流—早稻田大學과 關聯하여」, *Waseda Proceedings of Comparative Law*, Vol. 9, 2006, pp.205~214; 일본어 번역은 金亮完 譯, 「近代における韓國憲法學の潮流 : 早稻田大學との關わりを通じて」, 『比較法學』(早稻田大) 第41卷 1號, 2007, 157~167면 참조.

룰 讀ᄒ니 日本人의 有心을 予有忖度이오 日本國의 有心을 吾國이 亦可忖度이오 這間批評ᄒᆫ 泰西各國의 有心을 參可忖度이라. 故로 予가 忘其淺見ᄒ고 國文漢字로 綜理詳譯ᄒ야 以公一世ᄒ노니 美哉旨哉라. 日本셔 隨時變易을 先覺ᄒ고 憲法 七章 七十六條룰 明治 二十二年 二月 十一日에 發布ᄒ얏스니 憲法을 布行ᄒᆫ 日은 곳 日本國民이 專制의 政治룰 永脫ᄒ고 自由의 權利룰 享有ᄒᄂᆫ 日이라. 今日을 當ᄒ야 日本人의 所取主義가 約有 二種ᄒ니 外國을 對ᄒ야ᄂᆫ 帝國主義오 內國에 在ᄒ야ᄂᆫ 立憲主義라. 日本이 琉球國을 占領ᄒᆷ이 立憲의 效力이오 淸國을 戰勝ᄒᆷ도 立憲의 效力이오 俄國을 擊退ᄒᆷ도 立憲의 效力이오 雄峙亞東에 百度維新ᄒᆷ이 總히 立憲의 效力이니 日本立憲이 不過 二十年에 何其速成고 其 所謂 天經地義로 千歲不磨홀 憲法精神에 在ᄒᆷ이라. 二十年 前史룰 溯考컨딘 日本人民의 程度가 現今 我韓人民의 程度에 不過ᄒ도다. 日本憲法을 逐條說明ᄒ야 著作此編ᄒᆫ 高田早苗ᄂᆫ 日本人인 故로 日本臣民이 養成公德ᄒ고 擴充政學ᄒ야 保守權利ᄒ고 勉盡義務ᄒ야 憲法思想에 涵泳ᄒ고 憲法精神에 鼓舞ᄒ야 益益進步ᄒᆷ을 勸頌ᄒ얏스니 予於是編에 果有忖度矣로라.

이어서 제1장 서론에 들어가기에 앞서 번역의 동기를 다음과 같이 간단히 서술하고 있다.

天下古今에 人이 隨時變易ᄒ야 堯舜의 時에 處ᄒ야ᄂᆫ 堯舜의 道룰 行ᄒ고 湯武의 時에 處ᄒ야ᄂᆫ 湯武의 道룰 行ᄒᄂᆫ 것이 時宜룰 從ᄒ야 行政ᄒᄂᆫ 것이오 人이 人으로 더부러 交際에 我보담 勝ᄒ 者의 行爲룰 參酌奮發ᄒ여야 吾人도 他人보담 勝ᄒ 人이 되ᄂᆫ 것이오 國이 國으로 더부러 交際에 我보담 勝ᄒ 國의 規模룰 取舍益明ᄒ여야 我國도 他國보담 勝ᄒ 國이 되ᄂᆫ 故로 日本 法學博士 高田早苗가 自國의 憲法 七十六條룰 逐條贊明ᄒ야 所著ᄒ 憲法要義룰 今에 予가 先此辨論ᄒ고 譯述如下ᄒ노니 此書에 時宜ᄒ 要義가 人人의 腦中에 磅礴衝激ᄒ면 吾人도 他人보담 勝ᄒ 人이 되고 吾國도 他國보담 勝ᄒ 國이 될 것을 明目張膽ᄒ노라.

이처럼 『헌법요의』를 번역한 까닭은 사람마다 나보다 나은 자의 행위와 규모를 참작하고 분발하여 나보다 나은 사람, 타국보다 나은 국가가 되기를 바라는 갈망하는 애국심에서 번역한 것임을 밝히고 있다.

역자인 정인호는 민족운동가로서 『국가사상학』 등의 역서가 있다. 그는 경기도 양주 출신으로 1899년 잠시 청도 군수를 역임한 후,[93] 일찍부터 신학문의 수용과 국민의 계몽을 주장하여 중추원에 헌의하였다.

> ● 提出意見　前郡守 鄭寅琥氏가 新學問으로 人民教育홀 意見書를 中樞院에 獻議 ᄒ얏다는 槪意를 得聞혼 則 銅貨 十五萬元만 政府에셔 劃下ᄒ면 不過 三年에 其所爲 利가 三倍 假量에 至ᄒ리라 ᄒ얏더니 日前에 又 此 質稟書를 製呈ᄒ되 一千萬圜 借款 혼 錢이 有ᄒ거눌 何故로 請求혼 金額을 尙不支劃ᄒᄂ요 혼지라 中樞院에셔 該 質稟 書를 日間 政府에 送交ᄒ다더라.[94]

또한 옥호서관의 주인으로서 출판을 통하여 국민의 국가의식을 고취하는 데 힘썼다. 그는 다년간 연구하여 말총으로 짠 남녀용 모자를 정교하게 제조하여 공업계에 기여하기도 하였다.[95] 정인호의 아들은 당시의 지도적인 목사인 최병헌[96]의 딸과 정동 감리교회당에서 결혼하여 장안의 화제가 되기도 하였다.[97]

특히 일제치하에서 군수로 재직하는 것이 수치스럽고 굴욕적이라고 생각하여 사직하고 1919년 3월 만세시위 이후에는 구국단(救國團)을 조직하여 적극적인 독립 운동을 전개하기 시작하였다. 정인호는 군자금을 모집하여 상해로 송부하다가 이 사실이 발각되어 1921년 서울에서 체포되어 재판을 받고 5년간 복역한 후 출소하였다. 1945년에 사망하였다.[98]

이 『헌법요의』는 전체 10장으로 구성되며 44면의 작은 책자이다. 광고에서는 의무교육을 강조하고 있다.[99] 이 책은 『국가사상학』,[100] 『민족경쟁론』[101]과 함께 평

---

93 정3품으로 1899년 2월 7일부터 3월 12일까지 청도 군수를 역임. 안용식, 앞의 책, 2001, 113면 참조.

94 『황성신문』, 1906.5.14.

95 『대한매일신보』, 1909.5.30.

96 탁사(濯斯) 최병헌(崔炳憲, 1859~1927)에 관하여는 이광린, 『개화기의 인물』, 연세대 출판부, 1993, 275~309면 참조.

97 『대한매일신보』, 1910.10.27; 1910.11.3 참조.

98 상세한 것은 이현희, 「정인호」, 한국정신문화연구원, 『한국민족문화대백과사전』 20, 1991, 11면.

99 『황성신문』, 1908.7.19.

100 『국가사상학』은 『만세보』 연재, 김효전 옮김, 『국가학』(관악사, 2004) 속에 안종화 옮김, 『국가학강령』과 함께 영인되어 있다.

101 영인본(관악사, 2010)이 발간되었다.

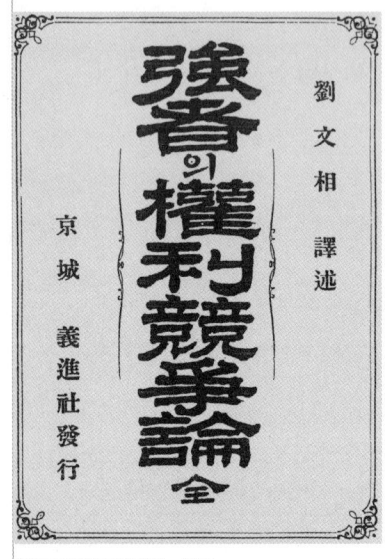

『강자의 권리경쟁론』 표지

안북도 영변군 사립 유신학교 사범속성과 졸업생 시상에서 시상품으로서 수여되기도 하였다.[102]

중국어 번역으로 張肇桐의 漢譯『憲法要義』가 1902년 도쿄(東京)에서 발간되기도 하였다.

교과서 이외의 문헌으로는 가토 히로유키(加藤弘之, 1836~1916)가 저술하고 김찬(金燦)이 번역한 『인권신설(人權新說)』(1908)[103]과, 같은 저자의 책을 유문상(劉文相)이 역술한『강자(强者)의 권리경쟁론(權利競爭論)』(1908)[104]은 천부인권설을 부인한 것이다.[105] 이 두 책 모두 역자 서문도 없고 번역의 텍스트도 밝히지 않고 있지만 책제목으로 쉽게 일본책임을 알 수 있었다. 가토의 이 책들은 일본에서는 많은 논쟁을 불러일으켰으나 한국과 중국에서는 별다른 논란이 없었다.[106] 중국인 량치차오(梁啓超)를 통해서 한국에 들어온 가토의 논리가 강자의 권리에 기초하여 개명정부의 역할을 강조한 초기의 입장이라면, 직접 수입된 가토의 논리는 절대군주를 정당화하는 후기의 입장을 대표한다고 보는 견해[107]는 설득력이 있다. 이것은

---

102 『황성신문』, 1909.1.5.

103 이 두 책자는 합본하여 영인본(관악사, 2004)이 발간되었으며, 여기에는 김효전의 해설이 붙어 있다. 일본 원서의 영인은 민족문화에서 1987년에 발간. 역서『인권신설』에는 원서의 제18항이 생략되어 있는데, 통감부의 검열 때문이 아닌가 생각된다. 검열에 대해서는 정근식, 「일제하 검열기구와 검열관의 변동」,『대동문화연구』제51집, 성균관대 대동문화연구원, 2005, 44면 참조.

104 가토는 이 책 제10장에서 국제관계를 다루면서 '宇內統一國'의 성립 가능성을 제시하는데, 이는 블룬칠리의 이론에 따른 것이다(원서, 231면; 유문상 옮김, 192면). 가토의 이론은 제2차 세계대전 중 이른바 동아협동체론 내지 대동아공영권과 관련하여 재평가를 받고 1942년에 헌법학자인 다바타 시노부(田畑忍, 1902~1994)가 해제를 붙여 일본평론사에서 再刊하였다. 가토가 출간한 독문판 책에 대해서 오스트리아의 사회학적 국가론의 대표인 굼플로비츠(L. Gumplowicz, 1838~1909)는 '宇內統一國'에 대해서 이상적인 空論이라고 비판했다.『帝國日本の學知』第1卷, 4면.

105 상세한 것은 김도형, 「가토 히로유키 사회진화론의 수용과 번역양상에 관한 일 고찰―『인권신설』과『강자의 권리경쟁론』을 중심으로」,『대동문화연구』제47집, 성균관대 대동문화연구원, 2007, 171~198면 참조.

106 R. Svarnerud, "The Notion of 'Power' and 'Rights' in Chinese Political Discourse", in : *New Terms for New Ideas*, p.133.

107 김도형, 「가토 히로유키 사회진화론의 수용과 번역양상에 관한 일 고찰―『인권신설』과『강자의 권리경쟁론』을 중심으로」,『대동문화연구』제47집, 성균관대 대동문화연구원, 2007, 196면.

독일의 자유주의적이며 보수적인 정치학자인 블룬칠리의 사상이 일본에서는 입헌 국가를 건설하기 위한 개명군주의 교과서로서 사용된 반면에, 중국의 량치차오를 통해서는 봉건제와 구질서를 타파하는 혁명이론으로 탈바꿈한 것과 비교할 수 있을 것이다. 또한 이 『인권신설』은 한국의 책자에서 '인권'이란 용어가 최초로 사용된 예가 아닌가 한다.

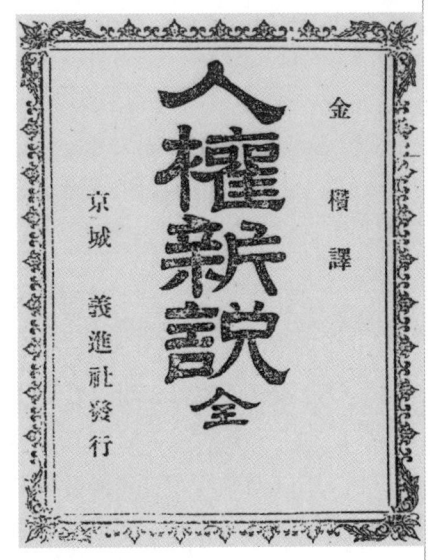

『인권신설』 표지

자유와 평등과 관련해서는 상당(上讜) 유호식(劉鎬植)이 역술한 『국민자유진보론(國民自由進步論)』(1908)[108]이 량치차오의 자유론 역술과 신민설(新民說) 제9절 「논자유(論自由)」(1902)와 제11절 「논진보(論進步)」(1902)를 번역하고 합본한 것이다. 또한 최학소(崔鶴韶)의 『남녀평권론(男女平權論)』(1908)은 스펜서(Herbert Spencer)의 Social Statics(1864)를 마쓰시마 고(松島剛, 1854~1940)[109]가 『사회평권론(社會平權論)』(1881)으로 번역하여 센세이션을 일으킨 저서명을 그대로 차용한 것이 아닌가 생각된다.[110] 이 책은 한일합병 직후 안녕질서를 방해하는 것이라는 이유로 금서목록에 포함되었다.[111] 또 김병만(金秉萬)이 역술한 『민권자치제(民權自治制)』(1909)는 일본의 시정촌(市町村) 제도에 관한 법규를 번역한 것이다.[112]

기타 박승빈(朴勝彬, 1880~1943)[113]은 일본의 법령집을 우리말로 번역하기도 했다. 그의 『헌법』[114]에는 일본 헌법과 황실전범, 국적법, 법례(法例) 그리고 재판소

108 이 책은 영인본 『국민수지 · 헌법요의외』, 관악사, 2010 속에 수록되어 있다.
109 柳田泉, 「社會平權論の譯者 松島剛」, 『明治文化研究』 제4권 3책, 1928, 2~16면 참조.
110 丸山眞男 · 加藤周一, 『飜譯と日本の近代』, 岩波新書, 1998, 49~50면(마루야마 마사오 · 가토 슈이치, 임성모 옮김, 『번역과 일본의 근대』, 이산, 2000, 107면). 스펜서에 관하여는 정창인, 「스펜서의 진화론적 자유주의─스펜서의 저작에 있어서의 진화주의와 자유주의 사이의 모순을 해결하기 위한 진화론의 재해석」, 『한국정치학회보』 제38집 제2호, 2004, 51~71면; David Wiltshire, *The Social and Political Thought of Herbert Spencer*, Oxford Univ. Press 1978; 山下重一, 『スペンサーと近代日本』, 御茶の水書房, 1984 참조.
111 조선총독부 『관보』 제69호, 1910.11.19.
112 이 책의 영인은 『지방행정론외』, 관악사, 2010 참조.
113 김효전, 「변호사 박승빈」, 『시민과 변호사』, 2000.6, 79~85면 참조.

구성법이 수록되어 있다.[115]

2) 행정법 관련 저작

행정법 책으로는 안국선이 역술한『행정법(行政法)』상·하(上·下)(1908)[116]가 가장 방대한데, 역시 원전을 밝히지 않고 있다.[117] 비교행정법적인 서술을 하고 있는 것으로 보아 프랑크 J. 굿나우의 책[118]을 번역한 일본책(浮田和民 옮김,『比較行政法全』, 1900)[119]을 텍스트로 한 것 같다.

또 조성구가 찬술(撰述)한『지방행정론(地方行政論)』(1908)도 출처를 명시하지 않고 있으나 내용으로 볼 때 일본책을 모델로 하여 찬술한 것이다.

분명히 번역서임을 밝힌 것으로는 조성구가 번역한 마쓰이 시게루(松井茂, 1866~1945)의『경찰학(警察學)』(1909)이다.[120] 이 책은 당시 내부 경무국장이던 마쓰이의『일본경찰요론(日本警察要論)』을 우리말로 옮긴 것이다.[121]『황성신문』에는 이 책의 광고가 자주 나갔다.

---

114 이 책의 영인은『국민수지·헌법요의외』(관악사, 2010) 속에 수록되어 있다. 또한 김효전,「근대 한국에 있어서 일본 헌법이론의 영향」,『동아법학』제38호, 2006, 1~38면 참조.

115 일본 메이지 헌법의 현대어 번역은 김창록,「일본에서의 서양 헌법사상의 수용에 관한 연구─대일본제국헌법의 제정에서 일본국헌법의 출현까지」, 서울대 박사논문, 1994 참조.

116 영인본(관악사, 2004)이 발간되었다.

117 상세한 것은 김효전,「안국선의 생애와『행정법』(상·하)」,『공법연구』제31집 3호, 2003, 441~466면; 김효전,「안국선의 생애와『행정법』(상·하)」,『한국공법이론의 새로운 전개』(목촌 김도창 박사 팔순 기념 논문집), 삼지원, 2005, 146~173면 참조.

118 Frank J. Goodnow, *Comparative Administrative Law*, 1893.

119 이 책의 영인본(信山社, 2006)이 발간되었다. 제1권 392면이며, 제2권은 352면이다.

120 마쓰이는 히로시마현 출생으로 현재의 도쿄대학인 제대를 졸업하고 동 연구과에서 경찰법을 연구한다. 경시청의 서장, 부장, 과장 등을 거쳐 1905년 경시청 제1부장이 되며 히비야 야키우치(日比谷燒打) 사건의 진압을 지휘한다. 1907년 한국 내부 경무국장이 되고, 이어서 통감부 서기관, 참여관으로 승진하고 1910년 6월 내부 차관과 경시총감 사무취급의 명을 받았으나 같은 달 30일자로 해임된다. 귀국 후 시즈오카, 아이치현 지사, 경찰강습소장, 귀족원의원에 칙선되었다. 김효전,『근대 한국의 국가사상』, 철학과현실사, 2000, 640~645면 참조.

121 문헌은 松田利彦 監修 解說,『松井茂博士記念文庫舊藏 韓國'倂合'期警察資料』全8卷, ゆまに書房, 2005; 松田利彦,「韓國倂合前夜のエジプト警察制度調査─韓國內部警務局長松井茂の構想に關して」,『史林』(京都大) 第83卷 1號, 2005, 71~103면 참조.

유문환(劉文煥)의 『경찰학(警察學)』(1909?) 역시 일본책을 테스트로 해서 번역한 것으로 보인다.[122] 역자는 일본 관비유학생의 한 사람으로 변호사, 조선일보사 사장을 역임하였다.

3) 형법 관련 저서

조선 정부는 1905년 『형법대전』을 반포했으나, 한문으로 되어서 당시에도 문제가 제기되었다.

이에 관한 몇 가지의 기사를 살펴본다.

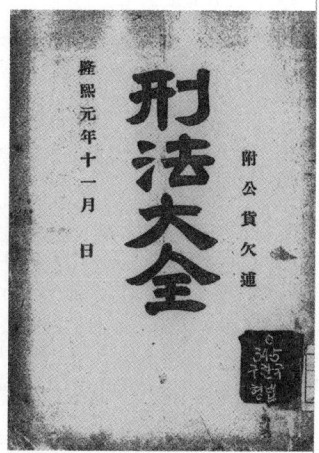

『형법대전』 표지(연세대 소장)

　○ 國文刑典請刊　李學宰 尹泰重 安秉瓚 氏等이 法部에 請願ㅎ되 夫 法律者ᄂᆫ 頒行天下ㅎ야 使一般人民으로 熟讀講解ㅎ야 通曉律意케 ㅎ여야 人皆重國法而飭身行ㅎ야 自不抵冒ㅎᄂᆞ니 此乃敎民之最大要路라. (…중략…) 故로 本人等이 於是에 發起ㅎ고 資本을 風聚ㅎ야 爲先刑法大典을 純國文으로 多數 譯刊ㅎ야 播諸國中ㅎ야 雖婦儒興僅라로 一臣其書에 便曉其義케 ㅎ면 二千萬人民이 皆將謂明法律ㅎ야 互相戒之勿犯ㅎ리니 (…중략…) 法部에셔 指令ㅎ되 刊行律書ㅎ야 使人民講習케 홈은 眞是盛世美擧라. 事甚嘉尙이기 特爲認許事라 ㅎ얏ᄂᆞ딘 安秉瓚氏ᄂᆫ 法律卒業生이라 飜譯事務를 擔任ㅎ얏다더라.[123]

　○ 請刊律書　咸南視察 申箕善氏가 法部에 報告ㅎ얏스되 現接 咸興郡民 朱熙鍾 等請願書內開伏念國家之制定法律者ᄂᆫ 非欲懲惡而已라. 欲使民通知ㅎ야 不陷於刑辟也 ─ 니 刑法大全을 正宜家獨戶誦ㅎ야 雖愚夫愚婦라도 知其犯某罪處某律然後에 可

---

122 이 책은 건국대학교 도서관에 소장되어 있다. 유문환은 구명 유창희(劉昌熙)란 이름으로 『病理通論』(1902)을 학부 편집국에서 출판한 일이 있다. 동은 의학박물관 소장. 박형우, 『한국 근대 서양의학 교육사』, 청년의사, 2008, 284면 참조.

123 『황성신문』, 1906.3.10.

躋幷生之壽域而但其編帙이 一郡에 不過一冊하야 未使均閱故로 本人等이 合資設會에 多數印出ᄒᆞ야 只以所入價로 廣佈各郡社里之間하깃사오니 特爲認許等 情이온바 律書廣佈가 雖爲美擧나 私民印刷를 有雖擅許이오니 查照指令하라 하얏더라.[124]

●刑法頒訓 法部에서 平北 觀察府에 發訓ᄒᆞ되 貴報內槪에 刑法大全存당件은 已爲分送多郡ᄒᆞ야 使之永守이올견과 各學校에도 一件式 出給ᄒᆞ야 以備一課케 하며 印刷役費를 亦爲指敎ᄒᆞ야 自本所備誠等因인바 查此律書之預告講習ᄒᆞ야 使人民으로 無敢或犯케 홈이 雖是美擧나 刑法大全之儲置가 無幾ᄒᆞ야 無可加撥이어니와 刑法大全許賣廣告가 已揭新聞ᄒᆞ니 量宜購覽ᄒᆞ라.[125]

그 후 1905년 을사늑약이 체결된 후에는 통감부에서 법률을 기초하고 내각에서 의결하는 형식을 취하여 한국의 자주적인 입법권은 이미 상실되었다.[126]

근대 한국에서 서양식 형법이 처음으로 알려진 것은 엄세영(嚴世永)의 『일본사법성시찰기(日本司法省視察記)』에서의 일본 형법이라고 할 수 있다. 그는 1881년 유람조사(遊覽朝士)로서 일본에 건너가서 사법성을 시찰하고 그 결과를 고종에게 복명하였다. 제1책은 사법성 직제 및 사무장정에 경시청, 부현관(府縣官), 원로원 등을 첨부하고, 제2책은 형법, 제3책에서는 치죄법, 제4책은 소송법, 제5책은 감옥칙(則), 제6책은 신률강령(新律綱領) 및 개정 율례촬요(撮要), 제7책은 개정 율례를 첨부하였다.[127] 한편 최초의 체계적인 형법 교과서라고 할 수 있는 장도(張燾)의 『형법총론(刑法總論)』(1907)에서는 일본의 형법학자인 오카다 아사타로[128]의 저서를 토대로 저술한 것임을 밝히고 있다.[129] 장도와 함께 일본 주오(中央)대학의 전신인 도쿄법학원[130]에서 공부한 이면우

---

124 『대한매일신보』, 1906.4.1.
125 『대한매일신보』, 1906.4.22.
126 상세한 것은 김효전, 『근대 한국의 법제와 법학』, 세종출판사, 2006, 334~335면 참조.
127 朝鮮總督府, 『朝鮮圖書解題』, 1919, 103면.
128 오카다(岡田朝太郎, 1868~1936)에 관하여는 吉川經夫 外編, 허일태 외 옮김, 『일본 형법이론사의 종합적 연구』, 동아대 출판부, 2009, 152~180면 참조.
129 상세한 것은 김효전, 「장도의 생애와 업적」, 『시민과 변호사』, 2000.7, 108~116면; 허일태, 「장도의 형법이론과 형법사상」, 『인권과 정의』, 2008.4, 127~143면 및 본서 제1부 참조.
130 일본의 주오(中央)대학은 1885년 도쿄 간다(神田) 니시키초(錦町)에 英吉利法律學校로서 창립되었으며, 1889년 교명을 東京法學院으로 개칭했으며, 1903년에는 전문학교령에 따라서 東京法學院大學으로 개칭했으며, 1905년에 다시 中央大學으로 개칭하고 경제학과를 신설했다. 1920년 대학령에 의한 中央大學의 설립 인가를 받아 법학부, 경제학부, 상학부, 대학원, 대학 예과를 설치했다. 山崎利男, 『英吉利法律學校覺書』, 中央大學出版部, 2010 참조.

(李冕宇)도『형법각론(刑法各論)』(1907?)을 강술했으며, 이정세(李正世)가 번역한『형법대전(刑法大典)』상·하(上·下)(1908)도 있으나 별로 알려진 바가 없다.

한일합병 이후에도 몇 가지의 형법 관련 저작이 출간되었는데, 특히 양정의숙 출신의 김계근(金癸根)은『형법통론(刑法通論)』(1913)이란 대저를 출간했다. 저자는 1908년 양정의숙을 수석으로 졸업했으며, 곧바로 모교의 강사로 채용된 사람으로 같은 해 6월에 열린 법학협회의 토론회에서는 채권법의 문제에 대해서 석진형과 토론하기도 했다.[131] 이 책의 광고에서는 "그 법리(法理)의 정확함과 학설의 신기(神奇)함과 주각(註脚)의 상세함과 조문의 창명(彰明)함"[132]을 강조하고 있다.

기타 정우범(鄭雨範)·윤익선(尹益善)·홍순모(洪淳模) 공저,『현행형법주해(現行刑法註解)』(普書館, 1913),『조선현행형사법규(朝鮮現行刑事法規)』(賓文館, 1913),[133] 이각종(李覺鍾) 저,『주해형법전서(註解刑法全書)』(光東書局, 1913)[134] 등이 있다.

번역과 관련하여 형법 분야에서는 법부 고문관을 지낸 크레마지(金雅始, Laurent Crémazy, 1837~1910)가『대한 형법』을 Le Code Pénal de la Corée(1904)[135]라는 제목의 프랑스어로 번역하여 유럽의 학계에 보고한 것은 널리 알려진 사실이다. 이 책은 한국의 법을 서구어로 소개한 최초의 저작이며, 또한 서양인의 시각에서 동양법을 서술한 점에서 커다란 의미를 가지는 책이다. 참고로 이 책의 서문을 우리말로 번역하여 일부 소개하기로 한다.

『대한 형법』은 중국법을 바탕으로 하여 최근에 작성된 한국법인데, 그 모델로서 형법과 사법(私法)의 규정, 예전(禮典)과 예규(禮規)를 모두 포함하고 있다. 1901년 5월 법부대신으로부터 우리에게 제공된 자료와 조언과 더불어 새 법령집을 번역할 위임을 받고 우리는 그것을 완수했다. 대한 형법은 그간 지방법(地方法)을 개정할 임무가 주어진 내각에서 2년 이래 심사 중에 있다(132~134면 참조). 바로 이 형법이 아직 황제의 재가를 얻지 못했을지라도 우리는 그것을 출판하는 것이 합당하다고 생각한다.

---

131 『황성신문』, 1908.6.18.
132 『매일신보』, 1913.5.22.
133 서적 광고는『매일신보』, 1913.6.20~21.
134 이 책의 영인본은 허재영 엮음,『경찰학·주해형법전서』, 경진, 2013 참조.
135 2004년 관악사에서 영인본이 발간되었다.

왜냐하면 그것은 중국 법학의 요약일 뿐만 아니라 그것을 잘 소개함으로써 중국 법학을 밝힐 수 있을 것이기 때문이다.[136]

LE CODE PÉNAL DE
LA CORÉE

TAI-HAN HYENG PEP 大韓刑法

OUVRAGE CONTENANT: 1° LA TRADUCTION ET L'ANALYSE DES
672 ARTICLES DUDIT CODE; 2° L'INDICATION DES TEXTES DE
LÉGISLATION COMPARÉE PUISÉS DANS LE CODE PÉNAL DE LA
CHINE (CODE DES TSING) ET DANS LE CODE ANNAMITE; 3° DES
NOTES EXPLICATIVES SUR LES INSTITUTIONS, US ET COUTUMES
DE LA CORÉE; 4° L'EXPOSÉ DES RÉFORMES PÉNALES SOUMISES
AU GRAND CONSEIL CORÉEN; 5° UNE TABLE ALPHABÉTIQUE
ET RAISONNÉE DES MATIÈRES

PAR

LAURENT CRÉMAZY

ANCIEN AVOCAT À LA COUR D'APPEL DE PARIS
PREMIER PRÉSIDENT DE COUR HONORAIRE
CONSEILLER LÉGISTE À SÉOUL

SÉOUL
THE SEOUL PRESS—HODGE & CO.—PRINTERS
VIIIᵉ année KOANG-Mᵘᵁ
1904

DROITS DE TRADUCTION ET DE REPRODUCTION RÉSERVÉS

『대한형법』 불역판 표지

끝으로 조선교구장 뮈텔(Mutel) 주교와 법부의 한국인 관리 방승헌(方承憲)과 조창호(趙昌浩)에게 감사하는 뜻을 적고 있다.

또한 크레마지는 한국을 떠난 뒤에도 『대한 형법의 보충편』(Texte Complémentaire du Code Pénal de la Corée, Paris, 1906)을 출판하기도 했다.

이 『대한형법』의 프랑스 번역은 역자 서문에도 밝히고 있듯이, 중국의 『대청율례(大淸律例, Ta-tsing Lu Li)』와 베트남의 『황월율례(皇越律例, Hoang-Viet Luat Lê)』를 비교법의 자료로서 제시하고 있다. 『황월율례』는 중국『대청율례』의 직사(直寫)에 가까운 것으로 크레마지도 필라스트르의 프랑스 번역판을 이용하고 있다.[137]

그러나 크레마지의 번역판 『대한형법』에는 검토하고 연구할 문제들이 많이 남아 있다. 예컨대 형법대전 제66조와 이에 상응하는 초안 제65조를 프랑스어로 번역한 것을 비교하면 다음과 같다.

　第66條. 犯罪라 홈은 國家의 常典이나 人民의 通義롤 違背ᄒ야 公益 私益이나 公權 私權을 侵害나 壞亂케 홈이라.

136　『대한 형법』 프랑스어 번역의 서문은 최종고, 『한국의 서양법 수용사』, 박영사, 1982, 185~186면 참조.
137　『대청율례』는 국립중앙도서관에 소장되어 있다. 陶駿 · 陶念霖 共編述, 刊寫者未詳, 『大淸律例 增修統纂集成 (附)督捕則例』, 光緒 11年, 1885; 姚雨薌纂, 胡仰山 增輯, 刊寫者未詳, 『大淸律例 刑案新纂集成』, 同治 10年, 1871. 『황월율례』의 프랑스어 번역은 P. L. F. Philastre, Le Code Annamite, Nouvelle Traduction Complète, 2 Vols., Paris 1876, 1909. 기타 片倉穰, 『ベトナム前近代法の基礎的研究―『國朝刑律』とその周邊』, 風間書房, 1987, 3면 이하 참조.

Art. 65. L'action punissable est toute infraction commise dans le but, soit de bouleverser les lois fondamentales de l'Etat et les institutions politiques de l'Empire, soit de compromettre le bon ordre et la paix publique, soit de nuire à l'honneur et à la réputation des personnes, soit de troubler leur sécurité, soit de porter atteinte aux biens des particuliers(범죄란 국가의 기본법과 제국의 정치제도를 전복하거나, 공공의 질서와 안녕을 문란케 하거나, 사람의 명예나 평판을 해하거나, 사람의 안전을 방해하거나, 개인의 재산을 침해하려는 목적으로 범해진 일체의 범법행위를 말한다).[138]

여기서 보듯이 '국가의 상전'을 '국가의 기본법과 (대한)제국의 정치제도'로 풀어서 번역하고, '헌법'이란 말 대신에 '국가의 기본법'으로 표현했는데 이러한 표현방법은 프랑스뿐만 아니라 이미 이전부터 유럽의 많은 국가들에 존재하던 것이다.[139]

또 위의 크레마지의 번역문은 원문의 순서나 표현에서 '공익' '사익'에 해당하는 번역어도 없고, '통의' '공권' '사권' 등에서 '권리'를 뜻하게 될 'droit'라는 말도 나오지 않는다는 지적[140]이 있으나, 전체적인 맥락에서는 이러한 개념들을 모두 포괄적으로 내포하고 있다고 보아야 하겠다. 문자 하나하나를 성실하게 직역한 것이 아니라 내용을 중심으로 자유롭게 번역한 것이다. 크레마지의 한자 해독력이 어느 정도였는지, 그를 도와준 한국인의 프랑스어 구사력이 어떠했는지 궁금한 것이 한 둘이 아니지만 짧은 기간 안에, 더구나 혼란한 정세 속에서 어려운 번역작업을 마친 것만으로도 대견하다고 하겠다.

4) 민사법 관련 분야

민사법 분야의 저작은 민법과 상법으로 나누어 보기로 한다.[141]

---

138 한국어 번역은 문준영, 『법원과 검찰의 탄생 — 사법의 역사로 읽는 대한민국』, 역사비평사, 2010, 284면에 의함.

139 김효전, 『헌법』, 소화, 2010, 118면.

140 문준영, 앞의 책, 285면.

먼저 민법총론은 신우선(申佑善, 1872~?)[142]의『민법총론(民法總論)』(1907)[143]이 가장 체계적인 저작이며, 저자는 관비유학생으로 게이오의숙 보통과와 고등과를 졸업하고 1900년 7월 경제학과를 졸업했는데, 그가 쓴 이력서에서는 학교 이름을 밝히지 않고 있다. 귀국 후 법관양성소 교관을 역임하고 한일합병 후에는 충남 연산과 아산 등지의 군수를 지냈다.

다음에 물권법은 유치형의『물권법(物權法) 제1부』(1907)[144]와 동 제2부[145]가 있다. 양정의숙에서 간행한 것으로 국한문으로 되어 있다. 박만서(朴晚緖, 1879~?)의『물권법 제2부』(1908?)[146]도 있으며, 류동작(柳東作, 1877~1910)[147]의『물권법(物權法)』도 발간되었다. 저자는 일본 메이지대학 법과를 졸업하고 변호사시험 위원을 역임했으며, 1908년 국채보상운동 의연금에 관한 양기탁의 재판 시에 일본인 판사와 함께 관여했다. 기타 발간연도를 알 수 없는 보성전문 출신의 이항종(李恒鍾)의『물권법 제2부』가 있다.

채권법에서는 석진형의『채권법(債權法)』(1907), 조성구의『채권법 제2부(甲)』(1908), 같은 저자의『채권법 제3부』(1908), 같은 저자의『채권법강의안(債權法講義案) 제2부』[148]가 있다.

기타 박만서(朴晚緖)의『친족법론(親族法論)』(친자법(親子法))과『상속법(相續法)』[149]이 있다.

상사법의 분야에서는 이면우[150]의『상법총론(商法總論)』(1907)과 보성전문 출신의 주정균(朱定均)의『상법총론』(1907), 그리고 김상연의『상법총론』(1907)[151]이 있다.

---

141 민사법 분야에 관한 간단한 해제는 최종고,『한국법학사』, 박영사, 1990, 299면 이하 참조.
142 민족문제연구소 편,『친일인명사전』, 민족문제연구소, 2009, 386면;『朝鮮紳士名鑑』, 282면 참조.
143 이 책은 일본인 니호 가메마쓰(仁保龜松, 1896~1943)의『민법총론』(초판, 1896)을 다수 참조한 흔적이 보이며,『독립신문』, 1899.8.12과 1899.8.14 「민법론」, 그리고『대한협회회보』제1호~2호, 제9호~12호에 게재된 조완구(趙琬九), 이용재(李容宰), 이종린(李鍾麟)의 「민법총론」 역시 니호 책의 번역이라고 한다. 요시가와 아야코(吉川絢子),「근대 초기 한국의 민법학 수용과 판사에 대한 영향—1900~1910년대 이혼법을 중심으로」,『법사학연구』제46호, 2012, 362면. 국회도서관과 고려대 도서관 소장.
144 서강대 및 고려대 소장.
145 고려대 소장.
146 고려대 소장.
147 류동작 씨 추도회 특별광고,『대한민보』, 1910.2.25; 1910.2.26 참조.
148 고려대 영인본 소장.
149 박만서의『상속법』은 오타 스케토키(太田資時)의『상속법』과 오쿠다 요시토(奧田義人, 1860~1917)의『민법상속법론』등을 참조한 것이다. 요시가와 아야코, 앞의 글, 363면의 주 142.
150 본서 제1부 「법관양성소」 중 9장 「법관양성소의 교수진」, '소장', '이면우' 참조.

이 책은 『상법요의(商法要義)』란 제목도 있으나 내용은 동일하다.

또한 장헌식(張憲植)의 『상행위(商行爲)』(1907), 안국선의 『상행위법(商行爲法)』(1907), 김상연의 『회사법(會社法)』(1907), 이면우의 『회사법』(1908) 등이 있으며, 이년응(李年應)이 번역한 『회사법강요(會社法綱要)』 上·下(1907)는 구한말에 나온 상법에 관한 저작 중 가장 방대한 것이다.

그 밖에 신우선의 『어험법론(魚驗法論)』(1907)[152]과 유치형이 강술한 『해상법(海商法)』(연도 미상), 『조선현행상사법규(朝鮮現行商事法規)』(寶文館, 1913) 등이 있다.

이처럼 상세한 교과서와는 달리 실제로 상법은 아직 제정되지 않은 상태에 있었다.

● 商法起艸　近日에 完全호 資力도 無히 會社를 濫設ㅎ는 者가 多ㅎ야 取締上에만 不便홀 뿐 아니라 壹朝에 經濟上 恐慌을 遭遇ㅎ면 無上호 惡影響을 一般에 波及ㅎ다 ㅎ야 農商工部에셔는 目下 法典局으로 商法을 起艸케 ㅎ는 中이라더라.[153]

5) 소송법 기타 문헌

한국에서 근대적 의미의 소송제도는 갑오경장 이후인 1895년 4월 29일 법부령 제3호로 민형소송규정(民刑訴訟規程)이 제정된 것에서 비롯한다. 통감부의 설치 이래 일본의 절대적인 영향을 받게 된다.

● 평리원 한성부 량 재판소에셔 민사소숑법에 대ㅎ야 일본 법률을 모범홀 터인대 지금 잇는 관리들은 일본 소숑법을 해득ㅎ는 쟈가 업기로 다 태거ㅎ고 일본 류학생 중 법률 졸업으로 슈용혼다니 일본 아니면 대한은 법률도 업슬까.[154]

---

151 김상연의 『상법총론』과 『회사법』을 합본한 영인본이 2010년 관악사에서 출판되었다.
152 일본 문헌으로는 松波仁一郎, 「朝鮮手形法」, 『早稻田學報』 제128호, 1906, 6~11면 참조.
153 『황성신문』, 1909.10.15.
154 『대한매일신보』, 1907.7.6.

그 후 일제시대에는 조선민사령에 의해서 일본 민사소송법이 의용(依用)되기도 했다.[155]

소송법에 관한 문헌으로는 홍재기(洪在祺)의 『민사소송법(民事訴訟法)』(1907), 최진(崔鎭)이 강술한 『민사소송법 제1편』(1908), 주정균이 강술한 『민사소송법』(필사본) 등이 있다.

일본의 저서를 번역한 것으로는 다나카 마사미(田中正身)와 시이 기오(四位義王)가 공저로 펴낸 것을 이흥수(李興洙)가 번역한 『한국민형소송주해(韓國民刑訴訟註解)』(1909)가 대표적인 것이다. 저자인 다나카는 재판소 서기장 출신으로 1909년 공주구(公州區) 재판소 판사이며, 시이는 1908년 재판소 서기로 출발하여 서기장을 거쳐,[156] 1909년 10월 춘천구재판소 판사로 근무한다.[157] 1910년 인천구 재판소 판사로 발령을 받아 근무하다가 1932년 전주지방법원을 퇴직한 사람이다. 역자인 이흥수 역시 경성공소원 서기이다. 이 책에는 한국통감부 시절 이토 히로부미(伊藤博文)의 지시로 식민지 형사사법의 기초를 마련하고 법부 차관을 지낸 구라토미 유자부로(倉富勇三郎)[158]의 서문이 붙어 있다. 식민지 민사사법의 기초는 우메 겐지로(梅謙次郞)가 관습조사 등을 한 바 있다.[159]

다나카를 비롯한 일본인의 임명에 관한 보도는 다음과 같다.

● 日人又任　日本人 神野忠武氏는 法部 書記官으로 安田慶二郎, 田中正身 兩氏는 裁判所 書記長으로 城數馬氏는 勅任判事를 被任ᄒ야 京城控訴院長으로 補職ᄒ고 世古祐次郎氏는 檢査를 被任ᄒ야 京城控訴院 檢査長으로 補職ᄒ고 中村竹藏氏는 勅任判事로 中村一個氏는 勅任檢査를 被任ᄒ얏다더라.[160]

---

155 가와미나미 히로노리(河南大德), 「소장·답변서제도에 나타난 비교법제사적 연구―한국 민사소송법제정에 있어서의 일본법을 통한 독일법의 영향」, 서울대 석사논문, 2006; 호문혁, 「독일 민사소송법의 계수 120년의 사적 고찰」, *NEWSLETTER(SNU BK LAW 21)* Vol. 4, No. 1, 2004, pp.60~61.

156 『관보』 제4506호, 1909.10.16.

157 『관보』 제4512호, 1909.10.23.

158 본서 제3부 「문헌해제」 중 5장 「구라토미 유자부로(倉富勇三郎) 문서」 참조.

159 상세한 것은 이영미 편역, 「근대 한국법과 梅謙次郞」, 『동아법학』 제39호, 2007, 289~380면 참조.

160 『황성신문』, 1908.3.15.
고등법원장 와타나베(渡邊暢), 복심법원장 조 가즈마(城數馬), 고등법원검사장 고쿠부(國分三亥), 복심법원검사장 나카무라(中村竹藏), 경성지방법원 나카야마(中山勝之助), 경성지방법원장 마쓰데라(松寺竹雄) 등의 사진은 『조선공론』 제1권 5호(1913.8)에 실려 있다. 이 책에는 나카무라의 글 「구한국시대의 재판」도 수록되어 있다.

이처럼 경력이나 능력도 알 수 없으며 조선에 대한 이해도 없는 다수의 일본인들이 마치 정복자처럼 사법권을 장악하게 된다.

기타 박만서의 『파산법(破産法)』(1910)과 유치형의 『증거법(證據法)』(1910), 이원생(李源生)의 『삼림령주해(森林令註解)』(以文堂, 1913)[161] 등이 있다.[162]

법의학 서적으로는 『증수(增修) 한문무원록대전(漢文無冤錄大全)』(1907)이 있다. 이 책은 원(元)나라 왕여(王與, 1261~1346)의 저작으로 1308년(혹은 1335)에 저술된 것으로 보인다. 그 후 중국을 비롯하여 조선과 일본 등지에 전파되고 법의학 지침서로서 널리 활용되었다.[163]

『황성신문』의 광고는 다음과 같다.

> 右冊을 國漢文으로 繹刊ᄒ야 意旨를 通曉하기 至易케 하야 案獄檢査에 不可無ᄒᆞᆯ 重要 法學이오 法律家 及 各 郡守와 有志 諸氏의게 一寶訣이오니 速速 購覽ᄒ시오[164]

법전의 번역은 학범 박승빈(學凡 朴勝彬)이 번역한 『헌법(憲法) 일본국육법전서(日本國六法全書) 분책 제일(分冊第一)』(1909)이 있다.[165] 여기서는 번역하는 방법과 용어 문제를 예로 들고 있다. 예컨대 한자의 차(此)는 '이'로 하고, 소(所)는 '바로, 차회기(次會期)는 '다음 회기'로, 급(及)은 '및' 하인(何人)은 '어느 사람'으로, 등등 쉬운 우리 한글로 토를 달아 표기하고 있어서 오늘날의 우리들에게도 박승빈의 선구적 업적은 참고가 된다.[166] 그러나 역자는 일본국헌법을 한글로 번역한 후 다

---

161 광고는 『매일신보』, 1913.6.10. 이원생의 저술으로는 『實例 書式大全 附新法令』(以文堂, 1913)과 『法律論講 第1輯 民法篇』(以文堂, 1914)이 있다(보전 졸업생 이원생 씨가 한성부 주사를 피임키로 내정되었다는 기사가 있다. 『매일신보』, 1908.8.27).

162 삼림법에 관하여는 劉阮鍾, 森林法의 註解, 『황성신문』, 1908.6.13~6.30 연재 참조. 필자는 농상공부 기사, 『관보』 제4429호, 1909.7.15; 「林法發刊」, 『황성신문』, 1908.6.11; 「林會事業」, 『황성신문』, 1908.11.1; 「森林法(地方官의 失職)」, 『대한매일신보』, 1908.9.17. 유완종은 조선총독부 기수(技手)였다가 군수로 발령을 받는다(『관보』 제274호, 1911.7.24). 문헌은 『산림과학 백년사 1906~2006』(서울대 농업생명과학대학 산림학부), 2006; 최병택, 『일제하 조선 임야 조사 사업과 산림정책』, 푸른역사, 2009 참조.

163 최근의 번역서로는 송철의·이현희·장윤희·황문환 역주, 『증수 무원록 언해』, 서울대 출판부, 2004; 김호 옮김, 『신주무원록(新註無冤錄)』, 사계절, 2003 참조.

164 『황성신문』, 1907.9.6.

165 2010년 관악사에서 영인본 발간.

166 헌법의 한글표기는 1962년 헌법부터 국어학자가 관여하기 시작하였는데 더 쉬운 우리말로 표현할 것을 주장하는 사람도 있다. 예컨대 논설 「긴급동의! 헌법에 붙은 탈을 없애자」, 『샘이 깊은 물』, 1987.10, 42~65면; 한상범, 『이것이 헌법이다』, 홍성사, 1980 등.

시 책 말미에 『일본헌법정문』을 싣고 "역자가 정문에 지(至) 후야는 정중훈 법본(法本)인 고로 상역(詳譯)치 안코 국문으로 토(吐)만 현(懸)후야 관람에 편케 후노라"고 하여 번역이 의미변천을 할 수 있음을 암시하고 있다.

사전류로는 채기두(蔡基斗)·한상우(韓相愚) 외 4명이 펴낸 『법률경제사의통해(法律經濟辭義通解)』(1908)가 있는데, 편자인 채기두는 1904년 10월 일본으로 건너가서 1909년 메이지대학 법과를 졸업하고 귀국했다.[167] 일제시대에는 일진회 사찰원을 지냈다.[168]

여기서 보듯이 조성구, 주정균, 이항종, 김계근 등 몇 사람을 제외하고는 대부분 일본에 유학한 사람들이 일본책을 토대로 번역, 강술(講述), 편술(編述) 등의 형태로 법학 교과서를 편찬한 것을 알 수 있다.

또한 법률 문헌의 번역이란 관점에서 볼 때 일본 외에도 중국의 법제와 법학을 우리 법률과 관련하여 번역하거나 편찬하는 경우도 다음과 같이 소개 내지는 보도되고 있다.

① 『황명교령』 학부에서는 명나라 때의 장정과 규칙을 발간했다는 보도가 있다.[169]

② 신재영(申載永)·경훈(慶勳) 공저, 『법률유취성편(法律類聚成編)』, 법부(法部)(1899).

이 책의 편자인 신재영과 경훈은 근대적인 법학을 체계적으로 배운 사람은 아니며 전통적인 관료로서 종래의 법률과 신식 법률을 함께 공부한 사람이다.[170]

---

167 『대한흥학보』 제5호, 1909. 당시 27세로 이 잡지에 사진이 실려 있다.
168 內田良平, 『朝鮮統治問題について』, 146면. 한상우는 민족문제연구소 편, 『친일인명사전』, 민족문제연구소, 2009, 859면; 일진회에 관하여는 김종준, 『일진회의 문명화론과 친일활동』, 신구문화사, 2010; 조항래, 「일진회 연구」, 중앙대 박사논문, 1984 참조.
169 『데국신문』, 1898.9.28.
170 신재영은 1883년 일본에 파견되어 해관사무와 정치과를 배우고 귀국하여 1885년 해관에 근무하다가 1895년 법부 검사국장, 1897년 법률기초위원, 1899년 법무 참서관, 1900년 군법기초위원, 1905년 육군법원장을 역임한 사람이다(『대한제국 관원 이력서』, 608·904면). 1909년 3월 경성공소원 판사(『관보』 제4328호, 1909.3.18).
경훈은 1882년 황태자 가례(嘉禮) 때 증광초시(增廣初試)에 입격하였으나, 1886년 갑신정변에 연루되어 투옥되고 1892년에는 평북 용천으로 유배되었다가 풀려났다. 1899년 법부 법률기초위원으로 형법과 민법을 기초하였으나 1901년 해임되고 1906년 군부 주사로 임명되었다(『대한제국 관원 이력서』, 567면). 1907년 8월에는 군법회의 판사장(『관보』 제3845호, 1907.8.15), 9월에는 변호사 이용성·황진국·안치윤의 연합법률사무소의 사무원이기도 하였다(『대한매일신보』, 1907.9.29). 1910~1913년 단양 군수, 1913~1915년 괴산 군수, 1915~1919년 제천 군수 역임.
『청주 경씨 족보』(1983), 상권 414면과 중권 281면에는 "무신년(1868) 9월 6일생, 기사년(1929) 5월 9일 졸"로 적혀 있다. 본인의 자필 이력서에는 개국 471년(1862) 9월 29일 출생으로 각각 다르게 기록된 것을 볼 때 족보의 기사는 그대로 신뢰하기 어렵다. 박은경, 『일제하 조선인 관료연구』, 학이 책의 발간에 관하여 『황성신문』과 『독립신문』의 보도는 다음과 같다.

◉ (三合爲一) 我國 法律이 大明律과 大典會通과 新頒律이 是라. 編帙이 浩繁ᄒᆞ고 存廢가 混雜ᄒᆞ야 法官이 按律홀 時에 參考키 每眩홀ᄲᅮᆫ더러 外他 官吏와 人民이 비록 法律에 有意ᄒᆞ나 其 浩繁홈을 因ᄒᆞ야 性質의 異同과 刑名의 輕重을 詳辨키 難혼 中에 且 此書가 國內에 所存이 無幾ᄒᆞ니 誠有志혼 者의 慊歎홀비라. 申載永 慶勳 兩氏가 積年을 費勞ᄒᆞ야 大明律의 附例와 講解를 大典會通에 參互ᄒᆞ야 新頒律에 合編ᄒᆞ야 三冊을 成ᄒᆞ얏ᄂᆞ딕 其 種類의 分合과 集註의 消詳홈과 規模의 精要홈이 使人便覽혼지라. 刊行 頒布ᄒᆞ야 人民으로 ᄒᆞ야곰 觸罪홈을 免케홀 事로 法部에 請願ᄒᆞ얏다니 우리ᄂᆞᆫ 人民의 開導홈을 爲ᄒᆞ야 此書의 速刊홈을 望ᄒᆞ노라.[171]

○ (큰 사업) 신재영씨와 경훈씨가 대한 법률이 혼잡ᄒᆞ고 편질이 호번ᄒᆞ야 관민이 상고하고 빙거하기가 극난홀ᄲᅮᆫ더러 법률에 몽ᄆᆡᄒᆞ야 참호ᄒᆞ야 현금 쓰는 것만 부집ᄒᆞ야 셰 권을 ᄆᆡᆫ들엇ᄂᆞᆫ데 책 일홈은 법률유휘라 인쇄ᄒᆞ야 광포ᄒᆞ랴고로 법부에 청원했다는데 그 규모가 대단 졍요ᄒᆞ야 ᄒᆞᆫ번 보와도 요연혼지라 우리ᄂᆞᆫ 량씨의 위국 ᄋᆞᄆᆡᆫᄒᆞᄂᆞᆫ 것을 치하ᄒᆞ노라.[172]

○ (법률 사업) 법무 참셔관 신지영씨와 진ᄉᆞ 경훈씨가 대명률 강해(講解) 향부례(鄕附例)와 당부례(唐附例) 합 셰질 칙과 대뎐회통을 참호ᄒᆞ야 합 두권 책을 더 붓쳐셔 판 박여 반포ᄒᆞᄌᆞ고 청원혼 고로 법부 대신이 그 초본을 정부회의에 졔출혼다더라.[173]

이와 같이 당시에는 법령이 완비되지 못하여 개인이 사비로 출판하는 실정이며, 더구나 전통적인 중국법과 그 영향을 받은 한국법,[174] 그리고 서구식의 근대법이 현행법으로서 공존하는 실정이었다. 즉 대명률, 향부례, 당부례와 같은 중국법의 전통 위에 대전회동과 같은 한국법, 그리고 새판소구싱법과 같은 외관적인 근대법 등이 그 대표적인 것이다. 이처럼 복잡한 법령의 체계는 한일합병이 될 때

민사, 1999, 154면에서는 1864년생, 『朝鮮人名資料事典』(2001)에는 개국 462년(1853)년생으로 되어 있다. 기타 안용식 편, 『일제 지방관록』, 연세대 사회과학연구소, 2001 참조.
171 『황성신문』, 1899.4.11.
172 『독립신문』, 1899.4.12.
173 『독립신문』, 1899.5.18.
174 예컨대 楊鴻烈, 『中國法律在東亞諸國之影響』, 商務印書館, 民國 64年(1975), 참조.

까지도 정비되지 못했다.[175]

그 밖에 개인이 법령집을 발간하거나 정부에서 출간한 예를 신문기사 가운데서 몇 가지를 추려 본다.

●刑法譯佈　李學宰 尹泰重 安秉瓚 氏等이 發起ᄒ고 資本을 鳩聚ᄒ여 刑法大全을 純國文으로 多數 譯刊ᄒ야 廣佈國中ᄒ야 雖婦孺與대라도 一覽其書에 便曉其義케 ᄒ야 使全國人民으로 無有不學法律者ᄒ야 自不陷罪에 馴成美俗케 ᄒ겟다고 認許를 法部에 請願ᄒᆫ바 該部에셔 指令ᄒ되 刊行律書ᄒ야 使人民講習케 홈이 眞是盛美擧라 事甚嘉尙이이기 特爲認許事 ᄒ얏ᄂᆞᆫᄃᆡ 安秉瓚氏ᄂᆞᆫ 旣往에 法律學卒業生인ᄃᆡ 今此刑法大全 飜譯刊布의 熱心ᄒᄂᆞᆫ거시 實로 開導人民의 好箇方針이니 吾儕ᄂᆞᆫ 其剋日成書ᄒ야 快覩實效홈을 十分企祝ᄒ노라.[176]

●刑法譯刊　金教珏 李正世 李容赫 三氏가 刑法大全을 以國文으로 飜譯發刊ᄒ야 京鄕의 愚夫愚婦라도 便利購覽ᄒ야 確至知其法律條例ᄒ고 漸進發達ᄒ야 無至犯過ᄒ기 爲ᄒ야 方欲 設刊이나 至於法律ᄒ야ᄂᆞᆫ 私自刊行이 似可違規인 故로 特爲認許ᄒ라고 法部에 請願ᄒ얏다더라.[177]

●法律註釋　金宗漢 李應翼 兩氏가 現行法律을 註釋ᄒ야 一般人民으로 法律意義를 曉解케 ᄒᆫ다ᄂᆞᆫᄃᆡ 其費用은 各 贊成員 諸氏에게 請捐補用ᄒ고 伊後 註釋ᄒᆫ 冊子로 報給ᄒᆫ다더라.[178]

●地方費關係法　內部에셔 地方費關係法令이라ᄂᆞᆫ 冊子를 刊出ᄒ야 各 道府郡과 各 警察署 及 理事廳에 一部式을 昨昨 配付ᄒ얏다더라.[179]

●特許冊子分給　昨日 統監府 特許局에셔 特許出願節次解說 五百冊과 意匠登錄出願節次解說 二百冊과 商票登錄法 五百冊과 實用新案出願節次 五百冊을 鍾路 商業會議所

---

175 현승종, 「한국의 전통적 법과 서구 근대법과의 관계」, 『동양학 학술대회논문집－유교문화권에 있어서의 제민족문화의 특수성과 보편성』, 성균관대, 1975, 165~174 및 영문 Hyun, Soong-jong, The Traditional Laws of Korea and the Modern Laws of the West, in : *Academic Conference for Asiatic Studies-The Peculiarities and Universalities of the Various National Cultures in the Confucian Cultural Region*, Sung Kyun Kwan University, 1975, pp.357~367.
176 『대한매일신보』, 1906.3.10.
177 『대한매일신보』, 1907.8.10.
178 『대한민보』, 1909.7.20.
179 『황성신문』, 1910.3.18.

에 送致ᄒ고 一般實業家에게 頒給ᄒ라 ᄒ얏다더라.[180]

이상과 같이 정부에서뿐만 아니라 개인적으로도 현행 법률을 국한문 또는 순한글로 번역하여 발간하기도 했다.

법률이 어려운 한문이나 전문용어로 되어 있어서 일반 국민이 쉽게 접근하지 못하는 것은 고금 동서양을 막론하고 어느 곳에서나 마찬가지이다. 그리하여 헤겔도 일찍이 법률이 전문 학술서나 판례집 같은 학술자료 속에 파묻히게 되고 더구나 외국어까지 덮어씌워 전문학자만이 현행법의 지식에 접근하게 하는 것은 잘못이라고 지적하면서 동로마제국의 황제 유스티니아누스야말로 위대한 정의의 행위를 한 지배자라고 칭송하고 있다.[181] 또한 베카리아도 『범죄와 형벌』 속에서 유럽 모든 나라의 법률은 거의 대부분 대중이 알아 볼 수 없는 사어(死語)로 쓰인 점을 비난하며,[182] 오늘날의 미국 연방대법원의 판결문도 미국인들은 'another language'라고 불평하고 있다.

기타 법률 문헌으로는 한국내각기록과 편, 『법규유편(法規類編)』(7책; 동 『속편』 2책; 동 『법규적요(法規摘要)』 3책)이 『독립신문』 등에 자주 광고를 내었으며,[183] 군부에서 펴낸 『육군법률, 육군법원 급 제규정합편(陸軍法律, 陸軍法院及諸規程合編)』(1903)도 신문에 간단히 광고가 나갔다.[184] 농상공부 편, 『광림법규(鑛林法規)』(1909), 탁지부 편, 『재무법규유찬(財務法規類纂)』(1908)[185], 그리고 『선박(船舶)에 관(關)ᄒ 신법규(新法規)』(1910)는 선박법, 선박검사법 등을 수록하였으며,[186] 1976년 도선사들이 영인하여 관계 요로에 배포하였다. 그 밖에도 법률과 관련하여 한국 정부와 통감부에서는 많은 법령집과 해설서 등 책자를 발간하였다.[187]

180 『황성신문』, 1910.3.19.
181 G. W. F. Hegel, *Grundlinien der Philosophie des Rechts oder Naturrecht und Staatswissenschaft im Grundrisse*, Suhrkamp, 1970(헤겔, 임석진 옮김, 『법철학』, 한길사, 2008, 398면).
182 C. Beccaria, *Dei Delitti e delle Pene*, 1764(C. 베카리아, 한인섭 옮김, 『범죄와 형벌』, 박영사, 2006; C. 베카리아, 김봉도 옮김, 『범죄와 형벌』, 박문각, 1995) 참조.
183 예컨대 『독립신문』, 1899.3.9 및 3.18.
184 예컨대 『황성신문』, 1903.7.25; 『대한매일신보』, 1904.12.29 잡보; 『대한매일신보』, 1906.3.1. 기타 『보병조전(步兵操典)』은 러시아의 군법에 의거한 것이다. 서인한, 『대한제국의 군사제도』, 혜안, 2000, 110~121면.
185 『황성신문』, 1908.11.18.
186 『황성신문』, 1909.2.3.
187 상세한 것은 김효전, 「근대 한국의 법학 관련 문헌(1)~(3)」 및 「근대 한국의 국가학 관련 문헌」, 『인권과 정의』, 2005년 6월호~9월호; 김효전, 『근대 한국의 법제와 법학』, 세종출판사, 2006, 1051~

7. 국가학 관련 문헌의 번역

국가학과 관련되는 문헌의 번역으로는 다음과 같은 것이 있다.

1) 나진(羅瑨) · 김상연(金祥演) 역술, 『국가학』(1906)

이 책은 한국 최초의 체계적인 국가학 문헌이다. 그런데 역자는 번역의 텍스트를 밝히고 있지 않으며, 또 역자의 서문도 없어서 무슨 책을 근거로 만들었는지 오랫동안 베일에 가려 있었다. 그러다가 최근 고쿠분 노리코(國分典子) 교수에 의해서 역서 제15장까지는 다카다 사나에(高田早苗)의 『국가학원리(國家學原理)』(1905)를 초역했고, 제16장에서 제21장까지의 6장은 독일인 콘라드 보른하크(Conrad Bornhak, 1861~1944)[188]의 *Allgemeine Staatslehre*(1896, 2. Aufl., 1909)를 기쿠치 고마지(菊地駒治)가 번역한 『일반 국가론(一般國家論)』(1903)[189]과 거의 같다는 사실을 저자에게 알려왔다.

이 책은 1986년과 2004년 두 차례에 걸쳐서 영인본이 발간되었으며,[190] 또 여기에 저자가 상세한 해설을 첨가했기 때문에 생략하고, 그 후에 발견한 관련 참고문헌만을 소개하기로 한다.[191]

1183면에 재수록.
[188] 보른하크에 관하여는 김효전, 『서양 헌법이론의 초기수용』, 철학과현실사, 1996, 264~268면; 일본 문헌으로는 C. Bornhak, *Genealogie der Verfassungen*, 1935(山本浩三 譯, 『憲法の系譜』, 法律文化社, 1961) 참조.
[189] 이 책은 1987년 민족문화에서 영인본이 발간되었다.
[190] 1986년에는 부산의 민족문화에서, 2004년에는 서울의 관악사에서 각각 발간했다.
[191] 상세한 것은 김효전, 『근대 한국의 국가사상』, 2000, 494~547면 참조. 일본 문헌은 菰原 隆, 「國家學原理におけるその國家思想(高田早苗)」, 『近代日本と早稻田の思想群像』II, 早大出版部, 1983, 1~33면; 內田滿, 「早稻田政治學の先達 高田早苗－國會開設期に果した役割を中心に」, 『早政』 제340호, 2000; Eun-Jeung Lee und Thomas Fröhlich (Hrsg.), *Staatsverständnis in Ostasien*, Baden-Baden : Nomos, 2010 참조.

2)『만세보』연재,『국가학』(1906)

『만세보』에 1906년 9월 19일부터 11월 22일까지 연재한 것이다. 원전의 출처나 역자를 밝히지 않고 있으며, 다만 '아국제일학문가(我國第一學問家)의 번역'이라고 적고 있다. 중국 문헌을 한국식 한자로 옮긴 것으로 추측된다.『만세보』를 창간한 이인직(李人稙, 1862~1916)이 일본 도쿄정치학교(東京政治學校)에서 우키타 가즈타미 (浮田和民, 1859~1946)[192]에게 국가학과 신문학 등을 배운 사실과 관련하여 연구할 테마라고 생각한다.[193]

전문은 김효전에 의해서『동아법학』제7호(1988), 229~380면에 번역되었으며, 2004년 관악사에서 단행본으로 발간되었다. 출판사정이 어려웠던 당시로서는 이 런 학술적인 문헌을 연재하는 편법으로 소개하는 태도를 이해할 만하다. 다만 한 글로 번역하여 대중화를 도모하지 못한 점이 이 연재의 한계라고 하겠다. 이처럼 신문이나 잡지에 연재하는 방식은 전란과 학문적인 인프라가 구축되지 못했던 분 야에서는 50년대까지도『사상계』같은 일반대중을 위한 잡지에서 발견된다.

3) 블룬칠리, 안종화(安鍾和) 역,『국가학강령(國家學綱領)』(1907)

이 책은 스위스 출신의 독일 공법학자인 블룬칠리(伯倫知理, J. C. Bluntschli, 1808~ 1881)의『일반 국법학(Allgemeines Staatsrecht)』일부를 중국인 량치차오가 한역한 것을 다 시 안종화가 국한문으로 중역한 것이다.[194] 겉표지에 '政治學小叢書第一'이라고

---

192 상세한 것은 姜克實,『浮田和民の思想史的研究 ─ 倫理的帝國主義の形成』, 不二出版, 2003 참조.

193 윤승준,「국초 이인직의 일본 경험과 신소설」, 단국대 동양학연구소,『개화기 한국과 세계의 상 호교류』, 국학자료원, 2004, 135~172면 참조.

194 안종화에 관하여는 김남석,「한말 국학자 안종화 연보」,『내포문화』제15호, 2003, 200~215면;「최 기영」·「안종화」, 조동걸·한영우·박찬승 편,『한국의 역사가와 역사학』(하), 창작과비평사, 1994, 23~34면; 최기영,『한국 근대 계몽사상 연구』, 일조각, 2003, 119~138면; 한영우,「개화기 안종 화의 역사서술」,『한국문화』제8호, 1987, 135~157면; 한국정신문화연구원,『한국민족문화대백과사 전』(14), 1991, 540면; 이상구·이재화·변형우,「안종화의 수학책『數學正選節要括集』연구」, 2011.6.28, 한국수학사학회 발표문; 안종화 외, 허재영 외역,「초등윤리학교과서」,『근대 수신 교과

블룬칠리

한 것은 독일 블룬칠리의 저서를 중국인 음빙실주인(飮氷室主人)이 한역한 『국가학강령(國家學綱領)－정치학소총서지일(政治學小叢書之一)』(1902, 上海：廣智書局)과 동일하다.[195] 또 량치차오는 『청의보(淸議報, The China Discussion)』에 덕국(德國) 백륜지리저(伯倫知理著) 『국가론(國家論)』을 권사(卷四) 공권지작용(公權之作用)까지 번역하여 연재하였으며, 또 논설 「정치학대가백륜지리지학설(政治學大家伯倫知理之學說)」(1903)에서 국가유기체설, 국민과 민족의 차이 및 그 관계, 민주정치의 본질과 가치, 주권 그리고 국가의 목적을 다루고 있다.[196]

블룬칠리의 이름은 일본에서는 가토 히로유키(加藤弘之)의 번역으로, 중국에서는 량치차오에 의해서 19세기와 20세기 초에, 한국에서는 이들 두 문헌에 의해서 널리 전파되고 많은 영향을 미친 것은 두루 아는 사실이다.[197]

량치차오는 일본에서 발간된 블룬칠리(伯崙知理) 저, 아즈마 헤이지(吾妻兵治) 역, 『國家學』(善隣譯書館, 1899)의 한역본을 텍스트로 사용하고 가토의 역서를 참고로 했을 것이다. 강중기에 의하면 「정치학대가」는 아즈마 헤이지(吾妻兵治)가 번역한 『국가학』을 "완전히 베끼다시피 한 것인데, 아즈마의 번역본은 히라다 도스케(平田東助)와 히라쓰카 사다지로(平塚定二郞)의 일역본 『국가학』을 한문으로 재번역한 것"[198]이라고 한다.[199]

서』 권1, 소명출판, 2011; 안종화 외, 강영심 옮김, 「초등본국역사」, 『근대 역사 교과서』 권4, 소명출판, 2011 참조.

195 이 책은 廣東 中山大學에 소장하고 있다.

196 『飮氷室文集』第五冊, 67~86면; 량치차오, 강중기 옮김, 「정치학 대가 블룬칠리의 학설」, 『개념과 소통』 No. 8, 한림대, 2011, 251~286면.

197 상세한 것은 安世舟, 「明治初期におけるドイツ國家思想の受容に關する一考察－加藤弘之を中心として」, 日本政治學會年報 『日本における西歐政治思想』, 1975, 113~156면; 우남숙, 「한국 근대 국가론의 이론적 원형에 관한 연구－블룬칠리와 양계초의 유기체 국가론을 중심으로」, 『한국정치외교사논총』 제22집 1호, 2000, 113~145면 참조.

198 량치차오, 앞의 글, 252면.

199 아즈마의 『국가학』은 관악사에서 영인본이 발간되어 쉽게 입수할 수 있다. 히라다와 히라쓰카의 『국가학』에 관하여는 본서 제3부 문헌해제 참조.

또한 이 책은 중역(重譯)의 문제를 제기하기도 한다. 번역은 반드시 원전에서 우리말로 옮겨야 하는가? 원전의 언어와 한국어를 거의 완벽하게 구사하는 경우에도 같은 언어권의 표현방법은 가능한 한 모두 참고하는 것이 좋은 것은 두말할 필요가 없을 것이다. 예컨대 독일 블룬칠리의 『일반 국가학(Allgemeine Staatslehre)』을 영어로 번역하는 역자들은 많은 정치술어와 관련하여 독일어에서 바로 영어로 옮기는 어려움을 절감하고 프랑스어 번역에서 커다란 서비스를 받았다고 말한다.[200] 그리하여 Riedmatten의 프랑스어 번역 *Le droit public général*을 참고하고 *The Theory of the State*로 번역한다.[201] 또 우리가 흔히 사용하는 '법치국가' 또는 '법치주의'란 말은 원래 독일어 'Rechtsstaat'를 직역한 것인데 이것을 영어로 번역한다면 'Rule of Law' 하나밖에 달리 표현할 길이 없다.[202] 그러나 두 단어는 각기 독일과 영국에서의 생성과정과 의미내용이 다른 것은 두루 아는 사실이다.

또 데리다는 『법의 힘』에서 loi와 droit를 구별하여 사용하는데 역자는 "우리말에서는 양자 모두 '법'이라고 번역되기 때문에 제대로 구분이 되지 않는다. 독일어에서 이 양자에 상응하는 단어는 각각 'Gesetz'와 'Recht'다"[203]고 한다. 독일어에 관한 설명은 맞지만 우리말로 구별이 안 된다는 설명은 잘못된 것이다. 한국어로는 '법률'과 '법'으로 명백히 구별된다. 법률이란 국회에서 제정하는 실정법만을 말하며, 법은 이 법률을 포함하여 자연법까지 아우르는 포괄적인 개념이다. 이 책의 영어판에서는 'Force of Law'로, 독어판에서는 'Gesetzeskraft'로 되어 있는데, 영어에서는 프랑스어의 loi와 droit나 독일어의 Gesetz와 Recht처럼 구별하는 단어가 없고 법률과

---

200 D. G. Ritchie, P. E. Matheson and R. Lodge (tr.), *The Theory of the State,* Oxford : Clarendon Press, 1885, Translator's Preface vii-viii.

201 블룬칠리 저작의 프랑스어 번역은 *Le droit international codifié*, par M. Bluntschli, traduit par M. C. Lardy. 3ᵉ édition revue et très augmentée. Paris : Guillaumin, 1881, 590pp.; *Le droit public général*, par M. Bluntschli, traduit par M. A. de Riedmatten. Paris : Guillaumin, 1881. 424pp.; *La politique*, par M. Bluntschli, traduit de l'allemand par M. A. de Riedmatten, avocat à Paris. Paris : Guillaumin, 1879. 412pp. 블룬칠리 소개는 Charles Brocher, La vie et les ouvres de Jean-Gaspard Bluntschli, in : *Revue Générale du Droit, de la Législation et de la Jurisprudence en France et à l'Étranger.* Tome 6(1882), pp.59~68.

202 칼 바르트, 안영혁 옮김, 『공동체, 국가와 교회』(엠마오, 1992)에서는 'Rule of Law'를 '법에 근거한 국가'라고 풀어서 번역하는데 오역이다. 이 책은 독어판에서 영어로 번역한 것(*Community, state, and church*, 1960)을 텍스트로 삼고 있는데, 번역자는 저자와 동등 내지는 저자 이상의 다방면의 지식이 필요하며, 또 일본어 번역을 참조하였더라면 이런 실수는 없었을 것이다. 용어선택이란 면에서도 일본어 번역본의 존재는 큰 도움이 된다.

203 J. Derrida, *Force de loi*, 1994(진태원 옮김, 『법의 힘』, 문학과지성사, 2004) 서문.

법 모두 law 하나로 사용할 뿐이다. 일본어판은 『法の力』(1999)이다. 그래서 헤겔의 『법철학(Rechtsphilosophie)』도 영어로는 Philosophy of Law가 아니라 'Philosophy of Right' 로 옮긴다.

유명한 몽테스키외의 『법의 정신(Esprit des lois)』도 정확하게는 '법률'의 정신 또는 '실정법'의 정신으로 새기는 게 마땅하다. 또 카프카의 "Vor dem Gesetze"도 『법 앞에서』가 아니라 『법률 앞에서』로 새겨야 한다. 바이마르 헌법 제109조는 "모든 독일인은 법률 앞에 평등하다(Alle Deutschen sind vor dem Gesetze gleich)"고 하였고, 본 기본법은 제3조에서 "모든 사람은 법률 앞에 평등하다(Alle Menschen sind vor dem Gesetze gleich)"라고 규정한 데 반하여, 대한민국 헌법은 제11조에서 "모든 국민은 법 앞에 평등하다"고 규정하여 얼핏 보면 동일한 것 같으나 실상은 서로 커다란 차이가 있음을 주의하여야 한다.

당시에도 "중역 중동전기(重譯 中東戰記)"라고 책제목과 같은 크기의 활자로 광고하는가 하면, "중역(重譯)혼 중동전기(中東戰記)가 준간(竣刊) 호얏는디"[204]라고 당당하게 중역을 내세우기도 한다.

한국이나 중국의 경우, 일본에서 먼저 한자로 용어를 새로이 만들거나 기존의 한자어에서 차용하여 표현하는 것을 그대로 사용하는 편리한 점도 있으나 자신의 언어를 다양화하고 발전시키는 노력도 게을리 하지 말아야 할 것이다.

4) 김상연(金祥演) 찬술, 『국법학(國法學)』(1907)

이 책 역시 찬술자(撰述者)의 서문도 없고 더구나 어떤 책을 근거로 저술한 것인지도 알리지 않고 있다.[205] 일본의 실정 헌법인 '대일본제국헌법'을 인용하고 있는 것을 볼 때, 또한 찬술자가 기왕에도 일본책을 역술 또는 편술한 점을 볼 때 일본책을 토대로 만든 것은 분명하다. 앞으로 좀 더 연구할 과제라고 생각한다.

---

204 『황성신문』, 1899.5.8 광고.
205 2004년 관악사에서 영인 발간.

5) 블룬칠리, 정인호(鄭寅琥) 역술, 『국가사상학(國家思想學)』(1908)

이 책은 본문 22면과 부록 「각국헌법약부(各國憲法略付)」24면으로 구성되어 있다.[206] 역자는 서문에서 "덕국(德國)의 대정치가(大政治家) 백륜지리(伯倫知理)가 저술(著述)혼 국가학(國家學)에" 운운하나, 중국인 량치차오가 번역한 『국가사상변천이동론(國家思想變遷異同論)』(1901)과 『각국헌법이동론(各國憲法異同論)』(1899)을 다시 중역한 것이다.[207]

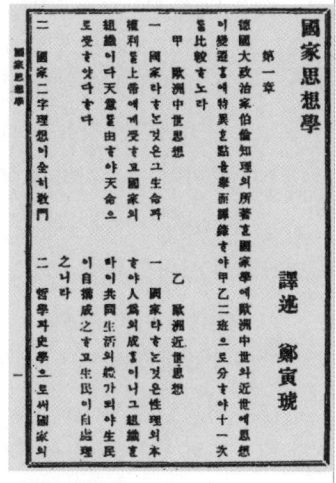

『국가사상학』

량치차오는 『憲政淺說』(淸宣統 2; 1910)에서 입헌정체란 정치의 일종이며 국가란 정치가 스스로 나온 곳이며, 정치란 국가에서 고운 것으로써 행하는 것(政治者麗於國家以行者也)이며, 정치의 의의를 명확히 하려면 먼저 국가의 공용(功用)을 알아야 하며, 정치의 득실을 논하려면 반드시 국가의 목적을 검토해야 한다고 주장한다.[208] 량치차오는 1903년을 전후로 하여 국가주의에 입각한 입헌군주론으로 기울며 급진적·혁명적인 것에서 보수적·입헌적인 태도로 변모한다고 보겠다.[209]

6) 량치차오 책의 번역

또한 구한말의 지식인들에게 지대한 영향을 미친 량치차오 저, 전항기(全恒基)

---

206 영인본(김효전 옮김, 『국가학』, 관악사, 2004)에 실린 해설 참조.
207 『각국헌법이동론』은 『음빙실문집』 제2책, 71~101면; 『국가사상변천이동론』은 3책, 12~21면 수록.
208 『飮氷室文集』 제8책, 40면.
209 「政治學大家伯倫知理之學說」(1903)에서 국민·민족·국가는 하나라는 유기체설을 주장한다. 량치차오, 강중기 옮김, 「정치학 대가 블룬칠리의 학설」, 『개념과 소통』 제8호, 2011; 蕭公權, 최명·손문호 옮김, 『중국정치사상사』, 서울대 출판부, 1998 참조.

역, 『음빙실자유서(飲氷室自由書)』(1908)를 빼놓고는 번역을 말할 수 없을 정도이다.[210] 물론 당시의 조선 지식인들은 중국인과 일상회화로 대화할 기회는 적었고 또 중국어를 배울 필요도 없었지만, 한문책을 그대로 읽고 필담을 나누는 데에는 별 어려움이 없었기 때문에 번역을 중요하게 생각하지 않았다. 그러나 지식이나 사상을 대중에게 다량으로 보급하기 위해서는 어려운 한문보다는 쉬운 한글이 빠르고 편리하다는 것을 곧 깨닫게 되었다. 그런 점에서 이 책은 중대한 의미를 지닌다.

량치차오의 저작 중에는 그의 『이태리건국삼걸전(伊太利建國三傑傳)』(신채호 역술, 1907)[211]이 국가의식과 국가사상을 고취하는 데 크게 기여하였으며, 여성의 사회적 지위를 향상시키고 애국심을 불러일으킨 책으로는 『근세제일여걸 라란부인전(近世第一女傑 羅蘭婦人傳)』(1907)[212]을 들 수 있다. "아아. 자유, 자유. 천하 고금 얼마나 많은 죄악이 너의 이름으로써 가정되었는가."[213] 이 말은 프랑스의 제일 여걸 라란 부인(Madame Roland, 1754~1793)이 임종할 때 한 말이다라고 시작한다.

또한 『청국무술정변기(清國戊戌政變記)』(1908), 『중국혼(中國魂)』(1908), 『월남망국사(越南亡國史)』(1908),[214] 『흉아리애국자 갈소사전(匈牙利愛國者 噶蘇士傳)』(1908)[215] 등 대부분이 번역되었다.

논설 중 국가와 정치에 관하여는 이기(李沂, 1848~1909)가 많이 번역하였으며,[216]

---

210 『음빙실문집』의 현대어 번역은 한무희 옮김, 세계사상전집(40) 『음빙실문집－중국 학술사상 변천의 대세』, 삼성출판사, 1977; 량치차오, 강중기 옮김, 『음빙실자유서』(문헌해제), 『개념과 소통』 제8호, 2011 참조.
량치차오에 관하여는 양계초, 전인영 옮김, 『중국 근대의 지식인－양계초의 「淸代學術槪論」』, 혜안, 2005; 이혜경, 『천하관과 근대화론－양계초를 중심으로』, 문학과지성사, 2002; 우림걸, 『한국 개화기문학과 양계초』, 박이정, 2002; 허도학, 『중국 근대화의 기수 양계초』, 임방서원, 2000; 葉乾坤, 『양계초와 구한말문학』, 법전출판사, 1980 참조.
211 『意大利建國三傑傳』은 『飲氷室文集下』, 465~510면에 수록. 새 번역은 량치차오, 신채호 옮김, 류준범・장문석 현대어 역, 『이태리 건국 삼걸전』, 지식의풍경, 2001. 이 책에는 원문이 영인되어 있다. 상세한 것은 정환국, 「근대 계몽기 역사 전기물 번역에 대하여－『越南亡國史』와 『伊太利建國三傑傳』의 경우」, 『대동문화연구』 제48집, 2004, 1~32면; 한기형 외, 「근대어・근대 매체・근대 문학－근대 매체와 근대 언어질서의 상관성」, 『대동문화연구』 제55집, 성균관대 대동문화연구원, 2006, 151~181면에 재수록.
212 『飲氷室文集下』, 廣智書局, 光緖 33, 510~520면 수록. 이 책의 의미에 대해서는 테레사 현, 김혜동 옮김, 앞의 책, 58면 이하.
213 "嗚呼. 自由自由. 天下古今幾多之罪惡. 假汝之名以行. 『飲氷室文集下』, 510면.
214 새 번역은 안명철・송엽휘 역주, 『월남망국사』, 태학사, 2007 참조. 원문도 수록되어 있다.
215 여기의 '갈소사'란 1848년 오스트리아를 상대로 독립전쟁을 이끈 헝가리의 민족지도자 러요쉬 코슈트(Lajos Kossuth, 1802.9.19~1894.3.20)를 가리킨다.
216 예컨대 「국가학설」, 『호남학보』 제1호, 1908; 「국가학(속)」, 『호남학보』 제2호, 1908; 「입헌법의」,

단문 중 「방기자유지죄(放棄自由之罪)」는 설태희가 「포기 자유자 위세계지죄인」,[217] 「파괴주의(破壞主義)」는 상당 유호식(上黨 劉鎬植)의 『국민자유진보론(國民自由進步論)』에 각각 영향을 미쳤다. 이 책은 량치차오의 『자유론(自由論)』을 역술한 것으로 「신민설(新民說)」 제9절 「논자유(論自由)」(1902)와 제11절 「논진보(論進步)」를 번역하고 합본한 것이다.

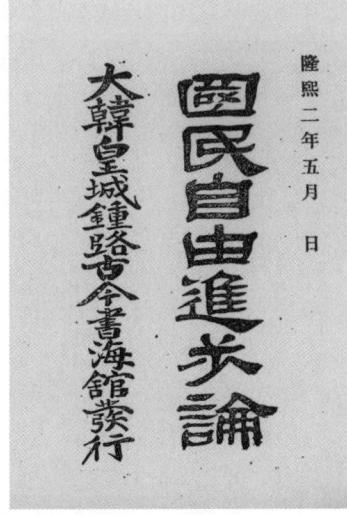

『국민자유진보론』

역자인 유호식에 관하여는 알려진 것이 별로 없으며, 교열자인 정교(鄭喬, 1841~1922)는 『대한계년사(大韓季年史)』[218]의 저자로 유명하다. 한말의 교육자이며 언론인이다. 1898년 사립 흥화학교의 교사로서 이건호와 함께 중추원 개편안을 골자로 한 '의회설립안'을 만들어 정부에 제출하였다.[219] 서재필[220]과 독립협회를 조직하였으며 이토(伊藤博文)를 비판하는 편지를 직접 보내기도 하였다.[221]

이 책은 결론에서 일본의 요시다(吉田松陰), 이토(伊藤博文), 오쿠마(大隈重信), 이노우에(井上馨) 등을 흥국(興國)의 위인으로 소개하고, 이처럼 일본에 대한 선망과 외경으로 끝맺고 있다. 또 이탈리아의 마찌니(瑪志尼, Giuseppe Mazzini, 1805~1872)의 말을 인용하고 있다.[222]

여기의 파괴론은 량치차오의 글 「파괴주의」에서 유래하는 것이며, 그의 파괴는 종래 혁명을 뜻한다고 평가를 받아온 것이다.[223] 량치차오는 오늘날의 중국에서 파괴를 위한 가장 적합한 방책은 루소의 민약론이라고 한다.[224] 당시 조선에서는

『호남학보』 제2호, 1908; 「법학설, 민형소송규칙」, 『호남학보』 제5호 등.

217 『대한자강회월보』 제6호, 1906, 18~23면.

218 정교, 조광 편, 김우철 역주, 『대한계년사』(전10권), 소명출판, 2004 참조.

219 의회설립안 원문과 번역은 『월남이상재 연구』, 1986, 282~292면 참조.

220 최기영 편, 『서재필이 꿈꾼 나라-서재필 국문 자료집』, 푸른역사, 2010 참조.

221 『伊藤博文關係文書』 8, 塙書房, 1980, 394면.

222 량치차오의 『伊太利建國三傑傳』은 1907년 申采浩 譯述, 張志淵 校閱로 廣學書舖에서 발간되었다. 이 책의 현대어 번역은 류준범·장문석 옮김, 『이태리 건국 삼걸전』, 지식의풍경, 2001이 있으며, 신채호 번역의 원문도 수록되어 있다. 한국독립기념관 한국독립운동사연구소 편, 『단재신채호전집』 제4권, 2007 참조.

223 허도학, 『중국 근대화 기수 양계초』, 임방서원, 2000, 140면.

량치차오의 『음빙실자유서』를 비롯하여 기타 「방기자유지죄(放棄自由之罪)」 등이 여러 계몽 잡지에 다수 번역 소개되었다.[225]

이상에서 알 수 있듯이, 『국민자유진보론』이란 책자는 일본의 흥국과 발전을 찬양하고 나아가 현재의 낡은 인습과 전통을 파괴하라고 주장하는 점에서 통감부의 검열을 무사히 통과하였을 뿐만 아니라 오히려 1908년 5월이라는 시점에서 널리 반포할 수 있었던 것이다.

특히 유호식은 번역한 뒤 맨 마지막에 자신의 의견을 다음과 같이 짤막하게 붙임으로써 이 책의 서론과 결론을 대신하고 있다. 말하기를

> 我 大韓帝國이 甲午 以後로 庶事를 更張ᄒ다 ᄒ나 破壞를 行치 아니ᄒ 故로 萎靡 (위미) 홈이 極度에 至ᄒ엿스니 凡 我國民은 思ᄒ고 思홀지어다. 破壞를 行치 아니ᄒ 고도 그 能히 獨立의 權을 守ᄒ야 三千里 疆土를 安保ᄒ며 二千萬 民族을 救홀가.[226]

그 외에 같은 유호식 역술, 『민족경쟁론(民族競爭論)』[227]도 당시 유행하던 적자생존, 생존경쟁, 또는 우승열패 등 진화론의 영향을 받은 책으로서 량치차오의 『신사학(新史學)』 제사(第四) 역사여인종지관계(歷史與人種之關係)(新14, 1902)와 『논민족경쟁지대세(論民族競爭之大勢)』(新 2~5, 1902)를 번역하고 합본한 것이다.

그러면 서양문물의 매개자로서의 량치차오의 번역은 어떠했는가를 면밀히 검토하는 것은 기본 텍스트가 번역할 만한 것이었는가, 번역은 제대로 된 것이었는가 하는 문제로 귀착된다. 량치차오의 구미어 실력은 물론 일본어 능력도 탁월한 것은 아니었다는 평가를 받고 있다. 또 량치차오는 우선적으로 일본어를 배워서 서구 문물을 도입하자고 주장하기도 했다. 그러한 주장을 『황성신문』은 별론에서 소개하기도 하였다.[228]

---

224 梁啓超, 「盧梭學案 JEAN JACQUES ROUSSEAU」, 『飮氷室文集』 제3책, 1901, 97~109면.
225 량치차오 저작의 한국어 번역 리스트는 佐々充昭, 「韓末における『强權』的社會進化論の展開—梁啓超と朝鮮愛國啓蒙運動」, 『朝鮮史研究會論文集』 No. 40, 2002, 199~201면; 우림걸, 『한국 개화기문학과 양계초』, 박이정, 2002, 30~35면 참조.
   예컨대 『황성신문』(1909.3.31)의 논설 「學梁啓超氏辨術論ᄒ야 痛告全國人士」 등.
226 유호식 역술, 『국민자유진보론』, 53면.
227 古今書海館, 1908, 67면.
228 「別論」, 『황성신문』, 1899.4.29.

더구나 동시대인 옌푸(嚴復, 1853~1921)는, 량치차오식 번역에 대해서 내용은 검토하지도 않고 다다익선이면 된다는 태도로서 이는 지양해야 한다고 비판적으로 보았다. 옌푸는 헉슬리(Th. Huxley) 저작의 번역을 마치고 나서 번역의 원칙을 밝혔다. 첫째 원문에 충실할 것, 둘째 독자들에게 의미를 전달할 수 있을 것, 셋째 문장이 규범에 맞을 것의 세 원칙을 제시했다.[229] 이것은 비단 중국에만 타당한 말이 아니고 번역에 임하는 모든 사람에게 그대로 적용되는 원칙이라고 하겠다. 그러나 근대 한국의 경우, 량치차오와 비견할 만한 계몽사상가도 드물었고, 질과 양은 고사하고도 번역이 홀대를 받고 실적도 빈약했었다는 점을 실토하지 않을 수 없는 데에 문제의 심각성이 있다고 할 것이다.

7) 번역의 여러 문제들

그 밖에 국가나 정치와 관련하여 외국의 문헌을 번역 내지 번안·소개한 문헌을 몇 가지만 열거하기로 한다.

① 먼저 중국 문헌으로는 계림 이종태(鷄林 李鍾泰)의 『진명휘론(進明彙論)』(1905)이 있다.[230] 이 책은 편자가 당시 한국인을 계몽하기 위해서 펴낸 백과사전 내지는 시사 계몽서라고 할 수 있다. 그는 학부 편집국장을 역임하였고, 외국어학교장직을 청원 사직한 기사가 보이며,[231] 자세한 것은 알 수 없으나 다음과 같은 기사도 발견된다.

---

229 양일모, 『옌푸―중국의 근대성과 서양 사상』, 태학사, 2008, 74면; 양일모, 「번역의 사상사―강유위와 엄복」, 『중국학보』 제40집, 1999; 백광준, 「엄복의 번역어 탄생과 그 운명―개념어를 중심으로」, 『중국어문학』 제48집, 2006 참조.
중국 최초의 근대적인 정치학 책이라고 불리는 옌푸의 『정치강의』(1906)는 19세기 영국의 역사학자이며 케임브리지대학 교수인 실리의 책(Sir John R. Seeley, *Introduction to Political Science-Two Series of Lectures*, London : Macmillan & Co., 1896)의 번역으로 밝혀졌다. 이 책의 한국어 번역은 양일모 역주, 『정치학이란 무엇인가』, 성균관대 출판부, 2009가 있다. 또한 李曉東, 『近代中國の立憲構想―嚴復·楊度·梁啓超と明治啓蒙思想』, 法政大學出版局, 2005, 273면의 주 32; 區建英, 『自由と國民―嚴復の摸索』, 東京大學出版會, 2009 참조.
헉슬리에 관하여는 이종민 옮김, 『진화와 윤리』, 산지니, 2012 참조.
230 상권 102면, 하권 118면. 이 책의 상권에 있는 「국가·정체·법률」에 관한 부분은 『국민수지·헌법요의외』, 관악사, 2010에 영인되어 있다.
231 『대한매일신보』, 1905.11.24.

●何其妄率 前 學部 編輯局長 李鍾泰氏가 曾往에 進明彙編를 刊行ᄒ얏더니 內部 에서 會報를 發刊ᄒ쥴노 誤認ᄒ고 再昨日에 李鍾泰氏를 亦爲招待ᄒ려ᄂᆞᆫ디 別巡檢 二名을 派送ᄒᆞᆫ지라. 李氏가 別巡檢來到홈을 見ᄒ고 무삼 大關事가 有ᄒᆞᆫ가 ᄒ야 一場 恐怯ᄒ얏더니 及至該部 警務局ᄒ즉 會報 發行홀쥴 誤認ᄒ 事라 警務局長 金彰漢氏 가 大段 無顏ᄒ얏다더라.[232]

전체가 한문으로 되어 있어서 상당한 수준의 지식인만을 대상으로 한 것이며 일반인에 대한 영향력은 적었을 것으로 생각된다.

② 다음으로 사회과학 분야에서 번역서를 가장 정력적으로 많이 펴낸 사람은 안국선이다. 그가 '편술'한 『정치원론(政治原論)』(1907)은 이치지마 겐키치(市島謙吉, 1860~1944)의 동명의 저작(1889)이며,[233] 안국선의 『외교통의(外交通義)』 上·下 (1907) 역시 나가오카 하루가쓰(長岡春一, 1877~1949)의 같은 책이다. 기타 『상업경영 법(商業經營法)』(1909)도 있는데 일본인 쓰치야(土屋長吉)의 동명의 책이 아닌가 생각 된다.[234] 안국선에 관하여는 상술하였기 때문에 생략한다.

③ 변영만(卞榮晩, 1889~1954) 역술, 『20세기지 대참극 제국주의(二十世紀之大慘劇 帝國主義)』(1908)[235]는 일본 博文館에서 발간하는 잡지 『태양(太陽)』 제14권 제9호 (1908)의 臨時增刊 『시대의 추세(時代之趨勢)』에 수록된 「제국주의」를 근거로 역술 하고, 간혹 미국의 정치학자인 라인쉬(Paul Samuel Reinsch, 1870~1923)의 『세계의 정치 (世界之政治)』[236]를 참고하여 번역한 것임을 밝히고 있다.[237] 이 책은 일본책에만 의존하지 않고 미국의 책도 참고했을 뿐만 아니라 그 텍스트를 명확히 밝힌 점에

---

232 『대한매일신보』, 1907.4.18.
233 상세한 것은 김효전, 「안국선 편술 『정치원론』의 원류」, 『헌법학연구』 제6권 1호, 2000, 9~50면; 김효전, 『근대 한국의 국가사상』, 2000, 548~624면에 재수록.
234 『早稻田學報』 제112호, 1905.1, 50면의 광고 참조.
235 이 『제국주의』는 『변영만전집』 하, 성균관대 출판부, 2006, 42~72면에, 부록으로 붙인 「상업적 분투」 역시 하권 76~80면에, 또 그의 논설 「제국주의의 瞥說」(『法政學界』 제20호, 1909)와 「제국 주의의 성질」(『法政學界』 제21호, 1909)도 함께 수록하고 있다.
236 라인쉬의 『제국주의론』의 원서는 World Politics at the End of the Nineteenth Century(1900)이며, 일본어 번역(高田早苗)에 대한 해제는 『帝國日本の學知』 第1卷, 岩波書店, 2006, 5면 참조.
237 상세한 것은 최기영, 「한말 지식인의 반제국주의론—변영만을 중심으로」, 『국사관논총』 제47집, 1993, 115~137면; 최기영, 『한국 근대 계몽사상연구』, 일조각, 2003, 56~91면; 최기영, 「1910년대 卞榮晩의 해외행적」, 『대동문화연구』, 제55집, 성균관대 대동문화연구원, 2006, 191~225면 참조.

더욱 의의가 있다고 하겠다.

라인쉬는 20세기를 민족적 제국주의의 시대로 파악하고 영토획득을 중심으로 한 낡은 제국주의 대신에 20세기에는 상업적 확장정책을 목표로 하는 새로운 제국주의시대가 등장하였다고 한다.

일본에서는 다카다 사나에(高田早苗) 抄譯, 『帝國主義論』(東京專門學校出版部, 1901)도 발간되었다. 다카다는 서문에서 '본서의 목적은 현하 세계의 열강이 집행하는 바 제국정략(帝國政略)을 논하는 동시에 支那(중국) 문제가 그 중심인 것을 설명하려는 데에 가장 시세에 적절한 것이라고 할 수 있다'고 하였으며, 또 '미국과 동일하게 신흥제국주의로서 중국에 진출하고 있던 일본에서는 구주 열강에 의한 중국 분할론을 부정하는 중국보전론의 문맥에서 긍정적으로 수용된 것'[238]이라고 보는 견해도 있다. 또 일본의 사회주의자 고도쿠 슈스이(幸德秋水, 1871~1911)의 『제국주의』,[239] 우키타 가즈타미(浮田和民)의 『윤리적 제국주의』와 함께 당시 일본의 지식인들의 제국주의 이해의 일단을 보여주는 문헌의 하나이다.

고도쿠가 『廿世紀之怪物帝國主義』란 책을 발간한 것으로 볼 때 변영만도 여기서 그 책이름을 따온 것으로 보이며, 그와 같은 역사의식을 공유한 것이 아닌가 생각된다. 이 책은 『대한매일신보』 1908년 10월 11일 자에 첫 번째 광고가 나간 이후 자주 소개되고 있었던 점으로 미루어 볼 때 당시의 한국인들에게 커다란 자극과 충격을 주었을 것이다. 이처럼 변영만은 눈앞에 다가온 제국주의의 모습에 치를 떨면서 그 재앙의 위급함을 국민들에게 알리고 있다.

④ 같은 변영만은 미국인 사밀가덕의 『세계삼괴물(世界三怪物)』(1908)을 의역하여 발표하였다. 『대한매일신보』의 광고는 다음과 같다.

現世界에 三大怪物이 발생ᄒᆞ야 六洲에 橫行ᄒᆞ며 風雲을 呼喚ᄒᆞ매 愚者가 此物을 遇ᄒᆞ면 其 魂을 失ᄒᆞ고 弱者가 此物을 遇ᄒᆞ면 其 軀을 喪ᄒᆞ야 此物所過에 天地가 飜覆ᄒᆞ고 國家가 丘墟ᄒᆞ야 上帝赤子가 生命을 莫保라. 故로 是書ᄂᆞᆫ 특히 此三大怪物의

---

238 岩波 講座, 『帝國日本の學知』 第1卷, 2006 해제.
239 최초의 저작은 警醒社(1901)이며 최근 岩波文庫(2004 복간)로 발간되었다. 량치차오의 번역이 있다. 小野和子 譯注, 『淸代學術槪論』, 平凡社 東洋文庫, 1974, 312면. 한국 문헌은 고도쿠 슈스이, 임경화 옮김, 『나는 사회주의자다—동아시아 사회주의의 기원』(고토쿠 슈스이 선집), 교양인, 2011 참조.

眞狀을 描寫ᄒ야 其 防備의 妙策과 利用의 神術을 一々 說明하야 世界의 生存을 要求 ᄒ는 자—不可不 一覽홀 책자.[240]

여기의 미국인 저자 '사밀가덕문(斯密哥德文)'이 누구인지는 명확하지 않지만 최기영 교수는 '영국 출신으로 캐나다와 미국에서 활동하며 영국의 식민지정책에 관하여 반제국주의 노선을 개진한 바 있던 골드윈 스미스(Goldwin Smith)라는 인물이 한역된 이름으로 보아 그 저자인 듯 하다'[241]고 한다.

이 책에는 한말과 일제시대를 통해서 변호사로서 이름을 날리던 이기찬(李基燦)[242] 변호사의 제사(題辭)가 첫 머리에 나온다. 말하기를, '근세에 들어 세 괴물이 출현하였네. 흉악하고 독함을 드러내어 악한 이도 선한 이도 가리지 않네. 태서에서 비롯되어 점점 동쪽 아시아로 퍼져오네. 어리석은 자 혼백을 빼앗겨 흐름에 미끄러지고 바람에 따라가네. 아아! 변군(卞君)은 이를 두려워하고 이를 탄식하여 이에 이 책을 지어 그 괴이함을 상세히 말하였네. 본상(本狀)을 빠짐없이 잡아내 진면목이 비로소 드러났네. 이것에서 깨달아 저것에 대응하면 아마 크게 잘못되지 않으리.'[243]

계속하여 무애생(無涯生) 단재(丹齋) 신채호(申采浩, 1880~1936)[244]의 서문이 나오며 변영만 자신의 서문은 없고 바로 본문이 시작된다. 변영만이 말하는 3대 괴물이란 부족정체(富族政體), 일명 금력(金力)정치이며, 군비(軍備)정치, 그리고 제국주의이다. 커다란 활자로 전체 37면의 소책자이다.[245]

⑤ 이채우(李琛雨)의 역술로는 프랑스의 에밀 라이스(愛彌兒拉)[246] 원저, 『애국정신(愛國精神)』(1908),[247] 이 책에 대한 『황성신문』의 광고는 아래와 같다.

---

240 『대한매일신보』, 1908.4.3.

241 최기영, 「한말 지식인의 반제국주의론」, 『한국 근대 계몽사상 연구』, 66면; 김욱동, 『번역과 한국의 근대』, 소명출판, 2010, 124~125면.

242 이기찬은 1886년 경기도 振威군에서 태어나 1908년 법관양성소를 우등으로 졸업하고 함흥, 평양지방재판소의 판사, 경성복심법원판사, 총독부 판사를 지내다가 1913년 평양에서 변호사 개업. 1936~1939년 중추원 참의, 府會 의원, 숭인상업고등학교장 등 역임. 1940년 安城基로 창씨개명. 『朝鮮人名資料事典』第1卷, 日本圖書センター, 2002, 120면; 『昭和人名辞典』第4卷, 日本圖書センター, 1987; 민족문제연구소 편, 『친일인명사전』, 민족문제연구소, 2009, 795~796면 등 참조.

243 번역은 『변영만전집』 하, 29~30면에 의함.

244 최근 한국독립기념관 한국독립운동사연구소, 『단재 신채호전집』(전4권), 2007이 발간되었다.

245 이 『세계삼괴물』도 『변영만전집』 하, 29~41면에 수록되어 있다.

246 이것은 프랑스인 Émile Lavisse일 것이다. 정기수, 『한국과 서양―프랑스문학의 수용과 영향』, 을유문화사, 1988, 117면의 주 40; 이건우, 『한국 근현대문학의 프랑스문학수용』, 서울대 출판부, 2009, 22면.

右冊은 純國文으로 世界에 有名혼 法國 婦人 若安氏의 事蹟을 譯出ᄒ여사오니 無論 男女ᄒ고 愛國性이 有ᄒ신 同胞ᄂ 맛당이 보실 書冊이오니 陸續購覽ᄒ심을 望홈.[248]

여기의 '若安'은 프랑스의 잔 다크를 말한다. 또 일본 民友社 편, 이채우(李埰雨) 역, 『19세기구주문명진화론(十九世紀歐洲文明進化論)』(1908), 이채우 역, 『세계식민사 (世界殖民史)』(1908)[249]가 있는데 이 책은 일본인 야마노우치(山內正瞭)의 동명의 책을 번역한 것이다. 역자인 이채우는 대한협회 회원이며 그 밖에 알려진 것이 별로 없 다. 『황성신문』에 자주 광고가 나갔다.[250] 애국정신과 관련된 책자로는『신소설 애국부인전(新小說愛國婦人傳)』(1907)이 있다.

⑥ 전기류로는 황윤덕(黃潤德) 역술, 『비사맥전(比斯麥傳)』(全)(1907)이 있다. 당시 보불전쟁을 승리로 이끈 비스마르크의 전기와 일화는 근대 일본과 조선에서 거의 열광적이라고도 할 정도로 인기가 있었다.

미국인에 대해서는 이해조(李海朝, 1869~1927) 역, 『화성돈전(華盛頓傳)』(匯東書館, 1908)을 비롯하여 몇 가지가 소개되었다. 이 워싱턴의 전기는『황성신문』에도 자주 광고를 내고 있다.[251] 영인본도 발간되었다.[252]

또 나카자토 야노스케(中里彌之助, 1885~1944) 저, 현공렴(玄公廉) 역, 『미국고대통령 (美國故大統領) 까퓌일트젼』(국문, 1908)도 있다.[253] 이것은 가필드(James Abram Garfield, 1831~1881) 대통령의 전기로 그는 암살자의 저격을 받고 6개월간 병상에 있다가 사 망하였다. 이러한 상태는 대통령의 유고 또는 국가긴급권의 문제와 관련하여 중요 한 헌법적 논점을 내포하고 있다.

그리고『미국명군언행록(美國名君言行錄)』(1907)이 있다. 이 책은 중국 上海 美華 書館(1904)[254]에서 발간한 것이며, 원저는 미국인 벤틀리(W. P. Bently, 貝德禮)의 *Brief*

---

247 『아세아문화사, 역사·전기소설』(6)에 영인 수록.
248 『황성신문』, 1907.10.8 광고.
249 『아세아문화사, 역사·전기소설』(6)에 영인 수록.
250 『황성신문』, 1908.6.14.
251 첫 번째 광고는『황성신문』, 1908.4.18.
252 『아세아문화사, 역사·전기소설』(4), 1979.
253 『아세아문화사, 역사·전기소설』(7), 1979.
254 고려대 도서관 소장.

*lives of the American Presidents and selections from their words of wisdom*이다.

⑦ 기타 정치소설로서 중국인 정철관(鄭哲貫) 역, 박은식(朴殷植) 역술, 『서사건국지(瑞士建國誌)』(1907)[255]와 같은 중국인 진천화(陳天華, 1875~1905) 저, 김필수(金弼秀, 1872~1948) 역, 『경세종(警世鍾)』(1904),[256] 일본인 야노 후미오(矢野文雄(龍溪), 1851~1931) 역술, 현공렴(玄公廉) 역, 『경국미담(經國美談)』(1909)이 있다. 『경국미담』은 일본에서 1883~1884년에 출판되었으며, 그리스 역사를 소재로 한 정치소설이다.[257] 기타 김병제(金丙濟) 역술, 『사회승람(社會勝覽)』(1908) 등이 있다. 이처럼 위인전 내지 애국심을 강조하는 번역서들이 발견된다.

⑧ 국가학이나 정치학과 관련된 역사책들도 많이 발간되었다. 예컨대 『대동기년(大東紀年)』, 『미국독립사(美國獨立史)』, 『법란서신사(法蘭西新史)』, 『법국혁신사(法國革新史)』, 『애급근세사(埃及近世史)』, 『파란말년전사(波蘭末年戰史)』, 『보법전기(普法戰紀)』, 『라마사 부의대리사(羅馬史附意大利史)』, 『월남망국사(越南亡國史)』, 『청국무술정변기(淸國戊戌政變記)』, 『아라사략(俄羅史略)』, 『만국사(萬國史)』, 『세계식민사(世界殖民史)』 등등이다.[258] 서양 문화를 알려면 우선 외국의 역사와 지리를 이해하는 것이 급선무라고 생각했을 것이다. 이 중 중국에서 발간된 왕도(王韜)의 『보법전기(普法戰紀)』가 1887년 일본에서 번역 출간된 이후 더 이상 중국어로 된 서양서는 출판되지 않게 된다.[259] 이에 대해서 중국인들은 "이는 중국과 일본의 문화적 지위에 역변이 발생했음을 보여주는 상징으로서 머지않아 중국은 일본의 스승에서 학생으로 뒤바뀌게 되었다"[260]고 평가하고 있다.

한편 이와 같은 문화력의 역전 현상에 대해서 어떤 일본학자는 청일전쟁에서 일본이 승리한 이후의 일이라고 보기도 한다. 즉 "청일전쟁 이전에 중국어로 번역

---

[255] 『대한매일신보』(1907.2.8)는 寄書(투고)란에 謙谷生, 「瑞士建國誌譯述序」를 전면에 게재하기도 했다. 서여명(Xu Liming), 「한・중『서사 건국지』에 대한 비교고찰」, 『민족문학사연구』 제35집, 2007 참조.

[256] 소재영・김경완 편, 『개화기 소설』, 숭실대 출판부, 1999, 97~124면에도 수록.

[257] 春陽堂版 『明治大正文學全集』 第1卷에 수록. 최근에는 矢野龍溪作・小林智賀平 校訂, 『經國美談』, 岩波文庫, (上) 1969, 2001; (下) 1969, 2006이 발간되었다.

[258] 역사와 지리책의 목록은 김봉희, 『한국 개화기 서적 문화 연구』, 이화여대 출판부, 200~219면 참조.

[259] 汪向榮, 『中國的近代化與日本』, 湖南人民出版社, 1987, 23~24면.

[260] 鄒振環, 『晚淸西方地理學在中國―以1815至1911年西方地理學譯著的傳播與影響爲中心』, 2000(한시은 옮김, 『지리학의 창으로 보는 중국의 근대―1815~1911년 중국으로 전파된 서양지리번역서』, 푸른역사, 2013, 358면).

된 서양서는 자연과학과 기술 그리고 국제법 문헌이 대부분으로 사상이나 사회과학의 영역에서의 번역은 거의 무에 가까웠다"[261]고 하면서 새로운 시대에 맞는 새로운 정치체제를 설명하기 위한 어휘의 변화를 지적하기도 한다.

다음에 국가의 3대 요소 중의 하나인 영토는 국민이 생활하는 공간질서이다. 이곳은 역사와 지리를 함께 공유한 곳이며 자신의 민족적 정통성을 자각하고 애국심을 배양하는 장소이기도 하다. 외국의 지리는 남을 알기 위해서, 본국 지리는 자신의 위치를 올바로 파악하기 위해서 필수불가결하다. 그러나 서구의 지리학은 제국주의의 선도학문으로서 침략과 식민의 대상을 찾기 위해서 출발한 것임을 잊어서는 안 된다. 여하튼 지리교육의 강화와 지리에 관한 서적의 폭발적인 증가는 근대 국가에서 국민의 '세계관 확대와 자주권의 확보'[262]를 위한 중요한 방안의 하나로서 강조되었다.

⑨ 또한 계몽 잡지와 전문 학술지에도 여러 가지 저서의 일부와 논설 등이 많이 번역되었다. 법학이나 국가학에 관한 번역 문헌의 목록은 저자가 이미『서양 헌법 이론의 초기수용』에서 정리했기 때문에 반복하지 않는다. 다만,『조양보(朝陽報)』 제11호(1906)의 광고[263]에 의하면 '저작(著作)'과 '역술(譯述)'을 구별하여 편집을 하고 있는 점이 오늘날의 시각에서 볼 때 흥미롭다. 예컨대 역술에는『보호국론(保護 國論)』,『멸국신법론(滅國新法論)』,『정치원론(政治原論)』,『태서교육사(泰西敎育史)』, 『대한명신록(大韓名臣錄)』,『갈소사전(葛蘇士傳)』,『미국대통령(米國大統領)』, 비스마 록구,『애국정신(愛國精神)』, 해외잡록(海外雜錄)으로 구성되어 있다.

⑩ 계몽잡지에 발표된 번역으로는 미국인 로버트의『의회통용규칙』을 비롯하여 중국인 량치차오의 여러 논설, 그리고 일본인의 저작들이 대종을 이룬다. 중국 문헌을 번역한 사람으로는 장지연, 심의성, 김성희, 이기, 설태희, 현채 등을 들 수 있으며, 일본 문헌에서는 안국선, 최석하, 김지간(金知侃), 오가키 다케오(大垣丈夫), 석진형 등의 이름이 자주 보인다.

⑪ 신문에 연재한 번역으로는 루소(J. J. Rousseau)의『사회계약론』의 일부가「노사(盧梭), 민약(民約)」이란 제목으로『황성신문』에 1909년 8월 4일부터 9월 8일까지

---

261 佐藤愼一,『近代中國の知識人と文明』, 東京大出版會, 1996, 306~307면.
262 김봉희, 앞의 책, 209면.
263 『황성신문』, 1906.12.12.

소개되었다. 여기에도 번역자와 텍스트에 관한 언급이 없으나 저자가 조사한 바에 의하면 일본인 나카에 조민(中江兆民(篤介), 1847~1901)[264]이 『민약역해(民約譯解)』란 제목으로 한역하고 해설을 첨부한 권1(卷之一)을 국한문으로 옮긴 것이다.[265] 역자의 간단한 주해나 감상을 적은 「안어(按語)」가 붙어 있다.

⑫ 구미와 중국, 일본 등의 문헌이 한국어 또는 한국식 한자로 번역되면서 서구의 국명, 지명, 인명 등의 표기에서 많은 혼란을 초래하게 되었다. 예컨대 몽테스키외(C. Montesquieu)는 '孟的斯鳩'나 몬데스규로, 블룬칠리(Bluntschli)는 '伯倫知理'나 뿌룬주리로 표기하는 것은 워낙 유명한 인사들이라 쉽게 이해할 수 있지만, 중국 문헌의 경우 吳氏, 海氏, 馬氏라고 하면 이는 아는 사람만 아는 이름이다. 즉 吳氏는 울시(Woolsey), 海氏는 헤프터(Heffter), 馬氏는 마르텐스(Martens)를 가리키는 것이다. 또 홍석후가 번역한 의학책 『진단학』은 독일 의학박사 '愛氏'의 책이라고 하는데,[266] 이와 비슷한 이름으로 표기되는 중국이나 일본의 책을 찾아내야 정확한 저자명을 알 수 있을 것이다.[267]

다음에 『황성신문』의 논설 「아국장래(我國將來)에 필유대학문가출(必有大學問家出)」을 하나의 예로서 들어보기로 한다.

○夫 學述者는 天地를 開闢ᄒ고 世界를 左右ᄒᄂ 能力이 有ᄒ 者라. 近世 西洋歷史로 觀ᄒ면 歌白尼의 天文學과 倍根, 笛卡兒의 哲理學과 孟德斯鳩의 萬法精理와 盧梭의 天賦人權論과 富蘭克令의 電學과 亞丹斯密의 理財學과 伯倫知理의 國家學과 達爾文의 進化論과 奈端의 重學과 連揶士의 植物學과 康德의 純全哲學과 皮里士利의 化學과 黑拔의 敎育學과 約翰彌勤의 論理學 政治學과 斯賓塞의 羣學 等이 皆 博深精明ᄒ 博得의 學識으로 燦爛輝赫ᄒ 大光線을 放出ᄒ야 新文化를 發展ᄒ고 新世界를 造成ᄒ 能力을 發表ᄒ 者오 其他 文學家ᄂ 法國의 福祿特爾와 日本의 福澤諭吉과 俄國의 托爾斯泰 諸賢이 皆 高尙ᄒ 思想과 美妙ᄒ 文章으로 民志를 發ᄒ고 國運을 再造ᄒ 能力

---

264 나카에 조민의 한국어 번역은, 연구공간 '수유+너머' 일본 근대사상팀 옮김, 『삼취인경륜문답(三醉人經綸問答)』, 소명출판, 2005 참조.
265 전문과 해설은 김효전, 『근대 한국의 법제와 법학』, 세종출판사, 2006, 1005~1020면 재수록했다.
266 여인석, 앞의 글, 69면.
267 예컨대 최경옥, 『한국개화기 근대 외래어한자어의 수용연구』, 제이앤씨, 2003 참조.

이 有호 者니 其 精神의 發越과 福利의 長久로 言호면 成吉思汗의 武强과 梅特湟의 權術과 拿破崙의 覇業으로 比擬치 못홀 者이다.[268]

이 논설이 발표된 1909년의 시점에서는 이미 일본에서도 가타가나로 표기한 서구의 지명과 인명이 예전의 한자식 표기와 병행하여 널리 사용되고 있었으며, 그 영향은 한국에도 그대로 영향을 미쳤다. 어려운 한자보다는 쉬운 한글로 표기하는 경향이 점차 늘어나기 시작하였다. 여하튼 이 논설은 서양 학문과 인명의 표기 방법은 물론 서구 학문의 도입과정도 알려주는 귀중한 기록이 되고 있다. 전체적으로 볼 때 중국 문헌에 입각하여 집필한 것을 바로 알 수 있다. 구체적으로 보면 歌白尼(코페르니쿠스)의 天文學과 倍根(베이컨), 笛卡兒(데카르트)의 哲理學과 孟德斯鳩(몽테스키외)의 萬法精理와 盧梭(루소)의 天賦人權論과 富蘭克令(프랭클린)의 電學과 亞丹斯密(아담 스미스)의 理財學과 伯倫知理(블룬츨리)의 國家學과 達爾文(다윈)의 進化論과 (…중략…) 康德(칸트)의 純全哲學과 皮里士利(프리스틀리)의 化學과 黑拔(헤르바르트)의 教育學과 約翰彌勒(존 스튜어트 밀)의 論理學 政治學과 斯賓塞(스펜서)의 羣學 等이 (…중략…) 文學家는 法國의 福綠特爾(볼테르)와 日本의 福澤諭吉과 俄國의 托爾斯泰(톨스토이) (…중략…) 成吉思汗(징기스칸)의 武强과 梅特湟(메테르니히)의 權術과 拿破崙(나폴레옹)의 覇業 (…중략…) 등.

이들은 오늘날에도 대체로 짐작할 수 있는 인물들이지만 '皮里士利'는 Joseph Priestley(1733~1804)로서 영국의 화학자이며, '黑拔'은 Johann Friedrich Herbart(1776~1841)로서 독일의 교육학자이다.[269] 모두 량치차오의 글에서 발견된다.

⑬ 비단 사회과학 분야에만 한정되는 것은 아니지만 번역에 있어서 새로운 용어나 개념의 창제는 매우 중요한 것이다. 예컨대 마틴(丁韙良)은 영어의 'Right'를 번역하면서 종래의 중국에 있던 '권(權)' 즉 Power와는 구별되면서 개인이 본래부터 가지는 그 어떤 것을 설명하기 위해서 '권' 자에 '이(利)'를 하나 더 붙여서 새로운 단어를 창제하는 어려움을 피력한 바가 있다.[270]

---

268 『황성신문』, 1909.2.26.
269 이환기, 『헤르바르트의 교수이론』, 성경재, 1998 참조.
270 『公法便覽』과 『公法會通』凡例. 김효전, 『근대 한국의 국가사상』, 철학과현실사, 2000, 472면; R. Svarnerud, The Notion of 'Power' and 'Rights' in Chinese Political Discourse, in : M. Lackner, I. Amelung and J. Kurtz, *New Terms for New Ideas. Western Knowledge and Lexical Change in Late*

그러나 영역본 성경에서는 "For I have the right to lay it down when I want to and also the power to take it again"(John 10 : 18)[271]를 한국어 성경에서는 아직도 "나는 목숨을 버릴 권세도 있고, 다시 얻을 권세도 있다"(요한 10 : 18)[272]고 하여 right와 power를 구별하지 않고 '권세'라고 뭉뚱그려서 표현하고 있다.

오늘날에도 한자 문화권이나 한국에는 없던 새로운 개념을 번역할 때에는 번역자의 고통과 함께 다수의 사람들로부터의 동의나 승인과 같은 묵시적인 합의가 필요하기 마련이다. 또 기존에 번역된 용어나 숙어를 스스로 새로이 만들거나 변경하는 문제도 신중하게 검토해야 할 것이다.

언어는 시대와 상황에 따라서 변모하며 서로 자극과 영향을 주면서 발전한다. 최근 100년 동안에 서구로부터 이입, 수용된 용어와 단어들은 그 하나하나의 의미와 내용의 발전 또는 변천과정을 수용사나 개념사 또는 관념사의 입장에서 추적하고 정리할 필요가 있다. 그러나 이 작업은 한 사람이나 몇몇 사람의 힘으로는 도저히 감당하기 어려운 일이다.[273]

또한 '萬國公法'은 '國際法'으로, '羣學'은 '社會學'으로, '智學'은 '哲學'으로,

Imperial China, Leiden : Brill, 2001, p.135.
한편 최경옥, 『한국개화기 근대 외래한자어의 수용연구』, 113면에서는 "현재까지의 연구에서 '권리'는 '의무'와 함께 明治期 일본에서 만들어져 중국으로 유출된 것으로, 이를 중국에 소개한 것은 梁啓超와 康有爲로 알려져 있다"고 하면서 그 전거로서 鈴木修次, 『日本漢語と中國』(1981)을 들고 있는데, 깊이 연구하지 아니한 일본인의 저서를 인용할 때 주의할 점이다. 더구나 '권리'는 영어의 right가 아니라 독일어의 Recht를 번역한 것이며 "많은 학술용어와 마찬가지로 이것도 철학의 아버지인 니시 아마네(西周)의 업적이었다"(堅田剛, 「權利と義務」, 石塚正英 · 柴田隆行 감수, 『哲學 · 思想飜譯語事典』, 2003)고 무책임하게 서술한 문헌이 한둘이 아니다.
[271] New Living Translation, Holy Bible, Tyndale, 1997.
[272] 『성경전서』(표준새번역 개정판), 대한성서공회, 2001.
[273] 수용사의 관점에서는 일찍이 최종고, 『한국의 서양법수용사』, 박영사, 1982; 김효전, 『서양 헌법이론의 초기수용』, 철학과현실사, 1996; 이광래, 『한국의 서양 사상수용사』, 열린책들, 2003.
개념사의 입장에서는 한림대학교 한림과학원의 한국개념사총서, 김용구, 『만국공법』, 2008; 박상섭, 『국가 · 주권』, 2008; 김효전, 『헌법』, 2009; 박명규, 『국민 · 인민 · 시민』, 2009; 박찬승, 『민족 · 민족주의』, 2009; 노대환, 『문명』, 2010 등이 발간되고 있으며, 나인호, 『개념사란 무엇인가─역사와 언어의 새로운 만남』, 역사비평, 2011; 박근갑 외, 『개념사의 지평과 전망』, 소화, 2009; 하영선 외, 『근대 한국의 사회과학 개념 형성사』, 창비, 2009 등이 출간되었으며, 번역서로는 코젤렉의 개념사 사전 ①『문명과 문화』(퍼쉬, 안삼환 옮김), ②『진보』(코젤렉 · 마이어, 황선애 옮김), ③『제국주의』(퍼쉬, 황승환 옮김), ④『전쟁』(얀센, 권선형 옮김), ⑤『평화』(얀센, 한상희 옮김), 푸른역사, 2010. 또한 멜빈 릭터, 송승철 · 김용수 옮김, 『정치 · 사회적 개념의 역사─비판적 소개』, 소화, 2010.
관념사의 입장은 중국의 金觀濤 · 劉靑峰, 『觀念史硏究 : 中國現代重要政治術語的形成』, 2008(양일모 외 옮김, 『관념사란 무엇인사』, 푸른역사, 2010)이다. 또 한림과학원에서는 잡지 『개념과 소통』을 2008년 이래 2012년 현재까지 10호를 발간하고 있다.

'理財學' 또는 '資生學'은 '經濟學'으로, 이처럼 학술 용어가 중국에서 일본으로 그 중심이 바뀌게 된 것을 어떤 일본인은 청일전쟁 이후부터라고 하나,[274] 좀 더 면밀히 연구할 과제라고 보겠다.

⑭ 번역서의 효용에 대해서. 일본의 개명기에 서양을 알리고 근대화를 지향한 후쿠자와 유키치의 『서양사정』 초편은 발행부수가 15만, 위판(僞版)을 합하면 20만 내지 25만에 이르렀다고 한다.[275] 이 표현이 과장된 것이라고 하더라도 초판 1천 부도 팔리지 않은 유길준의 『서유견문』과는 대조적이다.

여기서 다룬 법학과 국가학의 경우만 하더라도 유치형 『헌법』의 모델이 된 호즈미 야쓰카의 『헌법대의』(1896)도 그의 생애에 20만 부 이상 팔렸다고 하고,[276] 가토 히로유키의 『인권신설』이나 마쓰시마 가우의 『사회평권론』도 전 일본 열도에 센세이션을 불러일으켰다고 전한다. 이 책을 번역한 역자들은 동일한 반향까지는 아니더라도 한국인의 문명개화에 일조가 되었으면 하는 심정에서 옮긴 것만은 틀림없는 사실일 텐데 그 결과는 역자들이 기대한 것보다는 상당히 거리가 있지 않았을까 하고 생각해 본다. 저자가 『독립신문』, 『황성신문』, 『대한매일신보』, 『뎨국신문』 등에서 서적 관계 기사를 통독한 결과 주정균의 『법학통론』이 4천여 부, 주정균과 박승희 공저의 『최신경제학』이 3천 부가 팔렸다는 기사[277]를 본 것 외에는 그 이상의 기록은 보지 못했다. 예나 지금이나 책을 본다는 것은 지적 호기심과 열정 그리고 경제력과 비례한다. 근대 일본이나 한국 모두 초창기에는 신문과 잡지가 계몽의 선봉장이 되지만 그 이후에는 단행본의 발간이 각 분야의 발전을 선도하게 마련이다. 한국의 경우 경제력의 빈곤 하나만으로 번역서의 발간이 뒤떨어졌다고 말하기에는 너무나 많은 외적 및 내적인 요인이 있다고 할 것이다.

⑮ 번역판 본 아퀴나스 이야기. 전문 분야의 연구에서 외국어가 무기라는 것은 상식이다. 다시 무엇을 어떻게 번역할 것인가 하는 문제에 직면하여 마틴의 태도를 보면, 먼저 휘튼과 울시 그리고 블룬칠리의 국제법 책을 번역한 후 홀(Hall)의 책을 번역한다. 그 까닭은 이들의 책을 번역한 지가 오래되었고 그동안에 국제법의

---

274 佐藤愼一, 『近代中國の知識人と文明』, 東京大學出版會, 1996.
275 日蘭學會 編, 『洋學史事典』, 雄松堂出版, 1984, 389면.
276 長谷川正安, 「憲法學史(中)」, 『日本近代法發達史』 7, 勁草書房, 1959, 169면.
277 『대한매일신보』, 1908. 4. 10.

발전에 커다란 변화가 있었으며, 또 휘튼과 울시는 미국인이고 블룬칠리는 독일 학자이기 때문에 당시 세계를 지배하는 영국인의 저서를 간결하게 소개할 필요성이 있다는 것이다.[278] 여기에 더 주문을 하여 프랑스인의 저술까지 소개하였더라면 금상첨화가 아니었을까?

다음에 외국의 이론은 먼저 번역하는 소개의 과정을 거쳐서 이를 소화한 후 자신의 저술을 내는 것이 정도라고 생각한다. 그러나 외국어에 정통하지 못하더라도 번역을 통하여 외국의 이론과 기술적인 용어의 의미내용을 전수받을 수도 있다. 다음은 중세를 대표하는 성 토마스 아퀴나스가 그리스어를 알지 못하여 친구의 번역을 통해서 이해했다는 놀라운 사실이다.

A great part of Aristotle's works, at which Aquinas laboured with his friend William of Moerbecke, who made a fresh translation direct from the Greek for his special use, and with whom he had evidently discussed many points of difficulty or ambiguity, acquiring the knowledge of many technical terms in Greek, though he never appears to have learned enough of the language to read the original by himself.[279]

특히 시를 번역하는 경우에는 번역하려는 원어의 어학실력이 없어도 몇 가지 단어만으로 시적인 상념을 훌륭하게 표현한 예로서 에즈라 파운드의 중국시 번역을 들기도 한다.[280] 또 훌륭한 번역은 '있는 말 빼지 말고 없는 말 넣지 않는 것'이란 말도 있다.

번역의 시초는 성서에서 시작했으니 이제 우리들의 이야기도 성서에서 끝내는 것이 마땅하리라고 생각한다. 그것은 70인이 각자 따로 떨어져서 동일한 원전을 번역하고 다시 만나서 맞추어 보니 모두가 동일하였다는 것이다.[281]

---

278 丁韙良 譯, 『公法新編』, 上海 廣學會藏板, 1903, Translator's Preface. 이 책은 W. E. Hall, *A Treatise on International Law* (1880, 4th ed., 1895)을 번역한 것이다.

279 Philip H. Wicksteed, *Dante & Aquinas, Being the Substance of the Jowett Lectures of 1911*, Honolulu : University Press of the Pacific, p.95.

280 이두진, 『에즈라 파운드의 시와 유교사상』, L.I.E., 2010 참조.

281 김정훈, 『칠십인역입문』, 바오로딸, 2009 참조.

8) 출판사·도서관 등

(1) 출판사

그 밖에 번역서를 비롯하여 단행본을 제작하는 인쇄소와 출판사의 문제도 당시의 번역 상황을 이해하는 데 중요한 자료가 되지만 여기서는 생략하기로 한다.[282] 법학과 관련된 경제 교과서의 번역상황은 다음과 같다.

먼저 〈표 11〉은 다음과 같다.

〈표 11〉 법학 관련 서적

서명	저자	발행처	연도
『法學通論』	兪星濬	廣韓書林	1907
『國法學』	金祥演 撰述	—	1907
『憲法』	金祥演	—	1907
『憲法』	兪致衡	—	1907
『憲法要義』	鄭寅琥 譯述	—	1908
『行政法』(上·下)	安國善 譯述	—	1908
『行政法大意』	張憲植	—	1907
『地方行政論』	趙聲九	—	1907
『相續法』	朴晩緒	普成社	1907
『民法總論』	申佑善	普成社	1907
『物權法 二部』	朴晩緒	普成社	1907
『物權法』	柳東作	普成社	1907(?)
『物權法』(第一·二部)	兪致衡	普成社	1907
『債權法 一部』	石鎭衡	普成專門	1907
『債權法 第二部(甲)』	趙聲九	普成社	1907
『韓淸議約公牘』	—	—	1899
『萬國公法要略』	勞麟賜	廣文社	1903
『國際公法誌』	朴晶東 譯	—	1907
『平時國際公法論』	石鎭衡 講述	—	1907
『戰時國際公法』	朱定均 講述	—	1908

---

[282] 상세한 것은 고덕환, 「개화세력사회의 출판연구」, 중앙대 석사논문, 1984, 34~35면 참조.

서명	저자	발행처	연도
『經濟通論』 (『經濟通論』)	大韓帝國學部 編纂 (持地六三郎)	大韓帝國學部 —	1908 (1896)
『經濟學』 (『經濟大意』)	兪致衡 講述(田尻稻次郞)	—	1907(?) —
『經濟學』	元應常·申海永 共著 (田島錦治의 영향)	—	1907(?)
『最新 經濟學』	朴承鑓·朱定均	—	—
『經濟原論』 (『經濟敎科書』)	金雨均 譯(和田垣謙三)	—	1908 (1901)
『普通經濟學』(全) (『普通經濟學敎科書』)	白坡 李弼善 繹(河津暹)	普成館 —	1907 —
『經濟學』	兪致衡(田島錦治)		1907(?)
『經濟學敎科書』 (『經濟敎科書』)	李炳台 譯(和田垣謙三)	廣文社	1908 (1901)
『最新經濟敎科書』	兪承兼	唯一書館	1910
『銀行論』(上·下)	劉文相 譯 (H.D.MacLeod, 田尻稻次郞)	普成館	1910
『貨幣論』	李弼善 譯 (W.S.Jevons, 小手川豊次郞)	普成館	—
『財政學』	元應常 講述 (高野岩三郞)	—	—
『商業經營法』	安國善	廣學書舖	1909

　　법학을 공부한 유치형과 주정균은 경제학에 관한 책자도 발간하였으며, 이들이 저술만 한 것이 아니라 강의도 담당하였으며, 아직 법학과 정치학 그리고 경제학의 학문적인 독자성과 분화가 확립되지 않고 있음을 보여주고 있다.

　　번역의 토대가 된 일본인 저자는 다지리 이나지로(田尻稻次郞), 와다 가키겐조(和田垣謙三), 모치지(持地六三郞), 다지마(田島錦治), 가와즈(河津暹), 고테가와(小手川豊次郞) 등이다.[283] 서구인으로는 독일인 로셔(Wilhelm Roscher)[284]와 영국인 맥레어드(H.

---

283 다지리 이나지로(田尻稻次郞, 1850~1923)는 1869년 게이오의숙에 입문했다가 가이세이쇼(開成所)·大南學校 등에서 배우고 미국 Yale대학에서 재정학을 전공하고 귀국. 대장성 재무관료인 동시에 도쿄 시장을 역임하고 겸임 제국대학 법과대학 교수 등을 지냈다(『日本近現代人名辭典』,吉川弘文館, 2001, 627면). 와다 가키겐조(和田垣謙三, 1860~1919)는 도쿄대학 문학부 이재학(理財

D. Macleod)가 있다.[285]

원응상(元應常, 1869~1958)의 호는 범석(凡石)이며 1895년 관비유학생으로 도일하여 게이오의숙에서 공부하고 귀국한 후 중추원 참의, 강원도, 전라남도 도지사 등을 역임한 친일관료이지만 서구 경제학과 재정학을 한국 최초로 소개한 학문적 업적은 인정된다.[286]

(2) 도서관

서양의 도서관에 대해서 일찍이 유길준은『서유견문』제17편에서 '서적고(書籍庫)'로 소개하였으며, 근대적 의미의 도서관은 '신문종람소'에서 비롯하며 이에 관한 몇 가지의 기사를 살펴본다.

● 坡郡改進　坡州 郡守 沈宜性氏가 人民의 智識을 開發ᄒ기 爲ᄒ야 有志혼 某某 人士를 勸勉ᄒ야 新聞縱覽所를 設實ᄒ고 本月 一日 爲始ᄒ야 開場 執務ᄒ얏ᄂ디 該 郡守의 勸勉혼 誠力과 樂從 發起혼 諸氏를 贊頌不已 혼다더라.[287]

여기의 심의성의 호는 소산(小汕)이며 윤효정의 사촌 누이의 아들이다. 1905년 5월 헌정연구회 사무장, 1906년 12월부터 1907년 5월까지 중추원 부찬의(副贊議)를

學) 철학과를 1회로 졸업한 후 영국과 독일에 유학하고 귀국하여 1884년 문학부 강사, 1886년에는 동 대학 법과대학 교수로, 1898년 도쿄제국대학 농과대학 교수로 옮겨 농정학(農政學)과 경제학을 담당하였다(위의 책, 1173면). 한말의 조선인 유학생 김대희(金大熙), 한진용(韓震用), 김진초(金鎭初), 유승겸(兪承兼) 등은 직접・간접으로 그의 영향을 받았다(이기준,『한말 서구경제학 도입사』, 일조각, 1985, 53면). 가와쓰(河津 暹)는 1899년 도쿄대학을 졸업하고 영국과 독일에 유학한 후 도쿄대학 교수가 된 사람으로(위의 책, 81면 이하),『朝鮮公論』에 몇 가지의 글을 발표하기도 했다.

284　독일어권의 경제학 사상이 일본에 미친 영향에 관하여는 Heinz D. Kurz(Hrsg.), Der Einfluss deutschsprachigen wirtschaftswissenschaftlichen Denkens in Japan. Studien zur Entwicklung der ökonomischen Theorie, Berlin : Duncker & Humblot, 2012 참조.

285　맥레어드(Henry Dunning Macleod, 1821~1902)에 관하여는 J. Eatwell, M. Milgate・P. Newmann(eds.), The New Palgrave-A Dictionary of Economics, NY : The Stockton Press, 1987, pp.268~269 참조.

286　문헌은 민족문제연구소 편,『친일인명사전』, 민족문제연구소, 2009, 566~567면; 정문연,『한국인명사전』, 1283~1284면.

287　『황성신문』, 1907.9.2.

지내고, 1907년 6월부터 1908년 3월까지 파주 군수를 역임하였으며,[288] 재직 중 신문종람소(도서관)를 설치하기도 하고 융희학교를 설립하여 교장이 되기도 하였다.[289] 또 1909년 6월에는 『대한민보』 기자, 대한자강회 발기인 및 평의원, 대한협회 총무, 기호흥학회 평의원 등을 지냈다. 저술은 많지 않으며 논설로 「공업이재요술(工業理財要術)」(1907)이 있다.

다음에 고등학교에 신문종람소를 설치한 기사가 보인다.

> ● 高校 新聞縱覽所   官立 高等學校를 增建築호다 홈은 屢報어니와 경聞호즉 該
> 建築費는 一萬五千圓이라 호며 建築教室은 日本 家屋制度로 二層을 修築호야 上層
> 에는 御眞을 奉安호고 下層에는 一般 學員을 爲호야 新聞縱覽所를 設置호고 又 教室
> 은 來學年붓터 百餘名 學員을 增募 教育홀 次로 二個教室을 增建築혼다더라.[290]

그리고 당시의 개명 지식인 김광제(金光濟)는 서적 구람회사를 설립하기도 하였다.

> ● 書籍購覽會社設置   金光濟氏가 各種 新書籍의 購覽會社를 設置키 爲호야 該社의
> 總裁는 金嘉鎭氏로 選定호고 數日前 有志 紳士 等에게 通牒호고 股金을 募集호는 中이
> 라는디 股金은 每股에 百圜式으로 的定호얏다더라.[291]

여기의 김광제는 달성 광문사의 사장으로서 새로운 문물의 수입과 교재의 편찬에 주력한 사람이다.

> ● 廣文社長注意   南來人의 傳說을 聞혼즉 陰 五月 二十八日에 達成 廣文社에서
> 文會員 五十八人을 會同호고 社長 金光濟氏가 教課校正의 對호야 撰述員에게 聲明
> 호기를 近者 各學校 教課가 皆以德育智育體育 三課로 分호야 主意를 作호얏시나 新
> 學文이 每於德育上 實地에 有欠혼즉 本社 撰述 諸員은 四書에 心性情과 仁義禮智 卜

---

288 안용식 편, 『한말지방관록』, 연세대 지역사회개발연구소, 1992, 29면.
289 『대한매일신보』, 1907.10.18.
290 『대한매일신보』, 1909.4.28 잡보.
291 『황성신문』, 1909.7.27.

晳호 句語中 要緊호고 深奧호 文意를 摘取호야 新學文 德育課에 參互호야 中等 社會
人에나 高等學徒를 敎育홈이 最合時宜라고 可否決定호 後에 撰述員이 各其 就所호
야 硏究著述호는 中이라더라.[292]

또한 김광제는 대한협회 평의원으로『대한협회회보』를 신문으로 발간할 계획
을 세우기도 하고,[293]『한양일보』라는 신문을 발간할 준비를 하여 국민의 계몽과
교육에 힘쓴 사람이다.[294]

8. 번역의 어려움

일본의 번역자 가운데는 "번역에 불가능은 없다"[295]고 호언장담하는 사람이
있는가 하면, 한국인 중에는 번역하기 어려운 것이 있다고 실토하는 사람이 있어
대조적이다. 예를 들어본다.
일찍이 변영만(卞榮晩)은「번역 서물의 위험」이란 글에서 이렇게 말했다.

　　가령 俄文佛譯·佛文英譯·英文獨譯 혹은 日文'한'譯의 유는 그다지 과심(過甚)한
불편은 없으나 원작의 묘미를 십중의 삼사분까지는 손상하는 선이 불무(不無)하고 지
어(至於) 한문 서양역이라든지 서양문 일역의 유에 지(至)하여는 근소한 결품을 제해
놓고는 신용할 수 없음이 거의 통칙이다. 그러한데 목하 우리 학인들은 흔히 일본문을
통하여 서양문학의 비오(秘奧)를 규탐하려 한다. 당초부터 될 수 없는 일일 것이다.
　　좀 딴 말이지만 만일 래프캐디오 헌(일본명으로는 小泉八雲인 英人)의『괴담(怪
談)』『심(心)』『출자동방(出自東方)』등 방향(芳香) 현란(絢爛)한 영문 중에서 일본인

292 『황성신문』, 1906.7.26.
293 『황성신문』, 1909.5.4.
294 『황성신문』, 1909.6.29.
295 柳瀨尙紀,『飜譯はいかにすべきか』, 岩波新書, 2000.

생활의 진수를 상미(賞味)한다 하면 나는 곧 수긍할 수 있되 坪內逍遙(쓰보우치 소요), 黑岩淚香(구로이와 루이코) 배(輩)를 통하여 서지(西地) 극곡(劇曲)의 풍신이나 소설의 진미이나를 체득하려 한다면 동의치 못하노라.[296]

여기의 '래프캐디오 헌'이란 일본명이 고이즈미 야쿠모(小泉八雲, 1850~1904)로서 그리스 출생의 영국인으로 일본에서 도쿄대학, 와세다대학 등에서 영어와 영문학을 강의하다가 나중에 귀화한 문인으로 원이름은 Lafcadio Hearn을 말한다. 또 쓰보우치 소요(1859~1935)는 소설가 · 극작가이며 와세다대학 교수로서 1885년 문학론 『소설신수(小說神髓)』,[297] 『당세서생기질(當世書生氣質)』을 발표하였으며, 일본 사실 소설의 선구라고 불린다. 셰익스피어를 연구하고 번역도 하였다. 구로이와 루이코(1862~1920)는 신문기자이며 문인으로 『만조보(萬朝報)』를 발간하고 평론 『천인론(天人論)』, 번역으로 『아 무정(噫無情)』, 『암굴왕』 등으로 한국의 근대 문학에도 영향을 미친 사람이다.

이처럼 변영만은 번역의 어려움에 대해서뿐만 아니라 일본에서 높이 평가하는 이들을 통해서는 서양의 연극이나 소설의 진미를 체득할 수는 없기에 일본문을 통한 서양문학의 탐구는 당초부터 될 수 없는 일임을 강조하고 있다.

문학의 경우, 모국어가 아닌 언어로 작품 활동을 하는 이민문학 또는 이주문학 작가들의 작품에서는 번역하기 어려운 단어들이 자주 나오는 편이다. 한국에도 일찍부터 소개된 루마니아의 독일인 헤르타 뮐러와 터키 출신의 에미네 세브기 외즈다마(Emine Sevgi Özdamar, 1946~), 일본인으로 19세에 독일로 가서 일본어와 독일어로 발표하는 요코 다와다(Yoko Tawada, 1960~)의 세 여류작가를 예로 들어본다.

이들 이주 작가들 텍스트의 또 하나의 공통점은 바로 번역의 어려움에 있다. 거의 모든 작가들이 자신의 모국어와 독일어 사이에서 언어의 차이, 간극에 주목하고 이를 드러내는 글쓰기를 하고 있다. 헤르타 뮐러의 『숨그네』, '심장삽'이나 외즈다마의 『엄마혀(모국어라는 뜻의 신조어)』등 이들이 만든 신조어에서는 언어차이에서 오는 긴

---

296 변영만, 『동광』, 1932.9; 『변영만전집』 하, 215면에 수록.
297 한국어 번역은 정병호 옮김, 『소설신수』, 고려대 출판부, 2007 참조.

장감을 어느 정도 옮길 수 있지만 다른 경우들에서는 언어몸체를 전달할 수 없어 그 의미만 전달해야 한다. 예를 들어 다와다의 책 제목 *Überseezungen*을 어떻게 번역할 것 인가? 작가는 'Übersee(해외)'와 'Seezunge(혀넙치)'를 합쳐 '해외의 혀들(외국어라는 뜻)'이라는 단어를 만들고 가운데 겹치는 단어 'see'를 시각적으로 가운데 배치하고 독일어로 읽으면 'Übersetzungen(번역)'으로 들리게 만들었는데 말이다. 많은 경우 한국어로 번역할 때 정말 매력적인 언어의 긴장감이 사라져 버리고 보통 독일 작가, 혹은 일본작가를 옮긴 것 같은 인상을 주고 만다.[298]

이러한 작가들은 한국에서는 흔히 주변작가로 치부된다. 그러나 2009년 헤르 타 뮐러가 노벨 문학상을 탔을 때 단 하나의 텍스트도 번역되어 있지 않았고 또 번 역자를 구하는 데 어려웠던 것이 사실이다.

반면에 원작보다도 번역이 더 뛰어난 예도 없는 것은 아니다. 오귀스트 꽁트(A. Comte)는 그의 『실증철학 강의』(*Cours de philosophie positive*, 1830~1842)를 요약 번역한 마티 노(Harriet Martineau)의 영역 『실증철학(*Positive Philosophy*)』(2 vols., 1893)의 번역이 너무 나 훌륭해서 꽁트마저도 자신의 원본보다 이 영역판을 추천하였고, 그 결과 영역 판이 다시 프랑스어로 번역되었다.[299]

9. 번역자의 자세

번역자는 어떤 텍스트를 택하여 어떠한 자세로 번역에 임해야 하는가 하는 문 제는 이미 『황성신문』의 논설 「각종 교과서지정신(各種 教科書之精神)」에서 지적하 였으며, 또 이 책에서도 이를 전문 그대로 인용하였다. 여기에 다시 한 번 번역자 의 정신적 자세를 강조한 박규서(朴奎緒) 교수의 글을 보태어 그 중요성을 강조하

---

298 최윤영, 「낯선 언어로 글을 쓰다」, 『대학신문』, 2011.5.23, 12면.
299 Irving M. Zeitlin, *Ideology and the Development of Sociological Theory*, 2nd ed., 1981. 이경용·김동 노 옮김, 『사회학 이론의 발달사』, 한울, 1985, 108면.

기로 한다.

　번역을 잘 할 수 있으려면 역자로서 습성화된 기본 언어능력, 원문수준의 상당한
언어지식, 언어학적 기초지식과 관계된 두 언어에 대한 문화적 지식배경, 원문 text에
관계된 전문분야의 지식배경, 관계된 두 언어의 풍부한 언어지식 등의 자질적 요건을
갖추어야 되겠지만 이것만 가지고서는 진정한 의미에 있어서 번역의 완벽을 기할 수
가 없을 것이다. 왜냐하면 우리가 여기서 말하는 번역은 기계가 하는 번역이 아니고
인간이 하는 번역이기 때문이다. 인간의 손을 거쳐서 이루어지는 일은 무엇이나 이
것을 잘하겠다는 인간 자신의 올바른 정신적 의욕의 불길을 원동력으로 하지 않고서
는 이루어질 수가 없는 것임을 우리는 잘 알고 있다. 번역을 잘 하겠다는 강한 의욕 이
것이 바로 역자에게 요청되는 정신적 자세인 동시에 바로 이 정신적 의욕을 뒷받침으
로써 역자가 가진 모든 자질적 능력을 최고도로 발휘할 수 있으며 번역의 완벽을 기
할 수 있는 것이다.
　성실성, 근면성, 정직성, 강한 책임감, 고도의 조심성, 겸손, 강인성 등의 모든 미덕
들은 번역에 피나는 노력을 경험해본 진지한 역자들만이 실감할 수 있는 정신적 요소
인 동시에 번역을 잘 해보겠다는 불타는 의욕의 소산인 것이다.[300]

　이처럼 번역은 성실과 근면의 극치인 동시에 정독의 완성이라고 할 수 있다. 이
런 점에서 학문에 입문하려는 사람은 무엇보다 먼저 자신의 손으로 고전을 번역
하는 일부터 시작하는 것이 학문을 정복하는 첩경이 되리라고 믿는다.

10. 결론

　이상으로 법학과 국가학 문헌을 소재로 하여 근대 한국에서의 번역의 문제를

---

[300] 박규서, 「번역자의 자질 및 정신자세」, 『외대』 제11호, 한국외대, 1976, 69~70면.

실증적으로 고찰해 보았다.

첫째, 근대 한국에서 발간된 서적의 종류를 전부 수집하여 체계적으로 문헌 목록을 작성하여야 한다. 지금까지의 연구 성과에 의하면 이 시기에 발간된 교과서류는 대체로 700종에서 1,000종 정도로 추정하는 견해가 있으나,[301] 아직 정확한 숫자는 알 수 없다. 그중 숫자적으로는 기독교 서적과 문학 서적이 가장 많으며, 법학과 국가학 관련 문헌은 약 100종류를 헤아린다.

둘째, 근대 한국에서의 번역은 개명기 일본에서 정치소설이 대유행한 것이라든가, 중국에서도 민권, 진화론, 독립사상이 성행했던 것과 유사한 성격을 보여준다. 이처럼 동양 3국이 모두 개화기에는 서구 문화의 번역을 앞세우고 국민계몽으로서 출발한 점은 역사적으로 불가피한 현상이라고 하겠으나 그 수용 자세에서는 많은 차이점을 드러내고 있다.[302] 특히 한국은 중국이나 일본과는 달리 국가적인 지원을 거의 받지 못하고 민간인에 의해서 주도되었기 때문에 국민의 문명개화를 촉진하는 매체로서의 과정이 신문보다 열세에 있었으나 그 영향력은 지대했다.

셋째, 법학 서적의 경우는 시무의 학문으로서 실제의 수요에 부응하여 단시일 내에 폭발적으로 보급되었다. 과거제도가 폐지된 후 관리의 채용시험 과목으로서 정치학이나 경제학과 같은 과목도 서서히 인기 있는 과목이 되고 있었다.

넷째, 1905년의 을사늑약의 체결을 전후로 하여 역사와 전기물 내지는 구국 영웅전이 급박한 시대상황을 반영하여 많이 발간되고 읽히게 되었다.

다섯째, 법학 서적의 경우 일본유학생에 의해서 자신이 공부한 일본의 법률 서적이 텍스트로서 널리 사용되고 번역 또는 강술의 형태로 도입 또는 소개되었다. 국가학이나 일부 문헌에서는 량치차오의 저술이 커다란 영향을 미치기도 했으나 같은 문법구조를 가진 일본어에 의한 번역이 쉽게 전파되었다.

여섯째, 번역의 문제는 외국어교육 내지는 외국어 사진편찬에 이르기까지의

---

301 백순재, 「개화기의 한국서지」, 『동방학지』 제11집, 1970, 198면.

302 임헌영, 「번역문학이 한국사회에 끼친 영향」, 『외대』 제11호, 31면. 임헌영은 일본에서 주로 번역된 글의 특징을 ① 문명개화를 열광적으로 동경하기 위한 과학 공상물(예, 베르느의 소설), ② 정치적 흥미소설이나 계몽물(예 : 디즈렐리 전기 등), ③ 민권사상의 열렬한 주장서(예 : 프랑스 혁명사나 러시아 허무주의를 배경으로 한 것), ④ 순문학적인 흥미 본위의 작품(예 : 스코트, 셰익스피어 등) 일본인 요시타케(吉武好孝)의 『飜譯文學發達史』(三省堂)의 분류에 따라서 한중일의 비교연구를 시도하고 있다.

제반 문제를 함께 검토해야 할 것이다. 특히 실용적인 면에서 통역의 역할[303]도 상세하게 연구해야 할 것이다.

일곱째, 외국 문헌의 번역은 블룬칠리의 국가사상이 일본에서는 가토 히로유키(加藤弘之)에 의해서 천황제를 뒷받침하는 이데올로기가 된 반면에, 중국의 량치차오에게는 낡은 봉건제와 전통을 파괴하는 혁명이론으로 둔갑하기도 하며, 한국에서처럼 계몽이론으로 일관하기도 한다. 여하튼 원전을 번역한 후 이를 받아들이는 국가나 사람에 따라서 다양하게 변질되는 모습을 보여 주고 있다.

여덟째, 번역자는 정확한 것을 추구하는 봉사자이다. 우리 시대의 양심적인 한 번역가의 말을 인용한다.

"번역자는 반역자"란 외국의 격언이 역자의 심정을 씁쓸하게 한다. 그러나 충정이 살아 있는 한, 반역자란 오명에서는 벗어나리라는 희망을 가져본다. "마음으로 성실하게 구하면, 비록 적중하지는 않더라도 그다지 틀리지 아니할 것이다(心誠求之 雖不中不遠矣)"라는 옛 성현의 말씀에 은근히 기대어볼까.[304]

끝으로 번역과 한국의 근대화라는 관점에서 법학과 국가학뿐만 아니라 다른 학문 분야에서도 실증적이며 정치한 분석이 나와서 상호 보완하는 계기가 되기를 기대한다.

---

303 통역은 外部의 공식적인 외교활동으로부터 법원의 재판에 이르기까지, 또한 한반도를 둘러싼 열강의 각축으로부터 일본에 의한 식민지 지배에 이르기까지 한국인의 일상을 지배한 중요한 문제이며, 체계적으로 연구할 과제의 하나이다. 법원과 관련된 기사를 한두 가지만 본다.
예컨대 재판소번역관보 시험에도 많은 인원이 응시하고 그것도 일본어 한 과목만을 시험보고, 마침내 각 경찰서에서는 집집마다 어학 공부하는 사람을 조사할 정도로 조선인의 일상생활은 통감부의 철저한 통제를 받게 된다(『대한매일신보』, 1908.7.18).
● 無譯困難 今番 新官制 頒布 以後에 各道 通譯官補가 廢止됨으로 各 裁判所에서는 外國人 交涉上에 通譯이 無홈으로 困難ᄒ다고 法部에 報告가 遝至ᄒ다더라(『황성신문』, 1908.1.21).
304 모리스 뒤베르제, 김병규 옮김, 『정치제도와 헌법. 제2권 프랑스 정치체계』, 삼영사, 1980, 역자 서문.

VI. 번역이 근대 한국에 미친 영향[*]

한 법학도의 입장에서 본

1. 서설

번역과 근대 한국에 관한 테마야말로 요즘 흔한 말로 '학제적' 또는 '경계 넘기'의 대표적인 분야이다. 여기서 부제목으로 '한 법학도의 입장에서 본'이라는 한정적 표현을 사용한다고 하더라도 거대한 제목에서 자유로울 수는 없다.

근대 한국의 번역사를 연구하려면 어떤 시대에 어떤 책이 번역되었고, 그 영향은 어떠했는가 하는 것만을 검토하는 것으로는 부족하다. 여기에는 정부 당국의 교과서정책으로부터 외국어 교육, 번역자의 양성, 독자층의 분석, 도서관의 확충이나 출판사의 문제, 도서의 거래나 유통 과정 등에서부터 광고나 책의 디자인, 특히 통감부의 간섭과 검열에 이르기까지 여러 가지 문제점들을 함께 살펴볼 때 비로소 번역과 근대 한국의 면모는 올바르게 밝혀지는 것이다.

그 위에 근대 한국사의 기본지식은 물론 이웃 중국과 일본의 근대사와 학술교류사에 관한 관심과 이들에게 영향을 미친 서구의 주요 국가들의 지적인 상황에

---

[*] 이 글은 한국번역비평학회와 성균관대 비교문학연구소가 2012년 5월 12일 고려대학교 서관 215호에서 주최한 '우리들의 번역, 우리들의 이론, 우리들의 근대—근대 한국의 이론번역과 학술장의 재편'에서 발표한 기조 강연을 정리한 것이다.

대한 검토까지 요구되는 광범위하고 다양한 분야의 연구능력이 요구되는 것이 번역과 근대 한국의 문제이다.

몇 가지 구체적인 예를 들면서 이를 실증하기로 한다.

2. 선행연구와 최근 두 책의 평가

먼저 선행연구로서는 김병철(金秉喆, 1921~2007)의 『한국 근대 번역문학사 연구』(을유문화사, 1975), 『서양문학 번역논저 연표』(을유문화사, 1978) 등 일련의 기념비적인 저작은 연구자들에게 지적인 자극과 도전을 제공하고 있다.

성서 연구에서는 이진호(李鎭昊, 1932~)의 『한국성서백년사』(전2권, 대한기독교서회, 1996)가 대표적이다. 성서는 근현대 한국어의 발전과 개념사 연구에 필수불가결한 존재이다.[1]

이분들의 업적은 한국 근대 번역사 연구에서 필수불가결한 저작으로 이후의 연구자의 문제의식을 고취하고 방향을 제시하는 이정표의 역할을 하고 있다. 최근 근대 한국의 번역과 관련하여 몇 가지 연구 서적이 발간되었기에 이를 소재로 하여 이론번역과 학술장의 재편을 위한 문제를 제기하기로 한다.

1) 각 분야의 연구 업적

이들 문학과 기독교 분야 이외에서는 아직도 번역된 문헌목록이나 서지적인

---

1 최근 문헌은 오미영, 『한일 초기 번역성서의 어학적 연구』, 제이앤씨, 2011; 오미영, 「초기 한일 성서번역에 나타난 중국 한문성서의 영향」, 『일본연구』 제23호, 한국외대, 2004.12, 547~564면; 「성경번역은 우리말에 무엇이었나」, 『대학신문』, 서울대, 2011.9.26; 이광린, 「漢譯 기독교 서적의 한국 전래와 그 영향」, 『학술원논문집』 제29집, 1990; 이광린, 『개화기연구』, 일조각, 1994, 1~18면 수록. 일본 문헌은 海老澤有道, 『日本の聖書─聖書和譯の歷史』, 講談社 學術文庫, 1989 등.

작업조차 제대로 되어 있지 않은 분야가 여전히 존재한다. 개별적인 분야의 중요 업적은 다음과 같다.

① 서지학에서는 김봉희(金鳳姬), 『한국 개화기 서적 문화 연구』(이화여대 출판부, 1999)의 발행 서적 분석도 참고가 된다. 또한 사상사에서는 이광래(李光來)의 『한국의 서양사상 수용사』(열린책들, 2003)[2]가 있으나 근대 부분에서 구체적인 서양 철학자나 저서에 대한 실증적인 연구는 빈약하다. 근대 서구·철학 개념의 유입에 관하여는 이행훈의 연구가 있으며,[3] 근대 철학의 도입에 관한 약간의 문헌이 있다.

② 문학에서는 정기수(丁奇洙), 『한국과 서양─프랑스문학의 수용과 영향』(을유문화사, 1988); 이건우, 『한국 근현대문학의 프랑스문학 수용』(서울대 출판부, 2009); 이유영(李裕榮)·김학동(金澤東)·이재선(李在銑), 『한독문학비교연구 I─1920년대까지 독일 문학의 영향을 중심으로』(삼영사, 1976); 차봉희 편, 『한국의 독일문학 수용 100년』(한신대 출판부, 2001).

③ 사회과학 분야에서는 경제학에서 이기준(李基俊), 『한말 서구경제학 도입사』(일조각, 1985)[4]가 귀중한 업적으로 한국 경제학의 뿌리를 명쾌하게 밝혔을 뿐만 아니라 우리들에게 공부하는 자세까지 가르쳐주고 있다. 정치학에서는 김학준(金學俊)의 『구한말의 서양정치학 수용연구』(개정증보판, 서울대 출판문화원, 2012); 법학에서는 김효전(金孝全)의 「번역과 근대 한국─법학과 국가학문헌을 중심으로」(『개념과 소통』 창간호, 한림대, 2008)가 있다. 기타 『근대 서구학문의 수용과 보전(普專)』(고려대, 1986)과 하영선 외, 『근대 한국의 사회과학 개념 형성사』(창비, 2009)도 참고가 된다.

④ 한중일의 학술교류사를 알기 위한 필수적인 문헌은 다음과 같다.

• 金觀濤·劉靑峰, 『觀念史硏究─中國現代重要政治術語的形成』, 香港 : 中文大學出版社, 2008(한국어 번역 : 양일모·송인재·한지은·강중기·이상돈 옮김, 『관념사란 무엇인가─1 이론과 방법, 2 관념의 변천과 용어』, 푸른역사, 2010).

---

2 日譯 : 高坂史朗·柳生眞 譯, 『韓國の西洋思想受容史─哲學的オーケストラの實現をために』, 御茶の水書房, 2011.
3 이행훈, 「한국 근대 '철학' 개념의 역사의미론 연구」, 이경구 외, 『개념의 번역과 창조─개념사로 본 동아시아 근대』, 130~155면.
4 日譯, 『西歐經濟思想と韓國近代化─渡日留學生と經濟學』, 東京大學出版會, 1986.

• Federico Massini, *The Formation of Modern Chinese Lexicon and Its Evolution toward a National Language*, Berkeley 1993(이정재 옮김, 『근대 중국의 언어와 역사』, 소명출판, 2005).

• 馮天瑜, 『新語探源－中西日文化互動與近代漢字術語生成』, 中華書局, 2004.

• 『日本譯中國書綜合目錄』, 香港 : 中文大學 出版社, 1981.

• 實藤惠秀, 『中譯日本書目錄』, 國際文化振興會, 1945.

이상의 저작 외에 약간의 한국 문헌이 발표되고 있다.[5]
⑤ 기타 자연과학 분야의 번역과 번안에 대한 연구도 활성화되어야 할 것이다.[6]

2) 최근의 몇 가지 업적

번역과 근대 한국에 관하여는 최근에 몇 가지의 책과 연구 논설들이 발표되었으나 다음 두 책에 한정하여 간단히 살펴보기로 한다.

(1) 박진영, 『번역과 번안의 시대』(소명출판, 2011)

이 책은 국문학을 전공한 저자의 박사논문「한국의 근대 번역 및 번안소설사」를 손보아 펴내면서 제목을 『번역과 번안의 시대』로 바꾼 것이다. 제목은 책의 성패와 운명을 좌우하는 중요한 요소이다. 저자의 의도로 바꾼 것인지 출판사의 요청에 의한 것인지는 알 수 없으나, 책 제목은 독자의 구미를 당기게 하는 반면 내

---

5 예컨대 중국과의 관계에서는 양일모, 「근대 중국의 서양 학문 수용과 번역」, 이경구 외, 『개념의 번역과 창조－개념사로 본 동아시아 근대』, 198-237면; 양일모, 『옌푸(嚴復)－중국의 근대성과 서양사상』, 태학사, 2008; 옌푸, 양일모 역주, 『정치학이란 무엇인가』, 성균관대 출판부, 2009.
일본의 경우는 김동기, 「일본 근대 철학의 형성과 번역」, 『시대와 철학』 제16권 1호, 2005; 김동기, 「일본의 근대와 번역」, 『시대와 철학』 제14권 2호, 2003 참조.

6 예컨대 여인석, 「한말 의학교과서 출판과 그 의미」, 『한국사론 42－한국 근현대 과학기술사의 전개』, 국사편찬위원회, 2005; 이재화・이상구・변형우, 「안종화의 『數學正徑節要括集』 연구」, 『한국수학사학회 학술발표회 논총』 제21권 제1호, 2011 등.

용을 본 독자를 실망시키기도 하는 면이 많이 있다. 원래의 논문 제목대로 하는 것이 정직하고 올바르다. 몇 가지 소감을 적는다.

'번역'은 문학도의 전유물이 아니다.

뒤에 보는 김욱동의 저서와 마찬가지로 번역은 문학도나 외국어에 관심 있는 사람들만의 전유물은 아닐진대 번역·문학 및 번안·문학이라고 이름 붙이거나 부제목이라도 달아서 연구의 범위를 한정해야 할 것이다. 발표자에게 주어진 제목이 '번역이 근대 한국에 미친 영향'이고, 또 관심 분야가 법학과 정치학이기 때문에 '정치소설' 한 부분을 보기 위해 구입했을 뿐이다.

철학이나 윤리학과 같은 인문과학 분야는 물론 사회과학 그리고 자연과학 분야에서의 번역과 번안도 얼마나 중요하고 의미 있는가 하고 주위를 둘러보아야 할 것이다.

근대의 시대구분이 불분명하다.

저자는 근대를 1900년대 후반부터 1920년대 초반으로 잡고 있는데, 안국선의 신소설로 대표되는『금수회의록』도 번안소설의 일종인데 아무런 언급이 없는 것은 유감이다.[7]

번역소설과 번안소설의 서지 사항을 전체 목록으로 첨부하였으면 한다.

문체의 분석에 더 추가할 사항

저자는 대상 작품의 문체의 분석에 주력하고 있는데 원저자와 번역자의 인적 사항, 시대적 배경, 작품의 독자에 대한 반향 등이 추가되어야 할 것이다.

168면의『경국미담』머리말의 순한글 인용은 책의 체재를 떠나 독자가 읽기에 불편하다. 이 책은 교양서가 아니라 전문 학술서로서 출발한 것이기 때문이다.

저자가 분석의 대상으로 삼은「설중매」,『철세계』,『경국미담』의 기본 텍스트가 되는 일본책의 일본에서의 기존 연구나「해제」를 참고하지 않아서 비교 연구

---

7 『경향신문』, 2011.2.24. 서재길 HK 교수는『금수회의록』이 1904년 간행된 사토 구라타로(1855~1942)의『금수회의 인류공격』을 번안했다고 자료 일부를 공개했다.

에서 문제점을 드러내고 있다. 한중일의 비교연구가 절실히 요망되는 분야이다.

또 (175면)에서 바로 일본인 쓰보우치 쇼요(坪內逍遙, 1859~1935)의 저서 『소설신수』에서 처음 아속 절충 문체가 제안되었다고 단정하는데, 그것도 정확한 것인지 확인할 필요가 있으며, 이 사람에 대한 간단한 소개와 한국과의 관련을 언급할 필요가 있다.[8] 그는 와세다대학의 교수로 셰익스피어와 연극에 관심을 가진 사람으로서 한국인이 와세다대학에 많이 다닌 탓에 우리나라에도 많이 알려진 것으로 생각된다. 법학에서도 와세다대학 교수의 책이 많이 번역·소개된 것과 일맥상통한다고 보겠다.[9]

우리의 번역문학에서는 형체와 문체까지도 옮겨야 한다는 주장은 이미 60년대부터 제기되었다.[10]

한편 438면의 프랑스 문학 '수신'은 '受容'[11]을 나타내는 말인가? 자유민권운동의 이타가키 다이스케(板垣退助)와 관련이 있다는 부분은 일본인의 과장된 표현이다. 메이지시대의 일본인은 영국인 J. S. Mill의 『자유론』에 크게 고무되었으며, 프랑스(스위스인) 루소의 『사회계약론』, 독일인 블룬칠리의 『국헌범론』 등에서 커다란 자극과 감동을 받았다. 문학에서도 영국, 프랑스, 독일, 러시아 등 국가는 물론 각기 다른 문예사조도 중층적(重層的)으로 시대를 넘어서 동시에 무분별하게 수용되었다는 사실을 간과해서는 안 된다.

특히 439면의 "이타가키의 빅토르 위고와의 대담은 메이지시대 정치소설의 발흥에 지대한 영향을 끼쳤다"는 일본인의 표현 역시 과대 포장된 것이다. 일본 문헌을 인용할 때의 주의 사항! 활자화된 것이라고 모두 믿어서는 안 될 것이다. 루소를 번역한 나카에 조민(中江兆民)을 '동양의 루소'라고 하고, 청일전쟁에서 승리

---

8 일찍이 변영만은 쓰보우치나 구로이와 배(輩)를 통해서는 서양의 연극이나 소설의 진미를 체득할 수 없다고 비판적으로 보았다. 『변영만전집』 하, 215면. 쓰보우치의 『소설신수』 번역은 정병호 옮김, 『소설신수』, 고려대 출판부, 2007 참조.

9 예컨대 김효전 강연, 金亮完 譯, 「近代における韓國憲法學の潮流—早稻田大學との關わりを通じて」, 『比較法學』(早稻田大學) 第41卷 第1號, 2007年 7月 1日, 157~168면.

10 강두식, 「번역문학에 대한 단상」, 『대학신문』, 1969.3.10 참조.

11 외국의 법과 법학에 관하여 일본인들은 '受容'과 '移入' 단계를 거쳐 '攝取' 또는 '繼受' 등의 용어를 사용하여 일반화·보편화의 과정을 밟는다고 생각한다. 예컨대 水田義雄, 飜譯による法思想の攝取, 野田良之·碧海純一 編集, 『近代日本法思想史』, 有斐閣, 1979, 215~223면; 小林直樹, 日本におけるドイツ法の攝取, 『概觀ドイツ法』, 1971. 기타 '채용'이란 용어를 쓰기도 한다. 예컨대 仲宗根玄吉, 『明治政府によるドイツの法學および醫學の採用』, 有斐閣學術センター, 2012 등.

한 도고 헤이하치로(東鄕平八郎)를 '동양의 넬슨'이라고 하는 일본식 표현법은 도처에서 나온다.

또 486면의 김동성의 영어로부터의 직접 번역을 '진풍경'이라고 묘사한 것은 섣부른 단정적 표현이며 고인에 대한 모독이다. 오히려 한국인으로서는 '행운'이었고 감사할 일이다.

끝으로 489면의 "식민지 시대 내내 일본어를 경유하지 않은 번역 및 번안이란 불필요하거나 혹은 불가능했던 것이 일반적인 상황이다"는 단정적인 표현 역시 수정해야 할 것이다. 식민지시대에도 학문적으로는 서양에 유학한 사람도 있고 일본어를 거치지 않고 번역(번안)한 사람도 있다는 것을 생각하기 바란다. 일본의 식민지였다는 패배주의와 식민사관의 잔재가 아직도 남아있는 것 같아서 씁쓸함을 느낀다.

전체적으로 중복 서술 내지 반복하는 부분이 많은 편이다. 문학자(도)는 작가와 구별된다. 허구의 이야기를 들려주는 것이 아니라 현존하는 작품과 문헌을 가지고 연구하는 학문 활동이지 창작하는 사람이 아니다. 예컨대 '한자 혼용 표기의 언어적 패배', '계몽 교과서의 양식적 패배' 운운과 같은 미사여구는 주장하려는 의미내용을 약화시키게 마련이며 학술 논문에서 문학적인 기교나 감상적인 감정의 표현은 삼가야 할 것이다. 그보다는 치밀한 자료의 분석과 전거를 밝히는 데 주력해야 할 것이다.

(2) 김욱동, 『번역과 한국의 근대』(소명출판, 2010)

저자는 영문학자로서 일본인 마루야마 마사오(丸山眞男, 1914~1996)와 가토 슈이치(加藤周一, 1919~2008)의 대담집 『번역과 일본의 근대』(1998)와 중국계 미국인 리디어 H. 류의 책 『통언어적 실천』(1995)이 모태이며 바로 자신의 책의 '어버이'라고 적었다. 연구의 계기 또는 자극 정도가 적절한 표현이며 '어버이'란 말은 지나친 자기비하라고 하겠다.

이 책을 읽고 발표자는 바로 저자에게 편지를 보냈다. 전체적인 소감과 인상은 책 제목에 비해서 내용이 빈약하다는 느낌이다. 일반 독자를 대상으로 삼았는지

전문연구가를 염두에 둔 것인지도 불분명하며 기존의 각 분야에서 이미 많은 연구 성과가 나온 것을 간추린 느낌이 든다. 오히려 저자 서문대로 마루야마와 똑같은 편별과 방법으로 접근했더라면 더욱 재미있지 않을까 생각한다. 구체적으로 문제점을 지적한다.

저자는 조선이 서양을 직접 만나지 못한 사실 운운(8면)하는데, 서양과의 만남은 처음에는 중국을 통하여, 또는 선교사를 통하여(유길준, 이승만, 서재필은 직접), 그 다음에는 일본을 통하여 간접적으로 이루어지는데, 일본을 너무 부각시켜 마치 모든 서양문물이 일본을 통하여 전래된 듯한 인상을 주며, 또 많은 이들이 아직도 일본의 역할이 큰 것처럼 예단 내지 단정하는 경향이 있는데 우리 안의 잔존하는 식민주의 내지는 사대주의라고 하겠다.

저서(35면)에서 일어나 한어는 역관 출신의 한국인 교사가 가르쳤다 운운하는 설명은 추측에 근거한 독단적인 설명이다. 거기에서도 요즘말로 원어민이 가르쳤으며, 중국인 한어 교사는 胡文韋로서 병약하고 불성실하였다는 당시 신문의 기사가 있다.
그리고 막연히 아무런 전거도 없이 56면에서 이중 삼중으로 번역했다는 기술은 구체적인 서명과 아울러 김병철처럼 원문과 함께, 이중, 삼중의 구체적인 문장을 예시하면 백문이 불여일견이다.
또 103면에서 김찬(金燦)은 『라빈손표류기』 외에, 같은 의진사(義進社)에서 『인권신설(人權新説)』(1908)도 번역한 사람으로 이 책도 근대 한국에 지대한 영향을 미친 저작 중의 하나이다. 문학연구가 중에는 너무 문학에만 치중한 나머지 역사나 사회과학 분야에서의 연구 성과는 알지 못하거나 관심도 없어서 편협하게 저술한 것이 더러 있다.
예컨대 104면에서 디포의 모험담이 인기를 끈 이유는 서구나 일본에서 청소년의 모험과 진취적인 기상을 심어주기 위한 것임은 다 아는 사실인데 한국은 소개된 시기가 일제 침략 시기일 뿐 문제의식은 동일한 것이다. '현실도피적인 환상을 심어주기 위한' 운운의 설명은 저자의 패배주의적인 역사의식의 발로가 아닐까? 일본의 근대문학사나 아동문학사 중 디포에 관한 설명을 참고하면 동일한 것임을 알 수 있다.

그리고 126면에서의 인류 운운. 제2차 세계대전 이후 영미의 국제법학자들은 해양을 '인류공동의 유산'이라고 한다. 얼핏 들으면 우리 한민족도 인류의 한 구성원이니 '당연하다' 하겠지만 곰곰이 생각해 보면 그 말 '믿어도 되나요'이다. 전 세계, 전 인류를 지배하려면 '인류'를 강조 내지 포장하여 그 저의(발톱)를 감추어야 하는 법이 아닐까? 그러기에 프랑스의 무정부주의자 프루동은 "인류를 말하는 자는 사람을 속이려는 것이다"[12]라는 명언을 남겼다.

특히 (132면)번역가로서는 이상협보다 안국선이 우선한다. 그의 『금수회의록』은 『정부원』(1914)보다 시기적으로도 앞서기 때문이다. 또 안국선의 경우는 『행정법』, 『상행위법』, 『상업경영법』 등의 편저술이 있는데 제목도 언급하지 않은 것은 이 책의 저자뿐만 아니라 문학도와 번역연구가 모두가 반성할 일이라고 생각한다. 그리고 135면에서 안국선 번안 운운했는데, 안국선은 '역', '편술', '역술', '강술' 등 구체적으로 명시했으며 '자유롭게 번안' 운운은 안국선의 작품을 폄하하는 표현이다.

일부 정치학자 중에는 제대로 연구도 하지 않고 안국선의 『정치원론』이 한국 최초의 서양식 정치학 저술이라고 하는데, 동명의 일본인 저술을 축소·번역한 것으로 스스로 '편술'이라고 하였다.

이와 관련하여 당시 무슨 책을 번역했는지 텍스트를 밝히지 않은 책이 상당수 있어서 연구에 어려움과 궁금증이 많았는데, 일본에 가서 메이지시대의 저술을 보니 '강술'이란 표현이 많은 것을 보고 이것 또한 모방한 것이 아닌가 하는 생각이 든다.

량치차오의 번역에 대한 이야기를 깊이 다룬 문헌을 과문한 탓인지 아직 보지 못했다. 한국에 많이 소개된 저작이고 중요한 인물이기 때문에 비교 연구가 필요하며 깊이 연구할 대상이다.

또 255면에서 스펜서를 '처음' 언급한 것은 운운. 이춘세(李春世)가 아니라 이보다 앞서 『황성신문』(1907.1.23) 논설 「지식은 자유지원인(自由之原因)」, 『태극학보』 12호(1907)의 논설 「양심론」 등에 보인다. 문제는 '처음'이란 표현이다. 다른 곳에서도 이처럼 단정적인 표현이 더러 보이는데 '저자가 조사한 바로는' 같은 한정적

---

12 이 표현은 C. Schmitt, "Staatsethik und pluralistischer Staat(1930)", in: *Positionen und Begriffe mit Weimar-Genf-Versailles 1923~1939*, 1940. 3. Aufl., 1994, S.143. 김효전·박배근 옮김, 「국가윤리학과 다원적 국가」, 『입장과 개념들』, 세종출판사, 2001, 205면에서 인용.

인 표현이 필요하다. 독자들에게 부정확한 지식을 전달하거나 이런 단정적인 서술이 확대 재생산될까 두렵다.

전체적인 문제점으로서는 서구의 문물(문학)이 중층적으로 도입된 점, 예컨대 문예사조에서 자연주의나 낭만주의라고 하더라도 국가에 따라 다른데 우리나라(와 일본)에서는 한꺼번에 들어 온 점, 개별 국가에서의 특수한 점 등이 부각되지 않은 점, 한국에서의 특수성은 자기비하적인 경향을 보인 점이 독자로서 받은 인상이다. 이런 문제는 문학이나 사회과학(법학)에도 동일하기 때문에 하루 속히 척결해야 할 것이다.

기타 근대 한국에서 사회주의의 보급과 발전 그리고 그 문학에 대한 설명이 추가되었으면 한다. 또한 문학과 관련된 철학이나 사상에 대해서도 언급이 필요하다. 일부 철학 연구자가 거창한 제목 아래 서구 철학의 도입과 수용을 언급한 책자가 발간되고 있는데 당시 발간된 도서목록 하나 제대로 제시하지 못하고 있는 실정이다.

이 책은 근대 한국에서의 번역문학에 대한 일반의 관심을 고취하고 계몽적인 역할을 한 공로는 인정되지만 서술의 정확성과 치밀성, 학술서로서의 가치에는 의문이 간다.

3. 1906년 『황성신문』의 서적 광고

다음은 『황성신문』 1906년 6월 8일 자에 실린 평양 대동서관(大同書觀)[13]의 서적 광고이다. 구한말에 우리나라에서 판매되었던 정치학과 법학 관계 서적목록이며 그 밖에 사학, 지리학, 사회학, 철학 관계 책도 아울러 소개하고 있다.

먼저 평양부(府)의 유지 김흥연(金興淵), 진문옥(秦文玉), 곽용순(郭龍舜) 등의 대동서관 취지서의 일부를 그대로 옮겨 보기로 한다.

---

13 대동서관에 관하여는 『황성신문』, 1906.3.28 논설 참조.

原夫國步의 進就는 必資人才요 人才의 培植은 必由學問이니 書籍은 學問上에 元素物이라. 若非書籍之富有면 何以資其玩讀ᄒᆞ야 增其學識哉아. (…중략…)

現今 世界에 文明이 日進ᄒᆞ고 事業이 日新ᄒᆞ야 互相競長에 莫肯退後이거날 我獨安於固陋ᄒᆞ야 自同井와 ᄒᆞ면 不免爲下等劣種이라. 宜其出入於此ᄒᆞ야 環球列國의 新刊書籍과 申報雜誌之類를 得閱ᄒᆞ야 世界近況을 逐日知得者一一也오. 其他 有益於教育者를 不暇枚擧인則 廣儲書籍ᄒᆞ야 資人閱覽이 誠培植人才之要法也라. 所以로 本人等이 於此注意ᄒᆞ야 書籍縱覽所를 創設ᄒᆞ되 其 位置ᄂᆞᆫ 平壤府 大同館前이오 其名稱은 曰 大同書館이라.

自本邦書籍으로 以至東西諸國의 各種 書類를 悉力購致ᄒᆞ야 務使琳琅珠玉이 燦然具列케 ᄒᆞ노니 惟願遠近僉君子ᄂᆞᆫ 咸須琼此ᄒᆞ야 隨意要覽ᄒᆞ야 有以廣其見聞ᄒᆞ고 增其學識이면 實逼迫之切望이로소이다.[14]

서적 광고는 다음과 같다.

○本觀에셔 發售ᄒᆞᄂᆞᆫ 各種 教科書ᄂᆞᆫ 日者 各 新聞에 廣하야 學生諸氏의 一覽을 供ᄒᆞ엿거니와 今에 教科 以外 歷史, 地理, 政治, 法律, 哲理, 社會, 經濟學과 農商工 各 實業學과 學校 及 著述家의 參考書類와 文房需品을 左開列ᄒᆞ오니 志學人士ᄂᆞᆫ 陸續來購ᄒᆞ시옵.
發售所 平壤 鍾路 大同書觀

계속하여 사학 총서와 지리학 목록을 열거한 후 다음의 책들을 소개한다.

本國史 羅馬史 希臘史 埃及史 波斯史 新史學 中國史 猶太史 英國史 印度史 巴比倫史 土耳其史 亞剌伯史 日耳曼史 俄羅斯史 法蘭西史 中國歷史 埃及慘狀 支那史要 萬國通史 泰西通史 西史通繹 歷代史略 中等東洋史 中等西洋史 中東戰紀 日俄戰史 普奧戰紀 尼羅海戰史 飛獵賓戰史 希獵獨立史 萬國新歷史 萬國興亡史 世界近代史 東洋分國史 歐洲新政史 西力東侵史 世界進化史 世界文明史 史學原論 歐洲十九世紀史 歐洲

14 「雜報」, 『대한매일신보』, 1906.3.24.

列國變法史 世界女權發達史 西洋文明史之沿革 歐洲列國戰史本末 泰西民族文明史 東西洋倫理學史 歐洲最近政治史 意大利獨立史 美國獨立戰史 中國近代秘史 法國革命戰史 中國文明小史 日本維新三十年史 日本維新活歷史

以上은 史學叢書

世界地理學 萬國地理志 最新萬國商業地理志 沿海長江險要圖說 東亞各港口岸志 東亞三國地理 滿洲地志 日本政治地理

以上은 地理學

國家學綱領 國家學原理 政治學全編 權利競爭論 警察學全書 政治學新論 政治原理 政治一班 共和政體論 萬國官制志 萬國憲法志 憲政論 歐美政體通覽 歐洲政治史論 歐州外交史 歐州文明進化論 地方自治制 十九世紀四大家政治學說 十九世紀大勢變遷論 康南海官制議 十九世紀末世紀之政治 議會政黨論 萬國憲法比較 萬國國力比較 美國民政考 英國通典 支那問題 伯倫知里自治論 泰西各國政治論 世界三怪物 國憲汎論 國際公法大綱 萬法精理 憲法要義 憲法精理 新法律詞典 國際法學 國際公法志 現世界大勢論 近世陸軍 日本武備教育 中國之武士道 日本明治法制 日本監獄法律詳解 日本學校章程彙編 德國學校制度 泰西格言 國家政府界說 國際公法精義

以上 政治 及 法律學

이어서 사회학, 철학 등의 도서목록을 게재하고 있다.

社會進化論 人群進化論 族制進化論 社會主義 社會學 政敎進化論 羣學隷言 人種誌 近世社會主義 婚姻進化論 社會改良論 人種改良論

以上은 社會學

哲學要領 哲學新詮 未來世界論 二百年後之吾人 記憶術 達爾文天擇篇 達爾文物種由來 地球之過去未來 生物之過去未來 哲學妖怪百談 續哲學妖怪百談 吳京卿節本天演論 天擇物競論 天演論 道德法律進化之理 三大哲學家學說 理學鉤玄 哲學論綱

以上은 哲學 [未完]

계속하여 같은 『황성신문』 1906년 6월 16일 자는 의학, 병학, 전기의 광고를 내고 있다. 의학은 제외한다.

兵書五種 養兵秘訣 鍊兵實記 鍊兵芻言 行軍指南 紀效新書 籌洋芻議 日本武備敎育
兵事手函 德國軍制 野外行記 記言紀行 庸書內外編 兵式體操圖 步兵操典 袁慰帥兵書
中國之武士道 軍人文大全

以上은 兵學之最新發明者

中西偉人傳 世界十二女傑 地球一百名人傳 華盛頓 拿坡崙 俾思麥 科倫布 康南海 漢
尼拔 林肯 亞歷山大 加里波的 海軍第一偉人 彼得大帝 李鴻章 伊藤博文 鄭成功 湖雪
巖 劉坤一 古今中外人物 日本維新慷慨士列傳 泰亞政治家列傳

以上은 傳記 (未完)

이상의 책들은 한국인이 저술한 것, 중국인의 저서와 번역서, 일본인의 저작 등
이 뒤섞여 있어서 이를 밝혀내는 작업은 쉽지가 않다. 그러나 어떠한 종류의 책들
이 판매되었는지 적어도 서명만 알 수 있는 것도 다행이라고 하겠다. 우리들의 연
구 과제들이다.

4. '권리' 관념의 전파

다음은 여러 해 전에 한국에도 많이 알려진 마루야마 마사오와 가토 슈이치의
대담집 『번역과 일본의 근대』(임성모 옮김, 이산, 2000)의 114면(원서 119~120면)에 나
오는 한 구절이다.

'만국공법'이라는 제목도 우연히 같습니다만, 휘턴(Wheaton)의 『만국공법』번각본(飜
刻本) 출판이 1865년이고 비세링(Vissering)의 『만국공법』을 니시 아마네(西周)가 강의한
것이 이듬해, 그 출판이 1868년이니까, 어느 쪽이 먼저인지를 가리기가 힘들 정도죠.* [15]

---

15 옮긴이(임성모)가 붙인 *표에는 惠頓撰, 丁韙良 等譯, 開成所版 飜刻, 『萬國公法』; 西周助 譯, 『和
蘭畢洒林氏萬國公法』이 적혀 있는데 원서 119~120면에 있는 것이다.

마틴

또 최경옥 저, 『한국 개화기 근대 외래한자어의 수용연구』(제이앤씨, 2003), 113면에서 "현재까지의 연구에서 '권리'는 '의무'와 함께 명치기 일본에서 만들어져 중국으로 유출된 것으로, 이를 중국에 소개한 것은 梁啓超와 康有爲로 알려져 있다"고 하면서, 스즈키(鈴木修次)의 『日本漢語と中國』을 전거로서 들고 있으며, 또 각주 202)에서는 "이한섭(1987)에서는 '권리'를 일본계 근대 외래한자어로 분류하고 있다"고 서술하였는데 이것은 사실과 다르다.

한국의 경우, 마틴(William Martin, 丁韙良)이 번역한 블룬칠리(J. C. Bluntschli, 步倫)의 『공법회통(公法會通)』(1880)은 처음에는 일부 식자층에게만 알려지고 있다가 1896년에는 학부 편집국장인 이경직(李庚稙)이 서문만 붙여서 중국판을 그대로 찍어서 내기도 하였다. 이곳의 '凡例' 중 중요한 곳을 자세히 보기로 한다.

8. 公法旣別爲一科 則應有專用之字樣[16] 故原文偶有漢文所難達之意 因之用字 往往似覺勉强 卽如一權字 書內不獨指有司所操之權 亦指凡人理所應得之分 有時增一利字 如謂庶人本有之權利云云 此等字句 初見多不入目 婁見方知爲不得已而用之也

(번역문) 공법은 이미 따로 하나의 과목이 되었다. 그러니 마땅히 오로지 공법만을 위하여 사용하는 문구가 있을 것이다. 그래서 원문에 이따금씩 한문으로써는 드러내기가 어려운 뜻이 있다. 따라서 사용한 글자들이 종종 억지로 끌어 맞춘 듯이 보이기도 할 것이다.

곧 예를 들면 권(權)이라는 글자는 책 속에서 다만 관리가 쥐고 있는 권력을 가리킬 뿐만 아니라, 널리 사람이 이치적으로 마땅히 얻어야 할 몫을 가리키기도 한다. 그래서 때로는 이(利)라는 한 글자를 더하기도 하였다. 예를 들면 사람들이 본래 가지고

---

16 글씨의 본보기. 자구(字句), 문구(文句), 여기서는 전문용어를 말함.

있는 권리(權利)라고 한 것이 그것이다. 이러한 글자들은 처음 볼 때에는 눈에 (잘) 들어오지 않겠지만, 여러 번 보면, 어쩔 수 없었기 때문에 그것을 사용하였음을 알 수 있을 것이다.

오늘날 우리가 아무런 생각 없이 사용하는 '권리(權利)'란 단어는 이처럼 중국에 온 미국인 선교사 마틴의 고뇌에 찬 독창물이다.[17] 그는 1864년 미국인 H. Wheaton의 *Elements of International Law*(1836)을 한어(漢語)로 『만국공법』이라고 번역하면서 영어 right의 적당한 역어(譯語)가 없어서 고심했다는 것을 그 책 '범례(凡例)'에서 분명히 기록하고 있다. 이 번역서 『만국공법』은 바로 일본에 전래되어 식자층에 전파되었고 니시 아마네(西周)도 이 책을 많이 참고하였다고 한다.[18]

그 밖에 이시즈카 마사히데(石塚正英) 他 監修, 『哲學·思想飜譯語事典』(論創社, 2003)의 '權利와 義務' 항목(堅田剛 집필), 102면에서는 권리는 영어의 right가 아니라 독일어의 Recht에서 유래한다고 적고 있는데 물론 이것도 잘못된 기술이다.

이처럼 일본의 지성이라는 마루야마(丸山眞男)가 『만국공법』은 "어느 쪽(Martin인지 西周인지)이 먼저인지를 가리기가 힘들 정도죠"라고 하는데, 이는 마루야마의 무지를 나타내는 말이거나 아니면 중국에서의 마틴의 업적을 고의로 비하하려는 저의로밖에는 볼 수가 없다.

근대 일본이 서구 문물을 받아들이는 과정에서 한국보다 앞선 것은 사실이며

---

17 한국에서의 권리 관념은 김효전, 「한국 기본권이론의 역사적 발전」, 『헌법과 기본권의 현황과 과제』(금랑 김철수 선생 팔순기념 논문집), 경인문화사, 2012, 293~311면; 김효전, 『헌법』, 소화, 2009, 151면 이하; 김효전, 「서구 헌법사상의 초기수용—기본권사상을 중심으로」, 『한국법사학논총』(박병호 교수 환갑기념), 박영사, 1991, 263~290면.
중국의 경우는 Rune Svarnerud, The Notion of 'Power' and 'Right' in Chinese Political Discourse, in M. Lackner, I. Amelung and J. Kurtz(eds.), *New Terms for New Ideas. Western Knowledge and Lexical Change in Late Imperial China*, Leiden : Brill, 2001, p.136 ff.
土屋英雄, 「梁啓超の西洋攝取と權利·自由」, 狹間直樹 編, 『共同研究·梁啓超—西洋近代思想受容と明治日本』, みすず書房, 1999, 132면 이하.
일본에서의 자유와 권리 관념의 도입에 대해서는 石田雄, 『日本近代思想史における法と政治』, 岩波書店, 1976, 87면 이하 참조.
한국과 일본의 비교는 김봉진, 「서구 '권리' 관념의 수용과 변용—유길준과 니시 아마네의 비교」, 김비환 외, 『인권의 정치사상—현대 인권 담론의 쟁점과 전망』, 이학사, 2010, 375~413면; 김봉진, 「서구 '권리' 관념의 수용과 변용—유길준과 후쿠자와 유키치의 비교 고찰」, 『동방학지』 제145집, 연세대, 2009 참조.
18 柳父章, 『飜譯語成立事情』, 1982, 163면; 서혜영 옮김, 『번역어성립사정』, 일빛, 2003, 159면; 김옥희 옮김, 『번역어의 성립』, 마음산책, 2011.

또 많은 업적을 이룬 것은 널리 알려져 있다. 그러나 서양의 법률용어는 미국인 선교사 마틴이 중국에서 그의 중국인 제자들과 함께 어렵게 번역하고 창제한 것이 많다는 사실을 알아야 한다. 그러면 왜 일본인들은 마틴의 업적을 굳이 폄하하려고 하는지 이 점이 일본 지식인들의 한계이며 아시아의 맹주는 고사하고 문화국민이 될 자격이 없는 것을 스스로 입증하는 것이다. 우리들 한국인의 입장에서는 일본의 문헌을 그대로 신뢰해서는 안 되며 일단 의심하고 저의를 파악하는 작업부터 해야 한다. 활자화된 것이라고 모두 믿어서는 안 된다.

여기서 보듯이 일본인들은 서양 개념의 도입이나 수용사에서도 교묘하게 고의적으로 변조하거나 나아서는 날조까지 서슴지 않고 있다는 사실을 알 수 있다. 그밖에도 일본인은 소위 '임나일본경영설(任那日本經營說)'을 비롯하여 광개토대왕비문조작(廣開土大王碑文操作) 등 이루 헤아릴 수 없을 정도로 진실을 왜곡하고 있다.

이상은 '권리' 관념을 자신의 업적으로 훔치려는 일본인의 학문적 해적행위의 일단을 증거로서 제시한 것에 불과하다. 이를 밝혀내기 위해서는 마틴의 중국 선교사로서의 활동뿐만 아니라 서양 문명의 소개자 내지 전달자, 매개자로서의 역할에도 주목하여야 하고, 또 일본의 근대화에서 난학(蘭學)의 위치와 번역어의 성립과정 등에도 관심을 두어야 하고, 또 결론적으로는 근대 한국에서의 사정을 올바로 인식하지 않으면 안 된다.

위에서 보듯이 역자(임성모)는 『만국공법』의 번역자인 마틴(丁韙良)의 이름은 본문에서 삭제하고 각주로 처리했는데 이는 올바른 번역 자세도 아니며, 또 무엇이 중요한지도 모르는 것 같다. 더구나 마루야마의 발언이 잘못되었다는 지적에까지는 이르지 못하고 있다. 가능하면 역자는 원저의 잘못까지 지적하거나 필요한 경우 보충 설명을 하는 정도의 능력을 갖추도록 노력하여야 할 것이다. 나아가 최소한 일본 문헌을 참고할 때의 주의사항이나마 독자들에게 알려주는 성의라도 필요하지 않을까 생각한다.

5. 번역이 근대 한국에 미친 영향

여기서 '번역'이라 함은 한글 이외의 문헌을 한글로 옮긴 모든 문헌을 가리킨다.

1) 한글의 보급

근대 국민국가는 국민, 영토, 주권의 3대 요소 이외에 국어, 국가(國歌), 국기 등 정통성과 통일성을 나타내는 정치적 상징을 필요로 한다. 조선의 경우 국민국가로서의 각성은 일본을 비롯하여 서구 열강의 동아시아 침략을 전후한 시기에 시작한다.

한국 최초의 근대적 조약인 한일수호조규(강화도조약)에서 일본은 가나와 한자로 적은 반면 조선에서는 한문으로 작성하였다. 그러나 1883년 미국으로 파견된 보빙사가 가져간 고종의 신임장은 한글로 작성되어 있었다.

법학의 분야에서 최초의 한글 번역서는 중국인 정관잉(鄭觀應)의 저서 『이언(易言)』의 발간이다. 조선에는 1880년 수신사 김홍집(金弘集)이 일본에서 황쭌셴(黃遵憲)의 『조선책략(朝鮮策略)』과 함께 받아와 알려졌다. 1883년 고종의 명으로 복간되었으며 그 즈음에 한글로 번역되었으나 정확한 언해자는 알려지지 않고 있다. 이 책은 개혁과 자강을 논한 것으로 당시 조선 지식인들을 매혹시킨 저작의 하나이다. 최근 이경구·이행훈·이병기 역주, 『易言-19세기 중국, 개혁을 묻다』(푸른역사, 2010)가 발간되었다.

한글의 보급에서 가장 공헌이 큰 저작은 성경이다. 어느 나라에서나 성경의 번역은 바로 국민 개화의 역사를 의미한다. 한국에서는 스코틀랜드 출신 중국 선교사 존 로스(John Ross)가 한국어를 배우고 이응찬(李應贊), 서상륜(徐相崙)과 함께 신약을 번역하여 1882년 3월 『예수셩교 누가복음 젼셔』를 출간한 것이 성경 번역의 효시가 된다. 이어서 1885년 2월에는 이수정(李樹庭)이 한역(漢譯) 성서를 참고로 일본어 성경과 대조하여 『신약 마가젼 복음셔언해』를 출간한다. 이후 언더우드와 아펜젤러는 '한글성경번역자회'를 설립하고 『신약젼셔』를 출간·보급하고 마침내 1911년 3월 미국 선교사 레이놀즈(Reynolds)와 한국인 이승두(李承斗), 김정삼(金鼎三) 등이 번역한 완역 『셩경젼셔』를 출간한다. 이처럼 성경은 영어를 기본 텍스트로 삼고 중국어와 일본어를 참고로 번역한 것이다. 최근 오미영의 『한일 초기 번역성서의 어학적 연구』(제이앤씨, 2011)가 발간되었다.

성서에서 나온 법률용어는 한두 가지가 아니다. 예컨대 '이스라엘의 주권자인 여호와 하나님'에서 보듯이, 여기의 주권자는 영어의 sovereign 또는 ruler를 번역한 것이다. 장자의 birthright는 '장자의 명분'으로 번역하다가 최근의 표준 새번역에서는 '맏아들의 권리'로 새기고, 주권자는 '영도자'라고도 한다. Right가 '명분'에서 '권리'로 바뀐 것을 알 수 있다.

그러나 당시 한글 문법이 통일되지 않았으며 국어사전 하나 제대로 편찬된 것이 없어서 학문 활동을 하기에는 문제가 많았다.

2) 외국어 교육의 강화

번역의 문제는 외국어 교육과 밀접한 관련을 가진다. 조선의 지식인들은 원래 한문에 대해서는 외국어라고 생각하지 않았으나 서양의 선교사들과 일본인들이 여러 가지 모양으로 조선에 영향을 미치게 됨으로써 외국어 교육의 강화를 절감하게 된다.

처음에는 중국의 동문관을 본떠서 육영학교를 설치하나 별로 성과를 거두지 못하고 그 후 관립외국어학교를 서울과 인천, 평양 등지에 세우게 된다. 1891년의 일어학교, 1894년의 영어학교, 1895년의 법어학교, 1896년의 아어학교, 1897년의 한어(漢語)학교, 1898년의 덕어학교의 설립이 그것이다. 이 중 영어학교의 할리팩스(Hallifax)와 법어학교의 크레마지(L. Crémazy)를 제외하고는 교사들도 별로인 사람들이 많았으며 학생들도 열심히 공부하지 않았다. 학생들은 외국어를 열심히 공부하여 선진 문물을 도입·소개하여 부국강병에 일조하겠다는 생각보다는 하나의 통역자로서의 취직자리를 찾기에 급급한 모습을 보여주는 예가 많았다. 학생들의 열의 부족과 사전이나 교재의 빈곤 등을 들기도 한다. 거기에 청일전쟁과 러일전쟁 이후부터 일본의 세력이 강화될수록 학생들은 일본어 공부로 쏠려서 법어학교나 덕어학교에서도 일부 시간에 일본어를 가르치기도 하였다.

원로 법조인 정구영(鄭求瑛) 씨의 회고 중 일절을 소개한다.

> 집안 어른들은 일로전쟁 직후 차차 일본 세력이 이 땅에 들어오고 다른 열강들이 이 땅을 넘보기 시작하자 "장차 세상이 달라질 거다. 일본은 이미 발을 들여놨고, 아라사와 중국이, 또 영국과 미국이 언제 들어 닥칠지 모르니, 세상이 변하더라도 집안에 외국어를 하는 사람이 있어야 한다"고 고집하셨다. 그래서 나와 사촌형제 5명에게 각기 하나씩의 외국어를 배우게 했는데 나와 구창(求昌·구한말 판사로 있다가 뒤에 변호사)이 영어를, 구평(求平)이 일어를, 구동(求東)이 한어를 각각 배웠다. '처변불경(處變不驚)'의 어른들 주장에 따른 것이었다.[19]

3) 시무(時務)의 학문으로서의 법학

법학은 흔히 '빵의 학문'이라고도 한다. 1894년 과거제도가 폐지된 이후 학교제도가 발달하면서 관료로서 취직하려면 법률학, 경제학, 정치학 등 이른바 시무의 학문을 익혀야 하는데 이러한 과목들은 모두 서구의 학문으로서 새로이 수입된 것이며 그 교과서들은 서양의 학문을 번역한 일본 서적을 다시 한국어로 번역한 것이 대부분이었다.

이 가운데는 윤치호처럼 미국인 로버트(Robert)의 『의회통용규칙』을 바로 영어책에서 번역한 것이 있는가 하면, 변영만의 『20세기지 대참극 제국주의』나 『세계삼괴물』처럼 영어와 일본어를 함께 참고한 것도 있었다. 또 안종화 역, 『국가학강령』처럼, 중국인 량치차오(梁啓超)가 번역한 것을 다시 국한문으로 번역한 책자도 있는데 이 책의 텍스트는 량치차오가 일본인의 번역서를 보고 중국어(한자)로 번

---

19 정구영, 「조선변호사회」(남기고 싶은 이야기들), 『중앙일보』, 1973. 12. 16.

역한 것이다. 일본인의 원전은 블룬칠리(Bluntschli)의 『일반 국가학』이다. 그러니까 독일어 → 일본어 → 중국어 → 한국어의 3중 번역인 셈이다.

초창기에는 량치차오 등 중국 문헌과 일본 문헌이 함께 번역 소개되다가 점차 일본 문헌 일변도로 집중하게 된다. 법학은 법학전문학교뿐만 아니라 일반 야학에서까지 인기 있는 과목의 하나가 된다.[20]

4) 서구로 열린 창문으로서의 번역문학

번역문학은 근대 일본이나 중국, 한국 모두 동일하게 서양이라는 새로운 세계에 접하는 유일한 창구였다. 개화기의 계몽 잡지에 실린 글들은 대체로 그 첫머리에 '泰西諸國에 巨儒曰'이라는 표현으로 시작하는 것이 많이 있다. 또 어떤 글 중에서는 '泰西 巨儒 某氏가 가라사대'라고 하여 서양도 '커다란 서양이요 학자도 '거유'라고 묘사하며 그들이 말하는 것은 구체적인 학자를 지적하지도 않고 무조건 옳고 배울 것이 많은 것으로 치부하기도 한다. 서양에 대한 흠모와 존경의 도를 넘어서 비굴한 느낌마저 주는 대목이다. 번역서는 서양의 문물에 대한 동경과 외경이 그대로 드러나는 장면의 하나이다. 일본의 경우도 '舶來品'이란 좋은 것의 대명사였다.

오늘날에도 비슷한 현상이 여전히 존재하는 것은 아닐까? 하버드대학의 마이클 샌들의 『정의란 무엇인가』를 읽어야 정의를 제대로 정의(定義)내릴 수 있단 말인가!

근대 한국에서 처음에는 위인전, 애국자, 각국의 역사, 전기물, 지리지 등이 주류를 이루다가 점차 문학 작품이 번역, 번안, 초역 등의 형태로 발간되다가 나중에는 흥미 있는 이야기책들이 많이 번역되어 나오는 역사적 사실은 나와는 다른 것, 현재와는 구별되는 이상적인 것을 추구하는 인간 본성의 발로가 아닌가 생각된다.

---

20 상세한 것은 김효전, 「번역과 근대 한국」, 『개념과 소통』 창간호, 한림대, 2008 참조.

6. 반역과 파괴의 시대

지금까지 근대 한국에서 번역은 서구 문물에 대한 동경과 흠모에서 출발하여 흡수 모방의 단계를 거쳐 마침내 이광수의 「민족개조론」에까지 이른 것을 보았다. 이광수의 책 이름 역시 '일본민족개조론'의 모사품이다. 여하튼 그동안에 번역은 사회를 발전시키고 진보케 한다는 대전제에 입각하여 긍정적인 면만 살펴보았으나 번역이 반역(反逆)으로 되고, 건설이 아니라 파괴(破壞)로 치달은 경향을 보이고 알게 모르게 우리들 한국인의 생활을 부정적인 방향으로 인도한 역할을 한 것에 대해서도 우리는 눈을 감아서는 안 된다. 구체적인 예시를 들어서 보기로 한다.

① 『황성신문』(1906.5.30)의 논설 「각종 교과서지정신(敎科書之精神)」에서도 외국 책을 번역 편집하면 그 문법과 모범은 외국의 것이니 자국의 정신으로 번역하라고 강조하였으며, 또 『대한매일신보』(1909.1.9)는 「글을 번역ᄒᆞ는 사룸들에게 ᄒᆞᆫ 번 경고홈」이라는 논설 속에서 번역은 '문명의 수입', '학문의 근본', '부강하는 재료'라고 하나 이것은 좋고 아름다운 글의 번역을 말하는 것이라고 한 후 다음과 같은 문제를 제기하고 있다.

> 글을 번역ᄒᆞ는 사룸들이 그 길을 알지 못ᄒᆞ여 그 나라 ㅅ정신을 해롭게 ᄒᆞ며 영광을 타락케 ᄒᆞ면 또ᄒᆞᆫ 국가에 큰 죄인이로다. 근일 한국에 글을 번역ᄒᆞ는 거시 점점 성ᄒᆞ매 글을 번역ᄒᆞ는 쟈들이 혹 외국을 존숭ᄒᆞᄂᆞᆫ딕 정신이 취ᄒᆞ며 혹 됴리가 붉지 못ᄒᆞ여 다만 외국 셔적이라 ᄒᆞ면 모다 문명 셔적으로 밋으며 다만 외국인의 말ᄒᆞᆫ 바ㅣ라 ᄒᆞ면 모다 문명의 밀인줄노 알어셔 즈긔 나라는 이덕이 되든지 동쪽은 우마가 되든지 외국인만 존숭ᄒᆞ고 외국인만 신종ᄒᆞ니 이도 또ᄒᆞᆫ 국가의 ᄒᆞᆫ 가지 크게 불행ᄒᆞᆫ 일이로다.
>
> (…중략…) 이런 정신 업는 자는 고샤ᄒᆞ고 이런 셔젹을 교과서로 쓰는 쟈는 또ᄒᆞᆫ 엇던 학교인가. (…중략…) 원컨대 글을 번역ᄒᆞ는 졔공들은 ᄒᆞᆼ샹 쥬의ᄒᆞ여 외국인의 됴ᄒᆞᆫ 것은 본밧고 그른 것은 본밧지 말며 나의게 리로운 것은 취ᄒᆞ고 리롭지 못ᄒᆞᆫ 거슨 ᄇᆞ려서 됴코 아름다온 번역이 만히 나기를 ᄇᆞ라노라.

이 논설은 단순히 번역문제만을 다룬 것이 아니라 외국 학문을 연구하고 수용하는 자세와 태도 나아가 문명비판까지 언급한 것으로 오늘날의 우리들에게도 그대로 타당한 말이라고 생각한다.

② 『황성신문』(1909.2.26)의 논설 「아국장래(我國將來)에 필유대학문가출(必有大學問家出)」에서는 각국의 위인을 열거하면서 일본의 후쿠자와(福澤諭吉)도 포함한다. 청일전쟁과 러일전쟁의 승리 이후로 일본인들은 일본인의 우수성과 세계지배의 당위성을 인종이론을 비롯하여 역사의 날조 등 온갖 방법론을 다 동원하게 된다. 이른바 '대동아공영권'도 독일의 '공간이론(Raumtheorie)'을 모방한 것이다.

③ 또 유호식(劉鎬植)의 『민족경쟁론』(1908)은 량치차오의 저술을 번역한 것으로 "일본(日本)은 세계후기(世界後起)의 수(秀)―오 동방선진(東方先進)의 웅(雄)이라"(51면) 하고 민족주의국가의 건설을 주장하는 것이다. 량치차오는 일본어를 먼저 배워 선진 문물을 흡수하자고 주장한 사람이며, 일본에서도 메이지시대에 영어를 국어로 하자고 주장한 사람도 있었다. 여하튼 일본을 높이 평가한 탓에 이 책은 통감부의 검열을 무사히 통과할 수 있었을 것이며 나아가 통감부는 이 책을 권장하였을 것이다.

④ 같은 역자 유호식은 『국민자유진보론』에서는 역시 량치차오의 「파괴주의」를 들어서 조선의 현실을 파괴하라고 강조한다. 역시 패배주의의 한 표현이다. 긍정적인 사고가 결여된 좋은 예이다. 한편, 조선 통감부 지배하에서 현실을 모두 파괴하라는 주장은 검열이 심했던 당시에도 무사히 통과할 수 있었으며, 또 일본인들을 흥국(興國)의 위인으로 소개한 점도 크게 작용하였을 것이다. 책의 제목과는 달리 번역서가 조선인의 정신을 좀먹는 역할을 한 대표적인 예가 될 것이다. 당시 유행하던 『음빙실문집』(1908), 47~49면의 「파괴주의」와 전인영 옮김, 『중국 근대의 지식인―양계초의 "청대학술개론"』(혜안, 2005) 참조.[21]

---

21 일본역은 小野和子 譯注, 『清代學術槪論―中國のルネッサンス』(東洋文庫 245), 1974. 량치차오의 이른바 파괴사업은 278~288면; 서양사상의 수입은 306면 이하; 번역관은 310면 참조.

⑤ 박승빈(朴勝彬)은 메이지 헌법의 원문(그는 '정문(正文)'으로 표현)을 소개하면서 "역자(譯者)가 정문(正文)에 지(至)ㅎ야는 정중(鄭重)한 법본(法本)인 고(故)로 상역(詳譯)치 안코 국문(國文)으로 토(吐)만 현(懸)ㅎ야 관람(觀覽)에 편(便)케 ㅎ노라"라고 첫머리에 붙이고 있다. 당시에는 한자가 널리 통용되었지만 일본문에 대한 외경을 역자가 의도하지는 않았겠지만 널리 전파하는 계기가 되었을 것이다.

⑥ 일본 통감부는 당시의 언론인에게 연구비와 출판비를 주면서 조선 연구라는 명목 아래 조직적으로 조선의 역사와 문화를 훼손하고 날조한 과정도 실증적으로 파헤쳐야 할 것이다. 예컨대 기쿠치(菊池謙讓) 호는 '長風'의 조선에 관한 일련의 저서들로부터 '조선사편수회'의 한국사 전반에 걸친 왜곡과 날조를 전부 세척해야 할 것이다.

⑦ 가토(加藤弘之)의 『인권신설』이나 『강자의 권리경쟁론』이 번역 출간된 것도 인권의 자연권론에서 실정권으로 바뀌고 현실 온존을 미화한 탓에 발간이 가능하였다. 가토는 천부인권설을 주장하다가 사회진화론의 영향으로 법실증주의로 잘못 선회하게 된다. 일본인들은 이처럼 어리석은 방향전환 내지 퇴보를 '전회(轉回)' 또는 '전향(轉向)'이란 말로 호도한다. 역시 일본 문헌을 읽을 때 주의할 점이다.

⑧ 유학생에 대한 과대평가 : 조선 정부가 195인의 관비유학생을 일본 게이오의숙(慶應義塾)에 파견한 이래 외국 유학은 외국의 문물과 기술에 대한 종속적 경향을 드러내고 정체성의 위기까지 몰렸다가 최근에야 서서히 학문의 독립과 자존을 되찾아가고 있다. 유학생의 공과에 대한 공정하고도 엄격한 평가를 내릴 때가 되었다고 본다.

⑨ 아직도 우리들 머릿속 한 모퉁이에 남아 있는 서양에 대한 사대주의, 콤플렉스 기타 패배주의와 같은 것을 하루 속히 척결하고 세계 속의 한국의 자존과 독립을 올바로 세워나가는 데 진력해야 할 것이다.

7. 나와 번역

그러면 나는 왜, 무엇을, 어떻게 번역했는가?

① 번역의 대상 : 전임강사로 발령을 받자마자 한국의 헌법학계에 나는 어떻게 기여할 것인가? 생각 끝에 19세기 독일 국가학의 집대성이라고 불리는 고전인 옐리네크(Georg Jellinek)의 『일반 국가학』(*Allgemeine Staatslehre*, 1900)을 우리말로 번역하기로 작심하고 자신의 능력도 돌아보지 않고 4년 만에 원고지 8천 매로서 완성하였다.

무엇을 번역할 것인가? 번역서는 이미 객관적으로 검증되고 우리에게 꼭 필요한 문헌부터 시작한다. 고전을 번역하는 것이 어렵지만 그만큼 실패할 확률은 적다. 생명력 있는 번역이 되어야 한다.

② 독일 헌법학의 고전 내지 기본 문헌을 한 권 꼽으라면 칼 슈미트(Carl Schmitt)의 『헌법론』(*Verfassungslehre*, 1928)을 추천한다. 이 책은 바이마르 헌법에 근거하여 시민적 법치국가 헌법의 기본원리를 밝힌 명저로서 한국과 일본은 물론 프랑스, 스페인, 이탈리아, 미국 등 각국어로 번역되었다.

첫째, 슈미트의 이론의 장점은 격동하는 한국의 정치현실을 정확하게 설명해 준다.

둘째, 현대 독일 헌법학은 슈미트와 스멘트(R. Smend) 학파의 대결로 압축된다. 슈미트 학파의 저작을 전부 우리말로 옮긴다면 독일 헌법이론의 절반은 정복하는 첩경이며 우리의 후학들은 독일어 공부에 많은 시간과 정력을 빼앗기지 않고도 자신의 이론 정립에 더욱 몰두할 수 있을 것이다. 이런 의미에서 번역은 희생과 봉사의 결정체이다.

③ 뵈켄회르데(E.-W. Böckenförde)의 『헌법 · 국가 · 자유』(*Verfassung, Staat, Freiheit*, 1992) : 고전과 원리적인 것의 추구도 중요하지만 최신 현대 이론의 흐름과 발전을 알고 우리 학문에의 도입과 수용을 위해서는 새로운 문헌의 번역이 절실히 요구된다. 이것도 문헌의 선정이 성패를 좌우한다. 나는 우선 현대 독일 헌법학의 대가이며 연방헌법재판소 재판관을 역임한 뵈켄회르데를 한국 최초로 소개하였다. 그는 나의 지도교수였기 때문에 개인적으로도 의미 있는 일이라고 생각했다.[22] 독일에

유학한 사람은 누구나 자기 분야의 기본적인 저서(고전)나 적어도 지도교수의 저작 한편만 번역한다면 이것이 쌓여서 우리들의 후학들은 독일어 공부에 전념하지 않고도 상당한 전문적 업적을 낼 수 있을 것이다.

8. 과제와 전망

① 문헌목록의 작성 : 아직까지 근대 한국에서의 번역서의 종합목록도 발간되지 않았다. 일본의 경우 三橋猛雄 編, 『明治前期思想史文獻』(明治堂書店, 1966)이나 西村捨也, 『明治時代法律書解題』(酒井書店, 1968)와 같은 책자가 나와서 연구자들을 편리하게 해주고 있다.

② 신문 · 잡지의 기사색인 작성 : 예컨대 개화기 신문총서를 펴낸 경인문화사에서는 색인집을 만들어 첨부해야 할 것이다. 예컨대 한일비교문화연구센터 편저, 『朝鮮公論 총목차 · 인명색인』(어문학사, 2007)과 임성모 편, 『朝鮮及滿洲 총목차 · 인명색인』(어문학사, 2007)은 아직 일본에서도 나오지 못한 귀중한 업적으로 높이 평가해야 할 것이다. 다른 신문과 잡지들도 이처럼 정리되어야 할 것이다.

③ 자료집과 영인본의 발간 : 근대 한국에서 발간된 기본 문헌의 영인본을 만들어 연구자에게 도움을 주어야 한다. 나의 경우 국내외에서 어렵게 자료를 수집하고 출판사에 간청하여 영인본을 만들었으나 100권도 팔리지 않았다. 도서관의 사서마저 해적판이라고 외면하는 실정이다. 해적판과 영인본도 구별 못하는 수준에서 무슨 학문의 발전을 기대할 수 있겠는지 한심한 생각이 든다.

④ 특수 분야 연구자에 대한 특수한 연구비와 출판비 지급 : 개론서 내지 교양서의 수준을 넘는 전문 학술 서적의 발간을 국가에서 지원해야 한다.

⑤ 사회주의 수용사 연구 : 사회주의 이념의 수용사에 관한 연구가 빈약하다.

---

22 최근 그의 논문과 자전적 인터뷰로서 정리한 책자가 발간되었다. *Wissenschaft, Politik, Verfassungsgericht. Aufsätze von Ernst-Wolfgang Böckenförde*, Biographisches Interview von Dieter Gosewinkel, Berlin : Suhrkamp, 2011(stw 2006).

일본과 중국에서의 사회주의 보급과 전파에 관한 비교 연구가 필요하다.

⑥ 개별 인물 연구 : 중요한 개별 인물에 대한 심도 깊은 연구서가 나와야 한다. 예컨대 안국선의 경우에는 전집과 연구서를 발간해야 하며, 량치차오 같은 사람에 대해서는 각 분야별로 공동 작업이 이루어져야 할 것이다.

⑦ 연구자의 정열과 노력 : 이상의 것 이외에 더욱 중요한 것은 우리들의 정신적 유산을 체계적으로 정리하고 보존하여 후대에까지 영원히 물려주려고 하는 연구자의 진리를 추구하는 정열과 노력이다. 태양 아래 새로운 것은 없다고 했듯이 모방에서 비교적 새로운 것에 가까운 창작이 나오는 법이다.

제
3
부

문헌해제

———

I. 『국민수지』·『헌법요의』기타

이 해설은 저자가 펴낸 영인본 『國民須知 · 憲法要義 外』(관악사, 2010) 말미에 붙인 것으로 발간된 순서대로 간단한 해설을 붙이기로 한다.

1. 未詳, 『國民須知』, 1906, 26면

이 책자는 1906년 전 군수 김우식(金宇植)이 단행본으로서 발간한 책자이다. 『황성신문』의 보도기사는 다음과 같다.

> ● 國民須知 前郡守 金宇植氏는 本以國民啓發에 注意ᄒᆞᄂᆞᆫ 紳士로 有理ᄒᆞᆫ 言論도 多ᄒᆞ야 文明에 書籍도 或 著ᄒᆞ더니 邇來에 國民須知라 ᄒᆞᄂᆞᆫ 冊子를 印刊ᄒᆞ야 各 社會 와 有志人士에게 無代金으로 多數 頒與ᄒᆞ야 急進文明홈을 勉勵ᄒᆞ얏더라.[1]

연세대학교 도서관에 소장되어 있는 표지 다음에는 '保我韓國存我韓國莫過於

---

1 『황성신문』, 1906.4.25.

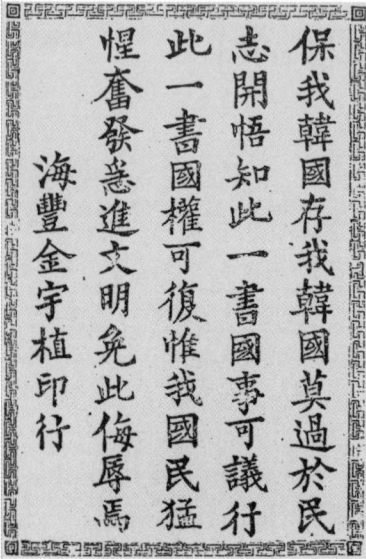

『국민수지』

民志開悟知　此一書國事可議行此一書國權可復
惟我國民猛惺奮發文明免此侮辱焉. 海豊金宇植
印行'이라고 적혀 있는 것으로 볼 때 이 한 권의
책으로 국사를 의론하고 국권회복을 도모하고 국
민의 맹성을 촉구하기 위해서 발간한 취지를 알
수 있다.

　이 책자에서는 저자가 누구인지를 밝히지 않고
있으며 또 판권도 붙어 있지 않다. 다만 이 책을 '인
행(印行)'한 사람은 김우식이며 그의 호는 해풍(海豊)
으로 군수를 지낸 경력이 있다.

　김우식은 1905년 헌정연구회 취지서에서도 그
이름이 발견되며 다음과 같이 '의사(議士)'라고 표
현하고 있다.[2]

　　憲政研究會趣旨書
　　憲法與專制古今東西之治亂和迎與暴至順逆人事之得失也惟我同志一心講究四世
　　道於幾墜救國命於將危哉
　　憲政研究會 議士 金宇植 印行

　한편『황성신문』1908년 5월 19일 자의 잡보에 의하면 전북 금산군(錦山郡) 금신
학교(錦新學校)의 교장도 '본군수(本郡守) 김우식(金宇植)'인데 동일한 인물이라고 생
각된다. 또한 군수로 재직 중에는 민폐를 끼쳤다는 다음과 같은『대한매일신
보』의 오보가 전할 뿐이다.

　●錦倅自取　錦山郡은 舊習이 尙存ᄒ야 使令을 多置ᄒ고서 員을 派送ᄒ야 夏則麥
七斗와 秋則租七斗를 每戶에 勒收ᄒ야 民弊가 滋蔓ᄒᄂ지라. 鄕任들이 該弊목을 革

<hr>

2　이「헌정연구회취지서」는 최기영 교수에 의해서 서강대학교 도서관에 소장되어 있는 것이 확인
　　되었으며 전문은「헌정연구회취지서」 해제,『한국 근현대사연구』제5집, 1996, 271~282면; 김효
　　전 편,『이준과 헌정연구회』참조.

弊ᄒ기를 該 郡守 金宇植氏에게 勸告ᄒ대 金宇植氏가 聽從은 姑舍ᄒ고 反히 笞刑을 施ᄒ거날 日 巡査가 越權濫刑이라고 該 郡守를 叱打ᄒ야 風波가 大起ᄒ얏다더라.³

● 錦守無瑕 錦山 郡守 金宇植氏가 셔員을 派送ᄒ야 民弊를 滋蔓ᄒ고 鄕任을 笞刑ᄒ다가 日巡査에게 叱打를 當ᄒ얏다기에 隨聞 揭載ᄒ얏더니 更聞ᄒ즉 錦山郡 稅所 日人이 今年부터 吏隱을 搜得ᄒ랴고 十壹面 鄕儒를 每面 二人式 擇定ᄒ야 調査員이라 稱ᄒ고 昨年 셔員 結簿를 奪取ᄒ야 生手鄕儒로 未能勘簿ᄒ고 橫結이 比前層生ᄒ기로 民怨이 狼藉ᄒ다 ᄒ니 該 郡守의 셔員을 派送하야 民弊를 滋蔓홈과 日巡査에게 叱打를 當ᄒ얏다는 說은 自請誤傳이더라.⁴

기록에는 1907년 12월 31일 자로 금산 군수로 발령이 나있는데 면관 일자는 알 수가 없으며, 그 후 1909년 6월 14일 자로 태인(泰仁) 군수에, 1910년 8월 25일 자로 고창(高敞) 군수로 발령이 나고 다시 한일합병 후인 1910년 10월 1일 자로 같은 고창 군수로 발령을 받았다.⁵ 그 밖에 『대한자강회월보』 제4호에도 김우식에 관한 간단한 기사가 발견된다.

이 책은 전체 8장으로 구성되어 있으며 차례는 다음과 같다.

제1장 國家의 本義
제2장 國家 及 皇室의 分別
제3장 國家 及 政府의 關係
제4장 君主 及 政府의 權限
제5장 國民 及 政府의 關係
제6장 君主의 主權
제7장 國民의 義務
제8장 國民의 權利

내용은 헌정연구회가 1905년에 『헌정요의(憲政要義)』라는 책자를 만들고 이를

3 『대한매일신보』, 1908.12.6.
4 『대한매일신보』, 1908.12.18.
5 안용식 편, 『한말지방관록』, 연세대 지역사회개발연구소, 1992, 77·78·103면 참조.

다시 『황성신문』에 연재한 것과 동일하다. 또한 『대한자강회월보』 제3호(1906)에 '해외유객(海外遊客)'이란 필명으로 「국가(國家)의 본의(本義)」와 「국가 급 황실(國家 及 皇室)의 분별(分別)」,[6]이 게재되어 있는데 이것도 『국민수지(國民須知)』와 같은 내용이다. 또한 국민교육회에서도 이 책자를 발간하였으며, 현채(玄采, 1856~1925)[7]의 『유년필독석의 권이(幼年必讀釋義 卷二)』 제18과부터 제20과에도 수록되어 있으며,[8] 『황성신문』에도 연재되고,[9] 『제국신문』,[10] 그리고 미국의 교민신문인 『신한민보』[11] 등에도 게재되는 등 출처 불명의 동일한 글들이 도처에 실리고 있었다.

그러나 전부 동일하지는 않으며 일부 삭제는 물론 표현이나 내용에서 약간의 가감이 있음을 주의하여야 한다. 오늘날의 우리들로서는 이해하기 어렵지만 당시에는 신문이나 잡지에 게재된 글이 자신에게 감동을 주었거나 또는 다른 사람들에게 널리 읽히도록 보급하기 위해서 같은 내용의 글을 그대로 전재하거나 투고의 형식으로 발표한 것을 가끔 발견하게 된다.

이 책의 저자에 대해서는 유길준(兪吉濬)이라는데 의문을 나타내는 견해[12]와, 유길준으로 추정하는 견해[13]가 나뉘는데 전자가 타당하다고 생각한다. 저자(김효전)는 1888년 일본에서 발간된 『통속정치연설(通俗政治演說) 국민수지(國民須知), 정치학지대의(政治學之大意)』를 모델로 만든 것이 아닌가 추측하였으나,[14] 제목만 같을 뿐 내용은 다르며, 또 후쿠자와 유키치(福澤諭吉, 1835~1901)의 동명의 저서도 있으나 내용이 다르다.[15]

---

6 『대한자강회월보』 제3호, 1906, 54~56면.
7 현채에 관하여는 최기영, 「교과서 『유년필독』과 국민계몽」, 『한국 근대 계몽운동 연구』, 63~94면; 정은경, 「개화기 현채가(家)의 저·역술 및 발행서에 관한 연구」, 『서지학연구』 제14집, 1997; 노수자, 「백당 현채 연구」, 『梨大史苑』 제8호, 1969; 田中隆二, 「백당 현채의 생애와 사상─국권회복운동기를 중심으로」, 연세대 석사논문, 1988; 澤田哲, 「開化期の敎科書編纂者としての玄采」, 『韓』 제109호, 1988; 현채, 나애자 옮김, 『보통교과 동국역사』(근대 역사 교과서 권1), 소명출판, 2011; 현채, 임이랑 옮김, 『중등교과 동국사략』(근대 역사 교과서 권1), 소명출판, 2011 참조.
8 아세아문화사에서 1985년 『개화기교과서 총서』로 발간.
9 『황성신문』, 1905.7.15부터 8.3까지 『헌정요의』란 제목으로 연재.
10 『제국신문』, 1907.7.21부터 8.9까지.
11 『신한민보』, 1910.5.25.
12 최기영, 「『국민수지』와 입헌군주론」, 『조항래교수 화갑기념』, 1992; 최기영, 『한국 근대 계몽운동 연구』, 일조각, 1997, 29면; 「헌정연구회의 설립과 입헌군주론의 전개」, 위의 책, 159~196면에 재수록.
13 김동택, 「『국민수지』를 통해 본 근대 '국민'」, 이화여대 한국문화연구원, 『근대계몽기 지식개념의 수용과 그 변용』, 소명출판, 2004, 206면.
14 三橋猛雄 編, 『明治前期思想史文獻』, 明治堂書店, 1966 참조.

가장 이른 시기에『국민수지』를 발간했다고 생각되는 국민교육회는 1904년 9월 이준(1859~1907), 유성준(1860~1934),[16] 유치형(1877~1933),[17] 박정동(朴晶東),[18] 홍재기(洪在箕)[19] 등이 주도하여 설립한 애국계몽단체이다.[20] 이 국민교육회에서는 법학강습소를 두고 소감(所監)에 월남 이상재, 강사로는 유옥겸(兪鈺兼), 조성구(趙聲九)[21] 등이 법학을 강의하였으며,[22] 역시 국민을 계몽하기 위하여『국민수지』를 발간한 것이다.[23]

저자는 연세대학교 도서관에 소장된 원본을 이용하였으며, 이것을 토대로『서양 헌법이론의 초기수용』(철학과현실사, 1996, 422~431면)에 전문을 수록한 바 있다.

---

15 문헌은 福澤諭吉事典編集委員會 編,『福澤諭吉事典』, 慶應義塾大學出版會, 2011 참조.

16 최종고,『한국의 법학자』, 서울대 출판부, 2007, 2~32면 참조.

17 이창휘,「유치형의 헌법이론」, 동아대 석사논문, 2001; 國分典子,「兪致衡と穂積八束－朝鮮開化期における憲法の教科書」,『法學研究』第72卷 7號, 慶應大學, 1999, 23~55면; 최종고, 앞의 책, 2007, 65~92면 등 참조.

18 박정동은 1896년 7월 한성사범학교를 졸업하고 1897년부터 98년 11월까지 남원군 공립소학교의 교원을 지내다가 1898년 11월 관립 한성사범학교의 교원이 되었다. 1901년 낙연의숙, 1905년 11월부터 1906년 학부 위원, 대한협회 회원, 기호흥학회 평의원, 교남학회 회장 등을 역임하였다. 저서로『초등본국지리』(1909)가 있으며, 역서로『國際公法志』(1907),『경제원론』(1907),『新選家政學』(1907),『新撰理化學』(1908),『伊太利獨立史』(1908) 등이 있다.

19 여기의 洪在箕(1857~1909)는 군수를 지낸 기독교인이며, 洪在祺(1873~1950)는 변호사로서 유명한 사람이다. 전자에 관해서는 김효전,「두 사람의 홍재기－洪在祺와 洪在箕(II)」,『시민과 변호사』, 2000.10, 91~98면 참조. 후자에 관해서는 김효전,「두 사람의 홍재기－洪在祺와 洪在箕(I)」,『시민과 변호사』, 2000.9, 81~87면; 최종고,『한국의 법률가』, 서울대 출판부, 2007, 40~51면 참조.

20 상세한 것은 최기영,「한말 국민교육회의 설립에 관한 검토」,『한국 근현대사연구』제1집, 1994, 29~62면; 최기영,「국민교육회의 설립과 기독교」,『한국 근대 계몽운동 연구』, 1997, 197~226면에 재수록; 신혜경,「대한제국기 국민교육회 연구」,『이화사학연구』제20·21합집, 1993, 147~187면; 田口容三,「國民教育會および興士團について」,『朝鮮學報』제145호, 1992 등 참조.

21 상세한 것은 김효전,『근대 한국의 국가사상』, 철학과현실사, 2000, 625면 이하 참조.

22 『황성신문』, 1906.8.15 및 1907.6.17 참조.

23 최기영,「한말「국민수지」의 간행과 입헌군주론」,『조항래교수 화갑기념』, 1992; 최기영,『한국 근대 계몽운동 연구』, 일조각, 1997, 22~43면; 백순재,「교과서편찬, 국사편찬위원회」,『한국사』(20), 204~232면 참조.

2. 『憲法要義』와 鄭寅琥

이 책은 당시 와세다대학의 교수였던 다카다 사나에(高田早苗, 1860~1938)의 저서를 정인호(鄭寅琥, 1869~1945)가 1908년에 우리말로 번역한 것이다. 전체 44면의 작은 책자이다.

저자의 호는 半峰 또는 松屋主人이며 오늘날의 도쿄인 에도(江戶)에서 태어났다. 1882년 도쿄대학 문학부를 졸업하고 같은 해 와세다대학의 전신인 도쿄전문학교의 강사가 되었다. 국제법 학자인 아리카 나가오(有賀長雄, 1860~1921),[24] 교육가이며 『정치원론』의 저자인 이치지마 겐키치(市島謙吉, 1860~1944)[25]와 동창이었다. 그는 와세다대학의 설립자인 오쿠마 시게노부(大隈重信, 1838~1923)[26]를 도와서 와세다대학을 일으킨 사람이다. 의회 개설 이래 6회에 걸쳐 대의사에 당선되었으며, 오쿠마 내각의 文相을 지내고 와세다대학의 총장을 역임하기도 하였다.

그의 저작으로는 『영국행정법』(상하, 1884), 『국회법』(1887), 『美辭學』(1889), 『半峰昔ばなし』(1927) 등이 있으며, 역서로는 버제스(John William Burgess, 1844~1931)[27]의 『비교헌법론』(1908), 윌슨(T. W. Wilson, 1856~1924)의 『정치범론』(1896)[28] 등이 있다.[29] 윌슨은 구한말에 위대한 정치가의 한 사람으로 블룬칠리, 아리스토텔레스 등과 함께 소개되기도 하였다.[30]

역자인 정인호는 민족운동가로서 『국가사상학』 등의 역서가 있다. 그는 경기도 양주 출신으로 1899년 잠시 청도 군수를 역임한 후,[31] 일찍부터 신학문의 수용

---

24 김효전, 『서양 헌법이론의 초기수용』, 철학과현실사, 1996, 52면 참조.
25 김효전, 『근대 한국의 국가사상』, 철학과현실사, 2000, 564~566면; 김효전, 『초기수용』, 철학과현실사, 1996, 447~451면 참조.
26 문헌은 早稻田大學大學史資料センター 編, 『大隈重信關係文書』 全10卷, みすず書房, 2004년부터 매년 1권씩 발간하고 있다.
27 상세한 것은 田眞司, 「アメリカ社會科學形成史に關する一試論－J. W. バージェスの政治科學構想」, 『東社』 제48권 3호, 1996 참조.
28 이 책은 W. Wilson, *Congressional Government. A Study in American Politics*, (Boston 1885), Reprint 1958를 번역한 것이다. 윌슨의 저서로는 *Constitutional Government in the United States*(New York : Columbia Univ. Press, 1908, 8th ed., 1947)가 유명하며, 이 책은 진화론에 입각하여 저술한 것이다(pp.54~55). 상세한 것은 *Dictionary of American Biography*, Vol. X, part 2. pp.352~368; August Heckscher(ed.), *Politics of Woodrow Wilson*, 1977 참조.
29 다카다의 저작목록, 연구문헌, 관계 자료목록은 早稻田大學史資料センター 編, 『高田早苗の總合的研究』, 早大出版部, 2002; 전기는 京口元吉, 『高田早苗傳』, 早大出版部, 1962 참조.
30 예컨대 『황성신문』, 1907.2.20 및 김효전, 『초기수용』, 철학과현실사, 1996, 264면 참조.

과 국민의 계몽을 주장하여 중추원에 헌의하였다.

●提出意見　前郡守 鄭寅琥氏가 新學問으로 人民敎育호 意見書를 中樞院에 獻議 호얏다는 槪意를 得聞호 則 銅貨 十五萬元만 政府에셔 劃下호면 不過 三年에 其所爲 利가 三倍 假量에 至호리라 호얏더니 日前에 又 此 質稟書를 製呈호되 一千萬圜 借款 호 錢이 有호거늘 何故로 請求호 金額을 尙不支劃호는요 혼지라 中樞院에셔 該 質稟 書를 日間 政府에 送交호다더라.[32]

또한 제흥(製興)학교의 교장으로서 교육에 주력하였으며,[33] 옥호서관의 주인으로서 출판을 통하여 국민의 국가의식을 고취하는 데 힘썼다.[34] 그는 다년간 연구하여 말총으로 짠 남녀용 모자를 정교하게 제조하여 공업계에 기여하기도 하였다.[35] 정인호의 아들은 당시의 대표적인 목사인 최병헌[36]의 딸과 정동 감리교회당에서 결혼하여 화제가 되기도 하였다.[37]

특히 일제치하에서 군수로 재직하는 것이 수치스럽고 굴욕적이라고 생각하여 사직하고 1919년 3월 만세시위 이후에는 구국단(救國團)을 조직하여 적극적인 독립운동을 전개하기 시작하였다. 정인호는 군자금을 모집하여 상해로 송부하다가 이 사실이 발각되어 1921년 서울에서 체포되어 재판을 받고 5년간 복역한 후 출소하였다. 1945년에 사망하였다.[38]

이『헌법요의』의 교열자는 장세기(張世基, 1874~?)와 이재건(李載乾)으로, 특히 장세기는 정인호 역술『국가사상학』도 교열했으며 의정부 총무국장, 비서승, 규장각 직학사, 휘문의숙 숙장, 학부 학무국장, 사립 양원야학교 교장 등을 역임한 사

31　정3품으로 1899년 2월 7일부터 3월 12일까지 청도 군수를 역임. 인용식, 앞의 책, 1992, 113면 참조.
32　『황성신문』, 1906.5.14.
33　『황성신문』, 1906.12.26.
34　정인호, 강영심 옮김,『초등대한역사』(근대 역사 교과서 권4), 소명출판, 2011 참조.
35　『대한매일신보』, 1909.5.30.
36　탁사(濯斯) 최병헌(崔炳憲, 1859~1927)의 저작으로는『성산명경』(聖山明鏡, 황화서재, 1909)과『와유금강』(臥遊金剛, 광덕서관, 1909) 등이 있다. 상세한 것은 최원식,「제7장 신소설과 기독교―『성산명경』과『경세종』을 중심으로」,『한국계몽주의문학사론』, 소명출판, 2002, 237~256면; 이광린,『개화기의 인물』, 연세대 출판부, 1993, 275~309면 참조.
37　『대한매일신보』, 1910.10.27, 11.3 참조.
38　상세한 것은 이현희,「정인호」, 한국정신문화연구원,『한국민족문화대백과사전』(20), 1991, 11면.

람으로 자신의 비자(婢子)를 석방하고 비권(婢券)을 불살라 반상의 차별 철폐에 애썼다.[39] 그러나 다음 기사는 복잡한 신분사회를 잘 보여주고 있다.

　●學徒質問　徽文義塾에셔 學徒에 對ᄒ야 班常區別이 有ᄒᆞᆷ으로 一時 惹鬧가 起ᄒ얏다고 各報에 揭載된바 此是初無之事오 不近之說이거놀 何許人의 誣毀로 因ᄒᆞᆷ인지 學徒 數百名이 一齊 憤激ᄒ야 其 原因을 査得次로 各報館에 馳往質問ᄒ얏다더라.[40]

　이『헌법요의』는 전체 10장으로 구성되며 44면의 작은 책자이다. 광고에서는 의무교육을 강조하고 있다.[41] 이 책은『국가사상학(國家思想學)』,[42]『민족경쟁론(民族競爭論)』과 함께 평안북도 영변군 사립 유신학교 사범속성과 졸업생 시상에서 시상품으로서 수여되기도 하였다.[43]

　중국어 번역으로 張肇桐의 漢譯『憲法要義』가 1902년 도쿄에서 발간되기도 하였다.

3. 朴勝彬, 憲法, 新文館, 1908년, 64면

　이 책은 저술이라기보다는 학생들을 위한 법령집이다. 여기에는 일본 헌법과 황실전범, 국적법, 법례(法例), 그리고 재판소구성법이 수록되어 있다.

　역자인 박승빈(1880~1943)의 호는 학범(學凡)이며 강원도 철원에서 출생하였다.[44] 그는 주사의 관직에서 떠나 일본 주오(中央)대학에 유학하여 법학을 공부하

39　『황성신문』, 1909.3.3;『대한매일신보』, 1909.3.3.
40　『황성신문』, 1908.3.22.
41　『황성신문』, 1908.7.19.
42　『국가사상학』은 김효전에 의해서『만세보』연재『국가학』과 安鍾和 譯,『國家學綱領』의 세 책자를 합본하여 관악사에서 2004년에 영인·출판하였다.
43　『황성신문』, 1909.1.5.
44　문헌은 김효전, 「변호사 박승빈」,『시민과 변호사』, 2000.6, 79~85면; 황인철, 「학범 박승빈 변호사」,『대한변호사협회지』, 1976.2, 72~75면; 김이조, 『33人의 법조인상』, 법률출판사, 1999, 80~86면; 박우사,『한국인물대계』, 1972 참조.

고, 하기 방학 중에는 귀국하여 신교육의 보급에 앞장서기도 하였다.[45]

한편, 사립 광무학교의 교사로서 수신(법률 경제 사회 개설) 과목을 맡아 가르치기도 하였으며,[46] 관동학회 부회장을 지내다가 1908년 7월 평양검사로 발령을 받았다.[47]

1909년에는 변호사개업을 하였다.[48] 한일합병 이후인 1913년 1월 박승빈은 경성제2변호사회의 상의원으로 선임되어 1925년 보성전문학교 교장으로 취임하기까지 변호사로서 활약하였다. 1921년 10월에는 중국 북경에서 개최된 국제변호사대회에 참가하였고, 1924년에는 최린(崔麟) 등이 주도한 자치운동 단체인 '研政會'의 구성원이기도 하였다.[49] 1925년 보성전문학교 제9대 교장에 취임하여 학교로서 가장 어려웠던 시기에 7년 동안 학교운영을 도맡아 오늘의 고려대학교의 기틀을 바로 세웠다. 그는 교장으로서 조선어와 한문을 가르쳤다.[50] 후에는 한글 연구에 심혈을 기울여 1931년에는 조선어학연구회를 조직하고 1941년까지 기관지 『정음』을 발간하였다.[51]

이 『헌법』의 번역서는 1908년 10월에 『언문일치(言文一致) 일본국육법전서(日本國六法全書)』 분책(分冊) 제일(第一)로서 발간하였으며, 광고에 의하면 민법, 상법, 형법(구), 민사소송법, 형사소송법도 분책으로 발간되고, 신형법과 그 시행법 그리고 전체를 합본한 합책도 곧 발간할 예정이라고 하였다.[52]

박승빈의 번역 뒤에 「대일본제국헌법」 원문을 수록하였다. 김창록 교수에 의한 현대어 번역이 있다.[53]

---

45 『대한매일신보』, 1906.7.29.
46 『황성신문』, 1906.11.6.
47 『대한매일신보』, 1908.7.7.
48 『황성신문』, 1909.3.4 및 『대한민보』, 1909.10.24 참조.
49 姜東鎭, 『日本の朝鮮支配政策史研究』, 東京大出版會, 1981, 430면.
50 고려대학교, 『근대 서구학문의 수용과 보전』, 198면 참조.
51 한글학자로서의 박승빈에 관하여는 천소영, 「학범 박승빈 연구」, 고려대 석사논문, 1980 참조.
52 『황성신문』, 1909.1.30.
53 정긍식, 『통감부법령 체계분석』, 한국법제연구원, 1995, 238~244면; 김창록, 「일본에서의 서양 헌법사상의 수용에 관한 연구─대일본제국헌법의 제정에서 일본국헌법의 출현까지」, 서울대 박사논문, 1994 참조.

4. 上黨 劉鎬植 譯述, 鄭喬 校閱, 『國民自由進步論』, 古今書海舘, 1908, 53면

국민의 자유와 권리, 즉 기본권에 관한 문헌으로서 주목되는 저작이다. 이 책에 대한『황성신문』의 광고는 다음과 같다.[54]

民族競爭論 定價 二十錢

　此篇은 民族의 時代變遷홈과 種類의 盛衰關係를 備陳홈

國民自由進步論 定價 卄錢

　國民의 當行義務와 知識發展을 詳述홈

東言考略 秋人 鄭喬 著 定價 二十錢

　東方의 言語原因과 俚諺證巧을 譯載홈

　發行元 鍾路 古今書海舘

　分賣所 京鄉 各書鋪

전체 내용은 중국인 량치차오(梁啓超, 1880~1932)의 『자유론(自由論)』을 역술한 것으로 「신민설(新民說)」 제9절 「논자유(論自由)」(1902)와 제11절 「논진보(論進步)」(1902)를 번역하고 합본한 것이다.[55]

역자인 유호식에 관하여는 알려진 것이 별로 없으며, 교열자인 정교(鄭喬, 1841~1922)는『대한계년사(大韓季年史)』[56]의 저자로 유명하다. 한말의 교육자이며 언론인이다. 1898년 사립 홍화학교의 교사로서 이건호와 함께 중추원 개편안을 골자로 한 「의회설립안」을 만들어 정부에 제출하였다.[57] 서재필과 독립협회를 조직하였으며

---

54 『황성신문』, 1908.5.26.
55 상세한 것은 신승하, 「구한말 애국계몽운동 시기 양계초 문장의 전입과 그 영향」, 『아세아연구』 제100호, 1998; 이만열, 「개화기 언론과 중국─양계초를 중심으로」, 『한국 근대 언론의 재조명』, 민음사, 1996; 佐々充昭, 「韓末における「强權」の社會進化論の展開─梁啓超と朝鮮愛國啓蒙運動」, 『朝鮮史硏究會論文集』 No. 40, 2002, 183~213면 참조.
56 정교, 조광 편, 김우철 역주, 『대한계년사』 전10권, 소명출판, 2004 참조.
57 의회설립안 원문과 번역은 『월남이상재 연구』, 1986, 282~292면 참조.

이토 히로부미를 비판하는 편지를 직접 보내기도 하였다.[58]

이 책은 결론에서 일본의 요시다(吉田松陰), 이토(伊藤博文), 오쿠마(大隈重信), 이노우에(井上馨) 등을 흥국(興國)의 위인으로 소개하고, 이처럼 일본에 대한 선망과 외경으로 끝맺고 있기 때문에 통감부의 검열을 무사히 통과할 수 있었을 것이다. 또한 이탈리아의 마찌니(瑪志尼, Giuseppe Mazzini, 1805~1872)의 말을 인용하고 있다.[59]

여기의 파괴론은 량치차오의 글 「파괴주의(破壞主義)」에서 유래하는 것이며, 그의 파괴는 종래 혁명을 뜻한다고 평가를 받아온 것이다.[60] 그는 오늘날의 중국에서 파괴를 위한 가장 적합한 방책은 루소의 민약론(民約論)이라고 한다. 당시 조선에서는 량치차오의 『음빙실자유서(飮氷室自由書)』를 비롯하여 기타 「방기자유지죄(放棄自由之罪)」 등이 여러 계몽 잡지에 다수 번역 소개되었다.[61]

이상에서 보듯이, '문명진보', '개명진보,' '개량진보' 등과 같은 말은 '진화 또는 '자유' 등과 같은 말과 함께 대한제국시대의 진보 개념은 새로운 변화를 예고하는 것이며 개화의 의미를 구체화하는 것으로 다양한 어휘를 산출하게 된다. 또한 단체명에서도 일진회(一進會),[62] 진보회(進步會), 공진회(共進會), 동아개진교육회(東亞開進敎育會) 등 모두 직접 진보를 내세우고 있는 점이 공통된다.[63]

요컨대, 『국민자유진보론』이란 책자는 일본의 흥국과 발전을 찬양하고 나아가 현재의 낡은 인습과 전통을 파괴하라고 주장하는 점에서 통감부의 검열을 무사히 통과하였을 뿐만 아니라 오히려 1908년 5월이라는 시점에서 널리 반포할 수 있었던 것이다.

---

58 『伊藤博文關係文書』8, 塙書房, 1980, 394면.
59 양계초의 『伊太利建國三傑傳』은 1907년 申采浩 譯述, 張志淵 校閱로 廣學書舖에서 발간되었다. 이 책의 현대어 번역은 류준범·장문석 옮김, 『이태리 건국 삼걸전』, 지식의풍경, 2001이 있으며, 신채호 번역의 원문도 수록되어 있다. 한국독립기념관 한국독립운동사연구소 편, 『단재신채호전집』제4권, 2007 참조.
60 허도학, 『중국 근대화 기수 양계초』, 임방서원, 2000, 140면.
61 예컨대 『황성신문』, 1909.3.31의 논설 「學梁啓超氏辨術論ᄒ야 痛告全國人士」 등. 한국에 소개된 양계초의 저작 목록은 우림걸, 『한국 개화기문학과 양계초』, 박이정, 2002, 30~35면 및 佐々充昭의 글(주 55) 참조.
62 김종준, 「대한제국 말기(1904년~1910년) 일진회 연구」, 서울대 박사논문, 2008 참조.
63 상세한 것은 노관범, 「대한제국기 진보 개념의 역사적 이해」, 2011년 4월 28일 한림대 한림과학원 주최 제4회 심포지엄, 『근대 동아시아에서 진보의 재발견』에서의 발표 논문 참조. 이 심포지엄에서는 황수영, 「서양 근대 사상에서 진보와 진화 개념의 교착과 분리」; 박양신, 「근대 일본, '진보'에서 '발전'으로—제국주의 성립기의 역사·사회의식」; 허수, 「20세기 전반 한국, '진화의 의미를 찾기 위한 시론」; 송인재, 「근대 중국에서 진보의 진로—쑨원의 조화론적 진보관」 등이 발표되었다. 코젤렉·마이어, 황선애 옮김, 『코젤렉의 개념사 사전 2 — 진보』, 푸른역사, 2010 참조.

5. 上黨 劉鎬植 譯述, 『民族競爭論』, 古今書海館, 1908, 67면

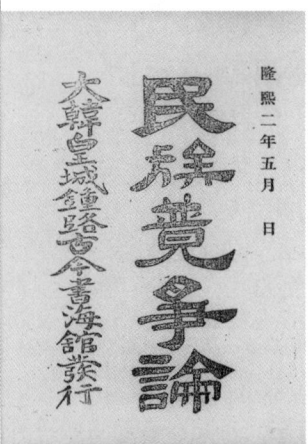

『민족경쟁론』 표지

이 책의 광고는 이미 위의 『국민자유진보론』에서 보았으며, 당시 유행하던 적자생존, 생존경쟁, 또는 우승열패 등 진화론의 영향을 받은 것이다.[64] 량치차오의 「신사학(新史學)」 제사(第四) 역사여인종지관계(歷史與人種之關係)(新 14, 1902)와 「논민족경쟁지대세(論民族競爭之大勢)」(新 2~5, 1902)를 번역하고 합본한 것이다. 연세대학교와 고려대학교 도서관에 소장되어 있다.

역자인 상당 유호식(上黨 劉鎬植)의 인적 사항 역시 현재까지는 밝혀진 것이 거의 없다.

6. 卞榮晩 譯述, 『二十世紀之大慘劇 帝國主義』, 廣學書鋪, 1908, 50면 및 부록 「商業的奮鬪」, 9면

당대의 문인이며 법률가였던 진불(塵佛) 변영만(1889~1954)에 관하여는 그동안 연구가 부진한 편이었으나 지난 2006년에 『변영만전집』(전3권)이 성균관대학교 출판부에서 출간되면서 그의 문학과 법사상은 새로운 조명을 받게 되고 연구도 활기를 띠게 되었다.[65]

---

64 한국에서의 사회진화론의 수용에 관하여는 이광린, 「구한말 진화론의 수용과 그 영향」, 『한국개화사상연구』, 일조각, 1979, 255~287면; 전복희, 『사회진화론과 국가사상─구한말을 중심으로』, 한울, 1996; 박성진, 『사회진화론과 식민지 사회사상』, 선인, 2003; 양일모, 「동아시아의 사회진화론 재고─중국과 한국의 '진화'개념의 형성」, 『한국학연구』 제17집, 2007; 박정심, 「근대 '경쟁'원리와 '도덕'원리의 충돌과 만남에 관한 연구─사회진화론과 유학을 중심으로」, 『한국사상사학』 제29집, 2007; 허동현, 「1880년대 개화파 인사들의 사회진화론 수용양태 비교연구─유길준과 윤치호를 중심으로」, 『사총』 제55호, 2002 참조.

65 實是學舍 고전문학연구회 편, 『변영만전집』 상·중·하, 성균관대 출판부, 2006.

이 책은 변영만이 한 시대의 커다란 흐름이었던 제국주의를 정면에서 파악하는 번역서를 출간하여 당시의 한국 식자층에게 커다란 충격을 주었다.

기본 텍스트에 대하여 역자는 일본 博文舘에서 발행한『시대지추세(時代之趨勢)』[66] 중「제국주의(帝國主義)」를 근거로 역술하고 간혹 미국의 정치학자 라인쉬(Paul Samuel Reinsch, 1869~1923)[67]의『세계지정치(世界之政治)』를 참고하여 번역한 것임을 밝히고 있다.[68] 라인쉬는 20세기를 민족적 제국주의의 시대로 파악하고 영토획득을 중심으로 한 낡은 제국주의 대신에 20세기에는 상업적 확장정책을 목표로 하는 새로운 제국주의시대가 등장하였다고 한다.

일본에서는 다카다 사나에(高田早苗) 초역(抄譯),『제국주의론(帝國主義論)』(東京專門學校出版部, 1901)도 발간되었다. 다카다는 서문에서 '본서의 목적은 현하 세계의 열강이 집행하는 바 제국정략(帝國政略)을 논하는 동시에 支那(중국) 문제가 그 중심인 것을 설명하려는 데에 가장 시세에 적절한 것이라고 할 수 있다고 하였으며, 또 '미국과 동일하게 신흥제국주의로서 중국에 진출하고 있던 일본에서는 구주열강에 의한 중국분할론을 부정하는 중국보전론의 문맥에서 긍정적으로 수용된 것'[69]이라고 보는 견해도 있다. 고토쿠 슈스이(幸德秋水)의『제국주의(帝國主義)』,[70] 우키타 가즈타미[71]의『윤리적 제국주의』와 함께 당시 일본의 지식인들의 제국주

연구 문헌은 최기영,「1910년대 변영만의 해외행적」,『대동문화연구』제55집, 성균관대 대동문화연구원, 2006, 192~225면; 최기영,「한말 지식인의 반제국주의론—변영만을 중심으로」,『한국 근대 계몽사상 연구』, 일조각, 2003, 57~91면; 최현수,「산강 변영만의 생애와 국학관(상)」,『畿甸文化』제9호, 1992; 신익철,「근대문학 형성기 변영만의 사상적 지향과 문학세계」,『한국한문학연구』제32호, 2003; 김진균,「변영만의 비판적 근대 정신과 문예추구」, 성균관대 박사논문, 2004; 김효전,『근대 한국의 법제와 법학』, 세종출판사, 2006, 53~61면; 최종고,『한국의 법률가』, 2007, 249~261면 참조.

66 일본 博文舘에서 발행하는 잡지『太陽』제14권 제9호(1908)의 臨時增刊「時代之趨勢」에 수록된「帝國主義」(2~29면)를 근거로 역술하고 여기에 라인쉬의『世界之政治』를 참고하여 번역한 것이다. 최기영 교수는『태양』이란 잡지를 보지 못한 것 같다. 최기영,『한국 근대 계몽사상연구』, 67면.

67 라인쉬는 미국의 정치학자이며 외교관으로 위스컨신대학 정치학 교수를 역임하였다. 저서로는 *World Politics at the End of the Nineteenth Century, as influenced by the oriental situation*, 1900; *An American Diplomat in China*, 1922 등이 있다.
당시『동아일보』에 보도된 그에 관한 기사는 다음과 같다.「미국 상원의원 라인쉬 씨(肯)」, 1920.8.13;「전 주중 미공사 라인슈씨 입경」, 1920.9.2;「경성을 통과한 미국 정계의 혜성, 라인쉬 박사」, 1920.9.3;「미국 고문 라인쉬 씨 중병, 병원에서 자살계획」, 1922.11.17, 기타 라인시氏 略述, 韓興敎 譯,「政治上으로 觀한 黃白人種의 地位」,『大韓學會月報』제8호, 48~51면 등 참조.

68 이 책을 1998년 2월에 복사해서 보내준 최기영 박사에게 감사를 드린다.

69 岩波 講座,『帝國日本의 學知』第1卷, 2006 해제.

70 岩波文庫에서 2004년 복간. 이 책에 대한 간단한 해제는 박양신,「幸德秋水『卄世紀之怪物帝國主義』」,『개념과 소통』No. 6, 2010, 211~217면 참조.

의 이해의 일단을 보여주는 문헌의 하나이다.

고토쿠가 『이십세기지괴물제국주의(廿世紀之怪物帝國主義)』란 책을 발간한 것으로 볼 때 변영만도 여기서 그 책이름을 따온 것으로 보인다.

차례는 다음과 같다.

제1장 國民主義와 帝國主義
제2장 帝國主義의 實行手段
제3장 各國의 帝國政策
　제1절 英國의 帝國政策
　제2절 露國의 帝國政策
　제3절 獨逸의 帝國政策
　제4절 北美合衆國의 帝國政策
제4장 結論

이 책에는 구당 유길준의 서문과 진불 변영만 자신의 서문이 있다.

二十世紀之大慘劇　帝國主義序

萬國可一五族可一樂矣哉天下事作是觀可矣夫弱者之願爲保合情也强者之欲爲發展勢也花開鳥啼水流雲起自然耳彼所謂國民主義者誰爲爲之彼所謂帝國主義者孰使使之因境相觸有生必存競爭乃進取之門戰伐是和平之基則究竟同化之理統優劣而一之向之國民主義也帝國主義也直不過爲統一之機具也今之統一非如古之郡人國屋囚社之謂也彼此各國其國各君其君而別立萬國共洞之一大政府管理世界事務使世界之人作世界之生活則于斯時也吾將見强固之艦供商旅之便銳利之仗化農工之具擧天下圍一家之中矣明窓秋目從西球來灸背作世界夢如是

隆熙 二年 九月 日 矩堂居士 兪吉濬

71　우키타(浮田和民, 1859~1946)의 연보와 저작목록은 姜克實, 『浮田和民の思想史的硏究－倫理的帝國主義の形成』, 不二出版, 2003 참조.

이것을 우리말로 번역하면 다음과 같다.[72]

모든 나라를 하나로 할 수 있고, 다섯 대륙의 민족을 하나로 할 수 있다면, 천하의 일은 즐거울 것이다! 그리고 이러한 관점은 가질 수가 있다. 저 약한 것들이 변동이 없기를 바라는 것은 그들의 사정이며, 저 강한 것들이 발전을 바라는 것은 그들의 형세이다. 꽃이 피고, 새가 울며, 물이 흐르고 구름이 피어오르는 것은 자연스러운 것이다. 그런데 저들이 말하는 국민주의란 누구를 위하여 그것을 만든 것이며, 저들이 말하는 제국주의란 누가 시켜서 그렇게 한 것인가?

경계가 서로 맞닿은 채로 사람들이 살아가고 있는데, 경쟁이 적극적으로 나아가 일을 하는 문이며, 싸워서 정벌하는 것이 평화의 기틀이라고 한다면, 필경 동화(同化)의 이치로써 뛰어나고 모자란 것을 합하여 그것을 하나로 만들 것이다. 그렇다면 앞의 국민주의와 제국주의란 다만 통일의 기구가 되는 데 지나지 않는 것이다.

그러나 오늘날의 통일은 옛날의 남의 나라를 군(郡)으로 만들고 제후의 태사(太社)를 가옥으로 만들어버린 것을 이르는 것은 아니다. 피차가 각자 그들의 나라를 나라로 하고 그들의 임금을 임금으로 하고서, 따로 만국 공통의 하나의 큰 정부를 세워서 세계의 일을 관리하게 하여, 세계의 사람들에게 세계의 생활을 하게 한다면, 이때에 나는 장차 튼튼하고 견고한 함대가 상인들의 편리함에 제공되고, 날카로운 무기들이 농업이나 공업의 용구로 바뀌며, 온 천하 사람이 한 집의 울타리 속에서 살아가는 것을 보게 될 것이다.

밝은 창 밑에서 가을날 서양에서 온 뜸을 등에 붙이고서 이와 같이 세계의 꿈을 만들어 보았다.

융희 2년(1908) 9월 구당거사 유길준

다음에는 변영만 자신의 서문이 계속된다.

自敍
余目本明忽然迷余耳本聰忽然聾余腦本淨忽然攪然亂余呼吸本順調忽格然窒塞余

四肢本健全忽靡然痲軟此余譯二十世紀之大慘劇帝國主義之一書而擲筆茫然坐如有
所失之時之光景也嗚乎余之禱久矣而天夢夢焉余之慮苦矣而計空空焉嗟我民族其將
不免於慘劇猛演之場中人事至此能不傷心茫然如有所失者轉而爲然之淚凄然之嘆臆
塞而不知誰與語也嗚乎余之譯玆書者其意豈欲使我國實施帝國主義如英露獨米諸國
乎國之一切動作人其代之如網斯縶如窖斯幽正陷他人之帝國主義而若傲然自高遠唱
自國之帝國主義則其亦不知量者矣蓋此大韓之帝國主義活躍於世界之舞臺者正余輩
之至願也則余之夢想未嘗不一日一逗於大莊極嚴炳炳煌煌之樓閣也而今姑非其時也
居今之日所宜大聲而疾呼者其國民主義乎國民主義者詳言之卽韓族生存之主義也韓
族生存之主義日張大焉他來之帝國主義可以潛消而暗滅之韓族生存之主義到厥極焉
吾家之帝國主義可以孕蓄而發揮之要之國民主義者禦敵之大道也進取之宏基也苟能
上下戮力作拳於斯我國之前途幸福庶可以江也其長海也其深也而若其妄生空念虛美
明必欲惟帝國主義是沾沾然則是不徒事之不濟抑將催禍速孽永我悲坎其可憐可悶之
狀態與夫窮巷狂兒將向泉臺猶且稱朕呼后之光景殆無異焉(俚談昔有一人惑於星命自
信後日作天子不農不學徒然自豪及至餓死顧妻若子曰朕其崩矣皇后其善導太子以
紹大業云云語固不倫聯爲戲引)帝國主義之不可以早談也有如是夫故余之譯玆書也其
目的之所注不在正面而却在反面焉蓋欲寫彼帝國主義之險狀喚醒我國民主義之精神
也嗚乎英露獨米之倫固帝國主義之大狂魔也而效其者方接踵焉印度非律賓之屬固帝
國主義之遊掠場也而繼其轍者將無數焉禍哉斯世危乎急矣凡讀玆書而其目不一瞬其
耳其腦其呼吸皆自若焉而掉臂弄脚嬉走於異族馬蹄之間曰我無事也者與余道不同者也

　　隆熙 二年 八月 二十九日 下午 十点鍾 塵佛走毫燈下

이것을 우리말로 번역하면 다음과 같다.[73]

　　나의 눈은 본디 밝았는데, 갑자기 흐릿하여 잘 보이지 않게 되었고, 나의 귀는 본디
밝았는데, 갑자기 답답하게 멀어져 버렸으며 나의 머리는 본디 깨끗하였는데 갑자기
어지럽게 되었다. 나의 숨은 본디 순조로웠는데 갑자기 막혀버렸고, 나의 손과 발은

73　『변영만전집』 상, 626~628면에는 번역문만이 수록되어 있으며, 전집 하권, 42~45면에는 원문과
　　번역문이 함께 실려 있다.

본디 이상이 없었는데, 갑자기 마비가 되어버렸다. 그런데 이는 내가 『20세기의 대참극, 제국주의』라는 한 권의 책을 번역한 뒤에 붓을 던지고서 넋이 빠진 채로 앉아 마치 무엇인가 잃어버린 것이 있는 듯했을 때의 광경이다.

아 아 나는 신께 오랫동안 기도를 올렸다. 그러나 하늘은 분명한 대답이 없었고, 나는 고심을 하며 생각을 하였다. 그러나 계획은 어리석기만 하였다. 아 아 우리의 민족은 아마 장차 참극이 사납게 연출되는 무대의 속에서 벗어날 수 없을 것이다. 사람의 일이 여기에까지 이르렀으니 마음을 아파하지 않을 수 있겠는가?

넋이 빠진 채로 마치 무엇인가 잃어버린 것이 있는 듯한 것이 나아가 줄줄 흐르는 눈물이 되었고, 처량한 탄식이 되어버렸다. 원통하여 가슴이 막혔으나 누구와 이야기를 나누어야할 지 알 수가 없었다.

아 아 내가 이 책을 번역한 그 뜻이 어찌 우리나라에 영국·러시아·독일·미국 등 여러 나라의 제국주의를 실시하려고 한 것이었겠는가? 나라의 모든 행동을 남이 그것을 대신한다면, 마치 그물에 매이거나 움 속에 갇히는 것과 같이 될 것이다. 이것이 바로 남의 제국주의에 빠지는 것이다.

그런데 만약 거만스럽게 높이 자신의 나라의 제국주의를 부르짖는다면, 이것도 또한 헤아릴 줄을 모르는 것이다. 그러나 이 대한의 제국주의가 세계의 무대에서 활약하는 것은 바로 우리들의 지극한 바람이다. 그러므로 나는 일찍이 어느 하루라도 큰 장원, 지극히 엄숙하고 휘황찬란한 누각에 머무는 것을 꿈꾸지 않을 때가 없었다. 그러나 지금은 그때가 아니다.

오늘날 마땅히 소리를 높여 고함을 질러야 할 것은 아마 국민주의일 것이다. 국민주의란 그것을 자세히 이야기한다면, 바로 한민족의 생존의 주의이다.

한민족의 생존주의가 날로 확장이 된다면, 다른 곳에서 온 제국주의를 몰래 녹여버리고 없앨 수 있을 것이고, 한민족의 생존주의가 그 극에 이른다면, 우리나라의 제국주의를 쌓아서 발휘할 수 있을 것이다. 요컨대 국민주의란 적을 막는 큰길이며, 적극적으로 나아가 일을 하는 넓은 기반인 것이다.

그러니 만약 위아래가 힘을 합하여 이것에 부지런히 힘쓴다면 우리나라의 앞길의 행복은 아마 강처럼 길어질 수 있을 것이며, 바다처럼 깊어질 수 있을 것이다.

그러나 만약 분별없이 헛된 생각을 만들어 내고, 헛되이 아름다운 이름에 달려가서, 반드시 오직 제국주의 속으로만 쫓어 들어가려고 한다면, 이는 다만 일을 이루지 못할 뿐만 아니라, 또한 장차 재앙을 재촉하고 빨리 불러서 영원히 우리들은 슬픔에 빠지게 될 것이다. 그리고 그 가련하고 근심스러운 상태는 저 뒷골목에 사는 평민의 미친 아이가 장차 저승으로 가게 되었는데도 오히려 자신을 '짐'이라 하고, 아내를 '황후'라고 부르는 광경과[74] 거의 다를 것이 없을 것이다.

제국주의를 서둘러 말해서 안 될 것에는 이와 같은 것이 있다. 그러므로 내가 이 책을 번역할 때 그 목적을 둔 곳은 정면(正面)에 있지 않았으며, 도리어 반대쪽에 있었다. 나는 대개 저 제국주의의 험한 모습을 모사하여 우리 국민주의의 정신을 깨우쳐 주려고 하였던 것이다.

아 아 영국 러시아 독일 미국과 같은 무리들은 참으로 제국주의의 큰 사나운 마귀들이다. 그런데 그들을 본받고 있는 나라들이 계속 이어지고 있다. 인도와 필리핀은 제국주의가 놀면서 약탈하는 무대가 되었다. 그리고 그 전철을 잇는 나라는 장차 헤아릴 수도 없을 것이다. 이는 재앙이로다. 위급하도다.

이 책을 읽고서 그 눈을 한 번이라도 깜박거리지 않거나, 그의 귀, 머리, 호흡이 모두 변함이 없이, 팔을 흔들고 다리를 놀리며 이민족의 말발굽 사이로 기꺼이 달려가면서 "나에게는 일이 없을 것이다"고 하는 이들은 모두 나의 길과 길을 달리하는 사람들이다.

융희 2년(1908) 8월 29일 오후 10시에 진불(변영만)이 등불 아래서 쓰다.

이 책은 『대한매일신보』 1908년 10월 11일 자에 첫 번째 광고가 나간 이후 자주 소개되고 있었던 점으로 미루어 볼 때 당시의 한국인들에게 커다란 자극과 충격을 주었을 것으로 생각된다. 이처럼 변영만은 눈앞에 다가온 제국주의의 모습에 치를 떨면서 그 재앙의 위급함을 국민들에게 알리고 있다.

이 『제국주의』는 1902년 중국에서는 조필진(趙必振)의 번역으로 『20세기지 대참극 제국주의(二十世紀之怪物─帝國主義)』(上海 : 通雅書局)가 발간되었으며, 『변영만 전집』 하, 42~72면에, 부록으로 붙인 「상업적 분투」 역시 같은 하권 76~80면에 수록하고 있다.[75]

---

74 속담에 '일찍이 점술에 빠진 이가 있었는데 그는 스스로 뒷날 반드시 천자가 될 것이라고 믿어, 농사를 짓지도 않고 공부도 하지 않으며, 하는 일이 없이 거드럭거리기만 하였다. 그러다가 굶어 죽기에 이르자 아내와 자식을 돌아보며 "짐은 아마 죽을 것이다. 황후는 태자를 잘 인도하여 대업을 잇게 하라"했다고 한다'는 말이 있다.
75 제국주의에 관한 최근 문헌은 피퍼 외, 황승환 옮김, 『코젤렉의 개념사 사전 3 ─ 제국주의』, 푸른

7. 卞榮晩 意譯, 『世界三怪物』, 廣學書舖, 1908

이 책은 미국인 사밀가덕문(斯密哥德文)의 저서를 번역한 것이다. 이 책에 대해서 『대한매일신보』는 자주 광고를 내고 있다.[76]

美國　斯密哥德文　原著　韓國 卞榮晩　意譯
　　世 界 三 怪 物
　　壹冊 定價 拾貳錢
　　現世界에 三大怪物이 발生ᄒᆞ야 六洲에 橫行ᄒᆞ며 風雲을 呼喚ᄒᆞ매 愚者가 此物을 遇ᄒᆞ면 其 魂을 失ᄒᆞ고 弱者가 此物을 遇ᄒᆞ면 其 編을 喪ᄒᆞ야 此物所過에 天地가 飜覆ᄒᆞ고 國家가 丘墟ᄒᆞ야 上帝赤子가 生命을 莫保라. 故로 是書ᄂᆞᆫ 特히 此三大怪物의 眞狀을 描寫ᄒᆞ야 其 防備의 妙策과 利用의 神術을 一一 說明ᄒᆞ야 世界의 生存을 要求ᄒᆞᄂᆞᆫ 者一不可不 一覽 홀 冊子이오니 僉君子ᄂᆞᆫ 續々 購覽ᄒᆞ시옵
　　▲大발賣所 (생략)

미국인 저자 '사밀가덕문(斯密哥德文)'이 누구인지는 명확하지 않지만 최기영 교수는 "영국 출신으로 캐나다와 미국에서 활동하며 영국의 식민지정책에 관하여 반제국주의 노선을 개진한 바 있던 골드윈 스미스(Goldwin Smith)라는 인물이 한역된 이름으로 보아 그 저자인 듯하다"[77]고 한다.

이 책에는 한말과 일제시대를 통해서 변호사로서 이름을 날리던 이기찬(李基燦)[78] 변호사의 제사(題辭)가 첫 머리에 나온다. 원문과 번역문을 소개한다.

　　天生斯民, 有國有治. 國體各殊, 治道亦異. 在昔未開, 人心淳良. 其塗雖百, 要在率

　　역사, 2010 참조.
76　『대한매일신보』, 1908.4.3.
77　최기영, 「한말 지식인의 반제국주의론」, 『한국 근대 계몽사상 연구』, 66면; 김욱동, 『번역과 한국의 근대』, 소명출판, 2010, 124~125면.
78　본서 제1부 「법관양성소」 중 8장 「법관양성소의 졸업생」, '졸업생의 활동상황'의 '제5회' 참조.

常. 而自近世, 三怪出現. 逞凶逞毒, 無惡無善. 始於泰西, 漸于亞東. 愚者奪魄, 猾流趨風. 於乎卞君, 是瞿是喟. 乃述此書, 詳說其怪. 本狀莫逃, 眞面始露. 鑑此應彼, 庶無大誤. 凡世之人, 愼勿忽諸. 撮其槪意, 於是乎書.

  隆熙 二年 三月 一日　李基燦

이를 번역하면 다음과 같다.

  하늘이 세상 사람을 낳아 나라가 있고 다스림이 있게 하였네. 나라의 체제 각기 다르고 다스리는 법 또한 같지 않다네. 옛날 미개할 적엔 인심이 순량하였네. 그 길은 비록 갖가지이나 요점은 상정(常情)을 이끄는데 있었네. 그런데 근세에 들어 세 괴물이 출현하였네. 흉악하고 독함을 드러내어 악한 이도 선한 이도 가리지 않네. 태서에서 비롯되어 점점 동쪽 아시아로 퍼져오네. 어리석은 자 혼백을 빼앗겨 흐름에 미끄러지고 바람에 따라가네. 아아! 변군(卞君)은 이를 두려워하고 이를 탄식하여 이에 이 책을 지어 그 괴이함을 상세히 말하였네. 본상(本狀)을 빠짐없이 잡아내 진면목이 비로소 드러났네. 이것에서 깨달아 저것에 대응하면 아마 크게 잘못되지 않으리. 무릇 세상 사람들이여 신중을 기하여 소홀히 넘기지 말라. 그 대강의 뜻을 파악하여 이에 책머리에 쓰노라.[79]

  융희 2년(1908) 3월 1일 이기찬 쓴다.

  계속하여 무애생(無涯生) 단재(丹齋) 신채호(申采浩, 1880~1936)[80]의 서문이 나오며 변영만 자신의 서문은 없고 바로 본문이 시작된다. 변영만이 말하는 3대 괴물이란 부족정체(富族政體), 일명 금력정치(金力政治)이며, 군비정치(軍備政治), 그리고 제국주의(帝國主義)이다. 커다란 활자로 전체 37면의 소책자이다.

  상세한 것은 박병주, 「변영만, 『세계삼괴물』 원본 고찰」, 『민족문학사연구』 제52호, 2013.9, 142~171면 참조.

79　번역은 『변영만전집』 하, 29~30면에 의함.
80　최근 한국독립기념관 한국독립운동사연구소, 『단재 신채호전집』(전4권), 2007이 발간되었다.

8. 李鍾泰,『進明彙論』, 1905, (上卷)102면, (下卷)118면

이 책은 계림 이종태(鷄林 李鍾泰)가 당시 한국인을 계몽하기 위해서 펴낸 백과
사전 내지는 시사계몽서라고 할 수 있다. 편자는 학부 편집국장을 의원면 겸임, 한
성사범학교장을 역임하였고,[81] 외국어학교장직을 청원 사직한 기사가 보이며,[82]
자세한 것은 알 수 없으나 다음과 같은 기사도 발견된다.

> ◉ 何其妄率　前 學部 編輯局長 李鍾泰氏가 曾往에 進明彙編를 刊行ᄒᆞ얏더니 內部
> 에셔 會報를 發刊ᄒᆞᆫ줄노 誤認ᄒᆞ고 再昨日에 李鍾泰氏를 亦爲招待ᄒᆞ려ᄂᆞᆫ디 別巡檢
> 二名을 派送ᄒᆞᆫ지라. 李氏가 別巡檢來到ᄒᆞᆷ을 見ᄒᆞ고 무삼 大關事가 有ᄒᆞᆫ가 ᄒᆞ야 一場
> 恐怯ᄒᆞ얏더니 及至該部 警務局ᄒᆞᆫ즉 會報 發行ᄒᆞᆫ줄 誤認ᄒᆞᆫ 事라 警務局長 金彰漢氏
> 가 大段 無顔ᄒᆞ얏다더라.[83]

여기에 수록한 것은 상권 중 국가, 정체 그리고 법률에 관한 부분이다. 전체가
한문으로 되어 있어서 상당한 수준의 지식인만을 대상으로 한 것이며 일반인에
대한 영향력은 적었을 것으로 생각된다.

9. 憲政硏究會,『憲政要義』, 1905

헌정연구회는 1905년 5월 장기렴(張基廉, 1853~?), 이준(李儁, 1859~1907),[84] 윤효
정(尹孝定, 1858~1939), 심의성(沈宜性) 등이 설립한 학술단체이다.[85] 그들은 일본 메

---

81 『관보』제2944호,1904.9.29.
82 『대한매일신보』, 1905.11.24.
83 『대한매일신보』, 1907.4.18.
84 이준에 관하여는 이선준,『일성 이준열사』, 을지서적, 1994; 일성 이준열사기념사업회,『이준과
　만국평화회의─탄신 138주년 · 순국 90주년 특별기획 도록』, 1997 참조.

이지 헌법의 제정을 이상으로 여겼으며, 국민들에게 입헌정치의 사상을 보급하기 위하여 이 책을 저술하였다.

여기의 장기렴은 전 시위대 대대장을 지낸 사람으로 육군 참령이었다. 윤효정의 호는 조양루주인 운정(朝陽樓主人 雲庭)이며 1895년 4월부터 9월까지 탁지부 주사, 1896년 10월 면 징계, 1896년 11월부터 다음 해 11월까지 다시 탁지부 주사를 지냈다. 1898년 제위양위(帝位讓位) 음모사건으로 일본 고베(神戸)에 망명하여 아사히신주쿠(朝日新塾)를 운영한다. 1906년 5월 이준과 헌정연구회를 조직하는 한편 보호조약반대 운동으로 다시 체포되었다. 대한자강회의 창립발기인의 한 사람이며 기호흥학회의 회원이기도 하였다. 저서로『풍운한말비록(風雲韓末秘錄)』[86]이 있으며, 강연을 비롯하여 많은 논설을 남겼다.[87]

심의성의 호는 소산(小汕)이며 윤효정의 사촌 누이의 아들이다. 1905년 5월 헌정연구회 사무장, 1906년 12월부터 1907년 5월까지 중추원 부찬의(副贊議)를 지내고, 1907년 6월부터 1908년 3월까지 파주 군수를 역임하였으며,[88] 재직 중 신문종람소(도서관)를 설치하기도 하고[89] 융희학교를 설립하여 교장이 되기도 하였다.[90]

● 坡州郡守　沈宜性氏가 人民의 智識을 開發ᄒ기 爲ᄒ야 有志ᄒ 某某 人士를 勸勉ᄒ야 新聞縱覽所를 設寘ᄒ고 本月 一日 爲始ᄒ야 開場執務ᄒ얏ᄂᄃ 該 郡守의 勸勉ᄒ 誠力과 樂從發起ᄒ 諸氏를 讚頌不己ᄒ다더라.[91]

85　헌정연구회에 관하여는 김효전 편,『이준과 헌정연구회』참조.

86　윤효정의『韓末秘史』(원제 : 최근 60년의 秘錄)가 1995년 교문사에서 영인본으로 발간되었다. 최근 윤효정, 박광희 편역,『대한제국아 망해라』(다산초당, 2010)가 이 책을 텍스트로 했다고 하나 원전과는 거리가 멀며, 학술서적으로서의 가치는 없다고 보겠다.

87　논문으로「國家的精神을 不可不發揮」, 1907;「時局의 急務」,『大韓協會報』제2호, 1908 등이 있으며, 윤효정 선언서가『황성신문』, 1903.12.22에, 대한자강회 연설 취지 및 특성이 1906.5.3에, 동 국민의 의무교육이 1906.7.14에, 동 여자교육의 필요가 1906.5.19, 22, 23에, 그리고 이준과 휘문의숙에서의 연설이 1906.10.15에 각각 게재되어 있다.
　　그의 출생 연도에 관해서 木村誠 他編,『朝鮮人物事典』, 大和書房, 1995, 184면에는 1860년으로 되어 있고, 한국정신문화연구원,『한국민족문화대백과사전』, 1991에는 1858년으로 기록되어 있다. 상세한 것은 차선혜,「애국계몽운동기 윤효정의 정치활동과 그 사상」, 경희대 석사논문, 1994 및 김항구,「대한협회연구(1907~10)」, 단국대 박사논문, 1992 참조.

88　안용식 편,『한말지방관록』, 29면.

89　『황성신문』, 1907.9.2.

90　『대한매일신보』, 1907.10.18.

91　『황성신문』, 1907.9.2.

1909년 6월 대한민보사 기자, 대한자강회 발기인 및 평의원, 대한협회 총무, 기호흥학회 평의원 등을 지냈다. 저술은 많지 않으며 논설로 「공업이재요술(工業理財要術)」(1907)이 있다.

이 『헌정요의』는 다시 『황성신문』에 「기서」(寄書=투고)로서 연재되어 국민의 정치적 자각을 일깨우는 데 크게 기여하였다.[92] 머리말에 해당되는 부분은 양한묵(梁漢默, 1862~1919)[93]이 썼다.

10. 盧梭, 『民約』

노사(盧梭)의 『民約』(사회계약론)은 『황성신문』 1909년 8월 4일부터 9월 8일까지 연재한 것이다.

그 텍스트인 『사회계약론』은 나카에 조민(中江兆民, 1847~1901, 호는 篤介)[94]이 『민약역해(民約譯解)』란 제목 아래 한문으로 번역하고,[95] 해설을 곁들인 권지일(卷之一)을 우리말로 옮긴 것이다. 여기에는 역자의 주해나 감상을 서술한 「안어(按語)」가 붙어 있다. 이 번역은 『메이지문화전집(明治文化全集)』(第7卷 日本評論社, 1929, 184~195면)에 재수록되었다.

루소(Jean-Jacque Rousseau, 1712~1778)의 『사회계약론』(Le Contrat social, ou principes du droit politique, 1762)은 일찍부터 동양에 소개되었다.

---

92 『황성신문』, 1905.7.15; 1905.7.18; 1905.7.20; 1905.7.22; 1905.7.24; 1905.7.27; 1905.7.28; 1905.8.2, 3. 그러나 원 책의 제5장 「국민 급 정부의 관계」와 제8장 「국민의 권리」는 게재하지 않고 있다.

93 문헌은 홍영기, 「지강 양한묵의 생애와 활동」, 『한국 근현대사논총』, 오세창교수화갑기념논총간행위원회, 1995, 107~123면; 최기영, 「한말 천도교와 양한묵―그 활동과 사상을 중심으로」, 『역사학보』 제147집, 1995, 95~126면; 최기영, 『한국 근대 계몽사상연구』, 일조각, 2003, 263~292면에 재수록 참조.

94 나카에 조민에 관하여는 연구공간 '수유+너머' 일본 근대사상팀 옮김, 『삼취인경륜문답』, 소명출판, 2005; 中江篤介, 嘉治隆一 編校, 『兆民 選集』, 中江兆民著譯書一覽, 岩波文庫, 1936, 307~317면; 松永昌三, 「民約譯解」, 『中江兆民評傳』, 岩波書店, 1993, 95~107면; 桑原武夫 編, 「民約譯解」, 『中江兆民の研究』, 岩波書店, 1966 참조.

95 상세한 것은 이예안, 「民約譯解」, 한림과학원 편, 『동아시아 개념연구 기초문헌해제』 II, 선인, 2013, 275~281면; 山田博雄, 「中江兆民『民約譯解』の漢文譯をめぐって」, 『大學院研究年報』(中央大) 法學研究科 第20號, 1990, 141~152면 참조.

먼저 일본에서는 나카에 조민의 번역으로 『민약론(民約論)』이 소개된 이후 다음과 같은 번역서들이 출간되었다.[96] 발간순으로 열거한다.

1875	中江篤介 譯, 『民約論』, 元老院藏版(明治 8).
1877	服部德 譯, 田中弘義 閱, 『民約論』(全), 有村壯一藏版.
1878	森田豊 編, 『民約必携』, 前川善兵衛刊.
1882	中江篤介 譯幷解, 『民約譯解 · 卷之一』(第1~9章), 佛學塾出版局.[97]
1882~1883	中江篤介 譯解, 『民約譯解(歐米政理叢談)』, 政理叢談 2~16, 20, 21, 35~43, 46
1883	原田潛 譯述幷覆義, 『佛國民約論覆義』(全), 春陽堂.
1907	中江篤介 撰, 「民約譯解」, 『太陽』 13-9(太陽臨時增刊―創刊25周年 記念 · 明治名著集), 博文館.

루소의 사회계약설은 일찍이 1872년 후쿠자와 유키치(福澤諭吉)의 『學問을 권함』[98]에서 약간 언급하였으나, 나카에 조민의 번역서가 나온 이후 널리 전파되기 시작하였다.

「민약역해(民約譯解)」는 나카에 조민이 잡지 『구미정리총담(歐米政理叢談)』 제2호부터 제43호에 걸쳐 연재한 것으로 그중 제1권만이 1882년 10월 단행본으로 출판되었다. 우리가 흔히 「민약역해(民約譯解)」라고 하는 것은 대체로 이것을 가리킨다. 당시 『사회계약론』의 일본어 번역은 1877년 12월에 나온 핫토리 도쿠(服部德)의 『민약론(民約論)』과 1883년 2월에 발간된 하라다(原田潛)의 『민약론복의(民約論覆義)』가 있는데, 이 중 조민의 번역이 가장 유명하다. 오늘날 사회계약론을 '민약론'이라고 부르는 것도 여기서 유래한다.

앞의 두 번역은 완역이지만 조민은 완전히 끝내지 못했다. 잡지에 실린 것도 제

---

96 『近代日本哲學思想家辭典』, 東京書籍, 1982, 740면.
97 戎雅婁騷, 中江篤介 譯幷解, 「民約譯解」, 『明治文化全集』 7卷, 日本評論社, 1929. 「政治篇」, 184~195면에 田崎維男의 해제와 함께 수록되어 있다.
98 福澤諭吉, 『學問のすすめ』, 岩波文庫, 1995. 한국어 번역은 이동주 옮김, 『학문을 권함』, 기파랑, 2011; 남상영 · 사사가와 고이치 옮김, 『학문의 권장』, 소화, 2003; 양문송 옮김, 『학문의 향기』, 일송미디어, 2000; 엄창준 · 김경신 옮김, 『학문을 권함』, 지안사, 1993 참조.

2권 6장까지여서 원저의 약 3분의 1에 불과하다. 그러나 이 책자는 일본의 사상계에 지대한 영향을 미쳤으며 자유사상의 운동에 커다란 촉진제가 되었다. 특히 확고한 이론적 근거가 결여되었던 당시의 민권론자에게 하나의 좋은 이기(利器)를 제공하였다는 평가를 받고 있다.

조선의 경우에도 구한말에 각종 저작과 논설 가운데 루소와 이 민약론은 자주 언급되었으나 대부분 단편적이고 또한 간접 인용이어서 사회계약론 전체의 정확한 이해에는 도움이 되지 못하였다. 그러나 여기에 다시 정리한 『노사(盧梭) 민약(民約)』은 루소에 관한 당시의 문헌 가운데 가장 상세하고 체계적인 것이라고 생각된다.

여기서 보듯이, 『황성신문』[99]은 『사회계약론』의 내용을 충실히 소개한 후 해설까지 곁들여 연재하였다. 그러나 이미 국운은 기울어지고 일본의 조선침략은 노골화된 때이기 때문에, 국민주권이나 민주제를 주장하는 이론의 소개 정도는 '위험한 사상'이라거나 군주제에 대해서 '반동적'이라고 생각하지는 않게 되었다. 오히려 통감부의 일본인 관리들은 조선 왕조 파멸의 정당성과 필연성을 강조하고 군주제의 정신적 기초를 뒤흔들어 놓는 데 『황성신문』을 이용하였던 것이다.

여하튼 이 『노사(盧梭) 민약(民約)』은 비록 단편적이고 간단한 해설을 붙인 것이지만 당시 한문 위주로 된 서적을 통하여 한정된 지식층에게만 독점되고 있던 서구 사상의 일단을 일반 국민에게 널리 보급한 점에서 그 계몽적 의의는 높이 평가되어야 할 것이다.[100]

중국에서는 1898년 상해 동문역서국(同文譯書局)에서 일본인 나카에 조민의 한역본 제1부를 『민약통의(民約通義)』라는 이름으로 출판하였고, 1902년에는 楊廷棟이 역시 일본어 번역에 의거하여 4부를 번역하였다.[101] 그러나 오늘날에는 馬君武(1881~1940)의 번역이 많이 읽히고 있다.[102] 중국의 경우, 루소류의 민권론은 민

<hr>

99 『황성신문』에 관하여는 최경숙, 『황성신문 연구』, 부산외국어대 출판부, 2010; 이광린, 「『황성신문』연구」, 「동방학지」 제53집, 연세대 국학연구원, 1986, 1~44면; 이광린, 『개화파와 개화사상 연구』, 일조각, 1993, 155~195면에 재수록. 그리고 정대철, 「황성신문에 관한 연구」, 『사회과학논총』 제12집, 한양대, 1993, 341~371면 참조.

100 근대 한국에서의 루소 수용에 관하여는 김효전, 『서양 헌법이론의 초기수용』, 철학과현실사, 1996, 382~397면 참조. 그 밖에 새로 나온 번역서로는 김성범 옮김, 『사회계약론』, 부북스, 2011; 김중현 옮김, 『사회계약론』, 펭귄클래식코리아, 2010; 이환 옮김, 『사회계약론』, 서울대 출판부, 1999의 상세한 해설 참조.

101 馬君武 譯, 『盧騷民約論』, 臺灣 : 中華書局印行, 民國 73, 1984, 1면.

102 문헌은 都重萬, 「學戰・飜譯과 계몽 ─ 청말의 馬君武가 옮긴 『自由原理』를 중심으로」, 『東洋史學

(民)의 주체성이나 국민 또는 인민 개념으로 나아가지 못했다는 비판도 있다.[103]

여하튼 루소의 『사회계약론』은 일본을 비롯하여 중국과 조선에 커다란 영향을 미친 저서의 하나가 되었다.

11. 利龍, 『憲政瑣談』, 1905

이것은 이준, 장기렴, 윤효정, 심의성 등이 헌정연구회를 조직함에 있어서 이를 찬동하는 의견을 피력한 것으로 『황성신문』 1905년 6월 12일 자부터 6월 21일 자까지 연재한 것이다. 이것을 집필한 일본인 '利龍'은 실존인물인지 아니면 가명이나 호에 불과한 것인지 자세한 것은 알 수 없으나, 내용 중 "고(故)로 일진회(一進會) 이외(以外)에는 개(皆) 영속(永續)하기 불능(不能)함은 자연지이세(自然之理勢)"라고 기술한 점으로 미루어볼 때 일본의 한국침략을 지원하기 위하여 한국에 온 것 같다. 이 글은 당시의 헌정연구회 회원들과 식자층에 적지 않은 영향을 미쳤을 것으로 생각된다.

『황성신문』에 연재된 이 『헌정쇄담』은 독자들의 편의를 위해서 저자의 『서양헌법이론의 초기수용』(철학과현실사, 1996, 414~420면)에도 다시 수록하였다.

집필자인 이용은 군주제의 옹호와 흠정헌법의 중요성을 강조한다. 그러나 서구의 헌정경험에 대해서는 아무런 언급이 없고, 일본의 헌정 초기에 대해서도 이토 히로부미의 유럽 파견 등 몇 줄로 간단히 처리할 뿐이다. 이 글은 복잡하고 일천한 일본의 헌정을 찬사로만 서술하고 조선과는 다른 문명국임을 강조하기 위한 것이어서 참다운 헌정의 이해에는 아무런 도움이 되지 못한다.[104] 이 『헌정쇄

研究』제101집, 2007, 221~248면 참조.

103 민두기, 『중국 근대사 연구』, 일조각, 1973 참조.
중국에서의 인민·국민·공민 개념에 관하여는 古厩忠夫, 「二〇世紀中國における人民·國民·公民」, 西村成雄 編, 『現代中國の構造變動 3 ─ ナショナリズム ─ 歴史からの接近』, 東京大學出版會, 2000 참조.

104 김효전, 『서양헌법이론의 초기수용』, 419~420면. 같은 견해로는 김학준, 『한말의 서양정치학 수용 연구』, 서울대 출판부, 2000, 94면 참조.

담』의 내용에 대해서 "이토의『憲法義解』에 나타난 바로 그 내용"[105]이라고 하면서 '체용론(體用論)'을 주장하는 견해가 있으나, 이는 당시 동양의 식자층에 널리 알려진 것이며 이토만의 특유한 것은 아니다.

---

105 이정훈, 「명치 흠정헌법의 성립과 이에 대한 한국 개화파의 추종」, 『법철학연구』 제15권 2호, 2012, 45면 주 124에서는 '伊藤博文/宮澤俊義 校註, 『憲法義解』, 岩波書店, 1989, 175～182면'을 제시하나 정확하지 않다. 이 『憲法義解』는 메이지 헌법의 축조해설서이며, '널리 해외 각국의 成法을 짐작하'면서 동시에 어디까지나 '우리 건국의 體에 근거'하는 것이 실로 '우리 헌법초안의 기초에 관한 지도원리'라는 것이 교주자 미야자와 도시요시(1899～1976)의 해설이다(岩波文庫, 2005, 188면). 『헌정쇄담』의 텍스트에 관한 철저한 연구가 요망된다.

II. 유치형의 생애와 『헌법』

이 영인본[1]에는 유치형의 『헌법』 원문을 영인하고 이를 읽기 쉽게 가로로 신조한 것과 유치형의 일기문 번역을 수록하고 있다. 먼저 유치형의 생애부터 간단히 살펴본다.

1. 생애

유치형(兪致衡)의 구명(舊名)은 치학(致學)이며 호는 지동(芝東)이다. 1877년 경기도 광주에서 태어나 1934년 9월 서울에서 세상을 떠났다.[2] 그는 1895년 조선 정부가 처음으로 실시한 관비유학생으로 선발되어 일본에 유학하게 되었다.

---

1 유치형 강술, 『헌법』, 관악사, 2010.
2 상세한 것은 김효전, 『개화기의 공법학자들─생애와 사상』, 한국공법학회, 2003, 3~29면; 최종고, 『한국의 법학자』, 서울대 출판부, 2007, 66~92면; 『대한제국관원이력서』, 탐구당, 1972 참조.

1) 관비유학생

관비유학생에 관한 연구 문헌은 무수히 많다.[3] 그러나 유학생 자신인 유치형이 기록한 일기는 생생한 현장감과 아울러 많은 자료를 제공하고 있다.[4] 유치형의 아들이며 대한민국 헌법의 기초자인 유진오(俞鎭午)[5]가 『동아일보』에 소개한 것도 이제는 쉽게 입수할 수 없기 때문에 「19세기의 동경 유학」 부분을 다소 길더라도 전부 인용하기로 한다.

아버지가 일본 유학을 떠나신 것은 을미년(乙未年, 1895) 즉 「갑오경장」의 이듬해였다. 그때 나이 19세. 아버지는 그때 순한문으로 된 일기책을 남기셨는데 신문사측

---

3 예컨대 장영숙, 「1904년 황실 파견 도일유학생 연구」, 『한국 근현대사연구』 제52집, 2010; 김원주・노정일, 『식민지 지식인의 개화세상 유학기』, 태학사, 2005; 이강오・송준호, 「1907년 당시 대한제국 관원 중 유학경력 소지자의 조사—한말의 지배층과 해외사조와의 관계를 고찰하기 위한 기본작업」, 『전북사학』 제4집, 1980, 349~367면; 김상기, 「慶應義塾入社帳(한국유학생편) 해제」, 『쟁점 한국 근현대사』 제4호, 1994, 221~248면; 송병기, 「개화기 일본유학생 파견과 실태(1881~1903)」, 『동양학』 제18호, 1988; 한시준, 「국권회복운동시 일본유학생의 민족운동」, 『한국독립운동사연구』 제2호, 1988; 최덕수, 「한말 일본유학생의 대외인식연구(1905~1910)」, 『논문집』 제22집, 공주사대, 1984; 최덕수, 「한말 유학생단체 연구」, 『논문집』 제21집, 공주사대, 1983; 박인화, 「구한말 도일 관비유학생에 관한 고찰」, 이화여대 석사논문, 1982; 김영모, 『조선지배층연구』, 일조각, 1977, 414~435면(유학생에 대한 일고); 上垣外憲一, 김성환 옮김, 『일본유학과 혁명운동』, 진흥문화사, 1983.
   일본문헌은 朴己煥, 「舊韓末と併合初期における韓國人の日本留學」, 『近代日本研究』(慶應義塾福澤研究センター) 第14卷, 1997, 254~194면; 朴贊勝, 「一八九〇年代後半における官費留學生の渡日留學」, 宮嶋博史・金容德, 『近代交流史と相互認識』I, 慶應義塾大學出版會, 2001, 69~130면; 武井 一, 『皇室特派留學生—大韓帝國からの50人』, 白帝社, 2005; 宮嶋博史・金容德 編, 『近代交流史と相互認識』III, 慶應義塾大學出版會, 2006; 國分典子, 「1905~1910年の韓國留學生雜誌における國家・法の思想」, 國分典子, 『近代東アジア世界と憲法思想』, 慶應義塾大學出版會, 2012, 142~167면 참조.
4 「유치형 일기」, 『법학』 제24권 4호, 서울대, 1983, 148~168면 참조.
5 유진오(1906~1987)에 관한 문헌은 이영록, 『유진오의 헌법사상』, 한국학술정보, 2006; 김철수, 「유진오의 헌법초안에 나타난 국가형태와 정부형태」, 『한국사 시민강좌』 17, 1995; 이영록, 「유진오의 기본권론」, 『법학교육과 법학연구』, 길안사, 1995; 심재우 외, 『지성의 길—현민유진오 선생』, 한국인문사회연구원, 2007; 『고려법학』 제48호, 고려대 법학연구원, 2007의 특집; 안경환, 「유진오—통합적 지성인의 삶」, 김효전 편, 『한국의 공법학자들』, 2003, 33~53면; 김효전, 「유진오『헌법해의』(명세당, 1949, 230면)」, 『법학』 제48권 3호, 서울대, 2007, 197~205면; 고려대 박물관, 『현민 유진오 제헌헌법 관계 자료집』, 고려대 출판부, 2009; 민족문제연구소 편, 『친일인명사전』, 민족문제연구소, 2009, 621~627면.
   일본 문헌은 國分典子, 「韓國憲法思想の淵源—第一共和國憲法制定における俞鎭午の民主主義觀を中心に」, 『靑丘學術論集』 第20號, 2002, 183~230면 참조.

의 성화도 있고 내용에 흥미 있는 대목이 없는 것도 아니므로 이야기의 줄거리에서 약간 벗어나는 점이 있더라도 일기의 몇 부분을 소개하고 넘어가려 한다.

우선 유학생 선발 전후의 사정—.

"성상(聖上) 갑오(甲午=1894) 겨울 11월에 내가 우연히 서울에 들어왔더니 일본으로 동유(東遊)한다는 말이 있는데 친구 중에 혹시 나에게 가 볼 것을 권하는 사람이 있고 나 역시 유람의 뜻으로 한 번 가보고자 하여 외무(外務)에 말해놓고 시골(廣州—인용자)로 내려와 이 이야기를 전한즉 집안이 크게 놀라고 동네 안이 모두 처음 듣는 말이라 하여 모두 불가하다 하기에 그 가한지 부한지를 알기 어려워서 미적미적 결정을 못하고 내버려 두었었다.

을미 봄 2월에 다시 이 말이 있었는데 이에 다시 배움을 널리 할 마음이 일어나서 곧 경사(京師)에 들어 세상이 변해간 것을 보고 사람의 말 돌아가는 것을 들으니 이 유람의 일이 없어서는 안 되겠는지라. 그래서 곧 정부에 단자(單子=성명을 적은 종이)를 걸었더니 내무대신(朴泳孝)에게 가보는 것이 좋겠다 하므로 내무대신에게 가보았는데, 또 들리기를 여러 사람을 정부에서 모아 간품(看品=전형)을 해서 뽑는다 하나 정한 날을 알 수 없어 머무르며 기다릴 수 없으므로 믿음직한 곳에 부탁해 놓고 집으로 돌아와 통지 있기를 기다렸다."

대망의 간품은 3월 16일 내무에서 있었는데 그 아버지의 일기는 그 상황을 이렇게 말하고 있다.

"그리하여 내무로 갔더니 대신(大臣) 이하 여러 관원(官員)이 모두 모여 있고 학도 수 백인이 모여 부중(府中)에 가득하였다. 조금 있더니 일본 나라 의사가 와서 본부(本府) 주현국(州縣局)에 앉아 각각 한 사람씩 불러 들여 몸의 기품과 질병을 본다 하였다. 마침 날씨가 이미 저물었으므로 모두 시험하지 못할 것을 생각하여 대신이 각 아문(衙門=관방 관리)을 불러 학도들을 차례로 계단 아래 세우게 하고 한 사람씩 불러 보고 보내면서 오늘은 이미 다 시험할 수 없으니 내일 다시 오라 하였다.

3월 17일. 이른 아침 여러 학원(學員)들이 모두 아문에 모인즉 그날 밤으로 대신이 쓸 사람과 못 쓸 사람을 모두 고르겠다 하였다. 의사가 보는 것도 어제와 같아서 갑 을 병의 표를 만들어 주어 위생국(衛生局)으로 가서 그 성명을 쓰게 하고 글을 짓고 책을 읽게 하여 점수로써 그 재주와 문필을 시험하고 나서 또 보내면서 내일 다시 와서 '출방(出榜=합격발표)'을 보라 하였다."

출방은 그 이튿날에 있었는데 그것은 단순한 합격자 발표만이 아니었던 듯 하다.

"여러 학원이 아문에 모이니 학원 이 백 여인 중에 기품(氣品)의 청탁과 기골(氣骨)의 준수를 가려 쓸 만한 사람 123인을 고르고 나머지는 모두 후일을 기하여 돌아가게 하였다'고 아버지의 일기는 쓰고 있다. 합격자들에게는 선서서(宣誓書)를 제출케 하고, 또 그 중에 '가장 지각 있는 사람' 12인을 골라 각각 10인씩을 맡아 떠들고 잡담하는 폐를 못하게 하였으며, 각인에게 대은(大銀) 2원(圓)씩을 나누어주면서 인천에 도착하기 전에는 노비로 쓰지 말라 하였다.

출발 3월 26일. 그때까지에 유학생들은 각각 가족 또는 친지들과 작별인사를 하게 하였는데 나의 선친의 경우에는 조부(兪胤煥)가 일부러 서울까지 와서 며칠 유(留)하시다가 아드님의 떠남을 "차마 볼 수 없다"하여 출발 전날에 도리어 시골집으로 내려가 버리시고 만다. 그리하여 선친의 전별(餞別)은 나의 재종조부(再從祖父)와 외조부(外祖父)가 대신 하시게 된다."

'숭례문(崇禮門=남대문)' 밖에서의 일 —.

"이윽고 전별하는 사람들과 각각 작별을 하는데 나의 재종숙부(兪鳳煥)께서 내 손을 붙들고 즉흥시를 불러 주셨는데 가로되

送君萬里大洋船 그대를 큰 배로 만리길 보내는데
船去如飛杳遠天 배는 아득히 먼 하늘을 나는 듯이 가는 구나
臨別莫兮怊悵淚 작별에 임하여 슬퍼하는 눈물을 짓지 말라
風鵬展翼足歸年 돌아올 때는 바람을 탄 붕새가 날개를 벌리리라

멋있는 작별 풍경이다. 일행은 거기서 마포로 갔는데 대신이 몸소 그곳까지 와서 격려사를 하였다.

그때 나의 장인(朴準尙)이 '노마(奴馬)'를 거느리고 또한 이곳으로 전송하러 오셨는데 이렇게 되고 보니 남아 있고 싶은 생각(떠나기 싫은 마음 — 留戀之念)이 낚시 바늘을 삼킨 것 같았다."

나의 아버지께서는 장인과 작별하기가 친아버지나 재종 아저씨와 작별하기보다 훨씬 어려웠던 듯하다. 아버지는 16세 때에 세 살 위인 박씨댁 딸과 결혼하셨고, 일본 유학을 떠나시던 때는 나의 어머니 뱃속에는 나의 맏누님(兪鎭兮 — 뒤에 柳童浩와 결혼)이 이미 생겨들어 있었다.[6]

여기서 보듯이 지원자 200여 명 중에서 123명을 선발하였다. 1894~1896년 조선 정부에서 게이오(慶應)의숙에 파견한 유학생은 전체 195인인데, 여기에는 박만서, 유승겸, 신우선, 유문상, 유문환, 이면우, 원응상, 윤방현, 지승준, 변하진, 윤덕영, 이근용 등의 이름이 보인다. 이들은 개인별로도 연구할 과제가 많다.[7]

2) 도쿄법학원시대

유치형은 1895년 5월부터 1896년 8월까지 관비유학생으로 일본 게이오의숙 보통과를 졸업한 후, 다시 1896년 9월부터 1899년 7월까지 도쿄법학원(東京法學院)에 유학하여 3년간 법률학을 공부하였다.

그리하여 유치형은 1899년 7월 12일 이 학교를 이면우(李冕宇),[8] 장도(張燾),[9] 유창희(劉昌熙)[10]와 함께 졸업하였으며, 졸업 당시의 이름은 유치학(兪致學)이다.

이 학교는 원래 1885년 '영길리법률학교(英吉利法律學校)'로 개교하였으며,[11] 1889년에는 도쿄법학원으로, 1903년에는 도쿄법학원대학으로 교명을 고쳤다가

---

6 유진오, 「片片夜話(5)—각계 원로들의 체험을 엮는 장기 시리즈」, 『동아일보』, 1974.3.7. 유진오는 이 시를 '운치」라는 에세이에서도 인용하고 있다(『서울의 이방인』, 범우사, 1977, 123면).

7 게이오의숙에 입학한 195인의 명단은 福澤研究センター 編, 『慶應義塾入社帳』(全5卷), 慶應義塾大學出版部, 1985; 김상기, 「경응의숙입사장(한국유학생편) 해제」, 『쟁점 한국 근현대사』 제4호 가을호, 1994, 221~248면 참조.

8 본서 제1부 「법관양성소」 중 9장 「법관양성소의 교수진」, '소장'의 '이면우' 참조.

9 본서 제1부 「법관양성소」 중 9장 「법관양성소의 교수진」, '장도' 참조. 김효전, 「장도의 생애와 저작」, 『시민과 변호사』, 2000.7, 108~116면; 허일태, 「장도의 형법이론과 형법사상」, 『인권과 정의』, 2008.4, 127~143면; 한국정신문화연구원 편, 『한국인물대사전』, 1914~1915면 참조.

10 본서 제1부 「법관양성소」 중 9장 「법관양성소의 교수진」, '유문환' 참조. 유문환은 1895년 관비유학생으로 선발되어 1897년 게이오의숙 보통과를 졸업하고 1899년 7월에는 유치형, 장도, 이면우와 함께 도쿄법학원을 졸업하였다. 귀국하여 1905년 1월 사립 한성법학교의 강사, 같은 해 12월 법관양성소 교관이 된다. 1907년에는 변호사시험 위원, 1920년 8월에는 조선일보사 제2대 사장에 취임하여 1921년 4월 8일까지 재직하였다. 1921년 4월에는 경성조선인변호사회 회장으로 선출되었다.
저술로는 『국제사법』(1908), 『경찰학』(1909), 『형사소송법』(1910) 등이 있다. 상세한 것은 김이조, 3대 서울변호사회장 유문환 변호사(「법조인열전 9」), 『대한변협신문』, 2010.5.10; 김이조, 『법조 100년 이야기』, 2011, 59면; 김효전, 『근대 한국의 법제와 법학』, 세종출판사, 2006, 103~105면; 조선일보사 사료연구실, 『조선일보 사람들—일제시대편』, 랜덤하우스중앙, 2004, 41면.

11 山崎利男, 『英吉利法律學校覺書—明治前期のイギリス法教育』, 中央大學出版部, 2010 참조.

1905년에 다시 주오(中央)대학으로 개명하였다. 『독립신문』 영문판에서는 'Tokyo Law Institution'으로 번역한다.[12]

공법 관계 교수진을 보면, 헌법은 호즈미(穗積八束), 행정법은 이치기(一木喜德郎)와 미노베(美濃部達吉), 국제법은 다치(立作太郎)와 미자키(三崎龜之助) 등이 담당하였다.[13]

일본의 『법률신문』 1904년 9월 10일 자 도쿄 법학원대학(東京法學院大學) 광고에는 호즈미, 히지카타(土方), 오쿠다(奧田), 오카노(岡野) 등 교과목과 교강사명을 열거하고 있다.

제1년급

과목	학위	성명	과목	학위	성명
법학통론	법학박사	奧田義人	상법총론	법학사	松本烝治
국법학	법학사	清水澄	회사법	법학박사	岡野敬次郎
헌법	법학박사	穗積八束	상행위론	법학사	松本烝治
형법범론	법학사	平沼騏一郎	手形法	법학박사	岡野敬次郎
민법총론	법학박사	土方寧	평시국제공법	법학박사	中村進午
물권법 제1부	법학사	横田秀雄	비상국제공법	법학박사	高橋作衛
채권총론	법학사	磯谷幸次郎			

제3년급

과목	학위	성명
채권원인론	법학사	馬場愿治
친족법	법학박사	奧田義人
경제학	법학박사	金井延

행정법	법학박사	美濃部達吉
해상법	법학사	內田嘉吉
	법학사	湯川元臣
보험법	법학박사	志田鉀太郎
파산법	법학박사	加藤正治

제2년급

형법각론	법학사	谷野格
형사소송법	법학사	豊島直通
민사소송법		今村信行
물권법제2부	법학사	横田秀雄
계약각론	법학사	馬場愿治
상속법	법학박사	奧田義人

민사소송법		今村信行
	법학사	齋藤十一郎
	법학사	松岡義正
재정학	법학사	西野元
국제사법	법학박사	山田三良

12 *The Independence*, Vol. 2, No. 7, 19. Jan. 1897.
13 담당 강사의 구체적인 명단은 『法學新報』 제89호, 1898. 8. 20, 학칙과 교과과정은 『中央大學史資料集』 第1集, 1999 참조.

당시의 한국인 유학생들로는 유창희, 유치학, 장도, 이면우, 정재순(鄭在淳), 장규환(張奎煥) 등이 재학하고 있었으며, 그 후 1900년에 박만서(朴晚緒), 1902년에 홍재기(洪在祺), 1907년에 박승빈(朴勝彬)이 졸업하였다.

이들 한국인 관비유학생에 대해서는 일본 측에서도 많은 기대와 관심을 가지고 있었다.[14] 유치형이나 이면우, 장도 등의 재학 시의 모습은 위의 교수진을 통하여 짐작할 정도이며 개인적인 자세한 내용은 알 수가 없다.

졸업식 광경에 대해서 식장에는 한국의 대리공사 박수화(朴鏽和)[15]를 비롯하여 내외 인사가 참석하였고 졸업생은 전체 184인으로 이 중 한국인이 4명이었다. 이 학교의 기관지인『法學新報』는「한국인의 졸업」이라는 기사에서 장도, 유창희, 유치학, 이면우의 졸업을 전하고 있다.[16]

이 중 유창희(劉昌熙)는 유문환(劉文煥)과 동일인이며, 유치학(兪致學)은 유치형(兪致衡)으로 개명한 것은 앞에서 설명하였다.

3) 귀국 후의 활동

유치형은 1899년 7월부터 11월까지는 사법성(司法省)을 견습하고 같은 달 귀국하였다. 귀국 후에는 법부 법률기초위원에 임명되기도 하였다.[17] 1900년 8월부터

---

14 예컨대 사설「조선의 유학생」,『横浜每日新聞』, 1895.1.29;「朝鮮留學生に就て」,『時事新報』, 1895.4.20;「조선 유학생」,『國民新報』, 1895.5.2;「조선의 유학생」,『郵便報知新聞』, 1895.5.11 등이 있다. 北原スマ子 外編,『資料新聞社說に見る朝鮮─征韓論~日淸戰爭』(全6卷), 綠蔭書房, 1995 참조.

15 박수화에 대해서 유진오는 "큰 외숙 박수화는 나의 아버지보다 나이도 위였거니와 관력도 화려하였다. 주일공사, 주영공사, 내장원경(內藏院卿), 궁내대신 등을 역임하면서 고종 황제의 측근으로 신임이 두터웠다 한다. 그러나 외숙은 헤이그 밀사사건으로 한일 간의 관계가 긴장되고 고종 황제가 일인의 강요로 제위를 물러나지 않을 수 없게 되어 세상이 떠들썩하던 1906년 7월에 가회동 자택에서 괴한에게 암살되고 말았다"고 한다. 유진오,「片片夜話─각계 원로들의 체험을 엮는 장기 시리즈」,『동아일보』, 1974.3.17. 주일공사에 관하여는 한철호,『한국 근대 주일한국공사의 파견과 활동』, 푸른역사, 2009 참조.

16 『法學新報』 제100호, 1899.7.20. 이것은『中央大學史資料集』第17集, 1999, 97면에도 재수록되어 있으며, 제14회 졸업생 명단은 94~95면에 있다. 본서 제1부「법관양성소」중 9장「법관양성소의 교수진」,'소장'의 '이면우' 참조.

17 상세한 것은 정긍식,「한말 법률기초기관에 관한 소고」,『한국법사학논총』(박병호 교수 환갑기념) 2, 1991, 251~262면 참조.

1901년 12월까지 사립 철도학교 교사, 1901년 4월부터 1902년 12월까지 사립 중교의숙(中橋義塾) 교사를 지냈다.[18]

유치형

1905년 1월에는 신설된 사립 한성법학교 강사가 되었다.[19] 이 학교는 이용복(李容復)[20]과 윤덕영(尹德榮, 1873~1940)[21]에 의해서 설립된 법학전문의 야학으로 출발하여 3월에 개학하였다. 한국 최초의 사립 법학전문학교라고 할 수 있는 이 학교에 대해서 『황성신문』은 「논법학교성립(論法學校成立)」이란 제목의 사설에서 크게 치하하고 있다.[22] 교장은 현채(玄采, 1856~1925), 교감은 나수연(羅壽淵, 1861~1926)이었으며 강사는 태명식(太明軾), 장도(張燾), 신해영(申海永), 유치형(兪致衡), 유문환(劉文煥), 이면우(李冕宇), 권봉수(權鳳洙), 신우선(申佑善), 홍인표(洪仁杓), 홍재기(洪在祺), 석진형(石鎭衡), 최항석(崔恒錫) 등 당대의 법률가들이 소개되었다. 그러나 재정난과 설립자 간의 불화로 한 학기 만에 폐교하기에 이른다.

『황성신문』은 또다시 「탄법학교폐철(歎法學校廢撤)」[23]이란 사설에서 그 동안의 경과를 자세히 적고 폐교를 애석하게 여긴다. 짧은 기간이었지만 여기서 유치형은 민법이나 국가학 또는 경제학 등을 담당하였을 것으로 보인다. 그는 『헌법』 서문에서 "연이(然而) 덕일헌법(德逸憲法)에 지(至)ᄒ야ᄂᆞ 여(余)의 강술(講述)ᄒᆞᄂᆞ 바 국가학(國家學)이 완결(完結)홀 시(時)ᄂᆞ 기(其) 대요(大要)ᄅᆞᆯ 개지(槪知)홀지오"라고 한 점으로 미루어 볼 때 국가학을 강술하고 있었던 것으로 생각된다.

한성법학교에 출강하면서 역시 같은 1905년에 개교한 보성전문학교에서도 강의하던 유치형은 1908년 2월까지 보성전문학교 강사를 역임하였다. 여기서도 그는 물권법이나 해상법, 경제학 등을 가르쳤을 것으로 보이며 개교 당시의 교과목에는 헌법이나 국가학은 들어있지 않았다.[24]

---

18 1899년 1월에 설립된 時務學校는 1900년 11월 중교의숙으로 교명을 바꾸고 법학통론, 행정학, 정치학을 교수하였다. 숙장은 대원군의 적손인 永宣君 이준용(李埈鎔, 1870~1917)이었으며 경비가 부족하여 한일합병 후 폐교된 것으로 보인다. 김효전, 『근대 한국의 법제와 법학』, 170~171면 참조.
19 『황성신문』, 1905.1.24.
20 『대한제국관원이력서』, 81면.
21 『친일파 99인』 1, 211~217면 참조.
22 『황성신문』, 1905.1.17. 이 사설은 『고려대학교 100년사 자료집』, 107~108면에도 수록되어 있다.
23 『황성신문』, 1905.9.19.

양정의숙을 비롯한 당시의 법학교육기관과 관련하여 유치형의 아들인 유진오(兪鎭午)는 아버지에 대해서 다음과 같이 증언하고 있다.

그러나 밤에는 1910년 즉 '합방'때까지 계속하여 한성법학교, 보성전문학교, 양정의숙, 대동법률전문학교 등에서 강의를 하셨기 때문에 공무원생활과 교직생활을 반반씩 하신 셈이다. 선친이 법률기초위원을 지내신 일과 보성전문학교 창설 당시의 5, 6명밖에 안 되는 교원의 한 사람이었다는 것은 나 자신의 이력과 비겨 생각할 때 부자간에는 역시 무슨 운명의 연결 같은 것이 있는 것인지도 모른다.

양정의숙에서는 당시의 정부 대관들에게 신학문을 강의한 것으로 들었으며 대동법전, 보전 등에서는 헌법, 물권법, 논리학 등을 강의하였다. 대동법률전문학교는 경성고보 아래 창간 당시의 동아일보 사옥이 된 집에 있었는데 나는 그곳에 가서 아버지가 의자에 앉아 강의하시는 모습으로 창밖에서 바라본 일이 있다.[25]

그동안 1907년에는 제도국 이사(制度局理事) 겸임 궁내부 서기관이 되었으며,[26] 법률찬육소의 강사로서 초빙을 받았는데 이에 관한 보도는 다음과 같다.

● 兩氏任理事說　宮內府에 勅任 理事는 該府 參書官 兪致衡 金鎔濟 兩氏가 被任ᄒ다더라.[27]

● 理事新任　從二品 金鎔濟 正三品 兪致衡 從二品 白時用 正三品 安永基 宮內府 參書官 徐廷岳 五氏가 制度局 理事로 新任ᄒ얏더라.[28]

● 兪氏兼任　制度局 理事 兪致衡氏가 宮內府 參書官을 兼任ᄒ얏더라.[29]

● 法律贊育　前 贊政 李容직氏家에셔 閔泳韶 申箕善 리道宰 리鍾健 韓圭셜 죠東潤 南奎熙 諸氏가 會同ᄒ야 法律贊育所를 設始ᄒ고 二周間에 一次 會集ᄒ야 聽講흔다는디 講師는 兪致衡氏로 延聘ᄒ얏더라.[30]

24　고려대학교, 『근대 서구학문의 수용과 보전』, 416~417면.
25　유진오, 「片片夜話 '각계 원로들의 체험을 엮는 장기 시리즈' 나의 가정환경」, 『동아일보』, 1974. 3. 17.
26　『관보』 제3863호, 1907(융희 원년). 9. 5.
27　『만세보』, 1907. 6. 5.
28　『만세보』, 1907. 6. 8.
29　『만세보』, 1907. 6. 9.

● 法所移設　法律贊育所를 華東學校內에 附設ᄒ얏더니 中橋義塾으로 移設ᄒ얏다더라.[31]

1908년에는 대동학회[32]에서 법정학교를 설립하는 데 관여하였으며 감사원 이사가 되었다.[33]

● 法政新校　再昨日 夜에 大東學會에서 臨時總會를 開ᄒ고 學校設立ᄒᆯ 方針과 規則을 定ᄒ 後 兪致衡 劉文煥 兩氏가 該 規則을 通過ᄒ고 法政學校로 名稱ᄒ며 校長은 該 會長 申箕善氏로 ᄒ고 校監은 該會 總務 權輔相氏로 選定ᄒ얏더라.[34]

이 학교는 실제로 설립되었는지 확실하지 않다. 또 이해에는 어원 사무국 이사가 된다.

● 宮官變遷　下郡山誠一氏ᄂ 御苑 事務局 囑托, 帝室 會計監査院 監査官 兪致衡氏ᄂ 御苑事務局 理事, 劉漢性, 末松熙彦 兩氏ᄂ 御苑事務局 部長을 被任ᄒ고 李裕翼 姜聲國 兩氏ᄂ 內藏院 事務 囑托, 帝室財産整理局 事務官 權薩四郞氏ᄂ 內藏院 理事ᄅ 被任ᄒ고 內藏院 理事 增田英信氏ᄂ 帝室會計監査院 監査官을 被任ᄒ얏더라.[35]

1909년에는 기호흥학회 회원이 되었다. 한편 대동법률전문학교에서 법률학을 강의하기도 하였다. 1910년 1월에는 승삼급봉(陞三級俸) 어원사무국(御苑事務局) 이사(理事)가 되었다.[36] 일제시대에는 아무런 관직에도 나가지 않고 한성은행 서무과장[37]으로 근무하다가 1934년 9월 서울에서 작고하였다.[38]

30　『대한매일신보』, 1907.4.16.
31　『대한매일신보』, 1907.6.11.
32　대동학회의 설립취지문은 『대한매일신보』, 1907.3.17; 김효전, 『근대 한국의 법제와 법학』, 세종출판사, 2006, 190~191면 참조.
33　『황성신문』, 1908.9.2.
34　『황성신문』, 1908.1.23.
35　『황성신문』, 1908.9.2.
36　『관보』 제4567호, 1910.1.4.
37　『매일신보』, 1913.3.28.

2. 유치형의『헌법』

저작으로는 유치형 강술(兪致衡 講述), 신해영 교열(申海永 校閱),『헌법(憲法)』(1908, 138면)이 대표적인 문헌이다.[39] 이 책은 강술자가 서문에서 밝히고 있듯이 일본의 헌법학자 호즈미 야쓰카(穗積八束)의 헌법 책을 준거 채용하여 서술한 것이다.[40]

1) 내용

내용은 제1편 국가, 제2편 통치의 주체, 제3편 통치의 객체, 제4편 통치의 기관, 제5편 통치권의 작용으로 구성되어 있다. 그는『헌법』을 저술하는 어려움을 다음과 같이 서문에서 말하고 있다.

我邦에 在ㅎ야는 君主專制의 世襲國됨에 不拘ㅎ고 由來 慣習上에 今日 所謂 憲法과 符合흔바—不無ㅎ얏스나 明文은 無ㅎ얏고 各國에 現行 憲法은 其 種이 頗多ㅎ야 各其國 國体 及 政体롤 因ㅎ야 各殊ㅎ니 此롤 集合 研究코져홀진대 比較法制學을 依 홀지오 分析 論講코져 홀진대 單獨憲法學을 依홀지나 本邦에 至ㅎ야는 憲法의 明文이 姑無ㅎ니 然則 如何흔 方針을 取ㅎ여야 目的을 達홀고. 此는 專制君主國 觀念에 最適흔 德逸 及 日本國憲法을 講究ㅎ는 外에 他道가 更無홀지라. 然而 德逸憲法에 至 ㅎ야는 余의 講述ㅎ는바 國家學이 完結홀 時는 其 大要롤 槪知홀지오 玆에는 日本國 憲法으로 論究點을 專主호대 其 方針에 至ㅎ야는 該國 憲法學者 穗積八束 博士의 講 義롤 準據採用코져 ㅎ노라.[41]

38 상세한 것은 김효전,『서양 헌법이론의 초기수용』, 철학과현실사, 1996, 404~405면; 이기준,『한 말 서구경제학 도입사 연구』, 일조각, 64~71면 참조.

39 이 책은 1981년 아세아문화사에서 영인본이 발간되었다.

40 상세한 것은 國分典子,「兪致衡と穗積八束—朝鮮開化期における憲法の教科書」,『法學硏究』(慶應義 塾大學) 제72권 제7호, 1999, 23~55면; 同人,『近代東アジア世界と憲法思想』, 慶應義塾大學出版會, 2012, 175~198면에 재수록; 이창휘,「유치형과 穗積八束의 헌법이론」, 동아대 석사논문, 2001 참조.

이처럼 유치형은 국가학도 강술하고 있었음을 알 수 있는데 그것이 책자로 발간되었는지 아니면 원고로 끝났는지는 알 수가 없다.

이 헌법 책은 그 간결한 내용이나 당시의 시대적 수요 등으로 미루어 볼 때 좋은 평가를 받고 있었을 것으로 생각된다. 유치형은 일본에서의 호즈미의 『헌법대의』처럼 국민에게 널리 입헌정치의 중요성을 강조하고 계몽하고 싶은 것이 출판의 직접적인 동기였을 것이다.

이에 대해서 고쿠분 교수는 유치형이 계수한 전제군주국가의 본질은 결국 신민의 이익을 보호하기 위해서 필요한 '권력단체', 즉 유일한 권력에 의해서 통괄하는 국가와 거기에 절대적으로 복종하는 인민의 관계로 구성하는 국가라는 부분에 불과하였다고 한다. 따라서 호즈미가 정립한 일본적 군주제의 핵심부분에 언급하지 않고도 유치형은 전제국가에 대한 여러 가지 다른 사상과 절연하지 않고 『헌법』 강술을 끝마칠 수 있었다고 평가한다. 요컨대 당시의 조선의 상황, 즉 근대적인 강력한 국가의 형성을 지향하면서도 종래의 봉건적인 정치현실을 포용하는 고민하는 국가의 모습을 여실히 반영한 것이라고 한다.[42]

그 밖에 유치형의 저작으로는 『물권법 제1부』(1907, 162면),[43] 『물권법 제2부』(1907, 205면),[44] 『해상법』(1907, 290면), 그리고 『경제학』(1907)[45] 등이 있다.[46]

또한 그는 1905년 유성준이 펴낸 『법학통론』[47]에 서문을 쓰기도 하였다.

2) 교열자 신해영

그의 헌법 책을 교열한 신해영(申海永, 1870~1909)은 근대 한국의 문명개화와 교

---

41 유치형, 『헌법』, 1~2면.
42 國分典子, 앞의 글, 1999, 48면; 同人, 『近代東アジア世界と憲法思想』, 慶應義塾大學出版會, 2012, 198면.
43 이 책은 『황성신문』, 1910.3.16 광고에도 나와 있다.
44 상동.
45 상세한 것은 이기준, 『한말 서구경제학 도입사 연구』, 64~71면 참조.
46 논설로는 「論土地家屋證明規則必要」(『법정학계』 제1호, 1907, 3~6면)이 있다.
47 이 책은 1997년 한국법제연구원에서 영인본을 발간하였다.

신해영

육에 초석을 놓은 사람으로 중요한 역할을 하였음에
도 불구하고 아직까지 개인적으로 특별한 조명을 받
거나 연구의 대상이 되지 못한 것 같다.[48]

신해영은 1895년 5월부터 1896년 7월 30일까지 관
비유학생으로 일본 게이오의숙 보통과를 1등으로 졸
업하고,[49] 1897년 4월 일본국 대장성(大藏省) 사무를
견습하고 1898년에 귀국하였다.[50] 일본에 체류 중에
는 『친목회회보』에 몇 가지 논설을 발표하였는데,[51]
그중 조선인의 기질과 현실진단에 관하여, '조선인의
성질은 4대 병근(病根)이 뇌리에 심거(深據)하였으니 제1은 의뢰심, 제2는 경멸심,
제3은 의려심(疑慮心), 제4는 무신앙'이라고 지적하고 당국자는 국민으로 하여금
이러한 4대 성질을 변화시켜서 새로운 성질을 양성한 후에 만반의 실력을 확장할
것을 촉구하고 있다.[52]

유학생들의 귀국에 관하여 『뎨국신문』은 다음과 같이 커다란 기대를 가지고
보도하고 있다.

○ 일본에 류학ᄒ던 신희영 어용선 량씨가 보통과 졸업쟝과 탁지부 ᄉ무 견습 증셔
를 맛하 가지고 도라오고 권봉슈 씨는 법부 ᄉ무를 졸업ᄒ고 김용졔 리규승 유세용 삼
씨는 뇌부 ᄉ무를 졸업ᄒ고 홍셕현 씨는 샹공업에 문셔 회계ᄒᄂ 법을 졸업ᄒ야다 증
셔를 맛하 가지고 도라온 고로 학부에셔 그 소용을 따라 각부에 죠회ᄒ고 각각 나라 ᄉ
무를 맛겨 쓰게 ᄒ라고 ᄒ엿다니 국가에서 싱도를 외국에 보니여 불소흔 국지를 허비
ᄒ며 교휵식인 효험을 지금이야 특별히 볼지라. 졔씨가 외국에 가셔 여러 히 풍샹을 격
고 도라 오미 ᄌ연 고성도 만히 ᄒ엿스려니와 학문이 도져흔 쥴은 여러히 아는 비라.

---

48 간단한 것은 고려대, 『근대 서구학문의 수용과 보전』, 1986 참조.
49 신해영은 1등으로 『言海』 1부를, 2등 金鎔濟는 세계대지도 한 폭을, 3등 金奎福은 『政治汎論』 한
부를 각각 수상하였다. 『친목회회보』 제4호, 1896.12, 95면.
50 상세한 것은 『대한제국관원이력서』, 1972; 『근대 서구학문의 수용과 보전』, 고려대, 1986, 38면 이하.
51 논설 「한문자와 국문자의 손익 여하」(『친목회회보』 제2호, 1896; 「喚惶翁의 談」 제5호,
1897; 「無神經契約의 結果不善變」 제6호, 1897) 등이 있다.
52 신해영, 「喚惶翁의 談(變化氣質의 四大重要)」, 『친목회회보』 제5호, 1897.6, 1~9면.

이써 됴흔 계계를 엇어 빈흔 학식을 낫하니여 국은을 보답ᄒ기를 간절히 ᄇ라노라.[53]

이 기사에서는 신해영뿐만 아니라 어용선,[54] 권봉수, 김용제, 이규승, 윤세용, 홍석현 등의 이름을 열거하고 있다.

귀국하여 신해영은 1898년 11월부터 1899년 1월까지는 중추원 의관(中樞院議官)을 지냈다.[55] 그 후 사립 광성(光成)학교의 교사를 하였고,[56] 1904년 9월부터 11월까지 예식원(禮式院) 참사관, 1904년 12월부터 탁지부 참사관으로 지내다가 1905년 4월 보성전문학교 초대 교장으로 발탁되었다. 1906년 8월 학부 편집국장으로 잠시 근무하다가 같은 해 9월부터 10월까지 관립 한성사범학교,[57] 한성일어학교, 한성 법어학교장을 겸임하기도 하였다. 1907년 4월에는 보성전문학교 교장을 사임하고 다시 재일유학생 감독이 되어 일본으로 건너갔다가 1908년에 보전 제3대 교장으로 부임하였다. 재일유학생 감독으로 재직 중인 1909년 9월 22일에 세상을 떠났다.[58] 그에 관하여『대한민보』는 다음과 같이 기록하고 있다.

● 傳訃停學 普成專門學校에서 去 月曜日브터 始爲開學ᄒ얏는데 上學時間에 講師諸氏가 一般學員에게 對ᄒ야 前校長 申海永氏의 身故혼 訃音을 傳布ᄒ고 一般講師 及 學員諸氏가 其 悲慘흠을 不勝ᄒ야 當日은 停學ᄒ얏다더라.[59]

신해영의 저작으로는『윤리학교과서』(상·하, 1906·1909),[60] 원응상(元應常)과 공저한『경제학』(1907)이 있다. 번역으로는 마쓰나가(松永五作)의『잠상실업설』(蠶桑

---

53 『뎨국신문』, 1898.11.4.

54 어용선(魚瑢善)은 1869년생으로 華東학교, 長湍 普昌학교 교장, 관립 한성일어학교 교관, 학부 시학관, 내각 서기관(1911~1912년)을 역임하였다. 논설「一家一國에 一人의 關重」,『친목회회보』제2호(1896.3);「경제학개론」동 제5호(1897.6)가 있으며, 시부에(澁江保)의『波蘭末年戰史』(1899)를 번역했다.

55 중추원에 관하여는 이방원,『한말 정치변동과 중추원』, 혜안, 2010; 한명근,「개화기 중추원의 정치적 기능―1894~1904년」,『숭실사학』제9호, 1996, 59~92면; 진덕규,「대한제국의 권력구조」,『대한제국연구』, 이화여대 한국문화연구원, 1984 참조.

56 『황성신문』, 1899.5.3.

57 古川昭, 이성옥 옮김,『구한말 근대 학교의 형성』, 경인문화사, 2006, 141~178면; 노인화,「대한제국시기의 한성사범학교에 관한 연구」,『이화사학』제16집, 1985 참조.

58 『대한흥학보』, 제6호, 1909, 64~66면 참조.

59 『대한민보』, 1909.10.4.

60 이 책의 현대어 번역은 김민재 옮김,『근대 수신 교과서』권3, 소명출판, 2011에 수록되어 있다.

實業說, 1901)이 있으며, 같은 원응상이 저술한 『재정학』(1907)과 석진형(石鎭衡)의 『평시국제공법』(1908)을 교열하기도 하였다.[61]

3) 호즈미 야쓰카

다음에는 이 책이 모델로 삼고 있는 일본의 헌법학자 호즈미 야쓰카(穗積八束, 1860~1912)에 관하여 간단히 살펴본다.

호즈미는 1860년 우와지마(宇和島) 번교(藩校)[62] 국학 교수의 아들로 태어났으며, 민법학자 호즈미 노부시게(穗積陳重, 1855~1926)의 동생이다.[63] 1882년 도쿄대학 문학부 정치학과를 졸업하고 1884년부터 89년까지 독일에 유학하였다. 그는 하이델베르크에서는 슐체(Hermann Schulze, 1824~1888)에게, 베를린에서는 좀(Rudolph Sohm, 1841~1917)에게, 슈트라스부르크에서는 파울 라반트(Paul Laband, 1838~1918) 아래서 연구하였다.[64]

귀국 후 곧 제국대학 법학부 교수가 되었으며 나중에는 귀족원의 칙선의원(勅選議員)이 되기도 하였다. 이러한 그의 지위에서도 알 수 있듯이, 그는 1911년 제국의회에서 보통선거법의 실시를 반대하는 연설을 하여 특권계급을 옹호하는가 하면 『애국심』이라는 소책자에서는 유교적인 조선숭배(祖先崇拜)를 강조한 보수주의자였다.[65] 그의 헌법이론은 이른바 천황주권과 반의원내각제가 골자이며 국가적 단결과 같은 초법학적인 주장이 핵심을 이룬다. 따라서 그의 이론은 절대군주치하의 대한제국에서도 무리 없이 그대로 받아들여질 수 있었다.[66]

---

61 『재정학』과 『평시국제공법』은 2004년 관악사에서 영인본이 발간되었다.
62 번교(藩校)란 에도시대에 각 번(藩)의 번사(藩士)가 그 자제들을 교육하기 위해서 설립한 학교를 말하며 '藩學(항가쿠)'라고도 한다.
63 호즈미에 관하여는 R. H. Minear, *Japanese Tradition and Western Law-Emperor, State, and Law in the Thought of Hozumi Yatsuka-*, Harvard Univ. Press, 1970, p.31(佐藤行治 他 譯, 『西洋法思想の繼受』, 東京大學出版會, 1971, 31면); 長尾龍一, 『日本法思想史硏究』, 創文社, 114~130면. 최근 문헌은 長尾龍一 編, 『穗積八束集』, 信山社, 2001 참조. 호즈미의 이력은 『樞密院高等官履歷』 第2卷, 東京大學出版會, 1996, 205~240면; 『穗積八束博士論文集』, 有斐閣, 1943, 29~36면 참조.
64 R. H. Minear, *Japanese Tradition and Western Law*, 1970, p.31(역서, 31면) 참조.
65 與那覇潤, 「穗積八束と消えた「家屬」-「誤った」日本社會の自畫像をめぐって」, 『比較日本文化硏究』 第10號, 2006 참조.
66 상세한 것은 長尾龍一, 『日本法思想史硏究』, 114~130면; 鈴木安藏, 『日本憲法學史硏究』, 1975,

호즈미의 『헌법대의(憲法大意)』 초판은 1896년에 발간되었으며 그 후 판을 거듭하여 1903년에는 제11판(136면)이 나왔다.

유치형의 『헌법』은 1981년 아세아문화사에서 영인본이, 2010년에는 관악사에서 가로로 신조판하고 영인하여 발간되었다.[67]

226~259면 참조.

[67] 관련 문헌은 강광문, 「일본에서 독일 헌법이론의 수용에 관한 연구—호즈미 야쯔카(穗積八束)의 국가론과 그 독일적 배경을 중심으로」, 『공법연구』 제41집 3호, 2013, 81~109면 참조.

III. 『지방행정론』·『지방자치론』·『민권자치제』

영인본[1]에 수록한 순서대로 집필자와 책자에 대해서 간단히 소개하기로 한다.

1. 조성구의 생애와 『지방행정론』, 1908

조성구(趙聲九)의 '찬술(撰述)'로 된 이『지방행정론』은 1908년에 발간되었으며, 전체 70면의 책자이다. 일본의 자치제도와 관련 법제를 번역한 것인데 여기서는 그 출처를 밝히지 않고 있다.

먼저 이 책을 강술한 조성구에 관하여 간단히 살펴본다.[2] 그는 1881년 서울에서 9품 조동선(趙東善)의 아들로 출생하였으며, 자는 치명(穉鳴). 1901년 10월 5일 통신사 전화과 주사에 임명되었다가 다음 날 의원면직하였다.[3] 1906년 7월 내부 주

---

1 『지방행정론·지방자치론외』, 관악사, 2010.
2 상세한 것은 김효전, 『근대 한국의 국가사상』, 철학과현실사, 2000, 625~650면; 민족문제연구소 편, 『친일인명사전』, 민족문제연구소, 2009, 569면; 國分典子, 「韓國初期憲法敎科書にみる近代國家觀─金祥演と趙聲九」, 鈴木敬夫先生古稀記念『北東アジアにおける法治の現狀と課題』, 成文堂, 2008, 3~21면;『朝鮮人名資料事典』第1卷 日本圖書センター, 2002, 103면 참조.
3 『대한제국관원이력서』, 탐구당, 1972, 582면.

사에 임명되었으며, 1907년 3월 의원면직되었다. 1907년 2월에는 보성전문학교 법률과 야학을 1회로 졸업하였으며, 재학 중에는 학회지 『법정학계(法政學界)』를 편집하기도 하였다. 1907년 6월에는 내부 서기관으로 승진하고,[4] 국민교육회의 법학강습소에서 유옥겸(兪鈺兼)과 함께 법학을 강의하기도 하였다.[5] 1908년 1월에 창립된 법학협회의 회원으로서 입헌주의에 관하여 연설하기도 하였다.[6] 그 밖에 강습소에 강사로 나가서 국민에 대한 법률계몽 등 사회활동을 하기도 하였다.[7] 1908년 8월에는 내부 민적과장이 되어 일본인 마쓰이 시게루(松井茂, 1866~1945)와 함께 민적을 조사하기도 하였다.[8]

한일합병하는 해인 1910년에는 경시(警視)가 되고,[9] 그 이후에는 1912년 5월부터 1918년 3월까지는 보성전문학교의 교수를 지냈다.[10] 일제시대인 1924년 12월부터 1930년 1월까지 오랫동안 천안 군수를 지냈다.[11] 해방 후 서울 영등포구청장을 지냈으며 1958년 사망하였다.[12]

저서로는 『헌법』(1907), 『채권법』 제2부(갑), 181면, 『지방행정론』(1908), 『형사령・형법석의(刑事令・刑法釋義)』(1913)가 있으며, 위의 마쓰이의 『경찰학』을 1909년에 번역하였다.[13]

조성구의 『헌법』은 1987년 민족문화에서, 2004년에는 관악사에서 김효전의 해설을 붙여 영인본이 발간되었다. 또한 『형사령・형법석의』(1913)도 같은 관악사에서 2004년에 영인본을 발간하였다.[14]

4　『대한매일신보』, 1907.6.27.
5　당시 법학강습소 所監은 월남 이상재였으며(『황성신문』, 1907.6.17), 1904년 9월에 결성된 국민교육회는 이준, 유성준, 유치형, 박정동, 홍재기 등 저명 인사들이 참가하고 있었다(『황성신문』, 1906.8.15). 국민교육회에 관하여는 최기영, 「한말 국민교육회의 설립에 관한 검토」, 『한국 근현대사연구』 제1집, 1994, 29~62면; 신혜경, 「대한제국기 국민교육회 연구」, 『이화사학연구』 제20・21합집, 1993, 147~187면; 田口容三, 「國民敎育會および興士團について」, 『朝鮮學報』 제145호, 1992 참조.
6　『황성신문』, 1908.1.21.
7　『황성신문』, 1908.7.7.
8　상세한 것은 內部 警務局, 『民籍事務槪要』, 1910, 본문 116면 및 부표 402면. 서문에 내부 서기관 조성구가 경무국 민적과장이 되어 민적사무에 종사한 것을 기록하고 있다.
9　『관보』 제4729호, 1910.7.13.
10　고려대, 『근대 서구학문의 수용과 보전』, 266면 참조.
11　안용식 편, 『일제지방관록』, 연세대 사회과학연구소, 2001 참조.
12　민족문제연구소 편, 『친일인명사전』, 민족문제연구소, 2009, 569면.
13　이 책의 영인본은 허재영 엮음, 『경찰학・주해형법전서』, 경진, 2013 참조. 마쓰이에 관하여는 松田利彦 監修・解說, 『松井茂博士記念文庫舊藏 韓國 「倂合」 期警察資料』 全8卷, ゆまに書房, 2005 참조.

2. 張志必 編述,『地方自治制論』, 1908

이 책은 금산(錦山) 장지필이 지방자치에 관하여 편술한 것이다. 여기에는 백당 현채(白堂 玄采, 1856~1925)[15]의 서문이 있고 한서 남궁억(翰西 南宮檍, 1863~1939)이 교열자임을 밝히고 있다.

이 책은 전체 10장으로 구성되며 그 내용은 다음과 같다.

제1장 지방자치의 본의 및 지방분권의 이익
제2장 계속
제3장 시정촌(市町村) 총론과 토지 인민의 관계
제4장 시정촌의 기관과 선거법의 원칙과 선거제도
제5장 시정촌의 직무권한
제6장 대의기관의 직무권한과 행정기관의 직무권한과 역원의 명예심과 덕의(德義)
제7장 위원과 구장과 수입역과 출납사무
제8장 시정촌의 목적과 필요의 사무와 수의(隨意)의 사무
제9장 행정재판과 행정재판의 필요와 및 그 독립
제10장 법오이덕(法澳伊德)의 행정재판법 비교론

서문을 쓴 현채의 시호는 평강(平康)이며 교육과 출판 그리고 저술에 힘쓴 사람이다. 특히『유년필독』이 유명하다.[16] 현채는 1905년 1월 사립 한성법학교를 설립하여 교장에 취임하고, 교감은 나수연(羅壽淵, 1861~1926)이 맡았다.[17] 강사진은 국내외에서 법학을 공부한 당대의 법률가와 학자들을 초빙하였는데 그들의 이름은

---

14 논설로는「결사집회의 성질 급 기 제한」,『법학협회잡지』제1호, 1908, 24~25면이 있다.
15 현채에 관하여는 최기영,「교과서『유년필독』과 국민계몽」,『한국 근대 계몽운동 연구』, 일조각, 1997, 63~94면; 노수자,「백당 현채 연구」,『梨大史苑』제8호, 1969; 田中隆二,「백당 현채의 생애와 사상－국권회복운동기를 중심으로」, 연세대 석사논문, 1988; 澤田哲,「開化期の敎科書編纂者としての玄采」,『韓』제109호, 1988 참조.
16 문헌은 최기영, 앞의 책, 1997, 63~94면; 이동섭,「현채의「애국계몽사학」에 관한 일 고찰－1909년 발매금지된 금서를 중심으로」,『인하사학』제4호, 1996, 235~272면 등 참조.
17 「논법학교성립」,『황성신문』, 1905.1.17 및『황성신문』, 1905.3.24 참조.

태명식(太明軾), 장도(張燾), 신해영(申海永), 유치형(兪致衡), 유문환(劉文煥), 이면우(李冕宇), 권봉수(權鳳洙), 신우선(申佑善), 홍인표(洪仁杓), 홍재기(洪在祺), 석진형(石鎭衡), 최항석(崔恒錫) 등이다.[18] 이 학교는 법학전문과 예비보통 양과를 두어 개교하였는데 재정문제와 설립자들 간의 불화로 반년 만에 폐교되었다.[19]

그의 아들 현공렴(玄公廉)도 출판과 저술에 힘쓴 사람이다.

교열자인 언론인 남궁억은 근대 한국의 대표적인 언론인으로 많이 알려져 있다.[20] 그는 장지필 편술, 『지방자치제론』(1908) 외에 장도의 『신구형사법규대전』(상하, 1907)과 후술하는 김병만의 『민권자치제』(1909)에도 서문을 썼다.

편술자인 장지필에 관하여는 아직 자세한 것을 알 수 없다. 또 이 책의 텍스트도 일본책인지 아니면 중국의 책을 저본으로 한 것인지 알 수가 없다. 책의 내용과 당시의 한국에 미친 영향 등을 체계적으로 연구할 과제라고 생각한다.

3. 金秉萬 譯述, 『民權自治制』, 1909

이 책은 김병만(金秉萬)이 일본의 시정촌제(市町村制)를 번역한 것이다.

텍스트가 어떠한 책인지도 밝히지 않고 있으며 또 역자인 김병만에 대해서도 알려진 것이 거의 없다. 내용은 일본의 자치제도를 시제에 관한 법령과 정촌제에 관한 두 가지의 법령을 번역한 것이다. 제목에 '민권'이란 당시의 유행어를 붙인 점과 민권을 자치제도라는 관점에서 이해하여 한 권의 책으로 엮은 점이 특이하다.

『황성신문』의 광고는 다음과 같다.[21]

---

18 이들의 인적 사항에 관하여는 본서 제1부 및 김효전, 『근대 한국의 법제와 법학』, 세종출판사, 2006 참조.

19 『황성신문』, 1905.9.20. 학생 22인은 보성전문 법과 야간에 특설하였다. 『法政學界』 제1호, 54면.

20 문헌은 이광린, 『개화기의 인물』, 연세대 출판부, 1993, 9~40면; 김동면, 「한서 남궁억의 역사관」, 『한국사연구』 제46호, 1984; 김기주, 「한서 남궁억 연구」, 전남대 석사논문, 1982; 『나라사랑』 제11집, 외솔회, 1973; 최준, 「남궁억과 이종일, 대한제국언론계의 쌍벽」, 『신문평론』 제15호, 1965, 46~48면; 김세한, 『한서 남궁억 선생의 생애』, 동아출판사, 1960; 유봉영, 「남궁억(1863~1939)」, 『신동아』(부록 한국 근대 인물 백인선), 1970.1, 114~117면 등 참조.

內部認可　　　　　民權自治制全
　　　　定價 三十五錢 郵稅 十錢
　　本書는 民權의 制限과 自治의 條例를 昭詳 編集ᄒ야 民會應用에 一大
　　指針이 되오니 遠近 有志同胞는 早速 購覽ᄒ시옵
　　　　發行所 中部 寺洞 廣韓書鋪(外)

　　역자인 김병만에 대해서는 알려진 것이 거의 없으며, 남궁억의 다음과 같은 서
문이 있다.

　　序言
　　蓋 國力이 衰墜ᄒ 以來로 國內志士가 其 心을 文明進步에 注ᄒ며 其 膽을 優存劣亡
에 掉ᄒ야 國民死活의 問題를 講究ᄒᄂ 者 一 不無ᄒ나 往往 其 流를 波ᄒ고 其 源을
忘ᄒ야 或 曰 國에 强홈이 長槍大砲에 在ᄒ다 ᄒ며 或 曰 國에 興홈이 工藝商業에 在
ᄒ다 ᄒ나 是는 其 二만 知ᄒ고 其 一은 不知홈이로다. 國이 國되고자 홀진디 國民이
有홈을 要ᄒᄂ니 國民이라 홈은 徒然 群居蠢動홈이 아니라 必 其 義務를 履行ᄒ며 權
利를 均有ᄒ야 住居ᄒ 地方을 自治ᄒ여야 是를 曰 國民이라 ᄒᄂ니 質以言之ᄒ면 國
民이란 者는 自治力이 有ᄒ 人民에게 附與ᄒᄂ 名詞라. 顧컨대 重치 아닌가. 大抵 自
治의 制가 希臘에서 濫觴ᄒ며 羅馬에서 發達ᄒ고 現今 二十世紀에 至ᄒ야 圓滿進化
된 者라. 固有ᄒ 國에는 此를 增進ᄒ야 以興ᄒᄂ니 卽 西歐列强이 是也오 本無ᄒ 國
에는 此를 移用ᄒ야 以盛ᄒᄂ니 日本이 是也오 此를 無視 或 怠棄ᄒᄂ 者는 必衰必亡
ᄒᄂ니 宇內諸墮落國이 是也니 吾國民된 者 一 此에 晝夜講究ᄒ야 取用을 圖홀 者 아
닌가. 此 余의 吾國民을 爲ᄒ야 祈禱不已ᄒ난 바러니 今에 金秉萬氏의 譯出ᄒ 日本
市町村制 一書를 讀ᄒ고 載欣載謳의 情을 不禁ᄒᄂ 故로 其 囑을 因ᄒ야 不文을 不顧
ᄒ고 數言을 弁ᄒ거니와 易에 "神而明之存乎其人"이라 ᄒ얏스니 長을 取ᄒ고 優를 擇
ᄒ야 民俗에 協케 홈은 是又 此制研究者에게 厚望ᄒᄂ 바로라.
　　隆熙 三年 五月　日
　　　　南宮 檍 序

---

21 『황성신문』, 1909.9.18.

이처럼 남궁억은 "국민이란 반드시 그 의무를 이행하며 권리를 균유(均有)ㅎ야 주거한 지방을 자치하여야 이를 국민이라 한다"고 정의를 내리고 있다. 그는 한말의 대표적인 언론인으로 형법학자인 장도(張燾)[22]의 『신구형사법규대전(新舊刑事法規大全)』(상하, 1907)에도 김상연과 함께 서문을 쓰기도 하였다.

이어서 김병만의 자서가 계속된다.

茲譯 市町村制는 卽 民權地方自治條例也라. 古者에는 國家之盛衰와 民族之 存亡을 惟朝廷是을 是廳是任ㅎ고 斯民은 無關焉ㅎ더니 邇來人權之福音이 發自西歐ㅎ야 木鐸乎長夜홀새 於是乎 地方自治가 起ㅎ야 公權而民與有ㅎ고 國政而民與聞ㅎ고 當該地 公共事務而民自決焉ㅎ니 今之所以異乎古는 時也오 有此者興而無比者亡은 勢也니 爲國民者可不知所擇歟아. 此 譯者之述茲書而致厚望於國民者也로라. 或 曰 百里不同風ㅎ고 千里不同俗ㅎᄂᆞ니 隣國之制를 孰謂其可移乎吾國也오 ㅎ나 是는 不然ㅎ니 見日本之取法乎西歐而興則 知吾國之襲 取乎日本而亦可也며 見茲制之風行乎文明諸國而 無有碍焉則 知吾國之不能不有待乎 茲制而後可爲也라. 況所謂取法云者는 非謂其毛肖髮模乎形式也라. 亦但運用其精神焉耳니 斯奚疑며 斯奚沮리오. 抑吾又聞컨디 論國民心理者는 曰 國民固有之心理는 不可變也오 可變者는 其附加性也라. 譬諸物컨디 右不可爲金은 固有性之不可變者也오 桃可接杏은 其附加性可變者也라 ㅎ나 未知커라. 吾國人之於自治에 果石之於金歟아. 抑桃之杏歟아. 考諸古昔컨디 高句麗之六部分治와 新羅之軍幢等制가 隱然有希臘羅馬市府之意ㅎ니 使其無阻力而長進이러면 安知吾國之自治가 不先於彼乎아. 然則 今日之襲取茲制也 — 實復其固有之天性ㅎ고 變其附加之第二性者也니 吾願讀是書之留意也ㅎ노라.

隆熙 三年 五月 日

譯述者 金 秉 萬 自書

내용은 크게 시제(市制)와 정촌제(町村制)의 두 가지로 나뉜다. 시제는 전체 133 개의 조문이며, 정촌제는 모두 139개 조문을 번역한 것이다. 역술자의 해설이나

---

22 본서 제1부 「법관양성소」 중 9장 「법관양성소의 교수진」, '장도' 참조. 김효전, 「장도의 생애와 저작」, 『시민과 변호사』, 2000.7, 108~116면; 허일태, 「장도의 형법이론과 형법사상」, 『인권과 정의』, 2008.4, 127~143면; 한국정신문화연구원 편, 『한국인물대사전』, 1914~1915면 참조.

법제에 관한 전체적인 설명은 없고 조문만을 번역한 일종의 자료집이다.[23]

당시 자치에 대한 일반의 관념 내지 사상은 오늘날과 같은 소박한 의미의 지방자치만을 의미하는 것이 아니라 바로 조선인에 의한 자치, 즉 국권회복과 동일한 의미로 이해한 것이며, 그러한 의미에서 민권과 자치는 결국 같은 정신에서 그 중요성을 인식하였고 보겠다.[24]

끝으로 *Das koreanische Berggesetz*(1908)는 Bruno Simmerbach의 저술로 저자가 어떤 사람인지는 알 수 없으나 한국의 광업법에 관한 독일 문헌으로서 당시 열강은 한국에 대한 이권경쟁에 얼마나 정열을 쏟았는가 하는 것을 단적으로 보여주는 자료이다.

---

23 최근의 문헌은 고려대 한국사연구소 일제시대사 연구실, 『식민지 조선과 제국 일본의 지방제도 관계 법령 비교자료집』, 선인, 2010 참조.
일본 문헌은 櫻井一久, 『市制町村制義解 附 理由』(第5版), 信山社, 2011(地方自治法研究復刊大系 第57卷) 참조.
24 상세는 김효전, 「근대 한국에 있어서의 지방자치사상」, 『한국 공법의 이론』(목촌 김도창 박사 고희기념논문집), 1993, 531~566면 참조. 영인본 『지방행정론 외』(관악사, 2010)에 수록.

IV. 개념사 기초문헌 해제

다음은 한림과학원 편, 『동아시아 개념연구 기초문헌해제』(『한림대학교 한림과학원 개념소통자료총서』, 선인, 2010)에 수록된 저자의 문헌해제를 수정 · 증보한 것이다.

1. 兪星濬 著, 『法學通論』(서울 : 廣韓書林, 1905, 364면)

저자

유성준(兪星濬, 1860~1934)의 호는 긍재거사(兢齋居士)이며 유길준(兪吉濬, 1856~1914)의 동생으로 서울에서 태어나 관비유학생으로 게이오의숙에 입학하였다. 그러나 수학 중 갑신정변이 일어나서 1885년 귀국. 고종의 아관파천으로 갑오개혁이 중단되자 다시 일본으로 망명하여 메이지대학의 전신인 메이지법률학교에서 공부하고 1902년 귀국. 유길준의 쿠데타음모사건에 연루되어 3년간 황주에 유배. 그 후 통진 군수, 내부 경무국장, 내부 차관을 역임하고, 1907년 보성전문학교 2대 교장에 취임. 1908년 내각 법제국장 역임. 한일합병 이후에는 충북과 경기도 참여관, 중추원 참의, 충남 지사, 강원 지사 등 총독부 관료를 지냈다.

일본인 연구가 요시가와 아야코(吉川絢子)에 의하면, 기시모토 다쓰오(岸本辰雄, 1852~1912)의 『법학통론』(초판, 1898)을 번역한 것이라고 한다.

내용

전체 8편이며 제1편 총론, 제2편 헌법, 제3편 행정법, 제4편 형법, 제5편 민법, 제6편 상법, 제7편 소송법, 제8편 국제법으로 구성되어 있다. 제1편 총론은 다시 총설, 법과 도, 자연법과 인정법, 법률과 법률학, 법률의 구별, 법률의 제정, 법률의 효력, 법률의 적용, 법률의 해석, 법률의 소멸 제10장으로 나뉜다.

저술 동기는 국민의 권리사상을 계발하는 데에 있으며 이에는 법률의 연구가 중요하며, 이 책의 효용은 법률 전체의 대강을 쉽게 논술하는 데에 있다고 한다. 그러나 "현금 아방(我邦)에는 각종 법전이 아직 완비치 못한 즉 술자(述者)는 부득이 동서고금의 자연한 법리를 의거하며 종래 학자의 제설(諸說)을 참호하고 또 각국의 현행 율례를 원증하야써 정확한 법률사상을 각지(覺知)코저 하노라"라고 한다. 총론을 서술한 후 각론에서 개별적인 법을 설명하는 방식은 오늘날의 법학통론과 대동소이하다.

이 책은 1981년 아세아문화사에서, 1997년 한국법제연구원에서 각각 영인본이 발간되었다.

의의

이 책은 한국인의 손에 의해서 최초로 저술된 법학통론이다. 처음에는 법관양성소, 보성전문학교, 양정의숙과 같은 학교에서의 교과목의 하나로서 저술되었으나 1905년 이른바 보호조약에 의해서 국권에 제약을 받고 민권이 상실된 시점에서는 권리사상을 고취하는 무기로서 각광을 받게 된다. 그리하여 법학교육은 정규 학교에서는 물론 야학에 이르기까지 널리 보급하게 된다. 뿐만 아니라 각종 국가시험에 법률학이 들어감으로써 출세의 학문으로서, 빵의 학문으로서의 자리를 잡게 된다.

개념사에서의 위치 내지 의의는 대체로 일본의 법률서적을 근거로 하여 저술된 까닭에 일본식 표현으로 정착되어 가는 경향을 볼 수 있다. 예컨대 이 책에서 '권리'는 여전히 '통의'와 함께 사용하며, '실정법'은 '인정법'이라고 하여 자연법과 구별한다. 또 '권리와 의무를 규정한 법률을 주법(主法)이라 하고 주법의 집행방법을 규정한 법률을 조법(助法)이라 하나니' 하면서 '실체법'과 '절차법'을 '주법'과 '조법'이라고 한다. 명령법과 청허법(聽許法)에서 보듯이 '임의법'을 '청허법'이라 하며, 또 "근세 영국 거유(巨儒) 변탐(卞耽, Bentham) 씨가 국제법이라 명명(命名)을 시위(始爲)홈으로 그 후 학자가 상계(相繼)하야 그 명칭을 습용(襲用)하야 일정 불변함에 수지(遂至)하니라. 단 국제공법은 차를 만국공법이라 혹 칭하니 그 의(義)는 본래 이(異)한 바 무(無)하니라"(290면)고 서술한다. 그러나 1906년의 시점에서 로렌스(勞麟賜, Thomas J. Lawrence)의 『만국공법요략(萬國公法要略)』이 중간(重刊)되고, 1909년에도 『국제공법지(國際公法志)』가 나란히 신간 광고로서 실리고 있다.

법학통론 책은 그 밖에 권봉수(權鳳洙)의 저서(1906), 유치형(兪致衡)의 책(1908), 그리고 주정균·유옥겸(朱定均·兪鈺兼) 공저의 『정선(精選) 법학통론』(1911) 등이 있는데 모두 일본인의 책자를 모델로 하여 집필하였기 때문에 오늘날 우리들이 사용하는 법학개념이나 용어와 대동소이한 경우가 많다.

〈문헌〉

최종고, 「한국에 있어서 『법학통론』의 형성과 과제」, 『현대법학의 이론과 실제』(금랑 김철수 교수 화갑기념 논문집), 박영사, 1993, 1050~1071면; 최종고, 「한국최초의 『법학통론』」, 『법학』 제22권 4호, 서울대, 1981; 최종고, 『한국의 법학자』, 서울대 출판부, 2007, 1~32면; 「法論再刊」, 『황성신문』, 1907.6.28; 吉川絢子, 「근대 초기 한국의 민법학 수용과 판사에 대한 영향―1900~1910년대 이혼법을 중심으로」, 『법사학연구』 제46호, 2012, 361면.

2. 石能 羅瑨, 壽松 金祥演 譯述,『國家學』(서울 : 출판사 未詳, 1906, 176면)

저자

이 책에는 원저자나 번역자의 서문도 없고 판권도 없기 때문에 정확한 서지사항은 알 수가 없다. 그러나 최근 일본의 연구자 고쿠분 노리코(國分典子, 1957~)의 면밀한 연구에 의해서 일본인 다카다 사나에(高田早苗, 1860~1938)와 독일인 콘라드 보른하크의 저서를 발췌하여 번역한 것이 알려지게 되었다.

저자인 다카다의 호는 半峰 또는 松屋主人이며 1882년 도쿄대학 문학부를 졸업하고 같은 해 도쿄전문학교의 강사가 되었다. 이 도쿄전문학교는 1902년 와세다대학으로 교명을 변경하였으며, 다카다는 이 학교의 설립자인 오쿠마 시게노부(大隈重信, 1838~1923)를 도와서 와세다대학을 일으킨 사람이다. 의회 개설 이래 6회에 걸쳐 대의사에 당선되기도 하였으며, 오쿠마 내각의 문상(文相)을 지내고 와세다대학의 총장을 역임하였다.

보른하크(Conrad Bornhak, 1861~1944)는 1898년 이후 베를린대학의 국제법과 국법학 교수였으며 이집트 카이로대학의 교수를 지내기도 하였다. 그의 국가론은 유기체설이나 자연법론을 부인하고 국가를 역사적 사실로 보는 역사학파의 입장에 서 있다. 김상연의 『헌법』 등에도 소개되고 있다.

번역자

번역자인 나진(羅瑨, 1881~1918)의 호는 석능(石能)이며 서울에서 태어났다. 일어학교를 졸업한 후 일본 메이지대학에서 법학을 공부하고 1903년 졸업, 1904년 사립 흥화학교 교사가 되었다가 1905년 12월 약관 24세에 법관양성소 교관이 되었다. 1907년 평리원 검사로, 1908년 대구지방재판소 판사, 1913년 4월까지 공주지방법원 판사로 재직하였다.

공역자인 김상연(1874~?)의 호는 수송(壽松)이며 서울 출생. 1899년 관비유학생이 되어 도쿄전문학교 방어정치과를 1902년에 졸업. 귀국하여 농상공학교와 법관양성소의 교관을 역임하고 제국신문사 기자를 거쳐 황성신문사 부사장 등 언론계에도 관여하다가 1907년 홍주 군수, 1908년 용천 부윤이 된다. 한일합병 이후에는 다시 용천 군수에 임명되고 1920년까지 의주 군수. 1921~1924년까지 강원도 참여관을 지냈다고 하나 그 후의 행적은 알 수 없다.

내용

이 책은 전체 21장이며 내용은 다음과 같다. 즉 국가의 정의, 국가학 및 그 연구법, 국가의 이상 및 실상, 국가의 기원, 인민과 국민의 차별, 사회와 종족, 국가와 가족, 국가와 개인, 국가의 흥망, 국가는 목적인지 수단인지, 국가목적에 관한 유견(謬見), 국가의 진목적, 정체의 구별, 주권, 정권의 구별, 전제군주정체, 입헌군주정체, 공화정체, 2국 간의 병립관계, 2국 간의 종속관계, 국가연합제.

다카다(高田早苗) 강술 『국가학원리』는 제16장 「정권의 구별」까지 있으며, 이 책에서는 제15장까지 다카다의 저서를 번역하였다. 제16장부터 21장까지의 6장은 보른하크의 *Allgemeine Staatslehre*(1896, 2. Aufl., 1909)를 기쿠치 고마지(菊地駒治)가 번역한 『일반 국가론』(1903)과 거의 같다. 이 책에서는 국가를 갑 세계국, 을 대국, 병 중립평화국, 정 소국의 네 가지로 나누고, "국가의 목적은 국가의 능력을 발달하며 국가의 생활을 완전케 함에 있다"(88면)고 한다.

이 책은 1986년에는 김효전의 해설을 붙여 부산의 민족문화에서, 2004년에는 서울의 관악사에서 각각 영인본이 발간되었으며, 기쿠치의 일역본도 1987년 민족문화에서 영인본이 발간되었다.

의의

이 책은 한국 최초의 체계적인 국가학 책이라고 생각한다. 서구 열강의 동아시아 침략으로 국가관념과 국가사상을 공고히 하여 국권을 수호하고 회복하는 일은

『국가학』 첫 페이지

민권을 계발하고 지키는 것과 함께 근대 한국에서의 초미의 과제였다. 처음에는 법관양성소의 교과목의 하나로서 출발하였지만 한국인의 국가관념을 고취하는 데 크게 기여한 책자이다.

당시 일본에서는 독일의 블룬칠리의 국가학이 지배하던 시기에 이 책은 영국의 밀(J. S. Mill)이나 미국인 버제스(J. W. Burgess)의 이론을 소개하고(10·48~49면), 또한 독일인 보른하크의 저서를 통하여 영미 국가학의 결점을 보완하려고 노력한 점 등은 높이 평가할 만하다.

〈문헌〉

김효전, 『근대 한국의 국가사상』, 철학과현실사, 2000, 494~547면; 『황성신문』, 1906.6.21 광고; 國分典子, 「韓國初期憲法敎科書にみる近代國家觀-金祥演と趙聲九」, 『北東アジアにおける法治の現狀と課題』(鈴木敬夫先生古稀記念), 成文堂, 2008, 3~21면; 國分典子, 『近代東アジア世界と憲法思想』, 慶應義塾大學出版會, 2012, 199~222면에 재수록; 京口元吉, 『高田早苗傳』, 早稻田大學出版部, 1962; 菹原隆, 「『國家學原理』における國家思想(高田早苗)」, 『近代日本と早稻田の思想群像』II, 早稻田大學出版部, 1983, 13~33면 참조.

3. 安國善 編述, 『政治原論』(서울 : 皇城新聞社, 1907, 291면)

저자

이 책에는 석옹 조창한(石翁 趙彰漢)의 서문과, 적암 이기용(績菴 李埼鎔)의 서문이 있으나 '편술자' 자신의 서문은 없다. 그 때문에 일부 정치학자 중에서는 '한국 최초의 정치학 저서'라고 소개하기도 하지만 해설자의 조사에 의하면 일본인 이치지마 겐키치(市島謙吉, 1860~1944)의 동명의 책자를 요약하여 번역한 것이다.

저자인 이치지마의 호는 春城이며 니가타(新潟)현 출생. 1876년 도쿄 가이세이(開成)학교에 입학하여 다음 해인 1877년 일본 최초의 종합대학이 되는 도쿄대학으로 교명을 바꾼 후 문과에 적을 둔다. 1884년 도쿄제국대학을 중퇴하고 도쿄전문학교(와세다대학 전신)의 강사가 되어 정치·경제·논리학 등을 담당한다. 오쿠마 시게노부와 입헌개진당을 만들어 정계에 투신하여 대의사에 당선되기도 한다. 『니가타신문(新潟新聞)』의 주필로 언론계에도 종사하다가 와세다대학의 교수로서 학교의 경영과 발전에 기여한 사람이다.

번역자

번역자는 자신을 '편술'자로 표기한다. 편술자 안국선(安國善, 1878~1926)의 호는 천강(天江) 또는 농구실주인(弄球室主人)이며, 경기도 고삼(古三)에서 태어났다. 1895년 조선 정부의 관비유학생으로서 게이오의숙에서 수학한 후 1899년 도쿄전문학교 방어(邦語)정치과를 졸업하였다. 귀국 후 1906년 돈명(敦明)의숙, 광신(廣信)상업학교의 교사로서, 실업연구회의 임원으로서 계몽운동을 전개하다가 1907년 제실(帝室) 재산정리국 사무관, 1908년 탁지부 서기관, 이재국 국고과장을 역임하고, 합병 이후인 1911년부터 2년간 경북 청도 군수를 지냈다.

신소설의 작가로서 유명하며 『연설법방』(1907), 『금수회의록』(1908), 『공진회』(1915) 외에, 『비율빈전사』(1907), 『외교통의』(1907), 『행정법상하』(1908), 『상업경영법』(1909) 등의 번역서가 있다.

내용

이 책은 상편, 중편, 하편의 3편으로 구성한다. 상편에는 정치학 범론, 정치의 목적, 정치의 기원, 주권론, 정체의 구별, 1인정체론, 소수정체론, 다수정체론을 다루며, 중편에서는 헌법범론, 대의제도, 선거권의 구역, 간직선(間直選)의 이해, 소수대표법, 투표법, 대의사의 임기, 의원, 정당론을 서술하고, 하편에서는 정부의 3 대부, 입법과 행정의 관계, 사법과 행정의 관계, 대의원(代議院)의 직무, 중앙 정부, 지방 정부, 속국정치, 전체 24장이다.

1889년에 발간된 이치지마의 책은 전체 524면에 이르는 다소 방대한 분량이지만 안국선의 책은 전체 192면으로 원저보다 절반 이하로 줄어들었다.

여기서 "정치는 법률로 상하의 명분을 정하여 상(上)에는 치하(治下)하는 권(權)이 유(有)하고 하(下)에는 종상(從上)하는 책(責)이 유(有)함이라" 하고, "정치학은 정치사회의 현상을 석의(釋義)함이라"고 정의를 내린다.

이 책은 국립중앙도서관에 소장되어 있으며 2004년 관악사에서 영인본이 발간되었다. 이치지마(市島)의 원서도 1987년 부산의 민족문화에서 영인본이 나왔다. 같은 1906년 11월에는 『조양보(朝陽報)』 제9호, 11호, 12호에도 원저의 출처나 번역자명도 없이 제1장 「범론정치학(汎論政治學)」이 연재되었다.

의의

이 책 역시 한국 최초의 체계적인 근대 정치학 책이라고 보겠다. 저자가 참고한 문헌은 울시(Th. S. Woolsey)의 정치학 등 영미의 정치학과 헌법론 등이며 독일책은 블룬칠리의 『국법론』뿐이며 프랑스 책은 한 권도 없다. 19세기 말에서 20세기 초에 이르는 서구 정치학의 학문적 상황은 국법학 내지는 공법학에서 독립한 독자적인 정치학의 확립을 위해서 힘쓴 시대이며, 진화론적·역사적·실증주의적 방법론이 지배한 시대이다.

한국의 경우는 갑오경장 이후 과거제도가 폐지됨에 따라서 정치학이나 법학 등 서구 학문이 시험과목으로 대체되어서 그 수요는 갑자기 폭발적으로 늘어나고 가히 입신출세의 학문으로서 자리를 잡게 된다. 학부에서 '경의시무(經義時務)의 사(士)'를 선발하기 위해서 발포한 참고서적의 하나이다. 학문적으로는 국가학과 정치학의 분화, 국가사상과 정치사상의 관련, 현실정치와 이론의 괴리 등이 연구 과제라고 하겠다.

〈문헌〉

김효전, 「안국선 편술, 『정치원론』의 원류」, 『헌법학연구』 제6권 1호, 2000; 김효전, 『근대 한국의 국가사상』, 철학과현실사, 2000, 548~624면; 최기영, 『한국 근대 계몽사상연구』, 일조각, 2003, 139~198면; 안용준, 「안국선의 정치학에 관한 연구─『정치원론』을 중심으로」, 경남대 석사논문, 1988; 『관보』 제4297호, 1909.2.10.

4. 俞致衡 講述, 『憲法』(서울 : 출판사 미상, 1908, 138면)

저자

강술자 유치형(1877~1934)의 원래 이름은 치학(致學)이며 호는 지동(芝東). 서울에서 유윤환(俞胤煥)의 장남으로 출생. 1896년 관비유학생으로 게이오의숙을 수료한 후 계속하여 1899년까지 도쿄 법학원(현재의 주오(中央)대학 전신)에서 공부하고 장도(張燾), 이면우(李冕宇), 유창희(劉昌熙)와 함께 졸업하였다. 귀국 후 법부 법률기초위원, 사립 철도학교 교사, 사립 중교의숙 교사, 사립 한성법학교 교사를 지내다가 1905년부터 1908년까지 보성전문학교 강사를 역임하였다. 1908년 감사원 이사와 어원(御苑) 사무국 이사를 지냈다. 저서로 『물권법』(1907), 『해상법』(1907), 『경제학』(1907) 등이 있다.

교열자

교열자인 신해영(申海永)은 경기도 이천 출신이며 신일선(申一善)의 차남으로 태어나 관비유학생으로 게이오의숙 보통과를 졸업한 후 일본국 대장성(大藏省) 사무를 견습하고 귀국. 1898년 사립 광흥학교 교사, 중추원 의관, 학부 편집국장, 보성전문학교 교장, 재일유학생 감독 등을 역임하였다. 저서로『윤리학교과서』(상하, 1906 · 1909),『경제학』(元應常과 공저, 1907) 등이 있으며, 이 책 외에 석진형(石鎭衡)의 『평시국제공법론』(1907), 원응상의『재정학』(1907) 등 여러 책을 교열하였다.

원저자

이 책이 '준거채용'하고 있는 일본의 헌법학자 호즈미 야쓰카(穗積八束, 1860~1912)는 1882년 도쿄대학 정치학과를 졸업하고 독일 하이델베르크, 베를린, 슈트라스부르크대학 등에 유학하였다. 귀국 후 도쿄제국대학 법학부 교수가 되었으며 나중에는 귀족원 칙선의원이 되기도 하였다. 유치형이 텍스트로 삼은 그의『국민교육 헌법대의』(1896)는 문부성의 요청으로 국민계몽을 위해서 집필한 것으로 전국적으로 널리 읽혔다고 한다.

내용

전체 5편으로 구성. 제1편 국가, 제2편 통치의 주체, 제3편 통치의 객체, 제4편 통치의 기관, 제5편 통치권의 작용. 제1편에서는 국가와 헌법, 제2편에서는 황위, 황위의 계승, 섭정을, 제3편에서는 총론, 국토, 신민을, 제4편에서는 총론, 의회, 의회의 국법상 지위, 의회의 조직과 권한, 정부, 재판소를, 제5편에서는 총론, 헌법상의 대권, 입법, 법률, 법률의 제정과 범위, 명령, 명령의 종류, 조약, 그리고 사법을 다룬다.

강술자는 "본방(本邦)에 지(至)하야는 헌법의 명문이 고무(姑無)하니 전제군주국

관념에 최적한 독일과 일본국 헌법을 강구하는 외에 타도(他道)가 경무(更無)할지라"고 하면서 호즈미의 책을 토대로 하였음을 밝히고 3국의 유사성을 강조한다.

이 책은 1981년 아세아문화사에서 영인본이 나왔으며, 2010년 관악사에서 새로이 영인한 것과 가로로 조판한 책자가 김효전의 해설과 함께 발간되었다.

의의

실정헌법이 없는 상태에서, 일본의 보호국으로 전락한 상황에서, 더구나 통감부의 검열 아래 헌법교육을 위해서 책자를 펴낸다는 것은 참으로 어려운 일이다. 저술가나 수강자나 모두 헌법의 원리나 일반이론의 개략적인 이해로 만족할 수밖에 없으며, 따라서 독일 헌법의 아류인 일본제국 헌법을 해설한 책자에 의존하는 것이 여러모로 편리했던 것이다.

특히 호즈미의 헌법이론은 이른바 천황주권과 반의원내각제가 골자이며 국가적 단결과 같은 초법학적인 주장이 핵심을 이룬다. 그는 1911년 제국의회에서 보통선거법의 실시를 반대하는 연설을 하여 특권계급을 옹호하는가 하면 「애국심」이란 팸플릿에서는 유교적인 조선숭배(祖先崇拜)를 강조한 보수주의자였다. 이런 점에서 그의 이론은 절대군주치하의 대한제국에서도 무리 없이 그대로 받아들여질 수 있었으며, 또한 호즈미의 책자가 일본 국민의 계몽에 크게 기여한 것을 보고 유치형도 한국에서의 입헌사상의 보급을 기대했을는지도 모른다. 그러나 유치형은 여전히 전제국가론을 고수하며, 후술하는 김상연과 조성구는 근대적 · 공적인 국가관을 제시한 점에 차이가 있다.

헌법 책으로는 김상연 강술의 『헌법』(1908?)이 있다. 이 책은 텍스트를 밝히지 않고 있지만 조사한 결과, 와세다대학의 교수로서 김상연의 입학보증인이었던 일본인 소에지마 기이치(副島義一)의 『일본제국헌법론』(1905)을 모델로 하여 요약한 것이다. 또 조성구(趙聲九)의 『헌법』(1907) 역시 강술한 책의 텍스트를 적지 않고 있는데 일본책을 토대로 하였을 것이다. 그 밖에 정인호(鄭寅琥) 역술의 『헌법요의』(1908)는 다카다(高田早苗)의 동명의 책자를 번역한 것이며, 박승빈(朴勝彬, 1880~1943)이 메이지 헌법을 번역한 『헌법』(1908) 등이 있다. 이 책자들은 2010년 관악사에서 영인본이 발간되어 쉽게 이용할 수 있다. 김상연 찬술『국법학』(1907)도 헌법과 정치제도를 이해하는데 귀중한 문헌이다. 2004년 관악사에서 영인 발간.

〈문헌〉

강광문, 「일본에서 독일 헌법이론의 수용에 관한 연구—호즈미 야쯔카(穗積八束)의 국가론과 그 독일적 배경을 중심으로」,『공법연구』제41집 3호, 2013, 81~109면; 이창휘, 「유치형과 穗積八束의 헌법이론」, 동아대 석사논문, 2001; 國分典子, 「兪致衡と穗積八束—朝鮮開化期における憲法の教科書」,『法學研究』(慶應義塾大學) 제72권 제7호, 1999, 23~55면.

5. 金祥演 講述, 『憲法』(서울 : 출판사 미상, 1908(?), 약 250면)

강술자

제1부 「법관양성소」 중 9장 「법관양성소의 교수진」, '김상연' 참조.

원저자

원저자인 소에지마 기이치(副島義一, 1866~1947)는 일본의 법학자이며 정치인으로 사가(佐賀)현에서 태어나 1894년 제국대학(현재의 도쿄대학) 법과대학을 졸업하고 이듬해 도쿄전문학교의 강사가 되어 헌법과 행정법을 강의한다. 1902년 파견 유학생으로서 독일 베를린대학에 유학하여 1904년에 귀국한다. 유학 시절 그는『와세다학보(早稻田學報)』에 여러 차례 유학기를 적어서 보내기도 하였다.[1]

귀국하여 1905년에는『일본제국헌법론』을 출판하여 천황기관설의 입장을 설

---

1 예컨대 제102호, 1904.7.1, 35~39면.

명하기도 한다. 1907년 와세다대학의 교수가 되고, 1908년에는 박사회의 추천으로 법학박사가 되며, 1912년 제1차 호헌운동(護憲運動)에 참가하였으나 그 후에는 대외 강경론으로 선회하고 우익적 자세를 견지한다. 1917년에는 대외 동지를 결성하고 1920년 제14회 총선거에서 무소속으로 사가현에서 입후보하여 당선되었다.

1931년 중화민국 난징(南京) 정부 법률고문이 되어 와세다대학 교수직을 사임하였다. 1947년 80세로 이 세상을 떠난다. 이상은 『아사히인물사전(현대일본)(朝日人物事典)(現代日本)』[2]의 서술을 중심으로 유학기 부분 등 몇 가지를 추가한 것이다. 저서로 『제국헌법강의』(1899), 『일본제국헌법론』(1905), 『행정법각론』(早大出版部) 등이 있으며, 논문으로는 「자연법과 입헌제」(『早稻田法學』 제1권, 1922), 「국가론」(『早稻田法學』 제2권, 1923) 등이 있다.

내용

김상연의 『헌법』에는 강술자의 서문이나 차례도 없고 전체의 분량은 약 250면 정도로 추산된다. 저자가 이용한 서강대학교 소장본은 뒷부분이 떨어져 나가서 232면까지 있는 것이다. 저자가 조사한 바에 의하면, 이 책은 도쿄전문학교의 헌법과 행정법 강사이며 그의 입학보증인이었던 소에지마 기이치의 『일본제국헌법론』(1905)을 모델로 하여 요약 강술한 것이다. 이 책의 내용은 제1편 서론, 제2편 직접기관의 조직권한, 제3편 대권의 작용, 제4편 국가의 자연적 기초로 되어 있으며, 전체 62절로 구성되어 있다.

소에지마 헌법론의 평가

소에지마의 헌법론에 대한 일본에서의 몇 가지의 평가로서 2005년 10월에 와세다대학 법학부에서 개최한 「와세다법학의 군상(早稻田法學の群像)」이란 기획전(企劃展)에서는 다음과 같이 소개하고 있다. 소에지마는 오노 아쓰시(小野梓)가 『국

---

2 『朝日新聞社』, 1990, 906면.

헌법론(國憲汎論)』으로 개척한 일본의 '과학적인 헌법학을 정당하게 계승한 자라고 말해진다. 오노가 『국헌범론』에서 제시한 '국가를 단순한 통치의 목적물로서 보지 않고 그 자신 목적을 가지고 활동력을 가진 주체로 하고, 따라서 천황과 인민의 관계도 이를 권리주체와 객체와의 관계로는 보지 않고, 양자 모두 국가라는 하나의 유기적 단체를 형성한다는 학설[3]을 계승한 것이 소에지마라고 한다. 그의 『제국헌법강의』는 「소에지마의 헌법」으로서 낙양의 지가를 올렸다고도 한다. 이 책은 메이지 헌법의 해석학 책으로서 저술된 것이며, 오노의 학설(뒤의 국가법인설 내지는 「천황기관설」에 연결되는 것)의 흐름을 미치는 것으로서 위치를 차지하며 헌법학의 권위로서 소에지마는 한편 그의 초기 작품인 「자연법(自然法)과 입헌제(立憲制)」에는 오노의 학설을 계승하는 싹이 보인다. 즉 「입헌제는 정치상의 실제요구에 생겨난 것, 또한 다른 한편으로는 당시의 사상과 학설에 그 기초를 두는 것이다. 특히 근고로부터 중고 및 고대에 거슬러 그 전통을 가지는 자연법과 인민주권의 사상과 학설이란 현시(現時)의 입헌제의 실질상의 기초를 이루는 것이 된다. 그러나 입헌제의 기초는 통치자에 대한 법의 구속력과 그 보장에 근거하는 것으로서 이 양자는 자연법과 인민주권의 사상에 의해서 구축되게 되는 것이다. 이제 여기에 그 전통과 경위와 서(序)를 기술하려고 한다. 이것이 즉 입헌제의 근저를 깊게 탐구하는 소이(所以)가 된다.[4]

이와 같은 인민주권의 발상은 소에지마의 대표적인 저작인 『제국헌법강의』에도 메이지 헌법하에서의 일정한 제약을 수반하면서도 농도 짙게 투영되고 있다.

한편, 소에지마는 베를린대학에 유학한 경험에서 독일의 대학을 참고로 하여 동일한 강의를 반복해서 염증을 느끼지 않게 하도록 우리 (와세다)대학의 강의 제도를 개량하는 것이 장래에 대한 하나의 희망이라고 피력하기도 하였다.[5] 이에 대해서 이에나가 사부로(家永三郎)는 오노의 학설을 계승한 것과는 관계가 없다고 주장한다.[6]

김상연을 비롯한 조성구, 유치형의 헌법론의 국가관에서는 국가법인설에 입각

---

3 『紺碧の空靑』, 51頁(中村吉三郞).
4 『早稻田法學』第1卷.
5 早稻田大學創立50年記念に際して, 『早稻田法學』第13卷(1933), 80면.
6 家永三郎, 『日本近代憲法思想史硏究』, 岩波書店, 1967, 150~156면 참조.

한 국가이해가 공통되며,[7] 이것은 소에지마를 비롯한 당시 일본 헌법학계의 커다란 흐름이기도 하다.

〈문헌〉

김효전, 「김상연의 생애와 『헌법』」, 관악사, 2004 영인본 해설.

6. 伯倫知理, 鄭寅琥 譯, 『國家思想學』(서울 : 右文館, 1908, 46면)

저자

저자 블룬칠리(伯倫知理, Johann Caspar Bluntschli, 1808~1881)는 스위스의 공법학자이며 정치학자이자 정치가로서 취리히에서 태어났다. 독일 본대학에서 법학박사학위를 취득하고 1833년 신설된 취리히대학의 교수가 되었다. 취리히주 상원의원과 의장 역임. 그는 온건한 자유주의자로서 정계에도 관여하였으나 1848년의 스위스 종교동란으로 실각하자 독일로 이주하였다. 1848년부터 1860년까지 뮌헨대학에서 독일사법과 국법학 정교수. 1851년과 52년 그는 『일반 국법학(Allgemeines Staatsrecht)』 두 권을 출간하였다. 여기서 그는 국가를 인간의 유기체와 비교할 수 있는 도덕적 및 정신적인 인격으로 파악하였다. 1860년 로베르트 폰 몰(Robert von Mohl, 1799~1875)의 후임으로 하이델베르크대학의 국법학 및 국가학 교수가 된다. 1868년에는 『근대 국제법』을 발간하였는데 이 책은 장래의 국제법, 특히 전시국제법의 법전화를 위한 초안으로서 생각되었으며, 국제적으로 높은 평가를 받았다. 만년의 20년 동안은 정치활동에 열중하였다. 1896년 학부에서 『공법회통』이란 이름으로 발간하였다.

---

7 國分典子, 『近代東アジア世界と憲法思想』, 慶應義塾大學出版會, 2012, 202면.

번역자

역자인 정인호(鄭寅琥, 1869~1945)는 경기도 양주 출신으로 일찍부터 옥호서관(玉虎書館)의 주인으로서 출판을 통하여 국민의 국가의식을 고취하는 데에 힘썼다. 특히 일제치하에서 군수로서 재직하는 것이 수치스럽고 굴욕적이라고 생각하여 사직하고 1919년 3월 만세시위 이후에는 구국단(救國團)을 조직하여 적극적인 독립운동을 전개하였다. 군자금을 모집하여 중국 상해로 송부하다가 이 사실이 발각되어 1921년 서울에서 체포되어 재판을 받고 5년간 복역한 후 출소하였다. 저술로는 『최신초등 대한지지(大韓地誌)』와 『최신고등 대한지지(大韓地誌)』가 있으며, 『초등 대한 역사』(1908)를 편집하였다.

내용

이 책은 본문 22면과 부록 「각국헌법 약부(略付)」 24면으로 부록이 더 많다.
본문은 전체 4장으로 구성되어 있다. 제1장은 갑 구주중세사상, 을 구주근세사상, 제2장은 갑 구주 구사상, 을 한국 구사상, 병 구주 신사상, 제3장은 과거·현재·미래의 셋으로 나누고 과거에는 다시 ① 가족주의시대 ② 추장주의시대 ③ 제국주의시대로, 현재는 ④ 민족주의시대 ⑤ 민족제국주의시대로, 미래는 ⑥ 만국대동주의로 나눈다. 제4장은 18세기 이전 군위귀 사직차지 민위경(君爲貴 社稷次之 民爲輕), 18세기 말 지(至) 19세기 민위귀 사직차지 군위경(民爲貴 社稷次之 君爲輕), 19세기 말 지(至) 20세기 사직위귀 민차지 군위경(社稷爲貴 民次之 君爲輕)의 셋으로 구별한다.
부록은 정체, 행정과 입법과 사법의 3권, 국회의 권력과 선거의원의 권리, 군주와 대통령의 제(制)와 권력, 법률명령과 예산, 신민의 권리와 의무, 정부대신의 책임, 헌법강술, 헌법관념, 결론의 9장으로 되어 있다.
텍스트는 블룬칠리의 『근대 국가학(Lehre vom modernen Staat)』제1권 6장(S. 64~68)이며, 일본인 가토 히로유키(加藤弘之, 1836~1916)가 『국법범론(國法汎論)』(1872)으로 번역한 것을 중국인 량치차오(梁啓超, 1880~1932)가 다시 『국가사상변천이동론(國家思

想變遷異同論)』(1901)과 『각국헌법이동론(各國憲法異同論)』(1899)으로 재구성한 것을 중역한 것이다. 특히 제2장에서 양계초가 '중국 구사상'이라고 표현한 것을 '한국 구사상'이라고 바꾼 것이 재미있다. 『각국헌법이동론』은 『대한매일신보』 1905년 10월 28일 자부터 11월 5일 자까지 연재되기도 하였다.

이 책은 『만세보』 연재, 김효전 역, 『국가학』(관악사, 2003) 속에 백륜지리 저(伯倫知理 著), 안종화 역(安鍾和 譯), 『국가학강령(國家學綱領)』과 함께 영인하여 수록하고 있다.

의의

이 『국가사상학』(1908)은 안종화의 『국가학강령』(1907), 『만세보』에 연재한 『국가학』(1906)과 함께 한국인의 국가사상 내지 국가관념, 국가의식을 고취하는데 크게 기여한 문헌이다. 같은 학문으로서의 국가학이 일본에서는 국가발전과 국민통합을 위한 기술로서 활용되었다면 한국의 경우에는 국권회복과 국가의식을 고취하기 위한 수단의 하나로서 의미를 지닌다. 이 책은 각급 학교의 졸업식에서 시상품으로서 수여하기도 하였다. 또한 당시 '정치는 블룬칠리, 법은 몽테스키외'라는 구호에서 보듯이, 근대 한국의 정치사상사에서 블룬칠리가 차지하는 비중과 역할의 중요성을 알리는 자료이기도 하다.

〈문헌〉

김효전 편역, 『국가학』, 관악사, 2003, 해설; 박근갑 · 홍선영, 「요한 카스파 블룬칠리, Allgemeines Staatsrecht; 가토 히로유키, 『國法汎論』(자료정선)」, 『개념과 소통』 제7호, 2011, 243~278면; 량치차오, 강중기 옮김, 「정치학 대가 블룬칠리의 학설」, 『개념과 소통』 제8호, 2011, 251~286면; 량치차오, 강중기 옮김, 『음빙실자유서』, 『개념과 소통』 제8호, 한림대, 2011, 217~238면; 堅田剛, 『獨逸法學 の受容過程-加藤弘之 · 穂積陳重 · 牧野英一』, 御茶の水書房, 2011; 狹間直樹 주편, 『梁啓超-西洋近代思想受容と明治日本』, みすず書房, 1999; 上谷均, 「J. C. ブルンチュリの法人論-ゲルマニステンの法人論の一側面」, 『法雜』 第41卷 4號; Carolin Metzner, *Johann Caspar Bluntschli : Leben, Zeitgeschehen und Kirchenpolitik 1808~1881*, Frankfurt am Main(u.a.) : Lang, 2009; Heidelberg Univ. Diss., 2009; Theodor Bühler, Johann Caspar Bluntschli (1808~1881), in : *Zeitschrift für europäische Privatrecht*, 2009.1, S. 91~109.

7. 伯倫知理, 安鍾和 譯, 國家學綱領(서울 : 廣學書舖, 1907, 52면)

저자

전술 참조.

번역자

역자인 안종화(安鍾和, 1860~1924)의 호는 함재(涵齋)이며, 자(字)는 사응(士應). 충청도 홍양(홍성)의 몰락한 사족의 집안에서 태어났다. 보성중학교 역사과 교사와 법부참서를 역임하고 을사늑약에 반대하여 5적의 주살을 요구하는 상소문을 올리기도 하였다.[8] 한편 국민교육회에 찬성금을 기부하여 재정적으로 지원하는가 하면 각종 교육구국단체에서 활동하였다. 1908년 1월에 창립된 기호흥학회의 평의원으로서 같은 해 2월에는 류근(柳瑾)의 후임으로 휘문의숙의 숙장이 되었다. 그의 저술로는 『수학정경절요괄집(數學正徑節要括集)』(1882)이 있으며, 논설로는 『기호흥학회월보』에 「위선최락(爲善最樂)」(2호), 「학문필요(學問必要)는 재시품행(在施品行)」(3호), 「기승어리(氣勝於理)」(4호, 6호), 「흥학(興學)이 위국지급무(爲國之急務)」(11호) 등이 있다.

내용

이 책은 제1장 국가의 개혁, 제2장 국가의 주의, 제3장 국가의 건립 연혁 및 멸망, 제4장 입국(立國)의 연원, 제5장 국가의 목표로 구성되어 있다.
안종화는 서문에서 블룬칠리의 저서를 중국인 량치차오가 번역한 것을 다시 한

---

8 『대한매일신보』, 1905.11.30.

국어로 번역한 것이라고 하면서 텍스트를 밝히지 않고 있으나, 저자가 조사한 바로는 덕국백륜지리 저(德國伯倫知理著), 음빙실주인 역(飮氷室主人譯), 『국가학강령(國家學綱領)』 정치학소총서지일(政治學小叢書之一), 상해(上海) 광지서국(廣智書局), 1902년이다.

의의

이 책은 정인호 역술, 『국가사상학』(1908)과 『만세보』 연재, 『국가학』(1907)과 함께 20세기 초의 한국인의 국가관념과 국가사상을 고취하는 데 크게 기여한 책자이다. 조선 통감부는 한일합병 직후 '질서와 안녕을 방해한다'는 명목으로 이 책의 판매를 금지한 것으로도 이 책의 위력을 짐작할 수 있다.

참고로 안종화의 자서(自敍) 원문과 번역을 소개한다.

試問今日之民族, 皆是自家之天下事, 嗚乎, 以自由自行之國民, 居自主自保之世界, 論眞相眞諦之幸福康樂者, 滔滔然天下, 皆是也, 如之何, 盱盱睢睢, 含血之氣類, 同是天賦之性命, 而陷溺於億萬劫海, 刀山砲雨之場, 冥然無覺, 恬然無識, 自就於悲境者, 豈不哀哉, 雖有在傍之仁人君子以警世之鍾, 濟世之筏, 左提右招於利害生滅之關, 欲行其救焚拯溺之擧, 而迷信難開, 醉夢難醒, 憂憂乎下功之難, 更如是也, 闢千心者, 無古今之異, 開千眼者, 有子孫之榮, 倡文明武强之策, 以挽我現今之局勢, 則必自讀國家學綱領, 而始定其基礎也, 此書, 出於德人伯倫之所著, 華人梁啓超之所譯, 而以余之孤陋謏聞, 更加審定其句讀, 以告于並世之同志諸人, 日莫向案頭, 賦江文通之恨, 庚子山之哀, 而大讀國家學一編, 以爲桑楡之計, 復何如哉, 生前白骨, 若無還肉之期, 死後青山, 豈有埋身之處乎, 揮汗暑中, 書成摩挲, 不覺咄咄仰屋而已, 丁未庚炎涵齋學人書于木犀山房.

이를 우리말로 번역하면 다음과 같다.

지금의 민족에게 물어보자. 모든 것이 자기의 일이고, 아아, 자유자행하는 국민으로써, 자주적이고 스스로 보호하는 세계에 살며, (인생의) 실상과 참뜻을 논하는 행복과 편안함은 물이 끊임없이 천하를 흐르는 것과 같다. 이와 같은 것은 어떠한가, 꾸밈이 없고 자연스러워 혈기를 띤 기류와 같아 하늘이 내린 천성과 한 가지이다. 그러나 억만겁의 바다와 칼과 포성이 넘치는 곳에 빠져들어 우매하게 감각이 없고 천연덕스럽게 의식하지 못하니 스스로 슬픈 상황에 빠지는 것은 어찌 슬프지 아니한가. 비록 가까이에 인자와 군자가 경세의 종과 제세의 배가 되어 좌우에서 불러들여온 이해와 생사의 난관에서 그 불과 물에서 건짐같이 들어 행하려 하나, 미신과 술 취해 잠든 꿈을 깨기가 어렵고 사물이 어긋나서 노력을 하기가 어렵듯이 더욱 그러하다. 많은 사람의 마음을 여는 것은 옛날과 지금이 다를 바 없고 많은 사람의 눈을 여는 것은 자손의 영광이 있어 글을 밝히고 무를 강하게 하는 책략으로 인도하여 우리의 오늘날 형편을 이끈다. 그런즉 반드시 스스로 국가학강령을 읽어보아 비로소 그 기초를 정한다. 이 책은 독일의 블룬칠리가 저술하고 중국인 양계초가 번역한 것으로 나의 좁은 견문으로 더욱 자세히 그 문장을 조사하여 세대를 아우르는 모든 동지에게 고하려 한다. 날이 저물어 책상으로 향하여 강문통(江文通)*의 한과 유자산(庾子山)*[9]의 슬픔을 받아 큰소리로 국가학 한편을 읽어 노년의 꾀로 삼으니 다시 어찌하리. 생전에 백골이 몸으로 돌아올 기약이 없으면 사후에 청산인들 어찌 몸을 묻을 곳이 있으리오. 여름 중에 땀을 뿌려 써서 다듬었다. 기이하게 느끼지 않고 지붕을 우러러볼 뿐이다. 정미년(1907년) 삼복 더위에 함재 학자가 목서산방에서 쓰다.

〈문헌〉

김남석, 「한말 국학자 안종화 연보」, 『내포문화』 제15호, 2003, 200~215면; 최기영, 「안종화」, 조동걸·한영우·박찬승 편, 『한국의 역사가와 역사학』(하), 창작과비평사, 1994, 23~34면; 최기영, 『한국 근대 계몽사상연구』, 일조각, 2003, 117~138면; 이재화·이상구·변형우, 안종화의 수학책 『數學正徑節要括集』 연구, 『한국수학사학회논총』 제21권 1호, 2011.

---

9 강문통(江文通)의 원래 이름은 江淹(444~505年)이고 字는 文通이다. 남조시대의 유명한 문학가로, 세 왕이 집권하는 동안 벼슬을 지냈다. 그는 남조시대 부체(賦體) 문학의 대가로 鮑照(약 415~470)와 합쳐서 남조의 부체문학을 '江鮑'시대라는 높은 수준으로 이끌어 올렸다. 江淹의 「恨賦」, 「別賦」와 鮑照의 「蕪城賦」, 「舞鶴賦」는 남조 부체문학의 佳作이라고 불린다.
유자산(庾子山)의 원래 이름은 庾信(513~581)이며 字는 子山이다. 남북조 문학을 집대성한 자로 그의 총명한 자질과 梁나라, 곧 남조문학의 전성시대에 매우 높은 문학적 소양을 쌓았다. 또 북방으로 가서 침통한 생활을 겪으며 창작력을 풍부하게 하였고 북방 문화의 요소를 많이 받아들여 자신만의 독특한 문학적 면모를 형성하였다.

8. 朱定均, 『法學通論』(서울 : 滙東書舘, 1908, 488면)

저자

저자인 주정균은 인천 출신으로 1897년 한성사범학교를 졸업한 후 1900년부터 1907년까지 과천과 인천 등지에서 소학교 교원을 지내다가 1907년 보성전문학교 법과 야학을 1회로 졸업하였다. 군부 군법과에서 잠시 근무하다가 법학협회의 발기인으로 참여하였다. 저서로 『상법총론』(1907) 외에, 1909년경 『전시국제공법』을 발간하였으며, 보성전문 동기인 박승희(朴承羲)와 공저로 『최신경제학』(1909)을 펴내기도 하였다. 보성전문학교와 대동법률전문학교에서 법학을 강의하였다. 1923년 10월 보성전문의 교장으로 내정되었으나 교우회와 학생들의 반대로 허헌(許憲)이 임명되었다고 하며 그 후의 행적은 알 수 없다.

주정균 '저술'로 표기되어 있으나 요시가와 아야코(吉川絢子)의 연구에 의하면, 일본인 오다 요로즈(織田萬, 1868~1945)의 『법학통론』을 번역한 것이라고 한다. 원저자인 오다는 도쿄대학의 전신인 제국대학을 1892년에 졸업한 후 독일과 프랑스에 유학하고 귀국하여 교토제대 교수가 되었으며 1931년 정년퇴직 시까지 행정법을 담당하였다. 재직 중인 1921~1931년까지는 헤이그 국제사법재판소 판사를 역임하였다. 미군의 도쿄 공습으로 사망하였다.

내용

이 책은 서론, 제1편 총론, 제2편 각론의 3편으로 구성되어 있다. 제1편 총론은 법학, 법률, 국가 및 정권, 권리 및 의무, 제2편 각론은 헌법, 행정법, 형법, 민법, 상법, 소송법을 다룬다.

저자는 "법학통론은 법률학 전체의 강요를 논술하야 초학자의 계제(階梯)를 성(成)하는 바─라. 고로 자에 논술코져 하는 바는 법률학 강구상에 관하는 제반사항 및 법률 전체에 관통하는 원리 원칙과 기타 법률 각부의 호상 관계 등이니 금에 법학통론을 연구하는 목적과 필요 및 방법을 약술하노라" 하는 문장으로써 시작한다. 또한『황성신문』의 광고에 의하면, "이 책은 동서고금의 일반 법리를 근거하고 아방(我邦)의 전장(典章) 및 관습을 참호하며 기타 선진 각국의 법전을 원증(援證)하야 법학대요를 입증한 바ー니 동씨가 보성전문학교에서 교편을 장(掌)한 시에 저술하야 1학년 간을 교수에 용(用)하였든바 금에 본서를 사회일반에 광포(廣布)코져 하야 그 소로(疎路)한 처(處)를 정정하며 겸하야 법학대가 장군도씨(張君燾氏)의 엄격한 교열을 가(加)하야 법학계의 지침을 작(作)한 바'라고 선전하고 있다. 여기의 장도(張燾)는 주정균의 은사이며 일본 도쿄법학원(오늘날의 주오(中央)대학의 전신)을 졸업하고『신구 형사법규대전』을 저술한 당대의 학자이며 변호사로서 이름을 날린 사람이다. 그러나 이 책에는 교열자 이름이 없다.

이 책은 연세대학교 도서관에서 소장하고 있으며 아직 영인본이 나오지 않았다.

의의

서구식의 법제에 입각하여 체계적으로 법학을 설명한 책자는 1905년에 발간된 유성준의『법학통론』에서 비롯한다. 이 시기를 전후하여 법관양성소가 개편되는가 하면 보성전문학교와 양정의숙이 신설되고 대동법률전문학교, 융희법률학교 등 전문학교 외에도 각종 신식학교가 설립된다. 뿐만 아니라 법학교육은 보통학교의 교과목에서는 물론 일반 야학에 이르기까지 널리 보급된다. 당시의 신문과 계몽잡지의 논설을 비롯하여 선각자들은 학교에서 또는 길거리에서, 오늘날 이처럼 한국이 열강의 침략의 대상이 되고 국력이 쇠한 원인은 바로 국가의 통치권력이 약하고 국민의 권리의식이 빈약하기 때문이라고 하여 권리를 위한 투쟁을 강력하게 호소하였다. 특히 1905년 통감부가 설치된 이후에는 한국인의 머리 위에 법률이 '비 오듯 쏟아져 내리기' 때문에 법률을 모르고는 하루라도 살 수 없는 세상이 되었다. 이른바 법의 형식을 빌린 식민지통치의 전주곡이었으며, '법의 극치는 불법의 극치(Summum ius, summs iniuria)'라는 로마의 법언(法諺)이 명언임을 증명하고 있었다.

다른 한편으로는 갑오경장 이후 과거제도가 폐지되고 새로운 학문으로서 법률학, 정치학, 경제학 등이 시험과목으로서 등장하기 때문에 당장 '시무의 학문으로서, 또한 입신양명의 수단으로서 법학은 각광을 받게 된다. 이러한 현실적 필요에서 『법학통론』은 날개 돋친 듯이 팔렸다. 학부편찬의 『경제통론』, 주정균의 『법학통론』 그리고 안국선의 『정치원론』은 '경의시무의 사(士)'를 선발하기 위한 참고서로서 관보에도 시험문제와 함께 소개되었다.

〈문헌〉

유성준, 「법학통론」, 『관보』 제4297호, 1909.2.10; 이종국, 「개화기 출판활동의 한 징험: 회동서관의 출판문화사적 의의를 중심으로」, 『한국출판학연구』(한국출판학회) 제49호, 2005 참조.

9. 畢洒林, 津田眞一郎 譯, 『泰西國法論』(江戶 : 開成所, 1868, 4冊)

저자

피세링(畢洒林, Simon Vissering, 1818~1888)은 네덜란드의 경제학자, 통계학자이며 정치학자이기도 하다. 1818년 6월 23일 암스테르담에서 출생. 라이덴대학에서 토르베케(Thorbecke)의 가르침을 받고 졸업 후에는 변호사를 거쳐 1850년 라이덴대학 교수가 되어 토르베케의 후계자로서 경제학을 강의하였다. 경제학자로서는 당시의 독일 역사학파에 반대하여 자유주의 자유무역주의를 제창하였다. 많은 논저가 있으며 학계의 중진이었다. 1863년 도쿠가와(德川) 幕府의 파견으로 네덜란드에 유학한 니시 아마네(西周)와 쓰다 신이치로(津田眞一郎)의 요청을 받아들여 두 사람에게 경제학, 통계학, 정치학, 법학 등을 강의하였다. 피세링의 사상은 이 두 사람을 통하여 메이지 초기 일본의 계몽사상을 뒷받치는 커다란 기둥으로서 그 영향력은 지대하였다. 피세링은 1879년 재무장관에 취임하였으며 1881년 6월 사직. 이후 헤이그에 살다가 나중에는 1888년 8월 21일 엘레콤(Ellecom)에서 작고하였다.

번역자

쓰다 신이치로(津田眞一郎, 1829~1903)는 후에 마미치(眞道)로 개명. 메이지시대의 계몽가. 1850년 에도(江戶)에 나가 난학(蘭學)과 병학(兵學)을 배웠다. 1857년 니시 아마네와 동료가 되어 서양철학, 정치학 등을 연구하다가 서양 유학을 지망하여 1862년 해군 학생 일행으로 네덜란드에 유학. 라이덴대학에서 피세링으로부터 국법학 등 5개 과목을 배웠다. 귀국 후 개성소 교수직을 얻고 『태서국법론(泰西國法論)』과 『표기제강(表紀提綱)』(통계학) 두 책을 번역 출간한다. 1869년 형법관권판사(刑法官權判事)가 되고, 1876년 원로원 의관, 1879년 도쿄학사회원 창설에 창립회원이 되어 학계의 원로가 된다. 1890년 국회개회와 함께 중의원의원에 당선, 초대 부의장으로 선출되다. 뒤에는 귀족원의원, 남작, 법학박사가 된다.

내용

『태서국법론』은 헌법과 행정법의 선구적인 저작으로 쓰다가 피세링으로부터 배운 Staatsregt(國法之學)을 번역한 것으로 독일의 Staatsrecht의 개요를 해설한 것이다.
제1권은 국법론의 총지(總旨), 제2권은 국가 아울러 그 국가의 주민 쌍방의 권의(權義), 제3권은 각종의 정체, 제4권 견(見)(現) 금정률(今定律) 국법의 대지(大旨)로 구성되어 있다.
제1권 제1편 제1장은 "국법론은 국가와 국민 쌍방의 권(權)과 의(義)를 휘집(彙集)하여 논한다. 국가는 줄기이며 국민은 가지이며, 줄기와 가지가 서로 유지하여 국가로써 선다. 서로 권(權)이 있고 의(義)가 있다"고 하며, "국법은 열국공법과 달리 혼합할 수 없다. 열국공법은 자립한 제국(諸國)의 교제의 의(誼)를 규정하며, 국외의 일이다. 국법은 국내율법의 가부 정령의 선악 등을 논하며, 국내의 일이다"(제10장). 제2편에서는 국가의 주권을 다루며, 국권은 몽테스키외의 『법의 정신』에 따라서 제법(制法), 행법(行法), 사법(司法)의 3권으로 나뉜다(제20 및 21장).
제2권에서는 국법론에서의 본국 주민의 구별, 국민과 외국인, 자유인과 부자유인, 국민의 품종과 품위, 국가에 대해서 주민이 가지는 통권(通權=권리)로서 자신

자주(自身自主)의 권(신체의 자유) 등 열두 가지를 열거한다. 또한 국민의 공권과 국가에 대한 국민의 의무를 설명한다.

제3권에서는 각종의 정체를 다루며 정체란 정치의 체제로서 서양인은 이를 국모(國貌)라고 칭한다. 여기에는 다두(多頭) 정치와 일두(一頭) 정치가 있으며, 평민정치(민주국)의 본래의 주지(主旨)는 전국민이 정권을 영(領)하는 데에 있다고 한다. 기타 맹방(盟邦)과 합병(合邦)을 다룬다.

제4권에서는 정률(定律)의 국법이란 국가로 하여금 제도 법령을 정하는 바의 조규조례(條規條例)를 총섭(總攝)하여 이를 말하는 것이다. 근본율법은 국가지고의 율법으로서 또한 이를 국강(國綱) 혹은 조헌(朝憲) 또는 국제(國制) 또는 단순히 제도라고 칭한다. 여기의 근본율법은 오늘날의 헌법을 말한다. 현금 정율 국법의 요지는 국내에 위권(威權)의 평균을 조정하여 위권을 조(操)하는 자의 위복(威福)의 확대를 방지하며 사람들 자주의 업(業)과 그 제권(諸權)을 보전하고 아울러 국가의 공익을 보호하는 데에 있다(4권 5편 1장).

이 책은 피세링의 『성법략(性法略)』, 『만국공법』과 함께 『메이지문화전집』 제9권(1929, 1992 복각판), 65~104면에 수록되어 있다.

의의

이 책은 근대 일본에서의 헌법과 행정법의 선구자로서의 의미를 지닐 뿐만 아니라 메이지 정부가 제도를 개선하는 데에 크게 참고한 책자로서 평가를 받고 있다.

『성법략』서언에서도 '국법은 성법의 관민 간에 행할 자'라고 서술하고 있다. 내용은 요령 있게 조목조목 간결하게 설명하고 있어서 누구나 쉽게 이해할 수 있도록 되어 있다. 역자는 범례에서 법학의 개념을 장황하게 설명하고 있는데 서양의 법학이 제대로 소개되지 않은 당시의 상황으로서는 어쩔 수 없는 일이 아닌가 생각된다.

이 책은 한국과 중국의 식자층에도 적지 않은 영향을 주었다고 하겠다.

국법학의 개념사적 연구에서는 주권, 권력분립, 권리, 공권 등 상세하게 검토하고 파악할 테마가 상당히 많이 있다.

〈문헌〉

宮田豊 校註, 「泰西國法論(1~7)」, 『産大法學』 제6권 2·3·4호 및 제7권 1·2·3·4호, 1972~1974; 宮澤俊義, 「津田眞道の『泰西國法論』」, 『憲法の思想』, 岩波書店, 1967, 341~381면; 大久保利謙 編, 『津田眞道－研究と傳記』, みすず書房, 1997; 鄭英淑, 「津田眞道の譯語研究」, 國際基督敎大學 比較文化硏究科 博士論文, 2004.

10. イ・カ・ブルンチュリ, 加藤弘之 譯, 『國法汎論』

(東京 : 文部省, 1872~1874, 803면)

저자

저자 블룬칠리(Johann Caspar Bluntschli, 1808~1881)는 스위스의 공법학자이며 정치학자이자 정치가로서 독일로 이주해 와서 뮌헨과 하이델베르크대학의 교수를 지낸 사람이다(정인호 역술, 『국가사상학』 항목 참조).

번역자

가토 히로유키(加藤弘之, 1836~1916)는 메이지시대의 정치학자이며 남작. 그의 가문은 대대로 병학사범(兵學師範)이었다. 1854년 에도(江戶)에 나가 난학(蘭學)을 배우고 막부의 명으로 독일어를 배웠다. 그리하여 유럽의 정치, 법률, 철학 등을 접촉하게 되었다. 1864년에 도쿄대학의 전신인 가이세이쇼(開成所)의 교수가 되고 1870년부터 국왕의 시독(侍讀), 문부대승(文部大丞), 외무대승(外務大丞) 등을 역임. 문부대신으로서 1872년 블룬칠리의 『국가학』을 메이지 국왕에게 강의하고 이 책을 모델로 『국법범론』을 발간하였다. 1874년 민선의원설립건백서가 나오자 이에 반대하였고, 1879~80년 진화론의 영향을 받고 천부인권을 부인하였다. 1890년 도쿄대학 총장이 되고 귀족원의원으로 칙선되었다. 저서로『입헌정체략(立憲政體略)』(1868),『진정대의(眞政大意)』(1870),『인권신설(人權新說)』(1882; 한역 金楷 譯, 1908),『강자(强者)의 권리경쟁론(權利競爭論)』(1893; 한역 劉文相譯, 1908) 등이 있다.

내용

수권(首卷=서론), 권지(卷之) 6, 7, 8, 9. 수권에는 국법 및 국정, 국법 사법(私法)의 차이, 기타 국법과의 관계, 국법범론 및 국법각론, 국법의 연원, 국법 및 국가 가법(假法), 연구의 방법이며, 권지(卷之)6상(上) 디 스베뢰니퇴트 및 국가의 원수, 스베뢰니테트의 뜻, 슈타츠, 스베뢰니퇴트 및 히레겐텐, 스베뢰니테트, 슈타츠 스베뢰니테트의 대의(大意), 퓌르스텐, 스베뢰니테트, 권지(卷之)6중(中) 국가의 원수, 세습법, 계위(繼位)에 대해서, 인체(人體)의 응부(應否), 군주국에서 원수 기립의 체재, 선군(先君)의 의무, 사군(嗣君)에 체전(遞傳)하는 법, 섭정직의 설치, 정병(政柄)의 실거(失去). 권지(卷之)6하(下) 국가원수의 권리, 불보임(不保任) 및 보임(保任), 시정권, 외권(外權)과 내권(內權), 마병(馬兵)의 대권(大權), 경보(警保)의 대권, 사법(司法)의 대권, 재무·감임(監臨)의 대권, 권리시행의 체재, 정부비상권이며, 권지7상 국가의 직무 및 진정한 정령, 국가직무의 종류, 국가관리의 임용, 국가관리의 권리와 의무, 국가직무의 종료, 보필의 관(官). 권지7하 의정관(議政官), 병권(兵權), 경보(警保). 권지8상 사법(司法). 사법권의 성질과 종류, 사법의 통칙, 사법(私法)사무의 편제. 권지8하 형법사무, 정무법 사무, 사법의 강역. 권지9상 국가의 교육사무에 대해 논함, 국가와 신도(神道)의 관계, 신앙의 자유권, 봉교(奉敎)자유권의 제한, 국교. 권지9중 국가와 교회, 국가의 교회에 대한 권리, 권지9하 국가와 학술의 관계, 국가와 인민학교의 관계, 직업학교 등, 대학교, 집현관.

원전은 블룬칠리의『일반 국법론』(Allgemeines Staatsrecht 2 Bde., 3. Aufl. 1863). 1870년 역자가 메이지 국왕의 시독(侍讀)이 되어 헌법과 정치제도 일반을 강의함에 있어서 직접 원서에 따라서 하지 않고 초역했는데 당시 블룬칠리의 학설이 가장 온건하고 또 고풍이 아니라는 이유를 들고 있다. 이 책은 대저이기 때문에 1관마다 번역한 것을 진강(進講)하고, 뒤에 이것을 정리하여 문부성에서『국법범론』이란 제목으로 출판하였다. 양장본(1책)도 1875년 이후 몇 가지 종류가 발간되었다. 당시 일본어로 된 국법 전반에 걸친 서적이 거의 없었기 때문에 잘 보급되었다고 한다.

이 책은 원전의 완역이 아니며 원전의 서론과 제6, 7, 8, 9편만을 초역한 것이며 제1부터 5까지, 제10부터 12까지의 8편은 누락되어 있다. 누락된 부분은 1887년에 히라다 도스케(平田東助)가 번역하였고, 1889년에는 히라다 도스케・히라쓰카 사다지로(平田東助・平塚定二郎) 공역으로『ブルンチュリー國家論』이 발간되었다.『메이지문화전집(明治文化全集)』보권(補卷) 2 (1971)에 수록되어 있다. 2010년『일본입법자료전집』별권 544권으로 信山社에서 복각판이 발간되었다(自第 4卷의 下 至第5卷; 自第10卷 至12卷).

의의

일본 메이지 초기에는 영국의 공리주의, 프랑스의 자유주의 그리고 독일의 국가주의 등이 동시에 체계 없이 중층적으로 도입된 혼란한 시기였으며, 여기서 가토는 이른바 국가학파의 시조로 불리게 된다. 당시의 일본은 정치상황이 유사한 독일 프로이센의 개혁정치를 모델로 하였기 때문에 이후 도쿄대학 역시 권위주의적이며 관료적인 경향으로 흐르게 된다. 여하튼 이 책은 일본의 근대 국가의 건설을 위한 이론적 기초로서 또한 실제로도 커다란 영향을 미쳤다.

블룬칠리의 이론은 중국에서는 량치차오를 통해서 유기체 이론이 소개되었다. 량치차오는 유기체 이론이 우선하며 자유와 평등은 그다음이라고 하였으며, 나아가 블룬칠리의 국민과 민족의 구별, 민주정치의 본질과 가치 그리고 국가의 목적 등을 상세하게 소개하였다.

한국에서의 블룬칠리 수용은 일본과 중국의 문헌을 통해서 간접적으로 전해진 것이다. 크게는 국가개조를 위해서, 특히 국가사상과 국가의식을 고취하여 국권회복을 도모하는 것이 그 발간목적이라고 할 수 있다.

원래 블룬칠리의 이론은 독일 입헌군주제를 옹호하기 위한 보수적이며 자유주의적인 이데올로기에 입각한 학설이었으나 일본에서는 자유주의적인 입헌사상보다는 국가학의 발달과 관료사상의 이론적 근거를 제공하는 데 기여하였으며,

중국에서는 과격한 혁명이론으로까지 변질 내지는 둔갑하였다. 한국에서는 외세의 침략에 대항하고 국가를 개조하려는 계몽운동의 일환으로 이 책자가 부분적으로 소개된 것이다.

〈문헌〉

加藤弘之에 관하여는 박삼헌, 『근대 일본 형성기의 국가체제 – 지방관회의 · 태정관 · 천황』, 소명출판, 2012, 220~262면; 西村克彦, 「ブルンチュリ『國法汎論』(Allgemeines Staatsrecht) 新譯 – 加藤弘之譯から一世紀を經て」, 『青山法學論集』 제17권 제1호, 1975, 85~153면; 제2 · 3합병호, 1975, 143~202면; 西村克彦, 「ブルンチュリの警察論 – 『國法汎論』から」, 『警察研究』 제46권 5호, 1975, 61~70면; 제46권 6호, 1975, 62~82면; 후술 블룬칠리의 『국가론』 항목 참조.

11. 戎雅屈 蘆騷, 服部 德譯, (田中弘義 閱) 『民約論』

(東京 : 有村壯一, 1877, 224면)

저자

장 자크 루소(戎雅屈 蘆騷, Jean-Jacques Rousseau, 1712~1778)는 프랑스 계몽주의시대의 작가이며 사상가. 그의 이름은 디종 아카데미의 현상논문 「학문 · 예술론」(1750)이 당선되면서부터 유명하게 되었다. 이어서 『인간불평등기원론』(1755)에서는 독자적인 자연상태와 사회상태설에 입각하여 인민이 본원적인 자유를 상실하고 사회적 불평등에 빠진 과정을 추구하여 현실의 절대왕정사회의 비합리성을 통절하게 암시하였다. 이 책 『사회계약론』(1762)은 직접민주주의를 이상으로 하는 근대민주주의의 고전으로서 정치사상에 커다란 영향을 미쳤다. 저서로는 『전쟁과 평화』, 『에밀』, 『참회록』, 『고독한 산보자의 꿈』, 『코르시카 헌법초안』 등이 있다.

핫토리(服部德)에 관하여는 알려진 것이 별로 없다.

내용

전체 4편으로 구성. 제1편은 요지, 제사회의 기원, 강자의 권, 노예, 최시(最始)의 계약으로 거슬러 올라갈 것, 민약, 군주, 인세(人世), 토지이며, 제2편은 주권은 양도할 수 없다, 주권은 분리할 수 없다, 공동(公同)의 의지는 유혹할 수 있는가 없는가를 논함, 군주권의 한계, 생살의 권, 법률, 입법자, 인민, 각국 정전(政典)이 동일하지 않은 것, 법률의 구별이며, 제3편은 정부 총론, 정부에 제형태가 있는 소이의 원기, 정부의 구별, 민주정치, 귀족정치, 군주정치, 혼합 정부, 제정부가 모든 국가에 적응하는 것은 아님을 논함, 좋은 정부의 징후, 정부의 실착(失錯) 및 그 쇠퇴의 경향, 정체의 명수(命數), 주권을 유지하는 방법, 대의사, 정부의 제도는 계약에서 나오는 것이 아님을 논함, 정부의 제도, 정부의 망실을 회복하는 방법이며, 제4편은 공동(公同)의 의지는 훼상(毁傷)될 수 없는 것, 발언, 선거, 로마의 코미즈, 감국관(監國官), 총재관, 종교의 일, 결론.

이 책에는 나카지마(中島雄)의 서문과 「루소소전(蘆騷小傳)」을 게재한 후 역자 서문 대신 「범례」가 있다. 여기서 역자는 루소의 사회계약론을 '오로지 인민사회의 원리를 설명하는 데에 그 깊은 의미가 있다고 하면서, 현재 우선 '민약(民約)' 두 글자에 착안하기 바란다. 주해가 필요한 곳에는 '안(按)'자를 넣어 보충하고 있다. 또한 역어(譯語)가 아직 세간에서 들어보지 못한 것은 새로이 신역(新譯)을 하거나 원어(原語)를 주해하여 오역을 면하려고 노력하였다는 역자로서의 고심을 피력하고 있다.

의의

일본에서 최초로 발간된 『민약론』은 1875년 나카에 조민(中江兆民(篤介), 1847~

1901)이 초역한 원로원장판(元老院藏板)이다. 나카에 조민은『구미정리총담(歐米政理叢談)』이란 잡지에「민약역해(民約譯解)」를 연재하다가 그중 제1권만이 1882년 10월에 단행본으로 출간되었다. 당시 사회계약론의 일본어 번역은 1877년에 나온 핫토리의 이 책과 1883년에 2월에 발간된 하라다 센(原田潛)의『민약복의(民約覆義)』가 있는데(『메이지문화전집(明治文化全集)』사상편 참조), 이 중 조민의 번역이 가장 유명하다.

이 책자는 일본의 사상계에 지대한 영향을 미쳤으며 자유사상의 운동에 커다란 촉진제가 되었다. 특히 확고한 이론적 근거가 결여되었던 당시의 민권론자에게 하나의 좋은 이기(利器)를 제공하였다는 평가를 받고 있다.

중국에서는 1898년 상해 동문역서국(同文譯書局)에서 나카에 조민의 한역본(漢譯本) 제1부를『민약통의(民約通義)』라는 이름으로 출판하였고, 1902년에는 楊廷棟이 역시 하라다의 일본어 번역에 의거하여 4부를 번역하였다. 1914년에는 田桐의『공화원리 민약통의(共和原理民約通義)』가 도쿄의 民國社에서 발간되었는데 이것은 나카에 조민의 한역본을 복각한 것이다. 현재에는 1916년 馬君武(1881~1940)가 번역한『루소민약론(盧騷民約論)』이 널리 읽히고 있다.[10]

한국에서는 구한말의 각종 저작과 논설에서 루소와 민약론의 이름을 자주 볼 수 있으나 대부분 단편적이고 또 간접인용이어서 루소의 정확한 이해에 도움이 되지 못했다. 그러나 1909년『황성신문』에 연재된「노사민약(盧梭 民約)」은 비록 제1편까지만 번역한 것이지만 해설도 첨부하여 당대의 조선 지식인들에게 새로운 세계와 지평을 연 획기적인 사건이었다(원문은 김효전,『근대 한국의 국가사상』, 철학과현실사, 2000, 653~677면에 재수록). 이 연재는 원문의 출처나 역자를 밝히지 않고 있는데 저자가 대조한 결과, 나카에 조민의 한문 번역과 해설 권지일(卷之一)을 우리말로 옮긴 것이다(조민의 것은『메이지문화전집』제7권, 일본평론사, 1929, 184~195면에 수록).

루소의 사상은 일제시대에는 조심스럽게 일부 식자층에서만 읽히다가 광복 이후에야 완역본이 나오고 일반 국민들에게 널리 알려지게 되었다. 크게는 프랑스

---

10 근대 중국에서의 사회계약론의 수용에 관하여는 島田虔次,「中國での兆民受容」,『隱者の尊重 ― 中國の歷史哲學』, 筑摩書房, 1978; 狹間直樹,「ルソーと中國」,『思想』No. 649, 岩波書店, 1978;「中國人による民約譯解の重刊をめぐって」,『中江兆民全集』別卷, 月報, 1986; 양일모,「근대 중국의 서양 학문 수용과 번역」, 이경구 외,『개념의 번역과 창조-개념사로 본 동아시아 근대』, 돌베개, 2012, 224면의 주 34 참조.

정치사상의 수용에서부터 작게는 루소의 수용사 내지 개념사란 시각에서 검토할 점이 많은 저작이다. 예컨대 일반의사(volonté générale)를 핫토리는 '공동(公同)의 의지(意志)'라고 하고, 조민은 '공지(公志)'라고 한다.

〈문헌〉

山田博雄,「明治前期における"Du Contrat social"譯出の比較檢討(補遺)－中江兆民と服部德の場合」,『法學新報』第107卷 3・4號, 中央大, 2000; 山田博雄,「中江兆民『民約譯解』の漢文譯をめぐって」,『大學院硏究年報』제20호, 中央大 法學硏究科, 1990; 최근의 번역은 이환 옮김,『사회계약론』, 서울대 출판부, 1999; 김중현 옮김, 펭귄클래식코리아, 2010; 김성범 옮김, 부북스, 2011.

12. ブルンチュリー, 平田東助・平塚定二郎 共譯,『國家論』
(東京 : 春陽堂, 1889, 433면(莊原和 校))

저자

정인호 역술,『국가사상학』 항목 참조

번역자

히라다 도스케(平田東助, 1849~1925)는 야마가타(山形)현 메자와(米澤)시에서 출생하여 도쿄대학의 전신인 오오미나미(大南)학교를 졸업하였다. 메이지와 다이쇼시대의 관료이며 정치인. 1871년 이와쿠라(岩倉) 사절단을 따라서 유럽을 방문한다. 원래 러시아에 유학할 예정이었으나 베를린에서 아오키(青木周藏), 시나가와(品川彌二郎) 등 지우를 만나 바로 통일한 독일 유학을 결심한다. 베를린에서 정치학, 하이델베르크에서 국제법, 라이프치히에서 상법을 습득한다. 하이델베르크에서 일본인 최초로 박사학위를 취득한다. 1876년 귀국 후 독일 법학 전문가로서 대장성 번역과장을 역임하고, 1882년 이토 히로부미(伊藤博文)의 헌법조사단을 수행한다. 1890년 귀족원 의원에 칙선. 1901년 농상무대신, 1908년 내무대신 역임.[11] 1912년 원로회의에서 후계 수상으로 추천을 받았으나 사퇴하고 각료의 무대 전면에는 나서지 않고 원로로서 영향력을 행사하였다. 국립국회도서관 헌정자료실에 히라다(平田東助) 관계문서가 있다.

공역자인 히라쓰카 사다지로(平塚定二郎)나 교열자인 쇼바라 가즈(莊原和)에 관해서는 알려진 것이 거의 없다.

내용

전체 5권으로 구성. 제1권 국가의 성질과 목적, 제2권 국민과 국토, 제3권 국체, 제4권 공권과 그 작용, 제5권 국가와 교회. 다시 제1권은 국가의 의리의 연혁, 당금 국가의 주의, 국가의 창립·연혁과 멸망, 입국의 본원, 국가의 목적이며, 제2권은 민족과 국민, 국민과 사회, 중세의 등족, 근세의 사회, 인민(외국인, 내국인, 공민), 국토이며, 제3권은 4종의 정체(正體)(政體), 4종의 변체(變體)(民體), 근세 2개의 국체 대의군주정치와 대의공화정치, 대의(입헌)군주정치의 단서, 입헌군주정치의 신흥과 그 전파, 입헌군주정치의 의의, 대의제공화정치의 연혁, 대의공화정치의 본질과 가치, 정체의 변천, 국가연합이며, 제4권은 지존권과 국권, 국가주권과 군주주권, 공권의 구별, 국가의 사무원과 국가의 관리, 자치제이며, 제5권은 국가와 교회와의 관계에서의 역사상의 발달 [갑] 고대의 상황, 하이덴종(宗)의 로마와 기독교도, 로마기독교회, [을] 중세의 로마가톨릭교회와 게르만 국가, 법왕과 황제, [병] 그리스 가톨릭교회와 러시아교회, [정] 파라특사차 교회, 근대 학설의 원기, 국가의 교회주권이다.

이 책에는 시나가와 야지로(品川彌二郎, 1843~1900) 독일공사의 서문과 블룬칠리

---

11 히라다는 동양척식회사 총재로 내정되었다는 보도로 한국에도 알려졌다. 「拓植總裁內定」, 『황성신문』, 1908.5.20.

의 소전(小傳)이 실려 있다. 역자는 스승 블룬칠리의 부고를 접하고 하이델베르크 대학에서의 훈도(薫陶)를 입은 것이 귀에 남아있다고 추모의 정을 서문에 갈음하고 있다.

이 책의 신조판은 『메이지문화전집(明治文化全集)』보권(補卷) 2(1971)에도 수록되어 있다. 또한 伯崙知理 著, 吾妻兵治 譯, 『國家學』의 漢譯本이 1899년 善隣譯書館에서 발간되기도 하였다. 영역본은 Tr. by D. G. Ritchie, P. E. Matheson and R. Lodge, *The Theory of the State*, Oxford : Clarendon Press, 1885과 Riedmatten에 의한 프랑스어 번역이 있다.

의의

블룬칠리의 『국법범론』과 함께 이 책은 근대 일본에 있어서 이른바 국가학파 또는 독일학파를 대표하는 번역서의 하나로서 실무계와 학계에서 커다란 환영을 받았다. 그 까닭은 개명기의 일본이 독일의 권위주의적이며 후진적인 정치상황과 가장 유사하였기 때문이다. 독일의 국가학은 19세기에 발달한 '법치국가'를 중심으로 한 국가학설로서 로렌츠 폰 슈타인(Lorenz von Stein), 로베르트 폰 몰(Robert von Mohl), 루돌프 폰 그나이스트(Rudolf von Gneist), 그리고 블룬칠리에 이르러 집대성된 일련의 체계를 이루고 있었다.

그러나 이들 구세대는 게르버(Gerber)와 라반트(Laband) 그리고 게오르크 옐리네크(G. Jellinek)로 연결되는 새로운 세대의 도전을 받게 된다. 블룬칠리는 국가과학을 국법학과 정치(Politik)의 두 학문으로 나누며, 옐리네크는 국가사회학과 국법학으로 분류한다. 블룬칠리는 국가를 윤리적으로 파악하며, 옐리네크는 몰가치적인 사회학적으로 파악하는 점에 커다란 차이가 있다.

일본의 경우 블룬칠리의 사상으로 무장한 가토 히로유키가 메이지 국왕에게 진강하고 도쿄대학의 총장이 되는 등 영향력을 행사하였기 때문에 자연히 그 권위주의적이고 국가주의적인 전통은 제국주의의 선봉으로서 전쟁과 군국주의로 인도하였다는 비판을 받기도 한다.

한국과 중국에 소개된 블룬칠리는 미국인 선교사 윌리엄 마틴(W. A. P. Martin)의

『공법회통』과 이들 일본인들의 노력의 결과로서 일방통행식으로 무비판적으로 도입되었다.

〈문헌〉

우남숙, 「한국 근대국가론의 이론적 원형에 관한 연구－블룬칠리와 양계초의 유기체 국가론을 중심으로」, 『한국정치외교사논총』 제22집 1호, 2000, 113~145면; 安世舟, 「明治初期における ドイツ國家思想の受容に關する一考察」, 日本政治學會 編, 『日本における西歐政治思想』, 岩波書店, 1976; 山田央子, 「ブルンチュリと近代日本政治思想(上下)」, 『法學會雜誌』(東京都立大) 제32권 2호·제33권 1호, 1992; 村上淳一, 加藤弘之と社會進化論, 石井柴郎 他編, 『外から見た日本法』, 東京大學出版部, 1995, 415~432면.

13. J. S. ミル, 永峰秀樹 譯, 『代議政體』(東京 : 奎章閣, 1875)

저자

존 스튜어트 밀(John Stuart Mill, 彌爾, 1806~1873)은 한자로 '約翰彌勒'이라고도 표기하는 영국의 철학자이며 경제학자로서 런던에서 태어나 어려서부터 아버지에게 경제학을 배웠다. 아버지 제임스는 벤담의 충실한 제자이며 철학적 급진주의자로 불리는 벤담학파의 형성에 공헌한 저널리스트였다. 그는 아들을 학파의 후계자로 기르기 위해서 어려서부터 그리스어와 경제학 등 조기교육을 폭넓게 실시하였기에 정규 학교교육은 받지 않았다.

그러나 아들은 1826~1828년에 스스로 '정신사의 위기'라고 부르고 벤담주의에서 이탈한다. 이 위기란 밀 개인의 정신적·육체적 위기일수도 있지만 역사적으로 크게 본다면 계몽사상에 의해서 대표되는 근대 사상 자체의 위기의 전조라고도 볼수 있으며 이후의 밀 저작은 모두 그러한 위기의 표현이라고 보는 사람도 있다.

근대 사상의 위기는 시민혁명이 자유·평등·박애의 슬로건처럼 평등한 개인을 봉건적 불평등에서 해방하였다는 데 대한 환멸에서 출발한다. 그 환멸이란 해방은 어느 정도 현실적인가, 해방은 개인의 자립보다는 불안정한 고립이 아닌가, 등질적이란 것은 실은 이질적인 것이 아닌가 하는 의문들이다. 이들 세 가지의 이질화는 밀의 경우 사회주의의 문제로서는 『정치경제학원리』에서, 두 번째의 이질화는 『자유론』과 『대의정부론』 그리고 세 번째는 『여성의 종속』의 주제가 되고 있다. 또 하나의 이질성은 이문화 문제, 즉 식민지 문제를 『대의정부론』 마지막 장에서 다룬 점이다.

이와 같은 세 개의 이질화에 밀이 관련된 것에 대해서 『대의정부론』의 역자인 미즈다(水田洋)는 그의 부인과의 연애의 결과라고 보기도 한다.

1828년부터 밀은 동인도회사에 근무한다. 1835년에는 『런던 리뷰』의 편집자가 되고, 1836년부터 1840년까지는 『런던과 웨스트민스터 리뷰』를 편집하고 소유하였다. 1851년 해리엇 하디 테일러(Harriet Hardy Taylor) 부인과 결혼한다. 밀은 25세 때에 이 여인을 소개받았으나 그들의 연애는 가족과 친구들의 비난을 받아 결혼으로 이어지지 못하고 테일러의 남편이 사망한 후에 20년이 지나서야 비로소 결실하게 된다.

1856년부터 1858년까지는 동인도회사의 검사관 사무소 소장이 된다. 같은 해 밀 부인은 7년간의 결혼생활을 한 후 결핵으로 프랑스 아비뇽에서 사망한다. 밀은 그동안 이 여인의 영향을 많이 받았다고 한다.

밀은 『자서전』에서 『정치경제학원리』 제1장은 완전히 아내에게 힘입었으며, 『자유론』은 '2인 합작'이며, 『대의정부론』은 거의 동시에 저술한 『여성의 종속』과 함께 '3인의 두뇌와 양심의 소산'이라고 한다. 여기서 세 번째 사람은 해리엇의 딸 헬렌 테일러를 말한다. 헬렌은 초창기의 여성 참정권운동가이다. 『대의정부론』은 선거법개정에 의해서 노동자 계급의 정치참여가 가능하게 된 경우의, 계급입법의 전망에 충격을 받고 저술한 것인데 밀은 헬렌의 영향도 있고 선거권의 확대가 당연히 여성에도 미칠 것이라고 예상하였기 때문에 자신의 저서 속에서 가장 명백하게 여성참정권을 전개한 것이라고 보겠다.

1865년 밀은 웨스트민스터에서 국회의원에 당선되고 선거권의 확장을 위해서 노력하였다. 1868년 재선에 실패하자 아비뇽으로 낙향하고, 1873년 여기서 사망하여 두 사람은 시 공동묘지에 묻히고 시에서는 묘지의 앞길을 'J. S. 밀 길'이라고 이름을 붙였다.

역자

밀의 책을 번역한 나가미네 히데키(永峯秀樹, 1848~1927)는 전문 번역가로서 의사 오노(小野通仙)의 4남으로서 1848년 6월 1일 甲斐國(현재의 야마나시(山梨)縣) 北巨摩郡 淺尾新田村에서 태어났다. 藩校 徽典館에서 공부한 후 1866년 교토(京都)의 廣瀬元恭門에 유학, 다음 해 에도(江戶)에 나가 히라야마(平山) 圖書頭의 世話가 되어 나가미네(永峰)란 성(姓)을 계승한다. 유신 후 누마쓰(沼津)兵學校에서 영어와 수학을 배우고 1871년 해군 병학료(兵學寮)의 수학 담당 교관으로서 기하학을 가르치고 1902년까지 해군병학교의 교수를 역임하였다. 그동안 세계의 대세를 전하기 위한 계몽적인 번역에 종사하여 1874년 4월 미국의 경제학자 에이마사 워커(Amasa Walker)의 *The Science of Wealth*(1866)의 번역서인 『富國論』의 간행을 비롯하여 기조(Guizot)의 『歐羅巴文明史』(1874), 아라비안나이트의 『開卷驚奇 暴夜物語』(1875), 밀(J. S. Mill)의 『대의정체』(1875), 체스터필드의 『智氏家訓』(1878) 등 많은 번역서를 펴내었다. 1927년 12월 3일 작고하였다.

내용

이 책의 원전은 영국의 J. S. 밀의 *Considerations on Representative Government*(1861)이며, 4冊으로 1875~1878년에 발간하였다. 밀의 원저는 전체 18장으로 이 역서의 목차에도 그것을 전부 게재하고 있으나 실제로는 앞부분 4편만을 번역한 것이다.

이 『대의정부론』은 밀이 1867년의 의회개혁법에 이르는 선거권 확대운동의 흐름 속에서 집필한 것이나. 그는 다수자에 의한 전제(tyranny of majority)를 경계하였으며 선거제도의 개혁을 논했다. 특히 여성에 대한 선거권의 부여를 강조하고 비례대표제를 칭찬하였다. 밀의 저서에서는 미개에 대한 문명의 우위(식민지지배), 무교양에 대한 교양의 우위를 당연시하며, 가치관이나 문화의 다양성과 같은 문제는 아직 명확하게 인식하지 못하고 있다. 이 책을 비롯하여 『자유론』과 『공리주의』에서 주로 전개한 정치적·윤리적 자유주의에 대한 밀의 이론은 대부분 영국적인 전통에 고유한 주제와 관념의 범위를 벗어나지 못하고 있다는 비판(세이빈·

솔슨)은 경청할 만하다.

이 번역서의 최초의 4편이란 '정체를 택하는 한계', '善政體를 판결하는 것의 定則', '至善政體는 대의정체', '대의정체를 사용해야하는 國狀'으로 번역하고 있다. 전문은 『明治文化全集』 제3권 정치편(1955년 改版本)에도 수록되어 있다.

J. S. 밀의 전집은 전체 33권, "Collected Works of John Stuart Mill"(University of Toronto Press, 1984~1985)으로 정리되었으며, 그의 주요 저작으로는 『논리학체계』(*A System of Logic*, 1843), 『정치경제학원리』(*Principles of Political Economy*, 1848), 『자유론』(*On Liberty*, 1859), 『대의정부론』(1861), 『공리주의론』(*Utilitarianism*, 1861), 『여성의 예속』(*The Subjection of Women*, 1869), 『자서전』(*Autobiography of John Stuart Mill*, 1873) 등이 있다. 이 가운데 『논리학체계』를 제외하고는 모두 한국어로 번역되었으며 『자유론』은 십여 종의 번역판이 나와 있을 정도이다.

『대의정부론』의 한국어 번역은 서병훈 옮김, 『대의정부론』(아카넷, 2012)이 좋으며, 오래전에 나온 이순용·권태일 역, 『대의정치론』(세계사상전집(28), 대양서적, 1972, 395~479면에 수록)이 있으나 내용이 불명확하여 신뢰할 만한 번역이 되지 못한다.

일본어 번역은 水田洋 譯, 『代議制統治論』(岩波文庫, 1997)이 성실한 완역이라고 하겠다.

나가미네가 번역한 네 장의 내용을 요약하면 다음과 같다.

제1장 통치형태는 어느 정도까지 선택사항인가?
어떤 나라에서나 통치형태는 일정한 명확한 조건의 범위 안에서 선택할 수 있다. 그 세 가지의 근본조건은 첫째 정치제도는 사람들이 만든 것이며 그 기원과 존재 전체는 인간의 의지에 힘입고 있다는 것, 둘째 정치기구는 그 자체로는 활동하지 않으며 사람들의 적극적인 참가가 필요한 것, 셋째 거기에 있는 사람들의 능력과 자질에 적합하여야 한다는 것이다.
제2장 우수한 통치 형태의 기준. 여기서는 콩트의 슬로건인 '질서와 진보'의 개념을 사용하여 가장 좋은 통치형태는 진보에 가장 기여하는 통치라고 한다. 우수한 통치의 첫 번째 요소는 그 공동사회를 구성하는 인간의 덕과 지성이다. 어떤 특정한 국민에게 가장 적합한 통치형태를 결정하는 데에는 그 국민에 속하는 결점이나 단점 속에서 진보에 대해서 직접적으로 장해가 되는 것을 구별하지 않으면

안 된다. 통치형태들의 사회상태들에의 적합이라는 문제를 이해하는 것은 다음의 단계들만이 아니고 나아가 사회가 채택해야 할 모든 단계, 즉 예견할 수 있는 단계들과 현재 상태에서 시계 밖에 있는 훨씬 광범위하고 무한한 범위를 함께 고려하지 않으면 불가능한 것이다. 따라서 통치형태들의 장점을 판단하는 데에는 하나의 통치형태에 대해서 그 자체로서 가장 바람직한 이상이 구성되어야 한다. 이것이 구성된 후에는 이를 실현하는 데 필요한 정신적 조건은 어떤 것이며, 또 그 결함은 무엇인가를 고찰하여야 한다. 이때에 그 통치형태를 현명하게 도입할 수 있는 사정들에 대한 원리를 구성하는 것, 그리고 도입하지 않는 쪽이 좋은 경우에는 그보다 낮은 어떤 정치체가 그러한 공동사회가 최선의 통치형태에 적합하게 될 수 있는가 까지 통과해야만 하는 중간 단계들을, 가장 잘 통과시킬 수 있는가를 판단할 수 있게 되는 것이다.

제3장 가장 이상적인 통치형태는 대의제 통치라는 것. 선량한 절대군주가 확보될 수 있다면 전제군주제는 가장 좋은 통치형태가 될 것이라는, 근본적으로 가장 해로운 견해를 제거하는 데에서 출발한다.

어떤 사람이 자기 나라를 위해서 아무것도 하지 못하도록 하자. 그러면 그는 그 나라에 애착을 갖지 못할 것이다. 전제군주제에서는 기껏해야 단 한 사람의 애국자, 즉 전제군주 자신밖에 없다는 오래된 이 격언은, 아무리 선하고 현명한 주인에 대한 것일지라도 절대복종의 효과에 대한 정당한 평가에 근거를 두고 있다.

가장 이상적인 통치형태란 주권, 즉 최후의 수단으로서의 최고의 통제권력이 공동사회의 전체 집합체에 부여된 것이며, 각 시민이 그 궁극적인 주권의 행사에 발언권을 가질 뿐만 아니라 적어도 때때로 지방적 또는 전국적인 공공의 직무를 스스로 수행함으로써 통치에 실제로 참가하는 것을 요구하는 것이다.

요컨대 사회상태의 모든 필요조건을 충분히 만족시킬 수 있는 유일한 통치는 국민 전체가 참가하는 통치라는 것, 비록 가장 작은 공공의 직무일지라도 어떠한 참가도 유익하다는 것, 그 참가는 어디서나 공동사회를 개선하는 일반적 정도가 허용하는 한 커야 한다는 것, 그리고 궁극적으로 바람직한 것은 모든 사람들에게 국가 주권의 분담을 허용하는 것 이하일 수는 없다는 것이다. 그러나 단순한 소도시를 넘는 공동사회에서 공공의 업무 중의 약간의 매우 작은 부분만이, 모든 사람이 개인적으로 참가할 수는 없으므로 완전한 통치의 이상적인 형태는 대의제이어야 하는 것이다.

제4장 어떠한 사회적 조건하에서 대의제 통치는 적용할 수 없는가? 완전한 정치체의 이상적인 형태는 대의제통치이다. 인류 가운데 어떠한 부분도 그 일반적인 개선의 정도에 비례하여 그것에 잘 적합한 것이다. 그 발전이 저열하면 저열할수록 대체로 그러한 통치형태는 그들에게 부적당하다. 어떤 국민이 대의제에 적합한가의 여부는 그들이 인류의 일반적인 단계 속에서 차지하는 지위에 의하기보다는 그들이 어떤 특정한 요건들을 소유하고 있는 정도에 의한 것이다.

대의제 통치는 다른 어떤 통치와 마찬가지로 그것이 영속할 수 없는 경우, 즉 제1장에 열거한 세 가지의 근본조건을 충족시키지 못하는 경우에는 부적당함에 틀림없다. 이들 조건이란 ① 국민이 스스로 그것을 받아들이려고 하지 않으면 안 되며, ② 국민이 그것의 보존에 필요한 것을 행할 의사와 능력을 가지고 있을 것, ③ 국민이 그들에게 부과하는 의무를 이행하고 직무를 수행할 의사와 능력을 가지고 있어야 한다.

그 밖에도 대의기구의 주요 기능 등을 서술하고 있다.

한편 제18장 식민지 속령에서 J. S. 밀은 이른바 '선의의 제국주의'를 말하며 이것은 영국이 아니라 인도의 이익을 위한 것이며 '이타적 헌신'에 기초한다는 궤변을 늘어놓기도 한다. 일본의 혹독한 식민지 통치를 경험한 우리들 한국인으로서는 세계 역사는 발전한다는 것을 보지 못하고 제국주의를 옹호한 영국인의 저열한 논리 전개에는 수긍할 수 없다. 더구나 이런 영국인이나 프랑스인의 책을 논거로 일본의 식민주의를 정당화하거나 '윤리적 제국주의' 운운하는 동조자(예컨대 우키타 가즈타미(浮田和民) 등)까지 나왔다는 사실을 잊어서는 안 된다.

이 책을 번역한 서병훈 교수는 J. S. 밀의 사려 깊지 못한 언행을 '감싸주는 듯한' 해설(352면)을 하고 있다. 이러한 해설 태도에 대해서는, 버스 운전사가 사고를 내면 거기에 타고 있던 승객은 대부분 운전사에게 유리한 증언을 하게 마련이라는 말을 하고 싶다. 이러한 것들도 밀과 역자가 우리들에게 주는 교훈이 아닐까 한다.

의의

밀의 저서가 동아시아 3국에서 가지는 의의는 각각 다르다.

먼저 개명기의 일본에서는 쓰다(津田眞道)와 니시 아마네(西周)가 1863년부터 1865년까지 네덜란드의 라이든대학에 유학하여 꽁트와 밀의 실증주의 철학을 배웠으며, 이것은 거의 혁명적인 역할을 수행하였다고 평가할 정도로 대단한 영향을 미쳤다. 그 후 밀의 『자유론』이 나카무라(中村敬太郎) 譯, 『自由之理』(1871)로 발간되었으며, 이 책은 의회설립을 둘러싼 논쟁에서 이타가키 다이스케(板垣退助) 등의 이론적 근거로 제시되기도 하였다. 이어서 나가미네 히데키(永峯秀樹) 譯, 『대의정체』(1875), 후카마우치 모토이(深間內基) 譯, 『男女同權論』(1878), 우에다(上田充) 譯述, 『綱目代議政體』(1887) 등이 번역되어 일본 근대화에 지대한 공헌을 한 저술가 중의 한 사람이 되었다. 특히 『자유론』과 『대의정부론』은 오해나 생략한 채 번역하였지만 당시 메이지시대 일본의 이른바 자유민권사상에 많은 영향을 미쳤다.

한국에서도 J. S. 밀의 이론은 일찍부터 각종 논설과 교과서 속에서 비교적 자세하게 소개되고 있었다. 예컨대 밀의 부인참정권은 羅瑨·金祥演 譯述, 『국가학』(1906) 중에서 아래와 같이 소개되었다.

就中 지온 수쥬아ー도 밀氏의 其 著述이던지 國會議場의 辯論이던지 頻數히 婦人의게 選擧權을 與ᄒ자는 議論을 主張ᄒ얏고 佛國 에도와쏘 라쌘네氏도 亦 同一ᄒ 所說을 固持ᄒ고 米國 某州에셔는 其 州治에 參與ᄒ는 權利롤 婦人에게 與ᄒ자 홈이 有ᄒ얏스니(48~49면).

此 外 쑤룬지류ー리氏는 미루氏가 婦人에게 選擧權을 與홈이 可ᄒ다는 第一의 理由 卽 女子는 男子와 同一히 善良ᄒ 支配롤 受ᄒ는 權利가 有ᄒ다는 論議롤 評ᄒ야 曰 若 此 論議로써 推究홀 時에는 小兒라도 亦 選擧權을 不可不與홀지라 何오 ᄒ면 小兒로셔 善良ᄒ 支配롤 受ᄒ는 事가 決코 婦人과 差異홀 것이 無ᄒ 故ー오 又 曰 善良ᄒ 支配의 權利中에는 政治에 參與ᄒ라는 權利롤 含有ᄒ바 아니라 盖 前者는 受動的의 權利에 屬홈이오 後者는 自動的의 權利에 屬홀 것으로 此에 參與홀 技倆이 有ᄒ 者ー 아니면 決코 可得지 못ᄒ는 者라 ᄒ고 氏가 又 女帝롤 推戴ᄒ면서 政權을 婦人에게 不與홈은 事理에 乖當ᄒ다는 說을 評ᄒ야 曰 是는 畢竟 女帝롤 奉戴ᄒ 理由롤 不知ᄒ

눈 딕에셔 出혼 疑問이니 古昔時代에눈 一國元首의 地位와 其 領土룰 恒常 相伴혼 者
로 認知혼 故로 古來 元首의 地位룰 一家의 財産과 如히 推認흐야 或 父帝가 死흐고
男子가 其祚룰 踐有혼 者一無혼 時에눈 其 領土룰 相續흐눈 意로써 婦人이라도 其 帝
位룰 承繼흐눈 慣習이 生흠이오 決코 其 政權統括의 理由로셔 起혼바 아니라. 然이나
近世國家에 至흐야눈 封建的 國家의 觀念을 脫却흐야 公法과 私法의 區別을 嚴守흠
에 至흐민 帝位繼承의 一事에 對흐야 國家의 性質이 其 婦人의 本分 等을 依흐눈 것
보다 차라리 其 系統을 重흠에 至혼 것이니라(53~54면).

이처럼 밀의 부인참정권 확대에 관한 주장에 대해서 블룬칠리는 반대하는 견
해를 피력하고 있다. 여하튼 밀의 주장은 이론적인 면에서뿐만 아니라 아직도 신
분에 얽매이고 여성에 대한 차별 대우가 공공연하게 자행되던 한국 개화기에 커
다란 자극제가 되었을 것이다.
　또한『만세보』(1906)에 연재된『국가학』은 제2부 입법편에서 밀(密, J. S. Mill)의
『대의정치론』을 비교적 상세히 소개하였다.

　　密氏所著代議政體之第三章. 云. 古人. 或謂得賢君之保證. 十分無疑. 則君主專制.
　　實極上之政體. 然. 人世之誤謬. 無有如此言之甚者. 何則. 夫一人而能制定善良之法
　　律. 而且能施行之. 法律之有不備者. 能改正之. 凡要信任之地位. 能置適當之人物. 照
　　國內事情與智力道德之進步. 能行完美之裁判. 均人民之負擔. 租稅而能輕易之. 使行
　　政各部之事務. 皆能合於適宜之處置者. 到底非非神乃人之神之所及.

　밀은 그가 지은『대의정치론』제3장에서 다음과 같이 서술한다. 옛 사람 가운데 어
떤 사람이 "현명한 군주를 얻는 보증은 조금도 의심할 것이 없다. 그러므로 전제군주
제는 실로 최상의 정체이다"라고 하였다. 그러나 인간 세상의 잘못된 이치 가운데 이
말보다 심한 것은 없다. 왜냐하면, 한 사람의 능력으로 훌륭한 법률을 제정할 수 있고
또한 이것을 시행할 수 있는 일, 법률에 갖추어져 있지 않은 것을 개정할 수 있는 일,
신임을 요하는 지위에 적합한 사람을 둘 수 있는 일, 국내사정과 지력(智力), 도덕상의
진보에 비추어 완전한 재판을 할 수 있는 일, 인민의 부담(조세)을 고르게 하고 그것을
가볍게 할 수 있는 일, 행정 각부의 사무를 올바르게 처리하도록 하는 일들을 도저히

신이 아닌 인간의 힘으로써는 미칠 수 없기 때문이다.

이 대목은 일본인 나가미네의 번역서를 본 중국인 식자, 예컨대 량치차오(梁啓超)의 표현을 그대로 옮긴 것이 아닌가 생각된다. 왜냐하면 『만세보』에 연재한 국가학은 그 원전이 한문이며 또 이를 한국식 한자로 바꾸어 서술하였기 때문이다.

또한 밀의 대의제도는 이치지마(市島謙吉)의 『정치원론』에도 상세히 서술되어 있으며 이를 요약하여 번역한 안국선 편술 『정치원론』 제10장 대의제도에도 그대로 소개되어 있다. 그러나 밀에 관한 서술은 보이지 않는다.

그 밖에 『共立新報』는 「사회개량이 정치개혁의 선무(先務)」라는 논설 속에서 밀의 『자유론』을 언급하고 있다.

영국 텰학박사 쏜 미ㄹ 씨가 말ᄒ되 젼졔 졍티를 집힝ᄒ야 인민 학더 ᄒᄂ 쟈를 나라 가온더 영영 나지 안케ᄒᄂ 어던 방칙이 잇스니 더뎌 샤회라 ᄒᄂ 것은 샤회 안에 모든 사물를 산츌ᄒᄂ 근원이라. 분산ᄒ 기인을 모두어 일운거시니 만일 샤회가 힘이 업스면 힝졍ᄒᄂ 쟈의 불법힝동을 졔한치 못ᄒᄂ 고로 악ᄒ 젼졔졍티가 나며 샤회라 ᄒᄂ 것은 령을 니ᄂ 쟈라. 령을 니임이 부당ᄒ면 포학ᄒ 젼졔쟈를 산츌ᄒᄂ니 이런고로 젼졔쟈를 영위 나지 안케 ᄒ랴면 반다시 샤회를 몬져 기량홀지라. (…중략…) 조국 사회에 헌신ᄒ 져 굄헝가리 영웅 갈소새은 이 우에 셜명ᄒ 쏜 미ㄹ 션셩의 만고 퇽언을 치용ᄒ야 쳔만 곤란을 불소ᄒ고 샤회를 기량ᄒ고 문명ᄒ 졍티를 주츌홀지로다.

여기서는 전제정치를 방지하려면 사회를 개량해야 한다고 주장하는 밀의 주장을 간단히 소개하면서 이를 실천한 헝가리의 갈소사를 예로 들고 있다.

번역자 나가미네는 H. M. 로버트의 *Robert's Rule of Order*(1876)를 『官民議場必携』(1880)로 번역하였고, 한국에서는 윤치호(尹致昊)가 『議會通用規則』(1898)으로 번역하였으며, 나가미네가 아라비안나이트를 『開卷驚奇 暴夜物語』(1875)로 옮긴 것을 한국에서는 다시 『유옥역전』으로 소개한 것으로 볼 때 간접적으로 수용되지 않았는가 하는 생각이 든다.

중국의 경우에는 일본과 같은 정도의 충격은 아니었지만 밀(穆勒)의 이론이 자주 소개되었고, 특히 그의 『자유론』은 嚴復 撰, 『群己權界論』으로 1903년(光緒 29)에 발간되었다.

밀의 이론은 아시아에서는 계몽적인 역할을 수행한 점에서는 공통되지만, 일본에서는 국가주의의 내실을 기하는 데 공헌한 반면, 한국에서는 사회개혁적인 사상의 면모가 더욱 강조되었다고 할 수 있다.

〈문헌〉

윤성현, 「J. S. Mill의 자유와 민주주의에 관한 헌법학적 연구」, 서울대 박사논문, 2011; 이근식·서병훈 편, 『자유주의와 한국사회―존 스튜어트 밀에 대한 재조명』, 철학과현실사, 2007; 조순 외, 『존 스튜어트 밀 연구』, 민음사, 1992; 서병훈, 『자유의 본질과 유토피아―존 스튜어트 밀의 정치사상』, 나남, 1990; 山下重一, 「永峰秀樹 譯, 『代議政體』: ミル『代議政體論』의 本邦初譯」, 『國學院』第49卷 2號, 2011; 矢島杜夫, 『ミル『自由論』の形成』, 御茶の水書房, 2001; 山下重一, 『J. S. ミルの政治思想』, 木鐸社, 1976; 石田 雄, 「J. S. ミル『自由論』と中村敬宇および嚴復 ― 比較思想史的試論」, 石田 雄, 『日本近代思想史における法と政治』, 岩波書店, 1976, 1~46면; 柳田泉, 「明治初期飜譯文學の研究―『暴夜物語』の譯者永峯秀樹傳」, 『明治文學研究』 第5卷; 『洋學史事典』, 414·523면; *Dictionary of National Biography*, Vol. XIII. pp.390~399; John Skorupski(ed.), *The Cambridge Companion to Mill*, 1995; D. F. Thompson, *John Stuart Mill and Representative Government*, 1976; D. Howland, *Personal Liberty and Public Good : The Introduction of John Stuart Mill to Japan and China*, 2005.

14. 李拔 著, 林董 譯, 『自治論』(東京 : 回春堂, 1880, 상권 235면·하권 220면).

저자

프랜시스 리버(Francis Lieber, 1800~1872)는 독일 베를린에서 출생하였으며, 베를린 대학에 입학해서는 쉴라이어마허, 훔볼트, 피히테 등의 영향을 받는다. 1820년 예나대학으로 옮겨 수학으로 철학박사의 학위를 취득한다. 1821년 그리스 혁명 시에 독일 의용군으로 참전하나 실의 속에 돌아오게 되고 독일 정부에 의해서 스파이 혐의로 두 번 체포되고 1826년 5월 영국으로 망명한다. 런던에서는 오스틴, 벤담과 같은 지기를 만나지만 곧 보스턴의 김나지움 체육교사에 응모하여 1827년 뉴욕에 상륙하고 1832년에는 미국에 귀화한다. 그동안 『독일신문』의 통신원, 김나지움 경영, 출판인 등을 하다가 1835년에는 사우스캐롤라이나대학의 정치경제학과 역사학 교수로 부임하여 1856년까지 20년간 근무한다.

리버는 취임강연에서 '실천적 도덕'으로서의 역사학교육의 필요와 의의와, 자료를 기초로 한 정치현상의 인과적 설명의 필요성을 지적하고, 또한 아주 광범위한 자료수집에 의거하여 『법과 정치의 해석학』(1838), 『정치윤리학요론』(전2권 1838~1839), 그리고 『재산과 노동론』(1841), 『시민적 자유와 자치론』(1853) 등의 저작을 남긴다. 이 중 『요론』은 하버드대학에서, 『자치론』은 예일대학에서 교과서로서 사용되는 한편 미국 최초의 정치학적 논술로서의 위치를 차지하게 된다. 그는 남북전쟁의 위기가 절박해지자 연방국가의 통일과 노예제의 폐지를 분명히 주장한다. 1856년 사우스캐롤라이나대학 총장 선거에서 패배하자 그는 1858년 컬럼비아대학으로 옮겨 역사학·정치학 교수를 1865년까지 역임한다.

남북전쟁에서는 세 아들이 참전하고 장남은 남군으로 종군하여 부상을 당한다. 이 내란을 계기로 그는 국민들의 세계적 사회관계의 모색이란 방향을 추구하고 전시국제법을 포함한 국제법·국가 간의 관계로 관심을 집중하게 된다. 그는 북부 지지를 분명히 하고 육군성의 전시법제정의 요구에 따라서 '게릴라 부대와 전시의 법·관례와의 관계'(1862), '육전에서의 합중국군대의 통치관례'(1863)를 만든다. 이 '관례'는 '리버 전시법전(Lieber's Code of War)'으로 불리게 되고 그 후 1899년과 1907년의 헤이그에서 비롯하는 전시법제정회의의 모델이 되기도 하였다.

남북전쟁 후의 재건시대에는 1865년부터 컬럼비아대학 로스쿨에서 연구와 교육활동에 종사하는 한편 1865년에 창설된 미국 사회과학협회의 창설 멤버였고, 이 협회를 기초로 1903년에는 미국정치학회가 창립하게 된다. 또 그는 컬럼비아대학 정치대학원의 창설에 힘썼으며 이것은 그의 후계자인 버제스에 의해서 1880년에 설립된다. 그는 1872년 세상을 떠난다.

역자

　하야시 다다스(林董, 1850~1913)는 외교관으로 어릴 때 이름은 신고로(信五郎). 佐倉藩의 蘭方醫인 사토(佐藤泰然)의 다섯째 아들로서 태어났다. 막부 의관(醫官) 하야시 도가이(林洞海)의 양자가 되어 하야시(林董三郎)로 개칭하고 나중에 다다스(董)가 된다. 요코하마(橫浜)에서 외인에게 영어를 배우고 1866년 막부 유학생으로서 영국에 유학하였다. 1868년(메이지 원년) 귀국하여 에노모토 다케아키(榎本武揚, 1836~1908)의 군대에 들어가서 五稜郭의 전투에서 포로가 되었으나 곧 석방되었다. 1871년 메이지 정부에 出仕, 이와쿠라(岩倉) 사절단에 수행하였다. 귀국 후 1873년 工部省에 들어가서 1881년에는 대서기관이 되고, 다음 해 다루히토 신노(熾仁親王, 1835~1895)의 러시아에의 差遣에 수행하고, 귀국 후에는 가가와현(香川縣)과 효고현(兵庫縣) 지사를 역임하였다. 1891년 외무차관이 되고 그 후 무쓰 무네미쓰(陸奧宗光)의 외교도 보좌한다. 1895년 청국 주재 공사, 청일전쟁의 공로로 남작이 수여되었다. 특명전권공사로서 청국에 주재. 1897년 이후 주러시아, 주영공사를 역임, 영일동맹의 체결에 노력했다. 1899년 제1회 헤이그 평화회의에도 위원으로서 참가하였으며, 1900년 2월 주영공사가 되고, 다음 해 독일 측으로부터 영독일 3국동맹의 비공식 타진이 있었으나 영일동맹 문제의 발단이며 영국은 영일동맹에 적극적인 태도를 취하고 정식제안을 하게 되었다. 하야시도 동맹을 지지하고 정부의 훈령에 따라서 랜스다운에서 페티(피츠 모리스, Petty Fitz Maurice) 영국 외무장관과 교섭하게 되고, 1902년 영일동맹협약을 체결하게 된다. 하야시는 그 공로로 같은 해 자작이 된다. 1905년 주영공사관의 대사관 승격으로 하야시도 주영대사가 된다. 같은 해 제2차 영일동맹협약을 체결한다. 다음 해 사이온지 긴모치(西園寺公望, 1849~1940) 내각의 외상이 되어 제3차 한일협약, 佛日협약, 露日협약(모두 1907년)을 체결한다. 1907년 고종이 파견한 헤이그 특사에 대한 보복으로서 고종의 퇴위를 강요하고, 이른바 제3차 한일협약을 이토 히로부미(伊藤博文)와 협의하기 위해서 한국에 온 일도 있다. 1911년 제2차 사이온지(西園寺) 내각에 체신대신으로서 입각하였으나 한때 외무대신을 임시로 겸임하였다. 1908년 퇴관. 1913년 7월 10일 64세로 작고하였다.

내용

이 책의 원전은 미국의 리버가 저술한 『시민의 자유와 자치』(*On Civil Liberty and Self-Government*, Philadelphia : J. B. Lippincott, 1853)이다.

상권의 내용은 제1장 서언, 제2장 자유의 의의를 해석함, 제3장 인민의 자유, 제4장 옛날의 자유 근세의 자유, 제5장 영국 인종 고유의 자유, 제6장 국가의 독립 신체의 자유, 제7장 보석 형사재판, 제8장 반역죄, 제9장 교통 거동(居動) 외국 이주의 자유, 제10장 봉교(奉敎)의 자유 소유의 권 법률로써 지존케 하는 것, 제11장 병졸을 숙재(宿在)시키는 것 육군, 제12장 탄소(歎訴 : 페티션) 입사(立社 : 어소시에션), 제13장 정무를 위해서는 명공(明公)하게 할 것, 제14장 법률로써 지존케 하는 것 징세 위권분임(威權分任), 제15장 책임 있는 재상, 법률의 국헌에 위반하는 자를 단척명언(斷斥明言)하는 법정, 민찬의원의 정체, 제16장 민찬의원의 정체(전장의 계속) 재산 소유의 기원 간직선거법, 제17장 국회의 전례, 의장, 상하 2원의 제도, 국회에 있어 기결의 의결을 행정부에서 파훼하는 권, 제18장 심판에 불기(不羈)하는 것, 법률, 습관법.

하권의 내용은 제19장 법의 불기, 법종(法終)의 발성(發成), 핵소법(劾訴法), 구문법(究問法), 제20장 법의 불기(전장의 계속) 배심제도 대언인, 제21장 자치, 제22장 미국의 자유, 제23장 인민의 자유를 논하고 반대설로써 이를 증명함, 제24장 프랑스 인종의 자유, 자유의 전파, 제25장 확정제도, 석의(釋義), 이폐(利弊), 제26장 제도(전장의 계속), 제도에 준수할 자유, 제도에 의해서 유지하는 지방자치의 정치, 제27장 제도에 의한 자치 정부의 용(用), 제28장 제도에 의한 자치 정부의 해(害), 제29장 제도에 의한 정체의 이익, 제30장 정권의 과대함을 방지하는 국가의 자유부강을 영존하는 자는 제도에 의한 정체에 한함, 제31장 세도 없는 징부의 견고하지 못한 것, 정리하지 못한 민권의 위험성, 제32장 제왕의 주권, 제33장 제왕의 주권(전장의 계속), 제34장 중앙집권, 도성의 세력, 제35장 인민의 말은 곧 신의 말이라고 하는 설은 반드시 중핵이다.

이처럼 이 책의 내용은 매우 상세하다.

의의

리버 정치학의 최초의 체계적인 서술은 『정치윤리학요론』이다. 여기서 윤리·국가학형의 역사학적 정치론은 인간의 '개인성과 사회성'의 이념 또는 개인주의와 사회주의를 기본인식으로 하여 『자치론』에서 시민적 자유(civil liberty)와 자치(self-government)의 검토로 결합한다.

'시민적 자유'란 자유의 일반이념의, 인간의 시민상태에로의, 즉 정치적 존재로서의 관계들에로의 적응이며, 인간의 개인성과 사회성의 이중적인 표현, 말하자면 자유의 콜로라리이며, 인간의 정치적 영역에 있어서의 자유에 다름 아닌 것이다. 또한 '자치'란 자유의 콜로라리이며, 정치의 무대가 되며 또한 정치가 구성되는 다양한 차원들에서의 자긍과 자기결정의 승인이며, 결합형 자주 활동의 기관들, 기구들, 그리고 이러한 기구들의 체계적인 결합체에서 성립할 수 있는 것이다. 그리하여 리버에 있어서 정신적 자유에 대비되는 사회적 자유는 인간의 사회성에서 정치적·제도적 자유로 관념되고 정치를 구성하는 단위들의 자치의 복합적 구성에서 발현할 수 있게 된다. 이러한 분절형 유기적 구성으로서의 자치 관념은 정치체제의 편성 원리와도 접합한다.

리버는 정치의 기능양식을 국가의 정체(polity of a state)로 하고 이를 아우타르키(autarchy)와 하마르키(hamarchy)의 둘로 나누고 아우타르키형 정체는 절대적 권력 내지는 절대주의 체제이며, 하마르키형 정체는 다수의 개별 부분이 독자적인 행동을 취하면서도 총체적으로는 생명 있는 통일체, 즉 유기체로서 그 원리는 타협에 있다고 한다. 이러한 두 정체론은 자유 관념의 2분론에 근거를 둔다. 그는 자유의 관념을 영국형 내지 그 전개형태로서의 미국형과 프랑스형으로 나누고, 프랑스형 자유관에 공적 권력(정부·관료제)을 매개로 한 집권적 조직화를, 또한 영미형 자유관에 개인의 법적·제도적 자유와 자치의 원리를 인정하며, 이러한 두 개의 자유 관념을 기초로 유기적 분권·협조형 대의제(하마르키형 영미정체)와 통일적 집권·강력형 정치체제(아우타르키형 프랑스 정체)를 설정한다.

나아가 절대주의는 보호의 부정이며 보호는 자유의 요체라는 인식에서, 또한 프랑스형 자유관에 특징적인 평등과 민주주의와의, 또한 자유와 민주주의와의, 따라서 평등과 자유를 등치하는 사상적 경향이 통일적·집권주의와 다수의 절대주의를 초래하며, 이것이 의회주의의 부정으로 연결된다는 인식에서(인민의 전권에서 황제의 전권으로), 다수형 전제를 민주적 절대주의로 호칭하고, 민주적 자유관과 대치시켜 군주형 절대주의나 황제형 절대주의와 함께 절대주의에 포괄하고 있다.

또한 리버는 '자치'의 보증 메커니즘을 제도적 자유(Institutional Liberty)에서 구한다. 제도란 관례, 법률 또는 광범하게 반복적 작용에 있는 규칙, 이러한 것의 시스템 내지 체계이며, 이러한 제도에는 자신의 자율적 활동과 존속뿐만 아니라 모두 자신의 전개도 지킬 수 있는 유기적 조직을 내포하는 것이라고 한다. 이러한 자율적·분절형 제도적 자유의 체제는 사회의 개인에로의 분산 체제와는 다를 뿐만 아니라 절대주의나 집권주의와 대립관계에 있다는 시각에서 루소의 '비분절적·비조직적·비제도적 다수제'와 대치되고 있다.

이러한 제도적 자유의 개념은 리버가 칼훈(J. C. Calhoun)과 거의 동시대인이며 두 사람 모두 다수전제 내지 다수파 절대주의 체제의 저지를 과제로 삼고 있었다는 점에서 칼훈의 경합적 다수제(Concurring Majority)의 개념과 비교할 점이 많이 있다.

칼훈은 남북 간의 대립 속에서 다수이익에 의한 정부를 매개로 한 다수전제를 억제하는 메커니즘을 경합적 다수제에서 찾았다. 이 점에서는 리버도 확실히 다수파 절대주의의 위기감을 공유한 가운데 제도적 자유의 체제를 제창하고 있으나 계급이나 직능집단에 의한 거부적 권력의 행사는 다수의 적대관계를 낳을 뿐만 아니라 신분형 분산적 중세국가에로의 회귀에 불과하다고 지적하고 있듯이, 나아가서는 리버의 국민국가의 이념과도 모순되기 때문에 이러한 종류의 이익집단에 의한 거부권의 상호 발동 대신에 제도적 자유의 체제에 다수전제의 억제와 분절형 국민 통합의 제도적 보루를 찾은 것이다.

제도적 자유 관념의 체제화는 하마르키형 체제와 부합한다. 이 점에서 하마르키형 체제란 타협을 유지 원리로 한 상호의 억제와 수정의 유기적 분권형 협조체제가 되고 있기 때문에, 미국의 자유주의적 입헌공화제형 연방체제의 적극적 옹호론에 부합하게도 되며, 또는 리버의 제도적 자유론이 정치권력의 기능적·공간적 분립을 매개로 한 유기적 통일론(분절형 정치편성론)일 뿐으로 지방자치를 칭찬하는 것이며, 이 점에서는 토크비유(A. de Tocqueville)의 지방자치론과 거듭 합치되는 것을 알 수 있다.

리버의 제도적 자유 관념은 후일 바이마르 헌법의 기초자인 후고 프로이스(H. Preuss)에 의해서 적극적으로 받아들여지고, 또 볼프(M. Wolff)와 칼 슈미트(C. Schmitt)

에 의해서 '제도적 보장'으로서 정착되었다. 이러한 두 개의 자유 관념을 기초로 한 '제도적 자유'론이나 하마르키형 정치체제론은 자유주의적 입헌정체의 이해라는 점에서도 열쇠 개념이며, 제도적 자유의 체제가 유기적 분절형 체제로 찬양되고, 자치형 정치편성에 머무르지 않고 하나의 다원주의적 정치체제라는 상을 모색하는 위치에 있다고 평가하기도 한다.

요컨대 리버는 미국 초창기에 정치학을 체계화하고 제도화한 사람 중의 하나로서만 평가하는 것은 적절하지 않으며 그 이후의 정치와 정치학의 연구자에게 미친 영향은 지대하였다는 점을 강조해야 할 것이다. 리버는 사우스캐롤라이나대학에서 많은 저술로 정치학의 체계화에 기여하였지만 컬럼비아대학으로 옮긴 이후부터 정치학을 공적으로 인정하는 효시가 되었다고 본다. 그의 후계자인 버제스는 정치대학원을 창설하고, 미리엄이나 비어드를 비롯한 다수의 연구자를 배출한다. 또 리버의 지적인 영향이나 인맥은 광범하여 존스홉킨스대학의 초대 총장 길먼이나 애덤스, 예일대학의 총장 울시, 코넬대학의 화이트 총장, 특히 애덤스는 리버의 친구인 하이델베르크대학의 블룬칠리의 지도를 받았으며, 윌로우비나 윌슨은 애덤스의 제자이며, 윌로우비는 애덤스의 후임자가 되고 윌슨은 프린스턴대학 총장을 거쳐 합중국 대통령이 된다. 그 밖에 사회학자 섬너나 와드의 문화적·동태적 사회 어프로치는 리버에 힘입고 있으며, 컬럼비아대학의 돌스타인 베블렌이나 로빈슨에게도 영향을 미쳤다. 미국의 정계와 법조계를 넘어 그는 독일 국가학의 태두인 블룬칠리와도 친교가 깊었으며, 프랑스의 토크비유가『미국의 민주주의』를 저술할 때에도 자료적인 편의 외에 오랜 교우관계를 가지기도 하였다.

동아시아에서의 리버

리버의 이름은 李拔, 林董 역,『自治論』(1880)의 일본어 번역이 나온 이후에 동아시아에 알려진 것으로 생각된다. 이 책은『시민적 자유와 자치론』을 번역한 것으로 일본의 정계와 학계에 많은 영향을 미친 저작의 하나이다. 역자는 자유와 자치란 설이 일본에 들어와서는 이를 칭찬하는 사람은 드물고 억측으로 그 뜻을 부회하거나 망설을 주장하는 사람이 적지 않다고 한다. 자치란 사람의 자유를 보호하는 소이이며, 자유의 요체는 사회 중에 있는 사람들의 심신의 안녕을 가지는데 있다고 한다. 자치제도의 선하고 아름다운 것은 영미 2국이므로 이 두 나라에서 자유를 보호하는 제도를 축조 설명하여 그 뜻을 상실(詳悉)하는 것이 이 책의 목적임을 밝히고 있다. 특히 오늘날 자치와 자유의 설이 성행하는 일본에 리버의 설을 올바로 고찰하고 효지(曉知)하는 바가 있기를 바란다고 하였다.

한국에서 리버의 이론은 김용제(金鎔濟)의 논설 「立憲政體의 槪論」(친목회회보 제5호, 1897)에서 성문헌법의 득실을 상세히 논하는 데에서 처음으로 발견되며, 또한 안국선(安國善) 편술, 『정치원론』(1907)에서는 헌법을 적성(積成) 헌법과 제정(制定) 헌법으로 나누어 설명한다.

> 憲法에 二種이 有ㅎ니 一은 積成憲法이오 一은 制定憲法이라. 積成憲法은 英國과 如히 一種 憲法의 法典을 成홈이 아니라 自古相傳ㅎ야 政治組織에 關혼 法律과 制度와 習慣等으로 憲法을 成홈이오 制定憲法은 米國, 及 他國의 憲法과 如히 政治組織에 關ㅎ야 一部 法典을 編纂ㅎ야 自來의 舊制롤 不拘ㅎ고 新定혼 者도 憲法의 名을 亦 得홀지나.(71~72면)

여기의 적성 헌법은 cummulated constitution의 번역이며 오늘날의 불문헌법을 말하며, 제정 헌법은 enacted constitution으로서 성문헌법을 의미한다. 이러한 구별은 미국의 정치학자인 리버의 설명에 따른 것이다. 특히 안국선의 『정치원론』은 일본인 이치지마(市島謙吉)의 책(1889)을 모델로 요약·번역한 것으로 참고문헌 목록 속에 리버의 『자치론』을 열거하고 있다.

근대 한국의 분헌 중에서 리버의 『사치론』을 직접 인급하거나 인용한 것은 아직까지 발견되지 아니한다. 일본에 비하여 자유와 자치 관념에 대한 이론적 연구가 적었음을 알 수 있다.

〈문헌〉

전순신, 「리버의 미육군 행군 규정(1863년)」, 『동아법학』 제28호, 2000, 211~246면; Peter Schafer und Karl Schmitt(Hrsg.), *Francis Lieber und die deutsche-amerikanischen Beziehungen im 19. Jahrhundert*, Weimar :

Bohlau, 1993; Frank B. Freidel, *Francis Lieber-Nineteenth-century Liberal*, Gloucester, Mass. : P. Smith, 1968; A. M. Pooley, *The Secret Memoirs of Count Tadasu Hayashi*, London, 1915; 『洋學史事典』, 577면; 『日本近現代人名辭典』, 848면; 由井正臣 校注, 『後は昔の記他 ― 林董回顧錄』, 平凡社, 1970; 中谷義和, 『草創期アメリカ政治學』, ミネルヴァ書房, 2002.

원책 *On Civil Liberty*는 Lightning Source Inc., 2008에서 구입 가능하다. 기타 John Catalano, *Francis Lieber. Hermeneutics and Practical Reason*, 2007; Charles R. Mack, *Francis Lieber and the Culture of the Mind*, 2005 등.

독일어 번역은 *Über bürgerliche Freiheit und Selbstverwaltung*. übersetzt von Franz Mittermaier, Heidelberg 1860; Hein Online Legal Classics(available in 1859).

15. 小野梓, 『國憲汎論』(東京 : 博文堂, 1882)

저자

오노 아쓰시(小野梓, 1852~1886)는 메이지 초기부터 중기에 걸친 정치인이며 사상가이다. 호는 東洋. 1852년 2월 20일 土佐 스구모(宿毛)(현재의 고치(高知)縣 宿毛市)에서 태어났다. 아버지는 土佐 藩士 節吉이며, 소년시대에는 酒井南嶺에서 배우고 다시 藩校 日新館과 같은 한학교나 사숙에서 한적(漢籍)을 배웠다. 또한 英式兵法의 훈련을 받았다. 1868년(메이지 원년) 會津征討에 종군, 다음 해 昌平學校에서 배우다가 귀국명령으로 향리에 돌아온다. 脫藩하고 1870년부터 해외로 나가서 1871년부터 미국, 영국에서 법률학이나 재정학을 배우다가 1874년 5월에 귀국한다. 아카마쓰(赤松連城), 가네코(金子堅太郎), 하토야마(鳩山春夫) 등과 학술단체 '共存同衆'을 설립하고 활발하게 활동을 하였다. 1876년부터 司法少丞, 司法少 서기관, 지방회의 御用掛, 회계검사원 일등 검사관을 역임하여 회계법의 확립에 공헌하였다. 1881년 오쿠마(大隈重信)가 하야하자 그와 함께 관직을 사임하고 다카다(高田早苗), 이치지마(市島謙吉), 아마노(天野爲之), 오가와(小川爲次郎) 등과 함께 정당을 설립하려는 운동을 하고, 이듬해인 1882년 4월 오쿠마를 주축으로 하는 입헌개진당을 결성하고, 오노 아쓰사는 당무에 적극 참여하여 정당설립의 중심적인 역할을 한다. 다시 같은 1882년에는 오쿠마의 의지를 받들어 도쿄(東京)전문학교의 창설에도 핵심 인물로서 관여하게 된다. 이 학교는 1902년 개교 20년 만에 교명을 '와세다(早稻田)'로 바꾸었는데 이것이 오늘날의 와세다대학이다. 그러나 이는 전문학교령하의 명칭만의 대학이었으며 제국대학과 동격은 아니었다. 오노는 '학문의 독립'에 의한 일국의 독립의 달성을 주장하였으며, 개교 후에는 강의 외에 경영에도 관여하였다. 1884년 오쿠마의 원조로 동양관 서점(富山房의 전신)을 열고 서양 서적의 취급, 정치경제 서적의 간행을 시도하였다. 1886년 1월 11일 35세로 병사하였다. 저서로는『국헌범론』외에『조약개정론』,『일본외교론』등이 있다. 早稻田大學大學史編集所 編,『小野梓全集』전5권(동 대학출판부, 1978~1982)이 발간되었다.

내용

이 책은 상권(1882년 12월), 중권(1883년 4월), 하권(1885년 9월)의 세 권으로 구성되어 있다. 먼저 각 권의 제목을 보기로 한다.

상권 제1장 발단, 제2장 본방(本邦)의 헌법사를 소원(溯源)함, 제3장 각종의 정체를 약론(約論)함, 제4장 입헌의 대귀지(大歸旨), 제5장 국토의 위치, 경계, 제6장 유국(有國)의 전권 즉 주권, 제7장 황실의 특례를 서술함, 제8장 민인(民人)의 자주를 약론함1, 제9장 민인의 자주를 약론함2, 제10장 민인의 자주를 약론함3, 제11장 민인의 자주를 약론함4, 제12장 본방 고대의 민권을 소원함, 제13장 본방 현시의 민권을 열서(列敍)함, 제14장 정권을 논함, 제15장 정병(政柄)의 소재를 논함, 제16장 본방 3 관직의 근상(近狀)을 서술함.

중권 제17장 정본(政本)의 직을 세론(細論)함, 제18장부터 제31장까지 14장은 모두 의정관을 세론함이다.

하권 제32장에서 제36장까지는 행정관을 세론함이며, 제37장에서 제40장까지는 사법관을 세론함이며, 제41장 회계의 사(事)를 논함, 제42장 회계의 사를 논함2, 제43장 병력의 사를 논함, 제44장 지방정치의 사를 논함, 제45장 지방정치의 사를 논함2, 제46장 헌법제정 및 수정의 방법을 논함, 제47장 입헌 국민의 구비할 6질을 논함.

오노 아쓰사가 이 책을 저술한 취지는, 성은에 감격하고 성지에 봉대하기 위한 것으로 천황의 어람과 일본 인민의 국헌을 논하기 위한 것이라고 한다. 저자는 국헌이란 주치자와 피치자의 관계를 바르게 하고 관민의 분한(分限)을 정하고 관인의 직권 민인의 권리를 제시하는 것으로 정의를 내린다. 또 국헌은 관민 상쟁하는 공포를 예방하고 일국의 안녕을 보장하는 것이 최대의 목적이며, 그러한 목적을 달성하기 위해서는 정무관의 덕의, 총명, 근면을 필요로 한다는 벤담(J. Bentham)의 이론에 따라서 설명한다.

상권 제8장부터 13장은 민인의 각종 자주(자유)에 대해서 상술하며 민권을 강조한다. 제14장은 권력집중과 권력분립을 소개하지만 제15장에서는 삼권분립에 대해서 의문을 제기한다. 중권 제17장부터 31장까지는 최대다수의 최대행복을 달성하기 위해서는 전 국민에게 정본(政本)의 직을 담당케 할 필요가 있다는 벤담의 학설에 따라서 설명한다. 제18장부터 31장까지는 의정(입법)관을 상술하며, 제22장부터 27장까지는 하원의 조직에 대해서, 제28장에서는 양 의원의 공통된 권한을 서술한다.

하권 제32장부터 36장까지는 행정관에 대해서, 제37장부터 40장은 사법관과 사법권의 독립에 대해서 다룬다. 그 밖에 회계와 지방정치, 헌법의 제정과 개정의 문제를 서술한다. 마지막 장인 47장에서는 입헌 국민이 갖출 성질로서 독립자주의 정신, 애국의 공공심, 다수의 결정에 따르는 기풍, 정치를 개량 전진하는 정신, 순정한 수단과 착실한 방편으로 사회의 사업을 처리하는 성격, 헌법을 고집하는 실력의 여섯 가지를 열거하고 있다. 특히 헌법에 관한 문제는 대소를 불문하고 구미제국의 입법례와 주요 학설을 비교 검토하고, 나아가 일본의 고래의 제도의 역사에도 관련이 있다고 언급하는데, 어떤 것은 아전인수 내지는 논리의 비약도 보이는 국수주의적인 면모를 드러내고 있다.

다음에는 오노 학설의 핵심을 정리한 헌법학자 다바타 시노부(田畑忍, 1902~1994)에 따라서 그의 국가관, 법사상, 헌법개념 그리고 헌법론의 특색을 간단히 요약하기로 한다.

먼저 ① 국가관. 오노는 국가의 기원, 본질 그리고 목적에 관하여 구체적으로 논하지는 않는다. 그러나 국가가 국가가 되는 소이는 인생의 공포심에서 연유하며 서로 침탈하고 다투는 이른바 약육강식으로부터 스스로 안전을 도모하고 보호하여 부락으로부터 후세의 국가가 이룩되었다는 것이다. 고로 인생의 세 가지 중요한 것은 생존, 부주(富周), 평등을 확고히 보호(保固)하는 것이며 국가는 이를 위하여 법률을 제정한다는 것이다. 따라서 헌법의 최대의 귀결도 여기에 있다고 한다. 즉 천연의 재앙을 피하고 인류의 잔해(첫째로 외적의 잔해, 둘째로 내국인 상호 간의 잔해 소란, 이 중 상인(常人)의 그것과 관민의 그것을 구별한다) 그중에서도 관민이 서로 잔해하는 것을 방지함으로써 인생의 확고한 보호(保固)를 목적으로 하는 것이 헌법제정의 취지라고 한다. 그 방법으로는 벤담에 따라서 관직응당에 있으며 그 원질은 정무관의 덕의, 총명, 활발함이며 이 중 그 하나라도 결여하지 않도록 서술하고 있다.

오노는 국가형태에 대해서 이를 정체로서 표현할 뿐이며 국체와의 구별을 하지 않으며, 또한 국가의 역사적 형태나 구성관계적 형태에 대해서 논하지는 않는다. 그는 '태서 정리가의 소설에 근거하여' 합중정체, 과인(寡人)정체, 독재정체의 세 가지로 나눈다.

② 법사상. 오노는 법률이라는 용어를 사용하지 않고 법제 또는 법이라는 말을 사용한다. 그는 법이란 분명히 주권자의 명령이라고 하여 오스틴(J. Austin)의 학설을 그대로 따르고 있다. 즉 법제는 명령이며 주치자의 명령이다. 그리하여 피치자로 하여금 이를 준수할 의무를 지게하고 누구든지 이를 위배할 때에는 바로 재정(裁定)의 위력으로써 이를 강박하고 이로써 준수케 하는 것이라고 한다. 이처럼 오노는 벤담과 오스틴에 의거하여 법을 설명하면서 역시 법제정의 문제를 국가의 기원과 본질의 문제에 관련시켜서 생존·부주·평등의 3자가 법제정의 귀지(歸旨)라고 한다.

③ 헌법개념. 오노는 자신의 저서 제목으로서 '헌법'을 사용하지 않고 당시 일반적으로 통용되고 있던 '국헌'을 채택하였는데 이것으로 만족한 것은 아니다. 그는 '건국법'이란 뜻을 인정하면서도 자신의 저서에서는 부당한 번역어임에도 불구하고 국헌이란 일본어를 사용한다는 것이다. 즉 신조어를 사용하여 세인의 해석을 혼란하게 하는 것은 온당하지 않기 때문이다.

헌법의 개념에 대해서 오노는 일의적으로 근대적 성문헌법이라는 의의로만 해석한다. 그는 국가가 있는 곳에 반드시 존재해야 할 본래적인 의의에서의 헌법으로서 개념규정하지는 않으며, 근대적 의미에서의 헌법만을 헌법이라고 한다. 그러나 오노는 근대적 의미에서의 헌법은 일본에서 갑자기 나타난 것이 아니라 이미 신무천황의 조칙이나 성덕태자의 17헌법 등에서 발견할 수 있다고 서술하는데, 이것은 근대적 의미의 헌법의 개념을 올바로 이해하지 못한 증좌이다. 근대적 의미의 헌법은 기본권보장과 권력분립이 그 핵심요소이다. 오노와 그의『국헌범론』을 해설한 다바타는 근대적 헌법개념에는 군민동치사상이 그 근저에 있다고 하는데 이는 잘못 이해한 것이다.

④ 헌법론의 특색. 오노가 헌법의 내용으로서 규정할 사항은 제5장 내지 제47장이다. 그것은 ㉠ 국토론, ㉡ 국권론, ㉢ 황실론, ㉣ 국민의 권리의무, ㉤ 정권론, ㉥ 의회론, ㉦ 행정권론, ㉧ 사법권론, ㉨ 회계론, ㉩ 병제론, ㉪지방행정론, ㉫ 헌법의 제정과 개정이라는 체계에서 전개한 것이다.

저자인 오노가 참고한 책은 여러 가지이지만 특히 J. Bentham, *Leading Principles of a Constitutional Code*(1823); J. Bentham, *The Constitutional Code*(1827~1843); J. S. Mill, *Considerations on Representative Government*(1861); F. Lieber, *On Civil Liberty and Self-Government*(3rd ed. 1874); Th. D. Woolsey, *Political Science*(1886) 등을 가장 많이 참조하였으며 저자에게 커다란 영향을 미쳤다.

의의

오노 아쓰시는 영국의 벤담과 밀, 미국의 리버와 울시 등을 중심으로 한 정치사상을 모델로 하여 서구의 민주주의와 자유주의를 대폭 도입하여 일본에서의 입헌주의의 실현을 위한 이론 제공에 힘썼다. 또한 그는 일본의 역사와 전통도 경시하지 않고 함께 다루어 일본 황실의 존영을 보존하는 데 힘썼다고 보는 견해도 있으나 근대적인 헌법개념의 기본 철칙인 기본권보장과 권력분립에 대한 이해부족을 드러내고 있다. 결국 그는 영국식의 군민동치의 입장에서 다가올 일본의 새로운 헌법을 구상할 수밖에 없었으며 주권론에서, 기본적 자유론에서, 또한 입법, 행정, 사법, 지방자치 등의 조직과 권한을 논함에 있어서 시대와 장소에 제약된 서술로 일관한 희망법학임을 분명히 인정할 수 있을 것이다. 반면에 오노가 헌법에 대해서 생각한 것은 이토 히로부미(伊藤博文) 등이 기초한 메이지 흠정헌법의 수준을 훨씬 능가하는 것이며, 따라서 현행 일본국헌법의 수준에도 가까운 것이라고 높이 평가하는 사람도 없는 것은 아니다.

오노의 『국헌범론』은 물론 헌법의 해석론이 아니라 벤담, 밀 부자, 울시, 리버 등의 학설에 의거하여 서구의 헌법제도를 모델로 하면서 여기에 일본의 현실을 고려에 넣으면서 자신의 의견을 첨가하는 방식으로 전개한 점에 그 의의가 있다. 그러나 당시의 일본은 아직 서구의 근대적 헌법개념을 받아들일 여건이 마련되지 않았던 점이라든가, 오노 자신의 미숙한 논리전개라든가, 국수주의적이며 아전인수격의 비교검토의 방법론 등이 문제점으로서 지적될 수 있다. 더욱 중요한 것은 메이지시대의 저작이나 당시 일본 지식인들의 서구에 대한 맹목적 동경이나 열등감에 따른 서구의 과대평가를 애국심이나 근대화 내지 서구화의 열망으로서 포장하는 일본 학문의 편협성을 바로 보는 시각이 한일 양국에 모두 필요하다는 것이다.

원래 이 책은 도쿄전문학교의 교과서로서 만들어진 것이기 때문에 일본 근대 정치학사에서 차지하는 위치와 의미는 그다지 큰 것 같지는 않다. 예컨대 1949년 로야마 마사미치(蠟山政道, 1895~1980)가 쓴 『일본에 있어서의 근대 정치학의 발달』에서는 오히려 야마다 이치로(山田一郎)의 『정치원론』에 대해서는 비중을 두어 설명을 하면서도 이치지마(市島謙吉)의 이름은 와세다대학의 창립에 힘쓴 사람 정도로 한 줄로 처리하고 있다.

그러면 야마다의 책은 어떠하였는지 이치지마와 관련하여 간단히 살펴보기로 한다. 야마다는 1884년에 『정치원론』(총론·정당론)을 발간하였는데, 그는 역시 도쿄대학을 졸업한 후 이치지마와 함께 신문, 내외 정당 사정의 발간에 종사하며 입헌개진당의 발전에 힘쓰는 한편 도쿄전문학교에서 정치학을 강의하였다. 이때의 강의를 인쇄한 것이 바로 『정치원론』이다. 야마다는 약 3년 동안 이 학교에 재직하다가 언론계로 떠난 후 정치학은 한때 이치지마가 담당하였다. 이치지마는 자신의 정치학 강의를 인쇄·출판하였는데 그것이 바로 1889년 6월에 펴낸 『정치원론』이다. 이들은 같은 학교에서, 또 같은 강좌를 맡고, 또 같은 제목의 저서를 출판한 것이 매우 흥미롭다. 먼저 야마다의 책에 대해서 로야마는 이렇게 평가한다. 즉 "오노 아쓰사(小野梓)의 『국헌범론』(1882)의 유풍(流風)을 배우고 이것을 정치학에 응용한 것이라고 할 수 있는데, 그 방법론은 그 성찰의 깊이에서 오노 아쓰사를 능가하며 그 조직성에서도 일보를 나아가고 있는 그가 정치개념을 국가로부터 도입하지 않고 사회로부터 구성하고, 반대로 국가를 정치로부터 해명하는 것은 후년의 기능론의 선구라고 볼 수 있다. 만약 나아가 이 정치의 체(體)와 정치의 용(用)과의 인과 관련이 구명되었더라면 그의 실증적 방법은 후세에 커다란 영향을 주었겠지만 단순히 양자의 구별에 머무른 점에 유감스럽게도 블룬칠리의 영향을 받은 국가학파의 가토 히로유키(加藤弘之)의 의론과 대차 없는 것으로 끝나고 있다"(『일본에 있어서의 근대 정치학의 발달』, 104~106면). 이에 대해서 이치지마의 책에 대해서는 논평하지 않고 서명만을 약간 언급하는 정도에 그치고 있다.

그러나 이 두 책은 전체적으로 서로 유사한 점이 많다. 이는 양자의 정당론의 근원이 동일하다는 것을 시사하며, 그들의 정당에 관한 지식은 대부분 대학시대에 페놀로사(E. F. Fenollosa, 1853~1908)나 울시(T. S. Woolsey, 1801~1889)로부터 얻었을 것이다. 또한 거기에 친목단체인 鷗渡會에서 오노(小野梓)로부터 흡수한 것을 더하여 그의 정당론을 만든 것으로 추측할 수 있다. 또 야마다의 정치학은 오노쓰카 기헤이지(小野塚喜平次, 1871~1944)의 『정치학대강』 이후의 변화에 따라서 이론적으로 정치학을 독립시킨 것이라는 평가도 있다. 여하튼 전체적으로 볼 때 일본의 정치학계에서는 이치지마보다는 야마다의 책에 더 비중을 두고 있는 것으로 보인다.

오노의 『국헌범론』은 1882년에 초판이 발간되었으며, 1971년 『明治文化全集』 제28권으로서 새로이 조판하여 복각되었다. 이 전집에 수록된 것은 1891년(메이지 24) 11월 10일 博文堂發行의 제4판이다. 그러나 그 내용은 저자가 생전에 출판한 초판과 동일하다. 초판의 발행인은 상권, 중권이 丸屋善七, 하권은 東洋館書店이다.

오노 아쓰사가 주로 의거한 벤담의 이론은 가 노리유키(何禮之)와 무쓰 무네미쓰(陸奥宗光), 하야시(林董) 등에 의해서 번역 소개되었으며, 울시의 정치학은 오노 아쓰사의 『국헌범론』을 비롯하여 이치지마 겐키치(市島謙吉)에게 영향을 미치기도 하였다. 특히 울시의 국제법 책은 1873년 미쓰쿠리 린쇼(箕作麟祥)가 일부 번역하고 이를 『國際法, 一名萬國公法』 上編이라고 이름 붙인 이후라고 보는 것이 일반적이다. 이후부터 만국공법이니 공법이니 하는 용어는 점차 사라지고 현재와 같이 국제법으로 정착하게 되었다고 한다. 또한 1879년에는 쓰마키(妻木賴矩)와 미즈노(水野忠雄)의 『訓點 公法便覽』이 발간되었다. 울시의 이론을 그대로 따르는 학자로서는 하토야마 가즈오(鳩山和夫)를 들 수 있다.

그 밖에 울시의 저작은 1882년에 시시도 요시가쓰(宍戸義和) 역, 『古今社會黨沿革說』(*Communism and Socialism*, 1879)이 번역되고, 1884년에는 호리구치(堀口昇) 역, 『政學 一名 政治理學』, 다카하시(高橋達郞) 역, 『政府權限論』이 출판되었다.

울시

조선과의 관련

한편 오노 아쓰사의 국제정치에 관한 감각은 세계를 제패한 영국을 모델로 하여 동아시아에서 일본이 주도하는 이른바 '동양맹주론(東洋盟主論)'이란 망상을 하기도 할 만큼 편협한 국수주의자의 모습을 보여주기도 했다. 또한 1882년에는 임오군란 직후의 제물포조약에서 일본이 손에 넣게 되는 상금(償金)을 조선의 개화를 위해서 바로 조선 정부에 주어야 한다고 연설하기도 하는 등 모순된 태도를 보이기도 하였다.

근대 한국에서 벤담의 저서가 번역되거나 상세히 소개된 문헌은 찾아보기 어려우며 몇 가지의 논설 속에서 단편적으로 인용되고 있으며, 더구나 오노 아쓰사의 『국헌범론』을 직접 언급한 문헌은 없는 것 같다. 『황성신문』에 실린 서적광고 속에 이 『국헌범론』이 들어 있는 것을 볼 때 식자층에서는 알려지고 있었다고 보겠다.

오노가 의거한 울시의 이론은 특히 국제법 이론에서 자주 발견된다. 당시 조선의 지식층은 역시 중국에서 펴낸 책을 그대로 읽고 울시의 책에 대해서 찬반을 논한 것으로 알려지고 있다. 1880년을 전후로 하여 국제법에서 '吳氏'로 표기한 것은 바로 울시를 가리키는 것이다. 울시의 국제법 이론은 이미 1884년(개국 493년) 『한성순보』 제34호의 「公法說」이란 항목에서 상세히 소개한 바가 있다.

〈문헌〉

김효전, 『근대 한국의 국가사상』, 철학과현실사, 2000; 『洋學史事典』, 120면; 早稻田大學大學史編集所 編, 『小野梓の硏究』, 早稻田大學出版部, 1986; 山下重一, 「小野梓と西洋政治思想 ― リーバ, ウルシーとの關連」, 『早稻田大學史 記要』 第3號, 1970; 蠟山政道, 『日本における近代政治學の發達』, 1969.

V. 구라토미 유자부로(倉富勇三郎) 문서

1. 서설

구라토미 유자부로(倉富勇三郎, 1853~1948)란 누구인가?

일본에서도 이 사람을 기억하는 사람은 거의 없으며 일본의 근현대사나 문학을 연구하는 몇 사람만이 관심을 가지고 있을 뿐이다. 일본인도 별로 주목하지 않는 사람을 왜 한국인이 이제 새삼스레 언급하는가? 구라토미는 1907년 이토 히로부미(伊藤博文)의 초청으로 한국에 와서 법부 차관을 비롯하여 합병 후에는 조선총독부 사법부 장관을 지낸 인물이다. 1913년 귀국해서는 추밀원 의장까지 지냈으며, '조선 식민지화의 중추부에 있던 인물[1]이다. 우메 겐지로(梅謙次郎)가 조선인의 소유권, 관습 등 민사법 분야에서 한국통감부의 식민지정책의 기초를 마련하는 데 힘썼다면 구라토미는 사법제도의 골격과 형사법 분야에서 이를 추진하는 데 애쓴 인물이다.[2]

금년(2010)은 국권상실 100주년, 한국전쟁 60주년, 4·19혁명 50주년을 맞이하여 우리의 근현대사를 뒤돌아보는 뜻 깊은 한 해가 된다. 특히 한일합병 100년을

---

[1] 新藤東洋男, 『浮羽地方の近現代史』, 浮羽―三井教育耳納會, 2000, 46면.
[2] *Annual Report for 1907 on Reforms and Progress in Korea*, Compiled by H.I.J.M.'s Residency General, 1908, pp. 25~26.

계기로 하여 한국의 법제는 어떻게 붕괴되었으며, 식민지화되었는가를 구라토미라는 한 일본인 사법관료의 활동을 통해서 검토해 보기로 한다. 이처럼 통감부와 조선총독부에서 핵심적인 역할을 한 인물에 대한 연구는 법제도의 형식적인 연구보다 중요하며 또 이것이 선행되어야 한다. 구라토미의 여러 활동 중 우리는 그가 한국에 체류한 1907년부터 1913년 9월까지의 한국 사법에 한정한다.[3]

여기에 소개하는 자료는 저자가 2005년부터 1년간 일본 와세다(早稻田)대학에 교환연구원으로서 체류하는 동안에 동 대학 도서관과 일본 국립국회도서관에서 수집한 것들이다. 특히 국회도서관의 복잡한 이용절차로부터 『倉富勇三郎文書』의 복사와 마이크로필름의 판독을 비롯하여 여러 가지로 도와주신 쓰쿠바(筑波)대학의 고쿠분 노리코(國分典子) 교수의 헌신적인 도움에 대해서 진심으로 감사를 드린다.

2. 생애와 저술

구라토미의 생애와 업적에 관하여는 일본의 크고 작은 인명사전에 빠짐없이 수록되어 있다.[4] 이 중 지방사와 관련된 기록으로는 신도 도요오(新藤東洋男)의 『浮羽地方の近現代史』[5]가 대표적인 것이며, 그 밖에 고가 에키죠(古賀益城) 編, 『(元樞密院議長) 倉富勇三郎博士』가 문헌으로서 소개되고 있지만 불확실하며 입수하기도 어렵다.[6]

---

3 한국 문헌은 문준영, 「통감부재판소 설치에 관한 자료-倉富勇三郎와 梅謙次郎의 의견서-(자료)」, 『법사학연구』 제36호, 2007, 331~366면; 남기정 옮김, 『일제의 한국사법부 침략실화』, 육법사, 1977, 215~219면; 임상혁, 「1908년 민사소송법안의 성립과 그 성격」, 『한국민사소송법학회지』 제14권 제1호, 2010, 375~393면 참조.
4 인명사전 목록은 이 글의 참고문헌에 열거되어 있다.
5 浮羽-三井教育耳納會, 2000, 46~84면.
6 예컨대 『日本近現代人名辞典』, 吉川弘文館, 2001, 382면에서 구라토미 항목을 집필한 由井正臣 씨에게 저자(김효전)가 인용한 고가(古賀)의 책의 존재여부에 대해서 서면으로 문의한 결과 오래되어 기억이 없다는 회신을 받았다. 古賀의 구라토미 전기는 일본국회도서관이나 와세다대학 도서관에도 소장하고 있지 않다.

1) 생애

　그에 관한 서술은 대체로 다음과 같다. 즉 일본의 사법관이며 정치인으로 법학박사. 1853년 7월 16일 후쿠오카현(福岡縣)에서 태어나 1877년 9월 사법성 법학교속성과에 입학하였다.[7] 이 학교의 정칙과(正則科)는 수업연한이 8년으로 너무 길어서 사법관의 단기양성을 목표로 속성과 2년제를 신설하였다. 여기의 법학교육은여러 차례 시행착오를 거쳐 후일 도쿄(東京)대학으로 합병된다.[8] 구라토미는 1879년 11월 이 속성과를 1기생으로 졸업한다.[9]

　이듬해인 1880년 2월 판사보, 1890년 10월부터 1891년 3월까지 감옥관 연습소(監獄官練習所)에서 형법 강의, 1892년 형법개정 심사위원이 된다. 1898년에는 사법성민형국장, 1902년 대심원 검사, 1903년부터 1904년에는 오사카(大阪)와 도쿄의 공소원 검사장 등을 역임하였다. 1907년에는 법률 취조위원(取調委員)이 되고 1907년 6월 13일 자로 법박회(法博會)의 추천으로 법학박사의 학위를 받기도 하였다.[10]

　한편 한국통감부는 1907년 7월 21일 고종 황제를 폐위시키고 24일에는 이른바정미7조약(한일협정)을 강제로 체결하였다. 이 조약에 따라서 일본인을 한국의 관리로 정식 임명할 수 있는 길을 터놓은 것이다. 그리하여 통감 이토 히로부미의 초청으로 구라토미는 1907년 한국으로 건너와 9월 19일 자로 법부 차관(통감부 참여관)으로 임명된다.[11] 같은 해 10월에는 법부 차관의 자격으로 김각현(金珏鉉) 전 차관의 후임으로 법률기초위원회의 위원장이 된다.[12] 1909년 4월에는 순종황제의

　7　상세한 것은 手塚豊, 「司法省法學校小史」, 『法學研究』(慶應大) 第40卷 第6·7·11號 및 手塚豊, 「明治法學教育史の研究」, 『手塚豊著作集』 第9卷, 慶應義塾大學出版會, 1988, 3~154면, 속성과에 관하여는 108면 이하 참조.
　8　법학교는 프랑스인 브아소나드(Boissonade)와 아페르(G. Appert)의 영향으로 교과목에서도 프랑스법이 중요시되었고, 호세이(法政)대학의 전신인 와부츠(和佛)법률학교에서도 교명 그대로 프랑스법학 중심이었다. 브아소나드에 관하여는 吉川經夫 他, 허일태 외역, 『일본 형법이론사의 종합적연구』, 동아대 출판부, 2009, 17~31면; 法政大學大學史資料委員會 編, 『法律學の夜明けと法政大學』, 1992 참조. 한편 주오(中央)대학의 전신인 英吉利法律學校는 교명 그대로 영국법에 중점을 두었다. 문헌은 山崎利男, 『英吉利法律學校覺書－明治前期のイギリス法教育』, 中央大學出版部, 2010 참조.
　9　데츠카(手塚)는 「법학교 속성과 일람」(1884)에 구라토미의 이름이 맨 처음에 나오는 것을 졸업성적의 석차라고 보아 수석졸업이라고 한다. 手塚豊, 앞의 책, 1988, 113면. 동기생 중 나가지마(永島巖)는 평양공소원장을 지내고 서울에서 변호사 개업을 하였다.
　10　『法曹百年史』, 法曹公論社, 1969.
　11　『관보』 제3877호, 1907.9.21.

친경(親耕) 시에 각부 대신들과 함께 따라갔으며,[13] 같은 해 11월에는 통감부 사법청 장관으로서 법전조사국의 위원장이 된다.[14] 이토는 한국의 관습조사를 위하여 우메 겐지로(1860~1910)[15]를 민법기초자로, 구라토미를 형법기초자로 선정하였다. 그 후 통감부 참여관과 사법부 장관을 역임하였다.[16] 한일합병 이후에는 조선총독부 사법부 장관과 법제국장을 역임하였다.

구라토미 유자부로

귀국하여 1913년 9월 야마모토 곤노효에(山本權兵衛) 내각의 법제국 장관에 취임하고 다음해 귀족원 의원으로 칙선되었다. 1920년부터는 제실회계(帝室會計)심사국장, 추밀고문관을 겸임하고, 1925년 와카쓰키 레이지로(若槻禮次郎)[17] 내각시대에 추밀원 부의장을 거쳐 의장이 되었다. 1926년 제실제도심사(帝室制度審査)에 관한 공로로 남작이 수여되었다. 그 후에도 의정관, 왕공족심의회(王公族審議會)의 총재 등에 있다가 1934년 퇴관하고 향리인 후쿠오카현 우키하군(浮羽郡) 후나코시촌(船越村, 현재의 田主丸町)에서 1948년 1월 26일 96세로 사망하였다.[18]

---

12 『관보』제3890호, 1907.10.7; 정긍식,「한말 법률기초기관에 관한 소고」,『한국법사학논총』(박병호 교수 환갑기념), 박영사, 1991; 정긍식,『한국 근대법사고』, 박영사, 2002 참조.

13 『관보』호외, 1909.4.3.

14 『관보』제4525호, 1909.11.9.

15 우메에 관하여는 본서 제3부「문헌해제」중 6장「한국에 온 우메 겐지로(梅謙次郎)」; 이영미 편역,「근대 한국법과 梅謙次郎」,『동아법학』제39호, 2007, 289~380면; 李英美,『韓國司法制度と梅謙次郎』, 法政大學出版局, 2005; 이 책에 대한 문준영의 서평,『법사학연구』제35호, 2007, 409~424면 등 참조.

16 조선총독부 사법부장관은『太陽』제16권 14호, 1910.10.1, 220면 참조.

17 와카쓰키 레이지로(若槻禮次郎, 1866~1949)는 일본의 재무관료이며 정당정치인. 1892년 제국대학 법과대학을 졸업한 후 대장성(大藏省)에 들어가 차관, 장관 등 역임. 1913년 가츠라 타로(桂太郎)의 입헌동지회 결성에 참가하여 정치인이 된다. 1926년 헌정회 총재가 되고 제1차 와카츠키 내각을 조직하지만 소수 여당으로 고전하다가 1927년 총사직하였다.

18 이상은『日本人名大事典 ― 現代』, 平凡社, 1979, 288면에 따른 서술이다. 기타 純官僚型·山浦貫一,『政局を繞る人々』, 四海書房, 1926; 최종고,「한국 근대법의 형성과정」,『한국문화』제15집, 서울대, 1994, 430~431면 참조.

그는 아들 3형제를 두었으며, 장손은 다시 두 아들을 낳았는데 그의 손자 구라토미 고지(倉富恒二, Dr. Koji Kuratomi) 씨가 규슈(九州)의 오카와시(大川市) 사제미(酒見)라는 곳에서 이비인후과 의사로 개업 중이다.[19]

한편 일본의 한 인명사전은 구라토미에 대해서 다음과 같이 기록하고 있다.

> 일본의 사법관이며 정치인으로 법학박사이다. 1853년 7월 16일 후쿠오카현에서 태어나 1879년 사법성 법학교를 졸업하고 판사시험에 합격하여 사법성 민형부장, 참여관, 대심원 검사, 오사카와 도쿄 공소원 검사장 등을 역임하였다.
>
> 1907년 한국으로 건너와 1907년 9월 19일 자로 법부 차관으로 임명된다. 1907년 10월 법부 차관의 자격으로 법률기초위원회의 위원장이 된다. 1909년 12월 법전조사국의 위원장이 된다. 1909년에는 법학박사의 학위를 받았다. 그 후 통감부 참여관과 사법청 장관을 역임하였다. 한일합방 이후에는 조선총독부 사법부 장관과 법제국장을 역임하였다.
>
> 귀국하여 1913년 야마모토(山本) 내각의 법제국장 장관에 취임하고 다음 해 귀족원 의원으로 칙선되었다. 1920년부터는 제실(帝室)회계심사국장, 추밀고문관을 겸임하고 1925년 추밀원 부의장을 거쳐 의장이 되었다. 1926년 제실제도심사에 관한 공로로 남작이 수여되었다. 그 후에도 의정관, 왕공족심의회(王公族審議會)의 총재 등에 있다가 1934년 퇴관하고 향리인 후쿠오카현 우키하군(浮羽郡) 후나코시촌(船越村)에서 1948년 1월 26일 96세로 사망하였다.[20]

구라토미에 관하여는 일본의 인명사전에 대부분 수록되어 있으며 그 내용은 대체로 서로 비슷하다.

---

19 저자는 2002년 1월 규슈대학에 자료 수집차 체류하던 중 후쿠오카현청, 후쿠오카현립도서관, 다누시마루마치(田主丸町) 사무소 등을 수소문하여 구라토미 유자부로의 후손인 구라토미 코지 씨의 주소를 알아내고 그와 전화 통화를 나누었다. 그는 구라토미의 사진을 비롯하여 한국과 관련된 자료를 다수 소장하고 있다고 말했다. 당시 시간관계상 만나지는 못했지만 그는 다음 기회를 약속하였다. 구라토미의 후손을 찾아낸 경위와 자료에 대해서 저자는 2002년 4월 27일 서울대학교 법과대학 대학원 강의실에서 열린 한국법사학회 제62회 정례학술발표회에서 보고하였다. 저자가 일본에 체류 중이던 2006년에도 구라토미 코지 씨에게 유이(由井) 씨가 인용한 고가 에키조(古賀益城) 編, 『(元樞密院議長) 倉富勇三郎博士』의 존재여부를 문의하는 편지를 보냈으나 아무런 회답이 없었다. 코지 씨는 2002년에도 약속을 했다가 이러저러한 이유를 대며 다음 기회로 미루고 이번에는 아예 묵묵부답이었다. 한국인과의 만남이나 거래를 처음부터 피하는 인상을 받았다. '맞은 자는 발 펴고 자고 때린 자는 쪼그리고 잔다'는 한국 속담이 생각난다.

20 『日本人名大事典』(現代), 平凡社, 1979, 288면.

2) 저술

　　구라토미는 체계적인 저술을 한 사람은 아니지만 한국의 사법제도와 관련하여 몇 가지의 짧은 글들을 남겼기 때문에 이것들을 전부 정리하면 연구에 편리할 것이다. 저자가 조사한 문헌은 다음과 같다.

　　① 『戶籍法詳解』, 1898(메이지 31), 16면.

　　② 田中正身 編, 「序文」, 『改正刑法釋義』(上下), 西東書房, 1908(1994, 信山社 復刻版), 3면(『日本立法資料全集』別卷 35・36).[21]

　　③ 「韓國司法制度の梗槪」, 『東洋時報』第130號, 1909.

　　④ 「韓國司法及警察の委任に關する覺書」, 『國家學會雜誌』第23卷 8號, 1909.

　　⑤ 『慣習調査報告書』, 朝鮮總督府. 1908; 再版 1913, 404면 및 圖表(龍溪書舍에서 「韓國倂合史硏究資料(5)」로 1995 復刻). 정긍식 옮김, 『관습조사보고서』, 한국법제연구원, 1992 / 2000.

　　⑥ 「司法機關の設備と世評」, 『滿韓之實業』第56號 1910, 7~8면.

　　⑦ 「朝鮮司法制度の改正に就いて」, 『朝鮮及満洲』第50號, 1912, 17~18면.

　　⑧ 「朝鮮の司法制度」(新法令), 『國家學會雜誌』第26卷 5號, 1912.

　　⑨ 「朝鮮總督府警察犯處罰規則に就いて」, 『軍事警察雜誌』第6卷 9・10・11號, 1912.

　　⑩ 「朝鮮司法制度の沿革及現狀」, 『朝鮮公論』第1卷 第4號, 1913.7, 22~24면.

　　⑪ 「朝鮮人犯罪の變遷」, 『朝鮮及満洲』第73號, 1913.8.

　　⑫ 神尾太治平, 『朝鮮不動産證明令義解』, 日韓書房, 1913; 430면(題辭 : 이 책에는 「司法部長官 法學博士 倉富勇三郎閣下 題辭」 외에 내무부장관, 경기도 장관 등 여러 사람의 제사가 붙어 있다).[22]

21　편자인 다나카 마사미(田中正身)는 1908년 3월 경성공소원 서기장에 임명되었으며(『관보』, 1908.3.3 및 『황성신문』, 1908.3.28), 1909년 10월 공주구재판소 판사가 된 사람이다. 경성공소원 서기 시이 기오(四位義王)와 공저한 『韓國民刑訴訟法註解』(李興洙 譯, 1909)가 있다. 시이(四位)는 1908년 재판소서기로 출발하여 1910년 10월 인천구재판소 판사로 발령을 받아 근무하다가 1932년 2월 전주지방법원을 퇴직하였다. 역자인 이홍수 역시 경성공소원 서기이다. 구라토미는 이 『釋義』책 서문에서 다나카를 "교정하여 바로잡는 일 등을 관장하여 형법의 義에 매우 정통하다"고 적고 있다.

22　『매일신보』, 1913.2.15. 광고.

⑬「司法省關係ノ法律制定沿革略誌」,『帝國法曹大觀』, 1915, 39~75면.

⑭『刑法沿革綜覽』, 1923.

⑮「朝鮮に於ける政治の回顧」,『朝鮮』第125號, 1925. 10, 8~10면.

⑯「裁判所構成法 施行前後の回顧」,『法曹會雜誌』第17卷 11號, 1939.

⑰「朝鮮司法制度に關する私見」,『司法協會雜誌』第19卷 11號, 1940(座談會 所收); 남기정 옮김,『일제하 한국사법부 침략실화』, 육법사, 1978, 215~219면.

기타

①「新年所感」,『京城日報』, 1909. 1. 1.

②『法律新聞』, 1906. 6. 5, 1909. 7. 30.

③「統監府時代より併合時代の中心人物(寫眞)」,『朝鮮及滿洲』第168號, 1921. 11 (倉富, 渡邊暢, 國分三亥 사진 수록).

3. 한국에서의 활동

구라토미의 한국에서의 활동을 당시의 신문보도를 중심으로 살펴보기로 한다.[23]
먼저 한국 법부는 1907년(융희 원년) 8월 법부 차관에 홍긍섭(洪肯燮)을 임명하였으나 두 달도 못되어 일본인 구라토미를 차관으로 임명하였다.

●三次官新任說 學部次官 李圭桓氏가 京畿觀察使로 轉任ᄒ얏다ᄂᆞᆫ디 其代에ᄂᆞᆫ 該部 參與官 俵孫一氏가 被任ᄒ고 宮內部 次官 金珏鉉氏ᄂᆞᆫ 制度局長으로 轉任ᄒ얏ᄂᆞᆫ디 其代에ᄂᆞᆫ 鶴原定吉氏가 被任ᄒ고 法部次官을 正三品 洪肯燮氏가 被任ᄒᆞ더라.[24]

---

23 이하의 서술은 저자가『인권과 정의』(2002. 12)에 발표한「사법권의 개혁과 붕괴과정(하)」에 소개한 구라토미에 관한 부분을 수정 증보한 것이다.

24 『황성신문』, 1907. 8. 10.

여기서 보듯이, 학부에는 일본인 다와라 마고이치(俵孫一, 1869~1944)[25]가 임명되고, 궁내부에는 역시 일본인 쓰루하라 사다키치(鶴原定吉, 1857~1914)가 임명되었다. 그러나 『황성신문』을 비롯하여 학부에는 일본인 고문이나 차관이 필요 없다고 하여 반발을 사기도 하였다.[26]

학부에는 그 후 일본인 시데하라 다이라(幣原坦, 1870~1953)[27]가 한국 정부의 학정(學政) 참여관이 되어 교육행정에 관여하였다.

법부 차관은 일본인 우메 겐지로가 내정되었다는 다음과 같은 보도가 나간 지 하루도 못되어 구라토미로 바뀌어 보도되었다.

● 法次有人　日本 梅兼 博士로 法部 次官을 任命ᄒ기로 內定되얏ᄂ디 該氏가 目下 東京에서 我國法典을 起艸中이라더라.[28]

구라토미에 관한 신문보도는 다음과 같다.

● 法部次官被命　日本 大審院 檢查總長 倉富勇三郎氏가 法部次長을 被命ᄒ얏더라.[29]
● 法次室修理　法部次官 倉富勇太郎氏가 今日에 伊藤 統監과 同伴ᄒ야 入城ᄒᄂ디 法部에셔ᄂ 次官室을 權定홀 次로 該部 事務官室을 昨日 붓터 修理ᄒ다더라.[30][인용자 주—倉富勇三郎의 오식임]
● 法次日間視務　法部 次官 倉富勇三郎氏가 再昨日에 伊藤 統監과 同伴 入城ᄒ얏ᄂ디 日間붓터 仕進視務ᄒ다더라.[31]

25　다와라는 시마네현(島根縣) 출신으로 도쿄대학을 졸업한 관료이다. 조선총독부 임시토지조사국 부총재를 지냈다. 『コンサイス 人名辭典』, 三省堂, 1981, 715면; 『太陽』 제16권 14호, 1910, 16면에 사진 있음; 佐藤由美, 『植民地教育政策の研究—朝鮮・1905~1911』, 龍溪書舍, 2000. 연구 정보는 伊藤隆・季武嘉也 編, 『近現代日本人物史料情報辭典』 2, 吉川弘文館, 2005, 147면 참조.
26　예컨대 「학부에ᄂ 外人의 雇用이 無益」, 『황성신문』, 1907.10.20 참조.
27　시데하라는 오사카 출신이며 도쿄대학을 졸업하고 한국에 건너 왔다. 문헌은 稻葉繼雄, 『舊韓國の教育と日本人』, 九州大學出版會, 1999, 151~176면; 『コンサイス 人名辭典』, 543면. 저서로 『日露間の韓國』(博文館, 1905)이 있다. 그의 동생 시데하라 기주우로(幣原喜重郞, 1872~1961)도 구한말 외교관으로 근무한 일이 있다. 『コンサイス 人名辭典』, 542면 참조.
28　『황성신문』, 1907.9.20.
29　『황성신문』, 1907.9.21.
30　『황성신문』, 1907.10.3.
31　『황성신문』, 1907.10.5.

● 法次歸國內容　法部次官 倉富勇三郎氏가 該部 職員과 各 裁判所職員을 日本人
으로 聘用ㅎ기 爲ㅎ야 日間 本國으로 渡去ㅎ다는디 往還期日은 五拾日間이오 旅費
는 一千九百七拾圜으로 豫算ㅎ얏다더라.[32]

● 法典局設寘　政府에셔 法典調査局을 設寘ㅎ고 法學博士 梅謙次郎氏로 顧問을 定ㅎ
고 法府次官 倉富勇三郎氏로 委員을 任命ㅎ고 民法, 刑法, 訴訟法 等을 調査ㅎ다더라.[33]

● 與角不齒　法部次官 倉富勇三郎氏가 司法官選任과 其他 事件으로 歸國ㅎ얏다
흠은 前報에 揭載ㅎ얏거니와 司法官은 日本內地에셔 資格이 有혼 者에 學術品格의
優異혼 者를 選擇ㅎ랴 ㅎ되 現今 資格이 有혼 者로 韓語를 曉解ㅎ는 人을 求得함이 困
難ㅎ야 其代에 漢文의 知識을 有함이 第一 要件이기로 法庭에셔는 通譯의 補助를 得
ㅎ야 事務를 處理ㅎ되 書類의 調査 等은 아모조록 補譯의 補助를 要치 아니홈을 希望
ㅎ나 然ㅎ나 靑年法官에는 漢文이 不足ㅎ고 老法官에는 漢文이 有餘혼 者―多ㅎ되
將來 韓語를 解得ㅎ기에는 年少者가 必要혼 故로 其間에 拾分 注意홀 事項이 有혼즉
折半은 漢文이 有餘혼 老法官中에셔 擇任ㅎ고 折半은 將來 韓語解得홀 希望이 有혼
靑年法官을 採用ㅎ리라더라.[34]

한편 구라토미는 1907년 12월 법관양성소 졸업식에 여러 인사들과 함께 참석
한 기록이 보인다. 그 모습을 보성전문학교 교우회에서 편집한 『법정학계(法政學
界)』는 자세하게 전하고 있다.[35]

이 기사에 의하면, 법부대신 고영희,[36] 검사총장 고쿠부 산카이[37] 법부차관 구
라토미 유자부로, 형사국장 김낙헌,[38] 민사국장 이시영, 법관양성소장 노자와 다

32　『황성신문』, 1907. 12. 22.
33　『황성신문』, 1907. 12. 25.
34　『황성신문』, 1908. 1. 9.
35　『법정학계』, 제20호, 31~33면.
36　고영희(高永喜, 1849~1916)에 관하여는 본서 제2부 「법학교육관계」 중 3장 「구한말의 관립 덕어
　　학교」 참조.
37　고쿠부(國分三亥, 1863~1962)에 관하여는 본서 제1부 「법관양성소」 중 8장 「법관양성소의 졸업
　　생」, '졸업식 광경' 참조.
38　김낙헌(1874~1919)의 호는 研農. 법부 주사로 관계에 입문, 평리원 검사, 법부 참서관, 법관양성
　　소 소장, 법부 형사국장 역임. 저서 『종환록』이 있음. 김효전, 『근대 한국의 법제와 법학』, 세종출
　　판사, 2006, 515~518면; 최종고, 「김낙헌의 「종환록」」, 『법사학연구』 제11호, 1990, 246~243면; 원
　　문은 240~205면. 본서 제1부 「법관양성소 소장」 참조.

케시노스케(野澤武之助),[39] 교수 석진형[40] 등이 참석하고 있다.

다시 신문에 보도된 구라토미의 동정을 날짜순으로 정리하면 다음과 같다.

● 多數法官渡來　法部次官 倉富勇三郞氏가 目下 我國 法院 各 裁判所에 任用홀 日本 司法官 二百二十三人과 裁判所 書記 三百二十三人을 選擇홀 事로 司法省과 交 涉中인디 該 多數人을 現在 司法部內에서 一時에 選拔ㅎ면 司法機關에 運用에 有碍 홈으로 今明年度 二個年에 半數式 採用ㅎ기로 決定ㅎ고 來 五月 以內에 司法官 百十 餘名과 書記 六十餘名을 選任홀 터인디 各 地方裁判所 判檢事 中에셔 韓國에 渡來홈 을 希望ㅎ야 司法省 職員 課長에게 請願호 者가 百四十餘名이오 辯護士 中에 請願호 者가 三十餘名이라더라.[41]

● 法官聘日　大審院과 控訴院과 地方區裁判所를 設施ㅎ고 法官을 聘來次로 法部 次官 倉富氏가 己往 渡日ㅎ얏거니와 該씨가 五月 二十日頃에 渡來ㅎ야 각 法官을 排 置할터인디 곳 裁判所 開廳式은 六月 一日로 豫定하얏다더라.[42]

● 法官願乎　日本留學生 玄奭健氏가 法律을 卒業ㅎ고 該 地方裁判所에서 見習을 結了ㅎ얏는디 該氏가 法官에 志願이 有ㅎ거든 法部次官 倉富勇三郞氏가 東京에 滯 在中이니 該氏의게 交涉措處ㅎ라고 학부 學務局長 尹致旿씨가 日本留學生 監督 申 海永씨에게 公函ㅎ얏다더라.[43]

여기의 현석건은 1882년생이며 1907년 일본 메이지대학을 졸업하고 1908년 6월 판사로 임명되었으며 1910년 6월에 퇴직하여 변호사가 된 사람이다.[44] 유학생 감독 신해영은 학부 편집국장, 한성사범학교와 보성전문 교장 등을 지낸 사람이다. 현석

39　상세한 것은 김효전, 「野澤武之助와 근대 한국의 법학교육」, 『법사학연구』 제41호, 2010, 65~105 면 및 본서 참조.

40　석진형은 1902년 지금의 호세이(法政)대학의 전신인 와부츠(和佛)법률학교를 졸업한 후 1904년 군 부 군법과 주사로 취직. 1905년 우메의 통역이 되고 같은 해 법관양성소 교관. 1906년 6월 내부 참서 관. 1909년 법학교 조교수. 1913년 경성전수학교 사임(『매일신보』, 1913.3.23). 1921년 전남도청의 참여관, 1926년 전남도지사 등을 역임한 사람이다. 저서로『채권법』(1907)과『평시국제공법』(1907) 이 있다. 민족문제연구소 편, 『친일인명사전』, 민족문제연구소, 2009, 281~284면; 본서 제1부 참조.

41　『황성신문』, 1908.1.19.

42　『황성신문』, 1908.3.7.

43　『대한매일신보』, 1908.1.25.

44　『朝鮮人名資料事典』第1卷, 163면.

건은 구라토미의 추천으로 판사가 되었는지 대졸 학력으로 되었는지 자세한 것은
알 수가 없으나, 그와 교섭하라는 신문기사가 당시의 사정을 잘 말해주고 있다.

　　●法次旅費　法部 次官 倉富勇三郞氏가 日本에 往還ᄒᆞᆫ 旅費不足額 八百圓을 度支
部에셔 豫備金 中으로 支出ᄒᆞ얏다더라.[45]
　　●附○情態　내閣에셔 각 區域裁判所 法官敍任事件을 協議ᄒᆞᄂᆞᆫ대 韓日人을 相半
任用ᄒᆞ기로 公議가 不壹ᄒᆞ고 法部 次官 倉富勇三郞氏도 半數敍任ᄒᆞᄂᆞᆫ 것시 安當ᄒᆞᆫ
쥴노 發論ᄒᆞ얏다ᄂᆞᆫ대 惟獨 法部大臣 趙重應氏가 反對ᄒᆞ야 曰 韓國卒業生은 학식이
不足ᄒᆞ니 不可敍用이라 ᄒᆞ얏다더라.[46]

　법부대신 조중응은 순종황제의 허락을 받아 본부인 외에 일본인 부인을 두어
일부이처제의 일화를 남기기도 한 사람이다.[47]

　　○法典制定　內閣에셔 諸法典을 制定ᄒᆞ기 爲ᄒᆞ야 法典調査局을 設ᄒᆞ고 舊習과 其
他 事件을 調査中이오 民事 及 刑事件 訴訟法도 該局에서 調査制定ᄒᆞᆯ 터인대 該 新設
法은 六月 以內에ᄂᆞᆫ 制定키 不能ᄒᆞ다ᄂᆞᆫ대 法部에셔 松寺, 安住 兩 書記官이 起草ᄒᆞᆫ
案件에 依ᄒᆞ야 倉富 次官, 民刑事 兩局長, 松寺, 安住 兩 書記官, 大審院, 京城控訴院,
京城地方裁判所 各 長官, 檢査總長, 各 檢査長 等이 會同ᄒᆞ야 商議中인 故로 未久에
制定 頒布ᄒᆞ다더라.[48]

　여기의 '松寺'란 마쓰데라 타케오(松寺竹雄)이며 1910년 경성지방재판소 검사로
임명되었으며 1929년에는 고등법원 검사장이 되기도 하였다. 한국의 사법에 관하
여 몇 가지 글을 쓰기도 하였다.[49] '安住'는 아즈미 도키타로(安住時太郞)이며 사가

---

45 『황성신문』, 1908. 4. 12.
46 『황성신문』, 1908. 4. 15.
47 조중응(趙重應, 1860~1919)에 관하여는 민족문제연구소 편, 『친일인명사전』, 민족문제연구소,
2009, 595~600면; 북악사학회 편, 『역사에 비춘 한국 근현대 인물』, 백산출판사, 1994, 73~80면; 반
민족문제연구소 편, 『친일과 99인』 1, 돌베개, 1993, 137~144면; 「이규태 역사 에세이 (23) 좌부인
이야기」, 『조선일보』, 1999. 8. 6; 「韓帝二妻를 公許ᄒᆞ」, 『太陽』 第5卷 2號, 1909. 6, 228~229면 참조.
48 『황성신문』, 1908. 5. 9.
49 김효전, 『근대 한국의 법제와 법학』, 세종출판사, 2006, 490면.

(佐賀) 출신으로 1906년 (도쿄) 제대 법과를 졸업한 후 나고야, 후쿠오카 등의 지방재판소 판사를 지내다가 1907년 한국 정부의 법부 서기관, 조선총독부 주임검사를 역임하고 유럽을 시찰한 후 1913년 서울에서 변호사개업을 개업하였다.[50]

●法次晚餐　法部 次官 倉富勇三郎氏가 再昨日 下午 六時에 花月樓에셔 晚餐會를 設ᄒ고 法部, 法官養成所, 平理院, 漢城裁判所, 法典調査局, 新設 裁判所 各 高等官 五十餘名을 請邀宴待ᄒᄂᆫ디 該 次官이 演說ᄒᆫ 後 同 十一時에 散會ᄒ얏다더라.[51]

●司法廳官制　司法權을 委任ᄒᆫ 後에 司法廳官制ᄂᆫ 法制局에셔 審判中이라ᄂᆫ디 該 官制ᄂᆫ 高等長官 一人을 親任으로 待遇ᄒᆯ 터이오 該 長官은 倉富 參與官이 被任ᄒ다더라.[52]

●法部職員의 官舍　法部와 及 各 裁判所 職員의 官舍ᄂᆫ 本年度에 次官과 及 奏任官의 官舍 三戶와 裁判所用 六戶와 監督官用 二戶와 書記, 部長, 區裁判所 判檢事用 等을 建築ᄒᆯ 터인디 其他 建地ᄂᆫ 南大門內와 西大門內와 其他 一個所로 決定ᄒ얏다더라.[53]

1909년 5월에는 법부대신을 비롯하여 여러 신하들과 함께 순종황제를 폐견(陛見)하였다.[54]

◎倉富歸國　司法權이 委任된 後에 日本政府의 實施 準備 及 施行制度ᄂᆫ 統監府에셔 調査ᄒ야 임의 完了되엿ᄂᆫ 故로 倉富 法部次官이 此를 携帶ᄒ고 日本에 出發歸國ᄒ다더라.[55]

●兩氏歸國　旣報와 如히 政府委員을 任命ᄒᆫ 司法廳長官 倉富氏와 內部 次官 岡喜氏ᄂᆫ 共히 來 十七日에 南門列車로 出發 歸國ᄒ기로 決定ᄒ얏다더라.[56]

50　ヒマラヤ山人,「京城辯護士界の人物」,『朝鮮及滿洲』第89號, 1914.12, 73면.
51　『황성신문』, 1908.5.9.
52　『황성신문』, 1908.9.11.
53　『황성신문』, 1909.3.20.
54　『관보』제4389호, 1909.5.29.
55　『황성신문』, 1909.8.19.
56　『대한민보』, 1910.1.15.

한국에 온 구라토미의 행적에 관한 신문기사는 이상에서 보듯이 정작 한국인이 알고 싶은 사항은 보도하지 않고 알아도 그만 몰라도 그만인 것들로 채워있어서 일본인의 철저한 조선인 우민정책을 보여주고 있다.

한일합병 이후에도 『매일신보』에는 구라토미의 이름이 자주 거명되는 기사가 많이 발견되지만 대부분 정례회의를 개최한다는 것, 시찰한 것, 업무협의차 본국에 출장한 이야기, 연회 등 우리들 한국인이 정작 알고 싶은 법률의 제정이나 내용에 관한 구체적인 계획은 전혀 보도하지 않고 있다.

몇 가지만 예를 들면 총독부에서 정례장관회의를 하면서 참석자의 명단을 열거하는가 하면,[57] 기우치 주시로(木內重四郞) 전 농상공부 장관이 신병으로 사임하면서 송별회를 하는 기사 가운데 구라토미가 예사(禮辭)를 하고 기우치가 답사하는 의례적인 기사를 2단에 걸쳐 크게 보도하기도 하였다.[58] 또한 개성에 가서 삼정과(蔘政課)를 관람하는 등 공식적인 기사[59]의 면모를 보여주는 것이다. 이러한 신문의 보도태도는 구라토미가 귀국할 때까지 회의를 주재한다[60]는 피상적이고 내용 없는 기사들로 아까운 지면만 허비할 뿐이었다.

『매일신보』의 대표적인 기사를 하나 더 열거한다.

　　●倉富長官의 消息　寺內 總督의 南鮮巡視에 隨行中인 倉富 長官 及 鄕津 釜山地方法院 檢事正 一行은 司法事務 視察ᄒ기 爲ᄒ야 九日 午後 一時에 卄八分着 急行列車로 馬山으로브터 來邱ᄒ야 卽히 唯屋旅館에 入ᄒ얏는뎌 官民의 出迎이 盛大ᄒ얏고 且 其 夜는 當地 官民 有志의 歡迎에 參ᄒ고 十日에는 各々 司法事務를 視察歸任ᄒ올터이라더라(大邱支局).[61]

이처럼 뉴스밸류는 물론 내용 없는 기사들이 대부분이었다.

한국에서 법부 차관으로서 재임 중 일본 신문『京城日報』1909년 1월 1일 자

57 「定例長官會議」, 『매일신보』, 1911.5.27.
58 「木內氏送別會」, 『매일신보』, 1911.8.2.
59 「倉富長官開城行」, 『매일신보』, 1911.9.12.
60 「司法官會議主宰」, 『매일신보』, 1913.1.15.
61 『매일신보』, 1913.3.11.

「명사의 신춘소감」이란 칼럼에 쓴 글이 있다.[62] 여기서 그는 "신년은 필지(必至)의 것, 특히 우리들과 같이 수십 회의 신년을 맞이하는 자에게는 신년을 맞이해도 각별한 기쁨은 없다. 그렇지만 평소 다루는 서책 집기 등을 정돈하고 이른 아침 단좌하여 도소(屠蘇)[63]주를 마시면서 스스로 심신을 함께 고치는 감정이 있는 것은 매년의 일로서 기유(己酉) 신년은 동양의 천지가 매우 평온하고 이목을 놀라게 하는 일 같은 것은 없을지라도 일본 국민을 위한 모든 사업은 내외에 그 얼마 허용될지 알지 못하며 나는 각자 신년에 함께 일층 원기를 고무하여 용진하기를 바란다"고 하였다. 이 '소감'에서는 중요한 것에는 언급하지 않고 있지만 "일본 국민을 위한 모든 사업은"에서는 조선 식민지화 직전의 사정과 분위기를 바로 읽어낼 수 있을 것이다.[64]

1913년 귀국한 이후에도 조선과 관련을 가진 일이 있는지 알 수 없지만 만년에 그는 회고하는 글을 남겼다. 즉 1940년 「조선 사법제도에 관한 사견(私見)」[65]이 그것이다.

구라토미의 한시비(漢詩碑)가 1940년 가모(賀茂) 신사 경내에 세워졌는데 그 내용은 다음과 같다.

◎ 山鄕皇祖社　川水又澄淸
　　諸將幾申禱　親王曾致誠
　　昭昭神德耀　赫赫武威明
　　欣仰宸猷大　風宣掩八紘

이 비가 세워진 1940년은 일본 연호로 진부(神武)[66] 기원(紀元) 2600년으로 마침

---

62 제701호. 제4부 13면.
63 도소주(屠蘇酒) : 불로장생의 효험이 있다는 술로 설날에 축하주로 마신다는 뜻.
64 新藤東洋男, 앞의 책, 56면.
65 원문은 주 68의 좌담회에 수록되어 있으며, 한국어 번역은 남기정 옮김,『일제의 한국 사법부 침략실화』, 215~219면에 수록되어 있다.
66 진부(神武)란 일본 신화에서 전하는 제1대 천왕이다. 규슈에서 동정(東征)하여 세도나이카이(瀨戶內海)를 거쳐 야마도(大和) 지방에 들어와 가시하라노미야(橿原宮)에서 즉위하였다. 메이지시대에는 이 신화에서 산정(算定)하여 일본 건국의 기원 원년으로 삼았다. 미야다 미쯔오, 김효전 옮김,『현대일본의 민주주의 – 제도를 통한 정신』, 교육과학사, 1992, 제2장「현대일본의 정치신화」참조.

중일전쟁이 발발하여 국민의 정신을 고양하기 위해서 각종 기념행사와 축전이 열렸는데 이 비도 그중의 하나라고 한다. 비 뒷면에는 사사(社司), 즉 신주(神主)인 구마가이 요시후미(熊懷嘉文)가 적은 건비(建碑) 설명이 새겨져 있다.[67]

4. 구라토미의 연구현황

구라토미에 관한 최근까지의 연구 성과에 대해서는 이토 다카시(伊藤隆)·스에타케 요시야(季武嘉也) 편, 『近現代日本人物史料情報辞典』 2(吉川弘文館, 2005), 88~89면이 가장 상세하다. 이것을 중심으로 몇 가지의 문헌과 자료를 추가하기로 한다.

먼저 「倉富勇三郎 文書」가 일본 국립국회도서관 본관 4층 헌정자료실에 소장되어 있다. 문서에는 목록이 있으며 원 자료와 마이크로필름으로 이용할 수 있다. 이 문서는 33분야로 정리되어 있으며 크게 일기, 사법성·대심원 관계, 조선 사법(司法) 관계, 제실(帝室)제도심의회 관계, 기타로 구성되어 있다.

구라토미는 관료로 재직하던 동안인 1919년부터 1944년 12월까지 매일 일기를 썼는데 어떤 목적으로 이처럼 상세한 기록을 남겼는지는 알 수가 없지만, 일본 근현대사의 이면과 한 관료의 인간적 고뇌를 이해할 수 있는 귀중한 문헌이라고 하겠다. 일본 국회에서는 일기를 비롯하여 문서 378점이 1974년에 헌정자료실에 '기탁되었다고 주어(주체)도 없이 보고하면서 하라 다카시(原敬, 1856~1921)의 일기와 비교하고 있다.[68] 일기는 너무 어려운 한문 초서로 작성되어 있어서 일반인은 판독하기가 어렵다. 한국에 재임하는 동안에는 일기를 쓰지 않아서 크게 기대할 것이 없지만 후일에 일부 회고를 적었을 정도로 생각된다.

일기의 번각(翻刻)은 교토대학 대학원 문학연구과의 나가이 가즈(永井和) 교수가 오랫동안 이것을 교재로 강독과 연구를 해왔다(http://www.bun.kyoto-u.ac.jp/~knagai/kur-

---

67 이상은 浮羽町史編集委員會, 『浮羽町史』 下卷, 1988, 769면에 의함.
68 桑原伸介, 「倉富勇三郎 文書」, 『國立國會圖書館月報』 第157號, 1974, 14면.

atomi/kuratomi.html). 나가이 교수를 중심으로 한 倉富 勇三郞日記硏究會 編, 『倉富勇三郞日記』(國書刊行 會, 全9卷) 중 제1권(1919~1920, 本體 20,000엔+세금)이 2010년 11월 말에 발간되었으며 매년 1권씩 발간할 예정이라고 광고를 내고 있다. 이 일기를 사용한 학 술연구로서는 유이(由井正臣) 편, 『樞密院の硏究』(吉 川弘文館, 2003)가 있다. 또한 조선 황실 관계의 일기 를 풀어서 작성한 오카모토 마키코(岡本眞希子)의 주 석이 「未公開資料朝鮮總督府關係者錄音記錄(4)」 (學習院大學東洋文化硏究所 編, 『東洋文化硏究』5, 2003)에 미야타 세쓰코(宮田節子)의 감수로 수록되어 있다.

구라토미 유자부로

나가이 교수는 2004년 9월 20일 한국정신문화 연구원(현 한국학중앙연구원)의 초청으로 '倉富勇三 郞日記と植民地朝鮮'이란 제목으로 강의한 일이 있다.[69]

그 밖에 李榮娘, 「第1次憲政擁護運動と朝鮮の官制改革論」, 『日本植民地硏究』 第3號, 1990; 伊藤之雄, 「近代日本の君主制の形成と朝鮮」, 『法學論叢』 第154卷 4 · 5 · 6號, 2004 등이 있다.

사법성 · 대심원 관계 자료는 1902년에 취임한 대심원검사와, 계속하여 오사카 와 도쿄의 공소원(控訴院) 검사장시대의 자료 32점이 남아 있다. 이것은 현재에는 최고재판소가 관할하는 전국의 각 심급재판소의 인사와 예산을 포함한 사법행정 과, 현재에도 법무성 소관인 감옥이나 검사국(檢事局)에 대한 자료들이다. 사법행 정을 둘러싼 정치는 연구가 희박한 분야이며 그 때문에 구라토미 문서의 존재는 귀중하다.

조선 사법 관계 자료는 28점이 남아 있다. 초대 통감 이토 히로부미가 일본인 사 법관료를 한국에 대량으로 보내면서 격려한 연설 요지를 받아 적은 기록에서 시작 하며 서류 맨 위에는 (秘)라는 도장이 찍혀 있다. 법의 중요성을 강조하는 듯하지만 실상은 '법의 형식'을 취한 식민지지배의 참모습을 볼 수 있는 자료이다. 또한 통감

---

69 강의는 이승엽(李昇燁) 씨가 통역하였으며, 원문(일본어)은 인터넷에서 다운 받을 수 있다.

부 참여(參與)로서 구라토미 본인이 작성한 「일본재판소설치의견」이라든가, 대한제국 법부차관으로서의 업무에 관련된 「법부 정무 보고 초안」이나 「법부 장관 훈시」 등, 기타 한일합병 이후에 작성된 「조선민사령 요지」 같은 문서도 포함되어 있다. 이에 대해서 구라토미가 한일합병 전에는 1907년부터 대한제국 정부의 법부 차관과 한국통감부 참여를 겸했고, 합병 후에는 조선총독부 사법부(司法部) 장관을 1913년까지 지냈기 때문에 다른 입장에서 6년간을 근무했다고 아사노 도요미(淺野豊美)는 적고 있는데, 입장의 변화는 발견하기 어렵고 결국 일관된 식민지 사법정책을 수행한 기록이라고 보겠다. 이 시기의 조선 사법제도에 관한 구라토미의 글은 『朝鮮公論』,[70] 『朝鮮及滿洲』,[71] 『滿韓之實業』 등과 같은 잡지에도 몇 가지의 글이 실려 있다. 제실제도 심의회 관계 문서는 하타노 요시나오(波多野敬直) 궁내대신(宮內大臣)의 상주문을 중심으로 18점의 자료가 있다. 이것을 사용한 연구로는 西川誠, 「大正後期皇室制度整備と宮內省」(『年報·近代日本硏究 20 宮中·皇室と政治』, 山川出版社, 1998); 梶田明宏·內藤一成, 「資料紹介 『倉富勇三郎日記』-「皇族ノ降下ニ關スル施行準則」關係抄錄(大正 8年)」(『書陵部紀要』 52, 2000)이 있다. 또한 伊藤之雄, 『政黨政治と天皇』(『日本の歷史』 22, 講談社, 2002)에서는 구라토미의 일기를 사용하여 다이쇼 정변(大正政變)으로부터 궁중 모 중대사건에 이르는 시기의 정치사적 전개의 내적 원인이나 주요 액터의 세력배치가 선명하게 나타나 있다.

구라토미는 1920년부터 취임한 추밀고문관으로서의 직책에 관련된 자료는 1926년부터 1934년까지 8년여 동안 추밀원 의장을 지냈음에도 불구하고 찾아보기 어렵다.

한국 측에서의 구라토미에 관한 상세한 연구는 아직 발견하지 못했으며, 그의 단문인 「조선사법제도(朝鮮司法制度)에 관한 사견(私見)」(1935.7.30)의 번역이 남기정(南基正) 역, 『일제의 한국사법부 침략실화』[72](육법사, 1978), 215~219면에 수록되었으며, 최근 문준영(文竣暎) 교수에 의한 자료 소개 「통감부재판소 설치에 관한 자

---

70 이 잡지의 총목차는 한일비교문화연구센터 편, 『조선공론 총목차·인명색인』, 어문학사, 2007로 발간되었다. 구라토미의 글은 「朝鮮司法制度の沿革及現狀」(제1권 4호, 1913.7)이 있다.
71 이 잡지의 총목차는 임성모 편, 『조선과 만주 총목차·인명색인』, 어문학사, 2007로서 발간되었다. 구라토미의 글은 「朝鮮人犯罪の變遷」(제73호, 1913.8), 「倉富法務大官を訪ふ」(제11호, 1909.1) 등이 있다.
72 이 책은 朝鮮司法界の往事を語る座談會(1940年 8月 15日 開催)(『司法協會雜誌』 第19卷 10·11號 別冊을 번역한 것이다.

료－倉富勇三郞와 梅謙次郞의 의견서」[73]가 있을 정도이다. 문교수는 「16. 한국
에서의 재판사무에 관한 건」[74]을 우메 겐지로의 「한국에서의 재판제도 개정에 관
한 비견(卑見)」과 아울러 소개하고 있다. 우메와 관련하여 임상혁, 「1908년 민사소
송법안의 성립과 그 성격」[75]이 있다.

다음에는 우리들의 관심사인 조선사법 관계 자료를 자세히 보기로 한다.

5. 한국 사법에 관한 기록

일본 국립국회도서관 헌정자료실에 소장되어 있는 「倉富勇三郞 文書目錄」은
전체 16면이며 그 내용은 '부록'과 같다. 여기서는 이 가운데 우리나라와 직접 관
련된 「30. 조선사법관계서류」의 목록만을 본다.

    1. 陸軍將校招待席上 伊藤 統監演說要領 筆記   蒟蒻板 一綴

    2. 韓國法官招待席上 伊藤 統監演說要領 筆記   蒟蒻板 一綴

    3. 司法官招待席上 伊藤 統監演說要領 筆記   明治 42年 4月 21日   蒟蒻板 一綴

    4. 司法官ニ對スル總督訓示案 大正 2年   墨書 一綴

    5. 日本裁判所設置意見   墨書 一綴

    6. 法部官制案   墨書 一綴

    7. 法官學校官制案   墨書 一綴

    8. 法部政務報告案 隆熙 2年   墨書 一綴

    9. 法部 所管 政務狀況報告書案 隆熙 2年   墨書 一綴

    10. 司法 及 監獄事務槪要 自 明治 43年 1月 至 明治 43年 3月 17日 稿 謄寫

    11. 朝鮮民事令要旨   墨書 一綴

---

[73] 『法史學硏究』 제36호, 2007, 331~366면.

[74] 원문과 번역은 354~359면.

[75] 『한국민사소송법학회지』 제14권 제1호, 2010, 375~393면.

12. 朝鮮刑事令 要旨   墨書 一綴

13. 法部 長官 訓示   墨書 一綴

14. 裁判所職員定員 意見書案　明治 43年   墨書 一綴

15. 歸化法ノ大體ニ就テノ意見   蒟蒻板 一綴

16. 朝鮮司法事務ニ關スル新制度ノ概觀　明治 45年   墨書 一綴

17. 韓國ニ於ケル司法 及 監獄ノ制度　明治 43年   墨書 一綴

18. 韓國司法制度ノ概觀　倉富 韓國 法部 次官   墨書 一綴

19. 韓國ニ於ケル裁判事務ニ關スル法令案   墨書 一綴

20. 朝鮮ノ司法制度 所見 草稿   墨書 一綴

21. 朝鮮司法制度ノ沿革 及 現狀ノ概要　大正 2年   墨書 一綴

22. 朝鮮ノ司法制度ニ關スル私見　昭和 十五年   ペン書

23. 統監府 司法警察官 官制   謄寫

24. 治安警察ニ關スル制令案ニ對スル意見　明治 43年   墨書 一綴

25. 朝鮮總督府 官制   蒟蒻板 一綴

26. 朝鮮總督府 官制 改正審案　大正 3年   墨書 一綴

27. 朝鮮總督府 警察官署 官制   墨書 一綴

28. 朝鮮司法關係 雜資料   一綴

　　이미 보았듯이 이 중 「조선사법제도(朝鮮司法制度)에 관한 사견(私見)」과 「16. 한국에서의 재판사무에 관한 건」만이 한글로 번역되었을 뿐이며 나머지는 아직 소개도 제대로 되지 않은 실정이다. 구라토미의 원문이 한자로 쓴 붓글씨인데다가 또 백여년 전의 일본어이기 때문에 판독하고 번역하는 일은 쉽지 않은 작업이지만 문서가 많지 않기 때문에 몇 사람이 힘을 합하여 노력하면 모두 정리할 수 있다고 본다.

　　요컨대 「조선사법관계서류」는 비록 체계적으로 정리한 것도 아니고 또 개중에는 초안을 메모한 것에 불과한 서류도 있지만 통감부시대부터 조선총독부시대에 걸쳐 한국의 법체계를 기술적으로 붕괴시키면서 해체시킨 작업을 일관해서 추진한 기록인 동시에 증거이기도 하다. 일본 자체가 정치적으로 혼란하고 무질서한 시기에 문명국가인 조선을 통치하기에는 이토와 구라토미 모두 힘겨웠던 모습을 상상할 수 있다. 이런 기록이나마 변변히 모아두지 못한 우리로서는 몇 조각 안 되는 문서로서 법의 너울을 쓴 식민지지배의 가면을 벗기는 동시에 피지배자로서 억압당하고 유린된 실상을 똑똑히 기억해 두어야할 것이다.

참고문헌

1. 倉富勇三郎日記硏究會 編, 『倉富勇三郎日記』第1卷(1919~1920), 國書刊行會(全9卷 예정), 2010.
2. 國立公文書館所藏, 『樞密院高等官履歷』第5卷, 東京大學出版會, 1997.
3. 伊藤 隆·季武嘉也 編, 『近現代日本人物史料情報辭典』2, 吉川弘文館, 2005.
4. 『20世紀日本人名事典』, 日外アソシェーツ, 2004.
5. 『福岡縣人物·人材情報リスト』, 日外アソシェーツ, 2000.
6. 日本史廣辭典編集委員會 編, 『日本史人物辭典』, 山川出版社, 2000.
7. 臼井勝美 他編, 『日本近現代人名辭典』, 吉川弘文館, 2001.
8. 新訂增補, 『人物レファレンス事典, 明治·大正·昭和(戰前)編 あ~し』, 日外アソシェーツ, 2000.
9. 「倉富恒二郎」, 『日本人名大辭典』, 講談社, 2001.
10. 『コンサイス 日本人名事典(第4版)』, 三省堂, 2001.
11. 『新潮日本人名事典』, 新潮社, 1991.
12. 『政治家人名事典』, 日外アソシェーツ, 1990.
13. 『國史大事典』第4卷, 吉川弘文館, 1984.
14. 『福岡縣百科事典 上』, 西日本新聞社, 1982.
15. 增田知子, 朝日新聞社 編, 『(現代日本) 朝日人物事典』, 1990.
17. 秦郁彦 編, 『戰前期日本官僚制の制度·組織·人事』, 東京大學出版會, 1981.
18. 『日本人名大事典』, 平凡社, 1979.
19. 阿部薫 編, 『朝鮮功勞者銘鑑』, 民衆時論社·朝鮮功勞者銘鑑刊行會, 1935(『朝鮮人名資料事典』 第4卷, 日本圖書センター, 2002로 改題하여 復刻).
20. 山浦貫一, 『政局を繞る人々』, 「純官僚型」, 四海書房, 1926(이 책은 『日本人物情報大系』第26 卷, 晧星社, 2000에 復刻).
21. 『日本法曹界人物事典』第1卷(司法篇), ゆまに書房, 1995.
22. 「倉富勇三郎と朝鮮植民地化の事業」, 新藤東洋男, 『浮羽地方の近現代史』, 浮羽-三井敎育耳納 會, 2000.
23. 岡本眞希子, 「樞密院と植民地問題-朝鮮·臺灣支配體制との關係から」, 由井正臣 編, 『樞密院 の硏究』, 吉川弘文館, 2003.
24. 桑原伸介, 「倉富勇三郎 文書」, 『國立國會圖書館月報』第157號, 1974.
25. 永井和, 「日比谷燒打事件と倉富勇三郎」, 『立命館文學』第605號, 2007.

「倉富勇三郎 文書目錄」

일본 국립국회도서관 헌정자료실에 소장되어 있는 「倉富勇三郎 文書目錄」은
전체 16면이며 그 내용은 다음과 같다.

1. 大正 八年 日記	17. 昭和 十年 日記
2. 大正 九年 日記	18. 昭和 十一年 日記
3. 大正 十年 日記	19. 昭和 十二年 日記
4. 大正 十一年 日記	20. 昭和 十三年 日記
5. 大正 十二年 日記	21. 昭和 十四年 日記
6. 大正 十三年 日記	22. 昭和 十五年 日記
7. 大正 十四年 日記	23. 昭和 十六年 日記
8. 大正 十五年 日記	24. 昭和 十七年 日記
9. 昭和 二年 日記	25. 昭和 十八年 日記
10. 昭和 三年 日記	26. 昭和 十九年 日記
11. 昭和 四年 日記	27. 充紳
12. 昭和 五年 日記	28. 皇室關係書類
13. 昭和 六年 日記	29. 司法關係書類
14. 昭和 七年 日記	30. 朝鮮司法關係書類
15. 昭和 八年 日記	31. 其他雜資料
16. 昭和 九年 日記	32. 乞骸始末一, 二 (複寫本)
	[原本・倉富氏藏] 二冊 (* 사인펜으로 缺番)

33. 追加資料
    1. 津田三藏事件裁判所轄에 대해서　　　　　墨書 一級
    2. 裁判所構成法施行前後의 回顧　　　　　　펜書 一級
34. 乞骸始末 (32의 原本)　　　　　　　　　　　一冊
   (平成 11年 倉富의 曾孫 細嶋郁子氏로부터 購入)

VI. 한국에 온 우메 겐지로(梅謙次郞)*

1. 서설

우메 겐지로(梅謙次郞, 1860~1910)에 관하여 일본에서는 그의 전 저작이 CD-Rom 으로 정리되고, 호세이(法政)대학 도서관 소장 『梅謙次郞 文書目錄』도 이미 2000 년에 발간되고, 또 그에 관한 연구업적도 상당수에 달한다.[1] 그러나 우메가 한국

---

* 이 논문은 2006년 6월 23일 일본 호세이(法政)대학 브와소나드 기념 현대법연구소에서 발표한 내용을 약간 추가한 것이다. 발표의 기회를 마련해 주신 가쿠슈인(學習院)대학의 오카 다카시(岡孝) 교수와 통역을 맡아주신 이영미 교수께 감사를 드린다.

[1] 우메의 저작목록은 岡孝・江戸惠子,「梅謙次郞 著書および論文目錄－その書誌學的硏究」,『法學志林』제82권 3・4호, 1985, 137~214면; 梅文書硏究會 編,『法政大學圖書館所藏 梅謙次郞文書目錄』, 法政大學 ボアソナード記念現代法硏究所, 2000, 259면;『ボアソナード講演集・著作目錄－ボアソナード・梅謙次郞沒後 100周年記念冊了』, 法政大學, 2010 참조. 위의 저작목록에 누락된 것을 추가하여 오카 교수는 우메의 저작 전체를 CD로 만들었다. 이것은 대한민국국회도서관과 동아대학교 도서관에 소장하고 있다.
참고문헌은 特集：民法100年と梅謙次郞,『法律時報』第70卷 7號, 1998.6;「日本近現代人名辭典」, 吉川弘文館, 2001, 155면; 梅文書硏究會 編,『法政大學圖書館所藏 梅謙次郞文書目錄』, 法政大學ボアソナード記念現代法硏究所, 2000, 259면; 法政大學大學史資料委員會 編,『法律學の夜明けと法政大學』, 1992, 315~328면; 野島幹郞,「梅謙次郞博士, 顯彰の障(1)~(4)」,『法律のひろば』제44권 1호~4호, 1991; 中村哲,「梅謙次郞の法思想」,『法學志林』제89권 2호, 1992; 向井健,「梅謙次郞」,『日本の法學者』, 日本評論社, 1974, 73~96면 등이 있다.
기타 일본 문헌을 그대로 신뢰하고 선전한 논설도 있다. 예컨대 Marie Seong-Hak Kim, "Ume Kenjirō and the making of Korean Civil Law, 1906~1910", *The Journal of Japanese Studies*, Vol. 34, No. 1, 2008, pp.1~31.

에서 입법활동에 참여한 경과나 성과에 관한 연구는 일본이나 한국 측 모두 별로 없는 실정이다. 물론 근대 한국의 사법제도와 우메와의 관계를 정면으로 천착한 이영미(李英美) 교수의 우수한 박사논문이 없는 것은 아니다.[2]

여기서는 한국과 우메와의 관계를 지금까지의 선행 연구와는 다른 각도에서 검토하기로 한다. 그것은 당시의 한국 측 신문과 잡지에 소개 내지 보도된 우메의 활동상황을 직접 인용하면서 우메를 비롯하여 통감부의 일본인 관리라든가 그들의 입법 활동에 대해서 조선인은 어떤 반응과 태도를 보였는가를 실증적으로 검토하기로 한다.

그러한 의미에서 이 보고는 우메 개인의 한국에서의 진정한 모습을 재구성하고 그의 공과를 평가하는 기초 작업인 동시에, 크게는 일본인의 한국 통치를 객관적이며 정당하게 채점하는 기초 자료를 제공하는 데에 있다.

2. 우메 겐지로의 생애

우메 겐지로는 1860년 이즈모(出雲)[3] 항슈(藩士)[4]의 시의(侍醫)의 아들로서 태어났다. 1875년 도쿄(東京)외국어학교에 입학하여 프랑스어를 배우고 1880년에 졸업한 후 사법성 법학교에 편입학하여 1884년에 졸업하였다. 우메는 법학교 제2기생

---

2 한국과 관련하여 연구한 한국문헌으로는 김효전, 「입법의 근대화」, 『인권과 정의』, 2002.10, 145~151면; 김효전, 『근대 한국의 법제와 법학』, 세종출판사, 2006, 316~356면에 재수록; 일본 문헌으로는 李英美, 『韓國司法制度と梅謙次郎』, 法政大學出版局, 2005(김혜정 옮김, 『한국사법제도와 우메 겐지로』, 일조각, 2011); 鄭鍾休, 『韓國民法典の比較法的研究』, 創文社, 1989 외에 논설로는 內藤正中, 「韓國における梅謙次郎の立法事業」, 『島大法學』 제35권 3호, 1991, 1~25면; 川崎万藏, 「朝鮮における梅博士-立法事業, 舊慣調査等に因みて」, 『法學志林』 제49권 1호 참조.
위의 가와사키(川崎)는 이 부동산조사회의 보좌관보였으며, 통역관은 우메가 설립한 와부츠(和佛)법률학교(현 호세이(法政)대학의 전신)의 제자인 석진형이었다.

3 이즈모항(出雲藩)에는 히로세(廣瀬)번, 모리(母里)번, 마쓰에(松江)번의 세 번이 있었다. 이즈모 노쿠니(出雲國)는 일찍이 일본의 지방행정구역이었던 구니(國)의 하나로 상잉도(山陰道)에 위치한다. 현재의 시마네(島根)현의 동부에 해당된다.

4 항슈(藩主)란 제후가 다스리는 영지(藩)의 통치자를 말하며, 좁은 의미로는 에도시대에 번(藩)을 다스리던 영주인 다이묘(大名)를 가리킨다.

가운데 도쿄외국어학교에서 편입학한 데즈카(手塚太郎), 다페이(田部芳), 고가와(小川鐵吉), 모모치(百地宅憲), 이시카와(石川錦一郎) 등과 함께 6인 중의 한 사람으로 수석으로 졸업하였다.[5]

우메 겐지로

이어 1886년 프랑스 리용(Lyon)대학에 유학하여 1889년 「화해론」(Oumē Kendjiro, "De la transaction, Paris, Docteur en droit", 1889, 357pp.)으로 법학박사의 학위를 받았다.[6] 그 후 베를린대학에 잠시 머물렀다가 다음 해 귀국하여 도쿄법학교의 전문 교원이 되었다. 이들은 조르즈 아페르(George Appert),[7] 구마노(熊野敏三), 우메(梅謙次郎), 가와무라(河村讓三郎)였다. 법학교 출신은 사법계와 관계, 학계 등에 많은 사람들이 진출했는데 이 가운데 한국과 관련이 있는 인사로는 우메와 동기생인 와타나베 노부(渡邊暢)[8]가 통감부의 대심원장을 역임했으며, 통감부 법부차관을 지내

---

5 상세한 것은 手塚豊, 「司法省法學校小史」, 『明治法學教育史の研究』, 慶應通信, 1988, 80~83면 참조.

6 이 책은 2002년 信山社에서 『日本立法資料全集』 別卷 240으로 영인 출간되었다.

7 아페르에 관하여는 西堀昭, 「元司法省法律顧問 ジョルジュ·ヴィクトル·アペールについて」, 『手塚豊教授退職記念論文集 明治法制史政治史の諸問題』, 慶應通信, 1977, 853~893면 참조.

8 와타나베 노부(渡邊暢, Nobu Watanabe)는 1858년 지바(千葉) 출생. 1876년 사법성 법학교 8년 과정 불란서과에 입학하여 기숙사생활을 하고 1884년 7월에 우메와 함께 졸업하였다. 판사보로서 지바 마치에서 시작했으며, 각지에서 판사생활을 하다가 한국에는 1908년 2월 24일 자로 신설된 대심원장에 임명되었다(법원행정처 편, 『한국법관사』, 육법사, 1976, 163면). 같은 해 6월 22일에는 법전 조사국 위원으로 임명되고, 1909년 11월 1일 자로 법전조사국위원 칙임대우로 촉탁하였다. 그에 관한 기사로서는 대심원(『황성신문』, 1908.3.12), 메이지대학 교우회에 참석(『황성신문』, 1908.6.17), 「법률과 도덕」에 관한 연설(『황성신문』, 1908.11.10), 청년회 개관식에서의 연설(『황성신문』, 1908. 12.4) 등이 있다.
한일합병 이후에 조선총독부는 1910년 10월 15일 자로 대심원을 고등법원으로 개칭하고 와타나베를 다시 고등법원장에 임명하여 1923년 4월까지 재직했다(위의 책, 172면). 이때의 인사를 보면 고등법원 검사장에 고쿠부(國分三亥), 경성공소원장(京城控訴院長)에 조 가즈마(城數馬), 경성공소원 검사장에 세이후로(世古祐次郎), 평양공소원장에 나가지마(永畠嚴), 평양공소원 검사장에 무카이(向井嚴), 대구공소원장에 도이(土井庸太郎), 대구공소원 검사장에 구로가와(黑川穰)이었다.
와타나베와 조 가즈마는 이전에 호세이대학에서 함께 지냈기 때문에 우메와도 깊은 인간적인 관계가 있다. 또한 경성공소원 검사정 세이후로(世古祐次郎), 함흥지방재판소장 이와모토(岩本以明), 진주지방재판소 검사장 세키구치(關口半), 공주지방재판소장 가와라(河原健之助)도 호세이대학 출신이었다. 그는 서울에서 변호사개업을 하였으며, 1919년에는 구라토미 유자부로가 법학박사학위를 받도록 추천하기도 하였다(『倉富勇三郎日記』第1卷, 2010, 68면). 그 후의 그의 행적은 알 수가 없다. 와타나베는 기독교인으로서, 한국과 관련된 몇 가지 논설을 남겼다. 예컨대 「司法權の獨立と司法官の風尙」, 『朝鮮公論』 제6권 6호, 1918, 34~35면; 「朝鮮に於ける司法制度に就いて」, 『朝

고 후일 추밀원의장이 된 구라토미 유자부로(倉富勇三郎), 평양공소원장을 지낸 나카지마(永島巖) 등이 있다.[9]

우메는 (도쿄)제국대학 법과대학의 민법 교수로 부임하였다.[10]

그는 메이지 민법의 제정을 둘러싼 논쟁에서 조속한 입법을 주장하여 민법전의 편찬에 종사하는 등 일본 민법학의 기초를 놓았다고 한다. 그 밖에 법제국 장관, 문부성 총무장관, 호세이(法政)대학 총리 등 실무에도 관여하였다.

한국과의 인연은 1906년 통감부에서 이토 히로부미(伊藤博文, 1841~1909)가 그를 초빙함으로써 시작된다. 그는 토지제도에 관한 법률제정, 관습조사 등 일본의 식민지 정책을 위한 사법제도의 개편에 힘쓰다가 1910년 서울에서 지병인 장티푸스가 재발하여 사망하였다.

독일 여성과 이혼한 형의 2만 엔의 위사료(慰謝料)의 지불을 위해서 우메는 몹시 고통을 받았다고 한다.[11]

3. 한국에 관한 논설

우메가 한국의 사법제도와 관련하여 발표한 논설은 다음과 같다.

　① 「不動産に關する韓國慣習法一斑」, 『法曹記事』 제18권 6호, 1908.

　② 「韓國の典當」, 『法學協會雜誌』 제26권 10호, 1908.

鮮及滿洲』 제69호, 1927; 「幼年犯罪者の取扱法に就して」, 『朝鮮及滿洲』 제89호, 1928. 기타 「獨乙訴訟法の缺陷と塽國訴訟法の補塡」 제74호, 1913; 「歐洲見聞餘錄」, 『朝鮮公論』 제1권 6호, 1913; 渡邊暢 談(高等法院長), 「余が基督教を信するに至りし經路」, 『朝鮮及滿洲』 제55호, 1912.7.15), 17~18면; 과거의 회상은 『朝鮮及滿洲』 제100호, 1915; 기타 "The New Law Courts of Korea", in : *The Seoul Press*, 1908.8.4 등이 있다.

9　상세한 것은 김효전, 「대한제국시대의 일본인 법률가들」, 『학술원 논문집』(인문·사회과학편) 제50집 1호, 2011, 187~223면 참조.

10　法政大學大學史資料委員會 編, 『法律學の夜明けと法政大學』, 1992, 315~328면.

11　長尾龍一, 「梅謙次郎」, 『朝日 日本歷史人物事典』, 1994, 242~243면.

③「韓國の法律制度に就て(上下)」,『東京經濟雜誌』제1512호 및 1514호, 1909.

④「韓國今後の司法」,『經濟時報』제82호, 1909.

⑤「韓國の話」,『國家學會雜誌』제21권 12호, 1909.

⑥「法人に關する韓國慣習法一斑」,『法學協會雜誌』제27권 5호, 1909.

⑦「伊藤公と立法事務」,『國家學會雜誌』제24권 7호, 1910.

⑧「韓國の合邦論と立法事業」,『國際法雜誌』제8권 9호, 1910.

⑨「合倂後の韓國法制」,『刑事法書林』제2권 제9호, 1910.

이상의 논설들은 대부분 이영미 교수에 의해서 한국어로 번역되어 연구자들에게 많은 도움을 주고 있다.[12]

우메는 이토가 사망하였을 때에 이토의 입법사업에 대해서 강연을 하기도 하였다.[13]

그 밖에 법률과는 직접 관련이 없지만 우메의 글을 소개한 것으로 구한생 역(舊恨生 譯),「한국지산(韓國之山)은 불가불(不可不)○오 기(其) 인민(人民)은 불가불나타(不可不懶惰)」,『대한유학생회보』제3호(1907)의 번역이 있다.

4. 신문보도

1906년 통감부의 이토 히로부미는 도쿄대학 민법 교수인 우메를 초빙하여 토지제도에 관한 법률제정, 관습조사 등 일본의 식민지 정책을 위한 사법제도의 개편에 힘썼다.[14] 실제로 그는 민사소송법안을 완성하는 등,[15] 여러 방면에 관여하

---

12 이영미 편역,「근대 한국법과 梅謙次郎」,『동아법학』제39호, 2007, 289~380면 참조.
13 「伊藤公と立法事務」,『國家學會雜誌』제24권 7호, 1910.
14 「朝鮮司法界の往事を語る座談會(1940年 8月 15日開催)」,『司法協會雜誌』第19卷 10·11號 別冊 (남기정 옮김,『일제의 한국사법부 침략실화』, 육법사, 1978, 130면 이하) 참조.
15 임상혁,「1908년 민사소송법안의 성립과 그 성격」,『한국민사소송법학회지』제14권 제1호, 2010, 375~393면 참조.

였으며, 그의 저서 『민법강의』는 당시 한국에서도 판매되고 있었다.[16]

1) 우메의 직위

우메는 청국 정부로부터 법률고문을 제의 받기도 하였으나 이를 사양하고 이토 히로부미의 제안에 따라서 한국으로 가게 되었다. 그러나 청국의 제도에 관해서도 많은 관심을 가지고 있었다. 예컨대 『황성신문』은 중국의 법제개정과 관련하여 다음과 같이 우메를 언급하기도 하였다.

● 梅博士와 淸國大臣　日本法學博士 梅謙次郞氏가 曩日 我國에서 滿洲를 經ᄒ야 淸國을 巡遊ᄒ얏ᄂ디 梅博士가 北京에 到ᄒ 則 適其時 淸國의 立憲下諭가 下ᄒ지라. 肅親王은 曰 今番 煥發된 上諭ᄂ 法學準備의 上諭인 것이 日本에서 國會開設의 詔勅에ᄂ 期限이 作定되얏스나 我皇上陛下의 上諭에ᄂ 實行의 期限이 無ᄒ다 ᄒ고 袁總督은 淸國의 條約改正(卽 領事裁判의 撤去) 等事로 梅博士의 意見을 問ᄒ 則 答曰 淸國의 條約改正에ᄂ 法典을 編纂홈이 必要ᄒ나 法典編纂에ᄂ 十年 以上의 歲月을 要ᄒ고 張總督은 問曰 兵力이 充實치 못ᄒ면 條約도 改正키 不能ᄒ리라 ᄒᄂ 故로 梅博士가 答曰 不然ᄒ 것이 日本에셔 條約改正홈이 日淸戰爭의 結果 뿐 아니라 ᄒ얏더라.[17]

그에 관한 당시 신문의 기사들은 다음과 같다. 우메를 제일 먼저 언급한 기사는 다음과 같다.

● 裁判兼掌　統監府에셔 政府에 勸告하야 法學博士 梅兼次一郞氏를 雇聘하기로 決定하얏ᄂ디 此 博士ᄂ 法部에 置하야 裁判所 事務ᄭ지 掌理홀 터이라 하더라.[18]

---

16 이 책은 일본 同文館 발행으로 특약점인 日韓書房의 서적 광고가 『대한매일신보』, 1907.5.4에 실려 있다.
17 『황성신문』, 1906.10.26 외보.
18 『대한매일신보』, 1906.7.12.

이것은 당시 가장 유력한 신문의 하나인『대한매일신보』에 보도된 것으로 우선 '梅兼次一郎'이란 이름자부터 틀린다. 여기의 '정부'란 물론 조선 정부를 말하는 것이며 통감부의 '권고'로 '고빙(雇聘)'하기로 결정하였다는 것이다. 이른바 고문정치라는 것은 오오토리(大鳥圭介) 공사의 내정개혁권고안에도 들어있었으며 근대 일본에서 널리 행하던 제도이다.

우메의 제자 가와사키(川崎万藏)[19]는 1906년 7월 하순 시모노세키(下關)에 도착하였다고 회고하고 있는데,[20] 그는 이미 7월 중순 한국에 들어온 것이다.

또 우메의 타이틀도 논설마다 여러 가지로 표현하고 있어서 정리할 필요가 있다. 우메 처럼 호세이(法政)대학의 총장을 지낸 오우치[21]는 '한국의 법전조사국의 고문'이 되었다고 하는 견해[22]와 우메는 한국 정부의 법률고문으로 취임하였다는 견해[23]로 나누인다. 그러나 대한제국의『관보』에는 "법학박사 법전조사국 고문을 촉탁함"(칙임관대우)으로 되어 있다.[24] 1907년 이전의『관보』에서는 우메의 이름을 찾아보기 어렵다.

2) 법전조사회의 설치

법전조사회에 관한 한국 측의 신문보도는 다음과 같다.

　　● 法部顧問設置　統監府에셔 政府에 勸告ㅎ야 法學博士 梅謙次郎氏를 雇聘ㅎ는 더 此 博士는 法部 顧問으로 두고 裁判所 事務도 맛타 본다더라.[25]

19　가와사키는 1908년 1월 1일 자로 법전조사국 사무관보(판임관 4등)에 임명되고(『관보』제3983호, 1908.1.29), 1910년 2월 2일 자로 법전조사국사무관(주임관 4등)으로 승진하였다.
20　川崎万藏,「朝鮮における梅博士」,『法學志林』(제541호) 제49권 1호, 1951, 98면.
21　오우치 효에(大內兵衛, 1888~1980)는 경제학자이며 재정학자. 도쿄대학 졸업 후 도쿄대학 교수 역임. 호세이대학 총장 역임.『(現代 日本) 朝日 人物事典』, 1990, 303면 참조.
22　大內兵衛,「梅博士の事業－梅謙次郎傳・その 5」,『法政』제3권 9호, 1954, 23면.
23　內藤正中, 앞의 논설, 2면.
24　『관보』, 1908.1.1.
25　『만세보』, 1906.7.12.

● 政府會議案　再昨日 政府에셔 臨時會議를 開ᄒ얏ᄂᆞᆫᄃᆡ 該 決議ᄒᆞᆫ 案件을 들은 則 法學博士 梅謙次郎氏를 雇聘ᄒ기로 可決ᄒᆞᆫ 後에 議政府에셔 主務가 되야 全國土地制度에 關ᄒᆞᆫ 事項을 一二疑으로 區別ᄒᆞ야 調査委員을 公薦으로 選定ᄒᆞᆫᄃᆡ 土地事項은 內部 所管으로 李源兢 鄭寅興 兩氏로 差定ᄒ고 租稅事項은 度支 所管으로 李健榮 金澤 兩氏로 差定ᄒ고 法律事項은 法部 所管으로 金洛憲 洪在긔 兩氏로 差定ᄒ야 法學博士 梅謙次郎氏와 갓치 調査ᄒ고 起草ᄒᆞᆯ 터인ᄃᆡ 臨時會議所ᄂᆞᆫ 英語學校로 定ᄒ고 來 月曜日부터 第一回 會同ᄒ다더라.[26]

● 制度委員會　政府에셔 土地制度와 法律制度와 租稅法制度를 改正 實施ᄒᆞᆯ 次로 法學博士 梅謙次郎氏를 延聘하얏ᄂᆞᆫᄃᆡ 本月 十三日 政府會議에 該 三件을 調査ᄒ기 爲ᄒ야 政府土地所關法 起草委員을 餘任ᄒ얏ᄂᆞᆫᄃᆡ 土地制度에ᄂᆞᆫ 正三品 李源兢 前參書 金澤 兩氏오 法律制度에ᄂᆞᆫ 法部 法務局長 金洛憲 正三品 洪在祺 兩氏오 租稅法制度에ᄂᆞᆫ 度支 司稅局長 李健榮 正三品 鄭寅興 兩氏라. 起草委員會 處所ᄂᆞᆫ 英語學校 內로 定ᄒ고 梅博士와 各 委員이 第一次 會同ᄒ야 三件法의 制度를 實施ᄒᆞᆯ 意見을 爛商ᄒᆞᆯ 터인ᄃᆡ 內法 兩部에셔 雇員 使令 各 一人式 派送ᄒ야 該所 事務에 竣工ᄒ기 ᄭᅡ지 幫助擧行케 ᄒ다더라.[27]

이처럼 법률기초위원회는 가동하기 시작하였다.[28]
　한편 토지제도와 법률제정 그리고 조세법제도와 관련하여 우메가 헌법을 제정한다는 소문도 나돌고 있었다.

◎ 法典編纂　我國에 아즉 一定ᄒᆞᆫ 法典이 업고 僅히 昨年에 刑法을 制定ᄒ얏스나 此 亦 完全홈을 得지 못ᄒ얏ᄂᆞᆫᄃᆡ 民法이 不明ᄒ면 舊慣風習에 固ᄒ야 權利義務의 本體를 失ᄒ고 其他 商法에ᄂᆞᆫ 訴訟法과 成文法이 無ᄒᆞᆫ 故로 民間에 關係가 複雜ᄒᆞᆫᄃᆡ 當局者 其 裁判判斷에 從ᄒ야 人民의 權利伸張에 正當ᄒᆞᆫ 實效를 得지 못ᄒ니 此ᄂᆞᆫ 完全ᄒᆞᆫ 法典의 編纂이 急務가 되ᄂᆞᆫ 바니 政府에셔ᄂᆞᆫ 此를 急務로 認ᄒ고 統監府로 交涉

---

26 『만세보』, 1906.7.15.
27 『황성신문』, 1906.7.16.
28 상세한 것은 정긍식, 「한말 법률기초기관에 관한 소고」, 『한국법사학논총』(박병호 교수 환갑기념) 2, 1991, 251~262면; 정긍식, 『한국 근대법사고』, 박영사, 2001, 82면 이하 참조.

호야 日本 法律學者 中의 高明호 日本 東京帝國大學 法科大學敎授 法學博士 梅謙次郎氏를 聘用호야 我國의 法典을 編纂혼다는디 氏는 去 九日에 着京호야 如何호 方法을 編纂홀는지 調査中이나 암만히도 各種의 法律을 詳密이 編纂홀야만 七八年이느 되어야 無論如何호 法律이든지 其 國의 人情 風俗 習慣으로 基礎를 삼아 法典을 完成호야 人民의 生命 財産을 安固確保호는 거시미 吾人은 其 完成홈을 一일이라도 早速호기를 바라는 바이더니 早晩間에 編纂의 機關으로써 法典調査會를 設置혼다 云호더라.[29]

이것은 우메에 대한 당시 한국인의 기대의 한 표현으로도 볼 수 있고, 한국인의 통감부와 우메에 대한 반응과 태도를 타진하기 위한 하나의 여론조작이라고 이해할 수도 있다.

3) 우메와 헌법제정

우메가 헌법제정에 관여한다는 소문은 1907년 7월부터 나돌고 있었으며,[30] 간간이 신문에 한두어 줄 정도로 보도되기도 하였다.

● 憲法을 急速히 施行호는 것이 時宜에 安當호야 總理大臣이 現今 擬議호는 中이라더라.[31]

또 일본어 신문인 『京城日報』에서도 우메의 이름을 거명하면서 아래과 같이 알리기도 하였다.

● 韓國憲法, 同 憲法起草案은 伊藤 統監의 命에 의해서 梅博士에게 擔任하여, 이

---

29 『만세보』, 1906.7.15.
30 『황성신문』, 1907.7.24.
31 「憲法擬議說」, 『황성신문』, 1907.8.10 잡보.

것이 起草中에 있는데 언제 制定, 發布가 될지 宮中府中 別로 스스로 명백히 되어야 한다고 云云.[32]

이처럼 불명확하게 보도하기도 하였다. 그러나 세상은 변하여 중국이 헌법예비를 진행하고, 터키 청년당의 입헌군(立憲軍)이 왕정을 공격하고, 페르시아에서도 헌정문제가 제기되고, 발칸제국이 오스트리아와 터키의 기반을 벗어나는 등 아시아와 유럽의 변화가 눈에 두드러지게 나타나기 시작하였다.[33]

將來 世界에 何等 邦國을 勿論ᄒ고 畢竟 憲法의 均一이 有ᄒ고 國權의 平等을 得홀時代가 循序而至홀 것은 確然無疑라 ᄒ노라.[34]

이와 같이 『황성신문』은 논설에서 미래에 대한 희망으로 가득 찬 결론을 내리고 있다.

4) 우메와 주변의 인물들

우메의 주변에서 활동한 일본인과 한국인들에 관한 몇 가지 보도를 간단히 적어본다.

● 越權被責　法部 協판 李源兢 度支部 司稅局長 리健榮 政府 參書官 元應常 內部 參書官 權鳳洙 不動産調査所 囑托員 石鎭衡 諸氏에 年終 賞與金을 財政顧問 目賀田

---

32 『京城日報』, 1907.11.12. 『明治ニュース事典』 第8卷, 1986, 299면에서 재인용.
33 예컨대 논설 「청국헌법」, 『만세보』, 1906.9.6; 논설 「讀土耳其維新近史」, 『황성신문』, 1910.3.24 등. 중국의 입헌주의는 신우철, 「청말 입헌군주제 헌법 소고」, 『법사학연구』 제44호, 2011, 83~109면; 신우철, 『비교헌법사』, 법문사, 2008; 李曉東, 「近代中國の立憲構想：嚴復・楊度・梁啓超と明治啓蒙思想」, 法政大學出版局, 2005; 佐佐木揚, 「淸末の'憲法'ー日淸戰爭前後」, 『東洋史論集』 第31號, 九州大學, 2003, 137~180면; 터키는 藤波伸嘉, 『オスマン帝國と立憲政ー靑年トルコ革命における政治, 宗敎, 共同體』, 名古屋大學出版會, 2011 참조.
34 『황성신문』, 1909.4.29.

氏가 斬持不給하더니 日昨 法學博士 梅謙氏가 入京ㅎ야 此 事件에 對ㅎ야 目賀田氏의 越權行爲를 大段 論責ㅎ얏는디 目賀田氏가 日間 支撥허기로 自服ㅎ얏다더라.[35]

이 기사는 법부협판을 비롯하여 부동산조사소의 촉탁원에 이르는 사람들의 연말 상여금을 메가타 다네타로(目賀田種太郎, 1853~1926)[36] 재정 고문이 반대하여 지급하지 않고 있다가 우메가 월권행위라고 비난하여 지급하게 된 경위를 말하고 있다. 단순한 상여금지급의 문제가 아니라 '고문'의 권한이 고문에 그치지 않고 실제에까지 관여한 좋은 예를 보여주는 것이다.

여기서 이들의 인적 사항을 간단히 살펴보면, 법부협판, 사세국장을 제외하고 참서관(參書官) 원응상(元應常)은 1895년 관비유학생으로 일본에 건너가 주오(中央) 대학의 전신인 도쿄 법학원과 각종 부기학교(簿記學校)를 수학하고 1899년 귀국하였다. 그 후 1902년 탁지부 주사, 1903년 외부 번역관, 1907년 탁지부 사세국장 겸 수도국장을 역임하였다. 1907년 보성전문학교 강사를 지냈다. 한일합병 직후 그는 전라남도 참여관에 임명되었고, 1918~1921년 강원도지사, 1921~1924년 전라남도 지사를 지낸 후 중추원 참의가 되었다.[37] 『경제학』과 『재정학』[38]에 관한 저서가 있다.[39]

---

35 『대한매일신보』, 1907.1.10.

36 한국재정고문에 관한 자료는 재정고문취임사정, 한국재정시책 관련 자료 외에 취임 이전의 한국철도문제 등이 '目賀田家文書'에 들어있다. 국회헌정자료실에는 복사한 '諸家文書'가 있다. 伊藤隆・李武嘉也 編, 『近現代日本人物史料情報辭典』, 吉川弘文館, 2005, 402~403면. 메가타의 전기는 이석륜 옮김, 「탁지부고문 目賀田種太郎」, 『경희경제사논총』 제5집, 1978(이것은 中村德, 『目賀田種太郎』, 1938, 제8장의 번역); 기타 萩原彦三, 「韓國財政の整理改革 — 財政顧問 目賀田種太郎の業績」, 友邦協會, 1966; 『男爵目賀田種太郎』故目賀田男爵傳記編纂會, 1938; 鵜崎熊吉, 『人物評論 — 朝野の五大閥』, 東亞堂書房, 1912 참조.

37 정문연 편, 『한국인물대사전』, 1283~1284면; 이기동, 「일제하의 한국인 관리들」, 『신동아』, 1985.3, 460~461면.
일본 문헌은 『朝鮮人名資料事典』 第4卷, 日本圖書センター, 2002, 574~575면 참조. 이 책은 『朝鮮功勞者銘鑑』(1935)을 복각한 것이다.

38 이 책은 2004년 관악사에서 영인본이 발간되었다.

39 민족문제연구소 편, 『친일인명사전』, 민족문제연구소, 2009, 566~567면; 『朝鮮人名資料事典』 第1卷, 日本圖書センター, 2002, 162면; 이기준, 『한말 서구경제학 도입사 연구』, 일조각, 1985, 77~78・291면 참조.
원응상의 논설로는 「내외정책의 여하」, 『친목회회보』 제4호, 1896.12, 1~4면; 「교육에 대ㅎ야 국민의 愛國想像」, 『친목회회보』 제5호, 1897.6, 9~13면; 「개화의 三原力 — 자연 사회 일개인」, 『친목회회보』 제6호, 1897.12, 65~73면 등이 있다.

내부 참서관 권봉수(權鳳洙) 역시 1895년 관비유학생 출신이며,[40] 1905년 한성 법학교의 강사와 보성학교 교장을 역임하고 내부 경무국장, 충청북도 관찰사를 지내기도 한 사람이다.[41]

또한 부동산조사소(不動産調査所) 촉탁원(囑托員) 석진형은 후술하듯이, 와부츠(和佛)법률학교 출신으로 한일합병 이후 여러 곳의 지사를 지내는 등 친일파의 핵심이 된 인물이다. 여하튼 모두 일본유학생이라는 공통점을 지니고 있다.

일본유학생을 채용함으로써 한일인 간의 언어의 소통을 원활하게 하려는 취지로 해석할 수도 있지만 한국 정부의 인사권은 이미 통감부에 의해서 좌지우지되고 있었음을 보여주는 좋은 본보기가 된다. 또 이들 친일파는 한일합병 이후에도 요직에 임명되었다.

● 法次有人　日本 梅兼博士로 法部 次官을 任命하기로 內定되얏ᄂᆞᆫ디 該氏가 目下 東京에셔 我國 法典을 起艸中이라더라.[42]

● 日官並參　法部에셔 民刑事訴訟法改良을 日昨에 該部 大廳에셔 大審院 以下 及 控訴院과 地方裁判所 法官이 會同ᄒᆞ야 起艸ᄒᆞᄂᆞᆫ대 該部 奏任官에 韓人은 壹人도 參與치 못하고 日人 書記官은 壹幷參會ᄒᆞ얏다더라.[43]

● 兩氏反對　民刑訴訟法을 單行法으로 一百條롤 制定ᄒᆞ야 日間 頒布홀터이라는 대 于今 頒布되지 아니혼 理由를 得聞혼 즉 其 第二條에 民刑訴訟上에 韓國 或 日本國 言語 文字를 用홈이라는 句語로 因ᄒᆞ야 日昨에 法部에셔 韓日 兩國官吏가 會同ᄒᆞ야 議決하ᄂᆞᆫ디 該部 民事局長 리始榮 刑事局長 金洛憲 兩氏가 볼論ᄒᆞ기를 韓國 言語 文字를 用ᄒᆞ라면 日本國 言語 문자란 句語를 拔去ᄒᆞ던지 倉富가 又爲 볼論ᄒᆞ되 리金 兩局長의 言이 是ᄒᆞ니 然즉 可否를 問ᄒᆞ야 多數決議ᄒᆞᄌ ᄒᆞᄂᆞᆫ 故로 리始榮氏가 又爲 反對하야 日 方今 目前現象으로ᄂᆞᆫ 日本人 官吏가 韓國官吏보다 多數인즉 日本國 言語 문자를 用혼다ᄂᆞᆫ 句語가 可決될 터인즉 絶對的으로 應行치 못ᄒᆞ깃다고 極力 反對혼 所以로 始爲留案ᄒᆞ얏다 ᄒᆞ더라.[44]

40　『慶應義塾入社帳』IV, 403면.
41　『황성신문』, 1906.10.19.
42　『황성신문』, 1907.9.20.
43　『대한매일신보』, 1908.5.7.

여기의 '법부 차관 倉富'란 바로 구라토미 유자부로(倉富勇三郎)를 말한다.[45] 그는 일본의 사법관이며 정치인으로 1879년 사법성 법학교 속성과를 졸업하고,[46] 판사시험에 합격하여 법조계에 들어간 사람으로 대심원 검사, 오사카와 도쿄 공소원의 검사장 등을 역임하였다. 우메와는 사법성 법학교의 동기이기도 하다.

한국통감부는 1907년 7월 21일 고종 황제를 폐위시키고 24일에는 이른바 정미7조약(丁未七條約 : 한일협정)을 강제로 체결하였다. 이 조약에 따라 일본인을 한국의 관리로 정식 임명할 수 있는 길을 터놓은 것이다. 그리하여 구라토미도 1907년에 한국으로 건너와 1907년 9월 19일 자로 법부 차관으로 임명된다. 1907년 10월 법부 차관의 자격으로 법률기초위원회의 위원장이 된다. 1909년 12월 법전조사국의 위원장이 되고, 이어서 문관보통전형위원장 그리고 법관전형위원장 등을 맡기도 하였다.[47] 한국 관습조사에 기초하여 우메를 민법기초자로, 구라토미를 형법기초자로 선정하였다. 그 후 통감부 참여관과 사법청 장관을 역임하였다. 한일합병 이후에는 조선총독부 사법부 장관과 법제국장을 역임하였다.

귀국하여 1913년 법제국 장관에 취임하고 다음 해 귀족원 의원으로 칙선되었다. 1920년부터는 제실회계(帝室會計) 심사국장, 추밀고문관을 겸임하고 1925년 추밀원 부의장을 거쳐 의장이 되었다. 1926년 제실제도심사(帝室制度審査)에 관한 공로로 남작이 수여되었다. 1934년 퇴관하고 향리인 후쿠오카에서 1948년 96세로 사망하였다.

---

44 『대한매일신보』, 1908.5.15.
45 상세한 것은 본서 제3부 「문헌해제」 중 5장 「구라토미 유자부로(倉富勇三郎) 문서」 참조.
46 手塚豊, 『明治法學教育史の研究』, 慶應義塾大學出版會, 1988, 3~154면 특히 113면 참조.
47 『관보』에 나타난 임면상황을 열거하면 1907.9.19 任법부차관(칙 1), 1907.10.4 법부차관 命 법부법률기초위원장, 1907.10.9, 법부차관 命 법관전고위원장, 1907.10.9 법부차관 命 형법교정관, 1908.1.1 법부차관 命 법관조사국위원장, 19097.10.16 법부차관 命 문관보통전형위원장, 1909.5.18 법부차관 命 법관전형위원장, 1909.11.1 통감부 사법청장관 법전조사국 위원장을 촉탁함(칙임대우).
이상은 안용식 편, 『대한제국하 일본인 관료 연구』, 연세대학교 사회과학연구소, 2001, 299면에 의함.

5) 민사소송법의 심의

우메가 기초한 민사소송법안은 법전조사위원회에서 심의하였는데 그 모습을 언론은 다음과 같이 전한다.

> ●法典調查會日開　法典調查局에셔 本月 十七日 以來로 每日 午後 一時붓터 六時 ᄭᅵ지 法典調查委員會를 開ᄒᆞ고 梅博士가 起草흔 民事訴訟法에 對ᄒᆞ야 每日 倉富 委員長 梅 顧問 以下 各 委員이 逐條審議흔다ᄂᆞᆫ딩 룸 五十日에 畢了흔다더라.[48]
> ●法案審查紀念　法典調查局 委員이 民事訴訟法案 審查흔 紀念을 再昨日 慶福宮 內에셔 撘影하얏다더라.[49]

다음에는 당시의 『법정학계』 제5호(1908)가 묘사한 민사소송법안 심의 모습이다. 그대로 옮겨보기로 한다.

> ● 法典調查局 顧問 梅謙次郎 博士가 起草하는 民事訴訟法案의 審查會는 去月 午後 2時에 景福宮 內 法典調查局에 梅博士가 列席한 後에 開催하였는데, 同法은 全文 755條로 이루어졌으며 商法을 包含한 것이오, 同　審查委員은 倉富(勇三郎) 法部次官, 渡邊(暢) 大審院長, 國分(三亥) 檢事總長, 城(數馬) 控訴院長, 膳(鉦次郎,) 大審院 判事, 內閣 法制局長 兪星濬, 民事局長 李始榮, 刑事局長 金洛憲, 安住(時太郎) 法部 書記官, 松寺(竹雄) 法部 書記官 等이고, 同 審查會는 每日 下午 一時부터 六時까지 法典調查局에서 開催하였는데 審了는 一個月 以上을 要할 模樣이더라.

여기에는 통감부의 일본인 핵심 법률가 대부분이 참가하였으며, 한국인은 이시영과 김낙헌이 관여하고 있다.

> ●梅博士歸京　京義鐵道 沿線 視察ᄒᆞ던 法典調查局 顧問 梅法學博士ᄂᆞᆫ 昨夜 南大

---

48 『황성신문』, 1908.7.24.
49 『황성신문』, 1908.8.23.

門着 列車로 歸京ᄒ얏ᄂ디 該氏가 起草ᄒ 民事訴訟法은 委員會의 審議를 續ᄒ야 確定됨으로 本月 二十三日頃에 歸國ᄒ다더라.[50]

이와 같이 민사소송법안은 서둘러서 만들었으나 시행을 보지 못하고 보류되었다. 그 까닭은 일본의 국내 문제 때문이었다.

이상 몇 가지 기사에서 알 수 있듯이, 민법전의 제정에는 일본인의 간섭과 이를 수행할 인적 자원의 빈곤, 기타 경비부족, 국내외 정세의 혼란 등으로 이루어질 수 없었다.

6) 관습조사와 태형(笞刑)의 존속

우메가 한국에서 전개한 작업의 하나는 관습을 조사하는 일이었다. 이 작업은 한국인도 추진하려고 하였으나 비용 관계로 중단되었다.

● 부비난처 평안북도 재판소 검ᄉ 리경슈씨가 법부에 보고ᄒ되 관할ᄒ 각군에 젼브터 풍쇽이 고을 고을이 ᄀᆺ지 아니ᄒ니 만일 민졍을 ᄀᆺ초 알지 못ᄒ면 법을 쓰ᄂᆫ디 잘못ᄒ기도 쉽고 먼 시골에셔 원통ᄒ거슬 펴지 못ᄒᄂᆫ 자가 만흘 터이기로 보좌관과 통ᄉ와 쥬ᄉ 각 일명식 ᄃ리고 각 디방을 시찰ᄒ 터이니 려비금을 지발ᄒ라 ᄒ엿더니 지령ᄒ기를 민졍을 ᄀᆺ초 알고 원통ᄒ 일을 펴 주ᄂᆫ 거시 다 됴흔 방침이나 다만 려비가 만코 ᄉ무를 여러 날 폐지ᄒᄂᆫ 거시 또ᄒ 어려우니 인가홀 수 업다고 ᄒ엿다더라.[51]

그리하여 내부 민적과에서는 소관될 만한 고래의 책자를 수습하여 고려할 만한 역사책을 편찬하려고 준비하였으며,[52] 내부 경무국에서는 『민적사무개요(民籍

---

50 『황성신문』, 1908.8.22.
51 『대한매일신보』1907.11.3. 여기의 검사 이경수(李京壽)는 1870년생으로 관은 전주. 사범학교를 졸업하고 1906년 용강군 소학교 부교관, 1906년 법부주사를 거쳐 1907년 평안북도재판소 검사, 1909~1910년 진주지방재판소 용남구재판소 판사를 지냈다. 박은경, 『일제하 조선인 관료 연구』, 학민사, 1999, 246면.

事務槪要)』⁵³라는 책자를 발간하기도 하였다.

이에 관한 보도는 다음과 같다.

● 法局調査 民法制定의 準備로 法典調査局에서 我國 慣習을 調査中인ᄃᆡ 本年末에 各道各地룰 畢了훌 豫定으로 公州 仁川 開城 永同 大邱 慶州 群山 光州 等地룰 調査ᄒᆞ고 明年中에ᄂᆞᆫ 全國을 調査훌 터이라더라.⁵⁴

● 連日習慣諮問 再昨日 法典調査局에서 委員과 囑託을 會同ᄒᆞ고 財産에 關ᄒᆞᆫ 習慣을 詢問ᄒᆞ얏난ᄃᆡ 同居父子, 同居兄弟, 同居夫婦가 財産權의 各히 所有與否와 其 分戶나 離異ᄒᆞᆫ 時에 所有財産을 何以措處흠이 習慣에 可合훌난지 互相 問答ᄒᆞ야 已行舊例룰 姑爲施行ᄒᆞ기로 擬定ᄒᆞ얏다난ᄃᆡ 地方習慣도 調査훌 次로 該局 通譯官補 兪鎭赫氏룰 再昨日 平安北道로 派送ᄒᆞ얏다더라.⁵⁵

● 梅博士入京 法典調査局 顧問 梅謙次郞氏ᄂᆞᆫ 去十七日에 入京ᄒᆞ얏다더라.⁵⁶

● 梅博士歸期 向日에 入京ᄒᆞᆫ 法制局 顧問 梅謙次郞氏ᄂᆞᆫ 約 二週間 滯京ᄒᆞ얏다가 歸國ᄒᆞ더라⁵⁷

● 笞刑仍舊 法制局에셔 法典調査에 慣習을 參互ᄒᆞ야 法典을 方在 編製ᄒᆞᄂᆞᆫ 中인ᄃᆡ 顧問 梅謙次郞氏ᄂᆞᆫ 人民의 程度에 依ᄒᆞ야 笞刑을 依前施行케 ᄒᆞ자 ᄒᆞ얏더라.⁵⁸

● 法典編纂變更 梅博士의 編纂ᄒᆞᆮ 法典은 內外國人에게 適用훌 方針으로 起草中이러니 今回에 協約훈 結果로 司法權을 日本政府에 委託ᄒᆞ얏ᄉᆞᆫ즉 日本人 及 其他 外國人은 日本法律을 適用ᄒᆞ고 該 起草훈 法典은 全然 變更ᄒᆞ야 我國人에게만 適用훌 目的으로 決定ᄒᆞ얏다더라.⁵⁹

◉法典目的의 變更 我國의 法典은 日本 法學博士 梅謙次郞의 指導를 從ᄒᆞ야 着着 起草中인ᄃᆡ 此ᄂᆞᆫ 內外國人에게 適用훌 目的으로 起案훌 바나 今番에 協約이 成立된

---

52 「內籍刊行」, 『황성신문』, 1908.8.22.
53 1910, 본문 110면, 부표 402면. 마쓰이 시게루(松井茂)의 서문이 있다. 법원도서관 소장.
54 『황성신문』, 1908.8.22.
55 『대한민보』, 1909.6.24.
56 『대한민보』, 1909.7.20.
57 『대한민보』, 1909.6.21.
58 『대한민보』, 1909.7.25.
59 『대한민보』, 1909.8.12.

結果로 外國人에게 適當홀 法律은 日本法律이 自在훈 故로 法典編纂의 目的을 變更 ᄒ야 本國人에게만 適用ᄒ도록 製定ᄒ기로 決定ᄒ얏다더라.[60]

여기 보듯이, 우메는 태형(笞刑)의 존속을 주장한 사람으로 일찍부터 일본에서 태형폐지를 주장한 프랑스인 법률고문인 브와소나드(Gustav Emile Boissonade de Fontarabie, 1825~1910)[61]와는 현저한 차이를 보여주고 있다. 그러나 사법권을 일본에게 위임하게 되어 관습조사나 법전편찬은 그 의미가 퇴색하게 되었다.

7) 사법권의 위임

1909년 7월 「한국의 사법 및 감옥사무를 일본 정부에 위탁하는 각서」[62]에 따라서 법부를 폐지하고 통감부 사법청에 이관하게 되었다.

그리하여 같은 해 10월에 법부, 재판소, 감옥은 폐지되고 통감부 재판소령[63]에 의하여 고등법원, 공소원, 지방재판소 및 구재판소가 되어 사법권은 명실공히 모두 일본인이 장악하게 되었다. 이 통감부재판소는 1910년의 한일합병으로 조선총독부 재판소가 된다.

●次第歸國　司法權實施에 關ᄒ야 統監府에 參與官會議를 屢度 經過훈 結果로 法部를 廢止ᄒᄂᆫ 同時에 郡守의 裁判權도 勿施ᄒ야 全國에 一百二十個의 裁判所를 設立ᄒ기로 准備ᄒ고 法學博士 梅氏ᄂᆫ 法典事務를 帶ᄒ야 再昨 十五日에 歸國ᄒ얏고

60　『황성신문』, 1909.8.12.

61　브와소나드에 관하여는 Guy Antonetti, "La Faculté de droit de Paris à l'époque où (Gustav-Émile) Boissonade y faisait ses études", *Revue international de droit comparé*, 1991.2. pp.334~356; 池田眞明, 『ボアソナードその民法』, 慶應義塾大學出版會, 2011; 法政大學大學史資料委員會 編, 『法律學の夜明けと法政大學』, 1992, 218~233면 참조.

62　원문은 대한민국 국회도서관, 『구한말조약휘찬』 상권, 93~95면. 일본의 관보는 메이지 42년(1909) 7.31, 제7830호에 수록. 영문은 "Memorandum concerning Transfer of Korean Law Courts and Prisons to Japan"(concluded July 12, 1909), *The Second Annual Report on Reform and Progress in Korea(1908~9)*, 1909, p.192 참조.

63　대한민국 국회도서관, 『통감부법령자료집』 하, 97~102면 참조.

統監府 書記官 兒玉氏는 該 豫算事務를 帶ㅎ야 今 十七日에 歸國ㅎ고 法部次官 倉富氏는 設備事務를 帶ㅎ고 二十日頃에 歸國ㅎ다더라.[64]

● 法典編纂現狀　我國의 法典編纂을 地方習慣의 調査를 先看ㅎ야 南西方面은 旣히 結了ㅎ얏고 目下는 地方의 着手ㅎ는데 刑法 及 訴訟法의 編纂은 膳 書記官이 擔當ㅎ야 其 大部分이 終了ㅎ얏고 民法은 梅博士의 起草에 係ㅎ 故로 當地 法典調査局에서는 其 材料를 寄送ㅎ는데 梅博士의 主義는 現代 法學界의 事例로 民法 及 商法을 一法典에 蒐錄케 홈으로 此의 編纂方法은 最히 進步ㅎ 法律思想의 主義를 現發ㅎ얏다더라.[65]

● 梅博士歸國續報　法典調査局 事務囑托 梅博士의 歸國ㅎ다 홈은 已揭어니와 昨日 上午 九時에 南門驛으로 歸國路에 就ㅎ얏는데 統監府 高等官 及 各 府部院廳 高等官 諸氏가 南門驛에서 餞送ㅎ얏다더라.[66]

이상과 같이 여름과 겨울의 휴가를 이용하여 한국에 체류하던 우메는 일찍이 1884년 사법성(司法省) 법학교(法學校) 졸업 당시 걸렸던 장티푸스에 다시 걸려 1910년 8월 25일 서울에서 50세를 일기로 사망하였다. 그는 생존 중 자신을 한국에 초청한 장본인인 이토 히로부미가 안중근(安重根)[67]에 의해서 피살되는 것도 보았다. 그러나 정작 한국이 일본에 합병되는 것은 보지 못한 채 파란 많은 생애를 마감하였다.

64　『대한민보』, 1909.8.17.

65　『대한민보』, 1909.11.20.

66　『대한민보』, 1910.1.8.

67　안중근에 관한 최근의 문헌은 이태진 외, 『영원히 타오르는 불꽃』, 지식산업사, 2011; 박도, 『영웅 안중근』, 눈빛, 2010; 안중근의사기념사업회, 『안중근연구의 기초』, 경인, 2009; 안중근의사기념사업회, 『안중근과 그 시대』, 경인, 2009; 원재훈, 『안중근-하얼빈의 11일』, 사계절, 2009; 김삼웅, 『안중근평전』, 시대의창, 2009; 김호일, 『대한국인 안중근』, 눈빛, 2009; 이수광, 『안중근-불멸의 기억』, 추수밭, 2009; 『안중근』, 예술의 전당, 2009; 김도형 편, 『대한국인 안중근 자료집』, 선인, 2008; 한국민족운동사학회 편, 『안중근과 한인민족운동』, 국학자료원, 2002. 기타 조광, 「안중근 연구의 현황과 과제」, 『한국 근현대사연구』 제12집, 2000 봄, 180~222면; 이장희, 「안중근 재판에 대한 국제법적 평가」, 『외법논집』 제33권 제2호, 2009, 299~324면; 류부곤, 「'안중근 재판'에 대한 형사법리적 검토」, 김성돈 외, 『한국 사법의 근대성과 근대화를 생각한다』, 세창출판사, 2013, 149~170면 등 참조.

8) 우메의 죽음

그의 죽음을 전후로 한 당시의 『황성신문』과 『대한매일신보』의 보도는 다음과 같다.

● 梅博士容態　腸窒扶斯로 大韓議醫院에셔 治療ㅎ는 法典調査局 顧問 梅謙次郎氏는 體溫이 三十六七度 脈搏이 一百二十四五에 不過ㅎ야 頗히 衰弱홈으로 每日 牛乳 六合을 用훈다더라.[68]

● 梅博士危篤　內閣 法典調査局 顧問 梅博士가 目下 大韓醫院에셔 治療홈은 己報훈 바어니와 病症이 危篤ㅎ다 ㅎ야 內部 衛生局 山根囑托은 昨日 午前 十時頃에 訪問ㅎ얏다더라.[69]

● 梅博士叙勳　梅博士의 危病은 別項과 如ㅎ거니와 政府에셔는 特히 勳一等太極章을 特叙ㅎ랴 혼다더라.[70]

● 梅氏長逝　大韓醫院에셔 治療ㅎ던 內閣 法典調査局 顧問 梅博士는 再昨日 午后 一時頃에 因爲身故ㅎ얏는디 昨日에 火葬을 行ㅎ얏다더라.[71]

● 訪梅慰病　內閣 法制調査局 顧問 梅謙博士가 身病으로 大韓醫院에셔 治療中인디 病症이 危急ㅎ다 ㅎ야 內部 衛生局 山根囑托이 昨日 上午 十時에 往訪ㅎ얏다더라.[72]

● 症梅己落　大韓醫院에셔 治療ㅎ던 內閣 法典調査局 顧問 梅博士는 再昨日 午後 一時頃에 因爲身故ㅎ얏다더라.[73]

● 梅博士의 昇位　日皇 陛下끠셔는 梅博士의 病氣危篤ㅎ다는 報를 御聞ㅎ옵시고 位一級을 特進ㅎ야 從三位로 昇叙ㅎ옵셧다더라.[74]

● 哭梅南行　梅博士의 遺骸는 明 二十九日 午前 九時 南大門列車로 歸國혼다는디 氏의 知舊 及 門下生 諸氏가 多數히 停車場에 出往 哭送ㅎ다더라.[75]

---

68 『황성신문』, 1910.8.25.
69 『황성신문』, 1910.8.26.
70 『황성신문』, 1910.8.26.
71 『황성신문』, 1910.8.27.
72 『대한매일신보』, 1910.8.26.
73 『대한매일신보』, 1910.8.27.
74 『대한매일신보』, 1910.8.27.

● 梅族恤金 內閣 法典調査局 顧問 梅博士가 病卒홈은 己報道ㅎ엿거니와 政府에 셔 該氏 遺族에게 慰勞金을 支撥ㅎ기로 擬議中이라더라.[76]

여기서 알 수 있듯이 우메는 한국의 입법사업, 사법제도, 그리고 관습조사[77] 등 에 관여하였다. 그의 활동에 대해서 일본 측의 문헌은 한국에 '공헌'하였다고 서 술한 것도 있으며,[78] 또한 조심스레 그의 '업적'을 열거하기도 한다.[79] 그러나 객 관적으로 볼 때 그의 활동은 조선을 지배하기 위한 식민지정책의 법적 기초를 마 련하고,[80] 자신의 지론(持論)을 실험해 보기 위한 노력에 불과한 것이었다. 앞으로 체계적인 연구가 요망된다.

우메가 사망한 지 1년이 되는 1911년에는 호세이대학 교우회 주최로 추도회가 열리기도 하였다. 『매일신보』의 기사는 다음과 같다.

O 梅博士의 追悼會 二十五日 萬千閣에셔 來 二十五日은 法學博士 梅謙次郞氏의 一週忌에 相當홈으로써 法政大學 校友會 主催로 同日 午後 六時브터 旭町 萬千閣에 셔 盛大한 追悼會를 開홀 터이라는대 校友 以外의 人이라도 會費 金 三圓 五十錢을 持 參ㅎ면 無妨ㅎ다 ㅎ며 尙 且 出席希望者는 電話 四三三番의 國友 警視에게 通報ㅎ기 를 望혼다더라.[81]

이 기사에서 보듯이 이미 호세이대학 교우회가 결성되어 있었으며, 또 호세이대학 은 도쿄대학을 비롯하여 일본의 주요 대학과 함께 『매일신보』에서 소개하고 있었다.[82] 그 밖에 『법률신문』에도 그의 1주기 추도회에 관한 기사가 실려 있다.

---

75 『대한매일신보』, 1910.8.28.
76 『대한매일신보』, 1910.8.28.
77 윤대성, 「일제의 한국관습조사사업과 민사관습법」, 『창원대 논문집』 제13집, 1991, 65~108면; 윤대 성, 「일제의 한국관습조사사업과 전세관습법」, 『한국법사학논총』, 331~347면; 최병택, 『일제하 조 선임야조사사업과 삼림정책』, 푸른역사, 2009 등 참조.
78 向井健, 「梅謙次郞」, 潮見俊隆・利谷信義 編, 『日本の法學者』, 日本評論社, 1975, 55면.
79 예컨대 岡孝, 「明治民法と梅謙次郞—歸國100年を機にその業績を振り返る」, 『法學志林』 제88권 4 호, 1991, 24~26면.
80 鄭鍾休, 『韓國民法典の比較法的研究』, 1989, 90면 이하.
81 『매일신보』, 1911.8.23.
82 『매일신보』, 1911.6.

9) 민적조사

통감부에서는 민적법을 제정하여 1909년 4월 1일부터 시행하였다. 그리하여
내부에서는 민적실시 유고문(諭告文)을 만들어 백성들에게 널리 알리기 위해서 노
력하였다. 『황성신문』에 실린 안내문은 다음과 같다.

> ● 民籍實施諭告文　從來로 戶口調査 規則이 有ᄒᆞᄂᆞ 그 調査方法이 完全치 못한
> 바 그 目的을 達ᄒᆞ기 不能혼 고로 人民의 身分關係를 法律上 적확히 하고 同時에 一國
> 의 人民의 實數를 正確히 할 必要가 있기 때문에 民籍法을 實施한다.[83]

통감부가 주도하여 제정한 새 민적법은 1909년 3월 법률 제9호로 공포되었으
며,[84] '민적법 집행 심득(心得)'에 의해서 시행규칙이 공시되었다. 민적법의 핵심은
호주와 그 친인척을 중심으로 '가(家)'를 이루고 이들 사이의 가족관계를 한 장의
민적에 기재하는 새로운 신분등록제라는 것이다. 경무국에서는 민적부를 작성하
기 위해서 전국적으로 호구조사를 하였다. 1909년 7월부터 실시한 호구조사는 경
찰을 중심으로 1910년 12월에 그 조사가 종료되었다.

이러한 호구조사는 갑오개혁 이후인 1896년에도 실시된 적이 있었다. 당시에는
개별 가옥을 '호(戶)'로 삼아 호적을 편제하고 그 '호'에 동거하는 사람을 등록하는
방식을 취했었다. 그러나 새 민적법에 의한 호구조사는 법적으로 규정한 개인 신
분 등록 제도를 위한 경찰조사라는 점에서 일반 백성의 적극적인 호응을 얻지 못
했다. 호구조사를 주도한 경찰은 '인민보호와 시정의 편의를 도모하기 위한 새로
운 제도'라고 선전했으나 호구조사 자체가 수월하게 진행되지 못했다.[85] 그리하여
경찰은 징세나 범죄조사를 목적으로 하는 것이 아니라고 누차 자발적인 참여를 호
소했으나, 경찰의 행정력이 제대로 미치지 못하는 지역이나 의병이 출몰하는 지역
에서는 헌병이 나서서 조사를 하기도 했다. 여러 가지 어려운 가운데 민적법의 시

---

83 『황성신문』, 1909.4.3.
84 『관보』 제4318호, 1909.3.6.
85 권영민, 「전국 호구조사를 하다」, 『조선일보』, 2010.6.8; 정진석 외, 『제국의 황혼―대한제국 최
　　후의 1년』, 21세기북스, 2011에 재수록.

행과 이를 위한 호구조사는 일본의 조선 식민지 통치를 위한 가장 확실한 기초자료로서 활용되었으며 이 법의 준비와 제정에 우메가 중요한 역할을 하였음은 물론이다. 조사결과 전국의 인구는 1,293만 5,282명으로 집계되었다.[86]

여기서는 몇 가지 신문기사와 논설 하나만을 소개하기로 한다.

● 民籍調查協力　內部 警務局에셔 起草호 民籍法은 統監府에셔 調查中인딕 該法實施에 關係가 有혼 全國 戶口의 調查는 警察憲兵隊의 協力으로 實行홀 方針이라더라.[87]

이에 대해서『황성신문』은 논설「민적법의 관계」에서 다음과 같이 논평하고 있다.

◎ 夫 邦國者는 人民의 集合體니 人民이 有호면 民籍이 有홀 것이오 邦國이 有호면 國籍이 有홀 것인딕 民籍者는 國籍의 根本이라. 若 其 民籍이 不完호면 國籍도 不完호려니와 國民된 者가 亦 其 國民의 資格을 失홈이라. 東洋 古代의 政治史를 觀홀지라도 男女生齒 以上은 皆 書於版호고 司徒가 獻民數於王호면 王이 拜而受之호엿스니 其 民籍을 綜詳히 호며 尊重히 홈이 果何如也며 現世 文明 列邦은 全國 人民의 生産과 死亡에 對호야 統計局을 設호고 統計表가 有호 故로 世界 各國 人口의 增殖과 減損의 數를 按而可知호느니 若其 民籍의 疏漏호는 弊가 有호면 엇지 人口의 數를 證據호야 統計홀 者—有호리오.

由來 我國의 民籍制度는 式年의 例가 有호더니 後에 此를 沿革호야 戶口調查規則의 制를 發布호야 每年 一回 調查로 編籍홈이 有호얏스나 其 調查方法이 猶屬粗漏호고 又 各種 弊端도 有혼지라. 大抵 現今을 民籍制度의 良否로써 其 國의 文野를 判別호느니 國家와 民族에 關호야 文明進步를 圖코져 홀진딕 先히 民籍制度의 完備홈을 講求 勵行홀지라. 是以로 當局者가 各國의 民籍制度와 我國의 自來 慣習을 參互 研究혼 結果로 民籍法을 發表혼 것이니 是는 人民의 身分關係를 法律上 明瞭케 홈이오 全國人口의 實數를 正確히 知悉코져 호는 必要로 由홈이오 決코 徵稅目的에 在홈도 아니오 國籍의 關係가 有홈도 아니오 又 犯罪査収의 目的에 在홈도 아니라. 我國民된

86　『朝鮮民籍要覽』, 1915.
87　『황성신문』, 1908. 10. 6.

者는 各其 身分異動의 關호 事項을 法律로 制定호 期限內에 適當호 處所에 申告홈이 可홀지라. 若其 申告를 不行ㅎ거나 警察官吏 實査에 對ㅎ야 虛僞의 答申이 或 有ㅎ면 是는 國民의 本分을 不知ㅎ는 者니 法律에 對ㅎ야 處罰을 不免홈에 至홀지라. 然이나 法律의 精神은 엇지 人民에 向ㅎ야 處罰을 嗜好홀 者―有ㅎ리오. 宜其 警察官吏로 ㅎ야곰 各種 指導와 注意를 實行케 ㅎ야 人民으로 ㅎ야곰 法에 犯홈이 無ㅎ도록 努力 홈이 有홀지라.

惟我一般同胞는 新頒布호 民籍法에 對ㅎ야 極히 注意ㅎ야 國民된 義務를 恪勤履行 홀지어다.[88]

●民籍調査期間 內部에서 各道에 民籍實査는 巡査로 主任, 面長으로 補助케 ㅎ 고 若 巡査가 有事호 時에는 面長에게 委任홀 터이오 期間은 四個月노 着手는 七月로 브터 十二月까지 各道調査를 完了홀 터인데 警視廳, 忠北, 慶南, 平北, 黃海, 咸北, 咸 南은 七月로 忠南, 平南은 九月로 慶北, 江原, 全北은 八月로 京畿는 十月로 着手ㅎ기 로 決定ㅎ얏다더라.[89]

●民籍施行 各 署에셔 各 民戶의 民籍法을 從速 施行ㅎ기로 協議中이라더라.[90]

●慣習諮問續聞 法典調査局에서 我國의 慣習問答홈을 更聞호 則 兩班이라 稱ㅎ 는 意義를 問홈으로 文武東西 兩班의 列을 稱홈이라 ㅎ얏고 牌旨는 兩班만 下人에게 使用ㅎ고 下人은 兩班에게 使用치 못ㅎ는가 果然호 則 牌旨가 契約書와 同一乎아 ㅎ 거날 此는 主權者의 意思를 發表홈이라 ㅎ얏다더라.[91]

●民籍調査困難 民籍實査에 就ㅎ야 最히 困難호 것이 有ㅎ니 原來 我國 習慣이 婦女가 幼少未嫁호 時에는 其 名을 呼稱ㅎ나 及 其 出嫁ㅎ야는 其 名을 隱諱ㅎ고 或 其 名을 呼喚ㅎ면 無上호 羞恥로 認ㅎ는 故로 旣嫁女는 擧皆無名이라 홀지라. 此 一 件이 家族調査에 最히 不便호 事인데 內部의 方針은 右 習慣思想을 妨害치 아닐 範圍 內에서 事務整理를 圖就ㅎㄴ다더라.[92]

●民籍紙試驗 警視廳에셔 各署 巡査의 民籍法 揭載方法이 一致ㅎ기 爲ㅎ야 三昨日

88 『황성신문』, 1909.3.17.
89 『대한민보』, 1909.7.18.
90 『대한민보』, 1909.7.18.
91 『대한민보』, 1909.7.18.
92 『대한민보』, 1909.7.24.

試驗次로 巡査 每 一人에게 民籍紙 二張式 分給하고 限 三日로 書呈하라 하얏다더라.[93]

● 司法權과 土地法令 統監府에서 司法權施行에 關한 各種 法規를 協議홈은 旣報 어니와 土地法令은 我國法을 採用하기로 決定하고 土地調査의 方針을 此에 依하야 進行한다더라.[94]

● 慣習調査終了 土地調査를 準備하기 爲하야 調査한 地方慣習은 旣히 終了하얏 논데 該 種類를 類別하야 不遠間 印刷홀 터이라더라.[95]

● 習慣說明 內部 警務局에서 本國人 主事 一人式 每週 水土 兩日만 限하야 警察官練習所에 派送하야 我朝 五百年來 各項 習慣을 一一 說明케 한다더라.[96]

● 舊慣調査 度支部 臨時財産整理局에서 本年 五月붓터 着手한 國內土地에 關한 舊慣調査는 大體를 終了하야 目下 印刷中이라더라.[97]

● 民籍調査狀況 民籍調査의 狀況을 據한 則 全國이 其 趣旨를 了解하야 調査의 進行이 容易하얏고 但 江原道 北部地方은 誤解者가 多홈으로 戶口를 隱蔽하고 又 用紙가 無하야 調査를 中止하얏스나 一體는 豫定한 期間 內애 終了하리라더라.[98]

● 土地調査開始 土地調査에 關하야 多少 準備가 完了됨으로 同 官制는 本年末 來年 一月頃에 發佈홀 터인데 模範的으로 爲先 富平郡을 着手한다더라.[99]

● 民籍調査終了期 旣報와 如히 民籍調査는 臘月中에 全部를 終了홀 豫定인데 該 印用紙는 二百三十二萬 二千四餘枚를 準備하얏더니 更히 一百二萬五千枚를 增加하 야 三月末에 法令으로 發表홀 터이라더라.[100]

이 민적조사는 원래 1909년 중으로 완료할 예정이었으나 1910년에야 끝나게 되었다. 그러나 그 실제운영에서는 여러 가지 문제점이 나타나게 되어 정착되기까지는 오랜 시일이 필요하게 되었다.

---

93 『대한민보』, 1908.7.27.
94 『대한민보』, 1909.8.8.
95 『대한민보』, 1909.8.25.
96 『대한민보』, 1909.11.12.
97 『대한민보』, 1909.11.21.
98 『대한민보』, 1909.11.26.
99 『대한민보』, 1909.11.28.
100 『대한민보』, 1910.1.12.

한편 통감부에서는 지적조사와 토지조사도 실시하였다. 이에 관하여는 상세한 연구문헌이 있기 때문에 생략한다.[101]

5. 법령의 보급

1) 신문과 정부의 노력

구한말 당시에는 단기간 안에 수많은 법률들이 제정·공포되었기 때문에 항간에서는 '또 법률 난다'는 말이 유행하였다. 그리하여 『대한매일신보』의 논설에서도 '법령을 반듯시 연구홀 일'이라고 하여 "근일에 한국 사람의 머리 위에 법령이 비오듯 하거늘 한국 사람들은 이를 연구치 아니하고 이를 원망만 하며, 이를 피할 줄은 모르고 이를 겁만 내도다. (…중략…) 제반 법령을 일일이 연구하야 준행할 자는 준행하고 피할 자는 피하여 지옥을 벗어나고 낙지로 향할 지로다"[102]고 하여, 법령의 개폐를 연구할 것과 법률을 통한 권리보호를 강조하였다.

뿐만 아니라 정부에서도 법령을 널리 알리기 위해서 노력하였다.

●法要改纂 學部에셔 昨日 各 官立學校로 通牒ᄒ고 今番 司法權委任된 事에 對ᄒ야 統監府에셔 使用ᄒᄂᆫ 法規提要를 改纂ᄒᆞ얏스니 來 十五日 內로 一件式 買置ᄒᆞ야 日後 要覽에 便케 ᄒ라 ᄒᆞ얏다는데 其 價額은 一券에 五十錢이라 ᄒᆞ얏다더라.[103]

●法令周知會 度支部에셔ᄂᆫ 各 人民에게 法令을 周知케 하기 爲ᄒᆞ야 今年度에 法令 周知費 六千圓을 立筭ᄒ고 該費로 各 財務署에서 種種 面長會를 開ᄒ게 ᄒᆞ다더라.[104]

●高閣上法律 南來人의 傳說을 據ᄒᆞᆫ즉 忠南各郡에셔ᄂᆫ 郡守가 該郡境內 每村에

---

101 이진호, 『대한제국 지적 및 측량사』, 토지, 1990 참조.
102 『대한매일신보』, 1909.3.21.
103 『대한민보』, 1909.11.11.
104 『대한민보』, 1910.1.28.

法律冊 三卷式 出送ᄒᆞ고 價文을 壹圓式 領收ᄒᆞᄂᆞᆫ더 村民들이 該 法律冊을 無用件으로 認ᄒᆞ야 東之高閣ᄒᆞ고 價文만 徵給ᄒᆞ더라.[105]

　●法典勒賣　原州郡 居ᄒᆞᄂᆞᆫ 金元교ᄂᆞᆫ 現行 刑法大典을 多數히 私自編輯ᄒᆞ야 該 郡守 李澤圭氏와 符同ᄒᆞ야 自京으로 下來ᄒᆞᆫ 거시라 ᄒᆞ고 各 人民에게 一卷式 分給ᄒᆞ고 價文 一圓式 勒捧ᄒᆞᄂᆞᆫ 故로 冤聲이 藉藉ᄒᆞ다고 當地 來人의 傳說이 有ᄒᆞ더라.[106]

　여기서 보듯이 법령은 관공서의 경우 무용지물로 생각하여 창고 속에 보관하기도 하고, 또 때로는 인민에게 강매하여 원성을 사기도 하기도 하는 등 여러 가지 문제를 드러내기도 하였다. 예컨대 정부에 대해서 헌의서(獻議書, 청원서)를 제출하는 경우에도 철저하게 서식을 요구하였다. 그리하여 인민의 헌의서를 정부본으로 선정(繕呈)하되 서본(書本)은 중추원 인찰지(印札紙)를 사용하고 타지(他紙)는 불수(不受)하는 규칙을 만들고 지본가(紙本價)는 매당 3푼(分)을 받았다.[107]

　2) 법률서적의 발간

　한국에서의 체계적인 법률서적의 발간은 1905년을 전후로 하여 시작되었다.
　상세한 서적 목록과 내용은 저자가 『근대 한국의 국가사상』에서 다루었기 때문에 여기서는 생략한다.

　3) 기타

　그 밖에 개인이 법령집을 발간한 예는 이미 앞에서도 보았으며, 정부에서 출간

---

105 『대한매일신보』, 1908.9.27.
106 『대한매일신보』, 1909.9.15.
107 「獻議紙式」, 『황성신문』, 1899.4.4.

한 예를 신문기사 가운데서 몇 가지를 추려본다.

> ● 法律註釋 金宗漢 李應翼 兩氏가 現行法律을 註釋ᄒ야 一般人民으로 法律意義
> 롤 曉解케 ᄒ다ᄂᆞᆫ대 其 費用은 各 贊成員 諸氏에게 請捐補用ᄒ고 伊後 註釋ᄒᆞᆫ 冊子로
> 報給ᄒᆞ다더라.[108]
>
> ● 地方費關係法 內部에서 地方費關係法令이라ᄂᆞᆫ 冊子를 刊出ᄒ야 各 道府郡과
> 各 警察署 及 理事廳에 一部式을 日昨 配付ᄒ얏다더라.[109]
>
> ● 特許冊子分給 昨日 統監府 特許局에셔 特許出願節次解說 五百冊과 意匠登錄
> 出願節次解說 二百冊과 商票登錄法 五百冊과 實用新案出願節次 五百冊을 鍾路 商業
> 會議所에 送致ᄒ고 一般實業家에게 頒給ᄒ라 ᄒ얏다더라.[110]

이상과 같이 빈번한 법률의 개정과 폐지로 인한 법생활의 혼란과 무질서는 극에
달하였다. 이러한 와중에서도 선각자들은 의회를 설립하여 국민의 권익을 보호하
고 근대 국가를 수립하려는 줄기찬 노력은 독립협회를 중심으로 계속되었다.

6. 우메와 석진형

한국과 우메를 말하면서 빼놓을 수 없는 사람은 석진형(石鎭衡)이다.[111]

그는 1877년 서울 근교인 경기도 광주에서 태어났으며, 22세 때인 1899년 일본
으로 건너가 도쿄의 간다(神田)중학교를 마친 후 와부츠(和佛)법률학교에 입학하여
1902년 7월에 졸업하였다. 그 뒤 곧 귀국하여 1904년 11월 말경 군부 군법국 주사
로 관계에 들어갔으며, 1905년 한일보호조약이 체결되어 일본의 영향력이 강화되

---

[108] 『대한민보』, 1909.7.20.
[109] 『황성신문』, 1910.3.18.
[110] 『황성신문』, 1910.3.19.
[111] 본서 제1부 「법관양성소」 중 9장 「법관양성소의 교수진」 참조. 일본 문헌으로는 李英美, 「石鎭衡」,
『法政』(法政大學), 1999.12.

면서 그는 법부의 법률기초위원에 임명되었다. 같은 해 12월에는 법관양성소 교관으로 임명되어 채권법과 국제법을 강의하였다. 1906년에는 부동산법조사위원으로 임명되었는데 여기서 그는 당시 통감 이토 히로부미의 법률고문 겸 입법조사사업을 직접 지휘하던 도쿄대학 교수 우메 겐지로의 통역을 맡았다.

석진형은 보성전문과 양정의숙에도 강사로 나갔으며, 1909년 11월에는 법관양성소가 법학교로 명칭이 변경되고 이곳의 조교수가 되었다. 여기서는 일본인 소장 노자와 다케시노스케(野澤武之助) 외에 일본인 교수 조 츠라츠네(長連恒), 조교수 이와마(嚴間亮), 그리고 한국인 조교수 김교명(金敎明), 조교수 양대경(梁大卿) 등과 함께 법학을 가르쳤다. 1910년 한일합병 이후에도 계속하여 경성전수학교의 강사로서 근무하였다.

합병 이후인 1911년에는 충청남도 예산에 호서은행(湖西銀行)을 설립하는 일에 관여하여 이사(取締役)가 되어 1913년 경성전수학교를 사임하였으며, 그 뒤 조선직조회사, 조선방직회사, 조선제지회사 등의 전무 또는 지배인을 지냈다. 1921년에는 전라남도청 참여관으로 부임한 뒤 1924년에는 충청남도 지사로 임명되었는데, 당시에 발간된 『조선시정십오년사(朝鮮施政拾五年史)』에서는 '웅변에 능하고 활동적인 정력가이며, 술 담배도 않고 신지식과 신사조에 관심을 두는 인물'이라고 논평하였다. 1926년에는 전라남도 지사로 전임되고 그해에 있었던 쇼와(昭和)의 대관식에도 참석하였다.

그러나 외면적인 친일(親日)의 이면에는 일본인과의 마찰과 불화도 있었고, 1929년에는 마침내 8년간의 관료생활을 청산하고 사표를 내었다. 총독 사이토 마코토(齋藤實)[112]는 석진형의 청빈함을 알고 그 뒤에도 가끔 사가(私家)를 찾아와서 서예와 바둑으로 유유자적(悠悠自適)하는 모습을 보고 갔다고도 한다.

한일합병 이후 일본에 유학한 조선인 지식인들은 대체로 5년 이내에 모두 관직

---

[112] 사이토(1858~1936)는 이와테(岩手)현 출신. 해군대장, 해군대신(1906~1915) 역임. 1919년 3·1독립운동 이후 제3대 총독으로 1927년 12월까지 이른바 문화정치를 표방하면서 민족분열과 동화정책을 전개. 제5대 조선총독(1929~1931). 1932년 우익과 군인들의 5·15 반란사건이 터지자 총리대신이 되어 거국일치 내각을 구성하여 정국수습에 나섬. 1936년 다시 2·26 사건이 터지면서 청년장교들에게 피살된다. 상세한 것은 정일성, 『인물로 본 일제 조선지배 40년 —1906~1945』, 지식산업사, 2010, 183~238면; 김익한, 「사이토 마코토」, 『조선총독 10인』, 가람기획, 1996, 113~142면 참조. 사이토의 이른바 문화정치에 관한 일본문헌은 徐鍾珍, 「齋藤實總督の對朝鮮植民地政策 — '文化政治'期の宗敎政策を中心として」, 『早稻田政治公法硏究』 第64號, 2000; 長田彰文, 「日本の朝鮮統治における'文化政治'の導入と齋藤實」, 『上智史學』 第43號, 1998 참조.

에서 도태되었다는 연구 보고도 있지만, 석진형이 오랫동안 조선인으로서는 드물게 도지사까지 승진할 수 있었던 것은 '대일본제국'의 불멸을 철저하게 믿고 진심으로 '대화적(大和的)인 심장(心臟)'을 가진 것 외에도 제2의 우메 겐지로와 같은 또 다른 유력한 일본인의 후원 없이는 도저히 불가능한 일이라고 생각된다.

일본의 패전으로 광복을 맞은 후 그는 스스로 '친일한 더러운 몸'이라고 평가하고 가족도 알지 못하는 강원도 가곡(佳谷)이란 산골짜기에서 쓸쓸하게 세상을 떠났다.

석진형의 저술로는 『채권법』과 『평시국제공법론』[113] 외에 몇 가지의 논설이 있다. 채권법에서 그는 한국의 민법전 제정을 주장하고 있다. 국제법에서는 저술 동기를 "학교에서 교수코져 함이오 공중사회에 발표함은 아니라"고 서문에서 밝히고 있다.

또한 그는 국제법의 본질에 관한 참고문헌으로서 다카하시(高橋作衛)의 『평시국제법론』, 데라오(寺尾亨)의 『일본제국대학 필기 국제공법 평시부』, 나카무라(中村進午)의 『국제공법』 그리고 아키야마(秋山雅之介)의 『평시국제공법』 등을 소개하고 있다.[114]

그 밖에 그는 『대한자강회월보』나 『소년한반도』 같은 애국계몽잡지에 국제법에 관한 논설 몇 가지를 기고하였으며, 합병 이후에도 「강화후(講和後)의 조선경제문제(朝鮮經濟問題)」(1919), 「합방 25년을 회고하며(合邦二十五年を顧みて)」(1935)가 있다. 그 밖에 반아(槃阿)라는 호를 사용하여 한글로 쓴 「몽조(夢潮)」라는 소설도 남겼으며,[115] 시가집으로 석진형 찬(撰), 『부여고금시가집(扶餘古今詩歌集)』(1926) 등이 있다. 이렇게 볼 때 그는 매우 다재다능한 사람이었던 것으로 보인다.

1988년 저자는 석진형의 자부인 김금랑(金錦郞, 1912년생) 씨와 손자 석동수(石東秀, 1933~) 씨를 만나서 인터뷰한 일이 있다. 그때 한국의 근대법학사에 도움이 될 만한 기록이나 자료의 소장 여부를 물으니 일본의 패망과 전란의 와중에서 모두 소실되었다고 한다. 뿐만 아니라 경성법학전문학교에서 법학을 공부한 장남 석의징(石義澄, 1906~1950?) 씨도 한국전쟁 중에 납북되었다고 전한다.

---

[113] 이 책은 2004년 관악사에서 영인본이 출간되었다.

[114] 석진형, 『평시국제공법론』, 25면. 석진형은 '秋山雅之助學士所著平時國際公法'이라고 하나, 秋山雅之介'가 맞으며 저자가 이용한 6판(1908)에서는 '법학박사'로 표기하며, 서명은 『국제공법 평시』로 1902년 호세이(法政)대학에서 발행하였다. 아키야마는 서문에서 "국제공법의 실행을 괴기하게 여기고 그 법칙의 효력을 의심하는 것은 원래 초학자의 죄가 아니며, 또 이를 명백히 하는 저술이 근소한 데 연유하기" 때문에 이를 명료하게 하기 위함이라고 저술동기를 밝히고 있다.

[115] 소재영·김경완 편, 「몽조(夢潮)」, 『개화기 소설』, 숭실대 출판부, 1999, 13~48면. 지은이 반아(槃阿)는 필명이며 그가 누구인지는 정확히 알려져 있지 않다고 하는데(13면) 이는 석진형의 호이다.

약간 실망하여 돌아가려는 저자에게 자부인 김 여사는 빛바랜 사진을 다시 사진관에서 복사한 몇 장의 사진을 보여준다. 사진의 주인공 이름이나 얼굴은 누군지 알 수 없지만 얼핏 보아도 화려한 내부시설이나 근엄하고 기품 있어 보이는 분위기는 물론이며, 또 사진촬영이 부와 권세의 상징이었던 시절이고 보면 그들은 구한말 당시의 조선인과 일본인 고위층 인사들임에 틀림없었다. 김 여사는 사진 설명은 충분히 못했지만 시아버지는 자신에게 친아버지 이상으로 따듯하게 사랑해주신 분이라고 강조하였다. 조선의 독립 직후 시아버지를 잃고 전쟁으로 남편마저 여의고 외롭게 살아온 그녀는 이제 아들에 의지한 채 이미 늙고 병들어 피곤한 삶을 살고 있었다. 아니 지나간 과거를 회상조차 하기 싫었는지도 모른다. 여하튼 그녀의 얼굴에서 조선의 마지막 후예를 보는 듯 파란만장한 날들의 영욕(榮辱)을 쉽사리 읽을 수 있었다. 작별할 때에 김 여사와 석동수 씨는 석진형의 사진과 그가 지은 몇 수의 한시(漢詩)와 「석진형의 사상 및 과거, 현재」[116]라는 자필 이력서의 사본을 저자에게 기념으로 주었다. 한문 필적이 매우 아름답고 뛰어났다.

한국 최초로 근대적인 민법과 국제법을 강의와 저술을 통하여 소개하고 전파한 학자로서의 석진형의 공로와 함께, 실천적으로는 일본제국주의의 하수인으로서 전락한 면모는 마치 법학(도)의 운명과 같은 것이 아닌가 하는 비애마저 느끼게 만든다. 일본의 압제로부터 해방된 신생 대한민국에서 헌법을 기초하고 법체제를 확립하려고 할 때 친일파 법조실무가는 많았지만 진정한 법학자가 드물어서 어려웠던 일하고도 일맥상통하는 바가 있다고 하겠다.

7. 결론

① 당시의 신문은 이미 통감부의 검열로 인하여 한국인의 목소리를 제대로 내

---

[116] 전문은 본서 제1부 「법관양성소」 중 9장 「법관양성소의 교수진」, '교수진'의 '석진형'에 수록되어 있다.

지 못하고 있다는 것. 이상 열거한 것도 우메를 비롯하여 일본통감부의 시정(施政)에 대해서 비판적인 기사는 게재하지 못하게 하였으므로 이러한 사정을 감안하여 기사(記事)의 이면(裏面)까지 헤아려 읽어야 할 것이다.

② 일본의 준비 부족. 통감부 법령은 대체로 일본 법령의 번역으로 일관하였으며 짧은 기간 안에 그토록 다량의 법령을 제정한다는 것은 불가능에 가까운 일이기 때문에 통감부는 법령의 정비가 아니라 일본 법령의 번역에 급급한 나머지 시행한 법령과 시행 못 한 법령이 혼재하여 난맥의 극치를 보이고 있었다. 당시의 언론도 '법률 난다'라고 표현하고, 하룻밤 자고나면 새 법률이라고 묘사하였다.

③ 정치적으로 혼란하여 우메도 자신의 이론을 실제에 적용할 여유가 없었다. 우메(梅)는 순수하게 법이론과 실제의 운영 모습을 확인하려고 하였으나 외부적인 여건뿐만 아니라 이를 받아들이는 한국인의 입장에서도 준비부족과 급격한 상황의 변화, 더구나 외국인에 의한 이질적인 법문화의 강요된 수용은 결국 실패로 끝날 수밖에 없는 운명이라고 하지 않을 수 없을 것이다.

참고문헌

I. 인명사전

1. 伊藤 隆·季武嘉也 編, 『近現代日本人物史料情報辭典』, 吉川弘文館, 2004.

2. 『20世紀日本人名事典』, 日外アソシェーツ, 2004.

3. 法政大學文學部史學研究室 編, 『日本人物文獻目錄』, 平凡社, 1974.

4. 臼井勝美 他編, 『日本近現代人名辭典』, 吉川弘文館, 2001.

5. 日本史廣辭典編集委員會 編, 『日本史人物辭典』, 山川出版社, 2000.

6. 新訂增補 『人物レファレンス事典』, 明治·大正·昭和(戰前)編 あ~し, 日外アソシェーツ, 2000.

7. 『日本人名大辭典』, 講談社, 2001.

8. 『島根縣歷史人物事典』, 山陰中央申報社, 1997.

9. 『コンサイス日本人名事典』 第4版, 三省堂, 2001.

10. 『圖說明治人物事典—文化人·學者·實業家』, 日外アソシェーツ, 2000.

11. 『新潮日本人名辭典』, 新潮社, 1991.

12. 『政治家人名事典』, 日外アソシェーツ, 1990.

13. 『國史大事典』 第4卷, 吉川弘文館, 1984.

14. 朝日新聞社 編, 『朝日日本歷史人物事典』, 1994(長尾龍一 집필).

15. 『新潮日本人名辭典』, 新潮社, 1991.

16. 秦郁彦 編, 『戰前期日本官僚制の制度・組織・人事』, 東京大學出版會, 1981.

17. 『日本人名大事典』, 平凡社, 1979.

18. 『國史大辭典』第2卷, 吉川弘文館, 1980.

19. 葛生能久, 『東亞先覺志士記傳下』, 黑龍會出版部, 1936(復刻版 大空社, 1997).

20. 大植四郎 編, 『明治過去帳―物故人名辭典』, 1935(新訂版 1971).

21. 市島謙吉, 『隨筆早稻田』, 翰墨同好會 南有書院, 1935(42. 梅謙次郎氏).

II. 한국 관련 논설 기타

1. 이영미 편역, 「근대 한국법과 梅謙次郎」, 『동아법학』 제39호, 2007.

2. 「開城府在留日本人會招待席上」, 『極東時論』 제1권 5호, 1906.

3. 某君, 「韓國ノ法典調査」, 『東京經濟雜誌』 제1346호, 1906.

4. 「韓國ノ話」, 『國家學會雜誌』 제21권 12호, 1907.12.

5. 「不動産ニ關スル韓國慣習法一斑」, 『法曹記事』 제18권 6호, 1908.

6. 「韓國ノ典當」, 『法學協會雜誌』 제26권 10호, 1908.10.

7. 「民長官撰問題に就て」, 『朝鮮』 제2권 1호, 1908.9.

8. 「韓國と島根縣」, 『朝鮮』 제8호, 1908.10.

9. 「法人ニ關スル韓國慣習法一斑」, 『法學協會雜誌』 제27권 上, 1909.

10. 「韓國ノ法律制度に就て(上下)」, 『東京經濟雜誌』 제1512호, 1909.10.16・제1514호, 1909.10.16.

11. 「伊藤公と立法事業」, 『國家學會雜誌』 제24권 7호, 1910.

12. 「韓國の合邦論と立法事業」, 『國際法雜誌』 제8권 9호, 1910.

13. 「韓國民之財産權」, 『朝鮮之實業』 제28호, 1907.10.15.

14. 不動産調査事項說明會(梅謙次郎博士講演), 菊版.

15. 「朝鮮民事訴訟法案」, 『法史學研究』 제11호, 1991.

16. 京城生, 「韓國ノ土地建物證明規則」, 『法學志林』 제8권 12호, 1906.11.

17. 江木 翼, 「韓國ニ於ケル司法制度ニ就テ」, 『國家學會雜誌』 제23권 10호, 1909.10.1.

18. 『伊藤博文關係文書』 3, 塙書房, 1975.

19. 『齋藤實關係文書目錄』 書翰の部(平成 11年)(梅가 齋藤에게 3통 보냄).

20. 『法律新聞』 제663호, 1910.9.5・제619호, 1910.1.25・제671호, 1910.10.15.

21. 美濃部達吉, 「梅先生を追悼す」, 『國家學會雜誌』 제24권 8호, 1910.

22. 金孝全, 韓國の新聞に現われた梅謙次郎(2006.6.23 法政大 발표문, 본서에 수록).

III. 연구문헌

1. 李英美, 『韓國司法制度と梅謙次郎』, 法政大學出版局, 2005(김혜정 옮김, 『한국사법제도와 우메 겐지로』, 일조각, 2011).

2. _____, 「朝鮮統監府における法務補佐官制度と慣習調査事業―梅謙次郎と小田幹治郎を中心に

    (1~5)」,『法學志林』제98권 1호~제99권 4호.

3. 윤해동,『지배와 자치-식민지기 촌락의 삼국면구도』, 역사비평사, 2006.

4. 손경찬,「『민형소송규칙』의 제정과 의의」,『법사학연구』제30호, 2004.

5. 岡 孝,「明治民法と梅謙次郎―歸國100年を機にその業績を振り返る」,『法學志林』제88권 4호, 1991.

6. 內藤正中,「韓國における梅謙次郎の立法事業」,『島大法學』제35권 3호, 1991.

7. 中村哲,「梅謙次郎の法思想」,『法學志林』제89권 2호, 1992.

8. 森山茂德,「保護政治下韓國における司法制度改革の理念と現實」, 淺野豊美・松田利彥 編,『植民
    地帝國日本の法的構造』, 信山社, 2004.

9. 田中隆一,「帝國日本の司法連鎖」,『朝鮮史研究會論文集』No. 38, 2000.

10. 松本烝治,「梅博士の追憶」,『法學志林』제49권 1호(梅謙次郎博士記念特集號), 1951.

11. 乾政彥,「懷舊雜話」,『法學志林』제49권 1호(梅謙次郎博士記念特集號), 1951.

12. 三條商太郎,「梅先生の思い出」,『法學志林』제49권 1호(梅謙次郎博士記念特集號), 1951.

13. 川崎万藏,「朝鮮における梅博士」,『法學志林』제49권 1호(梅謙次郎博士記念特集號), 1951.

14. 穗積重遠,「穗積陳重の觀た梅先生」,『法學志林』제49권 1호(梅謙次郎博士記念特集號), 1951.

15. 吉田克己,「二人の自然法學者―ボワソナードと梅謙次郎」,『法律時報』제71권 3호.

16. 野島幹郎,「梅謙次郎博士・顯彰の辭(1)~(5完)」,『法律のひろば』제44권 1호~5호, 1991.

17. 金山直樹,「裝置としての法典と法學‐梅謙次郎というゝ神話」,『法律時報』(特集 民法100年と梅謙
    次郎) 第70卷 7號, 1998.6.

18. 七戸克彥,「外國法學說の影響」,『法律時報』(特集 民法100年と梅謙次郎) 第70卷 7號, 1998.6.

19. 片山直也,「『最近判例批判』を讀む」,『法律時報』(特集 民法100年と梅謙次郎) 第70卷 7號, 1998.6.

20. 吉井啓子,「舊民法講義三部作を讀む」,『法律時報』(特集 民法100年と梅謙次郎) 第70卷 7號, 1998.6.

21. 中村哲也,「民法第二編親族家」,『法律時報』(特集 民法100年と梅謙次郎) 第70卷 7號, 1998.6.

22. 高田晴仁,「商法學者·梅謙次郎―日本商法學界の出發點」,『法律時報』(特集 民法100年と梅謙
    次郎) 第70卷 7號, 1998.6.

23. 野島幹郎,「生い立ちと松江」,『法律時報』(特集 民法100年と梅謙次郎) 第70卷 7號, 1998.6.

24. 大久保泰甫,「岐路になった若き日の二つのでき事―司法省法學校首席卒業とフランス留學決定」,『法
    律時報』(特集 民法100年と梅謙次郎) 第70卷 7號, 1998.6.

25. 田村耀郎,「フランス留學の成果―「和解論」とその意義」,『法律時報』(特集 民法100年と梅謙次
    郎) 第70卷 7號, 1998.6.

26. 岡 孝,「民法起草とドイツ民法第二草案の影響」,『法律時報』(特集 民法100年と梅謙次郎) 第70
    卷 7號, 1998.6.

27. 鄭鍾休,「梅謙次郎と韓國近代立法事業」,『法律時報』, 第70卷 7号, 1998.6.

28.「司法省關係ノ法律制定沿革略誌」,『帝國法曹大觀』, 1915.

29. 小川原宏幸,「統監伊藤博文の韓國法治國家構想の破綻」, 姜德相先生古稀, 2003.

30. _____,「日本の韓國司法權侵奪過程」,『文學研究論集』(文學) 明治大大學院 제11호, 1999.

31. 신우철, 「근대 사법제도 성립사 비교연구―우리 '법원조직' 법제의 초기 형성」, 『법조』 제56
　　　권 9호, 통권 제612호, 2007.

32. ＿＿＿, 『비교헌법사―대한민국 입헌주의의 연원』, 법문사, 2008.

33. 鄭鍾休, 「梅謙次郎と韓國近代立法事業」, 『법학논총』 제29권 2호, 전남대, 2009(『法律時報』 제
　　　70권 7호, 1998에 일본어로 발표된 것을 그대로 수록한 것임).

34. 金成鶴, 「比較史側面からみた梅謙次郎の法思想と朝鮮における民法典構想の意義」, 『東文硏』
　　　제10호, 1999.

35. Marie Seong-Hak Kim, "Ume Kenjirō and the making of Korean Civil Law, 1906~1910", *The
　　　Journal of Japanese Studies*, Vol. 34, no. 1, 2008.

VII. 서평 : 김용구, 『만국공법』

만국공법의 비밀을 밝힌 책*

　'만국공법'이란 말이 '국제법'이란 용어로 대체된 지도 상당한 세월이 흘렀다. 서구의 제국주의와 함께 전래된 '만국공법'이란 개념은 한국인에게 어떠한 의미를 지니며, 종래의 동양적 예(禮)와 충돌하면서 어떻게 근대 한국을 지배해왔는가? 이 문제는 단순히 국제법발달사나 국제법의 수용 내지는 전래에 관한 역사적 연구로 끝나는 것이 아니라 오늘날의 우리의 생존에 관한 절박한 화두이기도 한 것이다.

　이번에 국제법과 외교사의 권위자인 김용구 교수가 이러한 문제의식에서 『만국공법』을 펴내었다. 다 알다시피 1876년의 강화도조약에서부터 1910년의 한일합병에 이르기까지 우리들 한국인에게 뼈아픈 교훈을 준 일련의 사태는 모두 만국공법과 조약이란 미명 아래 이루어진 것이다. 이처럼 어떤 신비적인 힘과 비밀이 내포된 만국공법과 조선에 관한 체계적이며 학술적인 연구는 지금까지 거의 없던 차에 이 책이 발간된 것은 우리 모두 기뻐하고 축하할 일이다.

　더구나 "한국개념사총서"의 첫 번째 책자로서 발간된 이 책은 동양에서는 최초로 독일과 프랑스 학계에서 널리 인정받고 있는 개념사연구라는 방법론을 도입하여 지금까지의 우리 학계의 연구 성과를 집대성하는 대장정의 첫걸음이기도 한 점에서 그 의의는 크다고 하겠다.

---

* 『대한민국학술원통신』 제183호, 2008.10.1, 9~10면.

이 책은 제1부 「사대와 공법」, 제2부 「번역과 충돌」, 제3부 「조선과 만국공법」의 세 파트로 구성되어 있다.

제1부 「사대와 공법」에서의 사대질서는 명분의 체계에 입각하여 사대자조, 조공, 행위자의 불평등, 내번과 외번, 인신무외교, 야만 그리고 천하의 개념 등을 분석하고 있다. 공법질서에서는 19세기 유럽 국제법의 특징으로서 지리적으로는 유럽 중심의, 기독교에 바탕을 둔, 중상주의의 제국주의적인 법으로서 파악한다. 그 국제법질서의 특징은 실정법주의, 유럽중심주의 그리고 팽창주의에 입각한 폭력의 규범으로 특징짓고 있다.

제2부 「번역과 충돌」에서는, 저자의 국제법과 국제정치를 이해하고 분석하는 준거틀의 하나이며 열쇠개념인 '충돌(clash)'의 개념을 사용하여 번역의 문제를 다루고 있다(상세한 것은 『세계관 충돌의 국제정치학』(1997)과 『세계관 충돌과 한국외교사』(2001) 참조).

번역은 비단 국제법과 국제정치학에서뿐만 아니라 문학, 역사, 철학과 같은 인문과학이나 사회과학 나아가서는 자연과학 등 전체 학문에 이르기까지 한 나라의 문명과 문화의 변화를 주도하는 중심역할을 한다는 데에는 아무도 이의가 없을 것

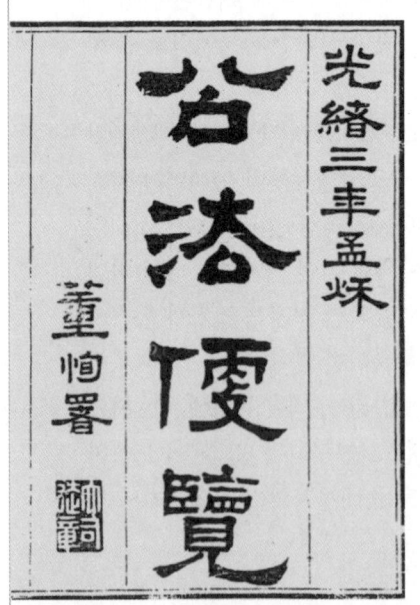

이다. 그럼에도 불구하고 근대 한국에서의 외국문헌의 번역에 관하여는 문학과 법학 그리고 기독교의 전파 등 몇 가지 한정된 테마에 집중되어 있는 현시점에서 저자는 린쩌쉬(林則徐)의 바텔 번역에서부터 마틴과 휘튼, 『만국공법』과 비스마르크, 『성초지장』, 『공법편람』, 『공법회통』 그리고 홀의 『국제법』에 이르기까지의 여러 가지 국제법 책의 번역 문제를 다루고 있다. 특히 이질 문명권 사이의 번역에는 오해, 굴절, 그리고 선택이 동반된다는 사실을 실증적으로 예시하면서 명쾌하게 분석하고 있다.

제3부 「조선과 만국공법」에서는 강화도조약을 전후한 시기의 『만국공법』의 전래로부터 만국공법에 대한 비판론과 파행적 공법질서에

『공법편람』

대한 저항운동 등을 다루고 있다. 끝으로 서양 공법 연구와 수용의 문제를 『한성순보』를 비롯한 당시의 각종 신문의 논설과 유길준의 『서유견문』, 박영효의 건백서, 을미사변, 칭제건원, 조약론 등의 관점에서 공법의 허와 실을 예리하게 파헤치고 있다.

조선인들에게 만국공법은 한편으로는 강대국의 전유물처럼 생각되어 우리도 하루 속히 만국공법과 외교를 배워 서구열강의 침략에 대비하자고 주장하는가 하면, 다른 한편으로는 만국공법이라는 이름 아래 강자가 약자를 유린하는 구실 내지는 명분으로 이해하여 '만국공법이 대포 한 방보다도 못하다'는 말도 유행하게 되었다. 이처럼 공법의 허와 실을 다시 한 번 반추하면 오늘날의 우리의 현실적 과제와 자세는 더욱 명백해진다. 그것은 저자가 적절히 말하듯이, "과거의 역사적 경험을 오늘의 역사적 현실에 비추어 세계 학계가 인정하는 개념과 담론 위에서 다시 해석하는 지적 작업이다." 이러한 문제의식과 연구자세가 다른 학문의 영역에서도 활성화되기를 기대해 본다.

법관양성소규정

법관양성소규정

법관양성소규정은 1895년에 제정된 이래 1903년에 2회, 1904년에 2회씩 개정되었으며, 1904년 7월에는 시행세칙이라고 할 수 있는 법관양성소규칙이 법부령 제2호로 제정되었다. 그 후 1905년 2월에 칙령 제21호로 법관양성소관제가 공포·시행되어 종전의 법관양성소 규정은 폐지되고, 다시 같은 해 3월 법부령 제1호로 '법관양성소 규칙'을 제정함으로써 종전의 규칙을 폐지하였다. 이처럼 빈번한 법령의 개정으로 법관양성소의 실효성 있는 운영은 기대하기 어려웠다.

○ 勅令 第49號 法官養成所 規程(1895)

日 省 錄 高宗 32年 3月 25日 勅　　令 開國 504年 3月 25日
高宗實錄 高宗 32年 3月 25日 議 奏 三 開國 504年 3月 25日
官　　報 開國 504年 3月 25日

朕이 法官養成所規程을 裁可ᄒᆞ야 頒布케 ᄒᆞ노라

大君主 御押 御璽

　開國 五百四年 三月 二十五日

　　　　　　　　　　　　　　　　　　總理大臣 金 弘 集

　　　　　　　　　　　　　　　　　　法務大臣 徐 光 範

第一條 法官養成所ᄂᆞᆫ 速成ᄒᆞ믈 期ᄒᆞ고 生徒를 汎募ᄒᆞ야 規定ᄒᆞᄂᆞᆫ 學課를 教授
　ᄒᆞ고 卒後에 司法官으로 採用ᄒᆞ미 可ᄒᆞᆯ 資格을 養成ᄒᆞᄂᆞᆫ 處라

第二條 本所에 左開ᄒᆞᄂᆞᆫ 職員을 置홈

　所長 一人

　教授 若干人

第三條 所長은 法部參書官으로ᄡᅥ 充ᄒᆞ고 教授ᄂᆞᆫ 隨時 任用홈

第四條 凡本所의 生徒되ᄂᆞᆫ 者ᄂᆞᆫ 年齒 二十歲以上으로 入學試驗에 及第ᄒᆞᄂᆞᆫ 者
　或 現在官署에 奉職ᄒᆞᄂᆞᆫ 者를 限홈

　入學試驗科目이 左와 如홈

　一 漢文作文

　一 國文作文

　一 朝鮮歷史 及 地誌大要

第五條 入學試驗에 應코져 ᄒᆞᄂᆞᆫ 者ᄂᆞᆫ 第一號書式에 依ᄒᆞ야 稟請狀을 具呈ᄒᆞ미 可홈

第六條 이미 入所准을 得ᄒᆞᄂᆞᆫ 者ᄂᆞᆫ 다시 第二號書式에 依ᄒᆞ야 保證狀을 具呈ᄒᆞ미 可홈

第七條 本所學科의 課目이 左와 如홈

　一 法學通論

　一 民法

　一 刑法

　一 民事訴訟法

　一 刑事訴訟法

　一 其他 現行法律

　一 演習

第八條 本所ᄂᆞᆫ 六個月로ᄡᅥ 卒業期限을 定홈

第九條 三個月에 一次試驗을 行ᄒᆞ야 優等生에게 卒業證書를 特授ᄒᆞᄂᆞᆫ 事가 有홈

第十條 本所規定ᄒᆞᄂᆞᆫ 學科를 履修ᄒᆞ야ᄡᅥ 卒業試驗에 合格ᄒᆞᄂᆞᆫ 者에게ᄂᆞᆫ 卒業證書를 授與홈

第十一條 本所卒業證書를 領有ᄒᆞᄂᆞᆫ 者ᄂᆞᆫ 司法官에 採用ᄒᆞᆷ믈 得홈

第十二條 本令은 開國 五百四年 四月 一日로븟터 施行홈

第一號書式

```
稟請狀
        住址
            姓名
                年齒
    玆에 貴所入學試驗을 應코져 ᄒᆞ야 稟請狀을 具呈ᄒᆞᄂᆞ이다
    開國   年  月  日  右  姓名            印
                保證人  姓名            印
            法官養成所長 姓名 座下
```

第二號書式

```
保證狀
        住址
            姓名
                年齒
    玆에 貴所入學에 准可를 蒙ᄒᆞ온지라 該名이 貴所에 在ᄒᆞᄂᆞᆫ 間의 一切事項은 名下가
    擔當保證ᄒᆞ오니 爲此ᄒᆞ야 保證狀을 具呈ᄒᆞᄂᆞ이다.
    開國    年    月    日
                    右    姓名
                保證人 住所
                        姓名
                            年齒
            法官養成所長 姓名 座下
        (凡 保證人은 京城內에 住ᄒᆞᄂᆞᆫ 者를 限홈)
```

學科課目時間表

日／時	一時間半(午前)	一時間半(午後)
月	民法 及 民事訴訟法	法學通論
火	刑法 及 刑事訴訟法	
水	法學通論	民法 及 民事訴訟法
木	民法 及 民事訴訟法	
金	刑法 及 刑事訴訟法	
土	現行法律	訴訟演習

○ 法官養成所 規程(1903)

官　　報 光武 7年 1月 22日

開國 五百四年 勅令 第四十九號 法官養成所 規程 第二條 第一項 所長 一人下에
"勅任 或 奏任" 五字를 添入ᄒᆞ고 第三條 所長은 下에 "法部 參書官으로써 充" 九字
를 刪去ᄒᆞ고 "法部 勅奏任官이나 各 府部院 勅奏任官의 法律通曉ᄒᆞᆫ 人으로 兼任喜
을 得" 三十字를 添入ᄒᆞ고 第八條 本所ᄂᆞᆫ 下에 "六個月" 三字를 刪去ᄒᆞ고 "三個年
으" 四字를 添入ᄒᆞ고 第九條 "三個月" 三字를 刪去ᄒᆞ고 "一個年" 三字를 添入ᄒᆞ고
優等生에게 下에 "卒業證書를 特授ᄒᆞᄂᆞᆫ 事가 有" 十二字를 刪去ᄒᆞ고 "賞與ᄒᆞᄆᆡ 可"
五字를 改付票喜이라

○ 法官養成所 規程(1903)

官　　報 光武 7年 9月 8日

開國 五百四年 勅令 第四十九號 法官養成所 規程 第二條 第二項 "教授若干人"
五字ᄂᆞᆫ 刪去ᄒᆞ고 "教官 十二人 奏任 三人 判任 九人" 十三字로 改定ᄒᆞ고 "一 博士 四
人 判任" 七字를 第三項 次에 添入ᄒᆞ고 第三條 "教授ᄂᆞᆫ 隨時採用" 七字ᄂᆞᆫ 刪去ᄒᆞ고
"教官은 法律通曉人으로 敍任ᄒᆞ고 博士ᄂᆞᆫ 本所 卒業學員으로 循序敍任ᄒᆞ얏다가
司法官으로 收用" 四十字로 改定ᄒᆞᄂᆞᆫ 事

○ 法部令 第2號 法官養成所 規則(1904)

日 省 錄 光武 8年 6月 18日　高宗實錄 光武 8年 7月 30日
官　　報 光武 8年 8月 5日

第一款　總則

第一條 法官養成所ᄂᆞᆫ 開國 五百四年 三月 二十五日 勅令 第四十九號 法官養成
所規程 第一條에 依ᄒᆞ야 法官의 必要ᄒᆞᆫ 法律專門을 教授喜 事
第二條 生徒에게 在學中은 教課書를 借給ᄒᆞ고 必要ᄒᆞᆫ 紙筆墨을 支給喜 事
第三條 本所의 事務便利를 爲ᄒᆞ야 監督ᄒᆞᄂᆞᆫ 事務를 以教官中 學規의 曾有履歷

혼 簡精人으로 長 副長이 特定 兼任케 홀 事

第四條 監督事務는 本所長 副長의 命令을 承ᄒ야 教官勤慢과 學員進退 及 本所
內 一切 事務룰 監督케 홀 事

但 現今間은 判任 教官中 四人으로 各項 書記와 會計事務에 上官의 指揮룰 承
ᄒ야 專任홀 事

第五條 監督은 教官 教師 及 學員의 進不進記룰 每月終에 長 副長의게 經ᄒ야 妥
辦케 홀 事

進不進記는 印札紙로 成冊ᄒ야 教官 及 教師는 捺章ᄒ고 學員은 打點케 홀 事

第二款　學課 及 程度

第一條 法官養成所 學課는 法學通論 民刑法 民刑事訴訟法 憲法 行政法 國際法
商法 現行法律 算術 作文 外國律例로 定홀 事

但 時宜룰 從ᄒ야 學科科目을 增減홈도 得홀 事

第二條 學科의 教授時間은 五時間으로 定ᄒ더 長短룰 隨ᄒ야 推移改定홀 事

第三條 學科의 教授分掌홈과 各班의 學科룰 本所長 副長이 協議ᄒ야 定홀 事

第三款　入學 休學

第一條 入學은 每年 春秋期로 許入홀 事

但 春秋 兩期內라도 普通學識 俱備흔 人이 願入ᄒ거든 試驗을 經흔 後 特爲 入學
홀 事

第二條 入學人의 資格과 票請狀 及 保證狀의 呈出홈은 本所 規程 第一號 第二號
書式에 依ᄒ야 施行홀 事

第三條 夏期休學과 秋期上學은 節序早晚을 隨ᄒ야 本所長 副長이 臨時 決定홀 事

第四條 休學日은 左表에 依홀 事

　一 萬壽聖節

　一 春秋慶節

　一 開國紀元節

　一 興慶節

　一 繼天紀元節

　一 每日曜日

　一 夏期休學 夏期休學日로 秋期上學日ᄭ지 六十日을 越치 勿홀 事

　一 冬期休學 十二月 二十六日로 一月 五日ᄭ지

　一 陰曆名節 十二月 二十五日로 正月 二十日ᄭ지 寒食前日로 寒食日ᄭ지 秋夕前日로 秋夕日ᄭ지

一 外國名節은 臨時호야 本所長 副長이 量宜호야 休學을 許홀 事

但 婚喪을 因호거나 不得已혼 事故가 有호야 本所內에셔 確知호는 暫時休學
은 監督이 許由호고 一週日에 過호는 休學은 監督을 經호야 本所長 副長의 許
由룰 得홀 事

第四款　罰則

第一條 敎官進記中에 一個月內에 三個日 不進 以上이어든 譴責호고 七個日 以上
이어든 一 個月 減俸호고 一個月內에 十日 慢進 (雖十分時 不及以慢字書于進記) 以
上이어든 譴責호되 若又不悛호고 更過五慢字 以上이어든 半個月 減俸케 홀 事

第二條 生徒試驗을 經호야 學力이 寙劣혼 班에 該敎授혼 敎官은 相當혼 論警을
施홀 事

第三條 在學者는 半途에 退學홈을 不得호느니 但 疾病이 有호거나 不得已혼 事
故가 有호야 退學홀 境遇에는 該 生徒와 保證人이 聯署호야 本所로 請願호면
疾病 事故를 檢查호야 的確혼 後에 本所長 副長이 許施홀 事

第四條 左記혼 各項 犯觸혼 者가 有호면 監督이 本所長 副長에게 報告호야 黜學
을 命호고 官報에 廣告홀 事

但 不得已 黜學호는 境遇에는 在學時 學費金을 按月 五元式 推納홀 事

一 卒業前에 他學校로 轉學호는 者

一 操行을 不修호야 屢度 戒飭호되 悔悟치 아니호는 者

一 規則을 違背호는 者

一 學業은 誠心이 無호고 不當혼 事項에 參議 妄論호는 者

一 不告缺席이 一週日 以上에 及혼 者

第五款　試驗 卒業

第一條 試驗은 每月終에 定호야 其 學力을 檢定호고 卒業試驗은 所授全科를 通
호야 其 學力을 檢定홀 事

第二條 試驗時에는 長 副長이 監督으로 各班의 試題와 考試를 委任호야 一規 公
平케 홀 事

第三條 月終試驗을 經호야 優等生은 該級內에 陞座호고 連三次 優等生은 進級
狀을 付與홀 事

但 現今間은 月終試驗에도 優等生은 進級홀 事

第四條 學課試驗에 採點은 每課에 一百點으로 定호야 滿點혼 者는 特進二級호
고 平均 八十點 以上은 優等에 付호고 六十點 以上은 及第에 付호고 平均 三

十點 以下者는 落級ᄒ며 連三次 落級者는 黜學ᄒ고 一科 全不ᄒᆞ 者는 落榜
ᄒᆞᆷ을 行ᄒᆞᆯ 事

第五條 試驗에 進級치 못ᄒᆞᆫ 者와 不得已ᄒᆞᆫ 事故가 有ᄒᆞ야 試驗에 不參ᄒᆞᆫ 者는 原
級에 仍實ᄒᆞᆯ 事

第六條 卒業試驗을 經ᄒᆞ야 及第ᄒᆞᆫ 者는 卒業證을 付與ᄒᆞ고 學力이 不及ᄒᆞᆫ 者는
原級에 仍留 敎授ᄒᆞᆯ 事

光武 八年 七月 三十日

法部大臣 朴齊純

○ 勅令 第21號 法官養成所 官制(1905)

高宗實錄 光武 9年 2月 26日　　奏 議 89 光武 9年 2月 26日
官 報 光武 9年 3月 1日 號外 勅 令 14 光武 9年 2月 26日

第一條 法官養成所는 法部 管轄에 屬ᄒᆞ야 法律學 敎習에 關ᄒᆞᆫ 事務를 掌ᄒᆞᆷ이라

第二條 法官養成所에 左開 職員을 置ᄒᆞᆷ이라

　長　　一人 法部 參書官中 兼

　敎官　六人 奏任 一人 判任 一人

第三條 所長은 法部大臣의 指揮 監督을 承ᄒᆞ야 所內 一切 事務를 管理ᄒᆞ며 所屬
官吏를 監督ᄒᆞᆷ이라

第四條 敎官은 法律 政治 經濟學 卒業人으로 選任ᄒᆞᄂᆞ니 上官의 命을 承ᄒᆞ야 學
徒 敎授에 關ᄒᆞᆫ 事務를 掌理ᄒᆞᆷ이라

第五條 奏任官의 進退는 法部大臣이 上奏 裁可ᄒᆞ고 判任官의 進退는 專行ᄒᆞᆷ

第六條 敎官의 懲戒는 所長이 法部大臣에게 具申ᄒᆞᆷ이라

　附 則

第七條 本令은 頒布日노브터 施行ᄒᆞᆷ이라

第八條 開國 五百四年 勅令 第四十九號 法官養成所 規程과 開國 五百五年 勅令
第三號 法官養成所 規程中 改正件은 廢止ᄒᆞᆷ이라

光武 九年 二月 二十六日 奉勅

御押. 御璽

議政府 議政 臨時署理 內部大臣 趙秉式

法部大臣 朴齊純

○ 法部令 第1號 法官養成所 規則(1905)

官 報 光武 9年 4月 12日

第一款 總則

第一條 法官養成所는 光武 九年 二月 二十六日 勅令 第二十一號 法官養成所 官
制 第一條에 依ㅎ야 法官의 必要한 法律專門을 敎授홀 事

第二條 本所의 卒業生은 司法官으로 採用홀 事

第三條 本所 奏任敎官은 本所長의 指揮를 承ㅎ야 判任敎官의 敎授勤慢을 檢察홀 事

第四條 本所의 會計와 書記事務는 判任敎官中 兼任케 홀 事

第五條 學員에게 敎課書를 借給ㅎ고 必要한 紙筆墨을 支給홀 事

第六條 本所 細則은 本所長이 定ㅎ야 法部大臣의 認可를 承홀 事

第二款 學課 及 程度

第七條 法官養成所 學課는 現行法律 法學通論 憲法 行政法 刑法 民法 商法 刑事
訴訟法 民事訴訟法 國際法 外國律例 作文 算術로 定홀 事
　但 時宜를 從ㅎ야 學課科目을 增減홈도 得홈이라

第八條 學科의 敎授時間은 五時間으로 定호디 長短을 隨ㅎ야 推移 改定홀 事

第九條 學科의 敎授分掌과 各班의 學科를 本所長이 定홀 事

第三款 學班 學期 學年

第十條 學班은 學員의 員數와 學力에 應ㅎ야 本所長이 敎官과 商議 編制홀 事

第十一條 學期는 一年을 分ㅎ야 春學期와 秋學期로 定호디 左表에 依홀 事
　一 春學期 一月 六日노 夏期休學日까지
　一 秋學期 秋期上學日노 十二月 二十五日까지

第十二條 學年은 秋期初로 起ㅎ야 翌年 夏期末까지 定홀 事

第四款 入學 休學

第十三條 入學은 每年 春秋學期初로 許入홀 事

第十四條 入學을 願ㅎ는 者는 左記한 資格이 具한 者로 許入홀 事
　一 年齡이 二十歲 以上으로 三十五歲 以下者
　一 身體康健者

第十五條 入學을 願ㅎ는 者는 第一號 書式을 照ㅎ야 稟請狀을 本所長에게 呈出

ᄒ면 本所長이 敎官을 會同ᄒ야 入學試驗을 經ᄒ 後에 許入ᄒᆯ 事

入學試驗科目

一 漢文讀書 作文

一 國文讀書 作文

一 算術問對

一 歷史問對

一 地誌問對

但 師範學校와 中學校와 外國語學校 卒業生과 現在 官署에 奉職ᄒᄂ 人은 免試 許入ᄒᆷ이라

第十六條 入學許可ᄅᆯ 得ᄒᆫ 者ᄂ 第二號 書式을 照ᄒ야 保證狀을 本所長에게 呈出ᄒᆯ 事

第十七條 保證人은 京城內 住居ᄒᄂ 現在 官人으로 ᄒ고 學員과 保證人이 轉居ᄒᄂ 時ᄂ 斯速히 本所長에게 告明 改正ᄒᆯ 事

第十八條 夏期休學과 秋期上學은 節序早晩을 隨ᄒ야 本所長이 臨時 決定ᄒᆯ 事

第十九條 休學日은 左表에 依ᄒᆯ 事

一 萬壽聖節

一 千秋慶節

一 開國紀元節

一 興慶節

一 繼天紀元節

一 每日曜日

一 夏期休學 夏期休學日로 秋期上學日ᄭᅡ지 六十日을 越치 勿ᄒᆷ이라

一 冬期休學 十二月 二十六日로 一月 五日ᄭᅡ지

一 陰曆名節 十二月 二十一日로 正月 二十一日ᄭᅡ지 寒食前日로 寒食日ᄭᅡ지 秋夕前日로 秋夕日ᄭᅡ지

一 外國名節은 臨時ᄒ야 本所長이 量宜ᄒ야 休學을 許ᄒᆷ이라

但 婚喪을 因ᄒ거나 不得已ᄒᆫ 事故가 有ᄒ야 請由書ᄅᆯ 具呈ᄒ거든 量宜特許ᄒᆷ이라

第五款 退學 黜學

第二十條 在學者ᄂ 半途에 退學ᄒᆷ을 不得ᄒᄂ니 但 疾病이 有ᄒ거나 不得已ᄒᆫ 事故가 有ᄒ야 退學ᄒᆯ 境遇에ᄂ 該 學員과 保證人이 聯署ᄒ야 本所로 請願ᄒ면 疾病과 事故ᄅᆯ 檢查ᄒ야 的確ᄒᆫ 後에 本所長이 許施ᄒᆯ 事

第二十一條 左記ᄒᆫ 各項 犯觸ᄒᆫ 者가 有ᄒ면 本所長이 黜學을 命ᄒ고 官報에 廣告ᄒ며 學費金을 每朔 二元式 徵收ᄒᆯ 事

一 卒業前에 他學校로 轉學ᄒᄂ 者

一 操行을 不修ᄒ야 屢度 戒飭ᄒ되 悔悟치 아니ᄒ는 者

一 規則을 違背ᄒ는 者

一 學業이 不進ᄒ야 連續 三學年에 降班ᄒ는 者

一 學業은 誠心이 無ᄒ고 不當ᄒᆫ 事項에 參議 妄論ᄒ는 者

一 不告欠席이 一週日 以上에 及ᄒᆫ 者

第二十二條 黜學을 命ᄒᆫ 者는 官公私立 各種學校에 赴學홈을 許치 勿ᄒ고 各府
部院廳에 收用홈을 得지 못홀 事

第六款 試驗 卒業

第二十三條 試驗은 每月終과 一學期와 一學年의 三種으로 定ᄒ야 月終試驗은 一
月 學力을 檢定ᄒ고 學期試驗은 一期 學力을 檢定ᄒ고 學年試驗은 一年 學力
을 檢定홀 事

第二十四條 月終試驗을 經ᄒ야 優等生은 該班內에 陞座ᄒ고 學期試驗을 經ᄒ야
優等生은 第三號 書式을 照ᄒ야 褒證을 付與ᄒ며 陞班ᄒ고 學年試驗을 經ᄒ
야 優等生은 褒證을 付與ᄒ며 陞班ᄒ고 特別ᄒᆫ 賞品을 付與홀 事

第二十五條 學課試驗의 採點은 每科에 一百點으로 定ᄒ야 平均 九十點 以上은
優等에 付ᄒ고 五十點 以上은 及第에 付홀 事

但 學期 學年試驗에 五十點 未滿者ᄂᆫ 降班홈이라

第二十六條 學期와 學年試驗記ᄂᆫ 法部에 繕報홀 事

第二十七條 學員이 不得已ᄒᆫ 事故가 有ᄒ야 月終이나 學期試驗에 一次 不參ᄒ 者ᄂᆫ
原班에 仍置ᄒ고 月終試驗에 三次 不參과 學期試驗에 二次 不參ᄒᆫ 者ᄂᆫ 降班홀 事

第二十八條 卒業年限은 三個年으로 定홀 事

第二十九條 卒業試驗은 學期와 學年에 行ᄒ야 所授全科의 學力을 通檢ᄒ되 一班
學員만 應試홀 事

第三十條 卒業試驗을 經ᄒ야 優等과 及第ᄒᆫ 者ᄂᆫ 卒業證을 付與홀 事

第七款 敎官褒陞 及 處罰

第三十一條 敎官은 學期와 學年試驗을 經ᄒ야 敎授ᄒᆫ 學員이 優等이ᄂ 及第에
入格ᄒᆫ 者가 三分의 一에 過ᄒ거든 本所長이 法部大臣에게 具報ᄒ야 褒證을
付與ᄒ고 官報에 揭載홀 事

第三十二條 敎官이 褒證 二度가 有ᄒ거든 陞級홈을 得홀 事

第三十三條 敎官은 學期와 學年試驗을 經ᄒ야 敎授ᄒᆫ 學員의 降班ᄒᆫ 者가 三分
의 一에 過ᄒ거든 法部大臣에게 具報ᄒ야 譴責 或 減俸홀 事

附則

第三十四條 光武 八年 七月 三十日 本部令 第二號 法官養成所規則은 廢止홀 事

第一號

```
  第   號  稟請狀
          住址
              姓名
                  年齡
  玆에 貴所 試驗을 應코져 ᄒ야 稟請狀을 具呈ᄒᄂ이다.
      光武     年   月   日
                      保證人 姓名   印

  法官養成所長 姓名  座下
```

第二號

```
    第   號  保證狀
            住址
                姓名
                    年齡
  玆에 貴所 入學의 准許를 蒙ᄒ온지라 該名이 貴所에 在ᄒᄂ 間에 一切 事項은 名下가 擔當
  保證ᄒ오니 爲此ᄒ야 保證狀을 具呈ᄒᄂ이다.
      光武     年   月   日
                      住址
                      保證人 姓名     印
                                  年齡
  法官養成所長 姓名   座下
```

第三號

```
    第   號  褒證
            住址
                姓名
                    年齡
  右ᄂ 法官養成所 某班에셔 學業이 誠勤拔尤ᄒ기 特히 褒獎홈이라
                  教官 姓名     印
  右 證明에 依ᄒ야 此 證書를 授與홈이라
      光武     年   月   日
                  所長 姓名     印
```

第四號

```
    第   號  卒業證
            住址
                姓名
                    年齡
  右ᄂ 法官養成所 全科를 修ᄒ야 其 業을 卒ᄒ얏기로 此를 證홈이라
      某 科程   某 科程
                  教官 姓名   印
  右 證明에 依ᄒ야 此 證書를 授與홈이라
      光武     年   月   日
                  所長 姓名      印
```

第五號

光武 九年 三月 二十三日

法部大臣 陸軍副將 勳一等 李址鎔

○ 法部令 第5號 法官養成所 董督規則(1905)

高宗實錄 光武 9年 12月 4日　官　報 光武 9年 12月 6日

法官養成所 董督에 關ᄒᆞᆫ 規則

第一條 所長 敎官 及 學徒ᄂᆞᆫ 政事上에 干與치 못ᄒᆞᆯ 事

第二條 所長 敎官 及 學徒ᄂᆞᆫ 互結ᄒᆞ야 擅自休學ᄒᆞ지 못ᄒᆞᆯ 事

第三條 學徒ᄂᆞᆫ 所長을 經由치 안코 法部大臣에게 請願書를 直呈치 못ᄒᆞᆯ 事

第四條 右 三個條를 違越ᄒᆞ거나 煽動ᄒᆞᆷ이 有ᄒᆞ면 相當ᄒᆞᆫ 懲罰에 處ᄒᆞᆯ 事

　附 則

第五條 本令은 頒布日노부터 施行ᄒᆞᆯ 事

光武 九年 十二月 四日

法部大臣 李夏榮

○ 勅令 第10號 法官養成所官制 改正(1906)

高宗實錄 光武 10年 3月 19日　奏 議 99 光武 10年 3月 19日
官　　報 光武 10年 3月 22日　勅 令 16 光武 10年 3月 19日

法官養成所官制中 改正件

光武 九年 勅令 第二十一號 法官養成所官制中 第二條 敎官次에 "博士 判任 名譽

로 臨時敍任호디 本所 卒業人에 限홈이라" 二十三字를 添入홈이라

　　光武 十年 三月 十九日　奉勅

　御押 御璽

　　　　　　　　　　　　議政府 叅政大臣 勳二等 朴齊純

　　　　　　　　　　　　法部大臣 勳一等 李夏榮

○ 法部令 第1號 法官養成所 規則(1906)

高宗實錄 光武 10年 3月 30日　　官 報 光武 10年 4月 4日・11月 14日

第一條 本所는 光武 九年 二月 二十六日 勅令 第二十一號 法官養成所 官制 第一
　　條를 依호야 內外國 法律을 敎授홈이라

第二條 敎課는 如左히 定홈이라

　　刑法大全 明律 無冤錄 法學通論 憲法 刑法 民法 商法 刑事訴訟法 民
　　事訴訟法 行政學 國際法 經濟學 財政學 外國語

　　但 時宜를 隨호야 增減홈을 得홈이라

第三條 敎課書는 無代價로 學員에게 頒給홈이라

第四條 敎授時間은 每日 五時間으로 定홈이라

　　但 時宜를 隨호야 伸縮홈을 得홈이라

第五條 卒業年限은 二個年으로 定홈이라

第六條 試驗은 左個 四種으로 定홈이라

　　一 月終試驗

　　一 學期試驗

　　一 學年試驗

　　一 卒業試驗

第七條 試驗點數는 各科目에 一百點으로 滿點을 定호야 平均 八十五點 以上은
　　優等 平均 六十點 以上은 及第됨을 得홈이라

　　但 三科目이 四十點에 未達될 時는 落第로 定홈이라

第八條 月終試驗 點數는 學期試驗 點數에 學期試驗 點數는 學年試驗 點數에 學
　　年試驗 點數는 卒業試驗 點數에 算入홈이라

第九條 學年試驗 及 卒業試驗에 不得已호 事故를 因호야 未參호 者에게 對호야
　　는 期日을 更定호야 考試홈이라

第十條 學期試驗 優等生 學年試驗 優等生 卒業試驗 優等生에게는 褒證狀 及 賞與品을 贈與홈이라

第十一條 學年試驗에 及第된 者에게는 進級證書를 授與호고 卒業試驗에 及第된 者에게는 卒業證書를 授與홈이라

第十二條 卒業生에게는 成法學士의 稱號를 法部大臣이 授與호디 優等卒業生에게는 官費로 外國에 遊學을 命홈도 有홈이라

第十三條 入學期는 每年 春期 開學前으로 홈이라

第十四條 入學을 願호는 者는 左開의 資格이 俱備호 者로 第一號 書式을 依호야 稟請狀을 本所長에게 提呈홈을 要홈이라

　　一 年齡이 二十歲 以上 三十五歲 以下된 者

　　一 品行이 方正호 者

第十五條 入學試驗의 科目은 如左히 定홈이라

　　一 國漢文讀書

　　一 國漢文作文

　　一 算術 四則 以下

　　一 內外國 歷史 普通

　　一 內外國 地誌 普通

　　但 師範學校 中學校 外國語學校 及 其他 以上에 同等되는 學校의 卒業生은 免試許入홈이라

第十六條 入學의 許可를 得호 者는 第三號 書式을 依호야 保證狀을 本所長에게 提呈홈을 要홈이라

第十七條 入學試驗의 點數는 各科에 一百點으로 滿點을 定호고 平均 六十點 以上을 及第로 定홈이라

第十八條 保證人은 漢城에 住所가 有호고 相當호 資格이 有호 男子를 要홈이라

第十九條 休學日은 如左히 定홈이라

　　一 萬壽聖節

　　一 千秋慶節

　　一 開國紀元節

　　一 興慶節

　　一 繼天紀元節

　　一 日曜日

　　一 夏期休學 七月 一日로 九月 十日꺼지

　　一 冬期休學 十二月 二十八日로 一月 三日꺼지

一 陰曆名節 十二月 二十六日로 正月 二十日ᄭ지
　　　　　　　寒食前日로 寒食日ᄭ지
　　　　　　　秋夕前日로 秋夕日ᄭ지

第二十條 學員이 疾病 及 其他의 事情을 因ᄒ야 欠席ᄒᆯ 境遇에ᄂᆫ 請由書ᄅᆯ 本所長에게 提呈ᄒᆷ을 要ᄒᆷ이라

　　但 請由期日은 二週日에 超過ᄒᆷ을 不得ᄒᆷ이라

第二十一條 前條 請由에 關ᄒ야ᄂᆫ 本所長이 該 事實을 相當ᄒᆷ으로 認ᄒᆫ 時에 許施ᄒᆷ이라

第二十二條 在學員은 退學ᄒᆷ을 不得ᄒᆷ이라

　　但 疾病 及 其他 不得已ᄒᆫ 事情이 有ᄒ야 退學을 願ᄒᄂᆫ 者ᄂᆫ 保證人과 聯署ᄒ야 本所長에게 請願ᄒᆷ을 要ᄒᆷ이라

第二十三條 前條의 請願이 有ᄒᆫ 境遇에ᄂᆫ 本所長이 各 敎官과 協議ᄒ야 該 事實을 相當ᄒᆷ으로 認ᄒᆫ 時에 許施ᄒᆷ이라

第二十四條 退學ᄒᆫ 者ᄂᆫ 敎科書ᄅᆯ 本所에 還納ᄒᆷ을 要ᄒᆷ이라

第二十五條 左開ᄒᆫ 各項에 犯觸이 有ᄒᆫ 者ᄂᆫ 本所長이 各 敎官과 協議ᄒ야 調査ᄒᆫ 後에 該 事實이 的確ᄒᆫ 時ᄂᆫ 黜學을 命ᄒᆷ이라

　　一 操行을 不修ᄒ야 本所에 體面을 毁損ᄒᆫ 者
　　一 學年試驗 及 卒業試驗에 三次 落第ᄒᆫ 者
　　一 不告欠席이 一個月 以上에 及ᄒᆫ 者
　　一 一年內에 不告欠缺이 十日式 三次에 及ᄒᆫ 者

第二十六條 黜學을 當ᄒᆫ 者ᄂᆫ 官報에 公告ᄒ고 敎科書ᄅᆯ 還推ᄒ며 學費金을 每朔 一圜式 計算ᄒ야 徵收ᄒᆷ이라

　　附 則

第二十七條 光武 九年 三月 二十三日 本部令 第一號 法官養成所 規則은 廢止ᄒᆷ이라

第二十八條 本 規則은 頒布日노브터 施行ᄒᆷ이라

第一號

第　號　**稟請狀**
住所
姓名
年齡
玆에 貴所 入學試驗을 應코져 ᄒ야 稟請狀을 具呈ᄒᆷ
光武　　年　　月　　日
保證人 姓名　印
法官養成所長 姓名　座下

第二號

```
    第   號 保證狀
              住所
                 姓名
 玆에 貴所 入學에 許可를 得ᄒᆞ온바 右人이 擔當ᄒᆞ기 爲ᄒᆞ야 保證狀을 具呈홈
     光武    年   月   日
                    住所
                       保證人 姓名      印
                                    年齡

 法官養成所長 姓名   座下
```

第三號

```
    第   號  褒證
              住所
                 姓名
                    年齡
 右ᄂᆞᆫ 第  期 第  學年의 試驗成績이 優等이기 玆에 褒獎홈이라
                 教官 姓名    印
    右 證明에 依ᄒᆞ야 此 證書를 授與홈이라
    光武    年   月   日
                    所長 姓名      印
```

第四號

```
    第   號  進級證
              住所
                 姓名
                    年齡
 右ᄂᆞᆫ 第一年級 試驗에 及第ᄒᆞᆞᆺ기 第二年級으로 陞進書을 玆에 證홈이라
                 何科程  教官 姓名              印
    右 證明을 依ᄒᆞ야 此 證書를 授與홈이라
    光武    年   月   日
                    所長 姓名      印
```

第五號

```
    第   號 卒業證
              住所
                 姓名
                    年齡
 右ᄂᆞᆫ 本所의 全科를 修ᄒᆞ야 其 業을 卒ᄒᆞᆞᆺ기로 此를 證홈이라
       某 科程
                    教官 姓名              印
    右 證明에 依ᄒᆞ야 此 卒業證書를 授與홈이라
    光武    年   月   日
                    所長 姓名         印
```

光武 十年 三月 三十日

法部大臣 李夏榮

○ 勅令 第26號 法官養成所官制 改正(1906)

高宗實錄 光武 10年 6月 6日 奏 議 102 光武 10年 6月 6日
官 報 光武 10年 6月 9日 勅 令 16 光武 10年 6月 6日

法官養成所官制中 改正件

光武 九年 勅令 第二十一號 法官養成所官制中 第二條 第三條는 左와 如히 改正
ᄒ고 本年 勅令 第十號 法官養成所官制改正件은 廢止흠이라

第二條 法官養成所에 左開 職員을 實흠이라

　長　　　一人　法部協辦 或 局長中 兼

　學監　　一人　專任教官中 首班이 例兼

　教官　　六人　奏任 一人 判任 五人

　兼任教官 若干人　必要로 認흘 時에만 實흠이라

　博士　　判任　名譽로 臨時 敍任ᄒ되 本所 卒業人에 限흠이라

第三條 所長은 所內 事務를 管理ᄒ며 所屬 官吏를 監督ᄒ고 學監은 所內 一切 事
務를 處理흠이라

光武 十年 六月 六日 奉勅

御押 御璽

　　　　　　　　　　議政府 叅政大臣 勳二等 朴齊純

　　　　　　　　　　法部大臣 臨時署理 朴齊純

○ 勅令 第53號 法官養成所官制 改正(1907)

日省錄 隆熙 元年 12月 13日　　　官 報 隆熙 元年 12月 18日 號外
承政院日記 隆熙 元年 12月 13日　　奏 議 126 隆熙 元年 12月 13日
高宗實錄 隆熙 元年 12月 13日　　勅 令 20 隆熙 元年 12月 13日

朕이 法官養成所官制 改正에 關흔 件을 裁可ᄒ야 玆에 頒布케 ᄒ노라

　隆熙 元年 十二月 十三日

御名 御璽

　　　　　　　　　　內閣總理大臣 李完用

　　　　　　　　　　法部大臣 趙重應

　　　　　　　　　　度支部大臣 高永喜

勅令 第五十三號

　　法官養成所官制

第一條 法官養成所는 法部大臣의 管理에 屬ᄒ야 司法官될만ᄒ 者를 養成ᄒᄂ 所로 홈

第二條 法官養成所에 左開 職員을 寘홈

　　所長　一人　　勅任 或 奏任

　　教授　專任 三人　奏任

　　幹事　專任 一人　奏任

　　助教授　專任 三人　奏任 或 判任

　　繙譯官　專任 二人　奏任

　　主事　專任 二人　判任

　　繙譯官補　專任 二人　判任

第三條 所長은 法部大臣의 指揮 監督을 承ᄒ야 所務를 掌理ᄒ며 部下의 官吏를 監督홈

　　所長이 事故가 有ᄒ 時ᄂ 上席 教授가 其 職務를 代辨홈

第四條 教授ᄂ 學生의 教授를 掌홈

第五條 幹事ᄂ 所長의 命을 承ᄒ야 庶務를 掌홈

第六條 助教授ᄂ 教授를 助ᄒ야 授業에 從事홈

第七條 繙譯官은 所長의 命을 承ᄒ야 繙譯을 掌홈

第八條 主事ᄂ 上官의 指揮를 承ᄒ야 庶務에 從事홈

第九條 繙譯官補ᄂ 上官의 指揮를 承ᄒ야 繙譯에 從事홈

　　附 則

第十條 本令은 隆熙 二年 一月 一日로붓터 施行홈

第十一條 光武 九年 勅令 第二十六號 法官養成所官制ᄂ 廢止홈

　　本令 施行ᄒ 際에 法官養成所에 在學ᄒ 學徒의 處分은 法部大臣의 定ᄒ 바에 依홈

○ 法部令 第1號 法官養成所令(1908)

官　報　隆熙 2年 1月 25日

　　法官養成所令을 左갓치 定홈

　　隆熙 二年 一月 十七日

法部大臣 趙重應

法部令 第一號

　法官養成所令

第一條 法官養成所ᄂ 隆熙 元年 勅令 第五十三號 法官養成所官制 第一條에 依
ᄒ야 司法官될 만ᄒ 者를 養成흠을 目的흠

第二條 修業年限은 三個年으로 定흠

第三條 學年은 四月 一日로 始ᄒ야 翌年 三月 三十一日에 終흠

第四條 法官養成所의 學科目과 入學資格 其他 必要흔 學則은 法部大臣의 認可
를 得ᄒ야 法官養成所長이 此를 定흠

　附 則

第五條 本令 施行흘 際에 現今 在學흔 舊法官養成所 學生은 舊規則에 依흠을 得흠

第六條 本令은 施行日로븟터 施行흠

○ 法部 告示 第1號 法官養成所 學則(1908)

官　報　隆熙 2年 3月 24日

法部 告示 第一號

法官養成所學則을 左갓치 認可흠

　隆熙 二年 三月 六日

法部大臣 趙重應

法官養成所學則

第一條 本所의 教授科目은 左와 如흠

　法學通論 民法 民事訴訟法 刑法 刑事訴訟法 商法 國法學 行政法 國際
　公法 國際私法 明律 理財學 實務演習 日本語 漢文 數學 簿記 體操
　但 時宜를 從ᄒ야 前項 科目을 增減흠이 有흠

第二條 學生의 教授方法은 所定흔 科目에 就ᄒ야 本 所長이 適宜케 此를 定흠

第三條 休業日은 左와 如흠

　萬壽聖節

　乾元節

　千秋慶節

開國紀元節

　興慶節

　繼天紀元節

　日曜日

　春期休業 四月 一日로 同 十日씬지

　夏期休業 七月 十日로붓터 九月 十日씬지

　冬期休業 十二月 二十五日로붓터 一月 十日씬지

第四條 入學期는 每學年度의 始初로 흠

　但 臨時補缺로 入學을 許흠도 有흠

第五條 入學ᄒᆞ는 者는 左記흔 資格이 有흠을 要흠

　一 年齡 十七歲 以上 三十五歲 以下의 男子

　二 官立日語學校 又는 官立高等學校룰 卒業ᄒᆞ얏던지 或은 此와 同等 以上의

　學力이 有흔 者

　三 身體壯健흔 者

　四 品行方正흔 者

第六條 必要흔 境遇에는 豫科룰 置흠을 得흠

　豫科에 關흔 規定은 本所長이 適宜케 此룰 定흠

第七條 學生은 退學을 得지 못흠

　但疾病 又는 其他 不得已흔 事情이 有흔 者에 限ᄒᆞ야 特히 退學을 許可흠이 有흠

第八條 學生은 他學校 又는 各官廳의 試驗 或은 銓考에 應흠을 得지 못흠

第九條 學生中 疾病 其他 事由에 依ᄒᆞ야 成業흘 所望이 無흔 者는 本所長이 此

　룰 除名흠

第十條 學生으로 本所 規律을 犯ᄒᆞ던지 又는 本所 體面을 毀損흔 者는 本所長이

　懲罰을 得흠

　懲罰方法은 譴責 退場 停學 及 黜學 四種으로 定흠

第十一條 本所의 全 科程을 修了흔 者에게는 本所長이 卒業證書룰 授與흠

第十二條 本則에 依ᄒᆞ야 卒業生은 成法學士라 稱號흠을 得흠

第十三條 本則 施行에 必要흔 規程은 本所長이 適宜케 此룰 定흠

　附 則

第十四條 法官養成所令 第五條의 學生에게 敎授흘 學科는 新舊 規程을 折衷斟

　酌ᄒᆞ야 本所長이 適宜케 此룰 定흠

○ 法部 告示 第2號 法官養成所學則 改正(1908)

官　報 隆熙 2年 4月 11日

　　法部 告示 第二號
　　法官養成所學則中 改正件을 左갓치 認可홈
　　　隆熙 二年 三月 十九日

　　　　　　　　　　　　　　　　　　法部大臣 趙重應

　　法官養成所學則中 改正件
　　　第一條中 理財學을 經濟學으로 日本語를 外國語로 改正ᄒ고 第三條 末項次에
"以上 外에 必要ᄒ 境遇에ᄂ 臨時休業홈도 有홈" 一行을 添入ᄒ고 第五條 第二項을
"官立高等學校 官立外國語學校 及 官立日語學校를 卒業ᄒ 以上 學力이 有ᄒ 者"로
改正홈

○ 學部 告示 第10號 官立法官養成所를 認定하ᄂ 件(1908)

官　報 隆熙 2年 12月 11日

　　學部 告示 第十號
　　　　　　　　　　官立法官養成所
　　右ᄂ 文官任用令 第三條 第三號에 依ᄒ야 認定홈
　　但 認定의 效力은 光武 十年 以前의 卒業生의게 及지 아니홈
　　　隆熙 二年 十二月 八日

　　　　　　　　　　　　　　　　　　學部大臣 李載崑

○ 法官養成所學則 改正(1909)

官　報 隆熙 3年 3月 2日

　　本年 一月 二十六日 法官養成所 學則 第三條를 左와 如히 改正홈이라
　　第三條 休業日은 左와 如홈
　　　乾元節

千秋節

開國紀元節

卽位禮式日

繼天紀元節

廟社誓告日

日曜日

春期休業 四月 一日로붓터 同 十日까지

夏期休業 七月 十日로붓터 九月 十日까지

冬期休業 十二月 二十五日로붓터 一月 十日까지

以上 外에 必要호 境遇에는 臨時休業홈도 有홈

○ 勅令 第84號 法學校官制(1909)

日省錄	隆熙 3年 10月 28日	官 報	隆熙 3年 10月 28日
承政院日記	隆熙 3年 10月 28日	奏 議 156	隆熙 3年 10月 28日
純宗實錄	隆熙 3年 10月 28日	勅 令 25	隆熙 3年 10月 28日

朕이 法學校官制를 裁可ᄒ야 玆에 頒布케 ᄒ노라

御名 御璽

隆熙 三年 十月 二十八日

內閣總理大臣 李完用

法部大臣 臨時署理 度支部大臣 高永喜

學部大臣 李容稙

勅令 第八十四號　　法學校官制

第一條 法學校는 學部大臣의 管理에 屬ᄒ야 司法官될만호 者를 養成홈으로써 目的홈

第二條 法學校에는 左의 職員을 置홈

學校長　　　　　一人

教授　　　　　　專任 三人

助教授　　　　　專任 八人

學員監　　　　　一人

書記　　　　　專任 二人

第三條 學校長은 勅任 又는 奏任이니 學部大臣의 命을 承ᄒᆞ야 校務를 掌理ᄒᆞ며
　　所屬職員을 監督홈

第四條 教授는 奏任이니 學員의 教育을 掌홈

第五條 助教授는 奏任 又는 判任이니 學員의 教育에 從事홈

第六條 學員監은 教授 助教授 中으로 兼任ᄒᆞ되 學校長의 命을 承ᄒᆞ야 學員 監督
　　에 關ᄒᆞᆫ 事務를 掌홈

第七條 書記는 判任이니 上官의 命을 承ᄒᆞ야 庶務에 從事홈

第八條 學校長은 教授上 事勢에 依ᄒᆞ야 學部大臣의 認可를 受ᄒᆞ야 講師를 囑託
　　ᄒᆞ야 學科의 教授를 擔任케 홈을 得홈

第九條 學校長은 法學校學則을 定ᄒᆞ야 學部大臣의 認可를 受홈이 可홈

　　附則

第十條 本令은 隆熙 三年 十一月 一日로붓터 施行홈

第十一條 隆熙 元年 勅令 第五十三號 法官養成所官制는 本令施行日로붓터 廢止홈

:: 참고문헌

:: 제1부 법관양성소 ::

『독립신문』,『대한매일신보』,『뎨국신문』,『만세보』,『황성신문』,『매일신보』,『官報』,『朝鮮
　　總督府 官報』,『朝鮮』

『大朝鮮人日本留學生親睦會會報』,『大朝鮮獨立協會會報』,『太極學報』,『大韓自彊會月
　　報』,『少年韓半島』,『西友』,『大韓協會會報』,『西北學會月報』,『畿湖興學會月
　　報』,『大韓學會月報』,『大東學會月報』,『湖南學報』,『大韓興學報』의 아세아문화
　　사 영인본 및『法政學界』,『法學協會雜誌』

대한민국 국회도서관,『한말 근대법령 자료집』I~X, 1971~1972.
　　　　　　　　　,『통감부법령자료집』(상중하), 1972.
『대한제국관원 이력서』, 담구당, 1972.
리진호,『식민지 조선의 일본인 인명사전』, 지적박물관 출판부, 2011.
『뮈텔 주교 일기 — 1890~1925』(전 7권), 한국교회사연구소, 1986~2008.
민족문제연구소 편,『친일인명사전』, 민족문제연구소, 2009.
법제처,『고법전 용어집』(법제자료 제110집), 1979; 재판, 육지사, 1981.
한국정신문화연구원 편,『한국인물대사전』, 중앙일보, 1999.
한국헌정사연구회·서울대 법학연구소 편,『한국 근대 헌정·법률 관련 자료집 I — 조선총독부
　　기관지를 중심으로』, 경인문화사, 2005.

강윤호,『개화기의 교과용 도서』, 교육출판사, 1973.
『국민수지·헌법요의 외』 영인, 관악사, 2010.
권태억 외,『한국 근대 사회와 문화 I — 19세기 말에서 20세기 초를 중심으로』, 서울대 출판부, 2003.
『근대 서구학문의 수용과 보전』, 고려대, 1986.
김병철,『한국 근대 번역문학사 연구』, 을유문화사, 1975.
김병화,『한국사법사』(근세편), 일조각, 1976.
김봉희,『한국 개화기 서적 문화 연구』, 이화여대 출판부, 1999.
김용구,『세계관 충돌의 국제정치학 — 동양 禮와 서양 공법』, 나남출판, 1997.

김윤정, 『조선총독부 중추원 연구』, 경인출판사, 2011.

김이조, 『법조 100년 이야기』, 한일합동법률사무소, 2011.

김창록, 「식민지 조선의 법조 양성 – 법조 자격 및 시험제도를 중심으로」, 법과사회이론학회 편, 『법과사회』 통권 제41호, 2011.

김현숙, 『근대 한국의 서양인 고문관들』, 한국연구원, 2008.

김호연, 「일제하 경성법학전문학교의 교육과 학생」, 한양대 석사논문, 2011.

김효전, 『서양 헌법이론의 초기수용』, 철학과현실사, 1996.

_____, 『근대 한국의 국가사상 – 국권회복과 민권수호』, 철학과현실사, 2000.

_____, 『근대 한국의 법제와 법학』, 세종출판사, 2006.

_____, 『헌법』(한국개념사총서 3), 소화, 2009.

남기정 옮김, 『일제의 한국사법부 침략실화』, 육법사, 1978.

문준영, 「이토 히로부미의 한국 사법정책과 그 귀결」, 이성환·이토 유키오 편, 『한국과 이토 히로부미』, 선인, 2009.

_____, 『법원과 검찰의 탄생 – 사법의 역사로 읽는 대한민국』, 역사비평사, 2010.

미야자와 히로시·와다 하루키·조경달·이성시 외, 최덕수 외 옮김, 『일본, 한국병합을 말하다』, 열린책들, 2011.

박병호, 「한국 법학교육의 기원 – 법관양성소제도와 경성제대」, 『근세의 법과 법사상』, 진원, 1996.

박은경, 『일제하 조선인 관료연구』, 학민사, 1999.

반민족문제연구소 편, 『친일파 99인』 1, 돌베개, 1993.

서울지방변호사회, 『서울지방변호사회백년사』 및 『부록·자료집 – 한국 근대법제사』, 2009.

蕭公權, 최명·손문호 옮김, 『중국정치사상사』, 서울대 출판부, 1998.

신우철, 『비교헌법사 – 대한민국 입헌주의의 연원』, 법문사, 2008.

實是學舍 고전문학연구회 편, 『변영만전집』 상·중·하, 성균관대 출판부, 2006.

안용식 편, 『한말지방관록』, 연세대 지역사회개발연구소, 1992.

_____, 『일제지방관록』, 연세대 사회과학연구소, 2001.

연세대 국학연구원 편, 『서구문화의 수용과 근대 개혁』, 태학사, 2004.

윤영도, 「중국 근대 초기 西學翻譯 연구 – 『만국공법』 번역 사례를 중심으로」, 연세대 박사논문, 2005.

윤효정, 『한말비사(원제 : 최근 60년의 비록)』 영인, 교문사, 1995.

이광린, 『한국개화사상연구』, 일조각, 1979.

_____, 『한국개화사연구』, 일조각, 1985.

_____, 『개화기의 인물』, 연세대 출판부, 1993.

_____, 『개화파와 개화사상 연구』, 일조각, 1993.

이기준, 『교육 한국경제학발달사』, 일조각, 1983.

_____, 『한말 서구경제학 도입사 연구』, 일조각, 1985.

이방원, 『한말 정치변동과 중추원』, 혜안, 2010.

이순천, 『조약의 국가계승』, 열린책들, 2012.

이영근 · 김충식 · 황호택, 『법에 사는 사람들』, 삼민사, 1984.

이종각, 『이토 히로부미-원흉과 원훈의 두 얼굴』, 동아일보사, 2010.

이토 다카오(伊藤孝夫), 「통감부의 사법개혁 착수」, 이성환 · 이토 유키오 편, 『한국과 이토 히
　　　로부미』, 선인, 2009.

이화여대 한국문화연구원, 『근대계몽기 지식개념의 수용과 그 변용』, 소명출판, 2004.

임성모 편, 『조선과 만주 총목차 · 인명색인』, 어문학사, 2007.

임종원, 『후쿠자와 유키치-새로운 문명의 논리』, 한길사, 2011.

전병무, 「일제시대 조선인 사법관료의 형성과정」, 『한국 근현대사연구』 제46호, 2008.

_____, 「일제하 고등문관시험 출신 조선인 판 · 검사의 사회경제적 배경」, 『한국학논총』 제34
　　　집, 국민대, 2010.

_____, 『조선총독부 조선인 사법관』, 역사공간, 2012.

전복희, 『사회진화론과 국가사상-구한말을 중심으로』, 한울, 1996.

전봉덕, 『한국 근대법시상시』, 박영시, 1981.

전상숙, 『조선총독정치 연구』, 지식산업사, 2012.

정교 , 조광 편, 김우철 옮김, 『대한계년사』(전 10권), 소명출판, 2004.

정구영, 「조선변호사회」(남기고 싶은 이야기들), 『중앙일보』, 1973. 12. 16~1974. 2. 24.

정근식 외, 『식민권력과 근대 지식-경성제국대학 연구』, 서울대 출판문화원, 2011.

정긍식, 『통감부법령체계분석』, 한국법제연구원, 1995.

_____, 『한국 근대법사고』, 박영사, 2002.

정기수, 『한국과 서양-프랑스문학의 수용과 영향』, 을유문화사, 1988.

정진석 외, 『제국의 황혼-대한제국 최후의 1년』, 21세기북스, 2011.

조성구 찬술, 『지방행정론 · 지방자치제론 외』 영인, 관악사, 2010.

차배근, 『개화기 일본유학생들의 언론출판활동연구(I) 1884~1898』, 서울대 출판부, 2000.

최기영, 『한국 근대 계몽운동 연구』, 일조각, 1997.

_____, 『한국 근대 계몽사상 연구』, 일조각, 2003.

최종고, 『한국의 서양법수용사』, 박영사, 1982.

_____, 『한국법학사』, 박영사, 1990.

_____, 『한국의 법률가』, 서울대 출판부, 2007.

_____, 『한국의 법학자』, 서울대 출판부, 2007.

하영선 · 손열 편, 『근대한국의 사회과학 개념 형성사』 2, 창비, 2012.

한림과학원 편, 『동아시아 개념연구 기초문헌해제』, 선인, 2010.

한인섭, 『식민지 법정에서 독립을 변론하다 — 허헌·김병로·이인과 항일투쟁』, 경인문화사, 2012.

한철호, 『한국 근대 주일한국공사의 파견과 활동』, 푸른역사, 2009.

황현, 김준 옮김, 『완역매천야록』, 교문사, 1994.

〔일본 문헌〕

櫻井義之 編, 『明治年間 朝鮮研究文獻誌』, 1941.

_____, 『朝鮮研究文獻誌－明治·大正編』, 龍溪書舍, 1979.

『朝鮮公論』, 한일비교문화연구센터 편, 『조선공론 총목차·인명색인』, 어문학사, 2007.

『朝鮮及滿洲』, 임성모 편, 『조선과 만주 총목차·인명색인』, 어문학사, 2007.

『早稻田學報』, 早稻田大學校友會.

宮地正人·佐藤能丸·櫻井良樹編, 『明治時代史辭典』 3, 吉川弘文館, 2013.

三橋猛雄 編, 『明治前期思想史文獻』, 明治堂書店, 1966.

西村捨也, 『明治時代法律書解題』, 酒井書店, 1968.

『明治文化全集 法律篇, 政治篇』, 日本評論社, 1968.

日蘭學會 編, 『洋學史事典』, 雄松堂出版, 1984.

國立歷史民俗博物館 編, 2010年國際シンポジウム, 『「韓國倂合」一〇〇年を問う』(「思想」 特集·關係資料 全2卷), 岩波書店, 2011.

本山美彦, 『韓國倂合－神々の爭いに敗れた「日本的精神」』, 御茶の水書房, 2011.

石塚正英·柴田隆行 監修, 『哲學·思想飜譯語事典』, 論創社, 2003.

『朝鮮人名資料事典』第1卷, 日本圖書センター, 2002.

木村誠 他 編, 『朝鮮人物事典』, 大和書房, 1995.

阿部薰 編, 『朝鮮功勞者銘鑑』, 民衆時論社·朝鮮功勞者銘鑑刊行會刊, 1935(이 책은 『朝鮮人名資料事典』第4卷, 日本圖書センター, 2002로 改題하여 復刻).

伊藤隆·季武嘉也 編, 『近現代日本人物史料情報辭典』 2, 吉川弘文館, 2005.

臼井勝美 他 編, 『日本近現代人名辭典』, 吉川弘文館, 2001.

芳賀登·杉本つとむ·森睦彦 等 編集, 『日本人物情報大系－朝鮮篇』(復刻版), 第71卷~第80卷, 皓星社, 2001.

『日本法曹界人物事典』第1卷(司法篇), ゆまに書房, 1995.

武內博, 『來日西洋人名事典』, 日外アソシエート, 1995.

福澤研究センター 編, 『慶應義塾入社帳』(全5卷), 慶應義塾大學出版部, 1985.

平田東助・平塚定二郎 譯,「ブルンチュリー國家論」,『明治文化全集』補卷 2, 日本評論社, 1971.

戰前期日本官僚制研究會 編, 秦郁彦 著,『戰前期日本官僚制の制度・組織・人事』, 東京大學出版會, 1981.

淺野豊美,『帝國日本の植民地法制－法域統合と帝國秩序』, 名古屋大學出版會, 2008.

_____・松田利彦 編,『植民地帝國 日本の法的構造』, 信山社, 2004.

李英美,『韓國司法制度と梅謙次郎』, 法政大學出版局, 2005(김혜정 옮김,『한국사법제도와 우메 겐지로』, 일조각, 2011).

李曉東, 『近代中國の立憲構想－嚴復・楊度・梁啓超と明治啓蒙思想』, 法政大學出版局, 2005.

姜東鎭,『日本の朝鮮支配政策史研究』, 東京大出版會, 1981.

國分典子,「韓國初期憲法敎科書にみる近代國家觀－金祥演と趙聲九」, 鈴木敬夫先生古稀記念『北東アジアにおける法治の現狀と課題』, 成文堂, 2008.

_____,『近代東アジア世界と憲法思想』, 慶應義塾大學出版會, 2012.

區建英,『自由と國民－嚴復の摸索』, 東京大學出版會, 2009.

佐々充昭,「韓末における「強權」的社會進化論の展開－梁啓超と朝鮮愛國啓蒙運動」,『朝鮮史研究會論文集』No. 40, 2002.

佐藤愼一,『近代中國の知識人と文明』, 東京大學出版會, 1996.

『朝鮮司法界の往事を語る座談會』(1940年 8月 15日開催),『司法協會雜誌』第19卷 10, 11 號 別冊 (남기정 옮김,『일제의 한국사법부 침략실화』, 육법사, 1978).

『朝鮮における司法制度近代化の足跡』, 友邦協會, 1966(友邦シリーズ第4號(資料). 이 책은 위의『司法協會雜誌』를 再錄한 것이며 2006년 관악사에서 영인).

手塚豊,『明治法學敎育史の研究』, 慶應通信, 1988.

山崎利男,『英吉利法律學校覺書－明治前期のイギリス法敎育』, 中央大學出版部, 2010.

古廐忠夫,「二〇世紀中國における人民・國民・公民」, 西村成雄 編,『現代中國の構造變動 3－ナショナリズム－歷史からの接近』, 東京大學 出版會, 2000.

法政大學大學史資料委員會 編,『法律學の夜明けと法政大學』, 1992.

仲宗根玄吉,『明治政府によるドイツの法學および医学の採用』, 有斐閣センター, 2012.

www.best-shingaku.net/search/bl5bm5024 13.html

ja.wikipedia.org/wiki

〔중국 문헌〕

金觀濤・劉青峰,『觀念史研究 : 中國現代重要政治術語的形成』, 香港 : 中文大學出版社, 2008(양일모・송인재・한지은・강중기・이상돈 옮김,『관념사란 무엇인가－1 이론

과 방법, 2 관념의 변천과 용어』(전2권), 푸른역사, 2010).

馬君武 譯,『盧騷民約論』, 臺灣 : 中華書局印行, 民國 73年(1984).

楊鴻烈,『中國法律在東亞諸國之影響』, 商務印書館, 民國 64年(1975).

〔구미문헌〕

H.I.J.M.'s Residency General(Compiled), *Annual Report for 1907 on Reforms and Progress in Korea*, Seoul, December.1908.

Henry Chung(Compiled), *Treaties and Conventions between Corea and Other Powers*, New York : H. S. Nichols Inc. 1919. Reprint Seoul Kwanaksa, 2004.

Dictionary of American Biography, Vol. X.

Dictionary of National Biography, Vol. XXII(Supplement).

Siegfried Genthe, *Korea-Reiseschilderungen*, 1905(권영경 옮김,『독일인 겐테가 본 신선한 나라 조선, 1901』, 책과함께, 2007).

Nils Jansen und Peter Oestmann (Hrsg.), *Gewohnheit Gebot Gesetz. Normativität in Geschichte und Gegenwart-Eine Einführung*, Tübingen : Mohr, 2011.

The Korean Repository, Vol. IV, The Trilingual Press, 1897.

M. Lackner, I. Amelung・J. Kurtz(eds.), *New Terms for New Ideas. Western Knowledge and Lexical Change in Late Imperial China*, Leiden : Brill, 2001.

Eun-Jeung Lee und Thomas Fröhlich (Hrsg.), *Staatsverständnis in Ostasien*, Baden-Baden : Nomos, 2010.

Federico Masini, *The Formation of Modern Chinese Lexicon and Its Evolution toward a National Language-The Period from 1840 to 1898*, Berkeley, 1993(이정재 옮김,『근대 중국의 언어와 역사』, 소명출판, 2005).

Carolin Metzner, *Johann Caspar Bluntschli -Leben, Zeitgeschehen und Kirchenpolitik 1808~1881*, Frankfurt am Main(u.a.) : Peter Lang, 2009.

R. H. Minear, *Japanese Tradition and Western Law-Emperor, State, and Law in the Thought of Hozumi Yatsuka*, Harvard Univ. Press, 1970(佐藤行治 他譯,『西洋法思想の繼受』, 東京大學出版會, 1971).

Karin Schöpflin, *Die Bibel in der Weltliteratur*, Stuttgart : Mohr Siebeck, 2011(UTB).

The Second Annual Report on Reforms and Progress in Korea(1908~9), Compiled by H.I.J.M.'s Residency General, Seoul, December, 1909.

Who Was Who in America, Historical Volume 1607~1896, Chicago : Marquis, 1963.

제1장 양정의숙의 법학교육

『양정백년사 1905~2005』, 2006.

『양정동문록』, 양정동창회, 2006.

『양정의 얼굴—개교60주년기념』, 1965.

이영석, 「양정의숙의 혼을 찾아서」, 양정의숙 연구발표회, 2007.5.15, 양정고등학교 대강당.

양정중고등학교·양정총동창회 주최, '대한제국 법학전문학교 교과서 특별전', 국립중앙도서
　　　관, 2008.5.6~20.

김효전, 「양정의숙의 법학교육」, 『법사학연구』 제45호, 한국법사학회, 2012.

이기준, 『한국경제학교육사연구』, 한국연구원, 1982.

杉本つとむ 編, 『英和對譯袖珍辭書』 영인, 1862.

제2장 노자와 다케시노스케(野澤武之助)와 근대 한국의 법학교육

김효전, 「대한제국시대의 일본인 법률가들」, 『학술원논문집』(인문·사회과학편) 제50집 1호,
　　　2011.

_____, 「野澤武之助와 근대 한국의 법학교육」, 『법사학연구』 제41호, 2010.

_____, 「법관양성소의 교수진 (1)」, 『인권과 정의』, 대한변호사협회, 2003.6.

大川四郎, 「明治期 一日本人私費留學生の大日本帝國憲法論—野澤武之助(1866~1941)
　　　がジュネーブ州立大學 法學部に提出した博士號請求論文について」, 『法經論集』
　　　第172號, 愛知大學, 2006.

『早稻田學報』, 早稻田大學校友會.

早稻田大學史料編集所 編, 『早稻田大學百年史』 第一卷, 早稻田大學出版部, 1978.

小澤奈々, 「東京帝國大學スイス人法學教師ルイ・ブリデルの比較法講義とスイス民法典紹介」,
　　　『法政論究』 第77號, 2008.

▌자료 (大川四郎 교수 제공)

1. BORGEAUD (Charles), Histoire de l'Université de Genève—L'Academie et l'Université de
　　　Genève aux XIXe Siècle—Annexes, Genève, 1934, pp.63~68.

2. Université de Genève, Liste des autorites, professeurs, etudiants et auditeurs de l'Université de

Genève, semestre d'été 1892~semestre d'été 1895, Genève, Bibliothèque publique et universitaire de Genève, Ac 331.

3. Université de Genève, Programme des cours de l'université de Genève, pendant les deux semestres de l'année 1890~1891, 1891~1892, 1892~1893, 1893~1894, 1894~1895, 1895~1896, Genève, Archives de l'Université de Genève (ci-après, AUG), 378. 4 (949. 442) Pro.

4. Université de Genève, Catalogue des ouvrages, articles et mémoires publiés par les professeurs de l Université de Genève ainsi que des thèse présentées de 1873 à 1895 aux diverses Facultés pour l'obtention des grades universitaires, Documents pour servir à l'Histoire de l' Université de Genève, vol. 4, Genève, p.270, AUG, 378. 4 (949. 442) Doc.

5. Université de Genève, Procès-verbaux des examens de la Faculté de droit, examens subis dans la session de juillet 1891, avril, juillet et octobre 1892, aout 1895, AUG, cote 1984 / 17 / 21, p.65 · 69 · 71 · 73 et 84.

6. 'Permis de séjours étrangers 1887~1890', 19981—29950, Archives d' Etat de Genève, cote étrangers Dj. No 3, p.363.

7. NOSAWA (Takematsu), La Constitution du Japon, thèse droit Genève, 1895, D (263), Bibliothèque de la Faculté de droit de l' Université de Genève (ci-après, BFD Genève), cote dr-sys CE / J 34. Oh., p.188.

8. LE BON (Gustave), Les lois psychologiques de l' évolution des peuples, Paris, 1894, p.186.

9. BORGEAUD (Charles), Etablissment et révision des constitutions en Amérique et en Europe, Paris et Thorin, 1893, vi+423p. BFD Genève, dr-sys A 34. Og.

10. GEISENDORF (Oaul-F.), L' Université de Genève 1559~1959, Genève, p.300.

11. DUFOUR (Alfred), Histoire de Genève, collection Que-sais-je? No 3210, Paris, 3e edition, 2001, p.127.

12. CARONI (P.), et al. L' Unification du droit privé suisse au XIXe siècle, Fribourg (en Suisse), 1986, p.290.

13. ELSENER (Ferdinand), "Die Schweizer Rechtsschulen vom 16. bis zum 19. Jahrhundert unter besonderer Berücksichtigung des Privatrechts—Die kantonaler Kodifikation bis zum Schweizerischen Zivilgesetzbuch", Zürich, 1975, S.444~453.

14. KUNDERT, (Werner), "Gesetzgebungsbibliographie Schweiz," HOLFFOEFER (Ernst) / DOELMEYER (Barbara), "Kodifikation und Projekte," DOELMEYER, "Nationale Rechtsvereinheitlichung Schweiz," in : Handbuch der Quellen und Literatur der neueren europäischen

Privatrechtsgeschichte (Das 19. Jahrhundert), Bd. III / 2, Hrsg. von Helmut Coing, München, S. 1833~1858 · 1859~1960 · 1961~2029.

15. 『海外旅行下付表』, 明治 18年(1900).9.15 · 明治 19年. 2. 25, 外務省外交資料館 所藏.

16. 手塚晃 · 國立教育會館 編, 『幕末海外渡航者 總覽』 第2卷(人物情報編), 柏書房, 1992, 189면.

17. 『明治人名辭典 II 下卷』, 明治 33年刊, 1988年 日本圖書センター 復刊. 「のノ十」면.

18. 衆議院 · 參議院 編集, 『議會制度百年史 衆議院議員名鑑』, 昭和 37年(1962), 379면.

19. _____, 『議會制度百年史 院内會派 衆議院の部』, 平成 2年(1990), 80~100면.

20. 明治大學 廣報課 歷史編纂資料室 編, 『歷史編纂資料室報告 第6集 成立期明治大學關係者略傳』, 1~11면.

21. _____, 『歷史編纂資料室報告 第7集 復刻 明治大學 創立關係史料集』, 10 · 58 · 60면.

22. 明治大學百年史編纂委員會 編, 『明治大學百年史』 第1卷(史料編 I), 昭和 61年(1986), 383~437면.

23. 早稻田大學史料編集所 編, 『早稻田大學百年史』 第一卷, 昭和 53年(1978), 763~ 764 · 1038면.

24. _____, 『早稻田大學百年史 第二卷』, 昭和 56年(1981), 52 · 141 · 1199면.

25. 鄭鍾休, 『韓國民法典の比較法的研究』, 創文社, 1981, 59 · 61면.

26. 大友歌次 · 柿原琢郎 他編, 「朝鮮司法界の往事を語る座談會」, 『朝鮮司法協會雜誌』 第19卷 第10~11號, 昭和 15年(1940), 3~106면에 수록. 특히 5 · 23면(남기정 옮김, 『일제의 한국사법부 침략실화』, 육법사, 1978).

27. 1999년 9월 24일 자 書簡으로 野澤幸子 여사(栃木縣 眞岡市 在住)로부터 大川四郎에게 제공한 野澤武之助 戶籍抄本 및 同 家系圖.

28. 栃木縣史編纂委員會 編, 『栃木縣史』 通史編 6(近現代一) · 通史編 7(近現代 二) · 通史編 8(近現代三), 昭和 59年(1984).

29. 伊藤博文 著 · 宮澤俊義 校註, 『憲法義解』, 岩波文庫, 昭和 15年(1940), 2005年 復刊.

30. 松本暉男, 身分法學者 ルイ · ブリデルのフェミニズム―『女性と權利』を中心として」, 關西大學 『法學論集』 第9卷 第2號, 昭和 35年(1960). 1, 45~67면.

31. 大川四郎, 「スイス民法典 第1條 第2項の學說史的起源―19世紀フランス, ドイツ 兩私法學からの影響」, 森田安一 編, 『スイスの歷史と文化』, 刀水書房, 1999, 179~204면에 수록. 특히 181~185면.

32. 石附實, 『近代日本の海外留學』, ミネルヴァ書房, 昭和 47年(1972).

33. 山室信一, 『法制官僚の時代―國家の設計と知の歷程』, 木鐸社, 1984.

제3장 구한말의 관립 덕어학교

김정진, 「한국 독일어교육의 비평사적 고찰」, 한국독어독문학회, 『독일문학』 제11집, 1971.

김명배, 『개화기의 영어 이야기』, 국제영어대학원대 출판부, 2007.

김효전, 「구한말의 관립 덕어학교」, 『독일학연구』 제16집, 동아대 독일학연구소, 2000.

이광린, 「구한말의 관립 외국어학교」, 『한국개화사연구』(개정판), 일조각, 1985.

이순우, 『정동과 각국공사관』, 하늘재, 2012.

이유영·김학동·이재선, 『한독문학비교연구』 I, 삼영사, 1976.

정기수, 『한국과 서양―프랑스문학의 수용과 영향』, 을유문화사, 1988.

정상천, 『나폴레옹도 모르는 한·프랑스 이야기』, 국학자료원, 2013.

최종고, 『한독교섭사』, 홍성사, 1983.

_____, 『한국법과 세계법』, 교육과학사, 1989.

홍순호, 「대한제국시대의 한독관계」, 이화여대 한국문화연구원 편, 『대한제국사연구』, 백산서원, 1999.

稻葉繼雄, 『舊韓末「日語學校」の硏究』, 九州大學出版會, 1997.

古川昭, 『舊韓末近代學校の形成』, ふるかわ海事事務所 發行, 2002(이성옥 옮김, 『구한말 근
　　　대 학교의 형성』, 경인문화사, 2006).

Johannes Bolljahn, Das koreanische Schulwesen, in : *Deutsche Zeitschrift für ausländisches Unterrichtswesen*,
　　　J. 5, H, 3, 1900.

Siegfried Genthe, *Korea-Reiseschilderungen*, 1905(권영경 옮김, 『독일인 겐테가 본 신선한 나라 조
　　　선, 1901』, 책과함께, 2007).

Hans-Alexander Kneider, *Globetrotter Abenteurer Goldgräber : Auf deutschen Spuren in alten Korea*, 2009
　　　(최경인 옮김, 『독일인의 발자취를 따라―한독관계 : 초창기부터 1910년까지』, 일조각, 2013).

Emma Kroebel, *Wie ich an den koreanischen Kaiserhof kam*, Berlin-Schöneberg, 1909.

제4장 안국선의 와세다(早稻田)시대

『친목회회보』 창간호~제6호, 1895. 10~1897.12.

김학준, 『구한말의 서양정치학 수용 연구―유길준·안국선·이승만을 중심으로』(개정증보
　　　판), 서울대 출판문화원, 2012.

김형태, 「天江 安國善의 저작 세계―단편 논설류와 『政治原論』, 『演說法方』을 중심으로」,

『동양고전연구』제19집, 2003.

김효전, 「안국선의 와세다(早稻田) 시대」,『동아법학』제48호, 동아대 법학연구소, 2010.

_____, 「안국선의『행정법』(상하)」,『한국공법이론의 새로운 전개』(목촌 김도창 박사 팔순 기념 논문집), 삼지원, 2005.

_____,『근대 한국의 국가사상 — 국권회복과 민권수호』, 철학과현실사, 2000.

박은경,『일제하 조선인 관료 연구』, 학민사, 1999.

서재길, 「『금수회의록』의 번안에 관한 연구」,『국어국문학』제157호, 2011.

안용식 편,『대한제국하 일본인 관료 연구』, 연세대 사회과학연구소, 2001.

왕희자, 「안국선의『금수회의록』과 田島象二의『인류공격금수국회』의 비교 연구」, 이화여대 박사논문, 2011.8.

早稻田大學 한국유학생회,『와세다의 한국인 — 와세다대학 한국유학생회 90년사』, 1983.

차배근,『개화기 일본유학생들의 언론출판활동연구(I), 1884~1898』, 서울대 출판부, 2000.

최기영, 「안국선(1879~1926)의 생애와 계몽사상(상하)」,『한국학보』제63호·제64호(최기영,『한국 근대 계몽사상 연구』, 일조각, 2003에 재수록).

『朝鮮人名資料事典』(第4卷), 日本圖書センター, 2002.

『慶應義塾入社帳』(至5卷), 慶應義塾大學 出版部, 1985.

『早稻田學報』, 早稻田大學校友會.

『早稻田大學百年史』, 早稻田大學出版部, 1981.

佐藤能丸,『近代日本と早稻田大學』, 早稻田大學出版部, 1991.

『近代日本と早稻田の思想群像』II, 早稻田大學出版部, 1983.

『早稻田法學』第13號, 早稻田大學 法律學會, 1932.

奧島孝康·中村尙美 監修,『エピソード稻門の群像』125話, 早稻田大學出版部, 1992.

奧島孝康·木村時夫 監修,『エピソード早稻田』125話, 早稻田大學出版部, 1990.

朴己煥, 「舊韓末と倂合初期における韓國人の日本留學」,『近代日本研究』(慶應義塾 福澤研究センター) 第14卷, 1997.

朴贊勝, 「一八九〇年代後半における官費留學生の渡日留學」, 宮嶋博史·金容德 編,『近代交流史と相互認識』I, 慶應義塾大學出版會, 2001.

菰原隆, 「『國家學原理』における國家思想(高田早苗)」,『近代日本と早稻田の思想群像』II, 早稻田大學出版部, 1983.

明治大學史資料センター 編,『明治大學小史 人物編』, 學文社, 2011.

제5장 번역과 근대 한국

고덕환, 「개화세력사회의 출판연구」, 중앙대 석사논문, 1984.

김도형, 「가토 히로유키 사회진화론의 수용과 번역양상에 관한 일 고찰―『인권신설』과 『강자의
　　권리경쟁론』을 중심으로」, 『대동문화연구』 제47집, 성균관대 대동문화연구원, 2007.

김병철, 『한국 근대 번역문학사 연구』, 을유문화사, 1975.

_____, 「한국 번역문학의 역사적 고찰」(특집 : 번역문학), 『외대』 제11호, 한국외국어대, 1976.

김봉희, 『한국 개화기 서적 문화 연구』, 이화여대 출판부, 1999.

_____, 「개화기 번역서 연구」, 홍선표 외, 『근대의 첫 경험―개화기 일상문화를 중심으로』, 이
　　화여대 출판부, 2006.

김욱동, 『근대의 세 번역가―서재필 · 최남선 · 김억』, 소명출판, 2010.

_____, 『번역과 한국의 근대』, 소명출판, 2010.

김주리, 「제국 텍스트의 번안과 계몽의 식민성」, 『한국 현대문학연구』 제35집, 2011.

김효전, 『근대 한국의 국가사상』, 철학과현실사, 2000.

_____, 『근대 한국의 법제와 법학』, 세종출판사, 2006.

_____, 「번역과 근대 한국―법학과 국가학 문헌을 중심으로」, 『개념과 소통』 창간호, 한림대
　　한림과학원, 2008 여름.

_____, 「번역이 근대 한국에 미친 영향―한 법학도의 입장에서 본」, '우리들의 번역' 기조강연,
　　한국번역비평학회 · 성균관대 비교문학연구소 주최, 2012.5.12.

박진영, 『번역과 번안의 시대』, 소명출판, 2011.

서여명(Xu Liming), 「중국을 매개로 한 애국 계몽 서사 연구―1905~1910년의 번역 작품을 중심
　　으로」, 인하대 박사논문, 2010.

신용하, 「구한말 서구 사회학의 수용과 한국 사회사상」, 『학술원논문집 인문 · 사회과학편』 제
　　52집 1호, 2013.

양일모, 「근대 중국의 서양 학문 수용과 번역」, 이경구 외, 『개념의 번역과 창조―개념사로
　　본 동아시아 근대』, 돌베개, 2012.

이경구 외, 『개념의 번역과 창조―개념사로 본 동아시아 근대』, 돌베개, 2012.

이기준, 『한말 서구경제학 도입사』, 일조각, 1985.

이진호, 『한국성서백년사』(전2권), 대한기독교서회, 1996.

임헌영, 「번역문학이 한국사회에 끼친 영향」(특집 : 번역문학), 『외대』 제11호, 한국외국어대,
　　1976.

정선태, 「근대 계몽기의 번역론과 번역의 사상」, 한기형 외, 『근대어 · 근대 매체 · 근대 문학―
　　근대 매체와 근대 언어질서의 상관성』, 성균관대 대동문화연구원, 2006.

정환국, 「근대 계몽기 역사전기물 번역에 대하여-『越南亡國史』와 『伊太利建國三傑傳』의 경우」, 『대동문화연구』 제48집, 성균관대 대동문화연구원, 2004.

최재석, 「한국의 초기 사회학-구한말~해방」, 『한국사회학』 제9집, 한국사회학회, 1974.

三橋猛雄 編, 『明治前期思想史文獻』, 明治堂書店, 1966.

西村捨也, 『明治時代法律書解題』, 酒井書店, 1968.

『明治文化全集 法律篇, 政治篇』, 日本評論社, 1968.

丸山眞男・加藤周一, 『飜譯と日本の近代』, 岩波新書, 1998(임성모 옮김, 『번역과 일본의 근대』, 이산, 2000).

柳父章, 『飜譯語成立事情』, 岩波新書, 1982(김옥희 옮김, 『번역어의 성립』, 마음산책, 2011; 서혜영 옮김, 『번역어 성립사정』, 일빛, 2003).

石塚正英・柴田隆行 監修, 『哲學・思想飜訳語事典』, 論創社, 2003.

古田裕淸, 『飜譯語としての日本の法律用語』, 中央大學出版部, 2004(한웅길 옮김, 「번역어로서의 일본의 법률용어(법과 권리 / 계약 / 사람)」, 『동아법학』, 제48호, 2010).

水田義雄, 「飜譯による法思想の攝取」, 野田良之・碧海純一 編集, 『近代日本法思想史』, 有斐閣, 1979.

安宇植, 雜誌 『文學』 編集部 編譯, 「飜譯から見た朝鮮の近代」, 岩波書店, 1982.

澤田 哲, 「開化期の教科書編纂者としての玄采」, 『韓』 第109號, 1988.

鄒振環, 『晚淸西方地理學在中國-以1815至1911年西方地理學譯著的傳播與影響爲中心』, 2000(한시은 옮김, 『지리학의 창으로 보는 중국의 근대-1815~1911년 중국으로 전파된 서양지리번역서』, 푸른역사, 2013).

雄月之(Xiong Yuezhi), 「江南製造局飜譯館史略」, 『出版史料』 1, 1989.

Theresa Hyun, *Writing Women in Korea : Translation and Feminism in the Colonial Period*, University of Hawaii Press, 2004(김혜동 옮김, 『번역과 창작-한국 근대 여성 작가를 중심으로』, 이화여대 출판부, 2004).

Michael Lackner, Iwo Amelung・Joachim Kurtz(eds.), *New Terms for New Ideas. Western Knowledge and Lexical Change in Late Imperial China*, Leiden・Boston・Köln : Brill, 2001.

Federico Masini, *The Formation of Modern Chinese Lexicon and Its Evolution toward a National Language-The Period from 1840 to 1898*, Berkeley, 1993(이정재 옮김, 『근대 중국의 언어와 역사-중국어 어휘의 형성과 국가어의 발전 1840~1898』, 소명출판, 2005).

Valery Larbaud, *Sous l'invocation de Saint Jérôme*, Paris : Editions Gallimard, 1946(정혜용 옮김, 『성 히에로니무스의 가호 아래』, 아카넷, 2013).

:: 처음 발표한 곳

제1부 법관양성소

1. 「법관양성소의 실제운용(1)」, 『인권과 정의』 2002.5.

2. 「법관양성소의 실제운용(2)」, 『인권과 정의』 2002.6.

3. 「법관양성소의 실제운용(3)」, 『인권과 정의』 2002.7.

4. 「법관양성소의 교수진(1)」, 『인권과 정의』 2003.6.

5. 「법관양성소의 교수진(2)」, 『인권과 정의』 2003.7.

6. 「법관양성소의 교수진(3)」, 『인권과 정의』 2003.8.

제2부 법학교육 관계

1. 「양정의숙의 법학교육」, 『법사학연구』 제45호, 2012.

2. 「野澤武之助와 근대 한국의 법학교육」, 『법사학연구』 제41호, 2010.

3. 「구한말의 관립 덕어학교」, 『독일학연구』 제16집, 동아대, 2000.

4. 「안국선의 와세다(早稻田) 시대」, 『동아법학』 제48호, 2010.

5. 「번역과 근대 한국—법학과 국가학 문헌을 중심으로」, 『개념과 소통』 창간호, 한림대 한림과
    학원, 2008.

6. 「번역이 근대 한국에 미친 영향」, 한국번역비평학회 기조 강연, 2012.5.12.

제3부 문헌 해제

1. 「『국민수지』『헌법요의』 기타」, 관악사, 영인본 해제, 2004.

2. 「유치형의 생애와 『헌법』」, 관악사, 영인본 해제, 2004.

3. 「『지방행정론』·『지방자치론』·『민권자치제』」, 관악사, 영인본 해제, 2004.

4. 「개념사 기초문헌 해제」, 한림과학원 편, 『동아시아 개념연구 기초문헌해제』, 선인, 2010.

5. 「개념사 기초문헌 해제」, 한림과학원 편, 『동아시아 개념연구 기초문헌 해제』 II, 선인, 2013.

6. 「倉富勇三郎 文書」, 『개념과 소통』 제6호, 한림대 한림과학원, 2010.

7. 「한국에 온 梅謙次郞」, 일본 호세이대학에서 발표, 2006.6.23.

8. 「서평 : 김용구, 『만국공법』」, 『대한민국학술원통신』 제183호, 2008.10.1.